WESTERN CANON SERIES

The Western Canon's value is self-evident. Its status, however, has been under threat since the middle of the 20th century. Feminists, Marxists, intersectionalists, and others deny the Canon's existence by refusing to observe its traditional boundaries, throwing the borders open to invite all manner of second- and third-rate material. They intentionally misread the Canon, deconstructing it and looking for incoherence where men have only ever found genius.

Imperium Press' Western Canon series reclaims the Canon from the forces hostile to it. The series offers not only definitive versions of these works, but also supplementary material placing them at the centre of our aesthetic, intellectual, and spiritual life—where they belong.

HOMER is both a shadowy figure and the generally acknowledged supreme genius of Western literature. No record of his life survives. Tradition places him some time in the 9th or 8th centuries BCE, and attributes to him *Iliad*, *Odyssey*, thirty-three *Hymns*, and a number of lesser works. The question of who he was—or who they were—fills out innumerable volumes and an entire branch of classical scholarship. All agree, however, that his influence on the Western literary tradition has been incalculable.

WILLIAM CULLEN BRYANT was an American poet, journalist, and editor of the New York *Evening Post*, called "the Founding Father of American poetry," and "the first American writer of verse to win international acclaim" for his *Thanatopsis*. He resides squarely within the Romantic poetic tradition, anticipating other American poets in this by over a decade. A fierce proponent of American literary nationalism, he earned the admiration of Edgar Allen Poe and served as literary mentor to Walt Whitman. Of his translations of *Iliad* and *Odyssey*, completed at the height of his poetic maturity, it has been said that "nothing can be more clear and fascinating than Mr. Bryant's narrative, conveyed in the true epic manner with regard to directness and nobility of style."

ODYSSEY

HOMER

Translated into English blank verse by
WILLIAM CULLEN BRYANT

Foreword by
TAERUS CLAVUS ATELLUS

PERTH
IMPERIUM PRESS
2024

Published by Imperium Press

www.imperiumpress.org

First published by Fields, Osgood & Co., 1873

Foreword © Taerus Atellus, 2022
The moral rights of the author have been asserted
Used under license to Imperium Press

All rights are reserved. No part of this publication may be reproduced, stored in a retrieval system, or transmitted in any form or by any means, electronic, mechanical, photocopying, recording, or otherwise, without prior permission of Imperium Press. Enquiries concerning reproduction outside the scope of the above should be directed to Imperium Press.

FIRST EDITION

A catalogue record for this
book is available from the
National Library of Australia

ISBN 978-1-923104-11-2 Paperback
ISBN 978-1-923104-12-9 Hardcover
ISBN 978-1-923104-13-6 E-book

Imperium Press has no responsibility for the persistence or accuracy of URLs for external or third-party Internet websites referred to in this publication and does not guarantee that any content on such websites is, or will remain, accurate or appropriate.

CONTENTS

Foreword	vii
Preface	xix
Map of the Ægean and Asia Minor	xxiii
Voyages of Ulysses	xxv
Note on the Text	xxvii

ODYSSEY
Book I	3
Book II	31
Book III	59
Book IV	91
Book V	143
Book VI	173
Book VII	195
Book VIII	217
Book IX	253
Book X	287
Book XI	321
Book XII	359
Book XIII	387
Book XIV	415
Book XV	447
Book XVI	481
Book XVII	509
Book XVIII	545
Book XIX	571
Book XX	607
Book XXI	631

Book XXII	657
Book XXIII	687
Book XXIV	711
Genealogies	745
Bibliography	749
Glossary of Names	753

FOREWORD

The great playwright, soldier, tragedian and master of his craft, Aeschylus, once said of his own work, "I am merely eating scraps from the table of Homer." When Alexander the Great visited the shrine of his ancestor Achilles, he said, "O Achilles, how lucky you are to have had Homer as your herald!" Being asked to introduce Homer's *Odyssey* is an honour that is, rather ironically for a poet, difficult to put into words. He is the most important writer to have ever been born. Sing to me, then, Muses, of the greatest poet to ever walk the Earth, that I may further enlighten readers to the beauty of his works.

No other writer has ever so perfectly captured the noble spirit and glory of the European Warrior, the interweaving of the Divine and mortal, physical and metaphysical, while never taking away from the tragedies, struggles, and suffering of all men who take up arms. Homer has shaped the consciousness of Europe as no other writer. Who else can claim such immortal names as Achilles, Hector, and Odysseus as his subject matter, and such equally undying names as Alexander, Virgil, Aristotle, and Caesar as his students? Homer is *the* greatest poetic craftsman to have lived.

Poetry is, in many respects, similar to painting. The job of the painter is not purely to capture the look of something, as a photograph does—a painter captures the spirit of a moment in time, the life and beauty of it. A skilled poet does the same. He does not dryly depict an event and recount a battle like a historian, but he captures the spirit of the event, the driving forces behind it. Both the painter and the poet immerse the audience in the living essence of the piece, the moment in time. It is no coincidence, then, that some of the most glorious artworks created, from marble to canvas to plays, books, and even films, are inspired by Homer.

Of his two great Epics, the *Iliad* is probably the more popular. It depicts a war so great that even now men wish to have fought in it; the *Odyssey* depicts a weary man returning home. Today, far more men dream of going to battle than of being at home, and only those who have seen battle can truly know how coming home from one feels. Of these masterpieces, the *Odyssey* is the more relevant of the two to the modern right. There is more to be learned for the modern reader from the *Odyssey* than the *Iliad*, as the themes go beyond war and the conduct of bloody-handed Heroes. More of us can relate to the bonds of father and son in their own homes than to brothers-in-arms on the battlefield, and so, the *Odyssey* should be read more closely than the *Iliad* by non-combatants.

The *Odyssey* pits man against challenges that mostly cannot be solved with a spear—the threats on the battlefield have been replaced by a litany of literal and allegorical threats. As with all Greek myth, Odysseus's challenges each represent something—the overcoming of weakness and temptation, the rejection of blissful ignorance, or deciding between painful piety or satiating a bestial hunger. Each of these challenges are thrown at him after ten long years of warfare and loss.

The *Odyssey* explores kinship bonds at a time where such bonds made you who you are. Of course, these bonds are still with us, even if the modern world demands we abandon them. These bonds underlie everything the modern right strives towards, and so we see ourselves in Odysseus; he wishes to return home, and is spurred on to terrible fury when he sees what the suitors have done to his land and his palace in his absence. Who of us is not roused to fury to see what our homes have become?

We see ourselves in Telemachus too; Odysseus is the father he has never known, an ideal of whom he has only ever heard. Many men now grow up without real masculine authority, searching for an ideal we have never seen, striving after it like Telemachus, whose journey echoes his father's. While the *Iliad* explores the dynamic between fathers and sons, it remains a minor theme.

The struggle of women, caught up in war against their will, is also well portrayed in Homer's works. Long before the ridiculous "girl boss" character, Homer depicted the grief and heroism of women in war better than any modern writer. Women suffer in war as helpless civilians such as Briseis, or in the loss of loved ones, as for Andromache, Hecuba, even Aphrodite and Thetis. Aphrodite is injured in her role as a healer—another way in which women can see war.

Penelope too suffers the pain of separation from Odysseus. Her love binds her to him, and not knowing his fate, she cannot move on. Everyday life continues for these women, and they are forced to go about their lives as normal despite their worry and grief. This is far more realistic and compelling than if Penelope or Andromache had decided to take up sword and spear and fight alongside the men, as shieldmaidens in a modern Hollywood movie.

The *Iliad* and *Odyssey* differ in much, but their themes are so interlinked with one another that I shall treat the two poems as parts of one whole. If I am to introduce Homer and Odysseus, ignoring half of their story would be doing a disservice both to them and the reader.

Homer himself is a legendary figure—even his very existence is in doubt. Perhaps his work is a conglomeration of several poets; perhaps he compiled existing legends and myths and wove them together, as his student Virgil did many centuries later, but no answer to the Homeric Question changes the fact that the *Iliad* and *Odyssey* have spoken to the European soul long before Schliemann found the legendary city of Troy, long before the Hittite tablets were discovered. Historical questions aside, Homer has had far more influence on the greatest minds of our people than any dry recounting of a military campaign.

Not only has Homer influenced literature and theology, but he has shaped the minds of the men who made history. Towering figures such as Alexander, Julius and Augustus Caesar, Scipio Aemilianus, and others who shaped nations and Empires—all of them had their stage set by Homer. His depictions of the hardship of Warriors and Heroes, their interactions with the Gods, and their embrace of fate have captured the spirits of men who have themselves made their mark on the battlefield and the world. The idea that your fate is set but you must still fulfil it, we owe to Homer. Without his wisdom and masterful storytelling, these lessons would be lost on many of us today, and in a world hostile to the most basic forms of masculinity and heritage, let alone ancestral Heroism, such things would be difficult to learn through experience.

In modern storytelling, perhaps even for centuries, "glorifying war" has been rendered unintelligible. In so doing, all aspects of struggle and tragedy are removed as the protagonists mow down hordes of paper people, each of whom is a cartoonishly evil cardboard cut-out of someone who opposes the aims of the military-industrial complex. There is no weight to each kill because it is not human beings who are killed. There is no glory because there is no struggle. The word *'protagonist'* literally means *'the one who struggles'*, and to ignore the horrors of war is not to glorify it, but rather the opposite. Not so with Homer—almost every man who dies is given a name, an ancestry, a family and a home, and it is recounted what kind of life he has left behind and who will mourn him. Each man who falls is a human being in full, often far too young to die.

To pretend that this is not the case in real wars, from the first battles of Neolithic Europe to the Trojan War, to Afghanistan and Ukraine, to ignore the fact that real men on both sides, with families and lives, are falling amongst the fray, does them a disservice. Their valiant efforts should never be diminished, and stripping the dead of their humanity does not increase the glory of either the slayer or the slain. Modern warfare, mechanised and industrialised as it is, requires a certain dehumanisation of the enemy. In fighting at a distance with long-range weapons, some dehumanisation is inevitable, but warfare in the time of the Trojan War was an entirely different affair. You were up close and personal with your foe, as you strove to kill one another seeing eye to eye, and Homer never shies away from depicting just this. He never tries to soften the deeds of these Heroes, nor smooth out the grief of those left behind. Tragedy and glory walk hand in hand, not only for the Heroes and protagonists, but also for the rank and file, and Homer depicts all of this with a beauty as tragic as it is full of fire and all the manly works of Ares.

These elements of tragedy hang over the stories from the outset. Homer's Epics have no "plot twists" by design—they are not about surprising the reader, but about the men themselves, how they wrestle with their fates, and how they overcome adversity to make their mark on the world. Put simply, Homer's work is rarely about the 'what', but rather the 'why' and 'how.' Homer sets up the ending as we begin the story, exploring two opposite perspectives—Greek and Trojan, Achilles and Hector, Odysseus and Telemachus—then weaves their narratives together until they reach a climax of violence and emotion.

Homer's reputation as a blind man testifies to his semi-legendary status. With the detail of landscapes and the brutality of the battles, it is obvious that the author must have seen battle himself. As a friend of mine once said, "Homer is the first lesson in human anatomy." Rather, he is blind for the same reason that Odin, also heavily associated with poetry, is depicted as one-eyed: he has spiritual, rather than physical sight. Homer sees not only the physical events taking place before him; he is a vessel, seeing the Divine and how it moves (and moves through) the world, relying on the Muses rather than his own mere mortal observations. This depiction of Divinity demands an explanation of Homer's 'Poetic theology' and the theology of his time.

While we see the Gods as anthropomorphised characters, this was far from the case in Homer's day. Historically, it was very uncommon for Indo-European peoples to depict the Gods in human form, nor, especially, with petty mortal desires. Today we see it as more poetic to depict the Gods as some kind of esoteric, formless powers that move the world according to vague or specific functions, whereas for Homer the opposite was true, as in the past abstract depiction was far more typical amongst Indo-European peoples. We should not forget that his depiction of the Gods as human beings is a deliberate poetic metaphor; Homer has proven so influential that our own perception of the Greek Gods has been changed.

A brief summary of this Poetic theology, then, is necessary. The Gods are not simply characters, nor personifications of natural phenomena as many materialists like to claim. Rather, a better analogy is found in the soul. Your soul is not your body, but rather the higher aspect of you that moves your body, which is your soul's physical form. But imagine that a soul is capable of taking not only a body as its physical form, but a *concept*, such as war in the case of Mars/Ares, or love for Venus/Aphrodite. These souls, these aspects of reality, move us and we embody them in physical form.

For example, Homer depicts the Gods and Goddesses as taking the form of Warriors and Augurs, or as only seen by single Heroes and invisible to the rest of the mortal world. The Gods encourage or dissuade Heroes in the likeness of mortal men, who are never spoken of as having gone missing—we should read the Gods as using these people as vessels to express Divine ideas, typically wisdom, which is why Pallas Athena is so often depicted thus. It is Divine Wisdom in the guise of mortal men, not just a magic shapeshifting character who deceives other characters in order to further a goal.

Homeric poetry, then, is at its core an expression of life in completeness, the mortal and the Divine expressed in a single narrative. Homer finds the Divine elements in all things and expresses them with eloquence, finding Athena and Ares in all of the courage and hardship, in fury and immortal beauty, in the bloody fray of battle and the wisdom gained in the long journey home. As the translator correctly notes in his preface, there is a very clear distinction between the actions of the Gods in the *Iliad* and in the *Odyssey*. Of course those who are in battle, where one's fate can turn completely in a moment, surrounded by fury and death, will experience the Gods as they experience life—ruthless and fickle, brutal and unforgiving. But in the *Odyssey*, in the noble journey guided by Divine Wisdom, the Gods are kinder and gentler, sympathetic towards the Heroes, helpful and merciful. This is not inconsistency on Homer's part, but the result of his poetic depictions of the Gods. The Gods drive the narrative just as they drive life, and so will be experienced differently depending on the context.

This is not to say that one must have a Pagan worldview or even a poetic worldview to enjoy Homer's work. On a surface level, the Gods as 'characters' works perfectly as a storytelling device, and it is by no means a 'hollow' story on this understanding. While of course a Pagan reader, especially one who follows the Hellenistic and Roman forms of Indo-European religion, will have a deeper sense of immersion, a Christian or atheist can find delight in Homer's depiction of the world and the ways in which the Divine moves through it.

It is not just the Gods whom Homer depicts. The main focus is on the Heroes, and Homeric Heroes are timeless—more so, perhaps, than even the legendary founders of nations. Very few have heard of Romulus and Remus, or Hengist and Horsa, and fewer still would be able to tell you what they did. But everyone has heard of Achilles and Odysseus, everyone knows that Achilles was shot through the heel and that Odysseus was crafty and went on a long adventure.

But "timeless" should not be confused with "universal"; the poems' spirit only truly speaks to those for whom they were sung in the first place—the European Warrior Aristocracy, which many of us on the modern right wish to rebuild. Many translations are not done by those taken by the spirit of Homer's work (with this translation being very much a delightful exception) but rather by boring, stuffy academics who trawl over every line and phrase until every piece of entertainment is squeezed out of the poems. Homer's works are, after all, meant to entertain and captivate the reader (or, originally, listener), and to make them into dry and soulless study pieces defeats the whole point.

This is, however, only when his works are not being wilfully subverted by those who hate the European soul. They use these works as weapons against us, and are often found in circles of "academics" and pseudo-intellectuals, which is one of the main reasons Imperium Press exists in the first place. They depict the fate of the Heroes as senseless, and are often some Frankenstein's monster of a critique of the 'toxically masculine' behaviour in patriarchal societies leading them to 'self-destruction,' born from some insane idea to decolonise the Classics. They do not speak to the souls of other peoples as to ours, however "diverse" the casts of these stories in (utterly unwatchable) television adaptations.

They offer no alternative to the tragic fate of Heroes, and suggest that the beautiful tragedy of a glorious death or the overcoming of suffering is somehow inferior to coasting passively through life, risking and achieving nothing, and dying a weak and forgotten old man. Achilles is faced with this very choice, but never finds peace regardless of what he chooses—but ultimately, he is still proud that his son has become a great Warrior in his absence. Many of these critics think that the Homeric pursuit of glory and honour is the product of a less enlightened age, and that we have moved beyond such things. But at what cost? There are no more Heroes today as of old, and with each passing day, fewer statues of great men who have shaped the world. All that remains are passive and unambitious drones deprived of spirit, just as the powers-that-be intend. Glory and honour are not foolish, they are what separate us from beasts, and from the masses of mindless men. To earn true glory and honour, one must strip away all mortal sensibilities of fear and survival, of want and need, and face death with open arms—coming as close to the Gods as possible, embodying an ideal. We all still wish for glory and honour, but most no longer have the courage to chase them. We have not 'advanced', we have regressed, with the same desires but without strength to satisfy them.

That is why Imperium Press and their battle to preserve the Classics in the hands of those for whom they were written is so important to the survival of the European people. Not just in the purely biological sense, but in the spiritual sense, the unique folk-soul that defines us and is stirred from its slumber by Homer. Those who would subvert Homer are on a crusade to deprive European men of anything that awakens them. From their very inception, these poems were sung for and recounted by not spiritless, pencil-necked university lecturers, but Warriors.

A younger generation must be expected to live up to the standards of pure, unbridled masculinity, becoming Warriors and leaders, wise men and great poets, and those Heroic ideals are found within the works of Homer. Each Homeric Hero represents not just a longing for honour and glory, as all men want, but some ideal found on the battlefield. Achilles finds honour and glory lacking in battle, but instead, in his grief, becomes an embodiment of the phrase "when you set out for revenge, you must dig two graves." He knows that he will die, but that it is more important to his honour that he avenge his dearest friend. Odysseus, meanwhile, never seeks war, and gets by on his wits, his chief concern always to return to his family and rule Ithaca in peace. He is a patriarch torn from his kin, and does whatever it takes to return to them, even with temptations that few mortals could ever dream of. Each represents a different masculine ideal, a model for boys and men as they grow into Warriors.

It will also prepare them for the inevitabilities of battle. Those who have not seen war can never truly understand, but for the uninitiated, these poems may serve as a primer to help Warriors in training, even if nothing can truly prepare them. It will teach them not just about the roar and the din of battle, but also the pain of loss, the embrace of fate, seeing comrades fall, and being separated from home and family for so long, only to find that it has changed upon your return, and not always for the better. Experienced Warriors may also be inspired by these poems to win eternal fame and glory. It might spur them on to great deeds of Heroism, and remind them that even if they fall in battle, tales will be sung of their own exploits, and that they might thereby become immortal, giving them one less reason to fear death. Finally, old Warriors, long past their prime, could through these poems relive their glory days, finding themselves and their own deeds of valour in these Heroes. Or they might see mirrored in these Heroes their own pain, the loss of their own comrades, and the heartache at the separation from their own families.

The *Odyssey* has been far less of a target for modernists and subversives, perhaps because the core elements of the *Odyssey* are so difficult to corrupt. The most that modern scholars can do is point to the flaws of Odysseus himself, and the 'patriarchal hypocrisy' of him sleeping with Circe, the beautiful daughter of Atlas, while his wife remains faithful. However, Homer explicitly mentions how Odysseus would never "betray his wife by bedding another woman," and given that Circe is both a goddess and Odysseus hasn't seen a woman for well over a decade at this point, his weakness is just that—a mortal weakness, and even then, he still weeps to return to his wife and son. Homer is not excusing him, but showing Odysseus as a flawed character—one who is as enraged at the suitors for despoiling his home as Polyphemus is at him for something very similar.

The modern reader is so oversaturated by perfect cardboard cut-outs of 'heroes' that Odysseus's nuance is alien to them, and read as 'hypocrisy' on the part of Homer, as if the *Iliad* doesn't depict the flaws of Heroes too. This, of course, is part of what makes them so compelling. Modern storytelling is so full of flawless characters that it's impossible for any sane person to admire them. Both approaches, of either the denial of struggle or the denial of meaning, are just nihilism. To deny that mortal men have flaws is to deny reality, and thus to strip a narrative of any emotional impact and immersion. The Heroes never strive for perfection or think of themselves as Immortal, unchanging Gods; instead, they strive to live up to their own potential. It is, then, just as important to learn from the mistakes of Heroes as from their successes. Those of us to whom the *Iliad* and *Odyssey* still speak each have our own aspirations to greatness, and this can never be achieved without struggle, sacrifice, and suffering. We might not escape the flaws that make us mortal, but we can still live up to our own potential.

Our need for Heroes is also subverted through the tired trope of 'superheroes', whose bright colours and flashing lights are aimed at children, giving them fake 'heroes' to emulate. They represent nothing admirable, but are hollow archetypes and serve as the mouthpieces through which mega-corporations shape your children and foreclose on the eternal lessons found in Homer. Unless we make a conscious effort, we might be the last generation to grow up surrounded by Greek mythology and European myth in general. Far more children can tell you all about their favourite 'superhero' than about Heracles, Achilles, Perseus, or Odysseus. As a child I remember finding absolute joy in reading of Theseus and the Minotaur, and in seeing *Jason and the Argonauts* battle the terrifying Talos on film, as old as the film already was even when my father was young. Now, however, these hollow, gaudy subversions of Heroism are far more familiar. Many adults, when they hear the name 'Thor', associate it with ungodly, anti-cinematic nonsense than with our ancient European heritage.

Odysseus is favoured by Pallas Athena, the Goddess of Wisdom, full born from the Divine brow of Zeus. While the Greeks are favoured by Athena generally, the Gods also favour individual Heroes who embody what they represent as living, Immortal Ideals. The Heroes, then, aren't 'archetypes', but mortals who best embody the Divine Ideals and qualities, earning them the favour of the Gods.

Athena favours two Greeks especially: Odysseus and Diomedes, who both represent different aspects of herself and are often paired together—they both shrank from the first charge and, chastised by Agamemnon, went on the night raid together in the *Iliad*. They sailed home from Troy together in the *Odyssey*, and were sent together to recruit Achilles elsewhere in the Epic Cycle. Where they differ is in their conduct. Diomedes is brave, living up to the father he never knew, doing battle with wisdom, piety, and fearlessness. He does not speak with a silver tongue like Odysseus, but always speaks honestly and chastises even his superiors when they make poor decisions, including Achilles and Agamemnon.

Odysseus, meanwhile, represents the shrewder wisdom of Athena, getting by on craft and wit, his tricks and stratagems gaining him victory. He will resort to dishonourable means should it let him survive long enough to return to his family, whom he never wanted to leave in the first place. He is known for his silver tongue, able to rally the Achaeans when their morale has crumbled. He even convinces the Achaean leaders to award the armour of Achilles to him rather than to the greater and perhaps more deserving Hero Ajax, but the clash of the two is explored far better in Sophocles' *Ajax* than it could ever be in this introduction.

It is interesting to note, then, that of the two Heroes favoured by Athena, the bold and plainspoken youth makes it home without a problem, whereas the craftier Hero, in trying to take the easy path, is thrown into a journey more arduous by far.

Odysseus is, of all the Greek Heroes, the least eager for war—modern views aside, in his day this would have been seen as somewhat disgraceful. After the war, he returns to his family just as his family is searching for him. His wife will not remarry, resorting to trickery that echoes that of her husband, in order to refuse all of her suitors. Telemachus goes on a journey of his own in search of his father, again echoing Odysseus. The bonds of kinship play out as the family all echo one another in their own struggles, and in their solutions, often a combination of bravery and cunning trickery. Thus their own perception of the Goddess of Wisdom, Athena, is that of a cunning but kind-hearted trickster helping them reunite their family—because this is the exact kind of wisdom that they need. The reader also experiences this perception, and it drives the plot of the story, immersing the reader in the same spirit as the characters. Homer is one of the greatest literary geniuses ever to live, and one need only scratch beneath the surface to see his prowess.

Odysseus is not the raging Achilles, forever grieving, nor the stoic Diomedes charging head-on into battle to live up to his father. He is not Hector, fighting to the death for country as a living embodiment of the spirit of his folk, nor Aeneas, forever pious and doing the will of the Gods. He is simply a brave man making his way home to his family. And yet he is never weak or unmanly, never sacrifices his own pride, and meets every challenge as befits such a Hero. In this way, he is far more 'normal' than the other Heroes, far more of what a good man today can be, especially in the modern right. He is, at his core, a family man, but not one who abandons masculinity, as modern men with a stable home, a good job, children, and a comfortable life so often do in letting their wives rule them. Odysseus does his best to avoid unnecessary conflicts, always with his family in mind, but when that conflict finds him, he gives it his all.

For us modern Europeans and our diaspora, this lesson is crucial. If every man in Europe became an Achilles, we would quickly be wiped out chasing glory at the expense of our future as a people. Great Heroes who do battle and risk death for their ideals are necessary, but if every man followed this model, there would be none left to carry on these ideals. Let us not forget that Achilles already had an adult son and heir to his throne in Neoptolemus, whereas Telemachus was only a newborn when Odysseus left for Troy.

And yet Odysseus is no everyman. He is still a noble King favoured by the Goddess of Wisdom. He journeys home not to return to a 9-to-5 job in an office or to wait tables. He is a wise ruler returning to the land he loves in order to rule it. None of the Heroes should be regarded as anything less than Warrior Aristocrats, even those sent to be raised by more humble men, most often shepherds. Their blood is their birthright, and this confers on them wealth, power, and dignity, but also tremendous responsibility.

So let those of you reading for the first time immerse yourself in the spirit of Homer's masterpiece, and those returning for perhaps a second, third time or more, appreciate the deeper layers, and the way that it has shaped the European folk-soul, and continues to do so to this day. Let the Muses sing to you, and Pallas guide you to Wisdom with the lessons therein.

TAERUS CLAVUS ATELLUS.

AUGUST, 2022.

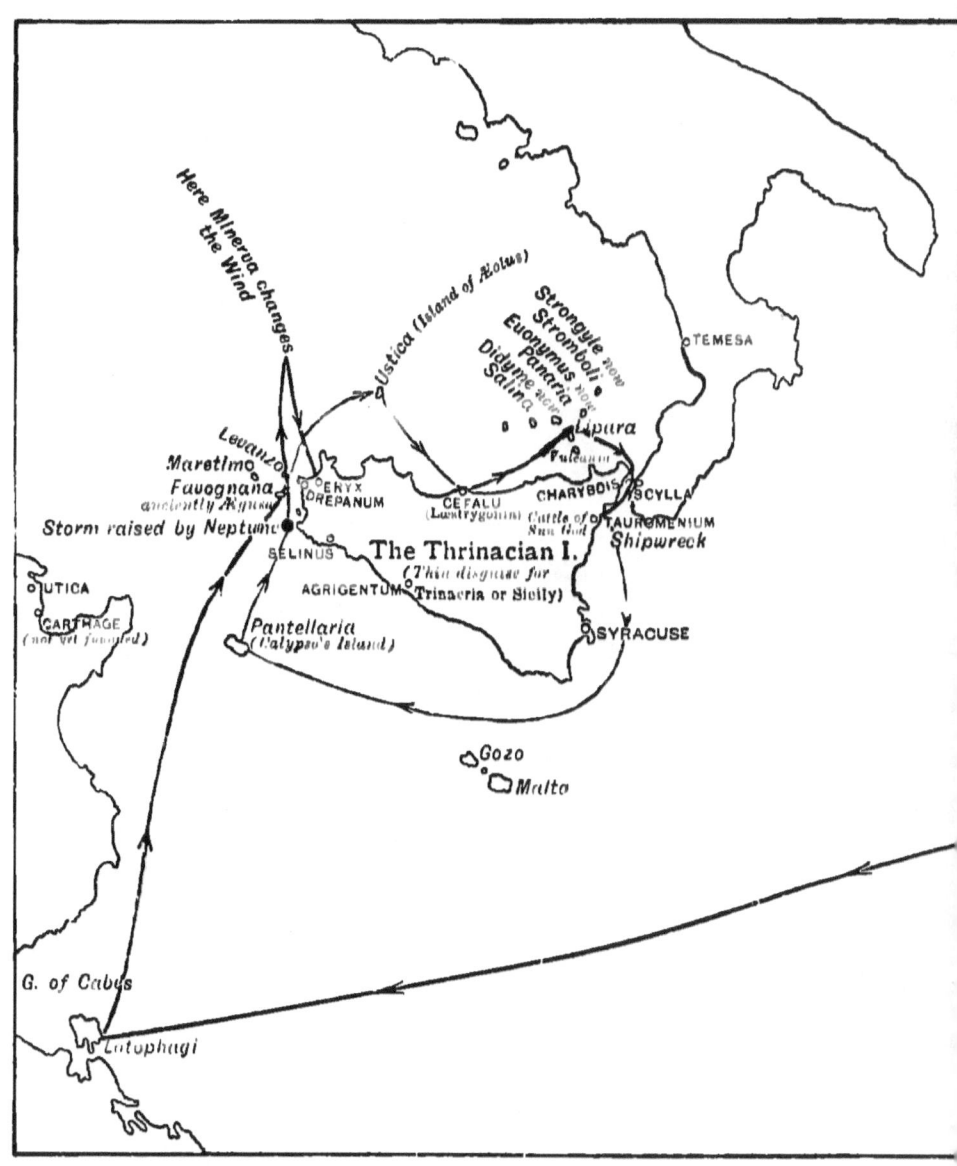

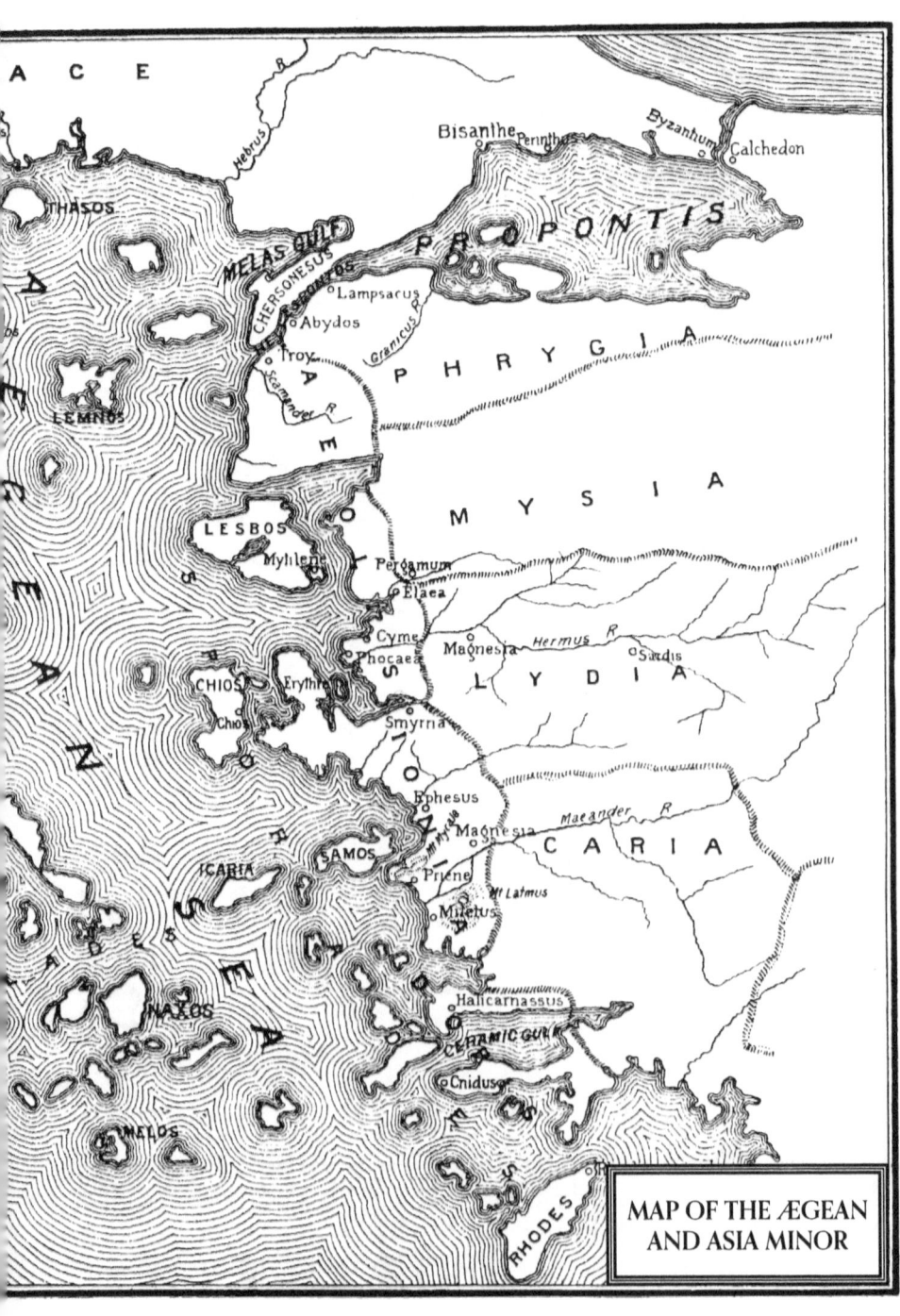

MAP OF THE ÆGEAN AND ASIA MINOR

them wrote. Our prose writers have done the same thing; the names of Latin derivation have been adopted by the earliest and latest translators of the New Testament. To each of the deities known by these names there is annexed in the mind of the English reader — and it is for the English reader that I have made this translation — a peculiar set of attributes. Speak of Juno and Diana, and the mere English reader understands you at once; but when he reads the names of Herè and Artemis, he looks into his classical dictionary. The names of Latin origin are naturalized; the others are aliens and strangers. The conjunction and itself, which has been handed down to us unchanged from our Saxon ancestors, holds not its place in our language by a firmer and more incontestable title than the names which we have hitherto given to the deities of ancient Greece. We derive this usage from the Latin authors, — from Virgil, and Horace, and Ovid, and the prose writers of ancient Rome. Art as well as poetry knows these deities by the same names. We talk of the Venus de Medicis, the Venus of Milo, the Jupiter of Phidias, and never think of calling a statue of Mars a statue of Ares.

For my part, I am satisfied with the English language as it has been handed down to us. If the lines of my translation had bristled with the names of Zeus and Herè, and Poseidon and Ares, and Artemis and Demeter, I should feel that I had departed from the immemorial usage of the English tongue, that I had introduced obscurity where the meaning should have been plain, and that I had given just cause of complaint to the readers for whom I wrote.

W. C. BRYANT.

AUGUST, 1871.

eminent warriors despatch, by the most summary butchery, and with a fierce delight in their own prowess, their weaker adversaries. These incidents so often occur in the narrative, being thrown together in clusters, and described with an unsparing minuteness, that I have known persons, soon sated with these horrors, to pass over the pages in which they are described, and take up the narrative further on. There is nothing of this kind in The Odyssey, at least until near the close, where Ulysses takes a bloody vengeance on the suitors who have plundered his estate, and conspired to take the life of his son, and in that part of the poem the horror which so enormous a slaughter would naturally awaken is mitigated by the recollection of their guilt. The gods of the Odyssey are not so often moved by brutal impulses as those of the Iliad, nor do they seem to dwell in a sphere so far removed from the recognition of those rules of right and wrong which are respected in human society. In the composition of the two poems, one of the most remarkable differences is the abundance of similes in the Iliad, and their comparatively rare appearance in The Odyssey. In the Iliad the desire of illustrating his subject by a similitude sometimes seizes the poet in the midst of one of the most interesting parts of his narrative, and immediately there follows a striking picture of some incident bearing a certain resemblance to the one which he is relating. Sometimes, after one simile is minutely given, a second suggests itself, and is given with equal minuteness, and there is one instance at least of a third. It is curious to mark what a fascination the picturesque resemblance of objects and incidents has for the poet, and how one set of these images draws after it another, passing in magnificent procession across the mirror of his imagination. In the Odyssey are comparatively few examples of this mode of illustration; the poet is too much occupied with his narrative to think of them. How far this point of difference between the two poems tends to support the view of those who maintain that they could not have proceeded from the same author, is a question on which it is not my purpose to enter.

In the Preface to my version of the Iliad, I gave very briefly my reason for preserving the names derived from the Latin, by which the deities of the Grecian mythology have hitherto been known to English readers, — that is to say, Jupiter, Juno, Neptune, Pluto, Mars, Venus, and the rest, instead of Zeus, Herè, and the other names which are properly Greek. As the propriety of doing this is questioned by some persons of exact scholarship, I will state the argument a little more at large. The names I have employed have been given to the gods and goddesses of ancient Greece from the very beginnings of our language. Chaucer, Spenser, Shakespeare, Milton, and the rest, down to Proctor and Keats, — a list whose chronology extends through six hundred years, — have followed this usage, and we may even trace it back for centuries before either of

PREFACE

The kind reception which my translation of the Iliad has met with from my countrymen has encouraged me to attempt a translation of the Odyssey in the same form of verse. I have found this a not unpleasing employment for a period of life which admonishes me that I cannot many times more appear before the public in this or any other manner. The task of translating verse is not, it is true, merely mechanical, since it requires that the translator should catch from his author somewhat of the glow with which he wrote, just as a good reader is himself moved by the words which he delivers, and communicates the emotion to his hearers; yet is the translator spared the labor of invention, — the task of producing the ideas which it is his business to express, as well as that of bringing them into their proper relations with each other. A great part of the fatigue which attends original composition, long pursued, is therefore avoided, and this gentler exercise of the intellectual faculties agrees better with that stage of life when the brain begins to be haunted by a presentiment that the time of its final repose is not far off.

Some of the observations which I have made, in my Preface to the Iliad, on that work and the translation which I have made of it, apply also to the Odyssey and to the version which I now lay before the reader. The differences between the two poems have been so well pointed out by critics, that I shall have occasion to speak of but two or three of them. In executing my task, I have certainly missed in the Odyssey the fire and vehemence of which I was so often sensible in the Iliad, and the effect of which naturally was to kindle the mind of the translator. I hope that the version which I have made will not on that account be found lacking in a sufficient degree of spirit and appearance of freedom to make it readable. Another peculiarity of the Iliad, of a less agreeable nature, consists in the frequent recurrence of hand-to-hand combats, in which the more

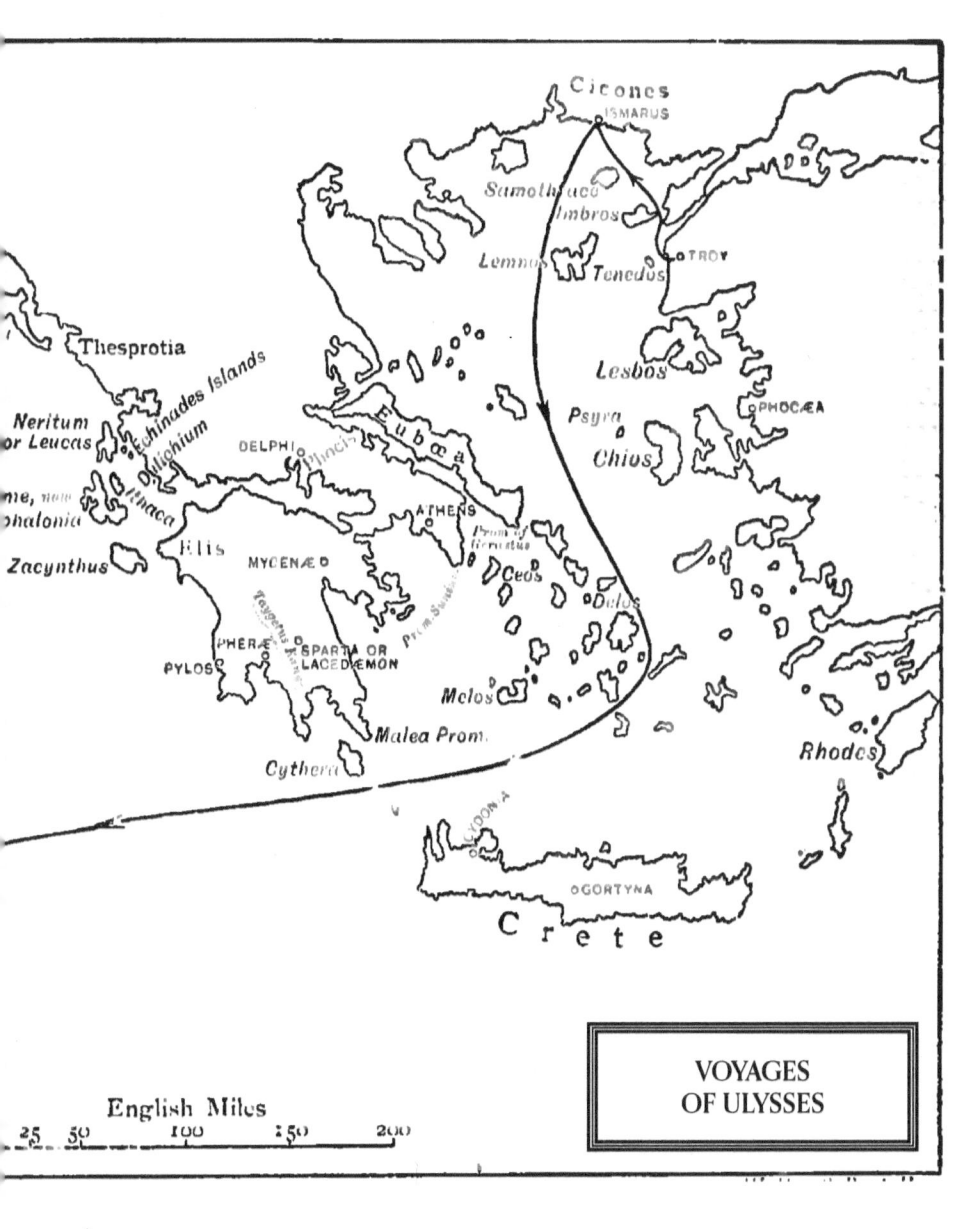

VOYAGES OF ULYSSES

NOTE ON THE TEXT

In this edition of *Odyssey*, the English text is taken from the Bryant translation of 1873. A small number of corrections have been made where an obvious error was present. The Greek text is taken from A. T. Murray's *The Odyssey with an English Translation*, Harvard University Press, cited in the bibliography.

The map of Ulysses' voyages omits the following:

1. The journey from Favignana to the cave of Polyphemus and back
2. The journey from Ustica to Ithaca and back
3. The voyage to the land of the Cimmerians and back
4. Ulysses' return to Scylla and Charybdis after the shipwreck

ODYSSEY

Ἄνδρα μοι ἔννεπε, μοῦσα, πολύτροπον, ὃς μάλα πολλὰ
πλάγχθη, ἐπεὶ Τροίης ἱερὸν πτολίεθρον ἔπερσεν·
πολλῶν δ' ἀνθρώπων ἴδεν ἄστεα καὶ νόον ἔγνω,
πολλὰ δ' ὅ γ' ἐν πόντῳ πάθεν ἄλγεα ὃν κατὰ θυμόν,
ἀρνύμενος ἥν τε ψυχὴν καὶ νόστον ἑταίρων.   5
ἀλλ' οὐδ' ὣς ἑτάρους ἐρρύσατο, ἱέμενός περ·
αὐτῶν γὰρ σφετέρῃσιν ἀτασθαλίῃσιν ὄλοντο,
νήπιοι, οἳ κατὰ βοῦς Ὑπερίονος Ἠελίοιο
ἤσθιον· αὐτὰρ ὁ τοῖσιν ἀφείλετο νόστιμον ἦμαρ.
τῶν ἁμόθεν γε, θεά, θύγατερ Διός, εἰπὲ καὶ ἡμῖν.   10
 ἔνθ' ἄλλοι μὲν πάντες, ὅσοι φύγον αἰπὺν ὄλεθρον,
οἴκοι ἔσαν, πόλεμόν τε πεφευγότες ἠδὲ θάλασσαν·
τὸν δ' οἶον νόστου κεχρημένον ἠδὲ γυναικὸς
νύμφη πότνι' ἔρυκε Καλυψὼ δῖα θεάων
ἐν σπέσσι γλαφυροῖσι, λιλαιομένη πόσιν εἶναι.   15
ἀλλ' ὅτε δὴ ἔτος ἦλθε περιπλομένων ἐνιαυτῶν,
τῷ οἱ ἐπεκλώσαντο θεοὶ οἶκόνδε νέεσθαι

BOOK I

Tell me, O Muse, of that sagacious man
Who, having overthrown the sacred town
Of Ilium, wandered far and visited
The capitals of many nations, learned
The customs of their dwellers, and endured   5
Great suffering on the deep: his life was oft
In peril, as he labored to bring back
His comrades to their homes. He saved them not,
Though earnestly he strove; they perished all,
Through their own folly; for they banqueted,   10
Madmen! upon the oxen of the Sun,—
The all-o'erlooking Sun, who cut them off
From their return. O goddess, virgin-child
Of Jove, relate some part of this to me.
   Now all the rest, as many as escaped   15
The cruel doom of death, were at their homes
Safe from the perils of the war and sea,
While him alone, who pined to see his home
And wife again, Calypso, queenly nymph,
Great among goddesses, detained within   20
Her spacious grot, in hope that he might yet
Become her husband. Even when the years
Brought round the time in which the gods decreed
That he should reach again his dwelling-place

εἰς Ἰθάκην, οὐδ' ἔνθα πεφυγμένος ἦεν ἀέθλων
καὶ μετὰ οἷσι φίλοισι. θεοὶ δ' ἐλέαιρον ἅπαντες
νόσφι Ποσειδάωνος: ὁ δ' ἀσπερχὲς μενέαινεν 20
ἀντιθέῳ Ὀδυσῆι πάρος ἣν γαῖαν ἱκέσθαι.
ἀλλ' ὁ μὲν Αἰθίοπας μετεκίαθε τηλόθ' ἐόντας,
Αἰθίοπας τοὶ διχθὰ δεδαίαται, ἔσχατοι ἀνδρῶν,
οἱ μὲν δυσομένου Ὑπερίονος οἱ δ' ἀνιόντος,
ἀντιόων ταύρων τε καὶ ἀρνειῶν ἑκατόμβης. 25
ἔνθ' ὅ γ' ἐτέρπετο δαιτὶ παρήμενος: οἱ δὲ δὴ ἄλλοι
Ζηνὸς ἐνὶ μεγάροισιν Ὀλυμπίου ἀθρόοι ἦσαν.
τοῖσι δὲ μύθων ἦρχε πατὴρ ἀνδρῶν τε θεῶν τε:
μνήσατο γὰρ κατὰ θυμὸν ἀμύμονος Αἰγίσθοιο,
τόν ῥ' Ἀγαμεμνονίδης τηλεκλυτὸς ἔκταν' Ὀρέστης: 30
τοῦ ὅ γ' ἐπιμνησθεὶς ἔπε' ἀθανάτοισι μετηύδα:
'ὢ πόποι, οἷον δή νυ θεοὺς βροτοὶ αἰτιόωνται:
ἐξ ἡμέων γάρ φασι κάκ' ἔμμεναι, οἱ δὲ καὶ αὐτοὶ
σφῇσιν ἀτασθαλίῃσιν ὑπὲρ μόρον ἄλγε' ἔχουσιν,
ὡς καὶ νῦν Αἴγισθος ὑπὲρ μόρον Ἀτρεΐδαο 35
γῆμ' ἄλοχον μνηστήν, τὸν δ' ἔκτανε νοστήσαντα,
εἰδὼς αἰπὺν ὄλεθρον, ἐπεὶ πρό οἱ εἴπομεν ἡμεῖς,
Ἑρμείαν πέμψαντες, ἐύσκοπον ἀργεϊφόντην,
μήτ' αὐτὸν κτείνειν μήτε μνάασθαι ἄκοιτιν:
ἐκ γὰρ Ὀρέσταο τίσις ἔσσεται Ἀτρεΐδαο, 40
ὁππότ' ἂν ἡβήσῃ τε καὶ ἧς ἱμείρεται αἴης.
ὣς ἔφαθ' Ἑρμείας, ἀλλ' οὐ φρένας Αἰγίσθοιο
πεῖθ' ἀγαθὰ φρονέων: νῦν δ' ἀθρόα πάντ' ἀπέτισεν.'
τὸν δ' ἠμείβετ' ἔπειτα θεά, γλαυκῶπις Ἀθήνη:
'ὦ πάτερ ἡμέτερε Κρονίδη, ὕπατε κρειόντων, 45
καὶ λίην κεῖνός γε ἐοικότι κεῖται ὀλέθρῳ:
ὡς ἀπόλοιτο καὶ ἄλλος, ὅτις τοιαῦτά γε ῥέζοι:
ἀλλά μοι ἀμφ' Ὀδυσῆι δαΐφρονι δαίεται ἦτορ,
δυσμόρῳ, ὃς δὴ δηθὰ φίλων ἄπο πήματα πάσχει
νήσῳ ἐν ἀμφιρύτῃ, ὅθι τ' ὀμφαλός ἐστι θαλάσσης. 50

In Ithaca, though he was with his friends, 25
His toils were not yet ended. Of the gods
All pitied him save Neptune, who pursued
With wrath implacable the godlike chief,
Ulysses, even to his native land.
    Among the Ethiopians was the god 30
Far off,—the Ethiopians most remote
Of men. Two tribes there are; one dwells beneath
The rising, one beneath the setting sun.
He went to grace a hecatomb of beeves
And lambs, and sat delighted at the feast; 35
While in the palace of Olympian Jove
The other gods assembled, and to them
The father of immortals and of men
Was speaking. To his mind arose the thought
Of that Ægisthus whom the famous son 40
Of Agamemnon, Prince Orestes, slew.
Of him he thought and thus bespake the gods:—
    "How strange it is that mortals blame the gods
And say that we inflict the ills they bear,
When they, by their own folly and against 45
The will of fate, bring sorrow on themselves!
As late Ægisthus, unconstrained by fate,
Married the queen of Atreus' son and slew
The husband just returned from war. Yet well
He knew the bitter penalty, for we 50
Warned him. We sent the herald Argicide,
Bidding him neither slay the chief nor woo
His queen, for that Orestes, when he came
To manhood and might claim his heritage,
Would take due vengeance for Atrides slain. 55
So Hermes said; his prudent words moved not
The purpose of Ægisthus, who now pays
The forfeit of his many crimes at once."
    Pallas, the blue-eyed goddess, thus replied:—
"O father, son of Saturn, king of kings! 60
Well he deserved his death. So perish all
Guilty of deeds like his! But I am grieved
For sage Ulysses, that most wretched man,
So long detained, repining, and afar
From those he loves, upon a distant isle 65
Girt by the waters of the central deep,—
A forest isle, where dwells a deity

νῆσος δενδρήεσσα, θεὰ δ' ἐν δώματα ναίει,
Ἄτλαντος θυγάτηρ ὀλοόφρονος, ὅς τε θαλάσσης
πάσης βένθεα οἶδεν, ἔχει δέ τε κίονας αὐτὸς
μακράς, αἳ γαῖάν τε καὶ οὐρανὸν ἀμφὶς ἔχουσιν.
τοῦ θυγάτηρ δύστηνον ὀδυρόμενον κατερύκει, 55
αἰεὶ δὲ μαλακοῖσι καὶ αἱμυλίοισι λόγοισιν
θέλγει, ὅπως Ἰθάκης ἐπιλήσεται· αὐτὰρ Ὀδυσσεύς,
ἱέμενος καὶ καπνὸν ἀποθρῴσκοντα νοῆσαι
ἧς γαίης, θανέειν ἱμείρεται. οὐδέ νυ σοί περ
ἐντρέπεται φίλον ἦτορ, Ὀλύμπιε. οὔ νύ τ' Ὀδυσσεὺς 60
Ἀργείων παρὰ νηυσὶ χαρίζετο ἱερὰ ῥέζων
Τροίῃ ἐν εὐρείῃ; τί νύ οἱ τόσον ὠδύσαο, Ζεῦ;'
 τὴν δ' ἀπαμειβόμενος προσέφη νεφεληγερέτα Ζεύς·
'τέκνον ἐμόν, ποῖόν σε ἔπος φύγεν ἕρκος ὀδόντων.
πῶς ἂν ἔπειτ' Ὀδυσῆος ἐγὼ θείοιο λαθοίμην, 65
ὃς περὶ μὲν νόον ἐστὶ βροτῶν, περὶ δ' ἱρὰ θεοῖσιν
ἀθανάτοισιν ἔδωκε, τοὶ οὐρανὸν εὐρὺν ἔχουσιν;
ἀλλὰ Ποσειδάων γαιήοχος ἀσκελὲς αἰεὶ
Κύκλωπος κεχόλωται, ὃν ὀφθαλμοῦ ἀλάωσεν,
ἀντίθεον Πολύφημον, ὅου κράτος ἐστὶ μέγιστον 70
πᾶσιν Κυκλώπεσσι· Θόωσα δέ μιν τέκε νύμφη,
Φόρκυνος θυγάτηρ ἁλὸς ἀτρυγέτοιο μέδοντος,
ἐν σπέσσι γλαφυροῖσι Ποσειδάωνι μιγεῖσα.
ἐκ τοῦ δὴ Ὀδυσῆα Ποσειδάων ἐνοσίχθων
οὔ τι κατακτείνει, πλάζει δ' ἀπὸ πατρίδος αἴης. 75
ἀλλ' ἄγεθ', ἡμεῖς οἵδε περιφραζώμεθα πάντες
νόστον, ὅπως ἔλθῃσι· Ποσειδάων δὲ μεθήσει
ὃν χόλον· οὐ μὲν γάρ τι δυνήσεται ἀντία πάντων
ἀθανάτων ἀέκητι θεῶν ἐριδαινέμεν οἶος.'
 τὸν δ' ἠμείβετ' ἔπειτα θεά, γλαυκῶπις Ἀθήνη· 80
'ὦ πάτερ ἡμέτερε Κρονίδη, ὕπατε κρειόντων,
εἰ μὲν δὴ νῦν τοῦτο φίλον μακάρεσσι θεοῖσιν,
νοστῆσαι Ὀδυσῆα πολύφρονα ὅνδε δόμονδε,
Ἑρμείαν μὲν ἔπειτα διάκτορον ἀργεϊφόντην
νῆσον ἐς Ὠγυγίην ὀτρύνομεν, ὄφρα τάχιστα 85
νύμφῃ ἐϋπλοκάμῳ εἴπῃ νημερτέα βουλήν,
νόστον Ὀδυσσῆος ταλασίφρονος, ὥς κε νέηται·

The daughter of wise Atlas, him who knows
The ocean to its utmost depths, and holds
Upright the lofty columns which divide   70
The earth from heaven. The daughter there detains
The unhappy chieftain, and with flattering words
Would win him to forget his Ithaca.
Meanwhile, impatient to behold the smokes
That rise from hearths in his own land, he pines   75
And willingly would die. Is not thy heart,
Olympius, touched by this? And did he not
Pay grateful sacrifice to thee beside
The Argive fleet in the broad realm of Troy?
Why then, O Jove, art thou so wroth with him?"   80
    Then answered cloud-compelling Jove: "My child,
What words have passed thy lips? Can I forget
Godlike Ulysses, who in gifts of mind
Excels all other men, and who has brought
Large offerings to the gods that dwell in heaven?   85
Yet he who holds the earth in his embrace,
Neptune, pursues him with perpetual hate
Because of Polypheme, the Cyclops, strong
Beyond all others of his giant race,
Whose eye Ulysses had put out. The nymph   90
Thoosa brought him forth,—a daughter she
Of Phorcys, ruling in the barren deep,—
And in the covert of o'erhanging rocks
She met with Neptune. For this cause the god
Who shakes the shores, although he slay him not,   95
Sends forth Ulysses wandering far away
From his own country. Let us now consult
Together and provide for his return,
And Neptune will lay by his wrath, for vain
It were for one like him to strive alone   100
Against the might of all the immortal gods."
    And then the blue-eyed Pallas spake again:—
"O father! son of Saturn, king of kings!
If such the pleasure of the blessed gods
That now the wise Ulysses shall return   105
To his own land, let us at once despatch
Hermes, the Argicide, our messenger,
Down to Ogygia, to the bright-haired nymph,
And make our steadfast purpose known to bring
The sufferer Ulysses to his home,   110

αὐτὰρ ἐγὼν Ἰθάκηνδ᾽ ἐσελεύσομαι, ὄφρα οἱ υἱὸν
μᾶλλον ἐποτρύνω καί οἱ μένος ἐν φρεσὶ θείω,
εἰς ἀγορὴν καλέσαντα κάρη κομόωντας Ἀχαιοὺς 90
πᾶσι μνηστήρεσσιν ἀπειπέμεν, οἵ τέ οἱ αἰεὶ
μῆλ᾽ ἁδινὰ σφάζουσι καὶ εἰλίποδας ἕλικας βοῦς.
πέμψω δ᾽ ἐς Σπάρτην τε καὶ ἐς Πύλον ἠμαθόεντα
νόστον πευσόμενον πατρὸς φίλου, ἤν που ἀκούσῃ,
ἠδ᾽ ἵνα μιν κλέος ἐσθλὸν ἐν ἀνθρώποισιν ἔχῃσιν.᾽ 95
ὣς εἰποῦσ᾽ ὑπὸ ποσσὶν ἐδήσατο καλὰ πέδιλα,
ἀμβρόσια χρύσεια, τά μιν φέρον ἠμὲν ἐφ᾽ ὑγρὴν
ἠδ᾽ ἐπ᾽ ἀπείρονα γαῖαν ἅμα πνοιῇς ἀνέμοιο·
εἵλετο δ᾽ ἄλκιμον ἔγχος, ἀκαχμένον ὀξέι χαλκῷ,
βριθὺ μέγα στιβαρόν, τῷ δάμνησι στίχας ἀνδρῶν 100
ἡρώων, τοῖσίν τε κοτέσσεται ὀβριμοπάτρη.
βῆ δὲ κατ᾽ Οὐλύμποιο καρήνων ἀίξασα,
στῆ δ᾽ Ἰθάκης ἐνὶ δήμῳ ἐπὶ προθύροις Ὀδυσῆος,
οὐδοῦ ἐπ᾽ αὐλείου· παλάμῃ δ᾽ ἔχε χάλκεον ἔγχος,
εἰδομένη ξείνῳ, Ταφίων ἡγήτορι Μέντῃ. 105
εὗρε δ᾽ ἄρα μνηστῆρας ἀγήνορας. οἱ μὲν ἔπειτα
πεσσοῖσι προπάροιθε θυράων θυμὸν ἔτερπον
ἥμενοι ἐν ῥινοῖσι βοῶν, οὓς ἔκτανον αὐτοί·
κήρυκες δ᾽ αὐτοῖσι καὶ ὀτρηροὶ θεράποντες
οἱ μὲν οἶνον ἔμισγον ἐνὶ κρητῆρσι καὶ ὕδωρ, 110
οἱ δ᾽ αὖτε σπόγγοισι πολυτρήτοισι τραπέζας
νίζον καὶ πρότιθεν, τοὶ δὲ κρέα πολλὰ δατεῦντο.
  τὴν δὲ πολὺ πρῶτος ἴδε Τηλέμαχος θεοειδής,
ἧστο γὰρ ἐν μνηστῆρσι φίλον τετιημένος ἦτορ,
ὀσσόμενος πατέρ᾽ ἐσθλὸν ἐνὶ φρεσίν, εἴ ποθεν ἐλθὼν 115
μνηστήρων τῶν μὲν σκέδασιν κατὰ δώματα θείη,
τιμὴν δ᾽ αὐτὸς ἔχοι καὶ δώμασιν οἷσιν ἀνάσσοι.
τὰ φρονέων, μνηστῆρσι μεθήμενος, εἴσιδ᾽ Ἀθήνην.
βῆ δ᾽ ἰθὺς προθύροιο, νεμεσσήθη δ᾽ ἐνὶ θυμῷ
ξεῖνον δηθὰ θύρῃσιν ἐφεστάμεν· ἐγγύθι δὲ στὰς 120
χεῖρ᾽ ἕλε δεξιτερὴν καὶ ἐδέξατο χάλκεον ἔγχος,
καί μιν φωνήσας ἔπεα πτερόεντα προσηύδα·
  ‘χαῖρε, ξεῖνε, παρ᾽ ἄμμι φιλήσεαι· αὐτὰρ ἔπειτα

And I will haste to Ithaca, and move
His son, that with a resolute heart he call
The long-haired Greeks together and forbid
The excesses of the suitor train, who slay
His flocks and slow-paced beeves with crooked horns. 115
To Sparta I will send him and the sands
Of Pylos, to inquire for the return
Of his dear father. So a glorious fame
Shall gather round him in the eyes of men."
    She spake, and fastened underneath her feet 120
The fair, ambrosial golden sandals worn
To bear her over ocean like the wind,
And o'er the boundless land. In hand she took,
Well tipped with trenchant brass, the mighty spear,
Heavy and huge and strong, with which she bears 125
Whole phalanxes of heroes to the earth,
When she, the daughter of a mighty sire,
Is angered. From the Olympian heights she plunged,
And stood among the men of Ithaca,
Just at the porch and threshold of their chief, 130
Ulysses. In her hand she bore the spear,
And seemed the stranger Mentes, he who led
The Taphians. There before the gate she found
The haughty suitors. Some beguiled the time
With draughts, while sitting on the hides of beeves 135
Which they had slaughtered. Heralds were with them,
And busy menials: some who in the bowls
Tempered the wine with water, some who cleansed
The tables with light sponges, and who set
The banquet forth and carved the meats for all. 140
    Telemachus the godlike was the first
To see the goddess as he sat among
The crowd of suitors, sad at heart, and thought
Of his illustrious father, who might come
And scatter those who filled his palace halls, 145
And win new honor, and regain the rule
Over his own. As thus he sat and mused
Among the suitors, he beheld where stood
Pallas, and forth he sprang; he could not bear
To keep a stranger waiting at his door. 150
He came, and taking her right hand received
The brazen spear, and spake these winged words:—
    "Hail, stranger! thou art truly welcome here;

δείπνου πασσάμενος μυθήσεαι ὅττεό σε χρή.'
    ὣς εἰπὼν ἡγεῖθ', ἡ δ' ἕσπετο Παλλὰς Ἀθήνη. 125
οἱ δ' ὅτε δή ῥ' ἔντοσθεν ἔσαν δόμου ὑψηλοῖο,
ἔγχος μέν ῥ' ἔστησε φέρων πρὸς κίονα μακρὴν
δουροδόκης ἔντοσθεν ἐυξόου, ἔνθα περ ἄλλα
ἔγχε' Ὀδυσσῆος ταλασίφρονος ἵστατο πολλά,
αὐτὴν δ' ἐς θρόνον εἷσεν ἄγων, ὑπὸ λῖτα πετάσσας, 130
καλὸν δαιδάλεον· ὑπὸ δὲ θρῆνυς ποσὶν ἦεν.
πὰρ δ' αὐτὸς κλισμὸν θέτο ποικίλον, ἔκτοθεν ἄλλων
μνηστήρων, μὴ ξεῖνος ἀνιηθεὶς ὀρυμαγδῷ
δείπνῳ ἁδήσειεν, ὑπερφιάλοισι μετελθών,
ἠδ' ἵνα μιν περὶ πατρὸς ἀποιχομένοιο ἔροιτο. 135
χέρνιβα δ' ἀμφίπολος προχόῳ ἐπέχευε φέρουσα
καλῇ χρυσείῃ, ὑπὲρ ἀργυρέοιο λέβητος,
νίψασθαι· παρὰ δὲ ξεστὴν ἐτάνυσσε τράπεζαν.
σῖτον δ' αἰδοίη ταμίη παρέθηκε φέρουσα,
εἴδατα πόλλ' ἐπιθεῖσα, χαριζομένη παρεόντων· 140
δαιτρὸς δὲ κρειῶν πίνακας παρέθηκεν ἀείρας
παντοίων, παρὰ δέ σφι τίθει χρύσεια κύπελλα·
κῆρυξ δ' αὐτοῖσιν θάμ' ἐπῴχετο οἰνοχοεύων.
    ἐς δ' ἦλθον μνηστῆρες ἀγήνορες. οἱ μὲν ἔπειτα
ἑξείης ἕζοντο κατὰ κλισμούς τε θρόνους τε, 145
τοῖσι δὲ κήρυκες μὲν ὕδωρ ἐπὶ χεῖρας ἔχευαν,
σῖτον δὲ δμωαὶ παρενήνεον ἐν κανέοισιν,
κοῦροι δὲ κρητῆρας ἐπεστέψαντο ποτοῖο.
οἱ δ' ἐπ' ὀνείαθ' ἑτοῖμα προκείμενα χεῖρας ἴαλλον.
αὐτὰρ ἐπεὶ πόσιος καὶ ἐδητύος ἐξ ἔρον ἕντο 150
μνηστῆρες, τοῖσιν μὲν ἐνὶ φρεσὶν ἄλλα μεμήλει,
μολπή τ' ὀρχηστύς τε· τὰ γὰρ τ' ἀναθήματα δαιτός·
κῆρυξ δ' ἐν χερσὶν κίθαριν περικαλλέα θῆκεν
Φημίῳ, ὅς ῥ' ἤειδε παρὰ μνηστῆρσιν ἀνάγκῃ.
ἦ τοι ὁ φορμίζων ἀνεβάλλετο καλὸν ἀείδειν. 155
    αὐτὰρ Τηλέμαχος προσέφη γλαυκῶπιν Ἀθήνην,
ἄγχι σχὼν κεφαλήν, ἵνα μὴ πευθοίαθ' οἱ ἄλλοι·
'ξεῖνε φίλ', ἦ καί μοι νεμεσήσεαι ὅττι κεν εἴπω;

First come and share our feast and be refreshed,
Then say what thou requirest at our hands." 155
   He spake and led the way, and in his steps
Pallas Athenè followed. Entering then
The lofty halls, he set the spear upright
By a tall column, in the armory
With polished walls, where rested many a lance 160
Of the large-souled Ulysses. Then he placed
His guest upon a throne, o'er which he spread
A covering many-hued and beautiful,
and gave her feet a footstool. Near to her
He drew his party-colored seat, aloof 165
From where the suitors sat; that so his guest
Might not amid those haughty revellers
Be wearied with the tumult and enjoy
His meal the less, and that himself might ask
News of his absent father. In a bowl 170
Of silver, from a shapely ewer of gold,
A maid poured water for the hands, and set
A polished table near them. Then approached
A venerable matron bringing bread
And delicacies gathered from the board; 175
And he who served the feast before them placed
Chargers with various meats, and cups of gold;
While round the board a herald moved, and poured
Wine for the guests. The haughty suitors now
Came in, and took their places on the thrones 180
And couches; heralds poured upon their hands
The water; maidens heaped the canisters
With bread, and all put forth their hands to share
The banquet on the board, while to the brim
Boys filled the beakers. When the calls of thirst 185
And hunger were appeased, the suitors thought
Of other things that well become a feast,—
Song and the dance. And then a herald brought
A shapely harp, and gave it to the hands
Of Phemius, who had only by constraint 190
Sung to the suitors. On the chords he struck
A prelude to his lay, while, as he played,
Telemachus, that others might not hear,
Leaned forward, and to blue-eyed Pallas spake:—
   "My friend and guest, wilt thou take no offence 195
At what I say? These revellers enjoy

τούτοισιν μὲν ταῦτα μέλει, κίθαρις καὶ ἀοιδή,
ῥεῖ', ἐπεὶ ἀλλότριον βίοτον νήποινον ἔδουσιν, 160
ἀνέρος, οὗ δή που λεύκ' ὀστέα πύθεται ὄμβρῳ
κείμεν' ἐπ' ἠπείρου, ἢ εἰν ἁλὶ κῦμα κυλίνδει.
εἰ κεῖνόν γ' Ἰθάκηνδε ἰδοίατο νοστήσαντα,
πάντες κ' ἀρησαίατ' ἐλαφρότεροι πόδας εἶναι
ἢ ἀφνειότεροι χρυσοῖό τε ἐσθῆτός τε. 165
νῦν δ' ὁ μὲν ὣς ἀπόλωλε κακὸν μόρον, οὐδέ τις ἡμῖν
θαλπωρή, εἴ πέρ τις ἐπιχθονίων ἀνθρώπων
φῇσιν ἐλεύσεσθαι· τοῦ δ' ὤλετο νόστιμον ἦμαρ.
ἀλλ' ἄγε μοι τόδε εἰπὲ καὶ ἀτρεκέως κατάλεξον·
τίς πόθεν εἰς ἀνδρῶν; πόθι τοι πόλις ἠδὲ τοκῆες; 170
ὁπποίης τ' ἐπὶ νηὸς ἀφίκεο· πῶς δέ σε ναῦται
ἤγαγον εἰς Ἰθάκην; τίνες ἔμμεναι εὐχετόωντο;
οὐ μὲν γὰρ τί σε πεζὸν ὀίομαι ἐνθάδ' ἱκέσθαι.
καί μοι τοῦτ' ἀγόρευσον ἐτήτυμον, ὄφρ' ἐὺ εἰδῶ,
ἠὲ νέον μεθέπεις ἢ καὶ πατρώιός ἐσσι 175
ξεῖνος, ἐπεὶ πολλοὶ ἴσαν ἀνέρες ἡμέτερον δῶ
ἄλλοι, ἐπεὶ καὶ κεῖνος ἐπίστροφος ἦν ἀνθρώπων.'
 τὸν δ' αὖτε προσέειπε θεά, γλαυκῶπις Ἀθήνη·
'τοιγὰρ ἐγώ τοι ταῦτα μάλ' ἀτρεκέως ἀγορεύσω.
Μέντης Ἀγχιάλοιο δαΐφρονος εὔχομαι εἶναι 180
υἱός, ἀτὰρ Ταφίοισι φιληρέτμοισιν ἀνάσσω.
νῦν δ' ὧδε ξὺν νηὶ κατήλυθον ἠδ' ἑτάροισιν
πλέων ἐπὶ οἴνοπα πόντον ἐπ' ἀλλοθρόους ἀνθρώπους,
ἐς Τεμέσην μετὰ χαλκόν, ἄγω δ' αἴθωνα σίδηρον.
νηῦς δέ μοι ἥδ' ἕστηκεν ἐπ' ἀγροῦ νόσφι πόληος, 185
ἐν λιμένι Ῥείθρῳ ὑπὸ Νηίῳ ὑλήεντι.
ξεῖνοι δ' ἀλλήλων πατρώιοι εὐχόμεθ' εἶναι
ἐξ ἀρχῆς, εἴ πέρ τε γέροντ' εἴρηαι ἐπελθὼν
Λαέρτην ἥρωα, τὸν οὐκέτι φασὶ πόλινδε
ἔρχεσθ', ἀλλ' ἀπάνευθεν ἐπ' ἀγροῦ πήματα πάσχειν 190
γρηὶ σὺν ἀμφιπόλῳ, ἥ οἱ βρῶσίν τε πόσιν τε
παρτιθεῖ, εὖτ' ἄν μιν κάματος κατὰ γυῖα λάβῃσιν
ἑρπύζοντ' ἀνὰ γουνὸν ἀλωῆς οἰνοπέδοιο.

The harp and song, for at no cost of theirs
They waste the substance of another man,
Whose white bones now are mouldering in the rain
Upon some main-land, or are tossed about   200
By ocean billows. Should they see him once
In Ithaca, their prayers would rather rise
For swifter feet than richer stores of gold
And raiment. But an evil fate is his,
And he has perished. Even should we hear   205
From any of the dwellers upon earth
That he is near at hand, we could not hope.
For him is no return. But now, I pray,
Tell me, and frankly tell me, who thou art,
And of what race of men, and where thy home,   210
And who thy parents; how the mariners
Brought thee to Ithaca, and who they claim
To be, for well I deem thou couldst not come
Hither on foot. All this, I pray, relate
Truly, that I may know the whole. Art thou   215
For the first time arrived, or hast thou been
My father's guest? for many a stranger once
Resorted to our palace, and he knew
The way to win the kind regard of men."
    Pallas, the blue-eyed goddess, answered thus: —   220
"I will tell all and truly. I am named
Mentes; my father was the great in war
Anchialus. I rule a people skilled
To wield the oar, the Taphians, and I come
With ship and crew across the dark blue deep   225
To Temesè, and to a race whose speech
Is different from my own, in quest of brass,
And bringing bright steel with me. I have left
Moored at the field behind the town my bark,
Within the bay of Reithrus, and beneath   230
The woods of Neius. We claim to be
Guests by descent, and from our fathers' time,
As thou wilt learn if thou shouldst meet and ask
Laertes, the old hero. It is said
He comes no more within the city walls,   235
But in the fields dwells sadly by himself,
Where an old handmaid sets upon his board
His food and drink when weariness unnerves
His limbs in creeping o'er the fertile soil

νῦν δ' ἦλθον: δὴ γάρ μιν ἔφαντ' ἐπιδήμιον εἶναι,
σὸν πατέρ': ἀλλά νυ τόν γε θεοὶ βλάπτουσι κελεύθου. 195
οὐ γάρ πω τέθνηκεν ἐπὶ χθονὶ δῖος Ὀδυσσεύς,
ἀλλ' ἔτι που ζωὸς κατερύκεται εὐρέι πόντῳ
νήσῳ ἐν ἀμφιρύτῃ, χαλεποὶ δέ μιν ἄνδρες ἔχουσιν
ἄγριοι, οἵ που κεῖνον ἐρυκανόωσ' ἀέκοντα.
αὐτὰρ νῦν τοι ἐγὼ μαντεύσομαι, ὡς ἐνὶ θυμῷ 200
ἀθάνατοι βάλλουσι καὶ ὡς τελέεσθαι ὀίω,
οὔτε τι μάντις ἐὼν οὔτ' οἰωνῶν σάφα εἰδώς.
οὔ τοι ἔτι δηρόν γε φίλης ἀπὸ πατρίδος αἴης
ἔσσεται, οὐδ' εἴ πέρ τε σιδήρεα δέσματ' ἔχῃσιν:
φράσσεται ὥς κε νέηται, ἐπεὶ πολυμήχανός ἐστιν. 205
ἀλλ' ἄγε μοι τόδε εἰπὲ καὶ ἀτρεκέως κατάλεξον,
εἰ δὴ ἐξ αὐτοῖο τόσος πάϊς εἰς Ὀδυσῆος.
αἰνῶς μὲν κεφαλήν τε καὶ ὄμματα καλὰ ἔοικας
κείνῳ, ἐπεὶ θαμὰ τοῖον ἐμισγόμεθ' ἀλλήλοισιν,
πρίν γε τὸν ἐς Τροίην ἀναβήμεναι, ἔνθα περ ἄλλοι 210
Ἀργείων οἱ ἄριστοι ἔβαν κοίλης ἐνὶ νηυσίν:
ἐκ τοῦ δ' οὔτ' Ὀδυσῆα ἐγὼν ἴδον οὔτ' ἔμ' ἐκεῖνος.'
   τὴν δ' αὖ Τηλέμαχος πεπνυμένος ἀντίον ηὔδα:
'τοιγὰρ ἐγώ τοι, ξεῖνε, μάλ' ἀτρεκέως ἀγορεύσω.
μήτηρ μέν τέ μέ φησι τοῦ ἔμμεναι, αὐτὰρ ἐγώ γε 215
οὐκ οἶδ': οὐ γάρ πώ τις ἑὸν γόνον αὐτὸς ἀνέγνω.
ὡς δὴ ἐγώ γ' ὄφελον μάκαρός νύ τευ ἔμμεναι υἱὸς
ἀνέρος, ὃν κτεάτεσσιν ἑοῖς ἔπι γῆρας ἔτετμε.
νῦν δ' ὃς ἀποτμότατος γένετο θνητῶν ἀνθρώπων,
τοῦ μ' ἔκ φασι γενέσθαι, ἐπεὶ σύ με τοῦτ' ἐρεείνεις.' 220
   τὸν δ' αὖτε προσέειπε θεά, γλαυκῶπις Ἀθήνη:
'οὐ μέν τοι γενεήν γε θεοὶ νώνυμνον ὀπίσσω
θῆκαν, ἐπεὶ σέ γε τοῖον ἐγείνατο Πηνελόπεια.
ἀλλ' ἄγε μοι τόδε εἰπὲ καὶ ἀτρεκέως κατάλεξον:
τίς δαίς, τίς δὲ ὅμιλος ὅδ' ἔπλετο; τίπτε δέ σε χρεώ; 225
εἰλαπίνη ἠὲ γάμος; ἐπεὶ οὐκ ἔρανος τάδε γ' ἐστίν:
ὥς τέ μοι ὑβρίζοντες ὑπερφιάλως δοκέουσι

Of his rich vineyard. I am come because 240
I heard thy father had at last returned,
And now am certain that the gods delay
His journey hither; for the illustrious man
Cannot have died, but is detained alone
Somewhere upon the ocean, in some spot 245
Girt by the waters. There do cruel men
And savage keep him, pining to depart.
Now let me speak of what the gods reveal,
And what I deem will surely come to pass,
Although I am no seer and have no skill 250
In omens drawn from birds. Not long the chief
Will be an exile from his own dear land.
Though fettered to his place by links of steel;
For he has large invention, and will plan
A way for his escape. Now tell me this, 255
And truly; tall in stature as thou art,
Art thou in fact Ulysses' son? In face
And glorious eyes thou dost resemble him
Exceedingly; for he and I of yore
Were oftentimes companions, ere he sailed 260
For Ilium, whither also went the best
Among the Argives in their roomy ships,
Nor have we seen each other since that day."
   Telemachus, the prudent, spake: "O guest,
True answer shalt thou have. My mother says 265
I am his son; I know not; never man
Knew his own father. Would I were the son
Of one whose happier lot it was to meet
Amidst his own estates the approach of age.
Now the most wretched of the sons of men 270
Is he to whom they say I owe my birth.
Thus is thy question answered." Then again
Spake blue-eyed Pallas: "Of a truth, the gods
Ordain not that thy race, in years to come,
Should be inglorious, since Penelope 275
Hath borne thee such as I behold thee now.
But frankly answer me,—what feast is here,
And what is this assembly? What may be
The occasion? is a banquet given? is this
A wedding? A collation, where the guests 280
Furnish the meats, I think it cannot be,
So riotously goes the revel on

δαίνυσθαι κατὰ δῶμα. νεμεσσήσαιτό κεν ἀνὴρ
αἴσχεα πόλλ᾽ ὁρόων, ὅς τις πινυτός γε μετέλθοι.'
   τὴν δ᾽ αὖ Τηλέμαχος πεπνυμένος ἀντίον ηὔδα: 230
'ξεῖν᾽, ἐπεὶ ἂρ δὴ ταῦτά μ᾽ ἀνείρεαι ἠδὲ μεταλλᾷς,
μέλλεν μέν ποτε οἶκος ὅδ᾽ ἀφνειὸς καὶ ἀμύμων
ἔμμεναι, ὄφρ᾽ ἔτι κεῖνος ἀνὴρ ἐπιδήμιος ἦεν:
νῦν δ᾽ ἑτέρως ἐβόλοντο θεοὶ κακὰ μητιόωντες,
οἳ κεῖνον μὲν ἄϊστον ἐποίησαν περὶ πάντων 235
ἀνθρώπων, ἐπεὶ οὔ κε θανόντι περ ὧδ᾽ ἀκαχοίμην,
εἰ μετὰ οἷς ἑτάροισι δάμη Τρώων ἐνὶ δήμῳ,
ἠὲ φίλων ἐν χερσίν, ἐπεὶ πόλεμον τολύπευσεν.
τῷ κέν οἱ τύμβον μὲν ἐποίησαν Παναχαιοί,
ἠδέ κε καὶ ᾧ παιδὶ μέγα κλέος ἤρατ᾽ ὀπίσσω. 240
νῦν δέ μιν ἀκλειῶς ἅρπυιαι ἀνηρείψαντο:
οἴχετ᾽ ἄϊστος ἄπυστος, ἐμοὶ δ᾽ ὀδύνας τε γόους τε
κάλλιπεν. οὐδέ τι κεῖνον ὀδυρόμενος στεναχίζω
οἶον, ἐπεί νύ μοι ἄλλα θεοὶ κακὰ κήδε᾽ ἔτευξαν.
ὅσσοι γὰρ νήσοισιν ἐπικρατέουσιν ἄριστοι, 245
Δουλιχίῳ τε Σάμῃ τε καὶ ὑλήεντι Ζακύνθῳ,
ἠδ᾽ ὅσσοι κραναὴν Ἰθάκην κάτα κοιρανέουσιν,
τόσσοι μητέρ᾽ ἐμὴν μνῶνται, τρύχουσι δὲ οἶκον.
ἡ δ᾽ οὔτ᾽ ἀρνεῖται στυγερὸν γάμον οὔτε τελευτὴν
ποιῆσαι δύναται: τοὶ δὲ φθινύθουσιν ἔδοντες 250
οἶκον ἐμόν: τάχα δή με διαρραίσουσι καὶ αὐτόν.'
   τὸν δ᾽ ἐπαλαστήσασα προσηύδα Παλλὰς Ἀθήνη:
'ὢ πόποι, ἦ δὴ πολλὸν ἀποιχομένου Ὀδυσῆος
δεύῃ, ὅ κε μνηστῆρσιν ἀναιδέσι χεῖρας ἐφείη.
εἰ γὰρ νῦν ἐλθὼν δόμου ἐν πρώτῃσι θύρῃσι 255
σταίη, ἔχων πήληκα καὶ ἀσπίδα καὶ δύο δοῦρε,
τοῖος ἐὼν οἷόν μιν ἐγὼ τὰ πρῶτ᾽ ἐνόησα
οἴκῳ ἐν ἡμετέρῳ πίνοντά τε τερπόμενόν τε,
ἐξ Ἐφύρης ἀνιόντα παρ᾽ Ἴλου Μερμερίδαο—
ᾤχετο γὰρ καὶ κεῖσε θοῆς ἐπὶ νηὸς Ὀδυσσεὺς 260
φάρμακον ἀνδροφόνον διζήμενος, ὄφρα οἱ εἴη
ἰοὺς χρίεσθαι χαλκήρεας: ἀλλ᾽ ὁ μὲν οὔ οἱ
δῶκεν, ἐπεί ῥα θεοὺς νεμεσίζετο αἰὲν ἐόντας,
ἀλλὰ πατήρ οἱ δῶκεν ἐμός: φιλέεσκε γὰρ αἰνῶς—

Throughout the palace. A well-judging man,
If he should come among them, would be moved
With anger at the shameful things they do." 285
    Again Telemachus, the prudent, spake:—
"Since thou dost ask me, stranger, know that once
Rich and illustrious might this house be called
While yet the chief was here. But now the gods
Have grown unkind and willed it otherwise, 290
They make his fate a mystery beyond
The fate of other men. I should not grieve
So deeply for his loss if he had fallen
With his companions on the field of Troy,
Or midst his kindred when the war was o'er. 295
Then all the Greeks had built his monument,
And he had left his son a heritage
Of glory. Now has he become the prey
Of Harpies, perishing ingloriously,
Unseen, his fate unheard of, and has left 300
Mourning and grief, my portion. Not for him
Alone I grieve; the gods have cast on me
Yet other hardships. All the chiefs who rule
The isles, Dulichium, Samos, and the groves
That shade Zacynthus, and who bear the sway 305
In rugged Ithaca, have come to woo
My mother, and from day to day consume
My substance. She rejects not utterly
Their hateful suit, and yet she cannot bear
To end it by a marriage. Thus they waste 310
My heritage, and soon will seek my life."
    Again in grief and anger Pallas spake:—
"Yea, greatly dost thou need the absent chief
Ulysses here, that he might lay his hands
Upon these shameless suitors. Were he now 315
To come and stand before the palace gate
With helm and buckler and two spears, as first
I saw him in our house, when drinking wine
And feasting, just returned from Ephyrè,
Where Ilus dwelt, the son of Mermerus,— 320
For thither went Ulysses in a bark,
To seek a deadly drug with which to taint
His brazen arrows; Ilus gave it not;
He feared the immortal gods; my father gave
The poison, for exceedingly he loved 325

τοῖος ἐὼν μνηστῆρσιν ὁμιλήσειεν Ὀδυσσεύς: 265
πάντες κ' ὠκύμοροί τε γενοίατο πικρόγαμοί τε.
ἀλλ' ἦ τοι μὲν ταῦτα θεῶν ἐν γούνασι κεῖται,
ἤ κεν νοστήσας ἀποτίσεται, ἦε καὶ οὐκί,
οἷσιν ἐνὶ μεγάροισι: σὲ δὲ φράζεσθαι ἄνωγα,
ὅππως κε μνηστῆρας ἀπώσεαι ἐκ μεγάροιο. 270
εἰ δ' ἄγε νῦν ξυνίει καὶ ἐμῶν ἐμπάζεο μύθων:
αὔριον εἰς ἀγορὴν καλέσας ἥρωας Ἀχαιοὺς
μῦθον πέφραδε πᾶσι, θεοὶ δ' ἐπὶ μάρτυροι ἔστων.
μνηστῆρας μὲν ἐπὶ σφέτερα σκίδνασθαι ἄνωχθι,
μητέρα δ', εἴ οἱ θυμὸς ἐφορμᾶται γαμέεσθαι, 275
ἂψ ἴτω ἐς μέγαρον πατρὸς μέγα δυναμένοιο:
οἱ δὲ γάμον τεύξουσι καὶ ἀρτυνέουσιν ἔεδνα
πολλὰ μάλ', ὅσσα ἔοικε φίλης ἐπὶ παιδὸς ἕπεσθαι.
σοὶ δ' αὐτῷ πυκινῶς ὑποθήσομαι, αἴ κε πίθηαι:
νῆ' ἄρσας ἐρέτῃσιν ἐείκοσιν, ἥ τις ἀρίστη, 280
ἔρχεο πευσόμενος πατρὸς δὴν οἰχομένοιο,
ἤν τίς τοι εἴπῃσι βροτῶν, ἢ ὄσσαν ἀκούσῃς
ἐκ Διός, ἥ τε μάλιστα φέρει κλέος ἀνθρώποισι.
πρῶτα μὲν ἐς Πύλον ἐλθὲ καὶ εἴρεο Νέστορα δῖον,
κεῖθεν δὲ Σπάρτηνδε παρὰ ξανθὸν Μενέλαον: 285
ὃς γὰρ δεύτατος ἦλθεν Ἀχαιῶν χαλκοχιτώνων.
εἰ μέν κεν πατρὸς βίοτον καὶ νόστον ἀκούσῃς,
ἦ τ' ἂν τρυχόμενός περ ἔτι τλαίης ἐνιαυτόν:
εἰ δέ κε τεθνηῶτος ἀκούσῃς μηδ' ἔτ' ἐόντος,
νοστήσας δὴ ἔπειτα φίλην ἐς πατρίδα γαῖαν 290
σῆμά τέ οἱ χεῦαι καὶ ἐπὶ κτέρεα κτερεΐξαι
πολλὰ μάλ', ὅσσα ἔοικε, καὶ ἀνέρι μητέρα δοῦναι.
αὐτὰρ ἐπὴν δὴ ταῦτα τελευτήσῃς τε καὶ ἔρξῃς,
φράζεσθαι δὴ ἔπειτα κατὰ φρένα καὶ κατὰ θυμὸν
ὅππως κε μνηστῆρας ἐνὶ μεγάροισι τεοῖσι 295
κτείνῃς ἠὲ δόλῳ ἢ ἀμφαδόν: οὐδέ τί σε χρὴ
νηπιάας ὀχέειν, ἐπεὶ οὐκέτι τηλίκος ἐσσι.

His guest,—could now Ulysses, in such guise,
Once meet the suitors, short would be their lives
And bitter would the marriage banquet be.
Yet whether he return or not to take
Vengeance, in his own palace, on this crew   330
Of wassailers, rests only with the gods.
Now let me counsel thee to think betimes
How thou shalt thrust them from thy palace gates.
Observe me, and attend to what I say:
To-morrow thou shalt call the Achaian chiefs   335
To an assembly; speak before them all,
And be the gods thy witnesses. Command
The suitors all to separate for their homes;
And if thy mother's mind be bent to wed,
Let her return to where her father dwells,   340
A mighty prince, and there they will appoint
Magnificent nuptials, and an ample dower
Such as should honor a beloved child.
And now, if thou wilt heed me, I will give
A counsel for thy good. Man thy best ship   345
With twenty rowers, and go forth to seek
News of thy absent father. Thou shalt hear
Haply of him from some one of the sons
Of men, or else some word of rumor sent
By Jove, revealing what mankind should know.   350
First shape thy course for Pylos, and inquire
Of noble Nestor; then, at Sparta, ask
Of fair-haired Menelaus, for he came
Last of the mailed Achaians to his home.
And shouldst thou learn that yet thy father lives,   355
And will return, have patience yet a year,
However hard it seem. But shouldst thou find
That he is now no more, return forthwith
To thy own native land, and pile on high
His monument, and let the funeral rites   360
Be sumptuously performed as may become
The dead, and let thy mother wed again.
And when all this is fully brought to pass,
Take counsel with thy spirit and thy heart
How to destroy the suitor crew that haunt   365
Thy palace, whether by a secret snare
Or open force. No longer shouldst thou act
As if thou wert a boy; thou hast outgrown

ODYSSEY

ἦ οὐκ ἀίεις οἷον κλέος ἔλλαβε δῖος Ὀρέστης
πάντας ἐπ' ἀνθρώπους, ἐπεὶ ἔκτανε πατροφονῆα,
Αἴγισθον δολόμητιν, ὅ οἱ πατέρα κλυτὸν ἔκτα; 300
καὶ σύ, φίλος, μάλα γάρ σ' ὁρόω καλόν τε μέγαν τε,
ἄλκιμος ἔσσ', ἵνα τίς σε καὶ ὀψιγόνων ἐὺ εἴπῃ.
αὐτὰρ ἐγὼν ἐπὶ νῆα θοὴν κατελεύσομαι ἤδη
ἠδ' ἑτάρους, οἵ πού με μάλ' ἀσχαλόωσι μένοντες·
σοὶ δ' αὐτῷ μελέτω, καὶ ἐμῶν ἐμπάζεο μύθων.' 305
τὴν δ' αὖ Τηλέμαχος πεπνυμένος ἀντίον ηὔδα·
'ξεῖν', ἦ τοι μὲν ταῦτα φίλα φρονέων ἀγορεύεις,
ὥς τε πατὴρ ᾧ παιδί, καὶ οὔ ποτε λήσομαι αὐτῶν.
ἀλλ' ἄγε νῦν ἐπίμεινον, ἐπειγόμενός περ ὁδοῖο,
ὄφρα λοεσσάμενός τε τεταρπόμενός τε φίλον κῆρ, 310
δῶρον ἔχων ἐπὶ νῆα κίῃς, χαίρων ἐνὶ θυμῷ,
τιμῆεν, μάλα καλόν, ὅ τοι κειμήλιον ἔσται
ἐξ ἐμεῦ, οἷα φίλοι ξεῖνοι ξείνοισι διδοῦσι.'
τὸν δ' ἠμείβετ' ἔπειτα θεά, γλαυκῶπις Ἀθήνη·
'μή μ' ἔτι νῦν κατέρυκε, λιλαιόμενόν περ ὁδοῖο. 315
δῶρον δ' ὅττι κέ μοι δοῦναι φίλον ἦτορ ἀνώγῃ,
αὖτις ἀνερχομένῳ δόμεναι οἶκόνδε φέρεσθαι,
καὶ μάλα καλὸν ἑλών· σοὶ δ' ἄξιον ἔσται ἀμοιβῆς.'
ἡ μὲν ἄρ' ὣς εἰποῦσ' ἀπέβη γλαυκῶπις Ἀθήνη,
ὄρνις δ' ὣς ἀνόπαια διέπτατο· τῷ δ' ἐνὶ θυμῷ 320
θῆκε μένος καὶ θάρσος, ὑπέμνησέν τέ ἑ πατρὸς
μᾶλλον ἔτ' ἢ τὸ πάροιθεν. ὁ δὲ φρεσὶν ᾗσι νοήσας
θάμβησεν κατὰ θυμόν· ὀίσατο γὰρ θεὸν εἶναι.
αὐτίκα δὲ μνηστῆρας ἐπῴχετο ἰσόθεος φώς.
τοῖσι δ' ἀοιδὸς ἄειδε περικλυτός, οἱ δὲ σιωπῇ 325
ἥατ' ἀκούοντες· ὁ δ' Ἀχαιῶν νόστον ἄειδε
λυγρόν, ὃν ἐκ Τροίης ἐπετείλατο Παλλὰς Ἀθήνη.
τοῦ δ' ὑπερωιόθεν φρεσὶ σύνθετο θέσπιν ἀοιδὴν
κούρη Ἰκαρίοιο, περίφρων Πηνελόπεια·
κλίμακα δ' ὑψηλὴν κατεβήσετο οἷο δόμοιο, 330
οὐκ οἴη, ἅμα τῇ γε καὶ ἀμφίπολοι δύ' ἕποντο.
ἡ δ' ὅτε δὴ μνηστῆρας ἀφίκετο δῖα γυναικῶν,
στῆ ῥα παρὰ σταθμὸν τέγεος πύκα ποιητοῖο,
ἄντα παρειάων σχομένη λιπαρὰ κρήδεμνα·

The age of childish sports. Hast thou not heard
What honor the divine Orestes gained 370
With all men, when he slew the murderer,
The crafty wretch Ægisthus, by whose hand
The illustrious father of Orestes died?
And then, my friend,—for I perceive that thou
Art of a manly and a stately growth,— 375
Be also bold, that men hereafter born
May give thee praise. And now must I depart
To my good ship, and to my friends who wait,
Too anxiously perhaps, for my return.
Act wisely now, and bear my words in mind." 380
    The prudent youth Telemachus rejoined:—
"Well hast thou spoken, and with kind intent,
O stranger! like a father to a son;
And ne'er shall I forget what thou hast said.
Yet stay, I pray thee, though in haste, and bathe 385
And be refreshed, and take to thy good ship
Some gift with thee, such as may please thee well,
Precious and rare, which thou mayst ever keep
In memory of me,—a gift like those
Which friendly hosts bestow upon their guests." 390
    Then spake the blue-eyed Pallas: "Stay me not,
For now would I depart. Whatever gift
Thy heart may prompt thee to bestow, reserve
Till I come back, that I may bear it home,
And thou shalt take some precious thing in turn." 395
    So spake the blue-eyed Pallas, and withdrew,
Ascending like a bird. She filled his heart
With strength and courage, waking vividly
His father's memory. Then the noble youth
Went forth among the suitors. Silent all 400
They sat and listened to the illustrious bard,
Who sang of the calamitous return
Of the Greek host from Troy, at the command
Of Pallas. From her chamber o'er the hall
The daughter of Icarius, the sage queen 405
Penelope, had heard the heavenly strain,
And knew its theme. Down by the lofty stairs
She came, but not alone; there followed her
Two maidens. When the glorious lady reached
The threshold of the strong-built hall, where sat 410
The suitors, holding up a delicate veil

ἀμφίπολος δ' ἄρα οἱ κεδνὴ ἑκάτερθε παρέστη. 335
δακρύσασα δ' ἔπειτα προσηύδα θεῖον ἀοιδόν:
'Φήμιε, πολλὰ γὰρ ἄλλα βροτῶν θελκτήρια οἶδας,
ἔργ' ἀνδρῶν τε θεῶν τε, τά τε κλείουσιν ἀοιδοί:
τῶν ἕν γέ σφιν ἄειδε παρήμενος, οἱ δὲ σιωπῇ
οἶνον πινόντων: ταύτης δ' ἀποπαύε' ἀοιδῆς 340
λυγρῆς, ἥ τέ μοι αἰεὶ ἐνὶ στήθεσσι φίλον κῆρ
τείρει, ἐπεί με μάλιστα καθίκετο πένθος ἄλαστον.
τοίην γὰρ κεφαλὴν ποθέω μεμνημένη αἰεί,
ἀνδρός, τοῦ κλέος εὐρὺ καθ' Ἑλλάδα καὶ μέσον Ἄργος.'
τὴν δ' αὖ Τηλέμαχος πεπνυμένος ἀντίον ηὔδα: 345
'μῆτερ ἐμή, τί τ' ἄρα φθονέεις ἐρίηρον ἀοιδὸν
τέρπειν ὅππῃ οἱ νόος ὄρνυται; οὔ νύ τ' ἀοιδοὶ
αἴτιοι, ἀλλά ποθι Ζεὺς αἴτιος, ὅς τε δίδωσιν
ἀνδράσιν ἀλφηστῇσιν, ὅπως ἐθέλῃσιν, ἑκάστῳ.
τούτῳ δ' οὐ νέμεσις Δαναῶν κακὸν οἶτον ἀείδειν: 350
τὴν γὰρ ἀοιδὴν μᾶλλον ἐπικλείουσ' ἄνθρωποι,
ἥ τις ἀκουόντεσσι νεωτάτη ἀμφιπέληται.
σοί δ' ἐπιτολμάτω κραδίη καὶ θυμὸς ἀκούειν:
οὐ γὰρ Ὀδυσσεὺς οἶος ἀπώλεσε νόστιμον ἦμαρ
ἐν Τροίῃ, πολλοὶ δὲ καὶ ἄλλοι φῶτες ὄλοντο. 355
ἀλλ' εἰς οἶκον ἰοῦσα τὰ σ' αὐτῆς ἔργα κόμιζε,
ἱστόν τ' ἠλακάτην τε, καὶ ἀμφιπόλοισι κέλευε
ἔργον ἐποίχεσθαι: μῦθος δ' ἄνδρεσσι μελήσει
πᾶσι, μάλιστα δ' ἐμοί: τοῦ γὰρ κράτος ἔστ' ἐνὶ οἴκῳ.'
ἡ μὲν θαμβήσασα πάλιν οἰκόνδε βεβήκει: 360
παιδὸς γὰρ μῦθον πεπνυμένον ἔνθετο θυμῷ.
ἐς δ' ὑπερῷ' ἀναβᾶσα σὺν ἀμφιπόλοισι γυναιξὶ
κλαῖεν ἔπειτ' Ὀδυσῆα φίλον πόσιν, ὄφρα οἱ ὕπνον
ἡδὺν ἐπὶ βλεφάροισι βάλε γλαυκῶπις Ἀθήνη.
μνηστῆρες δ' ὁμάδησαν ἀνὰ μέγαρα σκιόεντα, 365
πάντες δ' ἠρήσαντο παραὶ λεχέεσσι κλιθῆναι.
τοῖσι δὲ Τηλέμαχος πεπνυμένος ἤρχετο μύθων:
'μητρὸς ἐμῆς μνηστῆρες ὑπέρβιον ὕβριν ἔχοντες,
νῦν μὲν δαινύμενοι τερπώμεθα, μηδὲ βοητὺς
ἔστω, ἐπεὶ τόδε καλὸν ἀκουέμεν ἐστὶν ἀοιδοῦ 370

Before her face, and with a gush of tears,
The queen bespake the sacred minstrel thus:—
   "Phemius! thou knowest many a pleasing theme,—
The deeds of gods and heroes, such as bards   415
Are wont to celebrate. Take then thy place
And sing of one of these, and let the guests
In silence drink the wine; but cease this strain;
It is too sad; it cuts me to the heart,
And wakes a sorrow without bounds,—such grief   420
I bear for him, my lord, of whom I think
Continually; whose glory is abroad
Through Hellas and through Argos, everywhere."
   And then Telemachus, the prudent, spake:—
"Why, O my mother! canst thou not endure   425
That thus the well-graced poet should delight
His hearers with a theme to which his mind
Is inly moved? The bards deserve no blame;
Jove is the cause, for he at will inspires
The lay that each must sing. Reprove not, then,   430
The minstrel who relates the unhappy fate
Of the Greek warriors. All men most applaud
The song that has the newest theme; and thou—
Strengthen thy heart to hear it. Keep in mind
That not alone Ulysses is cut off   435
From his return, but that with him at Troy
Have many others perished. Now withdraw
Into thy chamber; ply thy household tasks,
The loom, the spindle; bid thy maidens speed
Their work. To say what words beseem a feast   440
Belongs to man, and most to me; for here
Within these walls the authority is mine."
   The matron, wondering at his words, withdrew
To her own place, but in her heart laid up
Her son's wise sayings. When she now had reached,   445
With her attendant maids, the upper rooms,
She mourned Ulysses, her beloved spouse,
And wept, till blue-eyed Pallas closed her lids
In gentle slumbers. Noisily, meanwhile,
The suitors revelled in the shadowy halls;   450
And thus Telemachus, the prudent, spake:—
   "Ye suitors of my mother, insolent
And overbearing; cheerful be our feast,
Not riotous. It would become us well

τοιοῦδ' οἷος ὅδ' ἐστί, θεοῖς ἐναλίγκιος αὐδήν.
ἠῶθεν δ' ἀγορήνδε καθεζώμεσθα κιόντες
πάντες, ἵν' ὕμιν μῦθον ἀπηλεγέως ἀποείπω,
ἐξιέναι μεγάρων· ἄλλας δ' ἀλεγύνετε δαῖτας,
ὑμὰ κτήματ' ἔδοντες, ἀμειβόμενοι κατὰ οἴκους. 375
εἰ δ' ὕμιν δοκέει τόδε λωίτερον καὶ ἄμεινον
ἔμμεναι, ἀνδρὸς ἑνὸς βίοτον νήποινον ὀλέσθαι,
κείρετ'· ἐγὼ δὲ θεοὺς ἐπιβώσομαι αἰὲν ἐόντας,
αἴ κέ ποθι Ζεὺς δῷσι παλίντιτα ἔργα γενέσθαι·
νήποινοί κεν ἔπειτα δόμων ἔντοσθεν ὄλοισθε.' 380
  ὣς ἔφαθ', οἱ δ' ἄρα πάντες ὀδὰξ ἐν χείλεσι φύντες
Τηλέμαχον θαύμαζον, ὃ θαρσαλέως ἀγόρευεν.
  τὸν δ' αὖτ' Ἀντίνοος προσέφη, Εὐπείθεος υἱός·
'Τηλέμαχ', ἦ μάλα δή σε διδάσκουσιν θεοὶ αὐτοὶ
ὑψαγόρην τ' ἔμεναι καὶ θαρσαλέως ἀγορεύειν· 385
μὴ σέ γ' ἐν ἀμφιάλῳ Ἰθάκῃ βασιλῆα Κρονίων
ποιήσειεν, ὅ τοι γενεῇ πατρώιόν ἐστιν.'
  τὸν δ' αὖ Τηλέμαχος πεπνυμένος ἀντίον ηὔδα·
'Ἀντίνο', ἦ καί μοι νεμεσήσεαι ὅττι κεν εἴπω;
καὶ κεν τοῦτ' ἐθέλοιμι Διός γε διδόντος ἀρέσθαι. 390
ἦ φῂς τοῦτο κάκιστον ἐν ἀνθρώποισι τετύχθαι;
οὐ μὲν γάρ τι κακὸν βασιλευέμεν· αἶψά τέ οἱ δῶ
ἀφνειὸν πέλεται καὶ τιμηέστερος αὐτός.
ἀλλ' ἦ τοι βασιλῆες Ἀχαιῶν εἰσὶ καὶ ἄλλοι
πολλοὶ ἐν ἀμφιάλῳ Ἰθάκῃ, νέοι ἠδὲ παλαιοί, 395
τῶν κέν τις τόδ' ἔχῃσιν, ἐπεὶ θάνε δῖος Ὀδυσσεύς·
αὐτὰρ ἐγὼν οἴκοιο ἄναξ ἔσομ' ἡμετέροιο
καὶ δμώων, οὕς μοι ληίσσατο δῖος Ὀδυσσεύς.'
  τὸν δ' αὖτ' Εὐρύμαχος Πολύβου πάϊς ἀντίον ηὔδα·
'Τηλέμαχ', ἦ τοι ταῦτα θεῶν ἐν γούνασι κεῖται, 400
ὅς τις ἐν ἀμφιάλῳ Ἰθάκῃ βασιλεύσει Ἀχαιῶν·
κτήματα δ' αὐτὸς ἔχοις καὶ δώμασιν οἷσιν ἀνάσσοις.
μὴ γὰρ ὅ γ' ἔλθοι ἀνὴρ ὅς τίς σ' ἀέκοντα βίηφιν
κτήματ' ἀπορραίσει, Ἰθάκης ἔτι ναιετοώσης.

To listen to the lay of such a bard, 455
So like the gods in voice. I bid you all
Meet in full council with the morrow morn,
That I may give you warning to depart
From out my palace, and to seek your feasts
Elsewhere at your own charge,—haply to hold 460
Your daily banquets at each other's homes.
But if it seem to you the better way
To plunder one man's goods, go on to waste
My substance; I will call the immortal gods
To aid me, and if Jupiter allow 465
Fit retribution for your deeds, ye die,
Within this very palace, unavenged."
    He spake; the suitors bit their close-pressed lips,
Astonished at the youth's courageous words.
And thus Antinoüs, Eupeithes' son, 470
Made answer: "Most assuredly the gods,
Telemachus, have taught thee how to frame
Grand sentences and gallantly harangue.
Ne'er may the son of Saturn make thee king
Over the sea-girt Ithaca, whose isle 475
Is thy inheritance by claim of birth."
    Telemachus, the prudent, thus rejoined:—
"Wilt thou be angry at the word I speak,
Antinoüs? I would willingly accept
The kingly station if conferred by Jove. 480
Dost thou indeed regard it as the worst
Of all conditions of mankind? Not so
For him who reigns; his house grows opulent,
And he the more is honored. Many kings
Within the bounds of sea-girt Ithaca 485
There are, both young and old, let any one
Bear rule, since great Ulysses is no more;
But I will be the lord of mine own house,
And o'er my servants whom the godlike chief,
Ulysses, brought from war, his share of spoil." 490
    Eurymachus, the son of Polybus,
Addressed the youth in turn: "Assuredly,
What man hereafter, of the Achaian race,
Shall bear the rule o'er sea-girt Ithaca
Rests with the gods. But thou shalt keep thy wealth, 495
And may no son of violence come to make
A spoil of thy possessions while men dwell

ἀλλ' ἐθέλω σε, φέριστε, περὶ ξείνοιο ἐρέσθαι, 405
ὁππόθεν οὗτος ἀνήρ, ποίης δ' ἐξ εὔχεται εἶναι
γαίης, ποῦ δέ νύ οἱ γενεὴ καὶ πατρὶς ἄρουρα.
ἠέ τιν' ἀγγελίην πατρὸς φέρει ἐρχομένοιο,
ἦ ἑὸν αὐτοῦ χρεῖος ἐελδόμενος τόδ' ἱκάνει;
οἷον ἀναΐξας ἄφαρ οἴχεται, οὐδ' ὑπέμεινε 410
γνώμεναι· οὐ μὲν γάρ τι κακῷ εἰς ὦπα ἐῴκει.'
 τὸν δ' αὖ Τηλέμαχος πεπνυμένος ἀντίον ηὔδα·
'Εὐρύμαχ', ἦ τοι νόστος ἀπώλετο πατρὸς ἐμοῖο·
οὔτ' οὖν ἀγγελίῃ ἔτι πείθομαι, εἴ ποθεν ἔλθοι,
οὔτε θεοπροπίης ἐμπάζομαι, ἥν τινα μήτηρ 415
ἐς μέγαρον καλέσασα θεοπρόπον ἐξερέηται.
ξεῖνος δ' οὗτος ἐμὸς πατρώιος ἐκ Τάφου ἐστίν,
Μέντης δ' Ἀγχιάλοιο δαΐφρονος εὔχεται εἶναι
υἱός, ἀτὰρ Ταφίοισι φιληρέτμοισιν ἀνάσσει.'
 ὣς φάτο Τηλέμαχος, φρεσὶ δ' ἀθανάτην θεὸν ἔγνω. 420
οἱ δ' εἰς ὀρχηστύν τε καὶ ἱμερόεσσαν ἀοιδὴν
τρεψάμενοι τέρποντο, μένον δ' ἐπὶ ἕσπερον ἐλθεῖν.
τοῖσι δὲ τερπομένοισι μέλας ἐπὶ ἕσπερος ἦλθε·
δὴ τότε κακκείοντες ἔβαν οἰκόνδε ἕκαστος.
Τηλέμαχος δ', ὅθι οἱ θάλαμος περικαλλέος αὐλῆς 425
ὑψηλὸς δέδμητο περισκέπτῳ ἐνὶ χώρῳ,
ἔνθ' ἔβη εἰς εὐνὴν πολλὰ φρεσὶ μερμηρίζων.
τῷ δ' ἄρ' ἅμ' αἰθομένας δαΐδας φέρε κεδνὰ ἰδυῖα
Εὐρύκλει', Ὦπος θυγάτηρ Πεισηνορίδαο,
τήν ποτε Λαέρτης πρίατο κτεάτεσσιν ἑοῖσιν 430
πρωθήβην ἔτ' ἐοῦσαν, ἐεικοσάβοια δ' ἔδωκεν,
ἶσα δέ μιν κεδνῇ ἀλόχῳ τίεν ἐν μεγάροισιν,
εὐνῇ δ' οὔ ποτ' ἔμικτο, χόλον δ' ἀλέεινε γυναικός·
ἥ οἱ ἅμ' αἰθομένας δαΐδας φέρε, καί ἑ μάλιστα
δμῳάων φιλέεσκε, καὶ ἔτρεφε τυτθὸν ἐόντα. 435
ὤιξεν δὲ θύρας θαλάμου πύκα ποιητοῖο,
ἕζετο δ' ἐν λέκτρῳ, μαλακὸν δ' ἔκδυνε χιτῶνα·
καὶ τὸν μὲν γραίης πυκιμηδέος ἔμβαλε χερσίν.
ἡ μὲν τὸν πτύξασα καὶ ἀσκήσασα χιτῶνα,

In Ithaca. And now, my friend, I ask
Who was thy guest; whence came he, of what land
Claims he to be, where do his kindred dwell   500
And where his patrimonial acres lie?
With tidings of thy father's near return
Came he, or to receive a debt? How swift
Was his departure, waiting not for us
To know him! yet in aspect and in air   505
He seemed to be no man of vulgar note."
    Telemachus, the prudent, answered thus:—
"My father's coming, O Eurymachus,
Is to be hoped no more; nor can I trust
Tidings from whatsoever part they come,   510
Nor pay regard to oracles, although
My mother send to bring a soothsayer
Within the palace, and inquire of him.
But this man was my father's guest; he comes
From Taphos; Mentes is his name, a son   515
Of the brave chief Anchialus; he reigns
Over the Taphians, men who love the sea."
    He spake, but in his secret heart he knew
The immortal goddess. Then the suitors turned.
Delighted, to the dance and cheerful song,   520
And waited for the evening. On their sports
The evening with its shadowy blackness came;
Then each to his own home withdrew to sleep,
While to his lofty chamber, in full view,
Built high in that magnificent palace home,   525
Telemachus went up, and sought his couch,
Intent on many thoughts. The chaste and sage
Dame Eurycleia by his side went up
With lighted torches,—she a child of Ops,
Pisenor's son. Her, in her early bloom,   530
Laertes purchased for a hundred beeves,
And in his palace honored equally
With his chaste wife; yet never sought her bed.
He would not wrong his queen. 'Twas she who bore
The torches with Telemachus. She loved   535
Her young lord more than all the other maids,
And she had nursed him in his tender years.
He opened now the chamber door and sat
Upon the couch, put his soft tunic off
And placed it in the prudent matron's hands.   540

πασσάλῳ ἀγκρεμάσασα παρὰ τρητοῖσι λέχεσσι 440
βῆ ῥ' ἴμεν ἐκ θαλάμοιο, θύρην δ' ἐπέρυσσε κορώνῃ
ἀργυρέῃ, ἐπὶ δὲ κληῖδ' ἐτάνυσσεν ἱμάντι.
ἔνθ' ὅ γε παννύχιος, κεκαλυμμένος οἰὸς ἀώτῳ,
βούλευε φρεσὶν ᾗσιν ὁδὸν τὴν πέφραδ' Ἀθήνη.

She folded it and smoothed it, hung it near
To that fair bed, and, going quickly forth,
Pulled at the silver ring to close the door,
And drew the thong that moved the fastening bolt.
He, lapped in the soft fleeces, all night long.   545
Thought of the voyage Pallas had ordained.

ἦμος δ' ἠριγένεια φάνη ῥοδοδάκτυλος Ἠώς,
ὤρνυτ' ἄρ' ἐξ εὐνῆφιν Ὀδυσσῆος φίλος υἱὸς
εἵματα ἑσσάμενος, περὶ δὲ ξίφος ὀξὺ θέτ' ὤμῳ,
ποσσὶ δ' ὑπὸ λιπαροῖσιν ἐδήσατο καλὰ πέδιλα,
βῆ δ' ἴμεν ἐκ θαλάμοιο θεῷ ἐναλίγκιος ἄντην. 5
αἶψα δὲ κηρύκεσσι λιγυφθόγγοισι κέλευσε
κηρύσσειν ἀγορήνδε κάρη κομόωντας Ἀχαιούς.
οἱ μὲν ἐκήρυσσον, τοὶ δ' ἠγείροντο μάλ' ὦκα.
αὐτὰρ ἐπεί ῥ' ἤγερθεν ὁμηγερέες τ' ἐγένοντο,
βῆ ῥ' ἴμεν εἰς ἀγορήν, παλάμῃ δ' ἔχε χάλκεον ἔγχος, 10
οὐκ οἶος, ἅμα τῷ γε δύω κύνες ἀργοὶ ἕποντο.
θεσπεσίην δ' ἄρα τῷ γε χάριν κατέχευεν Ἀθήνη.
τὸν δ' ἄρα πάντες λαοὶ ἐπερχόμενον θηεῦντο·
ἕζετο δ' ἐν πατρὸς θώκῳ, εἶξαν δὲ γέροντες.
τοῖσι δ' ἔπειθ' ἥρως Αἰγύπτιος ἦρχ' ἀγορεύειν, 15
ὃς δὴ γήραϊ κυφὸς ἔην καὶ μυρία ᾔδη.
καὶ γὰρ τοῦ φίλος υἱὸς ἅμ' ἀντιθέῳ Ὀδυσῆι
Ἴλιον εἰς ἐύπωλον ἔβη κοίλῃς ἐνὶ νηυσίν,
Ἄντιφος αἰχμητής· τὸν δ' ἄγριος ἔκτανε Κύκλωψ
ἐν σπῆι γλαφυρῷ, πύματον δ' ὡπλίσσατο δόρπον. 20
τρεῖς δέ οἱ ἄλλοι ἔσαν, καὶ ὁ μὲν μνηστῆρσιν ὁμίλει,
Εὐρύνομος, δύο δ' αἰὲν ἔχον πατρώια ἔργα.

BOOK II

Now when the Morning, child of Dawn, appeared,
The dear son of Ulysses left his bed
And put his garments on. His trenchant sword
He hung upon his shoulders, and made fast
His shapely sandals to his shining feet,   5
And issued from his chamber like a god.
At once he bade the clear-voiced heralds call
The long-haired Greeks to council. They obeyed;
Quickly the chiefs assembled, and when all
Were at the appointed place, Telemachus   10
Went to the council, bearing in his hand
A brazen spear, yet went he not alone.
Two swift dogs followed him, while Pallas shed
A heavenly beauty over him, and all
Admired him as he came. He took the seat   15
Of his great father, and the aged men
Made way for him. And then Ægyptius spake,—
A hero bowed with age, who much had seen
And known. His son, the warlike Antiphus,
Went with the great Ulysses in his fleet   20
To courser-breeding Troy, and afterward
The cruel Cyclops, in the vaulted cave,
Slew him for his last meal. Three other sons
There were, and one of these, Eurynomus,

ἀλλ' οὐδ' ὣς τοῦ λήθετ' ὀδυρόμενος καὶ ἀχεύων.
τοῦ ὅ γε δάκρυ χέων ἀγορήσατο καὶ μετέειπε:
  'κέκλυτε δὴ νῦν μευ, Ἰθακήσιοι, ὅττι κεν εἴπω: 25
οὔτε ποθ' ἡμετέρη ἀγορὴ γένετ' οὔτε θόωκος
ἐξ οὗ Ὀδυσσεὺς δῖος ἔβη κοίλης ἐνὶ νηυσί.
νῦν δὲ τίς ὧδ' ἤγειρε; τίνα χρειὼ τόσον ἵκει
ἠὲ νέων ἀνδρῶν ἢ οἳ προγενέστεροί εἰσιν;
ἦέ τιν' ἀγγελίην στρατοῦ ἔκλυεν ἐρχομένοιο, 30
ἥν χ' ἡμῖν σάφα εἴποι, ὅτε πρότερός γε πύθοιτο;
ἦέ τι δήμιον ἄλλο πιφαύσκεται ἠδ' ἀγορεύει;
ἐσθλός μοι δοκεῖ εἶναι, ὀνήμενος. εἴθε οἱ αὐτῷ
Ζεὺς ἀγαθὸν τελέσειεν, ὅτι φρεσὶν ᾗσι μενοινᾷ.'
  ὣς φάτο, χαῖρε δὲ φήμῃ Ὀδυσσῆος φίλος υἱός, 35
οὐδ' ἄρ' ἔτι δὴν ἧστο, μενοίνησεν δ' ἀγορεύειν,
στῆ δὲ μέσῃ ἀγορῇ: σκῆπτρον δέ οἱ ἔμβαλε χειρὶ
κῆρυξ Πεισήνωρ πεπνυμένα μήδεα εἰδώς.
πρῶτον ἔπειτα γέροντα καθαπτόμενος προσέειπεν:
  'ὦ γέρον, οὐχ ἑκὰς οὗτος ἀνήρ, τάχα δ' εἴσεαι αὐτός, 40
ὅς λαὸν ἤγειρα: μάλιστα δέ μ' ἄλγος ἱκάνει.
οὔτε τιν' ἀγγελίην στρατοῦ ἔκλυον ἐρχομένοιο,
ἥν χ' ὑμῖν σάφα εἴπω, ὅτε πρότερός γε πυθοίμην,
οὔτε τι δήμιον ἄλλο πιφαύσκομαι οὐδ' ἀγορεύω,
ἀλλ' ἐμὸν αὐτοῦ χρεῖος, ὅ μοι κακὰ ἔμπεσεν οἴκῳ 45
δοιά: τὸ μὲν πατέρ' ἐσθλὸν ἀπώλεσα, ὅς ποτ' ἐν ὑμῖν
τοίσδεσσιν βασίλευε, πατὴρ δ' ὣς ἤπιος ἦεν:
νῦν δ' αὖ καὶ πολὺ μεῖζον, ὃ δὴ τάχα οἶκον ἅπαντα
πάγχυ διαρραίσει, βίοτον δ' ἀπὸ πάμπαν ὀλέσσει.
μητέρι μοι μνηστῆρες ἐπέχραον οὐκ ἐθελούσῃ, 50
τῶν ἀνδρῶν φίλοι υἷες, οἳ ἐνθάδε γ' εἰσὶν ἄριστοι,
οἳ πατρὸς μὲν ἐς οἶκον ἀπερρίγασι νέεσθαι
Ἰκαρίου, ὥς κ' αὐτὸς ἐεδνώσαιτο θύγατρα,
δοίη δ' ᾧ κ' ἐθέλοι καί οἱ κεχαρισμένος ἔλθοι:

Was of the suitor train; the others took 25
Charge of their father's acres. Never yet
Had he forgotten his lost son or ceased
To grieve for him, and as he spoke he wept.
  "Hear, men of Ithaca, what I shall say.
No council, no assembly, have we held 30
Since great Ulysses in his roomy ships
Departed from our isle. Who now is he
That summons us? On which of our young men
Or elders presses this necessity?
Is it belike that one of you has heard 35
Of an approaching foe, and can declare
The tidings clearly? Or would he propose
And urge some other matter which concerns
The public weal? A just and generous mind
I deem is his, and 'tis my hope that Jove 40
Will bring to pass the good at which he aims."
  As thus he spake Ulysses' son rejoiced
In his auspicious words, nor longer kept
His seat, but, yielding to an inward force,
Rose midst them all to speak, while in his hand 45
Pisenor, the sagacious counsellor
And herald, placed the sceptre. Then he turned
To the old man, Ægyptius, speaking thus:—
  "O aged man, not far from thee is he
Who called this council, as thou soon shalt know. 50
Mine chiefly is the trouble; I have brought
No news of an approaching foe, which I
Was first to hear, and would declare to all,
Nor urge I other matters which concern
The public weal; my own necessity— 55
The evil that has fallen on my house—
Constrains me; it is twofold. First, that I
Have lost an excellent father, who was king
Among you, and ruled o'er you with a sway
As gentle as a father's. Greater yet 60
Is the next evil, and will soon o'erthrow
My house and waste my substance utterly.
Suitors, the sons of those who, in our isle,
Hold the chief rank, importunately press
Round my unwilling mother. They disdain 65
To ask her of Icarius, that the king
Her father may endow her, and bestow

οἱ δ' εἰς ἡμέτερον πωλεύμενοι ἤματα πάντα, 55
βοῦς ἱερεύοντες καὶ ὄις καὶ πίονας αἶγας
εἰλαπινάζουσιν πίνουσί τε αἴθοπα οἶνον
μαψιδίως· τὰ δὲ πολλὰ κατάνεται. οὐ γὰρ ἔπ' ἀνήρ,
οἷος Ὀδυσσεὺς ἔσκεν, ἀρὴν ἀπὸ οἴκου ἀμῦναι.
ἡμεῖς δ' οὔ νύ τι τοῖοι ἀμυνέμεν· ἦ καὶ ἔπειτα 60
λευγαλέοι τ' ἐσόμεσθα καὶ οὐ δεδαηκότες ἀλκήν.
ἦ τ' ἂν ἀμυναίμην, εἴ μοι δύναμίς γε παρείη.
οὐ γὰρ ἔτ' ἀνσχετὰ ἔργα τετεύχαται, οὐδ' ἔτι καλῶς
οἶκος ἐμὸς διόλωλε. νεμεσσήθητε καὶ αὐτοί,
ἄλλους τ' αἰδέσθητε περικτίονας ἀνθρώπους, 65
οἳ περιναιετάουσι· θεῶν δ' ὑποδείσατε μῆνιν,
μή τι μεταστρέψωσιν ἀγασσάμενοι κακὰ ἔργα.
λίσσομαι ἠμὲν Ζηνὸς Ὀλυμπίου ἠδὲ Θέμιστος,
ἥ τ' ἀνδρῶν ἀγορὰς ἠμὲν λύει ἠδὲ καθίζει·
σχέσθε, φίλοι, καί μ' οἶον ἐάσατε πένθεϊ λυγρῷ 70
τείρεσθ', εἰ μή πού τι πατὴρ ἐμὸς ἐσθλὸς Ὀδυσσεὺς
δυσμενέων κάκ' ἔρεξεν ἐυκνήμιδας Ἀχαιούς,
τῶν μ' ἀποτινύμενοι κακὰ ῥέζετε δυσμενέοντες,
τούτους ὀτρύνοντες. ἐμοὶ δέ κε κέρδιον εἴη
ὑμέας ἐσθέμεναι κειμήλιά τε πρόβασίν τε. 75
εἴ χ' ὑμεῖς γε φάγοιτε, τάχ' ἄν ποτε καὶ τίσις εἴη·
τόφρα γὰρ ἂν κατὰ ἄστυ ποτιπτυσσοίμεθα μύθῳ
χρήματ' ἀπαιτίζοντες, ἕως κ' ἀπὸ πάντα δοθείη·
νῦν δέ μοι ἀπρήκτους ὀδύνας ἐμβάλλετε θυμῷ.'
ὣς φάτο χωόμενος, ποτὶ δὲ σκῆπτρον βάλε γαίῃ 80
δάκρυ' ἀναπρήσας· οἶκτος δ' ἕλε λαὸν ἅπαντα.
ἔνθ' ἄλλοι μὲν πάντες ἀκὴν ἔσαν, οὐδέ τις ἔτλη
Τηλέμαχον μύθοισιν ἀμείψασθαι χαλεποῖσιν·
Ἀντίνοος δέ μιν οἶος ἀμειβόμενος προσέειπε·
'Τηλέμαχ' ὑψαγόρη, μένος ἄσχετε, ποῖον ἔειπες 85
ἡμέας αἰσχύνων· ἐθέλοις δέ κε μῶμον ἀνάψαι.
σοὶ δ' οὔ τι μνηστῆρες Ἀχαιῶν αἴτιοί εἰσιν,

His daughter on the man who best may gain
His favor, but with every day they come
Into our palace, sacrificing here   70
Oxen and sheep and fatling goats, and hold
High festival, and drink the purple wine
Unstinted, with unbounded waste; for here
Is no man like Ulysses to repel
The mischief from my house. Not such are we   75
As he was, to resist the wrong. We pass
For weaklings, immature in valor, yet
If I had but the power, assuredly
I would resist, for by these men are done
Insufferable things, nor does my house   80
Perish with honor. Ye yourselves should feel
Shame at these doings; ye should dread reproach
From those who dwell around us, and should fear
The offended gods, lest they repay these crimes
With vengeance. I beseech you, O my friends,   85
Both by Olympian Jove, and her by whom
Councils of men are summoned and dissolved,—
The goddess Themis,—that ye all refrain,
And leave me to my grief alone, unless
Ulysses, my great father, may have done   90
Wrong in his anger to the gallant Greeks,
Which ye, by prompting men to acts like these,
Seek to avenge on me. Far better 'twere,
Should ye yourselves destroy our goods and slay
Our herds, since, were it so, there might in time   95
Be some requital. We, from street to street,
Would plead continually for recompense,
Till all should be restored. But now ye heap
Upon me wrongs for which is no redress."

   Thus angrily he spake, and dashed to earth   100
The sceptre, shedding tears. The people felt
Compassion; all were silent for a space,
And there was none who dared with railing words
Answer Telemachus, save one alone,
Antinoüs, who arose and thus replied:—   105

   "Telemachus, thou youth of braggart speech
And boundless in abuse, what hast thou said
To our dishonor? Thou wouldst fix on us
A brand of shame. The blame is not with us,
The Achaian suitors; 'tis thy mother's fault,   110

ἀλλὰ φίλη μήτηρ, ἥ τοι πέρι κέρδεα οἶδεν.
ἤδη γὰρ τρίτον ἐστὶν ἔτος, τάχα δ' εἶσι τέταρτον,
ἐξ οὗ ἀτέμβει θυμὸν ἐνὶ στήθεσσιν Ἀχαιῶν. 90
πάντας μέν ῥ' ἔλπει καὶ ὑπίσχεται ἀνδρὶ ἑκάστῳ
ἀγγελίας προϊεῖσα, νόος δέ οἱ ἄλλα μενοινᾷ.
ἡ δὲ δόλον τόνδ' ἄλλον ἐνὶ φρεσὶ μερμήριξε·
στησαμένη μέγαν ἱστὸν ἐνὶ μεγάροισιν ὕφαινε,
λεπτὸν καὶ περίμετρον· ἄφαρ δ' ἡμῖν μετέειπε· 95
   'κοῦροι ἐμοὶ μνηστῆρες, ἐπεὶ θάνε δῖος Ὀδυσσεύς,
μίμνετ' ἐπειγόμενοι τὸν ἐμὸν γάμον, εἰς ὅ κε φᾶρος
ἐκτελέσω, μή μοι μεταμώνια νήματ' ὄληται,
Λαέρτῃ ἥρωι ταφήιον, εἰς ὅτε κέν μιν
μοῖρ' ὀλοὴ καθέλῃσι τανηλεγέος θανάτοιο, 100
μή τίς μοι κατὰ δῆμον Ἀχαιϊάδων νεμεσήσῃ,
αἴ κεν ἄτερ σπείρου κεῖται πολλὰ κτεατίσσας.'
   ὣς ἔφαθ', ἡμῖν δ' αὖτ' ἐπεπείθετο θυμὸς ἀγήνωρ.
ἔνθα καὶ ἠματίη μὲν ὑφαίνεσκεν μέγαν ἱστόν,
νύκτας δ' ἀλλύεσκεν, ἐπεὶ δαΐδας παραθεῖτο. 105
ὣς τρίετες μὲν ἔληθε δόλῳ καὶ ἔπειθεν Ἀχαιούς·
ἀλλ' ὅτε τέτρατον ἦλθεν ἔτος καὶ ἐπήλυθον ὧραι,
καὶ τότε δή τις ἔειπε γυναικῶν, ἣ σάφα ᾔδη,
καὶ τήν γ' ἀλλύουσαν ἐφεύρομεν ἀγλαὸν ἱστόν.
ὣς τὸ μὲν ἐξετέλεσσε καὶ οὐκ ἐθέλουσ' ὑπ' ἀνάγκης· 110
σοὶ δ' ὧδε μνηστῆρες ὑποκρίνονται, ἵν' εἰδῇς
αὐτὸς σῷ θυμῷ, εἰδῶσι δὲ πάντες Ἀχαιοί·
μητέρα σὴν ἀπόπεμψον, ἄνωχθι δέ μιν γαμέεσθαι
τῷ ὅτεῴ τε πατὴρ κέλεται καὶ ἁνδάνει αὐτῇ.
εἰ δ' ἔτ' ἀνιήσει γε πολὺν χρόνον υἷας Ἀχαιῶν, 115
τὰ φρονέουσ' ἀνὰ θυμόν, ὅ οἱ πέρι δῶκεν Ἀθήνη
ἔργα τ' ἐπίστασθαι περικαλλέα καὶ φρένας ἐσθλὰς
κέρδεά θ', οἷ' οὔ πώ τιν' ἀκούομεν οὐδὲ παλαιῶν,
τάων αἳ πάρος ἦσαν ἐυπλοκαμῖδες Ἀχαιαί,
Τυρώ τ' Ἀλκμήνη τε ἐυστέφανός τε Μυκήνη· 120
τάων οὔ τις ὁμοῖα νοήματα Πηνελοπείῃ

Skilled as she is in crafty shifts. 'Tis now
Already the third year, and soon will be
The fourth, since she began to cozen us.
She gives us all to hope, and sends fair words
To each by message, yet in her own mind   115
Has other purposes. This shrewd device
She planned; she laid upon the loom a web,
Delicate, wide, and vast in length, and said
Thus to us all: 'Young princes, who are come
To woo me, since Ulysses is no more,—   120
My noble husband,—urge me not, I pray,
To marriage, till I finish in the loom—
That so my threads may not be spun in vain—
A funeral vesture for the hero-chief
Laertes, when his fatal hour shall come   125
With death's long sleep. Else some Achaian dame
Might blame me, should I leave without a shroud
Him who in life possessed such ample wealth!'
Such were her words, and easily they wrought
Upon our generous minds. So went she on,   130
Weaving that ample web, and every night
Unravelled it by torchlight. Three full years
She practised thus, and by the fraud deceived
The Grecian youths; but when the hours had brought
The fourth year round, a woman who knew all   135
Revealed the mystery, and we ourselves
Saw her unravelling the ample web.
Thenceforth, constrained, and with unwilling hands,
She finished it. Now let the suitors make
Their answer to thy words, that thou mayst know   140
Our purpose fully, and the Achaians all
May know it likewise. Send thy mother hence,
Requiring that she wed the suitor whom
Her father chooses and herself prefers.
But if she still go on to treat the sons   145
Of Greece with such despite, too confident
In gifts which Pallas has bestowed on her
So richly, noble arts, and faculties
Of mind, and crafty shifts, beyond all those
Of whom we ever heard that lived of yore,   150
The bright-haired ladies of the Achaian race,
Tyro, Alcmena, and Mycenè, famed
For glossy tresses, none of them endowed

ἤδη· ἀτὰρ μὲν τοῦτό γ' ἐναίσιμον οὐκ ἐνόησε.
τόφρα γὰρ οὖν βίοτόν τε τεὸν καὶ κτήματ' ἔδονται,
ὄφρα κε κείνη τοῦτον ἔχῃ νόον, ὅν τινά οἱ νῦν
ἐν στήθεσσι τιθεῖσι θεοί. μέγα μὲν κλέος αὐτῇ 125
ποιεῖτ', αὐτὰρ σοί γε ποθὴν πολέος βιότοιο.
ἡμεῖς δ' οὔτ' ἐπὶ ἔργα πάρος γ' ἴμεν οὔτε πῃ ἄλλῃ,
πρίν γ' αὐτὴν γήμασθαι Ἀχαιῶν ᾧ κ' ἐθέλῃσι.'
    τὸν δ' αὖ Τηλέμαχος πεπνυμένος ἀντίον ηὔδα·
'Ἀντίνο', οὔ πως ἔστι δόμων ἀέκουσαν ἀπῶσαι 130
ἥ μ' ἔτεχ', ἥ μ' ἔθρεψε· πατὴρ δ' ἐμὸς ἄλλοθι γαίης,
ζώει ὅ γ' ἦ τέθνηκε· κακὸν δέ με πόλλ' ἀποτίνειν
Ἰκαρίῳ, αἴ κ' αὐτὸς ἑκὼν ἀπὸ μητέρα πέμψω.
ἐκ γὰρ τοῦ πατρὸς κακὰ πείσομαι, ἄλλα δὲ δαίμων
δώσει, ἐπεὶ μήτηρ στυγερὰς ἀρήσετ' ἐρινῦς 135
οἴκου ἀπερχομένη· νέμεσις δέ μοι ἐξ ἀνθρώπων
ἔσσεται· ὣς οὐ τοῦτον ἐγώ ποτε μῦθον ἐνίψω.
ὑμέτερος δ' εἰ μὲν θυμὸς νεμεσίζεται αὐτῶν,
ἔξιτέ μοι μεγάρων, ἄλλας δ' ἀλεγύνετε δαῖτας
ὑμὰ κτήματ' ἔδοντες ἀμειβόμενοι κατὰ οἴκους. 140
εἰ δ' ὑμῖν δοκέει τόδε λωίτερον καὶ ἄμεινον
ἔμμεναι, ἀνδρὸς ἑνὸς βίοτον νήποινον ὀλέσθαι,
κείρετ'· ἐγὼ δὲ θεοὺς ἐπιβώσομαι αἰὲν ἐόντας,
αἴ κέ ποθι Ζεὺς δῷσι παλίντιτα ἔργα γενέσθαι.
νήποινοί κεν ἔπειτα δόμων ἔντοσθεν ὄλοισθε.' 145
    ὣς φάτο Τηλέμαχος, τῷ δ' αἰετὼ εὐρύοπα Ζεὺς
ὑψόθεν ἐκ κορυφῆς ὄρεος προέηκε πέτεσθαι.
τὼ δ' ἕως μέν ῥ' ἐπέτοντο μετὰ πνοιῇς ἀνέμοιο
πλησίω ἀλλήλοισι τιταινομένω πτερύγεσσιν·
ἀλλ' ὅτε δὴ μέσσην ἀγορὴν πολύφημον ἵκεσθην, 150
ἔνθ' ἐπιδινηθέντε τιναξάσθην πτερὰ πυκνά,
ἐς δ' ἰδέτην πάντων κεφαλάς, ὄσσοντο δ' ὄλεθρον·
δρυψαμένω δ' ὀνύχεσσι παρειὰς ἀμφί τε δειρὰς

As is Penelope, though this last shift
Be ill devised,—so long will we consume 155
Thy substance and estate as she shall hold
Her present mood, the purpose which the gods
Have planted in her breast. She to herself
Gains great renown, but surely brings on thee
Loss of much goods. And now we go not hence 160
To our affairs nor elsewhere, till she wed
Whichever of the Greeks may please her most."
   And then rejoined discreet Telemachus:—
"Antinoüs, grievous wrong it were to send
Unwilling from this palace her who bore 165
And nursed me. Whether he be living yet
Or dead, my father is in distant lands;
And should I, of my own accord and will,
Dismiss my mother, I must make perforce
Icarius large amends, and that were hard. 170
And he would do me mischief, and the gods
Would send yet other evils on my head.
For then my mother, going forth, would call
On the grim Furies, and the general curse
Of all men would be on me. Think not I 175
Will ever speak that word. But if ye bear
A sense of injury for what is past,
Go from these halls; provide for other feasts,
Consuming what is yours, and visiting
Each other's homes in turn. But if it seem 180
To you the wiser and the better way
To plunder one man's goods, go on to waste
My substance. I shall call the eternal gods
To aid me, and, if Jupiter allow
Fit retribution for your crimes, ye die 185
Within this very palace unavenged."
   So spake Telemachus. The Thunderer, Jove,
Sent flying from a lofty mountain-top
Two eagles. First they floated on the wind
Close to each other, and with wings outspread; 190
But as they came to where the murmuring crowd
Was gathered just beneath their flight, they turned
And clapped their heavy pinions, looking down
With deadly omen on the heads below,
And with their talons tore each other's cheeks 195
And necks, and then they darted to the right

δεξιὼ ἤιξαν διά τ' οἰκία καὶ πόλιν αὐτῶν.
θάμβησαν δ' ὄρνιθας, ἐπεὶ ἴδον ὀφθαλμοῖσιν· 155
ὥρμηναν δ' ἀνὰ θυμὸν ἅ περ τελέεσθαι ἔμελλον.
τοῖσι δὲ καὶ μετέειπε γέρων ἥρως Ἁλιθέρσης
Μαστορίδης· ὁ γὰρ οἶος ὁμηλικίην ἐκέκαστο
ὄρνιθας γνῶναι καὶ ἐναίσιμα μυθήσασθαι·
ὅ σφιν ἐὺ φρονέων ἀγορήσατο καὶ μετέειπε· 160
'κέκλυτε δὴ νῦν μευ, Ἰθακήσιοι, ὅττι κεν εἴπω·
μνηστῆρσιν δὲ μάλιστα πιφαυσκόμενος τάδε εἴρω·
τοῖσιν γὰρ μέγα πῆμα κυλίνδεται· οὐ γὰρ Ὀδυσσεὺς
δὴν ἀπάνευθε φίλων ὧν ἔσσεται, ἀλλά που ἤδη
ἐγγὺς ἐὼν τοῖσδεσσι φόνον καὶ κῆρα φυτεύει 165
πάντεσσιν· πολέσιν δὲ καὶ ἄλλοισιν κακὸν ἔσται,
οἳ νεμόμεσθ' Ἰθάκην εὐδείελον. ἀλλὰ πολὺ πρὶν
φραζώμεσθ', ὥς κεν καταπαύσομεν· οἱ δὲ καὶ αὐτοὶ
παυέσθων· καὶ γάρ σφιν ἄφαρ τόδε λώιόν ἐστιν.
οὐ γὰρ ἀπείρητος μαντεύομαι, ἀλλ' ἐὺ εἰδώς· 170
καὶ γὰρ κείνῳ φημὶ τελευτηθῆναι ἅπαντα,
ὥς οἱ ἐμυθεόμην, ὅτε Ἴλιον εἰσανέβαινον
Ἀργεῖοι, μετὰ δέ σφιν ἔβη πολύμητις Ὀδυσσεύς.
φῆν κακὰ πολλὰ παθόντ', ὀλέσαντ' ἄπο πάντας ἑταίρους,
ἄγνωστον πάντεσσιν ἐεικοστῷ ἐνιαυτῷ 175
οἴκαδ' ἐλεύσεσθαι· τὰ δὲ δὴ νῦν πάντα τελεῖται.'
  τὸν δ' αὖτ' Εὐρύμαχος Πολύβου πάϊς ἀντίον ηὔδα·
'ὦ γέρον, εἰ δ' ἄγε νῦν μαντεύεο σοῖσι τέκεσσιν
οἴκαδ' ἰών, μή πού τι κακὸν πάσχωσιν ὀπίσσω·
ταῦτα δ' ἐγὼ σέο πολλὸν ἀμείνων μαντεύεσθαι. 180
ὄρνιθες δέ τε πολλοὶ ὑπ' αὐγὰς ἠελίοιο
φοιτῶσ', οὐδέ τε πάντες ἐναίσιμοι· αὐτὰρ Ὀδυσσεὺς
ὤλετο τῆλ', ὡς καὶ σὺ καταφθίσθαι σὺν ἐκείνῳ
ὤφελες. οὐκ ἂν τόσσα θεοπροπέων ἀγόρευες,
οὐδέ κε Τηλέμαχον κεχολωμένον ὧδ' ἀνιείης, 185
σῷ οἴκῳ δῶρον ποτιδέγμενος, αἴ κε πόρῃσιν.
ἀλλ' ἔκ τοι ἐρέω, τὸ δὲ καὶ τετελεσμένον ἔσται·

Away through Ithaca among its roofs.
All who beheld the eagles were amazed,
And wondered what event was near at hand.
Among the rest an aged hero spake, 200
Named Halitherses, Mastor's son. He knew,
More truly than the others of his age,
To augur from the flight of birds, and read
The will of fate,—and wisely thus he spake:—
   "Hear, men of Ithaca, what I shall say. 205
I speak of what most narrowly concerns
The suitors, over whom already hangs
Great peril, for Ulysses will not be
Long at a distance from his home and friends.
Even now he is not far, and meditates 210
Slaughter and death to all the suitor train;
And evil will ensue to many more
Of us, who dwell in sunny Ithaca.
Now let us think what measures may restrain
These men,—or let them of their own accord 215
Desist,—the soonest were for them the best.
For not as one untaught do I foretell
Events to come, but speak of what I know.
All things that I predicted to our chief,
What time the Argive troops embarked for Troy, 220
And sage Ulysses with them, are fulfilled;
I said that after many hardships borne,
And all his comrades lost, the twentieth year
Would bring him back, a stranger to us all,—
And all that then I spake of comes to pass." 225
   Eurymachus, the son of Polybus,
Answered the seer: "Go to thy house, old man,
And to thy boys, and prophesy to them,
Lest evil come upon them. I can act,
In matters such as these, a prophet's part 230
Better than thou. True, there are many birds
That fly about in sunshine, but not all
Are ominous. Ulysses far away
Has perished; well it would have been if thou
Hadst perished with him; then thou wouldst not prate 235
Idly of things to come, nor wouldst thou stir
Telemachus to anger, in the hope
Of bearing to thy house some gift from him.
Now let me say, and be assured my words

αἴ κε νεώτερον ἄνδρα παλαιά τε πολλά τε εἰδὼς
παρφάμενος ἐπέεσσιν ἐποτρύνῃς χαλεπαίνειν,
αὐτῷ μέν οἱ πρῶτον ἀνιηρέστερον ἔσται, 190
πρῆξαι δ' ἔμπης οὔ τι δυνήσεται εἵνεκα τῶνδε:
σοὶ δέ, γέρον, θωὴν ἐπιθήσομεν, ἥν κ' ἐνὶ θυμῷ
τίνων ἀσχάλλῃς: χαλεπὸν δέ τοι ἔσσεται ἄλγος.
Τηλεμάχῳ δ' ἐν πᾶσιν ἐγὼν ὑποθήσομαι αὐτός:
μητέρα ἣν ἐς πατρὸς ἀνωγέτω ἀπονέεσθαι: 195
οἱ δὲ γάμον τεύξουσι καὶ ἀρτυνέουσιν ἔεδνα
πολλὰ μάλ', ὅσσα ἔοικε φίλης ἐπὶ παιδὸς ἕπεσθαι.
οὐ γὰρ πρὶν παύσεσθαι ὀίομαι υἷας Ἀχαιῶν
μνηστύος ἀργαλέης, ἐπεὶ οὔ τινα δείδιμεν ἔμπης,
οὔτ' οὖν Τηλέμαχον μάλα περ πολύμυθον ἐόντα, 200
οὔτε θεοπροπίης ἐμπαζόμεθ', ἣν σύ, γεραιέ,
μυθέαι ἀκράαντον, ἀπεχθάνεαι δ' ἔτι μᾶλλον.
χρήματα δ' αὖτε κακῶς βεβρώσεται, οὐδέ ποτ' ἶσα
ἔσσεται, ὄφρα κεν ἥ γε διατρίβῃσιν Ἀχαιοὺς
ὃν γάμον: ἡμεῖς δ' αὖ ποτιδέγμενοι ἤματα πάντα 205
εἵνεκα τῆς ἀρετῆς ἐριδαίνομεν, οὐδὲ μετ' ἄλλας
ἐρχόμεθ', ἃς ἐπιεικὲς ὀπυιέμεν ἐστὶν ἑκάστῳ.'
  τὸν δ' αὖ Τηλέμαχος πεπνυμένος ἀντίον ηὔδα:
'Εὐρύμαχ' ἠδὲ καὶ ἄλλοι, ὅσοι μνηστῆρες ἀγαυοί,
ταῦτα μὲν οὐχ ὑμέας ἔτι λίσσομαι οὐδ' ἀγορεύω: 210
ἤδη γὰρ τὰ ἴσασι θεοὶ καὶ πάντες Ἀχαιοί.
ἀλλ' ἄγε μοι δότε νῆα θοὴν καὶ εἴκοσ' ἑταίρους,
οἵ κέ μοι ἔνθα καὶ ἔνθα διαπρήσσωσι κέλευθον.
εἶμι γὰρ ἐς Σπάρτην τε καὶ ἐς Πύλον ἠμαθόεντα
νόστον πευσόμενος πατρὸς δὴν οἰχομένοιο, 215
ἤν τίς μοι εἴπῃσι βροτῶν ἢ ὄσσαν ἀκούσω
ἐκ Διός, ἥ τε μάλιστα φέρει κλέος ἀνθρώποισιν:
εἰ μέν κεν πατρὸς βίοτον καὶ νόστον ἀκούσω,
ἦ τ' ἄν, τρυχόμενός περ, ἔτι τλαίην ἐνιαυτόν:
εἰ δέ κε τεθνηῶτος ἀκούσω μηδ' ἔτ' ἐόντος, 220
νοστήσας δὴ ἔπειτα φίλην ἐς πατρίδα γαῖαν
σῆμά τέ οἱ χεύω καὶ ἐπὶ κτέρεα κτερεΐξω
πολλὰ μάλ', ὅσσα ἔοικε, καὶ ἀνέρι μητέρα δώσω.'

Will be fulfilled: experienced as thou art, 240
If thou by treacherous speeches shalt inflame
A younger man than thou to violent deeds,
The sharper punishment shall first be his,
But we will lay on thee a penalty,
Old man, which thou shalt find it hard to bear, 245
And bitterly wilt thou repent. And now
Let me persuade Telemachus to send
His mother to her father. They will make
A marriage for her there, and give with her
A liberal dowry, such as may become 250
A favorite daughter on her wedding-day,
Else never will the sons of Greece renounce,
I think, the difficult suit. We do not fear
Telemachus himself, though glib of speech,
Nor care we for the empty oracle 255
Which thou, old man, dost utter, making thee
Only more hated. Still will his estate
Be wasted, nor will order e'er return
While she defers her marriage with some prince
Of the Achaians. We shall urge our suit 260
For that most excellent of womankind
As rivals, nor withdraw to seek the hand
Of others, whom we fitly might espouse."
To this discreet Telemachus replied:—
"Eurymachus, and ye, the illustrious train 265
Of suitors, I have nothing more to ask,—
No more to say,—for now the gods and all
The Achaians know the truth. But let me have
A gallant bark, and twenty men to make
From coast to coast a voyage, visiting 270
Sparta and sandy Pylos, to inquire
For my long-absent father, and the chance
Of his return, if any of mankind
Can tell me aught, or if some rumor come
From Jove, since thus are tidings often brought 275
To human knowledge. Should I learn that yet
He lives and may return, I then would wait
A twelvemonth, though impatient. Should I hear
That he no longer lives, I shall return
Homeward, and pile his monument on high 280
With funeral honors that become the dead,
And give my mother to a second spouse."

ἦ τοι ὅ γ' ὣς εἰπὼν κατ' ἄρ' ἕζετο, τοῖσι δ' ἀνέστη
Μέντωρ, ὅς ῥ' Ὀδυσῆος ἀμύμονος ἦεν ἑταῖρος, 225
καί οἱ ἰὼν ἐν νηυσὶν ἐπέτρεπεν οἶκον ἅπαντα,
πείθεσθαί τε γέροντι καὶ ἔμπεδα πάντα φυλάσσειν·
ὅ σφιν ἐὺ φρονέων ἀγορήσατο καὶ μετέειπεν·
'κέκλυτε δὴ νῦν μευ, Ἰθακήσιοι, ὅττι κεν εἴπω·
μή τις ἔτι πρόφρων ἀγανὸς καὶ ἤπιος ἔστω 230
σκηπτοῦχος βασιλεύς, μηδὲ φρεσὶν αἴσιμα εἰδώς,
ἀλλ' αἰεὶ χαλεπός τ' εἴη καὶ αἴσυλα ῥέζοι·
ὡς οὔ τις μέμνηται Ὀδυσσῆος θείοιο
λαῶν οἷσιν ἄνασσε, πατὴρ δ' ὣς ἤπιος ἦεν.
ἀλλ' ἦ τοι μνηστῆρας ἀγήνορας οὔ τι μεγαίρω 235
ἔρδειν ἔργα βίαια κακορραφίῃσι νόοιο·
σφὰς γὰρ παρθέμενοι κεφαλὰς κατέδουσι βιαίως
οἶκον Ὀδυσσῆος, τὸν δ' οὐκέτι φασὶ νέεσθαι.
νῦν δ' ἄλλῳ δήμῳ νεμεσίζομαι, οἷον ἅπαντες
ἧσθ' ἄνεω, ἀτὰρ οὔ τι καθαπτόμενοι ἐπέεσσι 240
παύρους μνηστῆρας καταπαύετε πολλοὶ ἐόντες.'
τὸν δ' Εὐηνορίδης Λειώκριτος ἀντίον ηὔδα·
'Μέντορ ἀταρτηρέ, φρένας ἠλεέ, ποῖον ἔειπες
ἡμέας ὀτρύνων καταπαυέμεν. ἀργαλέον δὲ
ἀνδράσι καὶ πλεόνεσσι μαχήσασθαι περὶ δαιτί. 245
εἴ περ γάρ κ' Ὀδυσεὺς Ἰθακήσιος αὐτὸς ἐπελθὼν
δαινυμένους κατὰ δῶμα ἑὸν μνηστῆρας ἀγαυοὺς
ἐξελάσαι μεγάροιο μενοινήσει' ἐνὶ θυμῷ,
οὔ κέν οἱ κεχάροιτο γυνή, μάλα περ χατέουσα,
ἐλθόντ', ἀλλά κεν αὐτοῦ ἀεικέα πότμον ἐπίσποι, 250
εἰ πλεόνεσσι μάχοιτο· σὺ δ' οὐ κατὰ μοῖραν ἔειπες.
ἀλλ' ἄγε, λαοὶ μὲν σκίδνασθ' ἐπὶ ἔργα ἕκαστος,
τούτῳ δ' ὀτρυνέει Μέντωρ ὁδὸν ἠδ' Ἁλιθέρσης,
οἵ τέ οἱ ἐξ ἀρχῆς πατρώιοί εἰσιν ἑταῖροι.
ἀλλ' ὀίω, καὶ δηθὰ καθήμενος ἀγγελιάων 255
πεύσεται εἰν Ἰθάκῃ, τελέει δ' ὁδὸν οὔ ποτε ταύτην.'

He spake and took his seat, and then arose
Mentor, once comrade of the excellent chief
Ulysses, who, departing with his fleet, 285
Consigned his household to the aged man,
That they should all obey him, and that he
Should safely keep his charge. He rose amid
The assembly, and addressed them wisely thus:—
"Hear and attend, ye men of Ithaca, 290
To what I say. Let never sceptred king
Henceforth be gracious, mild, and merciful,
And righteous; rather be he deaf to prayer
And prone to deeds of wrong, since no one now
Remembers the divine Ulysses more, 295
Among the people over whom he ruled
Benignly like a father. Yet I bear
No envy to the haughty suitors here,
Moved as they are to deeds of violence
By evil counsels, since, in pillaging 300
The substance of Ulysses, who they say
Will nevermore return, they risk their lives.
But I am angry with the rest, with all
Of you who sit here mute, nor even with words
Of stern reproof restrain their violence, 305
Though ye so many are and they so few."
   Leiocritus, Evenor's son, rejoined:—
"Malicious Mentor, foolish man! what talk
Is this of holding us in check? 'Twere hard
For numbers even greater than our own 310
To drive us from a feast. And should the prince
Of Ithaca, Ulysses, come himself,
Thinking to thrust the illustrious suitors forth
That banquet in these palace halls, his queen
Would have no cause for joy at his return, 315
Greatly as she desired it. He would draw
Sure death upon himself in strife with us
Who are so many. Thou hast spoken ill.
Now let the people who are gathered here
Disperse to their employments. We will leave 320
Mentor and Halitherses, who were both
His father's early comrades, to provide
For the youth's voyage. He will yet remain
A long time here, I think, to ask for news
In Ithaca, and never will set sail." 325

ὣς ἄρ' ἐφώνησεν, λῦσεν δ' ἀγορὴν αἰψηρήν.
οἱ μὲν ἄρ' ἐσκίδναντο ἑὰ πρὸς δώμαθ' ἕκαστος,
μνηστῆρες δ' ἐς δώματ' ἴσαν θείου Ὀδυσῆος.
Τηλέμαχος δ' ἀπάνευθε κιὼν ἐπὶ θῖνα θαλάσσης, 260
χεῖρας νιψάμενος πολιῆς ἁλὸς εὔχετ' Ἀθήνῃ·
'κλῦθί μευ, ὃ χθιζὸς θεὸς ἤλυθες ἡμέτερον δῶ
καί μ' ἐν νηὶ κέλευσας ἐπ' ἠεροειδέα πόντον
νόστον πευσόμενον πατρὸς δὴν οἰχομένοιο
ἔρχεσθαι· τὰ δὲ πάντα διατρίβουσιν Ἀχαιοί, 265
μνηστῆρες δὲ μάλιστα κακῶς ὑπερηνορέοντες.'
ὣς ἔφατ' εὐχόμενος, σχεδόθεν δέ οἱ ἦλθεν Ἀθήνη,
Μέντορι εἰδομένη ἠμὲν δέμας ἠδὲ καὶ αὐδήν,
καί μιν φωνήσασ' ἔπεα πτερόεντα προσηύδα·
'Τηλέμαχ', οὐδ' ὄπιθεν κακὸς ἔσσεαι οὐδ' ἀνοήμων, 270
εἰ δή τοι σοῦ πατρὸς ἐνέστακται μένος ἠΰ,
οἷος κεῖνος ἔην τελέσαι ἔργον τε ἔπος τε·
οὔ τοι ἔπειθ' ἁλίη ὁδὸς ἔσσεται οὐδ' ἀτέλεστος.
εἰ δ' οὐ κείνου γ' ἐσσὶ γόνος καὶ Πηνελοπείης,
οὔ σέ γ' ἔπειτα ἔολπα τελευτήσειν, ἃ μενοινᾷς. 275
παῦροι γάρ τοι παῖδες ὁμοῖοι πατρὶ πέλονται,
οἱ πλέονες κακίους, παῦροι δέ τε πατρὸς ἀρείους.
ἀλλ' ἐπεὶ οὐδ' ὄπιθεν κακὸς ἔσσεαι οὐδ' ἀνοήμων,
οὐδέ σε πάγχυ γε μῆτις Ὀδυσσῆος προλέλοιπεν,
ἐλπωρή τοι ἔπειτα τελευτῆσαι τάδε ἔργα. 280
τῷ νῦν μνηστήρων μὲν ἔα βουλήν τε νόον τε
ἀφραδέων, ἐπεὶ οὔ τι νοήμονες οὐδὲ δίκαιοι·
οὐδέ τι ἴσασιν θάνατον καὶ κῆρα μέλαιναν,
ὃς δή σφι σχεδόν ἐστιν, ἐπ' ἤματι πάντας ὀλέσθαι.
σοὶ δ' ὁδὸς οὐκέτι δηρὸν ἀπέσσεται ἣν σὺ μενοινᾷς· 285
τοῖος γάρ τοι ἑταῖρος ἐγὼ πατρώιός εἰμι,
ὅς τοι νῆα θοὴν στελέω καὶ ἅμ' ἕψομαι αὐτός.
ἀλλὰ σὺ μὲν πρὸς δώματ' ἰὼν μνηστῆρσιν ὁμίλει,
ὅπλισσόν τ' ἤια καὶ ἄγγεσιν ἄρσον ἅπαντα,
οἶνον ἐν ἀμφιφορεῦσι, καὶ ἄλφιτα, μυελὸν ἀνδρῶν, 290
δέρμασιν ἐν πυκινοῖσιν· ἐγὼ δ' ἀνὰ δῆμον ἑταίρους

Thus having said, he instantly dismissed
The people; they departed to their homes;
The suitors sought the palace of the prince.
Then to the ocean-side, apart from all,
Went forth Telemachus, and washed his hands   330
In the gray surf, and prayed to Pallas thus:—
　"Hear me, thou deity who yesterday,
In visiting our palace, didst command
That I should traverse the black deep to learn
News of my absent father, and the chance   335
Of his return! The Greeks themselves withstand,
My purpose; the proud suitors most of all."
　Such was his prayer, and straightway Pallas stood,
In form and voice like Mentor, by his side,
And thus accosted him with winged words:—   340
　"Telemachus, thou henceforth shalt not lack
Valor or wisdom. If with thee abides
Thy father's gallant spirit, as he was
In deed and word, thou wilt not vainly make
This voyage. But if thou be not in truth   345
The son of him and of Penelope,
Then I rely not on thee to perform
What thou dost meditate. Few sons are like
Their fathers: most are worse, a very few
Excel their parents. Since thou wilt not lack   350
Valor and wisdom in the coming time,
Nor is thy father's shrewdness wanting quite
In thee, great hope there is that happily
This plan will be fulfilled. Regard not then
The suitor train, their purposes and plots.   355
Senseless are they, as little wise as just,
And have no thought of the black doom of death
Now drawing near to sweep them in a day
To their destruction. But thy enterprise
Must suffer no delay. So much am I   360
Thy father's friend and thine, that I will cause
A swift bark to be fitted out for sea,
And will myself attend thee. Go now hence
Among the suitors, and make ready there
The needful stores, and let them all be put   365
In vessels,—wine in jars, and meal, the strength
Of man, in close thick skins,—while I engage,
Among the people here, a willing crew.

αἶψ' ἐθελοντῆρας συλλέξομαι. εἰσὶ δὲ νῆες
πολλαὶ ἐν ἀμφιάλῳ Ἰθάκῃ, νέαι ἠδὲ παλαιαί·
τάων μέν τοι ἐγὼν ἐπιόψομαι ἥ τις ἀρίστη,
ὦκα δ' ἐφοπλίσσαντες ἐνήσομεν εὐρέι πόντῳ.'
ὣς φάτ' Ἀθηναίη κούρη Διός· οὐδ' ἄρ' ἔτι δὴν
Τηλέμαχος παρέμιμνεν, ἐπεὶ θεοῦ ἔκλυεν αὐδήν.
βῆ δ' ἰέναι πρὸς δῶμα, φίλον τετιημένος ἦτορ,
εὗρε δ' ἄρα μνηστῆρας ἀγήνορας ἐν μεγάροισιν,
αἶγας ἀνιεμένους σιάλους θ' εὕοντας ἐν αὐλῇ.
Ἀντίνοος δ' ἰθὺς γελάσας κίε Τηλεμάχοιο,
ἔν τ' ἄρα οἱ φῦ χειρί, ἔπος τ' ἔφατ' ἔκ τ' ὀνόμαζε·
'Τηλέμαχ' ὑψαγόρη, μένος ἄσχετε, μή τί τοι ἄλλο
ἐν στήθεσσι κακὸν μελέτω ἔργον τε ἔπος τε,
ἀλλά μοι ἐσθιέμεν καὶ πινέμεν, ὡς τὸ πάρος περ.
ταῦτα δέ τοι μάλα πάντα τελευτήσουσιν Ἀχαιοί,
νῆα καὶ ἐξαίτους ἐρέτας, ἵνα θᾶσσον ἵκηαι
ἐς Πύλον ἠγαθέην μετ' ἀγαυοῦ πατρὸς ἀκουήν.'
τὸν δ' αὖ Τηλέμαχος πεπνυμένος ἀντίον ηὔδα·
'Ἀντίνο', οὔ πως ἔστιν ὑπερφιάλοισι μεθ' ὑμῖν
δαίνυσθαί τ' ἀκέοντα καὶ εὐφραίνεσθαι ἔκηλον.
ἦ οὐχ ἅλις ὡς τὸ πάροιθεν ἐκείρετε πολλὰ καὶ ἐσθλὰ
κτήματ' ἐμά, μνηστῆρες, ἐγὼ δ' ἔτι νήπιος ἦα;
νῦν δ' ὅτε δὴ μέγας εἰμὶ καὶ ἄλλων μῦθον ἀκούων
πυνθάνομαι, καὶ δή μοι ἀέξεται ἔνδοθι θυμός,
πειρήσω, ὥς κ' ὔμμι κακὰς ἐπὶ κῆρας ἰήλω,
ἠὲ Πύλονδ' ἐλθών, ἢ αὐτοῦ τῷδ' ἐνὶ δήμῳ.
εἶμι μέν, οὐδ' ἁλίη ὁδὸς ἔσσεται ἣν ἀγορεύω,
ἔμπορος· οὐ γὰρ νηὸς ἐπήβολος οὐδ' ἐρετάων
γίγνομαι· ὥς νύ που ὔμμιν ἐείσατο κέρδιον εἶναι.'
ἦ ῥα, καὶ ἐκ χειρὸς χεῖρα σπάσατ' Ἀντινόοιο
ῥεῖα· μνηστῆρες δὲ δόμον κάτα δαῖτα πένοντο.
οἱ δ' ἐπελώβευον καὶ ἐκερτόμεον ἐπέεσσιν.
ὧδε δέ τις εἴπεσκε νέων ὑπερηνορεόντων·
'ἦ μάλα Τηλέμαχος φόνον ἥμῖν μερμηρίζει.

Ships are there in our sea-girt Ithaca
Full many, new and old, and I will choose   370
The best of these, and see it well equipped.
Then will we drag it down to the broad sea."
Thus Pallas spake, the child of Jupiter.
Telemachus obeyed the heavenly voice,
And stayed not; home he hastened, where he saw   375
Sadly the arrogant suitors in the hall,
Busily flaying goats and roasting swine.
Antinoüs, laughing, came to meet the youth,
And fastened on his hand, and thus he spake:—
    "Telemachus, thou youth of lofty speech   380
And boundless in abuse, let neither word
Nor deed that may displease thee vex thy heart,
But gayly eat and drink as thou wert wont.
The Achaians generously will provide
Whatever thou requirest, ship and men,—   385
All chosen rowers,—that thou mayst arrive
Sooner at sacred Pylos, there to learn
Tidings of thy illustrious father's fate."
Then spake discreet Telemachus in turn:—
    "Antinoüs, never could I sit with you,   390
Arrogant ones! in silence nor enjoy
The feast in quiet. Is it not enough,
O suitors, that while I was yet a child
Ye wasted on your revelries my large
And rich possessions? Now that I am grown,   395
And, when I hear the words of other men,
Discern their meaning, now that every day
Strengthens my spirit, I will make the attempt
To bring the evil fates upon your heads,
Whether I go to Pylos or remain   400
Among this people. I shall surely make
This voyage, and it will not be in vain.
Although I go a passenger on board
Another's ship,—since neither ship have I
Nor rowers,—ye have judged that so were best."   405
He spake, and quickly from the suitor's hand
Withdrew his own. The others who prepared
Their banquet in the palace scoffed at him,
And flung at him their bitter taunts, and one
Among the insolent youths reviled him thus:—   410
    "Telemachus is certainly resolved

ἤ τινας ἐκ Πύλου ἄξει ἀμύντορας ἠμαθόεντος
ἦ ὅ γε καὶ Σπάρτηθεν, ἐπεί νύ περ ἵεται αἰνῶς·
ἠὲ καὶ εἰς Ἐφύρην ἐθέλει, πίειραν ἄρουραν,
ἐλθεῖν, ὄφρ' ἔνθεν θυμοφθόρα φάρμακ' ἐνείκῃ,
ἐν δὲ βάλῃ κρητῆρι καὶ ἡμέας πάντας ὀλέσσῃ.' 330
ἄλλος δ' αὖτ' εἴπεσκε νέων ὑπερηνορεόντων·
'τίς δ' οἶδ', εἴ κε καὶ αὐτὸς ἰὼν κοίλης ἐπὶ νηὸς
τῆλε φίλων ἀπόληται ἀλώμενος ὥς περ Ὀδυσσεύς;
οὕτω κεν καὶ μᾶλλον ὀφέλλειεν πόνον ἄμμιν·
κτήματα γάρ κεν πάντα δασαίμεθα, οἰκία δ' αὖτε 335
τούτου μητέρι δοῖμεν ἔχειν ἠδ' ὅς τις ὀπυίοι.'
ὣς φάν, ὁ δ' ὑψόροφον θάλαμον κατεβήσετο πατρὸς
εὐρύν, ὅθι νητὸς χρυσὸς καὶ χαλκὸς ἔκειτο
ἐσθής τ' ἐν χηλοῖσιν ἅλις τ' εὐῶδες ἔλαιον·
ἐν δὲ πίθοι οἴνοιο παλαιοῦ ἡδυπότοιο 340
ἕστασαν, ἄκρητον θεῖον ποτὸν ἐντὸς ἔχοντες,
ἑξείης ποτὶ τοῖχον ἀρηρότες, εἴ ποτ' Ὀδυσσεὺς
οἴκαδε νοστήσειε καὶ ἄλγεα πολλὰ μογήσας.
κληισταὶ δ' ἔπεσαν σανίδες πυκινῶς ἀραρυῖαι,
δικλίδες· ἐν δὲ γυνὴ ταμίη νύκτας τε καὶ ἦμαρ 345
ἔσχ', ἣ πάντ' ἐφύλασσε νόου πολυϊδρείῃσιν,
Εὐρύκλει', Ὤπος θυγάτηρ Πεισηνορίδαο.
τὴν τότε Τηλέμαχος προσέφη θαλαμόνδε καλέσσας·
'μαῖ', ἄγε δή μοι οἶνον ἐν ἀμφιφορεῦσιν ἄφυσσον
ἡδύν, ὅτις μετὰ τὸν λαρώτατος ὃν σὺ φυλάσσεις 350
κεῖνον ὀιομένη τὸν κάμμορον, εἴ ποθεν ἔλθοι
διογενὴς Ὀδυσεὺς θάνατον καὶ κῆρας ἀλύξας.
δώδεκα δ' ἔμπλησον καὶ πώμασιν ἄρσον ἅπαντας.
ἐν δέ μοι ἄλφιτα χεῦον ἐϋρραφέεσσι δοροῖσιν·
εἴκοσι δ' ἔστω μέτρα μυληφάτου ἀλφίτου ἀκτῆς. 355
αὐτὴ δ' οἴη ἴσθι· τὰ δ' ἀθρόα πάντα τετύχθω·
ἑσπέριος γὰρ ἐγὼν αἱρήσομαι, ὁππότε κεν δὴ
μήτηρ εἰς ὑπερῷ' ἀναβῇ κοίτου τε μέδηται.
εἶμι γὰρ ἐς Σπάρτην τε καὶ ἐς Πύλον ἠμαθόεντα
νόστον πευσόμενος πατρὸς φίλου, ἤν που ἀκούσω.' 360

To butcher us. He goes to bring allies
From sandy Pylos or the Spartan coast,
He is so bent on slaughter. Or perhaps
He visits the rich land of Ephyrè   415
In search of deadly poisons to be thrown
Into a cup and end us all at once."
    Then said another of the haughty youths:—
"Who knows but, wandering in his hollow bark,
He too may perish, far from all his friends,   420
Just as Ulysses perished? This would bring
Increase of labor; it would cast on us
The trouble to divide his goods, and give
His palace to his mother, and to him
Who takes the woman as his wedded wife."   425
    So spake they, but Telemachus went down
To that high-vaulted room, his father's, where
Lay heaps of gold and brass, and garments store
In chests, and fragrant oils. And there stood casks
Of delicate old wine and pure, a drink   430
For gods, in rows against the wall, to wait
If ever, after many hardships borne,
Ulysses should return. Upon that room
Close-fitting double doors were shut, and there
Was one who night and day kept diligent watch,   435
A woman, Eurycleia, child of Ops,
Peisenor's son. Telemachus went in
And called her to him, and bespake her thus:—
    "Nurse, let sweet wine be drawn into my jars,
The finest next to that which thou dost keep   440
Expecting our unhappy lord, if yet
The nobly born Ulysses shall escape
The doom of death and come to us again.
Fill twelve, and fit the covers close, and pour
Meal into well-sewn skins, and let the tale   445
Be twenty measures of the flour of wheat.
This none but thou must know. Let all these things
Be brought together; then, as night shuts in,
When to her upper chamber, seeking rest,
My mother shall withdraw, I come and take   450
What thou providest for me. I am bound
For Sparta and for Pylos in the sands,
To gather news concerning the return
Of my dear father, if I haply may."

ὣς φάτο, κώκυσεν δὲ φίλη τροφὸς Εὐρύκλεια,
καί ῥ' ὀλοφυρομένη ἔπεα πτερόεντα προσηύδα:
'τίπτε δέ τοι, φίλε τέκνον, ἐνὶ φρεσὶ τοῦτο νόημα
ἔπλετο; πῇ δ' ἐθέλεις ἰέναι πολλὴν ἐπὶ γαῖαν
μοῦνος ἐὼν ἀγαπητός; ὁ δ' ὤλετο τηλόθι πάτρης 365
διογενὴς Ὀδυσεὺς ἀλλογνώτῳ ἐνὶ δήμῳ.
οἱ δέ τοι αὐτίκ' ἰόντι κακὰ φράσσονται ὀπίσσω,
ὥς κε δόλῳ φθίῃς, τάδε δ' αὐτοὶ πάντα δάσονται.
ἀλλὰ μέν' αὖθ' ἐπὶ σοῖσι καθήμενος: οὐδέ τί σε χρὴ
πόντον ἐπ' ἀτρύγετον κακὰ πάσχειν οὐδ' ἀλάλησθαι.' 370
τὴν δ' αὖ Τηλέμαχος πεπνυμένος ἀντίον ηὔδα:
'θάρσει, μαῖ', ἐπεὶ οὔ τοι ἄνευ θεοῦ ἥδε γε βουλή.
ἀλλ' ὄμοσον μὴ μητρὶ φίλῃ τάδε μυθήσασθαι,
πρίν γ' ὅτ' ἂν ἑνδεκάτη τε δυωδεκάτη τε γένηται,
ἢ αὐτὴν ποθέσαι καὶ ἀφορμηθέντος ἀκοῦσαι, 375
ὡς ἂν μὴ κλαίουσα κατὰ χρόα καλὸν ἰάπτῃ.'
ὣς ἄρ' ἔφη, γρῆυς δὲ θεῶν μέγαν ὅρκον ἀπώμνυ.
αὐτὰρ ἐπεί ῥ' ὄμοσέν τε τελεύτησέν τε τὸν ὅρκον,
αὐτίκ' ἔπειτά οἱ οἶνον ἐν ἀμφιφορεῦσιν ἄφυσσεν,
ἐν δέ οἱ ἄλφιτα χεῦεν ἐϋρραφέεσσι δοροῖσι. 380
Τηλέμαχος δ' ἐς δώματ' ἰὼν μνηστῆρσιν ὁμίλει.
ἔνθ' αὖτ' ἄλλ' ἐνόησε θεά, γλαυκῶπις Ἀθήνη.
Τηλεμάχῳ ἐϊκυῖα κατὰ πτόλιν ᾤχετο πάντῃ,
καί ῥα ἑκάστῳ φωτὶ παρισταμένη φάτο μῦθον,
ἑσπερίους δ' ἐπὶ νῆα θοὴν ἀγέρεσθαι ἀνώγει. 385
ἡ δ' αὖτε Φρονίοιο Νοήμονα φαίδιμον υἱὸν
ᾔτεε νῆα θοήν: ὁ δέ οἱ πρόφρων ὑπέδεκτο.
δύσετό τ' ἠέλιος σκιόωντό τε πᾶσαι ἀγυιαί,
καὶ τότε νῆα θοὴν ἅλαδ' εἴρυσε, πάντα δ' ἐν αὐτῇ
ὅπλ' ἐτίθει, τά τε νῆες ἐΰσσελμοι φορέουσι. 390
στῆσε δ' ἐπ' ἐσχατιῇ λιμένος, περὶ δ' ἐσθλοὶ ἑταῖροι
ἀθρόοι ἠγερέθοντο: θεὰ δ' ὤτρυνεν ἕκαστον.
ἔνθ' αὖτ' ἄλλ' ἐνόησε θεά, γλαυκῶπις Ἀθήνη.
βῆ ῥ' ἰέναι πρὸς δώματ' Ὀδυσσῆος θείοιο:
ἔνθα μνηστήρεσσιν ἐπὶ γλυκὺν ὕπνον ἔχευε, 395

So spake the youth, and his beloved nurse   455
Sobbed, wept aloud, and spake these winged words:—
  "Why should there come, dear child, a thought like this
Into thy heart. Why wouldst thou wander forth
To distant regions,—thou an only son
And dearly loved? Ulysses, nobly born,   460
Has perished, from his native land afar,
'Mid a strange race. These men, when thou art gone,
At once will lay their plots to take thy life,
And share thy wealth among them. Stay thou here
Among thy people; need is none that thou   465
Shouldst suffer, roaming o'er the barren deep."
  Then spake discreet Telemachus again:—
"Be of good cheer, O nurse, for my design
Is not without the sanction of a god;
But swear thou not to let my mother know   470
Of my intent until the eleventh day
Or twelfth shall pass, or till, in missing me,
She learn of my departure, lest she weep
And stain with tears the beauty of her face."
  He spake; the ancient woman solemnly   475
Swore by the gods, and when the rite was o'er
Drew wine into the jars, and poured the meal
Into the well-sewn skins. Telemachus
Entered the hall and joined the suitor train.
  Then did the blue-eyed goddess turn her thoughts   480
To other plans, and taking on herself
The semblance of Telemachus, she ranged
The city, speaking to each man in turn,
And bidding him at nightfall to repair
To where the good ship lay. That gallant ship   485
She begged of the renowned Noëmon, son
Of Phronius, who with cheerful grace complied.
  The sun went down, the city streets lay all
In shadow. Then she drew the good ship down
Into the sea, and brought and put on board   490
The appointments every well-built galley needs,
And moored her at the bottom of the port,
Where, in a throng, obedient to the word
Of Pallas, round her came her gallant crew.
  With yet a new device the blue-eyed maid   495
Went to the palace of the godlike chief
Ulysses, where she poured a gentle sleep

πλάζε δὲ πίνοντας, χειρῶν δ' ἔκβαλλε κύπελλα.
οἱ δ' εὕδειν ὤρνυντο κατὰ πτόλιν, οὐδ' ἄρ' ἔτι δὴν
ἥατ', ἐπεί σφισιν ὕπνος ἐπὶ βλεφάροισιν ἔπιπτεν.
αὐτὰρ Τηλέμαχον προσέφη γλαυκῶπις Ἀθήνη
ἐκπροκαλεσσαμένη μεγάρων ἐὺ ναιεταόντων, 400
Μέντορι εἰδομένη ἠμὲν δέμας ἠδὲ καὶ αὐδήν·
  'Τηλέμαχ', ἤδη μέν τοι ἐϋκνήμιδες ἑταῖροι
ἥατ' ἐπήρετμοι τὴν σὴν ποτιδέγμενοι ὁρμήν·
ἀλλ' ἴομεν, μὴ δηθὰ διατρίβωμεν ὁδοῖο.'
  ὣς ἄρα φωνήσασ' ἡγήσατο Παλλὰς Ἀθήνη 405
καρπαλίμως· ὁ δ' ἔπειτα μετ' ἴχνια βαῖνε θεοῖο.
αὐτὰρ ἐπεί ῥ' ἐπὶ νῆα κατήλυθον ἠδὲ θάλασσαν,
εὗρον ἔπειτ' ἐπὶ θινὶ κάρη κομόωντας ἑταίρους.
τοῖσι δὲ καὶ μετέειφ' ἱερὴ ἲς Τηλεμάχοιο·
  'δεῦτε, φίλοι, ἤϊα φερώμεθα· πάντα γὰρ ἤδη 410
ἀθρό' ἐνὶ μεγάρῳ. μήτηρ δ' ἐμὴ οὔ τι πέπυσται,
οὐδ' ἄλλαι δμωαί, μία δ' οἴη μῦθον ἄκουσεν.'
  ὣς ἄρα φωνήσας ἡγήσατο, τοὶ δ' ἅμ' ἕποντο.
οἱ δ' ἄρα πάντα φέροντες ἐϋσσέλμῳ ἐπὶ νηὶ
κάτθεσαν, ὡς ἐκέλευσεν Ὀδυσσῆος φίλος υἱός. 415
ἂν δ' ἄρα Τηλέμαχος νηὸς βαῖν', ἦρχε δ' Ἀθήνη,
νηὶ δ' ἐνὶ πρυμνῇ κατ' ἄρ' ἕζετο· ἄγχι δ' ἄρ' αὐτῆς
ἕζετο Τηλέμαχος. τοὶ δὲ πρυμνήσι' ἔλυσαν,
ἂν δὲ καὶ αὐτοὶ βάντες ἐπὶ κληῖσι καθῖζον.
τοῖσιν δ' ἴκμενον οὖρον ἵει γλαυκῶπις Ἀθήνη, 420
ἀκραῆ Ζέφυρον, κελάδοντ' ἐπὶ οἴνοπα πόντον.
Τηλέμαχος δ' ἑτάροισιν ἐποτρύνας ἐκέλευσεν
ὅπλων ἅπτεσθαι· τοὶ δ' ὀτρύνοντος ἄκουσαν.
ἱστὸν δ' εἰλάτινον κοίλης ἔντοσθε μεσόδμης
στῆσαν ἀείραντες, κατὰ δὲ προτόνοισιν ἔδησαν, 425
ἕλκον δ' ἱστία λευκὰ ἐϋστρέπτοισι βοεῦσιν.
ἔπρησεν δ' ἄνεμος μέσον ἱστίον, ἀμφὶ δὲ κῦμα
στείρῃ πορφύρεον μεγάλ' ἴαχε νηὸς ἰούσης·
ἡ δ' ἔθεεν κατὰ κῦμα διαπρήσσουσα κέλευθον.
δησάμενοι δ' ἄρα ὅπλα θοὴν ἀνὰ νῆα μέλαιναν 430

Over the suitors. As they drank she made
Their senses wander, and their hands let fall
The goblets. Now no longer at the board 500
They sat, but sallied forth, and through the town
Went to their slumbers, for the power of sleep
Had fallen heavily upon their lids.
Then blue-eyed Pallas from those sumptuous halls
Summoned Telemachus. She took the form 505
And voice of Mentor, and bespake him thus:—
   "Telemachus, already at their oars
Sit thy well-armed companions and await
Thy coming; let us go without delay."
   Thus having spoken, Pallas led the way 510
With rapid footsteps which he followed fast;
Till having reached the galley and the sea
They found their long-haired comrades at the beach,
And thus the gallant prince Telemachus
Bespake them: "Hither, comrades, let us bring 515
The sea-stores from the dwelling where they lie;
My mother knows not of it, nor her maids;
The secret has been told to one alone."
   He spake, and went before them. In his steps
They followed. To the gallant bark they brought 520
The stores, and, as the well-beloved son
Of King Ulysses bade, they laid them down
Within the hull. Telemachus went up
The vessel's side, but Pallas first embarked,
And at the stern sat down, while next to her 525
Telemachus was seated. Then the crew
Cast loose the fastenings and went all on board,
And took their places on the rowers' seats,
While blue-eyed Pallas sent a favoring breeze,
A fresh wind from the west, that murmuring swept 530
The dark-blue main. Telemachus gave forth
The word to wield the tackle; they obeyed,
And raised the fir-tree mast, and, fitting it
Into its socket, bound it fast with cords,
And drew and spread with firmly twisted ropes 535
The shining sails on high. The steady wind
Swelled out the canvas in the midst; the ship
Moved on, the dark sea roaring round her keel,
As swiftly through the waves she cleft her way.
And when the rigging of that swift black ship 540

στήσαντο κρητῆρας ἐπιστεφέας οἴνοιο,
λεῖβον δ' ἀθανάτοισι θεοῖς αἰειγενέτῃσιν,
ἐκ πάντων δὲ μάλιστα Διὸς γλαυκώπιδι κούρῃ.
παννυχίη μέν ῥ' ἥ γε καὶ ἠῶ πεῖρε κέλευθον.

Was firmly in its place, they filled their cups
With wine, and to the ever-living gods
Poured out libations, most of all to one,
Jove's blue-eyed daughter. Thus through all that night
And all the ensuing morn they held their way. 545

Ἠέλιος δ' ἀνόρουσε, λιπὼν περικαλλέα λίμνην,
οὐρανὸν ἐς πολύχαλκον, ἵν' ἀθανάτοισι φαείνοι
καὶ θνητοῖσι βροτοῖσιν ἐπὶ ζείδωρον ἄρουραν:
οἱ δὲ Πύλον, Νηλῆος ἐϋκτίμενον πτολίεθρον,
ἷξον: τοὶ δ' ἐπὶ θινὶ θαλάσσης ἱερὰ ῥέζον, 5
ταύρους παμμέλανας, ἐνοσίχθονι κυανοχαίτῃ.
ἐννέα δ' ἕδραι ἔσαν, πεντακόσιοι δ' ἐν ἑκάστῃ
ἥατο καὶ προύχοντο ἑκάστοθι ἐννέα ταύρους.
εὖθ' οἱ σπλάγχνα πάσαντο, θεῷ δ' ἐπὶ μηρί' ἔκαιον,
οἱ δ' ἰθὺς κατάγοντο ἰδ' ἱστία νηὸς ἐΐσης 10
στεῖλαν ἀείραντες, τὴν δ' ὥρμισαν, ἐκ δ' ἔβαν αὐτοί:
ἐκ δ' ἄρα Τηλέμαχος νηὸς βαῖν', ἦρχε δ' Ἀθήνη.
τὸν προτέρη προσέειπε θεά, γλαυκῶπις Ἀθήνη:
 'Τηλέμαχ', οὐ μέν σε χρὴ ἔτ' αἰδοῦς, οὐδ' ἠβαιόν:
τοὔνεκα γὰρ καὶ πόντον ἐπέπλως, ὄφρα πύθηαι 15
πατρός, ὅπου κύθε γαῖα καὶ ὅν τινα πότμον ἐπέσπεν.
ἀλλ' ἄγε νῦν ἰθὺς κίε Νέστορος ἱπποδάμοιο:
εἴδομεν ἥν τινα μῆτιν ἐνὶ στήθεσσι κέκευθε.

BOOK III

Now from the fair broad bosom of the sea
Into the brazen vault of heaven the sun
Rose shining for the immortals and for men
Upon the foodful earth. The voyagers
Arrived at Pylos, nobly built, the town   5
Of Neleus. There, upon the ocean-side,
They found the people offering coal-black steers
To dark-haired Neptune. On nine seats they sat,
Five hundred on each seat; nine steers were slain
For each five hundred there. While they performed   10
The rite, and, tasting first the entrails, burned
The thighs to ocean's god, the Ithacans
Touched land, and, lifting up the good ship's sail,
Furled it and moored the keel, and then stepped out
Upon the shore. Forth from the galley came   15
Telemachus, the goddess guiding him,
And thus to him the blue-eyed Pallas said:—
    "Telemachus, there now is no excuse,
Not even the least, for shamefaced backwardness.
Thou hast come hither o'er the deep to ask   20
For tidings of thy father,—what far land
Conceals him, what the fate that he has met.
Go then at once to Nestor, the renowned
In horsemanship, and we shall see what plan

λίσσεσθαι δέ μιν αὐτός, ὅπως νημερτέα εἴπῃ:
ψεῦδος δ' οὐκ ἐρέει: μάλα γὰρ πεπνυμένος ἐστί.' 20
    τὴν δ' αὖ Τηλέμαχος πεπνυμένος ἀντίον ηὔδα:
'Μέντορ, πῶς τ' ἄρ' ἴω; πῶς τ' ἄρ προσπτύξομαι αὐτόν;
οὐδέ τί πω μύθοισι πεπείρημαι πυκινοῖσιν:
αἰδὼς δ' αὖ νέον ἄνδρα γεραίτερον ἐξερέεσθαι.'
τὸν δ' αὖτε προσέειπε θεά, γλαυκῶπις Ἀθήνη: 25
'Τηλέμαχ', ἄλλα μὲν αὐτὸς ἐνὶ φρεσὶ σῇσι νοήσεις,
ἄλλα δὲ καὶ δαίμων ὑποθήσεται: οὐ γὰρ ὀίω
οὔ σε θεῶν ἀέκητι γενέσθαι τε τραφέμεν τε.'
    ὣς ἄρα φωνήσασ' ἡγήσατο Παλλὰς Ἀθήνη
καρπαλίμως: ὁ δ' ἔπειτα μετ' ἴχνια βαῖνε θεοῖο. 30
ἷξον δ' ἐς Πυλίων ἀνδρῶν ἄγυρίν τε καὶ ἕδρας,
ἔνθ' ἄρα Νέστωρ ἧστο σὺν υἱάσιν, ἀμφὶ δ' ἑταῖροι
δαῖτ' ἐντυνόμενοι κρέα τ' ὤπτων ἄλλα τ' ἔπειρον.
οἱ δ' ὡς οὖν ξείνους ἴδον, ἁθρόοι ἦλθον ἅπαντες,
χερσίν τ' ἠσπάζοντο καὶ ἑδριάασθαι ἄνωγον. 35
πρῶτος Νεστορίδης Πεισίστρατος ἐγγύθεν ἐλθὼν
ἀμφοτέρων ἕλε χεῖρα καὶ ἵδρυσεν παρὰ δαιτὶ
κώεσιν ἐν μαλακοῖσιν ἐπὶ ψαμάθοις ἁλίῃσιν
πάρ τε κασιγνήτῳ Θρασυμήδεϊ καὶ πατέρι ᾧ:
δῶκε δ' ἄρα σπλάγχνων μοίρας, ἐν δ' οἶνον ἔχευεν 40
χρυσείῳ δέπαϊ: δειδισκόμενος δὲ προσηύδα
Παλλάδ' Ἀθηναίην κούρην Διὸς αἰγιόχοιο:
    'εὔχεο νῦν, ὦ ξεῖνε, Ποσειδάωνι ἄνακτι:
τοῦ γὰρ καὶ δαίτης ἠντήσατε δεῦρο μολόντες.
αὐτὰρ ἐπὴν σπείσῃς τε καὶ εὔξεαι, ᾗ θέμις ἐστί, 45
δὸς καὶ τούτῳ ἔπειτα δέπας μελιηδέος οἴνου
σπεῖσαι, ἐπεὶ καὶ τοῦτον ὀίομαι ἀθανάτοισιν
εὔχεσθαι: πάντες δὲ θεῶν χατέουσ' ἄνθρωποι.
ἀλλὰ νεώτερός ἐστιν, ὁμηλικίη δ' ἐμοὶ αὐτῷ:
τοὔνεκα σοὶ προτέρῳ δώσω χρύσειον ἄλεισον.' 50
    ὣς εἰπὼν ἐν χειρὶ τίθει δέπας ἡδέος οἴνου:

He hath in mind for thee. Entreat him there 25
That frankly he declare it. He will speak
No word of falsehood; he is truly wise."
   And thus discreet Telemachus replied:—
"O Mentor, how shall I approach the chief,
And with what salutation? Little skill 30
Have I in courtly phrase, and shame becomes
A youth in questioning an aged man."
   Pallas, the blue-eyed goddess, spake again:—
"In part thy mind will prompt thy speech; in part
A god will put the words into thy mouth,— 35
For well I deem that thou wert neither born
Nor trained without the favor of the gods."
   Thus having said, the blue-eyed Pallas moved
With hasty pace before, and in her steps
He followed close, until they reached the seats 40
Of those assembled Pylians. Nestor there
Sat with his sons, while his companions stood
Around him and prepared the feast, and some
Roasted the flesh at fires, and some transfixed
The parts with spits. As they beheld the approach 45
Of strangers they advanced, and took their hands,
And bade them sit. Pisistratus, a son
Of Nestor, came the first of all, and took
A hand of each, and placed them at the feast
On the soft hides that o'er the ocean sand 50
Were spread beside his brother Thrasymed
And his own father; brought for their repast
Parts of the entrails, poured for them the wine
Into a golden goblet, held it forth
In his right hand, and with these words bespake 55
Pallas, the child of ægis-bearing Jove:—
   "Pray, stranger, to King Neptune. Ye have chanced
Upon his feast in coming to our coast.
And after thy libation poured, and prayer
Made to the god, give over to thy friend 60
The goblet of choice wine that he may make
Libation also; he, I question not,
Prays to the gods; we all have need of them.
A younger man is he than thou, and seems
In age to be my equal; therefore I 65
Will give the golden goblet first to thee."
   He spake, and in the hands of Pallas placed

χαῖρε δ' Ἀθηναίη πεπνυμένῳ ἀνδρὶ δικαίῳ,
οὕνεκα οἷ προτέρῃ δῶκε χρύσειον ἄλεισον·
αὐτίκα δ' εὔχετο πολλὰ Ποσειδάωνι ἄνακτι·
  'κλῦθι, Ποσείδαον γαιήοχε, μηδὲ μεγήρῃς 55
ἡμῖν εὐχομένοισι τελευτῆσαι τάδε ἔργα.
Νέστορι μὲν πρώτιστα καὶ υἱάσι κῦδος ὄπαζε,
αὐτὰρ ἔπειτ' ἄλλοισι δίδου χαρίεσσαν ἀμοιβὴν
σύμπασιν Πυλίοισιν ἀγακλειτῆς ἑκατόμβης.
δὸς δ' ἔτι Τηλέμαχον καὶ ἐμὲ πρήξαντα νέεσθαι, 60
οὕνεκα δεῦρ' ἱκόμεσθα θοῇ σὺν νηὶ μελαίνῃ.'
  ὣς ἄρ' ἔπειτ' ἠρᾶτο καὶ αὐτὴ πάντα τελεύτα.
δῶκε δὲ Τηλεμάχῳ καλὸν δέπας ἀμφικύπελλον·
ὣς δ' αὕτως ἠρᾶτο Ὀδυσσῆος φίλος υἱός.
οἱ δ' ἐπεί ὤπτησαν κρέ' ὑπέρτερα καὶ ἐρύσαντο, 65
μοίρας δασσάμενοι δαίνυντ' ἐρικυδέα δαῖτα.
αὐτὰρ ἐπεὶ πόσιος καὶ ἐδητύος ἐξ ἔρον ἕντο,
τοῖς ἄρα μύθων ἦρχε Γερήνιος ἱππότα Νέστωρ·
  'νῦν δὴ κάλλιόν ἐστι μεταλλῆσαι καὶ ἐρέσθαι
ξείνους, οἱ τινές εἰσιν, ἐπεὶ τάρπησαν ἐδωδῆς. 70
ὦ ξεῖνοι, τίνες ἐστέ; πόθεν πλεῖθ' ὑγρὰ κέλευθα;
ἦ τι κατὰ πρῆξιν ἦ μαψιδίως ἀλάλησθε
οἷά τε ληιστῆρες ὑπεὶρ ἅλα, τοί τ' ἀλόωνται
ψυχὰς παρθέμενοι κακὸν ἀλλοδαποῖσι φέροντες;'
  τὸν δ' αὖ Τηλέμαχος πεπνυμένος ἀντίον ηὔδα 75
θαρσήσας· αὐτὴ γὰρ ἐνὶ φρεσὶ θάρσος Ἀθήνη
θῆχ', ἵνα μιν περὶ πατρὸς ἀποιχομένοιο ἔροιτο
ἠδ' ἵνα μιν κλέος ἐσθλὸν ἐν ἀνθρώποισιν ἔχῃσιν·
  'ὦ Νέστορ Νηληϊάδη, μέγα κῦδος Ἀχαιῶν,
εἴρεαι ὁππόθεν εἰμέν· ἐγὼ δέ κέ τοι καταλέξω. 80
ἡμεῖς ἐξ Ἰθάκης ὑπονηίου εἰλήλουθμεν·
πρῆξις δ' ἥδ' ἰδίη, οὐ δήμιος, ἣν ἀγορεύω.
πατρὸς ἐμοῦ κλέος εὐρὺ μετέρχομαι, ἤν που ἀκούσω,

The goblet of choice wine. Well pleased was she
With one so just and so discreet,—well pleased
That first to her he reached the cup of gold, 70
And thus she prayed to Neptune fervently:—
    "Hear, Neptune, thou who dost embrace the earth,
And of thy grace disdain not to bestow
These blessings on thy suppliants. First of all
Vouchsafe to Nestor and his sons increase 75
Of glory; on the Pylian people next
Bestow, for this most sumptuous hecatomb,
Large recompense; and, lastly, grant to us—
Telemachus and me—a safe return
To our own country with the end attained 80
Which brought us hither in our gallant bark."
    Thus did she pray, while she fulfilled the prayer;
And then she handed to Telemachus
The fair round goblet, and in words like hers
The dear son of Ulysses prayed. Meanwhile 85
The Pylians, having roasted well the flesh
And drawn it from the spits, distributing
To each his portion, held high festival.
And when the calls of hunger and of thirst
Were silenced, Nestor, the Gerenian knight, 90
Began discourse, and thus bespake his guests:—
    "The fitting time is come to ask our guests
Who they may be, since now their feast is o'er.
Say then, O strangers, who ye are, and whence
Ye come along the pathway of the deep. 95
Have ye an errand here, or do ye roam
The seas at large, like pirates, braving death,
And visiting with ravage foreign states?"
    And then discreet Telemachus replied
Boldly,—for Pallas strengthened in that hour 100
His heart that he might confidently ask
News of his absent father, and so win
A worthy fame among, the sons of men:—
    "O Nestor, son of Neleus, pride of Greece!
Thou bid'st us tell thee whence we came, and I 105
Will faithfully declare it. We are come
From Ithaca, beneath the Neritus,
And private, and not general, is the cause
Of which I am to speak. I came to ask
Concerning my great father, the large souled 110

δίου Ὀδυσσῆος ταλασίφρονος, ὅν ποτέ φασι
σὺν σοὶ μαρνάμενον Τρώων πόλιν ἐξαλαπάξαι. 85
ἄλλους μὲν γὰρ πάντας, ὅσοι Τρωσὶν πολέμιζον,
πευθόμεθ', ἧχι ἕκαστος ἀπώλετο λυγρῷ ὀλέθρῳ,
κείνου δ' αὖ καὶ ὄλεθρον ἀπευθέα θῆκε Κρονίων.
οὐ γάρ τις δύναται σάφα εἰπέμεν ὁππόθ' ὄλωλεν,
εἴθ' ὅ γ' ἐπ' ἠπείρου δάμη ἀνδράσι δυσμενέεσσιν, 90
εἴτε καὶ ἐν πελάγει μετὰ κύμασιν Ἀμφιτρίτης.
τοὔνεκα νῦν τὰ σὰ γοῦναθ' ἱκάνομαι, αἴ κ' ἐθέλησθα
κείνου λυγρὸν ὄλεθρον ἐνισπεῖν, εἴ που ὄπωπας
ὀφθαλμοῖσι τεοῖσιν ἢ ἄλλου μῦθον ἄκουσας
πλαζομένου· πέρι γάρ μιν ὀιζυρὸν τέκε μήτηρ. 95
μηδέ τί μ' αἰδόμενος μειλίσσεο μηδ' ἐλεαίρων,
ἀλλ' εὖ μοι κατάλεξον ὅπως ἤντησας ὀπωπῆς.
λίσσομαι, εἴ ποτέ τοί τι πατὴρ ἐμός, ἐσθλὸς Ὀδυσσεύς,
ἢ ἔπος ἠέ τι ἔργον ὑποστὰς ἐξετέλεσσε
δήμῳ ἔνι Τρώων, ὅθι πάσχετε πήματ' Ἀχαιοί, 100
τῶν νῦν μοι μνῆσαι, καί μοι νημερτὲς ἐνίσπες.'
   τὸν δ' ἠμείβετ' ἔπειτα Γερήνιος ἱππότα Νέστωρ·
'ὦ φίλ', ἐπεί μ' ἔμνησας ὀιζύος, ἣν ἐν ἐκείνῳ
δήμῳ ἀνέτλημεν μένος ἄσχετοι υἷες Ἀχαιῶν,
ἠμὲν ὅσα ξὺν νηυσίν ἐπ' ἠεροειδέα πόντον 105
πλαζόμενοι κατὰ ληίδ', ὅπῃ ἄρξειεν Ἀχιλλεύς,
ἠδ' ὅσα καὶ περὶ ἄστυ μέγα Πριάμοιο ἄνακτος
μαρνάμεθ'· ἔνθα δ' ἔπειτα κατέκταθεν ὅσσοι ἄριστοι.
ἔνθα μὲν Αἴας κεῖται ἀρήιος, ἔνθα δ' Ἀχιλλεύς,
ἔνθα δὲ Πάτροκλος, θεόφιν μήστωρ ἀτάλαντος, 110
ἔνθα δ' ἐμὸς φίλος υἱός, ἅμα κρατερὸς καὶ ἀμύμων,
Ἀντίλοχος, πέρι μὲν θείειν ταχὺς ἠδὲ μαχητής·
ἄλλα τε πόλλ' ἐπὶ τοῖς πάθομεν κακά· τίς κεν ἐκεῖνα
πάντα γε μυθήσαιτο καταθνητῶν ἀνθρώπων;
οὐδ' εἰ πεντάετές γε καὶ ἑξάετες παραμίμνων 115
ἐξερέοις ὅσα κεῖθι πάθον κακὰ δῖοι Ἀχαιοί·
πρίν κεν ἀνιηθεὶς σὴν πατρίδα γαῖαν ἵκοιο.

And nobly-born Ulysses, who 'tis said
With thee, his friend in arms, laid waste the town
Of Ilium. We have heard where all the rest
Who warred against the Trojans were cut off,
And died sad deaths; his fate alone the son   115
Of Saturn hath not chosen to reveal,—
Whether he fell on land by hostile hands,
Or while at sea was whelmed beneath the waves
Of Amphitritè. Wherefore to thy knees
I come, to ask that thou—if so thou wilt—   120
Relate the manner of his mournful death,
As thou didst see it with thine eyes, or else
As thou from other wanderers hast heard
Its history; for she who brought him forth
Bore him to be unhappy. Think thou not   125
To soften aught, through tenderness to me,
In thy recital, but in faithful words
Tell me the whole, whatever thou hast seen.
And I conjure thee, that if, in his life,
My father, great Ulysses, ever gave   130
Promise of word or deed for thee, and kept
His promise, in the realm of Troy, where ye
Achaians bore such hardships, that thou now
Remember it and speak without disguise."

    And Nestor the Gerenian knight replied:—   135
"My friend, since thou recallest to my mind
The sufferings borne by us the sons of Greece,
Although of peerless valor, in that land,
Both when we ranged in ships the darkling sea
For booty wheresoe'er Achilles led,   140
And when around King Priam's populous town
We fought, where fell our bravest, know thou then
That there the valiant Ajax lies, and there
Achilles; there Patroclus, like the gods
In council; there my well-beloved son   145
Blameless and brave, Antilochus the swift
Of foot and warlike,—many woes beside
We bore, and who of mortal birth could give
Their history? Nay, though thou shouldst remain
Five years or six, and ask of all the griefs   150
Endured by the brave Greeks, thou wouldst depart
Outwearied to thy home, ere thou hadst heard
The whole. Nine years in harassing the foe

εἰνάετες γάρ σφιν κακὰ ῥάπτομεν ἀμφιέποντες
παντοίοισι δόλοισι, μόγις δ᾽ ἐτέλεσσε Κρονίων.
ἔνθ᾽ οὔ τίς ποτε μῆτιν ὁμοιωθήμεναι ἄντην 120
ἤθελ᾽, ἐπεὶ μάλα πολλὸν ἐνίκα δῖος Ὀδυσσεὺς
παντοίοισι δόλοισι, πατὴρ τεός, εἰ ἐτεόν γε
κείνου ἔκγονός ἐσσι: σέβας μ᾽ ἔχει εἰσορόωντα.
ἦ τοι γὰρ μῦθοί γε ἐοικότες, οὐδέ κε φαίης
ἄνδρα νεώτερον ὧδε ἐοικότα μυθήσασθαι. 125
ἔνθ᾽ ἦ τοι ἧος μὲν ἐγὼ καὶ δῖος Ὀδυσσεὺς
οὔτε ποτ᾽ εἰν ἀγορῇ δίχ᾽ ἐβάζομεν οὔτ᾽ ἐνὶ βουλῇ,
ἀλλ᾽ ἕνα θυμὸν ἔχοντε νόῳ καὶ ἐπίφρονι βουλῇ
φραζόμεθ᾽ Ἀργείοισιν ὅπως ὄχ᾽ ἄριστα γένοιτο.
αὐτὰρ ἐπεὶ Πριάμοιο πόλιν διεπέρσαμεν αἰπήν, 130
βῆμεν δ᾽ ἐν νήεσσι, θεὸς δ᾽ ἐσκέδασσεν Ἀχαιούς,
καὶ τότε δὴ Ζεὺς λυγρὸν ἐνὶ φρεσὶ μήδετο νόστον
Ἀργείοις, ἐπεὶ οὔ τι νοήμονες οὐδὲ δίκαιοι
πάντες ἔσαν: τῶ σφεων πολέες κακὸν οἶτον ἐπέσπον
μήνιος ἐξ ὀλοῆς γλαυκώπιδος ὀβριμοπάτρης. 135
ἥ τ᾽ ἔριν Ἀτρεΐδῃσι μετ᾽ ἀμφοτέροισιν ἔθηκε.
τὼ δὲ καλεσσαμένω ἀγορὴν ἐς πάντας Ἀχαιούς,
μάψ, ἀτὰρ οὐ κατὰ κόσμον, ἐς ἠέλιον καταδύντα,
οἱ ἦλθον οἴνῳ βεβαρηότες υἷες Ἀχαιῶν,
μῦθον μυθείσθην, τοῦ εἵνεκα λαὸν ἄγειραν. 140
ἔνθ᾽ ἦ τοι Μενέλαος ἀνώγει πάντας Ἀχαιοὺς
νόστου μιμνήσκεσθαι ἐπ᾽ εὐρέα νῶτα θαλάσσης,
οὐδ᾽ Ἀγαμέμνονι πάμπαν ἑήνδανε: βούλετο γάρ ῥα
λαὸν ἐρυκακέειν ῥέξαι θ᾽ ἱερὰς ἑκατόμβας,
ὡς τὸν Ἀθηναίης δεινὸν χόλον ἐξακέσαιτο, 145
νήπιος, οὐδὲ τὸ ᾔδη, ὃ οὐ πείσεσθαι ἔμελλεν:
οὐ γάρ τ᾽ αἶψα θεῶν τρέπεται νόος αἰὲν ἐόντων.
ὣς τὼ μὲν χαλεποῖσιν ἀμειβομένω ἐπέεσσιν
ἕστασαν: οἱ δ᾽ ἀνόρουσαν ἐυκνήμιδες Ἀχαιοὶ
ἠχῇ θεσπεσίῃ, δίχα δέ σφισιν ἥνδανε βουλή. 150
νύκτα μὲν ἀέσαμεν χαλεπὰ φρεσὶν ὁρμαίνοντες
ἀλλήλοις: ἐπὶ γὰρ Ζεὺς ἤρτυε πῆμα κακοῖο:

We passed, beleaguering them and planning wiles
Innumerable. Saturn's son at last 155
With difficulty seemed to close the war.
Then was there none who might presume to vie
In wisdom with Ulysses; that great man
Excelled in every kind of stratagem,—
Thy father,—if indeed thou be his son. 160
I look on thee amazed; all thy discourse
Is just like his, and one would ne'er believe
A younger man could speak so much like him.
While we were there, Ulysses and myself
In council or assembly never spake 165
On different sides, but with a like intent
We thoughtfully consulted how to guide
The Achaians in the way we deemed the best;
But after we had overthrown and spoiled
King Priam's lofty city, and set sail 170
For home, and by some heavenly power the Greeks
Were scattered, Jupiter ordained for them
A sad return. For all were neither wise
Nor just, and many drew upon themselves
An evil doom,—the fatal wrath of her, 175
The blue-eyed maid, who claims her birth from Jove.
'Twas she who kindled strife between the sons
Of Atreus. They had called the Achaians all
To an assembly, not with due regard
To order, at the setting of the sun, 180
And thither came the warriors overpowered
With wine. The brother kings set forth the cause
Of that assembly. Menelaus first
Bade all the Greeks prepare for their return
O'er the great deep. That counsel little pleased 185
King Agamemnon, who desired to keep
The people longer there, that he might soothe
By sacred hecatombs the fiery wrath
Of Pallas. Fool! who could not see how vain
Were such persuasion, for the eternal gods 190
Are not soon won to change their purposes.
They stood disputing thus, with bitter words,
Till wrangling noisily on different sides
Rose up the well-armed Greeks. The ensuing night
We rested, but we cherished in our breasts 195
A mutual hate; so for our punishment

ἠῶθεν δ' οἱ μὲν νέας ἕλκομεν εἰς ἅλα δῖαν
κτήματά τ' ἐντιθέμεσθα βαθυζώνους τε γυναῖκας.
ἡμίσεες δ' ἄρα λαοὶ ἐρητύοντο μένοντες 155
αὖθι παρ' Ἀτρεΐδῃ Ἀγαμέμνονι, ποιμένι λαῶν·
ἡμίσεες δ' ἀναβάντες ἐλαύνομεν· αἱ δὲ μάλ' ὦκα
ἔπλεον, ἐστόρεσεν δὲ θεὸς μεγακήτεα πόντον.
ἐς Τένεδον δ' ἐλθόντες ἐρέξαμεν ἱρὰ θεοῖσ˜ν,
οἴκαδε ἱέμενοι· Ζεὺς δ' οὔ πω μήδετο νόστον, 160
σχέτλιος, ὅς ῥ' ἔριν ὦρσε κακήν ἔπι δεύτερον αὖτις.
οἱ μὲν ἀποστρέψαντες ἔβαν νέας ἀμφιελίσσας
ἀμφ' Ὀδυσῆα ἄνακτα δαΐφρονα, ποικιλομήτην,
αὖτις ἐπ' Ἀτρεΐδῃ Ἀγαμέμνονι ἦρα φέροντες·
αὐτὰρ ἐγὼ σὺν νηυσὶν ἀολλέσιν, αἵ μοι ἕποντο, 165
φεῦγον, ἐπεὶ γίγνωσκον, ὁδὴ κακὰ μήδετο δαίμων.
φεῦγε δὲ Τυδέος υἱὸς ἀρήιος, ὦρσε δ' ἑταίρους.
ὀψὲ δὲ δὴ μετὰ νῶι κίε ξανθὸς Μενέλαος,
ἐν Λέσβῳ δ' ἔκιχεν δολιχὸν πλόον ὁρμαίνοντας,
ἢ καθύπερθε Χίοιο νεοίμεθα παιπαλοέσσης, 170
νήσου ἔπι Ψυρίης, αὐτὴν ἐπ' ἀριστέρ' ἔχοντες,
ἦ ὑπένερθε Χίοιο, παρ' ἠνεμόεντα Μίμαντα.
ἠτέομεν δὲ θεὸν φῆναι τέρας· αὐτὰρ ὅ γ' ἡμῖν
δεῖξε, καὶ ἠνώγει πέλαγος μέσον εἰς Εὔβοιαν
τέμνειν, ὄφρα τάχιστα ὑπὲκ κακότητα φύγοιμεν. 175
ὦρτο δ' ἐπὶ λιγὺς οὖρος ἀήμεναι· αἱ δὲ μάλ' ὦκα
ἰχθυόεντα κέλευθα διέδραμον, ἐς δὲ Γεραιστὸν
ἐννύχιαι κατάγοντο· Ποσειδάωνι δὲ ταύρων
πόλλ' ἐπὶ μῆρ' ἔθεμεν, πέλαγος μέγα μετρήσαντες.
τέτρατον ἦμαρ ἔην, ὅτ' ἐν Ἄργεϊ νῆας ἐΐσας 180
Τυδεΐδεω ἕταροι Διομήδεος ἱπποδάμοιο
ἵστασαν· αὐτὰρ ἐγώ γε Πύλονδ' ἔχον, οὐδέ ποτ' ἔσβη
οὖρος, ἐπεὶ δὴ πρῶτα θεὸς προέηκεν ἀῆναι.
    ὣς ἦλθον, φίλε τέκνον, ἀπευθής, οὐδέ τι οἶδα

Had Jove ordained. With early morn we drew
Our ships to the great deep, and put our goods
And our deep-bosomed women all on board.
Yet half the host went not, but on the shore   200
Remained with Agamemnon, Atreus' son,
And shepherd of the people. All the rest
Embarked, weighed anchor, and sailed swiftly thence;
A deity made smooth the mighty deep,
And when we came to Tenedos we paid   205
Our offerings to the gods and longed for home—
Vainly; it pleased not unpropitious Jove
To favor our return, and once again
He sent among us strife. A part of us
Led by Ulysses, that sagacious prince,   210
To please Atrides Agamemnon turned
Their well-oared galleys back. But I, with all
The vessels of the fleet that followed me,
Fled on my way, perceiving that some god
Was meditating evil. With us fled,   215
Encouraging his men, the warlike son
Of Tydeus. Fair-haired Menelaus came
Later to us in Lesbos, where we planned
For a long voyage, whether we should sail
Around the rugged Chios, toward the isle   220
Of Psyria, keeping that upon the left,
Or under Chios pass beside the steeps
Of windy Mimas. We besought the god
That he would show a sign, and he complied,
And bade us to Eubœa cross the deep   225
Right in the midst, the sooner to escape
All danger. Then the wind blew strong and shrill,
And swiftly o'er the fishy gulfs our fleet
Flew on, and reached Geræstus in the night.
There, having passed the mighty deep, we made   230
To Neptune offerings of many a thigh
Of beeves. The fourth day dawned, and now the men
Of Diomed, the mighty horseman, son
Of Tydeus, stopped at Argos with their fleet,
While I went on to Pylos with the wind,   235
Which never, from the moment that the god
First sent it o'er the waters, ceased to blow.

"So, my dear child, I reached my home, nor knew
Nor heard from others who among the Greeks

κείνων, οἵ τ' ἐσάωθεν Ἀχαιῶν οἵ τ' ἀπόλοντο. 185
ὅσσα δ' ἐνὶ μεγάροισι καθήμενος ἡμετέροισι
πεύθομαι, ἣ θέμις ἐστί, δαήσεαι, κοὐδέ σε δεύσω.
εὖ μὲν Μυρμιδόνας φάσ' ἐλθέμεν ἐγχεσιμώρους,
οὓς ἄγ' Ἀχιλλῆος μεγαθύμου φαίδιμος υἱός,
εὖ δὲ Φιλοκτήτην, Ποιάντιον ἀγλαὸν υἱόν. 190
πάντας δ' Ἰδομενεὺς Κρήτην εἰσήγαγ' ἑταίρους,
οἳ φύγον ἐκ πολέμου, πόντος δέ οἱ οὔ τιν' ἀπηύρα.
Ἀτρεΐδην δὲ καὶ αὐτοὶ ἀκούετε, νόσφιν ἐόντες,
ὥς τ' ἦλθ', ὥς τ' Αἴγισθος ἐμήσατο λυγρὸν ὄλεθρον.
ἀλλ' ἦ τοι κεῖνος μὲν ἐπισμυγερῶς ἀπέτισεν· 195
ὡς ἀγαθὸν καὶ παῖδα καταφθιμένοιο λιπέσθαι
ἀνδρός, ἐπεὶ καὶ κεῖνος ἐτίσατο πατροφονῆα,
Αἴγισθον δολόμητιν, ὅ οἱ πατέρα κλυτὸν ἔκτα.
καὶ σὺ φίλος, μάλα γάρ σ' ὁρόω καλόν τε μέγαν τε,
ἄλκιμος ἔσσ', ἵνα τίς σε καὶ ὀψιγόνων ἐὺ εἴπῃ.' 200
  τὸν δ' αὖ Τηλέμαχος πεπνυμένος ἀντίον ηὔδα·
'ὦ Νέστορ Νηληϊάδη, μέγα κῦδος Ἀχαιῶν,
καὶ λίην κεῖνος μὲν ἐτίσατο, καί οἱ Ἀχαιοὶ
οἴσουσι κλέος εὐρὺ καὶ ἐσσομένοισι πυθέσθαι·
αἲ γὰρ ἐμοὶ τοσσήνδε θεοὶ δύναμιν περιθεῖεν, 205
τίσασθαι μνηστῆρας ὑπερβασίης ἀλεγεινῆς,
οἵ τέ μοι ὑβρίζοντες ἀτάσθαλα μηχανόωνται.
ἀλλ' οὔ μοι τοιοῦτον ἐπέκλωσαν θεοὶ ὄλβον,
πατρί τ' ἐμῷ καὶ ἐμοί· νῦν δὲ χρὴ τετλάμεν ἔμπης.'
  τὸν δ' ἠμείβετ' ἔπειτα Γερήνιος ἱππότα Νέστωρ· 210
'ὦ φίλ', ἐπεὶ δὴ ταῦτά μ' ἀνέμνησας καὶ ἔειπες,
φασὶ μνηστῆρας σῆς μητέρος εἵνεκα πολλοὺς
ἐν μεγάροις ἀέκητι σέθεν κακὰ μηχανάασθαι·
εἰπέ μοι, ἠὲ ἑκὼν ὑποδάμνασαι, ἦ σέ γε λαοὶ
ἐχθαίρουσ' ἀνὰ δῆμον, ἐπισπόμενοι θεοῦ ὀμφῇ. 215
τίς δ' οἶδ' εἴ κέ ποτέ σφι βίας ἀποτίσεται ἐλθών,
ἢ ὅ γε μοῦνος ἐὼν ἢ καὶ σύμπαντες Ἀχαιοί;

Was saved, or who had perished on the way. 240
Yet what I since have heard while here I sit
Within my palace thou shalt duly learn.
Nor is it what I ought to keep from thee.
   "'Tis said the Myrmidonian spearmen, led
By great Achilles' famous son, returned 245
Happily home; as happily the son
Of Pæas, Philoctetes the renowned.
Idomeneus brought also back to Crete
All his companions who survived the war;
The sea took none of them. But ye have heard, 250
Though far away, the fate of Atreus' son,—
How he came home, and how Ægisthus laid
A plot to slay him, yet on his own head
Drew heavy punishment,—so fortunate
It is when he who falls by murder leaves 255
A son; for 'twas the monarch's son who took
Vengeance upon the crafty murderer
Ægisthus, by whose hand Atrides died.
Thou too, my friend, for thou art large of frame,
And of a noble presence, be thou brave, 260
That men in time to come may give thee praise."
   Then spake discreet Telemachus again:—
"O Nestor, son of Neleus, pride of Greece,
Ample was his revenge, and far and wide
The Greeks will spread his fame to be the song 265
Of future times. O might the gods confer
On me an equal power to avenge myself
On that importunate, overbearing crew
Of suitors, who insult me, and devise
Evil against me! But the gods deny 270
Such fortune to my father and to me,
And all that now is left me is to bear."
   Again spake Nestor the Gerenian knight:—
"Since thou, my friend, hast spoken words which bring
What I have heard to mind,—the rumor goes 275
That in thy palace many suitors wait
About thy mother, and in spite of thee
Do grievous wrong. Now tell me; dost thou yield
Willingly, or because the people, swayed
By oracles, regard thee as their foe? 280
Thy father yet may come again,—who knows?—
Alone, or with the other Greeks, to take

εἰ γάρ σ' ὣς ἐθέλοι φιλέειν γλαυκῶπις Ἀθήνη,
ὡς τότ' Ὀδυσσῆος περικήδετο κυδαλίμοιο
δήμῳ ἔνι Τρώων, ὅθι πάσχομεν ἄλγε' Ἀχαιοί— 220
οὐ γάρ πω ἴδον ὧδε θεοὺς ἀναφανδὰ φιλεῦντας,
ὡς κείνῳ ἀναφανδὰ παρίστατο Παλλὰς Ἀθήνη—
εἴ σ' οὕτως ἐθέλοι φιλέειν κήδοιτό τε θυμῷ,
τῷ κέν τις κείνων γε καὶ ἐκλελάθοιτο γάμοιο.'
  τὸν δ' αὖ Τηλέμαχος πεπνυμένος ἀντίον ηὔδα: 225
'ὦ γέρον, οὔ πω τοῦτο ἔπος τελέεσθαι ὀΐω:
λίην γὰρ μέγα εἶπες: ἄγη μ' ἔχει. οὐκ ἂν ἐμοί γε
ἐλπομένῳ τὰ γένοιτ', οὐδ' εἰ θεοὶ ὣς ἐθέλοιεν.'
  τὸν δ' αὖτε προσέειπε θεά, γλαυκῶπις Ἀθήνη:
'Τηλέμαχε, ποῖόν σε ἔπος φύγεν ἕρκος ὀδόντων. 230
ῥεῖα θεός γ' ἐθέλων καὶ τηλόθεν ἄνδρα σαώσαι.
βουλοίμην δ' ἂν ἐγώ γε καὶ ἄλγεα πολλὰ μογήσας
οἴκαδέ τ' ἐλθέμεναι καὶ νόστιμον ἦμαρ ἰδέσθαι,
ἢ ἐλθὼν ἀπολέσθαι ἐφέστιος, ὡς Ἀγαμέμνων
ὤλεθ' ὑπ' Αἰγίσθοιο δόλῳ καὶ ἧς ἀλόχοιο. 235
ἀλλ' ἦ τοι θάνατον μὲν ὁμοίϊον οὐδὲ θεοί περ
καὶ φίλῳ ἀνδρὶ δύνανται ἀλαλκέμεν, ὁππότε κεν δὴ
μοῖρ' ὀλοὴ καθέλῃσι τανηλεγέος θανάτοιο.'
  τὴν δ' αὖ Τηλέμαχος πεπνυμένος ἀντίον ηὔδα:
'Μέντορ, μηκέτι ταῦτα λεγώμεθα κηδόμενοί περ: 240
κείνῳ δ' οὐκέτι νόστος ἐτήτυμος, ἀλλά οἱ ἤδη
φράσσαντ' ἀθάνατοι θάνατον καὶ κῆρα μέλαιναν.
νῦν δ' ἐθέλω ἔπος ἄλλο μεταλλῆσαι καὶ ἐρέσθαι
Νέστορ', ἐπεὶ περὶ οἶδε δίκας ἠδὲ φρόνιν ἄλλων:
τρὶς γὰρ δή μίν φασιν ἀνάξασθαι γένε' ἀνδρῶν: 245
ὥς τέ μοι ἀθάνατος ἰνδάλλεται εἰσοράασθαι.
ὦ Νέστορ Νηληϊάδη, σὺ δ' ἀληθὲς ἐνίσπες:
πῶς ἔθαν' Ἀτρεΐδης εὐρὺ κρείων Ἀγαμέμνων;
ποῦ Μενέλαος ἔην; τίνα δ' αὐτῷ μήσατ' ὄλεθρον
Αἴγισθος δολόμητις, ἐπεὶ κτάνε πολλὸν ἀρείω; 250

The vengeance which these violent deeds deserve.
Should blue-eyed Pallas deign to favor thee,
As once she watched to guard the glorious chief   285
Ulysses in the realm of Troy, where we,
The Achaians, bore such hardships,—for I ne'er
Have seen the gods so openly befriend
A man as Pallas there befriended him,—
Should she thus deign to favor thee and keep   290
Watch over thee, then haply some of these
Will never think of marriage rites again."
   Then spake discreet Telemachus again:—
"O aged man! I cannot think thy words
Will be fulfilled! for they import too much   295
And they amaze me. What thou sayst I wish
May come to pass, but know it cannot be,
Not even though the gods should will it so."
   Then thus the blue-eyed goddess, Pallas, spake: —
"Telemachus, what words have passed thy lips?   300
Easily can a god, whene'er he will,
In the most distant regions safely keep
A man; and I would rather reach my home
Securely, after many hardships borne,
Than perish suddenly on my return   305
As Agamemnon perished by the guile
Of base Ægisthus and the queen. And yet
The gods themselves have not the power to save
Whom most they cherish from the common doom
When cruel fate brings on the last long sleep."   310
   Discreet Telemachus made answer thus:—
"Let us, O Mentor, talk no more of this,
Though much we grieve; he never will return,
For his is the black doom of death ordained
By the great gods. Now suffer me to ask   315
Of Nestor further, since to him are known,
Beyond all other men, the rules of right
And prudence. He has governed, so men say,
Three generations, and to me he seems
In aspect like the ever-living gods.   320
O Nestor, son of Neleus, truly say
How died the monarch over mighty realms,
Atrides Agamemnon? Where was then
His brother Menelaus? By what arts
Did treacherous Ægisthus plan his death,   325

ἦ οὐκ Ἄργεος ἦεν Ἀχαιικοῦ, ἀλλά πῃ ἄλλῃ
πλάζετ' ἐπ' ἀνθρώπους, ὁ δὲ θαρσήσας κατέπεφνε;'
   τὸν δ' ἠμείβετ' ἔπειτα Γερήνιος ἱππότα Νέστωρ:
'τοιγὰρ ἐγώ τοι, τέκνον, ἀληθέα πάντ' ἀγορεύσω.
ἦ τοι μὲν τάδε καὐτὸς ὀίεαι, ὥς κεν ἐτύχθη,   255
εἰ ζωόν γ' Αἴγισθον ἐνὶ μεγάροισιν ἔτετμεν
Ἀτρεΐδης Τροίηθεν ἰών, ξανθὸς Μενέλαος:
τῷ κέ οἱ οὐδὲ θανόντι χυτὴν ἐπὶ γαῖαν ἔχευαν,
ἀλλ' ἄρα τόν γε κύνες τε καὶ οἰωνοὶ κατέδαψαν
κείμενον ἐν πεδίῳ ἑκὰς ἄστεος, οὐδέ κέ τίς μιν   260
κλαῦσεν Ἀχαιιάδων: μάλα γὰρ μέγα μήσατο ἔργον.
ἡμεῖς μὲν γὰρ κεῖθι πολέας τελέοντες ἀέθλους
ἥμεθ': ὁ δ' εὔκηλος μυχῷ Ἄργεος ἱπποβότοιο
πόλλ' Ἀγαμεμνονέην ἄλοχον θέλγεσκ' ἐπέεσσιν.
ἡ δ' ἦ τοι τὸ πρὶν μὲν ἀναίνετο ἔργον ἀεικὲς   265
δῖα Κλυταιμνήστρη: φρεσὶ γὰρ κέχρητ' ἀγαθῇσι:
πὰρ δ' ἄρ' ἔην καὶ ἀοιδὸς ἀνήρ, ᾧ πόλλ' ἐπέτελλεν
Ἀτρεΐδης Τροίηνδε κιὼν ἔρυσασθαι ἄκοιτιν.
ἀλλ' ὅτε δή μιν μοῖρα θεῶν ἐπέδησε δαμῆναι,
δὴ τότε τὸν μὲν ἀοιδὸν ἄγων ἐς νῆσον ἐρήμην   270
κάλλιπεν οἰωνοῖσιν ἕλωρ καὶ κύρμα γενέσθαι,
τὴν δ' ἐθέλων ἐθέλουσαν ἀνήγαγεν ὅνδε δόμονδε.
πολλὰ δὲ μηρί' ἔκηε θεῶν ἱεροῖς ἐπὶ βωμοῖς,
πολλὰ δ' ἀγάλματ' ἀνῆψεν, ὑφάσματά τε χρυσόν τε,
ἐκτελέσας μέγα ἔργον, ὃ οὔ ποτε ἔλπετο θυμῷ.   275
   ἡμεῖς μὲν γὰρ ἅμα πλέομεν Τροίηθεν ἰόντες,
Ἀτρεΐδης καὶ ἐγώ, φίλα εἰδότες ἀλλήλοισιν:
ἀλλ' ὅτε Σούνιον ἱρὸν ἀφικόμεθ', ἄκρον Ἀθηνέων,
ἔνθα κυβερνήτην Μενελάου Φοῖβος Ἀπόλλων
οἷς ἀγανοῖς βελέεσσιν ἐποιχόμενος κατέπεφνε,   280
πηδάλιον μετὰ χερσὶ θεούσης νηὸς ἔχοντα,
Φρόντιν Ὀνητορίδην, ὃς ἐκαίνυτο φῦλ' ἀνθρώπων
νῆα κυβερνῆσαι, ὁπότε σπέρχοιεν ἄελλαι.

And slay a braver warrior than himself?
Was not the brother in the Achaian town
Of Argos? or was he a wanderer
In other lands, which made the murderer bold?"
    The knight, Gerenian Nestor, answered thus:—   330
"I will tell all and truly. Thou hast guessed
Rightly and as it happened. Had the son
Of Atreus, fair-haired Menelaus, come
From Troy, and found Ægisthus yet alive
Within the palace, he had never flung   335
The loose earth on his corpse, but dogs and birds
Had preyed upon it, lying in the fields
Far from the city, and no woman's voice
Of all the Greeks had raised the wail for him.
Great was the crime he plotted. We were yet   340
Afar, enduring the hard toils of war,
While he, securely couched in his retreat
At Argos, famed for steeds, with flattering words
Corrupted Agamemnon's queen. At first
The noble Clytemnestra turned away   345
With horror from the crime; for yet her heart
Was right, and by her side there stood a bard
With whom Atrides, when he went to Troy,
Had left his wife with many an earnest charge.
But when the gods and fate had spread a net   350
For his destruction, then Ægisthus bore
The minstrel to a desert isle, and there
Left him to be devoured by birds of prey,
And led the queen, as willing as himself,
To his own palace. Many a victim's thigh   355
Upon the hallowed altars of the gods
He offered, many a gift of ornaments
Woven or wrought in gold he hung within
Their temples, since at length the mighty end
For which he hardly dared to hope was gained.   360
We sailed together from the coast of Troy,
Atrides, Menelaus, and myself,
Friends to each other. When the headland height
Of Athens, hallowed Sunium, met our eyes,
Apollo smote with his still shafts, and slew   365
Phrontis, Onetor's son, who steered the bark
Of Menelaus, holding in his hands
The rudder as the galley scudded on,—

ὣς ὁ μὲν ἔνθα κατέσχετ', ἐπειγόμενός περ ὁδοῖο,
ὄφρ' ἕταρον θάπτοι καὶ ἐπὶ κτέρεα κτερίσειεν. 285
ἀλλ' ὅτε δὴ καὶ κεῖνος ἰὼν ἐπὶ οἴνοπα πόντον
ἐν νηυσὶ γλαφυρῇσι Μαλειάων ὄρος αἰπὺ
ἷξε θέων, τότε δὴ στυγερὴν ὁδὸν εὐρύοπα Ζεὺς
ἐφράσατο, λιγέων δ' ἀνέμων ἐπ' ἀϋτμένα χεῦε,
κύματά τε τροφέοντο πελώρια, ἶσα ὄρεσσιν. 290
ἔνθα διατμήξας τὰς μὲν Κρήτῃ ἐπέλασσεν,
ἧχι Κύδωνες ἔναιον Ἰαρδάνου ἀμφὶ ῥέεθρα.
ἔστι δέ τις λισσὴ αἰπεῖά τε εἰς ἅλα πέτρη
ἐσχατιῇ Γόρτυνος ἐν ἠεροειδέι πόντῳ:
ἔνθα Νότος μέγα κῦμα ποτὶ σκαιὸν ῥίον ὠθεῖ, 295
ἐς Φαιστόν, μικρὸς δὲ λίθος μέγα κῦμ' ἀποέργει.
αἱ μὲν ἄρ' ἔνθ' ἦλθον, σπουδῇ δ' ἤλυξαν ὄλεθρον
ἄνδρες, ἀτὰρ νῆάς γε ποτὶ σπιλάδεσσιν ἔαξαν
κύματ': ἀτὰρ τὰς πέντε νέας κυανοπρῳρείους
Αἰγύπτῳ ἐπέλασσε φέρων ἄνεμός τε καὶ ὕδωρ. 300
ὣς ὁ μὲν ἔνθα πολὺν βίοτον καὶ χρυσὸν ἀγείρων
ἠλᾶτο ξὺν νηυσὶ κατ' ἀλλοθρόους ἀνθρώπους:
τόφρα δὲ ταῦτ' Αἴγισθος ἐμήσατο οἴκοθι λυγρά.
ἑπτάετες δ' ἤνασσε πολυχρύσοιο Μυκήνης,
κτείνας Ἀτρεΐδην, δέδμητο δὲ λαὸς ὑπ' αὐτῷ. 305
τῷ δέ οἱ ὀγδοάτῳ κακὸν ἤλυθε δῖος Ὀρέστης
ἂψ ἀπ' Ἀθηνάων, κατὰ δ' ἔκτανε πατροφονῆα,
Αἴγισθον δολόμητιν, ὅ οἱ πατέρα κλυτὸν ἔκτα.
ἦ τοι ὁ τὸν κτείνας δαίνυ τάφον Ἀργείοισιν
μητρός τε στυγερῆς καὶ ἀνάλκιδος Αἰγίσθοιο: 310
αὐτῆμαρ δέ οἱ ἦλθε βοὴν ἀγαθὸς Μενέλαος
πολλὰ κτήματ' ἄγων, ὅσα οἱ νέες ἄχθος ἄειραν.

  καὶ σύ, φίλος, μὴ δηθὰ δόμων ἄπο τῆλ' ἀλάλησο,
κτήματά τε προλιπὼν ἄνδρας τ' ἐν σοῖσι δόμοισιν
οὕτω ὑπερφιάλους, μή τοι κατὰ πάντα φάγωσιν 315
κτήματα δασσάμενοι, σὺ δὲ τηϋσίην ὁδὸν ἔλθῃς.

And skilled was he beyond all other men
To guide a vessel when the storm was high. 370
So there did Menelaus stay his course,
Though eager to go on, that he might lay
His friend in earth and pay the funeral rites.
But setting sail again with all his fleet
Upon the dark-blue sea, all-seeing Jove 375
Decreed a perilous voyage. He sent forth
His shrill-voiced hurricane, and heaped on high
The mountain waves. There, scattering the barks
Far from each other, part he drove to Crete,
Where the Cydonians dwell, beside the stream 380
Of Jardanus. A smooth and pointed rock
Just on the bounds of Gortys stands amidst
The dark-blue deep. The south wind thitherward
Sweeps a great sea towards Phœstus, and against
The headland on the left, where that small rock 385
Meets and withstands the mighty wave. The ships
Were driven on this, and scarce the crews escaped
With life; the ships were dashed against the crags
And wrecked, save five, and these, with their black prows,
Were swept toward Egypt by the winds and waves. 390
 "Thus adding to his wealth and gathering gold
He roamed the ocean in his ships among
Men of strange speech. Ægisthus meantime planned
His guilty deeds at home; he slew the king
Atrides, and the people took his yoke. 395
Seven years in rich Mycenæ he bore rule,
And on the eighth, to his destruction, came
The nobly-born Orestes, just returned
From Athens, and cut off that man of blood,
The crafty wretch Ægisthus, by whose hand 400
Fell his illustrious father. Then he bade
The Argives to the solemn burial-feast
Of his bad mother and the craven wretch
Ægisthus. Menelaus, that same day,
The great in war, arrived, and brought large wealth— 405
So large his galleys could contain no more.
 "And thou, my friend, be thou not long away,
Wandering from home, thy rich possessions left,
And in thy palace-halls a lawless crew,
Lest they devour thy substance, and divide 410
Thy goods, and thou have crossed the sea in vain.

ἀλλ' ἐς μὲν Μενέλαον ἐγὼ κέλομαι καὶ ἄνωγα
ἐλθεῖν: κεῖνος γὰρ νέον ἄλλοθεν εἰλήλουθεν,
ἐκ τῶν ἀνθρώπων, ὅθεν οὐκ ἔλποιτό γε θυμῷ
ἐλθέμεν, ὅν τινα πρῶτον ἀποσφήλωσιν ἄελλαι 320
ἐς πέλαγος μέγα τοῖον, ὅθεν τέ περ οὐδ' οἰωνοὶ
αὐτόετες οἰχνεῦσιν, ἐπεὶ μέγα τε δεινόν τε.
ἀλλ' ἴθι νῦν σὺν νηί τε σῇ καὶ σοῖς ἑτάροισιν:
εἰ δ' ἐθέλεις πεζός, πάρα τοι δίφρος τε καὶ ἵπποι,
πὰρ δέ τοι υἷες ἐμοί, οἵ τοι πομπῆες ἔσονται 325
ἐς Λακεδαίμονα δῖαν, ὅθι ξανθὸς Μενέλαος.
λίσσεσθαι δέ μιν αὐτός, ἵνα νημερτὲς ἐνίσπῃ:
ψεῦδος δ' οὐκ ἐρέει: μάλα γὰρ πεπνυμένος ἐστίν.'
   ὣς ἔφατ', ἠέλιος δ' ἄρ' ἔδυ καὶ ἐπὶ κνέφας ἦλθε.
τοῖσι δὲ καὶ μετέειπε θεά, γλαυκῶπις Ἀθήνη: 330
'ὦ γέρον, ἦ τοι ταῦτα κατὰ μοῖραν κατέλεξας:
ἀλλ' ἄγε τάμνετε μὲν γλώσσας, κεράασθε δὲ οἶνον,
ὄφρα Ποσειδάωνι καὶ ἄλλοις ἀθανάτοισιν
σπείσαντες κοίτοιο μεδώμεθα: τοῖο γὰρ ὥρη.
ἤδη γὰρ φάος οἴχεθ' ὑπὸ ζόφον, οὐδὲ ἔοικεν: 335
δηθὰ θεῶν ἐν δαιτὶ θαασσέμεν, ἀλλὰ νέεσθαι.'
   ἦ ῥα Διὸς θυγάτηρ, οἱ δ' ἔκλυον αὐδησάσης.
τοῖσι δὲ κήρυκες μὲν ὕδωρ ἐπὶ χεῖρας ἔχευαν,
κοῦροι δὲ κρητῆρας ἐπεστέψαντο ποτοῖο,
νώμησαν δ' ἄρα πᾶσιν ἐπαρξάμενοι δεπάεσσι: 340
γλώσσας δ' ἐν πυρὶ βάλλον, ἀνιστάμενοι δ' ἐπέλειβον.
αὐτὰρ ἐπεὶ σπεῖσάν τ' ἔπιον θ', ὅσον ἤθελε θυμός,
δὴ τότ' Ἀθηναίη καὶ Τηλέμαχος θεοειδὴς
ἄμφω ἱέσθην κοίλην ἐπὶ νῆα νέεσθαι.
Νέστωρ δ' αὖ κατέρυκε καθαπτόμενος ἐπέεσσιν: 345
   'Ζεὺς τό γ' ἀλεξήσειε καὶ ἀθάνατοι θεοὶ ἄλλοι,
ὡς ὑμεῖς παρ' ἐμεῖο θοὴν ἐπὶ νῆα κίοιτε
ὥς τέ τευ ἦ παρὰ πάμπαν ἀνείμονος ἠδὲ πενιχροῦ,
ᾧ οὔ τι χλαῖναι καὶ ῥήγεα πόλλ' ἐνὶ οἴκῳ,
οὔτ' αὐτῷ μαλακῶς οὔτε ξείνοισιν ἐνεύδειν. 350
αὐτὰρ ἐμοὶ πάρα μὲν χλαῖναι καὶ ῥήγεα καλά.
οὔ θην δὴ τοῦδ' ἀνδρὸς Ὀδυσσῆος φίλος υἱὸς

Yet must I counsel and enjoin on thee
To visit Menelaus, who has come
Just now from lands and nations of strange men,
Whence one could hardly hope for a return;   415
Whom once the tempest's violence had driven
Into that great wide sea o'er which the birds
Of heaven could scarce fly hither in a year,
Such is its fearful vastness. Go thou now,
Thou with thy ship and friends; or if thou choose   420
The way by land, a car and steeds are here,
And here my sons to guide thee to the town
Of hallowed Lacedæmon, there to find
The fair-haired Menelaus. Earnestly
Beseech of him that he declare the truth.   425
Falsely he will not speak, for he is wise."

   He spake; the sun went down; the darkness crept
Over the earth, and blue-eyed Pallas said:—
"Most wisely hast thou spoken, ancient man.
Now cut ye out the tongues, and mingle wine,   430
That we to Neptune and the other gods
May pour libations, and then think of rest;
For now the hour is come; the light is gone,
Nor at a feast in honor of the gods
Should we long sit, but in good time withdraw."   435

   Jove's daughter spake; they hearkened to her words;
The heralds came to them, and on their hands
Poured water; boys began to fill the bowls
To the hard brim, and ministered to each
From left to right. Then threw they to the flames   440
The victims' tongues, and, rising, poured on earth
Wine to the gods; and when that rite was paid,
And when their thirst was satiate, Pallas rose
With nobly-born Telemachus to go
To their good ship, but Nestor still detained   445
The twain, and chidingly bespake them thus:—

   "Now Jove and all the other gods forbid
That ye should go from me to your good ship,
As from some half-clad wretch, too poor to own
Mantles and blankets in whose soft warm folds   450
He and his guests might sleep; but I have both—
Mantles and blankets—beautifully wrought,
And never shall the son of that great man
Ulysses lie upon a galley's deck

νηὸς ἐπ' ἰκριόφιν καταλέξεται, ὄφρ' ἂν ἐγώ γε
ζώω, ἔπειτα δὲ παῖδες ἐνὶ μεγάροισι λίπωνται,
ξείνους ξεινίζειν, ὅς τίς κ' ἐμὰ δώμαθ' ἵκηται.' 355
  τὸν δ' αὖτε προσέειπε θεά, γλαυκῶπις Ἀθήνη:
'εὖ δὴ ταῦτά γ' ἔφησθα, γέρον φίλε: σοὶ δὲ ἔοικεν
Τηλέμαχον πείθεσθαι, ἐπεὶ πολὺ κάλλιον οὕτως.
ἀλλ' οὗτος μὲν νῦν σοὶ ἅμ' ἕψεται, ὄφρα κεν εὕδῃ
σοῖσιν ἐνὶ μεγάροισιν: ἐγὼ δ' ἐπὶ νῆα μέλαιναν 360
εἶμ', ἵνα θαρσύνω θ' ἑτάρους εἴπω τε ἕκαστα.
οἶος γὰρ μετὰ τοῖσι γεραίτερος εὔχομαι εἶναι:
οἱ δ' ἄλλοι φιλότητι νεώτεροι ἄνδρες ἕπονται,
πάντες ὁμηλικίῃ μεγαθύμου Τηλεμάχοιο.
ἔνθα κε λεξαίμην κοίλῃ παρὰ νηὶ μελαίνῃ 365
νῦν: ἀτὰρ ἠῶθεν μετὰ Καύκωνας μεγαθύμους
εἶμ' ἔνθα χρεῖός μοι ὀφέλλεται, οὔ τι νέον γε
οὐδ' ὀλίγον. σὺ δὲ τοῦτον, ἐπεὶ τεὸν ἵκετο δῶμα,
πέμψον σὺν δίφρῳ τε καὶ υἱέι: δὸς δέ οἱ ἵππους,
οἵ τοι ἐλαφρότατοι θείειν καὶ κάρτος ἄριστοι.' 370
  ὣς ἄρα φωνήσασ' ἀπέβη γλαυκῶπις Ἀθήνη
φήνῃ εἰδομένη: θάμβος δ' ἕλε πάντας ἰδόντας.
θαύμαζεν δ' ὁ γεραιός, ὅπως ἴδεν ὀφθαλμοῖς:
Τηλεμάχου δ' ἕλε χεῖρα, ἔπος τ' ἔφατ' ἔκ τ' ὀνόμαζεν:
'ὦ φίλος, οὔ σε ἔολπα κακὸν καὶ ἄναλκιν ἔσεσθαι, 375
εἰ δή τοι νέῳ ὧδε θεοὶ πομπῆες ἕπονται.
οὐ μὲν γάρ τις ὅδ' ἄλλος Ὀλύμπια δώματ' ἐχόντων,
ἀλλὰ Διὸς θυγάτηρ, κυδίστη Τριτογένεια,
ἥ τοι καὶ πατέρ' ἐσθλὸν ἐν Ἀργείοισιν ἐτίμα.
ἀλλὰ ἄνασσ' ἵληθι, δίδωθι δέ μοι κλέος ἐσθλόν, 380
αὐτῷ καὶ παίδεσσι καὶ αἰδοίῃ παρακοίτι:
σοὶ δ' αὖ ἐγὼ ῥέξω βοῦν ἦνιν εὐρυμέτωπον
ἀδμήτην, ἣν οὔ πω ὑπὸ ζυγὸν ἤγαγεν ἀνήρ:
τήν τοι ἐγὼ ῥέξω χρυσὸν κέρασιν περιχεύας.'
  ὣς ἔφατ' εὐχόμενος, τοῦ δ' ἔκλυε Παλλὰς Ἀθήνη. 385
τοῖσιν δ' ἡγεμόνευε Γερήνιος ἱππότα Νέστωρ,

While I am living. After me I hope 455
My sons, who dwell within my palace-halls,
Will duly welcome all who enter here."
   And thus again the blue-eyed Pallas spake:—
"Well hast thou said, my aged friend, and well
Doth it become Telemachus to heed 460
Thy words, for that were best. Let him remain
With thee and sleep in thine abode, while I
Repair to our black ship, encouraging
The crew, and setting them their proper tasks,
For I am eldest of them all; the rest 465
Are young men yet, and moved by friendship join
Our enterprise; the peers in age are they
Of the large-souled Telemachus. To-night
I sleep within the hull of our black ship,
And sail with early morning for the land 470
Of the Cauconians, large of soul, from whom
A debt is due me, neither new nor small.
Send meantime from thy palace in a car,
And with thy son, this youth, and be the steeds
The fleetest and the strongest in thy stalls." 475
   The blue-eyed Pallas, having spoken thus,
Passed like an eagle out of sight, and all
Were seized with deep amazement as they saw.
The aged monarch, wondering at the sight,
Took by the hand Telemachus, and said:— 480
   "Of craven temper, and unapt for war,
O friend, thou canst not be, since thus the gods
Attend and guide thee in thy youth. And this,
Of all the gods whose dwelling is in heaven,
Can be no other than the spoiler-queen 485
Pallas, the child of Jove, who also held
Thy father in such eminent esteem
Among the Grecians. Deign to favor us,
O queen! bestow on me and on my sons
And on my venerable spouse the meed 490
Of special glory. I will bring to thee
A sacrifice, a broad-horned yearling steer,
Which never man hath tamed or led beneath
The yoke. Her will I bring with gilded horns,
And lay an offering on thine altar-fires." 495
   Such were his words, and Pallas heard the prayer,
And then Gerenian Nestor led the way,

υἱάσι καὶ γαμβροῖσιν, ἑὰ πρὸς δώματα καλά.
ἀλλ' ὅτε δώμαθ' ἵκοντο ἀγακλυτὰ τοῖο ἄνακτος,
ἑξείης ἕζοντο κατὰ κλισμούς τε θρόνους τε·
τοῖς δ' ὁ γέρων ἐλθοῦσιν ἀνὰ κρητῆρα κέρασσεν 390
οἴνου ἡδυπότοιο, τὸν ἑνδεκάτῳ ἐνιαυτῷ
ὤϊξεν ταμίη καὶ ἀπὸ κρήδεμνον ἔλυσε·
τοῦ ὁ γέρων κρητῆρα κεράσσατο, πολλὰ δ' Ἀθήνῃ
εὔχετ' ἀποσπένδων, κούρῃ Διὸς αἰγιόχοιο.
  αὐτὰρ ἐπεὶ σπεῖσάν τ' ἔπιον θ', ὅσον ἤθελε θυμός, 395
οἱ μὲν κακκείοντες ἔβαν οἶκόνδε ἕκαστος,
τὸν δ' αὐτοῦ κοίμησε Γερήνιος ἱππότα Νέστωρ,
Τηλέμαχον, φίλον υἱὸν Ὀδυσσῆος θείοιο,
τρητοῖς ἐν λεχέεσσιν ὑπ' αἰθούσῃ ἐριδούπῳ,
πὰρ' δ' ἄρ' ἐυμμελίην Πεισίστρατον, ὄρχαμον ἀνδρῶν, 400
ὅς οἱ ἔτ' ἠΐθεος παίδων ἦν ἐν μεγάροισιν·
αὐτὸς δ' αὖτε καθεῦδε μυχῷ δόμου ὑψηλοῖο,
τῷ δ' ἄλοχος δέσποινα λέχος πόρσυνε καὶ εὐνήν.
  ἦμος δ' ἠριγένεια φάνη ῥοδοδάκτυλος Ἠώς,
ὤρνυτ' ἄρ' ἐξ εὐνῆφι Γερήνιος ἱππότα Νέστωρ, 405
ἐκ δ' ἐλθὼν κατ' ἄρ' ἕζετ' ἐπὶ ξεστοῖσι λίθοισιν,
οἵ οἱ ἔσαν προπάροιθε θυράων ὑψηλάων,
λευκοί, ἀποστίλβοντες ἀλείφατος· οἷς ἔπι μὲν πρὶν
Νηλεὺς ἵζεσκεν, θεόφιν μήστωρ ἀτάλαντος·
ἀλλ' ὁ μὲν ἤδη κηρὶ δαμεὶς Ἀϊδόσδε βεβήκει, 410
Νέστωρ αὖ τότ' ἐφῖζε Γερήνιος, οὖρος Ἀχαιῶν,
σκῆπτρον ἔχων. περὶ δ' υἷες ἀολλέες ἠγερέθοντο
ἐκ θαλάμων ἐλθόντες, Ἐχέφρων τε Στρατίος τε
Περσεύς τ' Ἄρητός τε καὶ ἀντίθεος Θρασυμήδης.
τοῖσι δ' ἔπειθ' ἕκτος Πεισίστρατος ἤλυθεν ἥρως, 415
πὰρ δ' ἄρα Τηλέμαχον θεοείκελον εἷσαν ἄγοντες.
τοῖσι δὲ μύθων ἦρχε Γερήνιος ἱππότα Νέστωρ·
  'καρπαλίμως μοι, τέκνα φίλα, κρηήνατ' ἐέλδωρ,
ὄφρ' ἦ τοι πρώτιστα θεῶν ἱλάσσομ' Ἀθήνην,

And with his sons and sons-in-law approached
His glorious palace. When they came within
The monarch's sumptuous halls, each took his place   500
In order on the couches and the thrones.
The old man mingled for them as they came
A bowl of delicate wine, eleven years old,
Drawn by the damsel cupbearer, who took
Its cover from the jar. The aged chief   505
Mingled it in the bowl, and, pouring out
A part to Pallas, offered earnest prayer
To her, who sprang from ægis-bearing Jove.
   When due libations had been made, and all
Drank till they wished no more, most went away,   510
Each to his home to sleep; but Nestor made
Telemachus, the son of the great chief
Ulysses, rest upon a sumptuous couch
Within the echoing hall, and near to him
The chief of squadrons, skilled to wield the spear,   515
Peisistratus, who only of his sons
Abode in Nestor's halls unwedded yet;
While in an inner room of that tall pile
The monarch slumbered on a bed of state,
Decked for him by the labors of his queen.   520
   Soon as the daughter of the dawn appeared,
The rosy-fingered Morning, Nestor left
His bed and went abroad, and took his seat
On smooth white stones before his lofty doors,
That glistened as with oil, on which before   525
Sat Neleus, wise in council as the gods.
But he had yielded to the will of fate,
And passed into the Underworld. Now sat
Gerenian Nestor in his father's place,
The guardian of the Greeks. Around his seat,   530
Just from the chambers of their rest, his sons
Echephron, Stratius, and Aretus came,
Perseus, and Thrasymedes; after these
Came brave Peisistratus, the sixth and last.
They led Telemachus, the godlike youth,   535
And placed him near them. The Gerenian knight
Nestor began, and thus bespake his sons:—
   "Do quickly what I ask, dear sons, and aid
To render Pallas, first of all the gods,
Propitious,—Pallas, who has deigned to come,   540

ἥ μοι ἐναργὴς ἦλθε θεοῦ ἐς δαῖτα θάλειαν. 420
ἀλλ' ἄγ' ὁ μὲν πεδίονδ' ἐπὶ βοῦν, ἴτω, ὄφρα τάχιστα
ἔλθῃσιν, ἐλάσῃ δὲ βοῶν ἐπιβουκόλος ἀνήρ·
εἷς δ' ἐπὶ Τηλεμάχου μεγαθύμου νῆα μέλαιναν
πάντας ἰὼν ἑτάρους ἀγέτω, λιπέτω δὲ δύ' οἴους·
εἷς δ' αὖ χρυσοχόον Λαέρκεα δεῦρο κελέσθω 425
ἐλθεῖν, ὄφρα βοὸς χρυσὸν κέρασιν περιχεύῃ.
οἱ δ' ἄλλοι μένετ' αὐτοῦ ἀολλέες, εἴπατε δ' εἴσω
δμῳῇσιν κατὰ δώματ' ἀγακλυτὰ δαῖτα πένεσθαι,
ἕδρας τε ξύλα τ' ἀμφὶ καὶ ἀγλαὸν οἰσέμεν ὕδωρ.'
ὣς ἔφαθ', οἱ δ' ἄρα πάντες ἐποίπνυον. ἦλθε μὲν ἄρ βοῦς 430
ἐκ πεδίου, ἦλθον δὲ θοῆς παρὰ νηὸς ἐΐσης
Τηλεμάχου ἕταροι μεγαλήτορος, ἦλθε δὲ χαλκεὺς
ὅπλ' ἐν χερσὶν ἔχων χαλκήϊα, πείρατα τέχνης,
ἄκμονά τε σφῦραν τ' ἐυποίητόν τε πυράγρην,
οἷσίν τε χρυσὸν εἰργάζετο· ἦλθε δ' Ἀθήνη 435
ἱρῶν ἀντιόωσα. γέρων δ' ἱππηλάτα Νέστωρ
χρυσὸν ἔδωχ'· ὁ δ' ἔπειτα βοὸς κέρασιν περίχευεν
ἀσκήσας, ἵν' ἄγαλμα θεὰ κεχάροιτο ἰδοῦσα.
βοῦν δ' ἀγέτην κεράων Στρατίος καὶ δῖος Ἐχέφρων.
χέρνιβα δέ σφ' Ἄρητος ἐν ἀνθεμόεντι λέβητι 440
ἤλυθεν ἐκ θαλάμοιο φέρων, ἑτέρῃ δ' ἔχεν οὐλὰς
ἐν κανέῳ· πέλεκυν δὲ μενεπτόλεμος Θρασυμήδης
ὀξὺν ἔχων ἐν χειρὶ παρίστατο βοῦν ἐπικόψων.
Περσεὺς δ' ἀμνίον εἶχε· γέρων δ' ἱππηλάτα Νέστωρ
χέρνιβά τ' οὐλοχύτας τε κατήρχετο, πολλὰ δ' Ἀθήνῃ 445
εὔχετ' ἀπαρχόμενος, κεφαλῆς τρίχας ἐν πυρὶ βάλλων.
αὐτὰρ ἐπεί ῥ' εὔξαντο καὶ οὐλοχύτας προβάλοντο,
αὐτίκα Νέστορος υἱὸς ὑπέρθυμος Θρασυμήδης
ἤλασεν ἄγχι στάς· πέλεκυς δ' ἀπέκοψε τένοντας
αὐχενίους, λῦσεν δὲ βοὸς μένος. αἱ δ' ὀλόλυξαν 450
θυγατέρες τε νυοί τε καὶ αἰδοίη παράκοιτις
Νέστορος, Εὐρυδίκη, πρέσβα Κλυμένοιο θυγατρῶν.
οἱ μὲν ἔπειτ' ἀνελόντες ἀπὸ χθονὸς εὐρυοδείης

And at a solemn feast to manifest
Herself to me. Let one of you go forth
Among the fields, and bring a heifer thence,
Led by the herdsman. To the dark-hulled ship
Of the large-souled Telemachus I bid 545
Another son repair, and bring the crew
Save only two; and let another call
Laërceus hither, skilled to work in gold,
That he may plate with gold the heifer's horns.
Let all the rest remain to bid the maids 550
Within prepare a sumptuous feast, and bring
Seats, wood, and limpid water from the fount."
  He spake, and all were busy. From the field
The bullock came; from the swift-sailing bark
Came the companions of the gallant youth 555
Telemachus; with all his implements—
Hammer and anvil, and well-jointed tongs—
With which he wrought, the goldsmith also came,
And to be present at the sacred rites
Pallas came likewise. Nestor, aged knight, 560
Brought forth the gold; the artisan prepared
The metal, and about the bullock's horns
Wound it, that Pallas might with pleasure see
The victim so adorned. Then Stratius grasped
The horns, and, aided by Echephron, led 565
The bullock. From his room Aretus brought
A laver filled with water in one hand,
And in the other hand a canister
Of cakes, while Thrasymedes, great in war,
Stood near with a sharp axe, about to smite 570
The victim. Perseus held a vase to catch
The blood, while Nestor, aged horseman, took
Water and cakes, and offering first a part,
And flinging the shorn forelock to the flames,
Prayed to the goddess Pallas fervently. 575
  And now, when they had prayed, and flung the cakes,
The large-souled Thrasymedes, Nestor's son,
Struck, where he stood, the blow; the bullock's strength
Gave way. At once the daughters of the king,
And his sons' wives, and queen Eurydicè,— 580
Nestor's chaste wife, and daughter eldest born
Of Clymenus, broke forth in shrilly cries.
From the great earth the sons then lifted up

ἔσχον· ἀτὰρ σφάξεν Πεισίστρατος, ὄρχαμος ἀνδρῶν.
τῆς δ' ἐπεὶ ἐκ μέλαν αἷμα ῥύη, λίπε δ' ὀστέα θυμός, 455
αἶψ' ἄρα μιν διέχευαν, ἄφαρ δ' ἐκ μηρία τάμνον
πάντα κατὰ μοῖραν, κατά τε κνίσῃ ἐκάλυψαν
δίπτυχα ποιήσαντες, ἐπ' αὐτῶν δ' ὠμοθέτησαν.
καῖε δ' ἐπὶ σχίζῃς ὁ γέρων, ἐπὶ δ' αἴθοπα οἶνον
λεῖβε· νέοι δὲ παρ' αὐτὸν ἔχον πεμπώβολα χερσίν. 460
αὐτὰρ ἐπεὶ κατὰ μῆρ' ἐκάη καὶ σπλάγχνα πάσαντο,
μίστυλλόν τ' ἄρα τἆλλα καὶ ἀμφ' ὀβελοῖσιν ἔπειραν,
ὤπτων δ' ἀκροπόρους ὀβελοὺς ἐν χερσὶν ἔχοντες.

τόφρα δὲ Τηλέμαχον λοῦσεν καλὴ Πολυκάστη,
Νέστορος ὁπλοτάτη θυγάτηρ Νηληϊάδαο. 465
αὐτὰρ ἐπεὶ λοῦσέν τε καὶ ἔχρισεν λίπ' ἐλαίῳ,
ἀμφὶ δέ μιν φᾶρος καλὸν βάλεν ἠδὲ χιτῶνα,
ἔκ ῥ' ἀσαμίνθου βῆ δέμας ἀθανάτοισιν ὁμοῖος·
πὰρ δ' ὅ γε Νέστορ' ἰὼν κατ' ἄρ' ἕζετο, ποιμένα λαῶν.

οἱ δ' ἐπεὶ ὤπτησαν κρέ' ὑπέρτερα καὶ ἐρύσαντο, 470
δαίνυνθ' ἑζόμενοι· ἐπὶ δ' ἀνέρες ἐσθλοὶ ὄροντο
οἶνον οἰνοχοεῦντες ἐνὶ χρυσέοις δεπάεσσιν.
αὐτὰρ ἐπεὶ πόσιος καὶ ἐδητύος ἐξ ἔρον ἕντο,
τοῖσι δὲ μύθων ἦρχε Γερήνιος ἱππότα Νέστωρ·
'παῖδες ἐμοί, ἄγε Τηλεμάχῳ καλλίτριχας ἵππους 475
ζεύξαθ' ὑφ' ἅρματ' ἄγοντες, ἵνα πρήσσῃσιν ὁδοῖο.'

ὣς ἔφαθ', οἱ δ' ἄρα τοῦ μάλα μὲν κλύον ἠδ' ἐπίθοντο,
καρπαλίμως δ' ἔζευξαν ὑφ' ἅρμασιν ὠκέας ἵππους.
ἐν δὲ γυνὴ ταμίη σῖτον καὶ οἶνον ἔθηκεν
ὄψα τε, οἷα ἔδουσι διοτρεφέες βασιλῆες. 480
ἂν δ' ἄρα Τηλέμαχος περικαλλέα βήσετο δίφρον·
πὰρ δ' ἄρα Νεστορίδης Πεισίστρατος, ὄρχαμος ἀνδρῶν,
ἐς δίφρον τ' ἀνέβαινε καὶ ἡνία λάζετο χερσί,
μάστιξεν δ' ἐλάαν, τὼ δ' οὐκ ἀέκοντε πετέσθην
ἐς πεδίον, λιπέτην δὲ Πύλου αἰπὺ πτολίεθρον. 485
οἱ δὲ πανημέριοι σεῖον ζυγὸν ἀμφὶς ἔχοντες.

δύσετό τ' ἠέλιος σκιόωντό τε πᾶσαι ἀγυιαί,

And held the victim's head. Peisistratus,
The chief of squadrons, slew it. When the blood   585
Had ceased to flow, and life had left its limbs,
They quickly severed joint from joint; they hewed
The thighs away, and duly covered them
With caul, a double fold, on which they laid
Raw strips of flesh. The aged monarch burned   590
These over the cleft wood, and poured dark wine
Upon them, while beside him stood the youths
With five-pronged spits; and when the thighs were burned
And entrails tasted, all the rest they carved
Into small portions and transfixed with spits,   595
And roasted, holding the sharp spits in hand.
Meantime, fair Polycastè, youngest born
Of Nestor's daughters, gave Telemachus
The bath; and after he had bathed she shed
A rich oil over him, and in a cloak   600
Of noble texture and a tunic robed
The prince, who, like a god in presence, left
The bath, and took his place where Nestor sat,
The shepherd of the people. When the youths
Had roasted well and from the spits withdrawn   605
The flesh, they took their places at the feast.
Then rose up chosen men, and poured the wine
Into the cups of gold; and when at length
The thirst and appetite were both allayed,
The knight, Gerenian Nestor, thus began:—   610
    "Rise now, my sons; join to the bright-haired steeds
My car, and let Telemachus depart."
    He spake; they hearkened and obeyed, and straight
Yoked the swift horses to the car. Then came
The matron of the household, laying bread   615
And wine within the car, and dainties such
As make a prince's fare. Telemachus
Then climbed into the sumptuous seat. The son
Of Nestor and the chief of armed bands,
Peisistratus, climbed also, took his place   620
Beside him, grasped the reins, and with the lash
Urged on the coursers. Not unwillingly
They darted toward the plain, and left behind
The lofty Pylos. All that day they shook
The yoke on both their necks. The sun went down; 625
The highways lay in darkness when they came

ἐς Φηρὰς δ' ἵκοντο Διοκλῆος ποτὶ δῶμα,
υἱέος Ὀρτιλόχοιο, τὸν Ἀλφειὸς τέκε παῖδα.
ἔνθα δὲ νύκτ' ἄεσαν, ὁ δὲ τοῖς πὰρ ξείνια θῆκεν. 490
    ἦμος δ' ἠριγένεια φάνη ῥοδοδάκτυλος Ἠώς,
ἵππους τε ζεύγνυντ' ἀνά θ' ἅρματα ποικίλ' ἔβαινον·
ἐκ δ' ἔλασαν προθύροιο καὶ αἰθούσης ἐριδούπου·
μάστιξεν δ' ἐλάαν, τὼ δ' οὐκ ἀέκοντε πετέσθην.
ἷξον δ' ἐς πεδίον πυρηφόρον, ἔνθα δ' ἔπειτα 495
ἦνον ὁδόν· τοῖον γὰρ ὑπέκφερον ὠκέες ἵπποι.
δύσετό τ' ἠέλιος σκιόωντό τε πᾶσαι ἀγυιαί.

To Pheræ and the abode of Diocles,
Son of Orsilochus, who claimed to be
The offspring of Alpheius. They with him
Found welcome there, and there that night they slept.   630
    And when the rosy-fingered Morn appeared,
They yoked the horses, climbed the shining car,
And issued from the palace gate beneath
The sounding portico. Peisistratus
Wielded the lash to urge the coursers on,   635
And not unwillingly they flew and reached
A land of harvests. Here the travellers found
Their journey's end, so swiftly those fleet steeds
Had borne them on. And now the sun went down,
And darkness gathered over all the ways.   640

Οἱ δ' ἷξον κοίλην Λακεδαίμονα κητώεσσαν,
πρὸς δ' ἄρα δώματ' ἔλων Μενελάου κυδαλίμοιο.
τὸν δ' εὗρον δαινύντα γάμον πολλοῖσιν ἔτῃσιν
υἱέος ἠδὲ θυγατρὸς ἀμύμονος ᾧ ἐνὶ οἴκῳ.
τὴν μὲν Ἀχιλλῆος ῥηξήνορος υἱέι πέμπεν·   5
ἐν Τροίῃ γὰρ πρῶτον ὑπέσχετο καὶ κατένευσε
δωσέμεναι, τοῖσιν δὲ θεοὶ γάμον ἐξετέλειον.
τὴν ἄρ' ὅ γ' ἔνθ' ἵπποισι καὶ ἅρμασι πέμπε νέεσθαι
Μυρμιδόνων προτὶ ἄστυ περικλυτόν, οἷσιν ἄνασσεν.
υἱέι δὲ Σπάρτηθεν Ἀλέκτορος ἤγετο κούρην,   10
ὅς οἱ τηλύγετος γένετο κρατερὸς Μεγαπένθης
ἐκ δούλης· Ἑλένῃ δὲ θεοὶ γόνον οὐκέτ' ἔφαινον,
ἐπεὶ δὴ τὸ πρῶτον ἐγείνατο παῖδ' ἐρατεινήν,
Ἑρμιόνην, ἣ εἶδος ἔχε χρυσέης Ἀφροδίτης.
ὣς οἱ μὲν δαίνυντο καθ' ὑψερεφὲς μέγα δῶμα   15
γείτονες ἠδὲ ἔται Μενελάου κυδαλίμοιο,

BOOK IV

They came to Lacedæmon's valley, seamed
With dells, and to the palace of its king,
The glorious Menelaus, whom they found
Within, and at a wedding banquet, made
Both for his blameless daughter and his son, 5
And many guests. Her he must send away,
Bride of the son of that invincible chief,
Achilles. He betrothed her while in Troy,
And gave his kingly word, and now the gods
Fulfilled it by the marriage. He was now 10
Sending her forth, with steeds and cars, to reach
The noble city of the Myrmidons,
Where ruled her consort. From the Spartan coast
He brought Alector's daughter for his son,
The gallant Megapenthes, borne to him 15
By a handmaiden in his later years.
For not to Helen had the gods vouchsafed
Yet other offspring, after she had brought
A lovely daughter forth, Hermione,
Like golden Venus both in face and form. 20
    So banqueting the neighbors and the friends
Of glorious Menelaus sat beneath
The lofty ceiling of those spacious halls,
Delighted with the feast. A sacred bard

τερπόμενοι· μετὰ δέ σφιν ἐμέλπετο θεῖος ἀοιδὸς
φορμίζων, δοιὼ δὲ κυβιστητῆρε κατ' αὐτούς,
μολπῆς ἐξάρχοντος, ἐδίνευον κατὰ μέσσους.
τὼ δ' αὖτ' ἐν προθύροισι δόμων αὐτώ τε καὶ ἵππω, 20
Τηλέμαχός θ' ἥρως καὶ Νέστορος ἀγλαὸς υἱός,
στῆσαν· ὁ δὲ προμολὼν ἴδετο κρείων Ἐτεωνεύς,
ὀτρηρὸς θεράπων Μενελάου κυδαλίμοιο,
βῆ δ' ἴμεν ἀγγελέων διὰ δώματα ποιμένι λαῶν,
ἀγχοῦ δ' ἱστάμενος ἔπεα πτερόεντα προσηύδα· 25
'ξείνω δή τινε τώδε, διοτρεφὲς ὦ Μενέλαε,
ἄνδρε δύω, γενεῇ δὲ Διὸς μεγάλοιο ἔικτον.
ἀλλ' εἴπ', ἤ σφωιν καταλύσομεν ὠκέας ἵππους,
ἦ ἄλλον πέμπωμεν ἱκανέμεν, ὅς κε φιλήσῃ.'
τὸν δὲ μέγ' ὀχθήσας προσέφη ξανθὸς Μενέλαος· 30
'οὐ μὲν νήπιος ἦσθα, Βοηθοΐδη Ἐτεωνεῦ,
τὸ πρίν· ἀτὰρ μὲν νῦν γε πάϊς ὣς νήπια βάζεις.
ἦ μὲν δὴ νῶι ξεινήια πολλὰ φαγόντε
ἄλλων ἀνθρώπων δεῦρ' ἱκόμεθ', αἴ κέ ποθι Ζεὺς
ἐξοπίσω περ παύσῃ ὀιζύος. ἀλλὰ λύ' ἵππους 35
ξείνων, ἐς δ' αὐτοὺς προτέρω ἄγε θοινηθῆναι.'
ὣς φάθ', ὁ δὲ μεγάροιο διέσσυτο, κέκλετο δ' ἄλλους
ὀτρηροὺς θεράποντας ἅμα σπέσθαι ἑοῖ αὐτῷ.
οἱ δ' ἵππους μὲν λῦσαν ὑπὸ ζυγοῦ ἱδρώοντας,
καὶ τοὺς μὲν κατέδησαν ἐφ' ἱππείῃσι κάπῃσι, 40
πὰρ δ' ἔβαλον ζειάς, ἀνὰ δὲ κρῖ λευκὸν ἔμιξαν,
ἅρματα δ' ἔκλιναν πρὸς ἐνώπια παμφανόωντα,
αὐτοὺς δ' εἰσῆγον θεῖον δόμον. οἱ δὲ ἰδόντες
θαύμαζον κατὰ δῶμα διοτρεφέος βασιλῆος·
ὥς τε γὰρ ἠελίου αἴγλη πέλεν ἠὲ σελήνης 45
δῶμα καθ' ὑψερεφὲς Μενελάου κυδαλίμοιο.
αὐτὰρ ἐπεὶ τάρπησαν ὁρώμενοι ὀφθαλμοῖσιν,
ἔς ῥ' ἀσαμίνθους βάντες ἐϋξέστας λούσαντο.
τοὺς δ' ἐπεὶ οὖν δμῳαὶ λοῦσαν καὶ χρῖσαν ἐλαίῳ,
ἀμφὶ δ' ἄρα χλαίνας οὔλας βάλον ἠδὲ χιτῶνας, 50
ἔς ῥα θρόνους ἕζοντο παρ' Ἀτρεΐδην Μενέλαον.
χέρνιβα δ' ἀμφίπολος προχόῳ ἐπέχευε φέρουσα

Amidst them touched the harp and sang to them 25
While, as the song began, two dancers sprang
Into the midst and trod the measure there
    But they—the hero-youth Telemachus
And Nestor's eminent son—were at the gate,
And standing in the entrance with their steeds. 30
The worthy Eteoneus, coming forth,—
The trusty servant of the glorious son
Of Atreus,—saw, and hastening thence to tell
The shepherd of the people, through the hall
He came to him, and spake these winged words:— 35
    "O Menelaus, foster-child of Jove,
Two strangers have arrived, two men who seem
Descended from almighty Jupiter.
Shall we then loose the harness from their steeds,
Or bid them elsewhere seek a friendly host?" 40
    The fair-haired king indignantly replied:—
"Nay, Eteoneus, thou hast not been wont,
Son of Boëthus, thus to play the fool.
Thou pratest idly, like a child. Ourselves
Have sat, as guests, at generous banquets given 45
By other men, when journeying hitherward
In hope that Jove might grant a respite here
From our disasters. Hasten, then, to loose
The steeds, and bring the strangers to the feast."
    He spake; the attendant hastened forth and called 50
The other trusty servitors, with charge
To follow. They unyoked the sweaty steeds,
And bound them to the stalls, and gave them oats,
With which they mingled the white barley-grains,
And close against the shining wall they placed 55
The car, and then they led the guests within
The sumptuous palace. Entering, these admired
The palace of the foster-child of Jove,
For like the splendor of the sun and moon
Its glory was. They with delighted eyes 60
Gazed, and, descending to the polished baths,
They bathed. The attendant maids who at the bath
Had ministered, anointing them with oil,
Arrayed the stranger guests in fleecy cloaks
And tunics. Each sat down upon a throne 65
Near to Atrides. Now a handmaid brought
A beautiful ewer of gold, and laver wrought

καλῇ χρυσείῃ ὑπὲρ ἀργυρέοιο λέβητος,
νίψασθαι: παρὰ δὲ ξεστὴν ἐτάνυσσε τράπεζαν.
σῖτον δ᾽ αἰδοίη ταμίη παρέθηκε φέρουσα, 55
εἴδατα πόλλ᾽ ἐπιθεῖσα, χαριζομένη παρεόντων.
δαιτρὸς δὲ κρειῶν πίνακας παρέθηκεν ἀείρας
παντοίων, παρὰ δέ σφι τίθει χρύσεια κύπελλα.
τὼ καὶ δεικνύμενος προσέφη ξανθὸς Μενέλαος:
'σίτου θ᾽ ἅπτεσθον καὶ χαίρετον. αὐτὰρ ἔπειτα 60
δείπνου πασσαμένω εἰρησόμεθ᾽, οἵ τινές ἐστον
ἀνδρῶν: οὐ γὰρ σφῷν γε γένος ἀπόλωλε τοκήων,
ἀλλ᾽ ἀνδρῶν γένος ἐστὲ διοτρεφέων βασιλήων
σκηπτούχων, ἐπεὶ οὔ κε κακοὶ τοιούσδε τέκοιεν.'
ὣς φάτο, καί σφιν νῶτα βοὸς παρὰ πίονα θῆκεν 65
ὄπτ᾽ ἐν χερσὶν ἑλών, τά ῥά οἱ γέρα πάρθεσαν αὐτῷ.
οἱ δ᾽ ἐπ᾽ ὀνείαθ᾽ ἑτοῖμα προκείμενα χεῖρας ἴαλλον.
αὐτὰρ ἐπεὶ πόσιος καὶ ἐδητύος ἐξ ἔρον ἕντο,
δὴ τότε Τηλέμαχος προσεφώνεε Νέστορος υἱόν,
ἄγχι σχὼν κεφαλήν, ἵνα μὴ πευθοίαθ᾽ οἱ ἄλλοι: 70
'φράζεο, Νεστορίδη, τῷ ἐμῷ κεχαρισμένε θυμῷ,
χαλκοῦ τε στεροπὴν κὰδ δώματα ἠχήεντα
χρυσοῦ τ᾽ ἠλέκτρου τε καὶ ἀργύρου ἠδ᾽ ἐλέφαντος.
Ζηνός που τοιήδε γ᾽ Ὀλυμπίου ἔνδοθεν αὐλή,
ὅσσα τάδ᾽ ἄσπετα πολλά: σέβας μ᾽ ἔχει εἰσορόωντα.' 75
τοῦ δ᾽ ἀγορεύοντος ξύνετο ξανθὸς Μενέλαος,
καί σφεας φωνήσας ἔπεα πτερόεντα προσηύδα:
'τέκνα φίλ᾽, ἦ τοι Ζηνὶ βροτῶν οὐκ ἄν τις ἐρίζοι:
ἀθάνατοι γὰρ τοῦ γε δόμοι καὶ κτήματ᾽ ἔασιν:
ἀνδρῶν δ᾽ ἤ κέν τίς μοι ἐρίσσεται, ἠὲ καὶ οὐκί, 80
κτήμασιν. ἦ γὰρ πολλὰ παθὼν καὶ πόλλ᾽ ἐπαληθεὶς
ἠγαγόμην ἐν νηυσὶ καὶ ὀγδοάτῳ ἔτει ἦλθον,
Κύπρον Φοινίκην τε καὶ Αἰγυπτίους ἐπαληθείς,
Αἰθίοπάς θ᾽ ἱκόμην καὶ Σιδονίους καὶ Ἐρεμβοὺς
καὶ Λιβύην, ἵνα τ᾽ ἄρνες ἄφαρ κεραοὶ τελέθουσι. 85

Of silver, and poured water for their hands,
And spread a polished table near their seat;
The reverend matron of the household came
With bread, and set before them many a dish
Gathered from all the feast. The carver next
Brought chargers lifted high, and in them meats
Of every flavor, and before them placed
Beakers of gold. The fair-haired monarch gave
His hand to each, and then bespake them thus:—
   "Now taste our banquet and rejoice, and when
Ye are refreshed with food we will inquire
Who ye may be; for ye are not of those
Whose race degenerates, ye are surely born
Of sceptred kings, the favorites of Jove.
Ignoble men have never sons like you."
   Thus having said, and taking in his hands
A fatling bullock's chine, which menials brought
Roasted, and placed beside the king in sign
Of honor, this he laid before his guests.
And they put forth their hands and banqueted;
And when the calls of hunger and of thirst
At length were stilled, Telemachus inclined
His head toward Nestor's son, that no one else
Might listen to his words, and thus he said:—
   "See, son of Nestor, my beloved friend,
In all these echoing rooms the sheen of brass,
Of gold, of amber, and of ivory;
Such is the palace of Olympian Jove
Within its walls. How many things are here
Of priceless worth! I wonder as I gaze."
   The fair-haired Menelaus heard him speak,
And thus accosted both with winged words:—
   "Dear sons, no mortal man may vie with Jove,
Whose palace and possessions never know
Decay, but other men may vie or not
In wealth with me. 'Twas after suffering
And wandering long that in my fleet I brought
My wealth with me, and landed on this coast
In the eighth year. For I had roamed afar
To Cyprus and to Phœnicè, and where
The Egyptians dwell, and Ethiopia's sons,
And the Sidonians, and the Erembian race,
And to the coast of Lybia, where the lambs

τρὶς γὰρ τίκτει μῆλα τελεσφόρον εἰς ἐνιαυτόν.
ἔνθα μὲν οὔτε ἄναξ ἐπιδευὴς οὔτε τι ποιμὴν
τυροῦ καὶ κρειῶν οὐδὲ γλυκεροῖο γάλακτος,
ἀλλ᾽ αἰεὶ παρέχουσιν ἐπηετανὸν γάλα θῆσθαι.
ἧος ἐγὼ περὶ κεῖνα πολὺν βίοτον συναγείρων 90
ἠλώμην, τῆός μοι ἀδελφεὸν ἄλλος ἔπεφνεν
λάθρῃ, ἀνωιστί, δόλῳ οὐλομένης ἀλόχοιο:
ὣς οὔ τοι χαίρων τοῖσδε κτεάτεσσιν ἀνάσσω.
καὶ πατέρων τάδε μέλλετ᾽ ἀκουέμεν, οἵ τινες ὑμῖν
εἰσίν, ἐπεὶ μάλα πολλὰ πάθον, καὶ ἀπώλεσα οἶκον 95
εὖ μάλα ναιετάοντα, κεχανδότα πολλὰ καὶ ἐσθλά.
ὧν ὄφελον τριτάτην περ ἔχων ἐν δώμασι μοῖραν
ναίειν, οἱ δ᾽ ἄνδρες σόοι ἔμμεναι, οἳ τότ᾽ ὄλοντο
Τροίῃ ἐν εὐρείῃ ἑκὰς Ἄργεος ἱπποβότοιο.
ἀλλ᾽ ἔμπης πάντας μὲν ὀδυρόμενος καὶ ἀχεύων 100
πολλάκις ἐν μεγάροισι καθήμενος ἡμετέροισιν
ἄλλοτε μέν τε γόῳ φρένα τέρπομαι, ἄλλοτε δ᾽ αὖτε
παύομαι: αἰψηρὸς δὲ κόρος κρυεροῖο γόοιο.
τῶν πάντων οὐ τόσσον ὀδύρομαι, ἀχνύμενός περ,
ὡς ἑνός, ὅς τέ μοι ὕπνον ἀπεχθαίρει καὶ ἐδωδὴν 105
μνωομένῳ, ἐπεὶ οὔ τις Ἀχαιῶν τόσσ᾽ ἐμόγησεν,
ὅσσ᾽ Ὀδυσεὺς ἐμόγησε καὶ ἤρατο. τῷ δ᾽ ἄρ᾽ ἔμελλεν
αὐτῷ κήδε᾽ ἔσεσθαι, ἐμοὶ δ᾽ ἄχος αἰὲν ἄλαστον
κείνου, ὅπως δὴ δηρὸν ἀποίχεται, οὐδέ τι ἴδμεν,
ζώει ὅ γ᾽ ἦ τέθνηκεν. ὀδύρονταί νύ που αὐτὸν 110
Λαέρτης θ᾽ ὁ γέρων καὶ ἐχέφρων Πηνελόπεια
Τηλέμαχός θ᾽, ὃν ἔλειπε νέον γεγαῶτ᾽ ἐνὶ οἴκῳ.᾽
 ὣς φάτο, τῷ δ᾽ ἄρα πατρὸς ὑφ᾽ ἵμερον ὦρσε γόοιο.
δάκρυ δ᾽ ἀπὸ βλεφάρων χαμάδις βάλε πατρὸς ἀκούσας,
χλαῖναν πορφυρέην ἄντ᾽ ὀφθαλμοῖιν ἀνασχὼν 115

Are yeaned with budding horns. There do the ewes
Thrice in the circle of the year bring forth
Their young. There both the master of the herd
And herdsman know no lack of cheese, or flesh,
Or of sweet milk; for there the herds yield milk 115
The whole year round. While I was roaming thus,
And gathering store of wealth, another slew
My brother, unforewarned, and through the fraud
Of his own guilty consort. Therefore small
Is the content I find in bearing rule 120
O'er these possessions. Ye have doubtless heard
This from your parents, be they who they may;
For much have I endured, and I have lost
A palace, a most noble dwelling-place,
Full of things rare and precious. Even now 125
Would I possessed within my palace here
But the third part of these; and would that they
Were yet alive who perished on the plain
Of Troy afar from Argos and its steeds!
Yet while I grieve and while I mourn them all, 130
Here, sitting in my palace, I by turns
Indulge my heart in weeping, and by turns
I pause, for with continual sorrow comes
A weariness of spirit. Yet, in truth,
For none of all those warriors, though their fate 135
Afflicts me sorely, do I so much grieve
As for one hero. When I think of him,
The feast and couch are joyless, since, of all
The Achaian chiefs, none brought so much to pass
As did Ulysses, both in what he wrought 140
And what he suffered. Great calamities
Fell to his lot in life, and to my own
Grief for his sake that cannot be consoled.
Long has he been divided from his friends,
And whether he be living now or dead 145
We know not. Old Laertes, the sage queen
Penelope, and young Telemachus,
Whom, when he went to war he left new-born
At home, are sorrowing somewhere for his sake."
   He spake, and woke anew the young man's grief 150
For his lost father. From his eyelids fell
Tears at the hearing of his father's name,
And with both hands he held before his eyes

ἀμφοτέρῃσιν χερσί. νόησε δέ μιν Μενέλαος,
μερμήριξε δ' ἔπειτα κατὰ φρένα καὶ κατὰ θυμόν,
ἠέ μιν αὐτὸν πατρὸς ἐάσειε μνησθῆναι
ἦ πρῶτ' ἐξερέοιτο ἕκαστά τε πειρήσαιτο.
ἧος ὁ ταῦθ' ὥρμαινε κατὰ φρένα καὶ κατὰ θυμόν, 120
ἐκ δ' Ἑλένη θαλάμοιο θυώδεος ὑψορόφοιο
ἤλυθεν Ἀρτέμιδι χρυσηλακάτῳ ἐικυῖα.
τῇ δ' ἄρ' ἅμ' Ἀδρήστη κλισίην εὔτυκτον ἔθηκεν,
Ἀλκίππη δὲ τάπητα φέρεν μαλακοῦ ἐρίοιο,
Φυλὼ δ' ἀργύρεον τάλαρον φέρε, τόν οἱ ἔθηκεν 125
Ἀλκάνδρη, Πολύβοιο δάμαρ, ὃς ἔναι' ἐνὶ Θήβης
Αἰγυπτίης, ὅθι πλεῖστα δόμοις ἐν κτήματα κεῖται·
ὃς Μενελάῳ δῶκε δύ' ἀργυρέας ἀσαμίνθους,
δοιοὺς δὲ τρίποδας, δέκα δὲ χρυσοῖο τάλαντα.
χωρὶς δ' αὖθ' Ἑλένη ἄλοχος πόρε κάλλιμα δῶρα· 130
χρυσέην τ' ἠλακάτην τάλαρόν θ' ὑπόκυκλον ὄπασσεν
ἀργύρεον, χρυσῷ δ' ἐπὶ χείλεα κεκράαντο.
τόν ῥά οἱ ἀμφίπολος Φυλὼ παρέθηκε φέρουσα
νήματος ἀσκητοῖο βεβυσμένον· αὐτὰρ ἐπ' αὐτῷ
ἠλακάτη τετάνυστο ἰοδνεφὲς εἶρος ἔχουσα. 135
ἕζετο δ' ἐν κλισμῷ, ὑπὸ δὲ θρῆνυς ποσὶν ἦεν.
αὐτίκα δ' ἥ γ' ἐπέεσσι πόσιν ἐρέεινεν ἕκαστα·
'ἴδμεν δή, Μενέλαε διοτρεφές, οἵ τινες οἵδε
ἀνδρῶν εὐχετόωνται ἱκανέμεν ἡμέτερον δῶ;
ψεύσομαι ἦ ἔτυμον ἐρέω; κέλεται δέ με θυμός. 140
οὐ γάρ πώ τινά φημι ἐοικότα ὧδε ἰδέσθαι
οὔτ' ἄνδρ' οὔτε γυναῖκα, σέβας μ' ἔχει εἰσορόωσαν,
ὡς ὅδ' Ὀδυσσῆος μεγαλήτορος υἷι ἔοικε,
Τηλεμάχῳ, τὸν ἔλειπε νέον γεγαῶτ' ἐνὶ οἴκῳ
κεῖνος ἀνήρ, ὅτ' ἐμεῖο κυνώπιδος εἵνεκ' Ἀχαιοὶ 145
ἤλθεθ' ὑπὸ Τροίην πόλεμον θρασὺν ὁρμαίνοντες.'
τὴν δ' ἀπαμειβόμενος προσέφη ξανθὸς Μενέλαος·
'οὕτω νῦν καὶ ἐγὼ νοέω, γύναι, ὡς σὺ ἐίσκεις·
κείνου γὰρ τοιοίδε πόδες τοιαίδε τε χεῖρες
ὀφθαλμῶν τε βολαὶ κεφαλή τ' ἐφύπερθέ τε χαῖται. 150
καὶ νῦν ἦ τοι ἐγὼ μεμνημένος ἀμφ' Ὀδυσῆι
μυθεόμην, ὅσα κεῖνος ὀιζύσας ἐμόγησεν
ἀμφ' ἐμοί, αὐτὰρ ὁ πικρὸν ὑπ' ὀφρύσι δάκρυον εἶβε,

The purple mantle. Menelaus saw
His tears, and pondered, doubting which were best, —   155
To let the stranger of his own accord
Speak of his father, or to question him
At first, and then to tell him all he knew.
    As thus he pondered, Helen, like in form
To Dian of the golden distaff, left   160
Her high-roofed chamber, where the air was sweet
With perfumes, and approached. Adrasta placed
A seat for her of costly workmanship;
Alcippè brought a mat of soft light wool,
And Phylo with a silver basket came,   165
Given by Alcandra, wife of Polybus,
Who dwelt at Thebes, in Egypt, and whose house
Was rich in things of price. Two silver baths
He gave to Menelaus, tripods two,
And talents ten of gold. His wife bestowed   170
Beautiful gifts on Helen,—one of gold,
A distaff; one a silver basket edged
With gold and round in form. This Phylo brought
Heaped with spun yarn and placed before the queen;
Upon it lay the distaff, wrapped in wool   175
Of color like the violet. Helen there
Sat down, a footstool at her feet, and straight
Questioned with earnest words her husband thus:—
    "Say, Menelaus, foster-child of Jove,
Is it yet known what lineage these men claim,—   180
These visitants? And what I now shall say,
Will it be false or true? Yet must I speak.
Woman or man I think I never saw
So like another as this youth, on whom
I look with deep astonishment, is like   185
Telemachus, the son whom our great chief
Ulysses left at home a tender babe
When ye Achaians for my guilty sake
Went forth to wage the bloody war with Troy."
    And fair-haired Menelaus answered her:—   190
"Yea, wife, so deem I as it seems to thee.
Such are his feet, his hands, the cast of the eye,
His head, the hair upon his brow. Just now,
In speaking of Ulysses, as I told
How he had toiled and suffered for my sake,   195
The stranger held the purple cloak before

χλαῖναν πορφυρέην ἄντ' ὀφθαλμοῖιν ἀνασχών.'
  τὸν δ' αὖ Νεστορίδης Πεισίστρατος ἀντίον ηὔδα: 155
'Ἀτρεΐδη Μενέλαε διοτρεφές, ὄρχαμε λαῶν,
κείνου μέν τοι ὅδ' υἱὸς ἐτήτυμον, ὡς ἀγορεύεις:
ἀλλὰ σαόφρων ἐστί, νεμεσσᾶται δ' ἐνὶ θυμῷ
ὧδ' ἐλθὼν τὸ πρῶτον ἐπεσβολίας ἀναφαίνειν
ἄντα σέθεν, τοῦ νῶϊ θεοῦ ὣς τερπόμεθ' αὐδῇ. 160
αὐτὰρ ἐμὲ προέηκε Γερήνιος ἱππότα Νέστωρ
τῷ ἅμα πομπὸν ἕπεσθαι: ἐέλδετο γάρ σε ἰδέσθαι,
ὄφρα οἱ ἤ τι ἔπος ὑποθήσεαι ἠέ τι ἔργον.
πολλὰ γὰρ ἄλγε' ἔχει πατρὸς πάϊς οἰχομένοιο
ἐν μεγάροις, ᾧ μὴ ἄλλοι ἀοσσητῆρες ἔωσιν, 165
ὡς νῦν Τηλεμάχῳ ὁ μὲν οἴχεται, οὐδέ οἱ ἄλλοι
εἴσ' οἵ κεν κατὰ δῆμον ἀλάλκοιεν κακότητα.'
  τὸν δ' ἀπαμειβόμενος προσέφη ξανθὸς Μενέλαος:
'ὢ πόποι, ἦ μάλα δὴ φίλου ἀνέρος υἱὸς ἐμὸν δῶ
ἵκεθ', ὃς εἵνεκ' ἐμεῖο πολέας ἐμόγησεν ἀέθλους: 170
καί μιν ἔφην ἐλθόντα φιλησέμεν ἔξοχον ἄλλων
Ἀργείων, εἰ νῶϊν ὑπεὶρ ἅλα νόστον ἔδωκε
νηυσὶ θοῇσι γενέσθαι Ὀλύμπιος εὐρύοπα Ζεύς.
καί κέ οἱ Ἄργεϊ νάσσα πόλιν καὶ δώματ' ἔτευξα,
ἐξ Ἰθάκης ἀγαγὼν σὺν κτήμασι καὶ τέκεϊ ᾧ 175
καὶ πᾶσιν λαοῖσι, μίαν πόλιν ἐξαλαπάξας,
αἳ περιναιετάουσιν, ἀνάσσονται δ' ἐμοὶ αὐτῷ.
καί κε θάμ' ἐνθάδ' ἐόντες ἐμισγόμεθ': οὐδέ κεν ἡμέας
ἄλλο διέκρινεν φιλέοντέ τε τερπομένω τε,
πρίν γ' ὅτε δὴ θανάτοιο μέλαν νέφος ἀμφεκάλυψεν. 180
ἀλλὰ τὰ μέν που μέλλεν ἀγάσσεσθαι θεὸς αὐτός,
ὃς κεῖνον δύστηνον ἀνόστιμον οἶον ἔθηκεν.'

His eyes, and from the lids dropped bitter tears."
    Peisistratus, the son of Nestor, spake
In answer: "Menelaus, foster-child
Of Jove and son of Atreus! sovereign king! 200
He is, as thou hast said, that hero's son;
But he is modest, and he deems that ill
It would become him, on arriving here,
If he should venture in discourse while thou
Art present, in whose voice we take delight 205
As if it were the utterance of a god.
The knight Gerenian Nestor sent me forth
To guide him hither,—for he earnestly
Desired to see thee, that thou mightest give
Counsel in what he yet should say or do. 210
For bitterly a son, who finds at home
No others to befriend him, must lament
The absence of a father. So it is
With young Telemachus; for far away
His father is, and in the land are none 215
Who have the power to shelter him from wrong."
    The fair-haired Menelaus answered thus:—
"O wonder! Then the son of one most dear,
Who for my sake so oft has braved and borne
The conflicts of the battle-field, hath come 220
Beneath my roof. I thought that I should greet
His father with a warmer welcome here
Than any other of the Argive race,
When Jove the Olympian Thunderer should grant
A safe return to us across the deep 225
In our good ships. I would have founded here
For him a city in Argos, and have built
Dwellings, and would have brought from Ithaca
Him and his son, and all his wealth and all
His people. To this end I would have caused 230
Some neighboring district where my sway is owned
To be dispeopled. Dwelling here we oft
Should then have met each other, and no cause
Would e'er have parted us, two faithful friends
Delighting in each other, till at last 235
Came Death's black cloud to wrap us in its shade.
A god, no doubt, hath seen in this a good
Too great for us, and thus to him alone,
Unhappy man! denied a safe return."

ὣς φάτο, τοῖσι δὲ πᾶσιν ὑφ' ἵμερον ὦρσε γόοιο.
κλαῖε μὲν Ἀργείη Ἑλένη, Διὸς ἐκγεγαυῖα,
κλαῖε δὲ Τηλέμαχός τε καὶ Ἀτρεΐδης Μενέλαος, 185
οὐδ' ἄρα Νέστορος υἱὸς ἀδακρύτω ἔχεν ὄσσε·
μνήσατο γὰρ κατὰ θυμὸν ἀμύμονος Ἀντιλόχοιο,
τόν ῥ' Ἠοῦς ἔκτεινε φαεινῆς ἀγλαὸς υἱός·
τοῦ ὅ γ' ἐπιμνησθεὶς ἔπεα πτερόεντ' ἀγόρευεν·
'Ἀτρεΐδη, περὶ μέν σε βροτῶν πεπνυμένον εἶναι 190
Νέστωρ φάσχ' ὁ γέρων, ὅτ' ἐπιμνησαίμεθα σεῖο
οἷσιν ἐνὶ μεγάροισι, καὶ ἀλλήλους ἐρέοιμεν.
καὶ νῦν, εἴ τί που ἔστι, πίθοιό μοι· οὐ γὰρ ἐγώ γε
τέρπομ' ὀδυρόμενος μεταδόρπιος, ἀλλὰ καὶ ἠὼς
ἔσσεται ἠριγένεια· νεμεσσῶμαί γε μὲν οὐδὲν 195
κλαίειν ὅς κε θάνῃσι βροτῶν καὶ πότμον ἐπίσπῃ.
τοῦτό νυ καὶ γέρας οἶον ὀιζυροῖσι βροτοῖσιν,
κείρασθαί τε κόμην βαλέειν τ' ἀπὸ δάκρυ παρειῶν.
καὶ γὰρ ἐμὸς τέθνηκεν ἀδελφεός, οὔ τι κάκιστος
Ἀργείων· μέλλεις δὲ σὺ ἴδμεναι· οὐ γὰρ ἐγώ γε 200
ἤντησ' οὐδὲ ἴδον· περὶ δ' ἄλλων φασὶ γενέσθαι
Ἀντίλοχον, πέρι μὲν θείειν ταχὺν ἠδὲ μαχητήν.'
τὸν δ' ἀπαμειβόμενος προσέφη ξανθὸς Μενέλαος·
'ὦ φίλ', ἐπεὶ τόσα εἶπες, ὅσ' ἂν πεπνυμένος ἀνὴρ
εἴποι καὶ ῥέξειε, καὶ ὃς προγενέστερος εἴη· 205
τοίου γὰρ καὶ πατρός, ὃ καὶ πεπνυμένα βάζεις,
ῥεῖα δ' ἀρίγνωτος γόνος ἀνέρος ᾧ τε Κρονίων
ὄλβον ἐπικλώσῃ γαμέοντί τε γεινομένῳ τε,
ὡς νῦν Νέστορι δῶκε διαμπερὲς ἤματα πάντα
αὐτὸν μὲν λιπαρῶς γηρασκέμεν ἐν μεγάροισιν, 210
υἱέας αὖ πινυτούς τε καὶ ἔγχεσιν εἶναι ἀρίστους.
ἡμεῖς δὲ κλαυθμὸν μὲν ἐάσομεν, ὃς πρὶν ἐτύχθη,
δόρπου δ' ἐξαῦτις μνησώμεθα, χερσὶ δ' ἐφ' ὕδωρ
χευάντων. μῦθοι δὲ καὶ ἠῶθέν περ ἔσονται
Τηλεμάχῳ καὶ ἐμοὶ διαειπέμεν ἀλλήλοισιν.' 215
ὣς ἔφατ', Ἀσφαλίων δ' ἄρ ὕδωρ ἐπὶ χεῖρας ἔχευεν,

He spake; his words awoke in every heart 240
Grief for the absent hero's sake. Then wept
The Argive Helen, child of Jove; then wept
Telemachus; nor tearless were the eyes
Of Nestor's son, for to his mind arose
The memory of the good Antilochus, 245
Slain by the bright Aurora's eminent son;
Of him he thought, and spake these winged words:—
  "O son of Atreus! aged Nestor saith,
When in his palace we discourse of thee
And ask each other's thought, that thou art wise 250
Beyond all other men. Now, if thou mayst,
Indulge me, for not willingly I weep
Thus at the evening feast, and soon will Morn,
Child of the Dawn, appear. I do not blame
This sorrow for whoever meets his fate 255
And dies; the only honors we can pay
To those unhappy mortals is to shred
Our locks away, and wet our cheeks with tears.
I lost a brother, not the least in worth
Among the Argives, whom thou must have seen. 260
I knew him not: I never saw his face;
Yet is it said Antilochus excelled
The others; swift of foot, and brave in war."
  The fair-haired Menelaus answered him:—
"Since thou my friend hast spoken thus, as one 265
Discreet in word and deed, of riper years
Than thou, might speak and act,—for thou art born
Of such a father, and thy words are wise,—
And easy is it to discern the son
Of one on whom Saturnius has bestowed 270
Both at the birth-hour and in wedded life
His blessing; as he gives to Nestor now
A calm old age that lapses pleasantly,
Within his palace-halls, from day to day,
And sons wise-minded, mighty with the spear,— 275
Then let us lay aside this sudden grief
That has o'ertaken us, and only think
Of banqueting. Let water now be poured
Upon our hands; there will be time enough
To-morrow for discourse; Telemachus 280
And I will then engage in mutual talk."
  He spake, Asphalion, who with diligent heed

ὀτρηρὸς θεράπων Μενελάου κυδαλίμοιο.
οἱ δ' ἐπ' ὀνείαθ' ἑτοῖμα προκείμενα χεῖρας ἴαλλον.
ἔνθ' αὖτ' ἄλλ' ἐνόησ' Ἑλένη Διὸς ἐκγεγαυῖα:
αὐτίκ' ἄρ' εἰς οἶνον βάλε φάρμακον, ἔνθεν ἔπινον, 220
νηπενθές τ' ἄχολόν τε, κακῶν ἐπίληθον ἁπάντων.
ὃς τὸ καταβρόξειεν, ἐπὴν κρητῆρι μιγείη,
οὔ κεν ἐφημέριός γε βάλοι κατὰ δάκρυ παρειῶν,
οὐδ' εἴ οἱ κατατεθναίη μήτηρ τε πατήρ τε,
οὐδ' εἴ οἱ προπάροιθεν ἀδελφεὸν ἢ φίλον υἱὸν 225
χαλκῷ δηιόῳεν, ὁ δ' ὀφθαλμοῖσιν ὁρῷτο.
τοῖα Διὸς θυγάτηρ ἔχε φάρμακα μητιόεντα,
ἐσθλά, τά οἱ Πολύδαμνα πόρεν, Θῶνος παράκοιτις
Αἰγυπτίη, τῇ πλεῖστα φέρει ζείδωρος ἄρουρα
φάρμακα, πολλὰ μὲν ἐσθλὰ μεμιγμένα πολλὰ δὲ λυγρά: 230
ἰητρὸς δὲ ἕκαστος ἐπιστάμενος περὶ πάντων
ἀνθρώπων: ἦ γὰρ Παιήονός εἰσι γενέθλης.
αὐτὰρ ἐπεί ῥ' ἐνέηκε κέλευσέ τε οἰνοχοῆσαι,
ἐξαῦτις μύθοισιν ἀμειβομένη προσέειπεν:
'Ἀτρεΐδη Μενέλαε διοτρεφὲς ἠδὲ καὶ οἴδε 235
ἀνδρῶν ἐσθλῶν παῖδες: ἀτὰρ θεὸς ἄλλοτε ἄλλῳ
Ζεὺς ἀγαθόν τε κακόν τε διδοῖ: δύναται γὰρ ἅπαντα:
ἦ τοι νῦν δαίνυσθε καθήμενοι ἐν μεγάροισι
καὶ μύθοις τέρπεσθε: ἐοικότα γὰρ καταλέξω.
πάντα μὲν οὐκ ἂν ἐγὼ μυθήσομαι οὐδ' ὀνομήνω, 240
ὅσσοι Ὀδυσσῆος ταλασίφρονός εἰσιν ἄεθλοι:
ἀλλ' οἷον τόδ' ἔρεξε καὶ ἔτλη καρτερὸς ἀνὴρ
δήμῳ ἔνι Τρώων, ὅθι πάσχετε πήματ' Ἀχαιοί.
αὐτόν μιν πληγῇσιν ἀεικελίῃσι δαμάσσας,
σπεῖρα κάκ' ἀμφ' ὤμοισι βαλών, οἰκῆι ἐοικώς, 245
ἀνδρῶν δυσμενέων κατέδυ πόλιν εὐρυάγυιαν:
ἄλλῳ δ' αὐτὸν φωτὶ κατακρύπτων ἤισκε,
δέκτῃ, ὃς οὐδὲν τοῖος ἔην ἐπὶ νηυσὶν Ἀχαιῶν.
τῷ ἴκελος κατέδυ Τρώων πόλιν, οἱ δ' ἀβάκησαν
πάντες: ἐγὼ δέ μιν οἴη ἀνέγνων τοῖον ἐόντα, 250
καί μιν ἀνηρώτων: ὁ δὲ κερδοσύνῃ ἀλέεινεν.

Served the great Menelaus, on their hands
Poured water, and they shared the meats that lay
Upon the board. But Helen, Jove-born dame,   285
Had other thoughts, and with the wine they drank
Mingled a drug, an antidote to grief
And anger, bringing quick forgetfulness
Of all life's evils. Whoso drinks, when once
It is infused and in the cup, that day   290
Shall never wet his cheeks with tears, although
His father and his mother lie in death,
Nor though his brother or beloved son
Fall butchered by the sword before his eyes.
Such sovereign drugs she had, that child of Jove,   295
Given her by Polydamna, wife of Thon,
A dame of Egypt, where the bounteous soil
Brings forth abundantly its potent herbs,
Of healing some and some of bane, and where
Dwell the physicians who excel in skill   300
All other men, for they are of the race
Of Pæon. Now when Helen in the cups
Had placed the drug, and bidden them to pour
The wine upon it, thus she spake again:—
"Atrides Menelaus, reared by Jove,   305
And ye the sons of heroes!—Jupiter
The sovereign, gives, at pleasure, good and ill
To one or to another, for his power
Is infinite,—now sitting in these halls,
Feast and enjoy free converse. I will speak   310
What suits the occasion. I could not relate,
I could not even name, the many toils
Borne by Ulysses, stout of heart. I speak
Only of what that valiant warrior did
And suffered once in Troy, where ye of Greece   315
Endured such hardships. He had given himself
Unseemly stripes, and o'er his shoulders flung
Vile garments like a slave's, and entered thus
The enemy's town, and walked its spacious streets.
Another man he seemed in that disguise,—   320
A beggar, though when at the Achaian fleet
So different was the semblance that he wore.
He entered Ilium thus transformed, and none
Knew who it was that passed, but I perceived,
And questioned him; he turned my quest aside   325

ἀλλ' ὅτε δή μιν ἐγὼ λόεον καὶ χρῖον ἐλαίῳ,
ἀμφὶ δὲ εἵματα ἕσσα καὶ ὤμοσα καρτερὸν ὅρκον
μὴ μὲν πρὶν Ὀδυσῆα μετὰ Τρώεσσ' ἀναφῆναι,
πρίν γε τὸν ἐς νῆάς τε θοὰς κλισίας τ' ἀφικέσθαι, 255
καὶ τότε δή μοι πάντα νόον κατέλεξεν Ἀχαιῶν.
πολλοὺς δὲ Τρώων κτείνας ταναήκεϊ χαλκῷ
ἦλθε μετ' Ἀργείους, κατὰ δὲ φρόνιν ἤγαγε πολλήν.
ἔνθ' ἄλλαι Τρῳαὶ λίγ' ἐκώκυον: αὐτὰρ ἐμὸν κῆρ
χαῖρ', ἐπεὶ ἤδη μοι κραδίη τέτραπτο νέεσθαι 260
ἂψ οἰκόνδ', ἄτην δὲ μετέστενον, ἣν Ἀφροδίτη
δῶχ', ὅτε μ' ἤγαγε κεῖσε φίλης ἀπὸ πατρίδος αἴης,
παῖδά τ' ἐμὴν νοσφισσαμένην θάλαμόν τε πόσιν τε
οὔ τευ δευόμενον, οὔτ' ἂρ φρένας οὔτε τι εἶδος.'
τὴν δ' ἀπαμειβόμενος προσέφη ξανθὸς Μενέλαος: 265
'ναὶ δὴ ταῦτά γε πάντα, γύναι, κατὰ μοῖραν ἔειπες.
ἤδη μὲν πολέων ἐδάην βουλήν τε νόον τε
ἀνδρῶν ἡρώων, πολλὴν δ' ἐπελήλυθα γαῖαν:
ἀλλ' οὔ πω τοιοῦτον ἐγὼν ἴδον ὀφθαλμοῖσιν,
οἷν Ὀδυσσῆος ταλασίφρονος ἔσκε φίλον κῆρ. 270
οἷον καὶ τόδ' ἔρεξε καὶ ἔτλη καρτερὸς ἀνὴρ
ἵππῳ ἔνι ξεστῷ, ἵν' ἐνήμεθα πάντες ἄριστοι
Ἀργείων Τρώεσσι φόνον καὶ κῆρα φέροντες.
ἦλθες ἔπειτα σὺ κεῖσε: κελευσέμεναι δέ σ' ἔμελλε
δαίμων, ὃς Τρώεσσιν ἐβούλετο κῦδος ὀρέξαι: 275
καί τοι Δηΐφοβος θεοείκελος ἕσπετ' ἰούσῃ.
τρὶς δὲ περίστειξας κοῖλον λόχον ἀμφαφόωσα,
ἐκ δ' ὀνομακλήδην Δαναῶν ὀνόμαζες ἀρίστους,
πάντων Ἀργείων φωνὴν ἴσκουσ' ἀλόχοισιν.
αὐτὰρ ἐγὼ καὶ Τυδεΐδης καὶ δῖος Ὀδυσσεὺς 280
ἥμενοι ἐν μέσσοισιν ἀκούσαμεν ὡς ἐβόησας.
νῶι μὲν ἀμφοτέρω μενεήναμεν ὁρμηθέντε
ἢ ἐξελθέμεναι, ἢ ἔνδοθεν αἶψ' ὑπακοῦσαι:
ἀλλ' Ὀδυσεὺς κατέρυκε καὶ ἔσχεθεν ἱεμένω περ.
ἔνθ' ἄλλοι μὲν πάντες ἀκὴν ἔσαν υἷες Ἀχαιῶν, 285

With crafty answers. After I had seen
The bath administered, anointed him
And clothed him, and had sworn a solemn oath
Not to reveal his visit to the men
Of Ilium till he reached again the tents 330
And galleys, then he opened to me all
The plans of the Achaians. Leaving me,
On his return he slew with his long spear
Full many a Trojan, and in safety reached
The Argive camp with tidings for the host. 335
Then wept aloud the Trojan dames, but I
Was glad at heart, for I already longed
For my old home, and deeply I deplored
The evil fate that Venus brought on me,
Who led me thither from my own dear land, 340
And from my daughter and my marriage-bower,
And from my lawful spouse, in whom I missed
No noble gift of person or of mind."
    Then fair-haired Menelaus said to her:—
"All thou hast spoken, woman, is most true. 345
Of many a valiant warrior I have known
The counsels and the purposes, and far
Have roamed in many lands, but never yet
My eyes have looked on such another man
As was Ulysses, of a heart so bold 350
And such endurance. Witness what he did
And bore, the heroic man, what time we sat,
The bravest of the Argives, pent within
The wooden horse, about to bring to Troy
Slaughter and death. Thou camest to the place, 355
Moved, as it seemed, by some divinity
Who thought to give the glory of the day
To Troy. Deiphobus, the godlike chief,
Was with thee. Thrice about the hollow frame
That held the ambush thou didst walk and touch 360
Its sides, and call the Achaian chiefs by name,
And imitate the voices of the wives
Of all the Argives. Diomed and I
Sat with the great Ulysses in the midst,
And with him heard thy call, and rose at once 365
To sally forth or answer from within;
But he forbade, impatient as we were,
And so restrained us. All the Achaian chiefs

Ἄντικλος δὲ σέ γ' οἶος ἀμείψασθαι ἐπέεσσιν
ἤθελεν. ἀλλ' Ὀδυσεὺς ἐπὶ μάστακα χερσὶ πίεζεν
νωλεμέως κρατερῇσι, σάωσε δὲ πάντας Ἀχαιούς·
τόφρα δ' ἔχ', ὄφρα σε νόσφιν ἀπήγαγε Παλλὰς Ἀθήνη.'
   τὸν δ' αὖ Τηλέμαχος πεπνυμένος ἀντίον ηὔδα· 290
'Ἀτρεΐδη Μενέλαε διοτρεφές, ὄρχαμε λαῶν,
ἄλγιον· οὐ γάρ οἵ τι τάδ' ἤρκεσε λυγρὸν ὄλεθρον,
οὐδ' εἴ οἱ κραδίη γε σιδηρέη ἔνδοθεν ἦεν.
ἀλλ' ἄγετ' εἰς εὐνὴν τράπεθ' ἡμέας, ὄφρα καὶ ἤδη
ὕπνῳ ὕπο γλυκερῷ ταρπώμεθα κοιμηθέντες.' 295
   ὣς ἔφατ', Ἀργείη δ' Ἑλένη δμῳῇσι κέλευσεν
δέμνι' ὑπ' αἰθούσῃ θέμεναι καὶ ῥήγεα καλὰ
πορφύρε' ἐμβαλέειν στορέσαι τ' ἐφύπερθε τάπητας,
χλαίνας τ' ἐνθέμεναι οὔλας καθύπερθεν ἔσασθαι.
αἱ δ' ἴσαν ἐκ μεγάροιο δάος μετὰ χερσὶν ἔχουσαι, 300
δέμνια δὲ στόρεσαν· ἐκ δὲ ξείνους ἄγε κῆρυξ.
οἱ μὲν ἄρ' ἐν προδόμῳ δόμου αὐτόθι κοιμήσαντο,
Τηλέμαχός θ' ἥρως καὶ Νέστορος ἀγλαὸς υἱός·
Ἀτρεΐδης δὲ καθεῦδε μυχῷ δόμου ὑψηλοῖο,
πὰρ δ' Ἑλένη τανύπεπλος ἐλέξατο, δῖα γυναικῶν. 305
   ἦμος δ' ἠριγένεια φάνη ῥοδοδάκτυλος Ἠώς,
ὤρνυτ' ἄρ' ἐξ εὐνῆφι βοὴν ἀγαθὸς Μενέλαος
εἵματα ἐσσάμενος, περὶ δὲ ξίφος ὀξὺ θέτ' ὤμῳ,
ποσσὶ δ' ὑπὸ λιπαροῖσιν ἐδήσατο καλὰ πέδιλα,
βῆ δ' ἴμεν ἐκ θαλάμοιο θεῷ ἐναλίγκιος ἄντην, 310
Τηλεμάχῳ δὲ παρῖζεν, ἔπος τ' ἔφατ' ἔκ τ' ὀνόμαζεν·
'τίπτε δέ σε χρειὼ δεῦρ' ἤγαγε, Τηλέμαχ' ἥρως,
ἐς Λακεδαίμονα δῖαν, ἐπ' εὐρέα νῶτα θαλάσσης;
δήμιον ἦ ἴδιον; τόδε μοι νημερτὲς ἐνίσπες.'
   τὸν δ' αὖ Τηλέμαχος πεπνυμένος ἀντίον ηὔδα· 315
'Ἀτρεΐδη Μενέλαε διοτρεφές, ὄρχαμε λαῶν,
ἤλυθον, εἴ τινά μοι κληηδόνα πατρὸς ἐνίσποις.
ἐσθίεταί μοι οἶκος, ὄλωλε δὲ πίονα ἔργα,

Kept silence save Anticlus, who alone
Began to speak, when, with his powerful hands, 370
Ulysses pressed together instantly
The opening lips, and saved us all, and thus
Held them till Pallas lured thee from the spot."
    Then spake discreet Telemachus again:—
"Atrides Menelaus, reared by Jove, 375
Ruler of tribes! the harder was his lot,
Since even thus he could not shun the stroke
Of death, not though a heart of steel were his.
But now dismiss us to our beds, that there,
Couched softly, we may welcome balmy sleep." 380
    He spake, and Argive Helen called her maids
To make up couches in the portico,
And throw fair purple blankets over them,
And tapestry above, and cover all
With shaggy cloaks. Forth from the palace halls 385
They went with torches, and made ready soon
The couches; thither heralds led the guests.
There in the vestibule Telemachus,
The hero, and with him the eminent son
Of Nestor, took their rest. Meanwhile the son 390
Of Atreus lay within an inner room
Of that magnificent pile, and near to him
The glorious lady, long-robed Helen, slept.
But when at length the daughter of the Dawn,
The rosy-fingered Morning, brought her light, 395
Then Menelaus, great in battle, rose,
Put on his garments, took his trenchant sword,
And, having hung it on his shoulder, laced
The shapely sandals to his shining feet,
And issued from his chamber like a god 400
In aspect. Near Telemachus he took
His seat, and calling him by name he spake:—
    "What urgent cause, my brave Telemachus,
Brings thee to sacred Lacedæmon o'er
The breast of the great ocean? Frankly say, 405
Is it a private or a public need?"
    And thus discreet Telemachus replied:—
"Atrides Menelaus, reared by Jove,
Ruler of nations! I am come to ask
News of my father, if thou knowest aught. 410
My heritage is wasting; my rich fields

δυσμενέων δ' ἀνδρῶν πλεῖος δόμος, οἵ τέ μοι αἰεὶ
μῆλ' ἀδινὰ σφάζουσι καὶ εἰλίποδας ἕλικας βοῦς, 320
μητρὸς ἐμῆς μνηστῆρες ὑπέρβιον ὕβριν ἔχοντες.
τοὔνεκα νῦν τὰ σὰ γούναθ' ἱκάνομαι, αἴ κ' ἐθέλῃσθα
κείνου λυγρὸν ὄλεθρον ἐνισπεῖν, εἴ που ὄπωπας
ὀφθαλμοῖσι τεοῖσιν ἢ ἄλλου μῦθον ἀκούσας
πλαζομένου· περὶ γάρ μιν ὀϊζυρὸν τέκε μήτηρ. 325
μηδέ τί μ' αἰδόμενος μειλίσσεο μηδ' ἐλεαίρων,
ἀλλ' εὖ μοι κατάλεξον ὅπως ἤντησας ὀπωπῆς.
λίσσομαι, εἴ ποτέ τοί τι πατὴρ ἐμός, ἐσθλὸς Ὀδυσσεὺς
ἢ ἔπος ἠέ τι ἔργον ὑποστὰς ἐξετέλεσσε
δήμῳ ἔνι Τρώων, ὅθι πάσχετε πήματ' Ἀχαιοί, 330
τῶν νῦν μοι μνῆσαι, καί μοι νημερτὲς ἐνίσπες.'
  τὸν δὲ μέγ' ὀχθήσας προσέθη ξανθὸς Μενέλαος·
'ὢ πόποι, ἦ μάλα δὴ κρατερόφρονος ἀνδρὸς ἐν εὐνῇ
ἤθελον εὐνηθῆναι ἀνάλκιδες αὐτοὶ ἐόντες.
ὡς δ' ὁπότ' ἐν ξυλόχῳ ἔλαφος κρατεροῖο λέοντος 335
νεβροὺς κοιμήσασα νεηγενέας γαλαθηνοὺς
κνημοὺς ἐξερέῃσι καὶ ἄγκεα ποιήεντα
βοσκομένη, ὁ δ' ἔπειτα ἑὴν εἰσήλυθεν εὐνήν,
ἀμφοτέροισι δὲ τοῖσιν ἀεικέα πότμον ἐφῆκεν,
ὣς Ὀδυσεὺς κείνοισιν ἀεικέα πότμον ἐφήσει. 340
αἲ γάρ, Ζεῦ τε πάτερ καὶ Ἀθηναίη καὶ Ἄπολλον,
τοῖος ἐών, οἷός ποτ' ἐϋκτιμένῃ ἐνὶ Λέσβῳ
ἐξ ἔριδος Φιλομηλεΐδῃ ἐπάλαισεν ἀναστάς,
κὰδ δ' ἔβαλε κρατερῶς, κεχάροντο δὲ πάντες Ἀχαιοί,
τοῖος ἐὼν μνηστῆρσιν ὁμιλήσειεν Ὀδυσσεύς· 345
πάντες κ' ὠκύμοροί τε γενοίατο πικρόγαμοί τε.
ταῦτα δ' ἅ μ' εἰρωτᾷς καὶ λίσσεαι, οὐκ ἂν ἐγώ γε
ἄλλα παρὲξ εἴποιμι παρακλιδόν, οὐδ' ἀπατήσω,

Are made a desolation. Enemies
Swarm in my palace, and from day to day
Slaughter my flocks and slow-paced horned herds;
My mother's suitors they, and measureless 415
Their insolence. And therefore am I come
To clasp thy knees, and pray thee to relate
The manner of my father's sorrowful death
As thou hast seen it with thine eyes, or heard
Its story from some wandering man,—for sure 420
His mother brought him forth to wretchedness
Beyond the common lot. I ask thee not
To soften aught in the sad history
Through tenderness to me, or kind regard,
But tell me plainly all that thou dost know; 425
And I beseech thee, if at any time
My father, good Ulysses, brought to pass
Aught that he undertook for thee in word
Or act while ye were in the realm of Troy,
Where the Greeks suffered sorely, bear it now 430
In mind, and let me have the naked truth."
   Then Menelaus of the amber locks
Drew a deep sigh, and thus in answer said:—
"Heavens! they would climb into a brave man's bed,
These craven weaklings. But as when a hart 435
Has hid her new-born suckling fawns within
The lair of some fierce lion, and gone forth
Herself to range the mountain-sides and feed
Among the grassy lawns, the lion comes
Back to the place and brings them sudden death, 440
So will Ulysses bring a bloody fate
Upon the suitor crew. O father Jove,
And Pallas, and Apollo! I could wish
That now, with prowess such as once was his
When he, of yore, in Lesbos nobly built, 445
Rising to strive with Philomela's son,
In wrestling threw him heavily, and all
The Greeks rejoiced, Ulysses might engage
The suitors. Short were then their term of life,
And bitter would the nuptial banquet be. 450
Now for the questions thou hast put, and craved
From me a true reply, I will not seek
To pass them by with talk of other things,
Nor yet deceive thee, but of all that once

ἀλλὰ τὰ μέν μοι ἔειπε γέρων ἅλιος νημερτής,
τῶν οὐδέν τοι ἐγὼ κρύψω ἔπος οὐδ' ἐπικεύσω. 350
  Αἰγύπτῳ μ' ἔτι δεῦρο θεοὶ μεμαῶτα νέεσθαι
ἔσχον, ἐπεὶ οὔ σφιν ἔρεξα τεληέσσας ἑκατόμβας.
οἱ δ' αἰεὶ βούλοντο θεοὶ μεμνῆσθαι ἐφετμέων.
νῆσος ἔπειτά τις ἔστι πολυκλύστῳ ἐνὶ πόντῳ
Αἰγύπτου προπάροιθε, Φάρον δέ ἑ κικλήσκουσι, 355
τόσσον ἄνευθ' ὅσσον τε πανημερίη γλαφυρὴ νηῦς
ἤνυσεν, ᾗ λιγὺς οὖρος ἐπιπνείῃσιν ὄπισθεν·
ἐν δὲ λιμὴν εὔορμος, ὅθεν τ' ἀπὸ νῆας ἐίσας
ἐς πόντον βάλλουσιν, ἀφυσσάμενοι μέλαν ὕδωρ.
ἔνθα μ' ἐείκοσιν ἤματ' ἔχον θεοί, οὐδέ ποτ' οὖροι 360
πνείοντες φαίνονθ' ἁλιαέες, οἵ ῥά τε νηῶν
πομπῆες γίγνονται ἐπ' εὐρέα νῶτα θαλάσσης.
καί νύ κεν ἤϊα πάντα κατέφθιτο καὶ μένε' ἀνδρῶν,
εἰ μή τίς με θεῶν ὀλοφύρατο καί μ' ἐσάωσε,
Πρωτέος ἰφθίμου θυγάτηρ ἁλίοιο γέροντος, 365
Εἰδοθέη· τῇ γάρ ῥα μάλιστά γε θυμὸν ὄρινα.
ἥ μ' οἴῳ ἔρροντι συνήντετο νόσφιν ἑταίρων·
αἰεὶ γὰρ περὶ νῆσον ἀλώμενοι ἰχθυάασκον
γναμπτοῖς ἀγκίστροισιν, ἔτειρε δὲ γαστέρα λιμός.
ἡ δέ μευ ἄγχι στᾶσα ἔπος φάτο φώνησέν τε· 370
  'νήπιός εἰς, ὦ ξεῖνε, λίην τόσον ἠδὲ χαλίφρων,
ἦε ἑκὼν μεθίεις καὶ τέρπεαι ἄλγεα πάσχων;
ὡς δὴ δήθ' ἐνὶ νήσῳ ἐρύκεαι, οὐδέ τι τέκμωρ
εὑρέμεναι δύνασαι, μινύθει δέ τοι ἦτορ ἑταίρων.'
  ὣς ἔφατ', αὐτὰρ ἐγὼ μιν ἀμειβόμενος προσέειπον· 375
'ἐκ μέν τοι ἐρέω, ἥ τις σύ πέρ ἐσσι θεάων,
ὡς ἐγὼ οὔ τι ἑκὼν κατερύκομαι, ἀλλά νυ μέλλω
ἀθανάτους ἀλιτέσθαι, οἳ οὐρανὸν εὐρὺν ἔχουσιν.
ἀλλὰ σύ πέρ μοι εἰπέ, θεοὶ δέ τε πάντα ἴσασιν,
ὅς τίς μ' ἀθανάτων πεδάᾳ καὶ ἔδησε κελεύθου, 380
νόστον θ', ὡς ἐπὶ πόντον ἐλεύσομαι ἰχθυόεντα.'
  ὣς ἐφάμην, ἡ δ' αὐτίκ' ἀμείβετο δῖα θεάων·

Was told me by the Ancient of the Deep, 455
Whose words are truth, I shall keep nothing back.
   "In Egypt still, though longing to come home,
The gods detained me; for I had not paid
The sacrifice of chosen hecatombs,
And ever do the gods require of us 460
Remembrance of their laws. There is an isle
Within the billowy sea before you reach
The coast of Egypt,—Pharos is its name,—
At such a distance as a ship could pass
In one whole day with a shrill breeze astern. 465
A sheltered haven lies within that isle,
Whence the good ships go forth with fresh supplies
Of water. There the gods constrained my stay
For twenty days, and never in that time
Blew favoring winds across the waters, such 470
As bear the galley over the great deep.
Now would our stores of food have been consumed,
Now would the courage of my men have died,
Had not a goddess pitied me, and come
To my relief, by name Idothea, born 475
To the great Proteus, Ancient of the Deep.
For she was moved by my distress, and came
To me while I was wandering alone,
Apart from all the rest. They through the isle
Roamed everywhere from place to place, and, pinched 480
With hunger, threw the hook for fish. She came,
And, standing near, accosted me and said:—
   "'Stranger, thou art an idiot, or at least
Of careless mood, or else art willingly
Neglectful, and art pleased with suffering, 485
That thou dost linger in this isle so long
And find no means to leave it, while the hearts
Of thy companions faint with the delay.'
   "She spake, and I replied: 'Whoe'er thou art,
O goddess, let me say, not willingly 490
I linger here. I surely must have sinned
Against the immortal dwellers of high heaven;
But tell me—for the gods know all things—who
Of all the immortals holds me windbound here,
Hindering my voyage; tell me also how 495
To reach my home across the fishy deep.'
   "I ended, and the glorious goddess said

'τοιγὰρ ἐγώ τοι, ξεῖνε, μάλ' ἀτρεκέως ἀγορεύσω.
πωλεῖταί τις δεῦρο γέρων ἅλιος νημερτὴς
ἀθάνατος Πρωτεὺς Αἰγύπτιος, ὅς τε θαλάσσης 385
πάσης βένθεα οἶδε, Ποσειδάωνος ὑποδμώς·
τὸν δέ τ' ἐμόν φασιν πατέρ' ἔμμεναι ἠδὲ τεκέσθαι.
τόν γ' εἴ πως σὺ δύναιο λοχησάμενος λελαβέσθαι,
ὅς κέν τοι εἴπῃσιν ὁδὸν καὶ μέτρα κελεύθου
νόστον θ', ὡς ἐπὶ πόντον ἐλεύσεαι ἰχθυόεντα. 390
καὶ δέ κέ τοι εἴπῃσι, διοτρεφές, αἴ κ' ἐθέλῃσθα,
ὅττι τοι ἐν μεγάροισι κακόν τ' ἀγαθόν τε τέτυκται
οἰχομένοιο σέθεν δολιχὴν ὁδὸν ἀργαλέην τε.'
    ὣς ἔφατ', αὐτὰρ ἐγώ μιν ἀμειβόμενος προσέειπον·
'αὐτὴ νῦν φράζευ σὺ λόχον θείοιο γέροντος, 395
μή πώς με προϊδὼν ἠὲ προδαεὶς ἀλέηται·
ἀργαλέος γάρ τ' ἐστὶ θεὸς βροτῷ ἀνδρὶ δαμῆναι.'
    ὣς ἐφάμην, ἡ δ' αὐτίκ' ἀμείβετο δῖα θεάων·
'τοιγὰρ ἐγώ τοι, ξεῖνε, μάλ' ἀτρεκέως ἀγορεύσω.
ἦμος δ' ἠέλιος μέσον οὐρανὸν ἀμφιβεβήκῃ, 400
τῆμος ἄρ' ἐξ ἁλὸς εἶσι γέρων ἅλιος νημερτὴς
πνοιῇ ὕπο Ζεφύροιο μελαίνῃ φρικὶ καλυφθείς,
ἐκ δ' ἐλθὼν κοιμᾶται ὑπὸ σπέσσι γλαφυροῖσιν·
ἀμφὶ δέ μιν φῶκαι νέποδες καλῆς ἁλοσύδνης
ἀθρόαι εὕδουσιν, πολιῆς ἁλὸς ἐξαναδῦσαι, 405
πικρὸν ἀποπνείουσαι ἁλὸς πολυβενθέος ὀδμήν.
ἔνθα σ' ἐγὼν ἀγαγοῦσα ἅμ' ἠοῖ φαινομένηφιν
εὐνάσω ἑξείης· σὺ δ' ἐὺ κρίνασθαι ἑταίρους
τρεῖς, οἵ τοι παρὰ νηυσὶν ἐϋσσέλμοισιν ἄριστοι.
πάντα δέ τοι ἐρέω ὀλοφώϊα τοῖο γέροντος. 410
φώκας μέν τοι πρῶτον ἀριθμήσει καὶ ἔπεισιν·
αὐτὰρ ἐπὴν πάσας πεμπάσσεται ἠδὲ ἴδηται,
λέξεται ἐν μέσσῃσι νομεὺς ὣς πώεσι μήλων.
τὸν μὲν ἐπὴν δὴ πρῶτα κατευνηθέντα ἴδησθε,
καὶ τότ' ἔπειθ' ὑμῖν μελέτω κάρτος τε βίη τε, 415
αὖθι δ' ἔχειν μεμαῶτα καὶ ἐσσύμενόν περ ἀλύξαι.
πάντα δὲ γιγνόμενος πειρήσεται, ὅσσ' ἐπὶ γαῖαν
ἑρπετὰ γίγνονται, καὶ ὕδωρ καὶ θεσπιδαὲς πῦρ·

In answer: 'Stranger, I will truly speak;
The deathless Ancient of the Deep, whose words
Are ever true, Egyptian Proteus, oft   500
Here makes his haunt. To him are fully known—
For he is Neptune's subject—all the depths
Of the great ocean. It is said I owe
To him my birth. If him thou canst insnare
And seize, he will disclose to thee thy way   505
And all its distances, and tell thee how
To reach thy home across the fishy deep;
And further will reveal, if so he choose,
O foster-child of Jove, whate'er of good
Or ill has in thy palace come to pass,   510
While thou wert wandering long and wearily.'
   "So said the goddess, and I spake again:—
'Explain by what device to snare and hold
The aged deity, lest he foreknow
Or else suspect our purpose and escape.   515
'Twere hard for mortals to constrain a god.'
   "I ended, and the glorious goddess thus
Made answer: 'When the climbing sun has reached
The middle heaven, the Ancient of the Deep,
Who ne'er deceives, emerges from the waves,   520
And, covered with the dark scum of the sea,
Walks forth, and in a cavern vault lies down.
Thither fair Halosydna's progeny,
The sea-calves from the hoary ocean, throng,
Rank with the bitter odor of the brine,   525
And slumber near him. With the break of day
I will conduct thee thither and appoint
Thy place, but thou shalt choose to go with thee
Three of the bravest men in thy good ships.
And let me now relate the stratagems   530
Of the old prophet. He at first will count
The sea-calves, going o'er them all by fives;
And when he has beheld and numbered all,
Amidst them all will he lie down, as lies
A shepherd midst his flock. And then, as soon   535
As ye behold him stretched at length, exert
Your utmost strength to hold him there, although
He strive and struggle to escape your hands;
For he will try all stratagems, and take
The form of every reptile on the earth,   540

ὑμεῖς δ' ἀστεμφέως ἐχέμεν μᾶλλόν τε πιέζειν.
ἀλλ' ὅτε κεν δή σ' αὐτὸς ἀνείρηται ἐπέεσσι, 420
τοῖος ἐὼν οἷόν κε κατευνηθέντα ἴδησθε,
καὶ τότε δὴ σχέσθαι τε βίης λῦσαί τε γέροντα,
ἥρως, εἴρεσθαι δέ, θεῶν ὅς τίς σε χαλέπτει,
νόστον θ', ὡς ἐπὶ πόντον ἐλεύσεαι ἰχθυόεντα.
' ὣς εἰποῦσ' ὑπὸ πόντον ἐδύσετο κυμαίνοντα. 425
αὐτὰρ ἐγὼν ἐπὶ νῆας, ὅθ' ἕστασαν ἐν ψαμάθοισιν,
ἤια: πολλὰ δέ μοι κραδίη πόρφυρε κιόντι.
αὐτὰρ ἐπεί ῥ' ἐπὶ νῆα κατήλυθον ἠδὲ θάλασσαν,
δόρπον θ' ὁπλισάμεσθ', ἐπί τ' ἤλυθεν ἀμβροσίη νύξ:
δὴ τότε κοιμήθημεν ἐπὶ ῥηγμῖνι θαλάσσης. 430
ἦμος δ' ἠριγένεια φάνη ῥοδοδάκτυλος Ἠώς,
καὶ τότε δὴ παρὰ θῖνα θαλάσσης εὐρυπόροιο
ἤια πολλὰ θεοὺς γουνούμενος: αὐτὰρ ἑταίρους
τρεῖς ἄγον, οἷσι μάλιστα πεποίθεα πᾶσαν ἐπ' ἰθύν.

τόφρα δ' ἄρ' ἥ γ' ὑποδῦσα θαλάσσης εὐρέα κόλπον 435
τέσσαρα φωκάων ἐκ πόντου δέρματ' ἔνεικε:
πάντα δ' ἔσαν νεόδαρτα: δόλον δ' ἐπεμήδετο πατρί.
εὐνὰς δ' ἐν ψαμάθοισι διαγλάψασ' ἁλίῃσιν
ἧστο μένουσ': ἡμεῖς δὲ μάλα σχεδὸν ἤλθομεν αὐτῆς:
ἑξείης δ' εὔνησε, βάλεν δ' ἐπὶ δέρμα ἑκάστῳ. 440
ἔνθα κεν αἰνότατος λόχος ἔπλετο: τεῖρε γὰρ αἰνῶς
φωκάων ἁλιοτρεφέων ὀλοώτατος ὀδμή:
τίς γάρ κ' εἰναλίῳ παρὰ κήτεϊ κοιμηθείη;
ἀλλ' αὐτὴ ἐσάωσε καὶ ἐφράσατο μέγ' ὄνειαρ:
ἀμβροσίην ὑπὸ ῥῖνα ἑκάστῳ θῆκε φέρουσα 445
ἡδὺ μάλα πνείουσαν, ὄλεσσε δὲ κήτεος ὀδμήν.
πᾶσαν δ' ἠοίην μένομεν τετληότι θυμῷ:
φῶκαι δ' ἐξ ἁλὸς ἦλθον ἀολλέες. αἱ μὲν ἔπειτα
ἑξῆς εὐνάζοντο παρὰ ῥηγμῖνι θαλάσσης:
ἔνδιος δ' ὁ γέρων ἦλθ' ἐξ ἁλός, εὗρε δὲ φώκας 450
ζατρεφέας, πάσας δ' ἄρ' ἐπῴχετο, λέκτο δ' ἀριθμόν:
ἐν δ' ἡμέας πρώτους λέγε κήτεσιν, οὐδέ τι θυμῷ
ὠΐσθη δόλον εἶναι: ἔπειτα δὲ λέκτο καὶ αὐτός.

And turn to water and to raging flame,—
Yet hold him firmly still, and all the more
Make fast the bands. When he again shall take
The form in which thou sawest him asleep,
Desist from force, and loose the bands that held 545
The ancient prophet. Ask of him what god
Afflicts thee thus, and by what means to cross
The fishy deep and find thy home again.'
   "Thus having said, the goddess straightway sprang
Into the billowy ocean, while I sought 550
The galleys, where they rested on the sand,
With an uneasy spirit. When I reached
The ship and shore we made our evening meal.
The hallowed night came down; we lay and slept
Upon the sea-beach. When the Morning came, 555
The rosy-fingered daughter of the Dawn,
Forth on the border of the mighty main
I went, and prayed the immortals fervently.
I led three comrades, whom I trusted most
In all adventures. Entering the depths 560
Of the great sea, the goddess brought us thence
Four skins of sea-calves newly flayed, that thus
We might deceive her father. Then she scooped
Beds for us in the sea-sand, and sat down
To wait his coming. We were near to her, 565
And there she laid us duly down, and threw
A skin o'er each. Now did our ambush seem
Beyond endurance, for the noisome smell
Of those sea-nourished creatures sickened us;
And who could bear to sleep beside a whale? 570
But she bethought her of an antidote,
A sovereign one, and so relieved us all.
To each she brought ambrosia, placing it
Beneath his nostrils, and the sweets it breathed
O'ercame the animal odor. All the morn 575
We waited patiently. The sea-calves came
From ocean in a throng, and laid themselves
In rows along the margin of the sea.
At noon emerged the aged seer, and found
His well-fed sea-calves. Going o'er them all 580
He counted them, ourselves among the rest,
With no misgiving of the fraud, and then
He laid him down to rest. We rushed with shouts

ἡμεῖς δὲ ἰάχοντες ἐπεσσύμεθ', ἀμφὶ δὲ χεῖρας
βάλλομεν· οὐδ' ὁ γέρων δολίης ἐπελήθετο τέχνης, 455
ἀλλ' ἦ τοι πρώτιστα λέων γένετ' ἠυγένειος,
αὐτὰρ ἔπειτα δράκων καὶ πάρδαλις ἠδὲ μέγας σῦς·
γίγνετο δ' ὑγρὸν ὕδωρ καὶ δένδρεον ὑψιπέτηλον·
ἡμεῖς δ' ἀστεμφέως ἔχομεν τετληότι θυμῷ.
ἀλλ' ὅτε δή ῥ' ἀνίαζ' ὁ γέρων ὀλοφώια εἰδώς, 460
καὶ τότε δή μ' ἐπέεσσιν ἀνειρόμενος προσέειπε·
  'τίς νύ τοι, Ἀτρέος υἱέ, θεῶν συμφράσσατο βουλάς,
ὄφρα μ' ἕλοις ἀέκοντα λοχησάμενος; τέο σε χρή;'
  ὣς ἔφατ', αὐτὰρ ἐγώ μιν ἀμειβόμενος προσέειπον·
'οἶσθα, γέρον, τί με ταῦτα παρατροπέων ἐρεείνεις; 465
ὡς δὴ δήθ' ἐνὶ νήσῳ ἐρύκομαι, οὐδέ τι τέκμωρ
εὑρέμεναι δύναμαι, μινύθει δέ μοι ἔνδοθεν ἦτορ.
ἀλλὰ σύ πέρ μοι εἰπέ, θεοὶ δέ τε πάντα ἴσασιν,
ὅς τίς μ' ἀθανάτων πεδάᾳ καὶ ἔδησε κελεύθου,
νόστον θ', ὡς ἐπὶ πόντον ἐλεύσομαι ἰχθυόεντα.' 470
  ὣς ἐφάμην, ὁ δέ μ' αὐτίκ' ἀμειβόμενος προσέειπεν·
'ἀλλὰ μάλ' ὤφελλες Διί τ' ἄλλοισίν τε θεοῖσι
ῥέξας ἱερὰ κάλ' ἀναβαινέμεν, ὄφρα τάχιστα
σὴν ἐς πατρίδ' ἵκοιο πλέων ἐπὶ οἴνοπα πόντον.
οὐ γάρ τοι πρὶν μοῖρα φίλους τ' ἰδέειν καὶ ἱκέσθαι 475
οἶκον ἐυκτίμενον καὶ σὴν ἐς πατρίδα γαῖαν,
πρίν γ' ὅτ' ἂν Αἰγύπτοιο, διιπετέος ποταμοῖο,
αὖτις ὕδωρ ἔλθῃς ῥέξῃς θ' ἱερὰς ἑκατόμβας
ἀθανάτοισι θεοῖσι, τοὶ οὐρανὸν εὐρὺν ἔχουσι·
καὶ τότε τοι δώσουσιν ὁδὸν θεοί, ἣν σὺ μενοινᾷς.' 480
  ὣς ἔφατ', αὐτὰρ ἐμοί γε κατεκλάσθη φίλον ἦτορ,
οὕνεκά μ' αὖτις ἄνωγεν ἐπ' ἠεροειδέα πόντον
Αἴγυπτόνδ' ἰέναι, δολιχὴν ὁδὸν ἀργαλέην τε.
ἀλλὰ καὶ ὣς μύθοισιν ἀμειβόμενος προσέειπον·
  'ταῦτα μὲν οὕτω δὴ τελέω, γέρον, ὡς σὺ κελεύεις. 485
ἀλλ' ἄγε μοι τόδε εἰπὲ καὶ ἀτρεκέως κατάλεξον,
ἢ πάντες σὺν νηυσὶν ἀπήμονες ἦλθον Ἀχαιοί,
οὓς Νέστωρ καὶ ἐγὼ λίπομεν Τροίηθεν ἰόντες,

Upon him suddenly, and in our arms
Caught him; nor did the aged seer forget   585
His stratagems; and first he took the shape
Of a maned lion, of a serpent next,
Then of a panther, then of a huge boar,
Then turned to flowing water, then became
A tall tree full of leaves. With resolute hearts   590
We held him fast, until the aged seer
Was wearied out, in spite of all his wiles.
And questioned me in speech at last and said:—
    "'O son of Atreus! who of all the gods
Hath taught thee how to take me in this snare,   595
Unwilling as I am? What wouldst thou have?'
    "He spake; I answered: 'Aged prophet, well
Thou knowest. Why deceitfully inquire?
It is that I am held a prisoner long
Within this isle, and vainly seek the means   600
Of my escape, and grief consumes my heart.
Now—since the gods know all things—tell me this,
What deity it is, that, hindering thus
My voyage, keeps me here, and tell me how
To cross the fishy deep and reach my home.'   605
    "Such were my words, and he in answer said:—
'But thou to Jove and to the other gods
Shouldst first have paid acceptable sacrifice,
And shouldst have then embarked to reach with speed
Thy native land across the dark-blue deep.   610
Now it is not thy fate to see again
Thy friends, thy stately palace, and the land
That saw thy birth, until thou stand once more
Beside the river that through Egypt flows
From Jove, and offer sacred hecatombs   615
To the ever-living gods inhabiting
The boundless heaven, and they will speed thee forth
Upon the voyage thou dost long to make.'
    "He spake. My heart was broken as I heard
His bidding to recross the shadowy sea   620
To Egypt, for the way was difficult
And long; and yet I answered him and said:—
    "'Duly will I perform, O aged seer,
What thou commandest. But I pray thee tell,
And truly, whether all the sons of Greece   625
Whom Nestor and myself, in setting sail,

ἠέ τις ὤλετ' ὀλέθρῳ ἀδευκέι ἧς ἐπὶ νηὸς
ἠὲ φίλων ἐν χερσίν, ἐπεὶ πόλεμον τολύπευσεν.' 490
 ὣς ἐφάμην, ὁ δέ μ' αὐτίκ' ἀμειβόμενος προσέειπεν:
Ἀτρεΐδη, τί με ταῦτα διείρεαι; οὐδέ τί σε χρὴ
ἴδμεναι, οὐδὲ δαῆναι ἐμὸν νόον: οὐδέ σέ φημι
δὴν ἄκλαυτον ἔσεσθαι, ἐπὴν ἐὺ πάντα πύθηαι.
πολλοὶ μὲν γὰρ τῶν γε δάμεν, πολλοὶ δὲ λίποντο: 495
ἀρχοὶ δ' αὖ δύο μοῦνοι Ἀχαιῶν χαλκοχιτώνων
ἐν νόστῳ ἀπόλοντο: μάχῃ δέ τε καὶ σὺ παρῆσθα.
εἷς δ' ἔτι που ζωὸς κατερύκεται εὐρέι πόντῳ.
 Αἴας μὲν μετὰ νηυσὶ δάμη δολιχηρέτμοισι.
Γυρῇσίν μιν πρῶτα Ποσειδάων ἐπέλασσεν 500
πέτρῃσιν μεγάλῃσι καὶ ἐξεσάωσε θαλάσσης:
καί νύ κεν ἔκφυγε κῆρα καὶ ἐχθόμενός περ Ἀθήνῃ,
εἰ μὴ ὑπερφίαλον ἔπος ἔκβαλε καὶ μέγ' ἀάσθη:
φῆ ῥ' ἀέκητι θεῶν φυγέειν μέγα λαῖτμα θαλάσσης.
τοῦ δὲ Ποσειδάων μεγάλ' ἔκλυεν αὐδήσαντος: 505
αὐτίκ' ἔπειτα τρίαιναν ἑλὼν χερσὶ στιβαρῇσιν
ἤλασε Γυραίην πέτρην, ἀπὸ δ' ἔσχισεν αὐτήν:
καὶ τὸ μὲν αὐτόθι μεῖνε, τὸ δὲ τρύφος ἔμπεσε πόντῳ,
τῷ ῥ' Αἴας τὸ πρῶτον ἐφεζόμενος μέγ' ἀάσθη:
τὸν δ' ἐφόρει κατὰ πόντον ἀπείρονα κυμαίνοντα. 510
ὣς ὁ μὲν ἔνθ' ἀπόλωλεν, ἐπεὶ πίεν ἁλμυρὸν ὕδωρ.
 σὸς δέ που ἔκφυγε κῆρας ἀδελφεὸς ἠδ' ὑπάλυξεν
ἐν νηυσὶ γλαφυρῇσι: σάωσε δὲ πότνια Ἥρη.
ἀλλ' ὅτε δὴ τάχ' ἔμελλε Μαλειάων ὄρος αἰπὺ
ἵξεσθαι, τότε δή μιν ἀναρπάξασα θύελλα 515
πόντον ἐπ' ἰχθυόεντα φέρεν βαρέα στενάχοντα,
ἀγροῦ ἐπ' ἐσχατιήν, ὅθι δώματα ναῖε Θυέστης
τὸ πρίν, ἀτὰρ τότ' ἔναιε Θυεστιάδης Αἴγισθος.
ἀλλ' ὅτε δὴ καὶ κεῖθεν ἐφαίνετο νόστος ἀπήμων,
ἂψ δὲ θεοὶ οὖρον στρέψαν, καὶ οἴκαδ' ἵκοντο, 520
ἦ τοι ὁ μὲν χαίρων ἐπεβήσετο πατρίδος αἴης
καὶ κύνει ἁπτόμενος ἣν πατρίδα: πολλὰ δ' ἀπ' αὐτοῦ
δάκρυα θερμὰ χέοντ', ἐπεὶ ἀσπασίως ἴδε γαῖαν.
τὸν δ' ἄρ' ἀπὸ σκοπιῆς εἶδε σκοπός, ὅν ῥα καθεῖσεν

Left on the Trojan coast, have since returned
Safe with their galleys, or have any died
Untimely in their ships or in the arms
Of their companions since the war was closed?' 630
    "I spake; again he answered me and said:—
'Why dost thou ask, Atrides, since to know
Thou needest not, nor is it well to explore
The secrets of my mind? Thou canst not, sure,
Refrain from tears when thou shalt know the whole. 635
Many are dead, and many left in Troy.
Two leaders only of the well-armed Greeks
Were slain returning; in that combat thou
Didst bear a part; one, living yet, is kept,
Far in the mighty main, from his return. 640
    "'Amid his well-oared galleys Ajax died.
For Neptune first had driven him on the rocks
Of Gyræ, yet had saved him from the sea;
And he, though Pallas hated him, had yet
Been rescued, but for uttering boastful words, 645
Which drew his fate upon him. He had said
That he, in spite of all the gods, would come
Safe from those mountain waves. When Neptune heard
The boaster's challenge, instantly he laid
His strong hand on the trident, smote the rock 650
And cleft it to the base. Part stood erect,
Part fell into the deep. There Ajax sat,
And felt the shock, and with the falling mass
Was carried headlong to the billowy depths
Below, and drank the brine and perished there. 655
Thy brother in his roomy ships escaped
The danger, for imperial Juno's aid
Preserved him. But when near Meleia's heights
About to land, a tempest seized and swept
The hero thence across the fishy deep, 660
Lamenting his hard lot, to that far cape
Where once abode Thyestes, and where now
His son Ægisthus dwelt. But when the gods
Sent other winds, and safe at last appeared
The voyage, they returned, and reached their home. 665
With joy he stepped upon his native soil,
And kissed the earth that bore him, while his tears
At that most welcome sight flowed fast and warm.
Him from a lofty perch a spy beheld,

Αἴγισθος δολόμητις ἄγων, ὑπὸ δ' ἔσχετο μισθὸν 525
χρυσοῦ δοιὰ τάλαντα: φύλασσε δ' ὅ γ' εἰς ἐνιαυτόν,
μή ἑ λάθοι παριών, μνήσαιτο δὲ θούριδος ἀλκῆς.
βῆ δ' ἴμεν ἀγγελέων πρὸς δώματα ποιμένι λαῶν.
αὐτίκα δ' Αἴγισθος δολίην ἐφράσσατο τέχνην:
κρινάμενος κατὰ δῆμον ἐείκοσι φῶτας ἀρίστους 530
εἷσε λόχον, ἑτέρωθι δ' ἀνώγει δαῖτα πένεσθαι.
αὐτὰρ ὁ βῆ καλέων Ἀγαμέμνονα, ποιμένα λαῶν
ἵπποισιν καὶ ὄχεσφιν, ἀεικέα μερμηρίζων.
τὸν δ' οὐκ εἰδότ' ὄλεθρον ἀνήγαγε καὶ κατέπεφνεν
δειπνίσσας, ὥς τίς τε κατέκτανε βοῦν ἐπὶ φάτνῃ. 535
οὐδέ τις Ἀτρεΐδεω ἑτάρων λίπεθ' οἵ οἱ ἕποντο,
οὐδέ τις Αἰγίσθου, ἀλλ' ἔκταθεν ἐν μεγάροισιν.'
  ὣς ἔφατ', αὐτὰρ ἐμοί γε κατεκλάσθη φίλον ἦτορ,
κλαῖον δ' ἐν ψαμάθοισι καθήμενος, οὐδέ νύ μοι κῆρ
ἤθελ' ἔτι ζώειν καὶ ὁρᾶν φάος ἠελίοιο. 540
αὐτὰρ ἐπεὶ κλαίων τε κυλινδόμενός τε κορέσθην,
δὴ τότε με προσέειπε γέρων ἅλιος νημερτής:
  'μηκέτι, Ἀτρέος υἱέ, πολὺν χρόνον ἀσκελὲς οὕτω
κλαῖ', ἐπεὶ οὐκ ἄνυσίν τινα δήομεν: ἀλλὰ τάχιστα
πείρα ὅπως κεν δὴ σὴν πατρίδα γαῖαν ἵκηαι. 545
ἢ γάρ μιν ζωόν γε κιχήσεαι, ἤ κεν Ὀρέστης
κτεῖνεν ὑποφθάμενος, σὺ δέ κεν τάφου ἀντιβολήσαις.'
  ὣς ἔφατ', αὐτὰρ ἐμοὶ κραδίη καὶ θυμὸς ἀγήνωρ
αὖτις ἐνὶ στήθεσσι καὶ ἀχνυμένῳ περ ἰάνθη,
καί μιν φωνήσας ἔπεα πτερόεντα προσηύδων: 550
  'τούτους μὲν δὴ οἶδα: σὺ δὲ τρίτον ἄνδρ' ὀνόμαζε,
ὅς τις ἔτι ζωὸς κατερύκεται εὐρέϊ πόντῳ
ἠὲ θανών: ἐθέλω δὲ καὶ ἀχνύμενός περ ἀκοῦσαι.'
  ὣς ἐφάμην, ὁ δέ μ' αὐτίκ' ἀμειβόμενος προσέειπεν:
"υἱὸς Λαέρτεω, Ἰθάκῃ ἔνι οἰκία ναίων: 555
τὸν δ' ἴδον ἐν νήσῳ θαλερὸν κατὰ δάκρυ χέοντα,
νύμφης ἐν μεγάροισι Καλυψοῦς, ἥ μιν ἀνάγκῃ

Whom treacherous Ægisthus planted there,   670
Bribed by two golden talents. He had watched
The whole year through, lest, coming unobserved,
The king might make his prowess felt. The spy
Flew to the royal palace with the news,
And instantly Ægisthus planned a snare.   675
He chose among the people twenty men,
The bravest, whom he stationed out of sight,
And gave command that others should prepare
A banquet. Then with chariots and with steeds,
And with a deadly purpose in his heart,   680
He went, and, meeting Agamemnon, bade
The shepherd of the people to the feast,
And slew him at the board as men might slay
A bullock at the crib. Of all who went
With Agamemnon thither, none survived,   685
And of the followers of Ægisthus none,
But all were slaughtered in the banquet-hall.'

  "He spake; my heart was breaking, and I wept,
While sitting on the sand, nor in my heart
Cared I to live, or longer to behold   690
The sweet light of the sun. But when there came
Respite from tears and writhing on the ground,
The Ancient of the Deep, who ne'er deceives,
Spake yet again: 'Atrides, lose no time
In tears; they profit nothing. Rather seek   695
The means by which thou mayst the soonest reach
Thy native land. There thou perchance mayst find
Ægisthus yet alive, or haply first
Orestes may have slain him, and thyself
Arrive to see the funeral rites performed.'   700

  "He spake, and though afflicted still, my heart
Was somewhat comforted; my spirit rose,
And thus I answered him with winged words:—

  "'These men I know; name now the third, who still
Is kept from his return afar within   705
The mighty main,—alive, perchance, or dead;
For, though I dread to hear, I long to know.'

  "I spake, and Proteus answered me again:—
'It is Laertes' son, whose dwelling stands
In Ithaca. I saw him in an isle,   710
And in the cavern-palace of the nymph
Calypso, weeping bitterly, for she

ἴσχει· ὁ δ' οὐ δύναται ἣν πατρίδα γαῖαν ἱκέσθαι·
οὐ γάρ οἱ πάρα νῆες ἐπήρετμοι καὶ ἑταῖροι,
οἵ κέν μιν πέμποιεν ἐπ' εὐρέα νῶτα θαλάσσης. 560
σοὶ δ' οὐ θέσφατόν ἐστι, διοτρεφὲς ὦ Μενέλαε,
Ἄργει ἐν ἱπποβότῳ θανέειν καὶ πότμον ἐπισπεῖν,
ἀλλά σ' ἐς Ἠλύσιον πεδίον καὶ πείρατα γαίης
ἀθάνατοι πέμψουσιν, ὅθι ξανθὸς Ῥαδάμανθυς,
τῇ περ ῥηίστη βιοτὴ πέλει ἀνθρώποισιν· 565
οὐ νιφετός, οὔτ' ἂρ χειμὼν πολὺς οὔτε ποτ' ὄμβρος,
ἀλλ' αἰεὶ Ζεφύροιο λιγὺ πνείοντος ἀήτας
Ὠκεανὸς ἀνίησιν ἀναψύχειν ἀνθρώπους·
οὕνεκ' ἔχεις Ἑλένην καί σφιν γαμβρὸς Διός ἐσσι.
' ὣς εἰπὼν ὑπὸ πόντον ἐδύσετο κυμαίνοντα. 570
αὐτὰρ ἐγὼν ἐπὶ νῆας ἅμ' ἀντιθέοις ἑτάροισιν
ἤια, πολλὰ δέ μοι κραδίη πόρφυρε κιόντι.
αὐτὰρ ἐπεί ῥ' ἐπὶ νῆα κατήλθομεν ἠδὲ θάλασσαν,
δόρπον θ' ὁπλισάμεσθ', ἐπί τ' ἤλυθεν ἀμβροσίη νύξ,
δὴ τότε κοιμήθημεν ἐπὶ ῥηγμῖνι θαλάσσης. 575
ἦμος δ' ἠριγένεια φάνη ῥοδοδάκτυλος Ἠώς,
νῆας μὲν πάμπρωτον ἐρύσσαμεν εἰς ἅλα δῖαν,
ἐν δ' ἱστοὺς τιθέμεσθα καὶ ἱστία νηυσὶν ἐίσης,
ἂν δὲ καὶ αὐτοὶ βάντες ἐπὶ κληῖσι καθῖζον·
ἑξῆς δ' ἑζόμενοι πολιὴν ἅλα τύπτον ἐρετμοῖς. 580
ἂψ δ' εἰς Αἰγύπτοιο διιπετέος ποταμοῖο
στῆσα νέας, καὶ ἔρεξα τεληέσσας ἑκατόμβας.
αὐτὰρ ἐπεὶ κατέπαυσα θεῶν χόλον αἰὲν ἐόντων,
χεῦ' Ἀγαμέμνονι τύμβον, ἵν' ἄσβεστον κλέος εἴη.
ταῦτα τελευτήσας νεόμην, ἔδοσαν δέ μοι οὖρον 585
ἀθάνατοι, τοί μ' ὦκα φίλην ἐς πατρίδ' ἔπεμψαν.
ἀλλ' ἄγε νῦν ἐπίμεινον ἐνὶ μεγάροισιν ἐμοῖσιν,
ὄφρα κεν ἑνδεκάτη τε δυωδεκάτη τε γένηται·
καὶ τότε σ' εὖ πέμψω, δώσω δέ τοι ἀγλαὰ δῶρα,
τρεῖς ἵππους καὶ δίφρον ἐύξοον· αὐτὰρ ἔπειτα 590
δώσω καλὸν ἄλεισον, ἵνα σπένδῃσθα θεοῖσιν
ἀθανάτοις ἐμέθεν μεμνημένος ἤματα πάντα.'
  τὸν δ' αὖ Τηλέμαχος πεπνυμένος ἀντίον ηὔδα·
'Ἀτρεΐδη, μὴ δή με πολὺν χρόνον ἐνθάδ' ἔρυκε.

Constrains his stay. He cannot leave the isle
For his own country; ship arrayed with oars
And seamen has he none to bear him o'er   715
The breast of the great ocean. But for thee,
'Tis not decreed that thou shalt meet thy fate
And die, most noble Menelaus, where
The steeds of Argos in her pastures graze.
The gods will send thee to the Elysian plain,   720
And to the end of earth, the dwelling-place
Of fair-haired Rhadamanthus. There do men
Lead easiest lives. No snow, no bitter cold,
No beating rains, are there; the ocean-deeps
With murmuring breezes from the West refresh   725
The dwellers. Thither shalt thou go; for thou
Art Helen's spouse, and son-in-law of Jove.'
  "He spake, and plunged into the billowy deep.
I to the fleet returned in company
With my brave men, revolving, as I went,   730
A thousand projects in my thought. I reached
My galley by the sea, and we prepared
Our evening meal. The hallowed night came down,
And there upon the ocean-beach we slept.
But when the rosy-fingered Morn appeared,   735
The daughter of the Dawn, we drew our ships
To the great deep, and raised the masts and spread
The sails; the crews, all entering, took their seats
Upon the benches, ranged in order due,
And beat the foaming water with their oars.   740
Again to Egypt's coast I brought the fleet,
And to the river that descends from Jove,
And there I offered chosen hecatombs;
And having thus appeased the gods, I reared
A tomb to Agamemnon, that his fame   745
Might never die. When this was done I sailed
For home; the gods bestowed a favoring wind.
But now remain thou till the eleventh day,
Or till the twelfth, beneath my roof, and then
Will I dismiss thee with munificent gifts,—   750
Three steeds, a polished chariot, and a cup
Of price, with which to pour, from day to day,
Wine to the gods in memory of me."
  Then spake discreet Telemachus again:—
"Atrides, seek not to detain me long,   755

καὶ γάρ κ' εἰς ἐνιαυτὸν ἐγὼ παρὰ σοί γ' ἀνεχοίμην 595
ἥμενος, οὐδέ κέ μ' οἴκου ἕλοι πόθος οὐδὲ τοκήων·
αἰνῶς γὰρ μύθοισιν ἔπεσσί τε σοῖσιν ἀκούων
τέρπομαι. ἀλλ' ἤδη μοι ἀνιάζουσιν ἑταῖροι
ἐν Πύλῳ ἠγαθέῃ· σὺ δέ με χρόνον ἐνθάδ' ἐρύκεις.
δῶρον δ' ὅττι κέ μοι δοίης, κειμήλιον ἔστω· 600
ἵππους δ' εἰς Ἰθάκην οὐκ ἄξομαι, ἀλλὰ σοὶ αὐτῷ
ἐνθάδε λείψω ἄγαλμα· σὺ γὰρ πεδίοιο ἀνάσσεις
εὐρέος, ᾧ ἔνι μὲν λωτὸς πολύς, ἐν δὲ κύπειρον
πυροί τε ζειαί τε ἰδ' εὐρυφυὲς κρῖ λευκόν.
ἐν δ' Ἰθάκῃ οὔτ' ἂρ δρόμοι εὐρέες οὔτε τι λειμών· 605
αἰγίβοτος, καὶ μᾶλλον ἐπήρατος ἱπποβότοιο.
οὐ γάρ τις νήσων ἱππήλατος οὐδ' εὐλείμων,
αἵ θ' ἁλὶ κεκλίαται· Ἰθάκη δέ τε καὶ περὶ πασέων.'
  ὣς φάτο, μείδησεν δὲ βοὴν ἀγαθὸς Μενέλαος,
χειρί τέ μιν κατέρεξεν ἔπος τ' ἔφατ' ἔκ τ' ὀνόμαζεν· 610
'αἵματός εἰς ἀγαθοῖο, φίλον τέκος, οἷ' ἀγορεύεις·
τοιγὰρ ἐγώ τοι ταῦτα μεταστήσω· δύναμαι γάρ.
δώρων δ' ὅσσ' ἐν ἐμῷ οἴκῳ κειμήλια κεῖται,
δώσω ὃ κάλλιστον καὶ τιμηέστατόν ἐστιν·
δώσω τοι κρητῆρα τετυγμένον· ἀργύρεος δὲ 615
ἔστιν ἅπας, χρυσῷ δ' χείλεα κεκράανται,
ἔργον δ' Ἡφαίστοιο. πόρεν δέ ἑ Φαίδιμος ἥρως,
Σιδονίων βασιλεύς, ὅθ' ἑὸς δόμος ἀμφεκάλυψε
κεῖσέ με νοστήσαντα· τεῒν δ' ἐθέλω τόδ' ὀπάσσαι.'
  ὣς οἱ μὲν τοιαῦτα πρὸς ἀλλήλους ἀγόρευον, 620
δαιτυμόνες δ' ἐς δώματ' ἴσαν θείου βασιλῆος.
οἱ δ' ἦγον μὲν μῆλα, φέρον δ' εὐήνορα οἶνον·
σῖτον δέ σφ' ἄλοχοι καλλικρήδεμνοι ἔπεμπον.
ὣς οἱ μὲν περὶ δεῖπνον ἐνὶ μεγάροισι πένοντο.
  μνηστῆρες δὲ πάροιθεν Ὀδυσσῆος μεγάροιο 625
δίσκοισιν τέρποντο καὶ αἰγανέῃσιν ἱέντες
ἐν τυκτῷ δαπέδῳ, ὅθι περ πάρος, ὕβριν ἔχοντες.
Ἀντίνοος δὲ καθῆστο καὶ Εὐρύμαχος θεοειδής,

Though I could sit contentedly a year
Beside thee, never longing for my home,
Nor for my parents, such delight I find
In listening to thy words; but even now,
In hallowed Pylos, my companions grow   760
Weary, while thou delayest my return.
The gifts,—whate'er thou choosest to bestow,—
Let them be such as I can treasure up.
The steeds to Ithaca I may not take,
I leave them to adorn thy retinue;   765
For thou art ruler o'er a realm of plains,
Where grows much lotos, and sweet grasses spring,
And wheat and rye, and the luxuriant stalks
Of the white barley. But in Ithaca
Are no broad grounds for coursing, meadows none.   770
Goats graze amid its fields, a fairer land
Than those where horses feed. No isle that lies
Within the deep has either roads for steeds
Or meadows, least of all has Ithaca."
    He spake; the valiant Menelaus smiled,   775
And kindly touched him with his hand and said:—
    "Dear son, thou comest of a generous stock;
Thy words declare it. I will change my gifts,
As well I may. Of all that in my house
Are treasured up, the choicest I will give,   780
And the most precious. I will give a cup
Wrought all of silver save its brim of gold.
It is the work of Vulcan. Phædimus
The hero, King of Sidon, gave it me,
When I was coming home, and underneath   785
His roof was sheltered. Now it shall be thine."
    So talked they with each other. Meantime came
Those who prepared the banquet to the halls
Of the great monarch. Bringing sheep they came
And strengthening wine. Their wives, who on their brows   790
Wore showy fillets, brought the bread, and thus
Within the house of Menelaus all
Was bustle, setting forth the evening meal.
    But in the well-paved court which lay before
The palace of Ulysses, where of late   795
Their insolence was shown, the suitor train
Amused themselves with casting quoits and spears,
While by themselves Antinoüs, and the youth

ἀρχοὶ μνηστήρων, ἀρετῇ δ' ἔσαν ἔξοχ' ἄριστοι.
τοῖς δ' υἱὸς Φρονίοιο Νοήμων ἐγγύθεν ἐλθὼν 630
Ἀντίνοον μύθοισιν ἀνειρόμενος προσέειπεν:
    'Ἀντίνο', ἦ ῥά τι ἴδμεν ἐνὶ φρεσίν, ἦε καὶ οὐκί,
ὁππότε Τηλέμαχος νεῖτ' ἐκ Πύλου ἠμαθόεντος;
νῆά μοι οἴχετ' ἄγων: ἐμὲ δὲ χρεὼ γίγνεται αὐτῆς
Ἤλιδ' ἐς εὐρύχορον διαβήμεναι, ἔνθα μοι ἵπποι 635
δώδεκα θήλειαι, ὑπὸ δ' ἡμίονοι ταλαεργοὶ
ἀδμῆτες: τῶν κέν τιν' ἐλασσάμενος δαμασαίμην.'
    ὣς ἔφαθ', οἱ δ' ἀνὰ θυμὸν ἐθάμβεον: οὐ γὰρ ἔφαντο
ἐς Πύλον οἴχεσθαι Νηλήιον, ἀλλά που αὐτοῦ
ἀγρῶν ἢ μήλοισι παρέμμεναι ἠὲ συβώτῃ. 640
    τὸν δ' αὖτ' Ἀντίνοος προσέφη Εὐπείθεος υἱός:
'νημερτές μοι ἔνισπε, πότ' ᾤχετο καὶ τίνες αὐτῷ
κοῦροι ἕποντ'; Ἰθάκης ἐξαίρετοι, ἦ ἑοὶ αὐτοῦ
θῆτές τε δμῶές τε; δύναιτό κε καὶ τὸ τελέσσαι.
καί μοι τοῦτ' ἀγόρευσον ἐτήτυμον, ὄφρ' ἐὺ εἰδῶ, 645
ἤ σε βίῃ ἀέκοντος ἀπηύρα νῆα μέλαιναν,
ἦε ἑκών οἱ δῶκας, ἐπεὶ προσπτύξατο μύθῳ.'
    τὸν δ' υἱὸς Φρονίοιο Νοήμων ἀντίον ηὔδα:
'αὐτὸς ἑκών οἱ δῶκα: τί κεν ῥέξειε καὶ ἄλλος,
ὁππότ' ἀνὴρ τοιοῦτος ἔχων μελεδήματα θυμῷ 650
αἰτίζῃ; χαλεπόν κεν ἀνήνασθαι δόσιν εἴη.
κοῦροι δ', οἳ κατὰ δῆμον ἀριστεύουσι μεθ' ἡμέας,
οἵ οἱ ἕποντ': ἐν δ' ἀρχὸν ἐγὼ βαίνοντ' ἐνόησα
Μέντορα, ἠὲ θεόν, τῷ δ' αὐτῷ πάντα ἐῴκει.
ἀλλὰ τὸ θαυμάζω: ἴδον ἐνθάδε Μέντορα δῖον 655
χθιζὸν ὑπηοῖον, τότε δ' ἔμβη νηὶ Πύλονδε.'
    ὣς ἄρα φωνήσας ἀπέβη πρὸς δώματα πατρός,
τοῖσιν δ' ἀμφοτέροισιν ἀγάσσατο θυμὸς ἀγήνωρ.
μνηστῆρας δ' ἄμυδις κάθισαν καὶ παῦσαν ἀέθλων.
τοῖσιν δ' Ἀντίνοος μετέφη Εὐπείθεος υἱός, 660
ἀχνύμενος: μένεος δὲ μέγα φρένες ἀμφιμέλαιναι
πίμπλαντ', ὄσσε δέ οἱ πυρὶ λαμπετόωντι ἐίκτην:
    'ὢ πόποι, ἦ μέγα ἔργον ὑπερφιάλως ἐτελέσθη
Τηλεμάχῳ ὁδὸς ἥδε: φάμεν δέ οἱ οὐ τελέεσθαι.

Of godlike mien, Eurymachus, who both
Were eminent above the others, sat. 800
To them Noëmon, son of Phronius, went,
Drew near, bespake Antinoüs and inquired:—
    "Is it among us known, or is it not,
Antinoüs, when Telemachus returns
From sandy Pylos? Thither he is gone 805
And in my galley, which I need to cross
To spacious Elis. There I have twelve mares
And hardy mule-colts with them yet untamed,
And some I must subdue to take the yoke."
    He spake, and they were both amazed; for they 810
Had never thought of him as visiting
Neleian Pylos, deeming that the youth
Was somewhere in his fields, among the flocks,
Or haply with the keeper of the swine.
    Then did Antinoüs, Eupeithes' son, 815
Make answer: "Tell me truly when he sailed,
And what young men of Ithaca he chose
To go with him. Were they his slaves, or hired
To be his followers? Tell, for I would know
The whole. Took he thy ship against thy will? 820
Or didst thou yield it at his first request?"
    Noëmon, son of Phornius, thus replied:—
"Most willingly I gave it, for what else
Would any one have done when such a man
Desired it in his need? It would have been 825
Hard to deny it. For the band of youths
Who followed him, they are the bravest here
Of all our people; and I saw embark,
As their commander, Mentor, or some god
Like Mentor altogether. One thing moves 830
My wonder. Only yesterday, at dawn,
I met with Mentor here, whom I before
Had seen embarking for the Pylian coast."
    Noëmon spake, and to his father's house
Departed. Both were troubled at his words, 835
And all the suitors took at once their seats,
And ceased their pastimes. Then Antinoüs spake,
Son of Eupeithes, greatly vexed; his heart
Was darkened with blind rage; his eyes shot fire.
    "Strange doings these! a great and proud exploit 840
Performed,—this voyage of Telemachus,

ἐκ τοσσῶνδ᾽ ἀέκητι νέος πάϊς οἴχεται αὔτως 665
νῆα ἐρυσσάμενος, κρίνας τ᾽ ἀνὰ δῆμον ἀρίστους.
ἄρξει καὶ προτέρω κακὸν ἔμμεναι· ἀλλά οἱ αὐτῷ
Ζεὺς ὀλέσειε βίην, πρὶν ἥβης μέτρον ἱκέσθαι.
ἀλλ᾽ ἄγε μοι δότε νῆα θοὴν καὶ εἴκοσ᾽ ἑταίρους,
ὄφρα μιν αὐτὸν ἰόντα λοχήσομαι ἠδὲ φυλάξω 670
ἐν πορθμῷ Ἰθάκης τε Σάμοιό τε παιπαλοέσσης,
ὡς ἂν ἐπισμυγερῶς ναυτίλλεται εἵνεκα πατρός.᾽
　ὣς ἔφαθ᾽, οἱ δ᾽ ἄρα πάντες ἐπῄνεον ἠδ᾽ ἐκέλευον.
αὐτίκ᾽ ἔπειτ᾽ ἀνστάντες ἔβαν δόμον εἰς Ὀδυσῆος.
　οὐδ᾽ ἄρα Πηνελόπεια πολὺν χρόνον ἦεν ἄπυστος 675
μύθων, οὓς μνηστῆρες ἐνὶ φρεσὶ βυσσοδόμευον·
κῆρυξ γάρ οἱ ἔειπε Μέδων, ὃς ἐπεύθετο βουλὰς
αὐλῆς ἐκτὸς ἐών· οἱ δ᾽ ἔνδοθι μῆτιν ὕφαινον.
βῆ δ᾽ ἴμεν ἀγγελέων διὰ δώματα Πηνελοπείῃ·
τὸν δὲ κατ᾽ οὐδοῦ βάντα προσηύδα Πηνελόπεια· 680
　'κῆρυξ, τίπτε δέ σε πρόεσαν μνηστῆρες ἀγαυοί;
ἦ εἰπέμεναι δμῳῇσιν Ὀδυσσῆος θείοιο
ἔργων παύσασθαι, σφίσι δ᾽ αὐτοῖς δαῖτα πένεσθαι;
μὴ μνηστεύσαντες μηδ᾽ ἄλλοθ᾽ ὁμιλήσαντες
ὕστατα καὶ πύματα νῦν ἐνθάδε δειπνήσειαν· 685
οἳ θάμ᾽ ἀγειρόμενοι βίοτον κατακείρετε πολλόν,
κτῆσιν Τηλεμάχοιο δαΐφρονος· οὐδέ τι πατρῶν
ὑμετέρων τὸ πρόσθεν ἀκούετε, παῖδες ἐόντες,
οἷος Ὀδυσσεὺς ἔσκε μεθ᾽ ὑμετέροισι τοκεῦσιν,
οὔτε τινὰ ῥέξας ἐξαίσιον οὔτε τι εἰπὼν 690
ἐν δήμῳ, ἥ τ᾽ ἐστὶ δίκη θείων βασιλήων·
ἄλλον κ᾽ ἐχθαίρῃσι βροτῶν, ἄλλον κε φιλοίη.
κεῖνος δ᾽ οὔ ποτε πάμπαν ἀτάσθαλον ἄνδρα ἐώργει.
ἀλλ᾽ ὁ μὲν ὑμέτερος θυμὸς καὶ ἀεικέα ἔργα
φαίνεται, οὐδέ τίς ἐστι χάρις μετόπισθ᾽ εὐεργέων.' 695
　τὴν δ᾽ αὖτε προσέειπε Μέδων πεπνυμένα εἰδώς·
'αἲ γὰρ δή, βασίλεια, τόδε πλεῖστον κακὸν εἴη.
ἀλλὰ πολὺ μεῖζόν τε καὶ ἀργαλεώτερον ἄλλο

Which we had called impossible! The boy,
In spite of us, has had his will and gone,
And carried off a ship, and for his crew
Chosen the bravest of the people here.   845
He yet will prove a pest. May Jupiter
Crush him ere he can work us further harm!
Now give me a swift bark and twenty men
That I may lie in ambush and keep watch
For his return within the straits between   850
This isle and rugged Samos; then, I deem,
He will have sought his father to his cost."
   He spake; they praised his words and bade him act,
And rose and left their places, entering
The palace of Ulysses. Brief the time   855
That passed before Penelope was warned
Of what the suitors treacherously planned.
The herald Medon told her all. He heard
In the outer court their counsels while within
They plotted, and he hastened through the house   860
To bring the tidings to Penelope.
Penelope perceived him as he stepped
Across the threshold, and bespake him thus:—
   "Why, herald, have the suitor princes sent
Thee hither? comest thou to bid the maids   865
Of great Ulysses leave their tasks and make
A banquet ready? Would their wooing here
And elsewhere were but ended, and this feast
Were their last feast on earth! Ye who in throngs
Come hither and so wastefully consume   870
The substance of the brave Telemachus,
Have ye not from your parents, while ye yet
Were children, heard how once Ulysses lived
Among them, never wronging any man
In all the realm by aught he did or said,—   875
As mighty princes often do, through hate
Of some and love of others? Never man
Endured injustice at his hands, but you—
Your vile designs and acts are known; ye bear
No grateful memory of a good man's deeds."   880
   And then, in turn, experienced Medon spake:—
"O queen, I would this evil were the worst!
The suitors meditate a greater still,
And a more heinous far. May Jupiter

μνηστῆρες φράζονται, ὅ μὴ τελέσειε Κρονίων·
Τηλέμαχον μεμάασι κατακτάμεν ὀξέι χαλκῷ 700
οἴκαδε νισόμενον· ὁ δ᾽ ἔβη μετὰ πατρὸς ἀκουὴν
ἐς Πύλον ἠγαθέην ἠδ᾽ ἐς Λακεδαίμονα δῖαν.᾽
   ὣς φάτο, τῆς δ᾽ αὐτοῦ λύτο γούνατα καὶ φίλον ἦτορ,
δὴν δέ μιν ἀμφασίη ἐπέων λάβε· τὼ δέ οἱ ὄσσε
δακρυόφι πλῆσθεν, θαλερὴ δέ οἱ ἔσχετο φωνή. 705
ὀψὲ δὲ δή μιν ἔπεσσιν ἀμειβομένη προσέειπε·
   ῾κῆρυξ, τίπτε δέ μοι πάϊς οἴχεται; οὐδέ τί μιν χρεὼ
νηῶν ὠκυπόρων ἐπιβαινέμεν, αἵ θ᾽ ἁλὸς ἵπποι
ἀνδράσι γίγνονται, περόωσι δὲ πουλὺν ἐφ᾽ ὑγρήν.
ἦ ἵνα μηδ᾽ ὄνομ᾽ αὐτοῦ ἐν ἀνθρώποισι λίπηται;᾽ 710
   τὴν δ᾽ ἠμείβετ᾽ ἔπειτα Μέδων πεπνυμένα εἰδώς·
῾οὐκ οἶδ᾽ ἤ τίς μιν θεὸς ὤρορεν, ἦε καὶ αὐτοῦ
θυμὸς ἐφωρμήθη ἴμεν ἐς Πύλον, ὄφρα πύθηται
πατρὸς ἑοῦ ἢ νόστον ἢ ὅν τινα πότμον ἐπέσπεν.᾽
   ὣς ἄρα φωνήσας ἀπέβη κατὰ δῶμ᾽ Ὀδυσῆος. 715
τὴν δ᾽ ἄχος ἀμφεχύθη θυμοφθόρον, οὐδ᾽ ἄρ᾽ ἔτ᾽ ἔτλη
δίφρῳ ἐφέζεσθαι πολλῶν κατὰ οἶκον ἐόντων,
ἀλλ᾽ ἄρ᾽ ἐπ᾽ οὐδοῦ ἷζε πολυκμήτου θαλάμοιο
οἴκτρ᾽ ὀλοφυρομένη· περὶ δὲ δμῳαὶ μινύριζον
πᾶσαι, ὅσαι κατὰ δώματ᾽ ἔσαν νέαι ἠδὲ παλαιαί. 720
τῇς δ᾽ ἀδινὸν γοόωσα μετηύδα Πηνελόπεια·
   ῾κλῦτε, φίλαι· πέρι γάρ μοι Ὀλύμπιος ἄλγε᾽ ἔδωκεν
ἐκ πασέων, ὅσσαι μοι ὁμοῦ τράφεν ἠδ᾽ ἐγένοντο·
ἣ πρὶν μὲν πόσιν ἐσθλὸν ἀπώλεσα θυμολέοντα,
παντοίης ἀρετῇσι κεκασμένον ἐν Δαναοῖσιν, 725
ἐσθλόν, τοῦ κλέος εὐρὺ καθ᾽ Ἑλλάδα καὶ μέσον Ἄργος.
νῦν αὖ παῖδ᾽ ἀγαπητὸν ἀνηρείψαντο θύελλαι
ἀκλέα ἐκ μεγάρων, οὐδ᾽ ὁρμηθέντος ἄκουσα.
σχέτλιαι, οὐδ᾽ ὑμεῖς περ ἐνὶ φρεσὶ θέσθε ἑκάστη
ἐκ λεχέων μ᾽ ἀνεγεῖραι, ἐπιστάμεναι σάφα θυμῷ, 730
ὁππότ᾽ ἐκεῖνος ἔβη κοίλην ἐπὶ νῆα μέλαιναν.

Never permit the crime! Their purpose is 885
To meet Telemachus, on his return,
And slay him with the sword; for thou must know
That on a voyage to the Pylian coast
And noble Lacedæmon he has sailed,
To gather tidings of his father's fate." 890
 He spake, and her knees failed her and her heart
Sank as she heard. Long time she could not speak;
Her eyes were filled with tears, and her clear voice
Was choked; yet, finding words at length, she said:—
"O herald! wherefore should my son have gone? 895
There was no need that he should trust himself
To the swift ships, those horses of the sea,
With which men traverse its unmeasured waste.
Was it that he might leave no name on earth?"
 And then again experienced Medon spake:— 900
"I know not whether prompted by some god
Or moved by his own heart thy son has sailed
For Pylos, hoping there to hear some news
Of his returning father, or his fate."
 Thus having said, the herald, traversing 905
The palace of Ulysses, went his way,
While a keen anguish overpowered the queen,
Nor could she longer bear to keep her place
Upon her seat,—and many seats were there,—
But on the threshold of her gorgeous rooms 910
Lay piteously lamenting. Round her came
Her maidens wailing,—all, both old and young,
Who formed her household. These Penelope,
Sobbing in her great sorrow, thus bespake:—
 "Hear me, my friends, the heavens have cast on me 915
Griefs heavier than on any others born
And reared with me,—me, who had lost by death
Already a most gracious husband, one
Who bore a lion heart and who was graced
With every virtue, greatly eminent 920
Among the Greeks, and widely famed abroad
Through Hellas and all Argos. Now my son,
He whom I loved, is driven before the storms
From home, inglorious, and I was not told
Of his departure. Ye too, worthless crew! 925
Ye took no thought, not one of you, to call
Me from my sleep, although ye must have known

εἰ γὰρ ἐγὼ πυθόμην ταύτην ὁδὸν ὁρμαίνοντα,
τῷ κε μάλ᾽ ἤ κεν ἔμεινε καὶ ἐσσύμενός περ ὁδοῖο,
ἤ κέ με τεθνηκυῖαν ἐνὶ μεγάροισιν ἔλειπεν.
ἀλλά τις ὀτρηρῶς Δολίον καλέσειε γέροντα, 735
δμῶ᾽ ἐμόν, ὅν μοι δῶκε πατὴρ ἔτι δεῦρο κιούσῃ,
καί μοι κῆπον ἔχει πολυδένδρεον, ὄφρα τάχιστα
Λαέρτῃ τάδε πάντα παρεζόμενος καταλέξῃ,
εἰ δή πού τινα κεῖνος ἐνὶ φρεσὶ μῆτιν ὑφήνας
ἐξελθὼν λαοῖσιν ὀδύρεται, οἳ μεμάασιν 740
ὃν καὶ Ὀδυσσῆος φθῖσαι γόνον ἀντιθέοιο.᾽
   τὴν δ᾽ αὖτε προσέειπε φίλη τροφὸς Εὐρύκλεια·
‘νύμφα φίλη, σὺ μὲν ἄρ με κατάκτανε νηλέι χαλκῷ
ἤ ἔα ἐν μεγάρῳ· μῦθον δέ τοι οὐκ ἐπικεύσω.
ᾔδε᾽ ἐγὼ τάδε πάντα, πόρον δέ οἱ ὅσσ᾽ ἐκέλευε, 745
σῖτον καὶ μέθυ ἡδύ· ἐμεῦ δ᾽ ἕλετο μέγαν ὅρκον
μὴ πρὶν σοὶ ἐρέειν, πρὶν δωδεκάτην γε γενέσθαι
ἤ σ᾽ αὐτὴν ποθέσαι καὶ ἀφορμηθέντος ἀκοῦσαι,
ὡς ἂν μὴ κλαίουσα κατὰ χρόα καλὸν ἰάπτῃς.
ἀλλ᾽ ὑδρηναμένη, καθαρὰ χροΐ εἵμαθ᾽ ἑλοῦσα, 750
εἰς ὑπερῷ᾽ ἀναβᾶσα σὺν ἀμφιπόλοισι γυναιξὶν
εὔχε᾽ Ἀθηναίῃ κούρῃ Διὸς αἰγιόχοιο·
ἡ γάρ κέν μιν ἔπειτα καὶ ἐκ θανάτοιο σαώσαι.
μηδὲ γέροντα κάκου κεκακωμένον· οὐ γὰρ ὀίω
πάγχυ θεοῖς μακάρεσσι γονὴν Ἀρκεισιάδαο 755
ἔχθεσθ᾽, ἀλλ᾽ ἔτι πού τις ἐπέσσεται ὅς κεν ἔχῃσι
δώματά θ᾽ ὑψερεφέα καὶ ἀπόπροθι πίονας ἀγρούς.᾽
   ὣς φάτο, τῆς δ᾽ εὔνησε γόον, σχέθε δ᾽ ὄσσε γόοιο.
ἡ δ᾽ ὑδρηναμένη, καθαρὰ χροΐ εἵμαθ᾽ ἑλοῦσα
εἰς ὑπερῷ᾽ ἀνέβαινε σὺν ἀμφιπόλοισι γυναιξίν, 760
ἐν δ᾽ ἔθετ᾽ οὐλοχύτας κανέῳ, ἠρᾶτο δ᾽ Ἀθήνῃ·
‘κλῦθί μευ, αἰγιόχοιο Διὸς τέκος, Ἀτρυτώνη,

Full well when he embarked in his black ship.
And if it had been told me that he planned
This voyage, then, impatient as he was 930
To sail, he would have certainly remained,
Or else have left me in these halls a corpse.
And now let one of my attendants call
The aged Dolius, whom, when first I came
To this abode, my father gave to me 935
To be my servant, and who has in charge
My orchards. Let him haste and take his place
Beside Laertes, and to him declare
All that has happened, that he may devise
Some fitting remedy, or go among 940
The people, to deplore the dark designs
Of those who now are plotting to destroy
The heir of great Ulysses and his own."
    Then Eurycleia, the beloved nurse,
Answered: "Dear lady, slay me with the sword, 945
Or leave me here alive; I will conceal
Nothing that has been done or said. I gave
All that he asked, both bread and delicate wine,
And took a solemn oath, which he required,
To tell thee naught of this till twelve days passed, 950
Or till thou shouldst thyself inquire and hear
Of his departure, that those lovely cheeks
Might not be stained with tears. Now bathe and put
Fresh garments on, and to the upper rooms
Ascending, with thy handmaids offer prayer 955
To Pallas, daughter of the god who bears
The ægis. She will then protect thy son,
Even from death. Grieve not the aged man,
Already much afflicted. Sure I am
The lineage of Arcesius has not lost 960
The favor of the gods, but some one yet
Surviving will possess its lofty halls
And its rich acres, stretching far away."
    She spake; the queen repressed her grief, and held
Her eyes from tears. She took the bath and put 965
Fresh garments on, and, to the upper rooms
Ascending with her maidens, heaped with cakes
A canister, and prayed to Pallas thus:—
    "Daughter invincible of Jupiter
The Ægis-bearer, hear me. If within 970

εἴ ποτέ τοι πολύμητις ἐνὶ μεγάροισιν Ὀδυσσεὺς
ἢ βοὸς ἢ ὄϊος κατὰ πίονα μηρί' ἔκηε,
τῶν νῦν μοι μνῆσαι, καί μοι φίλον υἷα σάωσον, 765
μνηστῆρας δ' ἀπάλαλκε κακῶς ὑπερηνορέοντας.'
    ὣς εἰποῦσ' ὀλόλυξε, θεὰ δέ οἱ ἔκλυεν ἀρῆς.
μνηστῆρες δ' ὁμάδησαν ἀνὰ μέγαρα σκιόεντα·
ὧδε δέ τις εἴπεσκε νέων ὑπερηνορεόντων·
    'ἦ μάλα δὴ γάμον ἄμμι πολυμνήστη βασίλεια 770
ἀρτύει, οὐδέ τι οἶδεν ὅ οἱ φόνος υἷι τέτυκται.'
    ὣς ἄρα τις εἴπεσκε, τὰ δ' οὐκ ἴσαν ὡς ἐτέτυκτο.
τοῖσιν δ' Ἀντίνοος ἀγορήσατο καὶ μετέειπε·
    'δαιμόνιοι, μύθους μὲν ὑπερφιάλους ἀλέασθε
πάντας ὁμῶς, μή πού τις ἀπαγγείλῃσι καὶ εἴσω. 775
ἀλλ' ἄγε σιγῇ τοῖον ἀναστάντες τελέωμεν
μῦθον, ὃ δὴ καὶ πᾶσιν ἐνὶ φρεσὶν ἤραρεν ἡμῖν.'
    ὣς εἰπὼν ἐκρίνατ' ἐείκοσι φῶτας ἀρίστους,
βὰν δ' ἰέναι ἐπὶ νῆα θοὴν καὶ θῖνα θαλάσσης.
νῆα μὲν οὖν πάμπρωτον ἁλὸς βένθοσδε ἔρυσσαν, 780
ἐν δ' ἱστόν τ' ἐτίθεντο καὶ ἱστία νηὶ μελαίνῃ,
ἠρτύναντο δ' ἐρετμὰ τροποῖς ἐν δερματίνοισιν,
πάντα κατὰ μοῖραν, ἀνά θ' ἱστία λευκὰ πέτασσαν·
τεύχεα δέ σφ' ἤνεικαν ὑπέρθυμοι θεράποντες.
ὑψοῦ δ' ἐν νοτίῳ τήν γ' ὥρμισαν, ἐκ δ' ἔβαν αὐτοί· 785
ἔνθα δὲ δόρπον ἕλοντο, μένον δ' ἐπὶ ἕσπερον ἐλθεῖν.
    ἡ δ' ὑπερωΐῳ αὖθι περίφρων Πηνελόπεια
κεῖτ' ἄρ' ἄσιτος, ἄπαστος ἐδητύος ἠδὲ ποτῆτος,
ὁρμαίνουσ' ἤ οἱ θάνατον φύγοι υἱὸς ἀμύμων,
ἦ ὅ γ' ὑπὸ μνηστῆρσιν ὑπερφιάλοισι δαμείη. 790
ὅσσα δὲ μερμήριξε λέων ἀνδρῶν ἐν ὁμίλῳ
δείσας, ὁππότε μιν δόλιον περὶ κύκλον ἄγωσι,
τόσσα μιν ὁρμαίνουσαν ἐπήλυθε νήδυμος ὕπνος·
εὗδε δ' ἀνακλινθεῖσα, λύθεν δέ οἱ ἅψεα πάντα.
    ἔνθ' αὖτ' ἄλλ' ἐνόησε θεά, γλαυκῶπις Ἀθήνη· 795
εἴδωλον ποίησε, δέμας δ' ἤικτο γυναικί,
Ἰφθίμῃ, κούρῃ μεγαλήτορος Ἰκαρίοιο,
τὴν Εὔμηλος ὄπυιε Φερῇς ἔνι οἰκία ναίων.
πέμπε δέ μιν πρὸς δώματ' Ὀδυσσῆος θείοιο,

Thy courts the wise Ulysses ever burned
Fat thighs of beeves or sheep, remember it,
And rescue my dear son, and bring to naught
The wicked plots of the proud suitor-crew."
    She spake, and wept aloud. The goddess heard   975
Her prayer. Meantime the suitors filled with noise
The shadowy palace-halls, and there were some
Among that throng of arrogant youths who said:—
    "Truly the queen, whom we have wooed so long,
Prepares for marriage; little does she know   980
The bloody death we destine for her son."
    So spake they, unaware of what was done
Elsewhere. Antinoüs then stood forth and said:—
    "Good friends, I warn you all that ye refrain
From boasts like these, lest some one should report   985
Your words within. Now let us silently
Rise up, and all conspire to put in act
The counsel all so heartily approve."
    He spake, and chose a crew of twenty men,
The bravest. To the seaside and the ship   990
They went, and down to the deep water drew
The ship, and put the mast and sails on board,
And fitted duly to their leathern rings
The oars, and spread the white sail overhead.
Their nimble-handed servants brought them arms,   995
And there they moored the galley, went on board,
And supped and waited for the evening star.
    Now in the upper chamber the chaste queen,
Penelope, lay fasting; food or wine
She had not tasted, and her thoughts were still   1000
Fixed on her blameless son. Would he escape
The threatened death, or perish by the hands
Of the insolent suitors? As a lion's thoughts,
When, midst a crowd of men, he sees with dread
The hostile circle slowly closing round,   1005
Such were her thoughts, when balmy sleep at length
Came creeping over her as on her couch
She lay reclined, her limbs relaxed in rest.
    Now Pallas framed a new device; she called
A phantom up, in aspect like the dame   1010
Iphthima, whom Eumelus had espoused
In Pheræ, daughter of the high-souled chief
Icarius. Her she sent into the halls

ἧος Πηνελόπειαν ὀδυρομένην γοόωσαν 800
παύσειε κλαυθμοῖο γόοιό τε δακρυόεντος.
ἐς θάλαμον δ' εἰσῆλθε παρὰ κληῖδος ἱμάντα,
στῆ δ' ἄρ ὑπὲρ κεφαλῆς, καί μιν πρὸς μῦθον ἔειπεν·
'εὕδεις, Πηνελόπεια, φίλον τετιημένη ἦτορ;
οὐ μέν σ' οὐδὲ ἐῶσι θεοὶ ῥεῖα ζώοντες 805
κλαίειν οὐδ' ἀκάχησθαι, ἐπεί ῥ' ἔτι νόστιμός ἐστι
σὸς παῖς· οὐ μὲν γάρ τι θεοῖς ἀλιτήμενός ἐστι.'
τὴν δ' ἠμείβετ' ἔπειτα περίφρων Πηνελόπεια,
ἡδὺ μάλα κνώσσουσ' ἐν ὀνειρείῃσι πύλῃσιν·
'τίπτε, κασιγνήτη, δεῦρ' ἤλυθες; οὔ τι πάρος γε 810
πωλέ', ἐπεὶ μάλα πολλὸν ἀπόπροθι δώματα ναίεις·
καί με κέλεαι παύσασθαι ὀϊζύος ἠδ' ὀδυνάων
πολλέων, αἵ μ' ἐρέθουσι κατὰ φρένα καὶ κατὰ θυμόν,
ἣ πρὶν μὲν πόσιν ἐσθλὸν ἀπώλεσα θυμολέοντα,
παντοίῃς ἀρετῇσι κεκασμένον ἐν Δαναοῖσιν, 815
ἐσθλόν, τοῦ κλέος εὐρὺ καθ' Ἑλλάδα καὶ μέσον Ἄργος·
νῦν αὖ παῖς ἀγαπητὸς ἔβη κοίλης ἐπὶ νηός,
νήπιος, οὔτε πόνων ἐῢ εἰδὼς οὔτ' ἀγοράων.
τοῦ δὴ ἐγὼ καὶ μᾶλλον ὀδύρομαι ἤ περ ἐκείνου·
τοῦ δ' ἀμφιτρομέω καὶ δείδια, μή τι πάθῃσιν, 820
ἢ ὅ γε τῶν ἐνὶ δήμῳ, ἵν' οἴχεται, ἢ ἐνὶ πόντῳ·
δυσμενέες γὰρ πολλοὶ ἐπ' αὐτῷ μηχανόωνται,
ἱέμενοι κτεῖναι πρὶν πατρίδα γαῖαν ἱκέσθαι.'
τὴν δ' ἀπαμειβόμενον προσέφη εἴδωλον ἀμαυρόν·
'θάρσει, μηδέ τι πάγχυ μετὰ φρεσὶ δείδιθι λίην· 825
τοίη γάρ οἱ πομπὸς ἅμ' ἔρχεται, ἥν τε καὶ ἄλλοι
ἀνέρες ἠρήσαντο παρεστάμεναι, δύναται γάρ,
Παλλὰς Ἀθηναίη· σὲ δ' ὀδυρομένην ἐλεαίρει·
ἣ νῦν με προέηκε τεῒν τάδε μυθήσασθαι.'
τὴν δ' αὖτε προσέειπε περίφρων Πηνελόπεια· 830
'εἰ μὲν δὴ θεός ἐσσι θεοῖό τε ἔκλυες αὐδῆς,
εἰ δ' ἄγε μοι καὶ κεῖνον ὀϊζυρὸν κατάλεξον,
ἤ που ἔτι ζώει καὶ ὁρᾷ φάος ἠελίοιο,
ἦ ἤδη τέθνηκε καὶ εἰν Ἀΐδαο δόμοισι.'

Of great Ulysses, that she might beguile
The sorrowful Penelope from tears   1015
And lamentations. By the thong that held
The bolt she slid into the royal bower
And standing by her head bespake the queen:—
   "Penelope, afflicted as thou art,
Art thou asleep? The ever-blessed gods   1020
Permit thee not to grieve and weep; thy son,
Who has not sinned against them, shall return."
And then discreet Penelope replied,
Still sweetly slumbering at the Gate of Dreams:—
   "Why, sister, art thou here, who ne'er before   1025
Hast come to me? The home is far away
In which thou dwellest. Thou exhortest me
To cease from grieving, and to lay aside
The painful thoughts that crowd into my mind,
And torture me who have already lost   1030
A noble-minded, lion-hearted spouse,
One eminent among Achaia's sons
For every virtue, and whose fame was spread
Through Hellas and through Argos. Now my son,
My best beloved, goes to sea,—a boy,   1035
Unused to hardships, and unskilled to deal
With strangers. More I sorrow for his sake
Than for his father's. I am filled with fear,
And tremble lest he suffer wrong from those
Among whom he has gone, or on the deep,   1040
Where he has enemies who lie in wait
To slay him ere he reach his home again."
And then the shadowy image spake again:—
   "Be of good courage; let not fear o'ercome
Thy spirit, for there goes with him a guide   1045
Such as all others would desire to have
Beside them ever, trusting in her power,—
Pallas Athene, and she looks on thee
With pity. From her presence I am sent,
Her messenger, declaring this to thee."   1050
Again discreet Penelope replied:—
   "If then thou be a goddess and hast heard
A goddess speak these words, declare, I pray,
Of that ill-fated one, if yet he live
And look upon the sun, or else have died   1055
And passed to the abodes beneath the earth."

τὴν δ' ἀπαμειβόμενον προσέφη εἴδωλον ἀμαυρόν· 835
'οὐ μέν τοι κεῖνόν γε διηνεκέως ἀγορεύσω,
ζώει ὅ γ' ἦ τέθνηκε· κακὸν δ' ἀνεμώλια βάζειν.'
  ὣς εἰπὸν σταθμοῖο παρὰ κληῖδα λιάσθη
ἐς πνοιὰς ἀνέμων. ἡ δ' ἐξ ὕπνου ἀνόρουσε
κούρη Ἰκαρίοιο· φίλον δέ οἱ ἦτορ ἰάνθη, 840
ὥς οἱ ἐναργὲς ὄνειρον ἐπέσσυτο νυκτὸς ἀμολγῷ.
  μνηστῆρες δ' ἀναβάντες ἐπέπλεον ὑγρὰ κέλευθα
Τηλεμάχῳ φόνον αἰπὺν ἐνὶ φρεσὶν ὁρμαίνοντες.
ἔστι δέ τις νῆσος μέσση ἁλὶ πετρήεσσα,
μεσσηγὺς Ἰθάκης τε Σάμοιό τε παιπαλοέσσης, 845
Ἀστερίς, οὐ μεγάλη· λιμένες δ' ἔνι ναύλοχοι αὐτῇ
ἀμφίδυμοι· τῇ τόν γε μένον λοχόωντες Ἀχαιοί.

Once more the shadowy image spake: "Of him
Will I say nothing, whether living yet
Or dead; no time is this for idle words."
    She said, and from the chamber glided forth   1060
Beside the bolt, and mingled with the winds.
Then quickly from her couch of sleep arose
The daughter of Icarius, for her heart
Was glad, so plainly had the dream conveyed
Its message in the stillness of the night.   1065
    Meanwhile the suitors on their ocean-path
Went in their galley, plotting cruelly
To slay Telemachus. A rocky isle
Far in the middle sea, between the coast
Of Ithaca and craggy Samos, lies,   1070
Named Asteris; of narrow bounds, yet there
A sheltered haven is to which two straits
Give entrance. There the Achaians lay in wait.

Ἠὼς δ' ἐκ λεχέων παρ' ἀγαυοῦ Τιθωνοῖο
ὤρνυθ', ἵν' ἀθανάτοισι φόως φέροι ἠδὲ βροτοῖσιν·
οἱ δὲ θεοὶ θῶκόνδε καθίζανον, ἐν δ' ἄρα τοῖσι
Ζεὺς ὑψιβρεμέτης, οὗ τε κράτος ἐστὶ μέγιστον.
τοῖσι δ' Ἀθηναίη λέγε κήδεα πόλλ' Ὀδυσῆος   5
μνησαμένη· μέλε γάρ οἱ ἐὼν ἐν δώμασι νύμφης·
    'Ζεῦ πάτερ ἠδ' ἄλλοι μάκαρες θεοὶ αἰὲν ἐόντες,
μή τις ἔτι πρόφρων ἀγανὸς καὶ ἤπιος ἔστω
σκηπτοῦχος βασιλεύς, μηδὲ φρεσὶν αἴσιμα εἰδώς,
ἀλλ' αἰεὶ χαλεπός τ' εἴη καὶ αἴσυλα ῥέζοι·   10
ὡς οὔ τις μέμνηται Ὀδυσσῆος θείοιο
λαῶν οἷσιν ἄνασσε, πατὴρ δ' ὣς ἤπιος ἦεν.
ἀλλ' ὁ μὲν ἐν νήσῳ κεῖται κρατέρ' ἄλγεα πάσχων
νύμφης ἐν μεγάροισι Καλυψοῦς, ἥ μιν ἀνάγκῃ
ἴσχει· ὁ δ' οὐ δύναται ἣν πατρίδα γαῖαν ἱκέσθαι·   15
οὐ γάρ οἱ πάρα νῆες ἐπήρετμοι καὶ ἑταῖροι,
οἵ κέν μιν πέμποιεν ἐπ' εὐρέα νῶτα θαλάσσης.
νῦν αὖ παῖδ' ἀγαπητὸν ἀποκτεῖναι μεμάασιν
οἴκαδε νισόμενον· ὁ δ' ἔβη μετὰ πατρὸς ἀκουὴν

BOOK V

Aurora, rising from her couch beside
  The famed Tithonus, brought the light of day
To men and to immortals. Then the gods
Came to their seats in council. With them came
High-thundering Jupiter, amongst them all   5
The mightiest. Pallas, mindful of the past,
Spake of Ulysses and his many woes,
Grieved that he still was with the island nymph:—
  "O father Jove, and all ye blessed ones
Who live forever! let not sceptred king   10
Henceforth be gracious, mild, and merciful
And righteous; rather be he deaf to prayer
And prone to deeds of wrong, since no one now
Remembers the divine Ulysses more
Among the people over whom he ruled   15
Benignly, like a father. Still he lies,
Weighed down by many sorrows, in the isle
And dwelling of Calypso, who so long
Constrains his stay. To his dear native land
Depart he cannot; ship arrayed with oars   20
And seamen has he none, to bear him o'er
The breast of the broad ocean. Nay, even now,
Against his well-beloved son a plot
Is laid, to slay him as he journeys home

ἐς Πύλον ἠγαθέην ἠδ᾽ ἐς Λακεδαίμονα δῖαν.' 20
   τὴν δ᾽ ἀπαμειβόμενος προσέφη νεφεληγερέτα Ζεύς·
'τέκνον ἐμόν, ποῖόν σε ἔπος φύγεν ἕρκος ὀδόντων.
οὐ γὰρ δὴ τοῦτον μὲν ἐβούλευσας νόον αὐτή,
ὡς ἦ τοι κείνους Ὀδυσεὺς ἀποτίσεται ἐλθών;
Τηλέμαχον δὲ σὺ πέμψον ἐπισταμένως, δύνασαι γάρ, 25
ὥς κε μάλ᾽ ἀσκηθὴς ἣν πατρίδα γαῖαν ἵκηται,
μνηστῆρες δ᾽ ἐν νηὶ παλιμπετὲς ἀπονέωνται.'
   ἦ ῥα καὶ Ἑρμείαν, υἱὸν φίλον, ἀντίον ηὔδα·
'Ἑρμεία, σὺ γὰρ αὖτε τά τ᾽ ἄλλα περ ἄγγελός ἐσσι,
νύμφῃ ἐϋπλοκάμῳ εἰπεῖν νημερτέα βουλήν, 30
νόστον Ὀδυσσῆος ταλασίφρονος, ὥς κε νέηται
οὔτε θεῶν πομπῇ οὔτε θνητῶν ἀνθρώπων·
ἀλλ᾽ ὅ γ᾽ ἐπὶ σχεδίης πολυδέσμου πήματα πάσχων
ἤματί κ᾽ εἰκοστῷ Σχερίην ἐρίβωλον ἵκοιτο,
Φαιήκων ἐς γαῖαν, οἳ ἀγχίθεοι γεγάασιν, 35
οἵ κέν μιν περὶ κῆρι θεὸν ὣς τιμήσουσιν,
πέμψουσιν δ᾽ ἐν νηὶ φίλην ἐς πατρίδα γαῖαν,
χαλκόν τε χρυσόν τε ἅλις ἐσθῆτά τε δόντες,
πόλλ᾽, ὅσ᾽ ἂν οὐδέ ποτε Τροίης ἐξήρατ᾽ Ὀδυσσεύς,
εἴ περ ἀπήμων ἦλθε, λαχὼν ἀπὸ ληίδος αἶσαν. 40
ὣς γάρ οἱ μοῖρ᾽ ἐστὶ φίλους τ᾽ ἰδέειν καὶ ἱκέσθαι
οἶκον ἐς ὑψόροφον καὶ ἑὴν ἐς πατρίδα γαῖαν.'
   ὣς ἔφατ᾽, οὐδ᾽ ἀπίθησε διάκτορος ἀργεϊφόντης.
αὐτίκ᾽ ἔπειθ᾽ ὑπὸ ποσσὶν ἐδήσατο καλὰ πέδιλα,
ἀμβρόσια χρύσεια, τά μιν φέρον ἠμὲν ἐφ᾽ ὑγρὴν 45
ἠδ᾽ ἐπ᾽ ἀπείρονα γαῖαν ἅμα πνοιῇς ἀνέμοιο.
εἵλετο δὲ ῥάβδον, τῇ τ᾽ ἀνδρῶν ὄμματα θέλγει,
ὧν ἐθέλει, τοὺς δ᾽ αὖτε καὶ ὑπνώοντας ἐγείρει.
τὴν μετὰ χερσὶν ἔχων πέτετο κρατὺς ἀργεϊφόντης.
Πιερίην δ᾽ ἐπιβὰς ἐξ αἰθέρος ἔμπεσε πόντῳ· 50
σεύατ᾽ ἔπειτ᾽ ἐπὶ κῦμα λάρῳ ὄρνιθι ἐοικώς,
ὅς τε κατὰ δεινοὺς κόλπους ἁλὸς ἀτρυγέτοιο
ἰχθῦς ἀγρώσσων πυκινὰ πτερὰ δεύεται ἅλμῃ·

From Pylos the divine, and from the walls 25
Of famous Sparta, whither he had gone
To gather tidings of his father's fate."
   Then answered her the Ruler of the storms:—
"My child, what words are these that pass thy lips?
Was not thy long-determined counsel this,— 30
That in good time Ulysses should return,
To be avenged? Guide, then, Telemachus
Wisely,—for so thou canst,—that, all unharmed,
He reach his native land, and, in their barks,
Homeward the suitor-train retrace their way." 35
   He spake, and turned to Hermes, his dear son:—
"Hermes,—for thou in this my messenger
Art, as in all things,—to the bright-haired nymph
Make known my steadfast purpose,—the return
Of suffering Ulysses. Neither gods 40
Nor men shall guide his voyage. On a raft,
Made firm with bands, he shall depart and reach,
After long hardships, on the twentieth day,
The fertile shore of Scheria, on whose isle
Dwell the Phæacians, kinsmen of the gods. 45
They like a god shall honor him, and thence
Send him to his loved country in a ship,
With ample gifts of brass and gold, and store
Of raiment,—wealth like which he ne'er had brought
From conquered Ilion, had he reached his home 50
Safely, with all his portion of the spoil.
So is it preordained that he behold
His friends again, and stand once more within
His high-roofed palace, on his native soil."
   He spake; the herald Argicide obeyed, 55
And hastily beneath his feet he bound
The fair, ambrosial golden sandals, worn
To bear him over ocean like the wind,
And o'er the boundless land. His wand he took,
Wherewith he softly seals the eyes of men, 60
And opens them at will from sleep. With this
In hand, the mighty Argus-queller flew,
And, lighting on Pieria, from the sky
Plunged downward to the deep, and skimmed its face
Like hovering seamew, that on the broad gulfs 65
Of the unfruitful ocean seeks her prey,
And often dips her pinions in the brine;

τῷ ἴκελος πολέεσσιν ὀχήσατο κύμασιν Ἑρμῆς.
ἀλλ' ὅτε δὴ τὴν νῆσον ἀφίκετο τηλόθ' ἐοῦσαν, 55
ἔνθ' ἐκ πόντου βὰς ἰοειδέος ἤπειρόνδε
ἤιεν, ὄφρα μέγα σπέος ἵκετο, τῷ ἔνι νύμφη
ναῖεν ἐυπλόκαμος· τὴν δ' ἔνδοθι τέτμεν ἐοῦσαν.
πῦρ μὲν ἐπ' ἐσχαρόφιν μέγα καίετο, τηλόσε δ' ὀδμὴ
κέδρου τ' εὐκεάτοιο θύου τ' ἀνὰ νῆσον ὀδώδει 60
δαιομένων· ἡ δ' ἔνδον ἀοιδιάουσ' ὀπὶ καλῇ
ἱστὸν ἐποιχομένη χρυσείῃ κερκίδ' ὕφαινεν.
ὕλη δὲ σπέος ἀμφὶ πεφύκει τηλεθόωσα,
κλήθρη τ' αἴγειρός τε καὶ εὐώδης κυπάρισσος.
ἔνθα δέ τ' ὄρνιθες τανυσίπτεροι εὐνάζοντο, 65
σκῶπές τ' ἴρηκές τε τανύγλωσσοί τε κορῶναι
εἰνάλιαι, τῇσίν τε θαλάσσια ἔργα μέμηλεν.
ἡ δ' αὐτοῦ τετάνυστο περὶ σπείους γλαφυροῖο
ἡμερὶς ἡβώωσα, τεθήλει δὲ σταφυλῇσι.
κρῆναι δ' ἑξείης πίσυρες ῥέον ὕδατι λευκῷ, 70
πλησίαι ἀλλήλων τετραμμέναι ἄλλυδις ἄλλη.
ἀμφὶ δὲ λειμῶνες μαλακοὶ ἴου ἠδὲ σελίνου
θήλεον. ἔνθα κ' ἔπειτα καὶ ἀθάνατός περ ἐπελθὼν
θηήσαιτο ἰδὼν καὶ τερφθείη φρεσὶν ᾗσιν.
ἔνθα στὰς θηεῖτο διάκτορος ἀργεϊφόντης. 75
αὐτὰρ ἐπεὶ δὴ πάντα ἑῷ θηήσατο θυμῷ,
αὐτίκ' ἄρ' εἰς εὐρὺ σπέος ἤλυθεν. οὐδέ μιν ἄντην
ἠγνοίησεν ἰδοῦσα Καλυψώ, δῖα θεάων·
οὐ γάρ τ' ἀγνῶτες θεοὶ ἀλλήλοισι πέλονται
ἀθάνατοι, οὐδ' εἴ τις ἀπόπροθι δώματα ναίει. 80
οὐδ' ἄρ' Ὀδυσσῆα μεγαλήτορα ἔνδον ἔτετμεν,
ἀλλ' ὅ γ' ἐπ' ἀκτῆς κλαῖε καθήμενος, ἔνθα πάρος περ,
δάκρυσι καὶ στοναχῇσι καὶ ἄλγεσι θυμὸν ἐρέχθων.
πόντον ἐπ' ἀτρύγετον δερκέσκετο δάκρυα λείβων.
Ἑρμείαν δ' ἐρέεινε Καλυψώ, δῖα θεάων, 85
ἐν θρόνῳ ἱδρύσασα φαεινῷ σιγαλόεντι·
  'τίπτε μοι, Ἑρμεία χρυσόρραπι, εἰλήλουθας
αἰδοῖός τε φίλος τε; πάρος γε μὲν οὔ τι θαμίζεις.

So Hermes flew along the waste of waves.
  But when he reached that island, far away,
Forth from the dark-blue ocean-swell he stepped
Upon the sea-beach, walking till he came
To the vast cave in which the bright-haired nymph
Made her abode. He found the nymph within;
A fire blazed brightly on the hearth, and far
Was wafted o'er the isle the fragrant smoke
Of cloven cedar, burning in the flame,
And cypress-wood. Meanwhile, in her recess,
She, sweetly sang, as busily she threw
The golden shuttle through the web she wove.
And all about the grotto alders gre,
And poplars, and sweet-smelling cypresses.
In a green forest, high among whose boughs
Birds of broad wing, wood-owls, and falcons built
Their nests, and crows, with voices sounding far,
All haunting for their food the ocean-side.
A vine, with downy leaves and clustering grapes,
Crept over all the cavern rock. Four springs
Poured forth their glittering waters in a row,
And here and there went wandering side by side.
Around were meadows of soft green, o'ergrown
With violets and parsley. 'Twas a spot
Where even an immortal might awhile
Linger, and gaze with wonder and delight.
The herald Argus-queller stood, and saw,
And marvelled; but as soon as he had viewed
The wonders of the place, he turned his steps,
Entering the broad-roofed cave. Calypso there,
The glorious goddess, saw him as he came,
And knew him; for the ever-living gods
Are to each other known, though one may dwell
Far from the rest. Ulysses, large of heart,
Was not within. Apart, upon the shore,
He sat and sorrowed, where he oft in tears
And sighs and vain repinings passed the hours,
Gazing with wet eyes on the barren deep.
Now, placing Hermes on a shining seat
Of state, Calypso, glorious goddess, said:
  "Thou of the golden wand, revered and loved,
What, Hermes, brings thee hither? Passing few
Have been thy visits. Make thy pleasure known.

αὔδα ὅ τι φρονέεις: τελέσαι δέ με θυμὸς ἄνωγεν,
εἰ δύναμαι τελέσαι γε καὶ εἰ τετελεσμένον ἐστίν. 90
ἀλλ' ἕπεο προτέρω, ἵνα τοι πὰρ ξείνια θείω.'
  ὣς ἄρα φωνήσασα θεὰ παρέθηκε τράπεζαν
ἀμβροσίης πλήσασα, κέρασσε δὲ νέκταρ ἐρυθρόν.
αὐτὰρ ὁ πῖνε καὶ ἦσθε διάκτορος ἀργεϊφόντης.
αὐτὰρ ἐπεὶ δείπνησε καὶ ἤραρε θυμὸν ἐδωδῇ, 95
καὶ τότε δή μιν ἔπεσσιν ἀμειβόμενος προσέειπεν:
  'εἰρωτᾷς μ' ἐλθόντα θεὰ θεόν: αὐτὰρ ἐγώ τοι
νημερτέως τὸν μῦθον ἐνισπήσω: κέλεαι γάρ.
Ζεὺς ἐμέ γ' ἠνώγει δεῦρ' ἐλθέμεν οὐκ ἐθέλοντα:
τίς δ' ἂν ἑκὼν τοσσόνδε διαδράμοι ἁλμυρὸν ὕδωρ 100
ἄσπετον; οὐδέ τις ἄγχι βροτῶν πόλις, οἵ τε θεοῖσιν
ἱερά τε ῥέζουσι καὶ ἐξαίτους ἑκατόμβας.
ἀλλὰ μάλ' οὔ πως ἔστι Διὸς νόον αἰγιόχοιο
οὔτε παρεξελθεῖν ἄλλον θεὸν οὔθ' ἁλιῶσαι.
φησί τοι ἄνδρα παρεῖναι ὀιζυρώτατον ἄλλων, 105
τῶν ἀνδρῶν, οἳ ἄστυ πέρι Πριάμοιο μάχοντο
εἰνάετες, δεκάτῳ δὲ πόλιν πέρσαντες ἔβησαν
οἴκαδ': ἀτὰρ ἐν νόστῳ Ἀθηναίην ἀλίτοντο,
ἥ σφιν ἐπῶρσ' ἄνεμόν τε κακὸν καὶ κύματα μακρά.
ἔνθ' ἄλλοι μὲν πάντες ἀπέφθιθεν ἐσθλοὶ ἑταῖροι, 110
τὸν δ' ἄρα δεῦρ' ἄνεμός τε φέρων καὶ κῦμα πέλασσε.
τὸν νῦν σ' ἠνώγειν ἀποπεμπέμεν ὅττι τάχιστα:
οὐ γάρ οἱ τῇδ' αἶσα φίλων ἀπονόσφιν ὀλέσθαι,
ἀλλ' ἔτι οἱ μοῖρ' ἐστὶ φίλους τ' ἰδέειν καὶ ἱκέσθαι
οἶκον ἐς ὑψόροφον καὶ ἑὴν ἐς πατρίδα γαῖαν.' 115
  ὣς φάτο, ῥίγησεν δὲ Καλυψώ, δῖα θεάων,
καί μιν φωνήσασ' ἔπεα πτερόεντα προσηύδα:
'σχέτλιοί ἐστε, θεοί, ζηλήμονες ἔξοχον ἄλλων,
οἵ τε θεαῖς ἀγάασθε παρ' ἀνδράσιν εὐνάζεσθαι
ἀμφαδίην, ἤν τίς τε φίλον ποιήσετ' ἀκοίτην. 120
ὣς μὲν ὅτ' Ὠρίων' ἕλετο ῥοδοδάκτυλος Ἠώς,
τόφρα οἱ ἠγάασθε θεοὶ ῥεῖα ζώοντες,
ἧος ἐν Ὀρτυγίῃ χρυσόθρονος Ἄρτεμις ἁγνὴ
οἷς ἀγανοῖς βελέεσσιν ἐποιχομένη κατέπεφνεν.

My heart enjoins me to obey, if aught
That thou commandest be within my power;
But first accept the offerings due a guest."
    The goddess, speaking thus, before him placed
A table, where the heaped ambrosia lay,   115
And mingled the red nectar. Ate and drank
The herald Argus-queller, and, refreshed,
Answered the nymph, and made his message known:—
    "Art thou a goddess, and dost ask of me,
A god, why came I hither? Yet, since thou   120
Requirest, I will truly tell the cause.
I came unwillingly, at Jove's command;
For who of choice would traverse the wide waste
Of the salt ocean, with no city near
Where men adore the gods with solemn rites   125
And chosen hecatombs. No god has power
To elude or to resist the purposes
Of ægis-bearing Jove. With thee abides,
He bids me say, the most unhappy man
Of all who round the city of Priam waged   130
The battle through nine years, and, in the tenth,
Laying it waste, departed for their homes.
But in their voyage they provoked the wrath
Of Pallas, who called up the furious winds
And angry waves against them. By his side   135
Sank all his gallant comrades in the deep.
Him did the winds and waves drive hither. Him
Jove bids thee send away with speed; for here
He must not perish, far from all he loves.
So is it preordained that he behold   140
His friends again, and stand once more within
His high-roofed palace, on his native soil."
    He spake; Calypso, glorious goddess, heard,
And shuddered, and with winged words replied:—
    "Ye are unjust, ye gods, and, envious far   145
Beyond all other beings, cannot bear
That ever goddess openly should make
A mortal man her consort. Thus it was
When once Aurora, rosy-fingered, took
Orion for her husband; ye were stung,   150
Amid your blissful lives, with envious hate,
Till chaste Diana, of the golden throne,
Smote him with silent arrows from her bow,

ὣς δ' ὁπότ' Ἰασίωνι ἐϋπλόκαμος Δημήτηρ,　125
ᾧ θυμῷ εἴξασα, μίγη φιλότητι καὶ εὐνῇ
νειῷ ἔνι τριπόλῳ· οὐδὲ δὴν ἦεν ἄπυστος
Ζεύς, ὅς μιν κατέπεφνε βαλὼν ἀργῆτι κεραυνῷ.
ὥς δ' αὖ νῦν μοι ἄγασθε, θεοί, βροτὸν ἄνδρα παρεῖναι.
τὸν μὲν ἐγὼν ἐσάωσα περὶ τρόπιος βεβαῶτα　130
οἶον, ἐπεί οἱ νῆα θοὴν ἀργῆτι κεραυνῷ
Ζεὺς ἔλσας ἐκέασσε μέσῳ ἐνὶ οἴνοπι πόντῳ.
ἔνθ' ἄλλοι μὲν πάντες ἀπέφθιθεν ἐσθλοὶ ἑταῖροι,
τὸν δ' ἄρα δεῦρ' ἄνεμός τε φέρων καὶ κῦμα πέλασσε.
τὸν μὲν ἐγὼ φίλεόν τε καὶ ἔτρεφον, ἠδὲ ἔφασκον　135
θήσειν ἀθάνατον καὶ ἀγήραον ἤματα πάντα.
ἀλλ' ἐπεὶ οὔ πως ἔστι Διὸς νόον αἰγιόχοιο
οὔτε παρεξελθεῖν ἄλλον θεὸν οὔθ' ἁλιῶσαι,
ἐρρέτω, εἴ μιν κεῖνος ἐποτρύνει καὶ ἀνώγει,
πόντον ἐπ' ἀτρύγετον· πέμψω δέ μιν οὔ πῃ ἐγώ γε·　140
οὐ γάρ μοι πάρα νῆες ἐπήρετμοι καὶ ἑταῖροι,
οἵ κέν μιν πέμποιεν ἐπ' εὐρέα νῶτα θαλάσσης.
αὐτάρ οἱ πρόφρων ὑποθήσομαι, οὐδ' ἐπικεύσω,
ὥς κε μάλ' ἀσκηθὴς ἣν πατρίδα γαῖαν ἵκηται.'
　τὴν δ' αὖτε προσέειπε διάκτορος ἀργεϊφόντης·　145
'οὕτω νῦν ἀπόπεμπε, Διὸς δ' ἐποπίζεο μῆνιν,
μή πώς τοι μετόπισθε κοτεσσάμενος χαλεπήνῃ.'
ὣς ἄρα φωνήσας ἀπέβη κρατὺς ἀργεϊφόντης·
ἡ δ' ἐπ' Ὀδυσσῆα μεγαλήτορα πότνια νύμφη
ἤϊ', ἐπεὶ δὴ Ζηνὸς ἐπέκλυεν ἀγγελιάων.　150
τὸν δ' ἄρ' ἐπ' ἀκτῆς εὗρε καθήμενον· οὐδέ ποτ' ὄσσε
δακρυόφιν τέρσοντο, κατείβετο δὲ γλυκὺς αἰὼν
νόστον ὀδυρομένῳ, ἐπεὶ οὐκέτι ἥνδανε νύμφη.
ἀλλ' ἦ τοι νύκτας μὲν ἰαύεσκεν καὶ ἀνάγκῃ
ἐν σπέσσι γλαφυροῖσι παρ' οὐκ ἐθέλων ἐθελούσῃ·　155
ἤματα δ' ἂμ πέτρῃσι καὶ ἠϊόνεσσι καθίζων
δάκρυσι καὶ στοναχῇσι καὶ ἄλγεσι θυμὸν ἐρέχθων
πόντον ἐπ' ἀτρύγετον δερκέσκετο δάκρυα λείβων.
ἀγχοῦ δ' ἱσταμένη προσεφώνεε δῖα θεάων·
　'κάμμορε, μή μοι ἔτ' ἐνθάδ' ὀδύρεο, μηδέ τοι αἰὼν　160

And slew him in Ortygia. Thus, again,
When bright-haired Ceres, swayed by her own heart, 155
In fields which bore three yearly harvests, met
Iäsion as a lover, this was known
Erelong to Jupiter, who flung from high
A flaming thunderbolt, and laid him dead.
And now ye envy me, that with me dwells 160
A mortal man. I saved him as he clung
Alone upon his floating keel; for Jove
Had cloven with a bolt of fire from heaven
His galley in the midst of the black sea,
And all his gallant comrades perished there. 165
Him kindly I received; I cherished him,
And promised him a life that ne'er should know
Decay or death. But since no god has power
To elude or to withstand the purposes
Of ægis-bearing Jove, let him depart— 170
If so the sovereign moves him and commands—
Over the barren deep. I send him not;
For neither ship arrayed with oars have I,
Nor seamen, o'er the boundless waste of waves
To bear him hence. My counsel I will give, 175
And nothing will I hide that he should know,
To place him safely on his native shore."
   The herald Argus-queller answered her:—
"Dismiss him thus, and bear in mind the wrath
Of Jove, lest it be kindled against thee." 180
   Thus having said, the mighty Argicide
Departed; and the nymph, who now had heard
The doom of Jove, sought the great-hearted man,
Ulysses. Him she found beside the deep,
Seated alone, with eyes from which the tears 185
Were never dried; for now no more the nymph
Delighted him; he wasted his sweet life
In yearning for his home. Night after night
He slept constrained within the hollow cave,
The unwilling by the fond; and day by day 190
He sat upon the rocks that edged the shore,
And in continual weeping and in sighs
And vain repinings wore the hours away,
Gazing through tears upon the barren deep.
The glorious goddess stood by him and spake:— 195
   "Unhappy! sit no longer sorrowing here,

φθινέτω· ἤδη γάρ σε μάλα πρόφρασσ' ἀποπέμψω.
ἀλλ' ἄγε δούρατα μακρὰ ταμὼν ἁρμόζεο χαλκῷ
εὐρεῖαν σχεδίην· ἀτὰρ ἴκρια πῆξαι ἐπ' αὐτῆς
ὑψοῦ, ὥς σε φέρῃσιν ἐπ' ἠεροειδέα πόντον.
αὐτὰρ ἐγὼ σῖτον καὶ ὕδωρ καὶ οἶνον ἐρυθρὸν   165
ἐνθήσω μενοεικέ', ἅ κέν τοι λιμὸν ἐρύκοι,
εἵματά τ' ἀμφιέσω· πέμψω δέ τοι οὖρον ὄπισθεν,
ὥς κε μάλ' ἀσκηθὴς σὴν πατρίδα γαῖαν ἵκηαι,
αἴ κε θεοί γ' ἐθέλωσι, τοὶ οὐρανὸν εὐρὺν ἔχουσιν,
οἵ μευ φέρτεροί εἰσι νοῆσαί τε κρῆναί τε.'   170
  ὣς φάτο, ῥίγησεν δὲ πολύτλας δῖος Ὀδυσσεύς,
καί μιν φωνήσας ἔπεα πτερόεντα προσηύδα·
'ἄλλο τι δὴ σύ, θεά, τόδε μήδεαι, οὐδέ τι πομπήν,
ἦ με κέλεαι σχεδίῃ περάαν μέγα λαῖτμα θαλάσσης,
δεινόν τ' ἀργαλέον τε· τὸ δ' οὐδ' ἐπὶ νῆες ἐῖσαι   175
ὠκύποροι περόωσιν, ἀγαλλόμεναι Διὸς οὔρῳ.
οὐδ' ἂν ἐγὼν ἀέκητι σέθεν σχεδίης ἐπιβαίην,
εἰ μή μοι τλαίης γε, θεά, μέγαν ὅρκον ὀμόσσαι
μή τί μοι αὐτῷ πῆμα κακὸν βουλευσέμεν ἄλλο.'
  ὣς φάτο, μείδησεν δὲ Καλυψὼ δῖα θεάων,   180
χειρί τέ μιν κατέρεξεν ἔπος τ' ἔφατ' ἔκ τ' ὀνόμαζεν·
'ἦ δὴ ἀλιτρός γ' ἐσσὶ καὶ οὐκ ἀποφώλια εἰδώς,
οἷον δὴ τὸν μῦθον ἐπεφράσθης ἀγορεῦσαι.
ἴστω νῦν τόδε γαῖα καὶ οὐρανὸς εὐρὺς ὕπερθε
καὶ τὸ κατειβόμενον Στυγὸς ὕδωρ, ὅς τε μέγιστος   185
ὅρκος δεινότατός τε πέλει μακάρεσσι θεοῖσι,
μή τί τοι αὐτῷ πῆμα κακὸν βουλευσέμεν ἄλλο.
ἀλλὰ τὰ μὲν νοέω καὶ φράσσομαι, ἅσσ' ἂν ἐμοί περ
αὐτῇ μηδοίμην, ὅτε με χρειὼ τόσον ἵκοι·
καὶ γὰρ ἐμοὶ νόος ἐστὶν ἐναίσιμος, οὐδέ μοι αὐτῇ   190
θυμὸς ἐνὶ στήθεσσι σιδήρεος, ἀλλ' ἐλεήμων.'
  ὣς ἄρα φωνήσασ' ἡγήσατο δῖα θεάων
καρπαλίμως· ὁ δ' ἔπειτα μετ' ἴχνια βαῖνε θεοῖο.
ἷξον δὲ σπεῖος γλαφυρὸν θεὸς ἠδὲ καὶ ἀνήρ,
καί ῥ' ὁ μὲν ἔνθα καθέζετ' ἐπὶ θρόνου ἔνθεν ἀνέστη   195
Ἑρμείας, νύμφη δ' ἐτίθει πάρα πᾶσαν ἐδωδήν,
ἔσθειν καὶ πίνειν, οἷα βροτοὶ ἄνδρες ἔδουσιν·

Nor waste life thus. Lo! I most willingly
Dismiss thee hence. Rise, hew down trees, and bind
Their trunks with brazen clamps into a raft,
And fasten planks above, a lofty floor,   200
That it may bear thee o'er the dark-blue deep.
Bread will I put on board, water, and wine,—
Red wine, that cheers the heart,—and wrap thee well
In garments, and send after thee the wind,
That safely thou attain thy native shore,   205
If so the gods permit thee, who abide
In the broad heaven above, and better know
By far than I, and far more wisely judge."
   Ulysses, the great sufferer, as she spake
Shuddered, and thus with winged words replied:—   210
   "Some other purpose than to send me home
Is in thy heart, O goddess, bidding me
To cross this frightful sea upon a raft,—
This perilous sea, where never even ships
Pass with their rapid keels, though Jove bestow   215
The wind that glads the seaman. Nay, I climb
No raft, against thy wish, unless thou swear
The great oath of the gods that thou in this
Dost meditate no other harm to me."
   He spake; Calypso, glorious goddess, smiled, 220
And smoothed his forehead with her hand, and said:—
   "Perverse, and slow to see where guile is not!
How could thy heart permit thee thus to speak?
Now bear me witness, Earth, and ye broad Heavens
Above us, and ye waters of the Styx   225
That flow beneath us, mightiest oath of all,
And most revered by all the blessed gods,
That I design no other harm to thee,
But that I plan for thee, and counsel thee
What I would do were I in need like thine.   230
I bear a juster mind; my bosom holds
A pitying heart, and not a heart of steel."
   Thus having said, the glorious goddess moved
Away with hasty steps, and where she trod
He followed, till they reached the vaulted cave,— 235
The goddess and the hero. There he took
The seat whence Hermes had just risen. The nymph
Brought forth whatever mortals eat and drink
To set before him. She right opposite

αὐτὴ δ' ἀντίον ἷζεν Ὀδυσσῆος θείοιο,
τῇ δὲ παρ' ἀμβροσίην δμῳαὶ καὶ νέκταρ ἔθηκαν.
οἱ δ' ἐπ' ὀνείαθ' ἑτοῖμα προκείμενα χεῖρας ἴαλλον.   200
αὐτὰρ ἐπεὶ τάρπησαν ἐδητύος ἠδὲ ποτῆτος,
τοῖς ἄρα μύθων ἦρχε Καλυψώ, δῖα θεάων·
  'διογενὲς Λαερτιάδη, πολυμήχαν' Ὀδυσσεῦ,
οὕτω δὴ οἶκόνδε φίλην ἐς πατρίδα γαῖαν
αὐτίκα νῦν ἐθέλεις ἰέναι; σὺ δὲ χαῖρε καὶ ἔμπης.   205
εἴ γε μὲν εἰδείης σῇσι φρεσὶν ὅσσα τοι αἶσα
κήδε' ἀναπλῆσαι, πρὶν πατρίδα γαῖαν ἱκέσθαι,
ἐνθάδε κ' αὖθι μένων σὺν ἐμοὶ τόδε δῶμα φυλάσσοις
ἀθάνατός τ' εἴης, ἱμειρόμενός περ ἰδέσθαι
σὴν ἄλοχον, τῆς τ' αἰὲν ἐέλδεαι ἤματα πάντα.   210
οὐ μέν θην κείνης γε χερείων εὔχομαι εἶναι,
οὐ δέμας οὐδὲ φυήν, ἐπεὶ οὔ πως οὐδὲ ἔοικεν
θνητὰς ἀθανάτῃσι δέμας καὶ εἶδος ἐρίζειν.'
  τὴν δ' ἀπαμειβόμενος προσέφη πολύμητις Ὀδυσσεύς·
'πότνα θεά, μή μοι τόδε χώεο· οἶδα καὶ αὐτὸς   215
πάντα μάλ', οὕνεκα σεῖο περίφρων Πηνελόπεια
εἶδος ἀκιδνοτέρη μέγεθός τ' εἰσάντα ἰδέσθαι·
ἡ μὲν γὰρ βροτός ἐστι, σὺ δ' ἀθάνατος καὶ ἀγήρως.
ἀλλὰ καὶ ὣς ἐθέλω καὶ ἐέλδομαι ἤματα πάντα
οἴκαδέ τ' ἐλθέμεναι καὶ νόστιμον ἦμαρ ἰδέσθαι.   220
εἰ δ' αὖ τις ῥαίῃσι θεῶν ἐνὶ οἴνοπι πόντῳ,
τλήσομαι ἐν στήθεσσιν ἔχων ταλαπενθέα θυμόν·
ἤδη γὰρ μάλα πολλὰ πάθον καὶ πολλὰ μόγησα
κύμασι καὶ πολέμῳ· μετὰ καὶ τόδε τοῖσι γενέσθω.'
  ὣς ἔφατ', ἠέλιος δ' ἄρ' ἔδυ καὶ ἐπὶ κνέφας ἦλθεν·   225
ἐλθόντες δ' ἄρα τώ γε μυχῷ σπείους γλαφυροῖο
τερπέσθην φιλότητι, παρ' ἀλλήλοισι μένοντες.
  ἦμος δ' ἠριγένεια φάνη ῥοδοδάκτυλος Ἠώς,
αὐτίχ' ὁ μὲν χλαῖνάν τε χιτῶνά τε ἕννυτ' Ὀδυσσεύς,
αὐτὴ δ' ἀργύφεον φᾶρος μέγα ἕννυτο νύμφη,   230
λεπτὸν καὶ χαρίεν, περὶ δὲ ζώνην βάλετ' ἰξυῖ
καλὴν χρυσείην, κεφαλῇ δ' ἐφύπερθε καλύπτρην.
καὶ τότ' Ὀδυσσῆι μεγαλήτορι μήδετο πομπήν·

To that of great Ulysses took her seat. 240
Ambrosia there her maidens laid, and there
Poured nectar. Both put forth their hands, and took
The ready viands, till at length the calls
Of hunger and of thirst were satisfied;
Calypso, glorious goddess, then began:— 245
    "Son of Laertes, man of many wiles,
High-born Ulysses! thus wilt thou depart
Home to thy native country? Then farewell;
But, couldst thou know the sufferings Fate ordains
For thee ere yet thou landest on its shore, 250
Thou wouldst remain to keep this home with me
And be immortal, strong as is thy wish
To see thy wife,—a wish that day by day
Possesses thee. I cannot deem myself
In face or form less beautiful than she; 255
For never with immortals can the race
Of mortal dames in form or face compare."
    Ulysses, the sagacious, answered her:—
    "Bear with me, gracious goddess; well I know
All thou couldst say. The sage Penelope 260
In feature and in stature comes not nigh
To thee, for she is mortal,—deathless thou,
And ever young; yet day by day I long
To be at home once more, and pine to see
The hour of my return. Even though some god 265
Smite me on the black ocean, I shall bear
The stroke, for in my bosom dwells a mind
Patient of suffering; much have I endured,
And much survived, in tempests on the deep,
And in the battle; let this happen too." 270
    He spake; the sun went down; the night came on;
And now the twain withdrew to a recess
Deep in the vaulted cave, where, side by side,
They took their rest. But when the child of Dawn,
Aurora, rosy-fingered, looked abroad, 275
Ulysses put his vest and mantle on;
The nymph too, in a robe of silver-white,
Ample, and delicate, and beautiful,
Arrayed herself, and round about her loins
Wound a fair golden girdle, drew a veil 280
Over her head, and planned to send away
Magnanimous Ulysses. She bestowed

δῶκέν οἱ πέλεκυν μέγαν, ἄρμενον ἐν παλάμῃσι,
χάλκεον, ἀμφοτέρωθεν ἀκαχμένον· αὐτὰρ ἐν αὐτῷ 235
στειλειὸν περικαλλὲς ἐλάινον, εὖ ἐναρηρός·
δῶκε δ' ἔπειτα σκέπαρνον ἐύξοον· ἦρχε δ' ὁδοῖο
νήσου ἐπ' ἐσχατιῆς, ὅθι δένδρεα μακρὰ πεφύκει,
κλήθρη τ' αἴγειρός τ', ἐλάτη τ' ἦν οὐρανομήκης,
αὖα πάλαι, περίκηλα, τά οἱ πλώοιεν ἐλαφρῶς. 240
αὐτὰρ ἐπεὶ δὴ δεῖξ', ὅθι δένδρεα μακρὰ πεφύκει,
ἡ μὲν ἔβη πρὸς δῶμα Καλυψώ, δῖα θεάων,
αὐτὰρ ὁ τάμνετο δοῦρα· θοῶς δέ οἱ ἤνυτο ἔργον.
εἴκοσι δ' ἔκβαλε πάντα, πελέκκησεν δ' ἄρα χαλκῷ,
ξέσσε δ' ἐπισταμένως καὶ ἐπὶ στάθμην ἴθυνεν. 245
τόφρα δ' ἔνεικε τέρετρα Καλυψώ, δῖα θεάων·
τέτρηνεν δ' ἄρα πάντα καὶ ἥρμοσεν ἀλλήλοισιν,
γόμφοισιν δ' ἄρα τήν γε καὶ ἁρμονίῃσιν ἄρασσεν.
ὅσσον τίς τ' ἔδαφος νηὸς τορνώσεται ἀνὴρ
φορτίδος εὐρείης, ἐὺ εἰδὼς τεκτοσυνάων, 250
τόσσον ἔπ' εὐρεῖαν σχεδίην ποιήσατ' Ὀδυσσεύς.
ἴκρια δὲ στήσας, ἀραρὼν θαμέσι σταμίνεσσι,
ποίει· ἀτὰρ μακρῇσιν ἐπηγκενίδεσσι τελεύτα.
ἐν δ' ἱστὸν ποίει καὶ ἐπίκριον ἄρμενον αὐτῷ·
πρὸς δ' ἄρα πηδάλιον ποιήσατο, ὄφρ' ἰθύνοι. 255
φράξε δέ μιν ῥίπεσσι διαμπερὲς οἰσυΐνῃσι
κύματος εἶλαρ ἔμεν· πολλὴν δ' ἐπεχεύατο ὕλην.
τόφρα δὲ φάρε' ἔνεικε Καλυψώ, δῖα θεάων,
ἱστία ποιήσασθαι· ὁ δ' εὖ τεχνήσατο καὶ τά.
ἐν δ' ὑπέρας τε κάλους τε πόδας τ' ἐνέδησεν ἐν αὐτῇ, 260
μοχλοῖσιν δ' ἄρα τήν γε κατείρυσεν εἰς ἅλα δῖαν.
 τέτρατον ἦμαρ ἔην, καὶ τῷ τετέλεστο ἅπαντα·
τῷ δ' ἄρα πέμπτῳ πέμπ' ἀπὸ νήσου δῖα Καλυψώ,
εἵματά τ' ἀμφιέσασα θυώδεα καὶ λούσασα.
ἐν δέ οἱ ἀσκὸν ἔθηκε θεὰ μέλανος οἴνοιο 265
τὸν ἕτερον, ἕτερον δ' ὕδατος μέγαν, ἐν δὲ καὶ ἦα
κωρύκῳ· ἐν δέ οἱ ὄψα τίθει μενοεικέα πολλά·
οὖρον δὲ προέηκεν ἀπήμονά τε λιαρόν τε.
γηθόσυνος δ' οὔρῳ πέτασ' ἱστία δῖος Ὀδυσσεύς.
αὐτὰρ ὁ πηδαλίῳ ἰθύνετο τεχνηέντως 270
ἥμενος, οὐδέ οἱ ὕπνος ἐπὶ βλεφάροισιν ἔπιπτεν

A heavy axe, of steel and double-edged,
Well fitted to the hand, the handle wrought
Of olive-wood, firm set and beautiful.   285
A polished adze she gave him next, and led
The way to a far corner of the isle,
Where lofty trees, alders and poplars, stood,
And firs that reached the clouds, sapless and dry
Long since, and fitter thus to ride the waves.   290
Then, having shown where grew the tallest trees,
Calypso, glorious goddess, sought her home.

    Trees then he felled, and soon the task was done.
Twenty in all he brought to earth, and squared
Their trunks with the sharp steel, and carefully   295
He smoothed their sides, and wrought them by a line.
Calypso, gracious goddess, having brought
Wimbles, he bored the beams, and, fitting them
Together, made them fast with nails and clamps.
As when some builder, skilful in his art,   300
Frames for a ship of burden the broad keel,
Such ample breadth Ulysses gave the raft.
Upon the massy beams he reared a deck,
And floored it with long planks from end to end.
On this a mast he raised, and to the mast   305
Fitted a yard; he shaped a rudder next,
To guide the raft along her course, and round
With woven work of willow-boughs he fenced
Her sides against the dashings of the sea.
Calypso, gracious goddess, brought him store   310
Of canvas, which he fitly shaped to sails,
And, rigging her with cords and ropes and stays,
Heaved her with levers into the great deep.

    'Twas the fourth day. His labors now were done,
And on the fifth the goddess from her isle   315
Dismissed him, newly from the bath, arrayed
In garments given by her, that shed perfumes.
A skin of dark red wine she put on board,
A larger one of water, and for food
A basket, stored with viands such as please   320
The appetite. A friendly wind and soft
She sent before. The great Ulysses spread
His canvas joyfully to catch the breeze,
And sat and guided with nice care the helm,
Gazing with fixed eye on the Pleiades,   325

Πληιάδας τ' ἐσορῶντι καὶ ὀψὲ δύοντα Βοώτην
Ἄρκτον θ', ἥν καὶ ἅμαξαν ἐπίκλησιν καλέουσιν,
ἥ τ' αὐτοῦ στρέφεται καί τ' Ὠρίωνα δοκεύει,
οἴη δ' ἄμμορός ἐστι λοετρῶν Ὠκεανοῖο· 275
τὴν γὰρ δή μιν ἄνωγε Καλυψώ, δῖα θεάων,
ποντοπορευέμεναι ἐπ' ἀριστερὰ χειρὸς ἔχοντα.
ἑπτὰ δὲ καὶ δέκα μὲν πλέεν ἤματα ποντοπορεύων,
ὀκτωκαιδεκάτῃ δ' ἐφάνη ὄρεα σκιόεντα
γαίης Φαιήκων, ὅθι τ' ἄγχιστον πέλεν αὐτῷ· 280
εἴσατο δ' ὡς ὅτε ῥινὸν ἐν ἠεροειδέϊ πόντῳ.
  τὸν δ' ἐξ Αἰθιόπων ἀνιὼν κρείων ἐνοσίχθων
τηλόθεν ἐκ Σολύμων ὀρέων ἴδεν· εἴσατο γάρ οἱ
πόντον ἐπιπλώων. ὁ δ' ἐχώσατο κηρόθι μᾶλλον,
κινήσας δὲ κάρη προτὶ ὃν μυθήσατο θυμόν· 285
  'ὢ πόποι, ἦ μάλα δὴ μετεβούλευσαν θεοὶ ἄλλως
ἀμφ' Ὀδυσῆϊ ἐμεῖο μετ' Αἰθιόπεσσιν ἐόντος,
καὶ δὴ Φαιήκων γαίης σχεδόν, ἔνθα οἱ αἶσα
ἐκφυγέειν μέγα πεῖραρ ὀιζύος, ἥ μιν ἱκάνει.
ἀλλ' ἔτι μέν μίν φημι ἄδην ἐλάαν κακότητος.' 290
  ὣς εἰπὼν σύναγεν νεφέλας, ἐτάραξε δὲ πόντον
χερσὶ τρίαιναν ἑλών· πάσας δ' ὀρόθυνεν ἀέλλας
παντοίων ἀνέμων, σὺν δὲ νεφέεσσι κάλυψε
γαῖαν ὁμοῦ καὶ πόντον· ὀρώρει δ' οὐρανόθεν νύξ.
σὺν δ' Εὖρός τε Νότος τ' ἔπεσον Ζέφυρός τε δυσαὴς 295
καὶ Βορέης αἰθρηγενέτης, μέγα κῦμα κυλίνδων.
καὶ τότ' Ὀδυσσῆος λύτο γούνατα καὶ φίλον ἦτορ,
ὀχθήσας δ' ἄρα εἶπε πρὸς ὃν μεγαλήτορα θυμόν·
  'ὤ μοι ἐγὼ δειλός, τί νύ μοι μήκιστα γένηται;
δείδω μὴ δὴ πάντα θεὰ νημερτέα εἶπεν, 300
ἥ μ' ἔφατ' ἐν πόντῳ, πρὶν πατρίδα γαῖαν ἱκέσθαι,
ἄλγε' ἀναπλήσειν· τὰ δὲ δὴ νῦν πάντα τελεῖται.
οἵοισιν νεφέεσσι περιστέφει οὐρανὸν εὐρὺν
Ζεύς, ἐτάραξε δὲ πόντον, ἐπισπέρχουσι δ' ἄελλαι
παντοίων ἀνέμων. νῦν μοι σῶς αἰπὺς ὄλεθρος. 305
τρὶς μάκαρες Δαναοὶ καὶ τετράκις, οἳ τότ' ὄλοντο
Τροίῃ ἐν εὐρείῃ χάριν Ἀτρεΐδῃσι φέροντες.

Boötes setting late, and the Great Bear,
By others called the Wain, which, wheeling round,
Looks ever toward Orion, and alone
Dips not into the waters of the deep.
For so Calypso, glorious goddess, bade   330
That on his ocean journey he should keep
That constellation ever on his left.
Now seventeen days were in the voyage past,
And on the eighteenth shadowy heights appeared,
The nearest point of the Phæacian land,   335
Lying on the dark ocean like a shield.
   But mighty Neptune, coming from among
The Ethiopians, saw him. Far away
He saw, from mountain-heights of Solyma,
The voyager, and burned with fiercer wrath,   340
And shook his head, and said within himself:—
   "Strange! now I see the gods have new designs
For this Ulysses, formed while I was yet
In Ethiopia. He draws near the land
Of the Phæacians, where it is decreed   345
He shall o'erpass the boundary of his woes;
But first, I think, he will have much to bear."
   He spake, and round about him called the clouds
And roused the ocean,—wielding in his hand
The trident,—summoned all the hurricanes   350
Of all the winds, and covered earth and sky
At once with mists, while from above the night
Fell suddenly. The east wind and the south
Pushed forth at once, with the strong-blowing west,
And the clear north rolled up his mighty waves.   355
Ulysses trembled in his knees and heart,
And thus to his great soul, lamenting, said:—
   "What will become of me? unhappy man!
I fear that all the goddess said was true,
Foretelling what disasters should o'ertake   360
My voyage ere I reach my native land.
Now are her words fulfilled. How Jupiter
Wraps the great heaven in clouds and stirs the deep
To tumult! Wilder grow the hurricanes
Of all the winds, and now my fate is sure.   365
Thrice happy, four times happy, they who fell
On Troy's wide field, warring for Atreus' sons:
O, had I met my fate and perished there,

ὡς δὴ ἐγώ γ' ὄφελον θανέειν καὶ πότμον ἐπισπεῖν
ἤματι τῷ ὅτε μοι πλεῖστοι χαλκήρεα δοῦρα
Τρῶες ἐπέρριψαν περὶ Πηλεΐωνι θανόντι. 310
τῷ κ' ἔλαχον κτερέων, καί μευ κλέος ἦγον Ἀχαιοί·
νῦν δέ λευγαλέῳ θανάτῳ εἵμαρτο ἁλῶναι.'
  ὣς ἄρα μιν εἰπόντ' ἔλασεν μέγα κῦμα κατ' ἄκρης
δεινὸν ἐπεσσύμενον, περὶ δὲ σχεδίην ἐλέλιξε.
τῆλε δ' ἀπὸ σχεδίης αὐτὸς πέσε, πηδάλιον δὲ 315
ἐκ χειρῶν προέηκε· μέσον δέ οἱ ἱστὸν ἔαξεν
δεινὴ μισγομένων ἀνέμων ἐλθοῦσα θύελλα,
τηλοῦ δὲ σπεῖρον καὶ ἐπίκριον ἔμπεσε πόντῳ.
τὸν δ' ἄρ' ὑπόβρυχα θῆκε πολὺν χρόνον, οὐδ' ἐδυνάσθη
αἶψα μάλ' ἀνσχεθέειν μεγάλου ὑπὸ κύματος ὁρμῆς· 320
εἵματα γάρ ῥ' ἐβάρυνε, τά οἱ πόρε δῖα Καλυψώ.
ὀψὲ δὲ δή ῥ' ἀνέδυ, στόματος δ' ἐξέπτυσεν ἅλμην
πικρήν, ἥ οἱ πολλὴ ἀπὸ κρατὸς κελάρυζεν.
ἀλλ' οὐδ' ὣς σχεδίης ἐπελήθετο, τειρόμενός περ,
ἀλλὰ μεθορμηθεὶς ἐνὶ κύμασιν ἐλλάβετ' αὐτῆς, 325
ἐν μέσσῃ δὲ καθῖζε τέλος θανάτου ἀλεείνων.
τὴν δ' ἐφόρει μέγα κῦμα κατὰ ῥόον ἔνθα καὶ ἔνθα.
ὡς δ' ὅτ' ὀπωρινὸς Βορέης φορέῃσιν ἀκάνθας
ἂμ πεδίον, πυκιναὶ δὲ πρὸς ἀλλήλῃσιν ἔχονται,
ὣς τὴν ἂμ πέλαγος ἄνεμοι φέρον ἔνθα καὶ ἔνθα· 330
ἄλλοτε μέν τε Νότος Βορέῃ προβάλεσκε φέρεσθαι,
ἄλλοτε δ' αὖτ' Εὖρος Ζεφύρῳ εἴξασκε διώκειν.
  τὸν δὲ ἴδεν Κάδμου θυγάτηρ, καλλίσφυρος Ἰνώ,
Λευκοθέη, ἣ πρὶν μὲν ἔην βροτὸς αὐδήεσσα,
νῦν δ' ἁλὸς ἐν πελάγεσσι θεῶν ἒξ ἔμμορε τιμῆς. 335
ἥ ῥ' Ὀδυσῆ' ἐλέησεν ἀλώμενον, ἄλγε' ἔχοντα,
αἰθυίῃ δ' ἐικυῖα ποτῇ ἀνεδύσετο λίμνης,
ἷζε δ' ἐπὶ σχεδίης πολυδέσμου εἶπέ τε μῦθον·
  'κάμμορε, τίπτε τοι ὧδε Ποσειδάων ἐνοσίχθων
ὠδύσατ' ἐκπάγλως, ὅτι τοι κακὰ πολλὰ φυτεύει; 340
οὐ μὲν δή σε καταφθίσει μάλα περ μενεαίνων.
ἀλλὰ μάλ' ὧδ' ἔρξαι, δοκέεις δέ μοι οὐκ ἀπινύσσειν·
εἵματα ταῦτ' ἀποδὺς σχεδίην ἀνέμοισι φέρεσθαι

That very day on which the Trojan host,
Around the dead Achilles, hurled at me 370
Their brazen javelins, I had then received
Due burial, and great glory with the Greeks;
Now must I die a miserable death."
   As thus he spake, upon him, from on high,
A huge and frightful billow broke; it whirled 375
The raft around, and far from it he fell.
His hands let go the rudder; a fierce rush
Of all the winds together snapped in twain
The mast; far off the yard and canvas flew
Into the deep; the billow held him long 380
Beneath the waters, and he strove in vain
Quickly to rise to air from that huge swell
Of ocean, for the garments weighed him down
Which fair Calypso gave him. But at length
Emerging, he rejected from his throat 385
The bitter brine that down his forehead streamed.
Even then, though hopeless with dismay, his thought
Was on the raft; and, struggling through the waves,
He seized it, sprang on board, and, seated there,
Escaped the threatened death. Still to and fro 390
The rolling billows drave it. As the wind
In autumn sweeps the thistles o'er the field,
Clinging together, so the blasts of heaven
Hither and thither drove it o'er the sea.
And now the south wind flung it to the north 395
To buffet; now the east wind to the west.
   Ino Leucothea saw him clinging there,—
The delicate-footed child of Cadmus, once
A mortal, speaking with a mortal voice,
Though now within the ocean gulfs she shares 400
The honors of the gods. With pity she
Beheld Ulysses struggling thus distressed,
And, rising from the abyss below, in form
A cormorant, the sea-nymph took her perch
On the well-banded raft, and thus she said:— 405
   "Ah, luckless man! how hast thou angered thus
Earth-shaking Neptune, that he visits thee
With these disasters? Yet he cannot take,
Although he seek it earnestly, thy life.
Now do my bidding, for thou seemest wise. 410
Laying aside thy garments, let the raft

κάλλιπ', ἀτὰρ χείρεσσι νέων ἐπιμαίεο νόστου
γαίης Φαιήκων, ὅθι τοι μοῖρ' ἐστὶν ἀλύξαι. 345
τῆ δέ, τόδε κρήδεμνον ὑπὸ στέρνοιο τανύσσαι
ἄμβροτον· οὐδέ τί τοι παθέειν δέος οὐδ' ἀπολέσθαι.
αὐτὰρ ἐπὴν χείρεσσιν ἐφάψεαι ἠπείροιο,
ἂψ ἀπολυσάμενος βαλέειν εἰς οἴνοπα πόντον
πολλὸν ἀπ' ἠπείρου, αὐτὸς δ' ἀπονόσφι τραπέσθαι.' 350
ὣς ἄρα φωνήσασα θεὰ κρήδεμνον ἔδωκεν,
αὐτὴ δ' ἂψ ἐς πόντον ἐδύσετο κυμαίνοντα
αἰθυίῃ ἐικυῖα· μέλαν δέ ἑ κῦμα κάλυψεν.
αὐτὰρ ὁ μερμήριξε πολύτλας δῖος Ὀδυσσεύς,
ὀχθήσας δ' ἄρα εἶπε πρὸς ὃν μεγαλήτορα θυμόν· 355
'ὤ μοι ἐγώ, μή τίς μοι ὑφαίνῃσιν δόλον αὖτε
ἀθανάτων, ὅ τέ με σχεδίης ἀποβῆναι ἀνώγει.
ἀλλὰ μάλ' οὔ πω πείσομ', ἐπεὶ ἑκὰς ὀφθαλμοῖσιν
γαῖαν ἐγὼν ἰδόμην, ὅθι μοι φάτο φύξιμον εἶναι.
ἀλλὰ μάλ' ὧδ' ἔρξω, δοκέει δέ μοι εἶναι ἄριστον· 360
ὄφρ' ἂν μέν κεν δούρατ' ἐν ἁρμονίῃσιν ἀρήρῃ,
τόφρ' αὐτοῦ μενέω καὶ τλήσομαι ἄλγεα πάσχων·
αὐτὰρ ἐπὴν δή μοι σχεδίην διὰ κῦμα τινάξῃ,
νήξομ', ἐπεὶ οὐ μέν τι πάρα προνοῆσαι ἄμεινον.'
ἧος ὁ ταῦθ' ὥρμαινε κατὰ φρένα καὶ κατὰ θυμόν, 365
ὦρσε δ' ἐπὶ μέγα κῦμα Ποσειδάων ἐνοσίχθων,
δεινόν τ' ἀργαλέον τε, κατηρεφές, ἤλασε δ' αὐτόν.
ὡς δ' ἄνεμος ζαὴς ἠίων θημῶνα τινάξῃ
καρφαλέων· τὰ μὲν ἄρ τε διεσκέδασ' ἄλλυδις ἄλλῃ·
ὣς τῆς δούρατα μακρὰ διεσκέδασ'. αὐτὰρ Ὀδυσσεὺς 370
ἀμφ' ἑνὶ δούρατι βαῖνε, κέληθ' ὡς ἵππον ἐλαύνων,
εἵματα δ' ἐξαπέδυνε, τά οἱ πόρε δῖα Καλυψώ.
αὐτίκα δὲ κρήδεμνον ὑπὸ στέρνοιο τάνυσσεν,
αὐτὸς δὲ πρηνὴς ἁλὶ κάππεσε, χεῖρε πετάσσας,
νηχέμεναι μεμαώς. ἴδε δὲ κρείων ἐνοσίχθων, 375
κινήσας δὲ κάρη προτὶ ὃν μυθήσατο θυμόν·
'οὕτω νῦν κακὰ πολλὰ παθὼν ἀλόω κατὰ πόντον,
εἰς ὅ κεν ἀνθρώποισι διοτρεφέεσσι μιγήῃς.
ἀλλ' οὐδ' ὥς σε ἔολπα ὀνόσσεσθαι κακότητος.'

Drift with the winds, while thou, by strength of arm,
Makest thy way in swimming to the land
Of the Phæacians, where thy safety lies.
Receive this veil, and bind its heavenly woof   415
Beneath thy breast, and have no further fear
Of hardship or of danger. But, as soon
As thou shalt touch the island, take it off,
And turn away thy face, and fling it far
From where thou standest into the black deep."   420
   The goddess gave the veil as thus she spoke,
And to the tossing deep went down, in form
A cormorant; the black wave covered her.
But still Ulysses, mighty sufferer,
Pondered, and thus to his great soul he said:—   425
   "Ah me! perhaps some god is planning here
Some other fraud against me, bidding me
Forsake my raft. I will not yet obey,
For still far off I see the land in which
'Tis said my refuge lies. This will I do,   430
For this seems wisest. While the fastenings last
That hold these timbers, I will keep my place
And bide the tempest here; but when the waves
Shall dash my raft in pieces, I will swim,
For nothing better will remain to do."   435
   As he revolved this purpose in his mind,
Earth-shaking Neptune sent a mighty wave,
Horrid and huge and high, and where he sat
It smote him. As a violent wind uplifts
The dry chaff heaped upon a threshing-floor,   440
And sends it scattered through the air abroad,
So did that wave fling loose the ponderous beams.
To one of these, Ulysses, clinging fast,
Bestrode it, like a horseman on his steed;
And now he took the garments off, bestowed   445
By fair Calypso, binding round his breast
The veil, and forward plunged into the deep,
With palms outspread, prepared to swim. Meanwhile
Neptune beheld him,—Neptune, mighty king,—
And shook his head, and said within himself:—   450
   "Go thus, and laden with mischances roam
The waters till thou come among the race
Cherished by Jupiter, but well I deem
Thou wilt not find thy share of suffering light."

ὣς ἄρα φωνήσας ἵμασεν καλλίτριχας ἵππους, 380
ἵκετο δ' εἰς Αἰγάς, ὅθι οἱ κλυτὰ δώματ' ἔασιν.
αὐτὰρ Ἀθηναίη κούρη Διὸς ἄλλ' ἐνόησεν.
ἦ τοι τῶν ἄλλων ἀνέμων κατέδησε κελεύθους,
παύσασθαι δ' ἐκέλευσε καὶ εὐνηθῆναι ἅπαντας·
ὦρσε δ' ἐπὶ κραιπνὸν Βορέην, πρὸ δὲ κύματ' ἔαξεν, 385
ἧος ὃ Φαιήκεσσι φιληρέτμοισι μιγείη
διογενὴς Ὀδυσεὺς θάνατον καὶ κῆρας ἀλύξας.
ἔνθα δύω νύκτας δύο τ' ἤματα κύματι πηγῷ
πλάζετο, πολλὰ δέ οἱ κραδίη προτιόσσετ' ὄλεθρον.
ἀλλ' ὅτε δὴ τρίτον ἦμαρ ἐϋπλόκαμος τέλεσ' Ἠώς, 390
καὶ τότ' ἔπειτ' ἄνεμος μὲν ἐπαύσατο ἠδὲ γαλήνη
ἔπλετο νηνεμίη· ὁ δ' ἄρα σχεδὸν εἴσιδε γαῖαν
ὀξὺ μάλα προϊδών, μεγάλου ὑπὸ κύματος ἀρθείς.
ὡς δ' ὅτ' ἂν ἀσπάσιος βίοτος παίδεσσι φανήῃ
πατρός, ὃς ἐν νούσῳ κεῖται κρατέρ' ἄλγεα πάσχων, 395
δηρὸν τηκόμενος, στυγερὸς δέ οἱ ἔχραε δαίμων,
ἀσπάσιον δ' ἄρα τόν γε θεοὶ κακότητος ἔλυσαν,
ὣς Ὀδυσεῖ ἀσπαστὸν ἐείσατο γαῖα καὶ ὕλη,
νῆχε δ' ἐπειγόμενος ποσὶν ἠπείρου ἐπιβῆναι.
ἀλλ' ὅτε τόσσον ἀπῆν ὅσσον τε γέγωνε βοήσας, 400
καὶ δὴ δοῦπον ἄκουσε ποτὶ σπιλάδεσσι θαλάσσης·
ῥόχθει γὰρ μέγα κῦμα ποτὶ ξερὸν ἠπείροιο
δεινὸν ἐρευγόμενον, εἴλυτο δὲ πάνθ' ἁλὸς ἄχνῃ·
οὐ γὰρ ἔσαν λιμένες νηῶν ὄχοι, οὐδ' ἐπιωγαί,
ἀλλ' ἀκταὶ προβλῆτες ἔσαν σπιλάδες τε πάγοι τε· 405
καὶ τότ' Ὀδυσσῆος λύτο γούνατα καὶ φίλον ἦτορ,
ὀχθήσας δ' ἄρα εἶπε πρὸς ὃν μεγαλήτορα θυμόν·
 "ὤ μοι, ἐπεὶ δὴ γαῖαν ἀελπέα δῶκεν ἰδέσθαι
Ζεύς, καὶ δὴ τόδε λαῖτμα διατμήξας ἐπέρησα,
ἔκβασις οὔ πῃ φαίνεθ' ἁλὸς πολιοῖο θύραζε· 410
ἔκτοσθεν μὲν γὰρ πάγοι ὀξέες, ἀμφὶ δὲ κῦμα
βέβρυχεν ῥόθιον, λισσὴ δ' ἀναδέδρομε πέτρη,
ἀγχιβαθὴς δὲ θάλασσα, καὶ οὔ πως ἔστι πόδεσσι
στήμεναι ἀμφοτέροισι καὶ ἐκφυγέειν κακότητα·

Thus having said he urged his coursers on,　　　　　455
With their fair-flowing manes, until he came
To Ægae, where his glorious palace stands.
　　But Pallas, child of Jove, had other thoughts.
She stayed the course of every wind beside,
And bade them rest, and lulled them into sleep,　　　　460
But summoned the swift north to break the waves,
That so Ulysses, the high-born, escaped
From death and from the fates, might be the guest
Of the Phæacians,—men who love the sea.
Two days and nights among the mighty waves　　　　465
He floated, oft his heart foreboding death.
But when the bright-haired Eos had fulfilled
The third day's course, and all the winds were laid,
And calm was on the watery waste, he saw
That land was near, as, lifted on the crest　　　　　　470
Of a huge swell, he looked with sharpened sight;
And as a father's life preserved makes glad
His children's hearts, when long time he has lain
Sick, wrung with pain, and wasting by the power
Of some malignant genius, till at length　　　　　　　475
The gracious gods bestow a welcome cure,
So welcome to Ulysses was the sight
Of woods and fields. By swimming on he thought
To climb and tread the shore; but when he drew
So near that one who shouted could be heard　　　　480
From land, the sound of ocean on the rocks
Came to his ear,—for there huge breakers roared
And spouted fearfully, and all around
Was covered with the sea-foam. Haven here
Was none for ships, nor sheltering creek, but shores　　485
Beetling from high, and crags and walls of rock.
Ulysses trembled both in knees and heart,
And thus to his great soul, lamenting, said:—
　　"Now woe is me! as soon as Jove has shown
What I had little hoped to see, the land,　　　　　　　490
And I through all these waves have ploughed my way,
I find no issue from the hoary deep.
For sharp rocks border it, and all around
Roar the wild surges; slippery cliffs arise
Close to deep gulfs, and footing there is none　　　　495
Where I might plant my steps and thus escape.
All effort now were fruitless to resist

μή πώς μ' ἐκβαίνοντα βάλῃ λίθακι ποτὶ πέτρῃ 415
κῦμα μέγ' ἁρπάξαν: μελέη δέ μοι ἔσσεται ὁρμή.
εἰ δέ κ' ἔτι προτέρω παρανήξομαι, ἤν που ἐφεύρω
ἠιόνας τε παραπλῆγας λιμένας τε θαλάσσης,
δείδω μή μ' ἐξαῦτις ἀναρπάξασα θύελλα
πόντον ἐπ' ἰχθυόεντα φέρῃ βαρέα στενάχοντα, 420
ἠέ τί μοι καὶ κῆτος ἐπισσεύῃ μέγα δαίμων
ἐξ ἁλός, οἷά τε πολλὰ τρέφει κλυτὸς Ἀμφιτρίτη:
οἶδα γάρ, ὥς μοι ὀδώδυσται κλυτὸς ἐννοσίγαιος.'
  ἧος ὁ ταῦθ' ὥρμαινε κατὰ φρένα καὶ κατὰ θυμόν,
τόφρα δέ μιν μέγα κῦμα φέρε τρηχεῖαν ἐπ' ἀκτήν. 425
ἔνθα κ' ἀπὸ ῥινοὺς δρύφθη, σὺν δ' ὀστέ' ἀράχθη,
εἰ μὴ ἐπὶ φρεσὶ θῆκε θεά, γλαυκῶπις Ἀθήνη:
ἀμφοτέρῃσι δὲ χερσὶν ἐπεσσύμενος λάβε πέτρης,
τῆς ἔχετο στενάχων, ἧος μέγα κῦμα παρῆλθε.
καὶ τὸ μὲν ὣς ὑπάλυξε, παλιρρόθιον δέ μιν αὖτις 430
πλῆξεν ἐπεσσύμενον, τηλοῦ δέ μιν ἔμβαλε πόντῳ.
ὡς δ' ὅτε πουλύποδος θαλάμης ἐξελκομένοιο
πρὸς κοτυληδονόφιν πυκιναὶ λάιγγες ἔχονται,
ὣς τοῦ πρὸς πέτρῃσι θρασειάων ἀπὸ χειρῶν
ῥινοὶ ἀπέδρυφθεν: τὸν δὲ μέγα κῦμα κάλυψεν. 435
ἔνθα κε δὴ δύστηνος ὑπὲρ μόρον ὤλετ' Ὀδυσσεύς,
εἰ μὴ ἐπιφροσύνην δῶκε γλαυκῶπις Ἀθήνη.
κύματος ἐξαναδύς, τά τ' ἐρεύγεται ἤπειρόνδε,
νῆχε παρέξ, ἐς γαῖαν ὁρώμενος, εἴ που ἐφεύροι
ἠιόνας τε παραπλῆγας λιμένας τε θαλάσσης. 440
ἀλλ' ὅτε δὴ ποταμοῖο κατὰ στόμα καλλιρόοιο
ἷξε νέων, τῇ δή οἱ ἐείσατο χῶρος ἄριστος,
λεῖος πετράων, καὶ ἐπὶ σκέπας ἦν ἀνέμοιο,
ἔγνω δὲ προρέοντα καὶ εὔξατο ὃν κατὰ θυμόν:
  'κλῦθι, ἄναξ, ὅτις ἐσσί: πολύλλιστον δέ σ' ἱκάνω, 445
φεύγων ἐκ πόντοιο Ποσειδάωνος ἐνιπάς.
αἰδοῖος μέν τ' ἐστὶ καὶ ἀθανάτοισι θεοῖσιν
ἀνδρῶν ὅς τις ἵκηται ἀλώμενος, ὡς καὶ ἐγὼ νῦν
σόν τε ῥόον σά τε γούναθ' ἱκάνω πολλὰ μογήσας.
ἀλλ' ἐλέαιρε, ἄναξ: ἱκέτης δέ τοι εὔχομαι εἶναι.' 450

The mighty billow hurrying me away
To dash me on the pointed rocks. If yet
I strive, by swimming further, to descry 500
Some sloping shore or harbor of the isle,
I fear the tempest, lest it hurl me back,
Heavily groaning, to the fishy deep;
Or huge sea-monster, from the multitude
Which sovereign Amphitritè feeds, be sent 505
Against me by some god,—for well I know
The power who shakes the shores is wroth with me."
   While he revolved these doubts within his mind,
A huge wave hurled him toward the rugged coast.
Then had his limbs been flayed, and all his bones 510
Broken at once, had not the blue-eyed maid,
Minerva, prompted him. Borne toward the rock,
He clutched it instantly with both his hands,
And panting clung till that huge wave rolled by,
And so escaped its fury. Back it came, 515
And smote him once again, and flung him far
Seaward. As to the claws of Polypus,
Plucked from its bed, the pebbles thickly cling,
So flakes of skin, from off his powerful hands,
Were left upon the rock. The mighty surge 520
O'erwhelmed him; he had perished ere his time,—
Hapless Ulysses!—but the blue-eyed maid,
Pallas, informed his mind with forecast. Straight
Emerging from the wave that shoreward rolled,
He swam along the coast and eyed it well, 525
In hope of sloping beach or sheltered creek.
But when, in swimming, he had reached the mouth
Of a soft-flowing river, here appeared
The spot he wished for, smooth, without a rock,
And here was shelter from the wind. He felt 530
The current's flow, and thus devoutly prayed:—
   "Hear me, O sovereign power, whoe'er thou art!
To thee, the long-desired, I come. I seek
Escape from Neptune's threatenings on the sea.
The deathless gods respect the prayer of him 535
Who looks to them for help, a fugitive,
As I am now, when to thy stream I come,
And to thy knees, from many a hardship past.
O thou that here art ruler, I declare
Myself thy suppliant; be thou merciful." 540

ὣς φάθ᾽, ὁ δ᾽ αὐτίκα παῦσεν ἑὸν ῥόον, ἔσχε δὲ κῦμα,
πρόσθε δέ οἱ ποίησε γαλήνην, τὸν δ᾽ ἐσάωσεν
ἐς ποταμοῦ προχοάς. ὁ δ᾽ ἄρ᾽ ἄμφω γούνατ᾽ ἔκαμψε
χεῖράς τε στιβαράς. ἁλὶ γὰρ δέδμητο φίλον κῆρ.
ᾤδεε δὲ χρόα πάντα, θάλασσα δὲ κήκιε πολλὴ 455
ἂν στόμα τε ῥῖνάς θ᾽: ὁ δ᾽ ἄρ᾽ ἄπνευστος καὶ ἄναυδος
κεῖτ᾽ ὀλιγηπελέων, κάματος δέ μιν αἰνὸς ἵκανεν.
ἀλλ᾽ ὅτε δή ῥ᾽ ἄμπνυτο καὶ ἐς φρένα θυμὸς ἀγέρθη,
καὶ τότε δὴ κρήδεμνον ἀπὸ ἕο λῦσε θεοῖο.
καὶ τὸ μὲν ἐς ποταμὸν ἁλιμυρήεντα μεθῆκεν, 460
ἂψ δ᾽ ἔφερεν μέγα κῦμα κατὰ ῥόον, αἶψα δ᾽ ἄρ᾽ Ἰνὼ
δέξατο χερσὶ φίλῃσιν: ὁ δ᾽ ἐκ ποταμοῖο λιασθεὶς
σχοίνῳ ὑπεκλίνθη, κύσε δὲ ζείδωρον ἄρουραν.
ὀχθήσας δ᾽ ἄρα εἶπε πρὸς ὃν μεγαλήτορα θυμόν:
‘ὤ μοι ἐγώ, τί πάθω; τί νύ μοι μήκιστα γένηται; 465
εἰ μέν κ᾽ ἐν ποταμῷ δυσκηδέα νύκτα φυλάσσω,
μή μ᾽ ἄμυδις στίβη τε κακὴ καὶ θῆλυς ἐέρση
ἐξ ὀλιγηπελίης δαμάσῃ κεκαφηότα θυμόν:
αὔρη δ᾽ ἐκ ποταμοῦ ψυχρὴ πνέει ἠῶθι πρό.
εἰ δέ κεν ἐς κλιτὺν ἀναβὰς καὶ δάσκιον ὕλην 470
θάμνοις ἐν πυκινοῖσι καταδράθω, εἴ με μεθείη
ῥῖγος καὶ κάματος, γλυκερὸς δέ μοι ὕπνος ἐπέλθῃ,
δείδω, μὴ θήρεσσιν ἕλωρ καὶ κύρμα γένωμαι.’
ὣς ἄρα οἱ φρονέοντι δοάσσατο κέρδιον εἶναι:
βῆ ῥ᾽ ἴμεν εἰς ὕλην: τὴν δὲ σχεδὸν ὕδατος εὗρεν 475
ἐν περιφαινομένῳ: δοιοὺς δ᾽ ἄρ᾽ ὑπήλυθε θάμνους,
ἐξ ὁμόθεν πεφυῶτας: ὁ μὲν φυλίης, ὁ δ᾽ ἐλαίης.
τοὺς μὲν ἄρ᾽ οὔτ᾽ ἀνέμων διάη μένος ὑγρὸν ἀέντων,
οὔτε ποτ᾽ ἠέλιος φαέθων ἀκτῖσιν ἔβαλλεν,
οὔτ᾽ ὄμβρος περάασκε διαμπερές: ὣς ἄρα πυκνοὶ 480
ἀλλήλοισιν ἔφυν ἐπαμοιβαδίς: οὓς ὑπ᾽ Ὀδυσσεὺς
δύσετ᾽. ἄφαρ δ᾽ εὐνὴν ἐπαμήσατο χερσὶ φίλῃσιν
εὐρεῖαν: φύλλων γὰρ ἔην χύσις ἤλιθα πολλή,
ὅσσον τ᾽ ἠὲ δύω ἠὲ τρεῖς ἄνδρας ἔρυσθαι
ὥρῃ χειμερίῃ, εἰ καὶ μάλα περ χαλεπαίνοι. 485
τὴν μὲν ἰδὼν γήθησε πολύτλας δῖος Ὀδυσσεύς,

He spoke: the river stayed his current, checked
The billows, smoothed them to a calm, and gave
The swimmer a safe landing at his mouth.
Then dropped his knees and sinewy arms at once,
Unstrung, for faint with struggling was his heart. 545
His body was, all swoln; the brine gushed forth
From mouth and nostrils; all unnerved he lay,
Breathless and speechless; utter weariness
O'ermastered him. But when he breathed again,
And his flown senses had returned, he loosed 550
The veil that Ino gave him from his breast,
And to the salt flood cast it. A great wave
Bore it far down the stream; the goddess there
In her own hands received it. He, meanwhile,
Withdrawing from the brink, lay down among 555
The reeds, and kissed the harvest-bearing earth,
And thus to his great soul, lamenting, said:—
  "Ah me! what must I suffer more? what yet
Will happen to me? If by the river's side
I pass the unfriendly watches of the night, 560
The cruel cold and dews that steep the bank
May, in this weakness, end me utterly,
For chilly blows this river-air at dawn;
But should I climb this hill, to sleep within
The shadowy wood, among thick shrubs, if cold 565
And weariness allow me, then I fear,
That, while the pleasant slumbers o'er me steal,
I may become the prey of savage beasts."
  Yet, as he longer pondered, this seemed best.
He rose, and sought the wood, and found it near 570
The water, on a height, o'erlooking far
The region round. Between two shrubs that sprang
Both from one spot he entered,—olive-trees,
One wild, one fruitful. The damp-blowing wind
Ne'er pierced their covert; never blazing sun 575
Darted his beams within, nor pelting shower
Beat through, so closely intertwined they grew.
Here entering, Ulysses heaped a bed
Of leaves with his own hands; he made it broad
And high, for thick the leaves had fallen around. 580
Two men and three, in that abundant store,
Might bide the winter storm, though keen the cold.
Ulysses, the great sufferer, on his couch

ἐν δ' ἄρα μέσσῃ λέκτο, χύσιν δ' ἐπεχεύατο φύλλων.
ὡς δ' ὅτε τις δαλὸν σποδιῇ ἐνέκρυψε μελαίνῃ
ἀγροῦ ἐπ' ἐσχατιῆς, ᾧ μὴ πάρα γείτονες ἄλλοι,
σπέρμα πυρὸς σώζων, ἵνα μή ποθεν ἄλλοθεν αὕοι, 490
ὣς Ὀδυσεὺς φύλλοισι καλύψατο: τῷ δ' ἄρ' Ἀθήνη
ὕπνον ἐπ' ὄμμασι χεῦ', ἵνα μιν παύσειε τάχιστα
δυσπονέος καμάτοιο φίλα βλέφαρ' ἀμφικαλύψας.

Looked and rejoiced, and placed himself within,
And heaped the leaves high o'er him and around,   585
As one who, dwelling in the distant fields,
Without a neighbor near him, hides a brand
In the dark ashes, keeping carefully
The seeds of fire alive, lest he, perforce,
To light his hearth must bring them from afar;   590
So did Ulysses in that pile of leaves
Bury himself, while Pallas o'er his eyes
Poured sleep, and closed his lids, that he might take,
After his painful toils, the fitting rest.

ὣς ὁ μὲν ἔνθα καθεῦδε πολύτλας δῖος Ὀδυσσεὺς
ὕπνῳ καὶ καμάτῳ ἀρημένος· αὐτὰρ Ἀθήνη
βῆ ῥ' ἐς Φαιήκων ἀνδρῶν δῆμόν τε πόλιν τε,
οἳ πρὶν μέν ποτ' ἔναιον ἐν εὐρυχόρῳ Ὑπερείῃ,
ἀγχοῦ Κυκλώπων ἀνδρῶν ὑπερηνορεόντων,   5
οἵ σφεας σινέσκοντο, βίηφι δὲ φέρτεροι ἦσαν.
ἔνθεν ἀναστήσας ἄγε Ναυσίθοος θεοειδής,
εἷσεν δὲ Σχερίῃ, ἑκὰς ἀνδρῶν ἀλφηστάων,
ἀμφὶ δὲ τεῖχος ἔλασσε πόλει, καὶ ἐδείματο οἴκους,
καὶ νηοὺς ποίησε θεῶν, καὶ ἐδάσσατ' ἀρούρας.   10
ἀλλ' ὁ μὲν ἤδη κηρὶ δαμεὶς Ἄϊδόσδε βεβήκει,
Ἀλκίνοος δὲ τότ' ἦρχε, θεῶν ἄπο μήδεα εἰδώς.
τοῦ μὲν ἔβη πρὸς δῶμα θεά, γλαυκῶπις Ἀθήνη,
νόστον Ὀδυσσῆι μεγαλήτορι μητιόωσα.
βῆ δ' ἴμεν ἐς θάλαμον πολυδαίδαλον, ᾧ ἔνι κούρη   15
κοιμᾶτ' ἀθανάτῃσι φυὴν καὶ εἶδος ὁμοίη,
Ναυσικάα, θυγάτηρ μεγαλήτορος Ἀλκινόοιο,
πὰρ δὲ δύ' ἀμφίπολοι, Χαρίτων ἄπο κάλλος ἔχουσαι,

BOOK VI

Thus overcome with toil and weariness,
  The noble sufferer Ulysses slept,
While Pallas hastened to the realm and town
Peopled by the Phæacians, who of yore
Abode in spacious Hypereia, near   5
The insolent race of Cyclops, and endured
Wrong from their mightier hands. A godlike chief,
Nausithoüs, led them to a new abode,
And planted them in Scheria, far away
From plotting neighbors. With a wall he fenced   10
Their city, built them dwellings there, and reared
Fanes to the gods, and changed the plain to fields.
But he had bowed to death, and had gone down
To Hades, and Alcinoüs, whom the gods
Endowed with wisdom, governed in his stead.   15
Now to his palace, planning the return
Of the magnanimous Ulysses, came
The blue-eyed goddess Pallas, entering
The gorgeous chamber where a damsel slept,—
Nausicaä, daughter of the large-souled king   20
Alcinoüs, beautiful in form and face
As one of the immortals. Near her lay,
And by the portal, one on either side,
Fair as the Graces, two attendant maids.

σταθμοῖιν ἑκάτερθε· θύραι δ᾽ ἐπέκειντο φαειναί.
ἡ δ᾽ ἀνέμου ὡς πνοιὴ ἐπέσσυτο δέμνια κούρης, 20
στῆ δ᾽ ἄρ᾽ ὑπὲρ κεφαλῆς, καί μιν πρὸς μῦθον ἔειπεν,
εἰδομένη κούρῃ ναυσικλειτοῖο Δύμαντος,
ἥ οἱ ὁμηλικίη μὲν ἔην, κεχάριστο δὲ θυμῷ.
τῇ μιν ἐεισαμένη προσέφη γλαυκῶπις Ἀθήνη·
  'Ναυσικάα, τί νύ σ᾽ ὧδε μεθήμονα γείνατο μήτηρ; 25
εἵματα μέν τοι κεῖται ἀκηδέα σιγαλόεντα,
σοὶ δὲ γάμος σχεδόν ἐστιν, ἵνα χρὴ καλὰ μὲν αὐτὴν
ἕννυσθαι, τὰ δὲ τοῖσι παρασχεῖν, οἵ κέ σ᾽ ἄγωνται.
ἐκ γάρ τοι τούτων φάτις ἀνθρώπους ἀναβαίνει
ἐσθλή, χαίρουσιν δὲ πατὴρ καὶ πότνια μήτηρ. 30
ἀλλ᾽ ἴομεν πλυνέουσαι ἅμ᾽ ἠοῖ φαινομένηφι·
καί τοι ἐγὼ συνέριθος ἅμ᾽ ἕψομαι, ὄφρα τάχιστα
ἐντύνεαι, ἐπεὶ οὔ τοι ἔτι δὴν παρθένος ἔσσεαι·
ἤδη γάρ σε μνῶνται ἀριστῆες κατὰ δῆμον
πάντων Φαιήκων, ὅθι τοι γένος ἐστὶ καὶ αὐτῇ. 35
ἀλλ᾽ ἄγ᾽ ἐπότρυνον πατέρα κλυτὸν ἠῶθι πρὸ
ἡμιόνους καὶ ἄμαξαν ἐφοπλίσαι, ἥ κεν ἄγῃσι
ζῶστρά τε καὶ πέπλους καὶ ῥήγεα σιγαλόεντα.
καὶ δὲ σοὶ ὧδ᾽ αὐτῇ πολὺ κάλλιον ἠὲ πόδεσσιν
ἔρχεσθαι· πολλὸν γὰρ ἀπὸ πλυνοί εἰσι πόληος.᾽ 40
ἡ μὲν ἄρ᾽ ὣς εἰποῦσ᾽ ἀπέβη γλαυκῶπις Ἀθήνη
Οὔλυμπόνδ᾽, ὅθι φασὶ θεῶν ἕδος ἀσφαλὲς αἰεὶ
ἔμμεναι. οὔτ᾽ ἀνέμοισι τινάσσεται οὔτε ποτ᾽ ὄμβρῳ
δεύεται οὔτε χιὼν ἐπιπίλναται, ἀλλὰ μάλ᾽ αἴθρη
πέπταται ἀνέφελος, λευκὴ δ᾽ ἐπιδέδρομεν αἴγλη· 45
τῷ ἔνι τέρπονται μάκαρες θεοὶ ἤματα πάντα.
ἔνθ᾽ ἀπέβη γλαυκῶπις, ἐπεὶ διεπέφραδε κούρῃ.
αὐτίκα δ᾽ Ἠὼς ἦλθεν ἐΰθρονος, ἥ μιν ἔγειρε
Ναυσικάαν ἐΰπεπλον· ἄφαρ δ᾽ ἀπεθαύμασ᾽ ὄνειρον,
βῆ δ᾽ ἴεναι διὰ δώμαθ᾽, ἵν᾽ ἀγγείλειε τοκεῦσιν, 50
πατρὶ φίλῳ καὶ μητρί· κιχήσατο δ᾽ ἔνδον ἐόντας·

The shining doors were shut. But Pallas came
As comes a breath of air, and stood beside
The damsel's head and spake. In look she seemed
The daughter of the famous mariner
Dymas, a maiden whom Nausicaä loved,
The playmate of her girlhood. In her shape
The blue-eyed goddess stood, and thus she said:—
  "Nausicaä, has thy mother then brought forth
A careless housewife? Thy magnificent robes
Lie still neglected, though thy marriage day
Is near, when thou art to array thyself
In seemly garments, and bestow the like
On those who lead thee to the bridal rite;
For thus the praise of men is won, and thus
Thy father and thy gracious mother both
Will be rejoiced. Now with the early dawn
Let us all hasten to the washing-place.
I too would go with thee, and help thee there,
That thou mayst sooner end the task, for thou
Not long wilt be unwedded. Thou art wooed
Already by the noblest of the race
Of the Phæacians, for thy birth, like theirs,
Is of the noblest. Make thy suit at morn
To thy illustrious father, that he bid
His mules and car be harnessed to convey
Thy girdles, robes, and mantles marvellous
In beauty. That were seemlier than to walk,
Since distant from the town the lavers lie."
  Thus having said, the blue-eyed Pallas went
Back to Olympus, where the gods have made,
So saith tradition, their eternal seat.
The tempest shakes it not, nor is it drenched
By showers, and there the snow doth never fall.
The calm clear ether is without a cloud;
And in the golden light, that lies on all,
Days after day the blessed gods rejoice.
Thither the blue-eyed goddess, having given
Her message to the sleeping maid, withdrew.
  Soon the bright morning came. Nausicaä rose,
Clad royally, as marvelling at her dream
She hastened through the palace to declare
Her purpose to her father and the queen.
She found them both within. Her mother sat

ἡ μὲν ἐπ' ἐσχάρῃ ἧστο σὺν ἀμφιπόλοισι γυναιξὶν
ἠλάκατα στρωφῶσ' ἁλιπόρφυρα: τῷ δὲ θύραζε
ἐρχομένῳ ξύμβλητο μετὰ κλειτοὺς βασιλῆας
ἐς βουλήν, ἵνα μιν κάλεον Φαίηκες ἀγαυοί.   55
ἡ δὲ μάλ' ἄγχι στᾶσα φίλον πατέρα προσέειπε:
  'πάππα φίλ', οὐκ ἂν δή μοι ἐφοπλίσσειας ἀπήνην
ὑψηλὴν ἐύκυκλον, ἵνα κλυτὰ εἵματ' ἄγωμαι
ἐς ποταμὸν πλυνέουσα, τά μοι ῥερυπωμένα κεῖται;
καὶ δὲ σοὶ αὐτῷ ἔοικε μετὰ πρώτοισιν ἐόντα   60
βουλὰς βουλεύειν καθαρὰ χροΐ εἵματ' ἔχοντα.
πέντε δέ τοι φίλοι υἷες ἐνὶ μεγάροις γεγάασιν,
οἱ δύ' ὀπυίοντες, τρεῖς δ' ἠίθεοι θαλέθοντες:
οἱ δ' αἰεὶ ἐθέλουσι νεόπλυτα εἵματ' ἔχοντες
ἐς χορὸν ἔρχεσθαι: τὰ δ' ἐμῇ φρενὶ πάντα μέμηλεν.'   65
  ὣς ἔφατ': αἴδετο γὰρ θαλερὸν γάμον ἐξονομῆναι
πατρὶ φίλῳ. ὁ δὲ πάντα νόει καὶ ἀμείβετο μύθῳ:
'οὔτε τοι ἡμιόνων φθονέω, τέκος, οὔτε τευ ἄλλου.
ἔρχευ: ἀτάρ τοι δμῶες ἐφοπλίσσουσιν ἀπήνην
ὑψηλὴν ἐύκυκλον, ὑπερτερίῃ ἀραρυῖαν.'   70
  ὣς εἰπὼν δμώεσσιν ἐκέκλετο, τοὶ δ' ἐπίθοντο.
οἱ μὲν ἄρ' ἐκτὸς ἄμαξαν ἐύτροχον ἡμιονείην
ὥπλεον, ἡμιόνους θ' ὕπαγον ζεῦξάν θ' ὑπ' ἀπήνῃ:
κούρη δ' ἐκ θαλάμοιο φέρεν ἐσθῆτα φαεινήν.
καὶ τὴν μὲν κατέθηκεν ἐυξέστῳ ἐπ' ἀπήνῃ,   75
μήτηρ δ' ἐν κίστῃ ἐτίθει μενοεικέ' ἐδωδὴν
παντοίην, ἐν δ' ὄψα τίθει, ἐν δ' οἶνον ἔχευεν
ἀσκῷ ἐν αἰγείῳ: κούρη δ' ἐπεβήσετ' ἀπήνης.
δῶκεν δὲ χρυσέῃ ἐν ληκύθῳ ὑγρὸν ἔλαιον,
ᾗος χυτλώσαιτο σὺν ἀμφιπόλοισι γυναιξίν.   80
ἡ δ' ἔλαβεν μάστιγα καὶ ἡνία σιγαλόεντα,
μάστιξεν δ' ἐλάαν: καναχὴ δ' ἦν ἡμιόνοιιν.
αἱ δ' ἄμοτον τανύοντο, φέρον δ' ἐσθῆτα καὶ αὐτήν,
οὐκ οἴην, ἅμα τῇ γε καὶ ἀμφίπολοι κίον ἄλλαι.
  αἱ δ' ὅτε δὴ ποταμοῖο ῥόον περικαλλέ' ἵκοντο,   85
ἔνθ' ἦ τοι πλυνοὶ ἦσαν ἐπηετανοί, πολὺ δ' ὕδωρ

Beside the hearth with her attendant maids,
And turned the distaff loaded with a fleece
Dyed in sea-purple. On the threshold stood 70
Her father, going forth to meet the chiefs
Of the Phæacians in a council where
Their noblest asked his presence. Then the maid,
Approaching her beloved father, spake:—
  "I pray, dear father, give command to make 75
A chariot ready for me, with high sides
And sturdy wheels, to bear to the river-brink,
There to be cleansed, the costly robes that now
Lie soiled. Thee likewise it doth well beseem
At councils to appear in vestments fresh 80
And stainless. Thou hast also in these halls
Five sons, two wedded, three in boyhood's bloom,
And ever in the dance they need attire
New from the wash. All this must I provide."
  She ended, for she shrank from saying aught 85
Of her own hopeful marriage. He perceived
Her thought and said: "Mules I deny thee not,
My daughter, nor aught else. Go then; my grooms
Shall make a carriage ready with high sides
And sturdy wheels, and a broad rack above." 90
  He spake, and gave command. The grooms obeyed,
And, making ready in the outer court
The strong-wheeled chariot, led the harnessed mules
Under the yoke and made them fast; and then
Appeared the maiden, bringing from her bower 95
The shining garments. In the polished car
She piled them, while with many pleasant meats
And flavoring morsels for the day's repast
Her mother filled a hamper, and poured wine
Into a goatskin. As her daughter climbed 100
The car, she gave into her hands a cruse
Of gold with smooth anointing oil for her
And her attendant maids. Nausicaä took
The scourge and showy reins, and struck the mules
To urge them onward. Onward with loud noise 105
They went, and with a speed that slackened not,
And bore the robes and her,—yet not alone,
For with her went the maidens of her train.
  Now when they reached the river's pleasant brink,
Where lavers had been hollowed out to last 110

καλὸν ὑπεκπρόρεεν μάλα περ ῥυπόωντα καθῆραι,
ἔνθ' αἵ γ' ἡμιόνους μὲν ὑπεκπροέλυσαν ἀπήνης.
καὶ τὰς μὲν σεῦαν ποταμὸν πάρα δινήεντα
τρώγειν ἄγρωστιν μελιηδέα· ταὶ δ' ἀπ' ἀπήνης 90
εἵματα χερσὶν ἕλοντο καὶ ἐσφόρεον μέλαν ὕδωρ,
στεῖβον δ' ἐν βόθροισι θοῶς ἔριδα προφέρουσαι.
αὐτὰρ ἐπεὶ πλῦνάν τε κάθηράν τε ῥύπα πάντα,
ἑξείης πέτασαν παρὰ θῖν' ἁλός, ἧχι μάλιστα
λάιγγας ποτὶ χέρσον ἀποπλύνεσκε θάλασσα. 95
αἱ δὲ λοεσσάμεναι καὶ χρισάμεναι λίπ' ἐλαίῳ
δεῖπνον ἔπειθ' εἵλοντο παρ' ὄχθῃσιν ποταμοῖο,
εἵματα δ' ἠελίοιο μένον τερσήμεναι αὐγῇ.
αὐτὰρ ἐπεὶ σίτου τάρφθεν δμῳαί τε καὶ αὐτή,
σφαίρῃ ταὶ δ' ἄρ' ἔπαιζον, ἀπὸ κρήδεμνα βαλοῦσαι· 100
τῇσι δὲ Ναυσικάα λευκώλενος ἤρχετο μολπῆς.
οἵη δ' Ἄρτεμις εἶσι κατ' οὔρεα ἰοχέαιρα,
ἢ κατὰ Τηΰγετον περιμήκετον ἢ Ἐρύμανθον,
τερπομένη κάπροισι καὶ ὠκείῃς ἐλάφοισι·
τῇ δέ θ' ἅμα νύμφαι, κοῦραι Διὸς αἰγιόχοιο, 105
ἀγρονόμοι παίζουσι, γέγηθε δέ τε φρένα Λητώ·
πασάων δ' ὑπὲρ ἥ γε κάρη ἔχει ἠδὲ μέτωπα,
ῥεῖά τ' ἀριγνώτη πέλεται, καλαὶ δέ τε πᾶσαι·
ὣς ἥ γ' ἀμφιπόλοισι μετέπρεπε παρθένος ἀδμής.
  ἀλλ' ὅτε δὴ ἄρ' ἔμελλε πάλιν οἶκόνδε νέεσθαι 110
ζεύξασ' ἡμιόνους πτύξασά τε εἵματα καλά,
ἔνθ' αὖτ' ἄλλ' ἐνόησε θεά, γλαυκῶπις Ἀθήνη,
ὡς Ὀδυσεὺς ἔγροιτο, ἴδοι τ' εὐώπιδα κούρην,
ἥ οἱ Φαιήκων ἀνδρῶν πόλιν ἡγήσαιτο.
σφαῖραν ἔπειτ' ἔρριψε μετ' ἀμφίπολον βασίλεια· 115
ἀμφιπόλου μὲν ἅμαρτε, βαθείῃ δ' ἔμβαλε δίνῃ·
αἱ δ' ἐπὶ μακρὸν ἄυσαν· ὁ δ' ἔγρετο δῖος Ὀδυσσεύς,
ἑζόμενος δ' ὥρμαινε κατὰ φρένα καὶ κατὰ θυμόν·
  'ὤ μοι ἐγώ, τέων αὖτε βροτῶν ἐς γαῖαν ἱκάνω;
ἦ ῥ' οἵ γ' ὑβρισταί τε καὶ ἄγριοι οὐδὲ δίκαιοι, 120
ἦε φιλόξεινοι καί σφιν νόος ἐστὶ θεουδής;

Perpetually, and freely through them flowed
Pure water that might cleanse the foulest stains,
They loosed the mules, and drove them from the wain
To browse the sweet grass by the eddying stream;
And took the garments out, and flung them down   115
In the dark water, and with hasty feet
Trampled them there in frolic rivalry.
And when the task was done, and all the stains
Were cleansed away, they spread the garments out
Along the beach and where the stream had washed   120
The gravel cleanest. Then they bathed, and gave
Their limbs the delicate oil, and took their meal
Upon the river's border,—while the robes
Beneath the sun's warm rays were growing dry.
And now, when they were all refreshed by food,   125
Mistress and maidens laid their veils aside
And played at ball. Nausicaä the white-armed
Began a song. As when the archer-queen
Diana, going forth among the hills,—
The sides of high Taÿgetus or slopes   130
Of Erymanthus,—chases joyously
Boars and fleet stags, and round her in a throng
Frolic the rural nymphs, Latona's heart
Is glad, for over all the rest are seen
Her daughter's head and brow, and she at once   135
Is known among them, though they all are fair,
Such was this spotless virgin midst her maids.
   Now when they were about to move for home
With harnessed mules and with the shining robes
Carefully folded, then the blue-eyed maid,   140
Pallas, bethought herself of this,—to rouse
Ulysses and to bring him to behold
The bright-eyed maiden, that she might direct
The stranger's way to the Phæacian town.
The royal damsel at a handmaid cast   145
The ball; it missed, and fell into the stream
Where a deep eddy whirled. All shrieked aloud.
The great Ulysses started from his sleep
And sat upright, discoursing to himself:—
   "Ah me! upon what region am I thrown?   150
What men are here,—wild, savage, and unjust,
Or hospitable, and who hold the gods
In reverence? There are voices in the air,

ὥς τέ με κουράων ἀμφήλυθε θῆλυς ἀυτή·
νυμφάων, αἳ ἔχουσ' ὀρέων αἰπεινὰ κάρηνα
καὶ πηγὰς ποταμῶν καὶ πίσεα ποιήεντα.
ἦ νύ που ἀνθρώπων εἰμὶ σχεδὸν αὐδηέντων; 125
ἀλλ' ἄγ' ἐγὼν αὐτὸς πειρήσομαι ἠδὲ ἴδωμαι.'
    ὣς εἰπὼν θάμνων ὑπεδύσετο δῖος Ὀδυσσεύς,
ἐκ πυκινῆς δ' ὕλης πτόρθον κλάσε χειρὶ παχείῃ
φύλλων, ὡς ῥύσαιτο περὶ χροῒ μήδεα φωτός.
βῆ δ' ἴμεν ὥς τε λέων ὀρεσίτροφος ἀλκὶ πεποιθώς, 130
ὅς τ' εἶσ' ὑόμενος καὶ ἀήμενος, ἐν δέ οἱ ὄσσε
δαίεται· αὐτὰρ ὁ βουσὶ μετέρχεται ἢ ὀίεσσιν
ἠὲ μετ' ἀγροτέρας ἐλάφους· κέλεται δέ ἑ γαστὴρ
μήλων πειρήσοντα καὶ ἐς πυκινὸν δόμον ἐλθεῖν·
ὣς Ὀδυσεὺς κούρῃσιν ἐυπλοκάμοισιν ἔμελλε 135
μίξεσθαι, γυμνός περ ἐών· χρειὼ γὰρ ἵκανε.
σμερδαλέος δ' αὐτῇσι φάνη κεκακωμένος ἅλμῃ,
τρέσσαν δ' ἄλλυδις ἄλλη ἐπ' ἠιόνας προὐχούσας·
οἴη δ' Ἀλκινόου θυγάτηρ μένε· τῇ γὰρ Ἀθήνη
θάρσος ἐνὶ φρεσὶ θῆκε καὶ ἐκ δέος εἵλετο γυίων. 140
στῆ δ' ἄντα σχομένη· ὁ δὲ μερμήριξεν Ὀδυσσεύς,
ἢ γούνων λίσσοιτο λαβὼν ἐυώπιδα κούρην,
ἦ αὔτως ἐπέεσσιν ἀποσταδὰ μειλιχίοισι
λίσσοιτ', εἰ δείξειε πόλιν καὶ εἵματα δοίη.
ὣς ἄρα οἱ φρονέοντι δοάσσατο κέρδιον εἶναι, 145
λίσσεσθαι ἐπέεσσιν ἀποσταδὰ μειλιχίοισι,
μή οἱ γοῦνα λαβόντι χολώσαιτο φρένα κούρη.
αὐτίκα μειλίχιον καὶ κερδαλέον φάτο μῦθον·
    'γουνοῦμαί σε, ἄνασσα· θεός νύ τις, ἦ βροτός ἐσσι;
εἰ μέν τις θεός ἐσσι, τοὶ οὐρανὸν εὐρὺν ἔχουσιν, 150
Ἀρτέμιδί σε ἐγώ γε, Διὸς κούρῃ μεγάλοιο,
εἶδός τε μέγεθός τε φυήν τ' ἄγχιστα ἐίσκω·
εἰ δέ τίς ἐσσι βροτῶν, τοὶ ἐπὶ χθονὶ ναιετάουσιν,
τρὶς μάκαρες μὲν σοί γε πατὴρ καὶ πότνια μήτηρ,
τρὶς μάκαρες δὲ κασίγνητοι· μάλα πού σφισι θυμὸς 155
αἰὲν ἐυφροσύνῃσιν ἰαίνεται εἵνεκα σεῖο,

Womanly voices, as of nymphs that haunt
The mountain summits, and the river-founts, 155
And the moist grassy meadows. Or perchance
Am I near men who have the power of speech?
Nay, let me then go forth at once and learn."
   Thus having said, the great Ulysses left
The thicket. From the close-grown wood he rent, 160
With his strong hand, a branch well set with leaves,
And wound it as a covering round his waist.
Then like a mountain lion he went forth,
That walks abroad, confiding in his strength,
In rain and wind; his eyes shoot fire; he falls 165
On oxen, or on sheep, or forest-deer,
For hunger prompts him even to attack
The flock within its closely guarded fold.
Such seemed Ulysses when about to meet
Those fair-haired maidens, naked as he was, 170
But forced by strong necessity. To them
His look was frightful, for his limbs were foul
With sea-foam yet. To right and left they fled
Along the jutting river-banks. Alone
The daughter of Alcinoüs kept her place, 175
For Pallas gave her courage and forbade
Her limbs to tremble. So she waited there.
Ulysses pondered whether to approach
The bright-eyed damsel and embrace her knees
And supplicate, or, keeping yet aloof, 180
Pray her with soothing words to show the way
Townward and give him garments. Musing thus,
It seemed the best to keep at distance still,
And use soft words, lest, should he clasp her knees,
The maid might be displeased. With gentle words 185
Skilfully ordered thus Ulysses spake:—
   "O queen, I am thy suppliant, whether thou
Be mortal or a goddess. If perchance
Thou art of that immortal race who dwell
In the broad heaven, thou art, I deem, most like 190
To Dian, daughter of imperial Jove,
In shape, in stature, and in noble air.
If mortal and a dweller of the earth,
Thrice happy are thy father and his queen.
Thrice happy are thy brothers; and their hearts 195
Must overflow with gladness for thy sake,

λευσσόντων τοιόνδε θάλος χορὸν εἰσοιχνεῦσαν.
κεῖνος δ' αὖ περὶ κῆρι μακάρτατος ἔξοχον ἄλλων,
ὅς κέ σ' ἐέδνοισι βρίσας οἶκόνδ' ἀγάγηται.
οὐ γάρ πω τοιοῦτον ἴδον βροτὸν ὀφθαλμοῖσιν, 160
οὔτ' ἄνδρ' οὔτε γυναῖκα: σέβας μ' ἔχει εἰσορόωντα.
Δήλῳ δή ποτε τοῖον Ἀπόλλωνος παρὰ βωμῷ
φοίνικος νέον ἔρνος ἀνερχόμενον ἐνόησα:
ἦλθον γὰρ καὶ κεῖσε, πολὺς δέ μοι ἕσπετο λαός,
τὴν ὁδὸν ᾗ δὴ μέλλεν ἐμοὶ κακὰ κήδε' ἔσεσθαι. 165
ὣς δ' αὔτως καὶ κεῖνο ἰδὼν ἐτεθήπεα θυμῷ
δήν, ἐπεὶ οὔ πω τοῖον ἀνήλυθεν ἐκ δόρυ γαίης,
ὡς σέ, γύναι, ἄγαμαί τε τέθηπά τε, δείδια δ' αἰνῶς
γούνων ἅψασθαι: χαλεπὸν δέ με πένθος ἱκάνει.
χθιζὸς ἐεικοστῷ φύγον ἤματι οἴνοπα πόντον: 170
τόφρα δέ μ' αἰεὶ κῦμ' ἐφόρει κραιπναί τε θύελλαι
νήσου ἀπ' Ὠγυγίης. νῦν δ' ἐνθάδε κάββαλε δαίμων,
ὄφρ' ἔτι που καὶ τῇδε πάθω κακόν: οὐ γὰρ ὀίω
παύσεσθ', ἀλλ' ἔτι πολλὰ θεοὶ τελέουσι πάροιθεν.
ἀλλά, ἄνασσ', ἐλέαιρε: σὲ γὰρ κακὰ πολλὰ μογήσας 175
ἐς πρώτην ἱκόμην, τῶν δ' ἄλλων οὔ τινα οἶδα
ἀνθρώπων, οἳ τήνδε πόλιν καὶ γαῖαν ἔχουσιν.
ἄστυ δέ μοι δεῖξον, δὸς δὲ ῥάκος ἀμφιβαλέσθαι,
εἴ τί που εἴλυμα σπείρων ἔχες ἐνθάδ' ἰοῦσα.
σοὶ δὲ θεοὶ τόσα δοῖεν ὅσα φρεσὶ σῇσι μενοινᾷς, 180
ἄνδρα τε καὶ οἶκον, καὶ ὁμοφροσύνην ὀπάσειαν
ἐσθλήν: οὐ μὲν γὰρ τοῦ γε κρεῖσσον καὶ ἄρειον,
ἢ ὅθ' ὁμοφρονέοντε νοήμασιν οἶκον ἔχητον
ἀνὴρ ἠδὲ γυνή: πόλλ' ἄλγεα δυσμενέεσσι,
χάρματα δ' εὐμενέτῃσι, μάλιστα δέ τ' ἔκλυον αὐτοί.' 185
  τὸν δ' αὖ Ναυσικάα λευκώλενος ἀντίον ηὔδα:
'ξεῖν', ἐπεὶ οὔτε κακῷ οὔτ' ἄφρονι φωτὶ ἔοικας:
Ζεὺς δ' αὐτὸς νέμει ὄλβον Ὀλύμπιος ἀνθρώποισιν,
ἐσθλοῖς ἠδὲ κακοῖσιν, ὅπως ἐθέλησιν, ἑκάστῳ:

Beholding such a scion of their house
Enter the choral dance. But happiest he
Beyond them all, who, bringing princely gifts,
Shall bear thee to his home a bride; for sure   200
I never looked on one of mortal race,
Woman or man, like thee, and as I gaze
I wonder. Like to thee I saw of late,
In Delos, a young palm-tree growing up
Beside Apollo's altar; for I sailed   205
To Delos, with much people following me,
On a disastrous voyage. Long I gazed
Upon it wonder-struck, as I am now,—
For never from the earth so fair a tree
Had sprung. So marvel I, and am amazed   210
At thee, O lady, and in awe forbear
To clasp thy knees. Yet much have I endured.
It was but yestereve that I escaped
From the black sea, upon the twentieth day,
So long the billows and the rushing gales   215
Farther and farther from Ogygia's isle
Had borne me. Now upon this shore some god
Casts me, perchance to meet new sufferings here;
For yet the end is not, and many things
The gods must first accomplish. But do thou,   220
O queen, have pity on me, since to thee
I come the first of all. I do not know
A single dweller of the land beside.
Show me, I pray, thy city; and bestow
Some poor old robe to wrap me,—if, indeed,   225
In coming hither, thou hast brought with thee
Aught poor or coarse. And may the gods vouchsafe
To thee whatever blessing thou canst wish,
Husband and home and wedded harmony.
There is no better, no more blessed state,   230
Than when the wife and husband in accord
Order their household lovingly. Then those
Repine who hate them, those who wish them well
Rejoice, and they themselves the most of all."

    And then the white-armed maid Nausicaä said:—   235
"Since then, O stranger, thou art not malign
Of purpose nor weak-minded,—yet, in truth,
Olympian Jupiter bestows the goods
Of fortune on the noble and the base

καί που σοὶ τάδ' ἔδωκε, σὲ δὲ χρὴ τετλάμεν ἔμπης. 190
νῦν δ', ἐπεὶ ἡμετέρην τε πόλιν καὶ γαῖαν ἱκάνεις,
οὔτ' οὖν ἐσθῆτος δευήσεαι οὔτε τευ ἄλλου,
ὧν ἐπέοιχ' ἱκέτην ταλαπείριον ἀντιάσαντα.
ἄστυ δέ τοι δείξω, ἐρέω δέ τοι οὔνομα λαῶν.
Φαίηκες μὲν τήνδε πόλιν καὶ γαῖαν ἔχουσιν, 195
εἰμὶ δ' ἐγὼ θυγάτηρ μεγαλήτορος Ἀλκινόοιο,
τοῦ δ' ἐκ Φαιήκων ἔχεται κάρτος τε βίη τε.'
 ἦ ῥα καὶ ἀμφιπόλοισιν ἐϋπλοκάμοισι κέλευσε·
'στῆτέ μοι, ἀμφίπολοι· πόσε φεύγετε φῶτα ἰδοῦσαι;
ἦ μή πού τινα δυσμενέων φάσθ' ἔμμεναι ἀνδρῶν; 200
οὐκ ἔσθ' οὗτος ἀνὴρ διερὸς βροτὸς οὐδὲ γένηται,
ὅς κεν Φαιήκων ἀνδρῶν ἐς γαῖαν ἵκηται
δηϊοτῆτα φέρων· μάλα γὰρ φίλοι ἀθανάτοισιν.
οἰκέομεν δ' ἀπάνευθε πολυκλύστῳ ἐνὶ πόντῳ,
ἔσχατοι, οὐδέ τις ἄμμι βροτῶν ἐπιμίσγεται ἄλλος. 205
ἀλλ' ὅδε τις δύστηνος ἀλώμενος ἐνθάδ' ἱκάνει,
τὸν νῦν χρὴ κομέειν· πρὸς γὰρ Διός εἰσιν ἅπαντες
ξεῖνοί τε πτωχοί τε, δόσις δ' ὀλίγη τε φίλη τε.
ἀλλὰ δότ', ἀμφίπολοι, ξείνῳ βρῶσίν τε πόσιν τε,
λούσατέ τ' ἐν ποταμῷ, ὅθ' ἐπὶ σκέπας ἔστ' ἀνέμοιο.' 210
 ὣς ἔφαθ', αἱ δ' ἔσταν τε καὶ ἀλλήλῃσι κέλευσαν,
κὰδ δ' ἄρ' Ὀδυσσῆ' εἷσαν ἐπὶ σκέπας, ὡς ἐκέλευσεν
Ναυσικάα θυγάτηρ μεγαλήτορος Ἀλκινόοιο·
πὰρ δ' ἄρα οἱ φᾶρός τε χιτῶνά τε εἵματ' ἔθηκαν,
δῶκαν δὲ χρυσέῃ ἐν ληκύθῳ ὑγρὸν ἔλαιον, 215
ἤνωγον δ' ἄρα μιν λοῦσθαι ποταμοῖο ῥοῇσιν.
δή ῥα τότ' ἀμφιπόλοισι μετηύδα δῖος Ὀδυσσεύς·
'ἀμφίπολοι, στῆθ' οὕτω ἀπόπροθεν, ὄφρ' ἐγὼ αὐτὸς
ἅλμην ὤμοιιν ἀπολούσομαι, ἀμφὶ δ' ἐλαίῳ
χρίσομαι· ἦ γὰρ δηρὸν ἀπὸ χροός ἐστιν ἀλοιφή. 220
ἄντην δ' οὐκ ἂν ἐγώ γε λοέσσομαι· αἰδέομαι γὰρ
γυμνοῦσθαι κούρῃσιν ἐϋπλοκάμοισι μετελθών.'

To each one at his pleasure; and thy griefs 240
Are doubtless sent by him, and it is fit
That thou submit in patience,—now that thou
Hast reached our lands, and art within our realm,
Thou shalt not lack for garments nor for aught
Due to a suppliant stranger in his need. 245
The city I will show thee, and will name
Its dwellers,—the Phæacians,—they possess
The city; all the region lying round
Is theirs, and I am daughter of the prince
Alcinoüs, large of soul, to whom are given 250
The rule of the Phæacians and their power."
    So spake the damsel, and commanded thus
Her fair-haired maids: "Stay! whither do ye flee,
My handmaids, when a man appears in sight?
Ye think, perhaps, he is some enemy. 255
Nay, there is no man living now, nor yet
Will live, to enter, bringing war, the land
Of the Phæacians. Very dear are they
To the great gods. We dwell apart, afar
Within the unmeasured deep, amid its waves 260
The most remote of men; no other race
Hath commerce with us. This man comes to us
A wanderer and unhappy, and to him
Our cares are due. The stranger and the poor
Are sent by Jove, and slight regards to them 265
Are grateful. Maidens, give the stranger food
And drink, and take him to the river-side
To bathe where there is shelter from the wind."
    So spake the mistress; and they stayed their flight
And bade each other stand, and led the chief 270
Under a shelter as the royal maid,
Daughter of stout Alcinoüs, gave command,
And laid a cloak and tunic near the spot
To be his raiment, and a golden cruse
Of limpid oil. Then, as they bade him bathe 275
In the fresh stream, the noble chieftain said:—
    "Withdraw, ye maidens, hence, while I prepare
To cleanse my shoulders from the bitter brine,
And to anoint them; long have these my limbs
Been unrefreshed by oil. I will not bathe 280
Before you. I should be ashamed to stand
Unclothed in presence of these bright-haired maids."

ὣς ἔφαθ', αἱ δ' ἀπάνευθεν ἴσαν, εἶπον δ' ἄρα κούρῃ.
αὐτὰρ ὁ ἐκ ποταμοῦ χρόα νίζετο δῖος Ὀδυσσεὺς
ἅλμην, ἥ οἱ νῶτα καὶ εὐρέας ἄμπεχεν ὤμους, 225
ἐκ κεφαλῆς δ' ἔσμηχεν ἁλὸς χνόον ἀτρυγέτοιο.
αὐτὰρ ἐπεὶ δὴ πάντα λοέσσατο καὶ λίπ' ἄλειψεν,
ἀμφὶ δὲ εἵματα ἕσσαθ' ἅ οἱ πόρε παρθένος ἀδμής,
τὸν μὲν Ἀθηναίη θῆκεν Διὸς ἐκγεγαυῖα
μείζονά τ' εἰσιδέειν καὶ πάσσονα, κὰδ δὲ κάρητος 230
οὔλας ἧκε κόμας, ὑακινθίνῳ ἄνθει ὁμοίας.
ὡς δ' ὅτε τις χρυσὸν περιχεύεται ἀργύρῳ ἀνὴρ
ἴδρις, ὃν Ἥφαιστος δέδαεν καὶ Παλλὰς Ἀθήνη
τέχνην παντοίην, χαρίεντα δὲ ἔργα τελείει,
ὣς ἄρα τῷ κατέχευε χάριν κεφαλῇ τε καὶ ὤμοις. 235
ἕζετ' ἔπειτ' ἀπάνευθε κιὼν ἐπὶ θῖνα θαλάσσης,
κάλλεϊ καὶ χάρισι στίλβων· θηεῖτο δὲ κούρη.
δή ῥα τότ' ἀμφιπόλοισιν ἐυπλοκάμοισι μετηύδα·
 'κλῦτέ μευ, ἀμφίπολοι λευκώλενοι, ὄφρα τι εἴπω.
οὐ πάντων ἀέκητι θεῶν, οἳ Ὄλυμπον ἔχουσιν, 240
Φαιήκεσσ' ὅδ' ἀνὴρ ἐπιμίσγεται ἀντιθέοισι·
πρόσθεν μὲν γὰρ δή μοι ἀεικέλιος δέατ' εἶναι,
νῦν δὲ θεοῖσιν ἔοικε, τοὶ οὐρανὸν εὐρὺν ἔχουσιν.
αἲ γὰρ ἐμοὶ τοιόσδε πόσις κεκλημένος εἴη
ἐνθάδε ναιετάων, καὶ οἱ ἅδοι αὐτόθι μίμνειν. 245
ἀλλὰ δότ', ἀμφίπολοι, ξείνῳ βρῶσίν τε πόσιν τε.'
 ὣς ἔφαθ', αἱ δ' ἄρα τῆς μάλα μὲν κλύον ἠδ' ἐπίθοντο,
πὰρ δ' ἄρ' Ὀδυσσῆι ἔθεσαν βρῶσίν τε πόσιν τε.
ἦ τοι ὁ πῖνε καὶ ἦσθε πολύτλας δῖος Ὀδυσσεὺς
ἁρπαλέως· δηρὸν γὰρ ἐδητύος ἦεν ἄπαστος. 250
αὐτὰρ Ναυσικάα λευκώλενος ἄλλ' ἐνόησεν·
εἵματ' ἄρα πτύξασα τίθει καλῆς ἐπ' ἀπήνης,
ζεῦξεν δ' ἡμιόνους κρατερώνυχας, ἂν δ' ἔβη αὐτή,
ὤτρυνεν δ' Ὀδυσῆα, ἔπος τ' ἔφατ' ἔκ τ' ὀνόμαζεν·
 'ὄρσεο δὴ νῦν, ξεῖνε, πόλινδ' ἴμεν ὄφρα σε πέμψω 255
πατρὸς ἐμοῦ πρὸς δῶμα δαΐφρονος, ἔνθα σέ φημι

       He spake; they hearkened and withdrew, and told
The damsel what he said. Ulysses then
Washed the salt spray of ocean from his back   285
And his broad shoulders in the flowing stream,
And wiped away the sea-froth from his brows.
And when the bath was over, and his limbs
Had been anointed, and he had put on
The garments sent him by the spotless maid,   290
Jove's daughter, Pallas, caused him to appear
Of statelier size and more majestic mien,
And bade the locks that crowned his head flow down,
Curling like blossoms of the hyacinth.
As when some skilful workman trained and taught   295
By Vulcan and Minerva in his art
Binds the bright silver with a verge of gold,
And graceful is his handiwork, such grace
Did Pallas shed upon the hero's brow
And shoulders, as he passed along the beach,   300
And, glorious in his beauty and the pride
Of noble bearing, sat aloof. The maid
Admired, and to her bright-haired women spake:—
       "Listen to me, my maidens, while I speak.
This man comes not among the godlike sons   305
Of the Phæacian stock against the will
Of all the gods of heaven. I thought him late
Of an unseemly aspect; now he bears
A likeness to the immortal ones whose home
Is the broad heaven. I would that I might call   310
A man like him my husband, dwelling here,
And here content to dwell. Now hasten, maids,
And set before the stranger food and wine."
       She spake; they heard and cheerfully obeyed,
And set before Ulysses food and wine.   315
The patient chief Ulysses ate and drank
Full eagerly, for he had fasted long.
White-armed Nausicaä then had other cares.
She placed the smoothly folded robes within
The sumptuous chariot, yoked the firm-hoofed mules,   320
And mounted to her place, and from the seat
Spake kindly, counselling Ulysses thus:—
       "Now, stranger, rise and follow to the town,
And to my royal father's palace I
Will be thy guide, where, doubt not, thou wilt meet   325

πάντων Φαιήκων εἰδησέμεν ὅσσοι ἄριστοι.
ἀλλὰ μάλ' ὧδ' ἔρδειν, δοκέεις δέ μοι οὐκ ἀπινύσσειν:
ὄφρ' ἂν μέν κ' ἀγροὺς ἴομεν καὶ ἔργ' ἀνθρώπων,
τόφρα σὺν ἀμφιπόλοισι μεθ' ἡμιόνους καὶ ἄμαξαν 260
καρπαλίμως ἔρχεσθαι: ἐγὼ δ' ὁδὸν ἡγεμονεύσω.
αὐτὰρ ἐπὴν πόλιος ἐπιβήομεν, ἣν πέρι πύργος
ὑψηλός, καλὸς δὲ λιμὴν ἑκάτερθε πόληος,
λεπτὴ δ' εἰσίθμη: νῆες δ' ὁδὸν ἀμφιέλισσαι
εἰρύαται: πᾶσιν γὰρ ἐπίστιόν ἐστιν ἑκάστῳ. 265
ἔνθα δέ τέ σφ' ἀγορὴ καλὸν Ποσιδήιον ἀμφίς,
ῥυτοῖσιν λάεσσι κατωρυχέεσσ' ἀραρυῖα.
ἔνθα δὲ νηῶν ὅπλα μελαινάων ἀλέγουσι,
πείσματα καὶ σπεῖρα, καὶ ἀποξύνουσιν ἐρετμά.
οὐ γὰρ Φαιήκεσσι μέλει βιὸς οὐδὲ φαρέτρη, 270
ἀλλ' ἱστοὶ καὶ ἐρετμὰ νεῶν καὶ νῆες ἐῖσαι,
ᾗσιν ἀγαλλόμενοι πολιὴν περόωσι θάλασσαν.
τῶν ἀλεείνω φῆμιν ἀδευκέα, μή τις ὀπίσσω
μωμεύῃ: μάλα δ' εἰσὶν ὑπερφίαλοι κατὰ δῆμον:
καί νύ τις ὧδ' εἴπησι κακώτερος ἀντιβολήσας: 275
'τίς δ' ὅδε Ναυσικάᾳ ἕπεται καλός τε μέγας τε
ξεῖνος; ποῦ δέ μιν εὗρε; πόσις νύ οἱ ἔσσεται αὐτῇ.
ἦ τινά που πλαγχθέντα κομίσσατο ἧς ἀπὸ νηὸς
ἀνδρῶν τηλεδαπῶν, ἐπεὶ οὔ τινες ἐγγύθεν εἰσίν:
ἤ τίς οἱ εὐξαμένῃ πολυάρητος θεὸς ἦλθεν 280
οὐρανόθεν καταβάς, ἕξει δέ μιν ἤματα πάντα.
βέλτερον, εἰ καὐτή περ ἐποιχομένη πόσιν εὗρεν
ἄλλοθεν: ἦ γὰρ τούσδε γ' ἀτιμάζει κατὰ δῆμον
Φαίηκας, τοί μιν μνῶνται πολέες τε καὶ ἐσθλοί.'
'ὣς ἐρέουσιν, ἐμοὶ δέ κ' ὀνείδεα ταῦτα γένοιτο. 285
καὶ δ' ἄλλῃ νεμεσῶ, ἥ τις τοιαῦτά γε ῥέζοι,
ἥ τ' ἀέκητι φίλων πατρὸς καὶ μητρὸς ἐόντων,
ἀνδράσι μίσγηται, πρίν γ' ἀμφάδιον γάμον ἐλθεῖν.
ξεῖνε, σὺ δ' ὦκ' ἐμέθεν ξυνίει ἔπος, ὄφρα τάχιστα
πομπῆς καὶ νόστοιο τύχῃς παρὰ πατρὸς ἐμοῖο. 290
δήεις ἀγλαὸν ἄλσος Ἀθήνης ἄγχι κελεύθου

The noblest men of our Phæacian race.
But do as I advise,—for not inapt
I deem thee. While we traverse yet the fields
Among the tilth, keep thou among my train
Of maidens, following fast behind the mules   330
And chariot. I will lead thee in the way.
But when our train goes upward toward the town,
Fenced with its towery wall, and on each side
Embraced by a fair haven, with a strait
Of narrow entrance, where our well-oared barks   335
Have each a mooring-place along the road,
And there round Neptune's glorious fane extends
A market-place, surrounded by huge stones,
Dragged from the quarry hither, where is kept
The rigging of the barks,—sail-cloth and ropes,—   340
And oars are polished there,—for little reck
Phæacians of the quiver and the bow,
And give most heed to masts and shrouds and ships
Well poised, in which it is their pride to cross
The foamy deep,—when there I would not bring   345
Rude taunts upon myself, for in the crowd
Are brutal men. One of the baser sort
Perchance might say, on meeting us: 'What man,
Handsome and lusty-limbed, is he who thus
Follows Nausicaä? where was it her luck   350
To find him? will he be her husband yet?
Perhaps she brings some wanderer from his ship,
A stranger from strange lands, for we have here
No neighbors; or, perhaps, it is a god
Called down by fervent prayer from heaven to dwell   355
Henceforth with her. 'Tis well if she have found
A husband elsewhere, since at home she meets
Her many noble wooers with disdain;
They are Phæacians.' Thus the crowd would say,
And it would bring reproach upon my name.   360
I too would blame another who should do
The like, and, while her parents were alive,
Without their knowledge should consort with men
Before her marriage. Stranger, now observe
My words, and thou shalt speedily obtain   365
Safe-conduct from my father, and be sent
Upon thy voyage homeward. We shall reach
A beautiful grove of poplars by the way,

αἰγείρων: ἐν δὲ κρήνη νάει, ἀμφὶ δὲ λειμών:
ἔνθα δὲ πατρὸς ἐμοῦ τέμενος τεθαλυῖά τ' ἀλωή,
τόσσον ἀπὸ πτόλιος, ὅσσον τε γέγωνε βοήσας.
ἔνθα καθεζόμενος μεῖναι χρόνον, εἰς ὅ κεν ἡμεῖς 295
ἄστυδε ἔλθωμεν καὶ ἱκώμεθα δώματα πατρός.
αὐτὰρ ἐπὴν ἡμέας ἔλπῃ ποτὶ δώματ' ἀφῖχθαι,
καὶ τότε Φαιήκων ἴμεν ἐς πόλιν ἠδ' ἐρέεσθαι
δώματα πατρὸς ἐμοῦ μεγαλήτορος Ἀλκινόοιο.
ῥεῖα δ' ἀρίγνωτ' ἐστί, καὶ ἂν πάϊς ἡγήσαιτο 300
νήπιος: οὐ μὲν γάρ τι ἐοικότα τοῖσι τέτυκται
δώματα Φαιήκων, οἷος δόμος Ἀλκινόοιο
ἥρωος. ἀλλ' ὁπότ' ἄν σε δόμοι κεκύθωσι καὶ αὐλή,
ὦκα μάλα μεγάροιο διελθέμεν, ὄφρ' ἂν ἵκηαι
μητέρ' ἐμήν: ἡ δ' ἧσται ἐπ' ἐσχάρῃ ἐν πυρὸς αὐγῇ, 305
ἠλάκατα στρωφῶσ' ἁλιπόρφυρα, θαῦμα ἰδέσθαι,
κίονι κεκλιμένη: δμωαὶ δέ οἱ εἴατ' ὄπισθεν.
ἔνθα δὲ πατρὸς ἐμοῖο θρόνος ποτικέκλιται αὐτῇ,
τῷ ὅ γε οἰνοποτάζει ἐφήμενος ἀθάνατος ὥς.
τὸν παραμειψάμενος μητρὸς περὶ γούνασι χεῖρας 310
βάλλειν ἡμετέρης, ἵνα νόστιμον ἦμαρ ἴδηαι
χαίρων καρπαλίμως, εἰ καὶ μάλα τηλόθεν ἐσσί.
εἴ κέν τοι κείνη γε φίλα φρονέῃσ' ἐνὶ θυμῷ,
ἐλπωρή τοι ἔπειτα φίλους τ' ἰδέειν καὶ ἱκέσθαι
οἶκον ἐϋκτίμενον καὶ σὴν ἐς πατρίδα γαῖαν.' 315
ὣς ἄρα φωνήσασ' ἵμασεν μάστιγι φαεινῇ
ἡμιόνους: αἱ δ' ὦκα λίπον ποταμοῖο ῥέεθρα.
αἱ δ' ἐὺ μὲν τρώχων, ἐὺ δὲ πλίσσοντο πόδεσσιν:
ἡ δὲ μάλ' ἡνιόχευεν, ὅπως ἅμ' ἑποίατο πεζοὶ
ἀμφίπολοί τ' Ὀδυσεύς τε, νόῳ δ' ἐπέβαλλεν ἱμάσθλην. 320
δύσετό τ' ἠέλιος καὶ τοὶ κλυτὸν ἄλσος ἵκοντο
ἱρὸν Ἀθηναίης, ἵν' ἄρ' ἕζετο δῖος Ὀδυσσεύς.
αὐτίκ' ἔπειτ' ἠρᾶτο Διὸς κούρῃ μεγάλοιο:
'κλῦθί μευ, αἰγιόχοιο Διὸς τέκος, Ἀτρυτώνη:
νῦν δή πέρ μευ ἄκουσον, ἐπεὶ πάρος οὔ ποτ' ἄκουσας 325

Sacred to Pallas; from it flows a brook,
And round it lies a meadow. In this spot 370
My father has his country-grounds, and here
His garden flourishes, as far from town
As one could hear a shout. There sit thou down
And wait till we are in the city's streets
And at my father's house. When it shall seem 375
That we are there, arise and onward fare
To the Phæacian city, and inquire
Where dwells Alcinoüs the large-souled king,
My father; 'tis not hard to find; a child
Might lead thee thither. Of the houses reared 380
By the Phæacians there is none like that
In which Alcinoüs the hero dwells.
When thou art once within the court and hall,
Go quickly through the palace till thou find
My mother where she sits beside the hearth, 385
Leaning against a column in its blaze,
And twisting threads, a marvel to behold,
Of bright sea-purple, while her maidens sit
Behind her. Near her is my father's throne,
On which he sits at feasts, and drinks the wine 390
Like one of the immortals. Pass it by
And clasp my mother's knees; so mayst thou see
Soon and with joy the day of thy return,
Although thy home be far. For if her mood
Be kindly toward thee, thou mayst hope to greet 395
Thy friends once more, and enter yet again
Thy own fair palace in thy native land."
    Thus having said, she raised the shining scourge
And struck the mules, that quickly left behind
The river. On they went with easy pace 400
And even steps. The damsel wielded well
The reins, and used the lash with gentle hand,
So that Ulysses and her train of maids
On foot could follow close. And now the sun
Was sinking when they came to that fair grove 405
Sacred to Pallas. There the noble chief
Ulysses sat him down, and instantly
Prayed to the daughter of imperial Jove:—
    "O thou unconquerable child of Jove
The Ægis-bearer! hearken to me now, 410
Since late thou wouldst not listen to my prayer,

ῥαιομένου, ὅτε μ' ἔρραιε κλυτὸς ἐννοσίγαιος.
δός μ' ἐς Φαίηκας φίλον ἐλθεῖν ἠδ' ἐλεεινόν.'
ὣς ἔφατ' εὐχόμενος, τοῦ δ' ἔκλυε Παλλὰς Ἀθήνη.
αὐτῷ δ' οὔ πω φαίνετ' ἐναντίη· αἴδετο γάρ ῥα
πατροκασίγνητον· ὁ δ' ἐπιζαφελῶς μενέαινεν   330
ἀντιθέῳ Ὀδυσῆι πάρος ἣν γαῖαν ἱκέσθαι.

What time the mighty shaker of the shores
Pursued and wrecked me! Grant me to receive
Pity and kindness from Phæacia's sons."
   So prayed he, supplicating. Pallas heard   415
The prayer, but came not to him openly.
Awe of her father's brother held her back;
For he would still pursue with violent hate
Ulysses, till he reached his native land.

Ὣς ὁ μὲν ἔνθ' ἠρᾶτο πολύτλας δῖος Ὀδυσσεύς,
κούρην δὲ προτὶ ἄστυ φέρεν μένος ἡμιόνοιιν.
ἡ δ' ὅτε δὴ οὗ πατρὸς ἀγακλυτὰ δώμαθ' ἵκανε,
στῆσεν ἄρ' ἐν προθύροισι, κασίγνητοι δέ μιν ἀμφὶς
ἵσταντ' ἀθανάτοις ἐναλίγκιοι, οἵ ῥ' ὑπ' ἀπήνης 5
ἡμιόνους ἔλυον ἐσθῆτά τε ἔσφερον εἴσω.
αὐτὴ δ' ἐς θάλαμον ἑὸν ἤιε: δαῖε δέ οἱ πῦρ
γρῆυς Ἀπειραίη, θαλαμηπόλος Εὐρυμέδουσα,
τήν ποτ' Ἀπείρηθεν νέες ἤγαγον ἀμφιέλισσαι:
Ἀλκινόῳ δ' αὐτὴν γέρας ἔξελον, οὕνεκα πᾶσιν 10
Φαιήκεσσιν ἄνασσε, θεοῦ δ' ὣς δῆμος ἄκουεν:
ἣ τρέφε Ναυσικάαν λευκώλενον ἐν μεγάροισιν.
ἥ οἱ πῦρ ἀνέκαιε καὶ εἴσω δόρπον ἐκόσμει.
καὶ τότ' Ὀδυσσεὺς ὦρτο πόλινδ' ἴμεν: ἀμφὶ δ' Ἀθήνη
πολλὴν ἠέρα χεῦε φίλα φρονέουσ' Ὀδυσῆι, 15
μή τις Φαιήκων μεγαθύμων ἀντιβολήσας
κερτομέοι τ' ἐπέεσσι καὶ ἐξερέοιθ' ὅτις εἴη.
ἀλλ' ὅτε δὴ ἄρ' ἔμελλε πόλιν δύσεσθαι ἐραννήν,
ἔνθα οἱ ἀντεβόλησε θεά, γλαυκῶπις Ἀθήνη,
παρθενικῇ εἰκυῖα νεήνιδι, κάλπιν ἐχούσῃ. 20

BOOK VII

So prayed Ulysses the great sufferer.
The strong mules bore the damsel toward the town,
And when she reached her father's stately halls
She stopped beneath the porch. Her brothers came
Around her, like in aspect to the gods,   5
And loosed the mules, and bore the garments in.
She sought her chamber, where an aged dame
Attendant there, an Epirote, and named
Eurymedusa, lighted her a fire.
She by the well-oared galleys had been brought   10
Beforetime from Epirus, and was given
To king Alcinoüs, ruler over all
Phæacia's sons, who hearkened to his voice
As if he were a god. 'Twas she who reared
White-armed Nausicaä in the royal halls,   15
Tended her hearth, and dressed her evening meal.
  Now rose Ulysses up, and townward turned
His steps, while friendly Pallas wrapt his way
In darkness, lest some one among the sons
Of the Phæacians with unmannerly words   20
Might call to him or ask him who he was.
And just as he was entering that fair town
The blue-eyed Pallas met him, in the form
Of a young virgin with an urn. She stood

στῆ δὲ πρόσθ' αὐτοῦ, ὁ δ' ἀνείρετο δῖος Ὀδυσσεύς·
    'ὦ τέκος, οὐκ ἄν μοι δόμον ἀνέρος ἡγήσαιο
Ἀλκινόου, ὃς τοῖσδε μετ' ἀνθρώποισι ἀνάσσει;
καὶ γὰρ ἐγὼ ξεῖνος ταλαπείριος ἐνθάδ' ἱκάνω
τηλόθεν ἐξ ἀπίης γαίης· τῷ οὔ τινα οἶδα   25
ἀνθρώπων, οἳ τήνδε πόλιν καὶ γαῖαν ἔχουσιν.'
    τὸν δ' αὖτε προσέειπε θεά, γλαυκῶπις Ἀθήνη·
'τοιγὰρ ἐγώ τοι, ξεῖνε πάτερ, δόμον, ὅν με κελεύεις,
δείξω, ἐπεί μοι πατρὸς ἀμύμονος ἐγγύθι ναίει.
ἀλλ' ἴθι σιγῇ τοῖον, ἐγὼ δ' ὁδὸν ἡγεμονεύσω,   30
μηδέ τιν' ἀνθρώπων προτιόσσεο μηδ' ἐρέεινε.
οὐ γὰρ ξείνους οἵδε μάλ' ἀνθρώπους ἀνέχονται,
οὐδ' ἀγαπαζόμενοι φιλέουσ' ὅς κ' ἄλλοθεν ἔλθῃ.
νηυσὶ θοῇσιν τοί γε πεποιθότες ὠκείῃσι
λαῖτμα μέγ' ἐκπερόωσιν, ἐπεί σφισι δῶκ' ἐνοσίχθων·   35
τῶν νέες ὠκεῖαι ὡς εἰ πτερὸν ἠὲ νόημα.'
    ὣς ἄρα φωνήσασ' ἡγήσατο Παλλὰς Ἀθήνη
καρπαλίμως· ὁ δ' ἔπειτα μετ' ἴχνια βαῖνε θεοῖο.
τὸν δ' ἄρα Φαίηκες ναυσικλυτοὶ οὐκ ἐνόησαν
ἐρχόμενον κατὰ ἄστυ διὰ σφέας· οὐ γὰρ Ἀθήνη   40
εἴα ἐυπλόκαμος, δεινὴ θεός, ἥ ῥά οἱ ἀχλὺν
θεσπεσίην κατέχευε φίλα φρονέουσ' ἐνὶ θυμῷ.
θαύμαζεν δ' Ὀδυσεὺς λιμένας καὶ νῆας ἐίσας
αὐτῶν θ' ἡρώων ἀγορὰς καὶ τείχεα μακρὰ
ὑψηλά, σκολόπεσσιν ἀρηρότα, θαῦμα ἰδέσθαι.   45
ἀλλ' ὅτε δὴ βασιλῆος ἀγακλυτὰ δώμαθ' ἵκοντο,
τοῖσι δὲ μύθων ἦρχε θεά, γλαυκῶπις Ἀθήνη·
    'οὗτος δή τοι, ξεῖνε πάτερ, δόμος, ὅν με κελεύεις
πεφραδέμεν· δήεις δὲ διοτρεφέας βασιλῆας
δαίτην δαινυμένους· σὺ δ' ἔσω κίε, μηδέ τι θυμῷ   50
τάρβει· θαρσαλέος γὰρ ἀνὴρ ἐν πᾶσιν ἀμείνων
ἔργοισιν τελέθει, εἰ καί ποθεν ἄλλοθεν ἔλθοι.
δέσποιναν μὲν πρῶτα κιχήσεαι ἐν μεγάροισιν·
Ἀρήτη δ' ὄνομ' ἐστὶν ἐπώνυμον, ἐκ δὲ τοκήων
τῶν αὐτῶν οἵ περ τέκον Ἀλκίνοον βασιλῆα.   55
Ναυσίθοον μὲν πρῶτα Ποσειδάων ἐνοσίχθων
γείνατο καὶ Περίβοια, γυναικῶν εἶδος ἀρίστη,
ὁπλοτάτη θυγάτηρ μεγαλήτορος Εὐρυμέδοντος,

Before him, and Ulysses thus inquired:— 25
  "Wilt thou, my daughter, guide me to the house
Where dwells Alcinoüs, he who rules this land?
I am a stranger, who have come from far
After long hardships, and of all who dwell
Within this realm I know not even one." 30
  Pallas, the blue-eyed goddess, thus replied:—
"Father and stranger, I will show the house;
The dwelling of my own good father stands
Close by it. Follow silently, I pray,
And I will lead. Look not on any man 35
Nor ask a question; for the people here
Affect not strangers, nor do oft receive
With kindly welcome him who comes from far.
They trust in their swift barks, which to and fro,
By Neptune's favor, cross the mighty deep. 40
Their galleys have the speed of wings or thought."
  Thus Pallas spake, and quickly led the way.
He followed in her steps. They saw him not,—
Those trained Phæacian seamen,—for the power
That led him, Pallas of the amber hair, 45
Forbade the sight, and threw a friendly veil
Of darkness over him. Ulysses saw,
Wondering, the haven and the gallant ships,
The market-place where heroes thronged, the walls
Long, lofty, and beset with palisades, 50
A marvel to the sight. But when they came
To the king's stately palace, thus began
The blue-eyed goddess, speaking to the chief:—
  "Father and stranger, here thou seest the house
Which thou hast bid me show thee. Thou wilt find 55
The princes, nurslings of the gods, within,
Royally feasting. Enter, and fear not;
The bold man ever is the better man,
Although he come from far. Thou first of all
Wilt see the queen. Aretè is the name 60
The people give her. She is of a stock
The very same from which Alcinoüs
The king derives his lineage. For long since
Nausithoüs, its founder, was brought forth
To Neptune, the great Shaker of the shores, 65
By Peribæa, fairest of her sex,
And youngest daughter of Eurymedon,

ὅς ποθ' ὑπερθύμοισι Γιγάντεσσιν βασίλευεν.
ἀλλ' ὁ μὲν ὤλεσε λαὸν ἀτάσθαλον, ὤλετο δ' αὐτός· 60
τῇ δὲ Ποσειδάων ἐμίγη καὶ ἐγείνατο παῖδα
Ναυσίθοον μεγάθυμον, ὃς ἐν Φαίηξιν ἄνασσε·
Ναυσίθοος δ' ἔτεκεν Ῥηξήνορά τ' Ἀλκίνοόν τε.
τὸν μὲν ἄκουρον ἐόντα βάλ' ἀργυρότοξος Ἀπόλλων
νυμφίον ἐν μεγάρῳ, μίαν οἴην παῖδα λιπόντα 65
Ἀρήτην· τὴν δ' Ἀλκίνοος ποιήσατ' ἄκοιτιν,
καί μιν ἔτισ', ὡς οὔ τις ἐπὶ χθονὶ τίεται ἄλλη,
ὅσσαι νῦν γε γυναῖκες ὑπ' ἀνδράσιν οἶκον ἔχουσιν.
ὣς κείνη περὶ κῆρι τετίμηταί τε καὶ ἔστιν
ἔκ τε φίλων παίδων ἔκ τ' αὐτοῦ Ἀλκινόοιο 70
καὶ λαῶν, οἵ μίν ῥα θεὸν ὣς εἰσορόωντες
δειδέχαται μύθοισιν, ὅτε στείχῃσ' ἀνὰ ἄστυ.
οὐ μὲν γάρ τι νόου γε καὶ αὐτὴ δεύεται ἐσθλοῦ·
ᾗσι τ' ἐὺ φρονέῃσι καὶ ἀνδράσι νείκεα λύει.
εἴ κέν τοι κείνη γε φίλα φρονέῃσ' ἐνὶ θυμῷ, 75
ἐλπωρή τοι ἔπειτα φίλους τ' ἰδέειν καὶ ἱκέσθαι
οἶκον ἐς ὑψόροφον καὶ σὴν ἐς πατρίδα γαῖαν.'

ὣς ἄρα φωνήσασ' ἀπέβη γλαυκῶπις Ἀθήνη
πόντον ἐπ' ἀτρύγετον, λίπε δὲ Σχερίην ἐρατεινήν,
ἵκετο δ' ἐς Μαραθῶνα καὶ εὐρυάγυιαν Ἀθήνην, 80
δῦνε δ' Ἐρεχθῆος πυκινὸν δόμον. αὐτὰρ Ὀδυσσεὺς
Ἀλκινόου πρὸς δώματ' ἴε κλυτά· πολλὰ δέ οἱ κῆρ
ὥρμαιν' ἱσταμένῳ, πρὶν χάλκεον οὐδὸν ἱκέσθαι.
ὥς τε γὰρ ἠελίου αἴγλη πέλεν ἠὲ σελήνης
δῶμα καθ' ὑψερεφὲς μεγαλήτορος Ἀλκινόοιο. 85
χάλκεοι μὲν γὰρ τοῖχοι ἐληλέδατ' ἔνθα καὶ ἔνθα,
ἐς μυχὸν ἐξ οὐδοῦ, περὶ δὲ θριγκὸς κυάνοιο·
χρύσειαι δὲ θύραι πυκινὸν δόμον ἐντὸς ἔεργον·
σταθμοὶ δ' ἀργύρεοι ἐν χαλκέῳ ἕστασαν οὐδῷ,
ἀργύρεον δ' ἐφ' ὑπερθύριον, χρυσέη δὲ κορώνη. 90
χρύσειοι δ' ἑκάτερθε καὶ ἀργύρεοι κύνες ἦσαν,

The large of soul, who ruled the arrogant brood
Of giants, and beheld that guilty race
Cut off, and perished by a fate like theirs.   70
Her Neptune wooed; she bore to him a son,
Large-souled Nausithoüs, whom Phæacia owned
Its sovereign. To Nausithoüs were born
Rhexenor and Alcinoüs. He who bears
The silver bow, Apollo, smote to death   75
Rhexenor, newly wedded, in his home.
He left no son, and but one daughter, named
Aretè; her Alcinoüs made his wife,
And honored her as nowhere else on earth
Is any woman honored who bears charge   80
Over a husband's household. From their hearts
Her children pay her reverence, and the king
And all the people, for they look on her
As if she were a goddess. When she goes
Abroad into the streets, all welcome her   85
With acclamations. Never does she fail
In wise discernment, but decides disputes
Kindly and justly between man and man.
And if thou gain her favor, there is hope
That thou mayst see thy friends once more, and stand   90
In thy tall palace on thy native soil."
  The blue-eyed Pallas, having spoken thus,
Departed o'er the barren deep. She left
The pleasant isle of Scheria, and repaired
To Marathon and to the spacious streets   95
Of Athens, entering there the massive halls
Where dwelt Erectheus, while Ulysses toward
The gorgeous palace of Alcinoüs turned
His steps, yet stopped and pondered ere he crossed
The threshold. For on every side beneath   100
The lofty roof of that magnanimous king
A glory shone as of the sun or moon.
There from the threshold, on each side, were walls
Of brass that led towards the inner rooms,
With blue steel cornices. The doors within   105
The massive building were of gold, and posts
Of silver on the brazen threshold stood,
And silver was the lintel, and above
Its architrave was gold; and on each side
Stood gold and silver mastiffs, the rare work   110

οὓς Ἥφαιστος ἔτευξεν ἰδυίῃσι πραπίδεσσι
δῶμα φυλασσέμεναι μεγαλήτορος Ἀλκινόοιο,
ἀθανάτους ὄντας καὶ ἀγήρως ἤματα πάντα.
ἐν δὲ θρόνοι περὶ τοῖχον ἐρηρέδατ᾽ ἔνθα καὶ ἔνθα, 95
ἐς μυχὸν ἐξ οὐδοῖο διαμπερές, ἔνθ᾽ ἐνὶ πέπλοι
λεπτοὶ ἐΰννητοι βεβλήατο, ἔργα γυναικῶν.
ἔνθα δὲ Φαιήκων ἡγήτορες ἑδριόωντο
πίνοντες καὶ ἔδοντες: ἐπηετανὸν γὰρ ἔχεσκον.
χρύσειοι δ᾽ ἄρα κοῦροι ἐϋδμήτων ἐπὶ βωμῶν 100
ἕστασαν αἰθομένας δαΐδας μετὰ χερσὶν ἔχοντες,
φαίνοντες νύκτας κατὰ δώματα δαιτυμόνεσσι.
πεντήκοντα δέ οἱ δμωαὶ κατὰ δῶμα γυναῖκες
αἱ μὲν ἀλετρεύουσι μύλης ἔπι μήλοπα καρπόν,
αἱ δ᾽ ἱστοὺς ὑφόωσι καὶ ἠλάκατα στρωφῶσιν 105
ἥμεναι, οἷά τε φύλλα μακεδνῆς αἰγείροιο:
καιρουσσέων δ᾽ ὀθονέων ἀπολείβεται ὑγρὸν ἔλαιον.
ὅσσον Φαίηκες περὶ πάντων ἴδριες ἀνδρῶν
νῆα θοὴν ἐνὶ πόντῳ ἐλαυνέμεν, ὣς δὲ γυναῖκες
ἱστῶν τεχνῆσσαι: πέρι γάρ σφισι δῶκεν Ἀθήνη 110
ἔργα τ᾽ ἐπίστασθαι περικαλλέα καὶ φρένας ἐσθλάς.
ἔκτοσθεν δ᾽ αὐλῆς μέγας ὄρχατος ἄγχι θυράων
τετράγυος: περὶ δ᾽ ἕρκος ἐλήλαται ἀμφοτέρωθεν.
ἔνθα δὲ δένδρεα μακρὰ πεφύκασι τηλεθόωντα,
ὄγχναι καὶ ῥοιαὶ καὶ μηλέαι ἀγλαόκαρποι 115
συκέαι τε γλυκεραὶ καὶ ἐλαῖαι τηλεθόωσαι.
τάων οὔ ποτε καρπὸς ἀπόλλυται οὐδ᾽ ἀπολείπει
χείματος οὐδὲ θέρευς, ἐπετήσιος: ἀλλὰ μάλ᾽ αἰεὶ
Ζεφυρίη πνείουσα τὰ μὲν φύει, ἄλλα δὲ πέσσει.
ὄγχνη ἐπ᾽ ὄγχνῃ γηράσκει, μῆλον δ᾽ ἐπὶ μήλῳ, 120
αὐτὰρ ἐπὶ σταφυλῇ σταφυλή, σῦκον δ᾽ ἐπὶ σύκῳ.
ἔνθα δέ οἱ πολύκαρπος ἀλωὴ ἐρρίζωται,
τῆς ἕτερον μὲν θειλόπεδον λευρῷ ἐνὶ χώρῳ
τέρσεται ἠελίῳ, ἑτέρας δ᾽ ἄρα τε τρυγόωσιν,
ἄλλας δὲ τραπέουσι: πάροιθε δέ τ᾽ ὄμφακές εἰσιν 125

Of Vulcan's practised skill, placed there to guard
The house of great Alcinoüs, and endowed
With deathless life, that knows no touch of age.
Along the walls within, on either side,
And from the threshold to the inner rooms, 115
Were firmly planted thrones on which were laid
Delicate mantles, woven by the hands
Of women. The Phæacian princes here
Were seated; here they ate and drank, and held
Perpetual banquet. Slender forms of boys 120
In gold upon the shapely altars stood,
With blazing torches in their hands to light
At eve the palace guests; while fifty maids
Waited within the halls, where some in querns
Ground small the yellow grain; some wove the web 125
Or twirled the spindle, sitting, with a quick
Light motion, like the aspen's glancing leaves.
The well-wrought tissues glistened as with oil.
As far as the Phæacian race excel
In guiding their swift galleys o'er the deep, 130
So far the women in their woven work
Surpass all others. Pallas gives them skill
In handiwork and beautiful design.
Without the palace-court, and near the gate,
A spacious garden of four acres lay. 135
A hedge enclosed it round, and lofty trees
Flourished in generous growth within,—the pear
And the pomegranate, and the apple-tree
With its fair fruitage, and the luscious fig
And olive always green. The fruit they bear 140
Falls not, nor ever fails in winter time
Nor summer, but is yielded all the year.
The ever-blowing west-wind causes some
To swell and some to ripen; pear succeeds
To pear; to apple apple, grape to grape, 145
Fig ripens after fig. A fruitful field
Of vines was planted near; in part it lay
Open and basking in the sun, which dried
The soil, and here men gathered in the grapes,
And there they trod the wine-press. Farther on 150
Were grapes unripened yet, which just had cast
The flower, and others still which just began
To redden. At the garden's furthest bound

ἄνθος ἀφιεῖσαι, ἕτεραι δ' ὑποπερκάζουσιν.
ἔνθα δὲ κοσμηταὶ πρασιαὶ παρὰ νείατον ὄρχον
παντοῖαι πεφύασιν, ἐπηετανὸν γανόωσαι:
ἐν δὲ δύω κρῆναι ἡ μέν τ' ἀνὰ κῆπον ἅπαντα
σκίδναται, ἡ δ' ἑτέρωθεν ὑπ' αὐλῆς οὐδὸν ἵησι 130
πρὸς δόμον ὑψηλόν, ὅθεν ὑδρεύοντο πολῖται.
τοῖ' ἄρ' ἐν Ἀλκινόοιο θεῶν ἔσαν ἀγλαὰ δῶρα.
ἔνθα στὰς θηεῖτο πολύτλας δῖος Ὀδυσσεύς.
αὐτὰρ ἐπεὶ δὴ πάντα ἑῷ θηήσατο θυμῷ,
καρπαλίμως ὑπὲρ οὐδὸν ἐβήσετο δώματος εἴσω. 135
εὗρε δὲ Φαιήκων ἡγήτορας ἠδὲ μέδοντας
σπένδοντας δεπάεσσιν ἐυσκόπῳ ἀργεϊφόντῃ,
ᾧ πυμάτῳ σπένδεσκον, ὅτε μνησαίατο κοίτου.
αὐτὰρ ὁ βῆ διὰ δῶμα πολύτλας δῖος Ὀδυσσεὺς
πολλὴν ἠέρ' ἔχων, ἥν οἱ περίχευεν Ἀθήνη, 140
ὄφρ' ἵκετ' Ἀρήτην τε καὶ Ἀλκίνοον βασιλῆα.
ἀμφὶ δ' ἄρ' Ἀρήτης βάλε γούνασι χεῖρας Ὀδυσσεύς,
καὶ τότε δή ῥ' αὐτοῖο πάλιν χύτο θέσφατος ἀήρ.
οἱ δ' ἄνεω ἐγένοντο, δόμον κάτα φῶτα ἰδόντες:
θαύμαζον δ' ὁρόωντες. ὁ δὲ λιτάνευεν Ὀδυσσεύς: 145
'Ἀρήτη, θύγατερ Ῥηξήνορος ἀντιθέοιο,
σόν τε πόσιν σά τε γούναθ' ἱκάνω πολλὰ μογήσας
τούσδε τε δαιτυμόνας: τοῖσιν θεοὶ ὄλβια δοῖεν
ζωέμεναι, καὶ παισὶν ἐπιτρέψειεν ἕκαστος
κτήματ' ἐνὶ μεγάροισι γέρας θ' ὅ τι δῆμος ἔδωκεν: 150
αὐτὰρ ἐμοὶ πομπὴν ὀτρύνετε πατρίδ' ἱκέσθαι
θᾶσσον, ἐπεὶ δὴ δηθὰ φίλων ἄπο πήματα πάσχω.'
ὣς εἰπὼν κατ' ἄρ' ἕζετ' ἐπ' ἐσχάρῃ ἐν κονίῃσιν
πὰρ πυρί: οἱ δ' ἄρα πάντες ἀκὴν ἐγένοντο σιωπῇ.
ὀψὲ δὲ δὴ μετέειπε γέρων ἥρως Ἐχένηος, 155
ὅς δὴ Φαιήκων ἀνδρῶν προγενέστερος ἦεν
καὶ μύθοισι κέκαστο, παλαιά τε πολλά τε εἰδώς:
ὅ σφιν ἐὺ φρονέων ἀγορήσατο καὶ μετέειπεν:
'Ἀλκίνο', οὐ μέν τοι τόδε κάλλιον, οὐδὲ ἔοικε,

Were beds of many plants that all the year
Bore flowers. There gushed two fountains: one of them   155
Ran wandering through the field; the other flowed
Beneath the threshold to the palace-court,
And all the people filled their vessels there.
Such were the blessings which the gracious gods
Bestowed on King Alcinoüs and his house.   160
    Ulysses, the great sufferer, standing there,
Admired the sight; and when he had beheld
The whole in silent wonderment, he crossed
The threshold quickly, entering the hall
Where the Phæacian peers and princes poured   165
Wine from their goblets to the sleepless one,
The Argus-queller, to whose deity
They made the last libations when they thought
Of slumber. The great sufferer, concealed
In a thick mist, which Pallas raised and cast   170
Around him, hastened through the hall and came
Close to Aretè and Alcinoüs,
The royal pair. Then did Ulysses clasp
Aretè's knees, when suddenly the cloud
Raised by the goddess vanished. All within   175
The palace were struck mute as they beheld
The man before them. Thus Ulysses prayed:—
    "Aretè, daughter of the godlike chief
Rhexenor! to thy husband I am come
And to thy knees, from many hardships borne,   180
And to these guests, to whom may the good gods
Grant to live happily, and to hand down,
Each one to his own children, in his home,
The wealth and honors which the people's love
Bestowed upon him. Grant me, I entreat,   185
An escort, that I may behold again
And soon my own dear country. I have passed
Long years in sorrow, far from all I love."
    He ended, and sat down upon the hearth
Among the ashes, near the fire, and all   190
Were silent utterly. At length outspake
Echeneus, oldest and most eloquent chief
Of the Phæacians; large his knowledge was
Of things long past. With generous intent,
And speaking to the assembly, he began:—   195
    "Alcinoüs, this is not a seemly sight,—

ξεῖνον μὲν χαμαὶ ἧσθαι ἐπ' ἐσχάρῃ ἐν κονίῃσιν, 160
οἵδε δὲ σὸν μῦθον ποτιδέγμενοι ἰσχανόωνται.
ἀλλ' ἄγε δὴ ξεῖνον μὲν ἐπὶ θρόνου ἀργυροήλου
εἷσον ἀναστήσας, σὺ δὲ κηρύκεσσι κέλευσον
οἶνον ἐπικρῆσαι, ἵνα καὶ Διὶ τερπικεραύνῳ
σπείσομεν, ὅς θ' ἱκέτῃσιν ἅμ' αἰδοίοισιν ὀπηδεῖ· 165
δόρπον δὲ ξείνῳ ταμίη δότω ἔνδον ἐόντων.'
  αὐτὰρ ἐπεὶ τό γ' ἄκουσ' ἱερὸν μένος Ἀλκινόοιο,
χειρὸς ἑλὼν Ὀδυσῆα δαΐφρονα ποικιλομήτην
ὦρσεν ἀπ' ἐσχαρόφιν καὶ ἐπὶ θρόνου εἷσε φαεινοῦ,
υἱὸν ἀναστήσας ἀγαπήνορα Λαοδάμαντα, 170
ὅς οἱ πλησίον ἷζε, μάλιστα δέ μιν φιλέεσκεν.
χέρνιβα δ' ἀμφίπολος προχόῳ ἐπέχευε φέρουσα
καλῇ χρυσείῃ ὑπὲρ ἀργυρέοιο λέβητος,
νίψασθαι· παρὰ δὲ ξεστὴν ἐτάνυσσε τράπεζαν.
σῖτον δ' αἰδοίη ταμίη παρέθηκε φέρουσα, 175
εἴδατα πόλλ' ἐπιθεῖσα, χαριζομένη παρεόντων.
αὐτὰρ ὁ πῖνε καὶ ἦσθε πολύτλας δῖος Ὀδυσσεύς.
καὶ τότε κήρυκα προσέφη μένος Ἀλκινόοιο·
  'Ποντόνοε, κρητῆρα κερασσάμενος μέθυ νεῖμον
πᾶσιν ἀνὰ μέγαρον, ἵνα καὶ Διὶ τερπικεραύνῳ 180
σπείσομεν, ὅς θ' ἱκέτῃσιν ἅμ' αἰδοίοισιν ὀπηδεῖ.'
  ὣς φάτο, Ποντόνοος δὲ μελίφρονα οἶνον ἐκίρνα,
νώμησεν δ' ἄρα πᾶσιν ἐπαρξάμενος δεπάεσσιν.
αὐτὰρ ἐπεὶ σπεῖσάν τ' ἔπιόν θ', ὅσον ἤθελε θυμός,
τοῖσιν δ' Ἀλκίνοος ἀγορήσατο καὶ μετέειπε· 185
  'κέκλυτε, Φαιήκων ἡγήτορες ἠδὲ μέδοντες
ὄφρ' εἴπω τά με θυμὸς ἐνὶ στήθεσσι κελεύει.
νῦν μὲν δαισάμενοι κατακείετε οἴκαδ' ἰόντες·
ἠῶθεν δὲ γέροντας ἐπὶ πλέονας καλέσαντες
ξεῖνον ἐνὶ μεγάροις ξεινίσσομεν ἠδὲ θεοῖσιν 190
ῥέξομεν ἱερὰ καλά, ἔπειτα δὲ καὶ περὶ πομπῆς
μνησόμεθ', ὥς χ' ὁ ξεῖνος ἄνευθε πόνου καὶ ἀνίης
πομπῇ ὑφ' ἡμετέρῃ ἣν πατρίδα γαῖαν ἵκηται
χαίρων καρπαλίμως, εἰ καὶ μάλα τηλόθεν ἐστί,
μηδέ τι μεσσηγύς γε κακὸν καὶ πῆμα πάθῃσι, 195
πρίν γε τὸν ἧς γαίης ἐπιβήμεναι· ἔνθα δ' ἔπειτα
πείσεται, ἅσσα οἱ αἶσα κατὰ Κλῶθές τε βαρεῖαι
γιγνομένῳ νήσαντο λίνῳ, ὅτε μιν τέκε μήτηρ.
εἰ δέ τις ἀθανάτων γε κατ' οὐρανοῦ εἰλήλουθεν,

                    A stranger sitting on the hearth among
                    The cinders. All the others here await
                    Thy order, and move not. I pray thee, raise
                    The stranger up, and seat him on a throne   200
                    Studded with silver. Be thy heralds called,
                    And bid them mingle wine, which we may pour
                    To Jove, the god of thunders, who attends
                    And honors every suppliant. Let the dame
                    Who oversees the palace feast provide   205
                    Our guest a banquet from the stores within."
                       This when the reverend king Alcinoüs heard,
                    Forthwith he took Ulysses by the hand,—
                    "That man of wise devices,—raised him up
                    And seated him upon a shining throne,   210
                    From which he bade Laodamas arise,
                    His manly son, whose seat was next to his.
                       "Now mingle wine, Protonoüs, in a vase,
                    For all within the palace, to be poured
                    To Jove, the god of thunders, who attends   215
                    And honors every suppliant." As he spake
                    Protonoüs mingled the delicious wines,
                    And passed from right to left, distributing
                    The cups to all; and when they all had poured
                    A part to Jove, and all had drunk their fill,   220
                    Alcinoüs took the word, and thus he said:—
                       "Princes and chiefs of the Phæacians, hear.
                    I speak as my heart bids me. Since the feast
                    Is over, take your rest within your homes.
                    To-morrow shall the Senators be called   225
                    In larger concourse. We will pay our guest
                    Due honor in the palace, worshipping
                    The gods with solemn sacrifice. And then
                    Will we bethink us how to send him home,
                    That with no hindrance and no hardship borne   230
                    Under our escort he may come again
                    Gladly and quickly to his native land,
                    Though far away it lie, and that no wrong
                    Or loss may happen to him ere he set
                    Foot on its soil; and there must he endure   235
                    Whatever, when his mother brought him forth,
                    Fate and the unrelenting Sisters spun
                    For the new-born. But should he prove to be
                    One of the immortals who has come from heaven,

ἄλλο τι δὴ τόδ' ἔπειτα θεοὶ περιμηχανόωνται. 200
αἰεὶ γὰρ τὸ πάρος γε θεοὶ φαίνονται ἐναργεῖς
ἡμῖν, εὖτ' ἔρδωμεν ἀγακλειτὰς ἑκατόμβας,
δαίνυνταί τε παρ' ἄμμι καθήμενοι ἔνθα περ ἡμεῖς.
εἰ δ' ἄρα τις καὶ μοῦνος ἰὼν ξύμβληται ὁδίτης,
οὔ τι κατακρύπτουσιν, ἐπεί σφισιν ἐγγύθεν εἰμέν, 205
ὥς περ Κύκλωπές τε καὶ ἄγρια φῦλα Γιγάντων.'
　　τὸν δ' ἀπαμειβόμενος προσέφη πολύμητις Ὀδυσσεύς·
'Ἀλκίνο', ἄλλο τί τοι μελέτω φρεσίν· οὐ γὰρ ἐγώ γε
ἀθανάτοισιν ἔοικα, τοὶ οὐρανὸν εὐρὺν ἔχουσιν,
οὐ δέμας οὐδὲ φυήν, ἀλλὰ θνητοῖσι βροτοῖσιν. 210
οὕς τινας ὑμεῖς ἴστε μάλιστ' ὀχέοντας ὀιζὺν
ἀνθρώπων, τοῖσίν κεν ἐν ἄλγεσιν ἰσωσαίμην.
καὶ δ' ἔτι κεν καὶ μᾶλλον ἐγὼ κακὰ μυθησαίμην,
ὅσσα γε δὴ ξύμπαντα θεῶν ἰότητι μόγησα.
ἀλλ' ἐμὲ μὲν δορπῆσαι ἐάσατε κηδόμενόν περ· 215
οὐ γάρ τι στυγερῇ ἐπὶ γαστέρι κύντερον ἄλλο
ἔπλετο, ἥ τ' ἐκέλευσεν ἕο μνήσασθαι ἀνάγκῃ
καὶ μάλα τειρόμενον καὶ ἐνὶ φρεσὶ πένθος ἔχοντα,
ὡς καὶ ἐγὼ πένθος μὲν ἔχω φρεσίν, ἡ δὲ μάλ' αἰεὶ
ἐσθέμεναι κέλεται καὶ πινέμεν, ἐκ δέ με πάντων 220
ληθάνει ὅσσ' ἔπαθον, καὶ ἐνιπλησθῆναι ἀνώγει.
ὑμεῖς δ' ὀτρύνεσθαι ἅμ' ἠοῖ φαινομένηφιν,
ὥς κ' ἐμὲ τὸν δύστηνον ἐμῆς ἐπιβήσετε πάτρης
καί περ πολλὰ παθόντα· ἰδόντα με καὶ λίποι αἰὼν
κτῆσιν ἐμήν, δμῶάς τε καὶ ὑψερεφὲς μέγα δῶμα.' 225
　　ὣς ἔφαθ', οἱ δ' ἄρα πάντες ἐπήνεον ἠδ' ἐκέλευον
πεμπέμεναι τὸν ξεῖνον, ἐπεὶ κατὰ μοῖραν ἔειπεν.
αὐτὰρ ἐπεὶ σπεῖσάν τ' ἔπιον θ' ὅσον ἤθελε θυμός,
οἱ μὲν κακκείοντες ἔβαν οἶκόνδε ἕκαστος,
αὐτὰρ ὁ ἐν μεγάρῳ ὑπελείπετο δῖος Ὀδυσσεύς, 230
πὰρ δέ οἱ Ἀρήτη τε καὶ Ἀλκίνοος θεοειδὴς
ἥσθην· ἀμφίπολοι δ' ἀπεκόσμεον ἔντεα δαιτός.
τοῖσιν δ' Ἀρήτη λευκώλενος ἤρχετο μύθων·
ἔγνω γὰρ φᾶρός τε χιτῶνά τε εἵματ' ἰδοῦσα

Then have the gods a different design. 240
For hitherto the gods have shown themselves
Visibly at our solemn hecatombs,
And sat with us, and feasted like ourselves,
And when the traveller meets with them alone,
They never hide themselves; for we to them 245
Are near of kin, as near as is the race
Of Cyclops and the savage giant brood."
   Ulysses the sagacious answered him:—
"Nay, think not so, Alcinoüs. I am not
In form or aspect as the immortals are, 250
Whose habitation is the ample heaven.
But I am like whomever thou mayst know,
Among mankind, inured to suffering;
To them shouldst thou compare me. I could tell
Of bitterer sorrows yet, which I have borne; 255
Such was the pleasure of the gods. But now
Leave me, whatever have my hardships been,
To take the meal before me. Naught exceeds
The impatient stomach's importunity
When even the afflicted and the sorrowful 260
Are forced to heed its call. So even now,
Midst all the sorrow that is in my heart,
It bids me eat and drink, and put aside
The thought of my misfortunes till itself
Be satiate. But, ye princes, with the dawn 265
Provide for me, in my calamity,
The means to reach again my native land.
For, after all my hardships, I would die
Willingly, could I look on my estates,
My servants, and my lofty halls once more." 270
   He ended; they approved his words, and bade
Set forward on his homeward way the guest
Who spake so wisely. When they all had made
Libations and had drunk, they each withdrew
To sleep at home, and left the noble chief 275
Ulysses in the palace, where with him
Aretè and her godlike husband sat,
While from the feast the maidens bore away
The chargers. The white-armed Aretè then
Began to speak; for when she cast her eyes 280
On the fair garments which Ulysses wore,
She knew the mantle and the tunic well,

καλά, τά ῥ' αὐτὴ τεῦξε σὺν ἀμφιπόλοισι γυναιξί: 235
καί μιν φωνήσασ' ἔπεα πτερόεντα προσηύδα:
  'ξεῖνε, τὸ μέν σε πρῶτον ἐγὼν εἰρήσομαι αὐτή:
τίς πόθεν εἰς ἀνδρῶν; τίς τοι τάδε εἵματ' ἔδωκεν;
οὐ δὴ φῇς ἐπὶ πόντον ἀλώμενος ἐνθάδ' ἱκέσθαι;'
  τὴν δ' ἀπαμειβόμενος προσέφη πολύμητις Ὀδυσσεύς: 240
'ἀργαλέον, βασίλεια, διηνεκέως ἀγορεῦσαι
κήδε', ἐπεί μοι πολλὰ δόσαν θεοὶ Οὐρανίωνες:
τοῦτο δέ τοι ἐρέω ὅ μ' ἀνείρεαι ἠδὲ μεταλλᾷς.
Ὠγυγίη τις νῆσος ἀπόπροθεν εἰν ἁλὶ κεῖται:
ἔνθα μὲν Ἄτλαντος θυγάτηρ, δολόεσσα Καλυψὼ 245
ναίει ἐϋπλόκαμος, δεινὴ θεός: οὐδέ τις αὐτῇ
μίσγεται οὔτε θεῶν οὔτε θνητῶν ἀνθρώπων.
ἀλλ' ἐμὲ τὸν δύστηνον ἐφέστιον ἤγαγε δαίμων
οἶον, ἐπεί μοι νῆα θοὴν ἀργῆτι κεραυνῷ
Ζεὺς ἔλσας ἐκέασσε μέσῳ ἐνὶ οἴνοπι πόντῳ. 250
ἔνθ' ἄλλοι μὲν πάντες ἀπέφθιθεν ἐσθλοὶ ἑταῖροι,
αὐτὰρ ἐγὼ τρόπιν ἀγκὰς ἑλὼν νεὸς ἀμφιελίσσης
ἐννῆμαρ φερόμην: δεκάτῃ δέ με νυκτὶ μελαίνῃ
νῆσον ἐς Ὠγυγίην πέλασαν θεοί, ἔνθα Καλυψὼ
ναίει ἐϋπλόκαμος, δεινὴ θεός, ἥ με λαβοῦσα 255
ἐνδυκέως ἐφίλει τε καὶ ἔτρεφεν ἠδὲ ἔφασκε
θήσειν ἀθάνατον καὶ ἀγήραον ἤματα πάντα:
ἀλλ' ἐμὸν οὔ ποτε θυμὸν ἐνὶ στήθεσσιν ἔπειθεν.
ἔνθα μὲν ἑπτάετες μένον ἔμπεδον, εἵματα δ' αἰεὶ
δάκρυσι δεύεσκον, τά μοι ἄμβροτα δῶκε Καλυψώ: 260
ἀλλ' ὅτε δὴ ὀγδόατόν μοι ἐπιπλόμενον ἔτος ἦλθεν,
καὶ τότε δή μ' ἐκέλευσεν ἐποτρύνουσα νέεσθαι
Ζηνὸς ὑπ' ἀγγελίης, ἢ καὶ νόος ἐτράπετ' αὐτῆς.
πέμπε δ' ἐπὶ σχεδίης πολυδέσμου, πολλὰ δ' ἔδωκε,
σῖτον καὶ μέθυ ἡδύ, καὶ ἄμβροτα εἵματα ἕσσεν, 265
οὖρον δὲ προέηκεν ἀπήμονά τε λιαρόν τε.
ἑπτὰ δὲ καὶ δέκα μὲν πλέον ἤματα ποντοπορεύων,
ὀκτωκαιδεκάτῃ δ' ἐφάνη ὄρεα σκιόεντα
γαίης ὑμετέρης, γήθησε δέ μοι φίλον ἦτορ

Wrought by herself and her attendant maids,
And thus with winged words bespake the chief:—
    "Stranger, I first must ask thee who thou art,   285
And of what race of men. From whom hast thou
Received those garments? Sure thou dost not say
That thou art come from wandering o'er the sea."
    Ulysses, the sagacious, answered thus:—
"'Twere hard, O sovereign lady, to relate   290
In order all my sufferings, for the gods
Of heaven have made them many; yet will I
Tell all thou askest of me, and obey
Thy bidding. Far within the ocean lies
An island named Ogygia, where abides   295
Calypso, artful goddess, with bright locks,
Daughter of Atlas, and of dreaded power.
No god consorts with her, nor any one
Of mortal birth. But me in my distress
Some god conveyed alone to her abode,   300
When, launching his white lightning, Jupiter
Had cloven in the midst of the black sea
My galley. There my gallant comrades all
Perished, but I in both my arms held fast
The keel of my good ship, and floated on   305
Nine days till, on the tenth, in the dark night,
The gods had brought me to Ogygia's isle,
Where dwells Calypso of the radiant hair
And dreaded might, who kindly welcomed me,
And cherished me, and would have made my life   310
Immortal, and beyond the power of age
In all the coming time. And there I wore
Seven years away, still moistening with my tears
The ambrosial raiment which the goddess gave.
But when the eighth year had begun its round   315
She counselled my departure, whether Jove
Had so required, or she herself had changed
Her purpose. On a raft made strong with clamps
She placed me, sent on board an ample store
Of bread and pleasant wine, and made me put   320
Ambrosial garments on, and gave a soft
And favorable wind. For seventeen days
I held my steady course across the deep,
And on the eighteenth day the shadowy heights
Of your own isle appeared, and then my heart,   325

δυσμόρῳ· ἦ γὰρ ἔμελλον ἔτι ξυνέσεσθαι ὀιζυῖ 270
πολλῇ, τήν μοι ἐπῶρσε Ποσειδάων ἐνοσίχθων,
ὅς μοι ἐφορμήσας ἀνέμους κατέδησε κέλευθον,
ὤρινεν δὲ θάλασσαν ἀθέσφατον, οὐδέ τι κῦμα
εἴα ἐπὶ σχεδίης ἁδινὰ στενάχοντα φέρεσθαι.
τὴν μὲν ἔπειτα θύελλα διεσκέδασ'· αὐτὰρ ἐγώ γε 275
νηχόμενος τόδε λαῖτμα διέτμαγον, ὄφρα με γαίῃ
ὑμετέρῃ ἐπέλασσε φέρων ἄνεμός τε καὶ ὕδωρ.
ἔνθα κέ μ' ἐκβαίνοντα βιήσατο κῦμ' ἐπὶ χέρσου,
πέτρης πρὸς μεγάλῃσι βαλὸν καὶ ἀτερπέι χώρῳ·
ἀλλ' ἀναχασσάμενος νῆχον πάλιν, ᾗος ἐπῆλθον 280
ἐς ποταμόν, τῇ δή μοι ἐείσατο χῶρος ἄριστος,
λεῖος πετράων, καὶ ἐπὶ σκέπας ἦν ἀνέμοιο.
ἐκ δ' ἔπεσον θυμηγερέων, ἐπὶ δ' ἀμβροσίη νὺξ
ἤλυθ'. ἐγὼ δ' ἀπάνευθε διιπετέος ποταμοῖο
ἐκβὰς ἐν θάμνοισι κατέδραθον, ἀμφὶ δὲ φύλλα 285
ἠφυσάμην· ὕπνον δὲ θεὸς κατ' ἀπείρονα χεῦεν.
ἔνθα μὲν ἐν φύλλοισι φίλον τετιημένος ἦτορ
εὗδον παννύχιος καὶ ἐπ' ἠῶ καὶ μέσον ἦμαρ.
δείλετό τ' ἠέλιος καί με γλυκὺς ὕπνος ἀνῆκεν.
ἀμφιπόλους δ' ἐπὶ θινὶ τεῆς ἐνόησα θυγατρὸς 290
παιζούσας, ἐν δ' αὐτὴ ἔην εἰκυῖα θεῇσι·
τὴν ἱκέτευσ'· ἡ δ' οὔ τι νοήματος ἤμβροτεν ἐσθλοῦ,
ὡς οὐκ ἂν ἔλποιο νεώτερον ἀντιάσαντα
ἐρξέμεν· αἰεὶ γάρ τε νεώτεροι ἀφραδέουσιν.
ἥ μοι σῖτον ἔδωκεν ἅλις ἠδ' αἴθοπα οἶνον 295
καὶ λοῦσ' ἐν ποταμῷ καί μοι τάδε εἵματ' ἔδωκε.
ταῦτά τοι ἀχνύμενός περ ἀληθείην κατέλεξα.'
  τὸν δ' αὖτ' Ἀλκίνοος ἀπαμείβετο φωνήσέν τε·
'ξεῖν', ἦ τοι μὲν τοῦτό γ' ἐναίσιμον οὐκ ἐνόησε
παῖς ἐμή, οὕνεκά σ' οὔ τι μετ' ἀμφιπόλοισι γυναιξὶν 300
ἦγεν ἐς ἡμέτερον, σὺ δ' ἄρα πρώτην ἱκέτευσας.'
  τὸν δ' ἀπαμειβόμενος προσέφη πολύμητις Ὀδυσσεύς·
'ἥρως, μή τοι τοὔνεκ' ἀμύμονα νείκεε κούρην·
ἡ μὲν γάρ μ' ἐκέλευε σὺν ἀμφιπόλοισιν ἕπεσθαι,
ἀλλ' ἐγὼ οὐκ ἔθελον δείσας αἰσχυνόμενός τε, 305
μή πως καὶ σοὶ θυμὸς ἐπισκύσσαιτο ἰδόντι·
δύσζηλοι γάρ τ' εἰμὲν ἐπὶ χθονὶ φῦλ' ἀνθρώπων.'

Ill-fated as I was, rejoiced. Yet still
Was I to struggle with calamities
Sent by earth-shaking Neptune, who called up
The winds against me, and withstood my way,
And stirred the boundless ocean to its depths.   330
Nor did the billows suffer me to keep
My place, but swept me, groaning, from the raft,
Whose planks they scattered. Still I labored through
The billowy depth, and swam, till wind and wave
Drove me against your coast. As there I sought   335
To land, I found the surges hurrying me
Against huge rocks that lined the frightful shore;
But, turning back, I swam again and reached
A river and the landing-place I wished,
Smooth, without rocks, and sheltered from the wind.   340
I swooned, but soon revived. Ambrosial night
Came on. I left the Jove-descended stream
And slept among the thickets, drawing round
My limbs the withered leaves, while on my lids
A deity poured bounteously the balm   345
Of slumber. All night long, among the leaves,
I slept, with all that sorrow in my heart,
Till morn, till noon. Then as the sun went down
The balmy slumber left me, and I saw
Thy daughter's handmaids sporting on the shore,   350
And her among them, goddess-like. To her
I came a suppliant, nor did she receive
My suit unkindly as a maid so young
Might do, for youth is foolish. She bestowed
Food and red wine abundantly, and gave,   355
When I had bathed, the garments I have on.
Thus is my tale of suffering truly told."
    And then Alcinoüs answered him and said:—
"Stranger, one duty hath my child o'erlooked,—
To bid thee follow hither with her maids,   360
Since thou didst sue to her the first of all."
    Ulysses, the sagacious, thus replied:—
"Blame not for that, O hero, I entreat,
Thy faultless daughter. She commanded me
To follow with her maids, but I refrained   365
For fear and awe of thee, lest, at the sight,
Thou mightest be displeased; for we are prone
To dark misgivings,—we, the sons of men."

τὸν δ' αὖτ' Ἀλκίνοος ἀπαμείβετο φώνησέν τε·
'ξεῖν', οὔ μοι τοιοῦτον ἐνὶ στήθεσσι φίλον κῆρ
μαψιδίως κεχολῶσθαι· ἀμείνω δ' αἴσιμα πάντα. 310
αἲ γάρ, Ζεῦ τε πάτερ καὶ Ἀθηναίη καὶ Ἄπολλον,
τοῖος ἐὼν οἷός ἐσσι, τά τε φρονέων ἅ τ' ἐγώ περ,
παῖδά τ' ἐμὴν ἐχέμεν καὶ ἐμὸς γαμβρὸς καλέεσθαι
αὖθι μένων· οἶκον δέ κ' ἐγὼ καὶ κτήματα δοίην,
εἴ κ' ἐθέλων γε μένοις· ἀέκοντα δέ σ' οὔ τις ἐρύξει 315
Φαιήκων· μὴ τοῦτο φίλον Διὶ πατρὶ γένοιτο.
πομπὴν δ' ἐς τόδ' ἐγὼ τεκμαίρομαι, ὄφρ' ἐὺ εἰδῇς,
αὔριον ἔς· τῆμος δὲ σὺ μὲν δεδμημένος ὕπνῳ
λέξεαι, οἱ δ' ἐλόωσι γαλήνην, ὄφρ' ἂν ἵκηαι
πατρίδα σὴν καὶ δῶμα, καὶ εἴ πού τοι φίλον ἐστίν, 320
εἴ περ καὶ μάλα πολλὸν ἑκαστέρω ἔστ' Εὐβοίης,
τήν περ τηλοτάτω φάσ' ἔμμεναι, οἵ μιν ἴδοντο
λαῶν ἡμετέρων, ὅτε τε ξανθὸν Ῥαδάμανθυν
ἦγον ἐποψόμενον Τιτυὸν Γαιήιον υἱόν.
καὶ μὲν οἱ ἔνθ' ἦλθον καὶ ἄτερ καμάτοιο τέλεσσαν 325
ἤματι τῷ αὐτῷ καὶ ἀπήνυσαν οἴκαδ' ὀπίσσω.
εἰδήσεις δὲ καὶ αὐτὸς ἐνὶ φρεσὶν ὅσσον ἄρισται
νῆες ἐμαὶ καὶ κοῦροι ἀναρρίπτειν ἅλα πηδῷ.'
  ὣς φάτο, γήθησεν δὲ πολύτλας δῖος Ὀδυσσεύς,
εὐχόμενος δ' ἄρα εἶπεν, ἔπος τ' ἔφατ' ἔκ τ' ὀνόμαζεν· 330
'Ζεῦ πάτερ, αἴθ' ὅσα εἶπε τελευτήσειεν ἅπαντα
Ἀλκίνοος· τοῦ μέν κεν ἐπὶ ζείδωρον ἄρουραν
ἄσβεστον κλέος εἴη, ἐγὼ δέ κε πατρίδ' ἱκοίμην.'
  ὣς οἱ μὲν τοιαῦτα πρὸς ἀλλήλους ἀγόρευον·
κέκλετο δ' Ἀρήτη λευκώλενος ἀμφιπόλοισιν 335
δέμνι' ὑπ' αἰθούσῃ θέμεναι καὶ ῥήγεα καλὰ
πορφύρε' ἐμβαλέειν, στορέσαι τ' ἐφύπερθε τάπητας
χλαίνας τ' ἐνθέμεναι οὔλας καθύπερθεν ἕσασθαι.
αἱ δ' ἴσαν ἐκ μεγάροιο δάος μετὰ χερσὶν ἔχουσαι·
αὐτὰρ ἐπεὶ στόρεσαν πυκινὸν λέχος ἐγκονέουσαι, 340

  Again Alcinoüs spake: "The heart that beats
Within my bosom is not rashly moved   370
To wrath, and better is the temperate mood.
This must I say, O Father Jupiter,
And Pallas and Apollo! I could wish
That, being as thou art, and of like mind
With me, thou wouldst receive to be thy bride   375
My daughter, and be called my son-in-law,
And here abide. A palace I would give,
And riches, shouldst thou willingly remain.
Against thy will let no Phæacian dare
To keep thee here. May Father Jove forbid!   380
And that thou mayst be sure of my intent,
I name to-morrow for thy voyage home.
Sleep in thy bed till then; and they shall row
O'er the calm sea thy galley, till thou come
To thine own land and home, or wheresoever   385
Thou wilt, though further off the coast should be
Than far Eubœa, most remote of lands,—
So do the people of our isle declare,
Who saw it when they over sea conveyed
The fair-haired Rhadamanthus, on his way   390
To visit Tityus, son of Earth. They went
Thither, accomplishing with little toil
Their voyage in the compass of a day,
And brought the hero to our isle again.
Now shalt thou learn, and in thy heart confess,   395
How much our galleys and our youths excel
With bladed oars to stir the whirling brine."
  So spake the king, and the great sufferer
Ulysses heard with gladness, and preferred
A prayer, and called on Jupiter and said:—   400
  "Grant, Father Jove, that all the king has said
May be fulfilled! so shall his praise go forth
Over the foodful earth, and never die,
And I shall see my native land again."
So they conferred. White-armed Aretè spake,   405
And bade her maidens in the portico
Place couches, and upon them lay fair rugs
Of purple dye, and tapestry on these,
And for the outer, covering shaggy cloaks.
Forth from the hall they issued, torch in hand;   410
And when with speed the ample bed was made,

ὤτρυνον δ' Ὀδυσῆα παριστάμεναι ἐπέεσσιν:
'ὄρσο κέων, ὦ ξεῖνε: πεποίηται δέ τοι εὐνή.'
　ὣς φάν, τῷ δ' ἀσπαστὸν ἐείσατο κοιμηθῆναι.
ὣς ὁ μὲν ἔνθα καθεῦδε πολύτλας δῖος Ὀδυσσεὺς
τρητοῖς ἐν λεχέεσσιν ὑπ' αἰθούσῃ ἐριδούπῳ: 345
Ἀλκίνοος δ' ἄρα λέκτο μυχῷ δόμου ὑψηλοῖο,
πὰρ δὲ γυνὴ δέσποινα λέχος πόρσυνε καὶ εὐνήν.

They came and summoned thus the chief to rest:—
  "Rise, stranger, go to rest; thy bed is made."
Thus spake the maidens, and the thought of sleep
Was welcome to Ulysses. So that night 415
On his deep couch the noble sufferer
Slumbered beneath the sounding portico.
Alcinoüs laid him down in a recess
Within his lofty palace, near to whom
The queen his consort graced the marriage-bed. 420

Ἦμος δ᾽ ἠριγένεια φάνη ῥοδοδάκτυλος Ἠώς,
ὤρνυτ᾽ ἄρ᾽ ἐξ εὐνῆς ἱερὸν μένος Ἀλκινόοιο,
ἂν δ᾽ ἄρα διογενὴς ὦρτο πτολίπορθος Ὀδυσσεύς.
τοῖσιν δ᾽ ἡγεμόνευ᾽ ἱερὸν μένος Ἀλκινόοιο
Φαιήκων ἀγορήνδ᾽, ἥ σφιν παρὰ νηυσὶ τέτυκτο. 5
ἐλθόντες δὲ καθῖζον ἐπὶ ξεστοῖσι λίθοισι
πλησίον. ἡ δ᾽ ἀνὰ ἄστυ μετῴχετο Παλλὰς Ἀθήνη
εἰδομένη κήρυκι δαΐφρονος Ἀλκινόοιο,
νόστον Ὀδυσσῆι μεγαλήτορι μητιόωσα,
καί ῥα ἑκάστῳ φωτὶ παρισταμένη φάτο μῦθον· 10
 'δεῦτ᾽ ἄγε, Φαιήκων ἡγήτορες ἠδὲ μέδοντες,
εἰς ἀγορὴν ἰέναι, ὄφρα ξείνοιο πύθησθε,
ὃς νέον Ἀλκινόοιο δαΐφρονος ἵκετο δῶμα
πόντον ἐπιπλαγχθείς, δέμας ἀθανάτοισιν ὁμοῖος.'
 ὣς εἰποῦσ᾽ ὤτρυνε μένος καὶ θυμὸν ἑκάστου. 15
καρπαλίμως δ᾽ ἔμπληντο βροτῶν ἀγοραί τε καὶ ἕδραι
ἀγρομένων· πολλοὶ δ᾽ ἄρ᾽ ἐθηήσαντο ἰδόντες
υἱὸν Λαέρταο δαΐφρονα· τῷ δ᾽ ἄρ᾽ Ἀθήνη
θεσπεσίην κατέχευε χάριν κεφαλῇ τε καὶ ὤμοις

BOOK VIII

When Morn appeared, the rosy-fingered child
Of Dawn, Alcinoüs, mighty and revered,
Rose from his bed. Ulysses, noble chief,
Spoiler of cities, also left his couch.
Alcinoüs, mighty and revered, went forth   5
Before, and led him to the market-place
Of the Phæacians, built beside the fleet,
And there on polished stones they took their seats
Near to each other. Pallas, who now seemed
A herald of the wise Alcinoüs, went   10
Through all the city, planning how to send
Magnanimous Ulysses to his home,
And came and stood by every chief and said:—
  "Leaders and chiefs of the Phæacians, come
Speedily to the market-place, and there   15
Hear of the stranger who from wandering o'er
The deep has come where wise Alcinoüs holds
His court; in aspect he is like the gods."
  She spake, and every mind and heart was moved,
And all the market-place and all its seats   20
Were quickly filled with people. Many gazed,
Admiring, on Laertes' well-graced son;
For on his face and form had Pallas shed
A glory, and had made him seem more tall

καί μιν μακρότερον καὶ πάσσονα θῆκεν ἰδέσθαι, 20
ὥς κεν Φαιήκεσσι φίλος πάντεσσι γένοιτο
δεινός τ' αἰδοῖός τε καὶ ἐκτελέσειεν ἀέθλους
πολλούς, τοὺς Φαίηκες ἐπειρήσαντ' Ὀδυσῆος.
αὐτὰρ ἐπεί ῥ' ἤγερθεν ὁμηγερέες τ' ἐγένοντο,
τοῖσιν δ' Ἀλκίνοος ἀγορήσατο καὶ μετέειπε: 25
  'κέκλυτε, Φαιήκων ἡγήτορες ἠδὲ μέδοντες,
ὄφρ' εἴπω τά με θυμὸς ἐνὶ στήθεσσι κελεύει.
ξεῖνος ὅδ', οὐκ οἶδ' ὅς τις, ἀλώμενος ἵκετ' ἐμὸν δῶ,
ἠὲ πρὸς ἠοίων ἦ ἑσπερίων ἀνθρώπων:
πομπὴν δ' ὀτρύνει, καὶ λίσσεται ἔμπεδον εἶναι. 30
ἡμεῖς δ', ὡς τὸ πάρος περ, ἐποτρυνώμεθα πομπήν.
οὐδὲ γὰρ οὐδέ τις ἄλλος, ὅτις κ' ἐμὰ δώμαθ' ἵκηται,
ἐνθάδ' ὀδυρόμενος δηρὸν μένει εἵνεκα πομπῆς.
ἀλλ' ἄγε νῆα μέλαιναν ἐρύσσομεν εἰς ἅλα δῖαν
πρωτόπλοον, κούρω δὲ δύω καὶ πεντήκοντα 35
κρινάσθων κατὰ δῆμον, ὅσοι πάρος εἰσὶν ἄριστοι.
δησάμενοι δ' ἐὺ πάντες ἐπὶ κληῖσιν ἐρετμὰ
ἔκβητ': αὐτὰρ ἔπειτα θοὴν ἀλεγύνετε δαῖτα
ἡμέτερόνδ' ἐλθόντες: ἐγὼ δ' ἐὺ πᾶσι παρέξω.
κούροισιν μὲν ταῦτ' ἐπιτέλλομαι: αὐτὰρ οἱ ἄλλοι 40
σκηπτοῦχοι βασιλῆες ἐμὰ πρὸς δώματα καλὰ
ἔρχεσθ', ὄφρα ξεῖνον ἐνὶ μεγάροισι φιλέωμεν,
μηδέ τις ἀρνείσθω. καλέσασθε δὲ θεῖον ἀοιδὸν
Δημόδοκον: τῷ γάρ ῥα θεὸς πέρι δῶκεν ἀοιδὴν
τέρπειν, ὅππῃ θυμὸς ἐποτρύνῃσιν ἀείδειν.' 45
  ὣς ἄρα φωνήσας ἡγήσατο, τοὶ δ' ἅμ' ἕποντο
σκηπτοῦχοι: κῆρυξ δὲ μετῴχετο θεῖον ἀοιδόν.
κούρω δὲ κρινθέντε δύω καὶ πεντήκοντα
βήτην, ὡς ἐκέλευσ', ἐπὶ θῖν' ἁλὸς ἀτρυγέτοιο.
αὐτὰρ ἐπεί ῥ' ἐπὶ νῆα κατήλυθον ἠδὲ θάλασσαν, 50
νῆα μὲν οἵ γε μέλαιναν ἁλὸς βένθοσδε ἔρυσσαν,
ἐν δ' ἱστόν τ' ἐτίθεντο καὶ ἱστία νηὶ μελαίνῃ,
ἠρτύναντο δ' ἐρετμὰ τροποῖς ἐν δερματίνοισι,
πάντα κατὰ μοῖραν, ἀνά θ' ἱστία λευκὰ πέτασσαν.
ὑψοῦ δ' ἐν νοτίῳ τήν γ' ὥρμισαν: αὐτὰρ ἔπειτα 55
βάν ῥ' ἴμεν Ἀλκινόοιο δαΐφρονος ἐς μέγα δῶμα.

And of an ampler bulk, that he might find 25
Favor with the Phæacians, and be deemed
Worthy of awe and able to achieve
The many feats which the Phæacian chiefs,
To try the stranger's prowess, might propose.
    And now when all the summoned had arrived, 30
Alcinoüs to the full assembly spake:—
    "Princes and chiefs of the Phæacians, hear:
I speak the promptings of my heart. This guest —
I know him not—has come to my abode,
A wanderer,—haply from the tribes who dwell 35
In the far East, or haply from the West,—
And asked an escort and safe-conduct home;
And let us make them ready, as our wont
Has ever been. No stranger ever comes
Across my threshold who is suffered long 40
To pine for his departure. Let us draw
A dark-hulled ship down to the holy sea
On her first voyage. Let us choose her crew
Among the people, two-and-fifty youths
Of our best seamen. Then make fast the oars 45
Beside the benches, leave them there, and come
Into our palace and partake in haste
A feast which I will liberally spread
For all of you. This I command the youths;
But you, ye sceptred princes, come at once 50
To my fair palace, that we there may pay
The honors due our guest; let none refuse.
Call also the divine Demodocus,
The bard, on whom a deity bestowed
In ample measure the sweet gift of song, 55
Delightful when the spirit prompts the lay."
    He spake, and led the way; the sceptred train
Of princes followed him. The herald sought
Meantime the sacred bard. The chosen youths
Fifty-and-two betook them to the marge 60
Of the unfruitful sea; and when they reached
The ship and beach they drew the dark hull down
To the deep water, put the mast on board
And the ship's sails, and fitted well the oars
Into the leathern rings, and, having moored 65
Their bark in the deep water, went with speed
To their wise monarch in his spacious halls.

πλῆντο δ' ἄρ' αἴθουσαί τε καὶ ἕρκεα καὶ δόμοι ἀνδρῶν
ἀγρομένων· πολλοὶ δ' ἄρ' ἔσαν, νέοι ἠδὲ παλαιοί.
τοῖσιν δ' Ἀλκίνοος δυοκαίδεκα μῆλ' ἱέρευσεν,
ὀκτὼ δ' ἀργιόδοντας ὕας, δύο δ' εἰλίποδας βοῦς· 60
τοὺς δέρον ἀμφί θ' ἕπον, τετύκοντό τε δαῖτ' ἐρατεινήν.
κῆρυξ δ' ἐγγύθεν ἦλθεν ἄγων ἐρίηρον ἀοιδόν,
τὸν πέρι μοῦσ' ἐφίλησε, δίδου δ' ἀγαθόν τε κακόν τε·
ὀφθαλμῶν μὲν ἄμερσε, δίδου δ' ἡδεῖαν ἀοιδήν.
τῷ δ' ἄρα Ποντόνοος θῆκε θρόνον ἀργυρόηλον 65
μέσσῳ δαιτυμόνων, πρὸς κίονα μακρὸν ἐρείσας·
κὰδ δ' ἐκ πασσαλόφι κρέμασεν φόρμιγγα λίγειαν
αὐτοῦ ὑπὲρ κεφαλῆς καὶ ἐπέφραδε χερσὶν ἑλέσθαι
κῆρυξ· πὰρ δ' ἐτίθει κάνεον καλήν τε τράπεζαν,
πὰρ δὲ δέπας οἴνοιο, πιεῖν ὅτε θυμὸς ἀνώγοι. 70
οἱ δ' ἐπ' ὀνείαθ' ἑτοῖμα προκείμενα χεῖρας ἴαλλον.
αὐτὰρ ἐπεὶ πόσιος καὶ ἐδητύος ἐξ ἔρον ἕντο,
μοῦσ' ἄρ' ἀοιδὸν ἀνῆκεν ἀειδέμεναι κλέα ἀνδρῶν,
οἴμης τῆς τότ' ἄρα κλέος οὐρανὸν εὐρὺν ἵκανε,
νεῖκος Ὀδυσσῆος καὶ Πηλεΐδεω Ἀχιλῆος, 75
ὥς ποτε δηρίσαντο θεῶν ἐν δαιτὶ θαλείῃ
ἐκπάγλοις ἐπέεσσιν, ἄναξ δ' ἀνδρῶν Ἀγαμέμνων
χαῖρε νόῳ, ὅ τ' ἄριστοι Ἀχαιῶν δηριόωντο.
ὣς γάρ οἱ χρείων μυθήσατο Φοῖβος Ἀπόλλων
Πυθοῖ ἐν ἠγαθέῃ, ὅθ' ὑπέρβη λάινον οὐδὸν 80
χρησόμενος· τότε γάρ ῥα κυλίνδετο πήματος ἀρχὴ
Τρωσί τε καὶ Δαναοῖσι Διὸς μεγάλου διὰ βουλάς.
ταῦτ' ἄρ' ἀοιδὸς ἄειδε περικλυτός· αὐτὰρ Ὀδυσσεὺς
πορφύρεον μέγα φᾶρος ἑλὼν χερσὶ στιβαρῇσι
κὰκ κεφαλῆς εἴρυσσε, κάλυψε δὲ καλὰ πρόσωπα· 85
αἴδετο γὰρ Φαίηκας ὑπ' ὀφρύσι δάκρυα λείβων.
ἦ τοι ὅτε λήξειεν ἀείδων θεῖος ἀοιδός,
δάκρυ ὀμορξάμενος κεφαλῆς ἄπο φᾶρος ἕλεσκε

There portico and court and hall were thronged
With people, young and old in multitude;
And there Alcinoüs sacrificed twelve sheep,   70
Eight white-toothed swine, and two splay-footed beeves.
And these they flayed, and duly dressed, and made
A noble banquet ready. Then appeared
The herald, leading the sweet singer in,
Him whom the Muse with an exceeding love   75
Had cherished, and had visited with good
And evil, quenched his eyesight and bestowed
Sweetness of song. Pontonoüs mid the guests
Placed for the bard a silver-studded throne,
Against a lofty column hung his harp   80
Above his head, and taught him how to find
And take it down. Near him the herald set
A basket and fair table, and a cup
Of wine, that he might "drink when he desired;
Then all put forth their hands and shared the feast.   85
    And when their thirst and hunger were allayed.
The Muse inspired the bard to sing the praise
Of heroes; 'twas a song whose fame had reached
To the high heaven, a story of the strife
Between Ulysses and Achilles, son   90
Of Peleus, wrangling at a solemn feast
Made for the gods. They strove with angry words,
And Agamemnon, king of men, rejoiced
To hear the noblest of the Achaian host
Contending; for all this had been foretold   95
To him in sacred Pythia by the voice
Of Phœbus, when the monarch to inquire
At the oracle had crossed the rock which formed
Its threshold. Then began the train of woes
Which at the will of sovereign Jupiter   100
Befell the sons of Ilium and of Greece.
    So sang renowned Demodocus. Meanwhile
Ulysses took into his brawny hands
An ample veil of purple, drawing it
Around his head to hide his noble face,   105
Ashamed that the Phæacians should behold
The tears that flowed so freely from his lids.
But when the sacred bard had ceased his song,
He wiped the tears away and laid the veil
Aside, and took a double beaker filled   110

καὶ δέπας ἀμφικύπελλον ἑλὼν σπείσασκε θεοῖσιν·
αὐτὰρ ὅτ' ἂψ ἄρχοιτο καὶ ὀτρύνειαν ἀείδειν 90
Φαιήκων οἱ ἄριστοι, ἐπεὶ τέρποντ' ἐπέεσσιν,
ἂψ Ὀδυσεὺς κατὰ κρᾶτα καλυψάμενος γοάασκεν.
ἔνθ' ἄλλους μὲν πάντας ἐλάνθανε δάκρυα λείβων,
Ἀλκίνοος δέ μιν οἶος ἐπεφράσατ' ἠδ' ἐνόησεν
ἥμενος ἄγχ' αὐτοῦ, βαρὺ δὲ στενάχοντος ἄκουσεν. 95
αἶψα δὲ Φαιήκεσσι φιληρέτμοισι μετηύδα·
    'κέκλυτε, Φαιήκων ἡγήτορες ἠδὲ μέδοντες.
ἤδη μὲν δαιτὸς κεκορήμεθα θυμὸν ἐίσης
φόρμιγγός θ', ἣ δαιτὶ συνήορός ἐστι θαλείῃ·
νῦν δ' ἐξέλθωμεν καὶ ἀέθλων πειρηθῶμεν 100
πάντων, ὥς χ' ὁ ξεῖνος ἐνίσπῃ οἷσι φίλοισιν
οἴκαδε νοστήσας, ὅσσον περιγιγνόμεθ' ἄλλων
πύξ τε παλαιμοσύνῃ τε καὶ ἅλμασιν ἠδὲ πόδεσσιν.'
    ὣς ἄρα φωνήσας ἡγήσατο, τοὶ δ' ἅμ' ἕποντο.
κὰδ δ' ἐκ πασσαλόφι κρέμασεν φόρμιγγα λίγειαν, 105
Δημοδόκου δ' ἕλε χεῖρα καὶ ἔξαγεν ἐκ μεγάροιο
κῆρυξ· ἦρχε δὲ τῷ αὐτὴν ὁδὸν ἥν περ οἱ ἄλλοι
Φαιήκων οἱ ἄριστοι, ἀέθλια θαυμανέοντες.
βὰν δ' ἴμεν εἰς ἀγορήν, ἅμα δ' ἕσπετο πουλὺς ὅμιλος,
μυρίοι· ἂν δ' ἵσταντο νέοι πολλοί τε καὶ ἐσθλοί. 110
ὦρτο μὲν Ἀκρόνεώς τε καὶ Ὠκύαλος καὶ Ἐλατρεύς,
Ναυτεύς τε Πρυμνεύς τε καὶ Ἀγχίαλος καὶ Ἐρετμεύς,
Ποντεύς τε Πρωρεύς τε, Θόων Ἀναβησίνεώς τε
Ἀμφίαλός θ', υἱὸς Πολυνήου Τεκτονίδαο·
ἂν δὲ καὶ Εὐρύαλος, βροτολοιγῷ ἶσος Ἄρηϊ, 115
Ναυβολίδης, ὃς ἄριστος ἔην εἶδός τε δέμας τε
πάντων Φαιήκων μετ' ἀμύμονα Λαοδάμαντα.
ἂν δ' ἔσταν τρεῖς παῖδες ἀμύμονος Ἀλκινόοιο,
Λαοδάμας θ' Ἅλιός τε καὶ ἀντίθεος Κλυτόνηος.
οἱ δ' ἦ τοι πρῶτον μὲν ἐπειρήσαντο πόδεσσι. 120
τοῖσι δ' ἀπὸ νύσσης τέτατο δρόμος· οἱ δ' ἅμα πάντες
καρπαλίμως ἐπέτοντο κονίοντες πεδίοιο·

With wine, and poured libations to the gods.
Yet when again the minstrel sang, and all
The chiefs of the Phæacian people, charmed
To hear his music, bade the strain proceed,
Again Ulysses hid his face and wept. 115
No other eye beheld the tears he shed.
Alcinoüs only watched him, and perceived
His grief, and heard the sighs he drew, and spake
To the Phæacians, lovers of the sea:—
  "Now that we all, to our content, have shared 120
The feast and heard the harp, whose notes so well
Suit with a liberal banquet, let us forth
And try our skill in games, that this our guest,
Returning to his country, may relate
How in the boxing and the wrestling match, 125
In leaping and in running, we excel."
  He spake, and went before; they followed him.
Then did the herald hang the clear-toned harp
Again on high, and taking by the hand
Demodocus, he led him from the place, 130
Guiding him in the way which just before
The princes of Phæacia trod to see
The public games. Into the market-place
They went; a vast innumerable crowd
Pressed after. Then did many a valiant youth 135
Arise,—Acroneus and Ocyalus,
Elatreus, Nauteus, Prymneus, after whom
Upstood Anchialus, and by his side
Eretmeus, Ponteus, Proreus, Thoön, rose;
Anabasineüs and Amphialus, 140
A son of Polyneius, Tecton's son;
Then rose the son of Naubolus, like Mars
In warlike port, Euryalus by name,
And goodliest both in feature and in form
Of all Phæacia's sons save one alone, 145
Laodamas the faultless. Next three sons
Of King Alcinoüs rose: Laodamas,
Halius, and Clytoneius, like a god
In aspect. Some of these began the games,
Contending in the race. For them a course 150
Was marked from goal to goal. They darted forth
At once and swiftly, raising, as they ran,
The dust along the plain. The swiftest there

τῶν δὲ θέειν ὄχ᾽ ἄριστος ἔην Κλυτόνηος ἀμύμων·
ὅσσον τ᾽ ἐν νειῷ οὖρον πέλει ἡμιόνοιιν,
τόσσον ὑπεκπροθέων λαοὺς ἵκεθ᾽, οἱ δ᾽ ἐλίποντο. 125
οἱ δὲ παλαιμοσύνης ἀλεγεινῆς πειρήσαντο·
τῇ δ᾽ αὖτ᾽ Εὐρύαλος ἀπεκαίνυτο πάντας ἀρίστους.
ἅλματι δ᾽ Ἀμφίαλος πάντων προφερέστατος ἦεν·
δίσκῳ δ᾽ αὖ πάντων πολὺ φέρτατος ἦεν Ἐλατρεύς,
πὺξ δ᾽ αὖ Λαοδάμας, ἀγαθὸς πάϊς Ἀλκινόοιο. 130
αὐτὰρ ἐπεὶ δὴ πάντες ἐτέρφθησαν φρέν᾽ ἀέθλοις,
τοῖς ἄρα Λαοδάμας μετέφη πάϊς Ἀλκινόοιο·
 'δεῦτε, φίλοι, τὸν ξεῖνον ἐρώμεθα εἴ τιν᾽ ἄεθλον
οἶδέ τε καὶ δεδάηκε. φυήν γε μὲν οὐ κακός ἐστι,
μηρούς τε κνήμας τε καὶ ἄμφω χεῖρας ὕπερθεν 135
αὐχένα τε στιβαρὸν μέγα τε σθένος· οὐδέ τι ἥβης
δεύεται, ἀλλὰ κακοῖσι συνέρρηκται πολέεσσιν·
οὐ γὰρ ἐγώ γέ τί φημι κακώτερον ἄλλο θαλάσσης
ἄνδρα γε συγχεῦαι, εἰ καὶ μάλα καρτερὸς εἴη.'
 τὸν δ᾽ αὖτ᾽ Εὐρύαλος ἀπαμείβετο φώνησέν τε· 140
'Λαοδάμα, μάλα τοῦτο ἔπος κατὰ μοῖραν ἔειπες.
αὐτὸς νῦν προκάλεσσαι ἰὼν καὶ πέφραδε μῦθον.'
 αὐτὰρ ἐπεὶ τό γ᾽ ἄκουσ᾽ ἀγαθὸς πάϊς Ἀλκινόοιο,
στῆ ῥ᾽ ἐς μέσσον ἰὼν καὶ Ὀδυσσῆα προσέειπε·
'δεῦρ᾽ ἄγε καὶ σύ, ξεῖνε πάτερ, πείρησαι ἀέθλων, 145
εἴ τινά που δεδάηκας· ἔοικε δέ σ᾽ ἴδμεν ἀέθλους·
οὐ μὲν γὰρ μεῖζον κλέος ἀνέρος ὄφρα κ᾽ ἔῃσιν,
ἤ ὅ τι ποσσίν τε ῥέξῃ καὶ χερσὶν ἐῇσιν.
ἀλλ᾽ ἄγε πείρησαι, σκέδασον δ᾽ ἀπὸ κήδεα θυμοῦ.
σοὶ δ᾽ ὁδὸς οὐκέτι δηρὸν ἀπέσσεται, ἀλλά τοι ἤδη 150
νηῦς τε κατείρυσται καὶ ἐπαρτέες εἰσὶν ἑταῖροι.'
 τὸν δ᾽ ἀπαμειβόμενος προσέφη πολύμητις Ὀδυσσεύς·
'Λαοδάμα, τί με ταῦτα κελεύετε κερτομέοντες;
κήδεά μοι καὶ μᾶλλον ἐνὶ φρεσὶν ἤ περ ἄεθλοι,
ὃς πρὶν μὲν μάλα πολλὰ πάθον καὶ πολλὰ μόγησα, 155
νῦν δὲ μεθ᾽ ὑμετέρῃ ἀγορῇ νόστοιο χατίζων
ἧμαι, λισσόμενος βασιλῆά τε πάντα τε δῆμον.'
 τὸν δ᾽ αὖτ᾽ Εὐρύαλος ἀπαμείβετο νείκεσέ τ᾽ ἄντην·

Was Clytoneius in the race. As far
As mules, in furrowing the fallow ground,   155
Gain on the steers, he ran before the rest,
And reached the crowd, and left them all behind.
Others in wrestling strove laboriously,—
And here Euryalus excelled them all;
But in the leap Amphialus was first;   160
Elatreus flung the quoit with firmest hand;
And in the boxer's art Laodamas,
The monarch's valiant son, was conqueror.
   This when the admiring multitude had seen,
Thus spake the monarch's son, Laodamas:—   165
   "And now, my friends, inquire we of our guest
If he has learned and practised feats like these.
For he is not ill-made in legs and thighs
And in both arms, in firmly planted neck
And strong-built frame; nor does he seem to lack   170
A certain youthful vigor, though impaired
By many hardships,—for I know of naught
That more severely tries the strongest man,
And breaks him down, than perils of the sea."
   Euryalus replied: "Laodamas,   175
Well hast thou said, and rightly: go thou now
And speak to him thyself, and challenge him."
The son of King Alcinoüs, as he heard,
Came forward, and bespake Ulysses thus:—
   "Thou also, guest and father, try these feats,   180
If thou perchance wert trained to them. I think
Thou must be skilled in games, since there is not
A greater glory for a man while yet
He lives on earth than what he hath wrought out,
By strenuous effort, with his feet and hands.   185
Try, then, thy skill, and give no place to grief.
Not long will thy departure be delayed;
Thy bark is launched; the crew are ready here."
   Ulysses, the sagacious, answered thus:—
"Why press me, O Laodamas! to try   190
These feats, when all my thoughts are of my woes,
And not of games? I, who have borne so much
Of pain and toil, sit pining for my home
In your assembly, supplicating here
Your king and all the people of your land."   195
   Then spake Euryalus with chiding words:—

'οὐ γάρ σ' οὐδέ, ξεῖνε, δαήμονι φωτὶ ἐίσκω
ἄθλων, οἷά τε πολλὰ μετ' ἀνθρώποισι πέλονται, 160
ἀλλὰ τῷ, ὅς θ' ἅμα νηὶ πολυκλήιδι θαμίζων,
ἀρχὸς ναυτάων οἵ τε πρηκτῆρες ἔασιν,
φόρτου τε μνήμων καὶ ἐπίσκοπος ἦσιν ὁδαίων
κερδέων θ' ἁρπαλέων: οὐδ' ἀθλητῆρι ἔοικας.'
    τὸν δ' ἄρ' ὑπόδρα ἰδὼν προσέφη πολύμητις Ὀδυσσεύς: 165
'ξεῖν', οὐ καλὸν ἔειπες: ἀτασθάλῳ ἀνδρὶ ἔοικας.
οὕτως οὐ πάντεσσι θεοὶ χαρίεντα διδοῦσιν
ἀνδράσιν, οὔτε φυὴν οὔτ' ἄρ φρένας οὔτ' ἀγορητύν.
ἄλλος μὲν γάρ τ' εἶδος ἀκιδνότερος πέλει ἀνήρ,
ἀλλὰ θεὸς μορφὴν ἔπεσι στέφει, οἱ δέ τ' ἐς αὐτὸν 170
τερπόμενοι λεύσσουσιν: ὁ δ' ἀσφαλέως ἀγορεύει
αἰδοῖ μειλιχίῃ, μετὰ δὲ πρέπει ἀγρομένοισιν,
ἐρχόμενον δ' ἀνὰ ἄστυ θεὸν ὣς εἰσορόωσιν.
ἄλλος δ' αὖ εἶδος μὲν ἀλίγκιος ἀθανάτοισιν,
ἀλλ' οὔ οἱ χάρις ἀμφιπεριστέφεται ἐπέεσσιν, 175
ὡς καὶ σοὶ εἶδος μὲν ἀριπρεπές, οὐδέ κεν ἄλλως
οὐδὲ θεὸς τεύξειε, νόον δ' ἀποφώλιός ἐσσι.
ὤρινάς μοι θυμὸν ἐνὶ στήθεσσι φίλοισιν
εἰπὼν οὐ κατὰ κόσμον. ἐγὼ δ' οὐ νῆις ἀέθλων,
ὡς σύ γε μυθεῖαι, ἀλλ' ἐν πρώτοισιν ὀίω 180
ἔμμεναι, ὄφρ' ἥβῃ τε πεποίθεα χερσί τ' ἐμῇσι.
νῦν δ' ἔχομαι κακότητι καὶ ἄλγεσι: πολλὰ γὰρ ἔτλην
ἀνδρῶν τε πτολέμους ἀλεγεινά τε κύματα πείρων.
ἀλλὰ καὶ ὥς, κακὰ πολλὰ παθών, πειρήσομ' ἀέθλων:
θυμοδακὴς γὰρ μῦθος, ἐπώτρυνας δέ με εἰπών.' 185
    ἦ ῥα καὶ αὐτῷ φάρει ἀναΐξας λάβε δίσκον
μείζονα καὶ πάχετον, στιβαρώτερον οὐκ ὀλίγον περ
ἢ οἵῳ Φαίηκες ἐδίσκεον ἀλλήλοισι.
τόν ῥα περιστρέψας ἧκε στιβαρῆς ἀπὸ χειρός,
βόμβησεν δὲ λίθος: κατὰ δ' ἔπτηξαν ποτὶ γαίῃ 190
Φαίηκες δολιχήρετμοι, ναυσίκλυτοι ἄνδρες,
λᾶος ὑπὸ ῥιπῆς: ὁ δ' ὑπέρπτατο σήματα πάντων

"Stranger, I well perceive thou canst not boast,
As many others can, of skill in games;
But thou art one of those who dwell in ships
With many benches, rulers o'er a crew   200
Of sailors,—a mere trader looking out
For freight, and watching o'er the wares that form
The cargo. Thou hast doubtless gathered wealth
By rapine, and art surely no athlete."
    Ulysses, the sagacious, frowned and said:—   205
"Stranger, thou speakest not becomingly,
But like a man who recks not what he says.
The gods bestow not equally on all
The gifts that men desire,—the grace of form,
The mind, the eloquence. One man to sight   210
Is undistinguished, but on him the gods
Bestow the power of words. All look on him
Gladly; he knows whereof he speaks; his speech
Is mild and modest; he is eminent
In all assemblies, and, whene'er he walks   215
The city, men regard him as a god.
Another in the form he wears is like
The immortals, yet has he no power to speak
Becoming words. So thou hast comely looks,—
A god would not have shaped thee otherwise   220
Than we behold thee,—yet thy wit is small,
And thy unmannerly words have angered me
Even to the heart. Not quite unskilled am I
In games, as thou dost idly talk, and once,
When I could trust my youth and my strong arms,   225
I think that in these contests I was deemed
Among the first. But I am now pressed down
With toil and sorrow; much have I endured
In wars with heroes and on stormy seas.
Yet even thus, a sufferer as I am,   230
Will I essay these feats; for sharp have been
Thy words, and they provoke me to the proof."
    He spake, and rising with his mantle on
He seized a broader, thicker, heavier quoit,
By no small odds, than the Phæacians used,   235
And swinging it around with vigorous arm
He sent it forth; it sounded as it went;
And the Phæacians, skilful with the oar
And sail, bent low as o'er them, from his hand,

ῥίμφα θέων ἀπὸ χειρός. ἔθηκε δὲ τέρματ' Ἀθήνη
ἀνδρὶ δέμας ἐικυῖα, ἔπος τ' ἔφατ' ἔκ τ' ὀνόμαζεν:
'καί κ' ἀλαός τοι, ξεῖνε, διακρίνειε τὸ σῆμα   195
ἀμφαφόων, ἐπεὶ οὔ τι μεμιγμένον ἐστὶν ὁμίλῳ,
ἀλλὰ πολὺ πρῶτον. σὺ δὲ θάρσει τόνδε γ' ἄεθλον:
οὔ τις Φαιήκων τόδε γ' ἵξεται, οὐδ' ὑπερήσει.'
   ὣς φάτο, γήθησεν δὲ πολύτλας δῖος Ὀδυσσεύς,
χαίρων, οὕνεχ' ἑταῖρον ἐνηέα λεῦσσ' ἐν ἀγῶνι.   200
καὶ τότε κουφότερον μετεφώνεε Φαιήκεσσιν:
   'τοῦτον νῦν ἀφίκεσθε, νέοι. τάχα δ' ὕστερον ἄλλον
ἥσειν ἢ τοσσοῦτον ὀίομαι ἢ ἔτι μᾶσσον.
τῶν δ' ἄλλων ὅτινα κραδίη θυμός τε κελεύει,
δεῦρ' ἄγε πειρηθήτω, ἐπεί μ' ἐχολώσατε λίην,   205
ἢ πὺξ ἠὲ πάλῃ ἢ καὶ ποσίν, οὔ τι μεγαίρω,
πάντων Φαιήκων, πλήν γ' αὐτοῦ Λαοδάμαντος.
ξεῖνος γάρ μοι ὅδ' ἐστί: τίς ἂν φιλέοντι μάχοιτο;
ἄφρων δὴ κεῖνός γε καὶ οὐτιδανὸς πέλει ἀνήρ,
ὅς τις ξεινοδόκῳ ἔριδα προφέρηται ἀέθλων   210
δήμῳ ἐν ἀλλοδαπῷ: ἕο δ' αὐτοῦ πάντα κολούει.
τῶν δ' ἄλλων οὔ πέρ τιν' ἀναίνομαι οὐδ' ἀθερίζω,
ἀλλ' ἐθέλω ἴδμεν καὶ πειρηθήμεναι ἄντην.
πάντα γὰρ οὐ κακός εἰμι, μετ' ἀνδράσιν ὅσσοι ἄεθλοι:
εὖ μὲν τόξον οἶδα ἐύξοον ἀμφαφάασθαι: 215
πρῶτός κ' ἄνδρα βάλοιμι ὀιστεύσας ἐν ὁμίλῳ
ἀνδρῶν δυσμενέων, εἰ καὶ μάλα πολλοὶ ἑταῖροι
ἄγχι παρασταῖεν καὶ τοξαζοίατο φωτῶν.
οἶος δή με Φιλοκτήτης ἀπεκαίνυτο τόξῳ
δήμῳ ἔνι Τρώων, ὅτε τοξαζοίμεθ' Ἀχαιοί.   220
τῶν δ' ἄλλων ἐμέ φημι πολὺ προφερέστερον εἶναι,
ὅσσοι νῦν βροτοί εἰσιν ἐπὶ χθονὶ σῖτον ἔδοντες.
ἀνδράσι δὲ προτέροισιν ἐριζέμεν οὐκ ἐθελήσω,

Flew the swift stone beyond the other marks. 240
And Pallas, in a human form, set up
A mark where it descended, and exclaimed:—
   "Stranger! a blind man, groping here, could find
Thy mark full easily, since it is not
Among the many, but beyond them all. 245
Then fear thou nothing in this game at least;
For no Phæacian here can throw the quoit
As far as thou, much less exceed thy cast."
   She spake; Ulysses the great sufferer
Heard, and rejoiced to know he had a friend 250
In that great circle. With a lighter heart
Thus said the chief to the Phæacian crowd:—
   "Follow that cast, young men, and I will send
Another stone, at once, as far, perchance,
Or further still. If there are others yet 255
Who feel the wish, let them come forward here,—
For much your words have chafed me,—let them try
With me the boxing or the wrestling match,
Or foot-race; there is naught that I refuse,—
Any of the Phæacians. I except 260
Laodamas; he is my host, and who
Would enter such a contest with a friend?
A senseless, worthless man is he who seeks
A strife like this with one who shelters him
In a strange land; he mars the welcome given. 265
As for the rest, there is no rival here
Whom I reject or scorn; for I would know
Their prowess, and would try my own with theirs
Before you all. At any of the games
Practised among mankind I am not ill, 270
Whatever they may be. The polished bow
I well know how to handle. I should be
The first to strike a foe by arrows sent
Among a hostile squadron, though there stood
A crowd of fellow-warriors by my side 275
And also aimed their shafts. The only one
Whose skill in archery excelled my own,
When we Achaians drew the bow at Troy,
Was Philoctetes; to all other men
On earth that live by bread I hold myself 280
Superior. Yet I claim no rivalry
With men of ancient times,—with Hercules

οὔθ' Ἡρακλῆι οὔτ' Εὐρύτῳ Οἰχαλιῆι,
οἵ ῥα καὶ ἀθανάτοισιν ἐρίζεσκον περὶ τόξων. 225
τῷ ῥα καὶ αἶψ' ἔθανεν μέγας Εὔρυτος, οὐδ' ἐπὶ γῆρας
ἵκετ' ἐνὶ μεγάροισι· χολωσάμενος γὰρ Ἀπόλλων
ἔκτανεν, οὕνεκά μιν προκαλίζετο τοξάζεσθαι.
δουρὶ δ' ἀκοντίζω ὅσον οὐκ ἄλλος τις ὀιστῷ.
οἴοισιν δείδοικα ποσὶν μή τίς με παρέλθῃ 230
Φαιήκων· λίην γὰρ ἀεικελίως ἐδαμάσθην
κύμασιν ἐν πολλοῖς, ἐπεὶ οὐ κομιδὴ κατὰ νῆα
ἦεν ἐπηετανός· τῷ μοι φίλα γυῖα λέλυνται.'
   ὣς ἔφαθ', οἱ δ' ἄρα πάντες ἀκὴν ἐγένοντο σιωπῇ.
Ἀλκίνοος δέ μιν οἶος ἀμειβόμενος προσέειπεν· 235
 'ξεῖν', ἐπεὶ οὐκ ἀχάριστα μεθ' ἡμῖν ταῦτ' ἀγορεύεις,
ἀλλ' ἐθέλεις ἀρετὴν σὴν φαινέμεν, ἥ τοι ὀπηδεῖ,
χωόμενος ὅτι σ' οὗτος ἀνὴρ ἐν ἀγῶνι παραστὰς
νείκεσεν, ὡς ἂν σὴν ἀρετὴν βροτὸς οὔ τις ὄνοιτο,
ὅς τις ἐπίσταιτο ᾗσι φρεσὶν ἄρτια βάζειν· 240
ἀλλ' ἄγε νῦν ἐμέθεν ξυνίει ἔπος, ὄφρα καὶ ἄλλῳ
εἴπῃς ἡρώων, ὅτε κεν σοῖς ἐν μεγάροισι
δαινύῃ παρὰ σῇ τ' ἀλόχῳ καὶ σοῖσι τέκεσσιν,
ἡμετέρης ἀρετῆς μεμνημένος, οἷα καὶ ἡμῖν
Ζεὺς ἐπὶ ἔργα τίθησι διαμπερὲς ἐξ ἔτι πατρῶν. 245
οὐ γὰρ πυγμάχοι εἰμὲν ἀμύμονες οὐδὲ παλαισταί,
ἀλλὰ ποσὶ κραιπνῶς θέομεν καὶ νηυσὶν ἄριστοι,
αἰεὶ δ' ἡμῖν δαίς τε φίλη κίθαρίς τε χοροί τε
εἵματά τ' ἐξημοιβὰ λοετρά τε θερμὰ καὶ εὐναί.
ἀλλ' ἄγε, Φαιήκων βητάρμονες ὅσσοι ἄριστοι, 250
παίσατε, ὥς χ' ὁ ξεῖνος ἐνίσπῃ οἷσι φίλοισιν
οἴκαδε νοστήσας, ὅσσον περιγιγνόμεθ' ἄλλων
ναυτιλίῃ καὶ ποσσὶ καὶ ὀρχηστυῖ καὶ ἀοιδῇ.
Δημοδόκῳ δέ τις αἶψα κιὼν φόρμιγγα λίγειαν
οἰσέτω, ἥ που κεῖται ἐν ἡμετέροισι δόμοισιν.' 255
   ὣς ἔφατ' Ἀλκίνοος θεοείκελος, ὦρτο δὲ κῆρυξ
οἴσων φόρμιγγα γλαφυρὴν δόμου ἐκ βασιλῆος.
αἰσυμνῆται δὲ κριτοὶ ἐννέα πάντες ἀνέσταν
δήμιοι, οἳ κατ' ἀγῶνας ἐὺ πρήσσεσκον ἕκαστα,
λείηναν δὲ χορόν, καλὸν δ' εὔρυναν ἀγῶνα. 260
κῆρυξ δ' ἐγγύθεν ἦλθε φέρων φόρμιγγα λίγειαν
Δημοδόκῳ· ὁ δ' ἔπειτα κί' ἐς μέσον· ἀμφὶ δὲ κοῦροι

And Eurytus the Œchalian, who defied
The immortals to a contest with the bow.
Therefore was mighty Eurytus cut off.   285
Apollo, angry to be challenged, slew
The hero. I can hurl a spear beyond
Where others send an arrow. All my fear
Is for my feet, so weakened have I been
Among the stormy waves with want of food   290
At sea, and thus my limbs have lost their strength."
　　He ended here, and all the assembly sat
In silence; King Alcinoüs only spake:—
　　"Stranger, since thou dost speak without offence,
And but to assert the prowess of thine arm,   295
Indignant that amid the public games
This man should rail at thee, and since thy wish
Is only that all others who can speak
Becomingly may not in time to come
Dispraise that prowess, now, then, heed my words,   300
And speak of them within thy palace halls
To other heroes when thou banquetest
Beside thy wife and children, and dost think
Of things that we excel in,—arts which Jove
Gives us, transmitted from our ancestors.   305
In boxing and in wrestling small renown
Have we, but we are swift of foot; we guide
Our galleys bravely o'er the deep; we take
Delight in feasts; we love the harp, the dance,
And change of raiment, the warm bath and bed.   310
Rise, then, Phæacian masters of the dance,
And tread your measures, that our guest may tell
His friends at home how greatly we surpass
All other men in seamanship, the race,
The dance, the art of song. Go, one of you,   315
And bring Demodocus his clear-toned harp,
That somewhere in our palace has been left."
　　Thus spake the godlike king. The herald rose
To bring the sweet harp from the royal house.
Then the nine umpires also rose, who ruled   320
The games; they smoothed the floor, and made the ring
Of gazers wider. Next the herald came,
And brought Demodocus the clear-toned harp.
The minstrel went into the midst, and there
Gathered the graceful dancers; they were youths   325

πρωθῆβαι ἵσταντο, δαήμονες ὀρχηθμοῖο,
πέπληγον δὲ χορὸν θεῖον ποσίν. αὐτὰρ Ὀδυσσεὺς
μαρμαρυγὰς θηεῖτο ποδῶν, θαύμαζε δὲ θυμῷ. 265
αὐτὰρ ὁ φορμίζων ἀνεβάλλετο καλὸν ἀείδειν
ἀμφ᾽ Ἄρεος φιλότητος εὐστεφάνου τ᾽ Ἀφροδίτης,
ὡς τὰ πρῶτα μίγησαν ἐν Ἡφαίστοιο δόμοισι
λάθρῃ, πολλὰ δ᾽ ἔδωκε, λέχος δ᾽ ᾔσχυνε καὶ εὐνὴν
Ἡφαίστοιο ἄνακτος. ἄφαρ δέ οἱ ἄγγελος ἦλθεν 270
Ἥλιος, ὅ σφ᾽ ἐνόησε μιγαζομένους φιλότητι.
Ἥφαιστος δ᾽ ὡς οὖν θυμαλγέα μῦθον ἄκουσε,
βῆ ῥ᾽ ἴμεν ἐς χαλκεῶνα κακὰ φρεσὶ βυσσοδομεύων,
ἐν δ᾽ ἔθετ᾽ ἀκμοθέτῳ μέγαν ἄκμονα, κόπτε δὲ δεσμοὺς
ἀρρήκτους ἀλύτους, ὄφρ᾽ ἔμπεδον αὖθι μένοιεν. 275
αὐτὰρ ἐπεὶ δὴ τεῦξε δόλον κεχολωμένος Ἄρει,
βῆ ῥ᾽ ἴμεν ἐς θάλαμον, ὅθι οἱ φίλα δέμνι᾽ ἔκειτο,
ἀμφὶ δ᾽ ἄρ᾽ ἑρμῖσιν χέε δέσματα κύκλῳ ἁπάντῃ·
πολλὰ δὲ καὶ καθύπερθε μελαθρόφιν ἐξεκέχυντο,
ἠΰτ᾽ ἀράχνια λεπτά, τά γ᾽ οὔ κέ τις οὐδὲ ἴδοιτο, 280
οὐδὲ θεῶν μακάρων· πέρι γὰρ δολόεντα τέτυκτο.
αὐτὰρ ἐπεὶ δὴ πάντα δόλον περὶ δέμνια χεῦεν,
εἴσατ᾽ ἴμεν ἐς Λῆμνον, ἐϋκτίμενον πτολίεθρον,
ἥ οἱ γαιάων πολὺ φιλτάτη ἐστὶν ἁπασέων.
οὐδ᾽ ἀλαοσκοπιὴν εἶχε χρυσήνιος Ἄρης, 285
ὡς ἴδεν Ἥφαιστον κλυτοτέχνην νόσφι κιόντα·
βῆ δ᾽ ἰέναι πρὸς δῶμα περικλυτοῦ Ἡφαίστοιο
ἰσχανόων φιλότητος ἐϋστεφάνου Κυθερείης.
ἡ δὲ νέον παρὰ πατρὸς ἐρισθενέος Κρονίωνος
ἐρχομένη κατ᾽ ἄρ᾽ ἕζεθ᾽· ὁ δ᾽ εἴσω δώματος ᾔει, 290
ἔν τ᾽ ἄρα οἱ φῦ χειρί, ἔπος τ᾽ ἔφατ᾽ ἔκ τ᾽ ὀνόμαζε·
  'δεῦρο, φίλη, λέκτρονδε τραπείομεν εὐνηθέντες·
οὐ γὰρ ἔθ᾽ Ἥφαιστος μεταδήμιος, ἀλλά που ἤδη
οἴχεται ἐς Λῆμνον μετὰ Σίντιας ἀγριοφώνους.'
  ὣς φάτο, τῇ δ᾽ ἀσπαστὸν ἐείσατο κοιμηθῆναι. 295
τὼ δ᾽ ἐς δέμνια βάντε κατέδραθον· ἀμφὶ δὲ δεσμοὶ
τεχνήεντες ἔχυντο πολύφρονος Ἡφαίστοιο,
οὐδέ τι κινῆσαι μελέων ἦν οὐδ᾽ ἀναεῖραι.

In life's first bloom. With even steps they smote
The sacred floor. Ulysses, gazing, saw
The twinkle of their feet and was amazed.
The minstrel struck the chords and gracefully
Began the lay: he sang the loves of Mars   330
And Venus of the glittering crown, who first
Had met each other stealthily beneath
The roof of Vulcan. Mars with many gifts
Won her, and wronged her spouse, the King of Fire;
But from the Sun, who saw their guilt, there came   335
A messenger to Vulcan. When he heard
The unwelcome tidings, planning his revenge,
He hastened to his smithy, where he forged
Chains that no power might loosen or might break,
Made to hold fast forever. When the snare   340
In all its parts was finished, he repaired,
Angry with Mars, to where the marriage-bed
Stood in his chamber. To the posts he tied
The encircling chains on every side, and made
Fast to the ceiling many, like the threads   345
Spun by the spider, which no eye could see,
Not even of the gods, so artfully
He wrought them. Then, as soon as he had wrapped
The snare about the bed, he feigned to go
To Lemnos nobly built, most dear to him   350
Of all the lands. But Mars, the god who holds
The shining reins, had kept no careless watch,
And when he saw the great artificer
Depart he went with speed to Vulcan's house,
Drawn thither by the love of her who wears   355
The glittering crown. There Cytherea sat,
Arrived that moment from a visit paid.
Entering, he took her by the hand and said:—
  "Come, my beloved, let us to the couch.
Vulcan is here no longer; he is gone,   360
And is among the Sintians, men who speak
A barbarous tongue, in Lemnos far away."
  He spake, and she approved his words, and both
Lay down upon the bed, when suddenly
The network, wrought by Vulcan's skilful hand,   365
Caught them, and clasped them round, nor could they lift
Or move a limb, and saw that no escape
Was possible. And now approached the King

καὶ τότε δὴ γίγνωσκον, ὅ τ' οὐκέτι φυκτὰ πέλοντο.
ἀγχίμολον δέ σφ' ἦλθε περικλυτὸς ἀμφιγυήεις, 300
αὖτις ὑποστρέψας πρὶν Λήμνου γαῖαν ἱκέσθαι·
Ἠέλιος γάρ οἱ σκοπιὴν ἔχεν εἶπέ τε μῦθον.
βῆ δ' ἴμεναι πρὸς δῶμα φίλον τετιημένος ἦτορ·
ἔστη δ' ἐν προθύροισι, χόλος δέ μιν ἄγριος ᾕρει·
σμερδαλέον δ' ἐβόησε, γέγωνέ τε πᾶσι θεοῖσιν· 305
'Ζεῦ πάτερ ἠδ' ἄλλοι μάκαρες θεοὶ αἰὲν ἐόντες,
δεῦθ', ἵνα ἔργα γελαστὰ καὶ οὐκ ἐπιεικτὰ ἴδησθε,
ὡς ἐμὲ χωλὸν ἐόντα Διὸς θυγάτηρ Ἀφροδίτη
αἰὲν ἀτιμάζει, φιλέει δ' ἀΐδηλον Ἄρηα,
οὕνεχ' ὁ μὲν καλός τε καὶ ἀρτίπος, αὐτὰρ ἐγώ γε 310
ἠπεδανὸς γενόμην. ἀτὰρ οὔ τί μοι αἴτιος ἄλλος,
ἀλλὰ τοκῆε δύω, τὼ μὴ γείνασθαι ὄφελλον.
ἀλλ' ὄψεσθ', ἵνα τώ γε καθεύδετον ἐν φιλότητι
εἰς ἐμὰ δέμνια βάντες, ἐγὼ δ' ὁρόων ἀκάχημαι.
οὐ μέν σφεας ἔτ' ἔολπα μίνυνθά γε κείμεν οὕτως 315
καὶ μάλα περ φιλέοντε· τάχ' οὐκ ἐθελήσετον ἄμφω
εὕδειν· ἀλλά σφωε δόλος καὶ δεσμὸς ἐρύξει,
εἰς ὅ κέ μοι μάλα πάντα πατὴρ ἀποδῷσιν ἔεδνα,
ὅσσα οἱ ἐγγυάλιξα κυνώπιδος εἵνεκα κούρης,
οὕνεκά οἱ καλὴ θυγάτηρ, ἀτὰρ οὐκ ἐχέθυμος.' 320
ὣς ἔφαθ', οἱ δ' ἀγέροντο θεοὶ ποτὶ χαλκοβατὲς δῶ·
ἦλθε Ποσειδάων γαιήοχος, ἦλθ' ἐριούνης
Ἑρμείας, ἦλθεν δὲ ἄναξ ἑκάεργος Ἀπόλλων.
θηλύτεραι δὲ θεαὶ μένον αἰδοῖ οἴκοι ἑκάστη.
ἔσταν δ' ἐν προθύροισι θεοί, δωτῆρες ἑάων· 325
ἄσβεστος δ' ἄρ' ἐνῶρτο γέλως μακάρεσσι θεοῖσι
τέχνας εἰσορόωσι πολύφρονος Ἡφαίστοιο.
ὧδε δέ τις εἴπεσκεν ἰδὼν ἐς πλησίον ἄλλον·
'οὐκ ἀρετᾷ κακὰ ἔργα· κιχάνει τοι βραδὺς ὠκύν,
ὡς καὶ νῦν Ἥφαιστος ἐὼν βραδὺς εἷλεν Ἄρηα 330
ὠκύτατόν περ ἐόντα θεῶν οἳ Ὄλυμπον ἔχουσιν,
χωλὸς ἐὼν τέχνῃσι· τὸ καὶ μοιχάγρι' ὀφέλλει.'
ὣς οἱ μὲν τοιαῦτα πρὸς ἀλλήλους ἀγόρευον·
Ἑρμῆν δὲ προσέειπεν ἄναξ Διὸς υἱὸς Ἀπόλλων·
'Ἑρμεία, Διὸς υἱέ, διάκτορε, δῶτορ ἑάων, 335

Of Fire, returning ere he reached the isle
Of Lemnos, for the Sun in his behalf   370
Kept watch and told him all. He hastened home
In bitterness of heart, but when he reached
The threshold stopped. A fury without bounds
Possessed him, and he shouted terribly,
And called aloud on all the gods of heaven:—   375
    "O Father Jove, and all ye blessed ones,
And deathless! Come, for here is what will move
Your laughter, yet is not to be endured.
Jove's daughter, Venus, thus dishonors me,
Lame as I am, and loves the butcher Mars;   380
For he is well to look at, and is sound
Of foot, while I am weakly,—but for this
Are none but my two parents to be blamed,
Who never should have given me birth. Behold
Where lie embraced the lovers in my bed,—   385
A hateful sight. Yet they will hardly take
Even a short slumber there, though side by side,
Enamored as they are; nor will they both
Be drowsy very soon. The net and chains
Will hold them till her father shall restore   390
All the large gifts which, on our marriage-day,
I gave him to possess the impudent minx
His daughter, who is fair, indeed, but false."
    He spake, and to the brazen palace flocked
The gods; there Neptune came, who shakes the earth;   395
There came beneficent Hermes; there too came
Apollo, archer-god; the goddesses,
Through womanly reserve, remained at home.
Meantime the gods, the givers of all good,
Stood in the entrance; and as they beheld   400
The cunning snare of Vulcan, there arose
Infinite laughter from the blessed ones,
And one of them bespake his neighbor thus:—
    "Wrong prospers not; the slow o'ertakes the swift.
Vulcan the slow has trapped the fleetest god   405
Upon Olympus, Mars; though lame himself,
His net has taken the adulterer,
Who now must pay the forfeit of his crime."
    So talked they with each other. Then the son
Of Jove, Apollo, thus to Hermes said:—   410
    "Hermes, thou son and messenger of Jove,

ἦ ῥά κεν ἐν δεσμοῖς ἐθέλοις κρατεροῖσι πιεσθεὶς
εὕδειν ἐν λέκτροισι παρὰ χρυσέῃ Ἀφροδίτῃ;'
    τὸν δ' ἠμείβετ' ἔπειτα διάκτορος ἀργεϊφόντης:
'αἲ γὰρ τοῦτο γένοιτο, ἄναξ ἑκατηβόλ' Ἄπολλον:
δεσμοὶ μὲν τρὶς τόσσοι ἀπείρονες ἀμφὶς ἔχοιεν, 340
ὑμεῖς δ' εἰσορόῳτε θεοὶ πᾶσαί τε θέαιναι,
αὐτὰρ ἐγὼν εὕδοιμι παρὰ χρυσέῃ Ἀφροδίτῃ.'
    ὣς ἔφατ', ἐν δὲ γέλως ὦρτ' ἀθανάτοισι θεοῖσιν.
οὐδὲ Ποσειδάωνα γέλως ἔχε, λίσσετο δ' αἰεὶ
Ἥφαιστον κλυτοεργὸν ὅπως λύσειεν Ἄρηα. 345
καί μιν φωνήσας ἔπεα πτερόεντα προσηύδα:
'λῦσον: ἐγὼ δέ τοι αὐτὸν ὑπίσχομαι, ὡς σὺ κελεύεις,
τίσειν αἴσιμα πάντα μετ' ἀθανάτοισι θεοῖσιν.'
    τὸν δ' αὖτε προσέειπε περικλυτὸς ἀμφιγυήεις:
'μή με, Ποσείδαον γαιήοχε, ταῦτα κέλευε: 350
δειλαί τοι δειλῶν γε καὶ ἐγγύαι ἐγγυάασθαι.
πῶς ἂν ἐγώ σε δέοιμι μετ' ἀθανάτοισι θεοῖσιν,
εἴ κεν Ἄρης οἴχοιτο χρέος καὶ δεσμὸν ἀλύξας;'
    τὸν δ' αὖτε προσέειπε Ποσειδάων ἐνοσίχθων:
'Ἥφαιστ', εἴ περ γάρ κεν Ἄρης χρεῖος ὑπαλύξας 355
οἴχηται φεύγων, αὐτός τοι ἐγὼ τάδε τίσω.'
    τὸν δ' ἠμείβετ' ἔπειτα περικλυτὸς ἀμφιγυήεις:
'οὐκ ἔστ' οὐδὲ ἔοικε τεὸν ἔπος ἀρνήσασθαι.'
    ὣς εἰπὼν δεσμὸν ἀνίει μένος Ἡφαίστοιο.
τὼ δ' ἐπεὶ ἐκ δεσμοῖο λύθεν, κρατεροῦ περ ἐόντος, 360
αὐτίκ' ἀναΐξαντε ὁ μὲν Θρῄκηνδε βεβήκει,
ἡ δ' ἄρα Κύπρον ἵκανε φιλομμειδὴς Ἀφροδίτη,
ἐς Πάφον: ἔνθα δέ οἱ τέμενος βωμός τε θυήεις.
ἔνθα δέ μιν Χάριτες λοῦσαν καὶ χρῖσαν ἐλαίῳ
ἀμβρότῳ, οἷα θεοὺς ἐπενήνοθεν αἰὲν ἐόντας, 365
ἀμφὶ δὲ εἵματα ἕσσαν ἐπήρατα, θαῦμα ἰδέσθαι.
ταῦτ' ἄρ' ἀοιδὸς ἄειδε περικλυτός: αὐτὰρ Ὀδυσσεὺς
τέρπετ' ἐνὶ φρεσὶν ᾗσιν ἀκούων ἠδὲ καὶ ἄλλοι
Φαίηκες δολιχήρετμοι, ναυσίκλυτοι ἄνδρες.
    Ἀλκίνοος δ' Ἅλιον καὶ Λαοδάμαντα κέλευσεν 370

And bountiful of gifts, couldst thou endure,
Fettered with such strong chains as these, to lie
Upon a couch with Venus at thy side?"
    The herald-god, the Argus-queller, thus   415
Made answer: "Nay, I would that it were so,
O archer-king, Apollo; I could bear
Chains thrice as many, and of infinite strength,
And all the gods and all the goddesses
Might come to look upon me, I would keep   420
My place with golden Venus at my side."
    He spake, and all the immortals laughed to hear.
Neptune alone laughed not, but earnestly
Prayed Vulcan, the renowned artificer,
To set Mars free, and spake these winged words:—   425
    "Release thy prisoner. What thou dost require
I promise here,—that he shall make to thee
Due recompense in presence of the gods."
    Illustrious Vulcan answered: "Do not lay,
Earth-shaking Neptune, this command on me,   430
Since little is the worth of pledges given
For worthless debtors. How could I demand
My right from thee among the assembled gods,
If Mars, set free, escape from debt and chains?"
    Again the god who shakes the earth replied:—   435
"Vulcan, though Mars deny the forfeit due,
And take to flight, it shall be paid by me."
Again illustrious Vulcan said: "Thy word
I ought not and I seek not to decline."
    He spake, and then the might of Vulcan loosed   440
The net, and, freed from those strong fetters, both
The prisoners sprang away. Mars flew to Thrace,
And laughter-loving Venus to the isle
Of Cyprus, where at Paphos stand her grove
And perfumed altar. Here the Graces gave   445
The bath, anointed with ambrosial oil
Her limbs,—such oil as to the eternal gods
Lends a fresh beauty, and arrayed her last
In graceful robes, a marvel to behold.
    So sang the famous bard, while inly pleased   450
Ulysses heard, and pleased were all the rest,
Phæacia's sons, expert with oar and sail.
    Alcinoüs called his sons Laodamas
And Halius forth, and bade them dance alone,

μουνὰξ ὀρχήσασθαι, ἐπεί σφισιν οὔ τις ἔριζεν.
οἱ δ' ἐπεὶ οὖν σφαῖραν καλὴν μετὰ χερσὶν ἕλοντο,
πορφυρέην, τήν σφιν Πόλυβος ποίησε δαΐφρων,
τὴν ἕτερος ῥίπτασκε ποτὶ νέφεα σκιόεντα
ἰδνωθεὶς ὀπίσω, ὁ δ' ἀπὸ χθονὸς ὑψόσ' ἀερθεὶς   375
ῥηιδίως μεθέλεσκε, πάρος ποσὶν οὖδας ἱκέσθαι.
αὐτὰρ ἐπεὶ δὴ σφαίρῃ ἀν' ἰθὺν πειρήσαντο,
ὠρχείσθην δὴ ἔπειτα ποτὶ χθονὶ πουλυβοτείρῃ
ταρφέ' ἀμειβομένω: κοῦροι δ' ἐπελήκεον ἄλλοι
ἑσταῶτες κατ' ἀγῶνα, πολὺς δ' ὑπὸ κόμπος ὀρώρει.   380
δὴ τότ' ἄρ' Ἀλκίνοον προσεφώνεε δῖος Ὀδυσσεύς:
'Ἀλκίνοε κρεῖον, πάντων ἀριδείκετε λαῶν,
ἠμὲν ἀπείλησας βητάρμονας εἶναι ἀρίστους,
ἠδ' ἄρ' ἑτοῖμα τέτυκτο: σέβας μ' ἔχει εἰσορόωντα.'
ὣς φάτο, γήθησεν δ' ἱερὸν μένος Ἀλκινόοιο,   385
αἶψα δὲ Φαιήκεσσι φιληρέτμοισι μετηύδα:
'κέκλυτε, Φαιήκων ἡγήτορες ἠδὲ μέδοντες.
ὁ ξεῖνος μάλα μοι δοκέει πεπνυμένος εἶναι.
ἀλλ' ἄγε οἱ δῶμεν ξεινήιον, ὡς ἐπιεικές.
δώδεκα γὰρ κατὰ δῆμον ἀριπρεπέες βασιλῆες   390
ἀρχοὶ κραίνουσι, τρισκαιδέκατος δ' ἐγὼ αὐτός:
τῶν οἱ ἕκαστος φᾶρος ἐϋπλυνὲς ἠδὲ χιτῶνα
καὶ χρυσοῖο τάλαντον ἐνείκατε τιμήεντος.
αἶψα δὲ πάντα φέρωμεν ἀολλέα, ὄφρ' ἐνὶ χερσὶν
ξεῖνος ἔχων ἐπὶ δόρπον ἴῃ χαίρων ἐνὶ θυμῷ.   395
Εὐρύαλος δέ ἑ αὐτὸν ἀρεσσάσθω ἐπέεσσι
καὶ δώρῳ, ἐπεὶ οὔ τι ἔπος κατὰ μοῖραν ἔειπεν.'
ὣς ἔφαθ', οἱ δ' ἄρα πάντες ἐπῄνεον ἠδ' ἐκέλευον,
δῶρα δ' ἄρ' οἰσέμεναι πρόεσαν κήρυκα ἕκαστος.
τὸν δ' αὖτ' Εὐρύαλος ἀπαμείβετο φώνησέν τε: 400
'Ἀλκίνοε κρεῖον, πάντων ἀριδείκετε λαῶν,
τοιγὰρ ἐγὼ τὸν ξεῖνον ἀρέσσομαι, ὡς σὺ κελεύεις.
δώσω οἱ τόδ' ἄορ παγχάλκεον, ᾧ ἔπι κώπη
ἀργυρέη, κολεὸν δὲ νεοπρίστου ἐλέφαντος
ἀμφιδεδίνηται: πολέος δέ οἱ ἄξιον ἔσται.'   405
ὣς εἰπὼν ἐν χερσὶ τίθει ξίφος ἀργυρόηλον
καί μιν φωνήσας ἔπεα πτερόεντα προσηύδα:
'χαῖρε, πάτερ ὦ ξεῖνε: ἔπος δ' εἴ πέρ τι βέβακται
δεινόν, ἄφαρ τὸ φέροιεν ἀναρπάξασαι ἄελλαι.

For none of all the others equalled them. 455
Then taking a fair purple ball, the work
Of skilful Polybus, and, bending back,
One flung it toward the shadowy clouds on high,
The other springing upward easily
Grasped it before he touched the ground again. 460
And when they thus had tossed the ball awhile,
They danced upon the nourishing earth, and oft
Changed places with each other, while the youths,
That stood within the circle filled the air
With their applauses; mighty was the din. 465
Then great Ulysses to Alcinoüs said:—
"O King Alcinoüs! mightiest of the race
For whom thou hast engaged that they excel
All others in the dance, what thou hast said
Is amply proved. I look and am amazed." 470
Well pleased Alcinoüs the mighty heard,
And thus to his seafaring people spake:—
"Leaders and chiefs of the Phæacians, hear!
Wise seems the stranger. Haste we to bestow
Gifts that may well beseem his liberal hests. 475
Twelve honored princes in our land bear sway,
The thirteenth prince am I. Let each one bring
A well-bleached cloak, a tunic, and beside
Of precious gold a talent. Let them all
Be brought at once, that, having seen them here, 480
Our guest may with a cheerful heart partake
The evening meal. And let Euryalus,
Who spake but now so unbecomingly,
Appease him both with words and with a gift."
He spake; they all approved, and each one sent 485
His herald with a charge to bring the gifts,
And thus Euryalus addressed the king:—
"O King Alcinoüs, mightiest of our race,
I will obey thee, and will seek to appease
Our guest. This sword of brass will I bestow, 490
With hilt of silver, and an ivory sheath
New wrought, which he may deem a gift of price."
He spake, and gave the silver-studded sword
Into his hand, and spake these winged words:—
"Stranger and father, hail! If any word 495
That hath been uttered gave offence, may storms
Sweep it away forever. May the gods

σοὶ δὲ θεοὶ ἄλοχόν τ' ἰδέειν καὶ πατρίδ' ἱκέσθαι 410
δοῖεν, ἐπεὶ δὴ δηθὰ φίλων ἄπο πήματα πάσχεις.'
   τὸν δ' ἀπαμειβόμενος προσέφη πολύμητις Ὀδυσσεύς·
'καὶ σὺ φίλος μάλα χαῖρε, θεοὶ δέ τοι ὄλβια δοῖεν.
μηδέ τι τοι ξίφεός γε ποθὴ μετόπισθε γένοιτο
τούτου, ὃ δή μοι δῶκας ἀρεσσάμενος ἐπέεσσιν.' 415
   ἦ ῥα καὶ ἀμφ' ὤμοισι θέτο ξίφος ἀργυρόηλον.
δύσετό τ' ἠέλιος, καὶ τῷ κλυτὰ δῶρα παρῆεν.
καὶ τά γ' ἐς Ἀλκινόοιο φέρον κήρυκες ἀγαυοί·
δεξάμενοι δ' ἄρα παῖδες ἀμύμονος Ἀλκινόοιο
μητρὶ παρ' αἰδοίῃ ἔθεσαν περικαλλέα δῶρα. 420
τοῖσιν δ' ἡγεμόνευ' ἱερὸν μένος Ἀλκινόοιο,
ἐλθόντες δὲ καθῖζον ἐν ὑψηλοῖσι θρόνοισι.
δή ῥα τότ' Ἀρήτην προσέφη μένος Ἀλκινόοιο·
   'δεῦρο, γύναι, φέρε χηλὸν ἀριπρεπέ', ἥ τις ἀρίστη·
ἐν δ' αὐτῇ θὲς φᾶρος ἐϋπλυνὲς ἠδὲ χιτῶνα. 425
ἀμφὶ δέ οἱ πυρὶ χαλκὸν ἰήνατε, θέρμετε δ' ὕδωρ,
ὄφρα λοεσσάμενός τε ἰδών τ' ἐῢ κείμενα πάντα
δῶρα, τά οἱ Φαίηκες ἀμύμονες ἐνθάδ' ἔνεικαν,
δαιτί τε τέρπηται καὶ ἀοιδῆς ὕμνον ἀκούων.
καί οἱ ἐγὼ τόδ' ἄλεισον ἐμὸν περικαλλὲς ὀπάσσω, 430
χρύσεον, ὄφρ' ἐμέθεν μεμνημένος ἤματα πάντα
σπένδῃ ἐνὶ μεγάρῳ Διί τ' ἄλλοισίν τε θεοῖσιν.'
   ὣς ἔφατ', Ἀρήτη δὲ μετὰ δμῳῇσιν ἔειπεν
ἀμφὶ πυρὶ στῆσαι τρίποδα μέγαν ὅττι τάχιστα.
αἱ δὲ λοετροχόον τρίποδ' ἵστασαν ἐν πυρὶ κηλέῳ, 435
ἔν δ' ἄρ' ὕδωρ ἔχεαν, ὑπὸ δὲ ξύλα δαῖον ἑλοῦσαι.
γάστρην μὲν τρίποδος πῦρ ἄμφεπε, θέρμετο δ' ὕδωρ·
τόφρα δ' ἄρ' Ἀρήτη ξείνῳ περικαλλέα χηλὸν
ἐξέφερεν θαλάμοιο, τίθει δ' ἐνὶ κάλλιμα δῶρα,
ἐσθῆτα χρυσόν τε, τά οἱ Φαίηκες ἔδωκαν· 440
ἐν δ' αὐτὴ φᾶρος θῆκεν καλόν τε χιτῶνα,
καί μιν φωνήσασ' ἔπεα πτερόεντα προσηύδα·

Give thee to see thy wife again, and reach
Thy native land, where all thy sufferings
And this long absence from thy friends shall end!"   500
    Ulysses, the sagacious, thus replied:—
"Hail also, friend! and may the gods confer
On thee all happiness, and may the time
Never arrive when thou shalt miss the sword
Placed in my hands with reconciling words!"   505
    He spake, and slung the silver-studded sword
Upon his shoulders. Now the sun went down,
And the rich presents were already brought.
The noble heralds came and carried them
Into the palace of Alcinoüs, where   510
His blameless sons received and ranged them all
In fair array before the queenly dame
Their mother. Meantime had the mighty king
Alcinoüs to his palace led the way,
Where they who followed took the lofty seats,   515
And thus Alcinoüs to Aretè said:—
    "Bring now a coffer hither, fairly shaped,
The best we have, and lay a well-bleached cloak
And tunic in it; set upon the fire
A brazen caldron for our guest, to warm   520
The water of his bath, that having bathed
And viewed the gifts which the Phæacian chiefs
Have brought him, ranged in order, he may sit
Delighted at the banquet and enjoy
The music. I will give this beautiful cup   525
Of gold, that he, in memory of me,
May daily in his palace pour to Jove
Libations, and to all the other gods."
    He spake; Aretè bade her maidens haste
To place an ample tripod on the fire.   530
Forthwith upon the blazing fire they set
A laver with three feet, and in it poured
Water, and heaped fresh fuel on the flames.
The flames crept up the vessel's swelling sides,
And warmed the water. Meantime from her room   535
Aretè brought a beautiful chest, in which
She laid the presents destined for her guest,—
Garments and gold which the Phæacians gave,—
And laid the cloak and tunic with the rest,
And thus in winged words addressed the chief:—   540

'αὐτὸς νῦν ἴδε πῶμα, θοῶς δ' ἐπὶ δεσμὸν ἴηλον,
μή τίς τοι καθ' ὁδὸν δηλήσεται, ὁππότ' ἂν αὖτε
εὕδησθα γλυκὺν ὕπνον ἰὼν ἐν νηὶ μελαίνῃ.' 445
αὐτὰρ ἐπεὶ τό γ' ἄκουσε πολύτλας δῖος Ὀδυσσεύς,
αὐτίκ' ἐπήρτυε πῶμα, θοῶς δ' ἐπὶ δεσμὸν ἴηλεν
ποικίλον, ὅν ποτέ μιν δέδαε φρεσὶ πότνια Κίρκη·
αὐτόδιον δ' ἄρα μιν ταμίη λούσασθαι ἀνώγει
ἔς ῥ' ἀσάμινθον βάνθ'· ὁ δ' ἄρ ἀσπασίως ἴδε θυμῷ 450
θερμὰ λοέτρ', ἐπεὶ οὔ τι κομιζόμενός γε θάμιζεν,
ἐπεὶ δὴ λίπε δῶμα Καλυψοῦς ἠυκόμοιο.
τόφρα δέ οἱ κομιδή γε θεῷ ὣς ἔμπεδος ἦεν.
τὸν δ' ἐπεὶ οὖν δμῳαὶ λοῦσαν καὶ χρῖσαν ἐλαίῳ,
ἀμφὶ δέ μιν χλαῖναν καλὴν βάλον ἠδὲ χιτῶνα, 455
ἔκ ῥ' ἀσαμίνθου βὰς ἄνδρας μέτα οἰνοποτῆρας
ἤιε· Ναυσικάα δὲ θεῶν ἄπο κάλλος ἔχουσα
στῆ ῥα παρὰ σταθμὸν τέγεος πύκα ποιητοῖο,
θαύμαζεν δ' Ὀδυσῆα ἐν ὀφθαλμοῖσιν ὁρῶσα,
καί μιν φωνήσασ' ἔπεα πτερόεντα προσηύδα· 460
'χαῖρε, ξεῖν', ἵνα καί ποτ' ἐὼν ἐν πατρίδι γαίῃ
μνήσῃ ἐμεῦ, ὅτι μοι πρώτῃ ζωάγρι' ὀφέλλεις.'
τὴν δ' ἀπαμειβόμενος προσέφη πολύμητις Ὀδυσσεύς·
'Ναυσικάα θύγατερ μεγαλήτορος Ἀλκινόοιο,
οὕτω νῦν Ζεὺς θείη, ἐρίγδουπος πόσις Ἥρης, 465
οἴκαδέ τ' ἐλθέμεναι καὶ νόστιμον ἦμαρ ἰδέσθαι·
τῷ κέν τοι καὶ κεῖθι θεῷ ὣς εὐχετοῴμην
αἰεὶ ἤματα πάντα· σὺ γάρ μ' ἐβιώσαο, κούρη.'
ἦ ῥα καὶ ἐς θρόνον ἷζε παρ' Ἀλκίνοον βασιλῆα·
οἱ δ' ἤδη μοίρας τ' ἔνεμον κερόωντό τε οἶνον. 470
κῆρυξ δ' ἐγγύθεν ἦλθεν ἄγων ἐρίηρον ἀοιδόν,
Δημόδοκον λαοῖσι τετιμένον· εἷσε δ' ἄρ' αὐτὸν
μέσσῳ δαιτυμόνων, πρὸς κίονα μακρὸν ἐρείσας.
δὴ τότε κήρυκα προσέφη πολύμητις Ὀδυσσεύς,
νώτου ἀποπροταμών, ἐπὶ δὲ πλεῖον ἐλέλειπτο, 475
ἀργιόδοντος ὑός, θαλερὴ δ' ἦν ἀμφὶς ἀλοιφή·
'κῆρυξ, τῆ δή, τοῦτο πόρε κρέας, ὄφρα φάγῃσιν,

"Look to the lid thyself, and cast a cord
Around it, lest, upon thy voyage home,
Thou suffer loss, when haply thou shalt take
A pleasant slumber in the dark-hulled ship."
    Ulysses, the sagacious, heard, and straight   545
He fitted to its place the lid, and wound
And knotted artfully around the chest
A cord, as queenly Circè long before
Had taught him. Then to call him to the bath
The housewife of the palace came. He saw   550
Gladly the steaming laver, for not oft
Had he been cared for thus, since he had left
The dwelling of the nymph with amber hair,
Calypso, though attended while with her
As if he were a god. Now when the maids   555
Had seen him bathed, and had anointed him
With oil, and put his sumptuous mantle on,
And tunic, forth he issued from the bath,
And came to those who sat before their wine.
Nausicaä, goddess-like in beauty, stood   560
Beside a pillar of that noble roof,
And looking on Ulysses as he passed,
Admired, and said to him in winged words:—
    "Stranger, farewell, and in thy native land
Remember thou hast owed thy life to me."   565
    Ulysses, the sagacious, answering said:—
"Nausicaä, daughter of the large-souled king
Alcinoüs! so may Jove, the Thunderer,
Husband of Juno, grant that I behold
My home, returning safe, as I will make   570
To thee as to a goddess day by day
My prayer; for, lady, thou hast saved my life."
    He spake, and near Alcinoüs took his place
Upon a throne. And now they served the feast
To each, and mingled wine. A herald led   575
Thither the gentle bard Demodocus,
Whom all the people honored. Him they placed
Amidst the assembly, where he leaned against
A lofty column. Sage Ulysses then
Carved from the broad loin of a white-tusked boar   580
A part, where yet a mass of flesh remained
Bordered with fat, and to the herald said:—
    "Bear this, O herald, to Demodocus,

Δημοδόκῳ· καί μιν προσπτύξομαι ἀχνύμενός περ·
πᾶσι γὰρ ἀνθρώποισιν ἐπιχθονίοισιν ἀοιδοὶ
τιμῆς ἔμμοροί εἰσι καὶ αἰδοῦς, οὕνεκ' ἄρα σφέας 480
οἴμας μοῦσ' ἐδίδαξε, φίλησε δὲ φῦλον ἀοιδῶν.'
    ὣς ἄρ' ἔφη, κῆρυξ δὲ φέρων ἐν χερσὶν ἔθηκεν
ἥρῳ Δημοδόκῳ· ὁ δ' ἐδέξατο, χαῖρε δὲ θυμῷ.
οἱ δ' ἐπ' ὀνείαθ' ἑτοῖμα προκείμενα χεῖρας ἴαλλον.
αὐτὰρ ἐπεὶ πόσιος καὶ ἐδητύος ἐξ ἔρον ἕντο, 485
δὴ τότε Δημόδοκον προσέφη πολύμητις Ὀδυσσεύς·
  'Δημόδοκ', ἔξοχα δή σε βροτῶν αἰνίζομ' ἁπάντων.
ἢ σέ γε μοῦσ' ἐδίδαξε, Διὸς πάϊς, ἢ σέ γ' Ἀπόλλων·
λίην γὰρ κατὰ κόσμον Ἀχαιῶν οἶτον ἀείδεις,
ὅσσ' ἔρξαν τ' ἔπαθόν τε καὶ ὅσσ' ἐμόγησαν Ἀχαιοί, 490
ὥς τέ που ἢ αὐτὸς παρεὼν ἢ ἄλλου ἀκούσας.
ἀλλ' ἄγε δὴ μετάβηθι καὶ ἵππου κόσμον ἄεισον
δουρατέου, τὸν Ἐπειὸς ἐποίησεν σὺν Ἀθήνῃ,
ὅν ποτ' ἐς ἀκρόπολιν δόλον ἤγαγε δῖος Ὀδυσσεὺς
ἀνδρῶν ἐμπλήσας οἵ ῥ' Ἴλιον ἐξαλάπαξαν. 495
αἴ κεν δή μοι ταῦτα κατὰ μοῖραν καταλέξῃς,
αὐτίκ' ἐγὼ πᾶσιν μυθήσομαι ἀνθρώποισιν,
ὡς ἄρα τοι πρόφρων θεὸς ὤπασε θέσπιν ἀοιδήν.'
    ὣς φάθ', ὁ δ' ὁρμηθεὶς θεοῦ ἤρχετο, φαῖνε δ' ἀοιδήν,
ἔνθεν ἑλὼν ὡς οἱ μὲν ἐϋσσέλμων ἐπὶ νηῶν 500
βάντες ἀπέπλειον, πῦρ ἐν κλισίῃσι βαλόντες,
Ἀργεῖοι, τοὶ δ' ἤδη ἀγακλυτὸν ἀμφ' Ὀδυσῆα
ἥατ' ἐνὶ Τρώων ἀγορῇ κεκαλυμμένοι ἵππῳ·
αὐτοὶ γάρ μιν Τρῶες ἐς ἀκρόπολιν ἐρύσαντο.
ὣς ὁ μὲν ἑστήκει, τοὶ δ' ἄκριτα πόλλ' ἀγόρευον 505
ἥμενοι ἀμφ' αὐτόν· τρίχα δέ σφισιν ἥνδανε βουλή,
ἠὲ διαπλῆξαι κοῖλον δόρυ νηλέϊ χαλκῷ,
ἢ κατὰ πετράων βαλέειν ἐρύσαντας ἐπ' ἄκρης,
ἢ ἐάαν μέγ' ἄγαλμα θεῶν θελκτήριον εἶναι,

That he may eat. Him, even in my grief,
Will I embrace, for worthily the bards 585
Are honored and revered o'er all the earth
By every race of men. The Muse herself
Hath taught them song; she loves the minstrel tribe."
He spake; the herald laid the flesh before
Demodocus the hero, who received 590
The gift well pleased. Then all the guests put forth
Their hands and shared the viands on the board;
And when their thirst and hunger were allayed,
Thus to the minstrel sage Ulysses spake:—
    "Demodocus, above all other men 595
I give thee praise, for either has the Muse,
Jove's daughter, or Apollo, visited
And taught thee. Truly hast thou sung the fate
Of the Achaian warriors,—what they did
And suffered,—all their labors as if thou 600
Hadst been among them, or hadst heard the tale
From an eye-witness. Now, I pray, proceed,
And sing the invention of the wooden horse
Made by Epeius with Minerva's aid,
And by the chief Ulysses artfully 605
Conveyed into the Trojan citadel,
With armed warriors in its womb to lay
The city waste. And I, if thou relate
The story rightly, will at once declare
To all that largely hath some bounteous god 610
Bestowed on thee the holy gift of song."
He spake; the poet felt the inspiring god,
And sang, beginning where the Argives hurled
Firebrands among their tents, and sailed away
In their good galleys, save the band that sat 615
Beside renowned Ulysses in the horse,
Concealed from sight, amid the Trojan crowd,
Who now had drawn it to the citadel.
So there it stood, while, sitting round it, talked
The men of Troy, and wist not what to do. 620
By turns three counsels pleased them,—to hew down
The hollow trunk with the remorseless steel;
Or drag it to a height, and cast it thence
Headlong among the rocks; or, lastly, leave
The enormous image standing and unharmed, 625
An offering to appease the gods. And this

τῇ περ δὴ καὶ ἔπειτα τελευτήσεσθαι ἔμελλεν· 510
αἶσα γὰρ ἦν ἀπολέσθαι, ἐπὴν πόλις ἀμφικαλύψῃ
δουράτεον μέγαν ἵππον, ὅθ᾽ ἥατο πάντες ἄριστοι
Ἀργείων Τρώεσσι φόνον καὶ κῆρα φέροντες.
ἤειδεν δ᾽ ὡς ἄστυ διέπραθον υἷες Ἀχαιῶν
ἱππόθεν ἐκχύμενοι, κοῖλον λόχον ἐκπρολιπόντες. 515
ἄλλον δ᾽ ἄλλῃ ἄειδε πόλιν κεραϊζέμεν αἰπήν,
αὐτὰρ Ὀδυσσῆα προτὶ δώματα Δηιφόβοιο
βήμεναι, ἠύτ᾽ Ἄρηα σὺν ἀντιθέῳ Μενελάῳ.
κεῖθι δὴ αἰνότατον πόλεμον φάτο τολμήσαντα
νικῆσαι καὶ ἔπειτα διὰ μεγάθυμον Ἀθήνην. 520
ταῦτ᾽ ἄρ᾽ ἀοιδὸς ἄειδε περικλυτός· αὐτὰρ Ὀδυσσεὺς
τήκετο, δάκρυ δ᾽ ἔδευεν ὑπὸ βλεφάροισι παρειάς.
ὡς δὲ γυνὴ κλαίῃσι φίλον πόσιν ἀμφιπεσοῦσα,
ὅς τε ἑῆς πρόσθεν πόλιος λαῶν τε πέσῃσιν,
ἄστεϊ καὶ τεκέεσσιν ἀμύνων νηλεὲς ἦμαρ· 525
ἡ μὲν τὸν θνήσκοντα καὶ ἀσπαίροντα ἰδοῦσα
ἀμφ᾽ αὐτῷ χυμένη λίγα κωκύει· οἱ δέ τ᾽ ὄπισθε
κόπτοντες δούρεσσι μετάφρενον ἠδὲ καὶ ὤμους
εἴρερον εἰσανάγουσι, πόνον τ᾽ ἐχέμεν καὶ ὀιζύν·
τῆς δ᾽ ἐλεεινοτάτῳ ἄχεϊ φθινύθουσι παρειαί· 530
ὣς Ὀδυσεὺς ἐλεεινὸν ὑπ᾽ ὀφρύσι δάκρυον εἶβεν.
ἔνθ᾽ ἄλλους μὲν πάντας ἐλάνθανε δάκρυα λείβων,
Ἀλκίνοος δέ μιν οἶος ἐπεφράσατ᾽ ἠδ᾽ ἐνόησεν,
ἥμενος ἄγχ᾽ αὐτοῦ, βαρὺ δὲ στενάχοντος ἄκουσεν.
αἶψα δὲ Φαιήκεσσι φιληρέτμοισι μετηύδα· 535
   'κέκλυτε, Φαιήκων ἡγήτορες ἠδὲ μέδοντες,
Δημόδοκος δ᾽ ἤδη σχεθέτω φόρμιγγα λίγειαν·
οὐ γάρ πως πάντεσσι χαριζόμενος τάδ᾽ ἀείδει.
ἐξ οὗ δορπέομέν τε καὶ ὦρορε θεῖος ἀοιδός,
ἐκ τοῦ δ᾽ οὔ πω παύσατ᾽ ὀιζυροῖο γόοιο 540
ὁ ξεῖνος· μάλα πού μιν ἄχος φρένας ἀμφιβέβηκεν.
ἀλλ᾽ ἄγ᾽ ὁ μὲν σχεθέτω, ἵν᾽ ὁμῶς τερπώμεθα πάντες,
ξεινοδόκοι καὶ ξεῖνος, ἐπεὶ πολὺ κάλλιον οὕτως·
εἵνεκα γὰρ ξείνοιο τάδ᾽ αἰδοίοιο τέτυκται,
πομπὴ καὶ φίλα δῶρα, τά οἱ δίδομεν φιλέοντες. 545

At last was done; for so had fate decreed
That they should be destroyed whene'er their town
Should hold within its walls the horse of wood,
In which the mightiest of the Argives came   630
Among the sons of Troy to smite and slay.
Then sang the bard how, issuing from the womb
Of that deceitful horse, the sons of Greece
Laid Ilium waste; how each in different ways
Ravaged the town, while, terrible as Mars,   635
Ulysses, joined with Menelaus, sought
The palace of Deiphobus, and there
Maintained a desperate battle, till the aid
Of mighty Pallas made the victory his.
   So sang renowned Demodocus; the strain   640
Melted to tears Ulysses, from whose lids
They dropped and wet his cheeks. As when a wife
Weeps her beloved husband, slain before
His town and people, fighting to defend
Them and his own dear babes from deadly harm,   645
She sees him gasp and die, and at the sight
She falls with piercing cries upon his corpse,
Meantime the victors beat her on the back
And shoulders with their spears, and bear her off
To toil and grieve in slavery, where her cheeks   650
In that long bitter sorrow lose their bloom;
So from the eyelids of Ulysses fell
The tears, yet fell unnoticed by them all
Save that Alcinoüs, sitting at his side,
Saw them, and heard his heavy sighs, and thus   655
Bespake his people, masters of the oar:—
   "Princes and chiefs of the Phæacian race,
Give ear. Let now Demodocus lay by
His clear-toned harp. The matter of his song
Delights not all alike. Since first we sat   660
At meat, and since our noble bard began
His lay, our guest has never ceased to grieve;
Some mighty sorrow weighs upon his heart.
Now let the bard refrain, that we may all
Enjoy the banquet, both our guest and we   665
Who welcome him, for it is fitting thus.
And now are all things for our worthy guest
Made ready, both the escort and these gifts,
The pledges of our kind regard. A guest,

ἀντὶ κασιγνήτου ξεῖνός θ' ἱκέτης τε τέτυκται
ἀνέρι, ὅς τ' ὀλίγον περ ἐπιψαύῃ πραπίδεσσι.
τῷ νῦν μηδὲ σὺ κεῦθε νοήμασι κερδαλέοισιν
ὅττι κέ σ' εἴρωμαι· φάσθαι δέ σε κάλλιόν ἐστιν.
εἴπ' ὄνομ' ὅττι σε κεῖθι κάλεον μήτηρ τε πατήρ τε 550
ἄλλοι θ' οἳ κατὰ ἄστυ καὶ οἳ περιναιετάουσιν.
οὐ μὲν γάρ τις πάμπαν ἀνώνυμός ἐστ' ἀνθρώπων,
οὐ κακὸς οὐδὲ μὲν ἐσθλός, ἐπὴν τὰ πρῶτα γένηται,
ἀλλ' ἐπὶ πᾶσι τίθενται, ἐπεί κε τέκωσι, τοκῆες.
εἰπὲ δέ μοι γαῖάν τε· τεὴν δῆμόν τε πόλιν τε, 555
ὄφρα σε τῇ πέμπωσι τιτυσκόμεναι φρεσὶ νῆες·
οὐ γὰρ Φαιήκεσσι κυβερνητῆρες ἔασιν,
οὐδέ τι πηδάλι' ἔστι, τά τ' ἄλλαι νῆες ἔχουσιν·
ἀλλ' αὐταὶ ἴσασι νοήματα καὶ φρένας ἀνδρῶν,
καὶ πάντων ἴσασι πόλιας καὶ πίονας ἀγροὺς 560
ἀνθρώπων, καὶ λαῖτμα τάχισθ' ἁλὸς ἐκπερόωσιν
ἠέρι καὶ νεφέλῃ κεκαλυμμέναι· οὐδέ ποτέ σφιν
οὔτε τι πημανθῆναι ἔπι δέος οὔτ' ἀπολέσθαι.
ἀλλὰ τόδ' ὥς ποτε πατρὸς ἐγὼν εἰπόντος ἄκουσα
Ναυσιθόου, ὃς ἔφασκε Ποσειδάων' ἀγάσασθαι 565
ἡμῖν, οὕνεκα πομποὶ ἀπήμονές εἰμεν ἁπάντων.
φῆ ποτὲ Φαιήκων ἀνδρῶν εὐεργέα νῆα
ἐκ πομπῆς ἀνιοῦσαν ἐν ἠεροειδέι πόντῳ
ῥαισέμεναι, μέγα δ' ἧμιν ὄρος πόλει ἀμφικαλύψειν.
ὣς ἀγόρευ' ὁ γέρων· τὰ δέ κεν θεὸς ἢ τελέσειεν 570
ἤ κ' ἀτέλεστ' εἴη, ὥς οἱ φίλον ἔπλετο θυμῷ·
ἀλλ' ἄγε μοι τόδε εἰπὲ καὶ ἀτρεκέως κατάλεξον,
ὅππῃ ἀπεπλάγχθης τε καὶ ἅς τινας ἵκεο χώρας
ἀνθρώπων, αὐτούς τε πόλιάς τ' ἐὺ ναιετοώσας,
ἠμὲν ὅσοι χαλεποί τε καὶ ἄγριοι οὐδὲ δίκαιοι, 575
οἵ τε φιλόξεινοι, καί σφιν νόος ἐστὶ θεουδής.
εἰπὲ δ' ὅ τι κλαίεις καὶ ὀδύρεαι ἔνδοθι θυμῷ
Ἀργείων Δαναῶν ἠδ' Ἰλίου οἶτον ἀκούων.
τὸν δὲ θεοὶ μὲν τεῦξαν, ἐπεκλώσαντο δ' ὄλεθρον
ἀνθρώποις, ἵνα ᾖσι καὶ ἐσσομένοισιν ἀοιδή. 580
ἦ τίς τοι καὶ πηὸς ἀπέφθιτο Ἰλιόθι πρὸ
ἐσθλὸς ἐών, γαμβρὸς ἢ πενθερός, οἵ τε μάλιστα

A suppliant, is a brother, even to him 670
Who bears a heart not easy to be moved.
No longer, then, keep back with studied art
What I shall ask; 'twere better far to speak
With freedom. Tell the name thy mother gave,
Thy father, and all those who dwell within, 675
And round thy city. For no living man
Is nameless from the time that he is born.
Humble or high in station, at their birth
The parents give them names. Declare thy land,
Thy people, and thy city, that our ships 680
May learn, and bear thee to the place; for here
In our Phæacian ships no pilots are,
Nor rudders, as in ships of other lands.
Ours know the thoughts and the intents of men.
To them all cities and all fertile coasts 685
Inhabited by men are known; they cross
The great sea scudding fast, involved in mist
And darkness, with no fear of perishing
Or meeting harm. I heard Nausithoüs,
My father, say that Neptune was displeased 690
With us for safely bearing to their homes
So many men, and that he would destroy
In after time some good Phæacian ship,
Returning from a convoy, in the waves
Of the dark sea, and leave her planted there, 695
A mountain huge and high, before our town.
So did the aged chieftain prophesy;
The god, as best may please him, will fulfil
My father's words, or leave them unfulfilled.
Now tell me truly whither thou hast roamed, 700
And what the tribes of men that thou hast seen;
Tell which of them are savage, rude, unjust,
And which are hospitable and revere
The blessed gods. Declare why thou didst weep
And sigh when hearing what unhappy fate 705
Befell the Argive and Achaian host
And town of Troy. The gods decreed it; they
Ordain destruction to the sons of men,
A theme of song thereafter. Hadst thou not
Some valiant kinsman who was slain at Troy? 710
A son-in-law? the father of thy wife?
Nearest of all are they to us, save those

κήδιστοι τελέθουσι μεθ' αἷμά τε καὶ γένος αὐτῶν;
ἦ τίς που καὶ ἑταῖρος ἀνὴρ κεχαρισμένα εἰδώς,
ἐσθλός; ἐπεὶ οὐ μέν τι κασιγνήτοιο χερείων 585
γίγνεται, ὅς κεν ἑταῖρος ἐὼν πεπνυμένα εἰδῇ.'

Of our own blood. Or haply might it be
Some bosom-friend, one eminently graced
With all that wins our love; for not less dear   715
Than if he were a brother should we hold
The wise and gentle man who is our friend."

Τὸν δ' ἀπαμειβόμενος προσέφη πολύμητις Ὀδυσσεύς·
'Ἀλκίνοε κρεῖον, πάντων ἀριδείκετε λαῶν,
ἦ τοι μὲν τόδε καλὸν ἀκουέμεν ἐστὶν ἀοιδοῦ
τοιοῦδ᾽ οἷος ὅδ᾽ ἐστί, θεοῖς ἐναλίγκιος αὐδήν.
οὐ γὰρ ἐγώ γέ τί φημι τέλος χαριέστερον εἶναι   5
ἢ ὅτ᾽ ἐυφροσύνη μὲν ἔχῃ κάτα δῆμον ἅπαντα,
δαιτυμόνες δ᾽ ἀνὰ δώματ᾽ ἀκουάζωνται ἀοιδοῦ
ἥμενοι ἑξείης, παρὰ δὲ πλήθωσι τράπεζαι
σίτου καὶ κρειῶν, μέθυ δ᾽ ἐκ κρητῆρος ἀφύσσων
οἰνοχόος φορέῃσι καὶ ἐγχείῃ δεπάεσσι·   10
τοῦτό τί μοι κάλλιστον ἐνὶ φρεσὶν εἴδεται εἶναι.
σοὶ δ᾽ ἐμὰ κήδεα θυμὸς ἐπετράπετο στονόεντα
εἴρεσθ᾽, ὄφρ᾽ ἔτι μᾶλλον ὀδυρόμενος στεναχίζω·
τί πρῶτόν τοι ἔπειτα, τί δ᾽ ὑστάτιον καταλέξω;
κήδε᾽ ἐπεί μοι πολλὰ δόσαν θεοὶ Οὐρανίωνες.   15
νῦν δ᾽ ὄνομα πρῶτον μυθήσομαι, ὄφρα καὶ ὑμεῖς
εἴδετ᾽, ἐγὼ δ᾽ ἂν ἔπειτα φυγὼν ὕπο νηλεὲς ἦμαρ
ὑμῖν ξεῖνος ἔω καὶ ἀπόπροθι δώματα ναίων.
εἴμ᾽ Ὀδυσεὺς Λαερτιάδης, ὃς πᾶσι δόλοισιν

BOOK IX

Ulysses, the sagacious, answered thus:—
"O King Alcinoüs, most renowned of men!
A pleasant thing it is to hear a bard
Like this, endowed with such a voice, so like
The voices of the gods. Nor can I deem   5
Aught more delightful than the general joy
Of a whole people when the assembled guests
Seated in order in the royal halls
Are listening to the minstrel, while the board
Is spread with bread and meats, and from the jars   10
The cupbearer draws wine and fills the cups.
To me there is no more delightful sight.
  "But now thy mind is moved to ask of me
The story of the sufferings I have borne,
And that will wake my grief anew. What first,   15
What next, shall I relate? what last of all?
For manifold are the misfortunes cast
Upon me by the immortals. Let me first
Declare my name, that ye may know, and I
Perchance, before my day of death shall come,   20
May be your host, though dwelling far away.
I am Ulysses, and my father's name
Laertes; widely am I known to men
As quick in shrewd devices, and my fame

ἀνθρώποισι μέλω, καί μευ κλέος οὐρανὸν ἵκει. 20
ναιετάω δ᾽ Ἰθάκην εὐδείελον· ἐν δ᾽ ὄρος αὐτῇ
Νήριτον εἰνοσίφυλλον, ἀριπρεπές· ἀμφὶ δὲ νῆσοι
πολλαὶ ναιετάουσι μάλα σχεδὸν ἀλλήλῃσι,
Δουλίχιόν τε Σάμη τε καὶ ὑλήεσσα Ζάκυνθος.
αὐτὴ δὲ χθαμαλὴ πανυπερτάτη εἰν ἁλὶ κεῖται 25
πρὸς ζόφον, αἱ δέ τ᾽ ἄνευθε πρὸς ἠῶ τ᾽ ἠέλιόν τε,
τρηχεῖ᾽, ἀλλ᾽ ἀγαθὴ κουροτρόφος· οὔ τοι ἐγώ γε
ἧς γαίης δύναμαι γλυκερώτερον ἄλλο ἰδέσθαι.
ἦ μέν μ᾽ αὐτόθ᾽ ἔρυκε Καλυψώ, δῖα θεάων,
ἐν σπέσσι γλαφυροῖσι, λιλαιομένη πόσιν εἶναι· 30
ὣς δ᾽ αὔτως Κίρκη κατερήτυεν ἐν μεγάροισιν
Αἰαίη δολόεσσα, λιλαιομένη πόσιν εἶναι·
ἀλλ᾽ ἐμὸν οὔ ποτε θυμὸν ἐνὶ στήθεσσιν ἔπειθον.
ὣς οὐδὲν γλύκιον ἧς πατρίδος οὐδὲ τοκήων
γίγνεται, εἴ περ καί τις ἀπόπροθι πίονα οἶκον 35
γαίῃ ἐν ἀλλοδαπῇ ναίει ἀπάνευθε τοκήων.
εἰ δ᾽ ἄγε τοι καὶ νόστον ἐμὸν πολυκηδέ᾽ ἐνίσπω,
ὅν μοι Ζεὺς ἐφέηκεν ἀπὸ Τροίηθεν ἰόντι.
Ἰλιόθεν με φέρων ἄνεμος Κικόνεσσι πέλασσεν,
Ἰσμάρῳ. ἔνθα δ᾽ ἐγὼ πόλιν ἔπραθον, ὤλεσα δ᾽ αὐτούς· 40
ἐκ πόλιος δ᾽ ἀλόχους καὶ κτήματα πολλὰ λαβόντες
δασσάμεθ᾽, ὡς μή τίς μοι ἀτεμβόμενος κίοι ἴσης.
ἔνθ᾽ ἦ τοι μὲν ἐγὼ διερῷ ποδὶ φευγέμεν ἡμέας
ἠνώγεα, τοὶ δὲ μέγα νήπιοι οὐκ ἐπίθοντο.
ἔνθα δὲ πολλὸν μὲν μέθυ πίνετο, πολλὰ δὲ μῆλα 45
ἔσφαζον παρὰ θῖνα καὶ εἰλίποδας ἕλικας βοῦς·
τόφρα δ᾽ ἄρ᾽ οἰχόμενοι Κίκονες Κικόνεσσι γεγώνευν,
οἵ σφιν γείτονες ἦσαν, ἅμα πλέονες καὶ ἀρείους,
ἤπειρον ναίοντες, ἐπιστάμενοι μὲν ἀφ᾽ ἵππων
ἀνδράσι μάρνασθαι καὶ ὅθι χρὴ πεζὸν ἐόντα. 50
ἦλθον ἔπειθ᾽ ὅσα φύλλα καὶ ἄνθεα γίγνεται ὥρῃ,
ἠέριοι· τότε δή ῥα κακὴ Διὸς αἶσα παρέστη
ἡμῖν αἰνομόροισιν, ἵν᾽ ἄλγεα πολλὰ πάθοιμεν.
στησάμενοι δ᾽ ἐμάχοντο μάχην παρὰ νηυσὶ θοῇσι,

Hath reached to heaven. In sunny Ithaca 25
I dwell, where high Neritus, seen afar
Rustles with woods. Around are many isles,
Well peopled, near each other. Samos there
Lies, with Dulichium, and Zacynthus dark
With forests. Ithaca, with its low shores, 30
Lies highest toward the setting sun; the rest
Are on the side where first the morning breaks.
A rugged region 'tis, but nourishes
Nobly its youths, nor have I ever seen
A sweeter spot on earth. Calypso late, 35
That glorious goddess, in her grotto long
Detained me from it, and desired that I
Should be her husband; in her royal home
Æëan Circè, mistress of strange arts,
Detained me also, and desired that I 40
Should be her husband,—yet they could not move
The purpose of my heart. For there is naught
More sweet and dear than our own native land
And parents, though perchance our lot be cast
In a rich home, yet far from our own kin 45
And in a foreign land. Now let me speak
Of the calamitous voyage which the will
Of Jove ordained on my return from Troy.
    "The wind that blew me from the Trojan shore
Bore me to the Ciconians, who abode 50
In Ismarus. I laid the city waste
And slew its dwellers, carried off their wives
And all their wealth and parted them among
My men, that none might want an equal share.
And then I warned them with all haste to leave 55
The region. Madmen! they obeyed me not.
    "And there they drank much wine, and on the beach
Slew many sheep and many slow-paced steers
With crumpled horns. Then the Ciconians called
To their Ciconian neighbors, braver men 60
Than they, and more in number, whose abode
Was on the mainland, trained to fight from steeds,
Or, if need were, on foot. In swarms they came,
Thick as new leaves or morning flowers in spring.
Then fell on our unhappy company 65
An evil fate from Jove, and many griefs.
They formed their lines, and fought at our good ships,

βάλλον δ' ἀλλήλους χαλκήρεσιν ἐγχείῃσιν. 55
ὄφρα μὲν ἠὼς ἦν καὶ ἀέξετο ἱερὸν ἦμαρ,
τόφρα δ' ἀλεξόμενοι μένομεν πλέονάς περ ἐόντας.
ἦμος δ' ἠέλιος μετενίσσετο βουλυτόνδε,
καὶ τότε δὴ Κίκονες κλῖναν δαμάσαντες Ἀχαιούς.
ἓξ δ' ἀφ' ἑκάστης νηὸς ἐυκνήμιδες ἑταῖροι 60
ὤλονθ': οἱ δ' ἄλλοι φύγομεν θάνατόν τε μόρον τε.
ἔνθεν δὲ προτέρω πλέομεν ἀκαχήμενοι ἦτορ,
ἄσμενοι ἐκ θανάτοιο, φίλους ὀλέσαντες ἑταίρους.
οὐδ' ἄρα μοι προτέρω νῆες κίον ἀμφιέλισσαι,
πρίν τινα τῶν δειλῶν ἑτάρων τρὶς ἕκαστον ἀῦσαι, 65
οἳ θάνον ἐν πεδίῳ Κικόνων ὕπο δῃωθέντες.
νηυσὶ δ' ἐπῶρσ' ἄνεμον Βορέην νεφεληγερέτα Ζεὺς
λαίλαπι θεσπεσίῃ, σὺν δὲ νεφέεσσι κάλυψε
γαῖαν ὁμοῦ καὶ πόντον: ὀρώρει δ' οὐρανόθεν νύξ.
αἱ μὲν ἔπειτ' ἐφέροντ' ἐπικάρσιαι, ἱστία δέ σφιν 70
τριχθά τε καὶ τετραχθὰ διέσχισεν ἲς ἀνέμοιο.
καὶ τὰ μὲν ἐς νῆας κάθεμεν, δείσαντες ὄλεθρον,
αὐτὰς δ' ἐσσυμένως προερέσσαμεν ἤπειρόνδε.
ἔνθα δύω νύκτας δύο τ' ἤματα συνεχὲς αἰεὶ
κείμεθ', ὁμοῦ καμάτῳ τε καὶ ἄλγεσι θυμὸν ἔδοντες. 75
ἀλλ' ὅτε δὴ τρίτον ἦμαρ ἐυπλόκαμος τέλεσ' Ἠώς,
ἱστοὺς στησάμενοι ἀνά θ' ἱστία λεύκ' ἐρύσαντες
ἥμεθα, τὰς δ' ἄνεμός τε κυβερνῆταί τ' ἴθυνον.
καί νύ κεν ἀσκηθὴς ἱκόμην ἐς πατρίδα γαῖαν:
ἀλλά με κῦμα ῥόος τε περιγνάμπτοντα Μάλειαν 80
καὶ Βορέης ἀπέωσε, παρέπλαγξεν δὲ Κυθήρων.
ἔνθεν δ' ἐννῆμαρ φερόμην ὀλοοῖς ἀνέμοισιν
πόντον ἐπ' ἰχθυόεντα: ἀτὰρ δεκάτῃ ἐπέβημεν
γαίης Λωτοφάγων, οἵ τ' ἄνθινον εἶδαρ ἔδουσιν.
ἔνθα δ' ἐπ' ἠπείρου βῆμεν καὶ ἀφυσσάμεθ' ὕδωρ, 85
αἶψα δὲ δεῖπνον ἕλοντο θοῇς παρὰ νηυσὶν ἑταῖροι.
αὐτὰρ ἐπεὶ σίτοιό τ' ἐπασσάμεθ' ἠδὲ ποτῆτος,
δὴ τότ' ἐγὼν ἑτάρους προΐειν πεύθεσθαι ἰόντας,

Where man encountered man with brazen spears.
While yet 'twas morning, and the holy light
Of day waxed brighter, we withstood the assault   70
And kept our ground, although more numerous they.
But when the sun was sloping toward the west
The enemy prevailed; the Achaian band
Was routed, and was made to flee. That day
There perished from each galley of our fleet   75
Six valiant men; the rest escaped with life.
  "Onward we sailed, lamenting bitterly
Our comrades slain, yet happy to escape
From death ourselves. Nor did we put to sea
In our good ships until we thrice had called   80
Aloud by name each one of our poor friends
Who fell in battle by Ciconian hands.
The Cloud-compeller, Jove, against us sent
The north-wind in a hurricane, and wrapped
The earth and heaven in clouds, and from the skies   85
Fell suddenly the night. With stooping masts
Our galleys scudded; the strong tempest split
And tore the sails; we drew and laid them down
Within the ships, in fear of utter wreck,
And toward the mainland eagerly we turned   90
The rudders. There we lay two days and nights,
Worn out with grief and hardship. When at length
The fair-haired Morning brought the third day round,
We raised the masts, and, spreading the white sails
To take the wind, we sat us down. The wind   95
Carried us forward with the pilot's aid;
And then should I have reached my native land
Safely, had not the currents and the waves
Of ocean and the north-wind driven me back,
What time I strove to pass Maleia's cape,   100
And swept me to Cytheræ from my course.
  "Still onward driven before those baleful winds
Across the fishy deep for nine whole days,
On the tenth day we reached the land where dwell
The Lotus-eaters, men whose food is flowers.   105
We landed on the mainland, and our crews
Near the fleet galleys took their evening meal.
And when we all had eaten and had drunk
I sent explorers forth—two chosen men,
A herald was the third—to learn what race   110

οἵ τινες ἀνέρες εἶεν ἐπὶ χθονὶ σῖτον ἔδοντες
ἄνδρε δύω κρίνας, τρίτατον κήρυχ' ἅμ' ὀπάσσας. 90
οἱ δ' αἶψ' οἰχόμενοι μίγεν ἀνδράσι Λωτοφάγοισιν·
οὐδ' ἄρα Λωτοφάγοι μήδονθ' ἑτάροισιν ὄλεθρον
ἡμετέροις, ἀλλά σφι δόσαν λωτοῖο πάσασθαι.
τῶν δ' ὅς τις λωτοῖο φάγοι μελιηδέα καρπόν,
οὐκέτ' ἀπαγγεῖλαι πάλιν ἤθελεν οὐδὲ νέεσθαι, 95
ἀλλ' αὐτοῦ βούλοντο μετ' ἀνδράσι Λωτοφάγοισι
λωτὸν ἐρεπτόμενοι μενέμεν νόστου τε λαθέσθαι.
τοὺς μὲν ἐγὼν ἐπὶ νῆας ἄγον κλαίοντας ἀνάγκῃ,
νηυσὶ δ' ἐνὶ γλαφυρῇσιν ὑπὸ ζυγὰ δῆσα ἐρύσσας.
αὐτὰρ τοὺς ἄλλους κελόμην ἐρίηρας ἑταίρους 100
σπερχομένους νηῶν ἐπιβαινέμεν ὠκειάων,
μή πώς τις λωτοῖο φαγὼν νόστοιο λάθηται.
οἱ δ' αἶψ' εἴσβαινον καὶ ἐπὶ κληῖσι καθῖζον,
ἑξῆς δ' ἑζόμενοι πολιὴν ἅλα τύπτον ἐρετμοῖς.
ἔνθεν δὲ προτέρω πλέομεν ἀκαχήμενοι ἦτορ· 105
Κυκλώπων δ' ἐς γαῖαν ὑπερφιάλων ἀθεμίστων
ἱκόμεθ', οἵ ῥα θεοῖσι πεποιθότες ἀθανάτοισιν
οὔτε φυτεύουσιν χερσὶν φυτὸν οὔτ' ἀρόωσιν,
ἀλλὰ τά γ' ἄσπαρτα καὶ ἀνήροτα πάντα φύονται,
πυροὶ καὶ κριθαὶ ἠδ' ἄμπελοι, αἵ τε φέρουσιν 110
οἶνον ἐριστάφυλον, καί σφιν Διὸς ὄμβρος ἀέξει.
τοῖσιν δ' οὔτ' ἀγοραὶ βουληφόροι οὔτε θέμιστες,
ἀλλ' οἵ γ' ὑψηλῶν ὀρέων ναίουσι κάρηνα
ἐν σπέσσι γλαφυροῖσι, θεμιστεύει δὲ ἕκαστος
παίδων ἠδ' ἀλόχων, οὐδ' ἀλλήλων ἀλέγουσιν. 115
νῆσος ἔπειτα λάχεια παρὲκ λιμένος τετάνυσται,
γαίης Κυκλώπων οὔτε σχεδὸν οὔτ' ἀποτηλοῦ,
ὑλήεσσ'· ἐν δ' αἶγες ἀπειρέσιαι γεγάασιν
ἄγριαι· οὐ μὲν γὰρ πάτος ἀνθρώπων ἀπερύκει,
οὐδέ μιν εἰσοιχνεῦσι κυνηγέται, οἵ τε καθ' ὕλην 120
ἄλγεα πάσχουσιν κορυφὰς ὀρέων ἐφέποντες.
οὔτ' ἄρα ποίμνῃσιν καταΐσχεται οὔτ' ἀρότοισιν,
ἀλλ' ἥ γ' ἄσπαρτος καὶ ἀνήροτος ἤματα πάντα
ἀνδρῶν χηρεύει, βόσκει δέ τε μηκάδας αἶγας.
οὐ γὰρ Κυκλώπεσσι νέες πάρα μιλτοπάρῃοι, 125
οὐδ' ἄνδρες νηῶν ἔνι τέκτονες, οἵ κε κάμοιεν

Of mortals nourished by the fruits of earth
Possessed the land. They went and found themselves
Among the Lotus-eaters soon, who used
No violence against their lives, but gave
Into their hands the lotus plant to taste.   115
Whoever tasted once of that sweet food
Wished not to see his native country more,
Nor give his friends the knowledge of his fate.
And then my messengers desired to dwell
Among the Lotus-eaters, and to feed   120
Upon the lotus, never to return.
By force I led them weeping to the fleet,
And bound them in the hollow ships beneath
The benches. Then I ordered all the rest
Of my beloved comrades to embark   125
In haste, lest, tasting of the lotus, they
Should think no more of home. All straightway went
On board, and on the benches took their place,
And smote the hoary ocean with their oars.
    "Onward we sailed with sorrowing hearts, and reached   130
The country of the Cyclops, an untamed
And lawless race, who, trusting to the gods,
Plant not, nor plough the fields, but all things spring
For them untended,—barley, wheat, and vines
Yielding large clusters filled with wine, and nursed   135
By showers from Jove. No laws have they; they hold
No councils. On the mountain heights they dwell
In vaulted caves, where each one rules his wives
And children as he pleases; none give heed
To what the others do. Before the port   140
Of that Cyclopean land there is an isle,
Low-lying, neither near nor yet remote,—
A woodland region, where the wild goats breed
Innumerable; for the foot of man
Disturbs them not, and huntsmen toiling through   145
Thick woods, or wandering over mountain heights,
Enter not here. The fields are never grazed
By sheep, nor furrowed by the plough, but lie
Untilled, unsown, and uninhabited
By man, and only feed the bleating goats.   150
The Cyclops have no barks with crimson prows,
Nor shipwrights skilled to frame a galley's deck
With benches for the rowers, and equipped

νῆας ἐυσσέλμους, αἵ κεν τελέοιεν ἕκαστα
ἄστε' ἐπ' ἀνθρώπων ἱκνεύμεναι, οἷά τε πολλὰ
ἄνδρες ἐπ' ἀλλήλους νηυσὶν περόωσι θάλασσαν·
οἵ κέ σφιν καὶ νῆσον ἐυκτιμένην ἐκάμοντο. 130
οὐ μὲν γάρ τι κακή γε, φέροι δέ κεν ὥρια πάντα·
ἐν μὲν γὰρ λειμῶνες ἁλὸς πολιοῖο παρ' ὄχθας
ὑδρηλοὶ μαλακοί· μάλα κ' ἄφθιτοι ἄμπελοι εἶεν.
ἐν δ' ἄροσις λείη· μάλα κεν βαθὺ λήιον αἰεὶ
εἰς ὥρας ἀμῷεν, ἐπεὶ μάλα πῖαρ ὑπ' οὖδας. 135
ἐν δὲ λιμὴν ἐύορμος, ἵν' οὐ χρεὼ πείσματός ἐστιν,
οὔτ' εὐνὰς βαλέειν οὔτε πρυμνήσι' ἀνάψαι,
ἀλλ' ἐπικέλσαντας μεῖναι χρόνον εἰς ὅ κε ναυτέων
θυμὸς ἐποτρύνῃ καὶ ἐπιπνεύσωσιν ἀῆται.
αὐτὰρ ἐπὶ κρατὸς λιμένος ῥέει ἀγλαὸν ὕδωρ, 140
κρήνη ὑπὸ σπείους· περὶ δ' αἴγειροι πεφύασιν.
ἔνθα κατεπλέομεν, καί τις θεὸς ἡγεμόνευεν
νύκτα δι' ὀρφναίην, οὐδὲ προυφαίνετ' ἰδέσθαι·
ἀὴρ γὰρ περὶ νηυσὶ βαθεῖ' ἦν, οὐδὲ σελήνη
οὐρανόθεν προύφαινε, κατείχετο δὲ νεφέεσσιν. 145
ἔνθ' οὔ τις τὴν νῆσον ἐσέδρακεν ὀφθαλμοῖσιν,
οὔτ' οὖν κύματα μακρὰ κυλινδόμενα προτὶ χέρσον
εἰσίδομεν, πρὶν νῆας ἐυσσέλμους ἐπικέλσαι.
κελσάσῃσι δὲ νηυσὶ καθείλομεν ἱστία πάντα,
ἐκ δὲ καὶ αὐτοὶ βῆμεν ἐπὶ ῥηγμῖνι θαλάσσης· 150
ἔνθα δ' ἀποβρίξαντες ἐμείναμεν Ἠῶ δῖαν.
ἦμος δ' ἠριγένεια φάνη ῥοδοδάκτυλος Ἠώς,
νῆσον θαυμάζοντες ἐδινεόμεσθα κατ' αὐτήν.
ὦρσαν δὲ νύμφαι, κοῦραι Διὸς αἰγιόχοιο,
αἶγας ὀρεσκῴους, ἵνα δειπνήσειαν ἑταῖροι. 155
αὐτίκα καμπύλα τόξα καὶ αἰγανέας δολιχαύλους
εἱλόμεθ' ἐκ νηῶν, διὰ δὲ τρίχα κοσμηθέντες
βάλλομεν· αἶψα δ' ἔδωκε θεὸς μενοεικέα θήρην.
νῆες μέν μοι ἕποντο δυώδεκα, ἐς δὲ ἑκάστην
ἐννέα λάγχανον αἶγες· ἐμοὶ δὲ δέκ' ἔξελον οἴῳ. 160
ὣς τότε μὲν πρόπαν ἦμαρ ἐς ἠέλιον καταδύντα
ἥμεθα δαινύμενοι κρέα τ' ἄσπετα καὶ μέθυ ἡδύ·
οὐ γάρ πω νηῶν ἐξέφθιτο οἶνος ἐρυθρός,

For any service, voyaging by turns
To all the cities, as is often done 155
By men who cross the deep from place to place,
And make a prosperous region of an isle.
No meagre soil is there; it well might bear
All fruits in their due time. Along the shore
Of the gray deep are meadows smooth and moist. 160
The vine would flourish long; the ploughman's task
Is easy, and the husbandman would reap
Large harvests, for the mould is rich below.
And there is a safe haven, where no need
Of cable is; no anchor there is cast, 165
Nor hawsers fastened to the strand, but they
Who enter there remain until it please
The mariners, with favorable wind,
To put to sea again. A limpid stream
Flows from a fount beneath a hollow rock 170
Into that harbor at its further end,
And poplars grow around it. Thither went
Our fleet; some deity had guided us
Through the dark night, for nothing had we seen.
Thick was the gloom around our barks; the moon 175
Shone not in heaven, the clouds had quenched her light.
No eye discerned the isle, nor the long waves
That rolled against the shore, till our good ships
Touched land, and, disembarking there, we gave
Ourselves to sleep upon the water-side 180
And waited for the holy Morn to rise.
   "And when at length the daughter of the Dawn,
The rosy-fingered Morn, appeared, we walked
Around the isle, admiring as we went.
Meanwhile the nymphs, the daughters of the God 185
Who bears the ægis, roused the mountain goats,
That so our crews might make their morning meal.
And straightway from our ships we took in hand
Our crooked bows and our long-bladed spears.
   "'Let all the rest of my beloved friends 190
Remain, while I, with my own bark and crew,
Go forth to learn what race of men are these,
Whether ill-mannered, savage, and unjust,
Or kind to guests and reverent toward the gods.'
   "I spake, and, having ordered all my crew 195
To go on board and cast the hawsers loose,

ἀλλ' ἐνέην· πολλὸν γὰρ ἐν ἀμφιφορεῦσιν ἕκαστοι
ἠφύσαμεν Κικόνων, ἱερὸν πτολίεθρον ἑλόντες. 165
Κυκλώπων δ' ἐς γαῖαν ἐλεύσσομεν ἐγγὺς ἐόντων,
καπνόν τ' αὐτῶν τε φθογγὴν ὀίων τε καὶ αἰγῶν.
ἦμος δ' ἠέλιος κατέδυ καὶ ἐπὶ κνέφας ἦλθε,
δὴ τότε κοιμήθημεν ἐπὶ ῥηγμῖνι θαλάσσης.
ἦμος δ' ἠριγένεια φάνη ῥοδοδάκτυλος Ἠώς, 170
καὶ τότ' ἐγὼν ἀγορὴν θέμενος μετὰ πᾶσιν ἔειπον·
    'ἄλλοι μὲν νῦν μίμνετ', ἐμοὶ ἐρίηρες ἑταῖροι·
αὐτὰρ ἐγὼ σὺν νηί τ' ἐμῇ καὶ ἐμοῖς ἑτάροισιν
ἐλθὼν τῶνδ' ἀνδρῶν πειρήσομαι, οἵ τινές εἰσιν,
ἤ ῥ' οἵ γ' ὑβρισταί τε καὶ ἄγριοι οὐδὲ δίκαιοι, 175
ἦε φιλόξεινοι, καί σφιν νόος ἐστὶ θεουδής.'
    ὣς εἰπὼν ἀνὰ νηὸς ἔβην, ἐκέλευσα δ' ἑταίρους
αὐτούς τ' ἀμβαίνειν ἀνά τε πρυμνήσια λῦσαι.
οἱ δ' αἶψ' εἴσβαινον καὶ ἐπὶ κληῖσι καθῖζον,
ἑξῆς δ' ἑζόμενοι πολιὴν ἅλα τύπτον ἐρετμοῖς. 180
ἀλλ' ὅτε δὴ τὸν χῶρον ἀφικόμεθ' ἐγγὺς ἐόντα,
ἔνθα δ' ἐπ' ἐσχατιῇ σπέος εἴδομεν ἄγχι θαλάσσης,
ὑψηλόν, δάφνῃσι κατηρεφές. ἔνθα δὲ πολλὰ
μῆλ', ὄιές τε καὶ αἶγες, ἰαύεσκον· περὶ δ' αὐλὴ
ὑψηλὴ δέδμητο κατωρυχέεσσι λίθοισι 185
μακρῇσίν τε πίτυσσιν ἰδὲ δρυσὶν ὑψικόμοισιν.
ἔνθα δ' ἀνὴρ ἐνίαυε πελώριος, ὅς ῥα τὰ μῆλα
οἶος ποιμαίνεσκεν ἀπόπροθεν· οὐδὲ μετ' ἄλλους
πωλεῖτ', ἀλλ' ἀπάνευθεν ἐὼν ἀθεμίστια ᾔδη.
καὶ γὰρ θαῦμ' ἐτέτυκτο πελώριον, οὐδὲ ἐῴκει 190
ἀνδρί γε σιτοφάγῳ, ἀλλὰ ῥίῳ ὑλήεντι
ὑψηλῶν ὀρέων, ὅ τε φαίνεται οἶον ἀπ' ἄλλων.
    δὴ τότε τοὺς ἄλλους κελόμην ἐρίηρας ἑταίρους
αὐτοῦ πὰρ νηί τε μένειν καὶ νῆα ἔρυσθαι,
αὐτὰρ ἐγὼ κρίνας ἑτάρων δυοκαίδεκ' ἀρίστους 195
βῆν· ἀτὰρ αἴγεον ἀσκὸν ἔχον μέλανος οἴνοιο
ἡδέος, ὅν μοι ἔδωκε Μάρων, Εὐάνθεος υἱός,
ἱρεὺς Ἀπόλλωνος, ὃς Ἴσμαρον ἀμφιβεβήκει,
οὕνεκά μιν σὺν παιδὶ περισχόμεθ' ἠδὲ γυναικὶ
ἁζόμενοι· ᾤκει γὰρ ἐν ἄλσεϊ δενδρήεντι 200
Φοίβου Ἀπόλλωνος. ὁ δέ μοι πόρεν ἀγλαὰ δῶρα·
χρυσοῦ μέν μοι ἔδωκ' ἐυεργέος ἑπτὰ τάλαντα,
δῶκε δέ μοι κρητῆρα πανάργυρον, αὐτὰρ ἔπειτα
οἶνον ἐν ἀμφιφορεῦσι δυώδεκα πᾶσιν ἀφύσσας
ἡδὺν ἀκηράσιον, θεῖον ποτόν· οὐδέ τις αὐτὸν 205
ἠείδη δμώων οὐδ' ἀμφιπόλων ἐνὶ οἴκῳ,

Embarked on my own ship. They all obeyed,
And manned the benches, sitting there in rows,
And smote the hoary ocean with their oars.
But when we came upon that neighboring coast,   200
We saw upon its verge beside the sea
A cave high vaulted, overbrowed with shrubs
Of laurel. There much cattle lay at rest,
Both sheep and goats. Around it was a court,
A high enclosure of hewn stone, and pines   205
Tall stemmed, and towering oaks. Here dwelt a man
Of giant bulk, who by himself, alone,
Was wont to tend his flocks. He never held
Converse with others, but devised apart
His wicked deeds. A frightful prodigy   210
Was he, and like no man who lives by bread,
But more like a huge mountain summit, rough
With woods, that towers alone above the rest.
 "Then, bidding all the others stay and guard
The ship, I chose among my bravest men   215
Twelve whom I took with me. I had on board
A goatskin of dark wine,—a pleasant sort,
Which Maron late, Evanthes' son, a priest
Of Phœbus, guardian god of Ismarus,
Gave me, when, moved with reverence, we saved   220
Him and his children and his wife from death.
For his abode was in the thick-grown grove
Of Phœbus. Costly were the gifts he gave,—
Seven talents of wrought gold; a chalice all
Of silver; and he drew for me, besides,   225
Into twelve jars, a choice rich wine, unspoiled
By mixtures, and a beverage for gods.
No one within his dwellings, maids or men,
Knew of it, save the master and his wife,
And matron of the household. Whensoe'er   230
They drank this rich red wine, he only filled
A single cup with wine, and tempered that
With twenty more of water. From the cup
Arose a fragrance that might please the gods,
And hard it was to put the draught aside.   235
Of this I took a skin well filled, besides
Food in a hamper,—for my thoughtful mind
Misgave me, lest I should encounter one
Of formidable strength and savage mood,

ἀλλ' αὐτὸς ἄλοχός τε φίλη ταμίη τε μί' οἴη.
τὸν δ' ὅτε πίνοιεν μελιηδέα οἶνον ἐρυθρόν,
ἓν δέπας ἐμπλήσας ὕδατος ἀνὰ εἴκοσι μέτρα
χεῦ', ὀδμὴ δ' ἡδεῖα ἀπὸ κρητῆρος ὀδώδει 210
θεσπεσίη: τότ' ἂν οὔ τοι ἀποσχέσθαι φίλον ἦεν.
τοῦ φέρον ἐμπλήσας ἀσκὸν μέγαν, ἐν δὲ καὶ ᾖα
κωρύκῳ: αὐτίκα γάρ μοι ὀίσατο θυμὸς ἀγήνωρ
ἄνδρ' ἐπελεύσεσθαι μεγάλην ἐπιειμένον ἀλκήν,
ἄγριον, οὔτε δίκας ἐὺ εἰδότα οὔτε θέμιστας. 215
καρπαλίμως δ' εἰς ἄντρον ἀφικόμεθ', οὐδέ μιν ἔνδον
εὕρομεν, ἀλλ' ἐνόμευε νομὸν κάτα πίονα μῆλα.
ἐλθόντες δ' εἰς ἄντρον ἐθηεύμεσθα ἕκαστα.
ταρσοὶ μὲν τυρῶν βρῖθον, στείνοντο δὲ σηκοὶ
ἀρνῶν ἠδ' ἐρίφων: διακεκριμέναι δὲ ἕκασται 220
ἔρχατο, χωρὶς μὲν πρόγονοι, χωρὶς δὲ μέτασσαι,
χωρὶς δ' αὖθ' ἕρσαι. ναῖον δ' ὀρῷ ἄγγεα πάντα,
γαυλοί τε σκαφίδες τε, τετυγμένα, τοῖς ἐνάμελγεν.
ἔνθ' ἐμὲ μὲν πρώτισθ' ἕταροι λίσσοντ' ἐπέεσσιν
τυρῶν αἰνυμένους ἰέναι πάλιν, αὐτὰρ ἔπειτα 225
καρπαλίμως ἐπὶ νῆα θοὴν ἐρίφους τε καὶ ἄρνας
σηκῶν ἐξελάσαντας ἐπιπλεῖν ἁλμυρὸν ὕδωρ:
ἀλλ' ἐγὼ οὐ πιθόμην, ἦ τ' ἂν πολὺ κέρδιον ἦεν,
ὄφρ' αὐτόν τε ἴδοιμι, καὶ εἴ μοι ξείνια δοίη.
οὐδ' ἄρ' ἔμελλ' ἑτάροισι φανεὶς ἐρατεινὸς ἔσεσθαι. 230
ἔνθα δὲ πῦρ κήαντες ἐθύσαμεν ἠδὲ καὶ αὐτοὶ
τυρῶν αἰνύμενοι φάγομεν, μένομέν τέ μιν ἔνδον
ἥμενοι, ἧος ἐπῆλθε νέμων. φέρε δ' ὄβριμον ἄχθος
ὕλης ἀζαλέης, ἵνα οἱ ποτιδόρπιον εἴη,
ἔντοσθεν δ' ἄντροιο βαλὼν ὀρυμαγδὸν ἔθηκεν: 235
ἡμεῖς δὲ δείσαντες ἀπεσσύμεθ' ἐς μυχὸν ἄντρου.
αὐτὰρ ὅ γ' εἰς εὐρὺ σπέος ἤλασε πίονα μῆλα
πάντα μάλ' ὅσσ' ἤμελγε, τὰ δ' ἄρσενα λεῖπε θύρηφιν,
ἀρνειούς τε τράγους τε, βαθείης ἔκτοθεν αὐλῆς.
αὐτὰρ ἔπειτ' ἐπέθηκε θυρεὸν μέγαν ὑψόσ' ἀείρας, 240
ὄβριμον: οὐκ ἂν τόν γε δύω καὶ εἴκοσ' ἄμαξαι
ἐσθλαὶ τετράκυκλοι ἀπ' οὔδεος ὀχλίσσειαν:
τόσσην ἠλίβατον πέτρην ἐπέθηκε θύρῃσιν.
ἑζόμενος δ' ἤμελγεν ὄις καὶ μηκάδας αἶγας,
πάντα κατὰ μοῖραν, καὶ ὑπ' ἔμβρυον ἧκεν ἑκάστῃ. 245
αὐτίκα δ' ἥμισυ μὲν θρέψας λευκοῖο γάλακτος
πλεκτοῖς ἐν ταλάροισιν ἀμησάμενος κατέθηκεν,
ἥμισυ δ' αὖτ' ἔστησεν ἐν ἄγγεσιν, ὄφρα οἱ εἴη
πίνειν αἰνυμένῳ καί οἱ ποτιδόρπιον εἴη.

And with no sense of justice or of right.   240
    "Soon were we at the cave, but found not him
Within it; he was in the fertile meads,
Tending his flocks. We entered, wondering much
At all we saw. Around were baskets heaped
With cheeses; pens were thronged with lambs and kids,   245
Each in a separate fold; the elder ones,
The younger, and the newly yeaned, had each
Their place apart. The vessels swam with whey,—
Pails smoothly wrought, and buckets into which
He milked the cattle. My companions then   250
Begged me with many pressing words to take
Part of the cheeses, and, returning, drive
With speed to our good galley lambs and kids
From where they stabled, and set sail again
On the salt sea. I granted not their wish;   255
Far better if I had. 'Twas my intent
To see the owner of the flocks and prove
His hospitality. No pleasant sight
Was that to be for those with whom I came.
    "And then we lit a fire, and sacrificed,   260
And ate the cheeses, and within the cave
Sat waiting, till from pasturing his flocks
He came; a heavy load of well-dried wood
He bore, to make a blaze at supper-time.
Without the den he flung his burden down   265
With such a crash that we in terror slunk
Into a corner of the cave. He drove
His well-fed flock, all those whose milk he drew,
Under that spacious vault of rock, but left
The males, both goats and rams, without the court.   270
And then he lifted a huge barrier up,
A mighty weight; not two-and-twenty wains,
Four-wheeled and strong, could move it from the ground:
Such was the enormous rock he raised, and placed
Against the entrance. Then he sat and milked   275
The ewes and bleating goats, each one in turn,
And gave to each its young. Next, half the milk
He caused to curdle, and disposed the curd
In woven baskets; and the other half
He kept in bowls to be his evening drink.   280
His tasks all ended thus, he lit a fire,
And saw us where we lurked, and questioned us:—

αὐτὰρ ἐπεὶ δὴ σπεῦσε πονησάμενος τὰ ἃ ἔργα, 250
καὶ τότε πῦρ ἀνέκαιε καὶ εἴσιδεν, εἴρετο δ᾽ ἡμέας·
  'ὦ ξεῖνοι, τίνες ἐστέ; πόθεν πλεῖθ᾽ ὑγρὰ κέλευθα;
ἦ τι κατὰ πρῆξιν ἦ μαψιδίως ἀλάλησθε,
οἷά τε ληιστῆρες, ὑπεὶρ ἅλα, τοί τ᾽ ἀλόωνται
ψυχὰς παρθέμενοι κακὸν ἀλλοδαποῖσι φέροντες;' 255
  ὣς ἔφαθ᾽, ἡμῖν δ᾽ αὖτε κατεκλάσθη φίλον ἦτορ,
δεισάντων φθόγγον τε βαρὺν αὐτόν τε πέλωρον.
ἀλλὰ καὶ ὥς μιν ἔπεσσιν ἀμειβόμενος προσέειπον·
  'ἡμεῖς τοι Τροίηθεν ἀποπλαγχθέντες Ἀχαιοὶ
παντοίοις ἀνέμοισιν ὑπὲρ μέγα λαῖτμα θαλάσσης, 260
οἴκαδε ἱέμενοι, ἄλλην ὁδὸν ἄλλα κέλευθα
ἤλθομεν· οὕτω που Ζεὺς ἤθελε μητίσασθαι.
λαοὶ δ᾽ Ἀτρεΐδεω Ἀγαμέμνονος εὐχόμεθ᾽ εἶναι,
τοῦ δὴ νῦν γε μέγιστον ὑπουράνιον κλέος ἐστί·
τόσσην γὰρ διέπερσε πόλιν καὶ ἀπώλεσε λαοὺς 265
πολλούς. ἡμεῖς δ᾽ αὖτε κιχανόμενοι τὰ σὰ γοῦνα
ἱκόμεθ᾽, εἴ τι πόροις ξεινήιον ἠὲ καὶ ἄλλως
δοίης δωτίνην, ἥ τε ξείνων θέμις ἐστίν.
ἀλλ᾽ αἰδεῖο, φέριστε, θεούς· ἱκέται δέ τοί εἰμεν,
Ζεὺς δ᾽ ἐπιτιμήτωρ ἱκετάων τε ξείνων τε, 270
ξείνιος, ὃς ξείνοισιν ἅμ᾽ αἰδοίοισιν ὀπηδεῖ.'
  ὣς ἐφάμην, ὁ δέ μ᾽ αὐτίκ᾽ ἀμείβετο νηλέι θυμῷ·
'νήπιός εἰς, ὦ ξεῖν᾽, ἢ τηλόθεν εἰλήλουθας,
ὅς με θεοὺς κέλεαι ἢ δειδίμεν ἢ ἀλέασθαι·
οὐ γὰρ Κύκλωπες Διὸς αἰγιόχου ἀλέγουσιν 275
οὐδὲ θεῶν μακάρων, ἐπεὶ ἦ πολὺ φέρτεροί εἰμεν·
οὐδ᾽ ἂν ἐγὼ Διὸς ἔχθος ἀλευάμενος πεφιδοίμην
οὔτε σεῦ οὔθ᾽ ἑτάρων, εἰ μὴ θυμός με κελεύοι.
ἀλλά μοι εἴφ᾽ ὅπῃ ἔσχες ἰὼν εὐεργέα νῆα,
ἤ που ἐπ᾽ ἐσχατιῆς, ἦ καὶ σχεδόν, ὄφρα δαείω.' 280
  ὣς φάτο πειράζων, ἐμὲ δ᾽ οὐ λάθεν εἰδότα πολλά,
ἀλλά μιν ἄψορρον προσέφην δολίοις ἐπέεσσι·
  'νέα μέν μοι κατέαξε Ποσειδάων ἐνοσίχθων
πρὸς πέτρῃσι βαλὼν ὑμῆς ἐπὶ πείρασι γαίης,
ἄκρῃ προσπελάσας· ἄνεμος δ᾽ ἐκ πόντου ἔνεικεν· 285
αὐτὰρ ἐγὼ σὺν τοῖσδε ὑπέκφυγον αἰπὺν ὄλεθρον.'

"'Who are ye, strangers? Tell me whence ye came
Across the ocean. Are ye men of trade,
Or wanderers at will, like those who roam   285
The sea for plunder, and, with their own lives
In peril, carry death to distant shores?'
    "He spake, and we who heard with sinking hearts
Trembled at that deep voice and frightful form,
And thus I answered: 'We are Greeks who come   290
From Ilium, driven across the mighty deep
By changing winds, and while we sought our home
Have made a different voyage, and been forced
Upon another course; such was the will
Of Jupiter. We boast ourselves to be   295
Soldiers of Agamemnon, Atreus' son,
Whose fame is now the greatest under heaven,
So mighty was the city which he sacked,
So many were the warriors whom he slew;
And now we come as suppliants to thy knees,   300
And ask thee to receive us as thy guests,
Or else bestow the gifts which custom makes
The stranger's due. Great as thou art, revere
The gods; for suitors to thy grace are we,
And hospitable Jove, whose presence goes   305
With every worthy stranger, will avenge
Suppliants and strangers when they suffer wrong.'
    "I spake, and savagely he answered me:—
'Thou art a fool, O stranger, or art come
From some far country,—thou who biddest me   310
Fear or regard the gods. We little care—
We Cyclops—for the Ægis-bearer, Jove,
Or any other of the blessed gods;
We are their betters. Think not I would spare
Thee or thy comrades to avoid the wrath   315
Of Jupiter, unless it were my choice;
But say,—for I would know,—where hast thou left
Thy gallant bark in landing? was it near,
Or in some distant corner of the isle?'
    "He spake to tempt me, but I well perceived   320
His craft, and answered with dissembling words:—
    "'Neptune, who shakes the shores, hath wrecked my bark
On rocks that edge thine island, hurling it
Against the headland. From the open sea
The tempest swept it hitherward, and I,   325

ὣς ἐφάμην, ὁ δέ μ' οὐδὲν ἀμείβετο νηλέι θυμῷ,
ἀλλ' ὅ γ' ἀναΐξας ἑτάροις ἐπὶ χεῖρας ἴαλλε,
σὺν δὲ δύω μάρψας ὥς τε σκύλακας ποτὶ γαίῃ
κόπτ': ἐκ δ' ἐγκέφαλος χαμάδις ῥέε, δεῦε δὲ γαῖαν. 290
τοὺς δὲ διὰ μελεϊστὶ ταμὼν ὡπλίσσατο δόρπον:
ἤσθιε δ' ὥς τε λέων ὀρεσίτροφος, οὐδ' ἀπέλειπεν,
ἔγκατά τε σάρκας τε καὶ ὀστέα μυελόεντα.
ἡμεῖς δὲ κλαίοντες ἀνεσχέθομεν Διὶ χεῖρας,
σχέτλια ἔργ' ὁρόωντες, ἀμηχανίη δ' ἔχε θυμόν. 295
αὐτὰρ ἐπεὶ Κύκλωψ μεγάλην ἐμπλήσατο νηδὺν
ἀνδρόμεα κρέ' ἔδων καὶ ἐπ' ἄκρητον γάλα πίνων,
κεῖτ' ἔντοσθ' ἄντροιο τανυσσάμενος διὰ μήλων.
τὸν μὲν ἐγὼ βούλευσα κατὰ μεγαλήτορα θυμὸν
ἆσσον ἰών, ξίφος ὀξὺ ἐρυσσάμενος παρὰ μηροῦ, 300
οὐτάμεναι πρὸς στῆθος, ὅθι φρένες ἧπαρ ἔχουσι,
χείρ' ἐπιμασσάμενος: ἕτερος δέ με θυμὸς ἔρυκεν.
αὐτοῦ γάρ κε καὶ ἄμμες ἀπωλόμεθ' αἰπὺν ὄλεθρον:
οὐ γάρ κεν δυνάμεσθα θυράων ὑψηλάων
χερσὶν ἀπώσασθαι λίθον ὄβριμον, ὃν προσέθηκεν. 305
ὣς τότε μὲν στενάχοντες ἐμείναμεν Ἠῶ δῖαν.
ἦμος δ' ἠριγένεια φάνη ῥοδοδάκτυλος Ἠώς,
καὶ τότε πῦρ ἀνέκαιε καὶ ἤμελγε κλυτὰ μῆλα,
πάντα κατὰ μοῖραν, καὶ ὑπ' ἔμβρυον ἧκεν ἑκάστῃ.
αὐτὰρ ἐπεὶ δὴ σπεῦσε πονησάμενος τὰ ἃ ἔργα, 310
σὺν δ' ὅ γε δὴ αὖτε δύω μάρψας ὡπλίσσατο δεῖπνον.
δειπνήσας δ' ἄντρου ἐξήλασε πίονα μῆλα,
ῥηιδίως ἀφελὼν θυρεὸν μέγαν: αὐτὰρ ἔπειτα
ἂψ ἐπέθηχ', ὡς εἴ τε φαρέτρῃ πῶμ' ἐπιθείη.
πολλῇ δὲ ῥοίζῳ πρὸς ὄρος τρέπε πίονα μῆλα 315
Κύκλωψ: αὐτὰρ ἐγὼ λιπόμην κακὰ βυσσοδομεύων,
εἴ πως τισαίμην, δοίη δέ μοι εὖχος Ἀθήνη.
ἥδε δέ μοι κατὰ θυμὸν ἀρίστη φαίνετο βουλή.
Κύκλωπος γὰρ ἔκειτο μέγα ῥόπαλον παρὰ σηκῷ,
χλωρὸν ἐλαΐνεον: τὸ μὲν ἔκταμεν, ὄφρα φοροίη 320

With these, escaped the bitter doom of death.'
"I spake; the savage answered not, but sprang,
And, laying hands on my companions, seized
Two, whom he dashed like whelps against the ground.
Their brains flowed out, and weltered where they fell. 330
He hewed them limb from limb for his repast,
And, like a lion of the mountain wilds,
Devoured them as they were, and left no part,—
Entrails nor flesh nor marrowy bones. We wept
To see his cruelties, and raised our hands 335
To Jove, and hopeless misery filled our hearts.
And when the Cyclops now had filled himself,
Devouring human flesh, and drinking milk
Unmingled, in his cave he laid him down,
Stretched out amid his flocks. The thought arose 340
In my courageous heart to go to him,
And draw the trenchant sword upon my thigh,
And where the midriff joins the liver deal
A stroke to pierce his breast. A second thought
Restrained me,—that a miserable death 345
Would overtake us, since we had no power
To move the mighty rock which he had laid
At the high opening. So all night we grieved,
Waiting the holy Morn; and when at length
That rosy-fingered daughter of the Dawn 350
Appeared, the Cyclops lit a fire, and milked
His fair flock one by one, and brought their young
Each to its mother's side. When he had thus
Performed his household tasks, he seized again
Two of our number for his morning meal. 355
These he devoured, and then he moved away
With ease the massive rock that closed the cave,
And, driving forth his well-fed flock, he laid
The massive barrier back, as one would fit
The lid upon a quiver. With loud noise 360
The Cyclops drove that well-fed flock afield,
While I was left to think of many a plan
To do him mischief and avenge our wrongs,
If haply Pallas should confer on me
That glory. To my mind, as I revolved 365
The plans, this seemed the wisest of them all.
  "Beside the stalls there lay a massive club
Of olive-wood, yet green, which from its stock

αὐανθέν. τὸ μὲν ἄμμες εἴσκομεν εἰσορόωντες
ὅσσον θ᾽ ἱστὸν νηὸς ἐεικοσόροιο μελαίνης,
φορτίδος εὐρείης, ἥ τ᾽ ἐκπεράᾳ μέγα λαῖτμα·
τόσσον ἔην μῆκος, τόσσον πάχος εἰσοράασθαι.
τοῦ μὲν ὅσον τ᾽ ὄργυιαν ἐγὼν ἀπέκοψα παραστὰς 325
καὶ παρέθηχ᾽ ἑτάροισιν, ἀποξῦναι δ᾽ ἐκέλευσα·
οἱ δ᾽ ὁμαλὸν ποίησαν· ἐγὼ δ᾽ ἐθόωσα παραστὰς
ἄκρον, ἄφαρ δὲ λαβὼν ἐπυράκτεον ἐν πυρὶ κηλέῳ.
καὶ τὸ μὲν εὖ κατέθηκα κατακρύψας ὑπὸ κόπρῳ,
ἥ ῥα κατὰ σπείους κέχυτο μεγάλ᾽ ἤλιθα πολλή· 330
αὐτὰρ τοὺς ἄλλους κλήρῳ πεπαλάσθαι ἄνωγον,
ὅς τις τολμήσειεν ἐμοὶ σὺν μοχλὸν ἀείρας
τρῖψαι ἐν ὀφθαλμῷ, ὅτε τὸν γλυκὺς ὕπνος ἱκάνοι.
οἱ δ᾽ ἔλαχον τοὺς ἄν κε καὶ ἤθελον αὐτὸς ἑλέσθαι,
τέσσαρες, αὐτὰρ ἐγὼ πέμπτος μετὰ τοῖσιν ἐλέγμην. 335
ἑσπέριος δ᾽ ἦλθεν καλλίτριχα μῆλα νομεύων.
αὐτίκα δ᾽ εἰς εὐρὺ σπέος ἤλασε πίονα μῆλα
πάντα μάλ᾽, οὐδέ τι λεῖπε βαθείης ἔκτοθεν αὐλῆς,
ἤ τι ὀισάμενος, ἢ καὶ θεὸς ὣς ἐκέλευσεν.
αὐτὰρ ἔπειτ᾽ ἐπέθηκε θυρεὸν μέγαν ὑψόσ᾽ ἀείρας, 340
ἑζόμενος δ᾽ ἤμελγεν ὄις καὶ μηκάδας αἶγας,
πάντα κατὰ μοῖραν, καὶ ὑπ᾽ ἔμβρυον ἧκεν ἑκάστῃ.
αὐτὰρ ἐπεὶ δὴ σπεῦσε πονησάμενος τὰ ἃ ἔργα,
σὺν δ᾽ ὅ γε δὴ αὖτε δύω μάρψας ὡπλίσσατο δόρπον.
καὶ τότ᾽ ἐγὼ Κύκλωπα προσηύδων ἄγχι παραστάς, 345
κισσύβιον μετὰ χερσὶν ἔχων μέλανος οἴνοιο·
  'Κύκλωψ, τῆ, πίε οἶνον, ἐπεὶ φάγες ἀνδρόμεα κρέα,
ὄφρ᾽ εἰδῇς οἷόν τι ποτὸν τόδε νηῦς ἐκεκεύθει
ἡμετέρη. σοὶ δ᾽ αὖ λοιβὴν φέρον, εἴ μ᾽ ἐλεήσας
οἴκαδε πέμψειας· σὺ δὲ μαίνεαι οὐκέτ᾽ ἀνεκτῶς. 350
σχέτλιε, πῶς κέν τίς σε καὶ ὕστερον ἄλλος ἵκοιτο
ἀνθρώπων πολέων, ἐπεὶ οὐ κατὰ μοῖραν ἔρεξας;'
  ὣς ἐφάμην, ὁ δ᾽ ἔδεκτο καὶ ἔκπιεν· ἥσατο δ᾽ αἰνῶς
ἡδὺ ποτὸν πίνων καὶ μ᾽ ᾔτεε δεύτερον αὖτις·

The Cyclops hewed, that he might carry it
When seasoned. As it lay it seemed to us 370
The mast of some black galley, broad of beam,
With twenty oarsmen, built to carry freight
Across the mighty deep,—such was its length
And thickness. Standing by it, I cut off
A fathom's length, and gave it to my men, 375
And bade them smooth its sides, and they obeyed
While I made sharp the smaller end, and brought
The point to hardness in the glowing fire;
And then I hid the weapon in a heap
Of litter, which lay thick about the cave. 380
I bade my comrades now decide by lot
Which of them all should dare, along with me,
To lift the stake, and with its point bore out
Our enemy's eye, when softly wrapped in sleep.
The lot was cast, and fell on those whom most 385
I wished with me,—four men, and I the fifth.
    "At eve the keeper of these fair-woolled flocks
Returned, and brought his well-fed sheep and goats
Into the spacious cavern, leaving none
Without it, whether through some doubt of us 390
Or through the ordering of some god. He raised
The massive rock again, and laid it close
Against the opening. Then he sat and milked
The ewes and bleating goats, each one in turn,
And gave to each her young. When he had thus 395
Performed his household tasks, he seized again
Two of our number for his evening meal.
Then drew I near, and bearing in my hand
A wooden cup of dark red wine I said:—
    "'Take this, O Cyclops, after thy repast 400
Of human flesh, and drink, that thou mayst know
What liquor was concealed within our ship.
I brought it as an offering to thee,
For I had hope that thou wouldst pity us,
And send us home. Yet are thy cruelties 405
Beyond all limit. Wicked as thou art,
Hereafter who, of ail the human race,
Will dare approach thee, guilty of such wrong?'
    "As thus I spake, he took the cup and drank.
The luscious wine delighted mightily 410
His palate, and he asked a second draught.

'δός μοι ἔτι πρόφρων, καί μοι τεὸν οὔνομα εἰπὲ   355
αὐτίκα νῦν, ἵνα τοι δῶ ξείνιον, ᾧ κε σὺ χαίρῃς:
καὶ γὰρ Κυκλώπεσσι φέρει ζείδωρος ἄρουρα
οἶνον ἐριστάφυλον, καί σφιν Διὸς ὄμβρος ἀέξει:
ἀλλὰ τόδ᾽ ἀμβροσίης καὶ νέκταρός ἐστιν ἀπορρώξ.'
    ὣς φάτ᾽, ἀτάρ οἱ αὖτις ἐγὼ πόρον αἴθοπα οἶνον.   360
τρὶς μὲν ἔδωκα φέρων, τρὶς δ᾽ ἔκπιεν ἀφραδίῃσιν.
αὐτὰρ ἐπεὶ Κύκλωπα περὶ φρένας ἤλυθεν οἶνος,
καὶ τότε δή μιν ἔπεσσι προσηύδων μειλιχίοισι:
'Κύκλωψ, εἰρωτᾷς μ᾽ ὄνομα κλυτόν, αὐτὰρ ἐγώ τοι
ἐξερέω: σὺ δέ μοι δὸς ξείνιον, ὥς περ ὑπέστης.   365
Οὖτις ἐμοί γ᾽ ὄνομα: Οὖτιν δέ με κικλήσκουσι
μήτηρ ἠδὲ πατὴρ ἠδ᾽ ἄλλοι πάντες ἑταῖροι.'
    ὣς ἐφάμην, ὁ δέ μ᾽ αὐτίκ᾽ ἀμείβετο νηλέι θυμῷ:
'Οὖτιν ἐγὼ πύματον ἔδομαι μετὰ οἷς ἑτάροισιν,
τοὺς δ᾽ ἄλλους πρόσθεν: τὸ δέ τοι ξεινήιον ἔσται.'   370
    ἦ καὶ ἀνακλινθεὶς πέσεν ὕπτιος, αὐτὰρ ἔπειτα
κεῖτ᾽ ἀποδοχμώσας παχὺν αὐχένα, κὰδ δέ μιν ὕπνος
ᾕρει πανδαμάτωρ: φάρυγος δ᾽ ἐξέσσυτο οἶνος
ψωμοί τ᾽ ἀνδρόμεοι: ὁ δ᾽ ἐρεύγετο οἰνοβαρείων.
καὶ τότ᾽ ἐγὼ τὸν μοχλὸν ὑπὸ σποδοῦ ἤλασα πολλῆς,   375
ἧος θερμαίνοιτο: ἔπεσσι δὲ πάντας ἑταίρους
θάρσυνον, μή τίς μοι ὑποδείσας ἀναδύη.
ἀλλ᾽ ὅτε δὴ τάχ᾽ ὁ μοχλὸς ἐλάινος ἐν πυρὶ μέλλεν
ἅψεσθαι, χλωρός περ ἐών, διεφαίνετο δ᾽ αἰνῶς,
καὶ τότ᾽ ἐγὼν ἆσσον φέρον ἐκ πυρός, ἀμφὶ δ᾽ ἑταῖροι   380
ἵσταντ᾽: αὐτὰρ θάρσος ἐνέπνευσεν μέγα δαίμων.
οἱ μὲν μοχλὸν ἑλόντες ἐλάινον, ὀξὺν ἐπ᾽ ἄκρῳ,
ὀφθαλμῷ ἐνέρεισαν: ἐγὼ δ᾽ ἐφύπερθεν ἐρεισθεὶς
δίνεον, ὡς ὅτε τις τρυπῷ δόρυ νήιον ἀνὴρ
τρυπάνῳ, οἱ δέ τ᾽ ἔνερθεν ὑποσσείουσιν ἱμάντι   385
ἁψάμενοι ἑκάτερθε, τὸ δὲ τρέχει ἐμμενὲς αἰεί.
ὣς τοῦ ἐν ὀφθαλμῷ πυριήκεα μοχλὸν ἑλόντες
δινέομεν, τὸν δ᾽ αἷμα περίρρεε θερμὸν ἐόντα.

"'Give me to drink again, and generously,
And tell thy name, that I may make a gift
Such as becomes a host. The fertile land
In which the Cyclops dwell yields wine, 'tis true,   415
And the large grapes are nursed by rains from Jove,
But nectar and ambrosia are in this.'
    "He spake; I gave him of the generous juice
Again, and thrice I filled and brought the cup,
And thrice the Cyclops in his folly drank.   420
But when I saw the wine begin to cloud
His senses, I bespake him blandly thus:—
    "'Thou hast inquired, O Cyclops, by what name
Men know me. I will tell thee, but do thou
Bestow in turn some hospitable gift,   425
As thou hast promised. Noman is my name,
My father and my mother gave it me,
And Noman am I called by all my friends.'
    "I ended, and he answered savagely:—
'Noman shall be the last of all his band   430
Whom I will eat, the rest will I devour
Before him. Let that respite be my gift.'
    "He spake, and, sinking backward at full length,
Lay on the ground, with his huge neck aside;
All-powerful sleep had overtaken him.   435
Then from his mouth came bits of human flesh
Mingled with wine, and from his drunken throat
Rejected noisily. I put the stake
Among the glowing coals to gather heat,
And uttered cheerful words, encouraging   440
My men, that none might fail me through their fears.
And when the olive-wood began to blaze,—
For though yet green it freely took the fire,—
I drew it from the embers. Round me stood
My comrades, whom some deity inspired   445
With calm, high courage. In their hands they took
And thrust into his eye the pointed bar,
While perched upon a higher stand than they
I twirled it round. As when a workman bores
Some timber of a ship, the men who stand   450
Below him with a strap, on either side
Twirl it, and round it spins unceasingly,
So, thrusting in his eye that pointed bar,
We made it turn. The blood came streaming forth

πάντα δέ οἱ βλέφαρ' ἀμφὶ καὶ ὀφρύας εὗσεν ἀυτμὴ
γλήνης καιομένης, σφαραγεῦντο δέ οἱ πυρὶ ῥίζαι. 390
ὡς δ' ὅτ' ἀνὴρ χαλκεὺς πέλεκυν μέγαν ἠὲ σκέπαρνον
εἰν ὕδατι ψυχρῷ βάπτῃ μεγάλα ἰάχοντα
φαρμάσσων: τὸ γὰρ αὖτε σιδήρου γε κράτος ἐστίν
ὣς τοῦ σίζ' ὀφθαλμὸς ἐλαϊνέῳ περὶ μοχλῷ.
σμερδαλέον δὲ μέγ' ᾤμωξεν, περὶ δ' ἴαχε πέτρη, 395
ἡμεῖς δὲ δείσαντες ἀπεσσύμεθ': αὐτὰρ ὁ μοχλὸν
ἐξέρυσ' ὀφθαλμοῖο πεφυρμένον αἵματι πολλῷ.
τὸν μὲν ἔπειτ' ἔρριψεν ἀπὸ ἕο χερσὶν ἀλύων,
αὐτὰρ ὁ Κύκλωπας μεγάλ' ἤπυεν, οἵ ῥά μιν ἀμφὶς
ᾤκεον ἐν σπήεσσι δι' ἄκριας ἠνεμοέσσας. 400
οἱ δὲ βοῆς ἀΐοντες ἐφοίτων ἄλλοθεν ἄλλος,
ἱστάμενοι δ' εἴροντο περὶ σπέος ὅττι ἑ κήδοι:
  'τίπτε τόσον, Πολύφημ', ἀρημένος ὧδ' ἐβόησας
νύκτα δι' ἀμβροσίην καὶ ἀΰπνους ἄμμε τίθησθα;
ἦ μή τίς σευ μῆλα βροτῶν ἀέκοντος ἐλαύνει; 405
ἦ μή τίς σ' αὐτὸν κτείνει δόλῳ ἠὲ βίηφιν;'
  τοὺς δ' αὖτ' ἐξ ἄντρου προσέφη κρατερὸς Πολύφημος:
'ὦ φίλοι, Οὖτίς με κτείνει δόλῳ οὐδὲ βίηφιν.'
  οἱ δ' ἀπαμειβόμενοι ἔπεα πτερόεντ' ἀγόρευον:
'εἰ μὲν δὴ μή τίς σε βιάζεται οἶον ἐόντα, 410
νοῦσον γ' οὔ πως ἔστι Διὸς μεγάλου ἀλέασθαι,
ἀλλὰ σύ γ' εὔχεο πατρὶ Ποσειδάωνι ἄνακτι.'
  ὣς ἄρ' ἔφαν ἀπιόντες, ἐμὸν δ' ἐγέλασσε φίλον κῆρ,
ὡς ὄνομ' ἐξαπάτησεν ἐμὸν καὶ μῆτις ἀμύμων.
Κύκλωψ δὲ στενάχων τε καὶ ὠδίνων ὀδύνῃσι 415
χερσὶ ψηλαφόων ἀπὸ μὲν λίθον εἷλε θυράων,
αὐτὸς δ' εἰνὶ θύρῃσι καθέζετο χεῖρε πετάσσας,
εἴ τινά που μετ' ὄεσσι λάβοι στείχοντα θύραζε:
οὕτω γάρ πού μ' ἤλπετ' ἐνὶ φρεσὶ νήπιον εἶναι.
αὐτὰρ ἐγὼ βούλευον, ὅπως ὄχ' ἄριστα γένοιτο, 420
εἴ τιν' ἑτάροισιν θανάτου λύσιν ἠδ' ἐμοὶ αὐτῷ
εὑροίμην: πάντας δὲ δόλους καὶ μῆτιν ὕφαινον
ὥς τε περὶ ψυχῆς: μέγα γὰρ κακὸν ἐγγύθεν ἦεν.
ἥδε δέ μοι κατὰ θυμὸν ἀρίστη φαίνετο βουλή.
ἄρσενες ὄιες ἦσαν ἐϋτρεφέες, δασύμαλλοι, 425

On the hot wood; the eyelids and the brow 455
Were scalded by the vapor, and the roots
Of the scorched eyeball crackled with the fire.
As when a smith, in forging axe or adze,
Plunges, to temper it, the hissing blade
Into cold water, strengthening thus the steel, 460
So hissed the eyeball of the Cyclops round
That olive stake. He raised a fearful howl;
The rocks rang with it, and we fled from him
In terror. Plucking from his eye the stake
All foul and dripping with the abundant blood, 465
He flung it madly from him with both hands.
Then called he to the Cyclops who in grots
Dwelt on that breezy height. They heard his voice
And came by various ways, and stood beside
The cave, and asked the occasion of his grief. 470
"'What hurts thee, Polyphemus, that thou thus
Dost break our slumbers in the ambrosial night
With cries? Hath any of the sons of men
Driven off thy flocks in spite of thee, or tried
By treachery or force to take thy life?' 475
"Huge Polyphemus answered from his den:—
'O friends! 'tis Noman who is killing me;
By treachery Noman kills me; none by force.'
"Then thus with winged words they spake again:—
'If no man does thee violence, and thou 480
Art quite alone, reflect that none escape
Diseases; they are sent by Jove. But make
Thy prayer to Father Neptune, ocean's king.'
"So spake they and departed. In my heart
I laughed to think that by the name I took, 485
And by my shrewd device, I had deceived
The Cyclops. Meantime, groaning and in pain,
And groping with his hands, he moved away
The rock that barred the entrance. There he sat,
With arms outstretched, to seize whoever sought 490
To issue from the cavern with the flock,
So dull of thought he deemed me. Then I planned
How best to save my comrades and myself
From death. I framed a thousand stratagems
And arts,—for here was life at stake, and great 495
The danger was. At last I fixed on this.
"The rams were plump and beautiful, and large

καλοί τε μεγάλοι τε, ἰοδνεφὲς εἶρος ἔχοντες·
τοὺς ἀκέων συνέεργον ἐυστρεφέεσσι λύγοισιν,
τῇς ἔπι Κύκλωψ εὗδε πέλωρ, ἀθεμίστια εἰδώς,
σύντρεις αἰνύμενος· ὁ μὲν ἐν μέσῳ ἄνδρα φέρεσκε,
τὼ δ᾽ ἑτέρω ἑκάτερθεν ἴτην σώοντες ἑταίρους. 430
τρεῖς δὲ ἕκαστον φῶτ᾽ ὄιες φέρον· αὐτὰρ ἐγώ γε—
ἀρνειὸς γὰρ ἔην μήλων ὄχ᾽ ἄριστος ἁπάντων,
τοῦ κατὰ νῶτα λαβών, λασίην ὑπὸ γαστέρ᾽ ἐλυσθεὶς
κείμην· αὐτὰρ χερσὶν ἀώτου θεσπεσίοιο
νωλεμέως στρεφθεὶς ἐχόμην τετληότι θυμῷ. 435
ὣς τότε μὲν στενάχοντες ἐμείναμεν Ἠῶ δῖαν.
ἦμος δ᾽ ἠριγένεια φάνη ῥοδοδάκτυλος Ἠώς,
καὶ τότ᾽ ἔπειτα νομόνδ᾽ ἐξέσσυτο ἄρσενα μῆλα,
θήλειαι δὲ μέμηκον ἀνήμελκτοι περὶ σηκούς·
οὔθατα γὰρ σφαραγεῦντο. ἄναξ δ᾽ ὀδύνῃσι κακῇσι 440
τειρόμενος πάντων ὀίων ἐπεμαίετο νῶτα
ὀρθῶν ἑσταότων· τὸ δὲ νήπιος οὐκ ἐνόησεν,
ὥς οἱ ὑπ᾽ εἰροπόκων ὀίων στέρνοισι δέδεντο.
ὕστατος ἀρνειὸς μήλων ἔστειχε θύραζε
λάχνῳ στεινόμενος καὶ ἐμοὶ πυκινὰ φρονέοντι. 445
τὸν δ᾽ ἐπιμασσάμενος προσέφη κρατερὸς Πολύφημος·
  'κριὲ πέπον, τί μοι ὧδε διὰ σπέος ἔσσυο μήλων
ὕστατος; οὔ τι πάρος γε λελειμμένος ἔρχεαι οἰῶν,
ἀλλὰ πολὺ πρῶτος νέμεαι τέρεν᾽ ἄνθεα ποίης
μακρὰ βιβάς, πρῶτος δὲ ῥοὰς ποταμῶν ἀφικάνεις, 450
πρῶτος δὲ σταθμόνδε λιλαίεαι ἀπονέεσθαι
ἑσπέριος· νῦν αὖτε πανύστατος. ἦ σύ γ᾽ ἄνακτος
ὀφθαλμὸν ποθέεις, τὸν ἀνὴρ κακὸς ἐξαλάωσε
σὺν λυγροῖς ἑτάροισι δαμασσάμενος φρένας οἴνῳ,
Οὖτις, ὃν οὔ πώ φημι πεφυγμένον εἶναι ὄλεθρον. 455
εἰ δὴ ὁμοφρονέοις ποτιφωνήεις τε γένοιο
εἰπεῖν ὅππῃ κεῖνος ἐμὸν μένος ἠλασκάζει·
τῷ κέ οἱ ἐγκέφαλός γε διὰ σπέος ἄλλυδις ἄλλῃ
θεινομένου ῥαίοιτο πρὸς οὔδεϊ, κὰδ δέ κ᾽ ἐμὸν κῆρ
λωφήσειε κακῶν, τά μοι οὐτιδανὸς πόρεν Οὖτις.' 460

With thick dark fleeces. These I silently
Bound to each other, three and three, with twigs
Of which that prodigy of lawless guilt,   500
The Cyclops, made his bed. The middle ram
Of every three conveyed a man; the two,
One on each side, were there to make him safe.
Thus each of us was borne by three; but I
Chose for myself the finest one of all,   505
And seized him by the back, and, slipping down
Beneath his shaggy belly, stretched myself
At length, and clung with resolute heart, and hands
That firmly clenched the rich abundant fleece.
Then sighed we for the holy Morn to rise.   510
    "And when again the daughter of the Dawn,
The rosy-fingered Morn, looked forth, the males
Went forth to pasture, while the ewes remained
Within the stables, bleating, yet unmilked,
For heavy were their udders. Carefully   515
The master handled, though in grievous pain,
The back of every one that rose and passed,
Yet, slow of thought, perceived not that my men
Were clinging hid beneath their woolly breasts.
As the last ram of all the flock went out,   520
His thick fleece heavy with my weight, and I
In agitated thought, he felt his back,
And thus the giant Polyphemus spake:—
    "'My favorite ram, how art thou now the last
To leave the cave? It hath not been thy wont   525
To let the sheep go first, but thou didst come
Earliest to feed among the flowery grass,
Walking with stately strides, and thou wert first
At the fresh stream, and first at eve to seek
The stable; now thou art the last of all.   530
Grievest thou for thy master, who has lost
His eye, put out by a deceitful wretch
And his vile crew, who stupefied me first
With wine,—this Noman,—who, if right I deem,
Has not escaped from death. O, didst thou think   535
As I do, and hadst but the power of speech
To tell me where he hides from my strong arm,
Then should his brains, dashed out against the ground,
Be scattered here and there; then should my heart
Be somewhat lighter, even amid the woes   540

ὣς εἰπὼν τὸν κριὸν ἀπὸ ἕο πέμπε θύραζε.
ἐλθόντες δ' ἠβαιὸν ἀπὸ σπείους τε καὶ αὐλῆς
πρῶτος ὑπ' ἀρνειοῦ λυόμην, ὑπέλυσα δ' ἑταίρους.
καρπαλίμως δὲ τὰ μῆλα ταναύποδα, πίονα δημῷ,
πολλὰ περιτροπέοντες ἐλαύνομεν, ὄφρ' ἐπὶ νῆα 465
ἱκόμεθ'. ἀσπάσιοι δὲ φίλοις ἑτάροισι φάνημεν,
οἳ φύγομεν θάνατον, τοὺς δὲ στενάχοντο γοῶντες.
ἀλλ' ἐγὼ οὐκ εἴων, ἀνὰ δ' ὀφρύσι νεῦον ἑκάστῳ,
κλαίειν, ἀλλ' ἐκέλευσα θοῶς καλλίτριχα μῆλα
πόλλ' ἐν νηὶ βαλόντας ἐπιπλεῖν ἁλμυρὸν ὕδωρ. 470
οἱ δ' αἶψ' εἴσβαινον καὶ ἐπὶ κληῖσι καθῖζον,
ἑξῆς δ' ἑζόμενοι πολιὴν ἅλα τύπτον ἐρετμοῖς.
ἀλλ' ὅτε τόσσον ἀπῆν, ὅσσον τε γέγωνε βοήσας,
καὶ τότ' ἐγὼ Κύκλωπα προσηύδων κερτομίοισι·
‘Κύκλωψ, οὐκ ἄρ' ἔμελλες ἀνάλκιδος ἀνδρὸς ἑταίρους 475
ἔδμεναι ἐν σπῆι γλαφυρῷ κρατερῆφι βίηφι.
καὶ λίην σέ γ' ἔμελλε κιχήσεσθαι κακὰ ἔργα,
σχέτλι', ἐπεὶ ξείνους οὐχ ἅζεο σῷ ἐνὶ οἴκῳ
ἐσθέμεναι· τῷ σε Ζεὺς τίσατο καὶ θεοὶ ἄλλοι.’
ὣς ἐφάμην, ὁ δ' ἔπειτα χολώσατο κηρόθι μᾶλλον, 480
ἧκε δ' ἀπορρήξας κορυφὴν ὄρεος μεγάλοιο,
κὰδ δ' ἔβαλε προπάροιθε νεὸς κυανοπρῴροιο
τυτθόν, ἐδεύησεν δ' οἰήιον ἄκρον ἱκέσθαι,
ἐκλύσθη δὲ θάλασσα κατερχομένης ὑπὸ πέτρης·
τὴν δ' αἶψ' ἤπειρόνδε παλιρρόθιον φέρε κῦμα, 485
πλημυρὶς ἐκ πόντοιο, θέμωσε δὲ χέρσον ἱκέσθαι.
αὐτὰρ ἐγὼ χείρεσσι λαβὼν περιμήκεα κοντὸν
ὦσα παρέξ, ἑτάροισι δ' ἐποτρύνας ἐκέλευσα
ἐμβαλέειν κώπῃς, ἵν' ὑπὲκ κακότητα φύγοιμεν,
κρατὶ κατανεύων· οἱ δὲ προπεσόντες ἔρεσσον. 490
ἀλλ' ὅτε δὴ δὶς τόσσον ἅλα πρήσσοντες ἀπῆμεν,
καὶ τότε δὴ Κύκλωπα προσηύδων· ἀμφὶ δ' ἑταῖροι
μειλιχίοις ἐπέεσσιν ἐρήτυον ἄλλοθεν ἄλλος·
‘σχέτλιε, τίπτ' ἐθέλεις ἐρεθιζέμεν ἄγριον ἄνδρα;
ὃς καὶ νῦν πόντονδε βαλὼν βέλος ἤγαγε νῆα 495

Which Noman, worthless wretch, has brought on me!'
　"He spake, and sent him forth among the rest;
And when we were a little way beyond
The cavern and the court, I loosed my hold
Upon the animal and unbound my men.　　　　　　　　545
Then quickly we surrounded and drove off,
Fat sheep and stately paced, a numerous flock,
And brought them to our ship, where joyfully
Our friends received us, though with grief and tears
For those who perished. Yet I suffered not　　　　　　　550
That they should weep, but, frowning, gave command
By signs to lift with speed the fair-woolled sheep
On board, and launch our ship on the salt sea.
They went on board, where each one took his place
Upon the benches, and with diligent oars　　　　　　　555
Smote the gray deep; and when we were as far
As one upon the shore could hear a shout,
Thus to the Cyclops tauntingly I called:—
　"'Ha! Cyclops! those whom in thy rocky cave
Thou, in thy brutal fury, hast devoured,　　　　　　　560
Were friends of one not unexpert in war;
Amply have thy own guilty deeds returned
Upon thee. Cruel one! who didst not fear
To eat the strangers sheltered by thy roof,
Jove and the other gods avenge them thus.'　　　　　　565
　"I spake; the anger in his bosom raged
More fiercely. From a mountain peak he wrenched
Its summit, hurling it to fall beside
Our galley, where it almost touched the helm.
The rock dashed high the water where it fell,　　　　　570
And the returning billow swept us back
And toward the shore. I seized a long-stemmed pike
And pushed it from the shore, encouraging
The men to bend with vigor to their oars
And so escape. With nods I gave the sign.　　　　　　575
Forward to vigorous strokes the oarsmen leaned
Till we were out at sea as far from land
As when I spake before, and then again
I shouted to the Cyclops, though my crew
Strove to prevent it with beseeching words,　　　　　　580
And one man first and then another said:—
　"'O most unwise! why chafe that savage man
To fury,—him who just has cast his bolt

αὖτις ἐς ἤπειρον, καὶ δὴ φάμεν αὐτόθ' ὀλέσθαι.
εἰ δὲ φθεγξαμένου τευ ἢ αὐδήσαντος ἄκουσε,
σύν κεν ἄραξ' ἡμέων κεφαλὰς καὶ νήια δοῦρα
μαρμάρῳ ὀκριόεντι βαλών: τόσσον γὰρ ἵησιν.'
ὣς φάσαν, ἀλλ' οὐ πεῖθον ἐμὸν μεγαλήτορα θυμόν, 500
ἀλλά μιν ἄψορρον προσέφην κεκοτηότι θυμῷ:
'Κύκλωψ, αἴ κέν τίς σε καταθνητῶν ἀνθρώπων
ὀφθαλμοῦ εἴρηται ἀεικελίην ἀλαωτύν,
φάσθαι Ὀδυσσῆα πτολιπόρθιον ἐξαλαῶσαι,
υἱὸν Λαέρτεω, Ἰθάκῃ ἔνι οἰκί' ἔχοντα.' 505
ὣς ἐφάμην, ὁ δέ μ' οἰμώξας ἠμείβετο μύθῳ:
'ὢ πόποι, ἦ μάλα δή με παλαίφατα θέσφαθ' ἱκάνει.
ἔσκε τις ἐνθάδε μάντις ἀνὴρ ἠΰς τε μέγας τε,
Τήλεμος Εὐρυμίδης, ὃς μαντοσύνῃ ἐκέκαστο
καὶ μαντευόμενος κατεγήρα Κυκλώπεσσιν: 510
ὅς μοι ἔφη τάδε πάντα τελευτήσεσθαι ὀπίσσω,
χειρῶν ἐξ Ὀδυσῆος ἁμαρτήσεσθαι ὀπωπῆς.
ἀλλ' αἰεί τινα φῶτα μέγαν καὶ καλὸν ἐδέγμην
ἐνθάδ' ἐλεύσεσθαι, μεγάλην ἐπιειμένον ἀλκήν:
νῦν δέ μ' ἐὼν ὀλίγος τε καὶ οὐτιδανὸς καὶ ἄκικυς 515
ὀφθαλμοῦ ἀλάωσεν, ἐπεί μ' ἐδαμάσσατο οἴνῳ.
ἀλλ' ἄγε δεῦρ', Ὀδυσεῦ, ἵνα τοι πὰρ ξείνια θείω
πομπήν τ' ὀτρύνω δόμεναι κλυτὸν ἐννοσίγαιον:
τοῦ γὰρ ἐγὼ πάϊς εἰμί, πατὴρ δ' ἐμὸς εὔχεται εἶναι.
αὐτὸς δ', αἴ κ' ἐθέλῃσ', ἰήσεται, οὐδέ τις ἄλλος 520
οὔτε θεῶν μακάρων οὔτε θνητῶν ἀνθρώπων.'
ὣς ἔφατ', αὐτὰρ ἐγώ μιν ἀμειβόμενος προσέειπον:
'αἲ γὰρ δὴ ψυχῆς τε καὶ αἰῶνός σε δυναίμην
εὖνιν ποιήσας πέμψαι δόμον Ἄϊδος εἴσω,
ὡς οὐκ ὀφθαλμόν γ' ἰήσεται οὐδ' ἐνοσίχθων.' 525
ὣς ἐφάμην, ὁ δ' ἔπειτα Ποσειδάωνι ἄνακτι
εὔχετο χεῖρ' ὀρέγων εἰς οὐρανὸν ἀστερόεντα:
'κλῦθι, Ποσείδαον γαιήοχε κυανοχαῖτα,
εἰ ἐτεόν γε σός εἰμι, πατὴρ δ' ἐμὸς εὔχεαι εἶναι,

Into the sea, and forced us toward the land
Where we had wellnigh perished? Should he hear 585
A cry from us, or even a word of speech,
Then would he fling a rock to crush our heads
And wreck our ship, so fatal is his cast.'
    "He spake, but moved not my courageous heart;
And then I spake again, and angrily:— 590
    "'Cyclops, if any man of mortal birth
Note thine unseemly blindness, and inquire
The occasion, tell him that Laertes' son,
Ulysses, the destroyer of walled towns,
Whose home is Ithaca, put out thine eye.' 595
    "I spake; he answered with a wailing voice:—
'Now, woe is me! the ancient oracles
Concerning me have come to pass. Here dwelt
A seer named Telemus Eurymides,
Great, good, and eminent in prophecy, 600
And prophesying he grew old among
The Cyclops. He foretold my coming fate,—
That I should lose my sight, and by the hand
And cunning of Ulysses. Yet I looked
For one of noble presence, mighty strength, 605
And giant stature landing on our coast.
Now a mere weakling, insignificant
And small of stature, has put out my eye,
First stupefying me with wine. Yet come
Hither, I pray, Ulysses, and receive 610
The hospitable gifts which are thy due;
And I will pray to Neptune, and entreat
The mighty god to guide thee safely home.
His son am I, and he declares himself
My father. He can heal me if he will, 615
And no one else of all the immortal gods
Or mortal men can give me back my sight.'
    "He spake; I answered: 'Rather would I take
Thy life and breath, and send thee to the abode
Of Hades, where thou wouldst be past the power 620
Of even Neptune to restore thine eye.'
    "As thus I said, the Cyclops raised his hands,
And spread them toward the starry heaven, and thus
Prayed to the deity who rules the deep:—
    "'Hear, dark-haired Neptune, who dost swathe the earth! 625
If I am thine, and thou dost own thyself

δὸς μὴ Ὀδυσσῆα πτολιπόρθιον οἴκαδ' ἱκέσθαι 530
υἱὸν Λαέρτεω, Ἰθάκῃ ἔνι οἰκί' ἔχοντα.
ἀλλ' εἴ οἱ μοῖρ' ἐστὶ φίλους τ' ἰδέειν καὶ ἱκέσθαι
οἶκον ἐϋκτίμενον καὶ ἑὴν ἐς πατρίδα γαῖαν,
ὀψὲ κακῶς ἔλθοι, ὀλέσας ἄπο πάντας ἑταίρους,
νηὸς ἐπ' ἀλλοτρίης, εὕροι δ' ἐν πήματα οἴκῳ.' 535
ὣς ἔφατ' εὐχόμενος, τοῦ δ' ἔκλυε κυανοχαίτης.
αὐτὰρ ὅ γ' ἐξαῦτις πολὺ μείζονα λᾶαν ἀείρας
ἧκ' ἐπιδινήσας, ἐπέρεισε δὲ ἶν' ἀπέλεθρον,
κὰδ' δ' ἔβαλεν μετόπισθε νεὸς κυανοπρῴροιο
τυτθόν, ἐδεύησεν δ' οἰήιον ἄκρον ἱκέσθαι. 540
ἐκλύσθη δὲ θάλασσα κατερχομένης ὑπὸ πέτρης·
τὴν δὲ πρόσω φέρε κῦμα, θέμωσε δὲ χέρσον ἱκέσθαι.
ἀλλ' ὅτε δὴ τὴν νῆσον ἀφικόμεθ', ἔνθα περ ἄλλαι
νῆες ἐΰσσελμοι μένον ἀθρόαι, ἀμφὶ δ' ἑταῖροι
ἥατ' ὀδυρόμενοι, ἡμέας ποτιδέγμενοι αἰεί, 545
νῆα μὲν ἔνθ' ἐλθόντες ἐκέλσαμεν ἐν ψαμάθοισιν,
ἐκ δὲ καὶ αὐτοὶ βῆμεν ἐπὶ ῥηγμῖνι θαλάσσης.
μῆλα δὲ Κύκλωπος γλαφυρῆς ἐκ νηὸς ἑλόντες
δασσάμεθ', ὡς μή τίς μοι ἀτεμβόμενος κίοι ἴσης.
ἀρνειὸν δ' ἐμοὶ οἴῳ ἐϋκνήμιδες ἑταῖροι 550
μήλων δαιομένων δόσαν ἔξοχα· τὸν δ' ἐπὶ θινὶ
Ζηνὶ κελαινεφέϊ Κρονίδῃ, ὃς πᾶσιν ἀνάσσει,
ῥέξας μηρί' ἔκαιον· ὁ δ' οὐκ ἐμπάζετο ἱρῶν,
ἀλλ' ὅ γε μερμήριξεν ὅπως ἀπολοίατο πᾶσαι
νῆες ἐΰσσελμοι καὶ ἐμοὶ ἐρίηρες ἑταῖροι. 555
ὣς τότε μὲν πρόπαν ἦμαρ ἐς ἠέλιον καταδύντα
ἥμεθα δαινύμενοι κρέα τ' ἄσπετα καὶ μέθυ ἡδύ·
ἦμος δ' ἠέλιος κατέδυ καὶ ἐπὶ κνέφας ἦλθε,
δὴ τότε κοιμήθημεν ἐπὶ ῥηγμῖνι θαλάσσης.
ἦμος δ' ἠριγένεια φάνη ῥοδοδάκτυλος Ἠώς, 560
δὴ τότ' ἐγὼν ἑτάροισιν ἐποτρύνας ἐκέλευσα
αὐτούς τ' ἀμβαίνειν ἀνά τε πρυμνήσια λῦσαι·
οἱ δ' αἶψ' εἴσβαινον καὶ ἐπὶ κληῖσι καθῖζον,
ἑξῆς δ' ἑζόμενοι πολιὴν ἅλα τύπτον ἐρετμοῖς.
ἔνθεν δὲ προτέρω πλέομεν ἀκαχήμενοι ἦτορ, 565

My father, grant that this Ulysses ne'er
May reach his native land! But if it be
The will of fate that he behold again
His friends, and enter his own palace-halls   630
In his own country, late and sorrowful
Be his return, with all his comrades lost,
And in a borrowed ship, and may he find
In his own home new griefs awaiting him.'
    "He prayed, and Neptune hearkened to his prayer.   635
And then the Cyclops seized another stone,
Far larger than the last, and swung it round,
And cast it with vast strength. It fell behind
Our black-prowed galley, where it almost struck
The rudder's end. The sea was dashed on high   640
Beneath the falling rock, and bore our ship
On toward the shore we sought. When we reached
The island where together, in a fleet
Our other galleys lay, we found our friends
Sitting where they had waited long in grief.   645
We touched the shore and drew our galley up
On the smooth sand, and stepped upon the beach;
And taking from on board the sheep that formed
Part of the Cyclops' flock, divided them,
That none might be without an equal share.   650
When all the rest were shared, my warrior friends
Decreed the ram to me. Of him I made
Upon the beach a sacrifice to Jove
The Cloud-compeller, Saturn's son, whose rule
Is over all; to him I burned the thighs.   655
He heeded not the offering; even then
He planned the wreck of all my gallant ships,
And death of my dear comrades. All that day
Till set of sun we sat and feasted high
Upon the abundant meats and delicate wine.   660
But when the sun went down, and darkness crept
Over the earth, we slumbered on the shore;
And when again the daughter of the Dawn,
The rosy-fingered Morn, looked forth, I called
My men with cheerful words to climb the decks   665
And cast the hawsers loose. With speed they went
On board and manned the benches, took in hand
The oars and smote with them the hoary deep.
Onward in sadness, glad to have escaped,

ἄσμενοι ἐκ θανάτοιο, φίλους ὀλέσαντες ἑταίρους.

We sailed, yet sorrowing for our comrades lost." 670

' Αἰολίην δ' ἐς νῆσον ἀφικόμεθ': ἔνθα δ' ἔναιεν
Αἴολος Ἱπποτάδης, φίλος ἀθανάτοισι θεοῖσιν,
πλωτῇ ἐνὶ νήσῳ: πᾶσαν δέ τέ μιν πέρι τεῖχος
χάλκεον ἄρρηκτον, λισσὴ δ' ἀναδέδρομε πέτρη.
τοῦ καὶ δώδεκα παῖδες ἐνὶ μεγάροις γεγάασιν,   5
ἓξ μὲν θυγατέρες, ἓξ δ' υἱέες ἡβώοντες:
ἔνθ' ὅ γε θυγατέρας πόρεν υἱάσιν εἶναι ἀκοίτις.
οἱ δ' αἰεὶ παρὰ πατρὶ φίλῳ καὶ μητέρι κεδνῇ
δαίνυνται, παρὰ δέ σφιν ὀνείατα μυρία κεῖται,
κνισῆεν δέ τε δῶμα περιστεναχίζεται αὐλῇ   10
ἤματα: νύκτας δ' αὖτε παρ' αἰδοίῃς ἀλόχοισιν
εὕδουσ' ἔν τε τάπησι καὶ ἐν τρητοῖσι λέχεσσι.
καὶ μὲν τῶν ἱκόμεσθα πόλιν καὶ δώματα καλά.
μῆνα δὲ πάντα φίλει με καὶ ἐξερέεινεν ἕκαστα,
Ἴλιον Ἀργείων τε νέας καὶ νόστον Ἀχαιῶν: 15
καὶ μὲν ἐγὼ τῷ πάντα κατὰ μοῖραν κατέλεξα.
ἀλλ' ὅτε δὴ καὶ ἐγὼν ὁδὸν ᾔτεον ἠδ' ἐκέλευον
πεμπέμεν, οὐδέ τι κεῖνος ἀνήνατο, τεῦχε δὲ πομπήν.
δῶκε δέ μ' ἐκδείρας ἀσκὸν βοὸς ἐννεώροιο,
ἔνθα δὲ βυκτάων ἀνέμων κατέδησε κέλευθα: 20

BOOK X

"We reached the Æolian isle, where Æolus,
Dear to the gods, a son of Hippotas,
Made his abode. It was a floating isle;
A wall of brass enclosed it, and smooth rocks
Edged it around. Twelve children in his halls   5
Were born, six daughters and six blooming sons;
He gave his daughters to his sons for wives,
And they with their dear father and his queen
Banquet from day to day, with endless change
Of meats before them. In his halls all day   10
The sound of pipes is in the perfumed air;
At night the youths beside their modest wives
Sleep on fair couches spread with tapestry.
So coming to his town and fair abode,
I found a friendly welcome. One full month   15
The monarch kept me with him, and inquired
Of all that might concern the fate of Troy,
The Argive fleet, and the return to Greece,
And just as it befell I told him all.
And when I spake to him of going thence,   20
And prayed him to dismiss me, he complied,
And helped to make us ready for the sea.
The bladder of a bullock nine years old
He gave, in which he had compressed and bound

κεῖνον γὰρ ταμίην ἀνέμων ποίησε Κρονίων,
ἠμὲν παυέμεναι ἠδ' ὀρνύμεν, ὅν κ' ἐθέλῃσι.
νηὶ δ' ἐνὶ γλαφυρῇ κατέδει μέρμιθι φαεινῇ
ἀργυρέῃ, ἵνα μή τι παραπνεύσῃ ὀλίγον περ·
αὐτὰρ ἐμοὶ πνοιὴν Ζεφύρου προέηκεν ἀῆναι, 25
ὄφρα φέροι νῆάς τε καὶ αὐτούς· οὐδ' ἄρ' ἔμελλεν
ἐκτελέειν· αὐτῶν γὰρ ἀπωλόμεθ' ἀφραδίῃσιν.
ἐννῆμαρ μὲν ὁμῶς πλέομεν νύκτας τε καὶ ἦμαρ,
τῇ δεκάτῃ δ' ἤδη ἀνεφαίνετο πατρὶς ἄρουρα,
καὶ δὴ πυρπολέοντας ἐλεύσσομεν ἐγγὺς ἐόντες· 30
ἔνθ' ἐμὲ μὲν γλυκὺς ὕπνος ἐπήλυθε κεκμηῶτα,
αἰεὶ γὰρ πόδα νηὸς ἐνώμων, οὐδέ τῳ ἄλλῳ
δῶχ' ἑτάρων, ἵνα θᾶσσον ἱκοίμεθα πατρίδα γαῖαν·
οἱ δ' ἕταροι ἐπέεσσι πρὸς ἀλλήλους ἀγόρευον,
καί μ' ἔφασαν χρυσόν τε καὶ ἄργυρον οἴκαδ' ἄγεσθαι 35
δῶρα παρ' Αἰόλου μεγαλήτορος Ἱπποτάδαο.
ὧδε δέ τις εἴπεσκεν ἰδὼν ἐς πλησίον ἄλλον·
'ὢ πόποι, ὡς ὅδε πᾶσι φίλος καὶ τίμιός ἐστιν
ἀνθρώποις, ὅτεών τε πόλιν καὶ γαῖαν ἵκηται.
πολλὰ μὲν ἐκ Τροίης ἄγεται κειμήλια καλὰ 40
ληίδος, ἡμεῖς δ' αὖτε ὁμὴν ὁδὸν ἐκτελέσαντες
οἴκαδε νισσόμεθα κενεὰς σὺν χεῖρας ἔχοντες·
καὶ νῦν οἱ τάδ' ἔδωκε χαριζόμενος φιλότητι
Αἴολος. ἀλλ' ἄγε θᾶσσον ἰδώμεθα ὅττι τάδ' ἐστίν,
ὅσσος τις χρυσός τε καὶ ἄργυρος ἀσκῷ ἔνεστιν.' 45
ὣς ἔφασαν, βουλὴ δὲ κακὴ νίκησεν ἑταίρων·
ἀσκὸν μὲν λῦσαν, ἄνεμοι δ' ἐκ πάντες ὄρουσαν.
τοὺς δ' αἶψ' ἁρπάξασα φέρεν πόντονδε θύελλα
κλαίοντας, γαίης ἄπο πατρίδος. αὐτὰρ ἐγώ γε
ἐγρόμενος κατὰ θυμὸν ἀμύμονα μερμήριξα, 50
ἠὲ πεσὼν ἐκ νηὸς ἀποφθίμην ἐνὶ πόντῳ,
ἦ ἀκέων τλαίην καὶ ἔτι ζωοῖσι μετείην.

The stormy winds of air; for Saturn's son 25
Had given him empire o'er the winds, with power
To calm them or to rouse them at his will.
This in our roomy galley he made fast
With a bright chain of silver, that no breath
Of ruder air might blow. He only left 30
The west wind free to waft our ships and us
Upon our way. But that was not to be;
We perished by a folly of our own.
 "Nine days we held our way, both day and night;
And now appeared in sight our native fields 35
On the tenth night, where on the shore we saw
Men kindling fires. Meantime a pleasant sleep
Had overcome my weary limbs, for long
Had I been guiding with incessant toil
The rudder, nor would trust it to the hand 40
Of any other, such was my desire
To reach our country by the shortest way.
Then talked my crew among themselves, and said
That I had brought with me from Æolus,
The large-souled son of Hippotas, rich gifts 45
Of gold and silver. Standing side by side
And looking at each other, thus they said:—
 "'How wonderfully is our chief revered
And loved by all men, wander where he will
Into what realm soever! From the coast 50
Of Troy he sailed with many precious things,
His share of spoil, while we, who with him went
And with him came, are empty-handed yet;
And now hath Æolus, to show how much
He prizes him, bestowed the treasures here. 55
Come, let us see them; let us know how much
Of gold and silver is concealed in this.'
 "Thus speaking to each other, they obeyed
The evil counsel. They untied the sack,
And straight the winds rushed forth and seized the ship, 60
And swept the crews, lamenting bitterly,
Far from their country out upon the deep;
And then I woke, and in my noble mind
Bethought me whether I should drop at once
Into the deep and perish, or remain 65
And silently endure and keep my place
Among the living. I remained, endured,

ἀλλ' ἔτλην καὶ ἔμεινα, καλυψάμενος δ' ἐνὶ νηὶ
κείμην. αἱ δ' ἐφέροντο κακῇ ἀνέμοιο θυέλλῃ
αὖτις ἐπ' Αἰολίην νῆσον, στενάχοντο δ' ἑταῖροι. 55
ἔνθα δ' ἐπ' ἠπείρου βῆμεν καὶ ἀφυσσάμεθ' ὕδωρ,
αἶψα δὲ δεῖπνον ἕλοντο θοῇς παρὰ νηυσὶν ἑταῖροι.
αὐτὰρ ἐπεὶ σίτοιό τ' ἐπασσάμεθ' ἠδὲ ποτῆτος,
δὴ τότ' ἐγὼ κήρυκά τ' ὀπασσάμενος καὶ ἑταῖρον
βῆν εἰς Αἰόλου κλυτὰ δώματα: τὸν δ' ἐκίχανον 60
δαινύμενον παρὰ ᾗ τ' ἀλόχῳ καὶ οἷσι τέκεσσιν.
ἐλθόντες δ' ἐς δῶμα παρὰ σταθμοῖσιν ἐπ' οὐδοῦ
ἑζόμεθ': οἱ δ' ἀνὰ θυμὸν ἐθάμβεον ἔκ τ' ἐρέοντο:
'πῶς ἦλθες, Ὀδυσεῦ; τίς τοι κακὸς ἔχραε δαίμων;
ἦ μέν σ' ἐνδυκέως ἀπεπέμπομεν, ὄφρ' ἀφίκοιο 65
πατρίδα σὴν καὶ δῶμα καὶ εἴ πού τοι φίλον ἐστίν.'
ὣς φάσαν, αὐτὰρ ἐγὼ μετεφώνεον ἀχνύμενος κῆρ:
'ἄασάν μ' ἕταροί τε κακοὶ πρὸς τοῖσί τε ὕπνος
σχέτλιος. ἀλλ' ἀκέσασθε, φίλοι: δύναμις γὰρ ἐν ὑμῖν.'
ὣς ἐφάμην μαλακοῖσι καθαπτόμενος ἐπέεσσιν, 70
οἱ δ' ἄνεω ἐγένοντο: πατὴρ δ' ἠμείβετο μύθῳ:
'ἔρρ' ἐκ νήσου θᾶσσον, ἐλέγχιστε ζωόντων:
οὐ γάρ μοι θέμις ἐστὶ κομιζέμεν οὐδ' ἀποπέμπειν
ἄνδρα τόν, ὅς κε θεοῖσιν ἀπέχθηται μακάρεσσιν:
ἔρρε, ἐπεὶ ἄρα θεοῖσιν ἀπεχθόμενος τόδ' ἱκάνεις.' 75
ὣς εἰπὼν ἀπέπεμπε δόμων βαρέα στενάχοντα.
ἔνθεν δὲ προτέρω πλέομεν ἀκαχήμενοι ἦτορ.
τείρετο δ' ἀνδρῶν θυμὸς ὑπ' εἰρεσίης ἀλεγεινῆς
ἡμετέρῃ ματίῃ, ἐπεὶ οὐκέτι φαίνετο πομπή.
ἑξῆμαρ μὲν ὁμῶς πλέομεν νύκτας τε καὶ ἦμαρ, 80
ἑβδομάτῃ δ' ἱκόμεσθα Λάμου αἰπὺ πτολίεθρον,
Τηλέπυλον Λαιστρυγονίην, ὅθι ποιμένα ποιμὴν
ἠπύει εἰσελάων, ὁ δέ τ' ἐξελάων ὑπακούει.
ἔνθα κ' ἄυπνος ἀνὴρ δοιοὺς ἐξήρατο μισθούς,
τὸν μὲν βουκολέων, τὸν δ' ἄργυφα μῆλα νομεύων: 85
ἐγγὺς γὰρ νυκτός τε καὶ ἤματός εἰσι κέλευθοι.
ἔνθ' ἐπεὶ ἐς λιμένα κλυτὸν ἤλθομεν, ὃν πέρι πέτρη
ἠλίβατος τετύχηκε διαμπερὲς ἀμφοτέρωθεν,
ἀκταὶ δὲ προβλῆτες ἐναντίαι ἀλλήλῃσιν

And covered with my mantle lay within
My galley, while the furious whirlwind bore
Back to the Æolian isle our groaning crews.   70
  "We landed on the coast, and to our barks
Brought water. Then my men prepared a meal
Beside the fleet; and having tasted food
And wine, I took a herald and a friend,
And, hastening to the sumptuous palace-halls   75
Of Æolus, I found him with his wife
And children banqueting. We sat us down
Upon the threshold at the palace-doors,
And they were all astonished, and inquired:—
  "'Why art thou here? What god thine enemy   80
Pursues thee, O Ulysses! whom we sent
So well prepared to reach thy native land,
Thy home, or any place that pleased thee most?'
  "They spake, and sorrowfully I replied:—
'The fault is all with my unthinking crew   85
And my own luckless slumber. Yet, my friends,
Repair the mischief, for ye have the power.'
  "Thus with submissive words I spake, but they
Sat mute, the father only answered me:—
  "'Hence with thee! Leave our island instantly,   90
Vilest of living men! It may not be
That I receive or aid as he departs
One who is hated by the blessed gods,—
And thou art hated by the gods. Away!'
  "He spake, and sent us from the palace-door   95
Lamenting. Sorrowfully went we on.
And now with rowing hard and long,—the fruit
Of our own folly,—all our crews lost heart,
And every hope of safe return was gone.
  "Six days and nights we sailed; the seventh we came   100
To lofty Læstrigoni with wide gates,
The city of Lamos, where, on going forth,
The shepherd calls to shepherd entering in.
There might a man who never yields to sleep
Earn double wages, first in pasturing herds,   105
And then in tending sheep; for there the fields
Grazed in the daytime are by others grazed
At night. We reached its noble haven, girt
By towering rocks that rise on every side,
And the bold shores run out to form its mouth,—   110

ἐν στόματι προύχουσιν, ἀραιὴ δ' εἴσοδός ἐστιν, 90
ἔνθ' οἵ γ' εἴσω πάντες ἔχον νέας ἀμφιελίσσας.
αἱ μὲν ἄρ' ἔντοσθεν λιμένος κοίλοιο δέδεντο
πλησίαι: οὐ μὲν γάρ ποτ' ἀέξετο κῦμά γ' ἐν αὐτῷ,
οὔτε μέγ' οὔτ' ὀλίγον, λευκὴ δ' ἦν ἀμφὶ γαλήνη:
αὐτὰρ ἐγὼν οἶος σχέθον ἔξω νῆα μέλαιναν, 95
αὐτοῦ ἐπ' ἐσχατιῇ, πέτρης ἐκ πείσματα δήσας:
ἔστην δὲ σκοπιὴν ἐς παιπαλόεσσαν ἀνελθών.
ἔνθα μὲν οὔτε βοῶν οὔτ' ἀνδρῶν φαίνετο ἔργα,
καπνὸν δ' οἶον ὁρῶμεν ἀπὸ χθονὸς ἀίσσοντα.
δὴ τότ' ἐγὼν ἑτάρους προΐειν πεύθεσθαι ἰόντας, 100
οἵ τινες ἀνέρες εἶεν ἐπὶ χθονὶ σῖτον ἔδοντες,
ἄνδρε δύω κρίνας, τρίτατον κήρυχ' ἅμ' ὀπάσσας.
οἱ δ' ἴσαν ἐκβάντες λείην ὁδόν, ᾗ περ ἄμαξαι
ἄστυδ' ἀφ' ὑψηλῶν ὀρέων καταγίνεον ὕλην,
κούρῃ δὲ ξύμβληντο πρὸ ἄστεος ὑδρευούσῃ, 105
θυγατέρ' ἰφθίμῃ Λαιστρυγόνος Ἀντιφάταο.
ἡ μὲν ἄρ' ἐς κρήνην κατεβήσετο καλλιρέεθρον
Ἀρτακίην: ἔνθεν γὰρ ὕδωρ προτὶ ἄστυ φέρεσκον:
οἱ δὲ παριστάμενοι προσεφώνεον ἔκ τ' ἐρέοντο
ὅς τις τῶνδ' εἴη βασιλεὺς καὶ οἷσιν ἀνάσσοι: 110
ἡ δὲ μάλ' αὐτίκα πατρὸς ἐπέφραδεν ὑψερεφὲς δῶ.
οἱ δ' ἐπεὶ εἰσῆλθον κλυτὰ δώματα, τὴν δὲ γυναῖκα
εὗρον, ὅσην τ' ὄρεος κορυφήν, κατὰ δ' ἔστυγον αὐτήν.
ἡ δ' αἶψ' ἐξ ἀγορῆς ἐκάλει κλυτὸν Ἀντιφατῆα,
ὃν πόσιν, ὃς δὴ τοῖσιν ἐμήσατο λυγρὸν ὄλεθρον. 115
αὐτίχ' ἕνα μάρψας ἑτάρων ὡπλίσσατο δεῖπνον:
τὼ δὲ δύ' ἀΐξαντε φυγῇ ἐπὶ νῆας ἱκέσθην.
αὐτὰρ ὁ τεῦχε βοὴν διὰ ἄστεος: οἱ δ' ἀίοντες
φοίτων ἴφθιμοι Λαιστρυγόνες ἄλλοθεν ἄλλος,
μυρίοι, οὐκ ἄνδρεσσιν ἐοικότες, ἀλλὰ Γίγασιν. 120
οἵ ῥ' ἀπὸ πετράων ἀνδραχθέσι χερμαδίοισιν
βάλλον: ἄφαρ δὲ κακὸς κόναβος κατὰ νῆας ὀρώρει
ἀνδρῶν τ' ὀλλυμένων νηῶν θ' ἅμα ἀγνυμενάων:
ἰχθῦς δ' ὣς πείροντες ἀτερπέα δαῖτα φέροντο.
ὄφρ' οἱ τοὺς ὄλεκον λιμένος πολυβενθέος ἐντός, 125
τόφρα δ' ἐγὼ ξίφος ὀξὺ ἐρυσσάμενος παρὰ μηροῦ

A narrow entrance. There the other crews
Stationed their barks, and moored them close beside
Each other, in that hill-encircled port.
No billow, even the smallest, rises there;
The water glimmers with perpetual calm.   115
I only kept my dark-hulled ship without,
And bound its cable to a jutting rock.
    "I climbed a rugged headland, and looked forth.
No marks of tilth appeared, the work of men
Or oxen, only smokes that from below   120
Rose in the air. And then I sent forth scouts
To learn what race of men who live by bread
Inhabited the land. Two chosen men
I sent, a herald made the third; and these
Went inland by a level path, on which   125
The wains brought fuel from the woody heights
Into the city. On their way they met,
Before the town, a damsel with an ewer,—
The stately daughter of Antiphates,
The Læstrigonian, who was coming down   130
To where Artacia's smoothly flowing fount
Gave water for the city. They drew near
And spake, and asked her who was sovereign there,
And who his people. Straight she pointed out
A lofty pile in which her father dwelt.   135
They entered that proud palace, and beheld,
Tall as a mountain peak, the monarch's wife,
And shuddered at the sight. With eager haste
She called her husband, King Antiphates,
From council. With a murderous intent   140
He came, and, seizing one of my poor friends,
Devoured him, while the other two betook
Themselves to sudden flight and reached the ships.
And then he raised a fearful yell that rang
Through all the city. The strong Læstrigons   145
Rushed forth by thousands from all sides, more like
To giants than to common men. They hurled
Stones of enormous weight from cliffs above,
And cries of those who perished and the crash
Of shattered galleys rose. They speared our friends   150
Like fishes for their horrid feasts, and thus
Bore them away. While those within the port
Were slaughtered, drawing my good sword I cut

τῷ ἀπὸ πείσματ' ἔκοψα νεὸς κυανοπρῴροιο.
αἶψα δ' ἐμοῖς ἑτάροισιν ἐποτρύνας ἐκέλευσα
ἐμβαλέειν κώπῃς, ἵν' ὑπὲκ κακότητα φύγοιμεν·
οἱ δ' ἄλα πάντες ἀνέρριψαν, δείσαντες ὄλεθρον. 130
ἀσπασίως δ' ἐς πόντον ἐπηρεφέας φύγε πέτρας
νηῦς ἐμή· αὐτὰρ αἱ ἄλλαι ἀολλέες αὐτόθ' ὄλοντο.
ἔνθεν δὲ προτέρω πλέομεν ἀκαχήμενοι ἦτορ,
ἄσμενοι ἐκ θανάτοιο, φίλους ὀλέσαντες ἑταίρους.
Αἰαίην δ' ἐς νῆσον ἀφικόμεθ'· ἔνθα δ' ἔναιε 135
Κίρκη ἐυπλόκαμος, δεινὴ θεὸς αὐδήεσσα,
αὐτοκασιγνήτη ὀλοόφρονος Αἰήταο·
ἄμφω δ' ἐκγεγάτην φαεσιμβρότου Ἡελίοιο
μητρός τ' ἐκ Πέρσης, τὴν Ὠκεανὸς τέκε παῖδα.
ἔνθα δ' ἐπ' ἀκτῆς νηὶ κατηγαγόμεσθα σιωπῇ 140
ναύλοχον ἐς λιμένα, καί τις θεὸς ἡγεμόνευεν.
ἔνθα τότ' ἐκβάντες δύο τ' ἤματα καὶ δύο νύκτας
κείμεθ' ὁμοῦ καμάτῳ τε καὶ ἄλγεσι θυμὸν ἔδοντες.
ἀλλ' ὅτε δὴ τρίτον ἦμαρ ἐυπλόκαμος τέλεσ' Ἡώς,
καὶ τότ' ἐγὼν ἐμὸν ἔγχος ἑλὼν καὶ φάσγανον ὀξὺ 145
καρπαλίμως παρὰ νηὸς ἀνήιον ἐς περιωπήν,
εἴ πως ἔργα ἴδοιμι βροτῶν ἐνοπήν τε πυθοίμην.
ἔστην δὲ σκοπιὴν ἐς παιπαλόεσσαν ἀνελθών,
καί μοι ἐείσατο καπνὸς ἀπὸ χθονὸς εὐρυοδείης,
Κίρκης ἐν μεγάροισι, διὰ δρυμὰ πυκνὰ καὶ ὕλην. 150
μερμήριξα δ' ἔπειτα κατὰ φρένα καὶ κατὰ θυμὸν
ἐλθεῖν ἠδὲ πυθέσθαι, ἐπεὶ ἴδον αἴθοπα καπνόν.
ὧδε δέ μοι φρονέοντι δοάσσατο κέρδιον εἶναι,
πρῶτ' ἐλθόντ' ἐπὶ νῆα θοὴν καὶ θῖνα θαλάσσης
δεῖπνον ἑταίροισιν δόμεναι προέμεν τε πυθέσθαι. 155
ἀλλ' ὅτε δὴ σχεδὸν ἦα κιὼν νεὸς ἀμφιελίσσης,
καὶ τότε τίς με θεῶν ὀλοφύρατο μοῦνον ἐόντα,
ὅς ῥά μοι ὑψίκερων ἔλαφον μέγαν εἰς ὁδὸν αὐτὴν
ἧκεν. ὁ μὲν ποταμόνδε κατήιεν ἐκ νομοῦ ὕλης
πιόμενος· δὴ γάρ μιν ἔχεν μένος ἠελίοιο. 160
τὸν δ' ἐγὼ ἐκβαίνοντα κατ' ἄκνηστιν μέσα νῶτα

The hawsers fastened to my ship's blue prow,
And cheered my men, and bade them fling themselves 155
Upon the oars, that so we might escape
Our threatened fate. They heard, and plied their oars
Like men who rowed for life. The galley shot
Forth from these beetling rocks into the sea
Full gladly; all the others perished there. 160
   "Onward we sailed, with sorrow in our hearts
For our lost friends, though glad to be reprieved
From death. And now we landed at an isle,—
Æææ, where the fair-haired Circè dwelt,
A goddess high in rank and skilled in song, 165
Own sister of the wise Æætes. Both
Were children of the source of light, the Sun,
And Persè, Ocean's daughter, brought them forth.
We found a haven here, where ships might lie;
And guided by some deity we brought 170
Our galley silently against the shore,
And disembarked, and gave two days and nights
To rest, unmanned with hardship and with grief.
   "When bright-haired Morning brought the third day
      round,
I took my spear and my good sword, and left 175
The ship, and climbed a height, in hope to spy
Some trace of human toil, or hear some voice.
On a steep precipice I stood, and saw
From the broad earth below a rising smoke,
Where midst the thickets and the forest-ground 180
Stood Circè's palace. Seeing that dark smoke,
The thought arose within my mind that there
I should inquire. I pondered till at last
This seemed the wisest,—to return at once
To my good ship upon the ocean-side, 185
And give my crew their meal, and send them forth
To view the region. Coming to the spot
Where lay my well-oared bark, some pitying god
Beneath whose eye I wandered forth alone
Sent a huge stag into my very path, 190
High-horned, which from his pasture in the wood
Descended to the river-side to drink,
For grievously he felt the hot sun's power.
Him as he ran I smote; the weapon pierced,
Just at the spine, the middle of his back. 195

πλῆξα: τὸ δ' ἀντικρὺ δόρυ χάλκεον ἐξεπέρησε,
κὰδ δ' ἔπεσ' ἐν κονίῃσι μακών, ἀπὸ δ' ἔπτατο θυμός.
τῷ δ' ἐγὼ ἐμβαίνων δόρυ χάλκεον ἐξ ὠτειλῆς
εἰρυσάμην: τὸ μὲν αὖθι κατακλίνας ἐπὶ γαίῃ 165
εἴασ': αὐτὰρ ἐγὼ σπασάμην ῥῶπάς τε λύγους τε,
πεῖσμα δ', ὅσον τ' ὄργυιαν, ἐυστρεφὲς ἀμφοτέρωθεν
πλεξάμενος συνέδησα πόδας δεινοῖο πελώρου,
βῆν δὲ καταλοφάδεια φέρων ἐπὶ νῆα μέλαιναν
ἔγχει ἐρειδόμενος, ἐπεὶ οὔ πως ἦεν ἐπ' ὤμου 170
χειρὶ φέρειν ἑτέρῃ: μάλα γὰρ μέγα θηρίον ἦεν.
κὰδ' δ' ἔβαλον προπάροιθε νεός, ἀνέγειρα δ' ἑταίρους
μειλιχίοις ἐπέεσσι παρασταδὸν ἄνδρα ἕκαστον:
'ὦ φίλοι, οὐ γάρ πω καταδυσόμεθ' ἀχνύμενοί περ
εἰς Ἀίδαο δόμους, πρὶν μόρσιμον ἦμαρ ἐπέλθῃ: 175
ἀλλ' ἄγετ', ὄφρ' ἐν νηὶ θοῇ βρῶσίς τε πόσις τε,
μνησόμεθα βρώμης, μηδὲ τρυχώμεθα λιμῷ.'
ὣς ἐφάμην, οἱ δ' ὦκα ἐμοῖς ἐπέεσσι πίθοντο,
ἐκ δὲ καλυψάμενοι παρὰ θῖν' ἁλὸς ἀτρυγέτοιο
θηήσαντ' ἔλαφον: μάλα γὰρ μέγα θηρίον ἦεν. 180
αὐτὰρ ἐπεὶ τάρπησαν ὁρώμενοι ὀφθαλμοῖσιν,
χεῖρας νιψάμενοι τεύχοντ' ἐρικυδέα δαῖτα.
ὣς τότε μὲν πρόπαν ἦμαρ ἐς ἠέλιον καταδύντα
ἤμεθα δαινύμενοι κρέα τ' ἄσπετα καὶ μέθυ ἡδύ:
ἦμος δ' ἠέλιος κατέδυ καὶ ἐπὶ κνέφας ἦλθε, 185
δὴ τότε κοιμήθημεν ἐπὶ ῥηγμῖνι θαλάσσης.
ἦμος δ' ἠριγένεια φάνη ῥοδοδάκτυλος Ἠώς,
καὶ τότ' ἐγὼν ἀγορὴν θέμενος μετὰ πᾶσιν ἔειπον:
'κέκλυτέ μευ μύθων, κακά περ πάσχοντες ἑταῖροι:
ὦ φίλοι, οὐ γάρ τ' ἴδμεν, ὅπῃ ζόφος οὐδ' ὅπῃ ἠώς, 190
οὐδ' ὅπῃ ἠέλιος φαεσίμβροτος εἶσ' ὑπὸ γαῖαν,
οὐδ' ὅπῃ ἀννεῖται: ἀλλὰ φραζώμεθα θᾶσσον
εἴ τις ἔτ' ἔσται μῆτις. ἐγὼ δ' οὔκ οἴομαι εἶναι.
εἶδον γὰρ σκοπιὴν ἐς παιπαλόεσσαν ἀνελθὼν
νῆσον, τὴν πέρι πόντος ἀπείριτος ἐστεφάνωται: 195
αὐτὴ δὲ χθαμαλὴ κεῖται: καπνὸν δ' ἐνὶ μέσσῃ
ἔδρακον ὀφθαλμοῖσι διὰ δρυμὰ πυκνὰ καὶ ὕλην.'

The brazen blade passed through, and with a moan
He fell amid the dust, and yielded up
His life. I went to him, and set my foot
Against him, and plucked forth the brazen spear,
And left it leaning there. And then I broke 200
Lithe osiers from the shrubs, and twined of these
A rope, which, doubled, was an ell in length.
With that I tied the enormous creature's feet,
And slung him on my neck, and brought him thus
To my black ship. I used the spear to prop 205
My steps, since he no longer could be borne
Upon the shoulder, aided by the hand,
Such was the animal's bulk. I flung him down
Before the ship, encouraging my men
With cheerful words, and thus I said to each:— 210
   "'My friends, we will not, wretched as we are,
Go down to Pluto's realm before our time.
While food and wine are yet within the hold
Of our good galley, let us not forget
Our daily meals, and famine-stricken pine.' 215
   "I spake; they all obeyed, and at my word
Came forth, and standing by the barren deep
Admired the stag, for he was huge of bulk;
And when their eyes were tired with wondering,
My people washed their hands, and soon had made 220
A noble banquet ready. All that day
Till set of sun we sat and feasted there
Upon the abundant meat and delicate wine;
And when the sun went down, and darkness came,
We slept upon the shore. But when the Morn, 225
The rosy-fingered child of Dawn, looked forth,
I called a council of my men and spake:—
   "'Give ear, my friends, amid your sufferings,
To words that I shall say. We cannot here
Know which way lies the west, nor where the east, 230
Nor where the sun, that shines for all mankind,
Descends below the earth, nor where again
He rises from it. Yet will we consult,
If room there be for counsel,—which I doubt,
For when I climbed that height I overlooked 235
An isle surrounded by the boundless deep,—
An isle low lying. In the midst I saw
Smoke rising from a thicket of the wood.'

ὣς ἐφάμην, τοῖσιν δὲ κατεκλάσθη φίλον ἦτορ
μνησαμένοις ἔργων Λαιστρυγόνος Ἀντιφάταο
Κύκλωπός τε βίης μεγαλήτορος, ἀνδροφάγοιο. 200
κλαῖον δὲ λιγέως θαλερὸν κατὰ δάκρυ χέοντες:
ἀλλ᾽ οὐ γάρ τις πρῆξις ἐγίγνετο μυρομένοισιν.
αὐτὰρ ἐγὼ δίχα πάντας ἐυκνήμιδας ἑταίρους
ἠρίθμεον, ἀρχὸν δὲ μετ᾽ ἀμφοτέροισιν ὄπασσα:
τῶν μὲν ἐγὼν ἦρχον, τῶν δ᾽ Εὐρύλοχος θεοειδής. 205
κλήρους δ᾽ ἐν κυνέῃ χαλκήρεϊ πάλλομεν ὦκα:
ἐκ δ᾽ ἔθορε κλῆρος μεγαλήτορος Εὐρυλόχοιο.
βῆ δ᾽ ἰέναι, ἅμα τῷ γε δύω καὶ εἴκοσ᾽ ἑταῖροι
κλαίοντες: κατὰ δ᾽ ἄμμε λίπον γοόωντας ὄπισθεν.
εὗρον δ᾽ ἐν βήσσῃσι τετυγμένα δώματα Κίρκης 210
ξεστοῖσιν λάεσσι, περισκέπτῳ ἐνὶ χώρῳ:
ἀμφὶ δέ μιν λύκοι ἦσαν ὀρέστεροι ἠδὲ λέοντες,
τοὺς αὐτὴ κατέθελξεν, ἐπεὶ κακὰ φάρμακ᾽ ἔδωκεν.
οὐδ᾽ οἵ γ᾽ ὡρμήθησαν ἐπ᾽ ἀνδράσιν, ἀλλ᾽ ἄρα τοί γε
οὐρῇσιν μακρῇσι περισσαίνοντες ἀνέσταν. 215
ὡς δ᾽ ὅτ᾽ ἂν ἀμφὶ ἄνακτα κύνες δαίτηθεν ἰόντα
σαίνωσ᾽, αἰεὶ γάρ τε φέρει μειλίγματα θυμοῦ,
ὣς τοὺς ἀμφὶ λύκοι κρατερώνυχες ἠδὲ λέοντες
σαῖνον: τοὶ δ᾽ ἔδεισαν, ἐπεὶ ἴδον αἰνὰ πέλωρα.
ἔσταν δ᾽ ἐν προθύροισι θεᾶς καλλιπλοκάμοιο, 220
Κίρκης δ᾽ ἔνδον ἄκουον ἀειδούσης ὀπὶ καλῇ,
ἱστὸν ἐποιχομένης μέγαν ἄμβροτον, οἷα θεάων
λεπτά τε καὶ χαρίεντα καὶ ἀγλαὰ ἔργα πέλονται.
τοῖσι δὲ μύθων ἦρχε Πολίτης ὄρχαμος ἀνδρῶν,
ὅς μοι κήδιστος ἑτάρων ἦν κεδνότατός τε: 225
‘ὦ φίλοι, ἔνδον γάρ τις ἐποιχομένη μέγαν ἱστὸν
καλὸν ἀοιδιάει, δάπεδον δ᾽ ἅπαν ἀμφιμέμυκεν,
ἢ θεὸς ἠὲ γυνή: ἀλλὰ φθεγγώμεθα θᾶσσον.᾽
ὣς ἄρ᾽ ἐφώνησεν, τοὶ δὲ φθέγγοντο καλεῦντες.
ἡ δ᾽ αἶψ᾽ ἐξελθοῦσα θύρας ὤιξε φαεινὰς 230
καὶ κάλει: οἱ δ᾽ ἅμα πάντες ἀιδρείῃσιν ἕποντο:
Εὐρύλοχος δ᾽ ὑπέμεινεν, ὀισάμενος δόλον εἶναι.

"I spake; their courage died within their hearts
As they remembered what Antiphates,   240
The Læstrigon, had done, and what foul deeds
The cannibal Cyclops, and they wept aloud.
Tears flowed abundantly, but tears were now
Of no avail to our unhappy band.
      "Numbering my well-armed men, I made of them   245
Two equal parties, giving each its chief.
Myself commanded one; Eurylochus,
The hero, took the other in his charge.
      "Then in a brazen helm we shook the lots;
The lot of brave Eurylochus leaped forth,   250
And he with two-and-twenty of our men
Went forward with quick steps, and yet in tears,
While we as sorrowful were left behind.
      "They found the fair abode where Circè dwelt,
A palace of hewn stone within the vale,   255
Yet nobly seated. There were mountain wolves
And lions round it, which herself had tamed
With powerful drugs; yet these assaulted not
The visitors, but, wagging their long tails,
Stood on their hinder feet, and fawned on them,   260
Like mastiffs on their master when he comes
From banqueting and brings them food. So fawned
The strong-clawed wolves and lions on my men.
With fear my men beheld those beasts of prey,
Yet went, and, standing in the portico   265
Of the bright-haired divinity, they heard
Her sweet voice singing, as within she threw
The shuttle through the wide immortal web,
Such as is woven by the goddesses,—
Delicate, bright of hue, and beautiful.   270
      "Polites then, a chief the most beloved
And most discreet of all my comrades, spake:—
      "'Some one is here, my friends, who sweetly sings,
Weaving an ample web, and all the floor
Rings to her voice. Whoever she may be,   275
Woman or goddess, let us call to her.'
      "He spake; aloud they called, and forth she came
And threw at once the shining doors apart,
And bade my comrades enter. Without thought
They followed her. Eurylochus alone   280
Remained without, for he suspected guile.

εἷσεν δ' εἰσαγαγοῦσα κατὰ κλισμούς τε θρόνους τε,
ἐν δέ σφιν τυρόν τε καὶ ἄλφιτα καὶ μέλι χλωρὸν
οἴνῳ Πραμνείῳ ἐκύκα· ἀνέμισγε δὲ σίτῳ 235
φάρμακα λύγρ', ἵνα πάγχυ λαθοίατο πατρίδος αἴης.
αὐτὰρ ἐπεὶ δῶκέν τε καὶ ἔκπιον, αὐτίκ' ἔπειτα
ῥάβδῳ πεπληγυῖα κατὰ συφεοῖσιν ἐέργνυ.
οἱ δὲ συῶν μὲν ἔχον κεφαλὰς φωνήν τε τρίχας τε
καὶ δέμας, αὐτὰρ νοῦς ἦν ἔμπεδος, ὡς τὸ πάρος περ. 240
ὣς οἱ μὲν κλαίοντες ἐέρχατο, τοῖσι δὲ Κίρκη
πάρ ῥ' ἄκυλον βάλανόν τε βάλεν καρπόν τε κρανείης
ἔδμεναι, οἷα σύες χαμαιευνάδες αἰὲν ἔδουσιν.
Εὐρύλοχος δ' αἶψ' ἦλθε θοὴν ἐπὶ νῆα μέλαιναν
ἀγγελίην ἑτάρων ἐρέων καὶ ἀδευκέα πότμον. 245
οὐδέ τι ἐκφάσθαι δύνατο ἔπος ἱεμένός περ,
κῆρ ἄχεϊ μεγάλῳ βεβολημένος· ἐν δέ οἱ ὄσσε
δακρυόφιν πίμπλαντο, γόον δ' ὠίετο θυμός.
ἀλλ' ὅτε δή μιν πάντες ἀγασσάμεθ' ἐξερέοντες,
καὶ τότε τῶν ἄλλων ἑτάρων κατέλεξεν ὄλεθρον· 250
   'ἤιομεν, ὡς ἐκέλευες, ἀνὰ δρυμά, φαίδιμ' Ὀδυσσεῦ·
εὕρομεν ἐν βήσσῃσι τετυγμένα δώματα καλὰ
ξεστοῖσιν λάεσσι, περισκέπτῳ ἐνὶ χώρῳ.
ἔνθα δέ τις μέγαν ἱστὸν ἐποιχομένη λίγ' ἄειδεν,
ἢ θεὸς ἠὲ γυνή· τοὶ δὲ φθέγγοντο καλεῦντες. 255
ἡ δ' αἶψ' ἐξελθοῦσα θύρας ὤιξε φαεινὰς
καὶ κάλει· οἱ δ' ἅμα πάντες ἀιδρείῃσιν ἕποντο·
αὐτὰρ ἐγὼν ὑπέμεινα, ὀισάμενος δόλον εἶναι.
οἱ δ' ἅμ' ἀιστώθησαν ἀολλέες, οὐδέ τις αὐτῶν
ἐξεφάνη· δηρὸν δὲ καθήμενος ἐσκοπίαζον.' 260
ὣς ἔφατ', αὐτὰρ ἐγὼ περὶ μὲν ξίφος ἀργυρόηλον
ὤμοιιν βαλόμην, μέγα χάλκεον, ἀμφὶ δὲ τόξα·
τὸν δ' ἂψ ἠνώγεα αὐτὴν ὁδὸν ἡγήσασθαι.
αὐτὰρ ὅ γ' ἀμφοτέρῃσι λαβὼν ἐλλίσσετο γούνων
καί μ' ὀλοφυρόμενος ἔπεα πτερόεντα προσηύδα· 265
   'μή μ' ἄγε κεῖσ' ἀέκοντα, διοτρεφές, ἀλλὰ λίπ' αὐτοῦ.
οἶδα γάρ, ὡς οὔτ' αὐτὸς ἐλεύσεαι οὔτε τιν' ἄλλον

She led them in and seated them on thrones.
Then mingling for them Pramnian wine with cheese,
Meal, and fresh honey, and infusing drugs
Into the mixture,—drugs which made them lose 285
The memory of their home,—she handed them
The beverage and they drank. Then instantly
She touched them with a wand, and shut them up
In sties, transformed to swine in head and voice,
Bristles and shape, though still the human mind 290
Remained to them. Thus sorrowing they were driven
Into their cells, where Circè flung to them
Acorns of oak and ilex, and the fruit
Of cornel, such as nourish wallowing swine.
  "Back came Eurylochus to our good ship 295
With news of our poor comrades and their fate,
He strove to speak, but could not; he was stunned
By that calamity; his eyes were filled
With tears, and his whole soul was given to grief.
We marvelled greatly; long we questioned him, 300
And thus he spake of our lost friends at last:—
  "'Through yonder thickets, as thou gav'st command,
Illustrious chief! we went, until we reached
A stately palace of hewn stones, within
A vale, yet nobly seated. Some one there, 305
Goddess or woman, weaving busily
An ample web, sang sweetly as she wrought.
My comrades called aloud, and forth she came,
And threw at once the shining doors apart,
And bade us enter. Without thought the rest 310
Followed, while I alone, suspecting guile,
Remained without. My comrades, from that hour,
Were seen no more; not one of them again
Came forth, though long I sat and watched for them.'
  "He spake; I slung my silver-studded sword 315
Upon my shoulders,—a huge blade of brass,—
And my bow with it, and commanded him
To lead the way. He seized and clasped my knees
With both his hands in attitude of prayer,
And sorrowfully said these winged words:— 320
  "'Take me not thither; force me not to go,
O foster-child of Jove! but leave me here;
For thou wilt not return, I know, nor yet
Deliver one of our lost friends. Our part

ἄξεις σῶν ἑτάρων. ἀλλὰ ξὺν τοίσδεσι θᾶσσον
φεύγωμεν· ἔτι γάρ κεν ἀλύξαιμεν κακὸν ἦμαρ.'
  ὣς ἔφατ', αὐτὰρ ἐγώ μιν ἀμειβόμενος προσέειπον· 270
Εὐρύλοχ', ἦ τοι μὲν σὺ μέν' αὐτοῦ τῷδ' ἐνὶ χώρῳ
ἔσθων καὶ πίνων κοίλῃ παρὰ νηὶ μελαίνῃ·
αὐτὰρ ἐγὼν εἶμι, κρατερὴ δέ μοι ἔπλετ' ἀνάγκη.'
  ὣς εἰπὼν παρὰ νηὸς ἀνήιον ἠδὲ θαλάσσης.
ἀλλ' ὅτε δὴ ἄρ' ἔμελλον ἰὼν ἱερὰς ἀνὰ βήσσας 275
Κίρκης ἵξεσθαι πολυφαρμάκου ἐς μέγα δῶμα,
ἔνθα μοι Ἑρμείας χρυσόρραπις ἀντεβόλησεν
ἐρχομένῳ πρὸς δῶμα, νεηνίῃ ἀνδρὶ ἐοικώς,
πρῶτον ὑπηνήτῃ, τοῦ περ χαριεστάτη ἥβη·
ἔν τ' ἄρα μοι φῦ χειρί, ἔπος τ' ἔφατ' ἔκ τ' ὀνόμαζε· 280
  'πῇ δὴ αὖτ', ὦ δύστηνε, δι' ἄκριας ἔρχεαι οἶος,
χώρου ἄιδρις ἐών; ἕταροι δέ τοι οἵδ' ἐνὶ Κίρκης
ἔρχαται ὥς τε σύες πυκινοὺς κευθμῶνας ἔχοντες.
ἦ τοὺς λυσόμενος δεῦρ' ἔρχεαι; οὐδέ σέ φημι
αὐτὸν νοστήσειν, μενέεις δὲ σύ γ', ἔνθα περ ἄλλοι. 285
ἀλλ' ἄγε δή σε κακῶν ἐκλύσομαι ἠδὲ σαώσω.
τῆ, τόδε φάρμακον ἐσθλὸν ἔχων ἐς δώματα Κίρκης
ἔρχευ, ὅ κέν τοι κρατὸς ἀλάλκῃσιν κακὸν ἦμαρ.
πάντα δέ τοι ἐρέω ὀλοφώια δήνεα Κίρκης.
τεύξει τοι κυκεῶ, βαλέει δ' ἐν φάρμακα σίτῳ. 290
ἀλλ' οὐδ' ὧς θέλξαι σε δυνήσεται· οὐ γὰρ ἐάσει
φάρμακον ἐσθλόν, ὅ τοι δώσω, ἐρέω δὲ ἕκαστα.
ὁππότε κεν Κίρκη σ' ἐλάσῃ περιμήκεϊ ῥάβδῳ,
δὴ τότε σὺ ξίφος ὀξὺ ἐρυσσάμενος παρὰ μηροῦ
Κίρκῃ ἐπαΐξαι, ὥς τε κτάμεναι μενεαίνων. 295
ἡ δέ σ' ὑποδείσασα κελήσεται εὐνηθῆναι·
ἔνθα σὺ μηκέτ' ἔπειτ' ἀπανήνασθαι θεοῦ εὐνήν,
ὄφρα κέ τοι λύσῃ θ' ἑτάρους αὐτόν τε κομίσσῃ·
ἀλλὰ κέλεσθαί μιν μακάρων μέγαν ὅρκον ὀμόσσαι,
μή τί τοι αὐτῷ πῆμα κακὸν βουλευσέμεν ἄλλο, 300
μή σ' ἀπογυμνωθέντα κακὸν καὶ ἀνήνορα θήῃ.'
  ὣς ἄρα φωνήσας πόρε φάρμακον ἀργεϊφόντης
ἐκ γαίης ἐρύσας, καί μοι φύσιν αὐτοῦ ἔδειξε.
ῥίζῃ μὲν μέλαν ἔσκε, γάλακτι δὲ εἴκελον ἄνθος·

Is to betake ourselves to instant flight
With these who yet remain, and so escape.'
    "He spake, and I replied: 'Eurylochus,
Remain thou here, beside our roomy ship,
Eating and drinking. I shall surely go.
A strong necessity is laid on me.'
    "I spake, and from the ship and shore went up
Into the isle; and when I found myself
Within that awful valley, and not far
From the great palace in which Circè dwelt,
The sorceress, there met me on my way
A youth; he seemed in manhood's early prime,
When youth has most of grace. He took my hand
And held it, and, accosting me, began:—
    "'Rash mortal! whither art thou wandering thus
Alone among the hills, where every place
Is strange to thee? Thy comrades are shut up
In Circè's palace in close cells like swine.
Com'st thou to set them free? Nay, thou like them
Wilt rather find thyself constrained to stay.
Let me bestow the means to make thee safe
Against that mischief. Take this potent herb,
And bear it with thee to the palace-halls
Of Circè, and it shall avert from thee
The threatened evil. I will now reveal
The treacherous arts of Circè. She will bring
A mingled draught to thee, and drug the bowl,
But will not harm thee thus; the virtuous plant
I gave thee will prevent it. Hear yet more:
When she shall smite thee with her wand, draw forth
Thy good sword from thy thigh and rush at her
As if to take her life, and she will crouch
In fear, and will solicit thine embrace.
Refuse her not, that so she may release
Thy comrades, and may send thee also back
To thine own land; but first exact of her
The solemn oath which binds the blessed gods,
That she will meditate no other harm
To thee, nor strip thee of thy manly strength.'
    "The Argus-queller spake, and plucked from earth
The potent plant and handed it to me,
And taught me all its powers. The root is black,
The blossom white as milk. Among the gods

μῶλυ δέ μιν καλέουσι θεοί· χαλεπὸν δέ τ' ὀρύσσειν 305
ἀνδράσι γε θνητοῖσι, θεοὶ δέ τε πάντα δύνανται.
Ἑρμείας μὲν ἔπειτ' ἀπέβη πρὸς μακρὸν Ὄλυμπον
νῆσον ἀν' ὑλήεσσαν, ἐγὼ δ' ἐς δώματα Κίρκης
ἤια, πολλὰ δέ μοι κραδίη πόρφυρε κιόντι.
ἔστην δ' εἰνὶ θύρῃσι θεᾶς καλλιπλοκάμοιο· 310
ἔνθα στὰς ἐβόησα, θεὰ δέ μευ ἔκλυεν αὐδῆς.
ἡ δ' αἶψ' ἐξελθοῦσα θύρας ὤιξε φαεινὰς
καὶ κάλει· αὐτὰρ ἐγὼν ἑπόμην ἀκαχήμενος ἦτορ.
εἷσε δέ μ' εἰσαγαγοῦσα ἐπὶ θρόνου ἀργυροήλου
καλοῦ δαιδαλέου· ὑπὸ δὲ θρῆνυς ποσὶν ἦεν· 315
τεῦχε δέ μοι κυκεῶ χρυσέῳ δέπαι, ὄφρα πίοιμι,
ἐν δέ τε φάρμακον ἧκε, κακὰ φρονέουσ' ἐνὶ θυμῷ.
αὐτὰρ ἐπεὶ δῶκέν τε καὶ ἔκπιον, οὐδέ μ' ἔθελξε,
ῥάβδῳ πεπληγυῖα ἔπος τ' ἔφατ' ἔκ τ' ὀνόμαζεν·
'ἔρχεο νῦν συφεόνδε, μετ' ἄλλων λέξο ἑταίρων.' 320
ὣς φάτ', ἐγὼ δ' ἄορ ὀξὺ ἐρυσσάμενος παρὰ μηροῦ
Κίρκῃ ἐπήιξα ὥς τε κτάμεναι μενεαίνων.
ἡ δὲ μέγα ἰάχουσα ὑπέδραμε καὶ λάβε γούνων,
καί μ' ὀλοφυρομένη ἔπεα πτερόεντα προσηύδα·
'τίς πόθεν εἰς ἀνδρῶν; πόθι τοι πόλις ἠδὲ τοκῆες; 325
θαῦμά μ' ἔχει ὡς οὔ τι πιὼν τάδε φάρμακ' ἐθέλχθης·
οὐδὲ γὰρ οὐδέ τις ἄλλος ἀνὴρ τάδε φάρμακ' ἀνέτλη,
ὅς κε πίῃ καὶ πρῶτον ἀμείψεται ἕρκος ὀδόντων.
σοὶ δέ τις ἐν στήθεσσιν ἀκήλητος νόος ἐστίν.
ἦ σύ γ' Ὀδυσσεύς ἐσσι πολύτροπος, ὅν τέ μοι αἰεὶ 330
φάσκεν ἐλεύσεσθαι χρυσόρραπις ἀργειφόντης,
ἐκ Τροίης ἀνιόντα θοῇ σὺν νηὶ μελαίνῃ.
ἀλλ' ἄγε δὴ κολεῷ μὲν ἄορ θέο, νῶι δ' ἔπειτα
εὐνῆς ἡμετέρης ἐπιβείομεν, ὄφρα μιγέντε
εὐνῇ καὶ φιλότητι πεποίθομεν ἀλλήλοισιν.' 335
ὣς ἔφατ', αὐτὰρ ἐγώ μιν ἀμειβόμενος προσέειπον·
'ὦ Κίρκη, πῶς γάρ με κέλεαι σοὶ ἤπιον εἶναι,
ἥ μοι σῦς μὲν ἔθηκας ἐνὶ μεγάροισιν ἑταίρους,
αὐτὸν δ' ἐνθάδ' ἔχουσα δολοφρονέουσα κελεύεις

Its name is Moly; hard it is for men
To dig it up; the gods find nothing hard.
   "Back through the woody island Hermes went   370
Toward high Olympus, while I took my way
To Circè's halls, yet with a beating heart.
There, as I stood beneath the portico
Of that bright-haired divinity, I called
Aloud; the goddess heard my voice and came,   375
And threw at once the shining doors apart,
And prayed me to come in. I followed her,
Yet grieving still. She led me in and gave
A seat upon a silver-studded throne,
Beautiful, nobly wrought, and placed beneath   380
A footstool, and prepared a mingled draught
Within a golden chalice, and infused
A drug with mischievous intent. She gave
The cup; I drank it off; the charm wrought not,
And then she smote me with her wand and said:—   385
'Go to the sty, and with thy fellows sprawl.'
   "She spake; but drawing forth the trusty sword
Upon my thigh, I rushed at her as if
To take her life. She shrieked and, stooping low,
Ran underneath my arm and clasped my knees,   390
And uttered piteously these winged words:—
   "'Who art thou? of what race and of what land,
And who thy parents? I am wonder-struck
To see that thou couldst drink that magic juice
And yield not to its power. No living man,   395
Whoever he might be, that tasted once
Those drugs, or passed them o'er his lips, has yet
Withstood them. In thy breast a spirit dwells
Not to be thus subdued. Art thou not then
Ulysses, master of wise stratagems,   400
Whose coming hither, on his way from Troy,
In his black galley, oft has been foretold
By Hermes of the golden wand? But sheathe
Thy sword and share my couch, that, joined in love,
Each may hereafter trust the other's faith.'   405
   "She spake, and I replied: 'How canst thou ask,
Circè, that I gently deal with thee,
Since thou, in thine own palace, hast transformed
My friends to swine, and plottest even now
To keep me with thee, luring me to pass   410

ἐς θάλαμόν τ' ἰέναι καὶ σῆς ἐπιβήμεναι εὐνῆς, 340
ὄφρα με γυμνωθέντα κακὸν καὶ ἀνήνορα θήῃς.
οὐδ' ἂν ἐγώ γ' ἐθέλοιμι τεῆς ἐπιβήμεναι εὐνῆς,
εἰ μή μοι τλαίης γε, θεά, μέγαν ὅρκον ὀμόσσαι
μή τί μοι αὐτῷ πῆμα κακὸν βουλευσέμεν ἄλλο.'
  ὣς ἐφάμην, ἡ δ' αὐτίκ' ἀπώμνυεν, ὡς ἐκέλευον. 345
αὐτὰρ ἐπεί ῥ' ὄμοσέν τε τελεύτησέν τε τὸν ὅρκον,
καὶ τότ' ἐγὼ Κίρκης ἐπέβην περικαλλέος εὐνῆς.
ἀμφίπολοι δ' ἄρα τέως μὲν ἐνὶ μεγάροισι πένοντο
τέσσαρες, αἵ οἱ δῶμα κάτα δρήστειραι ἔασι·
γίγνονται δ' ἄρα ταί γ' ἔκ τε κρηνέων ἀπό τ' ἀλσέων 350
ἔκ θ' ἱερῶν ποταμῶν, οἵ τ' εἰς ἅλαδε προρέουσι.
τάων ἡ μὲν ἔβαλλε θρόνοις ἔνι ῥήγεα καλὰ
πορφύρεα καθύπερθ', ὑπένερθε δὲ λῖθ' ὑπέβαλλεν·
ἡ δ' ἑτέρη προπάροιθε θρόνων ἐτίταινε τραπέζας
ἀργυρέας, ἐπὶ δέ σφι τίθει χρύσεια κάνεια· 355
ἡ δὲ τρίτη κρητῆρι μελίφρονα οἶνον ἐκίρνα
ἡδὺν ἐν ἀργυρέῳ, νέμε δὲ χρύσεια κύπελλα·
ἡ δὲ τετάρτη ὕδωρ ἐφόρει καὶ πῦρ ἀνέκαιε
πολλὸν ὑπὸ τρίποδι μεγάλῳ· ἰαίνετο δ' ὕδωρ.
αὐτὰρ ἐπεὶ δὴ ζέσσεν ὕδωρ ἐνὶ ἤνοπι χαλκῷ, 360
ἔς ῥ' ἀσάμινθον ἕσασα λό' ἐκ τρίποδος μεγάλοιο,
θυμῆρες κεράσασα, κατὰ κρατός τε καὶ ὤμων,
ὄφρα μοι ἐκ κάματον θυμοφθόρον εἵλετο γυίων.
αὐτὰρ ἐπεὶ λοῦσέν τε καὶ ἔχρισεν λίπ' ἐλαίῳ,
ἀμφὶ δέ με χλαῖναν καλὴν βάλεν ἠδὲ χιτῶνα, 365
εἷσε δέ μ' εἰσαγαγοῦσα ἐπὶ θρόνου ἀργυροήλου
καλοῦ δαιδαλέου, ὑπὸ δὲ θρῆνυς ποσὶν ἦεν·
χέρνιβα δ' ἀμφίπολος προχόῳ ἐπέχευε φέρουσα
καλῇ χρυσείῃ, ὑπὲρ ἀργυρέοιο λέβητος,
νίψασθαι· παρὰ δὲ ξεστὴν ἐτάνυσσε τράπεζαν. 370
σῖτον δ' αἰδοίη ταμίη παρέθηκε φέρουσα,
εἴδατα πόλλ' ἐπιθεῖσα, χαριζομένη παρεόντων.
ἐσθέμεναι δ' ἐκέλευεν· ἐμῷ δ' οὐχ ἥνδανε θυμῷ,
ἀλλ' ἥμην ἀλλοφρονέων, κακὰ δ' ὄσσετο θυμός.
  Κίρκη δ' ὡς ἐνόησεν ἔμ' ἥμενον οὐδ' ἐπὶ σίτῳ 375
χεῖρας ἰάλλοντα, κρατερὸν δέ με πένθος ἔχοντα,

Into thy chamber and to share thy couch,
That thou mayst strip me of my manly strength
I come not to thy couch till thou engage,
O goddess, by a solemn oath, that thou
Wilt never seek to do me further harm.' 415
　"I spake; she straightway took the oath required,
And, after it was uttered and confirmed,
Up to her sumptuous couch I went. Meanwhile
Four diligent maidens ministered within
The palace,—servants of the household they, 420
Who had their birth from fountains and from groves,
And sacred rivers flowing to the sea.
One spread the thrones with gorgeous coverings;
Above was purple arras, and beneath
Were linen webs; another, setting forth 425
The silver tables just before the thrones,
Placed on them canisters of gold; a third
Mingled the rich wines in a silver bowl,
And placed the golden cups; and, last, the fourth
Brought water from the fountain, and beneath 430
A massive tripod kindled a great fire
And warmed the water. When it boiled within
The shining brass, she led me to the bath,
And washed me from the tripod. On my head
And shoulders pleasantly she shed the streams 435
That from my members took away the sense
Of weariness, unmanning body and mind.
And when she thus had bathed me and with oil
Anointed me, she put a princely cloak
And tunic on me, led me in, and showed 440
My seat,—a stately silver-studded throne,
High-wrought,—and placed a footstool for my feet.
Then came a handmaid with a golden ewer,
And from it poured pure water for my hands
Into a silver laver. Next she placed 445
A polished table near to me, on which
The matron of the palace laid the feast,
With many delicacies from her store,
And bade me eat. The banquet pleased me not.
My thoughts were elsewhere; dark imaginings 450
Were in my mind. When Circè marked my mood,
As in a gloomy revery I sat,
And put not forth my hands to touch the feast,

ἄγχι παρισταμένη ἔπεα πτερόεντα προσηύδα:
 'τίφθ' οὕτως, Ὀδυσεῦ, κατ' ἄρ' ἔζεαι ἶσος ἀναύδῳ,
θυμὸν ἔδων, βρώμης δ' οὐχ ἅπτεαι οὐδὲ ποτῆτος;
ἦ τινά που δόλον ἄλλον ὀίεαι: οὐδέ τί σε χρὴ 380
δειδίμεν: ἤδη γάρ τοι ἀπώμοσα καρτερὸν ὅρκον.'
 ὣς ἔφατ', αὐτὰρ ἐγώ μιν ἀμειβόμενος προσέειπον:
'ὦ Κίρκη, τίς γάρ κεν ἀνήρ, ὃς ἐναίσιμος εἴη,
πρὶν τλαίη πάσσασθαι ἐδητύος ἠδὲ ποτῆτος,
πρὶν λύσασθ' ἑτάρους καὶ ἐν ὀφθαλμοῖσιν ἰδέσθαι; 385
ἀλλ' εἰ δὴ πρόφρασσα πιεῖν φαγέμεν τε κελεύεις,
λῦσον, ἵν' ὀφθαλμοῖσιν ἴδω ἐρίηρας ἑταίρους.'
 ὣς ἐφάμην, Κίρκη δὲ διὲκ μεγάροιο βεβήκει
ῥάβδον ἔχουσ' ἐν χειρί, θύρας δ' ἀνέῳξε συφειοῦ,
ἐκ δ' ἔλασεν σιάλοισιν ἐοικότας ἐννεώροισιν. 390
οἱ μὲν ἔπειτ' ἔστησαν ἐναντίοι, ἡ δὲ δι' αὐτῶν
ἐρχομένη προσάλειφεν ἑκάστῳ φάρμακον ἄλλο.
τῶν δ' ἐκ μὲν μελέων τρίχες ἔρρεον, ἃς πρὶν ἔφυσε
φάρμακον οὐλόμενον, τό σφιν πόρε πότνια Κίρκη:
ἄνδρες δ' ἂψ ἐγένοντο νεώτεροι ἢ πάρος ἦσαν, 395
καὶ πολὺ καλλίονες καὶ μείζονες εἰσοράασθαι.
ἔγνωσαν δέ μ' ἐκεῖνοι ἔφυν τ' ἐν χερσὶν ἕκαστος.
πᾶσιν δ' ἱμερόεις ὑπέδυ γόος, ἀμφὶ δὲ δῶμα
σμερδαλέον κονάβιζε: θεὰ δ' ἐλέαιρε καὶ αὐτή.
 ἡ δέ μευ ἄγχι στᾶσα προσηύδα δῖα θεάων: 400
'διογενὲς Λαερτιάδη, πολυμήχαν' Ὀδυσσεῦ,
ἔρχεο νῦν ἐπὶ νῆα θοὴν καὶ θῖνα θαλάσσης.
νῆα μὲν ἂρ πάμπρωτον ἐρύσσατε ἤπειρόνδε,
κτήματα δ' ἐν σπήεσσι πελάσσατε ὅπλα τε πάντα:
αὐτὸς δ' ἂψ ἰέναι καὶ ἄγειν ἐρίηρας ἑταίρους.' 405
 ὣς ἔφατ', αὐτὰρ ἐμοί γ' ἐπεπείθετο θυμὸς ἀγήνωρ,
βῆν δ' ἰέναι ἐπὶ νῆα θοὴν καὶ θῖνα θαλάσσης.
εὗρον ἔπειτ' ἐπὶ νηὶ θοῇ ἐρίηρας ἑταίρους
οἴκτρ' ὀλοφυρομένους, θαλερὸν κατὰ δάκρυ χέοντας.
ὡς δ' ὅτ' ἂν ἄγραυλοι πόριες περὶ βοῦς ἀγελαίας, 410
ἐλθούσας ἐς κόπρον, ἐπὴν βοτάνης κορέσωνται,
πᾶσαι ἅμα σκαίρουσιν ἐναντίαι: οὐδ' ἔτι σηκοὶ
ἴσχουσ', ἀλλ' ἁδινὸν μυκώμεναι ἀμφιθέουσι:

She came to me and spake these winged words:—
   "'Why sittest thou like one who has no power   455
Of speech, Ulysses, wrapt in thoughts that gnaw
Thy heart, and tasting neither food nor wine?
Still dost thou dream of fraud? It is not well
That thou shouldst fear it longer, since I pledged
Myself against it with a mighty oath.'   460
   "She spake, and I replied: 'What man whose heart
Is faithful could endure to taste of food
Or wine till he should see his captive friends
Once more at large? If with a kind intent
Thou bidst me eat and drink, let me behold   465
With mine own eyes my dear companions free.'
   "I spake; and Circè took her wand and went
Forth from her halls, and, opening the gate
That closed the sty, drove forth what seemed a herd
Of swine in their ninth year. They ranged themselves   470
Before her, and she went from each to each
And shed on them another drug. Forthwith
Fell from their limbs the bristles which had grown
All over them, when mighty Circè gave
At first the baleful potion. Now again   475
My friends were men, and younger than before,
And of a nobler mien and statelier growth.
They knew me all; and each one pressed my hand
In his, and there were tears and sobs of joy
That sounded through the palace. Circè too   480
Was moved, the mighty goddess; she drew near
And stood by me, and spake these winged words:—
   "'Son of Laertes, nobly born and wise,
Ulysses! go to thy good ship beside
The sea and draw it up the beach, and hide   485
The goods and weapons in the caverns there,
And come thou back and bring with thee thy friends.'
   "She spake, and easily my generous mind
Was moved by what she said. Forthwith I went
To my good ship beside the sea, and found   490
My friends in tears, lamenting bitterly.
As in some grange the calves come leaping round
A herd of kine returning to the stall
From grassy fields where they have grazed their fill,
Nor can the stall contain the young which spring   495
Around their mothers with continual bleat;

μητέρας: ὡς ἔμ᾽ ἐκεῖνοι ἐπεὶ ἴδον ὀφθαλμοῖσι,
δακρυόεντες ἔχυντο: δόκησε δ᾽ ἄρα σφίσι θυμὸς   415
ὣς ἔμεν, ὡς εἰ πατρίδ᾽ ἱκοίατο καὶ πόλιν αὐτὴν
τρηχείης Ἰθάκης, ἵνα τ᾽ ἔτραφεν ἠδ᾽ ἐγένοντο.
καί μ᾽ ὀλοφυρόμενοι ἔπεα πτερόεντα προσηύδων:
'σοὶ μὲν νοστήσαντι, διοτρεφές, ὣς ἐχάρημεν,
ὡς εἴ τ᾽ εἰς Ἰθάκην ἀφικοίμεθα πατρίδα γαῖαν: 420
ἀλλ᾽ ἄγε, τῶν ἄλλων ἑτάρων κατάλεξον ὄλεθρον.'
    ὣς ἔφαν, αὐτὰρ ἐγὼ προσέφην μαλακοῖς ἐπέεσσι:
'νῆα μὲν ἂρ πάμπρωτον ἐρύσσομεν ἤπειρόνδε,
κτήματα δ᾽ ἐν σπήεσσι πελάσσομεν ὅπλα τε πάντα:
αὐτοὶ δ᾽ ὀτρύνεσθε ἐμοὶ ἅμα πάντες ἕπεσθαι,   425
ὄφρα ἴδηθ᾽ ἑτάρους ἱεροῖς ἐν δώμασι Κίρκης
πίνοντας καὶ ἔδοντας: ἐπηετανὸν γὰρ ἔχουσιν.'
    ὣς ἐφάμην, οἱ δ᾽ ὦκα ἐμοῖς ἐπέεσσι πίθοντο.
Εὐρύλοχος δέ μοι οἶος ἐρύκανε πάντας ἑταίρους:
καί σφεας φωνήσας ἔπεα πτερόεντα προσηύδα: 430
    'ἆ δειλοί, πόσ᾽ ἴμεν; τί κακῶν ἱμείρετε τούτων;
Κίρκης ἐς μέγαρον καταβήμεναι, ἥ κεν ἅπαντας
ἢ σῦς ἠὲ λύκους ποιήσεται ἠὲ λέοντας,
οἵ κέν οἱ μέγα δῶμα φυλάσσοιμεν καὶ ἀνάγκῃ,
ὥς περ Κύκλωψ ἔρξ᾽, ὅτε οἱ μέσσαυλον ἵκοντο   435
ἡμέτεροι ἕταροι, σὺν δ᾽ ὁ θρασὺς εἵπετ᾽ Ὀδυσσεύς:
τούτου γὰρ καὶ κεῖνοι ἀτασθαλίῃσιν ὄλοντο.'
    ὣς ἔφατ᾽, αὐτὰρ ἐγώ γε μετὰ φρεσὶ μερμήριξα,
σπασσάμενος τανύηκες ἄορ παχέος παρὰ μηροῦ,
τῷ οἱ ἀποπλήξας κεφαλὴν οὖδάσδε πελάσσαι,   440
καὶ πηῷ περ ἐόντι μάλα σχεδόν: ἀλλά μ᾽ ἑταῖροι
μειλιχίοις ἐπέεσσιν ἐρήτυον ἄλλοθεν ἄλλος:
    'διογενές, τοῦτον μὲν ἐάσομεν, εἰ σὺ κελεύεις,
αὐτοῦ πὰρ νηΐ τε μένειν καὶ νῆα ἔρυσθαι:
ἡμῖν δ᾽ ἡγεμόνευ᾽ ἱερὰ πρὸς δώματα Κίρκης.'   445
    ὣς φάμενοι παρὰ νηὸς ἀνήϊον ἠδὲ θαλάσσης.
οὐδὲ μὲν Εὐρύλοχος κοίλῃ παρὰ νηῒ λέλειπτο,
ἀλλ᾽ ἕπετ᾽: ἔδεισεν γὰρ ἐμὴν ἔκπαγλον ἐνιπήν.
τόφρα δὲ τοὺς ἄλλους ἑτάρους ἐν δώμασι Κίρκη
ἐνδυκέως λοῦσέν τε καὶ ἔχρισεν λίπ᾽ ἐλαίῳ,   450
ἀμφὶ δ᾽ ἄρα χλαίνας οὔλας βάλεν ἠδὲ χιτῶνας:

So when my comrades saw me through their tears,
They sprang to meet me, and their joy was such
As if they were in their own native land
And their own city, on the rugged coast 500
Of Ithaca, where they were born and reared;
And as they wept they spake these winged words:—
    "'O foster-child of Jove! we welcome thee
On thy return with a delight as great
As if we all had reached again the land 505
That gave us birth, our Ithaca. And now
Tell by what death our other friends have died.'
    "They spake; I answered with consoling words:—
'First draw our galley up the beach, and hide
Our goods and all our weapons in the caves, 510
And then let all make haste to follow me,
And see our friends in Circè's sacred halls,
Eating and drinking at the plenteous board.'
    "I spake; and cheerfully my men obeyed,
Save that Eurylochus alone essayed 515
To hold them back, and spake these winged words:—
    "'Ah, whither are we going, wretched ones?
Are ye so eager for an evil fate,
That ye must go where Circè dwells, who waits
To turn us into lions, swine, or wolves, 520
Forced to remain and guard her spacious house?
So was it with the Cyclops, when our friends
Went with this daring chief to his abode,
And perished there through his foolhardiness.'
    "He spake; and then I thought to draw my sword 525
From my stout thigh, and with the trenchant blade
Strike off his head and let it fall to earth,
Though he were my near kinsman; yet the rest
Restrained me, each one speaking kindly words:—
    "'Nay, foster-child of Jove! if thou consent, 530
This man shall stay behind and with the ship,
And he shall guard the ship, but lead us thou
To where the sacred halls of Circè stand.'
    "They spake, and from the ship and shore went up
Into the land, nor was Eurylochus 535
Left with the ship; he followed, for he feared
My terrible threat. Meantime had Circè bathed
My comrades at the palace, and with oil
Anointed them, and robed them in fair cloaks

δαινυμένους δ' εὖ πάντας ἐφεύρομεν ἐν μεγάροισιν.
οἱ δ' ἐπεὶ ἀλλήλους εἶδον φράσσαντό τ' ἐσάντα,
κλαῖον ὀδυρόμενοι, περὶ δὲ στεναχίζετο δῶμα.
ἡ δέ μευ ἄγχι στᾶσα προσηύδα δῖα θεάων: 455
'μηκέτι νῦν θαλερὸν γόον ὄρνυτε: οἶδα καὶ αὐτὴ
ἠμὲν ὅσ' ἐν πόντῳ πάθετ' ἄλγεα ἰχθυόεντι,
ἠδ' ὅσ' ἀνάρσιοι ἄνδρες ἐδηλήσαντ' ἐπὶ χέρσου.
ἀλλ' ἄγετ' ἐσθίετε βρώμην καὶ πίνετε οἶνον,
εἰς ὅ κεν αὖτις θυμὸν ἐνὶ στήθεσσι λάβητε, 460
οἷον ὅτε πρώτιστον ἐλείπετε πατρίδα γαῖαν
τρηχείης Ἰθάκης. νῦν δ' ἀσκελέες καὶ ἄθυμοι,
αἰὲν ἄλης χαλεπῆς μεμνημένοι, οὐδέ ποθ' ὕμιν
θυμὸς ἐν εὐφροσύνῃ, ἐπεὶ ἦ μάλα πολλὰ πέποσθε.'
ὣς ἔφαθ', ἡμῖν δ' αὖτ' ἐπεπείθετο θυμὸς ἀγήνωρ. 465
ἔνθα μὲν ἤματα πάντα τελεσφόρον εἰς ἐνιαυτὸν
ἤμεθα δαινύμενοι κρέα τ' ἄσπετα καὶ μέθυ ἡδύ:
ἀλλ' ὅτε δή ῥ' ἐνιαυτὸς ἔην, περὶ δ' ἔτραπον ὧραι
μηνῶν φθινόντων, περὶ δ' ἤματα μακρὰ τελέσθη,
καὶ τότε μ' ἐκκαλέσαντες ἔφαν ἐρίηρες ἑταῖροι: 470
'δαιμόνι', ἤδη νῦν μιμνήσκεο πατρίδος αἴης,
εἴ τοι θέσφατόν ἐστι σαωθῆναι καὶ ἱκέσθαι
οἶκον ἐς ὑψόροφον καὶ σὴν ἐς πατρίδα γαῖαν.'
ὣς ἔφαν, αὐτὰρ ἐμοί γ' ἐπεπείθετο θυμὸς ἀγήνωρ.
ὣς τότε μὲν πρόπαν ἦμαρ ἐς ἠέλιον καταδύντα 475
ἤμεθα, δαινύμενοι κρέα τ' ἄσπετα καὶ μέθυ ἡδύ:
ἦμος δ' ἠέλιος κατέδυ καὶ ἐπὶ κνέφας ἦλθεν,
οἱ μὲν κοιμήσαντο κατὰ μέγαρα σκιόεντα.
αὐτὰρ ἐγὼ Κίρκης ἐπιβὰς περικαλλέος εὐνῆς
γούνων ἐλλιτάνευσα, θεὰ δέ μευ ἔκλυεν αὐδῆς: 480
καί μιν φωνήσας ἔπεα πτερόεντα προσηύδων:
'ὦ Κίρκη, τέλεσόν μοι ὑπόσχεσιν ἥν περ ὑπέστης,
οἴκαδε πεμψέμεναι: θυμὸς δέ μοι ἔσσυται ἤδη,
ἠδ' ἄλλων ἑτάρων, οἵ μευ φθινύθουσι φίλον κῆρ
ἀμφ' ἔμ' ὀδυρόμενοι, ὅτε που σύ γε νόσφι γένηαι.' 485
ὣς ἐφάμην, ἡ δ' αὐτίκ' ἀμείβετο δῖα θεάων:

And tunics. There we found them banqueting. 540
When they and those who came with me beheld
Each other, and the memory of the past
Came back to them, they wept abundantly,
And all the palace echoed with their sobs.
And then the mighty goddess came and said:— 545
    "'Son of Laertes, nobly born and wise,
Prolong thou not these sorrows. Well I know
What ye have suffered on the fishy deep,
And all the evil that malignant men
Have done to you on land. Now take the food 550
Before you, drink the wine, till ye receive
Into your hearts the courage that was yours
When long ago ye left your fatherland,
The rugged Ithaca. Ye are unnerved
And spiritless with thinking constantly 555
On your long wanderings, and your minds allow
No space for mirth, for ye have suffered much.'
    "She spake; her words persuaded easily
Our generous minds, and there from day to day
We lingered a full year, and banqueted 560
Nobly on plenteous meats and delicate wines.
But when the year was ended, and the hours
Renewed their circle, my beloved friends
From Circè's palace called me forth and said:—
    "'Good chief, do not forget thy native land, 565
If fate indeed permit that ever thou
Return in safety to that lofty pile
Thy palace in the country of thy birth.
    "So spake they, and my generous mind was moved.
All that day long until the set of sun 570
We sat and feasted on the abundant meats
And delicate wines; and when the sun went down
They took their rest within the darkened halls,
While I to Circè's sumptuous couch went up,
A suppliant at her knees. The goddess heard 575
My prayer, as thus in winged words I said:—
    "'O Circè! make, I pray, the promise good
Which thou hast given, to send me to my home.
My heart is pining for it, and the hearts
Of all my friends, who weary out my life 580
Lamenting round me when thou art not nigh.'
    "I spake; the mighty goddess thus replied:—

'διογενὲς Λαερτιάδη, πολυμήχαν' Ὀδυσσεῦ,
μηκέτι νῦν ἀέκοντες ἐμῷ ἐνὶ μίμνετε οἴκῳ.
ἀλλ' ἄλλην χρὴ πρῶτον ὁδὸν τελέσαι καὶ ἱκέσθαι
εἰς Ἀίδαο δόμους καὶ ἐπαινῆς Περσεφονείης, 490
ψυχῇ χρησομένους Θηβαίου Τειρεσίαο,
μάντηος ἀλαοῦ, τοῦ τε φρένες ἔμπεδοί εἰσι:
τῷ καὶ τεθνηῶτι νόον πόρε Περσεφόνεια,
οἴῳ πεπνῦσθαι, τοὶ δὲ σκιαὶ ἀίσσουσιν.'
  ὣς ἔφατ', αὐτὰρ ἐμοί γε κατεκλάσθη φίλον ἦτορ: 495
κλαῖον δ' ἐν λεχέεσσι καθήμενος, οὐδέ νύ μοι κῆρ
ἤθελ' ἔτι ζώειν καὶ ὁρᾶν φάος ἠελίοιο.
αὐτὰρ ἐπεὶ κλαίων τε κυλινδόμενος τ' ἐκορέσθην,
καὶ τότε δή μιν ἔπεσσιν ἀμειβόμενος προσέειπον:
  'ὦ Κίρκη, τίς γὰρ ταύτην ὁδὸν ἡγεμονεύσει; 500
εἰς Ἄϊδος δ' οὔ πώ τις ἀφίκετο νηὶ μελαίνῃ.'
  ὣς ἐφάμην, ἡ δ' αὐτίκ' ἀμείβετο δῖα θεάων:
'διογενὲς Λαερτιάδη, πολυμήχαν' Ὀδυσσεῦ,
μή τί τοι ἡγεμόνος γε ποθὴ παρὰ νηὶ μελέσθω,
ἱστὸν δὲ στήσας, ἀνά θ' ἱστία λευκὰ πετάσσας 505
ἧσθαι: τὴν δέ κέ τοι πνοιὴ Βορέαο φέρῃσιν.
ἀλλ' ὁπότ' ἂν δὴ νηὶ δι' Ὠκεανοῖο περήσῃς,
ἔνθ' ἀκτή τε λάχεια καὶ ἄλσεα Περσεφονείης,
μακραί τ' αἴγειροι καὶ ἰτέαι ὠλεσίκαρποι,
νῆα μὲν αὐτοῦ κέλσαι ἐπ' Ὠκεανῷ βαθυδίνῃ, 510
αὐτὸς δ' εἰς Ἀίδεω ἰέναι δόμον εὐρώεντα.
ἔνθα μὲν εἰς Ἀχέροντα Πυριφλεγέθων τε ῥέουσιν
Κώκυτός θ', ὃς δὴ Στυγὸς ὕδατός ἐστιν ἀπορρώξ,
πέτρη τε ξύνεσίς τε δύω ποταμῶν ἐριδούπων:
ἔνθα δ' ἔπειθ', ἥρως, χριμφθεὶς πέλας, ὥς σε κελεύω, 515
βόθρον ὀρύξαι, ὅσον τε πυγούσιον ἔνθα καὶ ἔνθα,
ἀμφ' αὐτῷ δὲ χοὴν χεῖσθαι πᾶσιν νεκύεσσιν,
πρῶτα μελικρήτῳ, μετέπειτα δὲ ἡδέι οἴνῳ,
τὸ τρίτον αὖθ' ὕδατι: ἐπὶ δ' ἄλφιτα λευκὰ παλύνειν.
πολλὰ δὲ γουνοῦσθαι νεκύων ἀμενηνὰ κάρηνα, 520

'Son of Laertes, nobly born and wise,
Ulysses! ye must not remain with me
Unwillingly; but ye have yet to make 585
Another voyage, and must visit first
The abode of Pluto, and of Proserpine
His dreaded queen, and there consult the soul
Of the blind seer Tiresias,—him of Thebes,—
Whose intellect was spared; for Proserpine 590
Gave back to him in death the power of mind,
That only he might know of things to come.
The rest are shades that flit from place to place.'
    "Thus spake the goddess; and my heart was wrung
With sorrow, and I sat upon the couch 595
And wept, nor could I longer wish to live
And see the light of day. But when my grief,
With shedding tears and tossing where I sat,
Was somewhat spent, I spake to Circè thus:—
    "'O Circè, who will guide me when I make 600
This voyage? for no galley built by man
Has ever yet arrived at Pluto's realm.'
    "I spake; the mighty goddess answered me:—
'Son of Laertes, nobly born and wise,
Take thou no thought of who shall guide thy bark, 605
But raise the mast and spread the glimmering sail,
And seat thyself, and let the north-wind waft
Thy galley on. As soon as thou shalt cross
Océanus, and come to the low shore
And groves of Proserpine, the lofty groups 610
Of poplars, and the willows that let fall
Their withered fruit, moor thou thy galley there
In the deep eddies of Océanus,
And pass to Pluto's comfortless abode.
There into Acheron are poured the streams 615
Of Pyriphlegethon, and of that arm
Of Styx, Cocytus. At the place where meet
The ever-roaring waters stands a rock;
Draw near to that, and there I bid thee scoop
In earth a trench, a cubit long and wide. 620
And round about it pour to all the dead
Libations,—milk and honey first, and next
Rich wine, and lastly water, scattering
White meal upon them. Offer there thy prayer
Fervently to that troop of airy forms, 625

ἐλθὼν εἰς Ἰθάκην στεῖραν βοῦν, ἥ τις ἀρίστη,
ῥέξειν ἐν μεγάροισι πυρήν τ' ἐμπλησέμεν ἐσθλῶν,
Τειρεσίῃ δ' ἀπάνευθεν ὄϊν ἱερευσέμεν οἴῳ
παμμέλαν', ὃς μήλοισι μεταπρέπει ὑμετέροισιν.
αὐτὰρ ἐπὴν εὐχῇσι λίσῃ κλυτὰ ἔθνεα νεκρῶν, 525
ἔνθ' ὄϊν ἀρνειὸν ῥέζειν θῆλύν τε μέλαιναν
εἰς Ἔρεβος στρέψας, αὐτὸς δ' ἀπονόσφι τραπέσθαι
ἱέμενος ποταμοῖο ῥοάων· ἔνθα δὲ πολλαὶ
ψυχαὶ ἐλεύσονται νεκύων κατατεθνηώτων.
δὴ τότ' ἔπειθ' ἑτάροισιν ἐποτρῦναι καὶ ἀνῶξαι 530
μῆλα, τὰ δὴ κατάκειτ' ἐσφαγμένα νηλέι χαλκῷ,
δείραντας κατακῆαι, ἐπεύξασθαι δὲ θεοῖσιν,
ἰφθίμῳ τ' Ἀΐδῃ καὶ ἐπαινῇ Περσεφονείῃ·
αὐτὸς δὲ ξίφος ὀξὺ ἐρυσσάμενος παρὰ μηροῦ
ἧσθαι, μηδὲ ἐᾶν νεκύων ἀμενηνὰ κάρηνα 535
αἵματος ἆσσον ἴμεν, πρὶν Τειρεσίαο πυθέσθαι.
ἔνθα τοι αὐτίκα μάντις ἐλεύσεται, ὄρχαμε λαῶν,
ὅς κέν τοι εἴπῃσιν ὁδὸν καὶ μέτρα κελεύθου
νόστον θ', ὡς ἐπὶ πόντον ἐλεύσεαι ἰχθυόεντα.'
ὣς ἔφατ', αὐτίκα δὲ χρυσόθρονος ἤλυθεν Ἠώς. 540
ἀμφὶ δέ με χλαῖνάν τε χιτῶνά τε εἵματα ἕσσεν·
αὐτὴ δ' ἀργύφεον φᾶρος μέγα ἕννυτο νύμφη,
λεπτὸν καὶ χαρίεν, περὶ δὲ ζώνην βάλετ' ἰξυῖ
καλὴν χρυσείην, κεφαλῇ δ' ἐπέθηκε καλύπτρην.
αὐτὰρ ἐγὼ διὰ δώματ' ἰὼν ὤτρυνον ἑταίρους 545
μειλιχίοις ἐπέεσσι παρασταδὸν ἄνδρα ἕκαστον·
'μηκέτι νῦν εὕδοντες ἀωτεῖτε γλυκὺν ὕπνον,
ἀλλ' ἴομεν· δὴ γάρ μοι ἐπέφραδε πότνια Κίρκη.'
ὣς ἐφάμην, τοῖσιν δ' ἐπεπείθετο θυμὸς ἀγήνωρ.
οὐδὲ μὲν οὐδ' ἔνθεν περ ἀπήμονας ἦγον ἑταίρους. 550
Ἐλπήνωρ δέ τις ἔσκε νεώτατος, οὔτε τι λίην

And make the vow that thou wilt sacrifice,
When thou at last shalt come to Ithaca,
A heifer without blemish, barren yet,
In thine own courts, and heap the altar-pyre
With things of price; and to the seer alone, 630
Tiresias, by himself, a ram whose fleece
Is wholly black, the best of all thy flocks.
And after thou hast duly offered prayer
To all the illustrious nations of the dead,
Then sacrifice a ram and a black ewe, 635
Their faces turned toward Erebus, but thine
The other way and toward the river streams.
Thither the souls of those who died will flock
In multitudes. Then call thy friends, and give
Command to flay in haste the sheep that lie 640
Slain by the cruel brass, and, burning there
The carcasses, pay worship to the gods,—
The powerful Pluto and dread Proserpine.
Draw then the sword upon thy thigh, and sit,
And suffer none of all those airy forms 645
To touch the blood until thou first bespeak
Tiresias. He will come, and speedily,—
The leader of the people,—and will tell
What voyage thou must make, what length of way
Thou yet must measure, and will show thee how 650
Thou mayst return across the fishy deep.'
 "She spake; and while she spake the Morn looked forth
Upon her golden throne. The Nymph bestowed
On me a cloak and tunic, and arrayed
Herself in a white robe with ample folds,— 655
A delicate web and graceful. Round her loins
She clasped a shining zone of gold, and hung
A veil upon her forehead. Forth I went
Throughout the palace and aroused my friends,
And thus I said in cheerful tones to each:— 660
 "'No longer give yourselves to idle rest
And pleasant slumber; we are to depart.
The gracious Circè counsels us to go.'
 "I spake, and easily their generous minds
Inclined to me. Yet brought I not away 665
All my companions safely from the isle.
Elpenor was the youngest of our band,
Not brave in war was he, nor wise in thought.

ἄλκιμος ἐν πολέμῳ οὔτε φρεσὶν ᾖσιν ἀρηρώς·
ὅς μοι ἄνευθ' ἑτάρων ἱεροῖς ἐν δώμασι Κίρκης,
ψύχεος ἱμείρων, κατελέξατο οἰνοβαρείων.
κινυμένων δ' ἑτάρων ὅμαδον καὶ δοῦπον ἀκούσας 555
ἐξαπίνης ἀνόρουσε καὶ ἐκλάθετο φρεσὶν ᾖσιν
ἄψορρον καταβῆναι ἰὼν ἐς κλίμακα μακρήν,
ἀλλὰ καταντικρὺ τέγεος πέσεν· ἐκ δέ οἱ αὐχὴν
ἀστραγάλων ἐάγη, ψυχὴ δ' Ἄϊδόσδε κατῆλθεν.
ἐρχομένοισι δὲ τοῖσιν ἐγὼ μετὰ μῦθον ἔειπον· 560
'φάσθε νύ που οἶκόνδε φίλην ἐς πατρίδα γαῖαν
ἔρχεσθ'· ἄλλην δ' ἧμιν ὁδὸν τεκμήρατο Κίρκη,
εἰς Ἀΐδαο δόμους καὶ ἐπαινῆς Περσεφονείης
ψυχῇ χρησομένους Θηβαίου Τειρεσίαο.'
ὣς ἐφάμην, τοῖσιν δὲ κατεκλάσθη φίλον ἦτορ, 565
ἑζόμενοι δὲ κατ' αὖθι γόων τίλλοντό τε χαίτας·
ἀλλ' οὐ γάρ τις πρῆξις ἐγίγνετο μυρομένοισιν.
ἀλλ' ὅτε δή ῥ' ἐπὶ νῆα θοὴν καὶ θῖνα θαλάσσης
ἤομεν ἀχνύμενοι θαλερὸν κατὰ δάκρυ χέοντες,
τόφρα δ' ἄρ' οἰχομένη Κίρκη παρὰ νηὶ μελαίνῃ 570
ἀρνειὸν κατέδησεν ὄιν θῆλύν τε μέλαιναν,
ῥεῖα παρεξελθοῦσα· τίς ἂν θεὸν οὐκ ἐθέλοντα
ὀφθαλμοῖσιν ἴδοιτ' ἢ ἔνθ' ἢ ἔνθα κιόντα;

He, overcome with wine, and for the sake
Of coolness, had lain down to sleep, apart   670
From all the rest, in Circè's sacred house;
And as my friends bestirred themselves, the noise
And tumult roused him; he forgot to come
By the long staircase; headlong from the roof
He plunged; his neck was broken at the spine,   675
And his soul went to the abode of death.
"My friends came round me, and I said to them:—
'Haply your thought may be that you are bound
For the dear country of your birth; but know
That Circè sends us elsewhere, to consult   680
The Theban seer, Tiresias, in the abode
Of Pluto and the dreaded Proserpine.'
    "I spake, and their hearts failed them as they heard;
They sat them down, and wept, and tore their hair,
But fruitless were their sorrow and their tears.   685
    "Thus as we sadly moved to our good ship
Upon the sea-shore, weeping all the while,
Circè, meantime, had visited its deck,
And there had bound a ram and a black ewe
By means we saw not; for what eye discerns   690
The presence of a deity, who moves
From place to place, and wills not to be seen?"

' αὐτὰρ ἐπεί ῥ' ἐπὶ νῆα κατήλθομεν ἠδὲ θάλασσαν,
νῆα μὲν ἂρ πάμπρωτον ἐρύσσαμεν εἰς ἅλα δῖαν,
ἐν δ' ἱστὸν τιθέμεσθα καὶ ἱστία νηὶ μελαίνῃ,
ἐν δὲ τὰ μῆλα λαβόντες ἐβήσαμεν, ἂν δὲ καὶ αὐτοὶ
βαίνομεν ἀχνύμενοι θαλερὸν κατὰ δάκρυ χέοντες.   5
ἡμῖν δ' αὖ κατόπισθε νεὸς κυανοπρῴροιο
ἴκμενον οὖρον ἵει πλησίστιον, ἐσθλὸν ἑταῖρον,
Κίρκη ἐϋπλόκαμος, δεινὴ θεὸς αὐδήεσσα.
ἡμεῖς δ' ὅπλα ἕκαστα πονησάμενοι κατὰ νῆα
ἥμεθα: τὴν δ' ἄνεμός τε κυβερνήτης τ' ἴθυνε.   10
τῆς δὲ πανημερίης τέταθ' ἱστία ποντοπορούσης:
δύσετό τ' ἠέλιος σκιόωντό τε πᾶσαι ἀγυιαί.
ἡ δ' ἐς πείραθ' ἵκανε βαθυρρόου Ὠκεανοῖο.
ἔνθα δὲ Κιμμερίων ἀνδρῶν δῆμός τε πόλις τε,
ἠέρι καὶ νεφέλῃ κεκαλυμμένοι: οὐδέ ποτ' αὐτοὺς   15
ἠέλιος φαέθων καταδέρκεται ἀκτίνεσσιν,
οὔθ' ὁπότ' ἂν στείχῃσι πρὸς οὐρανὸν ἀστερόεντα,
οὔθ' ὅτ' ἂν ἂψ ἐπὶ γαῖαν ἀπ' οὐρανόθεν προτράπηται,
ἀλλ' ἐπὶ νὺξ ὀλοὴ τέταται δειλοῖσι βροτοῖσι.
νῆα μὲν ἔνθ' ἐλθόντες ἐκέλσαμεν, ἐκ δὲ τὰ μῆλα   20

BOOK XI

Now, when we reached our galley by the shore,
We drew it first into the mighty deep,
And set the mast and sails, and led on board
The sheep, and sorrowfully and in tears
Embarked ourselves. The fair-haired and august   5
Circè, expert in music, sent with us
A kindly fellow-voyager,—a wind
That breathed behind the dark-prowed bark, and swelled
The sails; and now, with all things in their place
Throughout the ship, we sat us down,—the breeze   10
And helmsman guiding us upon our way.
All day our sails were stretched, as o'er the deep
Our vessel ran; the sun went down; the paths
Of the great sea were darkened, and our bark
Reached the far confines of Océanus.   15
    "There lies the land, and there the people dwell
Of the Cimmerians, in eternal cloud
And darkness. Never does the glorious sun
Look on them with his rays, when he goes up
Into the starry sky, nor when again   20
He sinks from heaven to earth. Unwholesome night
O'erhangs the wretched race. We touched the land,
And, drawing up our galley on the beach,
Took from on board the sheep, and followed on

εἱλόμεθ': αὐτοὶ δ' αὖτε παρὰ ῥόον Ὠκεανοῖο
ᾔομεν, ὄφρ' ἐς χῶρον ἀφικόμεθ', ὃν φράσε Κίρκη.
ἔνθ' ἱερήια μὲν Περιμήδης Εὐρύλοχός τε
ἔσχον: ἐγὼ δ' ἄορ ὀξὺ ἐρυσσάμενος παρὰ μηροῦ
βόθρον ὄρυξ' ὅσσον τε πυγούσιον ἔνθα καὶ ἔνθα, 25
ἀμφ' αὐτῷ δὲ χοὴν χεόμην πᾶσιν νεκύεσσι,
πρῶτα μελικρήτῳ, μετέπειτα δὲ ἡδέι οἴνῳ,
τὸ τρίτον αὖθ' ὕδατι: ἐπὶ δ' ἄλφιτα λευκὰ πάλυνον.
πολλὰ δὲ γουνούμην νεκύων ἀμενηνὰ κάρηνα,
ἐλθὼν εἰς Ἰθάκην στεῖραν βοῦν, ἥ τις ἀρίστη, 30
ῥέξειν ἐν μεγάροισι πυρήν τ' ἐμπλησέμεν ἐσθλῶν,
Τειρεσίῃ δ' ἀπάνευθεν ὄιν ἱερευσέμεν οἴῳ
παμμέλαν', ὃς μήλοισι μεταπρέπει ἡμετέροισι.
τοὺς δ' ἐπεὶ εὐχωλῇσι λιτῇσί τε, ἔθνεα νεκρῶν,
ἐλλισάμην, τὰ δὲ μῆλα λαβὼν ἀπεδειροτόμησα 35
ἐς βόθρον, ῥέε δ' αἷμα κελαινεφές: αἱ δ' ἀγέροντο
ψυχαὶ ὑπὲξ Ἐρέβευς νεκύων κατατεθνηώτων.
νύμφαι τ' ἠίθεοί τε πολύτλητοί τε γέροντες
παρθενικαί τ' ἀταλαὶ νεοπενθέα θυμὸν ἔχουσαι,
πολλοὶ δ' οὐτάμενοι χαλκήρεσιν ἐγχείῃσιν, 40
ἄνδρες ἀρηίφατοι βεβροτωμένα τεύχε' ἔχοντες:
οἳ πολλοὶ περὶ βόθρον ἐφοίτων ἄλλοθεν ἄλλος
θεσπεσίῃ ἰαχῇ: ἐμὲ δὲ χλωρὸν δέος ᾕρει.
δὴ τότ' ἔπειθ' ἑτάροισιν ἐποτρύνας ἐκέλευσα
μῆλα, τὰ δὴ κατέκειτ' ἐσφαγμένα νηλέι χαλκῷ, 45
δείραντας κατακῆαι, ἐπεύξασθαι δὲ θεοῖσιν,
ἰφθίμῳ τ' Ἀΐδῃ καὶ ἐπαινῇ Περσεφονείῃ:
αὐτὸς δὲ ξίφος ὀξὺ ἐρυσσάμενος παρὰ μηροῦ
ἥμην, οὐδ' εἴων νεκύων ἀμενηνὰ κάρηνα
αἵματος ἆσσον ἴμεν, πρὶν Τειρεσίαο πυθέσθαι. 50
πρώτη δὲ ψυχὴ Ἐλπήνορος ἦλθεν ἑταίρου:
οὐ γάρ πω ἐτέθαπτο ὑπὸ χθονὸς εὐρυοδείης:
σῶμα γὰρ ἐν Κίρκης μεγάρῳ κατελείπομεν ἡμεῖς
ἄκλαυτον καὶ ἄθαπτον, ἐπεὶ πόνος ἄλλος ἔπειγε.

Beside the ocean-stream until we reached 25
The place of which the goddess Circè spake.
  "Here Perimedes and Eurylochus
Held in their grasp the victims, while I drew
The trusty sword upon my thigh, and scooped
A trench in earth, a cubit long and wide, 30
Round which we stood, and poured to all the dead
Libations,—milk and honey first, and next
Rich wine, and lastly water, scattering
White meal upon them. Then I offered prayer
Fervently to that troop of airy forms, 35
And made a vow that I would sacrifice,
When I at last should come to Ithaca,
A heifer without blemish, barren yet,
In my own courts, and heap the altar-pyre
With things of price, and to the seer alone, 40
Tiresias, by himself, a ram whose fleece
Was wholly black, the best of all my flocks.
  "When I had worshipped thus with prayer and vows
The nations of the dead, I took the sheep
And pierced their throats above the hollow trench. 45
The blood flowed dark; and thronging round me came
Souls of the dead from Erebus,—young wives
And maids unwedded, men worn out with years
And toil, and virgins of a tender age
In their new grief, and many a warrior slain 50
In battle, mangled by the spear, and clad
In bloody armor, who about the trench
Flitted on every side, now here, now there,
With gibbering cries, and I grew pale with fear.
Then calling to my friends, I bade them flay 55
The victims lying slaughtered by the knife,
And, burning them with fire, invoke the gods,—
The mighty Pluto and dread Proserpine.
Then from my thigh I drew the trusty sword,
And sat me down, and suffered none of all 60
Those airy phantoms to approach the blood
Until I should bespeak the Theban seer.
  "And first the soul of my companion came,
Elpenor, for he was not buried yet
In earth's broad bosom. We had left him dead 65
In Circè's halls, unwept and unentombed.
We had another task. But when I now

τὸν μὲν ἐγὼ δάκρυσα ἰδὼν ἐλέησά τε θυμῷ, 55
καί μιν φωνήσας ἔπεα πτερόεντα προσηύδων·
   "Ἐλπῆνορ, πῶς ἦλθες ὑπὸ ζόφον ἠερόεντα;
ἔφθης πεζὸς ἰὼν ἢ ἐγὼ σὺν νηὶ μελαίνῃ.'
   ὣς ἐφάμην, ὁ δέ μ' οἰμώξας ἠμείβετο μύθῳ·
'διογενὲς Λαερτιάδη, πολυμήχαν' Ὀδυσσεῦ, 60
ἆσέ με δαίμονος αἶσα κακὴ καὶ ἀθέσφατος οἶνος.
Κίρκης δ' ἐν μεγάρῳ καταλέγμενος οὐκ ἐνόησα
ἄψορρον καταβῆναι ἰὼν ἐς κλίμακα μακρήν,
ἀλλὰ καταντικρὺ τέγεος πέσον· ἐκ δέ μοι αὐχὴν
ἀστραγάλων ἐάγη, ψυχὴ δ' Ἄϊδόσδε κατῆλθε. 65
νῦν δέ σε τῶν ὄπιθεν γουνάζομαι, οὐ παρεόντων,
πρός τ' ἀλόχου καὶ πατρός, ὅ σ' ἔτρεφε τυτθὸν ἐόντα,
Τηλεμάχου θ', ὃν μοῦνον ἐνὶ μεγάροισιν ἔλειπες·
οἶδα γὰρ ὡς ἐνθένδε κιὼν δόμου ἐξ Ἀίδαο
νῆσον ἐς Αἰαίην σχήσεις εὐεργέα νῆα· 70
ἔνθα σ' ἔπειτα, ἄναξ, κέλομαι μνήσασθαι ἐμεῖο.
μή μ' ἄκλαυτον ἄθαπτον ἰὼν ὄπιθεν καταλείπειν
νοσφισθείς, μή τοί τι θεῶν μήνιμα γένωμαι,
ἀλλά με κακκῆαι σὺν τεύχεσιν, ἅσσα μοι ἔστιν,
σῆμά τέ μοι χεῦαι πολιῆς ἐπὶ θινὶ θαλάσσης, 75
ἀνδρὸς δυστήνοιο καὶ ἐσσομένοισι πυθέσθαι.
ταῦτά τέ μοι τελέσαι πῆξαί τ' ἐπὶ τύμβῳ ἐρετμόν,
τῷ καὶ ζωὸς ἔρεσσον ἐὼν μετ' ἐμοῖς ἑτάροισιν.'
   ὣς ἔφατ', αὐτὰρ ἐγώ μιν ἀμειβόμενος προσέειπον·
'ταῦτά τοι, ὦ δύστηνε, τελευτήσω τε καὶ ἔρξω.' 80
   νῶϊ μὲν ὣς ἐπέεσσιν ἀμειβομένω στυγεροῖσιν
ἥμεθ', ἐγὼ μὲν ἄνευθεν ἐφ' αἵματι φάσγανον ἴσχων,
εἴδωλον δ' ἑτέρωθεν ἑταίρου πόλλ' ἀγόρευεν·
ἦλθε δ' ἐπὶ ψυχὴ μητρὸς κατατεθνηυίης,
Αὐτολύκου θυγάτηρ μεγαλήτορος Ἀντίκλεια, 85
τὴν ζωὴν κατέλειπον ἰὼν εἰς Ἴλιον ἱρήν.
τὴν μὲν ἐγὼ δάκρυσα ἰδὼν ἐλέησά τε θυμῷ·
ἀλλ' οὐδ' ὣς εἴων προτέρην, πυκινόν περ ἀχεύων,
αἵματος ἆσσον ἴμεν, πρὶν Τειρεσίαο πυθέσθαι.
   ἦλθε δ' ἐπὶ ψυχὴ Θηβαίου Τειρεσίαο 90

Beheld I pitied him, and, shedding tears,
I said these winged words: 'How camest thou,
Elpenor, hither into these abodes 70
Of night and darkness? Thou hast made more speed,
Although on foot, than I in my good ship.'
 "I spake; the phantom sobbed and answered me:—
'Son of Laertes, nobly born and wise,
Ulysses! 'twas the evil doom decreed 75
By some divinity, and too much wine,
That wrought my death. I laid myself to sleep
In Circè's palace, and, remembering not
The way to the long stairs that led below,
Fell from the roof, and by the fall my neck 80
Was broken at the spine; my soul went down
To Hades. I conjure thee now, by those
Whom thou hast left behind and far away,
Thy consort and thy father,—him by whom
Thou when a boy wert reared,—and by thy son 85
Telemachus, who in thy palace-halls
Is left alone,—for well I know that thou,
In going hence from Pluto's realm, wilt moor
Thy gallant vessel in the Ææan isle,—
That there, O king, thou wilt remember me, 90
And leave me not when thou departest thence
Unwept, unburied, lest I bring on thee
The anger of the gods. But burn me there
With all the armor that I wore, and pile,
Close to the hoary deep, a mound for me,— 95
A hapless man of whom posterity
Shall hear. Do this for me, and plant upright
Upon my tomb the oar with which I rowed,
While yet a living man, among thy friends.'
 "He spake and I replied: 'Unhappy youth, 100
All this I duly will perform for thee.'
 "And then the soul of Anticleia came,—
My own dead mother, daughter of the king
Autolycus, large-minded. Her I left
Alive, what time I sailed for Troy, and now 105
I wept to see her there, and pitied her,
And yet forbade her, though with grief, to come
Near to the blood till I should first accost
Tiresias. He too came, the Theban seer,
Tiresias, bearing in his hand a wand 110

χρύσεον σκῆπτρον ἔχων, ἐμὲ δ' ἔγνω καὶ προσέειπεν:
'διογενὲς Λαερτιάδη, πολυμήχαν' Ὀδυσσεῦ,
τίπτ' αὖτ', ὦ δύστηνε, λιπὼν φάος ἠελίοιο
ἤλυθες, ὄφρα ἴδῃ νέκυας καὶ ἀτερπέα χῶρον;
ἀλλ' ἀποχάζεο βόθρου, ἄπισχε δὲ φάσγανον ὀξύ, 95
αἵματος ὄφρα πίω καί τοι νημερτέα εἴπω.'
ὣς φάτ', ἐγὼ δ' ἀναχασσάμενος ξίφος ἀργυρόηλον
κουλεῷ ἐγκατέπηξ'. ὁ δ' ἐπεὶ πίεν αἷμα κελαινόν,
καὶ τότε δή μ' ἐπέεσσι προσηύδα μάντις ἀμύμων:
'νόστον δίζηαι μελιηδέα, φαίδιμ' Ὀδυσσεῦ: 100
τὸν δέ τοι ἀργαλέον θήσει θεός: οὐ γὰρ ὀΐω
λήσειν ἐννοσίγαιον, ὅ τοι κότον ἔνθετο θυμῷ
χωόμενος ὅτι οἱ υἱὸν φίλον ἐξαλάωσας.
ἀλλ' ἔτι μέν κε καὶ ὣς κακά περ πάσχοντες ἵκοισθε,
αἴ κ' ἐθέλῃς σὸν θυμὸν ἐρυκακέειν καὶ ἑταίρων, 105
ὁππότε κε πρῶτον πελάσῃς ἐυεργέα νῆα
Θρινακίῃ νήσῳ, προφυγὼν ἰοειδέα πόντον,
βοσκομένας δ' εὕρητε βόας καὶ ἴφια μῆλα
Ἠελίου, ὃς πάντ' ἐφορᾷ καὶ πάντ' ἐπακούει.
τὰς εἰ μέν κ' ἀσινέας ἐάᾳς νόστου τε μέδηαι, 110
καί κεν ἔτ' εἰς Ἰθάκην κακά περ πάσχοντες ἵκοισθε:
εἰ δέ κε σίνηαι, τότε τοι τεκμαίρομ' ὄλεθρον,
νηί τε καὶ ἑτάροις. αὐτὸς δ' εἴ πέρ κεν ἀλύξῃς,
ὀψὲ κακῶς νεῖαι, ὀλέσας ἄπο πάντας ἑταίρους,
νηὸς ἐπ' ἀλλοτρίης: δήεις δ' ἐν πήματα οἴκῳ, 115
ἄνδρας ὑπερφιάλους, οἵ τοι βίοτον κατέδουσι
μνώμενοι ἀντιθέην ἄλοχον καὶ ἕδνα διδόντες.
ἀλλ' ἦ τοι κείνων γε βίας ἀποτίσεαι ἐλθών:
αὐτὰρ ἐπὴν μνηστῆρας ἐνὶ μεγάροισι τεοῖσι
κτείνῃς ἠὲ δόλῳ ἢ ἀμφαδὸν ὀξέι χαλκῷ, 120
ἔρχεσθαι δὴ ἔπειτα λαβὼν ἐυῆρες ἐρετμόν,
εἰς ὅ κε τοὺς ἀφίκηαι οἳ οὐκ ἴσασι θάλασσαν
ἀνέρες, οὐδέ θ' ἅλεσσι μεμιγμένον εἶδαρ ἔδουσιν:
οὐδ' ἄρα τοί γ' ἴσασι νέας φοινικοπαρῄους

Of gold; he knew me and bespake me thus:—
    "'Why, O unhappy mortal, hast thou left
The light of day to come among the dead
And to this joyless land? Go from the trench
And turn thy sword away, that I may drink   115
The blood, and speak the word of prophecy.'
    "He spake; withdrawing from the trench, I thrust
Into its sheath my silver-studded sword,
And after drinking of the dark red blood
The blameless prophet turned to me and said:—   120
    "'Illustrious chief Ulysses, thy desire
Is for a happy passage to thy home,
Yet will a god withstand thee. Not unmarked
By Neptune shalt thou, as I deem, proceed
Upon thy voyage. He hath laid up wrath   125
Against thee in his heart, for that thy hand
Deprived his son of sight. Yet may ye still
Return, though after many hardships borne,
If thou but hold thy appetite in check,
And that of thy companions, when thou bring   130
Thy gallant bark to the Trinacrian isle,
Safe from the gloomy deep. There will ye find
The beeves and fatling wethers of the Sun,—
The all-beholding and all-hearing Sun.
If these ye leave unharmed, and keep in mind   135
The thought of your return, ye may go back,
Though sufferers, to your home in Ithaca;
But if thou do them harm, the event will be
Destruction to thy ship and to its crew;
And thou, if thou escape it, wilt return   140
Late to thy country, all thy comrades lost,
And in a foreign bark, and thou shalt find
Wrong in thy household,—arrogant men who waste
Thy substance, wooers of thy noble wife,
And offering bridal gifts. On thy return   145
Thou shalt avenge thee of their violent deeds;
And when thou shalt have slain them in thy halls,
Whether by stratagem or by the sword
In open fight, then take a shapely oar
And journey on, until thou meet with men   150
Who have not known the sea nor eaten food
Seasoned with salt, nor ever have beheld
Galleys with crimson prows, nor shapely oars,

οὐδ᾽ εὐήρε᾽ ἐρετμά, τά τε πτερὰ νηυσὶ πέλονται. 125
σῆμα δέ τοι ἐρέω μάλ᾽ ἀριφραδές, οὐδέ σε λήσει:
ὁππότε κεν δή τοι συμβλήμενος ἄλλος ὁδίτης
φήῃ ἀθηρηλοιγὸν ἔχειν ἀνὰ φαιδίμῳ ὤμῳ,
καὶ τότε δὴ γαίῃ πήξας εὐῆρες ἐρετμόν,
ῥέξας ἱερὰ καλὰ Ποσειδάωνι ἄνακτι, 130
ἀρνειὸν ταῦρόν τε συῶν τ᾽ ἐπιβήτορα κάπρον,
οἴκαδ᾽ ἀποστείχειν ἔρδειν θ᾽ ἱερὰς ἑκατόμβας
ἀθανάτοισι θεοῖσι, τοὶ οὐρανὸν εὐρὺν ἔχουσι,
πᾶσι μάλ᾽ ἐξείης. θάνατος δέ τοι ἐξ ἁλὸς αὐτῷ
ἀβληχρὸς μάλα τοῖος ἐλεύσεται, ὅς κέ σε πέφνῃ 135
γήραι ὕπο λιπαρῷ ἀρημένον: ἀμφὶ δὲ λαοὶ
ὄλβιοι ἔσσονται. τὰ δέ τοι νημερτέα εἴρω.᾽
ὣς ἔφατ᾽, αὐτὰρ ἐγώ μιν ἀμειβόμενος προσέειπον:
'Τειρεσίη, τὰ μὲν ἄρ που ἐπέκλωσαν θεοὶ αὐτοί.
ἀλλ᾽ ἄγε μοι τόδε εἰπὲ καὶ ἀτρεκέως κατάλεξον: 140
μητρὸς τήνδ᾽ ὁρόω ψυχὴν κατατεθνηυίης:
ἡ δ᾽ ἀκέουσ᾽ ἧσται σχεδὸν αἵματος, οὐδ᾽ ἑὸν υἱὸν
ἔτλη ἐσάντα ἰδεῖν οὐδὲ προτιμυθήσασθαι.
εἰπέ, ἄναξ, πῶς κέν με ἀναγνοίη τὸν ἐόντα;᾽
ὣς ἐφάμην, ὁ δέ μ᾽ αὐτίκ᾽ ἀμειβόμενος προσέειπεν: 145
'ῥηΐδιόν τοι ἔπος ἐρέω καὶ ἐπὶ φρεσὶ θήσω.
ὅν τινα μέν κεν ἐᾷς νεκύων κατατεθνηώτων
αἵματος ἆσσον ἴμεν, ὁ δέ τοι νημερτὲς ἐνίψει:
ᾧ δέ κ᾽ ἐπιφθονέῃς, ὁ δέ τοι πάλιν εἶσιν ὀπίσσω.᾽
ὣς φαμένη ψυχὴ μὲν ἔβη δόμον Ἄϊδος εἴσω 150
Τειρεσίαο ἄνακτος, ἐπεὶ κατὰ θέσφατ᾽ ἔλεξεν:
αὐτὰρ ἐγὼν αὐτοῦ μένον ἔμπεδον, ὄφρ᾽ ἐπὶ μήτηρ
ἤλυθε καὶ πίεν αἷμα κελαινεφές: αὐτίκα δ᾽ ἔγνω,
καί μ᾽ ὀλοφυρομένη ἔπεα πτερόεντα προσηύδα:
'τέκνον ἐμόν, πῶς ἦλθες ὑπὸ ζόφον ἠερόεντα 155
ζωὸς ἐών; χαλεπὸν δὲ τάδε ζωοῖσιν ὁρᾶσθαι.
μέσσῳ γὰρ μεγάλοι ποταμοὶ καὶ δεινὰ ῥέεθρα,
Ὠκεανὸς μὲν πρῶτα, τὸν οὔ πως ἔστι περῆσαι
πεζὸν ἐόντ᾽, ἢν μή τις ἔχῃ ἐυεργέα νῆα.

Which are the wings of ships. I will declare
A sign by which to know them, nor canst thou 155
Mistake it. When a traveller, meeting thee,
Shalt say that thou dost bear a winnowing-fan
Upon thy sturdy shoulder, stop and plant
Thy shapely oar upright in earth, and there
Pay to King Neptune solemn sacrifice,— 160
A ram, a bull, and from his herd of swine
A boar. And then returning to thy home,
See that thou offer hallowed hecatombs
To all the ever-living ones who dwell
In the broad heaven, to each in order due. 165
So at the last thy death shall come to thee
Far from the sea, and gently take thee off
In a serene old age that ends among
A happy people. I have told thee true.'
   "He spake, and thus I answered him: 'The gods, 170
Tiresias, have decreed as thou hast said.
But tell, and tell me truly,—I behold
The soul of my dead mother; there she sits
In silence by the blood, and will not deign
To look upon her son nor speak to him. 175
Instruct me, mighty prophet, by what means
To make my mother know me for her son.'
   "I spake, and instantly the seer replied:—
'Easily that is told; I give it thee
To bear in mind. Whoever of the dead 180
Thou sufferest to approach and drink the blood
Will speak the truth; those whom thou dost forbid
To taste the blood will silently withdraw.'
   "The soul of King Tiresias, saying this,
Passed to the abode of Pluto; he had given 185
The oracle I asked. I waited still
Until my mother, drawing near again,
Drank the dark blood; she knew me suddenly,
And said in piteous tones these winged words:—
"'How didst thou come, my child, a living man, 190
Into this place of darkness? Difficult
It is for those who breathe the breath of life
To visit these abodes, through which are rolled
Great rivers, fearful floods,—the first of these
Océanus, whose waters none can cross 195
On foot, or save on board a trusty bark.

ἢ νῦν δὴ Τροίηθεν ἀλώμενος ἐνθάδ᾽ ἱκάνεις 160
νηί τε καὶ ἑτάροισι πολὺν χρόνον; οὐδέ πω ἦλθες
εἰς Ἰθάκην, οὐδ᾽ εἶδες ἐνὶ μεγάροισι γυναῖκα;'
   ὣς ἔφατ᾽, αὐτὰρ ἐγώ μιν ἀμειβόμενος προσέειπον·
'μῆτερ ἐμή, χρειώ με κατήγαγεν εἰς Ἀίδαο
ψυχῇ χρησόμενον Θηβαίου Τειρεσίαο· 165
οὐ γάρ πω σχεδὸν ἦλθον Ἀχαιΐδος, οὐδέ πω ἁμῆς
γῆς ἐπέβην, ἀλλ᾽ αἰὲν ἔχων ἀλάλημαι ὀιζύν,
ἐξ οὗ τὰ πρώτισθ᾽ ἑπόμην Ἀγαμέμνονι δίῳ
Ἴλιον εἰς εὔπωλον, ἵνα Τρώεσσι μαχοίμην.
ἀλλ᾽ ἄγε μοι τόδε εἰπὲ καὶ ἀτρεκέως κατάλεξον· 170
τίς νύ σε κὴρ ἐδάμασσε τανηλεγέος θανάτοιο;
ἦ δολιχὴ νοῦσος, ἦ Ἄρτεμις ἰοχέαιρα
οἷς ἀγανοῖς βελέεσσιν ἐποιχομένη κατέπεφνεν;
εἰπὲ δέ μοι πατρός τε καὶ υἱέος, ὃν κατέλειπον,
ἢ ἔτι πὰρ κείνοισιν ἐμὸν γέρας, ἦέ τις ἤδη 175
ἀνδρῶν ἄλλος ἔχει, ἐμὲ δ᾽ οὐκέτι φασὶ νέεσθαι.
εἰπὲ δέ μοι μνηστῆς ἀλόχου βουλήν τε νόον τε,
ἠὲ μένει παρὰ παιδὶ καὶ ἔμπεδα πάντα φυλάσσει
ἦ ἤδη μιν ἔγημεν Ἀχαιῶν ὅς τις ἄριστος.'
   ὣς ἐφάμην, ἡ δ᾽ αὐτίκ᾽ ἀμείβετο πότνια μήτηρ· 180
'καὶ λίην κείνη γε μένει τετληότι θυμῷ
σοῖσιν ἐνὶ μεγάροισι· ὀιζυραὶ δέ οἱ αἰεὶ
φθίνουσιν νύκτες τε καὶ ἤματα δάκρυ χεούσῃ.
σὸν δ᾽ οὔ πώ τις ἔχει καλὸν γέρας, ἀλλὰ ἕκηλος
Τηλέμαχος τεμένεα νέμεται καὶ δαῖτας ἐίσας 185
δαίνυται, ἃς ἐπέοικε δικασπόλον ἄνδρ᾽ ἀλεγύνειν·
πάντες γὰρ καλέουσι. πατὴρ δὲ σὸς αὐτόθι μίμνει
ἀγρῷ, οὐδὲ πόλινδε κατέρχεται. οὐδέ οἱ εὐναὶ
δέμνια καὶ χλαῖναι καὶ ῥήγεα σιγαλόεντα,
ἀλλ᾽ ὅ γε χεῖμα μὲν εὕδει ὅθι δμῶες ἐνὶ οἴκῳ, 190
ἐν κόνι ἄγχι πυρός, κακὰ δὲ χροῒ εἵματα εἷται·
αὐτὰρ ἐπὴν ἔλθῃσι θέρος τεθαλυῖά τ᾽ ὀπώρη,
πάντῃ οἱ κατὰ γουνὸν ἀλωῆς οἰνοπέδοιο
φύλλων κεκλιμένων χθαμαλαὶ βεβλήαται εὐναί.

Hast thou come hither on thy way from Troy,
A weary wanderer with thy ship and friends?
And hast thou not been yet at Ithaca,
Nor in thine island palace seen thy wife?' 200
    "She spake, I answered: "Tis necessity,
Dear mother, that has brought me to the abode
Of Pluto, to consult the Theban seer,
Tiresias. Not to the Achaian coast
Have I returned, nor reached our country, yet 205
Continually I wander; everywhere
I meet misfortune,—even from the time
When, in the noble Agamemnon's train,
I came to Ilium, famed for steeds, and made
War on its dwellers. Tell me now, I pray, 210
And truly, how it was that fate on thee
Brought the long sleep of death? by slow disease?
Or, stealing on thee, did the archer-queen,
Diana, slay thee with her silent shafts?
And tell me of my father, and the son 215
Left in my palace. Rests the sway I bore
On them, or has another taken it,
Since men believe I shall return no more?
And tell me of my wedded wife, her thoughts
And purposes, and whether she remains 220
Yet with my son. Is she the guardian still
Of my estates, or has the noblest chief
Of those Achaians led her thence a bride?'
    "I spake; my reverend mother answered thus:—
'Most certain is it that she sadly dwells 225
Still in thy palace. Weary days and nights
And tears are hers. No man has taken yet
Thy place as ruler, but Telemachus
Still has the charge of thy domain, and gives
The liberal feasts which it befits a prince 230
To give, for all invite him. In the fields
Thy father dwells, and never in the town
Is seen; nor beds nor cloaks has he, nor mats
Of rich device, but, all the winter through,
He sleeps where sleep the laborers, on the hearth, 235
Amid the dust, and wears a wretched garb;
And when the summer comes, or autumn days
Ripen the fruit, his bed is on the ground,
And made of leaves, that everywhere are shed

ἔνθ' ὅ γε κεῖτ' ἀχέων, μέγα δὲ φρεσὶ πένθος ἀέξει 195
σὸν νόστον ποθέων, χαλεπὸν δ' ἐπὶ γῆρας ἱκάνει.
οὕτω γὰρ καὶ ἐγὼν ὀλόμην καὶ πότμον ἐπέσπον·
οὔτ' ἐμέ γ' ἐν μεγάροισιν ἐύσκοπος ἰοχέαιρα
οἷς ἀγανοῖς βελέεσσιν ἐποιχομένη κατέπεφνεν,
οὔτε τις οὖν μοι νοῦσος ἐπήλυθεν, ἥ τε μάλιστα 200
τηκεδόνι στυγερῇ μελέων ἐξείλετο θυμόν·
ἀλλά με σός τε πόθος σά τε μήδεα, φαίδιμ' Ὀδυσσεῦ,
σή τ' ἀγανοφροσύνη μελιηδέα θυμὸν ἀπηύρα.'
  ὣς ἔφατ', αὐτὰρ ἐγώ γ' ἔθελον φρεσὶ μερμηρίξας
μητρὸς ἐμῆς ψυχὴν ἑλέειν κατατεθνηυίης. 205
τρὶς μὲν ἐφωρμήθην, ἑλέειν τέ με θυμὸς ἀνώγει,
τρὶς δέ μοι ἐκ χειρῶν σκιῇ εἴκελον ἢ καὶ ὀνείρῳ
ἔπτατ'· ἐμοὶ δ' ἄχος ὀξὺ γενέσκετο κηρόθι μᾶλλον,
καί μιν φωνήσας ἔπεα πτερόεντα προσηύδων·
  'μῆτερ ἐμή, τί νύ μ' οὐ μίμνεις ἑλέειν μεμαῶτα, 210
ὄφρα καὶ εἰν Ἀίδαο φίλας περὶ χεῖρε βαλόντε
ἀμφοτέρω κρυεροῖο τεταρπώμεσθα γόοιο;
ἦ τί μοι εἴδωλον τόδ' ἀγαυὴ Περσεφόνεια
ὤτρυν', ὄφρ' ἔτι μᾶλλον ὀδυρόμενος στεναχίζω;'
  ὣς ἐφάμην, ἡ δ' αὐτίκ' ἀμείβετο πότνια μήτηρ· 215
'ὤ μοι, τέκνον ἐμόν, περὶ πάντων κάμμορε φωτῶν,
οὔ τί σε Περσεφόνεια Διὸς θυγάτηρ ἀπαφίσκει,
ἀλλ' αὕτη δίκη ἐστὶ βροτῶν, ὅτε τίς κε θάνῃσιν·
οὐ γὰρ ἔτι σάρκας τε καὶ ὀστέα ἶνες ἔχουσιν,
ἀλλὰ τὰ μέν τε πυρὸς κρατερὸν μένος αἰθομένοιο 220
δαμνᾷ, ἐπεί κε πρῶτα λίπῃ λεύκ' ὀστέα θυμός,
ψυχὴ δ' ἠύτ' ὄνειρος ἀποπταμένη πεπότηται.
ἀλλὰ φόωσδε τάχιστα λιλαίεο· ταῦτα δὲ πάντα
ἴσθ', ἵνα καὶ μετόπισθε τεῇ εἴπῃσθα γυναικί.'
  νῶι μὲν ὣς ἐπέεσσιν ἀμειβόμεθ', αἱ δὲ γυναῖκες 225
ἤλυθον, ὤτρυνεν γὰρ ἀγαυὴ Περσεφόνεια,
ὅσσαι ἀριστήων ἄλοχοι ἔσαν ἠδὲ θύγατρες.
αἱ δ' ἀμφ' αἷμα κελαινὸν ἀολλέες ἠγερέθοντο,

In the rich vineyards. There he lies and grieves, 240
And, cherishing his sorrow, mourns thy fate,
And keenly feels the miseries of age.
And thus I underwent my fate and died;
For not the goddess of the unerring bow
Stealing upon me smote me in thy halls 245
With silent arrows, nor did slow disease
Come o'er me, such as, wasting cruelly
The members, takes at last the life away;
But constant longing for thee, anxious thoughts
Of thee, and memory of thy gentleness, 250
Ulysses, made an end of my sweet life.'
    "She spake; I longed to take into my arms
The soul of my dead mother. Thrice I tried,
Moved by a strong desire, and thrice the form
Passed through them like a shadow or a dream. 255
And then did the great sorrow in my heart
Grow sharper, and in winged words I said:—
    "'Beloved mother, why wilt thou not keep
Thy place, that I may clasp thee, so that here,
In Pluto's realm and in each other's arms, 260
We each might in the other soothe the sense
Of misery? Hath mighty Proserpine
Sent but an empty shade to meet me here,
That I might only grieve and sigh the more?'
    "I spake, and then my reverend mother said:— 265
'Believe not that Jove's daughter Proserpine
Deceives thee. 'Tis the lot of all our race
When they are dead. No more the sinews bind
The bones and flesh, when once from the white bones
The life departs. Then like a dream the soul 270
Flies off, and flits about from place to place.
But haste thou to the light again, and mark
What I have said, that thou in after days
Mayst tell it to thy wife on thy return.'
    "Thus we conferred. Meantime the women came 275
Around me, moved by mighty Proserpine;
In throngs they gathered to the dark red blood.
Then, as I pondered how to question each,
This seemed the wisest,—from my sturdy thigh
I plucked the trenchant sword, and suffered not 280
All that were there to taste the blood at once;
So one by one they came, and each in turn

αὐτὰρ ἐγὼ βούλευον ὅπως ἐρέοιμι ἑκάστην.
ἥδε δέ μοι κατὰ θυμὸν ἀρίστη φαίνετο βουλή· 230
σπασσάμενος τανύηκες ἄορ παχέος παρὰ μηροῦ
οὐκ εἴων πίνειν ἅμα πάσας αἷμα κελαινόν.
αἱ δὲ προμνηστῖναι ἐπήισαν, ἠδὲ ἑκάστη
ὃν γόνον ἐξαγόρευεν· ἐγὼ δ' ἐρέεινον ἁπάσας.
    ἔνθ' ἤ τοι πρώτην Τυρὼ ἴδον εὐπατέρειαν, 235
ἣ φάτο Σαλμωνῆος ἀμύμονος ἔκγονος εἶναι,
φῆ δὲ Κρηθῆος γυνὴ ἔμμεναι Αἰολίδαο·
ἣ ποταμοῦ ἠράσσατ' Ἐνιπῆος θείοιο,
ὃς πολὺ κάλλιστος ποταμῶν ἐπὶ γαῖαν ἵησι,
καί ῥ' ἐπ' Ἐνιπῆος πωλέσκετο καλὰ ῥέεθρα. 240
τῷ δ' ἄρα εἰσάμενος γαιήοχος ἐννοσίγαιος
ἐν προχοῇς ποταμοῦ παρελέξατο δινήεντος·
πορφύρεον δ' ἄρα κῦμα περιστάθη, οὔρεϊ ἶσον,
κυρτωθέν, κρύψεν δὲ θεὸν θνητήν τε γυναῖκα.
λῦσε δὲ παρθενίην ζώνην, κατὰ δ' ὕπνον ἔχευεν. 245
αὐτὰρ ἐπεί ῥ' ἐτέλεσσε θεὸς φιλοτήσια ἔργα,
ἔν τ' ἄρα οἱ φῦ χειρί, ἔπος τ' ἔφατ' ἔκ τ' ὀνόμαζε·
    'χαῖρε, γύναι, φιλότητι· περιπλομένου δ' ἐνιαυτοῦ
τέξεις ἀγλαὰ τέκνα, ἐπεὶ οὐκ ἀποφώλιοι εὐναὶ
ἀθανάτων· σὺ δὲ τοὺς κομέειν ἀτιταλλέμεναί τε. 250
νῦν δ' ἔρχευ πρὸς δῶμα, καὶ ἴσχεο μηδ' ὀνομήνῃς·
αὐτὰρ ἐγώ τοί εἰμι Ποσειδάων ἐνοσίχθων.'
    ὣς εἰπὼν ὑπὸ πόντον ἐδύσετο κυμαίνοντα.
ἡ δ' ὑποκυσαμένη Πελίην τέκε καὶ Νηλῆα,
τὼ κρατερὼ θεράποντε Διὸς μεγάλοιο γενέσθην 255
ἀμφοτέρω· Πελίης μὲν ἐν εὐρυχόρῳ Ἰαωλκῷ
ναῖε πολύρρηνος, ὁ δ' ἄρ' ἐν Πύλῳ ἠμαθόεντι.
τοὺς δ' ἑτέρους Κρηθῆι τέκεν βασίλεια γυναικῶν,
Αἴσονά τ' ἠδὲ Φέρητ' Ἀμυθάονά θ' ἱππιοχάρμην.
    τὴν δὲ μετ' Ἀντιόπην ἴδον, Ἀσωποῖο θύγατρα, 260
ἣ δὴ καὶ Διὸς εὔχετ' ἐν ἀγκοίνῃσιν ἰαῦσαι,
καί ῥ' ἔτεκεν δύο παῖδ', Ἀμφίονά τε Ζῆθόν τε,
οἳ πρῶτοι Θήβης ἕδος ἔκτισαν ἑπταπύλοιο,
πύργωσάν τ', ἐπεὶ οὐ μὲν ἀπύργωτόν γ' ἐδύναντο
ναιέμεν εὐρύχορον Θήβην, κρατερώ περ ἐόντε. 265
    τὴν δὲ μετ' Ἀλκμήνην ἴδον, Ἀμφιτρύωνος ἄκοιτιν,
ἥ ῥ' Ἡρακλῆα θρασυμέμνονα θυμολέοντα

Declared her lineage. Thus I questioned all.
   "Then saw I high-born Tyro first, who claimed
To be the daughter of that blameless man	285
Salmoneus, and who called herself the wife
Of Cretheus, son of Æolus. She loved
Enipeus, hallowed river, fairest stream
Of all that flow on earth, and often walked
Beside its pleasant waters. He whose arms	290
Surround the islands, Neptune, once put on
The river's form, and at its gulfy mouth
Met her; the purple waters stood upright
Around them like a wall, and formed an arch,
And hid the god and woman. There he loosed	295
The virgin zone of Tyro, shedding sleep
Upon her. Afterward he took her hand
And said: 'Rejoice, O maiden, in our love,
For with the year's return shalt thou bring forth
Illustrious sons; the embraces of the gods	300
Are not unfruitful. Rear them carefully.
And now return to thy abode, and watch
Thy words, and keep thy secret. Thou must know
That I am Neptune, he who shakes the earth.'
   "He spake, and plunged into the billowy deep.	305
And she became a mother, and brought forth
Pelias and Neleus, valiant ministers
Of mighty Jupiter. On the broad lands
Of Iäolchos Pelias dwelt, and reared
Vast flocks of sheep, while Neleus made his home	310
In Pylos midst the sands. The queenly dame,
His mother, meanwhile brought forth other sons
To Cretheus,—Æson first, and Pheres next,
And Amythaon, great in horsemanship.
   "And after her I saw Antiopè,	315
The daughter of Asopus,—her who made
A boast that she had slumbered in the arms
Of Jove. Two sons she bore,—Amphion one,
The other Zethus,—and they founded Thebes
With its seven gates, and girt it round with towers;	320
For, valiant as they were, they could not dwell
Safely in that great town unfenced by towers.
   "And after her I saw Amphitryon's wife,
Alcmena, her who brought forth Hercules,
The dauntless hero of the lion-heart,—	325

γείνατ' ἐν ἀγκοίνῃσι Διὸς μεγάλοιο μιγεῖσα·
καὶ Μεγάρην, Κρείοντος ὑπερθύμοιο θύγατρα,
τὴν ἔχεν Ἀμφιτρύωνος υἱὸς μένος αἰὲν ἀτειρής. 270
μητέρα τ' Οἰδιπόδαο ἴδον, καλὴν Ἐπικάστην,
ἣ μέγα ἔργον ἔρεξεν ἀιδρείῃσι νόοιο
γημαμένη ᾧ υἷι· ὁ δ' ὃν πατέρ' ἐξεναρίξας
γῆμεν· ἄφαρ δ' ἀνάπυστα θεοὶ θέσαν ἀνθρώποισιν.
ἀλλ' ὁ μὲν ἐν Θήβῃ πολυηράτῳ ἄλγεα πάσχων 275
Καδμείων ἤνασσε θεῶν ὀλοὰς διὰ βουλάς·
ἡ δ' ἔβη εἰς Ἀίδαο πυλάρταο κρατεροῖο,
ἁψαμένη βρόχον αἰπὺν ἀφ' ὑψηλοῖο μελάθρου,
ᾧ ἄχεϊ σχομένη· τῷ δ' ἄλγεα κάλλιπ' ὀπίσσω
πολλὰ μάλ', ὅσσα τε μητρὸς Ἐρινύες ἐκτελέουσιν. 280
καὶ Χλῶριν εἶδον περικαλλέα, τήν ποτε Νηλεὺς
γῆμεν ἑὸν διὰ κάλλος, ἐπεὶ πόρε μυρία ἕδνα,
ὁπλοτάτην κούρην Ἀμφίονος Ἰασίδαο,
ὅς ποτ' ἐν Ὀρχομενῷ Μινυείῳ ἶφι ἄνασσεν·
ἡ δὲ Πύλου βασίλευε, τέκεν δέ οἱ ἀγλαὰ τέκνα, 285
Νέστορά τε Χρόνιον τε Περικλύμενόν τ' ἀγέρωχον.
τοῖσι δ' ἐπ' ἰφθίμην Πηρὼ τέκε, θαῦμα βροτοῖσι,
τὴν πάντες μνώοντο περικτίται· οὐδ' ἄρα Νηλεὺς
τῷ ἐδίδου ὃς μὴ ἕλικας βόας εὐρυμετώπους
ἐκ Φυλάκης ἐλάσειε βίης Ἰφικληείης 290
ἀργαλέας· τὰς δ' οἶος ὑπέσχετο μάντις ἀμύμων
ἐξελάαν· χαλεπὴ δὲ θεοῦ κατὰ μοῖρα πέδησε,
δεσμοί τ' ἀργαλέοι καὶ βουκόλοι ἀγροιῶται.
ἀλλ' ὅτε δὴ μῆνές τε καὶ ἡμέραι ἐξετελεῦντο
ἂψ περιτελλομένου ἔτεος καὶ ἐπήλυθον ὧραι, 295
καὶ τότε δή μιν ἔλυσε βίη Ἰφικληείη,
θέσφατα πάντ' εἰπόντα· Διὸς δ' ἐτελείετο βουλή.

For she had given herself into the arms
Of mighty Jupiter. I also saw
Megara there, a daughter of the house
Of haughty Creion. Her Amphitryon's son,
Untamable in strength, had made his wife. 330
  "The mother, too, of Œdipus I saw,
Beautiful Epicastè, who in life
Had done unwittingly a heinous deed,—
Had married her own son, who, having slain
Her father first, espoused her; but the gods 335
Published abroad the rumor of the crime.
He in the pleasant town of Thebes bore sway
O'er the Cadmeians; yet in misery
He lived, for so the offended gods ordained.
And she went down to Hades and the gates 340
That stand forever barred; for, wild with grief,
She slung a cord upon a lofty beam
And perished by it, leaving him to bear
Woes without measure, such as on a son
The furies of a mother might inflict. 345
  "And there I saw the dame supremely fair,
Chloris, whom Neleus with large marriage-gifts
Wooed, and brought home a bride; the youngest she
Among the daughters of Iäsus' son,
Amphion, ruler o'er Orchomenus, 350
The Minyeian town, and o'er the realm
Of Pylos. Three illustrious sons she bore
To Neleus,—Nestor, Chromius, and a chief
Of lofty bearing, Periclymenus.
She brought forth Pero also, marvellous 355
In beauty, wooed by all the region round;
But Neleus would bestow the maid on none
Save him who should drive off from Phylacè
The beeves, broad-fronted and with crooked horns,
Of valiant Iphicles,—a difficult task. 360
One man alone, a blameless prophet, dared
Attempt it; but he found himself withstood
By fate, and rigid fetters, and a force
Of rustic herdsmen. Months and days went by,
And the full year, led by the hours, came round. 365
The valiant Iphicles, who from the seer
Had heard the oracles explained, took off
The shackles, and the will of Jove was done.

καὶ Λήδην εἶδον, τὴν Τυνδαρέου παράκοιτιν,
ἥ ῥ᾽ ὑπὸ Τυνδαρέῳ κρατερόφρονε γείνατο παῖδε,
Κάστορά θ᾽ ἱππόδαμον καὶ πὺξ ἀγαθὸν Πολυδεύκεα, 300
τοὺς ἄμφω ζωοὺς κατέχει φυσίζοος αἶα·
οἳ καὶ νέρθεν γῆς τιμὴν πρὸς Ζηνὸς ἔχοντες
ἄλλοτε μὲν ζώουσ᾽ ἑτερήμεροι, ἄλλοτε δ᾽ αὖτε
τεθνᾶσιν· τιμὴν δὲ λελόγχασιν ἶσα θεοῖσι.
 τὴν δὲ μετ᾽ Ἰφιμέδειαν, Ἀλωῆος παράκοιτιν 305
εἴσιδον, ἣ δὴ φάσκε Ποσειδάωνι μιγῆναι,
καί ῥ᾽ ἔτεκεν δύο παῖδε, μινυνθαδίω δ᾽ ἐγενέσθην,
Ὦτόν τ᾽ ἀντίθεον τηλεκλειτόν τ᾽ Ἐφιάλτην,
οὓς δὴ μηκίστους θρέψε ζείδωρος ἄρουρα
καὶ πολὺ καλλίστους μετά γε κλυτὸν Ὠρίωνα· 310
ἐννέωροι γὰρ τοί γε καὶ ἐννεαπήχεες ἦσαν
εὖρος, ἀτὰρ μῆκός γε γενέσθην ἐννεόργυιοι.
οἵ ῥα καὶ ἀθανάτοισιν ἀπειλήτην ἐν Ὀλύμπῳ
φυλόπιδα στήσειν πολυάικος πολέμοιο.
Ὄσσαν ἐπ᾽ Οὐλύμπῳ μέμασαν θέμεν, αὐτὰρ ἐπ᾽ Ὄσσῃ 315
Πήλιον εἰνοσίφυλλον, ἵν᾽ οὐρανὸς ἀμβατὸς εἴη.
καί νύ κεν ἐξετέλεσσαν, εἰ ἥβης μέτρον ἵκοντο·
ἀλλ᾽ ὄλεσεν Διὸς υἱός, ὃν ἠΰκομος τέκε Λητώ,
ἀμφοτέρω, πρίν σφωιν ὑπὸ κροτάφοισιν ἰούλους
ἀνθῆσαι πυκάσαι τε γένυς εὐανθέι λάχνῃ. 320
Φαίδρην τε Πρόκριν τε ἴδον καλήν τ᾽ Ἀριάδνην,
κούρην Μίνωος ὀλοόφρονος, ἥν ποτε Θησεὺς
ἐκ Κρήτης ἐς γουνὸν Ἀθηνάων ἱεράων
ἦγε μέν, οὐδ᾽ ἀπόνητο· πάρος δέ μιν Ἄρτεμις ἔκτα
Δίῃ ἐν ἀμφιρύτῃ Διονύσου μαρτυρίῃσιν. 325
Μαῖράν τε Κλυμένην τε ἴδον στυγερήν τ᾽ Ἐριφύλην,
ἣ χρυσὸν φίλου ἀνδρὸς ἐδέξατο τιμήεντα.
πάσας δ᾽ οὐκ ἂν ἐγὼ μυθήσομαι οὐδ᾽ ὀνομήνω,
ὅσσας ἡρώων ἀλόχους ἴδον ἠδὲ θύγατρας·
πρὶν γάρ κεν καὶ νὺξ φθῖτ᾽ ἄμβροτος. ἀλλὰ καὶ ὥρη 330

"Then saw I Leda, wife of Tyndarus,
Who bore to Tyndarus two noble sons, 370
Castor the horseman, Pollux skilled to wield
The cestus. Both of them have still a place
Upon the fruitful earth; for Jupiter
Gave them such honor that they live by turns
Each one a day, and then are with the dead 375
Each one by turns; they rank among the gods.
"The wife of Aloëus next appeared.
Iphidameia, who, as she declared,
Had won the love of Neptune. She brought forth
Two short-lived sons,—one like a god in form, 380
Named Otus; and the other, far renowned,
Named Ephialtes. These the bounteous earth
Nourished to be the tallest of mankind,
And goodliest, save Orion. When the twain
Had seen but nine years of their life, they stood 385
In breadth of frame nine cubits, and in height
Nine fathoms. They against the living gods
Threatened to wage, upon the Olympian height,
Fierce and tumultuous battle, and to fling
Ossa upon Olympus, and to pile 390
Pelion, with all its growth of leafy woods,
On Ossa, that the heavens might thus be scaled.
And they, if they had reached their prime of youth,
Had made their menace good. The son of Jove
And amber-haired Latona took their lives 395
Ere yet beneath their temples sprang the down
And covered with its sprouting tufts the chin.
"Phædra I saw, and Procris, and the child
Of the wise Minos, Ariadne, famed
For beauty, whom the hero Theseus once 400
From Crete to hallowed Athens' fertile coast
Led, but possessed her not. Diana gave
Ear to the tale which Bacchus brought to her,
And in the isle of Dia slew the maid.
"And Mæra I beheld, and Clymenè, 405
And Eriphylè, hateful in her guilt,
Who sold her husband for a price in gold.
But vainly might I think to name them all,—
The wives and daughters of heroic men
Whom I beheld,—for first the ambrosial night 410
Would wear away. And now for me the hour

εὕδειν, ἢ ἐπὶ νῆα θοὴν ἐλθόντ' ἐς ἑταίρους
ἢ αὐτοῦ: πομπὴ δὲ θεοῖς ὑμῖν τε μελήσει.'
'ὣς ἔφαθ', οἱ δ' ἄρα πάντες ἀκὴν ἐγένοντο σιωπῇ,
κηληθμῷ δ' ἔσχοντο κατὰ μέγαρα σκιόεντα.
τοῖσιν δ' Ἀρήτη λευκώλενος ἤρχετο μύθων. 335
Φαίηκες, πῶς ὕμμιν ἀνὴρ ὅδε φαίνεται εἶναι
εἶδός τε μέγεθός τε ἰδὲ φρένας ἔνδον ἐΐσας;
ξεῖνος δ' αὖτ' ἐμός ἐστιν, ἕκαστος δ' ἔμμορε τιμῆς:
τῷ μὴ ἐπειγόμενοι ἀποπέμπετε, μηδὲ τὰ δῶρα
οὕτω χρηΐζοντι κολούετε: πολλὰ γὰρ ὑμῖν 340
κτήματ' ἐνὶ μεγάροισι θεῶν ἰότητι κέονται.'
τοῖσι δὲ καὶ μετέειπε γέρων ἥρως Ἐχένηος,
ὃς δὴ Φαιήκων ἀνδρῶν προγενέστερος ἦεν:
'ὦ φίλοι, οὐ μὰν ἧμιν ἀπὸ σκοποῦ οὐδ' ἀπὸ δόξης
μυθεῖται βασίλεια περίφρων: ἀλλὰ πίθεσθε. 345
Ἀλκινόου δ' ἐκ τοῦδ' ἔχεται ἔργον τε ἔπος τε.'
τὸν δ' αὖτ' Ἀλκίνοος ἀπαμείβετο φώνησέν τε:
'τοῦτο μὲν οὕτω δὴ ἔσται ἔπος, αἴ κεν ἐγώ γε
ζωὸς Φαιήκεσσι φιληρέτμοισιν ἀνάσσω:
ξεῖνος δὲ τλήτω μάλα περ νόστοιο χατίζων 350
ἔμπης οὖν ἐπιμεῖναι ἐς αὔριον, εἰς ὅ κε πᾶσαν
δωτίνην τελέσω: πομπὴ δ' ἄνδρεσσι μελήσει
πᾶσι, μάλιστα δ' ἐμοί: τοῦ γὰρ κράτος ἔστ' ἐνὶ δήμῳ.'
τὸν δ' ἀπαμειβόμενος προσέφη πολύμητις Ὀδυσσεύς:
'Ἀλκίνοε κρεῖον, πάντων ἀριδείκετε λαῶν, 355
εἴ με καὶ εἰς ἐνιαυτὸν ἀνώγοιτ' αὐτόθι μίμνειν,
πομπὴν δ' ὀτρύνοιτε καὶ ἀγλαὰ δῶρα διδοῖτε,
καί κε τὸ βουλοίμην, καί κεν πολὺ κέρδιον εἴη,
πλειοτέρῃ σὺν χειρὶ φίλην ἐς πατρίδ' ἱκέσθαι:
καί κ' αἰδοιότερος καὶ φίλτερος ἀνδράσιν εἴην 360
πᾶσιν, ὅσοι μ' Ἰθάκηνδε ἰδοίατο νοστήσαντα.'
τὸν δ' αὖτ' Ἀλκίνοος ἀπαμείβετο φώνησέν τε:
'ὦ Ὀδυσεῦ, τὸ μὲν οὔ τί σ' ἐΐσκομεν εἰσορόωντες,
ἠπεροπῆά τ' ἔμεν καὶ ἐπίκλοπον, οἷά τε πολλοὺς
βόσκει γαῖα μέλαινα πολυσπερέας ἀνθρώπους, 365

Of sleep is come, at my good ship among
My friends, or haply here. Meantime the care
For my return is with the gods and you."
    He spake, and all were silent: all within 415
The shadows of those palace-halls were held
Motionless by the charm of what he said.
And thus the white-armed Queen Aretè spake:—
    "Phæacians, how appears this man to you
In form, in stature, and well-judging mind? 420
My guest he is, but each among you shares
The honor of the occasion. Now, I pray,
Dismiss him not in haste, nor sparingly
Bestow your gifts on one in so much need;
For in your dwellings is much wealth, bestowed 425
Upon you by the bounty of the gods."
    Then also Echeneüs, aged chief,
The oldest man of the Phæacians, spake:—
    "My friends, the word of our sagacious queen
Errs not, nor is ill-timed, and yours it is 430
To hearken and obey: but all depends
Upon Alcinoüs,—both the word and deed."
    And then in turn Alcinoüs spake: "That word
Shall be fulfilled, if I am ruler here
O'er the Phæacians, skilled in seamanship. 435
But let the stranger, though he long for home,
Bear to remain till morning, that his store
Of gifts may be complete. To send him home
Shall be the charge of all, but mostly mine,
Since mine it is to hold the sovereign power." 440
    And then the wise Ulysses said: "O King
Alcinoüs, eminent o'er all thy race!
Shouldst thou command me to remain with thee
Even for a twelvemonth, and at length provide
For my return, and give me princely gifts, 445
Even that would please me; for with fuller hands,
The happier were my lot on my return
To my own land. I should be honored then,
And meet a kinder welcome there from all
Who see me in my Ithaca once more." 450
    And then again in turn Alcinoüs spake:—
"Ulysses, when we look on thee, we feel
No fear that thou art false, or one of those,
The many, whom the dark earth nourishes,

ψεύδεά τ' ἀρτύνοντας ὅθεν κέ τις οὐδὲ ἴδοιτο·
σοὶ δ' ἔπι μὲν μορφὴ ἐπέων, ἔνι δὲ φρένες ἐσθλαί.
μῦθον δ' ὡς ὅτ' ἀοιδὸς ἐπισταμένως κατέλεξας,
πάντων τ' Ἀργείων σέο τ' αὐτοῦ κήδεα λυγρά.
ἀλλ' ἄγε μοι τόδε εἰπὲ καὶ ἀτρεκέως κατάλεξον, 370
εἴ τινας ἀντιθέων ἑτάρων ἴδες, οἵ τοι ἅμ' αὐτῷ
Ἴλιον εἰς ἅμ' ἕποντο καὶ αὐτοῦ πότμον ἐπέσπον.
νὺξ δ' ἥδε μάλα μακρή, ἀθέσφατος· οὐδέ πω ὥρη
εὕδειν ἐν μεγάρῳ, σὺ δέ μοι λέγε θέσκελα ἔργα.
καί κεν ἐς ἠῶ δῖαν ἀνασχοίμην, ὅτε μοι σὺ 375
τλαίης ἐν μεγάρῳ τὰ σὰ κήδεα μυθήσασθαι.'
  τὸν δ' ἀπαμειβόμενος προσέφη πολύμητις Ὀδυσσεύς·
'Ἀλκίνοε κρεῖον, πάντων ἀριδείκετε λαῶν,
ὥρη μὲν πολέων μύθων, ὥρη δὲ καὶ ὕπνου·
εἰ δ' ἔτ' ἀκουέμεναί γε λιλαίεαι, οὐκ ἂν ἐγώ γε 380
τούτων σοι φθονέοιμι καὶ οἰκτρότερ' ἄλλ' ἀγορεύειν,
κήδε' ἐμῶν ἑτάρων, οἳ δὴ μετόπισθεν ὄλοντο,
οἳ Τρώων μὲν ὑπεξέφυγον στονόεσσαν ἀυτήν,
ἐν νόστῳ δ' ἀπόλοντο κακῆς ἰότητι γυναικός.
  αὐτὰρ ἐπεὶ ψυχὰς μὲν ἀπεσκέδασ' ἄλλυδις ἄλλη 385
ἁγνὴ Περσεφόνεια γυναικῶν θηλυτεράων,
ἦλθε δ' ἐπὶ ψυχὴ Ἀγαμέμνονος Ἀτρεΐδαο
ἀχνυμένη· περὶ δ' ἄλλαι ἀγηγέραθ', ὅσσοι ἅμ' αὐτῷ
οἴκῳ ἐν Αἰγίσθοιο θάνον καὶ πότμον ἐπέσπον.
ἔγνω δ' αἶψ' ἔμ' ἐκεῖνος, ἐπεὶ πίεν αἷμα κελαινόν· 390
κλαῖε δ' ὅ γε λιγέως, θαλερὸν κατὰ δάκρυον εἴβων,
πιτνὰς εἰς ἐμὲ χεῖρας, ὀρέξασθαι μενεαίνων·
ἀλλ' οὐ γάρ οἱ ἔτ' ἦν ἲς ἔμπεδος οὐδέ τι κῖκυς,
οἵη περ πάρος ἔσκεν ἐνὶ γναμπτοῖσι μέλεσσι.
  τὸν μὲν ἐγὼ δάκρυσα ἰδὼν ἐλέησά τε θυμῷ, 395
καί μιν φωνήσας ἔπεα πτερόεντα προσηύδων·
'Ἀτρεΐδη κύδιστε, ἄναξ ἀνδρῶν Ἀγάμεμνον,
τίς νύ σε κὴρ ἐδάμασσε τανηλεγέος θανάτοιο;
ἦε σέ γ' ἐν νήεσσι Ποσειδάων ἐδάμασσεν
ὄρσας ἀργαλέων ἀνέμων ἀμέγαρτον ἀυτμήν; 400
ἦέ σ' ἀνάρσιοι ἄνδρες ἐδηλήσαντ' ἐπὶ χέρσου
βοῦς περιταμνόμενον ἠδ' οἰῶν πώεα καλά,

Wandering at large, and forging lies, that we 455
May not suspect them. Thou hast grace of speech
And noble thoughts, and fitly hast thou told,
Even as a minstrel might, the history
Of all thy Argive brethren and thy own.
Now say, and frankly, didst thou also see 460
Any of those heroic men who went
With thee to Troy, and in that region met
Their fate? A night immeasurably long
Is yet before us. Let us have thy tale
Of wonders. I could listen till the break 465
Of hallowed morning, if thou canst endure
So long to speak of hardships thou hast borne."
    He spake, and wise Ulysses answered thus:—
"O King Alcinoüs, eminent beyond
All others of thy people. For discourse 470
There is a time; there is a time for sleep.
If more thou yet wouldst hear, I will not spare
To give the story of the greater woes
Of my companions, who were afterward
Cut off from life; and though they had escaped 475
The cruel Trojan war, on their return
They perished by a woman's fraud and guilt.
    "When chaste Proserpina had made the ghosts
Of women scatter right and left, there came
The soul of Agamemnon, Atreus' son. 480
He came attended by a throng of those
Who in the palace of Ægisthus met
A fate like his and died. When he had drunk
The dark red blood, he knew me at a look,
And wailed aloud, and, bursting into tears, 485
Stretched out his hands to touch me; but no power
Was there of grasp or pressure, such as once
Dwelt in those active limbs. I could not help
But weep at sight of him, for from my heart
I pitied him, and spake these winged words:— 490
    "'Most glorious son of Atreus, king of men!
How, Agamemnon, has the fate that brings
To man the everlasting sleep of death
O'ertaken thee? Did Neptune, calling up
The winds in all their fury, make thy fleet 495
A wreck, or did thine enemies on land
Smite thee, as thou wert driving off their beeves

ἠὲ περὶ πτόλιος μαχεούμενον ἠδὲ γυναικῶν;'
 ὣς ἐφάμην, ὁ δέ μ' αὐτίκ' ἀμειβόμενος προσέειπε:
'διογενὲς Λαερτιάδη, πολυμήχαν' Ὀδυσσεῦ, 405
οὔτ' ἐμέ γ' ἐν νήεσσι Ποσειδάων ἐδάμασσεν
ὄρσας ἀργαλέων ἀνέμων ἀμέγαρτον ἀϋτμήν,
οὔτε μ' ἀνάρσιοι ἄνδρες ἐδηλήσαντ' ἐπὶ χέρσου,
ἀλλά μοι Αἴγισθος τεύξας θάνατόν τε μόρον τε
ἔκτα σὺν οὐλομένῃ ἀλόχῳ, οἶκόνδε καλέσσας, 410
δειπνίσσας, ὥς τίς τε κατέκτανε βοῦν ἐπὶ φάτνῃ.
ὣς θάνον οἰκτίστῳ θανάτῳ: περὶ δ' ἄλλοι ἑταῖροι
νωλεμέως κτείνοντο σύες ὣς ἀργιόδοντες,
οἵ ῥά τ' ἐν ἀφνειοῦ ἀνδρὸς μέγα δυναμένοιο
ἢ γάμῳ ἢ ἐράνῳ ἢ εἰλαπίνῃ τεθαλυίῃ. 415
ἤδη μὲν πολέων φόνῳ ἀνδρῶν ἀντεβόλησας,
μουνὰξ κτεινομένων καὶ ἐνὶ κρατερῇ ὑσμίνῃ:
ἀλλά κε κεῖνα μάλιστα ἰδὼν ὀλοφύραο θυμῷ,
ὡς ἀμφὶ κρητῆρα τραπέζας τε πληθούσας
κείμεθ' ἐνὶ μεγάρῳ, δάπεδον δ' ἅπαν αἵματι θῦεν. 420
οἰκτροτάτην δ' ἤκουσα ὄπα Πριάμοιο θυγατρός,
Κασσάνδρης, τὴν κτεῖνε Κλυταιμνήστρη δολόμητις
ἀμφ' ἐμοί, αὐτὰρ ἐγὼ ποτὶ γαίῃ χεῖρας ἀείρων
βάλλον ἀποθνῄσκων περὶ φασγάνῳ: ἡ δὲ κυνῶπις
νοσφίσατ', οὐδέ μοι ἔτλη ἰόντι περ εἰς Ἀίδαο 425
χερσὶ κατ' ὀφθαλμοὺς ἑλέειν σύν τε στόμ' ἐρεῖσαι.
ὣς οὐκ αἰνότερον καὶ κύντερον ἄλλο γυναικός,
ἥ τις δὴ τοιαῦτα μετὰ φρεσὶν ἔργα βάληται:
οἷον δὴ καὶ κείνη ἐμήσατο ἔργον ἀεικές,
κουριδίῳ τεύξασα πόσει φόνον. ἦ τοι ἔφην γε 430
ἀσπάσιος παίδεσσιν ἰδὲ δμώεσσιν ἐμοῖσιν
οἴκαδ' ἐλεύσεσθαι: ἡ δ' ἔξοχα λυγρὰ ἰδυῖα
οἷ τε κατ' αἶσχος ἔχευε καὶ ἐσσομένῃσιν ὀπίσσω
θηλυτέρῃσι γυναιξί, καὶ ἥ κ' εὐεργὸς ἔῃσιν.'
 ὣς ἔφατ', αὐτὰρ ἐγώ μιν ἀμειβόμενος προσέειπον: 435
'ὢ πόποι, ἦ μάλα δὴ γόνον Ἀτρέος εὐρύοπα Ζεὺς
ἐκπάγλως ἤχθηρε γυναικείας διὰ βουλὰς
ἐξ ἀρχῆς: Ἑλένης μὲν ἀπωλόμεθ' εἵνεκα πολλοί,
σοὶ δὲ Κλυταιμνήστρη δόλον ἤρτυε τηλόθ' ἐόντι.'

And their fair flocks, or fighting to defend
Some city, and the helpless women there?'
    "I spake, and Agamemnon thus replied:—   500
'Son of Laertes, nobly born and wise,
'Twas not that Neptune calling up the winds
In all their fury wrecked me in my fleet,
Nor hostile warriors smote me on the land,
But that Ægisthus, bent upon my death,   505
Plotted against me with my guilty wife,
And bade me to his house and slew me there,
Even at the banquet, as a hind might slay
A bullock at the stall. With me they slew
My comrades, as a herd of white-toothed swine   510
Are slaughtered for some man of large estates,
Who makes a wedding or a solemn feast.
Thou hast seen many perish by the sword
In the hard battle, one by one, and yet
Thou wouldst have pitied us, hadst thou beheld   515
The slain beside the wine-jar, and beneath
The loaded tables, while the pavement swam
With blood. I heard Cassandra's piteous cry,
The cry of Priam's daughter, stricken down
By treacherous Clytemnestra at my side.   520
And there I lay, and, dying, raised my hands
To grasp my sword. The shameless woman went
Her way, nor stayed to close my eyes, nor press
My mouth into its place, although my soul
Was on its way to Hades. There is naught   525
That lives more horrible, more lost to shame,
Than is the woman who has brought her mind
To compass deeds like these,—the wretch who plans
So foul a crime,—the murder of the man
Whom she a virgin wedded. I had looked   530
For a warm welcome from my children here,
And all my household in my ancient home.
This woman, deep in wickedness, hath brought
Disgrace upon herself and all her sex,
Even those who give their thoughts to doing good.'   535
    "He spake, and I replied: 'O, how the God
Who wields the thunder, Jupiter, must hate
The house of Atreus for the women's sake!
At first we fell by myriads in the cause
Of Helen; Clytemnestra now hath planned   540

ὣς ἐφάμην, ὁ δέ μ' αὐτίκ' ἀμειβόμενος προσέειπε: 440
'τῷ νῦν μή ποτε καὶ σὺ γυναικί περ ἤπιος εἶναι:
μή οἱ μῦθον ἅπαντα πιφαυσκέμεν, ὅν κ' ἐῢ εἰδῇς,
ἀλλὰ τὸ μὲν φάσθαι, τὸ δὲ καὶ κεκρυμμένον εἶναι.
ἀλλ' οὐ σοί γ', Ὀδυσεῦ, φόνος ἔσσεται ἔκ γε γυναικός:
λίην γὰρ πινυτή τε καὶ εὖ φρεσὶ μήδεα οἶδε 445
κούρη Ἰκαρίοιο, περίφρων Πηνελόπεια.
ἦ μέν μιν νύμφην γε νέην κατελείπομεν ἡμεῖς
ἐρχόμενοι πόλεμόνδε: πάϊς δέ οἱ ἦν ἐπὶ μαζῷ
νήπιος, ὅς που νῦν γε μετ' ἀνδρῶν ἵζει ἀριθμῷ,
ὄλβιος: ἦ γὰρ τόν γε πατὴρ φίλος ὄψεται ἐλθών, 450
καὶ κεῖνος πατέρα προσπτύξεται, ἣ θέμις ἐστίν.
ἡ δ' ἐμὴ οὐδέ περ υἷος ἐνιπλησθῆναι ἄκοιτις
ὀφθαλμοῖσιν ἔασε: πάρος δέ με πέφνε καὶ αὐτόν.
ἄλλο δέ τοι ἐρέω, σὺ δ' ἐνὶ φρεσὶ βάλλεο σῇσιν:
κρύβδην, μηδ' ἀναφανδά, φίλην ἐς πατρίδα γαῖαν 455
νῆα κατισχέμεναι: ἐπεὶ οὐκέτι πιστὰ γυναιξίν.
ἀλλ' ἄγε μοι τόδε εἰπὲ καὶ ἀτρεκέως κατάλεξον,
εἴ που ἔτι ζώοντος ἀκούετε παιδὸς ἐμοῖο,
ἤ που ἐν Ὀρχομενῷ ἢ ἐν Πύλῳ ἠμαθόεντι,
ἦ που πὰρ Μενελάῳ ἐνὶ Σπάρτῃ εὐρείῃ: 460
οὐ γάρ πω τέθνηκεν ἐπὶ χθονὶ δῖος Ὀρέστης.'
ὣς ἔφατ', αὐτὰρ ἐγώ μιν ἀμειβόμενος προσέειπον:
'Ἀτρεΐδη, τί με ταῦτα διείρεαι; οὐδέ τι οἶδα,
ζώει ὅ γ' ἦ τέθνηκε: κακὸν δ' ἀνεμώλια βάζειν.'
νῶϊ μὲν ὣς ἐπέεσσιν ἀμειβομένω στυγεροῖσιν 465
ἕσταμεν ἀχνύμενοι θαλερὸν κατὰ δάκρυ χέοντες:
ἦλθε δ' ἐπὶ ψυχὴ Πηληϊάδεω Ἀχιλῆος
καὶ Πατροκλῆος καὶ ἀμύμονος Ἀντιλόχοιο
Αἴαντός θ', ὃς ἄριστος ἔην εἶδός τε δέμας τε
τῶν ἄλλων Δαναῶν μετ' ἀμύμονα Πηλεΐωνα. 470
ἔγνω δὲ ψυχή με ποδώκεος Αἰακίδαο
καί ῥ' ὀλοφυρομένη ἔπεα πτερόεντα προσηύδα:
'διογενὲς Λαερτιάδη, πολυμήχαν' Ὀδυσσεῦ,
σχέτλιε, τίπτ' ἔτι μεῖζον ἐνὶ φρεσὶ μήσεαι ἔργον;
πῶς ἔτλης Ἄϊδόσδε κατελθέμεν, ἔνθα τε νεκροὶ 475

This guile against thee while thou wert afar.'
  "I spake, and instantly his answer came:—
'Therefore be not compliant to thy wife,
Nor let her hear from thee whatever lies
Within thy knowledge. Tell her but a part,   545
And keep the rest concealed. Yet is thy life,
Ulysses, in no danger from thy spouse;
For wise and well instructed in the rules
Of virtuous conduct is Penelope,
The daughter of Icarius. When we went   550
To war, we left her a young bride; a babe
Was at her breast, a boy, who now must sit
Among grown men; and fortunate is he,
For certainly his father will behold
The youth on his return, and he embrace   555
His father, as is meet. But as for me,
My consort suffered not my eyes to feed
Upon the sight of my own son; for first
She slew me. This, then, I admonish thee,—
Heed thou my words. Bring not thy ship to land   560
Openly in thy country, but by stealth,
Since now no longer can we put our trust
In woman. Meantime, tell me of my son,
And faithfully, if thou hast heard of him
As living, whether in Orchomenus,   565
Or sandy Pylos, or in the broad realm
Of Menelaus, Sparta; for not yet
Has my Orestes passed from earth and life.'
  "He spake, and I replied: 'Why ask of me
That question, O Atrides? I know not   570
Whether thy son be living or be dead,
And this is not a time for idle words.'
  "Thus in sad talk we stood, and freely flowed
Our tears. Meanwhile the ghosts of Peleus' son
Achilles, and Patroclus, excellent   575
Antilochus, and Ajax, all drew near,—
Ajax for form and stature eminent
O'er all the Greeks save Peleus' faultless son.
Then did the soul of fleet Æacides
Know me, and thus in winged words he said:—   580
  "'Ulysses! what hath moved thee to attempt
This greatest of thy labors? How is it
That thou hast found the courage to descend

ἀφραδέες ναίουσι, βροτῶν εἴδωλα καμόντων;'
　ὣς ἔφατ', αὐτὰρ ἐγώ μιν ἀμειβόμενος προσέειπον·
'ὦ Ἀχιλεῦ Πηλῆος υἱέ, μέγα φέρτατ' Ἀχαιῶν,
ἦλθον Τειρεσίαο κατὰ χρέος, εἴ τινα βουλὴν
εἴποι, ὅπως Ἰθάκην ἐς παιπαλόεσσαν ἱκοίμην· 480
οὐ γάρ πω σχεδὸν ἦλθον Ἀχαιΐδος, οὐδέ πω ἁμῆς
γῆς ἐπέβην, ἀλλ' αἰὲν ἔχω κακά. σεῖο δ', Ἀχιλλεῦ,
οὔ τις ἀνὴρ προπάροιθε μακάρτατος οὔτ' ἄρ' ὀπίσσω.
πρὶν μὲν γάρ σε ζωὸν ἐτίομεν ἶσα θεοῖσιν
Ἀργεῖοι, νῦν αὖτε μέγα κρατέεις νεκύεσσιν 485
ἐνθάδ' ἐών· τῷ μή τι θανὼν ἀκαχίζευ, Ἀχιλλεῦ.'
　ὣς ἐφάμην, ὁ δέ μ' αὐτίκ' ἀμειβόμενος προσέειπε·
'μὴ δή μοι θάνατόν γε παραύδα, φαίδιμ' Ὀδυσσεῦ.
βουλοίμην κ' ἐπάρουρος ἐὼν θητευέμεν ἄλλῳ,
ἀνδρὶ παρ' ἀκλήρῳ, ᾧ μὴ βίοτος πολὺς εἴη, 490
ἢ πᾶσιν νεκύεσσι καταφθιμένοισιν ἀνάσσειν.
ἀλλ' ἄγε μοι τοῦ παιδὸς ἀγαυοῦ μῦθον ἐνίσπες,
ἢ ἕπετ' ἐς πόλεμον πρόμος ἔμμεναι, ἦε καὶ οὐκί.
εἰπὲ δέ μοι Πηλῆος ἀμύμονος, εἴ τι πέπυσσαι,
ἢ ἔτ' ἔχει τιμὴν πολέσιν μετὰ Μυρμιδόνεσσιν, 495
ἦ μιν ἀτιμάζουσιν ἀν' Ἑλλάδα τε Φθίην τε,
οὕνεκά μιν κατὰ γῆρας ἔχει χεῖράς τε πόδας τε.
οὐ γὰρ ἐγὼν ἐπαρωγὸς ὑπ' αὐγὰς ἠελίοιο,
τοῖος ἐών, οἷός ποτ' ἐνὶ Τροίῃ εὐρείῃ
πέφνον λαὸν ἄριστον, ἀμύνων Ἀργείοισιν· 500
εἰ τοιόσδ' ἔλθοιμι μίνυνθά περ ἐς πατέρος δῶ·
τῷ κέ τεῳ στύξαιμι μένος καὶ χεῖρας ἀάπτους,
οἳ κεῖνον βιόωνται ἐέργουσίν τ' ἀπὸ τιμῆς.'
　ὣς ἔφατ', αὐτὰρ ἐγώ μιν ἀμειβόμενος προσέειπον·
'ἦ τοι μὲν Πηλῆος ἀμύμονος οὔ τι πέπυσμαι, 505
αὐτάρ τοι παιδός γε Νεοπτολέμοιο φίλοιο

To Hades, where the dead, the bodiless forms
Of those whose work is done on earth, abide?' 585
  "He spake; I answered: 'Greatest of the Greeks!
Achilles, son of Peleus! 'Twas to hear
The counsel of Tiresias that I came,
If haply he might tell me by what means
To reach my rugged Ithaca again; 590
For yet have I not trod my native coast,
Nor even have drawn nigh to Greece. I meet
Misfortunes everywhere. But as for thee,
Achilles, no man lived before thy time,
Nor will hereafter live, more fortunate 595
Than thou,—for while alive we honored thee
As if thou wert a god, and now again
In these abodes thou rulest o'er the dead;
Therefore, Achilles, shouldst thou not be sad.'
  "I spake; Achilles quickly answered me:— 600
'Noble Ulysses, speak not thus of death,
As if thou couldst console me. I would be
A laborer on earth, and serve for hire
Some man of mean estate, who makes scant cheer,
Rather than reign o'er all who have gone down 605
To death. Speak rather of my noble son,
Whether or not he yet has joined the wars
To fight among the foremost of the host.
And tell me also if thou aught hast heard
Of blameless Peleus,—whether he be yet 610
Honored among his many Myrmidons,
Or do they hold him now in small esteem
In Hellas and in Phthia, since old age
Unnerves his hands and feet, and I no more
Am there, beneath the sun, to give him aid, 615
Strong as I was on the wide plain of Troy,
When warring for the Achaian cause I smote
That valiant people. Could I come again,
But for a moment, with my former strength,
Into my father's palace, I would make 620
That strength and these unconquerable hands
A terror to the men who do him wrong,
And rob him of the honor due a king.'
  "He spake; I answered: 'Nothing have I heard
Of blameless Peleus, but I will relate 625
The truth concerning Neoptolemus,

πᾶσαν ἀληθείην μυθήσομαι, ὥς με κελεύεις:
αὐτὸς γάρ μιν ἐγὼ κοίλης ἐπὶ νηὸς ἐίσης
ἤγαγον ἐκ Σκύρου μετ' ἐυκνήμιδας Ἀχαιούς.
ἦ τοι ὅτ' ἀμφὶ πόλιν Τροίην φραζοίμεθα βουλάς, 510
αἰεὶ πρῶτος ἔβαζε καὶ οὐχ ἡμάρτανε μύθων:
Νέστωρ ἀντίθεος καὶ ἐγὼ νικάσκομεν οἴω.
αὐτὰρ ὅτ' ἐν πεδίῳ Τρώων μαρναίμεθα χαλκῷ,
οὔ ποτ' ἐνὶ πληθυῖ μένεν ἀνδρῶν οὐδ' ἐν ὁμίλῳ,
ἀλλὰ πολὺ προθέεσκε τὸ ὃν μένος οὐδενὶ εἴκων, 515
πολλοὺς δ' ἄνδρας ἔπεφνεν ἐν αἰνῇ δηιοτῆτι.
πάντας δ' οὐκ ἂν ἐγὼ μυθήσομαι οὐδ' ὀνομήνω,
ὅσσον λαὸν ἔπεφνεν ἀμύνων Ἀργείοισιν,
ἀλλ' οἷον τὸν Τηλεφίδην κατενήρατο χαλκῷ,
ἥρω' Εὐρύπυλον, πολλοὶ δ' ἀμφ' αὐτὸν ἑταῖροι 520
Κήτειοι κτείνοντο γυναίων εἵνεκα δώρων.
κεῖνον δὴ κάλλιστον ἴδον μετὰ Μέμνονα δῖον.
αὐτὰρ ὅτ' εἰς ἵππον κατεβαίνομεν, ὃν κάμ' Ἐπειός,
Ἀργείων οἱ ἄριστοι, ἐμοὶ δ' ἐπὶ πάντα τέταλτο,
ἠμὲν ἀνακλῖναι πυκινὸν λόχον ἠδ' ἐπιθεῖναι, 525
ἔνθ' ἄλλοι Δαναῶν ἡγήτορες ἠδὲ μέδοντες
δάκρυά τ' ὠμόργνυντο τρέμον θ' ὑπὸ γυῖα ἑκάστου:
κεῖνον δ' οὔ ποτε πάμπαν ἐγὼν ἴδον ὀφθαλμοῖσιν
οὔτ' ὠχρήσαντα χρόα κάλλιμον οὔτε παρειῶν
δάκρυ ὀμορξάμενον: ὁ δέ γε μάλα πόλλ' ἱκέτευεν 530
ἱππόθεν ἐξέμεναι, ξίφεος δ' ἐπεμαίετο κώπην
καὶ δόρυ χαλκοβαρές, κακὰ δὲ Τρώεσσι μενοίνα.
ἀλλ' ὅτε δὴ Πριάμοιο πόλιν διεπέρσαμεν αἰπήν,
μοῖραν καὶ γέρας ἐσθλὸν ἔχων ἐπὶ νηὸς ἔβαινεν
ἀσκηθής, οὔτ' ἂρ βεβλημένος ὀξέι χαλκῷ 535
οὔτ' αὐτοσχεδίην οὐτασμένος, οἷά τε πολλὰ
γίγνεται ἐν πολέμῳ: ἐπιμὶξ δέ τε μαίνεται Ἄρης.'
ὣς ἐφάμην, ψυχὴ δὲ ποδώκεος Αἰακίδαο
φοίτα μακρὰ βιβᾶσα κατ' ἀσφοδελὸν λειμῶνα,

Thy son, as thou requirest. Him I took
From Scyros in a gallant bark to join
The well-armed Greeks. Know, then, that when we sat
In council, planning to conduct the war   630
Against the city of Troy, he always rose
The first to speak, nor were his words unwise.
The godlike Nestor and myself alone
Rivalled him in debate. And when we fought
About the city walls, he loitered not   635
Among the others in the numerous host,
But hastened on before them, giving place
To no man there in valor. Many men
He slew in desperate combat, whom to name
Were past my power, so many were they all   640
Whom in the cause of Greece he struck to earth.
Yet one I name, Eurypylus, the son
Of Telephus, who perished by his sword
With many of his band, Citeians, led
To war because of liberal gifts bestowed   645
Upon their chieftain's wife; the noblest he
Of men, in form, whom I have ever seen,
Save Memnon. When into the wooden steed,
Framed by Epeius, we the chiefs of Greece
Ascended, and to me was given the charge   650
Of all things there, to open and to shut
The close-built fraud, while others of high rank
Among the Greeks were wiping off their tears,
And their limbs shook, I never saw thy son
Turn pale in his fine face, or brush away   655
A tear, but he besought me earnestly
That he might leave our hiding-place, and grasped
His falchion's hilt, and lifted up his spear
Heavy with brass, for in his mind lie smote
The Trojan crowd already. When at last   660
We had o'erthrown and sacked the lofty town
Of Priam, he embarked upon a ship,
With all his share of spoil,—a large reward,—
Unhurt, not touched in combat hand to hand,
Nor wounded from afar, as oftentimes   665
Must be the fortune of a fight, for Mars
Is wont to rage without regard to men.'

"I spake. The soul of swift Æacides
Over the meadows thick with asphodel

γηθοσύνη ὅ οἱ υἱὸν ἔφην ἀριδείκετον εἶναι. 540
αἱ δ' ἄλλαι ψυχαὶ νεκύων κατατεθνηώτων
ἕστασαν ἀχνύμεναι, εἴροντο δὲ κήδε' ἑκάστη.
οἴη δ' Αἴαντος ψυχὴ Τελαμωνιάδαο
νόσφιν ἀφεστήκει, κεχολωμένη εἵνεκα νίκης,
τήν μιν ἐγὼ νίκησα δικαζόμενος παρὰ νηυσὶ 545
τεύχεσιν ἀμφ' Ἀχιλῆος· ἔθηκε δὲ πότνια μήτηρ.
παῖδες δὲ Τρώων δίκασαν καὶ Παλλὰς Ἀθήνη.
ὡς δὴ μὴ ὄφελον νικᾶν τοιῷδ' ἐπ' ἀέθλῳ·
τοίην γὰρ κεφαλὴν ἕνεκ' αὐτῶν γαῖα κατέσχεν,
Αἴανθ', ὃς πέρι μὲν εἶδος, πέρι δ' ἔργα τέτυκτο 550
τῶν ἄλλων Δαναῶν μετ' ἀμύμονα Πηλεΐωνα.
τὸν μὲν ἐγὼν ἐπέεσσι προσηύδων μειλιχίοισιν·
 'Αἶαν, παῖ Τελαμῶνος ἀμύμονος, οὐκ ἄρ' ἔμελλες
οὐδὲ θανὼν λήσεσθαι ἐμοὶ χόλου εἵνεκα τευχέων
οὐλομένων; τὰ δὲ πῆμα θεοὶ θέσαν Ἀργείοισι, 555
τοῖος γάρ σφιν πύργος ἀπώλεο· σεῖο δ' Ἀχαιοὶ
ἶσον Ἀχιλλῆος κεφαλῇ Πηληϊάδαο
ἀχνύμεθα φθιμένοιο διαμπερές· οὐδέ τις ἄλλος
αἴτιος, ἀλλὰ Ζεὺς Δαναῶν στρατὸν αἰχμητάων
ἐκπάγλως ἤχθηρε, τεῒν δ' ἐπὶ μοῖραν ἔθηκεν. 560
ἀλλ' ἄγε δεῦρο, ἄναξ, ἵν' ἔπος καὶ μῦθον ἀκούσῃς
ἡμέτερον· δάμασον δὲ μένος καὶ ἀγήνορα θυμόν.'
 ὣς ἐφάμην, ὁ δέ μ' οὐδὲν ἀμείβετο, βῆ δὲ μετ' ἄλλας
ψυχὰς εἰς Ἔρεβος νεκύων κατατεθνηώτων.
ἔνθα χ' ὅμως προσέφη κεχολωμένος, ἤ κεν ἐγὼ τόν· 565
ἀλλά μοι ἤθελε θυμὸς ἐνὶ στήθεσσι φίλοισι
τῶν ἄλλων ψυχὰς ἰδέειν κατατεθνηώτων.
ἔνθ' ἦ τοι Μίνωα ἴδον, Διὸς ἀγλαὸν υἱόν,
χρύσεον σκῆπτρον ἔχοντα, θεμιστεύοντα νέκυσσιν,
ἥμενον, οἱ δέ μιν ἀμφὶ δίκας εἴροντο ἄνακτα, 570
ἥμενοι ἑσταότες τε κατ' εὐρυπυλὲς Ἄϊδος δῶ.
τὸν δὲ μετ' Ὠρίωνα πελώριον εἰσενόησα

Departed with long strides, well pleased to hear 670
From me the story of his son's renown.
    "The other ghosts of those who lay in death
Stood sorrowing by, and each one told his griefs;
But that of Ajax, son of Telamon,
Kept far aloof, displeased that I had won 675
The victory contending at the fleet
Which should possess the arms of Peleus' son.
His goddess-mother laid them as a prize
Before us, and the captive sons of Troy
And Pallas were the umpires to award 680
The victory. And now how much I wish
I had not conquered in a strife like that,
Since for that cause the dark earth hath received
The hero Ajax, who in nobleness
Of form and greatness of exploits excelled 685
All other Greeks, except the blameless son
Of Peleus. Then I spake in soothing words:—
    "'O Ajax, son of blameless Telamon!
Wilt thou not even in death forget the wrath
Caused by the strife for those accursed arms? 690
The gods have made them fatal to the Greeks,
For thou, the bulwark of our host, didst fall,
And we lamented thee as bitterly
When thou wert dead as we had mourned the son
Of Peleus. Nor was any man to blame; 695
'Twas Jupiter who held in vehement hate
The army of the warlike Greeks, and laid
This doom upon thee. Now, O king, draw near,
And hear our voice and words, and check, I pray,
The anger rising in thy generous breast.' 700
    "I spake; he answered not, but moved away
To Erebus, among the other souls
Of the departed. Yet would I have had
Speech of him, angry as he was, or else
Have spoken to him further, but my wish 705
Was strong to see yet others of the dead.
    "Then I beheld the illustrious son of Jove,
Minos, a golden sceptre in his hand,
Sitting to judge the dead, who round the king
Pleaded their causes. There they stood or sat 710
In Pluto's halls,—a pile with ample gates.
    "And next I saw the huge Orion drive,

θῆρας ὁμοῦ εἰλεῦντα κατ' ἀσφοδελὸν λειμῶνα,
τοὺς αὐτὸς κατέπεφνεν ἐν οἰοπόλοισιν ὄρεσσι
χερσὶν ἔχων ῥόπαλον παγχάλκεον, αἰὲν ἀαγές. 575
καὶ Τιτυὸν εἶδον, Γαίης ἐρικυδέος υἱόν,
κείμενον ἐν δαπέδῳ· ὁ δ' ἐπ' ἐννέα κεῖτο πέλεθρα,
γῦπε δέ μιν ἑκάτερθε παρημένω ἧπαρ ἔκειρον,
δέρτρον ἔσω δύνοντες, ὁ δ' οὐκ ἀπαμύνετο χερσί·
Λητὼ γὰρ ἕλκησε, Διὸς κυδρὴν παράκοιτιν, 580
Πυθώδ' ἐρχομένην διὰ καλλιχόρου Πανοπῆος.
καὶ μὴν Τάνταλον εἰσεῖδον κρατέρ' ἄλγε' ἔχοντα
ἑστεῶτ' ἐν λίμνῃ· ἡ δὲ προσέπλαζε γενείῳ·
στεῦτο δὲ διψάων, πιέειν δ' οὐκ εἶχεν ἑλέσθαι·
ὁσσάκι γὰρ κύψει' ὁ γέρων πιέειν μενεαίνων, 585
τοσσάχ' ὕδωρ ἀπολέσκετ' ἀναβροχέν, ἀμφὶ δὲ ποσσὶ
γαῖα μέλαινα φάνεσκε, καταζήνασκε δὲ δαίμων.
δένδρεα δ' ὑψιπέτηλα κατὰ κρῆθεν χέε καρπόν,
ὄγχναι καὶ ῥοιαὶ καὶ μηλέαι ἀγλαόκαρποι
συκέαι τε γλυκεραὶ καὶ ἐλαῖαι τηλεθόωσαι· 590
τῶν ὁπότ' ἰθύσει' ὁ γέρων ἐπὶ χερσὶ μάσασθαι,
τὰς δ' ἄνεμος ῥίπτασκε ποτὶ νέφεα σκιόεντα.
καὶ μὴν Σίσυφον εἰσεῖδον κρατέρ' ἄλγε' ἔχοντα
λᾶαν βαστάζοντα πελώριον ἀμφοτέρῃσιν.
ἦ τοι ὁ μὲν σκηριπτόμενος χερσίν τε ποσίν τε 595
λᾶαν ἄνω ὤθεσκε ποτὶ λόφον· ἀλλ' ὅτε μέλλοι
ἄκρον ὑπερβαλέειν, τότ' ἀποστρέψασκε κραταιίς·
αὖτις ἔπειτα πέδονδε κυλίνδετο λᾶας ἀναιδής.
αὐτὰρ ὅ γ' ἂψ ὤσασκε τιταινόμενος, κατὰ δ' ἱδρὼς
ἔρρεεν ἐκ μελέων, κονίη δ' ἐκ κρατὸς ὀρώρει. 600
τὸν δὲ μετ' εἰσενόησα βίην Ἡρακληείην,
εἴδωλον· αὐτὸς δὲ μετ' ἀθανάτοισι θεοῖσι
τέρπεται ἐν θαλίῃς καὶ ἔχει καλλίσφυρον Ἥβην,
παῖδα Διὸς μεγάλοιο καὶ Ἥρης χρυσοπεδίλου.
ἀμφὶ δέ μιν κλαγγὴ νεκύων ἦν οἰωνῶν ὥς, 605
πάντοσ' ἀτυζομένων· ὁ δ' ἐρεμνῇ νυκτὶ ἐοικώς,

Across the meadows green with asphodel,
The savage beast whom he had slain; he bore
The brazen mace, which no man's power could break.   715
   "And Tityus there I saw,—the mighty earth
His mother,—overspreading, as he lay,
Nine acres, with two vultures at his side,
That, plucking at his liver, plunged their beaks
Into the flesh; nor did his hands avail   720
To drive them off, for he had offered force
To Jove's proud wife Latona, as she went
To Pytho, through the pleasant Panopeus.
   "And next I looked on Tantalus, a prey
To grievous torments, standing in a lake   725
That reached his chin. Though painfully athirst,
He could not drink; as often as he bowed
His aged head to take into his lips
The water, it was drawn away, and sank
Into the earth, and the dark soil appeared   730
Around his feet; a god had dried it up.
And lofty trees drooped o'er him, hung with fruit,—
Pears and pomegranates, apples fair to sight,
And luscious figs, and olives green of hue.
And when that ancient man put forth his hands   735
To pluck them from their stems, the wind arose
And whirled them far among the shadowy clouds.
   "There I beheld the shade of Sisyphus
Amid his sufferings. With both hands he rolled
A huge stone up a hill. To force it up,   740
He leaned against the mass with hands and feet;
But, ere it crossed the summit of the hill
A power was felt that sent it rolling back,
And downward plunged the unmanageable rock
Before him to the plain. Again he toiled   745
To heave it upward, while the sweat in streams
Ran down his limbs, and dust begrimed his brow.
   "Then I beheld the mighty Hercules,—
The hero's image,—for he sits himself
Among the deathless gods, well pleased to share   750
Their feasts, and Hebe of the dainty feet—
A daughter of the mighty Jupiter
And golden-sandalled Juno—is his wife.
Around his image flitted to and fro
The ghosts with noise, like fear-bewildered birds.   755

γυμνὸν τόξον ἔχων καὶ ἐπὶ νευρῆφιν ὀιστόν,
δεινὸν παπταίνων, αἰεὶ βαλέοντι ἐοικώς.
σμερδαλέος δέ οἱ ἀμφὶ περὶ στήθεσσιν ἀορτὴρ
χρύσεος ἦν τελαμών, ἵνα θέσκελα ἔργα τέτυκτο, 610
ἄρκτοι τ' ἀγρότεροί τε σύες χαροποί τε λέοντες,
ὑσμῖναί τε μάχαι τε φόνοι τ' ἀνδροκτασίαι τε.
μὴ τεχνησάμενος μηδ' ἄλλο τι τεχνήσαιτο,
ὃς κεῖνον τελαμῶνα ἑῇ ἐγκάτθετο τέχνῃ.
ἔγνω δ' αὖτ' ἔμ' ἐκεῖνος, ἐπεὶ ἴδεν ὀφθαλμοῖσιν, 615
καί μ' ὀλοφυρόμενος ἔπεα πτερόεντα προσηύδα:
  'διογενὲς Λαερτιάδη, πολυμήχαν' Ὀδυσσεῦ,
ἆ δείλ', ἦ τινὰ καὶ σὺ κακὸν μόρον ἡγηλάζεις,
ὅν περ ἐγὼν ὀχέεσκον ὑπ' αὐγὰς ἠελίοιο.
Ζηνὸς μὲν πάϊς ἦα Κρονίονος, αὐτὰρ ὀιζὺν 620
εἶχον ἀπειρεσίην: μάλα γὰρ πολὺ χείρονι φωτὶ
δεδμήμην, ὁ δέ μοι χαλεποὺς ἐπετέλλετ' ἀέθλους.
καί ποτέ μ' ἐνθάδ' ἔπεμψε κύν' ἄξοντ': οὐ γὰρ ἔτ' ἄλλον
φράζετο τοῦδέ γέ μοι κρατερώτερον εἶναι ἄεθλον:
τὸν μὲν ἐγὼν ἀνένεικα καὶ ἤγαγον ἐξ Ἀίδαο: 625
Ἑρμείας δέ μ' ἔπεμψεν ἰδὲ γλαυκῶπις Ἀθήνη.'
  ὣς εἰπὼν ὁ μὲν αὖτις ἔβη δόμον Ἄϊδος εἴσω,
αὐτὰρ ἐγὼν αὐτοῦ μένον ἔμπεδον, εἴ τις ἔτ' ἔλθοι
ἀνδρῶν ἡρώων, οἳ δὴ τὸ πρόσθεν ὄλοντο.
καί νύ κ' ἔτι προτέρους ἴδον ἀνέρας, οὓς ἔθελόν περ, 630
Θησέα Πειρίθοόν τε, θεῶν ἐρικυδέα τέκνα:
ἀλλὰ πρὶν ἐπὶ ἔθνε' ἀγείρετο μυρία νεκρῶν
ἠχῇ θεσπεσίῃ: ἐμὲ δὲ χλωρὸν δέος ᾕρει,
μή μοι Γοργείην κεφαλὴν δεινοῖο πελώρου
ἐξ Ἀίδεω πέμψειεν ἀγαυὴ Περσεφόνεια. 635
αὐτίκ' ἔπειτ' ἐπὶ νῆα κιὼν ἐκέλευον ἑταίρους
αὐτούς τ' ἀμβαίνειν ἀνά τε πρυμνήσια λῦσαι.
οἱ δ' αἶψ' εἴσβαινον καὶ ἐπὶ κληῖσι καθῖζον.
τὴν δὲ κατ' Ὠκεανὸν ποταμὸν φέρε κῦμα ῥόοιο,
πρῶτα μὲν εἰρεσίῃ, μετέπειτα δὲ κάλλιμος οὖρος.' 640

His look was dark as night. He held in hand
A naked bow, a shaft upon the string,
And fiercely gazed, like one about to send
The arrow forth. Upon his breast he wore
The formidable baldric, on whose band   760
Of gold were sculptured marvels,—forms of bears,
Wild boars, grim lions, battles, skirmishings,
And death by wounds, and slaughter. He who wrought
That band had never done the like before,
Nor could thereafter. As I met his eye,   765
The hero knew me, and, beholding me
With pity, said to me in winged words:—
    "'Son of Laertes, nobly born and wise,
And yet unhappy; surely thou dost bear
A cruel fate, like that which I endured   770
While yet I saw the brightness of the sun.
The offspring of Saturnian Jupiter
Am I, and yet was I compelled to serve
One of a meaner race than I, who set
Difficult tasks. He sent me hither once   775
To bring away the guardian hound; he deemed
No harder task might be. I brought him hence;
I led him up from Hades, with such aid
As Hermes and the blue-eyed Pallas gave.'
    "Thus having spoken, he withdrew again   780
Into the abode of Pluto. I remained
And kept my place, in hope there yet might come
Heroes who perished in the early time,
And haply I might look on some of those,—
The ancients, whom I greatly longed to see,—   785
On Theseus and Pirithoüs, glorious men,
The children of the gods. But now there flocked
Already round me, with a mighty noise,
The innumerable nations of the dead;
And I grew pale with fear, lest from the halls   790
Of Pluto the stern Proserpine should send
The frightful visage of the monster-maid,
The Gorgon. Hastening to my ship, I bade
The crew embark, and cast the hawsers loose.
Quickly they went on board, and took their seats   795
Upon the benches. Through Océanus
The current bore my galley, aided first
By oars and then by favorable gales."

'αὐτὰρ ἐπεὶ ποταμοῖο λίπεν ῥόον Ὠκεανοῖο
νηῦς, ἀπὸ δ' ἵκετο κῦμα θαλάσσης εὐρυπόροιο
νῆσόν τ' Αἰαίην, ὅθι τ' Ἠοῦς ἠριγενείης
οἰκία καὶ χοροί εἰσι καὶ ἀντολαὶ Ἠελίοιο,
νῆα μὲν ἔνθ' ἐλθόντες ἐκέλσαμεν ἐν ψαμάθοισιν, 5
ἐκ δὲ καὶ αὐτοὶ βῆμεν ἐπὶ ῥηγμῖνι θαλάσσης·
ἔνθα δ' ἀποβρίξαντες ἐμείναμεν Ἠῶ δῖαν.
ἦμος δ' ἠριγένεια φάνη ῥοδοδάκτυλος Ἠώς,
δὴ τότ' ἐγὼν ἑτάρους προΐειν ἐς δώματα Κίρκης
οἰσέμεναι νεκρόν, Ἐλπήνορα τεθνηῶτα. 10
φιτροὺς δ' αἶψα ταμόντες, ὅθ' ἀκροτάτη πρόεχ' ἀκτή,
θάπτομεν ἀχνύμενοι θαλερὸν κατὰ δάκρυ χέοντες.
αὐτὰρ ἐπεὶ νεκρός τ' ἐκάη καὶ τεύχεα νεκροῦ,
τύμβον χεύαντες καὶ ἐπὶ στήλην ἐρύσαντες
πήξαμεν ἀκροτάτῳ τύμβῳ εὐῆρες ἐρετμόν. 15
ἡμεῖς μὲν τὰ ἕκαστα διείπομεν· οὐδ' ἄρα Κίρκην
ἐξ Ἀίδεω ἐλθόντες ἐλήθομεν, ἀλλὰ μάλ' ὦκα
ἦλθ' ἐντυναμένη· ἅμα δ' ἀμφίπολοι φέρον αὐτῇ
σῖτον καὶ κρέα πολλὰ καὶ αἴθοπα οἶνον ἐρυθρόν.
ἡ δ' ἐν μέσσῳ στᾶσα μετηύδα δῖα θεάων· 20
'σχέτλιοι, οἳ ζώοντες ὑπήλθετε δῶμ' Ἀίδαο,

BOOK XII

Now when our bark had left Océanus
And entered the great deep, we reached the isle
Ææa, where the Morning, child of Dawn,
Abides, and holds her dances, and the Sun
Goes up from earth. We landed there and drew   5
Our galley up the beach; we disembarked
And laid us down to sleep beside the sea,
And waited for the holy Morn to rise.
  "Then when the rosy-fingered Morn appeared,
The child of Dawn, I sent my comrades forth   10
To bring from Circè's halls Elpenor's corse.
And where a headland stretched into the deep
We hewed down trees, and held the funeral rites
With many tears; and having there consumed
The body and the arms with fire, we built   15
A tomb, and reared a column to the dead,
And on its summit fixed a tapering oar.
  "All this was duly done; yet was the news
Of our return from Hades not concealed
From Circè. She attired herself in haste   20
And came; her maids came with her, bringing bread
And store of meats and generous wine; and thus
Spake the wise goddess, standing in the midst:—
  "'Ah, daring ones! who, yet alive, have gone

δισθανέες, ὅτε τ' ἄλλοι ἅπαξ θνήσκουσ' ἄνθρωποι.
ἀλλ' ἄγετ' ἐσθίετε βρώμην καὶ πίνετε οἶνον
αὖθι πανημέριοι· ἅμα δ' ἠοῖ φαινομένηφι
πλεύσεσθ'· αὐτὰρ ἐγὼ δείξω ὁδὸν ἠδὲ ἕκαστα 25
σημανέω, ἵνα μή τι κακορραφίῃ ἀλεγεινῇ
ἢ ἁλὸς ἢ ἐπὶ γῆς ἀλγήσετε πῆμα παθόντες.'
   ὣς ἔφαθ', ἡμῖν δ' αὖτ' ἐπεπείθετο θυμὸς ἀγήνωρ.
ὣς τότε μὲν πρόπαν ἦμαρ ἐς ἠέλιον καταδύντα
ἥμεθα δαινύμενοι κρέα τ' ἄσπετα καὶ μέθυ ἡδύ· 30
ἦμος δ' ἠέλιος κατέδυ καὶ ἐπὶ κνέφας ἦλθεν,
οἱ μὲν κοιμήσαντο παρὰ πρυμνήσια νηός,
ἡ δ' ἐμὲ χειρὸς ἑλοῦσα φίλων ἀπονόσφιν ἑταίρων
εἷσέ τε καὶ προσέλεκτο καὶ ἐξερέεινεν ἕκαστα·
αὐτὰρ ἐγὼ τῇ πάντα κατὰ μοῖραν κατέλεξα. 35
καὶ τότε δή μ' ἐπέεσσι προσηύδα πότνια Κίρκη·
   'ταῦτα μὲν οὕτω πάντα πεπείρανται, σὺ δ' ἄκουσον,
ὥς τοι ἐγὼν ἐρέω, μνήσει δέ σε καὶ θεὸς αὐτός.
Σειρῆνας μὲν πρῶτον ἀφίξεαι, αἵ ῥά τε πάντας
ἀνθρώπους θέλγουσιν, ὅτις σφεας εἰσαφίκηται. 40
ὅς τις ἀιδρείῃ πελάσῃ καὶ φθόγγον ἀκούσῃ
Σειρήνων, τῷ δ' οὔ τι γυνὴ καὶ νήπια τέκνα
οἴκαδε νοστήσαντι παρίσταται οὐδὲ γάνυνται,
ἀλλά τε Σειρῆνες λιγυρῇ θέλγουσιν ἀοιδῇ
ἥμεναι ἐν λειμῶνι, πολὺς δ' ἀμφ' ὀστεόφιν θὶς 45
ἀνδρῶν πυθομένων, περὶ δὲ ῥινοὶ μινύθουσι.
ἀλλὰ παρεξελάαν, ἐπὶ δ' οὔατ' ἀλεῖψαι ἑταίρων
κηρὸν δεψήσας μελιηδέα, μή τις ἀκούσῃ
τῶν ἄλλων· ἀτὰρ αὐτὸς ἀκουέμεν αἴ κ' ἐθέλῃσθα,
δησάντων σ' ἐν νηῒ θοῇ χεῖράς τε πόδας τε 50
ὀρθὸν ἐν ἱστοπέδῃ, ἐκ δ' αὐτοῦ πείρατ' ἀνήφθω,
ὄφρα κε τερπόμενος ὄπ' ἀκούσῃς Σειρήνοιϊν.
εἰ δέ κε λίσσηαι ἑτάρους λῦσαί τε κελεύῃς,
οἱ δέ σ' ἔτι πλεόνεσσι τότ' ἐν δεσμοῖσι διδέντων.
αὐτὰρ ἐπὴν δὴ τάς γε παρὲξ ἐλάσωσιν ἑταῖροι, 55

Down to the abode of Pluto; twice to die
Is yours, while others die but once. Yet now
Take food, drink wine, and hold a feast to-day,
And with the dawn of morning ye shall sail;
And I will show the way, and teach you all
Its dangers, so that ye may not lament
False counsels followed, either on the land
Or on the water, to your grievous harm.'
    "She spake; and our confiding minds were swayed
Easily by her counsels. All that day
Till set of sun we sat and banqueted
Upon the abundant meats and generous wines;
And when the Sun went down, and darkness came,
The crew beside the fastenings of our bark
Lay down to sleep, while Circè took my hand,
Led me apart, and made me sit, and took
Her seat before me, and inquired of all
That I had seen. I told her faithfully,
And then the mighty goddess Circè said:—
    "'Thus far is well; now heedfully attend
To what I say, and may some deity
Help thee remember it! Thou first wilt come
To where the Sirens haunt. They throw a spell
O'er all who pass that way. If unawares
One finds himself so nigh that he can hear
Their voices, round him nevermore shall wife
And lisping children gather, welcoming
His safe return with joy. The Sirens sit
In a green field, and charm with mellow notes
The comer, while beside them lie in heaps
The bones of men decaying underneath
The shrivelled skins. Take heed and pass them by.
First fill with wax well kneaded in the palm
The ears of thy companions, that no sound
May enter. Hear the music, if thou wilt,
But let thy people bind thee, hand and foot,
To the good ship, upright against the mast,
And round it wind the cord, that thou mayst hear
The ravishing notes. But shouldst thou then entreat
Thy men, commanding them to set thee free,
Let them be charged to bind thee yet more fast
With added bands. And when they shall have passed
The Sirens by, I will not judge for thee

ἔνθα τοι οὐκέτ' ἔπειτα διηνεκέως ἀγορεύσω,
ὁππoτέρη δή τοι ὁδὸς ἔσσεται, ἀλλὰ καὶ αὐτὸς
θυμῷ βουλεύειν: ἐρέω δέ τοι ἀμφοτέρωθεν.
ἔνθεν μὲν γὰρ πέτραι ἐπηρεφέες, προτὶ δ' αὐτὰς
κῦμα μέγα ῥοχθεῖ κυανώπιδος Ἀμφιτρίτης: 60
Πλαγκτὰς δή τοι τάς γε θεοὶ μάκαρες καλέουσι.
τῇ μέν τ' οὐδὲ ποτητὰ παρέρχεται οὐδὲ πέλειαι
τρήρωνες, ταί τ' ἀμβροσίην Διὶ πατρὶ φέρουσιν,
ἀλλά τε καὶ τῶν αἰὲν ἀφαιρεῖται λὶς πέτρη:
ἀλλ' ἄλλην ἐνίησι πατὴρ ἐναρίθμιον εἶναι. 65
τῇ δ' οὔ πώ τις νηῦς φύγεν ἀνδρῶν, ἥ τις ἵκηται,
ἀλλά θ' ὁμοῦ πίνακάς τε νεῶν καὶ σώματα φωτῶν
κύμαθ' ἁλὸς φορέουσι πυρός τ' ὀλοοῖο θύελλαι.
οἴη δὴ κείνη γε παρέπλω ποντοπόρος νηῦς,
Ἀργὼ πᾶσι μέλουσα, παρ' Αἰήταο πλέουσα. 70
καὶ νύ κε τὴν ἔνθ' ὦκα βάλεν μεγάλας ποτὶ πέτρας,
ἀλλ' Ἥρη παρέπεμψεν, ἐπεὶ φίλος ἦεν Ἰήσων.
οἱ δὲ δύω σκόπελοι ὁ μὲν οὐρανὸν εὐρὺν ἱκάνει
ὀξείῃ κορυφῇ, νεφέλη δέ μιν ἀμφιβέβηκε
κυανέη: τὸ μὲν οὔ ποτ' ἐρωεῖ, οὐδέ ποτ' αἴθρη 75
κείνου ἔχει κορυφὴν οὔτ' ἐν θέρει οὔτ' ἐν ὀπώρῃ.
οὐδέ κεν ἀμβαίη βροτὸς ἀνὴρ οὐδ' ἐπιβαίη,
οὐδ' εἴ οἱ χεῖρές τε ἐείκοσι καὶ πόδες εἶεν:
πέτρη γὰρ λίς ἐστι, περιξεστῇ ἐικυῖα.
μέσσῳ δ' ἐν σκοπέλῳ ἔστι σπέος ἠεροειδές, 80
πρὸς ζόφον εἰς Ἔρεβος τετραμμένον, ᾗ περ ἂν ὑμεῖς
νῆα παρὰ γλαφυρὴν ἰθύνετε, φαίδιμ' Ὀδυσσεῦ.
οὐδέ κεν ἐκ νηὸς γλαφυρῆς αἰζήιος ἀνὴρ
τόξῳ ὀιστεύσας κοῖλον σπέος εἰσαφίκοιτο.
ἔνθα δ' ἐνὶ Σκύλλη ναίει δεινὸν λελακυῖα. 85
τῆς ἦ τοι φωνὴ μὲν ὅση σκύλακος νεογιλῆς
γίγνεται, αὐτὴ δ' αὖτε πέλωρ κακόν: οὐδέ κέ τίς μιν
γηθήσειεν ἰδών, οὐδ' εἰ θεὸς ἀντιάσειεν.
τῆς ἦ τοι πόδες εἰσὶ δυώδεκα πάντες ἄωροι,
ἓξ δέ τέ οἱ δειραὶ περιμήκεες, ἐν δὲ ἑκάστῃ 90
σμερδαλέη κεφαλή, ἐν δὲ τρίστοιχοι ὀδόντες
πυκνοὶ καὶ θαμέες, πλεῖοι μέλανος θανάτοιο.
μέσση μέν τε κατὰ σπείους κοίλοιο δέδυκεν,
ἔξω δ' ἐξίσχει κεφαλὰς δεινοῖο βερέθρου,

Which way to take; consider for thyself;
I tell thee of two ways. There is a pile
Of beetling rocks, where roars the mighty surge 70
Of dark-eyed Amphitritè; these are called
The Wanderers by the blessed gods. No birds
Can pass them safe, not even the timid doves,
Which bear ambrosia to our father Jove,
But ever doth the slippery rock take off 75
Some one, whose loss the God at once supplies,
To keep their number full. To these no bark
Guided by man has ever come, and left
The spot unwrecked; the billows of the deep
And storms of fire in air have scattered wide 80
Timbers of ships and bodies of drowned men.
One only of the barks that plough the deep
Has passed them safely,—Argo, known to all
By fame, when coming from Ææta home,—
And her the billows would have dashed against 85
The enormous rocks, if Juno, for the sake
Of Jason, had not come to guide it through.
    "'Two are the rocks; one lifts to the broad heaven
Its pointed summit, where a dark gray cloud
Broods, and withdraws not; never is the sky 90
Clear o'er that peak, not even in summer days
Or autumn; nor can man ascend its steeps,
Or venture down,—so smooth the sides, as if
Man's art had polished them. There in the midst
Upon the western side toward Erebus 95
There yawns a shadowy cavern; thither thou,
Noble Ulysses, steer thy bark, yet keep
So far aloof that, standing on the deck,
A youth might send an arrow from a bow
Just to the cavern's mouth. There Scylla dwells, 100
And fills the air with fearful yells; her voice
The cry of whelps just littered, but herself
A frightful prodigy,—a sight which none
Would care to look on, though he were a god.
Twelve feet are hers, all shapeless; six long necks, 105
A hideous head on each, and triple rows
Of teeth, close set and many, threatening death.
And half her form is in the cavern's womb,
And forth from that dark gulf her heads are thrust,
To look abroad upon the rocks for prey,— 110

αὐτοῦ δ' ἰχθυάᾳ, σκόπελον περιμαιμώωσα, 95
δελφῖνάς τε κύνας τε, καὶ εἴ ποθι μεῖζον ἕλῃσι
κῆτος, ἃ μυρία βόσκει ἀγάστονος Ἀμφιτρίτη.
τῇ δ' οὔ πώ ποτε ναῦται ἀκήριοι εὐχετόωνται
παρφυγέειν σὺν νηί· φέρει δέ τε κρατὶ ἑκάστῳ
φῶτ' ἐξαρπάξασα νεὸς κυανοπρῴροιο. 100
τὸν δ' ἕτερον σκόπελον χθαμαλώτερον ὄψει, Ὀδυσσεῦ.
πλησίον ἀλλήλων· καί κεν διοϊστεύσειας.
τῷ δ' ἐν ἐρινεὸς ἔστι μέγας, φύλλοισι τεθηλώς·
τῷ δ' ὑπὸ δῖα Χάρυβδις ἀναρροιβδεῖ μέλαν ὕδωρ.
τρὶς μὲν γάρ τ' ἀνίησιν ἐπ' ἤματι, τρὶς δ' ἀναροιβδεῖ 105
δεινόν· μὴ σύ γε κεῖθι τύχοις, ὅτε ῥοιβδήσειεν·
οὐ γάρ κεν ῥύσαιτό σ' ὑπὲκ κακοῦ οὐδ' ἐνοσίχθων.
ἀλλὰ μάλα Σκύλλης σκοπέλῳ πεπλημένος ὦκα
νῆα παρὲξ ἐλάαν, ἐπεὶ ἦ πολὺ φέρτερόν ἐστιν
ἓξ ἑτάρους ἐν νηὶ ποθήμεναι ἢ ἅμα πάντας.' 110
ὣς ἔφατ', αὐτὰρ ἐγώ μιν ἀμειβόμενος προσέειπον·
εἰ δ' ἄγε δή μοι τοῦτο, θεά, νημερτὲς ἐνίσπες,
εἴ πως τὴν ὀλοὴν μὲν ὑπεκπροφύγοιμι Χάρυβδιν,
τὴν δέ κ' ἀμυναίμην, ὅτε μοι σίνοιτό γ' ἑταίρους.'
ὣς ἐφάμην, ἡ δ' αὐτίκ' ἀμείβετο δῖα θεάων· 115
'σχέτλιε, καὶ δὴ αὖ τοι πολεμήια ἔργα μέμηλε
καὶ πόνος· οὐδὲ θεοῖσιν ὑπείξεαι ἀθανάτοισιν;
ἡ δέ τοι οὐ θνητή, ἀλλ' ἀθάνατον κακόν ἐστι,
δεινόν τ' ἀργαλέον τε καὶ ἄγριον οὐδὲ μαχητόν·
οὐδέ τις ἔστ' ἀλκή· φυγέειν κάρτιστον ἀπ' αὐτῆς. 120
ἢν γὰρ δηθύνῃσθα κορυσσόμενος παρὰ πέτρῃ,
δείδω, μή σ' ἐξαῦτις ἐφορμηθεῖσα κίχῃσι
τόσσῃσιν κεφαλῇσι, τόσους δ' ἐκ φῶτας ἕληται.
ἀλλὰ μάλα σφοδρῶς ἐλάαν, βωστρεῖν δὲ Κράταιιν,
μητέρα τῆς Σκύλλης, ἥ μιν τέκε πῆμα βροτοῖσιν· 125
ἥ μιν ἔπειτ' ἀποπαύσει ἐς ὕστερον ὁρμηθῆναι.
Θρινακίην δ' ἐς νῆσον ἀφίξεαι· ἔνθα δὲ πολλαὶ
βόσκοντ' Ἠελίοιο βόες καὶ ἴφια μῆλα,
ἑπτὰ βοῶν ἀγέλαι, τόσα δ' οἰῶν πώεα καλά,

Dolphin, or dogfish, or the mightier whale,
Such as the murmuring Amphitritè breeds
In multitudes. No mariner can boast
That he has passed by Scylla with a crew
Unharmed; she snatches from the deck, and bears   115
Away in each grim mouth, a living man.
    "'Another rock, Ulysses, thou wilt see,
Of lower height, so near her that a spear,
Cast by the hand, might reach it. On it grows
A huge wild fig-tree with luxuriant leaves.   120
Below, Charybdis, of immortal birth,
Draws the dark water down; for thrice a day
She gives it forth, and thrice with fearful whirl
She draws it in. O, be it not thy lot
To come while the dark water rushes down!   125
Even Neptune could not then deliver thee.
Then turn thy course with speed toward Scylla's rock,
And pass that way; 'twere better far that six
Should perish from the ship than all be lost.'
    "She spake, and I replied: 'O goddess, deign   130
To tell me truly, cannot I at once
Escape Charybdis and defend my friends
Against the rage of Scylla when she strikes?'
    "I spake; the mighty goddess answered me:—
'Rash man! dost thou still think of warlike deeds,   135
And feats of strength? And wilt thou not give way
Even to the deathless gods? That pest is not
Of mortal mould; she cannot die, she is
A thing to tremble and to shudder at,
And fierce, and never to be overcome.   140
There is no room for courage; flight is best.
And if thou shouldst delay beside the rock
To take up arms, I fear lest once again
She fall on thee with all her heads, and seize
As many men. Pass by the monster's haunt   145
With all the speed that thou canst make, and call
Upon Cratæis, who brought Scylla forth
To be the plague of men, and who will calm
Her rage, that she assault thee not again.
    "'Then in thy voyage shalt thou reach the isle   150
Trinacria, where, in pastures of the Sun,
His many beeves and fading sheep are fed,—
Seven herds of oxen, and as many flocks

πεντήκοντα δ' ἕκαστα. γόνος δ' οὐ γίγνεται αὐτῶν, 130
οὐδέ ποτε φθινύθουσι. θεαὶ δ' ἐπιποιμένες εἰσίν,
νύμφαι ἐυπλόκαμοι, Φαέθουσά τε Λαμπετίη τε,
ἃς τέκεν Ἠελίῳ Ὑπερίονι δῖα Νέαιρα.
τὰς μὲν ἄρα θρέψασα τεκοῦσά τε πότνια μήτηρ
Θρινακίην ἐς νῆσον ἀπῴκισε τηλόθι ναίειν, 135
μῆλα φυλασσέμεναι πατρώια καὶ ἕλικας βοῦς.
τὰς εἰ μέν κ' ἀσινέας ἐάᾳς νόστου τε μέδηαι,
ἦ τ' ἂν ἔτ' εἰς Ἰθάκην κακά περ πάσχοντες ἵκοισθε·
εἰ δέ κε σίνηαι, τότε τοι τεκμαίρομ' ὄλεθρον,
νηΐ τε καὶ ἑτάροις· αὐτὸς δ' εἴ πέρ κεν ἀλύξῃς, 140
ὀψὲ κακῶς νεῖαι, ὀλέσας ἄπο πάντας ἑταίρους.'
  ὣς ἔφατ', αὐτίκα δὲ χρυσόθρονος ἤλυθεν Ἠώς.
ἡ μὲν ἔπειτ' ἀνὰ νῆσον ἀπέστιχε δῖα θεάων·
αὐτὰρ ἐγὼν ἐπὶ νῆα κιὼν ὤτρυνον ἑταίρους
αὐτούς τ' ἀμβαίνειν ἀνά τε πρυμνήσια λῦσαι· 145
οἱ δ' αἶψ' εἴσβαινον καὶ ἐπὶ κληῖσι καθῖζον.
ἑξῆς δ' ἑζόμενοι πολιὴν ἅλα τύπτον ἐρετμοῖς.
ἡμῖν δ' αὖ κατόπισθε νεὸς κυανοπρῴροιο
ἴκμενον οὖρον ἵει πλησίστιον, ἐσθλὸν ἑταῖρον,
Κίρκη ἐυπλόκαμος, δεινὴ θεὸς αὐδήεσσα. 150
αὐτίκα δ' ὅπλα ἕκαστα πονησάμενοι κατὰ νῆα
ἥμεθα· τὴν δ' ἄνεμός τε κυβερνήτης τ' ἴθυνε.
δὴ τότ' ἐγὼν ἑτάροισι μετηύδων ἀχνύμενος κῆρ·
'ὦ φίλοι, οὐ γὰρ χρὴ ἕνα ἴδμεναι οὐδὲ δύ' οἴους
θέσφαθ' ἅ μοι Κίρκη μυθήσατο, δῖα θεάων· 155
ἀλλ' ἐρέω μὲν ἐγών, ἵνα εἰδότες ἤ κε θάνωμεν
ἤ κεν ἀλευάμενοι θάνατον καὶ κῆρα φύγοιμεν.
Σειρήνων μὲν πρῶτον ἀνώγει θεσπεσιάων
φθόγγον ἀλεύασθαι καὶ λειμῶν' ἀνθεμόεντα.
οἶον ἔμ' ἠνώγει ὄπ' ἀκουέμεν· ἀλλά με δεσμῷ 160
δήσατ' ἐν ἀργαλέῳ, ὄφρ' ἔμπεδον αὐτόθι μίμνω,
ὀρθὸν ἐν ἱστοπέδῃ, ἐκ δ' αὐτοῦ πείρατ' ἀνήφθω.

Of sheep, and fifty in each flock and herd.
They never multiply; they never die. 155
Two shepherdesses tend them, goddesses,
Nymphs with redundant locks,—Lampelia one,
The other Phaëthusa. These the nymph
Næëra to the overgoing Sun
Brought forth, and when their queenly mother's care 160
Had reared them, she appointed them to dwell
In far Trinacria, there to keep the flocks
And oxen of their father. If thy thoughts
Be fixed on thy return, so that thou leave
These flocks and herds unharmed, ye all will come 165
To Ithaca, though after many toils.
But if thou rashly harm them, I foretell
Destruction to thy ship and all its crew;
And if thyself escape, thou wilt return
Late and in sorrow, all thy comrades lost.' 170
    "She spake; the Morning on her golden throne
Looked forth; the glorious goddess went her way
Into the isle, I to my ship, and bade
The men embark and cast the hawsers loose.
And straight they went on board, and duly manned 175
The benches, smiting as they sat with oars
The hoary waters. Circè, amber-haired,
The mighty goddess of the musical voice,
Sent a fair wind behind our dark-prowed ship
That gayly bore us company, and filled 180
The sails. When we had fairly ordered all
On board our galley, we sat down, and left
The favoring wind and helm to bear us on,
And thus in sadness I bespake the crew:—
    "'My friends! it were not well that one or two 185
Alone should know the oracles I heard
From Circè, great among the goddesses;
And now will I disclose them, that ye all,
Whether we are to die or to escape
The doom of death, may be forewarned. And first 190
Against the wicked Sirens and their song
And flowery bank she warns us. I alone
May hear their voice, but ye must bind me first
With bands too strong to break, that I may stand
Upright against the mast; and let the cords 195
Be fastened round it. If I then entreat

εἰ δέ κε λίσσωμαι ὑμέας λῦσαί τε κελεύω,
ὑμεῖς δὲ πλεόνεσσι τότ' ἐν δεσμοῖσι πιέζειν.'
ἦ τοι ἐγὼ τὰ ἕκαστα λέγων ἑτάροισι πίφαυσκον· 165
τόφρα δὲ καρπαλίμως ἐξίκετο νηῦς εὐεργὴς
νῆσον Σειρήνοιιν· ἔπειγε γὰρ οὖρος ἀπήμων.
αὐτίκ' ἔπειτ' ἄνεμος μὲν ἐπαύσατο ἠδὲ γαλήνη
ἔπλετο νηνεμίη, κοίμησε δὲ κύματα δαίμων.
ἀνστάντες δ' ἕταροι νεὸς ἱστία μηρύσαντο 170
καὶ τὰ μὲν ἐν νηὶ γλαφυρῇ θέσαν, οἱ δ' ἐπ' ἐρετμὰ
ἑζόμενοι λεύκαινον ὕδωρ ξεστῇς ἐλάτῃσιν.
αὐτὰρ ἐγὼ κηροῖο μέγαν τροχὸν ὀξέι χαλκῷ
τυτθὰ διατμήξας χερσὶ στιβαρῇσι πίεζον·
αἶψα δ' ἰαίνετο κηρός, ἐπεὶ κέλετο μεγάλη ἲς 175
Ἠελίου τ' αὐγὴ Ὑπεριονίδαο ἄνακτος·
ἑξείης δ' ἑτάροισιν ἐπ' οὔατα πᾶσιν ἄλειψα.
οἱ δ' ἐν νηί μ' ἔδησαν ὁμοῦ χεῖράς τε πόδας τε
ὀρθὸν ἐν ἱστοπέδῃ, ἐκ δ' αὐτοῦ πείρατ' ἀνῆπτον·
αὐτοὶ δ' ἑζόμενοι πολιὴν ἅλα τύπτον ἐρετμοῖς. 180
ἀλλ' ὅτε τόσσον ἀπῆμεν ὅσον τε γέγωνε βοήσας,
ῥίμφα διώκοντες, τὰς δ' οὐ λάθεν ὠκύαλος νηῦς
ἐγγύθεν ὀρνυμένη, λιγυρὴν δ' ἔντυνον ἀοιδήν·
'δεῦρ' ἄγ' ἰών, πολύαιν' Ὀδυσεῦ, μέγα κῦδος Ἀχαιῶν,
νῆα κατάστησον, ἵνα νωιτέρην ὄπ ἀκούσῃς. 185
οὐ γάρ πώ τις τῇδε παρήλασε νηὶ μελαίνῃ,
πρίν γ' ἡμέων μελίγηρυν ἀπὸ στομάτων ὄπ' ἀκοῦσαι,
ἀλλ' ὅ γε τερψάμενος νεῖται καὶ πλείονα εἰδώς.
ἴδμεν γάρ τοι πάνθ' ὅσ' ἐνὶ Τροίῃ εὐρείῃ
Ἀργεῖοι Τρῶές τε θεῶν ἰότητι μόγησαν, 190
ἴδμεν δ', ὅσσα γένηται ἐπὶ χθονὶ πουλυβοτείρῃ.'
ὣς φάσαν ἱεῖσαι ὄπα κάλλιμον· αὐτὰρ ἐμὸν κῆρ
ἤθελ' ἀκουέμεναι, λῦσαί τ' ἐκέλευον ἑταίρους
ὀφρύσι νευστάζων· οἱ δὲ προπεσόντες ἔρεσσον.
αὐτίκα δ' ἀνστάντες Περιμήδης Εὐρύλοχός τε 195
πλείοσί μ' ἐν δεσμοῖσι δέον μᾶλλόν τε πίεζον.
αὐτὰρ ἐπεὶ δὴ τάς γε παρήλασαν, οὐδ' ἔτ' ἔπειτα
φθογγῆς Σειρήνων ἠκούομεν οὐδέ τ' ἀοιδῆς,
αἶψ' ἀπὸ κηρὸν ἕλοντο ἐμοὶ ἐρίηρες ἑταῖροι,

And bid you loose me, make the bands more strong.'
    "Thus to my crew I spake, and told them all
That they should know, while our good ship drew near
The island of the Sirens, prosperous gales   200
Wafting it gently onward. Then the breeze
Sank to a breathless calm; some deity
Had hushed the winds to slumber. Straightway rose
The men and furled the sails and laid them down
Within the ship, and sat and made the sea   205
White with the beating of their polished blades,
Made of the fir-tree. Then I took a mass
Of wax and cut it into many parts,
And kneaded each with a strong hand. It grew
Warm with the pressure, and the beams of him   210
Who journeys round the earth, the monarch Sun.
With this I filled the ears of all my men
From first to last. They bound me, in their turn,
Upright against the mast-tree, hand and foot,
And tied the cords around it. Then again   215
They sat and threshed with oars the hoary deep.
And when, in running rapidly, we came
So near the Sirens as to hear a voice
From where they sat, our galley flew not by
Unseen by them, and sweetly thus they sang:—   220
    "'O world-renowned Ulysses! thou who art
The glory of the Achaians, turn thy bark
Landward, that thou mayst listen to our lay
No man has passed us in his galley yet,
Ere he has heard our warbled melodies.   225
He goes delighted hence a wiser man;
For all that in the spacious realm of Troy
The Greeks and Trojans by the will of Heaven
Endured we know, and all that comes to pass
In all the nations of the fruitful earth.'   230
    "'Twas thus they sang, and sweet the strain. I longed
To listen, and with nods I gave the sign
To set me free; they only plied their oars
The faster. Then upsprang Eurylochus
And Perimedes, and with added cords   235
Bound me, and drew the others still more tight.
And when we now had passed the spot, and heard
No more the melody the Sirens sang,
My comrades hastened from their ears to take

ὅν σφιν ἐπ᾽ ὠσὶν ἄλειψ᾽, ἐμέ τ᾽ ἐκ δεσμῶν ἀνέλυσαν. 200
ἀλλ᾽ ὅτε δὴ τὴν νῆσον ἐλείπομεν, αὐτίκ᾽ ἔπειτα
καπνὸν καὶ μέγα κῦμα ἴδον καὶ δοῦπον ἄκουσα.
τῶν δ᾽ ἄρα δεισάντων ἐκ χειρῶν ἔπτατ᾽ ἐρετμά,
βόμβησαν δ᾽ ἄρα πάντα κατὰ ῥόον· ἔσχετο δ᾽ αὐτοῦ
νηῦς, ἐπεὶ οὐκέτ᾽ ἐρετμὰ προήκεα χερσὶν ἔπειγον. 205
αὐτὰρ ἐγὼ διὰ νηὸς ἰὼν ὤτρυνον ἑταίρους
μειλιχίοις ἐπέεσσι παρασταδὸν ἄνδρα ἕκαστον·
   'ὦ φίλοι, οὐ γάρ πώ τι κακῶν ἀδαήμονές εἰμεν·
οὐ μὲν δὴ τόδε μεῖζον ἔπει κακόν, ἢ ὅτε Κύκλωψ
εἴλει ἐνὶ σπῆϊ γλαφυρῷ κρατερῆφι βίηφιν· 210
ἀλλὰ καὶ ἔνθεν ἐμῇ ἀρετῇ, βουλῇ τε νόῳ τε,
ἐκφύγομεν, καί που τῶνδε μνήσεσθαι ὀΐω.
νῦν δ᾽ ἄγεθ᾽, ὡς ἂν ἐγὼ εἴπω, πειθώμεθα πάντες.
ὑμεῖς μὲν κώπῃσιν ἁλὸς ῥηγμῖνα βαθεῖαν
τύπτετε κληΐδεσσιν ἐφήμενοι, αἴ κέ ποθι Ζεὺς 215
δώῃ τόνδε γ᾽ ὄλεθρον ὑπεκφυγέειν καὶ ἀλύξαι·
σοὶ δέ, κυβερνῆθ᾽, ὧδ᾽ ἐπιτέλλομαι· ἀλλ᾽ ἐνὶ θυμῷ
βάλλευ, ἐπεὶ νηὸς γλαφυρῆς οἰήϊα νωμᾷς.
τούτου μὲν καπνοῦ καὶ κύματος ἐκτὸς ἔεργε
νῆα, σὺ δὲ σκοπέλου ἐπιμαίεο, μή σε λάθῃσι 220
κεῖσ᾽ ἐξορμήσασα καὶ ἐς κακὸν ἄμμε βάλῃσθα.'
   ὣς ἐφάμην, οἱ δ᾽ ὦκα ἐμοῖς ἐπέεσσι πίθοντο.
Σκύλλην δ᾽ οὐκέτ᾽ ἐμυθεόμην, ἄπρηκτον ἀνίην,
μή πώς μοι δείσαντες ἀπολλήξειαν ἑταῖροι
εἰρεσίης, ἐντὸς δὲ πυκάζοιεν σφέας αὐτούς. 225
καὶ τότε δὴ Κίρκης μὲν ἐφημοσύνης ἀλεγεινῆς
λανθανόμην, ἐπεὶ οὔ τί μ᾽ ἀνώγει θωρήσσεσθαι·
αὐτὰρ ἐγὼ καταδὺς κλυτὰ τεύχεα καὶ δύο δοῦρε
μάκρ᾽ ἐν χερσὶν ἑλὼν εἰς ἴκρια νηὸς ἔβαινον
πρῴρης· ἔνθεν γάρ μιν ἐδέγμην πρῶτα φανεῖσθαι 230
Σκύλλην πετραίην, ἥ μοι φέρε πῆμ᾽ ἑτάροισιν.
οὐδέ πῃ ἀθρῆσαι δυνάμην, ἔκαμον δέ μοι ὄσσε
πάντῃ παπταίνοντι πρὸς ἠεροειδέα πέτρην.
ἡμεῖς μὲν στεινωπὸν ἀνεπλέομεν γοόωντες·
ἔνθεν μὲν Σκύλλη, ἑτέρωθι δὲ δῖα Χάρυβδις 235

The wax, and loosed the cords and set me free. 240
  "As soon as we had left the isle, I saw
Mist and a mountain billow, and I heard
The thunder of the waters. From the hands
Of my affrighted comrades flew the oars,
The deep was all in uproar; but the ship 245
Stopped there, for all the rowers ceased their task.
I went through all the ship exhorting them
With cheerful words, man after man, and said:—
  "'Reflect, my friends, that we are not untried
In evil fortunes, nor in sadder plight 250
Are we than when within his spacious cave
The brutal Cyclops held us prisoners;
Yet through my valor we escaped, and through
My counsels and devices, and I think
That ye will live to bear this day's events 255
In memory like those. Now let us act.
Do all as I advise; go to your seats
Upon the benches, smiting with your oars
These mighty waves, and haply Jove will grant
That we escape the death which threatens us. 260
Thee, helmsman, I adjure,—and heed my words,
Since to thy hands alone is given in charge
Our gallant vessel's rudder,—steer thou hence
From mist and tumbling waves, and well observe
The rock, lest where it juts into the sea 265
Thou heed it not, and bring us all to wreck.'
  "I spake, and quickly all obeyed my words.
Yet said I naught of Scylla,—whom we now
Could not avoid,—lest all the crew in fear
Should cease to row, and crowd into the hold. 270
And then did I forget the stern command
Which Circè gave me, not to arm myself
For combat. In my shining arms I cased
My limbs, and took in hand two ponderous spears,
And went on deck, and stood upon the prow,— 275
For there it seemed to me that Scylla first
Would show herself,—that monster of the rocks,—
To seize my comrades. Yet I saw her not,
Though weary grew my eyes with looking long
And eagerly upon those dusky cliffs. 280
  "Sadly we sailed into the strait, where stood
On one hand Scylla, and the dreaded rock

δεινὸν ἀνερροίβδησε θαλάσσης ἁλμυρὸν ὕδωρ.
ἦ τοι ὅτ' ἐξεμέσειε, λέβης ὣς ἐν πυρὶ πολλῷ
πᾶσ' ἀναμορμύρεσκε κυκωμένη, ὑψόσε δ' ἄχνη
ἄκροισι σκοπέλοισιν ἐπ' ἀμφοτέροισιν ἔπιπτεν·
ἀλλ' ὅτ' ἀναβρόξειε θαλάσσης ἁλμυρὸν ὕδωρ, 240
πᾶσ' ἔντοσθε φάνεσκε κυκωμένη, ἀμφὶ δὲ πέτρη
δεινὸν ἐβεβρύχει, ὑπένερθε δὲ γαῖα φάνεσκε
ψάμμῳ κυανέη· τοὺς δὲ χλωρὸν δέος ᾕρει.
ἡμεῖς μὲν πρὸς τὴν ἴδομεν δείσαντες ὄλεθρον·
τόφρα δέ μοι Σκύλλη γλαφυρῆς ἐκ νηὸς ἑταίρους 245
ἓξ ἕλεθ', οἳ χερσίν τε βίηφί τε φέρτατοι ἦσαν.
σκεψάμενος δ' ἐς νῆα θοὴν ἅμα καὶ μεθ' ἑταίρους
ἤδη τῶν ἐνόησα πόδας καὶ χεῖρας ὕπερθεν
ὑψόσ' ἀειρομένων· ἐμὲ δὲ φθέγγοντο καλεῦντες
ἐξονομακλήδην, τότε γ' ὕστατον, ἀχνύμενοι κῆρ. 250
ὡς δ' ὅτ' ἐπὶ προβόλῳ ἁλιεὺς περιμήκεϊ ῥάβδῳ
ἰχθύσι τοῖς ὀλίγοισι δόλον κατὰ εἴδατα βάλλων
ἐς πόντον προΐησι βοὸς κέρας ἀγραύλοιο,
ἀσπαίροντα δ' ἔπειτα λαβὼν ἔρριψε θύραζε,
ὣς οἵ γ' ἀσπαίροντες ἀείροντο προτὶ πέτρας· 255
αὐτοῦ δ' εἰνὶ θύρῃσι κατήσθιε κεκληγῶτας
χεῖρας ἐμοὶ ὀρέγοντας ἐν αἰνῇ δηϊοτῆτι·
οἴκτιστον δὴ κεῖνο ἐμοῖς ἴδον ὀφθαλμοῖσι
πάντων, ὅσσ' ἐμόγησα πόρους ἁλὸς ἐξερεείνων.
   αὐτὰρ ἐπεὶ πέτρας φύγομεν δεινήν τε Χάρυβδιν 260
Σκύλλην τ', αὐτίκ' ἔπειτα θεοῦ ἐς ἀμύμονα νῆσον
ἱκόμεθ'· ἔνθα δ' ἔσαν καλαὶ βόες εὐρυμέτωποι,
πολλὰ δὲ ἴφια μῆλ' Ὑπερίονος Ἠελίοιο.
δὴ τότ' ἐγὼν ἔτι πόντῳ ἐὼν ἐν νηῒ μελαίνῃ
μυκηθμοῦ τ' ἤκουσα βοῶν αὐλιζομενάων 265
οἰῶν τε βληχήν· καί μοι ἔπος ἔμπεσε θυμῷ
μάντηος ἀλαοῦ, Θηβαίου Τειρεσίαο,
Κίρκης τ' Αἰαίης, ἥ μοι μάλα πόλλ' ἐπέτελλε
νῆσον ἀλεύασθαι τερψιμβρότου Ἠελίοιο.
δὴ τότ' ἐγὼν ἑτάροισι μετηύδων ἀχνύμενος κῆρ· 270
   'κέκλυτέ μευ μύθων κακά περ πάσχοντες ἑταῖροι,
ὄφρ' ὑμῖν εἴπω μαντήϊα Τειρεσίαο
Κίρκης τ' Αἰαίης, ἥ μοι μάλα πόλλ' ἐπέτελλε
νῆσον ἀλεύασθαι τερψιμβρότου Ἠελίοιο·
ἔνθα γὰρ αἰνότατον κακὸν ἔμμεναι ἄμμιν ἔφασκεν. 275

Charybdis on the other, drawing down
Into her horrid gulf the briny flood;
And as she threw it forth again, it tossed285
And murmured as upon a glowing fire
The water in a caldron, while the spray,
Thrown upward, fell on both the summit-rocks;
And when once more she swallowed the salt sea,
It whirled within the abyss, while far below290
The bottom of blue sand was seen. My men
Grew pale with fear; we looked into the gulf
And thought our end was nigh. Then Scylla snatched
Six of my comrades from our hollow bark,
The best in valor and in strength of arm.295
I looked to my good ship; I looked to them,
And saw their hands and feet still swung in air
Above me, while for the last time on earth
They called my name in agony of heart.
As when an angler on a jutting rock300
Sits with his taper rod, and casts his bait
To snare the smaller fish, he sends the horn
Of a wild bull that guards his line afar
Into the water, and jerks out a fish,
And throws it gasping shoreward; so were they305
Uplifted gasping to the rocks, and there
Scylla devoured them at her cavern's mouth,
Stretching their hands to me with piercing cries
Of anguish. 'Twas in truth the saddest sight,
Whatever I have suffered and where'er310
Have roamed the waters, that mine eyes have seen.
  "Escaping thus the rocks, the dreaded haunt
Of Scylla and Charybdis, we approached
The pleasant island of the Sun, where grazed
The oxen with broad foreheads, beautiful,315
And flocks of sheep, the fatlings of the god
Who makes the round of heaven. While yet at sea
I heard from my black ship the low of herds
In stables, and the bleatings of the flocks,
And straightway came into my thought the words320
Of the blind seer Tiresias, him of Thebes,
And of Ææan Circè, who had oft
Warned me to shun the island of the god
Whose light is sweet to all. And then I said
To my companions with a sorrowing heart:—325

ἀλλὰ παρὲξ τὴν νῆσον ἐλαύνετε νῆα μέλαιναν.'
 ὣς ἐφάμην, τοῖσιν δὲ κατεκλάσθη φίλον ἦτορ.
αὐτίκα δ' Εὐρύλοχος στυγερῷ μ' ἠμείβετο μύθῳ:
 'σχέτλιός εἰς, Ὀδυσεῦ: περί τοι μένος, οὐδέ τι γυῖα
κάμνεις: ἦ ῥά νυ σοί γε σιδήρεα πάντα τέτυκται, 280
ὅς ῥ' ἑτάρους καμάτῳ ἀδηκότας ἠδὲ καὶ ὕπνῳ
οὐκ ἐάᾳς γαίης ἐπιβήμεναι, ἔνθα κεν αὖτε
νήσῳ ἐν ἀμφιρύτῃ λαρὸν τετυκοίμεθα δόρπον,
ἀλλ' αὔτως διὰ νύκτα θοὴν ἀλάλησθαι ἄνωγας
νήσου ἀποπλαγχθέντας ἐν ἠεροειδέι πόντῳ. 285
ἐκ νυκτῶν δ' ἄνεμοι χαλεποί, δηλήματα νηῶν,
γίγνονται: πῇ κέν τις ὑπεκφύγοι αἰπὺν ὄλεθρον,
ἤν πως ἐξαπίνης ἔλθῃ ἀνέμοιο θύελλα,
ἢ Νότου ἢ Ζεφύροιο δυσαέος, οἵ τε μάλιστα
νῆα διαρραίουσι θεῶν ἀέκητι ἀνάκτων. 290
ἀλλ' ἦ τοι νῦν μὲν πειθώμεθα νυκτὶ μελαίνῃ
δόρπον θ' ὁπλισόμεσθα θοῇ παρὰ νηὶ μένοντες,
ἠῶθεν δ' ἀναβάντες ἐνήσομεν εὐρέι πόντῳ.'
 ὣς ἔφατ' Εὐρύλοχος, ἐπὶ δ' ᾔνεον ἄλλοι ἑταῖροι.
καὶ τότε δὴ γίγνωσκον ὃ δὴ κακὰ μήδετο δαίμων, 295
καί μιν φωνήσας ἔπεα πτερόεντα προσηύδων:
 'Εὐρύλοχ', ἦ μάλα δή με βιάζετε μοῦνον ἐόντα.
ἀλλ' ἄγε νῦν μοι πάντες ὀμόσσατε καρτερὸν ὅρκον:
εἴ κέ τιν' ἠὲ βοῶν ἀγέλην ἢ πῶυ μέγ' οἰῶν
εὕρωμεν, μή πού τις ἀτασθαλίῃσι κακῇσιν 300
ἢ βοῦν ἠέ τι μῆλον ἀποκτάνῃ: ἀλλὰ ἕκηλοι
ἐσθίετε βρώμην, τὴν ἀθανάτη πόρε Κίρκη.'
 ὣς ἐφάμην, οἱ δ' αὐτίκ' ἀπώμνυον, ὡς ἐκέλευον.
αὐτὰρ ἐπεί ῥ' ὄμοσάν τε τελεύτησάν τε τὸν ὅρκον,
στήσαμεν ἐν λιμένι γλαφυρῷ ἐυεργέα νῆα 305

"'My comrades, sufferers as ye are, give ear.
I shall disclose the oracles which late
Tiresias and Ææan Circè gave.
The goddess earnestly admonished me
Not to approach the island of the Sun, 330
Whose light is sweet to all, for there she said
Some great misfortune lay in wait for us.
Now let us speed the ship and pass the isle.'
    "I spake; their hearts were broken as they heard,
And bitterly Eurylochus replied:— 335
    "'Austere art thou, Ulysses; thou art strong
Exceedingly; no labor tires thy limbs;
They must be made of iron, since thy will
Denies thy comrades, overcome with toil
And sleeplessness, to tread the land again, 340
And in that isle amid the waters make
A generous banquet. Thou wouldst have us sail
Into the swiftly coming night, and stray
Far from the island, through the misty sea.
By night spring up the mighty winds that make 345
A wreck of ships, and how can one escape
Destruction, should a sudden hurricane
Rise from the south or the hard-blowing west,
Such as, in spite of all the sovereign gods,
Will cause a ship to founder in the deep? 350
Let us obey the dark-browed Night, and take
Our evening meal, remaining close beside
Our gallant bark, and go on board again
When morning breaks, and enter the wide sea.'
    "So spake Eurylochus; the rest approved. 355
And then I knew that some divinity
Was meditating evil to our band,
And I bespake him thus in winged words:—
    "'Eurylochus, ye force me to your will,
Since I am only one. Now all of you 360
Bind yourselves to me firmly, by an oath,
That if ye haply here shall meet a herd
Of beeves or flock of sheep, ye will not dare
To slay a single ox or sheep, but feed
Contented on the stores that Circè gave.' 365
    "I spake, and readily my comrades swore
As I required; and when that solemn oath
Was taken, to the land we brought and moored

ἄγχ' ὕδατος γλυκεροῖο, καὶ ἐξαπέβησαν ἑταῖροι
νηός, ἔπειτα δὲ δόρπον ἐπισταμένως τετύκοντο.
αὐτὰρ ἐπεὶ πόσιος καὶ ἐδητύος ἐξ ἔρον ἕντο,
μνησάμενοι δὴ ἔπειτα φίλους ἔκλαιον ἑταίρους,
οὓς ἔφαγε Σκύλλη γλαφυρῆς ἐκ νηὸς ἑλοῦσα· 310
κλαιόντεσσι δὲ τοῖσιν ἐπήλυθε νήδυμος ὕπνος.
ἦμος δὲ τρίχα νυκτὸς ἔην, μετὰ δ' ἄστρα βεβήκει,
ὦρσεν ἔπι ζαῆν ἄνεμον νεφεληγερέτα Ζεὺς
λαίλαπι θεσπεσίῃ, σὺν δὲ νεφέεσσι κάλυψε
γαῖαν ὁμοῦ καὶ πόντον· ὀρώρει δ' οὐρανόθεν νύξ. 315
ἦμος δ' ἠριγένεια φάνη ῥοδοδάκτυλος Ἠώς,
νῆα μὲν ὡρμίσαμεν κοῖλον σπέος εἰσερύσαντες.
ἔνθα δ' ἔσαν νυμφέων καλοὶ χοροὶ ἠδὲ θόωκοι·
καὶ τότ' ἐγὼν ἀγορὴν θέμενος μετὰ μῦθον ἔειπον·
'ὦ φίλοι, ἐν γὰρ νηὶ θοῇ βρῶσίς τε πόσις τε 320
ἔστιν, τῶν δὲ βοῶν ἀπεχώμεθα, μή τι πάθωμεν·
δεινοῦ γὰρ θεοῦ αἵδε βόες καὶ ἴφια μῆλα,
Ἠελίου, ὃς πάντ' ἐφορᾷ καὶ πάντ' ἐπακούει.'
ὣς ἐφάμην, τοῖσιν δ' ἐπεπείθετο θυμὸς ἀγήνωρ.
μῆνα δὲ πάντ' ἄλληκτος ἄη Νότος, οὐδέ τις ἄλλος 325
γίγνετ' ἔπειτ' ἀνέμων εἰ μὴ Εὖρός τε Νότος τε.
οἱ δ' ἧος μὲν σῖτον ἔχον καὶ οἶνον ἐρυθρόν,
τόφρα βοῶν ἀπέχοντο λιλαιόμενοι βιότοιο.
ἀλλ' ὅτε δὴ νηὸς ἐξέφθιτο ἤϊα πάντα,
καὶ δὴ ἄγρην ἐφέπεσκον ἀλητεύοντες ἀνάγκῃ, 330
ἰχθῦς ὄρνιθάς τε, φίλας ὅ τι χεῖρας ἵκοιτο,
γναμπτοῖς ἀγκίστροισιν, ἔτειρε δὲ γαστέρα λιμός·
δὴ τότ' ἐγὼν ἀνὰ νῆσον ἀπέστιχον, ὄφρα θεοῖσιν
εὐξαίμην, εἴ τίς μοι ὁδὸν φήνειε νέεσθαι.
ἀλλ' ὅτε δὴ διὰ νήσου ἰὼν ἤλυξα ἑταίρους, 335
χεῖρας νιψάμενος, ὅθ' ἐπὶ σκέπας ἦν ἀνέμοιο,
ἠρώμην πάντεσσι θεοῖς οἳ Ὄλυμπον ἔχουσιν·
οἱ δ' ἄρα μοι γλυκὺν ὕπνον ἐπὶ βλεφάροισιν ἔχευαν.
Εὐρύλοχος δ' ἑτάροισι κακῆς ἐξήρχετο βουλῆς·

Our galley in a winding creek, beside
A fountain of sweet water. From the deck   370
Stepped my companions and made ready there
Their evening cheer. They ate and drank till thirst
And hunger were appeased, and then they thought
Of those whom Scylla from our galley's deck
Snatched and devoured; they thought and wept till sleep   375
Stole softly over them amid their tears.
Now came the third part of the night; the stars
Were sinking when the Cloud-compeller Jove
Sent forth a violent wind with eddying gusts,
And covered both the earth and sky with clouds,   380
And darkness fell from heaven. When Morning came,
The rosy-fingered daughter of the Dawn,
We drew the ship into a spacious grot.
There were the seats of nymphs, and there we saw
The smooth fair places where they danced. I called   385
A council of my men, and said to them:—
   "'My friends, in our good ship are food and drink;
Abstain we from these beeves, lest we be made
To suffer; for these herds and these fair flocks
Are sacred to a dreaded god, the Sun,—   390
The all-beholding and all-hearing Sun.'
   "I spake, and all were swayed by what I said
Full easily. A month entire the gales
Blew from the south, and after that no wind
Save east and south. While yet we had our bread   395
And ruddy wine, my comrades spared the beeves,
Moved by the love of life. But when the stores
On board our galley were consumed, they roamed
The island in their need, and sought for prey,
And snared with barbed hooks the fish and birds,— 400
Whatever came to hand,—till they were gaunt
With famine. Meantime I withdrew alone
Into the isle, to supplicate the gods,
If haply one of them might yet reveal
The way of my return. As thus I strayed   405
Into the land, apart from all the rest,
I found a sheltered nook where no wind came,
And prayed with washen hands to all the gods
Who dwell in heaven. At length they bathed my lids
In a soft sleep. Meantime, Eurylochus   410
With fatal counsels thus harangued my men:—

'κέκλυτέ μευ μύθων κακά περ πάσχοντες ἑταῖροι. 340
πάντες μὲν στυγεροὶ θάνατοι δειλοῖσι βροτοῖσι,
λιμῷ δ' οἴκτιστον θανέειν καὶ πότμον ἐπισπεῖν.
ἀλλ' ἄγετ', Ἠελίοιο βοῶν ἐλάσαντες ἀρίστας
ῥέξομεν ἀθανάτοισι, τοὶ οὐρανὸν εὐρὺν ἔχουσιν.
εἰ δέ κεν εἰς Ἰθάκην ἀφικοίμεθα, πατρίδα γαῖαν, 345
αἶψά κεν Ἠελίῳ Ὑπερίονι πίονα νηὸν
τεύξομεν, ἐν δέ κε θεῖμεν ἀγάλματα πολλὰ καὶ ἐσθλά.
εἰ δὲ χολωσάμενός τι βοῶν ὀρθοκραιράων
νῆ' ἐθέλῃ ὀλέσαι, ἐπὶ δ' ἕσπωνται θεοὶ ἄλλοι,
βούλομ' ἅπαξ πρὸς κῦμα χανὼν ἀπὸ θυμὸν ὀλέσσαι, 350
ἢ δηθὰ στρεύγεσθαι ἐὼν ἐν νήσῳ ἐρήμῃ.'
    'ὣς ἔφατ' Εὐρύλοχος, ἐπὶ δ' ᾔνεον ἄλλοι ἑταῖροι.
αὐτίκα δ' Ἠελίοιο βοῶν ἐλάσαντες ἀρίστας
ἐγγύθεν, οὐ γὰρ τῆλε νεὸς κυανοπρῴροιο
βοσκέσκονθ' ἕλικες καλαὶ βόες εὐρυμέτωποι· 355
τὰς δὲ περίστησάν τε καὶ εὐχετόωντο θεοῖσιν,
φύλλα δρεψάμενοι τέρενα δρυὸς ὑψικόμοιο·
οὐ γὰρ ἔχον κρῖ λευκὸν ἐϋσσέλμου ἐπὶ νηός.
αὐτὰρ ἐπεί ῥ' εὔξαντο καὶ ἔσφαξαν καὶ ἔδειραν,
μηρούς τ' ἐξέταμον κατά τε κνίσῃ ἐκάλυψαν 360
δίπτυχα ποιήσαντες, ἐπ' αὐτῶν δ' ὠμοθέτησαν.
οὐδ' εἶχον μέθυ λεῖψαι ἐπ' αἰθομένοις ἱεροῖσιν,
ἀλλ' ὕδατι σπένδοντες ἐπώπτων ἔγκατα πάντα.
αὐτὰρ ἐπεὶ κατὰ μῆρ' ἐκάη καὶ σπλάγχνα πάσαντο,
μίστυλλόν τ' ἄρα τἆλλα καὶ ἀμφ' ὀβελοῖσιν ἔπειραν. 365
καὶ τότε μοι βλεφάρων ἐξέσσυτο νήδυμος ὕπνος,
βῆν δ' ἰέναι ἐπὶ νῆα θοὴν καὶ θῖνα θαλάσσης.
ἀλλ' ὅτε δὴ σχεδὸν ἦα κιὼν νεὸς ἀμφιελίσσης,
καὶ τότε με κνίσης ἀμφήλυθεν ἡδὺς ἀϋτμή.
οἰμώξας δὲ θεοῖσι μέγ' ἀθανάτοισι γεγώνευν· 370
    'Ζεῦ πάτερ ἠδ' ἄλλοι μάκαρες θεοὶ αἰὲν ἐόντες,
ἦ με μάλ' εἰς ἄτην κοιμήσατε νηλέϊ ὕπνῳ.
οἱ δ' ἕταροι μέγα ἔργον ἐμητίσαντο μένοντες.'
    ὠκέα δ' Ἠελίῳ Ὑπερίονι ἄγγελος ἦλθε
Λαμπετίη τανύπεπλος, ὅ οἱ βόας ἔκταμεν ἡμεῖς. 375
αὐτίκα δ' ἀθανάτοισι μετηύδα χωόμενος κῆρ·
    'Ζεῦ πάτερ ἠδ' ἄλλοι μάκαρες θεοὶ αἰὲν ἐόντες,

"'Hear, my companions, sufferers as ye are,
The words that I shall speak. All modes of death
Are hateful to the wretched race of men;
But this of hunger, thus to meet our fate, 415
Is the most fearful. Let us drive apart
The best of all the oxen of the Sun,
And sacrifice them to the immortal ones
Who dwell in the broad heaven. And if we come
To Ithaca, our country, we will there 420
Build to the Sun, whose path is o'er our heads,
A sumptuous temple, and endow its shrine
With many gifts and rare. But if it be
His will, approved by all the other gods,
To sink our bark in anger, for the sake 425
Of these his high-horned oxen, I should choose
Sooner to gasp my life away amid
The billows of the deep, than pine to death
By famine in this melancholy isle.'

"So spake Eurylochus; the crew approved. 430
Then from the neighboring herd they drove the best
Of all the beeves; for near the dark-prowed ship
The fair broad-fronted herd with crooked horns
Were feeding. Round the victims stood my crew,
And, offering their petitions to the gods, 435
Held tender oak-leaves in their hands, just plucked
From a tall tree, for in our good ship's hold
Was no white barley now. When they had prayed,
And slain and dressed the beeves, they hewed away
The thighs and covered them with double folds 440
Of caul, and laid raw slices over these.
Wine had they not to pour in sacrifice
Upon the burning flesh; they poured instead
Water, and roasted all the entrails thus.
Now when the thighs were thoroughly consumed, 445
And entrails tasted, all the rest was carved
Into small portions, and transfixed with spits.

"Just then the gentle slumber left my lids.
I hurried to the shore and my good ship,
And, drawing near, perceived the savory steam 450
From the burnt-offering. Sorrowfully then
I called upon the ever-living gods:—

"'O Father Jove, and all ye blessed gods,
Who live forever, 'twas a cruel sleep

τῖσαι δὴ ἑτάρους Λαερτιάδεω Ὀδυσῆος,
οἵ μευ βοῦς ἔκτειναν ὑπέρβιον, ᾗσιν ἐγώ γε
χαίρεσκον μὲν ἰὼν εἰς οὐρανὸν ἀστερόεντα, 380
ἠδ' ὁπότ' ἂψ ἐπὶ γαῖαν ἀπ' οὐρανόθεν προτραποίμην.
εἰ δέ μοι οὐ τίσουσι βοῶν ἐπιεικέ' ἀμοιβήν,
δύσομαι εἰς Ἀίδαο καὶ ἐν νεκύεσσι φαείνω.'
    τὸν δ' ἀπαμειβόμενος προσέφη νεφεληγερέτα Ζεύς·
'Ἠέλι', ἦ τοι μὲν σὺ μετ' ἀθανάτοισι φάεινε 385
καὶ θνητοῖσι βροτοῖσιν ἐπὶ ζείδωρον ἄρουραν·
τῶν δέ κ' ἐγὼ τάχα νῆα θοὴν ἀργῆτι κεραυνῷ
τυτθὰ βαλὼν κεάσαιμι μέσῳ ἐνὶ οἴνοπι πόντῳ.'
    ταῦτα δ' ἐγὼν ἤκουσα Καλυψοῦς ἠυκόμοιο·
ἡ δ' ἔφη Ἑρμείαο διακτόρου αὐτὴ ἀκοῦσαι. 390
αὐτὰρ ἐπεί ῥ' ἐπὶ νῆα κατήλυθον ἠδὲ θάλασσαν,
νείκεον ἄλλοθεν ἄλλον ἐπισταδόν, οὐδέ τι μῆχος
εὑρέμεναι δυνάμεσθα, βόες δ' ἀποτέθνασαν ἤδη.
τοῖσιν δ' αὐτίκ' ἔπειτα θεοὶ τέραα προύφαινον·
εἷρπον μὲν ῥινοί, κρέα δ' ἀμφ' ὀβελοῖσι μεμύκει, 395
ὀπταλέα τε καὶ ὠμά, βοῶν δ' ὣς γίγνετο φωνή.
ἑξῆμαρ μὲν ἔπειτα ἐμοὶ ἐρίηρες ἑταῖροι
δαίνυντ' Ἠελίοιο βοῶν ἐλάσαντες ἀρίστας·
ἀλλ' ὅτε δὴ ἕβδομον ἦμαρ ἐπὶ Ζεὺς θῆκε Κρονίων,
καὶ τότ' ἔπειτ' ἄνεμος μὲν ἐπαύσατο λαίλαπι θύων, 400
ἡμεῖς δ' αἶψ' ἀναβάντες ἐνήκαμεν εὐρέι πόντῳ,
ἱστὸν στησάμενοι ἀνά θ' ἱστία λεύκ' ἐρύσαντες.
ἀλλ' ὅτε δὴ τὴν νῆσον ἐλείπομεν, οὐδέ τις ἄλλη
φαίνετο γαιάων, ἀλλ' οὐρανὸς ἠδὲ θάλασσα,
δὴ τότε κυανέην νεφέλην ἔστησε Κρονίων 405
νηὸς ὕπερ γλαφυρῆς, ἤχλυσε δὲ πόντος ὑπ' αὐτῆς.
ἡ δ' ἔθει οὐ μάλα πολλὸν ἐπὶ χρόνον· αἶψα γὰρ ἦλθε
κεκληγὼς Ζέφυρος μεγάλῃ σὺν λαίλαπι θύων,

In which ye lulled me to my grievous harm;   455
My comrades here have done a fearful wrong.'
  "Lampetia, of the trailing robes, in haste
Flew to the Sun, who journeys round the earth,
To tell him that my crew had slain his beeves,
And thus in anger he bespake the gods:—   460
  "'O Father Jove, and all ye blessed gods
Who never die, avenge the wrong I bear
Upon the comrades of Laertes' son,
Ulysses, who have foully slain my beeves,
In which I took delight whene'er I rose   465
Into the starry heaven, and when again
I sank from heaven to earth. If for the wrong
They make not large amends, I shall go down
To Hades, there to shine among the dead.'
  "The cloud-compelling Jupiter replied:—   470
'Still shine, O Sun! among the deathless gods
And mortal men, upon the nourishing earth.
Soon will I cleave, with a white thunderbolt,
Their galley in the midst of the black sea.'
  "This from Calypso of the radiant hair   475
I heard thereafter; she herself, she said,
Had heard it from the herald Mercury.
  "When to the ship I came, beside the sea,
I sternly chid them all, man after man,
Yet could we think of no redress; the beeves   480
Were dead; and now with prodigies the gods
Amazed my comrades,—the skins moved and crawled,
The flesh both raw and roasted on the spits
Lowed with the voice of oxen. Six whole days
My comrades feasted, taking from the herd   485
The Sun's best oxen. When Saturnian Jove
Brought the seventh day, the tempest ceased; the wind
Fell, and we straightway went on board. We set
The mast upright, and, spreading the white sails,
We ventured on the great wide sea again.   490
  "When we had left the isle, and now appeared
No other land, but only sea and sky,
The son of Saturn caused a lurid cloud
To gather o'er the galley, and to cast
Its darkness on the deep. Not long our ship   495
Ran onward, ere the furious west-wind rose
And blew a hurricane. A strong blast snapped

ἱστοῦ δὲ προτόνους ἔρρηξ' ἀνέμοιο θύελλα
ἀμφοτέρους· ἱστὸς δ' ὀπίσω πέσεν, ὅπλα τε πάντα 410
εἰς ἄντλον κατέχυνθ'. ὁ δ' ἄρα πρυμνῇ ἐνὶ νηὶ
πλῆξε κυβερνήτεω κεφαλήν, σὺν δ' ὀστέ' ἄραξε
πάντ' ἄμυδις κεφαλῆς· ὁ δ' ἄρ' ἀρνευτῆρι ἐοικὼς
κάππεσ' ἀπ' ἰκριόφιν, λίπε δ' ὀστέα θυμὸς ἀγήνωρ.
Ζεὺς δ' ἄμυδις βρόντησε καὶ ἔμβαλε νηὶ κεραυνόν· 415
ἡ δ' ἐλελίχθη πᾶσα Διὸς πληγεῖσα κεραυνῷ,
ἐν δὲ θεείου πλῆτο, πέσον δ' ἐκ νηὸς ἑταῖροι.
οἱ δὲ κορώνῃσιν ἴκελοι περὶ νῆα μέλαιναν
κύμασιν ἐμφορέοντο, θεὸς δ' ἀποαίνυτο νόστον.
αὐτὰρ ἐγὼ διὰ νηὸς ἐφοίτων, ὄφρ' ἀπὸ τοίχους 420
λῦσε κλύδων τρόπιος, τὴν δὲ ψιλὴν φέρε κῦμα,
ἐκ δέ οἱ ἱστὸν ἄραξε ποτὶ τρόπιν. αὐτὰρ ἐπ' αὐτῷ
ἐπίτονος βέβλητο, βοὸς ῥινοῖο τετευχώς·
τῷ ῥ' ἄμφω συνέεργον, ὁμοῦ τρόπιν ἠδὲ καὶ ἱστόν,
ἑζόμενος δ' ἐπὶ τοῖς φερόμην ὀλοοῖς ἀνέμοισιν. 425
ἔνθ' ἦ τοι Ζέφυρος μὲν ἐπαύσατο λαίλαπι θύων,
ἦλθε δ' ἐπὶ Νότος ὦκα, φέρων ἐμῷ ἄλγεα θυμῷ,
ὄφρ' ἔτι τὴν ὀλοὴν ἀναμετρήσαιμι Χάρυβδιν.
παννύχιος φερόμην, ἅμα δ' ἠελίῳ ἀνιόντι
ἦλθον ἐπὶ Σκύλλης σκόπελον δεινήν τε Χάρυβδιν. 430
ἡ μὲν ἀνερροίβδησε θαλάσσης ἁλμυρὸν ὕδωρ·
αὐτὰρ ἐγὼ ποτὶ μακρὸν ἐρινεὸν ὑψόσ' ἀερθείς,
τῷ προσφὺς ἐχόμην ὡς νυκτερίς. οὐδέ πῃ εἶχον
οὔτε στηρίξαι ποσὶν ἔμπεδον οὔτ' ἐπιβῆναι·
ῥίζαι γὰρ ἑκὰς εἶχον, ἀπήωροι δ' ἔσαν ὄζοι, 435
μακροί τε μεγάλοι τε, κατεσκίαον δὲ Χάρυβδιν.
νωλεμέως δ' ἐχόμην, ὄφρ' ἐξεμέσειεν ὀπίσσω
ἱστὸν καὶ τρόπιν αὖτις· ἐελδομένῳ δέ μοι ἦλθον
ὄψ'· ἦμος δ' ἐπὶ δόρπον ἀνὴρ ἀγορῆθεν ἀνέστη
κρίνων νείκεα πολλὰ δικαζομένων αἰζηῶν, 440
τῆμος δὴ τά γε δοῦρα Χαρύβδιος ἐξεφαάνθη.

Both ropes that held the mast; the mast fell back;
The tackle dropped entangled to the hold;
The mast, in falling on the galley's stern, 500
Dashed on the pilot's head and crushed the bones,
And from the deck he plunged like one who dives
Into the deep; his gallant spirit left
The limbs at once. Jove thundered from on high,
And sent a thunderbolt into the ship, 505
That, quaking with the fearful blow, and filled
With stifling sulphur, shook my comrades off
Into the deep. They floated round the ship
Like seamews; Jupiter had cut them off
From their return. I moved from place to place, 510
Still in the ship, until the tempest's force
Parted the sides and keel. Before the waves
The naked keel was swept. The mast had snapped
Just at the base, but round it was a thong
Made of a bullock's hide; with this I bound 515
The mast and keel together, took my seat
Upon them, and the wild winds bore me on.
    "The west-wind ceased to rage; but in its stead
The south-wind blew, and brought me bitter grief.
I feared lest I must measure back my way 520
To grim Charybdis. All night long I rode
The waves, and with the rising sun drew near
The rock of Scylla and the terrible
Charybdis as her gulf was drawing down
The waves of the salt sea. There as I came 525
I raised myself on high till I could grasp
The lofty fig-tree, and I clung to it
As clings a bat,—for I could neither find
A place to plant my feet, nor could I climb,
So distant were the roots, so far apart 530
The long huge branches overshadowing
Charybdis. Yet I firmly kept my hold
Till she should throw the keel and mast again
Up from the gulf. They, as I waited long,
Came up again, though late,—as late as one 535
Who long has sat adjudging strifes between
Young suitors pleading in the market-place
Rises and goes to take his evening meal;
So late the timbers of my bark returned,
Thrown from Charybdis. Then I dropped amid 540

ἧκα δ' ἐγὼ καθύπερθε πόδας καὶ χεῖρε φέρεσθαι,
μέσσῳ δ' ἐνδούπησα παρὲξ περιμήκεα δοῦρα,
ἑζόμενος δ' ἐπὶ τοῖσι διήρεσα χερσὶν ἐμῇσι.
Σκύλλην δ' οὐκέτ' ἔασε πατὴρ ἀνδρῶν τε θεῶν τε   445
εἰσιδέειν· οὐ γάρ κεν ὑπέκφυγον αἰπὺν ὄλεθρον.
ἔνθεν δ' ἐννῆμαρ φερόμην, δεκάτῃ δέ με νυκτὶ
νῆσον ἐς Ὠγυγίην πέλασαν θεοί, ἔνθα Καλυψὼ
ναίει ἐυπλόκαμος, δεινὴ θεὸς αὐδήεσσα,
ἥ μ' ἐφίλει τ' ἐκόμει τε. τί τοι τάδε μυθολογεύω;   450
ἤδη γάρ τοι χθιζὸς ἐμυθεόμην ἐνὶ οἴκῳ
σοί τε καὶ ἰφθίμῃ ἀλόχῳ· ἐχθρὸν δέ μοί ἐστιν
αὖτις ἀριζήλως εἰρημένα μυθολογεύειν.'

The dashing waves, and came with hands and feet
On those long timbers in the midst, that they
Might bear my weight. I sat on them and rowed
With both my hands. The father of the gods
And mortals suffered not that I should look   545
On Scylla's rock again, else had I not
Escaped a cruel death. For nine long days
I floated on the waters; on the tenth
The gods at nightfall bore me to an isle,—
Ogygia, where Calypso, amber-haired,   550
A mighty goddess, skilled in song, abides,
Who kindly welcomed me, and cherished me.
Why should I speak of this? Here in these halls
I gave the history yesterday to thee
And to thy gracious consort, and I hate   555
To tell again a tale once fully told."

Ὧς ἔφαθ', οἱ δ' ἄρα πάντες ἀκὴν ἐγένοντο σιωπῇ,
κηληθμῷ δ' ἔσχοντο κατὰ μέγαρα σκιόεντα.
τὸν δ' αὖτ' Ἀλκίνοος ἀπαμείβετο φώνησέν τε·
  'ὦ Ὀδυσεῦ, ἐπεὶ ἵκευ ἐμὸν ποτὶ χαλκοβατὲς δῶ,
ὑψερεφές, τῷ σ' οὔ τι παλιμπλαγχθέντα γ' ὀΐω   5
ἂψ ἀπονοστήσειν, εἰ καὶ μάλα πολλὰ πέπονθας.
ὑμέων δ' ἀνδρὶ ἑκάστῳ ἐφιέμενος τάδε εἴρω,
ὅσσοι ἐνὶ μεγάροισι γερούσιον αἴθοπα οἶνον
αἰεὶ πίνετ' ἐμοῖσιν, ἀκουάζεσθε δ' ἀοιδοῦ.
εἵματα μὲν δὴ ξείνῳ ἐϋξέστῃ ἐνὶ χηλῷ   10
κεῖται καὶ χρυσὸς πολυδαίδαλος ἄλλα τε πάντα
δῶρ', ὅσα Φαιήκων βουληφόροι ἐνθάδ' ἔνεικαν·
ἀλλ' ἄγε οἱ δῶμεν τρίποδα μέγαν ἠδὲ λέβητα
ἀνδρακάς· ἡμεῖς δ' αὖτε ἀγειρόμενοι κατὰ δῆμον
τισόμεθ'· ἀργαλέον γὰρ ἕνα προικὸς χαρίσασθαι.'   15
  ὣς ἔφατ' Ἀλκίνοος, τοῖσιν δ' ἐπιήνδανε μῦθος.
οἱ μὲν κακκείοντες ἔβαν οἰκόνδε ἕκαστος,
ἦμος δ' ἠριγένεια φάνη ῥοδοδάκτυλος Ἠώς,
νῆάδ' ἐπεσσεύοντο, φέρον δ' εὐήνορα χαλκόν.
καὶ τὰ μὲν εὖ κατέθηχ' ἱερὸν μένος Ἀλκινόοιο,   20

BOOK XIII

He spake, and all within those shadowy halls
Were silent; all were held in mute delight.
Alcinoüs then took up the word and said: —
    "Since thou hast come, Ulysses, as a guest,
To this high pile and to these brazen rooms,   5
So long a sufferer, thou must not depart
Upon thy homeward way a wanderer still.
And this let me enjoin on each of you
Who in this palace drink at our repasts
The choice red wine, and listen to the bard: 10
Already in a polished chest are laid
Changes of raiment, works of art in gold,
And other gifts, which the Phæacian chiefs
Have destined for our guest; now let us each
Bestow an ample tripod and a vase,   15
And we in an assembly of the realm
Will see the cost repaid, since otherwise
Great would the burden be that each must bear."
So spake Alcinoüs; they approved, and sought
Their homes to sleep, but when the child of Dawn,   20
The rosy-fingered Morn, appeared, they came,
All bringing to the ship their gifts of brass
In honor of the guest. The mighty prince
Alcinoüs, going through the ship, bestowed

αὐτὸς ἰὼν διὰ νηὸς ὑπὸ ζυγά, μή τιν' ἑταίρων
βλάπτοι ἐλαυνόντων, ὁπότε σπερχοίατ' ἐρετμοῖς.
οἱ δ' εἰς Ἀλκινόοιο κίον καὶ δαῖτ' ἀλέγυνον.
τοῖσι δὲ βοῦν ἱέρευσ' ἱερὸν μένος Ἀλκινόοιο
Ζηνὶ κελαινεφέϊ Κρονίδῃ, ὃς πᾶσιν ἀνάσσει. 25
μῆρα δὲ κήαντες δαίνυντ' ἐρικυδέα δαῖτα
τερπόμενοι: μετὰ δέ σφιν ἐμέλπετο θεῖος ἀοιδός,
Δημόδοκος, λαοῖσι τετιμένος. αὐτὰρ Ὀδυσσεὺς
πολλὰ πρὸς ἠέλιον κεφαλὴν τρέπε παμφανόωντα,
δῦναι ἐπειγόμενος: δὴ γὰρ μενέαινε νέεσθαι. 30
ὡς δ' ὅτ' ἀνὴρ δόρποιο λιλαίεται, ᾧ τε πανῆμαρ
νειὸν ἀν' ἕλκητον βόε οἴνοπε πηκτὸν ἄροτρον:
ἀσπασίως δ' ἄρα τῷ κατέδυ φάος ἠελίοιο
δόρπον ἐποίχεσθαι, βλάβεται δέ τε γούνατ' ἰόντι:
ὣς Ὀδυσῆ' ἀσπαστὸν ἔδυ φάος ἠελίοιο. 35
αἶψα δὲ Φαιήκεσσι φιληρέτμοισι μετηύδα,
Ἀλκινόῳ δὲ μάλιστα πιφαυσκόμενος φάτο μῦθον:
  'Ἀλκίνοε κρεῖον, πάντων ἀριδείκετε λαῶν,
πέμπετέ με σπείσαντες ἀπήμονα, χαίρετε δ' αὐτοί:
ἤδη γὰρ τετέλεσται ἅ μοι φίλος ἤθελε θυμός, 40
πομπὴ καὶ φίλα δῶρα, τά μοι θεοὶ Οὐρανίωνες
ὄλβια ποιήσειαν: ἀμύμονα δ' οἴκοι ἄκοιτιν
νοστήσας εὕροιμι σὺν ἀρτεμέεσσι φίλοισιν.
ὑμεῖς δ' αὖθι μένοντες ἐϋφραίνοιτε γυναῖκας
κουριδίας καὶ τέκνα: θεοὶ δ' ἀρετὴν ὀπάσειαν 45
παντοίην, καὶ μή τι κακὸν μεταδήμιον εἴη.'
  ὣς ἔφαθ', οἱ δ' ἄρα πάντες ἐπῄνεον ἠδ' ἐκέλευον
πεμπέμεναι τὸν ξεῖνον, ἐπεὶ κατὰ μοῖραν ἔειπεν.
καὶ τότε κήρυκα προσέφη μένος Ἀλκινόοιο:
  'Ποντόνοε, κρητῆρα κερασσάμενος μέθυ νεῖμον 50
πᾶσιν ἀνὰ μέγαρον, ὄφρ' εὐξάμενοι Διὶ πατρὶ

The whole beneath the benches, that no one   25
Of those who leaned to pull the oar might thence
Meet harm or hindrance. Then they all went back
To the king's palace, and prepared a feast.
  The mighty prince Alcinoüs offered up
For them an ox to cloud-compelling Jove,   30
The son of Saturn, ruler over all.
They burned the thighs, and held high festival,
And all was mirth. Divine Demodocus
The bard, whom all men reverenced, sang to them.
Meantime Ulysses often turned to look   35
At the bright Sun, and longed to see him set,
So eager was the hero to set sail
Upon his homeward way. As when a swain
Awaits his evening meal, for whom all day
Two dark-brown steers have dragged the solid plough 40
Through fallow grounds, and welcome is the hour
Of sunset, calling him to his repast,
And wearily he walks with failing knees,
So welcome to Ulysses did the light
Of day go down. Then did he hold discourse   45
With the Phæacians, lovers of the sea,
And chiefly with Alcinoüs, speaking thus:—
  "O monarch most illustrious of thy race,
Alcinoüs, now when ye have duly poured
Wine to the gods, be pleased to send me hence   50
In peace, and fare ye well! All that my heart
Could wish have ye provided bounteously, —
An escort and rich gifts; and may the gods
Bestow their blessing with them! May I meet
My blameless wife again, and find my friends   55
Prosperous! And ye whom I shall leave behind,
Long may ye make the wives of your young years
And children happy! May the gods vouchsafe
To crown with every virtue you and them,
And may no evil light upon your isle!"   60
  He spake; the assembly all approved his words,
And bade send forth the stranger on his way,
Who spake so nobly. Then the mighty prince
Alcinoüs turned, and to the herald said:—
  "Now mix the wine, Pontonoüs, in a jar,   65
And bear a part to all beneath our roof,
That we with prayers to Father Jupiter

τὸν ξεῖνον πέμπωμεν ἑὴν ἐς πατρίδα γαῖαν.'
   ὣς φάτο, Ποντόνοος δὲ μελίφρονα οἶνον ἐκίρνα,
νώμησεν δ' ἄρα πᾶσιν ἐπισταδόν· οἱ δὲ θεοῖσιν
ἔσπεισαν μακάρεσσι, τοὶ οὐρανὸν εὐρὺν ἔχουσιν, 55
αὐτόθεν ἐξ ἑδρέων. ἀνὰ δ' ἵστατο δῖος Ὀδυσσεύς,
Ἀρήτῃ δ' ἐν χειρὶ τίθει δέπας ἀμφικύπελλον,
καί μιν φωνήσας ἔπεα πτερόεντα προσηύδα·
   'χαῖρέ μοι, ὦ βασίλεια, διαμπερές, εἰς ὅ κε γῆρας
ἔλθῃ καὶ θάνατος, τά τ' ἐπ' ἀνθρώποισι πέλονται. 60
αὐτὰρ ἐγὼ νέομαι· σὺ δὲ τέρπεο τῷδ' ἐνὶ οἴκῳ
παισί τε καὶ λαοῖσι καὶ Ἀλκινόῳ βασιλῆϊ.'
   ὣς εἰπὼν ὑπὲρ οὐδὸν ἐβήσετο δῖος Ὀδυσσεύς,
τῷ δ' ἅμα κήρυκα προΐει μένος Ἀλκινόοιο,
ἡγεῖσθαι ἐπὶ νῆα θοὴν καὶ θῖνα θαλάσσης· 65
Ἀρήτη δ' ἄρα οἱ δμῳὰς ἅμ' ἔπεμπε γυναῖκας,
τὴν μὲν φᾶρος ἔχουσαν ἐϋπλυνὲς ἠδὲ χιτῶνα,
τὴν δ' ἑτέρην χηλὸν πυκινὴν ἅμ' ὄπασσε κομίζειν·
ἡ δ' ἄλλη σῖτόν τ' ἔφερεν καὶ οἶνον ἐρυθρόν.
   αὐτὰρ ἐπεί ῥ' ἐπὶ νῆα κατήλυθον ἠδὲ θάλασσαν, 70
αἶψα τά γ' ἐν νηΐ γλαφυρῇ πομπῆες ἀγαυοὶ
δεξάμενοι κατέθεντο, πόσιν καὶ βρῶσιν ἅπασαν·
κὰδ δ' ἄρ' Ὀδυσσῆϊ στόρεσαν ῥῆγός τε λίνον τε
νηὸς ἐπ' ἰκριόφιν γλαφυρῆς, ἵνα νήγρετον εὕδοι,
πρυμνῆς· ἂν δὲ καὶ αὐτὸς ἐβήσετο καὶ κατέλεκτο 75
σιγῇ· τοὶ δὲ καθῖζον ἐπὶ κληῖσιν ἕκαστοι
κόσμῳ, πεῖσμα δ' ἔλυσαν ἀπὸ τρητοῖο λίθοιο.
εὖθ' οἱ ἀνακλινθέντες ἀνερρίπτουν ἅλα πηδῷ,
καὶ τῷ νήδυμος ὕπνος ἐπὶ βλεφάροισιν ἔπιπτε,
νήγρετος, ἥδιστος, θανάτῳ ἄγχιστα ἐοικώς. 80
ἡ δ', ὥς τ' ἐν πεδίῳ τετράοροι ἄρσενες ἵπποι,
πάντες ἅμ' ὁρμηθέντες ὑπὸ πληγῇσιν ἱμάσθλης,
ὑψόσ' ἀειρόμενοι ῥίμφα πρήσσουσι κέλευθον,
ὣς ἄρα τῆς πρύμνη μὲν ἀείρετο, κῦμα δ' ὄπισθε
πορφύρεον μέγα θῦε πολυφλοίσβοιο θαλάσσης. 85
ἡ δὲ μάλ' ἀσφαλέως θέεν ἔμπεδον· οὐδέ κεν ἴρηξ
κίρκος ὁμαρτήσειεν, ἐλαφρότατος πετεηνῶν.
ὣς ἡ ῥίμφα θέουσα θαλάσσης κύματ' ἔταμνεν,
ἄνδρα φέρουσα θεοῖς ἐναλίγκια μήδε' ἔχοντα·

May send the stranger to his native land."
    He spake; Pontonoüs mingled for the guests
The generous wine, and went with it to each,   70
Who poured it on the ground, from where they sat,
To all the dwellers of the ample heaven;
And then the great Ulysses, rising up,
Placed the round goblet in Aretè's hands,
And thus bespake the queen with winged words:—   75
    "Farewell, O queen, through the long years, till age
And death, which are the lot of all, shall come.
Now I depart, but mayst thou, here among
Thy people, and the children of thy love,
And King Alcinoüs, lead a happy life!"   80
    So spake the high-born chieftain, and withdrew,
And crossed the threshold. King Alcinoüs sent
A herald with him to direct his way
To the fleet ship and border of the deep.
Aretè also sent her servant-maids,—   85
One bearing a fresh cloak and tunic, one
A coffer nobly wrought, and yet a third
Bread and red wine; and when they reached the ship
Beside the sea, the diligent crew received
Their burdens, and bestowed within the hold   90
The food and drink, but spread upon the deck
And at the stern a mat and linen sheet,
That there Ulysses undisturbed might sleep.
He went on board and silently lay down,
While all the rowers in due order took   95
Their seats upon the benches. Loosing first
The hawser from the perforated rock,
They bent them to their task, and flung the brine
Up from the oar, while on the chieftain's lids
Lighted a sweet and deep and quiet sleep,   100
Most like to death. As, smitten by the lash,
Four harnessed stallions spring on high and dart
Across the plain together; so the prow
Rose leaping forward, while behind it rolled
A huge dark billow of the roaring sea.   105
Safely and steadily the galley ran,
Nor could a falcon, swiftest of the birds,
Have kept beside it, with such speed it flew,
Bearing a hero who was like the gods
In wisdom, and whose sufferings in the wars   110

ὃς πρὶν μὲν μάλα πολλὰ πάθ' ἄλγεα ὃν κατὰ θυμὸν 90
ἀνδρῶν τε πτολέμους ἀλεγεινά τε κύματα πείρων,
δὴ τότε γ' ἀτρέμας εὗδε, λελασμένος ὅσσ' ἐπεπόνθει.
εὖτ' ἀστὴρ ὑπερέσχε φαάντατος, ὅς τε μάλιστα
ἔρχεται ἀγγέλλων φάος Ἠοῦς ἠριγενείης,
τῆμος δὴ νήσῳ προσεπίλνατο ποντοπόρος νηῦς. 95
Φόρκυνος δέ τίς ἐστι λιμήν, ἁλίοιο γέροντος,
ἐν δήμῳ Ἰθάκης· δύο δὲ προβλῆτες ἐν αὐτῷ
ἀκταὶ ἀπορρῶγες, λιμένος ποτιπεπτηυῖαι,
αἵ τ' ἀνέμων σκεπόωσι δυσαήων μέγα κῦμα
ἔκτοθεν· ἔντοσθεν δέ τ' ἄνευ δεσμοῖο μένουσι 100
νῆες ἐΰσσελμοι, ὅτ' ἂν ὅρμου μέτρον ἵκωνται.
αὐτὰρ ἐπὶ κρατὸς λιμένος τανύφυλλος ἐλαίη,
ἀγχόθι δ' αὐτῆς ἄντρον ἐπήρατον ἠεροειδές,
ἱρὸν νυμφάων αἳ νηϊάδες καλέονται.
ἐν δὲ κρητῆρές τε καὶ ἀμφιφορῆες ἔασιν 105
λάϊνοι· ἔνθα δ' ἔπειτα τιθαιβώσσουσι μέλισσαι.
ἐν δ' ἱστοὶ λίθεοι περιμήκεες, ἔνθα τε νύμφαι
φάρε' ὑφαίνουσιν ἁλιπόρφυρα, θαῦμα ἰδέσθαι·
ἐν δ' ὕδατ' ἀενάοντα. δύω δέ τέ οἱ θύραι εἰσίν,
αἱ μὲν πρὸς Βορέαο καταιβαταὶ ἀνθρώποισιν, 110
αἱ δ' αὖ πρὸς Νότου εἰσὶ θεώτεραι· οὐδέ τι κείνῃ
ἄνδρες ἐσέρχονται, ἀλλ' ἀθανάτων ὁδός ἐστιν.
ἔνθ' οἵ γ' εἰσέλασαν, πρὶν εἰδότες· ἡ μὲν ἔπειτα
ἠπείρῳ ἐπέκελσεν, ὅσον τ' ἐπὶ ἥμισυ πάσης,
σπερχομένη· τοίων γὰρ ἐπείγετο χέρσ' ἐρετάων· 115
οἱ δ' ἐκ νηὸς βάντες ἐϋζύγου ἤπειρόνδε
πρῶτον Ὀδυσσῆα γλαφυρῆς ἐκ νηὸς ἄειραν
αὐτῷ σύν τε λίνῳ καὶ ῥήγεϊ σιγαλόεντι,
κὰδ δ' ἄρ' ἐπὶ ψαμάθῳ ἔθεσαν δεδμημένον ὕπνῳ,
ἐκ δὲ κτήματ' ἄειραν, ἅ οἱ Φαίηκες ἀγαυοὶ 120
ὤπασαν οἴκαδ' ἰόντι διὰ μεγάθυμον Ἀθήνην.
καὶ τὰ μὲν οὖν παρὰ πυθμέν' ἐλαίης ἀθρόα θῆκαν
ἐκτὸς ὁδοῦ, μή πώς τις ὁδιτάων ἀνθρώπων,
πρίν γ' Ὀδυσῆ' ἔγρεσθαι, ἐπελθὼν δηλήσαιτο·
αὐτοὶ δ' αὖτ' οἶκόνδε πάλιν κίον. οὐδ' ἐνοσίχθων 125
λήθετ' ἀπειλάων, τὰς ἀντιθέῳ Ὀδυσῆϊ
πρῶτον ἐπηπείλησε, Διὸς δ' ἐξείρετο βουλήν·

And voyages among the furious waves
Were great and many, though he slumbered now
In peace, forgetful of misfortunes past.
   Now when that brightest star, the harbinger
Of Morning, daughter of the Dawn, arose,   115
The bark had passed the sea, and reached the isle.
   A port there is in Ithaca, the haunt
Of Phorcys, Ancient of the Sea. Steep shores
Stretch inward toward each other, and roll back
The mighty surges which the hoarse winds hurl   120
Against them from the ocean, while within
Ships ride without their hawsers when they once
Have passed the haven's mouth. An olive-tree
With spreading branches at the farther end
Of that fair haven stands, and overbrows   125
A pleasant shady grotto of the nymphs
Called Naiads. Cups and jars of stone are ranged
Within, and bees lay up their honey there.
There from their spindles wrought of stone the nymphs
Weave their sea-purple robes, which all behold   130
With wonder; there are ever-flowing springs.
Two are the entrances: one toward the north
By which men enter; but a holier one
Looks toward the south, nor ever mortal foot
May enter there. By that way pass the gods.   135
   They touched the land, for well they knew the spot.
The galley, urged so strongly by the arms
Of those who plied the oar, ran up the beach
Quite half her length. And then the crew came forth
From the good ship, and first they lifted out   140
Ulysses with the linen and rich folds
Of tapestry, and laid him on the sands
In a deep slumber. Then they also took
The presents from the hold, which, as he left
Their isle, the princes of Phæacia gave   145
By counsel of wise Pallas. These they piled
Close to the olive-tree, without the way,
That none, in passing, ere Ulysses woke,
Might do their owner wrong. Then homeward sailed
The crew; but Neptune, who could not forget   150
The threats which he had uttered long before
Against the godlike chief Ulysses, thus
Sought to explore the will of Jupiter:—

'Ζεῦ πάτερ, οὐκέτ᾽ ἐγώ γε μετ᾽ ἀθανάτοισι θεοῖσι
τιμήεις ἔσομαι, ὅτε με βροτοὶ οὔ τι τίουσιν,
Φαίηκες, τοί πέρ τοι ἐμῆς ἔξ εἰσι γενέθλης. 130
καὶ γὰρ νῦν Ὀδυσῆ᾽ ἐφάμην κακὰ πολλὰ παθόντα
οἴκαδ᾽ ἐλεύσεσθαι· νόστον δέ οἱ οὔ ποτ᾽ ἀπηύρων
πάγχυ, ἐπεὶ σὺ πρῶτον ὑπέσχεο καὶ κατένευσας.
οἱ δ᾽ εὕδοντ᾽ ἐν νηῒ θοῇ ἐπὶ πόντον ἄγοντες
κάτθεσαν εἰν Ἰθάκῃ, ἔδοσαν δέ οἱ ἄσπετα δῶρα, 135
χαλκόν τε χρυσόν τε ἅλις ἐσθῆτά θ᾽ ὑφαντήν,
πόλλ᾽, ὅσ᾽ ἂν οὐδέ ποτε Τροίης ἐξήρατ᾽ Ὀδυσσεύς,
εἴ περ ἀπήμων ἦλθε, λαχὼν ἀπὸ ληΐδος αἶσαν.'
τὸν δ᾽ ἀπαμειβόμενος προσέφη νεφεληγερέτα Ζεύς·
'ὢ πόποι, ἐννοσίγαι᾽ εὐρυσθενές, οἷον ἔειπες. 140
οὔ τί σ᾽ ἀτιμάζουσι θεοί· χαλεπὸν δέ κεν εἴη
πρεσβύτατον καὶ ἄριστον ἀτιμίῃσιν ἰάλλειν.
ἀνδρῶν δ᾽ εἴ πέρ τίς σε βίῃ καὶ κάρτεϊ εἴκων
οὔ τι τίει, σοὶ δ᾽ ἐστὶ καὶ ἐξοπίσω τίσις αἰεί.
ἔρξον ὅπως ἐθέλεις καί τοι φίλον ἔπλετο θυμῷ.' 145
τὸν δ᾽ ἠμείβετ᾽ ἔπειτα Ποσειδάων ἐνοσίχθων·
'αἶψά κ᾽ ἐγὼν ἔρξαιμι, κελαινεφές, ὡς ἀγορεύεις·
ἀλλὰ σὸν αἰεὶ θυμὸν ὀπίζομαι ἠδ᾽ ἀλεείνω.
νῦν αὖ Φαιήκων ἐθέλω περικαλλέα νῆα,
ἐκ πομπῆς ἀνιοῦσαν, ἐν ἠεροειδέϊ πόντῳ 150
ῥαῖσαι, ἵν᾽ ἤδη σχῶνται, ἀπολλήξωσι δὲ πομπῆς
ἀνθρώπων, μέγα δέ σφιν ὄρος πόλει ἀμφικαλύψαι.'
τὸν δ᾽ ἀπαμειβόμενος προσέφη νεφεληγερέτα Ζεύς·
'ὢ πέπον, ὡς μὲν ἐμῷ θυμῷ δοκεῖ εἶναι ἄριστα,
ὁππότε κεν δὴ πάντες ἐλαυνομένην προΐδωνται 155
λαοὶ ἀπὸ πτόλιος, θεῖναι λίθον ἐγγύθι γαίης
νηῒ θοῇ ἴκελον, ἵνα θαυμάζωσιν ἅπαντες
ἄνθρωποι, μέγα δέ σφιν ὄρος πόλει ἀμφικαλύψαι.'
αὐτὰρ ἐπεὶ τό γ᾽ ἄκουσε Ποσειδάων ἐνοσίχθων,
βῆ ῥ᾽ ἴμεν ἐς Σχερίην, ὅθι Φαίηκες γεγάασιν. 160
ἔνθ᾽ ἔμεν᾽· ἡ δὲ μάλα σχεδὸν ἤλυθε ποντοπόρος νηῦς

"O Father Jove! I shall no more be held
In honor with the gods, since mortal men,   155
The people of Phæacia, though their race
Is of my lineage, do not honor me.
I meant Ulysses should not reach his home
Save with much suffering, though I never thought
To hinder his return, for thou hadst given   160
Thy promise and thy nod that it should be.
Yet these Phæacians, in a gallant bark,
Have borne him o'er the deep, and while he slept,
Have laid him down in Ithaca, and given
Large gifts, abundant store of brass and gold,   165
And woven work, more than he could have brought
From captured Ilium, if he had returned
Safely, with all his portion of the spoil."
    Then cloud-compelling Jupiter replied:
"Earth-shaker, ruler of a mighty realm!   170
What hast thou said? The gods deny thee not
Due honor; perilous it were for them
To show contempt for one who stands in age
And might above them all. But if among
The sons of men be one who puts such trust   175
In his own strength as not to honor thee,
Do as seems good to thee, and as thou wilt."
    Promptly the god who shakes the shores replied;
"What thou dost bid me I would do at once,
But that I fear and would avoid thy wrath.   180
I would destroy that fair Phæacian bark
In its return across the misty sea
From bearing home Ulysses, that no more
May the Phæacians lend an escort thus
To wandering men, and I would also cause   185
A lofty mount to rise and hide their town."
    Then spake again the Cloud-compeller Jove:
"Thus were it best, my brother: when the crowd
Of citizens already see the ship
Approaching, then transform it to a rock   190
In semblance of a galley, that they all
May gaze in wonder; thus wilt thou have caused
A lofty mount to stand before their town."
    This when the shaker of the shores had heard,
He flew to Scheria, the Phæacian isle,   195
And stood, until that galley, having crossed

ῥίμφα διωκομένη: τῆς δὲ σχεδὸν ἦλθ᾽ ἐνοσίχθων,
ὅς μιν λᾶαν ἔθηκε καὶ ἐρρίζωσεν ἔνερθε
χειρὶ καταπρηνεῖ ἐλάσας: ὁ δὲ νόσφι βεβήκει.
οἱ δὲ πρὸς ἀλλήλους ἔπεα πτερόεντ᾽ ἀγόρευον   165
Φαίηκες δολιχήρετμοι, ναυσίκλυτοι ἄνδρες.
ὧδε δέ τις εἴπεσκεν ἰδὼν ἐς πλησίον ἄλλον:
  'ὤ μοι, τίς δὴ νῆα θοὴν ἐπέδησ᾽ ἐνὶ πόντῳ
οἴκαδ᾽ ἐλαυνομένην; καὶ δὴ προὐφαίνετο πᾶσα.'
    ὣς ἄρα τις εἴπεσκε: τὰ δ᾽ οὐκ ἴσαν ὡς ἐτέτυκτο.   170
τοῖσιν δ᾽ Ἀλκίνοος ἀγορήσατο καὶ μετέειπεν:
  'ὢ πόποι, ἦ μάλα δή με παλαίφατα θέσφαθ᾽ ἱκάνει
πατρὸς ἐμοῦ, ὃς ἔφασκε Ποσειδάων᾽ ἀγάσασθαι
ἡμῖν, οὕνεκα πομποὶ ἀπήμονές εἰμεν ἁπάντων.
φῆ ποτὲ Φαιήκων ἀνδρῶν περικαλλέα, νῆα,   175
ἐκ πομπῆς ἀνιοῦσαν, ἐν ἠεροειδέϊ πόντῳ
ῥαισέμεναι, μέγα δ᾽ ἧμιν ὄρος πόλει ἀμφικαλύψειν.
ὣς ἀγόρευ᾽ ὁ γέρων: τὰ δὲ δὴ νῦν πάντα τελεῖται.
ἀλλ᾽ ἄγεθ᾽, ὡς ἂν ἐγὼ εἴπω, πειθώμεθα πάντες:
πομπῆς μὲν παύσασθε βροτῶν, ὅτε κέν τις ἵκηται   180
ἡμέτερον προτὶ ἄστυ: Ποσειδάωνι δὲ ταύρους
δώδεκα κεκριμένους ἱερεύσομεν, αἴ κ᾽ ἐλεήσῃ,
μηδ᾽ ἡμῖν περίμηκες ὄρος πόλει ἀμφικαλύψῃ.'
    ὣς ἔφαθ᾽, οἱ δ᾽ ἔδεισαν, ἑτοιμάσσαντο δὲ ταύρους.
ὣς οἱ μέν ῥ᾽ εὔχοντο Ποσειδάωνι ἄνακτι   185
δήμου Φαιήκων ἡγήτορες ἠδὲ μέδοντες,
ἑσταότες περὶ βωμόν. ὁ δ᾽ ἔγρετο δῖος Ὀδυσσεὺς
εὕδων ἐν γαίῃ πατρωΐῃ, οὐδέ μιν ἔγνω,
ἤδη δὴν ἀπεών: περὶ γὰρ θεὸς ἠέρα χεῦε
Παλλὰς Ἀθηναίη, κούρη Διός, ὄφρα μιν αὐτὸν   190
ἄγνωστον τεύξειεν ἕκαστά τε μυθήσαιτο,
μή μιν πρὶν ἄλοχος γνοίη ἀστοί τε φίλοι τε,
πρὶν πᾶσαν μνηστῆρας ὑπερβασίην ἀποτῖσαι.

The sea, came swiftly scudding. He drew near
And smote it with his open palm, and made
The ship a rock, fast rooted in the bed
Of the deep sea, and then he went his way.   200
   Then winged words were spoken in that throng
Of the Phæacians, wielders of long oars,
And far renowned in feats of seamanship.
And, looking on each other, thus they said:—
   "Ha! what has stayed our good ship on the sea? 205
This moment we beheld her hastening home."
   'Twas thus they talked, unweeting of the cause.
But then Alcinoüs to the assembly said:—
   "Yes! now I call to mind the ancient words
Of prophecy,—my father's,—who was wont   210
To say that Neptune sorely is displeased
That we should give to every man who comes
Safe escort to his home. In coming times,—
Such was my father's prophecy,—the god
Would yet destroy a well-appointed bark   215
Of the Phæacians on the misty deep
Returning from an escort, and would cause
A lofty mount to stand before our town.
So prophesied the aged man; his words
Are here fulfilled. Now do as I appoint,   220
And let us all obey. Henceforth refrain
From bearing to their homes the strangers thrown
Upon our coast; and let us sacrifice
To Neptune twelve choice bullocks of the herd,
That he may pity us, nor hide our town   225
With a huge mountain from the sight of men."
   He spake, and they were awed and straightway brought
The bullocks for the sacrifice. So prayed
To sovereign Neptune the Phæacian chiefs
And princes, standing round the altar-fires.   230
   Now woke the great Ulysses from his sleep
In his own land, and yet he knew it not.
Long had he been away, and Pallas now,
The goddess-child of Jove, had cast a mist
Around him, that he might not yet be known   235
To others, and that she might tell him first
What he should learn; nor even might his wife,
Nor friends, nor people, know of his return,
Ere he avenged upon the suitor crew

τοὔνεκ' ἄρ' ἀλλοειδέα φαινέσκετο πάντα ἄνακτι,
ἀτραπιτοί τε διηνεκέες λιμένες τε πάνορμοι 195
πέτραι τ' ἠλίβατοι καὶ δένδρεα τηλεθόωντα.
στῆ δ' ἄρ' ἀναΐξας καί ῥ' εἴσιδε πατρίδα γαῖαν·
ᾤμωξέν τ' ἄρ ἔπειτα καὶ ὣ πεπλήγετο μηρὼ
χερσὶ καταπρηνέσσ', ὀλοφυρόμενος δ' ἔπος ηὔδα·
   'ὤ μοι ἐγώ, τέων αὖτε βροτῶν ἐς γαῖαν ἱκάνω; 200
ἦ ῥ' οἵ γ' ὑβρισταί τε καὶ ἄγριοι οὐδὲ δίκαιοι,
ἦε φιλόξεινοι, καί σφιν νόος ἐστὶ θεουδής;
πῇ δὴ χρήματα πολλὰ φέρω τάδε; πῇ τε καὶ αὐτὸς
πλάζομαι; αἴθ' ὄφελον μεῖναι παρὰ Φαιήκεσσιν
αὐτοῦ· ἐγὼ δέ κεν ἄλλον ὑπερμενέων βασιλήων 205
ἐξικόμην, ὅς κέν μ' ἐφίλει καὶ ἔπεμπε νέεσθαι.
νῦν δ' οὔτ' ἄρ πῃ θέσθαι ἐπίσταμαι, οὐδὲ μὲν αὐτοῦ
καλλείψω, μή πώς μοι ἕλωρ ἄλλοισι γένηται.
ὢ πόποι, οὐκ ἄρα πάντα νοήμονες οὐδὲ δίκαιοι
ἦσαν Φαιήκων ἡγήτορες ἠδὲ μέδοντες, 210
οἵ μ' εἰς ἄλλην γαῖαν ἀπήγαγον, ἦ τέ μ' ἔφαντο
ἄξειν εἰς Ἰθάκην εὐδείελον, οὐδ' ἐτέλεσσαν.
Ζεὺς σφέας τίσαιτο ἱκετήσιος, ὅς τε καὶ ἄλλους
ἀνθρώπους ἐφορᾷ καὶ τίνυται ὅς τις ἁμάρτῃ.
ἀλλ' ἄγε δὴ τὰ χρήματ' ἀριθμήσω καὶ ἴδωμαι, 215
μή τί μοι οἴχωνται κοίλης ἐπὶ νηὸς ἄγοντες.'
   ὣς εἰπὼν τρίποδας περικαλλέας ἠδὲ λέβητας
ἠρίθμει καὶ χρυσὸν ὑφαντά τε εἵματα καλά.
τῶν μὲν ἄρ' οὔ τι πόθει· ὁ δ' ὀδύρετο πατρίδα γαῖαν
ἑρπύζων παρὰ θῖνα πολυφλοίσβοιο θαλάσσης, 220
πόλλ' ὀλοφυρόμενος. σχεδόθεν δέ οἱ ἦλθεν Ἀθήνη,
ἀνδρὶ δέμας εἰκυῖα νέῳ, ἐπιβώτορι μήλων,
παναπάλῳ, οἷοί τε ἀνάκτων παῖδες ἔασι,
δίπτυχον ἀμφ' ὤμοισιν ἔχουσ' εὐεργέα λώπην·
ποσσὶ δ' ὑπὸ λιπαροῖσι πέδιλ' ἔχε, χερσὶ δ' ἄκοντα. 225
τὴν δ' Ὀδυσεὺς γήθησεν ἰδὼν καὶ ἐναντίος ἦλθε,
καί μιν φωνήσας ἔπεα πτερόεντα προσηύδα·
   'ὦ φίλ', ἐπεί σε πρῶτα κιχάνω τῷδ' ἐνὶ χώρῳ,
χαῖρέ τε καὶ μή μοί τι κακῷ νόῳ ἀντιβολήσαις,

His wrongs, and therefore all things wore to him 240
Another look,—the footways stretching far,
The bights where ships were moored, the towering rocks,
And spreading trees. He rose and stood upright,
And gazed upon his native coast and wept,
And smote his thigh, and said in bitter grief:— 245
    "Ah me! what region am I in, among
What-people? lawless, cruel, and unjust?
Or are they hospitable men, who fear
The gods? And where shall I bestow these goods,
And whither go myself? Would that they all 250
Were still with the Phæacians, and that I
Had found some other great and mighty king
Kindly to welcome me, and send me back
To my own land. I know not where to place
These treasures, and I must not leave them here, 255
Lest others come and seize them as a spoil.
Nay, these Phæacian chiefs and counsellors
Were not, in all things, either wise or just.
They gave their word to land me on the coast
Of pleasant Ithaca, and have not kept 260
Their promise. O, may Jove avenge this wrong!
He who protects the suppliant, who beholds
All men with equal eye, and punishes
The guilty. Now will I review my stores
And number them again, that I may see 265
If those who left me here have taken aught."
    Thus having said, he numbered all his gifts,—
Beautiful tripods, caldrons, works of gold,
And gorgeous woven raiment; none of these
Were wanting. Then he pined to see again 270
His native isle, and slowly paced the beach
Of the loud sea, lamenting bitterly.
There Pallas came to meet him in the shape
Of a young shepherd, delicately formed,
As are the sons of kings. A mantle lay 275
Upon her shoulder in rich folds; her feet
Shone in their sandals: in her hand she bore
A javelin. As Ulysses saw, his heart
Was glad within him, and he hastened on,
And thus accosted her with winged words:— 280
    "Fair youth, who art the first whom I have met
Upon this shore, I bid thee hail, and hope

ἀλλὰ σάω μὲν ταῦτα, σάω δ' ἐμέ: σοὶ γὰρ ἐγώ γε 230
εὔχομαι ὥς τε θεῷ καί σευ φίλα γούναθ' ἱκάνω.
καί μοι τοῦτ' ἀγόρευσον ἐτήτυμον, ὄφρ' ἐὺ εἰδῶ:
τίς γῆ, τίς δῆμος, τίνες ἀνέρες ἐγγεγάασιν;
ἦ πού τις νήσων εὐδείελος, ἦέ τις ἀκτὴ
κεῖθ' ἁλὶ κεκλιμένη ἐριβώλακος ἠπείροιο;' 235
 τὸν δ' αὖτε προσέειπε θεὰ γλαυκῶπις Ἀθήνη:
'νήπιός εἰς, ὦ ξεῖν', ἢ τηλόθεν εἰλήλουθας,
εἰ δὴ τήνδε τε γαῖαν ἀνείρεαι. οὐδέ τι λίην
οὕτω νώνυμός ἐστιν: ἴσασι δέ μιν μάλα πολλοί,
ἠμὲν ὅσοι ναίουσι πρὸς ἠῶ τ' ἠέλιόν τε, 240
ἠδ' ὅσσοι μετόπισθε ποτὶ ζόφον ἠερόεντα.
ἦ τοι μὲν τρηχεῖα καὶ οὐχ ἱππήλατός ἐστιν,
οὐδὲ λίην λυπρή, ἀτὰρ οὐδ' εὐρεῖα τέτυκται.
ἐν μὲν γάρ οἱ σῖτος ἀθέσφατος, ἐν δέ τε οἶνος
γίγνεται: αἰεὶ δ' ὄμβρος ἔχει τεθαλυῖά τ' ἐέρση: 245
αἰγίβοτος δ' ἀγαθὴ καὶ βούβοτος: ἔστι μὲν ὕλη
παντοίη, ἐν δ' ἀρδμοὶ ἐπηετανοὶ πάρεασι.
τῷ τοι, ξεῖν', Ἰθάκης γε καὶ ἐς Τροίην ὄνομ' ἵκει,
τήν περ τηλοῦ φασὶν Ἀχαιΐδος ἔμμεναι αἴης.'
 ὣς φάτο, γήθησεν δὲ πολύτλας δῖος Ὀδυσσεύς, 250
χαίρων ᾗ γαίῃ πατρωΐῃ, ὥς οἱ ἔειπε
Παλλὰς Ἀθηναίη, κούρη Διὸς, αἰγιόχοιο:
καί μιν φωνήσας ἔπεα πτερόεντα προσηύδα:
οὐδ' ὅ γ' ἀληθέα εἶπε, πάλιν δ' ὅ γε λάζετο μῦθον,
αἰεὶ ἐνὶ στήθεσσι νόον πολυκερδέα νωμῶν: 255
 'πυνθανόμην Ἰθάκης γε καὶ ἐν Κρήτῃ εὐρείῃ,
τηλοῦ ὑπὲρ πόντου: νῦν δ' εἰλήλουθα καὶ αὐτὸς
χρήμασι σὺν τοίσδεσσι: λιπὼν δ' ἔτι παισὶ τοσαῦτα
φεύγω, ἐπεὶ φίλον υἷα κατέκτανον Ἰδομενῆος,
Ὀρσίλοχον πόδας ὠκύν, ὃς ἐν Κρήτῃ εὐρείῃ 260
ἀνέρας ἀλφηστὰς νίκα ταχέεσσι πόδεσσιν,
οὕνεκά με στερέσαι τῆς ληΐδος ἤθελε πάσης
Τρωϊάδος, τῆς εἵνεκ' ἐγὼ πάθον ἄλγεα θυμῷ,
ἀνδρῶν τε πτολέμους ἀλεγεινά τε κύματα πείρων,

Thou meetest me with no unkind intent.
Protect what thou beholdest here and me;
I make my suit to thee as to a god,   285
And come to thy dear knees. And tell, I pray,
That I may know the truth, what land is this?
What people? who the dwellers? may it be
A pleasant isle, or is it but the shore
Of fruitful mainland shelving to the sea?"   290
    And then the goddess, blue-eyed Pallas, said:
"Of simple mind art thou, unless perchance
Thou comest from afar, if thou dost ask
What country this may be. It is not quite
A nameless region; many know it well   295
Of those who dwell beneath the rising sun,
And those, behind, in Evening's dusky realm.
Rugged it is, and suited ill to steeds,
Yet barren it is not, though level grounds
Are none within its borders. It is rich   300
In corn and wine, for seasonable rains
And dews refresh its soil. Large flocks of goats
And herds of beeves are pastured here; all kinds
Of trees are in its forests, and its springs
Are never dry. The fame of Ithaca,   305
Stranger, has travelled to the Trojan coast,
Though that, I hear, lies far away from Greece."
    She spake; Ulysses, the great sufferer,
Rejoiced to be in his own land, whose name
Pallas, the child of ægis-bearing Jove,   310
Had just now uttered. Then with winged words
He spake, but not the truth; his artful speech
Put that aside, for ever in his breast
The power of shrewd invention was awake:—
    "In the broad fields of Crete, that lie far off   315
Beyond the sea, I heard of Ithaca,
To which I now am come with these my goods.
I left as many for my sons and fled,
For I had slain Orsilochus, the fleet
Of foot, the dear son of Idomeneus,   320
Who overcame by swiftness in the race
The foremost runners in the realm of Crete.
He sought to rob me wholly of my share
Of Trojan spoil, for which I had endured
Hardships in war with heroes, and at sea   325

οὕνεκ' ἄρ' οὐχ ᾧ πατρὶ χαριζόμενος θεράπευον 265
δήμῳ ἔνι Τρώων, ἀλλ' ἄλλων ἦρχον ἑταίρων.
τὸν μὲν ἐγὼ κατιόντα βάλον χαλκήρεϊ δουρὶ
ἀγρόθεν, ἐγγὺς ὁδοῖο λοχησάμενος σὺν ἑταίρῳ·
νὺξ δὲ μάλα δνοφερὴ κάτεχ' οὐρανόν, οὐδέ τις ἡμέας
ἀνθρώπων ἐνόησε, λάθον δέ ἑ θυμὸν ἀπούρας. 270
αὐτὰρ ἐπεὶ δὴ τόν γε κατέκτανον ὀξέϊ χαλκῷ,
αὐτίκ' ἐγὼν ἐπὶ νῆα κιὼν Φοίνικας ἀγαυοὺς
ἐλλισάμην, καί σφιν μενοεικέα ληΐδα δῶκα·
τούς μ' ἐκέλευσα Πύλονδε καταστῆσαι καὶ ἐφέσσαι
ἢ εἰς Ἤλιδα δῖαν, ὅθι κρατέουσιν Ἐπειοί. 275
ἀλλ' ἦ τοι σφέας κεῖθεν ἀπώσατο ἲς ἀνέμοιο
πόλλ' ἀεκαζομένους, οὐδ' ἤθελον ἐξαπατῆσαι.
κεῖθεν δὲ πλαγχθέντες ἱκάνομεν ἐνθάδε νυκτός.
σπουδῇ δ' ἐς λιμένα προερέσσαμεν, οὐδέ τις ἡμῖν
δόρπου μνῆστις ἔην, μάλα περ χατέουσιν ἑλέσθαι, 280
ἀλλ' αὔτως ἀποβάντες ἐκείμεθα νηὸς ἅπαντες.
ἔνθ' ἐμὲ μὲν γλυκὺς ὕπνος ἐπήλυθε κεκμηῶτα,
οἱ δὲ χρήματ' ἐμὰ γλαφυρῆς ἐκ νηὸς ἑλόντες
κάτθεσαν, ἔνθα περ αὐτὸς ἐπὶ ψαμάθοισιν ἐκείμην.
οἱ δ' ἐς Σιδονίην εὖ ναιομένην ἀναβάντες 285
ᾤχοντ'· αὐτὰρ ἐγὼ λιπόμην ἀκαχήμενος ἦτορ.'
ὣς φάτο, μείδησεν δὲ θεὰ γλαυκῶπις Ἀθήνη,
χειρί τέ μιν κατέρεξε· δέμας δ' ἤϊκτο γυναικὶ
καλῇ τε μεγάλῃ τε καὶ ἀγλαὰ ἔργα ἰδυίῃ·
καί μιν φωνήσασ' ἔπεα πτερόεντα προσηύδα· 290
'κερδαλέος κ' εἴη καὶ ἐπίκλοπος ὅς σε παρέλθοι
ἐν πάντεσσι δόλοισι, καὶ εἰ θεὸς ἀντιάσειε.
σχέτλιε, ποικιλομῆτα, δόλων ἆτ', οὐκ ἄρ' ἔμελλες,
οὐδ' ἐν σῇ περ ἐὼν γαίῃ, λήξειν ἀπατάων
μύθων τε κλοπίων, οἵ τοι πεδόθεν φίλοι εἰσίν. 295
ἀλλ' ἄγε, μηκέτι ταῦτα λεγώμεθα, εἰδότες ἄμφω
κέρδε', ἐπεὶ σὺ μέν ἐσσι βροτῶν ὄχ' ἄριστος ἁπάντων
βουλῇ καὶ μύθοισιν, ἐγὼ δ' ἐν πᾶσι θεοῖσι
μήτι τε κλέομαι καὶ κέρδεσιν· οὐδὲ σύ γ' ἔγνως

Among the angry waves. The cause was this:
I would not in the siege of Troy submit
To serve his father, but, apart from him,
I led a troop, companions of my own.
The youth returning from the fields I met,   330
And smote him with the spear,—for near the way
I lay in ambush with a single friend.
A night exceeding dark was in the sky;
No human eye beheld, nor did he know
Who took his life. When I had slain him thus   335
With the sharp spear I hastened to a ship
Of the Phœnicians, and besought their aid,
And gave them large reward, and bade them steer
To Pylos, bearing me, and leave me there,
Or where the Epeians hold the hallowed coast   340
Of Elis. But the force of adverse winds
Drove them unwilling thence; they meant no fraud.
We wandered hither, just at night we came;
And rowing hard, the seamen brought their ship
Within the port. No word was said of food,   345
Though great our need. All disembarked in haste
And lay upon the shore. Deep was the sleep
That stole upon my weary limbs. The men
Took from the hold my goods, and, bearing them
To where I slumbered on the sand, set sail   350
For populous Sidonia, leaving me
Here quite alone with sorrow in my heart."

    He spake; the blue-eyed goddess, Pallas, smiled,
And touched the chief caressingly. She seemed
A beautiful and stately woman now,   355
Such as are skilled in works of rare device,
And thus she said to him in winged words:—

    "Full shrewd were he, a master of deceit,
Who should surpass thee in the ways of craft,
Even though he were a god,—thou unabashed   360
And prompt with shifts, and measureless in wiles!
Thou canst not even in thine own land refrain
From artful figments and misleading words,
As thou hast practised from thy birth. But now
Speak we of other matters, for we both   365
Are skilled in stratagem. Thou art the first
Of living men in counsel and in speech,
And I am famed for foresight and for craft

Παλλάδ᾿ Ἀθηναίην, κούρην Διός, ἥ τέ τοι αἰεὶ 300
ἐν πάντεσσι πόνοισι παρίσταμαι ἠδὲ φυλάσσω,
καὶ δέ σε Φαιήκεσσι φίλον πάντεσσιν ἔθηκα,
νῦν αὖ δεῦρ᾿ ἱκόμην, ἵνα τοι σὺν μῆτιν ὑφήνω
χρήματά τε κρύψω, ὅσα τοι Φαίηκες ἀγαυοὶ
ὤπασαν οἴκαδ᾿ ἰόντι ἐμῇ βουλῇ τε νόῳ τε, 305
εἴπω θ᾿ ὅσσα τοι αἶσα δόμοις ἔνι ποιητοῖσι
κήδε᾿ ἀνασχέσθαι· σὺ δὲ τετλάμεναι καὶ ἀνάγκῃ,
μηδέ τῳ ἐκφάσθαι μήτ᾿ ἀνδρῶν μήτε γυναικῶν,
πάντων, οὕνεκ᾿ ἄρ᾿ ἦλθες ἀλώμενος, ἀλλὰ σιωπῇ
πάσχειν ἄλγεα πολλά, βίας ὑποδέγμενος ἀνδρῶν.' 310
  τὴν δ᾿ ἀπαμειβόμενος προσέφη πολύμητις Ὀδυσσεύς·
'ἀργαλέον σε, θεά, γνῶναι βροτῷ ἀντιάσαντι,
καὶ μάλ᾿ ἐπισταμένῳ· σὲ γὰρ αὐτὴν παντὶ ἐΐσκεις.
τοῦτο δ᾿ ἐγὼν εὖ οἶδ᾿, ὅτι μοι πάρος ἠπίη ἦσθα,
ἧος ἐνὶ Τροίῃ πολεμίζομεν υἷες Ἀχαιῶν. 315
αὐτὰρ ἐπεὶ Πριάμοιο πόλιν διεπέρσαμεν αἰπήν,
βῆμεν δ᾿ ἐν νήεσσι, θεὸς δ᾿ ἐκέδασσεν Ἀχαιούς,
οὔ σέ γ᾿ ἔπειτα ἴδον, κούρη Διός, οὐδ᾿ ἐνόησα
νηὸς ἐμῆς ἐπιβᾶσαν, ὅπως τί μοι ἄλγος ἀλάλκοις.
ἀλλ᾿ αἰεὶ φρεσὶν ᾗσιν ἔχων δεδαϊγμένον ἦτορ 320
ἠλώμην, ἧός με θεοὶ κακότητος ἔλυσαν·
πρίν γ᾿ ὅτε Φαιήκων ἀνδρῶν ἐν πίονι δήμῳ
θάρσυνάς τε ἔπεσσι καὶ ἐς πόλιν ἤγαγες αὐτή.
νῦν δέ σε πρὸς πατρὸς γουνάζομαι—οὐ γὰρ ὀΐω
ἥκειν εἰς Ἰθάκην εὐδείελον, ἀλλά τιν᾿ ἄλλην 325
γαῖαν ἀναστρέφομαι· σὲ δὲ κερτομέουσαν ὀΐω
ταῦτ᾿ ἀγορευέμεναι, ἵν᾿ ἐμὰς φρένας ἠπεροπεύσῃς—
εἰπέ μοι εἰ ἐτεόν γε φίλην ἐς πατρίδ᾿ ἱκάνω.'
  τὸν δ᾿ ἠμείβετ᾿ ἔπειτα θεὰ γλαυκῶπις Ἀθήνη·
'αἰεί τοι τοιοῦτον ἐνὶ στήθεσσι νόημα· 330

Among the immortals. Dost thou not yet know
Pallas Athenè, child of Jove, whose aid   370
Is present to defend thee in all time
Of peril, and but lately gained for thee
The favor of the whole Phæacian race?
And hither am I come to frame for thee
Wise counsels, and to hide away the stores   375
Given by the opulent Phæacian chiefs
At thy departure. I shall also tell
What thou must yet endure beneath the roof
Of thine own palace, by the will of fate.
Yet bear it bravely, since thou must, nor speak   380
To any man or woman of thyself
And of thy wandering hither, but submit
To many things that grieve thee, silently,
And bear indignities from violent men."
    Ulysses, the sagacious, thus rejoined: 385
"O goddess, it is hard for mortal man
To know thee when he meets thee, though his sight
Be of the sharpest, for thou puttest on
At pleasure any form. Yet this I know,
That thou wert kind to me when we, the sons   390
Of Greece, were warring in the realm of Troy.
But when we had o'erthrown the lofty town
Of Priam, and embarked, and when some god
Had scattered the Achaians, after that,
Daughter of Jove, I never saw thee more,   395
Never perceived thee entering my bark
And guarding me from danger,—but I roamed
Ever from place to place, my heart weighed down
By sorrow, till the gods delivered me,
And till thy counsels in the opulent realm   400
Of the Phæacians brought my courage back,
And thou thyself didst guide me to the town.
And now in thy great father's name I pray,—
For yet I cannot think that I am come
To pleasant Ithaca, but have been thrown   405
Upon some other coast, and fear that thou
Art jesting with me, and hast spoken thus
But to deceive me,—tell me, is it true
That I am in my own beloved land?"
    And then the goddess, blue-eyed Pallas, said: 410
"Such ever are thy thoughts, and therefore I

τῷ σε καὶ οὐ δύναμαι προλιπεῖν δύστηνον ἐόντα,
οὕνεκ' ἐπητής ἐσσι καὶ ἀγχίνοος καὶ ἐχέφρων.
ἀσπασίως γάρ κ' ἄλλος ἀνὴρ ἀλαλήμενος ἐλθὼν
ἵετ' ἐνὶ μεγάροις ἰδέειν παῖδάς τ' ἄλοχόν τε:
σοὶ δ' οὔ πω φίλον ἐστὶ δαήμεναι οὐδὲ πυθέσθαι, 335
πρίν γ' ἔτι σῆς ἀλόχου πειρήσεαι, ἥ τέ τοι αὔτως
ἧσται ἐνὶ μεγάροισιν, ὀϊζυραὶ δέ οἱ αἰεὶ
φθίνουσιν νύκτες τε καὶ ἤματα δάκρυ χεούσῃ.
αὐτὰρ ἐγὼ τὸ μὲν οὔ ποτ' ἀπίστεον, ἀλλ' ἐνὶ θυμῷ
ᾔδε', ὃ νοστήσεις ὀλέσας ἄπο πάντας ἑταίρους: 340
ἀλλά τοι οὐκ ἐθέλησα Ποσειδάωνι μάχεσθαι
πατροκασιγνήτῳ, ὅς τοι κότον ἔνθετο θυμῷ,
χωόμενος ὅτι οἱ υἱὸν φίλον ἐξαλάωσας.
ἀλλ' ἄγε τοι δείξω Ἰθάκης ἕδος, ὄφρα πεποίθῃς.
Φόρκυνος μὲν ὅδ' ἐστὶ λιμήν, ἁλίοιο γέροντος, 345
ἥδε δ' ἐπὶ κρατὸς λιμένος τανύφυλλος ἐλαίη:
ἀγχόθι δ' αὐτῆς ἄντρον ἐπήρατον ἠεροειδές,
ἱρὸν νυμφάων, αἳ νηϊάδες καλέονται:
τοῦτο δέ τοι σπέος ἐστὶ κατηρεφές, ἔνθα σὺ πολλὰς
ἔρδεσκες νύμφῃσι τεληέσσας ἑκατόμβας: 350
τοῦτο δὲ Νήριτόν ἐστιν ὄρος καταειμένον ὕλῃ.'
   ὣς εἰποῦσα θεὰ σκέδασ' ἠέρα, εἴσατο δὲ χθών:
γήθησέν τ' ἄρ' ἔπειτα πολύτλας δῖος Ὀδυσσεύς,
χαίρων ᾗ γαίῃ, κύσε δὲ ζείδωρον ἄρουραν.
αὐτίκα δὲ νύμφης ἠρήσατο, χεῖρας ἀνασχών: 355
   'νύμφαι νηϊάδες, κοῦραι Διός, οὔ ποτ' ἐγώ γε
ὄψεσθ' ὔμμ' ἐφάμην: νῦν δ' εὐχωλῇς ἀγανῇσι
χαίρετ': ἀτὰρ καὶ δῶρα διδώσομεν, ὡς τὸ πάρος περ,
αἴ κεν ἐᾷ πρόφρων με Διὸς θυγάτηρ ἀγελείη
αὐτόν τε ζώειν καί μοι φίλον υἱὸν ἀέξῃ.' 360
   τὸν δ' αὖτε προσέειπε θεὰ γλαυκῶπις Ἀθήνη:
'θάρσει, μή τοι ταῦτα μετὰ φρεσὶ σῇσι μελόντων.
ἀλλὰ χρήματα μὲν μυχῷ ἄντρου θεσπεσίοιο

Must not forsake thee in thy need. I know
How prompt thy speech, how quick thy thought, how
    shrewd
Thy judgment. If another man had come
From such long wanderings, he had flown at once   415
Delighted to his children and his wife
In his own home. But thou desirest not
To ask or hear of them till thou hast put
Thy consort to the trial of her truth,—
Her who now sits within thy halls and waits   420
In vain for thee, and in perpetual grief
And weeping wears her nights and days away.
I never doubted—well, in truth, I knew
That thou, with all thy comrades lost, wouldst reach
Thy country, but I dreaded to withstand   425
My father's brother Neptune, who was wroth,
And fiercely wroth, for that thou hadst deprived
His well-beloved son of sight. But now
Attend, and I will show thee Ithaca
By certain tokens; mark them and believe.   430
The port of Phorcys, Ancient of the Deep,
Is here; and there the spreading olive-tree,
Just at the haven's head; and, close beside,
The cool dark grotto, sacred to the nymphs
Called Naiads,—a wide-vaulted cave where once   435
Thou camest oft with chosen hecatombs,
An offering to the nymphs,—and here thou seest
The mountain Neritus with all his woods."
  So spake the goddess, and dispersed the mist,
And all the scene appeared. Ulysses saw   440
Well pleased, rejoicing in his own dear land,
And, stooping, kissed the bountiful earth, and raised
His hands, and thus addressed the nymphs in prayer:—
  "Nymphs, Naiads, born to Jove, I did not hope
To be with you again. With cheerful prayers   445
I now salute you. We shall bring you soon
Our offerings, as of yore, if graciously
Jove's daughter, huntress-queen, shall grant me yet
To live, and bless my well-beloved son."
  And then the goddess, blue-eyed Pallas, said: 450
"Be of good cheer, and let no anxious thought
Disturb thy mind. Let us bestir ourselves
To hide away, the treasures thou hast brought

θείμεν αὐτίκα νῦν, ἵνα περ τάδε τοι σόα μίμνῃ:
αὐτοὶ δὲ φραζώμεθ' ὅπως ὄχ' ἄριστα γένηται.' 365
  ὣς εἰποῦσα θεὰ δῦνε σπέος ἠεροειδές,
μαιομένη κευθμῶνας ἀνὰ σπέος: αὐτὰρ Ὀδυσσεὺς
ἆσσον πάντ' ἐφόρει, χρυσὸν καὶ ἀτειρέα χαλκὸν
εἵματά τ' εὐποίητα, τά οἱ Φαίηκες ἔδωκαν.
καὶ τὰ μὲν εὖ κατέθηκε, λίθον δ' ἐπέθηκε θύρῃσι 370
Παλλὰς Ἀθηναίη, κούρη Διὸς αἰγιόχοιο.
τὼ δὲ καθεζομένω ἱερῆς παρὰ πυθμέν' ἐλαίης
φραζέσθην μνηστῆρσιν ὑπερφιάλοισιν ὄλεθρον.
τοῖσι δὲ μύθων ἦρχε θεὰ γλαυκῶπις Ἀθήνη:
  'διογενὲς Λαερτιάδη, πολυμήχαν' Ὀδυσσεῦ, 375
φράζευ ὅπως μνηστῆρσιν ἀναιδέσι χεῖρας ἐφήσεις,
οἳ δή τοι τρίετες μέγαρον κάτα κοιρανέουσι,
μνώμενοι ἀντιθέην ἄλοχον καὶ ἔδνα διδόντες:
ἡ δὲ σὸν αἰεὶ νόστον ὀδυρομένη κατὰ θυμὸν
πάντας μέν ῥ' ἔλπει καὶ ὑπίσχεται ἀνδρὶ ἑκάστῳ, 380
ἀγγελίας προϊεῖσα, νόος δέ οἱ ἄλλα μενοινᾷ.'
  τὴν δ' ἀπαμειβόμενος προσέφη πολύμητις Ὀδυσσεύς:
'ὢ πόποι, ἦ μάλα δὴ Ἀγαμέμνονος Ἀτρεΐδαο
φθίσεσθαι κακὸν οἶτον ἐνὶ μεγάροισιν ἔμελλον,
εἰ μή μοι σὺ ἕκαστα, θεά, κατὰ μοῖραν ἔειπες. 385
ἀλλ' ἄγε μῆτιν ὕφηνον, ὅπως ἀποτίσομαι αὐτούς:
πὰρ δέ μοι αὐτὴ στῆθι, μένος πολυθαρσὲς ἐνεῖσα,
οἷον ὅτε Τροίης λύομεν λιπαρὰ κρήδεμνα.
αἴ κέ μοι ὣς μεμαυῖα παρασταίης, γλαυκῶπι,
καί κε τριηκοσίοισιν ἐγὼν ἄνδρεσσι μαχοίμην 390
σὺν σοί, πότνα θεά, ὅτε μοι πρόφρασσ' ἐπαρήγοις.'
  τὸν δ' ἠμείβετ' ἔπειτα θεὰ γλαυκῶπις Ἀθήνη:
'καὶ λίην τοι ἐγώ γε παρέσσομαι, οὐδέ με λήσεις,
ὁππότε κεν δὴ ταῦτα πενώμεθα: καί τιν' ὀΐω
αἵματί τ' ἐγκεφάλῳ τε παλαξέμεν ἄσπετον οὖδας 395

Within this hallowed grot in some recess
Where they may lie in safety; afterward 455
Will we take counsel what should next be done."
    The goddess said these words, and took her way
Into the shadowy cavern, spying out
Its hiding-places; while Ulysses brought
The treasures thither in his arms,—the gold, 460
The enduring brass, the raiment nobly wrought,—
Which the Phæacians gave him. These they laid
Together in due order; Pallas then,
The daughter of the Ægis-bearer Jove,
Closed up the opening with a massive rock. 465
Then, sitting by the sacred olive-tree,
They plotted to destroy the haughty crew
Of suitors, and the blue-eyed Pallas said:—
    "O nobly born, and versed in many wiles,
Son of Laertes! now the hour is come 470
To think how thou shalt lay avenging hands
Upon the shameless crew who, in thy house,
For three years past have made themselves its lords,
And wooed thy noble wife and brought her gifts,
While, pining still for thy return, she gave 475
Hopes to each suitor, and by messages
Made promises to all, though cherishing
A different purpose in her secret heart."
    Ulysses, the sagacious, answered her:
"Ah me, I should have perished utterly, 480
By such an evil fate as overtook
Atrides Agamemnon, in the halls
Of my own palace, but for thee, whose words,
O goddess, have revealed what I should know.
Now counsel me how I may be avenged. 485
Be ever by my side, and strengthen me
With courage, as thou didst when we o'erthrew
The towery crest of Ilium. Would thou wert
Still my ally, as then! I would engage,
O blue-eyed Pallas, with three hundred foes, 490
If thou, dread goddess, wouldst but counsel me."
    And then the blue-eyed Pallas spake again:
"I will be present with thee. When we once
Begin the work, thou shalt not leave my sight;
And many a haughty suitor with his blood 495
And brains shall stain thy spacious palace floor.

ἀνδρῶν μνηστήρων, οἵ τοι βίοτον κατέδουσιν.
ἀλλ' ἄγε σ' ἄγνωστον τεύξω πάντεσσι βροτοῖσι·
κάρψω μὲν χρόα καλὸν ἐνὶ γναμπτοῖσι μέλεσσι,
ξανθὰς δ' ἐκ κεφαλῆς ὀλέσω τρίχας, ἀμφὶ δὲ λαῖφος
ἕσσω ὅ κε στυγέῃσιν ἰδὼν ἄνθρωπον ἔχοντα, 400
κνυζώσω δέ τοι ὄσσε πάρος περικαλλέ' ἐόντε,
ὡς ἂν ἀεικέλιος πᾶσι μνηστῆρσι φανήῃς
σῇ τ' ἀλόχῳ καὶ παιδί, τὸν ἐν μεγάροισιν ἔλειπες.
αὐτὸς δὲ πρώτιστα συβώτην εἰσαφικέσθαι,
ὅς τοι ὑῶν ἐπίουρος, ὁμῶς δέ τοι ἤπια οἶδε, 405
παῖδά τε σὸν φιλέει καὶ ἐχέφρονα Πηνελόπειαν.
δήεις τόν γε σύεσσι παρήμενον· αἱ δὲ νέμονται
πὰρ Κόρακος πέτρῃ ἐπί τε κρήνῃ Ἀρεθούσῃ,
ἔσθουσαι βάλανον μενοεικέα καὶ μέλαν ὕδωρ
πίνουσαι, τά θ' ὕεσσι τρέφει τεθαλυῖαν ἀλοιφήν. 410
ἔνθα μένειν καὶ πάντα παρήμενος ἐξερέεσθαι,
ὄφρ' ἂν ἐγὼν ἔλθω Σπάρτην ἐς καλλιγύναικα
Τηλέμαχον καλέουσα, τεὸν φίλον υἱόν, Ὀδυσσεῦ·
ὅς τοι ἐς εὐρύχορον Λακεδαίμονα πὰρ Μενέλαον
ᾤχετο πευσόμενος μετὰ σὸν κλέος, εἴ που ἔτ' εἴης.' 415
  τὴν δ' ἀπαμειβόμενος προσέφη πολύμητις Ὀδυσσεύς·
'τίπτε τ' ἄρ' οὔ οἱ ἔειπες, ἐνὶ φρεσὶ πάντα ἰδυῖα;
ἦ ἵνα που καὶ κεῖνος ἀλώμενος ἄλγεα πάσχῃ
πόντον ἐπ' ἀτρύγετον· βίοτον δέ οἱ ἄλλοι ἔδουσι;'
  τὸν δ' ἠμείβετ' ἔπειτα θεὰ γλαυκῶπις Ἀθήνη· 420
'μὴ δή τοι κεῖνός γε λίην ἐνθύμιος ἔστω.
αὐτή μιν πόμπευον, ἵνα κλέος ἐσθλὸν ἄροιτο
κεῖσ' ἐλθών· ἀτὰρ οὔ τιν' ἔχει πόνον, ἀλλὰ ἕκηλος
ἧσται ἐν Ἀτρεΐδαο δόμοις, παρὰ δ' ἄσπετα κεῖται.
ἦ μέν μιν λοχόωσι νέοι σὺν νηΐ μελαίνῃ, 425
ἱέμενοι κτεῖναι, πρὶν πατρίδα γαῖαν ἱκέσθαι·
ἀλλὰ τά γ' οὐκ ὀΐω, πρὶν καί τινα γαῖα καθέξει
ἀνδρῶν μνηστήρων, οἵ τοι βίοτον κατέδουσιν.'
  ὣς ἄρα μιν φαμένη ῥάβδῳ ἐπεμάσσατ' Ἀθήνη.
κάρψεν μὲν χρόα καλὸν ἐνὶ γναμπτοῖσι μέλεσσι, 430

Now will I change thine aspect, so that none
Shall know thee. I will wither thy fair skin,
And it shall hang on crooked limbs; thy locks
Of auburn I will cause to fall away, 500
And round thee fling a cloak which all shall see
With loathing. I will make thy lustrous eyes
Dull to the sight, and thus shalt thou appear
A squalid wretch to all the suitor train,
And to thy wife, and to the son whom thou 505
Didst leave within thy palace. Then at first
Repair thou to the herdsman, him who keeps
Thy swine; for he is loyal, and he loves
Thy son and the discreet Penelope.
There wilt thou find him as he tends his swine, 510
That find their pasturage beside the rock
Of Corax, and by Arethusa's fount.
On nourishing acorns they are fed, and drink
The dark clear water, whence the flesh of swine
Is fattened. There remain, and carefully 515
Inquire of all that thou wouldst know, while I,
Taking my way to Sparta, the abode
Of lovely women, call Telemachus,
Thy son, Ulysses, who hath visited
King Menelaus in his broad domain, 520
To learn if haply thou art living yet."
  Ulysses, the sagacious, answered her:
"Why didst not thou, to whom all things are known,
Tell him concerning me? Must he too roam
And suffer on the barren deep, and leave 525
To others his estates, to be their spoil?"
  And then the blue-eyed goddess spake again:
"Let not that thought distress thee. It was I
Who sent him thither, that he might deserve
The praise of men. No evil meets him there; 530
But in the halls of Atreus' son he sits,
Safe mid the abounding luxuries. 'Tis true
That even now the suitors lie in wait,
In their black ship, to slay him ere he reach
His native land; but that will hardly be 535
Before the earth shall cover many a one
Of the proud suitors who consume thy wealth."
  So Pallas spake, and touched him with her wand,
And caused the blooming skin to shrivel up

ξανθὰς δ' ἐκ κεφαλῆς ὄλεσε τρίχας, ἀμφὶ δὲ δέρμα
πάντεσσιν μελέεσσι παλαιοῦ θῆκε γέροντος,
κνύζωσεν δέ οἱ ὄσσε πάρος περικαλλέ' ἐόντε·
ἀμφὶ δέ μιν ῥάκος ἄλλο κακὸν βάλεν ἠδὲ χιτῶνα,
ῥωγαλέα ῥυπόωντα, κακῷ μεμορυγμένα καπνῷ· 435
ἀμφὶ δέ μιν μέγα δέρμα ταχείης ἕσσ' ἐλάφοιο,
ψιλόν· δῶκε δέ οἱ σκῆπτρον καὶ ἀεικέα πήρην,
πυκνὰ ῥωγαλέην· ἐν δὲ στρόφος ἦεν ἀορτήρ.
τώ γ' ὣς βουλεύσαντε διέτμαγεν. ἡ μὲν ἔπειτα
ἐς Λακεδαίμονα δῖαν ἔβη μετὰ παῖδ' Ὀδυσῆος. 440

On his slow limbs, and the fair hair to fall, 540
And with an old man's wrinkles covered all
His frame, and dimmed his lately glorious eyes.
Another garb she gave,—a squalid vest;
A ragged, dirty cloak, all stained with smoke;
And over all the huge hide of a stag, 545
From which the hair was worn. A staff, beside,
She gave, and shabby scrip with many a rent,
Tied with a twisted thong. This said and done,
They parted; and the goddess flew to seek
Telemachus in Sparta's sacred town. 550

αὐτὰρ ὁ ἐκ λιμένος προσέβη τρηχεῖαν ἀταρπὸν
χῶρον ἀν' ὑλήεντα δι' ἄκριας, ᾗ οἱ Ἀθήνη
πέφραδε δῖον ὑφορβόν, ὅ οἱ βιότοιο μάλιστα
κήδετο οἰκήων, οὓς κτήσατο δῖος Ὀδυσσεύς.
τὸν δ' ἄρ' ἐνὶ προδόμῳ εὗρ' ἥμενον, ἔνθα οἱ αὐλὴ 5
ὑψηλὴ δέδμητο, περισκέπτῳ ἐνὶ χώρῳ,
καλή τε μεγάλη τε, περίδρομος: ἥν ῥα συβώτης
αὐτὸς δείμαθ' ὕεσσιν ἀποιχομένοιο ἄνακτος,
νόσφιν δεσποίνης καὶ Λαέρταο γέροντος,
ῥυτοῖσιν λάεσσι καὶ ἐθρίγκωσεν ἀχέρδῳ: 10
σταυροὺς δ' ἐκτὸς ἔλασσε διαμπερὲς ἔνθα καὶ ἔνθα,
πυκνοὺς καὶ θαμέας, τὸ μέλαν δρυὸς ἀμφικεάσσας:
ἔντοσθεν δ' αὐλῆς συφεοὺς δυοκαίδεκα ποίει
πλησίον ἀλλήλων, εὐνὰς συσίν: ἐν δὲ ἑκάστῳ
πεντήκοντα σύες χαμαιευνάδες ἐρχατόωντο, 15
θήλειαι τοκάδες: τοὶ δ' ἄρσενες ἐκτὸς ἴαυον,
πολλὸν παυρότεροι: τοὺς γὰρ μινύθεσκον ἔδοντες
ἀντίθεοι μνηστῆρες, ἐπεὶ προΐαλλε συβώτης
αἰεὶ ζατρεφέων σιάλων τὸν ἄριστον ἁπάντων:
οἱ δὲ τριηκόσιοί τε καὶ ἑξήκοντα πέλοντο. 20

BOOK XIV

Then from the haven up the rugged path
Ulysses went among the woody heights.
He sought the spot where Pallas bade him meet
The noble swineherd, who of all that served
The great Ulysses chiefly had in charge   5
To bring the day's supplies. He found him there
Seated beneath the portico, before
His airy lodge, that might be seen from far,
Well built and spacious, standing by itself.
Eumæus, while his lord was far away,   10
Had built it, though not bidden by the queen
Nor old Laertes, with the stones he drew
From quarries thither. Round it he had set
A hedge of thorns, encircling these with stakes
Close set and many, cloven from the heart   15
Of oak. Within that circuit he had made
Twelve sties, beside each other, for the swine
To lie in. Fifty wallowed in each sty,
All females; there they littered. But the males
Were fewer, and were kept without; and these   20
The suitor train made fewer every day,
Feeding upon them, for Eumæus sent
Always the best of all his fatling herd.
These numbered twice nine score. Beside them slept

πὰρ δὲ κύνες, θήρεσσιν ἐοικότες αἰὲν ἴαυον
τέσσαρες, οὓς ἔθρεψε συβώτης, ὄρχαμος ἀνδρῶν.
αὐτὸς δ' ἀμφὶ πόδεσσιν ἑοῖς ἀράρισκε πέδιλα,
τάμνων δέρμα βόειον εὔχροές· οἱ δὲ δὴ ἄλλοι
ᾤχοντ' ἄλλυδις ἄλλος ἅμ' ἀγρομένοισι σύεσσιν, 25
οἱ τρεῖς· τὸν δὲ τέταρτον ἀποπροέηκε πόλινδε
σῦν ἀγέμεν μνηστῆρσιν ὑπερφιάλοισιν ἀνάγκῃ,
ὄφρ' ἱερεύσαντες κρειῶν κορεσαίατο θυμόν.
ἐξαπίνης δ' Ὀδυσῆα ἴδον κύνες ὑλακόμωροι.
οἱ μὲν κεκλήγοντες ἐπέδραμον· αὐτὰρ Ὀδυσσεὺς 30
ἕζετο κερδοσύνῃ, σκῆπτρον δέ οἱ ἔκπεσε χειρός.
ἔνθα κεν ᾧ πὰρ σταθμῷ ἀεικέλιον πάθεν ἄλγος·
ἀλλὰ συβώτης ὦκα ποσὶ κραιπνοῖσι μετασπὼν
ἔσσυτ' ἀνὰ πρόθυρον, σκῦτος δέ οἱ ἔκπεσε χειρός.
τοὺς μὲν ὁμοκλήσας σεῦεν κύνας ἄλλυδις ἄλλον 35
πυκνῇσιν λιθάδεσσιν· ὁ δὲ προσέειπεν ἄνακτα·
  'ὦ γέρον, ἦ ὀλίγου σε κύνες διεδηλήσαντο
ἐξαπίνης, καί κέν μοι ἐλεγχείην κατέχευας.
καὶ δέ μοι ἄλλα θεοὶ δόσαν ἄλγεά τε στοναχάς τε·
ἀντιθέου γὰρ ἄνακτος ὀδυρόμενος καὶ ἀχεύων 40
ἧμαι, ἄλλοισιν δὲ σύας σιάλους ἀτιτάλλω
ἔδμεναι· αὐτὰρ κεῖνος ἐελδόμενός που ἐδωδῆς
πλάζετ' ἐπ' ἀλλοθρόων ἀνδρῶν δῆμόν τε πόλιν τε,
εἴ που ἔτι ζώει καὶ ὁρᾷ φάος ἠελίοιο.
ἀλλ' ἕπεο, κλισίηνδ' ἴομεν, γέρον, ὄφρα καὶ αὐτός, 45
σίτου καὶ οἴνοιο κορεσσάμενος κατὰ θυμόν,
εἴπῃς ὁππόθεν ἐσσὶ καὶ ὁππόσα κήδε' ἀνέτλης.'
  ὣς εἰπὼν κλισίηνδ' ἡγήσατο δῖος ὑφορβός,
εἷσεν δ' εἰσαγαγών, ῥῶπας δ' ὑπέχευε δασείας,
ἐστόρεσεν δ' ἐπὶ δέρμα ἰονθάδος ἀγρίου αἰγός, 50
αὐτοῦ ἐνεύναιον, μέγα καὶ δασύ. χαῖρε δ' Ὀδυσσεὺς
ὅττι μιν ὣς ὑπέδεκτο, ἔπος τ' ἔφατ' ἔκ τ' ὀνόμαζεν·
  'Ζεύς τοι δοίη, ξεῖνε, καὶ ἀθάνατοι θεοὶ ἄλλοι
ὅττι μάλιστ' ἐθέλεις, ὅτι με πρόφρων ὑπέδεξο.'
  τὸν δ' ἀπαμειβόμενος προσέφης, Εὔμαιε συβῶτα· 55
'ξεῖν', οὔ μοι θέμις ἔστ', οὐδ' εἰ κακίων σέθεν ἔλθοι,
ξεῖνον ἀτιμῆσαι· πρὸς γὰρ Διός εἰσιν ἅπαντες

Four mastiffs, which the master swineherd fed,   25
Savage as wolves. Eumæus to his feet
Was fitting sandals, which he carved and shaped
From a stained ox-hide, while the other hinds
Were gone on different errands,—three to drive
The herds of swine,—a fourth was sent to take   30
A fatling to the city, that the crew
Of arrogant suitors, having offered him
In sacrifice, might feast upon his flesh.
   The loud-mouthed dogs that saw Ulysses come
Ran toward him, fiercely baying. He sat down   35
At once, through caution, letting fall his staff
Upon the ground, and would have suffered there
Unseemly harm, within his own domain,
But then the swineherd, following with quick steps,
Rushed through the vestibule, and dropped the hide.   40
He chid the dogs and, pelting them with stones,
Drave them asunder, and addressed the king:—
   "O aged man, the mastiffs of the lodge
Had almost torn thee, and thou wouldst have cast
Bitter reproach upon me. Other griefs   45
And miseries the gods have made my lot.
Here sorrowfully sitting I lament
A godlike master, and for others tend
His fatling swine; while, haply hungering
For bread, he wanders among alien men   50
In other kingdoms, if indeed he lives
And looks upon the sun. But follow me,
And come into the house, that there, refreshed
With food and wine, old man, thou mayst declare
Whence thou dost come and what thou hast endured."   55
   So the good swineherd spake, and led the way
Into the lodge, and bade his guest sit down,
And laid thick rushes for his seat, and spread
On these a wild goat's shaggy hide to make
A soft and ample couch. Rejoiced to meet   60
So kind a welcome, thus Ulysses spake:—
   "May Jupiter and all the deathless gods
Bestow on thee, my host, in recompense
Of this kind welcome, all thy heart's desire!"
   And then, Eumæus, thou didst answer thus: 65
"My guest, it were not right to treat with scorn
A stranger, though he were of humbler sort

ξεῖνοί τε πτωχοί τε: δόσις δ' ὀλίγη τε φίλη τε
γίγνεται ἡμετέρη: ἡ γὰρ δμώων δίκη ἐστὶν
αἰεὶ δειδιότων, ὅτ' ἐπικρατέωσιν ἄνακτες 60
οἱ νέοι. ἦ γὰρ τοῦ γε θεοὶ κατὰ νόστον ἔδησαν,
ὅς κεν ἔμ' ἐνδυκέως ἐφίλει καὶ κτῆσιν ὄπασσεν,
οἶκόν τε κλῆρόν τε πολυμνήστην τε γυναῖκα,
οἷά τε ᾧ οἰκῆϊ ἄναξ εὔθυμος ἔδωκεν,
ὅς οἱ πολλὰ κάμῃσι, θεὸς δ' ἐπὶ ἔργον ἀέξῃ, 65
ὡς καὶ ἐμοὶ τόδε ἔργον ἀέξεται, ᾧ ἐπιμίμνω.
τῷ κέ με πόλλ' ὤνησεν ἄναξ, εἰ αὐτόθ' ἐγήρα:
ἀλλ' ὄλεθ'—ὡς ὤφελλ' Ἑλένης ἀπὸ φῦλον ὀλέσθαι
πρόχνυ, ἐπεὶ πολλῶν ἀνδρῶν ὑπὸ γούνατ' ἔλυσε:
καὶ γὰρ κεῖνος ἔβη Ἀγαμέμνονος εἵνεκα τιμῆς 70
Ἴλιον εἰς εὔπωλον, ἵνα Τρώεσσι μάχοιτο.'
    ὣς εἰπὼν ζωστῆρι θοῶς συνέεργε χιτῶνα,
βῆ δ' ἴμεν ἐς συφεούς, ὅθι ἔθνεα ἔρχατο χοίρων.
ἔνθεν ἑλὼν δύ' ἔνεικε καὶ ἀμφοτέρους ἱέρευσεν,
εὗσέ τε μίστυλλέν τε καὶ ἀμφ' ὀβελοῖσιν ἔπειρεν. 75
ὀπτήσας δ' ἄρα πάντα φέρων παρέθηκ' Ὀδυσῆϊ
θέρμ' αὐτοῖς ὀβελοῖσιν: ὁ δ' ἄλφιτα λευκὰ πάλυνεν:
ἐν δ' ἄρα κισσυβίῳ κίρνη μελιηδέα οἶνον,
αὐτὸς δ' ἀντίον ἷζεν, ἐποτρύνων δὲ προσηύδα:
    'ἔσθιε νῦν, ὦ ξεῖνε, τά τε δμώεσσι πάρεστι, 80
χοίρε': ἀτὰρ σιάλους γε σύας μνηστῆρες ἔδουσιν,
οὐκ ὄπιδα φρονέοντες ἐνὶ φρεσὶν οὐδ' ἐλεητύν.
οὐ μὲν σχέτλια ἔργα θεοὶ μάκαρες φιλέουσιν,
ἀλλὰ δίκην τίουσι καὶ αἴσιμα ἔργ' ἀνθρώπων.
καὶ μὲν δυσμενέες καὶ ἀνάρσιοι, οἵ τ' ἐπὶ γαίης 85
ἀλλοτρίης βῶσιν καὶ σφι Ζεὺς ληΐδα δώῃ,
πλησάμενοι δέ τε νῆας ἔβαν οἰκόνδε νέεσθαι,
καὶ μὲν τοῖς ὄπιδος κρατερὸν δέος ἐν φρεσὶ πίπτει.
οἵδε δὲ καί τι ἴσασι, θεοῦ δέ τιν' ἔκλυον αὐδήν,
κείνου λυγρὸν ὄλεθρον, ὅτ' οὐκ ἐθέλουσι δικαίως 90

Than thou, for strangers and the poor are sent
By Jove; our gifts are small, though gladly given,
As it must ever be with those who serve   70
Young masters, whom they fear. The gods themselves
Prevent, no doubt, the safe return of him
Who loved me much, and would ere this have given
What a kind lord is wont to give his hind,—
A house, a croft, the wife whom he has wooed,   75
Rewarding faithful services which God
Hath prospered, as he here hath prospered mine.
Thus would my master, had he here grown old,
Have recompensed my toils; but he is dead.
O that the house of Helen, for whose sake   80
So many fell, had perished utterly!
For he went forth at Agamemnon's call,
Honoring the summons, and on Ilium's coast,
Famed for its coursers, fought the sons of Troy."

  He spake, and girt his tunic round his loins,   85
And hastened to the sties in which the herds
Of swine were lying. Thence he took out two
And slaughtered them, and singed them, sliced the flesh,
And fixed it upon spits, and, when the whole
Was roasted, brought and placed it reeking hot,   90
Still on the spits and sprinkled with white meal,
Before Ulysses. Then he mingled wine
Of delicate flavors in a wooden bowl,
And opposite Ulysses sat him down,
And thus with kindly words bespake his guest:—   95

  "Feast, stranger, on these porkers. We who serve
May feed on them; it is the suitor train
That banquet on the fatted swine,—the men
Who neither fear heaven's anger nor are moved
By pity. The great gods are never pleased   100
With violent deeds; they honor equity
And justice. Even those who land as foes
And spoilers upon foreign shores, and bear
Away much plunder by the will of Jove,
Returning homeward with their laden barks,   105
Feel, brooding heavily upon their minds,
The fear of vengeance. But these suitors know—
For haply they have heard some god declare—
That he, the king, is dead; they neither make
Their suit with decency, nor will withdraw   110

μνᾶσθαι οὐδὲ νέεσθαι ἐπὶ σφέτερ', ἀλλὰ ἕκηλοι
κτήματα δαρδάπτουσιν ὑπέρβιον, οὐδ' ἔπι φειδώ.
ὅσσαι γὰρ νύκτες τε καὶ ἡμέραι ἐκ Διός εἰσιν,
οὔ ποθ' ἓν ἰρεύουσ' ἰερήϊον, οὐδὲ δύ' οἴω·
οἶνον δὲ φθινύθουσιν ὑπέρβιον ἐξαφύοντες. 95
ἦ γάρ οἱ ζωή γ' ἦν ἄσπετος· οὔ τινι τόσση
ἀνδρῶν ἡρώων, οὔτ' ἠπείροιο μελαίνης
οὔτ' αὐτῆς Ἰθάκης· οὐδὲ ξυνεείκοσι φωτῶν
ἔστ' ἄφενος τοσσοῦτον· ἐγὼ δέ κέ τοι καταλέξω.
δώδεκ' ἐν ἠπείρῳ ἀγέλαι· τόσα πώεα οἰῶν, 100
τόσσα συῶν συβόσια, τόσ' αἰπόλια πλατέ' αἰγῶν
βόσκουσι ξεῖνοί τε καὶ αὐτοῦ βώτορες ἄνδρες.
ἐνθάδε δ' αἰπόλια πλατέ' αἰγῶν ἕνδεκα πάντα
ἐσχατιῇ βόσκοντ', ἐπὶ δ' ἀνέρες ἐσθλοὶ ὄρονται.
τῶν αἰεί σφιν ἕκαστος ἐπ' ἤματι μῆλον ἀγινεῖ, 105
ζατρεφέων αἰγῶν ὅς τις φαίνηται ἄριστος.
αὐτὰρ ἐγὼ σῦς τάσδε φυλάσσω τε ῥύομαί τε,
καί σφι συῶν τὸν ἄριστον ἐῢ κρίνας ἀποπέμπω.'
  ὣς φάθ', ὁ δ' ἐνδυκέως κρέα τ' ἤσθιε πῖνέ τε οἶνον
ἁρπαλέως ἀκέων, κακὰ δὲ μνηστῆρσι φύτευεν. 110
αὐτὰρ ἐπεὶ δείπνησε καὶ ἤραρε θυμὸν ἐδωδῇ,
καί οἱ πλησάμενος δῶκε σκύφον, ᾧ περ ἔπινεν,
οἴνου ἐνίπλειον· ὁ δ' ἐδέξατο, χαῖρε δὲ θυμῷ,
καί μιν φωνήσας ἔπεα πτερόεντα προσηύδα·
  'ὦ φίλε, τίς γάρ σε πρίατο κτεάτεσσιν ἑοῖσιν, 115
ὧδε μάλ' ἀφνειὸς καὶ καρτερὸς ὡς ἀγορεύεις;
φῇς δ' αὐτὸν φθίσθαι Ἀγαμέμνονος εἵνεκα τιμῆς.
εἰπέ μοι, αἴ κέ ποθι γνώω τοιοῦτον ἐόντα.
Ζεὺς γάρ που τό γε οἶδε καὶ ἀθάνατοι θεοὶ ἄλλοι,
εἴ κέ μιν ἀγγείλαιμι ἰδών· ἐπὶ πολλὰ δ' ἀλήθην.' 120
  τὸν δ' ἠμείβετ' ἔπειτα συβώτης, ὄρχαμος ἀνδρῶν·
'ὦ γέρον, οὔ τις κεῖνον ἀνὴρ ἀλαλήμενος ἐλθὼν
ἀγγέλλων πείσειε γυναῖκά τε καὶ φίλον υἱόν,
ἀλλ' ἄλλως κομιδῆς κεχρημένοι ἄνδρες ἀλῆται

To their own homes, but at their ease devour
His substance with large waste, and never spare.
Of all the days and nights which Jupiter
Gives to mankind is none when they require
A single victim only, or but two,   115
For sacrifice, and lavishly they drain
His wine-jars. Once large revenues were his.
No hero on the dark-soiled continent
Nor in the isle of Ithaca possessed
Such wealth as he, nor even twenty men   120
Together. Hear me while I give the amount.
Twelve herds of kine that on the mainland graze
Are his, as many flocks of sheep, of swine
As many droves; as many flocks of goats
Are tended there by strangers, and by hinds,   125
His servants. Here moreover, in the fields
Beyond us, graze eleven numerous flocks
Of goats, attended by his trusty men,
Each one of whom brings daily home a goat,
The finest of the fatlings. I meantime   130
Am keeper of these swine, and from the drove
I choose and to the palace send the best."
   So spake the swineherd, while Ulysses ate
The flesh with eager appetite, and drank
The wine in silence, meditating woe   135
To all the suitors. When the meal was o'er,
And he was strengthened by the food, his host
Filled up with wine the cup from which he drank,
And gave it to Ulysses, who, well pleased,
Received it, and with winged words replied:—   140
   "What rich and mighty chief was he, my friend,
Of whom thou speakest, and who purchased thee?
Thou sayest that he died to swell the fame
Of Agamemnon. Tell his name, for I
Perchance know somewhat of him. Jupiter   145
And the great gods know whether I have seen
The man, and have some tidings for thy ear;
For I have wandered over many lands."
   And then again the noble swineherd spake:
"O aged man, no wanderer who should bring   150
News of Ulysses e'er would win his wife
And son to heed the tale. For roving men,
In need of hospitality, are prone

ψεύδοντ', οὐδ' ἐθέλουσιν ἀληθέα μυθήσασθαι. 125
ὃς δέ κ' ἀλητεύων Ἰθάκης ἐς δῆμον ἵκηται,
ἐλθὼν ἐς δέσποιναν ἐμὴν ἀπατήλια βάζει:
ἡ δ' εὖ δεξαμένη φιλέει καὶ ἕκαστα μεταλλᾷ,
καί οἱ ὀδυρομένῃ βλεφάρων ἄπο δάκρυα πίπτει,
ἣ θέμις ἐστὶ γυναικός, ἐπὴν πόσις ἄλλοθ' ὄληται. 130
αἶψά κε καὶ σύ, γεραιέ, ἔπος παρατεκτήναιο,
εἴ τίς τοι χλαῖνάν τε χιτῶνά τε εἵματα δοίη.
τοῦ δ' ἤδη μέλλουσι κύνες ταχέες τ' οἰωνοὶ
ῥινὸν ἀπ' ὀστεόφιν ἐρύσαι, ψυχὴ δὲ λέλοιπεν:
ἢ τόν γ' ἐν πόντῳ φάγον ἰχθύες, ὀστέα δ' αὐτοῦ 135
κεῖται ἐπ' ἠπείρου ψαμάθῳ εἰλυμένα πολλῇ.
ὣς ὁ μὲν ἔνθ' ἀπόλωλε, φίλοισι δὲ κήδε' ὀπίσσω
πᾶσιν, ἐμοὶ δὲ μάλιστα, τετεύχαται: οὐ γὰρ ἔτ' ἄλλον
ἤπιον ὧδε ἄνακτα κιχήσομαι, ὁππόσ' ἐπέλθω,
οὐδ' εἴ κεν πατρὸς καὶ μητέρος αὖτις ἵκωμαι 140
οἶκον, ὅθι πρῶτον γενόμην καί μ' ἔτρεφον αὐτοί.
οὐδέ νυ τῶν ἔτι τόσσον ὀδύρομαι, ἱέμενός περ
ὀφθαλμοῖσιν ἰδέσθαι ἐὼν ἐν πατρίδι γαίῃ:
ἀλλά μ' Ὀδυσσῆος πόθος αἴνυται οἰχομένοιο.
τὸν μὲν ἐγών, ὦ ξεῖνε, καὶ οὐ παρεόντ' ὀνομάζειν 145
αἰδέομαι: περὶ γάρ μ' ἐφίλει καὶ κήδετο θυμῷ:
ἀλλά μιν ἠθεῖον καλέω καὶ νόσφιν ἐόντα.'
   τὸν δ' αὖτε προσέειπε πολύτλας δῖος Ὀδυσσεύς:
'ὦ φίλ', ἐπειδὴ πάμπαν ἀναίνεαι, οὐδ' ἔτι φῇσθα
κεῖνον ἐλεύσεσθαι, θυμὸς δέ τοι αἰὲν ἄπιστος: 150
ἀλλ' ἐγὼ οὐκ αὔτως μυθήσομαι, ἀλλὰ σὺν ὅρκῳ,
ὡς νεῖται Ὀδυσεύς: εὐαγγέλιον δέ μοι ἔστω
αὐτίκ', ἐπεί κεν κεῖνος ἰὼν τὰ ἃ δώμαθ' ἵκηται:
ἕσσαι με χλαῖνάν τε χιτῶνά τε, εἵματα καλά:
πρὶν δέ κε, καὶ μάλα περ κεχρημένος, οὔ τι δεχοίμην. 155
ἐχθρὸς γάρ μοι κεῖνος ὁμῶς Ἀΐδαο πύλῃσι
γίγνεται, ὃς πενίῃ εἴκων ἀπατήλια βάζει.
ἴστω νῦν Ζεὺς πρῶτα θεῶν, ξενίη τε τράπεζα,

To falsehood, and will never speak the truth.
The vagabond who comes to Ithaca
Goes straightway to my mistress with his lies.
Kindly she welcomes him, and cherishes
And questions him, while tears abundantly
Fall from her lids,—such tears as women shed
Whose lords have perished in a distant land.
Thou too, old man, perchance, couldst readily
Frame a like fable, if some one would give
A change of raiment for thy news,—a cloak
And tunic. But the dogs and fowls of air
Have doubtless fed upon the frame from which
The life has passed, and torn from off his bones
The skin, or fishes of the deep have preyed
Upon it, and his bones upon the shore
Lie whelmed in sand. So is he lost to us,
And sorrow is the lot of all his friends,
Mine most of all; for nowhere shall I find
So kind a master, though I were to come
Into my father's and my mother's house,
Where I was born and reared. Nor do I pine
So much to look on them with my own eyes,
And in my place of birth, as I lament
Ulysses lost. Though he be far away,
Yet must I ever speak, O stranger guest,
His name with reverence, for exceedingly
He loved me and most kindly cared for me;
And though he is to be with us no more,
I hold him as an elder brother still."

    Ulysses, the great sufferer, thus replied:
"Since then, my friend, thou dost not say nor think
That he will come again, nor wilt believe
My words, I now repeat, but with an oath,
Ulysses will return. Let this reward
Be given for my good news: the very hour
When he once more is in his house, bestow
On me a comely change of raiment,—cloak
And tunic,—nor will I accept the gift,
Though great my need, until he comes again.
For as the gates of hell do I detest
The man who, tempted by his poverty,
Deceives with lying words. Now Jupiter
Bear witness, and this hospitable board

ἱστίη τ' Ὀδυσῆος ἀμύμονος, ἣν ἀφικάνω·
ἦ μέν τοι τάδε πάντα τελείεται ὡς ἀγορεύω. 160
τοῦδ' αὐτοῦ λυκάβαντος ἐλεύσεται ἐνθάδ' Ὀδυσσεύς.
τοῦ μὲν φθίνοντος μηνός, τοῦ δ' ἱσταμένοιο,
οἴκαδε νοστήσει, καὶ τίσεται ὅς τις ἐκείνου
ἐνθάδ' ἀτιμάζει ἄλοχον καὶ φαίδιμον υἱόν.'
  τὸν δ' ἀπαμειβόμενος προσέφης, Εὔμαιε συβῶτα· 165
'ὦ γέρον, οὔτ' ἄρ' ἐγὼν εὐαγγέλιον τόδε τίσω,
οὔτ' Ὀδυσεὺς ἔτι οἶκον ἐλεύσεται· ἀλλὰ ἕκηλος
πῖνε, καὶ ἄλλα παρὲξ μεμνώμεθα, μηδέ με τούτων
μίμνησκ'· ἦ γὰρ θυμὸς ἐνὶ στήθεσσιν ἐμοῖσιν
ἄχνυται, ὁππότε τις μνήσῃ κεδνοῖο ἄνακτος. 170
ἀλλ' ἦ τοι ὅρκον μὲν ἐάσομεν, αὐτὰρ Ὀδυσσεὺς
ἔλθοι ὅπως μιν ἐγώ γ' ἐθέλω καὶ Πηνελόπεια
Λαέρτης θ' ὁ γέρων καὶ Τηλέμαχος θεοειδής.
νῦν αὖ παιδὸς ἄλαστον ὀδύρομαι, ὃν τέκ' Ὀδυσσεύς,
Τηλεμάχου· τὸν ἐπεὶ θρέψαν θεοὶ ἔρνεϊ ἶσον, 175
καί μιν ἔφην ἔσσεσθαι ἐν ἀνδράσιν οὔ τι χέρηα
πατρὸς ἑοῖο φίλοιο, δέμας καὶ εἶδος ἀγητόν,
τὸν δέ τις ἀθανάτων βλάψε φρένας ἔνδον ἐΐσας
ἠέ τις ἀνθρώπων· ὁ δ' ἔβη μετὰ πατρὸς ἀκουὴν
ἐς Πύλον ἠγαθέην· τὸν δὲ μνηστῆρες ἀγαυοὶ 180
οἴκαδ' ἰόντα λοχῶσιν, ὅπως ἀπὸ φῦλον ὄληται
νώνυμον ἐξ Ἰθάκης Ἀρκεισίου ἀντιθέοιο.
ἀλλ' ἦ τοι κεῖνον μὲν ἐάσομεν, ἤ κεν ἁλώῃ
ἦ κε φύγῃ καί κέν οἱ ὑπέρσχῃ χεῖρα Κρονίων.
ἀλλ' ἄγε μοι σύ, γεραιέ, τὰ σ' αὐτοῦ κήδε' ἐνίσπες 185
καί μοι τοῦτ' ἀγόρευσον ἐτήτυμον, ὄφρ' ἐῢ εἰδῶ·
τίς πόθεν εἰς ἀνδρῶν; πόθι τοι πόλις ἠδὲ τοκῆες;
ὁπποίης τ' ἐπὶ νηὸς ἀφίκεο· πῶς δέ σε ναῦται
ἤγαγον εἰς Ἰθάκην; τίνες ἔμμεναι εὐχετόωντο;
οὐ μὲν γάρ τί σε πεζὸν ὀΐομαι ἐνθάδ' ἱκέσθαι.' 190

And hearth of good Ulysses where I sit,
That all which I foretell will come to pass.
This very year Ulysses will return.
He, when this month goes out, and as the next   200
Is entering, will be here in his domain,
To be avenged on those, whoe'er they be,
That dare insult his wife and noble son."
    And then, Eumæus, thou didst answer thus:
"Old man, I shall not give thee that reward,   205
For never will Ulysses come again
To his own palace. Drink thy wine in peace,
And let us give our thoughts to other things.
Remind me not of this again; my heart
Grows heavy in my bosom when I hear   210
My honored master named. But leave the oath
Unsworn, and may Ulysses come, as we
Earnestly wish,—I and Penelope,
And old Laertes, and the godlike youth
Telemachus. And then, again, I bear   215
Perpetual sorrow for Telemachus,
My master's son, to whom the gods had given
A generous growth like that of some young plant,
And who, I hoped, would prove no less in worth
Than his own father, and of eminent gifts   220
In form and mind. Some god, perchance some man,
Hath caused that mind to lose its equal poise,
And he is gone to Pylos the divine
For tidings of his father. Meanwhile here
The arrogant suitors plan to lie in wait   225
For him as he returns, that utterly
The stock of great Arcesius from our isle
May perish, and its name be heard no more.
Speak we no more of him, be it his fate
To fall or flee; but O, may Saturn's son   230
Protect him with his arm! And now, old man,
Relate, I pray, thy fortunes; tell me true,
That I may know who thou mayst be, and whence
Thou camest, where thy city lies, and who
Thy parents were, what galley landed thee   235
Upon our coast, and how the mariners
Brought thee to Ithaca, and of what race
They claim to be; for I may well suppose
Thou hast not come to Ithaca on foot."

τὸν δ' ἀπαμειβόμενος προσέφη πολύμητις Ὀδυσσεύς
'τοιγὰρ ἐγώ τοι ταῦτα μάλ' ἀτρεκέως ἀγορεύσω.
εἴη μὲν νῦν νῶϊν ἐπὶ χρόνον ἠμὲν ἐδωδὴ
ἠδὲ μέθυ γλυκερὸν κλισίης ἔντοσθεν ἐοῦσι,
δαίνυσθαι ἀκέοντ', ἄλλοι δ' ἐπὶ ἔργον ἕποιεν: 195
ῥηϊδίως κεν ἔπειτα καὶ εἰς ἐνιαυτὸν ἅπαντα
οὔ τι διαπρήξαιμι λέγων ἐμὰ κήδεα θυμοῦ,
ὅσσα γε δὴ ξύμπαντα θεῶν ἰότητι μόγησα.
ἐκ μὲν Κρητάων γένος εὔχομαι εὐρειάων,
ἀνέρος ἀφνειοῖο πάϊς: πολλοὶ δὲ καὶ ἄλλοι 200
υἱέες ἐν μεγάρῳ ἠμὲν τράφεν ἠδ' ἐγένοντο
γνήσιοι ἐξ ἀλόχου: ἐμὲ δ' ὠνητὴ τέκε μήτηρ
παλλακίς, ἀλλά με ἶσον ἰθαιγενέεσσιν ἐτίμα
Κάστωρ Ὑλακίδης, τοῦ ἐγὼ γένος εὔχομαι εἶναι
ὃς τότ' ἐνὶ Κρήτεσσι θεὸς ὣς τίετο δήμῳ 205
ὄλβῳ τε πλούτῳ τε καὶ υἱάσι κυδαλίμοισιν.
ἀλλ' ἤ τοι τὸν κῆρες ἔβαν θανάτοιο φέρουσαι
εἰς Ἀΐδαο δόμους: τοὶ δὲ ζωὴν ἐδύσαντο
παῖδες ὑπέρθυμοι καὶ ἐπὶ κλήρους ἐβάλοντο,
αὐτὰρ ἐμοὶ μάλα παῦρα δόσαν καὶ οἰκί' ἔνειμαν. 210
ἠγαγόμην δὲ γυναῖκα πολυκλήρων ἀνθρώπων
εἵνεκ' ἐμῆς ἀρετῆς, ἐπεὶ οὐκ ἀποφώλιος ἦα
οὐδὲ φυγοπτόλεμος: νῦν δ' ἤδη πάντα λέλοιπεν
ἀλλ' ἔμπης καλάμην γέ σ' ὀΐομαι εἰσορόωντα
γιγνώσκειν: ἦ γάρ με δύη ἔχει ἤλιθα πολλή. 215
ἦ μὲν δὴ θάρσος μοι Ἄρης τ' ἔδοσαν καὶ Ἀθήνη
καὶ ῥηξηνορίην: ὁπότε κρίνοιμι λόχονδε
ἄνδρας ἀριστῆας, κακὰ δυσμενέεσσι φυτεύων,
οὔ ποτέ μοι θάνατον προτιόσσετο θυμὸς ἀγήνωρ,
ἀλλὰ πολὺ πρώτιστος ἐπάλμενος ἔγχει ἔλεσκον 220
ἀνδρῶν δυσμενέων ὅ τέ μοι εἴξειε πόδεσσιν.
τοῖος ἔα ἐν πολέμῳ: ἔργον δέ μοι οὐ φίλον ἔσκεν
οὐδ' οἰκωφελίη, ἥ τε τρέφει ἀγλαὰ τέκνα,
ἀλλά μοι αἰεὶ νῆες ἐπήρετμοι φίλαι ἦσαν
καὶ πόλεμοι καὶ ἄκοντες ἐΰξεστοι καὶ ὀϊστοί, 225
λυγρά, τά τ' ἄλλοισίν γε καταριγηλὰ πέλονται.

Ulysses, the sagacious, answered him: 240
"I will tell all and truly. Yet if here
Were store of food, and wine for many days,
And we might feast at ease within thy lodge
While other labored, I should hardly end
In a whole year the history of the woes 245
Which I have borne, and of the many toils
Which it hath pleased the gods to lay on me.
 "It is my boast that I am of the race
Who dwell in spacious Crete, a rich man's son,
Within whose palace many other sons 250
Were born and reared, the offspring of his wife;
But me a purchased mother whom he made
His concubine brought forth to him. And yet
Castor Hylacides, from whom I sprang,
Held me in equal favor with the rest; 255
And he himself was honored like a god
Among the Cretan people, for his wealth
And for his prosperous life and gallant sons.
But fate and death o'ertook and bore him down
To Pluto's realm, and his magnanimous sons 260
Divided his large riches, casting lots.
Small was the portion they assigned to me;
They gave a dwelling, but my valor won
A bride, the daughter of a wealthy house,—
Tor I was not an idler, nor in war 265
A coward; but all that is with the past,
And thou, who seest the stubble now, mayst guess
What was the harvest, ere calamities
Had come so thick upon me. Once did Mars
And Pallas lend me courage, and the power 270
To break through ranks of armed men. Whene'er
I formed an ambush of the bravest chiefs,
And planned destruction to the enemy,
My noble spirit never set the fear
Of death before me; I was ever first 275
To spring upon the foes, and with my spear
To smite them as they turned their steps to flee.
Such was I once in war; to till the fields
I never liked, nor yet the household cares
By which illustrious sons are reared. I loved 280
Ships well appointed, combats, polished spears
And arrows. Things that others hold in dread

αὐτὰρ ἐμοὶ τὰ φίλ' ἔσκε τά που θεὸς ἐν φρεσὶ θῆκεν·
ἄλλος γάρ τ' ἄλλοισιν ἀνὴρ ἐπιτέρπεται ἔργοις.
πρὶν μὲν γὰρ Τροίης ἐπιβήμεναι υἷας Ἀχαιῶν
εἰνάκις ἀνδράσιν ἦρξα καὶ ὠκυπόροισι νέεσσιν 230
ἄνδρας ἐς ἀλλοδαπούς, καί μοι μάλα τύγχανε πολλά.
τῶν ἐξαιρεύμην μενοεικέα, πολλὰ δ' ὀπίσσω
λάγχανον· αἶψα δὲ οἶκος ὀφέλλετο, καί ῥα ἔπειτα
δεινός τ' αἰδοῖός τε μετὰ Κρήτεσσι τετύγμην.
ἀλλ' ὅτε δὴ τήν γε στυγερὴν ὁδὸν εὐρύοπα Ζεὺς 235
ἐφράσαθ', ἣ πολλῶν ἀνδρῶν ὑπὸ γούνατ' ἔλυσε,
δὴ τότ' ἔμ' ἤνωγον καὶ ἀγακλυτὸν Ἰδομενῆα
νήεσσ' ἡγήσασθαι ἐς Ἴλιον· οὐδέ τι μῆχος
ἦεν ἀνήνασθαι, χαλεπὴ δ' ἔχε δήμου φῆμις.
ἔνθα μὲν εἰνάετες πολεμίζομεν υἷες Ἀχαιῶν, 240
τῷ δεκάτῳ δὲ πόλιν Πριάμου πέρσαντες ἔβημεν
οἴκαδε σὺν νήεσσι, θεὸς δ' ἐκέδασσεν Ἀχαιούς.
αὐτὰρ ἐμοὶ δειλῷ κακὰ μήδετο μητίετα Ζεύς·
μῆνα γὰρ οἶον ἔμεινα τεταρπόμενος τεκέεσσιν
κουριδίῃ τ' ἀλόχῳ καὶ κτήμασιν· αὐτὰρ ἔπειτα 245
Αἴγυπτόνδε με θυμὸς ἀνώγει ναυτίλλεσθαι,
νῆας ἐῢ στείλαντα σὺν ἀντιθέοις ἑτάροισιν.
ἐννέα νῆας στεῖλα, θοῶς δ' ἐσαγείρατο λαός.
ἑξῆμαρ μὲν ἔπειτα ἐμοὶ ἐρίηρες ἑταῖροι
δαίνυντ'· αὐτὰρ ἐγὼν ἱερήϊα πολλὰ παρεῖχον 250
θεοῖσίν τε ῥέζειν αὐτοῖσί τε δαῖτα πένεσθαι.
ἑβδομάτῃ δ' ἀναβάντες ἀπὸ Κρήτης εὐρείης
ἐπλέομεν Βορέῃ ἀνέμῳ ἀκραέϊ καλῷ
ῥηϊδίως, ὡς εἴ τε κατὰ ῥόον· οὐδέ τις οὖν μοι
νηῶν πημάνθη, ἀλλ' ἀσκηθέες καὶ ἄνουσοι 255
ἥμεθα, τὰς δ' ἄνεμός τε κυβερνῆταί τ' ἴθυνον.
πεμπταῖοι δ' Αἴγυπτον ἐϋρρείτην ἱκόμεσθα,
στῆσα δ' ἐν Αἰγύπτῳ ποταμῷ νέας ἀμφιελίσσας.
ἔνθ' ἦ τοι μὲν ἐγὼ κελόμην ἐρίηρας ἑταίρους
αὐτοῦ πὰρ νήεσσι μένειν καὶ νῆας ἔρυσθαι, 260
ὀπτῆρας δὲ κατὰ σκοπιὰς ὤτρυνα νέεσθαι·
οἱ δ' ὕβρει εἴξαντες, ἐπισπόμενοι μένεϊ σφῷ,
αἶψα μάλ' Αἰγυπτίων ἀνδρῶν περικαλλέας ἀγροὺς
πόρθεον, ἐκ δὲ γυναῖκας ἄγον καὶ νήπια τέκνα,

Were my delight; some god inclined to them
My mind,—so true it is that different men
Rejoice in different labors. Ere the sons   285
Of Greece embarked for Troy, I served in war
Nine times as leader against foreign foes,
With troops and galleys under me, and then
I prospered; from the mass of spoil I chose
The things that pleased me, and obtained by lot   290
Still other treasures. Thus my household grew
In riches, and I was revered and great
Among the Cretans. When all-seeing Jove
Decreed the unhappy voyage to the coast
Of Troy, they made the great Idomeneus   295
And me commanders of the fleet. No power
Had we—the public clamor was so fierce—
To put the charge aside. Nine years we warred,—
We sons of Greece,—and in the tenth laid waste
The city of Priam, and embarked for home.   300
Our fleets were scattered by the gods. For me
Did all-disposing Jupiter ordain
A wretched lot. But one short month I dwelt
Happy among my children, with the wife
Wedded to me in youth, and my large wealth.   305
And then I planned a voyage to the coast
Of Egypt, with a gallant fleet, and men
Of godlike valor. I equipped nine ships,
And quickly came the people to embark.
Six days on shore my comrades banqueted,   310
And many a victim for the sacrifice
And for the feast I gave; the seventh we sailed
From Crete's broad isle before a favoring wind
That blew from the clear north, and easily
We floated on as down a stream. No ship   315
Was harmed upon its way; in health and ease
We sat, the wind and helmsmen guiding us,
And came upon the fifth day to the land
Of Egypt, watered by its noble streams.
I bade my comrades keep beside our ships   320
Upon the strand, and watch them well. I placed
Sentries upon the heights. Yet confident
In their own strength, and rashly giving way
To greed, my comrades ravaged the fair fields
Of the Egyptians, slew them, and bore off   325

αὐτούς τ' ἔκτεινον: τάχα δ' ἐς πόλιν ἵκετ' ἀϋτή. 265
οἱ δὲ βοῆς ἀΐοντες ἅμ' ἠοῖ φαινομένηφιν
ἦλθον: πλῆτο δὲ πᾶν πεδίον πεζῶν τε καὶ ἵππων
χαλκοῦ τε στεροπῆς: ἐν δὲ Ζεὺς τερπικέραυνος
φύζαν ἐμοῖς ἑτάροισι κακὴν βάλεν, οὐδέ τις ἔτλη
μεῖναι ἐναντίβιον: περὶ γὰρ κακὰ πάντοθεν ἔστη. 270
ἔνθ' ἡμέων πολλοὺς μὲν ἀπέκτανον ὀξέϊ χαλκῷ,
τοὺς δ' ἄναγον ζωούς, σφίσιν ἐργάζεσθαι ἀνάγκῃ.
αὐτὰρ ἐμοὶ Ζεὺς αὐτὸς ἐνὶ φρεσὶν ὧδε νόημα
ποίησ'—ὡς ὄφελον θανέειν καὶ πότμον ἐπισπεῖν
αὐτοῦ ἐν Αἰγύπτῳ: ἔτι γάρ νύ με πῆμ' ὑπέδεκτο— 275
αὐτίκ' ἀπὸ κρατὸς κυνέην εὔτυκτον ἔθηκα
καὶ σάκος ὤμοιϊν, δόρυ δ' ἔκβαλον ἔκτοσε χειρός:
αὐτὰρ ἐγὼ βασιλῆος ἐναντίον ἤλυθον ἵππων
καὶ κύσα γούναθ' ἑλών: ὁδ' ἐρύσατο καί μ' ἐλέησεν,
ἐς δίφρον δέ μ' ἔσας ἆγεν οἴκαδε δάκρυ χέοντα. 280
ἦ μέν μοι μάλα πολλοὶ ἐπήϊσσον μελίῃσιν,
ἱέμενοι κτεῖναι—δὴ γὰρ κεχολώατο λίην—
ἀλλ' ἀπὸ κεῖνος ἔρυκε, Διὸς δ' ὠπίζετο μῆνιν
ξεινίου, ὅς τε μάλιστα νεμεσσᾶται κακὰ ἔργα.
  ἔνθα μὲν ἑπτάετες μένον αὐτόθι, πολλὰ δ' ἄγειρα 285
χρήματ' ἀν' Αἰγυπτίους ἄνδρας: δίδοσαν γὰρ ἅπαντες.
ἀλλ' ὅτε δὴ ὄγδοόν μοι ἐπιπλόμενον ἔτος ἦλθεν,
δὴ τότε Φοῖνιξ ἦλθεν ἀνὴρ ἀπατήλια εἰδώς,
τρώκτης, ὃς δὴ πολλὰ κάκ' ἀνθρώποισιν ἐώργει:
ὅς μ' ἄγε παρπεπιθὼν ᾗσι φρεσίν, ὄφρ' ἱκόμεσθα 290
Φοινίκην, ὅθι τοῦ γε δόμοι καὶ κτήματ' ἔκειτο.
ἔνθα παρ' αὐτῷ μεῖνα τελεσφόρον εἰς ἐνιαυτόν.
ἀλλ' ὅτε δὴ μῆνές τε καὶ ἡμέραι ἐξετελεῦντο
ἂψ περιτελλομένου ἔτεος καὶ ἐπήλυθον ὧραι,
ἐς Λιβύην μ' ἐπὶ νηὸς ἐέσσατο ποντοπόροιο 295
ψεύδεα βουλεύσας, ἵνα οἱ σὺν φόρτον ἄγοιμι,
κεῖθι δέ μ' ὡς περάσειε καὶ ἄσπετον ὦνον ἕλοιτο.
τῷ ἑπόμην ἐπὶ νηός, ὀϊόμενός περ, ἀνάγκῃ.
ἡ δ' ἔθεεν Βορέῃ ἀνέμῳ ἀκραέϊ καλῷ,
μέσσον ὑπὲρ Κρήτης: Ζεὺς δέ σφισι μήδετ' ὄλεθρον. 300
ἀλλ' ὅτε δὴ Κρήτην μὲν ἐλείπομεν, οὐδέ τις ἄλλη

Their wives and little ones. The rumor reached
The city soon; the people heard the alarm
And came together. With the early morn
All the great plain was thronged with horse and foot,
And gleamed with brass; while Jove, the Thunderer, sent   330
A deadly fear into our ranks, where none
Dared face the foe. On every side was death.
The Egyptians hewed down many with the sword,
And some they led away alive to toil
For them in slavery. To my mind there came   335
A thought, inspired by Jove; yet I could wish
That I had met my fate, and perished there
In Egypt, such have been my sorrows since.
I took the well-wrought helmet from my head,
And from my shoulders dropped the shield, and flung   340
The javelin from my hand, and went to meet
The monarch in his chariot, clasped his knees
And kissed them. He was moved to pity me,
And spared me. In his car he seated me,
And bore me weeping home. Though many rushed   345
At me with ashen spears, to thrust me through,—
For furious was their anger,—he forbade.
He feared the wrath of Jove, the stranger's friend
And foe of wrong. Seven years I dwelt among
The Egyptians, and I gathered in their land   350
Large wealth, for all were liberal of their gifts.
But with the eighth revolving year there came
A shrewd Phœnician, deep in guile, whose craft
Had wrought much wrong to many. With smooth words
This man persuaded me to go with him   355
Into Phœnicia, where his dwelling lay
And his possessions. With him I abode
For one whole year; and when its months and days
Were ended, and another year began,
He put me in a ship to cross the sea   360
To Lybia. He had framed a treacherous plot,
By making half the vessel's cargo mine,
To lure me thither, and to sell me there
For a large price. I went on board constrained,
But with misgivings. Under a clear sky,   365
With favoring breezes from the north, we ran
O'er the mid sea, beyond the isle of Crete.
When we had left the isle, and saw no land

φαίνετο γαιάων, ἀλλ' οὐρανὸς ἠδὲ θάλασσα,
δὴ τότε κυανέην νεφέλην ἔστησε Κρονίων
νηὸς ὕπερ γλαφυρῆς, ἤχλυσε δὲ πόντος ὑπ' αὐτῆς.
Ζεὺς δ' ἄμυδις βρόντησε καὶ ἔμβαλε νηῒ κεραυνόν· 305
ἡ δ' ἐλελίχθη πᾶσα Διὸς πληγεῖσα κεραυνῷ,
ἐν δὲ θεείου πλῆτο· πέσον δ' ἐκ νηὸς ἅπαντες.
οἱ δὲ κορώνῃσιν ἴκελοι περὶ νῆα μέλαιναν
κύμασιν ἐμφορέοντο· θεὸς δ' ἀποαίνυτο νόστον.
αὐτὰρ ἐμοὶ Ζεὺς αὐτός, ἔχοντί περ ἄλγεα θυμῷ, 310
ἱστὸν ἀμαιμάκετον νηὸς κυανοπρῴροιο
ἐν χείρεσσιν ἔθηκεν, ὅπως ἔτι πῆμα φύγοιμι.
τῷ ῥα περιπλεχθεὶς φερόμην ὀλοοῖς ἀνέμοισιν.
ἐννῆμαρ φερόμην, δεκάτῃ δέ με νυκτὶ μελαίνῃ
γαίῃ Θεσπρωτῶν πέλασεν μέγα κῦμα κυλίνδον. 315
ἔνθα με Θεσπρωτῶν βασιλεὺς ἐκομίσσατο Φείδων
ἥρως ἀπριάτην· τοῦ γὰρ φίλος υἱὸς ἐπελθὼν
αἴθρῳ καὶ καμάτῳ δεδμημένον ἦγεν ἐς οἶκον,
χειρὸς ἀναστήσας, ὄφρ' ἵκετο δώματα πατρός·
ἀμφὶ δέ με χλαῖνάν τε χιτῶνά τε εἵματα ἕσσεν. 320
ἔνθ' Ὀδυσῆος ἐγὼ πυθόμην· κεῖνος γὰρ ἔφασκε
ξεινίσαι ἠδὲ φιλῆσαι ἰόντ' ἐς πατρίδα γαῖαν,
καί μοι κτήματ' ἔδειξεν ὅσα ξυναγείρατ' Ὀδυσσεύς,
χαλκόν τε χρυσόν τε πολύκμητόν τε σίδηρον.
καί νύ ἐς δεκάτην γενεὴν ἕτερόν γ' ἔτι βόσκοι· 325
τόσσα οἱ ἐν μεγάροις κειμήλια κεῖτο ἄνακτος.
τὸν δ' ἐς Δωδώνην φάτο βήμεναι, ὄφρα θεοῖο
ἐκ δρυὸς ὑψικόμοιο Διὸς βουλὴν ἐπακοῦσαι,
ὅππως νοστήσει' Ἰθάκης ἐς πίονα δῆμον
ἤδη δὴν ἀπεών, ἢ ἀμφαδὸν ἦε κρυφηδόν. 330
ὤμοσε δὲ πρὸς ἔμ' αὐτόν, ἀποσπένδων ἐνὶ οἴκῳ,
νῆα κατειρύσθαι καὶ ἐπαρτέας ἔμμεν ἑταίρους,
οἵ δή μιν πέμψουσι φίλην ἐς πατρίδα γαῖαν.
ἀλλ' ἐμὲ πρὶν ἀπέπεμψε· τύχησε γὰρ ἐρχομένη νηῦς
ἀνδρῶν Θεσπρωτῶν ἐς Δουλίχιον πολύπυρον. 335

But only sky and sea, Saturnius bade
A black cloud gather o'er our roomy ship.   370
The sea grew dark below. On high the God
Thundered again and yet again, and sent
A bolt into our ship, which, as it felt
The lightning, reeled and shuddered, and was filled
With sulphur-smoke. The seamen from the deck   375
Fell headlong, and were tossed upon the waves
Like seamews round our galley, which the God
Forbade them to regain. But Jupiter
Gave to my hands, bewildered as I was,
Our dark-prowed galley's mast, unbroken yet,   380
That by its aid I might escape. I wound
My arms around it, and the raging winds
Swept me along. Nine days they bore me on,
And on the tenth dark night a mighty surge
Drifted me, as it rolled, upon the coast   385
Of the Thesprotians. There the hero-king
Of the Thesprotians freely sheltered me
And fed me; for his well-beloved son
Had found me overcome with cold and toil,
And took me by the hand and raised me up,   390
And led me to his father's house, and gave
Seemly attire, a tunic and a cloak.
   "There heard I of Ulysses. Pheidon told
How he received him as a guest and friend,
When on his homeward voyage. Then he showed   395
The wealth Ulysses gathered, brass and gold,
And steel divinely wrought. That store might serve
To feed, until ten generations pass,
Another household. But the chief himself,
So Pheidon said, was at Dodona then;   400
For he had gone to hear from the tall oak
Of Jupiter the counsel of the God,
Whether to land in opulent Ithaca,
After long years of absence, openly
Or in disguise. The monarch took an oath   405
In his own palace, pouring to the gods
Their wine, that even then the ship was launched,
And the crew ready to attend him home.
But me he first dismissed. There was a ship
Of the Thesprotians just about to make   410
A voyage to Dulichium, rich in fields

ἔνθ' ὅ γέ μ' ἠνώγει πέμψαι βασιλῆϊ Ἀκάστῳ
ἐνδυκέως: τοῖσιν δὲ κακὴ φρεσὶν ἥνδανε βουλὴ
ἀμφ' ἐμοί, ὄφρ' ἔτι πάγχυ δύης ἐπὶ πῆμα γενοίμην.
ἀλλ' ὅτε γαίης πολλὸν ἀπέπλω ποντοπόρος νηῦς,
αὐτίκα δούλιον ἦμαρ ἐμοὶ περιμηχανόωντο. 340
ἐκ μέν με χλαῖνάν τε χιτῶνά τε εἵματ' ἔδυσαν,
ἀμφὶ δέ μοι ῥάκος ἄλλο κακὸν βάλον ἠδὲ χιτῶνα,
ῥωγαλέα, τὰ καὶ αὐτὸς ἐν ὀφθαλμοῖσιν ὅρηαι:
ἑσπέριοι δ' Ἰθάκης εὐδειέλου ἔργ' ἀφίκοντο.
ἔνθ' ἐμὲ μὲν κατέδησαν ἐϋσσέλμῳ ἐνὶ νηῒ 345
ὅπλῳ ἐϋστρεφέϊ στερεῶς, αὐτοὶ δ' ἀποβάντες
ἐσσυμένως παρὰ θῖνα θαλάσσης δόρπον ἕλοντο.
αὐτὰρ ἐμοὶ δεσμὸν μὲν ἀνέγναμψαν θεοὶ αὐτοὶ
ῥηϊδίως: κεφαλῇ δὲ κατὰ ῥάκος ἀμφικαλύψας,
ξεστὸν ἐφόλκαιον καταβὰς ἐπέλασσα θαλάσσῃ 350
στήθος, ἔπειτα δὲ χερσὶ διήρεσσ' ἀμφοτέρῃσι
νηχόμενος, μάλα δ' ὦκα θύρηθ' ἔα ἀμφὶς ἐκείνων.
ἔνθ' ἀναβάς, ὅθι τε δρίος ἦν πολυανθέος ὕλης,
κείμην πεπτηώς. οἱ δὲ μεγάλα στενάχοντες
φοίτων: ἀλλ' οὐ γάρ σφιν ἐφαίνετο κέρδιον εἶναι 355
μαίεσθαι προτέρω, τοὶ μὲν πάλιν αὖτις ἔβαινον
νηὸς ἔπι γλαφυρῆς: ἐμὲ δ' ἔκρυψαν θεοὶ αὐτοὶ
ῥηϊδίως, καί με σταθμῷ ἐπέλασσαν ἄγοντες
ἀνδρὸς ἐπισταμένου: ἔτι γάρ νύ μοι αἶσα βιῶναι.'
    τὸν δ' ἀπαμειβόμενος προσέφης, Εὔμαιε συβῶτα: 360
'ἆ δειλὲ ξείνων, ἦ μοι μάλα θυμὸν ὄρινας
ταῦτα ἕκαστα λέγων, ὅσα δὴ πάθες ἠδ' ὅσ' ἀλήθης.
ἀλλὰ τά γ' οὐ κατὰ κόσμον ὀΐομαι, οὐδέ με πείσεις
εἰπὼν ἀμφ' Ὀδυσῆϊ: τί σε χρὴ τοῖον ἐόντα
μαψιδίως ψεύδεσθαι; ἐγὼ δ' εὖ οἶδα καὶ αὐτὸς 365
νόστον ἐμοῖο ἄνακτος, ὅ τ' ἤχθετο πᾶσι θεοῖσι
πάγχυ μάλ', ὅττι μιν οὔ τι μετὰ Τρώεσσι δάμασσαν
ἠὲ φίλων ἐν χερσίν, ἐπεὶ πόλεμον τολύπευσε.
τῷ κέν οἱ τύμβον μὲν ἐποίησαν Παναχαιοί,
ἠδέ κε καὶ ᾧ παιδὶ μέγα κλέος ἤρατ' ὀπίσσω 370
νῦν δέ μιν ἀκλειῶς ἅρπυιαι ἀνηρείψαντο.

Of wheat. He bade them take me faithfully
To King Acastus; but another thought
Found favor with the crew, a wicked scheme
To plunge me deeper in calamity. 415
And when our ship had sailed away from land,
They hastened to prepare me for a life
Of slavery. They took my garments off,
Mantle and cloak, and clothed me in a vest
And cloak, the very rags which thou dost see. 420
The evening brought them to the pleasant fields
Of Ithaca. They bound me in the ship
With a strong cord, and disembarked, and took
A hasty meal upon the ocean-side;
Easily did the gods unbind my limbs. 425
I wrapped a tattered cloth about my head,
And, slipping from the polished rudder, brought
My bosom to the sea, and spread my hands,
And swam away. I soon had left the crew
At distance; then I turned and climbed the shore, 430
Where it was dark with forest, and lay close
Within its shelter, while they wandered round
And grumbled, but they ventured not to pass
Into the island farther on their search.
They turned, and went on board their roomy bark. 435
Thus mightily the gods delivered me,
And they have brought me to a wise man's lodge,
And now I see it is my lot to live."
   Then thou, Eumæus, thus didst make reply:
"Unhappy stranger, thou hast deeply moved 440
My heart in telling all that thou hast borne,
And all thy wanderings. Yet are some things wrong.
Thou hast not spoken of Ulysses well.
Why should a man like thee invent such tales,
So purposeless? Of one thing I am sure 445
Concerning his return,—the gods all hate
My master, since they neither caused his death
In the great war of Troy, nor, when the war
Was over, suffered him to die at home,
And in the arms of those who loved him most; 450
For then would all the Greeks have reared to him
A monument, and mighty would have been
The heritage of glory for his son;
But now ingloriously the harpy brood

αὐτὰρ ἐγὼ παρ' ὕεσσιν ἀπότροπος· οὐδὲ πόλινδε
ἔρχομαι, εἰ μή πού τι περίφρων Πηνελόπεια
ἐλθέμεν ὀτρύνησιν, ὅτ' ἀγγελίη ποθὲν ἔλθῃ.
ἀλλ' οἱ μὲν τὰ ἕκαστα παρήμενοι ἐξερέουσιν, 375
ἠμὲν οἳ ἄχνυνται δὴν οἰχομένοιο ἄνακτος,
ἠδ' οἳ χαίρουσιν βίοτον νήποινον ἔδοντες·
ἀλλ' ἐμοὶ οὐ φίλον ἐστὶ μεταλλῆσαι καὶ ἐρέσθαι,
ἐξ οὗ δή μ' Αἰτωλὸς ἀνὴρ ἐξήπαφε μύθῳ,
ὅς ῥ' ἄνδρα κτείνας, πολλὴν ἐπὶ γαῖαν ἀληθείς, 380
ἦλθεν ἐμὰ πρὸς δώματ'· ἐγὼ δέ μιν ἀμφαγάπαζον.
φῆ δέ μιν ἐν Κρήτεσσι παρ' Ἰδομενῆϊ ἰδέσθαι
νῆας ἀκειόμενον, τάς οἱ ξυνέαξαν ἄελλαι·
καὶ φάτ' ἐλεύσεσθαι ἢ ἐς θέρος ἢ ἐς ὀπώρην,
πολλὰ χρήματ' ἄγοντα, σὺν ἀντιθέοις ἑτάροισι. 385
καὶ σύ, γέρον πολυπενθές, ἐπεί σέ μοι ἤγαγε δαίμων,
μήτε τί μοι ψεύδεσσι χαρίζεο μήτε τι θέλγε·
οὐ γὰρ τοὔνεκ' ἐγώ σ' αἰδέσσομαι οὐδὲ φιλήσω,
ἀλλὰ Δία ξένιον δείσας αὐτόν τ' ἐλεαίρων.'
  τὸν δ' ἀπαμειβόμενος προσέφη πολύμητις Ὀδυσσεύς 390
'ἦ μάλα τίς τοι θυμὸς ἐνὶ στήθεσσιν ἄπιστος,
οἷόν σ' οὐδ' ὀμόσας περ ἐπήγαγον οὐδέ σε πείθω.
ἀλλ' ἄγε νῦν ῥήτρην ποιησόμεθ'· αὐτὰρ ὄπισθε
μάρτυροι ἀμφοτέροισι θεοί, τοὶ Ὄλυμπον ἔχουσιν.
εἰ μέν κεν νοστήσῃ ἄναξ τεὸς ἐς τόδε δῶμα, 395
ἕσσας με χλαῖνάν τε χιτῶνά τε εἵματα πέμψαι
Δουλίχιόνδ' ἰέναι, ὅθι μοι φίλον ἔπλετο θυμῷ·
εἰ δέ κε μὴ ἔλθησιν ἄναξ τεὸς ὡς ἀγορεύω,
δμῶας ἐπισσεύας βαλέειν μεγάλης κατὰ πέτρης,
ὄφρα καὶ ἄλλος πτωχὸς ἀλεύεται ἠπεροπεύειν.' 400
  τὸν δ' ἀπαμειβόμενος προσεφώνεε δῖος ὑφορβός·
'ξεῖν', οὕτω γάρ κέν μοι ἐϋκλείη τ' ἀρετή τε
εἴη ἐπ' ἀνθρώπους ἅμα τ' αὐτίκα καὶ μετέπειτα,
ὅς σ' ἐπεὶ ἐς κλισίην ἄγαγον καὶ ξείνια δῶκα,

Have torn him. I, apart among my swine, 455
Go never to the town, unless, perchance,
The sage Penelope requires me there,
When some one comes with tidings from abroad.
Then those who sorrow for their absent lord,
And those who waste his substance, both inquire 460
News of the king. For me, it suits me not
Ever to ask for tidings, since the day
When an Ætolian with a flattering tale
Deceived me. He had slain a man, and came
Wandering in many lands to my abode, 465
And kindly I received him. He had seen,
He said, my master with Idomeneus,
Among the Cretans, putting in repair
His galleys, shattered by a furious storm,
And in the summer time he would be here, 470
Or in the autumn, bringing ample wealth,
And his brave comrades with him. Seek not then,
O aged sufferer, whom some deity
Has guided hither, to amuse my grief
With fictions that may bring back pleasant thoughts, 475
Since not for them I minister to thee
And love thee, but through reverence for Jove,—
The stranger's friend,—and pity for thyself."
    Ulysses, the sagacious, spake again:
"Within thy bosom thou dost bear a heart 480
Of slow belief, since not the oath I take
Persuades or even moves thee. Make we now
A covenant, and let the gods who dwell
Upon Olympus be our witnesses,
That when thy master comes to this abode 485
Thou wilt bestow a tunic and a cloak,
And wilt despatch me clothed in seemly garb
Hence to Dulichium, whither I would go.
But if he come not as I have foretold,
Then charge thy servants that they cast me down 490
From a tall rock, that never beggar more
May think to cozen thee with lying tales."
    The noble swineherd answered him and said:
"Great would my honor be, and I should gain
Great praise for worth among the sons of men, 495
If, having welcomed thee into my lodge
And spread the board for thee, I took thy life;

αὖτις δὲ κτείναιμι φίλον τ' ἀπὸ θυμὸν ἑλοίμην· 405
πρόφρων κεν δὴ ἔπειτα Δία Κρονίωνα λιτοίμην.
νῦν δ' ὥρη δόρποιο· τάχιστά μοι ἔνδον ἑταῖροι
εἶεν, ἵν' ἐν κλισίῃ λαρὸν τετυκοίμεθα δόρπον.'
    ὣς οἱ μὲν τοιαῦτα πρὸς ἀλλήλους ἀγόρευον,
ἀγχίμολον δὲ σύες τε καὶ ἀνέρες ἦλθον ὑφορβοί. 410
τὰς μὲν ἄρα ἔρξαν κατὰ ἤθεα κοιμηθῆναι,
κλαγγὴ δ' ἄσπετος ὦρτο συῶν αὐλιζομενάων·
αὐτὰρ ὁ οἷς ἑτάροισιν ἐκέκλετο δῖος ὑφορβός·
    'ἄξεθ' ὑῶν τὸν ἄριστον, ἵνα ξείνῳ ἱερεύσω
τηλεδαπῷ· πρὸς δ' αὐτοὶ ὀνησόμεθ', οἵ περ ὀϊζὺν 415
δὴν ἔχομεν πάσχοντες ὑῶν ἕνεκ' ἀργιοδόντων·
ἄλλοι δ' ἡμέτερον κάματον νήποινον ἔδουσιν.'
    ὣς ἄρα φωνήσας κέασε ξύλα νηλέϊ χαλκῷ,
οἱ δ' ὗν εἰσῆγον μάλα πίονα πενταέτηρον.
τὸν μὲν ἔπειτ' ἔστησαν ἐπ' ἐσχάρῃ· οὐδὲ συβώτης 420
λήθετ' ἄρ' ἀθανάτων· φρεσὶ γὰρ κέχρητ' ἀγαθῇσιν·
ἀλλ' ὅγ' ἀπαρχόμενος κεφαλῆς τρίχας ἐν πυρὶ βάλλεν
ἀργιόδοντος ὑός, καὶ ἐπεύχετο πᾶσι θεοῖσιν
νοστῆσαι Ὀδυσῆα πολύφρονα ὅνδε δόμονδε.
κόψε δ' ἀνασχόμενος σχίζῃ δρυός, ἣν λίπε κείων· 425
τὸν δ' ἔλιπε ψυχή. τοὶ δ' ἔσφαξάν τε καὶ εὗσαν·
αἶψα δέ μιν διέχευαν· ὁ δ' ὠμοθετεῖτο συβώτης,
πάντων ἀρχόμενος μελέων, ἐς πίονα δημόν,
καὶ τὰ μὲν ἐν πυρὶ βάλλε, παλύνας ἀλφίτου ἀκτῇ,
μίστυλλόν τ' ἄρα τἆλλα καὶ ἀμφ' ὀβελοῖσιν ἔπειραν, 430
ὤπτησάν τε περιφραδέως ἐρύσαντό τε πάντα,
βάλλον δ' εἰν ἐλεοῖσιν ἀολλέα· ἂν δὲ συβώτης
ἵστατο δαιτρεύσων· περὶ γὰρ φρεσὶν αἴσιμα ᾔδη.
καὶ τὰ μὲν ἕπταχα πάντα διεμοιρᾶτο δαΐζων·
τὴν μὲν ἴαν νύμφῃσι καὶ Ἑρμῇ, Μαιάδος υἱεῖ, 435
θῆκεν ἐπευξάμενος, τὰς δ' ἄλλας νεῖμεν ἑκάστῳ·
νώτοισιν δ' Ὀδυσῆα διηνεκέεσσι γέραιρεν
ἀργιόδοντος ὑός, κύδαινε δὲ θυμὸν ἄνακτος·
καί μιν φωνήσας προσέφη πολύμητις Ὀδυσσεύς·
    'αἴθ' οὕτως, Εὔμαιε, φίλος Διὶ πατρὶ γένοιο 440

Then boldly might I pray to Saturn's son.
But see, the supper hour is come, and soon
Will my companions be within, and they   500
Will make a liberal banquet ready here."
   Thus did the twain confer. Now came the swine,
And those who tended them. They penned the herd
In their enclosure, and a din of cries
Rose as they entered. Then the swineherd called 505
To his companions: "Bring the best of all,
And we will make an offering for the sake
Of one who comes from far and is my guest.
And we will also feast, for we have toiled
Long time in tendance of this white-toothed herd, 510
And others waste, unpunished, what we rear."
   So spake he, and began to cleave the wood
With the sharp steel; the others chose and brought
A fatted brawn, and placed him on the hearth.
Nor was the swineherd careless of the rites   515
Due to the gods,—such was his piety.
From off the white-toothed victim first he sheared
The bristles of the forehead, casting them
Into the flames, and prayed to all the gods
For wise Ulysses and his safe return.   520
Next, with a fragment of the oaken trunk
Which he had just then cleft, he smote the boar,
And the life left it. Then they cut its throat,
And, having singed it, quickly hewed the parts
Asunder, while the swineherd took and laid,   525
On the rich fat, raw portions from the limbs
For sacrifice, and other parts he cast,
Sprinkled with flour of meal, into the flames;
The rest they duly sliced and fixed on spits,
And roasted carefully, and drew it back,   530
And heaped it on the board. And now arose
The swineherd to divide the whole, for well
He knew the duty of a host. He made
Seven parts; and one he offered to the Nymphs,
To Hermes, son of Maia, one, and both   535
With prayer; the rest he set before the guests,
But, honoring Ulysses, gave to him
The white-toothed victim's ample chine. The king,
The wise Ulysses, was well pleased, and said:—
   "Eumæus, be thou ever dear to Jove   540

ὡς ἐμοί, ὅττι τε τοῖον ἐόντ' ἀγαθοῖσι γεραίρεις.'
   τὸν δ' ἀπαμειβόμενος προσέφης, Εὔμαιε συβῶτα:
'ἔσθιε, δαιμόνιε ξείνων, καὶ τέρπεο τοῖσδε,
οἷα πάρεστι: θεὸς δὲ τὸ μὲν δώσει, τὸ δ' ἐάσει,
ὅττι κεν ᾧ θυμῷ ἐθέλῃ: δύναται γὰρ ἅπαντα.' 445
   ἦ ῥα καὶ ἄργματα θῦσε θεοῖς αἰειγενέτῃσι,
σπείσας δ' αἴθοπα οἶνον Ὀδυσσῆϊ πτολιπόρθῳ
ἐν χείρεσσιν ἔθηκεν: ὁ δ' ἕζετο ᾗ παρὰ μοίρῃ.
σῖτον δέ σφιν ἔνειμε Μεσαύλιος, ὅν ῥα συβώτης
αὐτὸς κτήσατο οἶος ἀποιχομένοιο ἄνακτος, 450
νόσφιν δεσποίνης καὶ Λαέρταο γέροντος:
πὰρ δ' ἄρα μιν Ταφίων πρίατο κτεάτεσσιν ἑοῖσιν.
οἱ δ' ἐπ' ὀνείαθ' ἑτοῖμα προκείμενα χεῖρας ἴαλλον.
αὐτὰρ ἐπεὶ πόσιος καὶ ἐδητύος ἐξ ἔρον ἔντο,
σῖτον μέν σφιν ἀφεῖλε Μεσαύλιος, οἱ δ' ἐπὶ κοῖτον 455
σίτου καὶ κρειῶν κεκορημένοι ἐσσεύοντο.
νὺξ δ' ἄρ' ἐπῆλθε κακὴ σκοτομήνιος, ὗε δ' ἄρα Ζεὺς
πάννυχος, αὐτὰρ ἄη Ζέφυρος μέγας αἰὲν ἔφυδρος.
τοῖς δ' Ὀδυσεὺς μετέειπε, συβώτεω πειρητίζων,
εἴ πώς οἱ ἐκδὺς χλαῖναν πόροι, ἤ τιν' ἑταίρων 460
ἄλλον ἐποτρύνειεν, ἐπεί ἕο κήδετο λίην:
   'κέκλυθι νῦν, Εὔμαιε καὶ ἄλλοι πάντες ἑταῖροι,
εὐξάμενός τι ἔπος ἐρέω: οἶνος γὰρ ἀνώγει
ἠλεός, ὅς τ' ἐφέηκε πολύφρονά περ μάλ' ἀεῖσαι
καί θ' ἁπαλὸν γελάσαι, καί τ' ὀρχήσασθαι ἀνῆκε, 465
καί τι ἔπος προέηκεν ὅ πέρ τ' ἄρρητον ἄμεινον.
ἀλλ' ἐπεὶ οὖν τὸ πρῶτον ἀνέκραγον, οὐκ ἐπικεύσω.
εἴθ' ὡς ἡβώοιμι βίη τέ μοι ἔμπεδος εἴη,
ὡς ὅθ' ὑπὸ Τροίην λόχον ἤγομεν ἀρτύναντες.
ἡγείσθην δ' Ὀδυσσεύς τε καὶ Ἀτρεΐδης Μενέλαος, 470
τοῖσι δ' ἅμα τρίτος ἄρχον ἐγών: αὐτοὶ γὰρ ἄνωγον.
ἀλλ' ὅτε δή ῥ' ἱκόμεσθα ποτὶ πτόλιν αἰπύ τε τεῖχος,
ἡμεῖς μὲν περὶ ἄστυ κατὰ ῥωπήϊα πυκνά,

As to myself, since with thy benefits
Thou freely honorest such a one as I."
    And thou, Eumæus, madest answer thus:
"Eat, venerable stranger, and enjoy
What is before us. At his pleasure God 545
Gives or withholds; his power is over all."
    He spake, and burned to the eternal gods
The firstlings, and poured out the dark red wine,
And to Ulysses, spoiler of walled towns,
Who sat beside the table, gave the cup. 550
Meantime to each Mesaulius brought the bread,—
A servant whom Eumæus, while his lord
Was far away, had taken for himself,
Without the order of Penelope
Or old Laertes; from the Taphian tribe 555
With his own goods he bought him. Now the guests
Put forth their hands and shared the ready feast;
And when their thirst and hunger were appeased
Mesaulius took the bread away, and all,
Satiate with food and wine, lay down to rest. 560
    Then came the darkness on, without a moon;
And Jupiter the whole night long sent down
The rain, and strong the showery west-wind blew.
And now to try the swineherd, if with all
His kindly ministrations to his guest 565
He yet would spare to him his cloak, or bid
Another do the like, Ulysses spake:—
    "Eumæus, hearken thou, and all the rest,
Thy comrades, while I utter boastful words.
Wine makes me foolish, it can even cause 570
The wise to sing and laugh a silly laugh
And dance, and often to the lips it brings
Words that were better left unsaid. But since
I have begun to prattle, I will not
Keep back my thought. I would I were as young 575
And in the same full strength as when I formed
Part of an ambush near the walls of Troy.
The leaders were Ulysses, and the son
Of Atreus, Menelaus, with myself
The third, for they desired it. When we reached 580
The city and the lofty walls we lay
Couched in a marshy spot among the reeds
And thick-grown shrubs, with all our armor on.

ἂν δόνακας καὶ ἕλος, ὑπὸ τεύχεσι πεπτηῶτες
κείμεθα. νὺξ δ' ἄρ' ἐπῆλθε κακὴ Βορέαο πεσόντος, 475
πηγυλίς· αὐτὰρ ὕπερθε χιὼν γένετ' ἠΰτε πάχνη,
ψυχρή, καὶ σακέεσσι περιτρέφετο κρύσταλλος.
ἔνθ' ἄλλοι πάντες χλαίνας ἔχον ἠδὲ χιτῶνας,
εὗδον δ' εὔκηλοι, σάκεσιν εἰλυμένοι ὤμους·
αὐτὰρ ἐγὼ χλαῖναν μὲν ἰὼν ἑτάροισιν ἔλειπον 480
ἀφραδίης, ἐπεὶ οὐκ ἐφάμην ῥιγωσέμεν ἔμπης,
ἀλλ' ἑπόμην σάκος οἶον ἔχων καὶ ζῶμα φαεινόν.
ἀλλ' ὅτε δὴ τρίχα νυκτὸς ἔην, μετὰ δ' ἄστρα βεβήκει,
καὶ τότ' ἐγὼν Ὀδυσῆα προσηύδων ἐγγὺς ἐόντα
ἀγκῶνι νύξας· ὁ δ' ἄρ' ἐμμαπέως ὑπάκουσε· 485
'διογενὲς Λαερτιάδη, πολυμήχαν' Ὀδυσσεῦ,
οὔ τοι ἔτι ζωοῖσι μετέσσομαι, ἀλλά με χεῖμα
δάμναται· οὐ γὰρ ἔχω χλαῖναν· παρά μ' ἤπαφε δαίμων
οἰοχίτων' ἔμεναι· νῦν δ' οὐκέτι φυκτὰ πέλονται.'
ὣς ἐφάμην, ὁ δ' ἔπειτα νόον σχέθε τόνδ' ἐνὶ θυμῷ, 490
οἷος κεῖνος ἔην βουλευέμεν ἠδὲ μάχεσθαι·
φθεγξάμενος δ' ὀλίγῃ ὀπί με πρὸς μῦθον ἔειπε·
'σίγα νῦν, μή τίς σευ Ἀχαιῶν ἄλλος ἀκούσῃ.'
ἦ καὶ ἐπ' ἀγκῶνος κεφαλὴν σχέθεν εἶπέ τε μῦθον·
'κλῦτε, φίλοι· θεῖός μοι ἐνύπνιον ἦλθεν ὄνειρος. 495
λίην γὰρ νηῶν ἑκὰς ἤλθομεν· ἀλλά τις εἴη
εἰπεῖν Ἀτρεΐδῃ Ἀγαμέμνονι, ποιμένι λαῶν,
εἰ πλέονας παρὰ ναῦφιν ἐποτρύνειε νέεσθαι.'
ὣς ἔφατ', ὦρτο δ' ἔπειτα Θόας, Ἀνδραίμονος υἱός,
καρπαλίμως, ἀπὸ δὲ χλαῖναν θέτο φοινικόεσσαν, 500
βῆ δὲ θέειν ἐπὶ νῆας· ἐγὼ δ' ἐνὶ εἵματι κείνου
κείμην ἀσπασίως, φάε δὲ χρυσόθρονος Ἠώς.
ὣς νῦν ἡβώοιμι βίη τέ μοι ἔμπεδος εἴη·
δοίη κέν τις χλαῖναν ἐνὶ σταθμοῖσι συφορβῶν,
ἀμφότερον, φιλότητι καὶ αἰδοῖ φωτὸς ἑῆος· 505
νῦν δέ μ' ἀτιμάζουσι κακὰ χροΐ εἵματ' ἔχοντα.'
τὸν δ' ἀπαμειβόμενος προσέφης, Εὔμαιε συβῶτα·

'Twas an inclement night, and the north-wind
Blew bitter chill, the cold snow fell and lay   585
White like hoar-frost; ice gathered on our shields.
The rest had cloaks and tunics, and they slept
At ease, their shoulders covered with their shields.
I only, when I joined the squadron, left
My cloak unwisely, for I had not thought   590
Of such fierce cold. I went but with my shield
And my embroidered girdle. When the night
Was in its later watches, and the stars
Were turning toward their set, I thus bespake
Ulysses near me, thrusting in his side   595
My elbow, and he listened readily:—
   "'Son of Laertes, nobly born and wise!
Ulysses, I shall not be long among
The living; for I perish with the cold.
I have no cloak; some god misled my thought,   600
So that I brought one garment and no more,
And now I see there is no help for me.'
   "I spake, and instantly his mind conceived
This stratagem,—such was his readiness
In council and in battle,—and he said   605
To me in a low voice: 'Be silent now,
And let no others of the Achaians hear!'
And leaning on his elbow thus he spake:—
   "'Hear me, my friends: a dream has come from heaven
Into my sleep. Far from our ships we lie;   610
And now let some one haste to bear from us
This word to Agamemnon, Atreus' son,
The shepherd of the people, that he send
More warriors to this ambush from the fleet.'
   "He spake, and Thoas instantly arose,—   615
Andræmon's son,—and threw his purple cloak
Aside, and hastened toward the fleet. I took
Gladly the garment he had left, and lay
Till Morning in her golden chariot came.
And now I would that I were young again,   620
And in the vigor of my prime, for then
Some one among the swineherds in the stalls
Would find, I think, a cloak for me, through love
And reverence of such a man; but now
They hold me in slight favor, dressed in rags."   625
   And thus, Eumæus, thou didst make reply:

'ὦ γέρον, αἶνος μέν τοι ἀμύμων, ὃν κατέλεξας,
οὐδέ τί πω παρὰ μοῖραν ἔπος νηκερδὲς ἔειπες·
τῷ οὔτ' ἐσθῆτος δευήσεαι οὔτε τευ ἄλλου, 510
ὧν ἐπέοιχ' ἱκέτην ταλαπείριον ἀντιάσαντα,
νῦν· ἀτὰρ ἠῶθέν γε τὰ σὰ ῥάκεα δνοπαλίξεις.
οὐ γὰρ πολλαὶ χλαῖναι ἐπημοιβοί τε χιτῶνες
ἐνθάδε ἕννυσθαι, μία δ' οἴη φωτὶ ἑκάστῳ.
αὐτὰρ ἐπὴν ἔλθῃσιν Ὀδυσσῆος φίλος υἱός, 515
αὐτός τοι χλαῖνάν τε χιτῶνά τε εἵματα δώσει,
πέμψει δ' ὅππῃ σε κραδίη θυμός τε κελεύει.'
   ὣς εἰπὼν ἀνόρουσε, τίθει δ' ἄρα οἱ πυρὸς ἐγγὺς
εὐνήν, ἐν δ' ὀΐων τε καὶ αἰγῶν δέρματ' ἔβαλλεν.
ἔνθ' Ὀδυσεὺς κατέλεκτ'· ἐπὶ δὲ χλαῖναν βάλεν αὐτῷ 520
πυκνὴν καὶ μεγάλην, ἥ οἱ παρεκέσκετ' ἀμοιβάς,
ἕννυσθαι ὅτε τις χειμὼν ἔκπαγλος ὄροιτο.
ὣς ὁ μὲν ἔνθ' Ὀδυσεὺς κοιμήσατο, τοὶ δὲ παρ' αὐτὸν
ἄνδρες κοιμήσαντο νεηνίαι· οὐδὲ συβώτῃ
ἥνδανεν αὐτόθι κοῖτος, ὑῶν ἄπο κοιμηθῆναι, 525
ἀλλ' ὅ γ' ἄρ' ἔξω ἰὼν ὡπλίζετο· χαῖρε δ' Ὀδυσσεύς,
ὅττι ῥά οἱ βιότου περικήδετο νόσφιν ἐόντος.
πρῶτον μὲν ξίφος ὀξὺ περὶ στιβαροῖς βάλετ' ὤμοις,
ἀμφὶ δὲ χλαῖναν ἑέσσατ' ἀλεξάνεμον, μάλα πυκνήν,
ἂν δὲ νάκην ἕλετ' αἰγὸς ἐϋτρεφέος μεγάλοιο, 530
εἵλετο δ' ὀξὺν ἄκοντα, κυνῶν ἀλκτῆρα καὶ ἀνδρῶν.
βῆ δ' ἴμεναι κείων ὅθι περ σύες ἀργιόδοντες
πέτρῃ ὕπο γλαφυρῇ εὗδον, Βορέω ὑπ' ἰωγῇ.

"O aged man! we see no cause of blame
In thy recital, and of all thy words
Not one is unbecoming or inapt.
Thou shalt not lack for garments, nor aught else   630
That any suppliant in his poverty
Might hope for at our hands to-night. With morn
Gird thou thy tatters on again; for here
We have not many cloaks, nor many a change
Of raiment,—only one for each of us.   635
But when the son of our Ulysses comes
Again, he will provide thee with a cloak
And tunic, and will send thee where thou wilt."
    He spake and rose, and made his guest a bed
Close to the hearth, and threw on it the skins   640
Of sheep and goats, and there Ulysses lay,
O'er whom the swineherd spread a thick large cloak,
Which he had often worn for a defence
When a wild winter storm was in the air.
    Thus slept Ulysses with the young men near.   645
A couch within, and distant from his charge,
Pleased not the swineherd, who first armed himself,
And then went forth. Ulysses gladly saw
That while he was in distant lands his goods
Were watched so faithfully. Eumæus hung   650
About his sturdy shoulders a sharp sword,
And wrapped a thick cloak round him, tempest-proof,
And took the hide of a huge pampered goat,
And a well-pointed javelin for defence
Both against dogs and men. So went he forth   655
To take his rest where lay the white-toothed swine,
Herded and slumbering underneath a rock,
Whose hollow fenced them from the keen north-wind.

Ἡ δ' εἰς εὐρύχορον Λακεδαίμονα Παλλὰς Ἀθήνη
ᾤχετ', Ὀδυσσῆος μεγαθύμου φαίδιμον υἱὸν
νόστου ὑπομνήσουσα καὶ ὀτρυνέουσα νέεσθαι.
εὗρε δὲ Τηλέμαχον καὶ Νέστορος ἀγλαὸν υἱὸν
εὕδοντ' ἐν προδόμῳ Μενελάου κυδαλίμοιο, 5
ἦ τοι Νεστορίδην μαλακῷ δεδμημένον ὕπνῳ·
Τηλέμαχον δ' οὐχ ὕπνος ἔχε γλυκύς, ἀλλ' ἐνὶ θυμῷ
νύκτα δι' ἀμβροσίην μεληδήματα πατρὸς ἔγειρεν.
ἀγχοῦ δ' ἱσταμένη προσέφη γλαυκῶπις Ἀθήνη·
   'Τηλέμαχ', οὐκέτι καλὰ δόμων ἄπο τῆλ' ἀλάλησαι, 10
κτήματά τε προλιπὼν ἄνδρας τ' ἐν σοῖσι δόμοισιν
οὕτω ὑπερφιάλους· μή τοι κατὰ πάντα φάγωσι
κτήματα δασσάμενοι, σὺ δὲ τηϋσίην ὁδὸν ἔλθῃς.
ἀλλ' ὄτρυνε τάχιστα βοὴν ἀγαθὸν Μενέλαον
πεμπέμεν, ὄφρ' ἔτι οἴκοι ἀμύμονα μητέρα τέτμῃς. 15
ἤδη γάρ ῥα πατήρ τε κασίγνητοί τε κέλονται
Εὐρυμάχῳ γήμασθαι· ὁ γὰρ περιβάλλει ἅπαντας

BOOK XV

Then Pallas, hastening to the mighty realm
  Of Lacedæmon, sought the illustrious son
Of great Ulysses, to remind the youth
Of home, and bid him think of his return.
She found Telemachus and Nestor's son 5
Upon their couches in the portico
Of Menelaus, the renowned. Deep sleep
Held Nestor's son; but to Telemachus
The welcome slumber came not, for his thoughts
Uneasily through all the quiet night 10
Dwelt on his father. Now beside his bed
The blue-eyed Pallas took her stand and spake:—
  "Telemachus, it is no longer well
That thou shouldst wander from thy home, and leave
All thy possessions, and those arrogant men 15
That crowd thy halls. Beware, lest they devour
Thy substance utterly, dividing all
Among them, and this journey be for naught.
Make suit to Menelaus, great in war,
Quickly to send thee home, that thou mayst join 20
Thy blameless mother in thy halls; for now
Her father and her brothers counsel her
To wed Eurymachus, whose gifts exceed
Those of the other suitors, and besides

μνηστῆρας δώροισι καὶ ἐξώφελλεν ἔεδνα:
μή νύ τι σεῦ ἀέκητι δόμων ἐκ κτῆμα φέρηται.
οἶσθα γὰρ οἷος θυμὸς ἐνὶ στήθεσσι γυναικός: 20
κείνου βούλεται οἶκον ὀφέλλειν ὅς κεν ὀπυίῃ,
παίδων δὲ προτέρων καὶ κουριδίοιο φίλοιο
οὐκέτι μέμνηται τεθνηκότος οὐδὲ μεταλλᾷ.
ἀλλὰ σύ γ' ἐλθὼν αὐτὸς ἐπιτρέψειας ἕκαστα
δμῳάων ἥ τίς τοι ἀρίστη φαίνεται εἶναι, 25
εἰς ὅ κέ τοι φήνωσι θεοὶ κυδρὴν παράκοιτιν.
ἄλλο δέ τοί τι ἔπος ἐρέω, σὺ δὲ σύνθεο θυμῷ.
μνηστήρων σ' ἐπιτηδὲς ἀριστῆες λοχόωσιν
ἐν πορθμῷ Ἰθάκης τε Σάμοιό τε παιπαλοέσσης.
ἱέμενοι κτεῖναι, πρὶν πατρίδα γαῖαν ἱκέσθαι. 30
ἀλλὰ τά γ' οὐκ ὀΐω: πρὶν καί τινα γαῖα καθέξει
ἀνδρῶν μνηστήρων, οἵ τοι βίοτον κατέδουσιν.
ἀλλὰ ἑκὰς νήσων ἀπέχειν εὐεργέα νῆα,
νυκτὶ δ' ὁμῶς πλείειν: πέμψει δέ τοι οὖρον ὄπισθεν
ἀθανάτων ὅς τίς σε φυλάσσει τε ῥύεταί τε. 35
αὐτὰρ ἐπὴν πρώτην ἀκτὴν Ἰθάκης ἀφίκηαι,
νῆα μὲν ἐς πόλιν ὀτρῦναι καὶ πάντας ἑταίρους,
αὐτὸς δὲ πρώτιστα συβώτην εἰσαφικέσθαι,
ὅς τοι ὑῶν ἐπίουρος, ὁμῶς δέ τοι ἤπια οἶδεν.
ἔνθα δὲ νύκτ' ἀέσαι: τὸν δ' ὀτρῦναι πόλιν εἴσω 40
ἀγγελίην ἐρέοντα περίφρονι Πηνελοπείῃ,
οὕνεκά οἱ σῶς ἐσσὶ καὶ ἐκ Πύλου εἰλήλουθας.'
  ἡ μὲν ἄρ' ὣς εἰποῦσ' ἀπέβη πρὸς μακρὸν Ὄλυμπον,
αὐτὰρ ὁ Νεστορίδην ἐξ ἡδέος ὕπνου ἔγειρεν
λὰξ ποδὶ κινήσας, καί μιν πρὸς μῦθον ἔειπεν: 45
  'ἔγρεο, Νεστορίδη Πεισίστρατε, μώνυχας ἵππους
ζεῦξον ὑφ' ἅρματ' ἄγων, ὄφρα πρήσσωμεν ὁδοῖο.'
  τὸν δ' αὖ Νεστορίδης Πεισίστρατος ἀντίον ηὔδα:
'Τηλέμαχ', οὔ πως ἔστιν ἐπειγομένους περ ὁδοῖο
νύκτα διὰ δνοφερὴν ἐλάαν: τάχα δ' ἔσσεται ἠώς. 50

He offers a yet richer bridal dower. 25
It were not hard without thy leave to take
Wealth from a palace. What a wife will do
Thou knowest. 'Tis her pleasure to increase
The riches of the man whom she has wed.
Care of her former children has she none, 30
Nor memory of the husband whom she took
While yet a maid, and who is in his grave;
Of these she never speaks. Return thou, then,
And give thy goods in charge to one among
The handmaids of thy household who shall seem 35
The fittest for the trust, until the gods
Bring thee a noble wife. Another word
Have I for thee, and bear thou it in mind:
The chief among the suitors in the strait
Between the rugged Samos and the isle 40
Of Ithaca are lurking, in the hope
To slay thee on thy voyage home; but this
I think they cannot do before the earth
Hold many of the suitor-crew who make
Thy wealth a spoil. Steer thou thy gallant bark 45
Far from the isles; sail only in the night.
Some god, whoever it may be that keeps
Watch over thee, will send a prosperous gale.
When to the nearest shore of Ithaca
Thou comest in thy ship, let it go on, 50
With all thy comrades, to the town, while thou
Repairest to the keeper of thy swine,
Whose heart is faithful to thee. There remain
With him that night, and send him to the town
With tidings to the sage Penelope 55
That thou art come from Pylos and art safe."
    So having said, the goddess took her way
Up to the Olympian height. Telemachus
Touched with his heel and wakened Nestor's son
From a soft slumber, and bespake him thus:— 60
    "Rise, Nestor's son, Peisistratus, and bring
The firm paced steeds and yoke them to the car,
And we will now set forth upon our way."
    And Nestor's son, Peisistratus, replied:
"Telemachus, whatever be our haste, 65
It were not well in darkness to begin
Our journey, and the morn will soon be here.

ἀλλὰ μέν' εἰς ὅ κε δῶρα φέρων ἐπιδίφρια θήῃ
ἥρως Ἀτρεΐδης, δουρικλειτὸς Μενέλαος,
καὶ μύθοις ἀγανοῖσι παραυδήσας ἀποπέμψῃ.
τοῦ γάρ τε ξεῖνος μιμνήσκεται ἤματα πάντα
ἀνδρὸς ξεινοδόκου, ὅς κεν φιλότητα παράσχῃ.' 55
  ὣς ἔφατ', αὐτίκα δὲ χρυσόθρονος ἤλυθεν Ἠώς.
ἀγχίμολον δέ σφ' ἦλθε βοὴν ἀγαθὸς Μενέλαος,
ἀνστὰς ἐξ εὐνῆς, Ἑλένης πάρα καλλικόμοιο.
τὸν δ' ὡς οὖν ἐνόησεν Ὀδυσσῆος φίλος υἱός,
σπερχόμενός ῥα χιτῶνα περὶ χροῒ σιγαλόεντα 60
δῦνεν, καὶ μέγα φᾶρος ἐπὶ στιβαροῖς βάλετ' ὤμοις
ἥρως, βῆ δὲ θύραζε, παριστάμενος δὲ προσηύδα
Τηλέμαχος, φίλος υἱὸς Ὀδυσσῆος θείοιο·
  'Ἀτρεΐδη Μενέλαε διοτρεφές, ὄρχαμε λαῶν,
ἤδη νῦν μ' ἀπόπεμπε φίλην ἐς πατρίδα γαῖαν· 65
ἤδη γάρ μοι θυμὸς ἐέλδεται οἴκαδ' ἱκέσθαι.'
  τὸν δ' ἠμείβετ' ἔπειτα βοὴν ἀγαθὸς Μενέλαος·
'Τηλέμαχ', οὔ τί σ' ἐγώ γε πολὺν χρόνον ἐνθάδ' ἐρύξω
ἱέμενον νόστοιο· νεμεσσῶμαι δὲ καὶ ἄλλῳ
ἀνδρὶ ξεινοδόκῳ, ὅς κ' ἔξοχα μὲν φιλέῃσιν, 70
ἔξοχα δ' ἐχθαίρῃσιν· ἀμείνω δ' αἴσιμα πάντα.
ἶσόν τοι κακόν ἐσθ', ὅς τ' οὐκ ἐθέλοντα νέεσθαι
ξεῖνον ἐποτρύνει καὶ ὃς ἐσσύμενον κατερύκει.
χρὴ ξεῖνον παρεόντα φιλεῖν, ἐθέλοντα δὲ πέμπειν.
ἀλλὰ μέν' εἰς ὅ κε δῶρα φέρων ἐπιδίφρια θείω 75
καλά, σὺ δ' ὀφθαλμοῖσιν ἴδῃς, εἴπω δὲ γυναιξὶ
δεῖπνον ἐνὶ μεγάροις τετυκεῖν ἅλις ἔνδον ἐόντων.
ἀμφότερον, κῦδός τε καὶ ἀγλαΐη καὶ ὄνειαρ,
δειπνήσαντας ἴμεν πολλὴν ἐπ' ἀπείρονα γαῖαν.
εἰ δ' ἐθέλεις τραφθῆναι ἀν' Ἑλλάδα καὶ μέσον Ἄργος, 80
ὄφρα τοι αὐτὸς ἕπωμαι, ὑποζεύξω δέ τοι ἵππους,
ἄστεα δ' ἀνθρώπων ἡγήσομαι· οὐδέ τις ἡμέας
αὔτως ἀππέμψει, δώσει δέ τι ἕν γε φέρεσθαι,
ἠὲ τινα τριπόδων εὐχάλκων ἠὲ λεβήτων,
ἠὲ δύ' ἡμιόνους ἠὲ χρύσειον ἄλεισον.' 85

Remain till Menelaus, Atreus' son,
The hero mighty with the spear, shall come,
And bring his gifts, and place them in our car,   70
And send us on our way with kindly words.
Well does a guest remember all his days
The generous host who shows himself his friend."
    He spake, and quickly on her car of gold
Appeared the Morn. Then Menelaus came,   75
The great in battle, from his couch beside
The fair-haired Helen. When Telemachus
Knew of the king's approach, the hero threw
In haste his tunic o'er his noble form,
And over his broad shoulders flung a cloak   80
Of ample folds. Then, going forth, the son
Of great Ulysses met the king and said:—
    "Atrides Menelaus, loved of Jove
And sovereign of the people, send me hence,
I pray, to the dear country of my birth,   85
For earnestly I long to be at home."
    And Menelaus, great in war, replied:
"Telemachus, I will not keep thee long,
Since thou so much desirest to return.
I am displeased with him who as a host   90
Is lavish of his love, for he will hate
Beyond due measure; best it is to take
The middle way. It is alike a wrong
To thrust the unwilling stranger out of doors,
And to detain him when he longs to go.   95
While he is with us we should cherish him,
And, when he wishes, help him to depart.
Remain until I bring thee worthy gifts
And place them in thy chariot, that thine eyes
May look on them; and I will give command   100
That in the palace here the women spread
A liberal feast from stores that lie within.
But if, in turning from thy course, thou choose
To pass through Hellas and the midland tract
Of Argos, I will yoke my steeds and go   105
With thee, and show the cities thronged with men;
Nor will they send us empty-handed thence,
But bring us gifts which we may bear away,—
Tripod, perchance, or caldron wrought of brass,
Perchance a pair of mules or golden cup."   110

τὸν δ᾽ αὖ Τηλέμαχος πεπνυμένος ἀντίον ηὔδα:
'Ἀτρεΐδη Μενέλαε διοτρεφές, ὄρχαμε λαῶν,
βούλομαι ἤδη νεῖσθαι ἐφ᾽ ἡμέτερ᾽: οὐ γὰρ ὄπισθεν
οὖρον ἰὼν κατέλειπον ἐπὶ κτεάτεσσιν ἐμοῖσιν:
μὴ πατέρ᾽ ἀντίθεον διζήμενος αὐτὸς ὄλωμαι, 90
ἤ τί μοι ἐκ μεγάρων κειμήλιον ἐσθλὸν ὄληται.᾽
  αὐτὰρ ἐπεὶ τό γ᾽ ἄκουσε βοὴν ἀγαθὸς Μενέλαος,
αὐτίκ᾽ ἄρ᾽ ᾗ ἀλόχῳ ἠδὲ δμῳῇσι κέλευσε
δεῖπνον ἐνὶ μεγάροις τετυκεῖν ἅλις ἔνδον ἐόντων.
ἀγχίμολον δέ οἱ ἦλθε Βοηθοΐδης Ἐτεωνεύς, 95
ἀνστὰς ἐξ εὐνῆς, ἐπεὶ οὐ πολὺ ναῖεν ἀπ᾽ αὐτοῦ:
τὸν πῦρ κῆαι ἄνωγε βοὴν ἀγαθὸς Μενέλαος
ὀπτῆσαί τε κρεῶν: ὁ δ᾽ ἄρ᾽ οὐκ ἀπίθησεν ἀκούσας.
αὐτὸς δ᾽ ἐς θάλαμον κατεβήσετο κηώεντα,
οὐκ οἶος, ἅμα τῷ γ᾽ Ἑλένη κίε καὶ Μεγαπένθης. 100
ἀλλ᾽ ὅτε δή ῥ᾽ ἵκανον ὅθι κειμήλια κεῖτο,
Ἀτρεΐδης μὲν ἔπειτα δέπας λάβεν ἀμφικύπελλον,
υἱὸν δὲ κρητῆρα φέρειν Μεγαπένθε᾽ ἄνωγεν
ἀργύρεον: Ἑλένη δὲ παρίστατο φωριαμοῖσιν,
ἔνθ᾽ ἔσαν οἱ πέπλοι παμποίκιλοι, οὓς κάμεν αὐτή. 105
τῶν ἕν᾽ ἀειραμένη Ἑλένη φέρε, δῖα γυναικῶν,
ὃς κάλλιστος ἔην ποικίλμασιν ἠδὲ μέγιστος,
ἀστὴρ δ᾽ ὣς ἀπέλαμπεν: ἔκειτο δὲ νείατος ἄλλων.
βὰν δ᾽ ἰέναι προτέρω διὰ δώματος, ἧος ἵκοντο
Τηλέμαχον: τὸν δὲ προσέφη ξανθὸς Μενέλαος: 110
'Τηλέμαχ᾽, ἦ τοι νόστον, ὅπως φρεσὶ σῇσι μενοινᾷς,
ὥς τοι Ζεὺς τελέσειεν, ἐρίγδουπος πόσις Ἥρης.
δώρων δ᾽, ὅσσ᾽ ἐν ἐμῷ οἴκῳ κειμήλια κεῖται,
δώσω ὃ κάλλιστον καὶ τιμηέστατόν ἐστι.
δώσω τοι κρητῆρα τετυγμένον: ἀργύρεος δὲ 115
ἐστὶν ἅπας, χρυσῷ δ᾽ ἐπὶ χείλεα κεκράανται,
ἔργον δ᾽ Ἡφαίστοιο: πόρεν δέ ἑ Φαίδιμος ἥρως,
Σιδονίων βασιλεύς, ὅθ᾽ ἑὸς δόμος ἀμφεκάλυψε
κεῖσέ με νοστήσαντα: τεΐν δ᾽ ἐθέλω τόδ᾽ ὀπάσσαι.᾽
᾽ ὣς εἰπὼν ἐν χειρὶ τίθει δέπας ἀμφικύπελλον 120
ἥρως Ἀτρεΐδης: ὁ δ᾽ ἄρα κρητῆρα φαεινὸν
θῆκ᾽ αὐτοῦ προπάροιθε φέρων κρατερὸς Μεγαπένθης,

    Then spake discreet Telemachus in turn:
"Atrides Menelaus, loved of Jove
And sovereign of the people, rather far
Would I return to my own home; for there
Is no man left in charge of what is mine,   115
And I must go, lest, while I vainly seek
My father, I may perish, or may lose
Some valued treasure from my palace rooms."
    The valiant Menelaus heard, and bade
His wife and maidens spread without delay   120
A ready banquet from the stores within.
Then Eteöneus from his morning sleep,
Son of Boëtheus, came, for very near
His dwelling was. The sovereign bade him light
A fire and roast the flesh, and he obeyed.   125
And then into the fragrant treasure-room
Descended Menelaus, not alone;
Helen and Megapenthes went with him.
And when they came to where the treasures lay,
Atrides took a double goblet up,   130
And bade his son, young Megapenthes, bear
A silver beaker thence, while Helen stood
Beside the coffers where the embroidered robes
Wrought by her hands were laid. The glorious dame
Took one and brought it forth, most beautiful   135
In needlework, and amplest of them all.
The garment glittered like a star, and lay
Below the other robes. Then, passing through
The palace halls, they found Telemachus,
And thus the fair-haired Menelaus spake:—   140
    "Telemachus, may Jove the Thunderer,
Husband of Juno, grant thee to return
According to thy wish! I give thee here
Of all the treasures which my house contains
The fairest and most precious. I present   145
A goblet all of silver, save the lips,
And they are bound with gold; it is the work
Of Vulcan. Phædimus the hero, king
Of the Sidonians, gave it me when once
His palace sheltered me. He gave it me   150
At parting, and I now would have it thine."
    Atrides spake, and gave into his hands
The double goblet. Megapenthes next

ἀργύρεον: Ἑλένη δὲ παρίστατο καλλιπάρῃος
πέπλον ἔχουσ' ἐν χερσίν, ἔπος τ' ἔφατ' ἔκ τ' ὀνόμαζε:
  'δῶρόν τοι καὶ ἐγώ, τέκνον φίλε, τοῦτο δίδωμι, 125
μνῆμ' Ἑλένης χειρῶν, πολυηράτου ἐς γάμου ὥρην,
σῇ ἀλόχῳ φορέειν: τῆος δὲ φίλῃ παρὰ μητρὶ
κείσθω ἐνὶ μεγάρῳ. σὺ δέ μοι χαίρων ἀφίκοιο
οἶκον ἐϋκτίμενον καὶ σὴν ἐς πατρίδα γαῖαν.'
  ὣς εἰποῦσ' ἐν χερσὶ τίθει, ὁ δ' ἐδέξατο χαίρων. 130
καὶ τὰ μὲν ἐς πείρινθα τίθει Πεισίστρατος ἥρως
δεξάμενος, καὶ πάντα ἑῷ θηήσατο θυμῷ:
τοὺς δ' ἦγε πρὸς δῶμα κάρη ξανθὸς Μενέλαος.
ἑζέσθην δ' ἄρ' ἔπειτα κατὰ κλισμούς τε θρόνους τε.
χέρνιβα δ' ἀμφίπολος προχόῳ ἐπέχευε φέρουσα 135
καλῇ χρυσείῃ, ὑπὲρ ἀργυρέοιο λέβητος,
νίψασθαι: παρὰ δὲ ξεστὴν ἐτάνυσσε τράπεζαν.
σῖτον δ' αἰδοίη ταμίη παρέθηκε φέρουσα:
εἴδατα πόλλ' ἐπιθεῖσα, χαριζομένη παρεόντων:
πὰρ δὲ Βοηθοΐδης κρέα δαίετο καὶ νέμε μοίρας: 140
οἰνοχόει δ' υἱὸς Μενελάου κυδαλίμοιο.
οἱ δ' ἐπ' ὀνείαθ' ἑτοῖμα προκείμενα χεῖρας ἴαλλον.
αὐτὰρ ἐπεὶ πόσιος καὶ ἐδητύος ἐξ ἔρον ἕντο,
δὴ τότε Τηλέμαχος καὶ Νέστορος ἀγλαὸς υἱὸς
ἵππους τε ζεύγνυντ' ἀνά θ' ἅρματα ποικίλ' ἔβαινον, 145
ἐκ δ' ἔλασαν προθύροιο καὶ αἰθούσης ἐριδούπου.
τοὺς δὲ μετ' Ἀτρεΐδης ἔκιε ξανθὸς Μενέλαος,
οἶνον ἔχων ἐν χειρὶ μελίφρονα δεξιτερῆφι,
ἐν δέπαϊ χρυσέῳ, ὄφρα λείψαντε κιοίτην.
στῆ δ' ἵππων προπάροιθε, δεδισκόμενος δὲ προσηύδα: 150
  'χαίρετον, ὦ κούρω, καὶ Νέστορι ποιμένι λαῶν
εἰπεῖν: ἦ γὰρ ἐμοί γε πατὴρ ὣς ἤπιος ἦεν,
ἧος ἐνὶ Τροίῃ πολεμίζομεν υἷες Ἀχαιῶν.'

Before him set the shining beaker wrought
Of silver. Rosy Helen, holding up   155
The robe, drew near, and spake to him and said:—
   "I also bring to thee, dear son, a gift,
The work of Helen's hands, which thou shalt keep,
In memory of her, until the day
Of thy desired espousals, when thy bride   160
Shall wear it. Let it in the mean time lie
Within thy halls, in thy dear mother's care;
And mayst thou soon and happily arrive
At thy fair palace and thy native coast."
   So spake she, placing in his hands the robe.   165
He took it, and was glad. Peisistratus
Was moved with wonder as he saw, and laid
The presents in the car. The fair-haired king
Then led them to the hall, and seated them
On thrones and couches, where a maiden brought   170
Water in a fair golden ewer, and o'er
A silver basin poured it for their hands,
And near them set a table smoothly wrought.
The matron of the palace brought them bread
And many a delicate dish to please the taste   175
From stores within the house. Then to the board
Boëtheus' son drew near and carved the meats,
And gave to each a portion, while the son
Of glorious Menelaus poured the wine.
The guests put forth their hands and shared the food   180
That lay prepared before them. When the calls
Of thirst and hunger ceased, Telemachus
And Nestor's famous son brought forth and yoked
The steeds, and climbed into the sumptuous car,
And drove from out the echoing portico.   185
Atrides Menelaus, amber-haired,
Went forth with them, and, holding in his hand
A golden cup of generous wine, poured out
An offering for their voyage to the gods.
Before the steeds he took his stand, and first   190
Drank from the cup, and then bespake the guests:—
   "Now fare ye well, young men, and when ye come
To Nestor, shepherd of the people, give
Greetings from me; for he was kind to me
As if he were a father, when the sons   195
Of Greece were warring in the realm of Troy."

τὸν δ' αὖ Τηλέμαχος πεπνυμένος ἀντίον ηὔδα:
'καὶ λίην κείνῳ γε, διοτρεφές, ὡς ἀγορεύεις, 155
πάντα τάδ' ἐλθόντες καταλέξομεν: αἲ γὰρ ἐγὼν ὣς
νοστήσας Ἰθάκηνδε, κιχὼν Ὀδυσῆ' ἐνὶ οἴκῳ,
εἴποιμ' ὡς παρὰ σεῖο τυχὼν φιλότητος ἁπάσης
ἔρχομαι, αὐτὰρ ἄγω κειμήλια πολλὰ καὶ ἐσθλά.'
ὣς ἄρα οἱ εἰπόντι ἐπέπτατο δεξιὸς ὄρνις, 160
αἰετὸς ἀργὴν χῆνα φέρων ὀνύχεσσι πέλωρον,
ἥμερον ἐξ αὐλῆς: οἱ δ' ἰΰζοντες ἕποντο
ἀνέρες ἠδὲ γυναῖκες: ὁ δέ σφισιν ἐγγύθεν ἐλθὼν
δεξιὸς ἤϊξε πρόσθ' ἵππων: οἱ δὲ ἰδόντες
γήθησαν, καὶ πᾶσιν ἐνὶ φρεσὶ θυμὸς ἰάνθη. 165
τοῖσι δὲ Νεστορίδης Πεισίστρατος ἤρχετο μύθων:
'φράζεο δή, Μενέλαε διοτρεφές, ὄρχαμε λαῶν,
ἦ νῶϊν τόδ' ἔφηνε θεὸς τέρας ἦε σοὶ αὐτῷ.'
ὣς φάτο, μερμήριξε δ' ἀρηΐφιλος Μενέλαος,
ὅππως οἱ κατὰ μοῖραν ὑποκρίναιτο νοήσας. 170
τὸν δ' Ἑλένη τανύπεπλος ὑποφθαμένη φάτο μῦθον:
'κλῦτέ μευ: αὐτὰρ ἐγὼ μαντεύσομαι, ὡς ἐνὶ θυμῷ
ἀθάνατοι βάλλουσι καὶ ὡς τελέεσθαι ὀΐω.
ὡς ὅδε χῆν' ἥρπαξ' ἀτιταλλομένην ἐνὶ οἴκῳ
ἐλθὼν ἐξ ὄρεος, ὅθι οἱ γενεή τε τόκος τε, 175
ὣς Ὀδυσεὺς κακὰ πολλὰ παθὼν καὶ πόλλ' ἐπαληθεὶς
οἴκαδε νοστήσει καὶ τίσεται: ἠὲ καὶ ἤδη
οἴκοι, ἀτὰρ μνηστῆρσι κακὸν πάντεσσι φυτεύει.'
τὴν δ' αὖ Τηλέμαχος πεπνυμένος ἀντίον ηὔδα:
'οὕτω νῦν Ζεὺς θείη, ἐρίγδουπος πόσις Ἥρης: 180
τῷ κέν τοι καὶ κεῖθι θεῷ ὣς εὐχετοῴμην.'
ἦ καὶ ἐφ' ἵπποιϊν μάστιν βάλεν: οἱ δὲ μάλ' ὦκα
ἤϊξαν πεδίονδε διὰ πτόλιος μεμαῶτες.
οἱ δὲ πανημέριοι σεῖον ζυγὸν ἀμφὶς ἔχοντες.
δύσετό τ' ἠέλιος σκιόωντό τε πᾶσαι ἀγυιαί: 185

    Then spake in turn discreet Telemachus:
"Assuredly I shall relate to him,
As soon as I am with him, all that thou,
O foster-child of Jove, hast bid me say;   200
And would to heaven I might as surely tell
Ulysses in his palace, when again
I come to Ithaca, how welcome thou
Hast made me here, and how I came away
With treasures rich and many from thy court."   205
    As thus he spake, an eagle to the right
Appeared, that, flying, bore a large white goose,
Clutched from the tame flock in the palace court;
And men and women ran the way he flew,
And shouted after him. Before the steeds   210
Of the young men, and still on the right hand,
The bird went sweeping on. They saw well pleased,
And every heart was gladdened. To the rest
Peisistratus, the son of Nestor, said:—
    "Now tell me, Menelaus, loved of Jove,   215
Prince of the people! does the god who sends
This portent mean the sign for us or thee?"
    He spake; and Menelaus, dear to Mars,
Paused, thinking how to answer him aright,
When thus the long-robed Helen interposed:—   220
    "Listen to me, and I will prophesy
As the gods prompt me, and as I believe
The event will be. Just as this eagle came
From the wild hills, his birthplace and his haunt,
And seized and bore away the water-fowl   225
Reared near our halls, so will Ulysses come,
After much hardship and long wanderings,
To his own home, to be avenged: perchance
Already is at home, and meditates
An evil end to all the suitor crew."   230
    Then spake discreet Telemachus in turn:
"May Juno's husband, Jove the Thunderer,
So order the event, and I will there
Make vows to thee as to a deity."
    He spake and touched the coursers with the lash; 235
And through the city rapidly they went
And toward the plain, and all day long they shook
The yoke upon their necks. The sun went down;
The roads all lay in darkness as they came

ἐς Φηρὰς δ' ἵκοντο Διοκλῆος ποτὶ δῶμα,
υἱέος Ὀρτιλόχοιο, τὸν Ἀλφειὸς τέκε παῖδα.
ἔνθα δὲ νύκτ' ἄεσαν ὁ δὲ τοῖς πὰρ ξείνια θῆκεν.
ἦμος δ' ἠριγένεια φάνη ῥοδοδάκτυλος Ἠώς,
ἵππους τε ζεύγνυντ' ἀνά θ' ἅρματα ποικίλ' ἔβαινον, 190
ἐκ δ' ἔλασαν προθύροιο καὶ αἰθούσης ἐριδούπου·
μάστιξεν δ' ἐλάαν, τὼ δ' οὐκ ἄκοντε πετέσθην.
αἶψα δ' ἔπειθ' ἵκοντο Πύλου αἰπὺ πτολίεθρον·
καὶ τότε Τηλέμαχος προσεφώνεε Νέστορος υἱόν·
'Νεστορίδη, πῶς κέν μοι ὑποσχόμενος τελέσειας 195
μῦθον ἐμόν; ξεῖνοι δὲ διαμπερὲς εὐχόμεθ' εἶναι
ἐκ πατέρων φιλότητος, ἀτὰρ καὶ ὁμήλικές εἰμεν·
ἥδε δ' ὁδὸς καὶ μᾶλλον ὁμοφροσύνῃσιν ἐνήσει.
μή με παρὲξ ἄγε νῆα, διοτρεφές, ἀλλὰ λίπ' αὐτοῦ,
μή μ' ὁ γέρων ἀέκοντα κατάσχῃ ᾧ ἐνὶ οἴκῳ 200
ἱέμενος φιλέειν· ἐμὲ δὲ χρεὼ θᾶσσον ἱκέσθαι.'
ὣς φάτο, Νεστορίδης δ' ἄρ' ἑῷ συμφράσσατο θυμῷ,
ὅππως οἱ κατὰ μοῖραν ὑποσχόμενος τελέσειεν.
ὧδε δέ οἱ φρονέοντι δοάσσατο κέρδιον εἶναι·
στρέψ' ἵππους ἐπὶ νῆα θοὴν καὶ θῖνα θαλάσσης, 205
νηῒ δ' ἐνὶ πρύμνῃ ἐξαίνυτο κάλλιμα δῶρα,
ἐσθῆτα χρυσόν τε, τά οἱ Μενέλαος ἔδωκε·
καί μιν ἐποτρύνων ἔπεα πτερόεντα προσηύδα·
'σπουδῇ νῦν ἀνάβαινε κέλευέ τε πάντας ἑταίρους,
πρὶν ἐμὲ οἴκαδ' ἱκέσθαι ἀπαγγεῖλαί τε γέροντι. 210
εὖ γὰρ ἐγὼ τόδε οἶδα κατὰ φρένα καὶ κατὰ θυμόν·
οἷος κείνου θυμὸς ὑπέρβιος, οὔ σε μεθήσει,
ἀλλ' αὐτὸς καλέων δεῦρ' εἴσεται, οὐδέ ἕ φημι
ἂψ ἰέναι κενεόν· μάλα γὰρ κεχολώσεται ἔμπης.'
ὣς ἄρα φωνήσας ἔλασεν καλλίτριχας ἵππους 215
ἂψ Πυλίων εἰς ἄστυ, θοῶς δ' ἄρα δώμαθ' ἵκανε.
Τηλέμαχος δ' ἑτάροισιν ἐποτρύνων ἐκέλευσεν·
'ἐγκοσμεῖτε τὰ τεύχε', ἑταῖροι, νηῒ μελαίνῃ,
αὐτοί τ' ἀμβαίνωμεν, ἵνα πρήσσωμεν ὁδοῖο.'
ὣς ἔφαθ', οἱ δ' ἄρα τοῦ μάλα μὲν κλύον ἠδ' ἐπίθοντο, 220

To Pheræ, and the house of Diocles, 240
Whose father was Orsilochus, and he
The offspring of Alpheius. There that night
They slept; their host was liberal of his cheer.
But when appeared the daughter of the Dawn,
The rosy-fingered Morn, they yoked the steeds 245
And climbed the sumptuous car, and drove afield
From underneath the echoing portico.
The son of Nestor plied the lash; the steeds
Flew not unwillingly, and quickly reached
The lofty citadel of Pylos. There 250
Telemachus bespake his comrade thus:—
  "Wilt thou consent to do what I shall ask,
O son of Nestor? 'Tis our boast that we
Are friends because our fathers were; besides,
We are of equal age, and journeying thus 255
Has made our friendship firmer. Take me not,
O foster-child of Jove, beyond the spot
Where lies my galley, lest against my will
The aged Nestor should detain me here
Through kindness, when I needs must hasten home." 260
  He spake, and then the son of Nestor mused
How what his friend desired might best be done.
And this seemed wisest after careful thought:
He turned the chariot to the ship and shore,
And taking out the garments and the gold,— 265
Beautiful gifts which Menelaus gave,—
He put them in the galley's stern, and thus
Bespake Telemachus with winged words:—
  "Embark in haste, and summon all thy crew
On board before I reach my home and tell 270
The aged king. I know how vehement
His temper is; he will not let thee go,
But hastening hither to enforce thy stay,
At Pylos, will not, I am sure, go back
Without thee; his displeasure will be great." 275
  He spake, and toward the Pylian city turned
His steeds with flowing manes, and quickly reached
His home. Meantime Telemachus held forth
To his companions, thus exhorting them:—
  "My friends, make ready all things in our ship 280
And mount the deck, for we must now set sail."
  He spake, they hearkened and obeyed, and leaped

αἶψα δ' ἄρ' εἴσβαινον καὶ ἐπὶ κληῖσι καθῖζον.
ἤ τοι ὁ μὲν τὰ πονεῖτο καὶ εὔχετο, θῦε δ' Ἀθήνῃ
νηΐ πάρα πρυμνῇ: σχεδόθεν δέ οἱ ἤλυθεν ἀνὴρ
τηλεδαπός, φεύγων ἐξ Ἄργεος ἄνδρα κατακτάς,
μάντις: ἀτὰρ γενεήν γε Μελάμποδος ἔκγονος ἦεν, 225
ὅς πρὶν μέν ποτ' ἔναιε Πύλῳ ἔνι, μητέρι μήλων,
ἀφνειὸς Πυλίοισι μέγ' ἔξοχα δώματα ναίων:
δὴ τότε γ' ἄλλων δῆμον ἀφίκετο, πατρίδα φεύγων
Νηλέα τε μεγάθυμον, ἀγαυότατον ζωόντων,
ὅς οἱ χρήματα πολλὰ τελεσφόρον εἰς ἐνιαυτὸν 230
εἶχε βίῃ. ὁ δὲ τῆος ἐνὶ μεγάροις Φυλάκοιο
δεσμῷ ἐν ἀργαλέῳ δέδετο, κρατέρ' ἄλγεα πάσχων
εἵνεκα Νηλῆος κούρης ἄτης τε βαρείης,
τήν οἱ ἐπὶ φρεσὶ θῆκε θεὰ δασπλῆτις Ἐρινύς.
ἀλλ' ὁ μὲν ἔκφυγε κῆρα καὶ ἤλασε βοῦς ἐριμύκους 235
ἐς Πύλον ἐκ Φυλάκης καὶ ἐτίσατο ἔργον ἀεικὲς
ἀντίθεον Νηλῆα, κασιγνήτῳ δὲ γυναῖκα
ἠγάγετο πρὸς δώμαθ'. ὁ δ' ἄλλων ἵκετο δῆμον,
Ἄργος ἐς ἱππόβοτον: τόθι γάρ νύ οἱ αἴσιμον ἦεν
ναιέμεναι πολλοῖσιν ἀνάσσοντ' Ἀργείοισιν 240
ἔνθα δ' ἔγημε γυναῖκα καὶ ὑψερεφὲς θέτο δῶμα,
γείνατο δ' Ἀντιφάτην καὶ Μάντιον, υἷε κραταιώ.
Ἀντιφάτης μὲν ἔτικτεν Ὀϊκλῆα μεγάθυμον,
αὐτὰρ Ὀϊκλείης λαοσσόον Ἀμφιάραον,
ὅν περὶ κῆρι φίλει Ζεύς τ' αἰγίοχος καὶ Ἀπόλλων 245
παντοίην φιλότητ': οὐδ' ἵκετο γήραος οὐδόν,
ἀλλ' ὄλετ' ἐν Θήβῃσι γυναίων εἵνεκα δώρων.
τοῦ δ' υἱεῖς ἐγένοντ' Ἀλκμαίων Ἀμφίλοχός τε.
Μάντιος αὖ τέκετο Πολυφείδεά τε Κλειτόν τε:
ἀλλ' ἦ τοι Κλεῖτον χρυσόθρονος ἥρπασεν Ἠώς 250
κάλλεος εἵνεκα οἷο, ἵν' ἀθανάτοισι μετείη:
αὐτὰρ ὑπέρθυμον Πολυφείδεα μάντιν Ἀπόλλων

On board and manned the benches. While he thus
Was hastening his departure, offering prayer
And pouring wine to Pallas at the stern,   285
A stranger came, a seer, a fugitive
From Argos, where his hand had slain a man.
Melampus was his ancestor, who dwelt
Some time in Pylos, mother of fair flocks,—
Rich, and inhabiting a sumptuous house   290
Among the Pylians. Afterward he joined
Another people, fleeing from his home
And from the mighty Neleus, haughtiest
Of living men, who, seizing his large wealth,
Held it a year by force. Melampus lay   295
Meantime within the house of Phylacus
Fast bound, and suffering greatly, both because
Of Neleus' daughter, and of his own mind
Distempered by the unapproachable
Erinnys. Yet did he escape from death,   300
And drove the lowing herds to Phylace
And Pylos, and avenged his cruel wrong
On Neleus, carrying off his child to be
A consort for his brother. Then he came
Into the realm of Argos, famed for steeds;   305
For there it was decreed that he should dwell,
And rule o'er many of the Argive race.
And there he took a wife and built a house,—
A lofty pile; and there to him were born
Antiphates and Mantius, valiant men.   310
Antiphates was father of a son,
The brave Oïcleus, and to him was born
Amphiaraüs, one of those whose voice
Rouses the nations. Ægis-bearing Jove
And Phœbus loved him with exceeding love;   315
Yet reached he not the threshold of old age,
But, through the treachery of his bribed wife,
Perished too soon at Thebes. To him were born
Two sons, Alcmæon and Amphilochus.
Clytus and Polyphides were the sons   320
Of Mantius; but Aurora, she who fills
A golden chariot, bore away to heaven
Clytus for his great beauty, there to dwell
Among the immortals, while Apollo gave
To Polyphides of the noble mind   325

θῆκε βροτῶν ὄχ᾽ ἄριστον, ἐπεὶ θάνεν Ἀμφιάραος·
ὅς ῥ᾽ Ὑπερησίηνδ᾽ ἀπενάσσατο πατρὶ χολωθείς,
ἔνθ᾽ ὅ γε ναιετάων μαντεύετο πᾶσι βροτοῖσιν. 255
τοῦ μὲν ἄρ᾽ υἱὸς ἐπῆλθε, Θεοκλύμενος δ᾽ ὄνομ᾽ ἦεν,
ὃς τότε Τηλεμάχου πέλας ἵστατο· τὸν δ᾽ ἐκίχανεν
σπένδοντ᾽ εὐχόμενόν τε θοῇ παρὰ νηῒ μελαίνῃ,
καί μιν φωνήσας ἔπεα πτερόεντα προσηύδα·
'ὦ φίλ᾽, ἐπεί σε θύοντα κιχάνω τῷδ᾽ ἐνὶ χώρῳ, 260
λίσσομ᾽ ὑπὲρ θυέων καὶ δαίμονος, αὐτὰρ ἔπειτα
σῆς τ᾽ αὐτοῦ κεφαλῆς καὶ ἑταίρων, οἵ τοι ἕπονται,
εἰπέ μοι εἰρομένῳ νημερτέα μηδ᾽ ἐπικεύσῃς·
τίς πόθεν εἶς ἀνδρῶν; πόθι τοι πόλις ἠδὲ τοκῆες;'
' τὸν δ᾽ αὖ Τηλέμαχος πεπνυμένος ἀντίον ηὔδα· 265
'τοιγὰρ ἐγώ τοι, ξεῖνε, μάλ᾽ ἀτρεκέως ἀγορεύσω.
ἐξ Ἰθάκης γένος εἰμί, πατὴρ δέ μοί ἐστιν Ὀδυσσεύς,
εἴ ποτ᾽ ἔην· νῦν δ᾽ ἤδη ἀπέφθιτο λυγρῷ ὀλέθρῳ.
τοὔνεκα νῦν ἑτάρους τε λαβὼν καὶ νῆα μέλαιναν
ἦλθον πευσόμενος πατρὸς δὴν οἰχομένοιο.' 270
τὸν δ᾽ αὖτε προσέειπε Θεοκλύμενος θεοειδής·
'οὕτω τοι καὶ ἐγὼν ἐκ πατρίδος, ἄνδρα κατακτὰς
ἔμφυλον· πολλοὶ δὲ κασίγνητοί τε ἔται τε
Ἄργος ἀν᾽ ἱππόβοτον, μέγα δὲ κρατέουσιν Ἀχαιῶν.
τῶν ὑπαλευάμενος θάνατον καὶ κῆρα μέλαιναν 275
φεύγω, ἐπεί νύ μοι αἶσα κατ᾽ ἀνθρώπους ἀλάλησθαι.
ἀλλά με νηὸς ἔφεσσαι, ἐπεί σε φυγὼν ἱκέτευσα,
μή με κατακτείνωσι· διωκέμεναι γὰρ ὀΐω.'
τὸν δ᾽ αὖ Τηλέμαχος πεπνυμένος ἀντίον ηὔδα·
'οὐ μὲν δή σ᾽ ἐθέλοντά γ᾽ ἀπώσω νηὸς ἐΐσης, 280
ἀλλ᾽ ἕπευ· αὐτὰρ κεῖθι φιλήσεαι, οἷά κ᾽ ἔχωμεν.'
ὣς ἄρα φωνήσας οἱ ἐδέξατο χάλκεον ἔγχος,

To be a prophet, first of living men,
Since now Amphiaraüs was no more.
His father had displeased him, and he went
To Hyperesia, where he dwelt, and there
Revealed to all what yet should come to pass.   330
   It was his son who now approached; his name
Was Theoclymenus; he saw the prince
Telemachus, who stood beside the swift
Black ship, and, pouring a libation, prayed;
And thus he said to him in winged words:—   335
   "My friend, whom here beside this bark I find
Making a pious offering, I entreat
Both by that offering and the deity,
And by thy life, and by the lives of these
Who follow thee, declare to me the truth,   340
And keep back naught of all that I inquire,—
Who art thou, from what race of men, and where
Thy city lies, and who thy parents are."
   Then spake in turn discreet Telemachus:
Stranger, to every point I answer thee.   345
I am by race a son of Ithaca,
My father was Ulysses when alive,
But he has died a miserable death;
Long years has he been absent, and I came
With my companions here, and this black ship,   350
To gather tidings of my father's fate."
   Then said the godlike Theoclymenus:
"I too, like thee, am far away from home;
For I have slain a man of my own tribe,
And he had many brothers, many friends,   355
In Argos famed for steeds. Great is the power
Of those Achaians, and I flee from them
And the black doom of death, to be henceforth
A wanderer among men. O, shelter me
On board thy galley! I, a fugitive,   360
Implore thy mercy, lest they overtake
And slay me; they are surely on my track."
   And thus discreet Telemachus replied:
"If thou desire to come on board my ship,
I shall not hinder thee. Come with us then,   365
And take a friendly share in what we have."
   So saying he received his brazen spear,
And laid it on the good ship's deck, and went

καὶ τό γ' ἐπ' ἰκριόφιν τάνυσεν νεὸς ἀμφιελίσσης·
ἂν δὲ καὶ αὐτὸς νηὸς ἐβήσετο ποντοπόροιο.
ἐν πρύμνῃ δ' ἄρ' ἔπειτα καθέζετο, πὰρ δὲ οἷ αὐτῷ 285
εἷσε Θεοκλύμενον· τοὶ δὲ πρυμνήσι' ἔλυσαν.
Τηλέμαχος δ' ἑτάροισιν ἐποτρύνας ἐκέλευσεν
ὅπλων ἅπτεσθαι· τοὶ δ' ἐσσυμένως ἐπίθοντο.
ἱστὸν δ' εἰλάτινον κοίλης ἔντοσθε μεσόδμης
στῆσαν ἀείραντες, κατὰ δὲ προτόνοισιν ἔδησαν, 290
ἕλκον δ' ἱστία λευκὰ ἐϋστρέπτοισι βοεῦσι.
τοῖσιν δ' ἴκμενον οὖρον ἵει γλαυκῶπις Ἀθήνη,
λάβρον ἐπαιγίζοντα δι' αἰθέρος, ὄφρα τάχιστα
νηῦς ἀνύσειε θέουσα θαλάσσης ἁλμυρὸν ὕδωρ.
βὰν δὲ παρὰ Κρουνοὺς καὶ Χαλκίδα καλλιρέεθρον. 295
δύσετό τ' ἠέλιος σκιόωντό τε πᾶσαι ἀγυιαί·
ἡ δὲ Φεὰς ἐπέβαλλεν ἐπειγομένη Διὸς οὔρῳ
ἠδὲ παρ' Ἤλιδα δῖαν, ὅθι κρατέουσιν Ἐπειοί.
ἔνθεν δ' αὖ νήσοισιν ἐπιπροέηκε θοῇσιν,
ὁρμαίνων ἤ κεν θάνατον φύγοι ἦ κεν ἁλώῃ. 300
τὼ δ' αὖτ' ἐν κλισίῃ Ὀδυσεὺς καὶ δῖος ὑφορβὸς
δορπείτην· παρὰ δέ σφιν ἐδόρπεον ἀνέρες ἄλλοι.
αὐτὰρ ἐπεὶ πόσιος καὶ ἐδητύος ἐξ ἔρον ἕντο,
τοῖς δ' Ὀδυσεὺς μετέειπε, συβώτεω πειρητίζων,
ἤ μιν ἔτ' ἐνδυκέως φιλέοι μεῖναί τε κελεύοι 305
αὐτοῦ ἐνὶ σταθμῷ, ἦ ὀτρύνειε πόλινδε·
  'κέκλυθι νῦν, Εὔμαιε, καὶ ἄλλοι πάντες ἑταῖροι·
ἠῶθεν προτὶ ἄστυ λιλαίομαι ἀπονέεσθαι
πτωχεύσων, ἵνα μή σε κατατρύχω καὶ ἑταίρους.
ἀλλά μοι εὖ θ' ὑπόθευ καὶ ἅμ' ἡγεμόν' ἐσθλὸν ὄπασσον 310
ὅς κέ με κεῖσ' ἀγάγῃ· κατὰ δὲ πτόλιν αὐτὸς ἀνάγκῃ
πλάγξομαι, αἴ κέν τις κοτύλην καὶ πύρνον ὀρέξῃ.
καί κ' ἐλθὼν πρὸς δώματ' Ὀδυσσῆος θείοιο
ἀγγελίην εἴποιμι περίφρονι Πηνελοπείῃ,
καί κε μνηστήρεσσιν ὑπερφιάλοισι μιγείην, 315
εἴ μοι δεῖπνον δοῖεν ὀνείατα μυρί' ἔχοντες.

Himself on board, and, taking at the stern
His place, he seated Theoclymenus 370
Beside him. Then the mariners cast loose
The hawsers, and Telemachus gave forth
The order to prepare for sea. They heard
And eagerly obeyed; they raised the mast,
A pine-tree stem,—and, bringing it to stand 375
In its deep socket, bound it there with cords,
And hoisted by their strongly twisted thongs
The ship's white sails. The blue-eyed Pallas sent
A favorable and fresh-blowing wind,
That swept the sky to drive more speedily 380
The galley through the salt-sea waves. They came
To Cruni, and to Chalcis pleasantly
Watered by rivers. Now the sun went down;
Night closed around their way, but onward still
A favorable wind from Jupiter 385
Toward Pheræ bore them, and the hallowed coast
Of Elis, where the Epeian race bear sway,
And then among the isles whose rocky peaks
Rise from the waters. Here Telemachus
Mused thoughtfully on what his fate might be,— 390
To perish by the ambush or escape.

    Meantime Ulysses and the swineherd sat
At meat within the lodge; the other men
Were at the board, and when the calls of thirst
And hunger ceased, Ulysses spake to try 395
The swineherd, whether he were bent to show
Yet further kindness, and entreat his stay,
Or whether he would send him to the town.

    "Eumæus, hearken thou, and all the rest.
To-morrow 'tis my wish to go to town, 400
That I may beg, and be no charge to thee
And thy companions. Give me thy advice,
And send a trusty guide to show the way.
There will I roam the streets, for so I must,
And haply some one there will give a cup 405
Of wine and cake of meal. And when I find
The house of great Ulysses, I will tell
The sage Penelope the news I bring.
Nay, I would even go among the crew
Of arrogant suitors, who perhaps might give 410
A meal, for there is plenty at their feasts,

αἶψά κεν εὖ δρώοιμι μετὰ σφίσιν ἅσσ' ἐθέλοιεν.
ἐκ γάρ τοι ἐρέω, σὺ δὲ σύνθεο καί μευ ἄκουσον·
Ἑρμείαο ἕκητι διακτόρου, ὅς ῥά τε πάντων
ἀνθρώπων ἔργοισι χάριν καὶ κῦδος ὀπάζει, 320
δρηστοσύνῃ οὐκ ἄν μοι ἐρίσσειε βροτὸς ἄλλος,
πῦρ τ' εὖ νηῆσαι διά τε ξύλα δανὰ κεάσσαι,
δαιτρεῦσαί τε καὶ ὀπτῆσαι καὶ οἰνοχοῆσαι,
οἷά τε τοῖς ἀγαθοῖσι παραδρώωσι χέρηες.'
  τὸν δὲ μέγ' ὀχθήσας προσέφης, Εὔμαιε συβῶτα· 325
'ὤ μοι, ξεῖνε, τίη τοι ἐνὶ φρεσὶ τοῦτο νόημα
ἔπλετο; ἦ σύ γε πάγχυ λιλαίεαι αὐτόθ' ὀλέσθαι.
εἰ δὴ μνηστήρων ἐθέλεις καταδῦναι ὅμιλον,
τῶν ὕβρις τε βίη τε σιδήρεον οὐρανὸν ἵκει.
οὔ τοι τοιοίδ' εἰσὶν ὑποδρηστῆρες ἐκείνων, 330
ἀλλὰ νέοι, χλαίνας εὖ εἱμένοι ἠδὲ χιτῶνας,
αἰεὶ δὲ λιπαροὶ κεφαλὰς καὶ καλὰ πρόσωπα,
οἵ σφιν ὑποδρώωσιν· ἐΰξεστοι δὲ τράπεζαι
σίτου καὶ κρειῶν ἠδ' οἴνου βεβρίθασιν.
ἀλλὰ μέν'· οὐ γάρ τίς τοι ἀνιᾶται παρεόντι, 335
οὔτ' ἐγὼ οὔτε τις ἄλλος ἑταίρων, οἵ μοι ἔασιν.
αὐτὰρ ἐπὴν ἔλθησιν Ὀδυσσῆος φίλος υἱός,
κεῖνός σε χλαῖνάν τε χιτῶνά τε εἵματα ἕσσει,
πέμψει δ' ὅππη σε κραδίη θυμός τε κελεύει.'
  τὸν δ' ἠμείβετ' ἔπειτα πολύτλας δῖος Ὀδυσσεύς· 340
'αἴθ' οὕτως, Εὔμαιε, φίλος Διὶ πατρὶ γένοιο
ὡς ἐμοί, ὅττι μ' ἔπαυσας ἄλης καὶ ὀϊζύος αἰνῆς.
πλαγκτοσύνης δ' οὐκ ἔστι κακώτερον ἄλλο βροτοῖσιν·
ἀλλ' ἕνεκ' οὐλομένης γαστρὸς κακὰ κήδε' ἔχουσιν
ἀνέρες, ὅν τιν' ἵκηται ἄλη καὶ πῆμα καὶ ἄλγος. 345
νῦν δ' ἐπεὶ ἰσχανάᾳς μεῖναί τέ με κεῖνον ἄνωγας,
εἴπ' ἄγε μοι περὶ μητρὸς Ὀδυσσῆος θείοιο
πατρός θ', ὃν κατέλειπεν ἰὼν ἐπὶ γήραος οὐδῷ,
ἤ που ἔτι ζώουσιν ὑπ' αὐγὰς ἠελίοιο,
ἦ ἤδη τεθνᾶσι καὶ εἰν Ἀΐδαο δόμοισι.' 350
  τὸν δ' αὖτε προσέειπε συβώτης, ὄρχαμος ἀνδρῶν·
'τοιγὰρ ἐγώ τοι, ξεῖνε, μάλ' ἀτρεκέως ἀγορεύσω.
Λαέρτης μὲν ἔτι ζώει, Διὶ δ' εὔχεται αἰεὶ

And I would do whatever they require.
For let me tell thee, and do thou give heed,
There lives no man who can contend with me
In menial tasks,—to keep alive a fire   415
With fuel, cleave dry wood, and carve and roast
The meat and pour the wine,—whate'er is done
By poor men waiting on the better sort."
    And thou, Eumæus, keeper of the swine,
Didst answer in displeasure: "Woe is me!   420
How could thy bosom harbor such a thought?
O stranger! thou must surely be resolved
To perish if thy purpose be to go
Among the suitor crew, whose insolence
And riot reach the iron vault of heaven.   425
Not such attendants minister to them
As thou art, but fair youths arrayed in cloaks
And tunics, with sleek heads and smooth of face.
These wait at polished tables heavily
Loaded with bread and flesh and wine. Stay thou   430
Content among us, sure that no one here
Is wearied by thy presence, neither I
Nor any of my fellows. When he comes,
The dear son of Ulysses will provide
For thee the garments thou dost need,—a cloak   435
And tunic,—and will send thee where thou wilt."
    Ulysses, the great sufferer, answered thus:
"I pray that thou mayst be as dear to Jove,
The great All-Father, as thou art to me,
Since through thy kindness I enjoy a pause   440
Amid my weary wanderings. There is naught
Worse than a wandering life. Unseemly cares
A hungry stomach brings to homeless men;
Hardship and grief are theirs. But since thou wilt
That I remain and wait for thy young lord,   445
Speak to me of the mother of thy chief
Ulysses, and his father, whom he left
Just on the threshold of old age, if yet
They live, and still may look upon the sun;
Or have they died, and passed to Pluto's realm?"   450
    And then in turn the master swineherd spake:
"Rightly and truly will I answer thee,
O stranger! still Laertes lives, but prays
Continually to Jove that he may die

θυμὸν ἀπὸ μελέων φθίσθαι οἷς ἐν μεγάροισιν·
ἐκπάγλως γὰρ παιδὸς ὀδύρεται οἰχομένοιο 355
κουριδίης τ' ἀλόχοιο δαΐφρονος, ἥ ἑ μάλιστα
ἤκαχ' ἀποφθιμένη καὶ ἐν ὠμῷ γήραϊ θῆκεν.
ἡ δ' ἄχεϊ οὗ παιδὸς ἀπέφθιτο κυδαλίμοιο,
λευγαλέῳ θανάτῳ, ὡς μὴ θάνοι ὅς τις ἐμοί γε
ἐνθάδε ναιετάων φίλος εἴη καὶ φίλα ἔρδοι. 360
ὄφρα μὲν οὖν δὴ κείνη ἔην, ἀχέουσά περ ἔμπης,
τόφρα τί μοι φίλον ἔσκε μεταλλῆσαι καὶ ἐρέσθαι,
οὕνεκά μ' αὐτὴ θρέψεν ἅμα Κτιμένῃ τανυπέπλῳ,
θυγατέρ' ἰφθίμῃ, τὴν ὁπλοτάτην τέκε παίδων·
τῇ ὁμοῦ ἐτρεφόμην, ὀλίγον δέ τί μ' ἧσσον ἐτίμα. 365
αὐτὰρ ἐπεί ῥ' ἥβην πολυήρατον ἱκόμεθ' ἄμφω,
τὴν μὲν ἔπειτα Σάμηνδ' ἔδοσαν καὶ μυρί' ἕλοντο,
αὐτὰρ ἐμὲ χλαῖνάν τε χιτῶνά τε εἵματ' ἐκείνη
καλὰ μάλ' ἀμφιέσασα, ποσὶν δ' ὑποδήματα δοῦσα
ἀγρόνδε προΐαλλε· φίλει δέ με κηρόθι μᾶλλον. 370
νῦν δ' ἤδη τούτων ἐπιδεύομαι· ἀλλά μοι αὐτῷ
ἔργον ἀέξουσιν μάκαρες θεοὶ ᾧ ἐπιμίμνω·
τῶν ἔφαγόν τ' ἔπιόν τε καὶ αἰδοίοισιν ἔδωκα.
ἐκ δ' ἄρα δεσποίνης οὐ μείλιχον ἔστιν ἀκοῦσαι
οὔτ' ἔπος οὔτε τι ἔργον, ἐπεὶ κακὸν ἔμπεσεν οἴκῳ, 375
ἄνδρες ὑπερφίαλοι· μέγα δὲ δμῶες χατέουσιν
ἀντία δεσποίνης φάσθαι καὶ ἕκαστα πυθέσθαι
καὶ φαγέμεν πιέμεν τε, ἔπειτα δὲ καί τι φέρεσθαι
ἀγρόνδ', οἷά τε θυμὸν ἀεὶ δμώεσσιν ἰαίνει.'
  τὸν δ' ἀπαμειβόμενος προσέφη πολύμητις Ὀδυσσεύς· 380
'ὢ πόποι, ὡς ἄρα τυτθὸς ἐών, Εὔμαιε συβῶτα,
πολλὸν ἀπεπλάγχθης σῆς πατρίδος ἠδὲ τοκήων.
ἀλλ' ἄγε μοι τόδε εἰπὲ καὶ ἀτρεκέως κατάλεξον,
ἠὲ διεπράθετο πτόλις ἀνδρῶν εὐρυάγυια,
ᾗ ἔνι ναιετάασκε πατὴρ καὶ πότνια μήτηρ, 385
ἦ σέ γε μουνωθέντα παρ' οἴεσιν ἢ παρὰ βουσὶν
ἄνδρες δυσμενέες νηυσὶν λάβον ἠδ' ἐπέρασσαν
τοῦδ' ἀνδρὸς πρὸς δώμαθ', ὁ δ' ἄξιον ὦνον ἔδωκε.'
  τὸν δ' αὖτε προσέειπε συβώτης, ὄρχαμος ἀνδρῶν·
'ξεῖν', ἐπεὶ ἂρ δὴ ταῦτά μ' ἀνείρεαι ἠδὲ μεταλλᾷς, 390

In his own house; for sorely he laments 455
His son long absent, and his excellent wife,
Bride of his youth, whose death has brought on him
Sharp sorrow, and old age before its time.
By a sad death she died,—through wasting grief
For her lost, glorious son. May no one here, 460
No friend of mine, nor one who has bestowed
A kindness on me, die by such a death!
While yet she lived, great as her sorrow was,
I loved to speak with her and hear her words;
For she had reared me with her youngest-born,— 465
Her daughter, long-robed Ctimena. With her
Was I brought up, and scarcely less than her
Was held in honor. When at length we came
Into the pleasant years of youth, they sent
The princess hence to Samos, and received 470
Large presents; but to me her mother gave
Garments of price, a tunic and a cloak,
And sandals for my feet, and sent me forth
Into the fields, and loved me more and more.
All this is over now, yet must I say 475
My calling has been prospered by the gods.
From this I have the means to eat and drink,
And wherewithal to feast a worthy guest;
But from the queen I never have a word
Or deed of kindness, since that evil came 480
Upon her house,—that crew of lawless men.
Greatly the servants would rejoice to speak
Before their mistress, and inquire her will,
And eat and drink, and carry to their homes
Some gift, for gifts delight a servant's heart." 485
    Again Ulysses, the sagacious, spake:
"Swineherd Eumæus, thou, while yet a child,
Wert doubtless strangely tossed about the world,
Far from thy kindred and thy native land.
Now tell me, was the spacious town wherein 490
Thy father and thy mother dwelt laid waste?
Or wert thou left among the flocks and herds
Untended, and borne off by hostile men,
Who came in ships and sold thee to the lord
Of these possessions for a worthy price?" 495
    And then the master swineherd spake again:
"Since thou dost ask me, stranger, hear my words

σιγῇ νῦν ξυνίει καὶ τέρπεο, πῖνέ τε οἶνον
ἥμενος. αἵδε δὲ νύκτες ἀθέσφατοι: ἔστι μὲν εὕδειν,
ἔστι δὲ τερπομένοισιν ἀκούειν: οὐδέ τί σε χρή,
πρὶν ὥρη, καταλέχθαι: ἀνίη καὶ πολὺς ὕπνος.
τῶν δ᾽ ἄλλων ὅτινα κραδίη καὶ θυμὸς ἀνώγει, 395
εὑδέτω ἐξελθών: ἅμα δ᾽ ἠοῖ φαινομένηφι
δειπνήσας ἅμ᾽ ὕεσσιν ἀνακτορίῃσιν ἑπέσθω.
νῶϊ δ᾽ ἐνὶ κλισίῃ πίνοντέ τε δαινυμένω τε
κήδεσιν ἀλλήλων τερπώμεθα λευγαλέοισι,
μνωομένω: μετὰ γάρ τε καὶ ἄλγεσι τέρπεται ἀνήρ, 400
ὅς τις δὴ μάλα πολλὰ πάθῃ καὶ πόλλ᾽ ἐπαληθῇ.
τοῦτο δέ τοι ἐρέω ὅ μ᾽ ἀνείρεαι ἠδὲ μεταλλᾷς.
νῆσός τις Συρίη κικλήσκεται, εἴ που ἀκούεις,
Ὀρτυγίης καθύπερθεν, ὅθι τροπαὶ ἠελίοιο,
οὔ τι περιπληθὴς λίην τόσον, ἀλλ᾽ ἀγαθὴ μέν, 405
εὔβοτος, εὔμηλος, οἰνοπληθής, πολύπυρος.
πείνη δ᾽ οὔ ποτε δῆμον ἐσέρχεται, οὐδέ τις ἄλλη
νοῦσος ἐπὶ στυγερὴ πέλεται δειλοῖσι βροτοῖσιν:
ἀλλ᾽ ὅτε γηράσκωσι πόλιν κάτα φῦλ᾽ ἀνθρώπων,
ἐλθὼν ἀργυρότοξος Ἀπόλλων Ἀρτέμιδι ξὺν 410
οἷς ἀγανοῖς βελέεσσιν ἐποιχόμενος κατέπεφνεν.
ἔνθα δύω πόλιες, δίχα δέ σφισι πάντα δέδασται:
τῇσιν δ᾽ ἀμφοτέρῃσι πατὴρ ἐμὸς ἐμβασίλευε,
Κτήσιος Ὁρμενίδης, ἐπιείκελος ἀθανάτοισιν.
ἔνθα δὲ Φοίνικες ναυσίκλυτοι ἤλυθον ἄνδρες, 415
τρῶκται, μυρί᾽ ἄγοντες ἀθύρματα νηῒ μελαίνῃ.
ἔσκε δὲ πατρὸς ἐμοῖο γυνὴ Φοίνισσ᾽ ἐνὶ οἴκῳ,
καλή τε μεγάλη τε καὶ ἀγλαὰ ἔργα ἰδυῖα:
τὴν δ᾽ ἄρα Φοίνικες πολυπαίπαλοι ἠπερόπευον.
πλυνούσῃ τις πρῶτα μίγη κοίλῃ παρὰ νηΐ 420
εὐνῇ καὶ φιλότητι, τά τε φρένας ἠπεροπεύει
θηλυτέρῃσι γυναιξί, καὶ ἥ κ᾽ εὐεργὸς ἔῃσιν.
εἰρώτα δὴ ἔπειτα τίς εἴη καὶ πόθεν ἔλθοι:
ἡ δὲ μάλ᾽ αὐτίκα πατρὸς ἐπέφραδεν ὑψερεφὲς δῶ:
'ἐκ μὲν Σιδῶνος πολυχάλκου εὔχομαι εἶναι, 425
κούρη δ᾽ εἴμ᾽ Ἀρύβαντος ἐγὼ ῥυδὸν ἀφνειοῖο:

In silence; sit at ease and drink thy wine.
These nights are very long; there's time enough
For sleep, and time to entertain ourselves   500
With talk. It is not fitting to lie down
Ere the due hour arrive, and too much sleep
Is hurtful. Whosoever here shall feel
The strong desire, let him withdraw and sleep,
And rise with early morn and break his fast,   505
And tend my master's swine. Let us remain
Within, and drink and feast, and pass the time
Gayly, relating what we have endured,
Each one of us; for in the after time
One who has suffered much and wandered far   510
May take a pleasure even in his griefs.
   "But let me tell what thou hast asked of me:
Beyond Ortygia lies an island named
Syria; thou must have heard of it. The sun
Above it turns his course. It is not large,   515
But fruitful, fit for pasturage, and rich
In flocks, abounding both in wine and wheat.
There never famine comes, nor foul disease
Fastens on wretched mortals; but when men
Grow old, Apollo of the silver bow   520
Comes with Diana, aims his silent shafts,
And slays them. There two cities stand, and share
The isle between them. There my father reigned,
The godlike Ctesias, son of Ormenus,
And both the cities owned him as their king.   525
   "There came a crew of that seafaring race,
The people of Phœnicia, to our isle.
Shrewd fellows they, and brought in their black ship
Large store of trinkets. In my father's house
Was a Phœnician woman, large and fair,   530
And skilful in embroidery. As she came
A laundress to their ship, those cunning men
Seduced her. One of them obtained her love,—
For oft doth love mislead weak womankind,
Even of the more discreet. Her paramour   535
Asked who she was, and whence. She pointed out
The lofty pile in which my father dwelt.
   "'At Sidon, rich in brass, I had my birth,—
A daughter of the opulent Arybas;
And once, as I was coming from the fields,   540

ἀλλά μ' ἀνήρπαξαν Τάφιοι ληΐστορες ἄνδρες
ἀγρόθεν ἐρχομένην, πέρασαν δέ τε δεῦρ' ἀγαγόντες
τοῦδ' ἀνδρὸς πρὸς δώμαθ': ὁ δ' ἄξιον ὦνον ἔδωκε.'
τὴν δ' αὖτε προσέειπεν ἀνήρ, ὃς ἐμίσγετο λάθρῃ: 430
'ἦ ῥά κε νῦν πάλιν αὖτις ἄμ' ἡμῖν οἴκαδ' ἔποιο,
ὄφρα ἴδῃ πατρὸς καὶ μητέρος ὑψερεφὲς δῶ
αὐτούς τ'; ἦ γὰρ ἔτ' εἰσὶ καὶ ἀφνειοὶ καλέονται.'
τὸν δ' αὖτε προσέειπε γυνὴ καὶ ἀμείβετο μύθῳ:
'εἴη κεν καὶ τοῦτ', εἴ μοι ἐθέλοιτέ γε, ναῦται, 435
ὅρκῳ πιστωθῆναι ἀπήμονά μ' οἴκαδ' ἀπάξειν.'
ὣς ἔφαθ', οἱ δ' ἄρα πάντες ἐπώμνυον ὡς ἐκέλευεν.
αὐτὰρ ἐπεί ῥ' ὄμοσάν τε τελεύτησάν τε τὸν ὅρκον,
τοῖς δ' αὖτις μετέειπε γυνὴ καὶ ἀμείβετο μύθῳ:
'σιγῇ νῦν, μή τίς με προσαυδάτω ἐπέεσσιν 440
ὑμετέρων ἑτάρων, ξυμβλήμενος ἢ ἐν ἀγυιῇ,
ἤ που ἐπὶ κρήνῃ: μή τις ποτὶ δῶμα γέροντι
ἐλθὼν ἐξείπῃ, ὁ δ' ὀϊσάμενος καταδήσῃ
δεσμῷ ἐν ἀργαλέῳ, ὑμῖν δ' ἐπιφράσσετ' ὄλεθρον.
ἀλλ' ἔχετ' ἐν φρεσὶ μῦθον, ἐπείγετε δ' ὦνον ὁδαίων. 445
ἀλλ' ὅτε κεν δὴ νηῦς πλείη βιότοιο γένηται,
ἀγγελίη μοι ἔπειτα θοῶς ἐς δώμαθ' ἱκέσθω:
οἴσω γὰρ καὶ χρυσόν, ὅτις χ' ὑποχείριος ἔλθῃ:
καὶ δέ κεν ἄλλ' ἐπίβαθρον ἐγὼν ἐθέλουσά γε δοίην.
παῖδα γὰρ ἀνδρὸς ἑῆος ἐνὶ μεγάροις ἀτιτάλλω, 450
κερδαλέον δὴ τοῖον, ἅμα τροχόωντα θύραζε:
τόν κεν ἄγοιμ' ἐπὶ νηός, ὁ δ' ὑμῖν μυρίον ὦνον
ἄλφοι, ὅπῃ περάσητε κατ' ἀλλοθρόους ἀνθρώπους.'
ἡ μὲν ἄρ' ὣς εἰποῦσ' ἀπέβη πρὸς δώματα καλά,
οἱ δ' ἐνιαυτὸν ἅπαντα παρ' ἡμῖν αὖθι μένοντες 455
ἐν νηῒ γλαφυρῇ βίοτον πολὺν ἐμπολόωντο.
ἀλλ' ὅτε δὴ κοίλη νηῦς ἤχθετο τοῖσι νέεσθαι,
καὶ τότ' ἄρ' ἄγγελον ἧκαν, ὃς ἀγγείλειε γυναικί.
ἤλυθ' ἀνὴρ πολυϊδρις ἐμοῦ πρὸς δώματα πατρὸς
χρύσεον ὅρμον ἔχων, μετὰ δ' ἠλέκτροισιν ἔερτο. 460
τὸν μὲν ἄρ' ἐν μεγάρῳ δμῳαὶ καὶ πότνια μήτηρ
χερσίν τ' ἀμφαφόωντο καὶ ὀφθαλμοῖσιν ὁρῶντο,
ὦνον ὑπισχόμεναι: ὁ δὲ τῇ κατένευσε σιωπῇ.
ἦ τοι ὁ καννεύσας κοίλην ἐπὶ νῆα βεβήκει,
ἡ δ' ἐμὲ χειρὸς ἑλοῦσα δόμων ἐξῆγε θύραζε. 465

The Taphian pirates seized and bore me off,
And brought me to this isle and sold me here,
At that man's house; much gold he paid for me.'
"Then said her paramour: 'Wilt thou not then
Return with us, that thou mayst see again   545
Father and mother, and their fair abode?
For yet they live, and rumor says are rich.'
"To this the woman answered: 'I consent
If first ye take an oath,—ye mariners,—
And pledge your faith to bear me safely home.'   550
"She spake, and they complied, and when the oath
Was duly taken, thus the woman said:—
"'Now hold your peace; let none of all the crew
Speak to me more, in meeting on the road
Or at the fountain, lest some one should tell   555
The old man at the house, and he suspect
Some fraud and bind me fast, and plot your death.
Lock up your words within your breast; make haste
To buy supplies, and when the ship is full
Of all things needful, let a messenger   560
Come to me at the palace with all speed;
And I will bring with me whatever gold
My hands may find, and something else to pay
My passage. I am nurse to the young heir
Of the good man who dwells in yonder halls,—   565
A shrewd boy for his years, who oft goes out
With me,—and I will lead him to the ship,
And he will bring, in any foreign land
To which ye carry him, a liberal price.'
"The woman spake, and to our fair abode   570
Departed. The Phœnician crew remained
Until the twelvemonth's end, and filled their ship
With many things, and, when its roomy hull
Was fully laden, sent a messenger
To tell the woman. He, a cunning man,   575
Came to my father's house, and brought with him
A golden necklace set with amber beads.
The palace maidens and the gracious queen,
My mother, took it in their hands, and gazed
Upon it, and debated of its price.   580
Meantime the bearer gave the sign, and soon
Departed to the ship. The woman took
My hand and led me forth. Within the hall

εὗρε δ' ἐνὶ προδόμῳ ἠμὲν δέπα ἠδὲ τραπέζας
ἀνδρῶν δαιτυμόνων, οἵ μευ πατέρ' ἀμφεπένοντο.
οἱ μὲν ἄρ' ἐς θῶκον πρόμολον, δήμοιό τε φῆμιν,
ἡ δ' αἶψα τρί' ἄλεισα κατακρύψασ' ὑπὸ κόλπῳ
ἔκφερεν· αὐτὰρ ἐγὼν ἑπόμην ἀεσιφροσύνῃσι. 470
δύσετό τ' ἠέλιος, σκιόωντό τε πᾶσαι ἀγυιαί·
ἡμεῖς δ' ἐς λιμένα κλυτὸν ἤλθομεν ὦκα κιόντες,
ἔνθ' ἄρα Φοινίκων ἀνδρῶν ἦν ὠκύαλος νηῦς.
οἱ μὲν ἔπειτ' ἀναβάντες ἐπέπλεον ὑγρὰ κέλευθα,
νὼ ἀναβησάμενοι· ἐπὶ δὲ Ζεὺς οὖρον ἴαλλεν. 475
ἑξῆμαρ μὲν ὁμῶς πλέομεν νύκτας τε καὶ ἦμαρ·
ἀλλ' ὅτε δὴ ἕβδομον ἦμαρ ἐπὶ Ζεὺς θῆκε Κρονίων,
τὴν μὲν ἔπειτα γυναῖκα βάλ' Ἄρτεμις ἰοχέαιρα,
ἄντλῳ δ' ἐνδούπησε πεσοῦσ' ὡς εἰναλίη κήξ.
καὶ τὴν μὲν φώκῃσι καὶ ἰχθύσι κύρμα γενέσθαι 480
ἔκβαλον· αὐτὰρ ἐγὼ λιπόμην ἀκαχήμενος ἦτορ·
τοὺς δ' Ἰθάκῃ ἐπέλασσε φέρων ἄνεμός τε καὶ ὕδωρ,
ἔνθα με Λαέρτης πρίατο κτεάτεσσιν ἑοῖσιν.
οὕτω τήνδε τε γαῖαν ἐγὼν ἴδον ὀφθαλμοῖσι.
' τὸν δ' αὖ διογενὴς Ὀδυσεὺς ἠμείβετο μύθῳ· 485
'Εὔμαι', ἦ μάλα δή μοι ἐνὶ φρεσὶ θυμὸν ὄρινας
ταῦτα ἕκαστα λέγων, ὅσα δὴ πάθες ἄλγεα θυμῷ.
ἀλλ' ἦ τοι σοὶ μὲν παρὰ καὶ κακῷ ἐσθλὸν ἔθηκε
Ζεύς, ἐπεὶ ἀνδρὸς δώματ' ἀφίκεο πολλὰ μογήσας
ἠπίου, ὃς δή τοι παρέχει βρῶσίν τε πόσιν τε 490
ἐνδυκέως, ζώεις δ' ἀγαθὸν βίον· αὐτὰρ ἐγώ γε
πολλὰ βροτῶν ἐπὶ ἄστε' ἀλώμενος ἐνθάδ' ἱκάνω.'
  ὣς οἱ μὲν τοιαῦτα πρὸς ἀλλήλους ἀγόρευον,
καδδραθέτην δ' οὐ πολλὸν ἐπὶ χρόνον, ἀλλὰ μίνυνθα·
αἶψα γὰρ Ἠὼς ἦλθεν ἐΰθρονος. οἱ δ' ἐπὶ χέρσου 495
Τηλεμάχου ἕταροι λύον ἱστία, κὰδ δ' ἕλον ἱστὸν
καρπαλίμως, τὴν δ' εἰς ὅρμον προέρυσσαν ἐρετμοῖς·
ἐκ δ' εὐνὰς ἔβαλον, κατὰ δὲ πρυμνήσι' ἔδησαν·
ἐκ δὲ καὶ αὐτοὶ βαῖνον ἐπὶ ῥηγμῖνι θαλάσσης,
δεῖπνόν τ' ἐντύνοντο κερῶντό τε αἴθοπα οἶνον. 500
αὐτὰρ ἐπεὶ πόσιος καὶ ἐδητύος ἐξ ἔρον ἕντο,
τοῖσι δὲ Τηλέμαχος πεπνυμένος ἤρχετο μύθων·
  'ὑμεῖς μὲν νῦν ἄστυδ' ἐλαύνετε νῆα μέλαιναν,

She found upon the tables ready placed
The goblets for my father's guests, his peers;   585
But they were absent, and in council yet
Amid a great assembly. She concealed
Three goblets in her bosom, and bore off
The theft. I followed thoughtlessly. The sun
Went down, and darkness brooded o'er the ways.   590
Briskly we walked, and reached the famous port
And the fast-sailing ship. They took us both
On board, and sailed. Along its ocean path
The vessel ran, and Jupiter bestowed
A favorable wind. Six days we sailed,   595
Both night and day; but when Saturnian Jove
Brought the seventh day, Diana, archer-queen,
Struck down the woman, and with sudden noise
Headlong she plunged into the hold, as dives
A sea-gull. But the seamen cast her forth   600
To fishes and to sea-calves. I was left
Alone and sorrowful. The winds and waves
Carried our galley on to Ithaca;
And there Laertes purchased me, and thus
I first beheld the land in which I dwell."   605
   And then again the great Ulysses spake:
"Eumæus, the sad story of thy wrongs
And sufferings moves me deeply; yet hath Jove
Among thy evil fortunes given this good,
That, after all thy sufferings, thou art lodged   610
With a good master, who abundantly
Provides thee meat and drink; thou leadest here
A pleasant life, while I am come to thee
From wandering long and over many lands."
   So talked they with each other. No long time   615
They passed in sleep, for soon the Morning came,
Throned on her car of gold. Beside the shore
The comrades of Telemachus cast loose
The sails, took down the mast, and with their oars
Brought in the vessel to its place. They threw   620
The anchors out and bound the hawsers fast,
And went upon the sea-beach, where they dressed
Their morning meal, and mingled purple wine.
Then, when the calls of thirst and hunger ceased,
Discreet Telemachus bespake the crew:—   625
   "Take the black ship to town. I visit first

αὐτὰρ ἐγὼν ἀγροὺς ἐπιείσομαι ἠδὲ βοτῆρας:
ἑσπέριος δ' εἰς ἄστυ ἰδὼν ἐμὰ ἔργα κάτειμι. 505
ἠῶθεν δέ κεν ὔμμιν ὁδοιπόριον παραθείμην,
δαῖτ' ἀγαθὴν κρειῶν τε καὶ οἴνου ἡδυπότοιο.'
   τὸν δ' αὖτε προσέειπε Θεοκλύμενος θεοειδής:
'πῆ γὰρ ἐγώ, φίλε τέκνον, ἴω; τεῦ δώμαθ' ἴκωμαι
ἀνδρῶν οἳ κραναὴν Ἰθάκην κάτα κοιρανέουσιν; 510
ἦ ἰθὺς σῆς μητρὸς ἴω καὶ σοῖο δόμοιο;'
   τὸν δ' αὖ Τηλέμαχος πεπνυμένος ἀντίον ηὔδα:
'ἄλλως μέν σ' ἂν ἐγώ γε καὶ ἡμετερόνδε κελοίμην
ἔρχεσθ': οὐ γάρ τι ξενίων ποθή: ἀλλὰ σοὶ αὐτῷ
χεῖρον, ἐπεί τοι ἐγὼ μὲν ἀπέσσομαι, οὐδέ σε μήτηρ 515
ὄψεται: οὐ μὲν γάρ τι θαμὰ μνηστῆρσ' ἐνὶ οἴκῳ
φαίνεται, ἀλλ' ἀπὸ τῶν ὑπερῴῳ ἱστὸν ὑφαίνει.
ἀλλά τοι ἄλλον φῶτα πιφαύσκομαι ὅν κεν ἵκοιο,
Εὐρύμαχον, Πολύβοιο δαΐφρονος ἀγλαὸν υἱόν,
τὸν νῦν ἶσα θεῷ Ἰθακήσιοι εἰσορόωσι: 520
καὶ γὰρ πολλὸν ἄριστος ἀνὴρ μέμονέν τε μάλιστα
μητέρ' ἐμὴν γαμέειν καὶ Ὀδυσσῆος γέρας ἕξειν.
ἀλλὰ τά γε Ζεὺς οἶδεν Ὀλύμπιος, αἰθέρι ναίων,
εἴ κέ σφι πρὸ γάμοιο τελευτήσει κακὸν ἦμαρ.'
   ὣς ἄρα οἱ εἰπόντι ἐπέπτατο δεξιὸς ὄρνις, 525
κίρκος, Ἀπόλλωνος ταχὺς ἄγγελος: ἐν δὲ πόδεσσι
τίλλε πέλειαν ἔχων, κατὰ δὲ πτερὰ χεῦεν ἔραζε
μεσσηγὺς νηός τε καὶ αὐτοῦ Τηλεμάχοιο.
τὸν δὲ Θεοκλύμενος ἑτάρων ἀπονόσφι καλέσσας
ἔν τ' ἄρα οἱ φῦ χειρὶ ἔπος τ' ἔφατ' ἔκ τ' ὀνόμαζε: 530
'Τηλέμαχ', οὔ τοι ἄνευ θεοῦ ἔπτατο δεξιὸς ὄρνις
ἔγνων γάρ μιν ἐσάντα ἰδὼν οἰωνὸν ἐόντα.
ὑμετέρου δ' οὐκ ἔστι γένος βασιλεύτερον ἄλλο
ἐν δήμῳ Ἰθάκης, ἀλλ' ὑμεῖς καρτεροὶ αἰεί.
' τὸν δ' αὖ Τηλέμαχος πεπνυμένος ἀντίον ηὔδα: 535
'αἲ γὰρ τοῦτο, ξεῖνε, ἔπος τετελεσμένον εἴη:
τῷ κε τάχα γνοίης φιλότητά τε πολλά τε δῶρα
ἐξ ἐμεῦ, ὡς ἄν τίς σε συναντόμενος μακαρίζοι.'
   ἦ καὶ Πείραιον προσεφώνεε, πιστὸν ἑταῖρον:

The fields, and see my herdsmen, and at eve
Will come to town. To-morrow I will give
The parting feast, rich meats and generous wine."
Then said the godlike Theoclymenus: 630
"Whither, my son, am I to go? What house
Of all the chiefs of rugged Ithaca
Shall I seek shelter in? with thee, perhaps,
In thine own palace where thy mother dwells."
    And thus discreet Telemachus replied: 635
"I would have asked thee at another time
To make our house thy home, for there would be
No lack of kindly welcome. 'Twere not well
To ask thee now, for I shall not be there,
Nor will my mother see thee,—since not oft 640
Doth she appear before the suitor-train,
But in an upper room, apart from them,
Weaves at her loom a web. Another man
I name, Eurymachus, the illustrious son
Of the sage Polybus, to be thy host. 645
The noblest of the suitors he, and seeks
Most earnestly to wed the queen, and take
The rank Ulysses held. Olympian Jove,
Who dwells in ether, knows the fatal day
That may o'ertake the suitors ere she wed." 650
    As thus he spake, a falcon on the right
Flew by, Apollo's messenger. A dove
Was in his talons, which he tore, and poured
The feathers down between Telemachus
And where the galley lay. When this was seen 655
By Theoclymenus, he called the youth
Apart, alone, and took his hand and said:—
    "The bird that passed us, O Telemachus,
Upon the right, flew not without a god
To guide him. When I saw it, well I knew 660
The omen. Not in Ithaca exists
A house of a more kingly destiny
Than thine, and ever will its power prevail."
    And thus discreet Telemachus replied:
"O stranger, may thy saying come to pass: 665
Then shalt thou quickly know me for thy friend,
And be rewarded with such liberal gifts
That all who meet thee shall rejoice with thee."
    Then turning to Piræus he bespake

'Πείραιε Κλυτίδη, σὺ δέ μοι τά περ ἄλλα μάλιστα 540
πείθη ἐμῶν ἑτάρων, οἵ μοι Πύλον εἰς ἅμ' ἕποντο:
καὶ νῦν μοι τὸν ξεῖνον ἄγων ἐν δώμασι σοῖσιν
ἐνδυκέως φιλέειν καὶ τιέμεν, εἰς ὅ κεν ἔλθω.'
   τὸν δ' αὖ Πείραιος δουρικλυτὸς ἀντίον ηὔδα:
'Τηλέμαχ', εἰ γάρ κεν σὺ πολὺν χρόνον ἐνθάδε μίμνοι, 545
τόνδε τ' ἐγὼ κομιῶ, ξενίων δέ οἱ οὐ ποθὴ ἔσται.'
   ὣς εἰπὼν ἐπὶ νηὸς ἔβη, ἐκέλευσε δ' ἑταίρους
αὐτούς τ' ἀμβαίνειν ἀνά τε πρυμνήσια λῦσαι.
οἱ δ' αἶψ' εἴσβαινον καὶ ἐπὶ κληῖσι καθῖζον.
Τηλέμαχος δ' ὑπὸ ποσσὶν ἐδήσατο καλὰ πέδιλα, 550
εἵλετο δ' ἄλκιμον ἔγχος, ἀκαχμένον ὀξέϊ χαλκῷ,
νηὸς ἀπ' ἰκριόφιν: τοὶ δὲ πρυμνήσι' ἔλυσαν.
οἱ μὲν ἀνώσαντες πλέον ἐς πόλιν, ὡς ἐκέλευσε
Τηλέμαχος, φίλος υἱὸς Ὀδυσσῆος θείοιο:
τὸν δ' ὦκα προβιβάντα πόδες φέρον, ὄφρ' ἵκετ' αὐλήν, 555
ἔνθα οἱ ἦσαν ὕες μάλα μυρίαι, ᾗσι συβώτης
ἐσθλὸς ἐὼν ἐνίαυεν, ἀνάκτεσιν ἤπια εἰδώς.

That faithful follower thus: "Piræus, son 670
Of Clytius, thou who ever wert the first
To move, at my command, of all the men
Who went with me to Pylos, take, I pray,
This stranger to thy house, and there provide
For him, and honor him until I come." 675
    Piræus, mighty with the spear, replied:
"Telemachus, however long thy stay,
This man shall be my guest, nor ever lack
Beneath my roof for hospitable care."
    He spake, and climbed the deck, and bade his men 680
Enter the ship and cast the fastenings loose.
Quickly they came together, went on board
And manned the benches, while Telemachus
Bound the fair sandals to his feet, and took
His massive spear with its sharp blade of brass 685
That lay upon the deck. The men unbound
The hawsers, shoved the galley forth, and sailed
Townward, as they were bidden by the son
Of great Ulysses. Meantime the quick feet
Of the young chieftain bore him on until 690
He reached the lodge where his great herds of swine
Were fed, and, careful of his master's wealth,
Beside his charge the worthy swineherd slept.

Τὼ δ' αὖτ' ἐν κλισίῃ Ὀδυσεὺς καὶ δῖος ὑφορβὸς
ἐντύνοντο ἄριστον ἅμ' ἠοῖ, κηαμένω πῦρ,
ἔκπεμψάν τε νομῆας ἅμ' ἀγρομένοισι σύεσσι·
Τηλέμαχον δὲ περίσσαινον κύνες ὑλακόμωροι,
οὐδ' ὕλαον προσιόντα. νόησε δὲ δῖος Ὀδυσσεὺς   5
σαίνοντάς τε κύνας, περί τε κτύπος ἦλθε ποδοῖϊν.
αἶψα δ' ἄρ' Εὔμαιον ἔπεα πτερόεντα προσηύδα·
    'Εὔμαι', ἦ μάλα τίς τοι ἐλεύσεται ἐνθάδ' ἑταῖρος
ἢ καὶ γνώριμος ἄλλος, ἐπεὶ κύνες οὐχ ὑλάουσιν,
ἀλλὰ περισσαίνουσι· ποδῶν δ' ὑπὸ δοῦπον ἀκούω.'   10
    οὔ πω πᾶν εἴρητο ἔπος, ὅτε οἱ φίλος υἱὸς
ἔστη ἐνὶ προθύροισι. ταφὼν δ' ἀνόρουσε συβώτης,
ἐκ δ' ἄρα οἱ χειρῶν πέσον ἄγγεα, τοῖς ἐπονεῖτο,
κιρνὰς αἴθοπα οἶνον. ὁ δ' ἀντίος ἦλθεν ἄνακτος,
κύσσε δέ μιν κεφαλήν τε καὶ ἄμφω φάεα καλὰ   15
χεῖράς τ' ἀμφοτέρας· θαλερὸν δέ οἱ ἔκπεσε δάκρυ.
ὡς δὲ πατὴρ ὃν παῖδα φίλα φρονέων ἀγαπάζῃ
ἐλθόντ' ἐξ ἀπίης γαίης δεκάτῳ ἐνιαυτῷ,
μοῦνον τηλύγετον, τῷ ἔπ' ἄλγεα πολλὰ μογήσῃ,

BOOK XVI

Meantime Ulysses and that noble hind
The swineherd, in the lodge, at early dawn,
Lighted a fire, prepared a meal, and sent
The herdsmen forth to drive the swine afield.
The dogs, so apt to bark, came fawning round,   5
And barked not as Telemachus drew near.
Ulysses heard the sound of coming feet,
And marked the crouching dogs, and suddenly
Bespake Eumæus thus with winged words:—
  "Eumæus, without doubt some friend of thine,   10
Or some one known familiarly, is near.
There is no barking of the dogs; they fawn
Around him, and I hear the sound of feet."
  Scarce had he spoken, when within the porch
Stood his dear son. The swineherd starting up,   15
Surprised, let fall the vessels from his hands
In which he mingled the rich wines, and flew
To meet his master; kissed him on the brow;
Kissed both his shining eyes and both his hands,
With many tears. As when a father takes   20
Into his arms a son whom tenderly
He loves, returning from a distant land
In the tenth year,—his only son, the child
Of his old age, for whom he long has borne

ὡς τότε Τηλέμαχον θεοειδέα δῖος ὑφορβὸς 20
πάντα κύσεν περιφύς, ὡς ἐκ θανάτοιο φυγόντα·
καί ῥ' ὀλοφυρόμενος ἔπεα πτερόεντα προσηύδα·
 'ἦλθες, Τηλέμαχε, γλυκερὸν φάος. οὔ σ' ἔτ' ἐγώ γε
ὄψεσθαι ἐφάμην, ἐπεὶ ᾤχεο νηΐ Πύλονδε.
ἀλλ' ἄγε νῦν εἴσελθε, φίλον τέκος, ὄφρα σε θυμῷ 25
τέρψομαι εἰσορόων νέον ἄλλοθεν ἔνδον ἐόντα.
οὐ μὲν γάρ τι θάμ' ἀγρὸν ἐπέρχεαι οὐδὲ νομῆας,
ἀλλ' ἐπιδημεύεις· ὣς γάρ νύ τοι εὔαδε θυμῷ,
ἀνδρῶν μνηστήρων ἐσορᾶν ἀΐδηλον ὅμιλον.
 ' τὸν δ' αὖ Τηλέμαχος πεπνυμένος ἀντίον ηὔδα· 30
'ἔσσεται οὕτως, ἄττα· σέθεν δ' ἕνεκ' ἐνθάδ' ἱκάνω,
ὄφρα σέ τ' ὀφθαλμοῖσιν ἴδω καὶ μῦθον ἀκούσω,
ἤ μοι ἔτ' ἐν μεγάροις μήτηρ μένει, ἦέ τις ἤδη
ἀνδρῶν ἄλλος ἔγημεν, Ὀδυσσῆος δέ που εὐνὴ
χήτει ἐνευναίων κάκ' ἀράχνια κεῖται ἔχουσα.' 35
 τὸν δ' αὖτε προσέειπε συβώτης, ὄρχαμος ἀνδρῶν·
'καὶ λίην κείνη γε μένει τετληότι θυμῷ
σοῖσιν ἐνὶ μεγάροισιν· ὀϊζυραὶ δέ οἱ αἰεὶ
φθίνουσιν νύκτες τε καὶ ἤματα δάκρυ χεούσῃ.
 ' ὣς ἄρα φωνήσας οἱ ἐδέξατο χάλκεον ἔγχος· 40
αὐτὰρ ὅ γ' εἴσω ἴεν καὶ ὑπέρβη λάϊνον οὐδόν.
τῷ δ' ἕδρης ἐπιόντι πατὴρ ὑπόειξεν Ὀδυσσεύς·
Τηλέμαχος δ' ἑτέρωθεν ἐρήτυε φώνησέν τε·
 'ἧσ', ὦ ξεῖν'· ἡμεῖς δὲ καὶ ἄλλοθι δήομεν ἕδρην
σταθμῷ ἐν ἡμετέρῳ· πάρα δ' ἀνὴρ ὃς καταθήσει.' 45
 ὣς φάθ', ὁ δ' αὖτις ἰὼν κατ' ἄρ' ἕζετο· τῷ δὲ συβώτης
χεῦεν ὕπο χλωρὰς ῥῶπας καὶ κῶας ὕπερθεν·
ἔνθα καθέζετ' ἔπειτα Ὀδυσσῆος φίλος υἱός.
τοῖσιν δ' αὖ κρειῶν πίνακας παρέθηκε συβώτης
ὀπταλέων, ἅ ῥα τῇ προτέρῃ ὑπέλιπον ἔδοντες, 50
σῖτον δ' ἐσσυμένως παρενήνεεν ἐν κανέοισιν,
ἐν δ' ἄρα κισσυβίῳ κίρνη μελιηδέα οἶνον·
αὐτὸς δ' ἀντίον ἷζεν Ὀδυσσῆος θείοιο.
οἱ δ' ἐπ' ὀνείαθ' ἑτοῖμα προκείμενα χεῖρας ἴαλλον.

    Hardship and grief,—so to Telemachus   25
The swineherd clung, and kissed him o'er and o'er,
As one escaped from death, and, shedding still
Warm tears, bespake him thus with winged words:—
    "Thou comest, O Telemachus! the light
Is not more sweet to me. I never thought   30
To see thee more when thou hadst once embarked
For Pylos. Now come in, beloved child,
And let my heart rejoice that once again
I have thee here, so newly come from far.
For 'tis not often that thou visitest   35
Herdsmen and fields, but dwellest in the town,—
Such is thy will,—beholding day by day
The wasteful pillage of the suitor-train."
    And thus discreet Telemachus replied:
"So be it, father; for thy sake I came   40
To see thee with these eyes, and hear thee speak
And tell me if my mother dwells within
The palace yet; or has some wooer led
The queen away, his bride, and does the couch
Of great Ulysses lie untapestried,   45
With ugly cobwebs gathering over it?"
    And then the master swineherd spake in turn:
"Most true it is that with a constant mind
The queen inhabits yet thy palace halls,
And wastes in tears her wretched nights and days."   50
    So speaking he received his brazen lance,
And over the stone threshold passed the prince
Into the lodge. Ulysses yielded up
His seat to him; Telemachus forbade.
    "Nay, stranger, sit; it shall be ours to find   55
Elsewhere a seat in this our lodge, and he
Who should provide it is already here."
    He spake; Ulysses turned, and took again
His place; the swineherd made a pile of twigs
And covered it with skins, on which sat down   60
The dear son of Ulysses. Next he brought
Dishes of roasted meats which yet remained,
Part of the banquet of the day before,
And heaped the canisters with bread, and mixed
The rich wines in a wooden bowl. He sat   65
Right opposite Ulysses. All put forth
Their hands and shared the meats upon the board;

αὐτὰρ ἐπεὶ πόσιος καὶ ἐδητύος ἐξ ἔρον ἕντο, 55
δὴ τότε Τηλέμαχος προσεφώνεε δῖον ὑφορβόν·
'ἄττα, πόθεν τοι ξεῖνος ὅδ' ἵκετο; πῶς δέ ἑ ναῦται
ἤγαγον εἰς Ἰθάκην; τίνες ἔμμεναι εὐχετόωντο;
οὐ μὲν γάρ τί ἑ πεζὸν ὀΐομαι ἐνθάδ' ἱκέσθαι.'
τὸν δ' ἀπαμειβόμενος προσέφης, Εὔμαιε συβῶτα· 60
'τοιγὰρ ἐγώ τοι, τέκνον, ἀληθέα πάντ' ἀγορεύσω.
ἐκ μὲν Κρητάων γένος εὔχεται εὐρειάων,
φησὶ δὲ πολλὰ βροτῶν ἐπὶ ἄστεα δινηθῆναι
πλαζόμενος· ὣς γάρ οἱ ἐπέκλωσεν τά γε δαίμων.
νῦν αὖ Θεσπρωτῶν ἀνδρῶν ἐκ νηὸς ἀποδρὰς 65
ἤλυθ' ἐμὸν πρὸς σταθμόν, ἐγὼ δέ τοι ἐγγυαλίξω·
ἔρξον ὅπως ἐθέλεις· ἱκέτης δέ τοι εὔχεται εἶναι.'
τὸν δ' αὖ Τηλέμαχος πεπνυμένος ἀντίον ηὔδα·
'Εὔμαι', ἦ μάλα τοῦτο ἔπος θυμαλγὲς ἔειπες·
πῶς γὰρ δὴ τὸν ξεῖνον ἐγὼν ὑποδέξομαι οἴκῳ; 70
αὐτὸς μὲν νέος εἰμὶ καὶ οὔ πω χερσὶ πέποιθα
ἄνδρ' ἀπαμύνασθαι, ὅτε τις πρότερος χαλεπήνῃ·
μητρὶ δ' ἐμῇ δίχα θυμὸς ἐνὶ φρεσὶ μερμηρίζει,
ἢ αὐτοῦ παρ' ἐμοί τε μένῃ καὶ δῶμα κομίζῃ,
εὐνήν τ' αἰδομένη πόσιος δήμοιό τε φῆμιν, 75
ἦ ἤδη ἅμ' ἕπηται Ἀχαιῶν ὅς τις ἄριστος
μνᾶται ἐνὶ μεγάροισιν ἀνὴρ καὶ πλεῖστα πόρῃσιν.
ἀλλ' ἦ τοι τὸν ξεῖνον, ἐπεὶ τεὸν ἵκετο δῶμα,
ἕσσω μιν χλαῖνάν τε χιτῶνά τε, εἵματα καλά,
δώσω δὲ ξίφος ἄμφηκες καὶ ποσσὶ πέδιλα, 80
πέμψω δ' ὅππη μιν κραδίη θυμός τε κελεύει.
εἰ δ' ἐθέλεις, σὺ κόμισσον ἐνὶ σταθμοῖσιν ἐρύξας·
εἵματα δ' ἐνθάδ' ἐγὼ πέμψω καὶ σῖτον ἅπαντα
ἔδμεναι, ὡς ἂν μή σε κατατρύχῃ καὶ ἑταίρους.
κεῖσε δ' ἂν οὔ μιν ἐγώ γε μετὰ μνηστῆρας ἐῷμι 85
ἔρχεσθαι· λίην γὰρ ἀτάσθαλον ὕβριν ἔχουσι·
μή μιν κερτομέωσιν, ἐμοὶ δ' ἄχος ἔσσεται αἰνόν.

And when the calls of thirst and hunger ceased,
Thus to the swineherd said Telemachus:—
    "Whence, father, is this stranger, and how brought   70
By seamen to the coast of Ithaca?
And who are they that brought him?—for I deem
He came not over to our isle on foot."
    And thus, Eumæus, thou didst make reply:
"True answer will I make to all. He claims   75
To be a son of the broad isle of Crete,
And says that in his wanderings he has passed
Through many cities of the world, for so
Some god ordained; and now, escaped by flight
From a Thesprotian galley, he has sought   80
A refuge in my lodge. Into thy hands
I give him; deal thou with him as thou wilt.
He is thy suppliant, and makes suit to thee."
    Then spake discreet Telemachus again:
"Eumæus, thou hast uttered words that pierce   85
My heart with pain; for how can I receive
A stranger at my house? I am a youth
Who never yet has trusted in his arm
To beat the offerer of an insult back.
And in my mother's mind the choice is yet   90
Uncertain whether to remain with me
The mistress of my household, keeping still
Her constant reverence for her husband's bed,
And still obedient to the people's voice,
Or whether she shall follow as a bride   95
Him of the Achaian suitors in my halls
Who is accounted worthiest, and who brings
The richest gifts. Now, as to this thy guest,
Since he has sought thy lodge, I give to him
A cloak and tunic, seemly of their kind,   100
A two-edged sword, and sandals for his feet.
And I will send him to whatever coast
He may desire to go. Yet, if thou wilt,
Lodge him beneath thy roof, and I will send
Raiment and food, that he may be no charge   105
To thee or thy companions. To my house
Among the suitor-train I cannot bear
That he should go. Those men are insolent
Beyond all measure; they would scoff at him,
And greatly should I grieve. The boldest man   110

πρῆξαι δ' ἀργαλέον τι μετὰ πλεόνεσσιν ἐόντα
ἄνδρα καὶ ἴφθιμον, ἐπεὶ ἦ πολὺ φέρτεροί εἰσι.
' τὸν δ' αὖτε προσέειπε πολύτλας δῖος Ὀδυσσεύς: 90
'ὦ φίλ', ἐπεί θήν μοι καὶ ἀμείψασθαι θέμις ἐστίν,
ἦ μάλα μευ καταδάπτετ' ἀκούοντος φίλον ἦτορ,
οἷά φατε μνηστῆρας ἀτάσθαλα μηχανάασθαι
ἐν μεγάροις, ἀέκητι σέθεν τοιούτου ἐόντος.
εἰπέ μοι ἠὲ ἑκὼν ὑποδάμνασαι, ἦ σέ γε λαοὶ 95
ἐχθαίρουσ' ἀνὰ δῆμον, ἐπισπόμενοι θεοῦ ὀμφῇ,
ἦ τι κασιγνήτοις ἐπιμέμφεαι, οἷσί περ ἀνὴρ
μαρναμένοισι πέποιθε, καὶ εἰ μέγα νεῖκος ὄρηται.
αἲ γὰρ ἐγὼν οὕτω νέος εἴην τῷδ' ἐπὶ θυμῷ,
ἢ παῖς ἐξ Ὀδυσῆος ἀμύμονος ἠὲ καὶ αὐτός: 100
αὐτίκ' ἔπειτ' ἀπ' ἐμεῖο κάρη τάμοι ἀλλότριος φώς,
εἰ μὴ ἐγὼ κείνοισι κακὸν πάντεσσι γενοίμην,
ἐλθὼν ἐς μέγαρον Λαερτιάδεω Ὀδυσῆος.
εἰ δ' αὖ με πληθυῖ δαμασαίατο μοῦνον ἐόντα,
βουλοίμην κ' ἐν ἐμοῖσι κατακτάμενος μεγάροισι 105
τεθνάμεν ἢ τάδε γ' αἰὲν ἀεικέα ἔργ' ὁράασθαι,
ξείνους τε στυφελιζομένους δμῳάς τε γυναῖκας
ῥυστάζοντας ἀεικελίως κατὰ δώματα καλά,
καὶ οἶνον διαφυσσόμενον, καὶ σῖτον ἔδοντας
μὰψ αὔτως, ἀτέλεστον, ἀνηνύστῳ ἐπὶ ἔργῳ.' 110
  τὸν δ' αὖ Τηλέμαχος πεπνυμένος ἀντίον ηὔδα:
'τοιγὰρ ἐγώ τοι, ξεῖνε, μάλ' ἀτρεκέως ἀγορεύσω.
οὔτε τί μοι πᾶς δῆμος ἀπεχθόμενος χαλεπαίνει,
οὔτε κασιγνήτοις ἐπιμέμφομαι, οἷσί περ ἀνὴρ
μαρναμένοισι πέποιθε, καὶ εἰ μέγα νεῖκος ὄρηται. 115
ὧδε γὰρ ἡμετέρην γενεὴν μούνωσε Κρονίων:
μοῦνον Λαέρτην Ἀρκείσιος υἱὸν ἔτικτε,
μοῦνον δ' αὖτ' Ὀδυσῆα πατὴρ τέκεν: αὐτὰρ Ὀδυσσεὺς
μοῦνον ἔμ' ἐν μεγάροισι τεκὼν λίπεν οὐδ' ἀπόνητο.
τῷ νῦν δυσμενέες μάλα μυρίοι εἴσ' ἐνὶ οἴκῳ. 120
ὅσσοι γὰρ νήσοισιν ἐπικρατέουσιν ἄριστοι,
Δουλιχίῳ τε Σάμῃ τε καὶ ὑλήεντι Ζακύνθῳ,
ἠδ' ὅσσοι κραναὴν Ἰθάκην κάτα κοιρανέουσι,

Against so many might contend in vain,
And greater is their power by far than mine."
　Then spake Ulysses, the great sufferer:
"O friend,—since I have liberty to speak,—
My very heart is wounded when I hear 115
What wrongs the suitors practise in thy halls
Against a youth like thee. But give me leave
To ask if thou submittest willingly,
Or do thy people, hearkening to some god,
Hate thee with open hatred? Dost thou blame 120
Thy brothers?—for in brothers men confide
Even in a desperate conflict. Would that I
Were young again, and with the will I have,
Or that I could become Ulysses' son,
Or were that chief himself returned at last 125
From all his wanderings,—and there yet is hope
Of his return,—then might another strike
My head off if I would not instantly
Enter the house of Laertiades
And make myself a mischief to them all. 130
But should they overcome me, thus alone
Contending with such numbers, I would choose
Rather in mine own palace to be slain
Than every day behold such shameful deeds,—
Insulted guests, maid-servants foully dragged 135
Through those fair palace chambers, wine-casks drained,
And gluttons feasting idly, wastefully,
And others toiling for them without end."
　Then spake again discreet Telemachus:
"Stranger, thou shalt be answered faithfully. 140
Know, then, the people are by no means wroth
With me, nor have I brothers to accuse,
Though in a desperate conflict men rely
Upon a brother's aid. Saturnian Jove
Confines our lineage to a single head. 145
The king Arcesius had an only son,
Laertes, and to him was only born
Ulysses; and Ulysses left me here,
The only scion of his house, and he
Had little joy of me. Our halls are filled 150
With enemies, the chief men of the isles,—
Dulichium, Samos, and Zacynthus dark
With forests, and the rugged Ithaca,—

τόσσοι μητέρ' ἐμὴν μνῶνται, τρύχουσι δὲ οἶκον.
ἡ δ' οὔτ' ἀρνεῖται στυγερὸν γάμον οὔτε τελευτὴν 125
ποιῆσαι δύναται: τοὶ δὲ φθινύθουσιν ἔδοντες
οἶκον ἐμόν: τάχα δή με διαρραίσουσι καὶ αὐτόν.
ἀλλ' ἦ τοι μὲν ταῦτα θεῶν ἐν γούνασι κεῖται:
ἄττα, σὺ δ' ἔρχεο θᾶσσον, ἐχέφρονι Πηνελοπείῃ
εἴφ' ὅτι οἱ σῶς εἰμὶ καὶ ἐκ Πύλου εἰλήλουθα. 130
αὐτὰρ ἐγὼν αὐτοῦ μενέω, σὺ δὲ δεῦρο νέεσθαι,
οἴῃ ἀπαγγεῖλας: τῶν δ' ἄλλων μή τις Ἀχαιῶν
πευθέσθω: πολλοὶ γὰρ ἐμοὶ κακὰ μηχανόωνται.'
  τὸν δ' ἀπαμειβόμενος προσέφης, Εὔμαιε συβῶτα:
'γιγνώσκω, φρονέω: τά γε δὴ νοέοντι κελεύεις. 135
ἀλλ' ἄγε μοι τόδε εἰπὲ καὶ ἀτρεκέως κατάλεξον,
ἦ καὶ Λαέρτῃ αὐτὴν ὁδὸν ἄγγελος ἔλθω
δυσμόρῳ, ὃς τῆος μὲν Ὀδυσσῆος μέγ' ἀχεύων
ἔργα τ' ἐποπτεύεσκε μετὰ δμώων τ' ἐνὶ οἴκῳ
πῖνε καὶ ἦσθ', ὅτε θυμὸς ἐνὶ στήθεσσιν ἀνώγοι: 140
αὐτὰρ νῦν, ἐξ οὗ σύ γε ᾤχεο νηῒ Πύλονδε,
οὔ πω μίν φασιν φαγέμεν καὶ πιέμεν αὔτως,
οὐδ' ἐπὶ ἔργα ἰδεῖν, ἀλλὰ στοναχῇ τε γόῳ τε
ἧσται ὀδυρόμενος, φθινύθει δ' ἀμφ' ὀστεόφι χρώς.'
  τὸν δ' αὖ Τηλέμαχος πεπνυμένος ἀντίον ηὔδα: 145
'ἄλγιον, ἀλλ' ἔμπης μιν ἐάσομεν, ἀχνύμενοί περ:
εἰ γὰρ πως εἴη αὐτάγρετα πάντα βροτοῖσι,
πρῶτόν κεν τοῦ πατρὸς ἑλοίμεθα νόστιμον ἦμαρ.
ἀλλὰ σύ γ' ἀγγείλας ὀπίσω κίε, μηδὲ κατ' ἀγροὺς
πλάζεσθαι μετ' ἐκεῖνον: ἀτὰρ πρὸς μητέρα εἰπεῖν 150
ἀμφίπολον ταμίην ὀτρυνέμεν ὅττι τάχιστα
κρύβδην: κείνη γὰρ κεν ἀπαγγείλειε γέροντι.'
  ἦ ῥα καὶ ὦρσε συφορβόν: ὁ δ' εἵλετο χερσὶ πέδιλα,
δησάμενος δ' ὑπὸ ποσσὶ πόλινδ' ἴεν. οὐδ' ἄρ' Ἀθήνην
λῆθεν ἀπὸ σταθμοῖο κιὼν Εὔμαιος ὑφορβός, 155
ἀλλ' ἥ γε σχεδὸν ἦλθε: δέμας δ' ἤϊκτο γυναικὶ
καλῇ τε μεγάλῃ τε καὶ ἀγλαὰ ἔργα ἰδυίῃ.
στῆ δὲ κατ' ἀντίθυρον κλισίης Ὀδυσῆϊ φανεῖσα:
οὐδ' ἄρα Τηλέμαχος ἴδεν ἀντίον οὐδ' ἐνόησεν,

So many woo my mother and consume
Our substance. She rejects not utterly   155
Their hateful suit, nor yet will give consent
And end it. They go on to waste my wealth,
And soon will end me also; but the event
Rests with the gods.—And go thou now with speed,
Eumæus, father, to Penelope,   160
And say that I am safe, and just returned
From Pylos. I remain within the lodge.
And then come back as soon as thou hast told
The queen alone. Let none of all the Greeks
Hear aught; for they are plotting harm to me."   165
   Then thus, Eumæus, thou didst make reply:
"Enough, I see it all, thy words are said
To one who understands them. But, I pray,
Direct me whether in my way to take
A message to Laertes, the distressed.   170
While sorrowing for Ulysses he o'ersaw
The labors of the field, and ate and drank,
As he had appetite, with those who wrought.
But since thy voyage to the Pylian coast
They say he never takes his daily meals   175
As he was wont, nor oversees the work,
But sits and mourns and sighs and pines away,
Until his limbs are shrivelled to the bone."
   Then spake discreet Telemachus again:
"'Tis sad, but we must leave him to his grief   180
A little while. Could everything be made
To happen as we mortals wish, I then
Would first desire my father's safe return.
But thou, when thou hast given thy message, haste
Hither again, nor wander through the fields   185
To him; but let my mother send at once
The matron of her household, privately,
To bear the tidings to the aged man."
   He spake to speed the swineherd, who took up
His sandals, bound them on, and bent his way   190
Townward. Not unperceived by Pallas went
Eumæus from the lodge. She came in shape
A woman beautiful and stately, skilled
In household arts, the noblest. Near the gate
She stood, right opposite. Ulysses saw;   195
Telemachus beheld her not; the gods

οὐ γάρ πω πάντεσσι θεοὶ φαίνονται ἐναργεῖς, 160
ἀλλ' Ὀδυσεύς τε κύνες τε ἴδον, καί ῥ' οὐχ ὑλάοντο
κνυζηθμῷ δ' ἑτέρωσε διὰ σταθμοῖο φόβηθεν.
ἡ δ' ἄρ' ἐπ' ὀφρύσι νεῦσε: νόησε δὲ δῖος Ὀδυσσεύς,
ἐκ δ' ἦλθεν μεγάροιο παρὲκ μέγα τειχίον αὐλῆς,
στῆ δὲ πάροιθ' αὐτῆς: τὸν δὲ προσέειπεν Ἀθήνη: 165
'διογενὲς Λαερτιάδη, πολυμήχαν' Ὀδυσσεῦ,
ἤδη νῦν σῷ παιδὶ ἔπος φάο μηδ' ἐπίκευθε,
ὡς ἄν μνηστῆρσιν θάνατον καὶ κῆρ' ἀραρόντε
ἔρχησθον προτὶ ἄστυ περικλυτόν: οὐδ' ἐγὼ αὐτὴ
δηρὸν ἀπὸ σφῶϊν ἔσομαι μεμαυῖα μάχεσθαι.' 170
ἦ καὶ χρυσείῃ ῥάβδῳ ἐπεμάσσατ' Ἀθήνη.
φᾶρος μέν οἱ πρῶτον ἐϋπλυνὲς ἠδὲ χιτῶνα
θῆκ' ἀμφὶ στήθεσσι, δέμας δ' ὤφελλε καὶ ἥβην.
ἂψ δὲ μελαγχροιὴς γένετο, γναθμοὶ δὲ τάνυσθεν,
κυάνεαι δ' ἐγένοντο γενειάδες ἀμφὶ γένειον. 175
ἡ μὲν ἄρ' ὣς ἔρξασα πάλιν κίεν: αὐτὰρ Ὀδυσσεὺς
ἤϊεν ἐς κλισίην: θάμβησε δέ μιν φίλος υἱός,
ταρβήσας δ' ἑτέρωσε βάλ' ὄμματα, μὴ θεὸς εἴη,
καί μιν φωνήσας ἔπεα πτερόεντα προσηύδα:
'ἀλλοῖός μοι, ξεῖνε, φάνης νέον ἠὲ πάροιθεν, 180
ἄλλα δὲ εἵματ' ἔχεις, καί τοι χρὼς οὐκέθ' ὁμοῖος.
ἦ μάλα τις θεός ἐσσι, τοὶ οὐρανὸν εὐρὺν ἔχουσιν:
ἀλλ' ἴληθ', ἵνα τοι κεχαρισμένα δώομεν ἱρὰ
ἠδὲ χρύσεα δῶρα, τετυγμένα: φείδεο δ' ἡμέων.'
τὸν δ' ἠμείβετ' ἔπειτα πολύτλας δῖος Ὀδυσσεύς: 185
'οὔ τίς τοι θεός εἰμι: τί μ' ἀθανάτοισιν ἐΐσκεις;
ἀλλὰ πατὴρ τεός εἰμι, τοῦ εἵνεκα σὺ στεναχίζων
πάσχεις ἄλγεα πολλά, βίας ὑποδέγμενος ἀνδρῶν.'
ὣς ἄρα φωνήσας υἱὸν κύσε, κὰδ δὲ παρειῶν
δάκρυον ἧκε χαμᾶζε: πάρος δ' ἔχε νωλεμὲς αἰεί. 190
Τηλέμαχος δ', οὐ γάρ πω ἐπείθετο ὃν πατέρ' εἶναι,
ἐξαῦτίς μιν ἔπεσσιν ἀμειβόμενος προσέειπεν:
'οὐ σύ γ' Ὀδυσσεύς ἐσσι, πατὴρ ἐμός, ἀλλά με δαίμων
θέλγει, ὄφρ' ἔτι μᾶλλον ὀδυρόμενος στεναχίζω.
οὐ γάρ πως ἂν θνητὸς ἀνὴρ τάδε μηχανόῳτο 195

Not always manifest themselves to all.
Ulysses and the mastiffs saw; the dogs
Barked not, but, whimpering, fled from her and sought
The stalls within. She beckoned with her brows; 200
Ulysses knew her meaning and came forth,
And passed the great wall of the court, and there
Stood near to Pallas, who bespake him thus:—
  "Son of Laertes, nobly born and wise,
Speak with thy son; conceal from him the truth 205
No longer, that, prepared to make an end
Of that vile suitor-crew, ye may go up
Into the royal town. Nor long will I
Be absent; I am ready for the assault."
  Thus spake the goddess. Putting forth a wand 210
Of gold, she touched the chief. Beneath that touch
His breast was covered with a new-blanched robe
And tunic. To his frame it gave new strength;
His swarthy color came again, his cheeks
Grew full, and the beard darkened on his chin. 215
This done, she disappeared. Ulysses came
Into the lodge again; his son beheld
Amazed and overawed, and turned his eyes
Away, as if in presence of a god,
And thus bespake the chief with winged words:— 220
  "O stranger, thou art other than thou wert;
Thy garb is not the same, nor are thy looks;
Thou surely art some deity of those
Whose habitation is the ample heaven.
Be gracious to us, let us bring to thee 225
Such sacrifices as thou wilt accept
And gifts of graven gold; be merciful."
  Ulysses, the great sufferer, thus replied:
"I am no god; how am I like the gods?
I am thy father, he for whom thy sighs 230
Are breathed, and sorrows borne, and wrongs endured."
  He spake and kissed his son, and from his lids
Tears fell to earth, that long had been restrained.
And then Telemachus, who could not think
The stranger was his father, answered thus:— 235
  "Nay, thou art not my father, thou art not
Ulysses; rather hath some deity
Sought to deceive me, that my grief may be
The sharper; for no mortal man would do

ᾧ αὐτοῦ γε νόῳ, ὅτε μὴ θεὸς αὐτὸς ἐπελθὼν
ῥηϊδίως ἐθέλων θείη νέον ἠὲ γέροντα.
ἦ γάρ τοι νέον ἦσθα γέρων καὶ ἀεικέα ἕσσο·
νῦν δὲ θεοῖσιν ἔοικας, οἳ οὐρανὸν εὐρὺν ἔχουσι.'
    τὸν δ' ἀπαμειβόμενος προσέφη πολύμητις Ὀδυσσεύς· 200
'Τηλέμαχ', οὔ σε ἔοικε φίλον πατέρ' ἔνδον ἐόντα
οὔτε τι θαυμάζειν περιώσιον οὔτ' ἀγάασθαι·
οὐ μὲν γάρ τοι ἔτ' ἄλλος ἐλεύσεται ἐνθάδ' Ὀδυσσεύς,
ἀλλ' ὅδ' ἐγὼ τοιόσδε, παθὼν κακά, πολλὰ δ' ἀληθείς,
ἤλυθον εἰκοστῷ ἔτεϊ ἐς πατρίδα γαῖαν. 205
αὐτάρ τοι τόδε ἔργον Ἀθηναίης ἀγελείης,
ἥ τέ με τοῖον ἔθηκεν, ὅπως ἐθέλει, δύναται γάρ,
ἄλλοτε μὲν πτωχῷ ἐναλίγκιον, ἄλλοτε δ' αὖτε
ἀνδρὶ νέῳ καὶ καλὰ περὶ χροῒ εἵματ' ἔχοντι.
ῥηΐδιον δὲ θεοῖσι, τοὶ οὐρανὸν εὐρὺν ἔχουσιν, 210
ἠμὲν κυδῆναι θνητὸν βροτὸν ἠδὲ κακῶσαι.'
    ὣς ἄρα φωνήσας κατ' ἄρ' ἕζετο, Τηλέμαχος δὲ
ἀμφιχυθεὶς πατέρ' ἐσθλὸν ὀδύρετο, δάκρυα λείβων,
ἀμφοτέροισι δὲ τοῖσιν ὑφ' ἵμερος ὦρτο γόοιο·
κλαῖον δὲ λιγέως, ἀδινώτερον ἤ τ' οἰωνοί, 215
φῆναι ἢ αἰγυπιοὶ γαμψώνυχες, οἷσί τε τέκνα
ἀγρόται ἐξείλοντο πάρος πετεηνὰ γενέσθαι·
ὣς ἄρα τοί γ' ἐλεεινὸν ὑπ' ὀφρύσι δάκρυον εἶβον.
καί νύ κ' ὀδυρομένοισιν ἔδυ φάος ἠελίοιο,
εἰ μὴ Τηλέμαχος προσεφώνεεν ὃν πατέρ' αἶψα· 220
    'ποίῃ γὰρ νῦν δεῦρο, πάτερ φίλε, νηΐ σε ναῦται
ἤγαγον εἰς Ἰθάκην; τίνες ἔμμεναι εὐχετόωντο;
οὐ μὲν γάρ τί σε πεζὸν ὀΐομαι ἐνθάδ' ἱκέσθαι.'
    τὸν δ' αὖτε προσέειπε πολύτλας δῖος Ὀδυσσεύς·
'τοιγὰρ ἐγώ τοι, τέκνον, ἀληθείην καταλέξω. 225
Φαίηκές μ' ἄγαγον ναυσίκλυτοι, οἵ τε καὶ ἄλλους
ἀνθρώπους πέμπουσιν, ὅτις σφέας εἰσαφίκηται·
καί μ' εὕδοντ' ἐν νηΐ θοῇ ἐπὶ πόντον ἄγοντες
κάτθεσαν εἰς Ἰθάκην, ἔπορον δέ μοι ἀγλαὰ δῶρα,
χαλκόν τε χρυσόν τε ἅλις ἐσθῆτά θ' ὑφαντήν. 230

What has been done, unless some god should come   240
To aid him, and to make him young or old
At pleasure; for thou wert a moment since
An aged man, and sordidly arrayed,
And now art like the gods of the wide heaven."
    Ulysses, the sagacious, answered thus: 245
"It is not well, Telemachus, to greet
With boundless wonder and astonishment
Thy father in this lodge. Be sure of this,
That no Ulysses other than myself
Will ever enter here. I, who am he,   250
Have suffered greatly and have wandered far,
And in the twentieth year am come again
To mine own land. Thou hast beheld to-day
A wonder wrought by Pallas, huntress-queen,
Who makes me what she will, such power is hers,—   255
Sometimes to seem a beggar, and in turn
A young man in a comely garb. The gods
Whose home is in the heavens can easily
Exalt a mortal man, or bring him low."
    He spake and sat him down. Telemachus   260
Around his glorious father threw his arms,
And shed a shower of tears. Both felt at heart
A passionate desire to weep; they wept
Aloud,—and louder were their cries than those
Of eagles, or the sharp-clawed vulture tribe,   265
Whose young the hinds have stolen, yet unfledged.
Still flowed their tears abundantly; the sun
Would have gone down and left them weeping still,
Had not Telemachus at length inquired:—
    "Dear father, tell me in what galley came   270
The mariners who brought thee. Of what race
Claim they to be? For certainly, I think,
Thou cam'st not hither travelling on foot."
    Ulysses, the great sufferer, thus replied:
"My son, thou shalt be answered faithfully.   275
Men of a race renowned for seamanship,
Phæacians, brought me hither. They convey
Abroad the strangers coming to their isle,
And, bearing me in one of their swift barks
Across the sea, they landed me asleep   280
In Ithaca. Rich were the gifts they gave,—
Much brass and gold, and garments from the loom;

καὶ τὰ μὲν ἐν σπήεσσι θεῶν ἰότητι κέονται·
νῦν αὖ δεῦρ' ἱκόμην ὑποθημοσύνῃσιν Ἀθήνης,
ὄφρα κε δυσμενέεσσι φόνου πέρι βουλεύσωμεν.
ἀλλ' ἄγε μοι μνηστῆρας ἀριθμήσας κατάλεξον,
ὄφρ' εἰδέω ὅσσοι τε καὶ οἵ τινες ἀνέρες εἰσί· 235
καί κεν ἐμὸν κατὰ θυμὸν ἀμύμονα μερμηρίξας
φράσσομαι, ἤ κεν νῶϊ δυνησόμεθ' ἀντιφέρεσθαι
μούνω ἄνευθ' ἄλλων, ἦ καὶ διζησόμεθ' ἄλλους.
' τὸν δ' αὖ Τηλέμαχος πεπνυμένος ἀντίον ηὔδα·
'ὦ πάτερ, ἦ τοι σεῖο μέγα κλέος αἰὲν ἄκουον, 240
χεῖράς τ' αἰχμητὴν ἔμεναι καὶ ἐπίφρονα βουλήν·
ἀλλὰ λίην μέγα εἶπες· ἄγη μ' ἔχει· οὐδέ κεν εἴη
ἄνδρε δύω πολλοῖσι καὶ ἰφθίμοισι μάχεσθαι.
μνηστήρων δ' οὔτ' ἂρ δεκὰς ἀτρεκὲς οὔτε δύ' οἶαι,
ἀλλὰ πολὺ πλέονες· τάχα δ' εἴσεαι ἐνθάδ' ἀριθμόν. 245
ἐκ μὲν Δουλιχίοιο δύω καὶ πεντήκοντα
κοῦροι κεκριμένοι, ἓξ δὲ δρηστῆρες ἕπονται·
ἐκ δὲ Σάμης πίσυρές τε καὶ εἴκοσι φῶτες ἔασιν,
ἐκ δὲ Ζακύνθου ἔασιν ἐείκοσι κοῦροι Ἀχαιῶν,
ἐκ δ' αὐτῆς Ἰθάκης δυοκαίδεκα πάντες ἄριστοι, 250
καί σφιν ἅμ' ἐστὶ Μέδων κῆρυξ καὶ θεῖος ἀοιδὸς
καὶ δοιὼ θεράποντε, δαήμονε δαιτροσυνάων.
τῶν εἴ κεν πάντων ἀντήσομεν ἔνδον ἐόντων,
μὴ πολύπικρα καὶ αἰνὰ βίας ἀποτίσεαι ἐλθών.
ἀλλὰ σύ γ', εἰ δύνασαί τιν' ἀμύντορα μερμηρίξαι, 255
φράζευ, ὅ κέν τις νῶϊν ἀμύνοι πρόφρονι θυμῷ.'
  τὸν δ' αὖτε προσέειπε πολύτλας δῖος Ὀδυσσεύς·
'τοιγὰρ ἐγὼν ἐρέω, σὺ δὲ σύνθεο καί μευ ἄκουσον·
καὶ φράσαι ἤ κεν νῶϊν Ἀθήνη σὺν Διὶ πατρὶ
ἀρκέσει, ἦέ τιν' ἄλλον ἀμύντορα μερμηρίξω.' 260
  τὸν δ' αὖ Τηλέμαχος πεπνυμένος ἀντίον ηὔδα·
'ἐσθλώ τοι τούτω γ' ἐπαμύντορε, τοὺς ἀγορεύεις,
ὕψι περ ἐν νεφέεσσι καθημένω· ὥ τε καὶ ἄλλοις
ἀνδράσι τε κρατέουσι καὶ ἀθανάτοισι θεοῖσι.'
  τὸν δ' αὖτε προσέειπε πολύτλας δῖος Ὀδυσσεύς· 265
'οὐ μέν τοι κείνω γε πολὺν χρόνον ἀμφὶς ἔσεσθον
φυλόπιδος κρατερῆς, ὁπότε μνηστῆρσι καὶ ἡμῖν
ἐν μεγάροισιν ἐμοῖσι μένος κρίνηται Ἄρηος.

These, so the gods have counselled, lie concealed
Among the hollow rocks, and I am come,
Obeying Pallas, to consult with thee   285
How to destroy our enemies. Give now
The number of the suitors; let me know
How many there may be, and who they are,
That with a careful judgment I may weigh
The question whether we shall fall on them,—   290
We two alone,—or must we seek allies."
    Then spake discreet Telemachus again:
"O father, I have heard of thy great fame
My whole life long,—how mighty is thy arm,
How wise thy counsels. Thou hast said great things,   295
And I am thunderstruck. It cannot be
That two alone should stand before a crowd
Of valiant men. They are not merely ten,—
These suitors,—nor twice ten, but many more;
Hear, then, their number. From Dulichium come   300
Fifty and two, the flower of all its youth,
With whom are six attendants. Samos sends
Twice twelve, and twenty more Achaian chiefs
Come from Zacynthus. Twelve from Ithaca;
The noblest of the isle are these,—with whom   305
Medon the herald comes,—a bard, whose song
Is heavenly,—and two servants skilled to spread
The banquet. Should we in the palace halls
Assault all these, I fear lest the revenge
For all thy wrongs would end most bitterly   310
And grievously for thee. Now, if thy thought
Be turned to some ally, bethink thee who
Will combat for us with a willing heart."
    Again Ulysses, the great sufferer, spake:
"Then will I tell thee; listen, and give heed.   315
Think whether Pallas and her father, Jove,
Suffice not for us. Need we more allies?"
    And then discreet Telemachus rejoined:
"Assuredly the twain whom thou hast named
Are mighty as allies; for though they sit   320
On high among the clouds, they yet bear rule
Both o'er mankind and o'er the living gods."
    Once more Ulysses, the great sufferer, spake
"Not long will they avoid the fierce affray
When in my halls the strength of war is tried   325

ἀλλὰ σὺ μὲν νῦν ἔρχευ ἅμ᾽ ἠοῖ φαινομένηφιν
οἴκαδε, καὶ μνηστῆρσιν ὑπερφιάλοισιν ὁμίλει· 270
αὐτὰρ ἐμὲ προτὶ ἄστυ συβώτης ὕστερον ἄξει,
πτωχῷ λευγαλέῳ ἐναλίγκιον ἠδὲ γέροντι.
εἰ δέ μ᾽ ἀτιμήσουσι δόμον κάτα, σὸν δὲ φίλον κῆρ
τετλάτω ἐν στήθεσσι κακῶς πάσχοντος ἐμεῖο,
ἤν περ καὶ διὰ δῶμα ποδῶν ἕλκωσι θύραζε 275
ἢ βέλεσι βάλλωσι· σὺ δ᾽ εἰσορόων ἀνέχεσθαι.
ἀλλ᾽ ἦ τοι παύεσθαι ἀνωγέμεν ἀφροσυνάων,
μειλιχίοις ἐπέεσσι παραυδῶν· οἱ δέ τοι οὔ τι
πείσονται· δὴ γάρ σφι παρίσταται αἴσιμον ἦμαρ.
ἄλλο δέ τοι ἐρέω, σὺ δ᾽ ἐνὶ φρεσὶ βάλλεο σῇσιν· 280
ὁππότε κεν πολύβουλος ἐνὶ φρεσὶ θῇσιν Ἀθήνη,
νεύσω μέν τοι ἐγὼ κεφαλῇ, σὺ δ᾽ ἔπειτα νοήσας
ὅσσα τοι ἐν μεγάροισιν Ἀρήϊα τεύχεα κεῖται
ἐς μυχὸν ὑψηλοῦ θαλάμου καταθεῖναι ἀείρας
πάντα μάλ᾽· αὐτὰρ μνηστῆρας μαλακοῖς ἐπέεσσι 285
παρφάσθαι, ὅτε κέν σε μεταλλῶσιν ποθέοντες·
   ‘ἐκ καπνοῦ κατέθηκ᾽, ἐπεὶ οὐκέτι τοῖσιν ἐῴκει
οἷά ποτε Τροίηνδε κιὼν κατέλειπεν Ὀδυσσεύς,
ἀλλὰ κατῄκισται, ὅσσον πυρὸς ἵκετ᾽ ἀϋτμή.
πρὸς δ᾽ ἔτι καὶ τόδε μεῖζον ἐνὶ φρεσὶ θῆκε Κρονίων, 290
μή πως οἰνωθέντες, ἔριν στήσαντες ἐν ὑμῖν,
ἀλλήλους τρώσητε καταισχύνητέ τε δαῖτα
καὶ μνηστύν· αὐτὸς γὰρ ἐφέλκεται ἄνδρα σίδηρος.’
᾽νῶϊν δ᾽ οἴοισιν δύο φάσγανα καὶ δύο δοῦρε
καλλιπέειν καὶ δοιὰ βοάγρια χερσὶν ἑλέσθαι, 295
ὡς ἂν ἐπιθύσαντες ἑλοίμεθα· τοὺς δέ κ᾽ ἔπειτα
Παλλὰς Ἀθηναίη θέλξει καὶ μητίετα Ζεύς.
ἄλλο δέ τοι ἐρέω, σὺ δ᾽ ἐνὶ φρεσὶ βάλλεο σῇσιν·
εἰ ἐτεόν γ᾽ ἐμός ἐσσι καὶ αἵματος ἡμετέροιο,
μή τις ἔπειτ᾽ Ὀδυσῆος ἀκουσάτω ἔνδον ἐόντος, 300
μήτ᾽ οὖν Λαέρτης ἴστω τό γε μήτε συβώτης
μήτε τις οἰκήων μήτ᾽ αὐτὴ Πηνελόπεια,
ἀλλ᾽ οἶοι σύ τ᾽ ἐγώ τε γυναικῶν γνώομεν ἰθύν·
καί κέ τεο δμώων ἀνδρῶν ἔτι πειρηθεῖμεν,

Between me and the suitor crew. Now go
With early morning to thy home, and there
Mingle among the suitors. As for me,
The swineherd afterward shall lead me hence
To town, a wretched beggar seemingly, 330
And very old. If there they scoff at me
In mine own palace, let thy faithful heart
Endure it, though I suffer; though they seize
My feet, and by them drag me to the door,
Or strike at me with weapon-blades, look on 335
And bear it; yet reprove with gentle words
Their folly. They will never heed reproof;
The day of their destruction is at hand.
And this I tell thee further, and be sure
To keep my words in memory. As soon 340
As Pallas, goddess of wise counsel, gives
The warning, I shall nod to thee, and thou,
When thou perceivest it, remove at once
All weapons from my halls to a recess
High in an upper chamber. With soft words 345
Quiet the suitors when they ask thee why.
Say, 'I would take them where there comes no smoke,
Since now they seem no longer like to those
Left by Ulysses when he sailed for Troy,
But soiled and tarnished by the breath of fire. 350
This graver reason, also, Saturn's son
Hath forced upon my mind,—that ye by chance,
When full of wine and quarrelling, may wound
Each other, and disgrace the feast, and bring
Shame on your wooing; for the sight of steel 355
Draws men to bloodshed.' Say but this, and leave
Two swords for us, two spears, two oxhide shields,
Against the day of combat. Pallas then,
And Jove the All-disposer, will unman
Their hearts. Moreover, let me say to thee,— 360
And keep my words in memory,—if thou be
My son, and of my blood, let no man hear
That now Ulysses is within the isle;
Let not Laertes hear of it, nor him
Who keeps the swine, nor any of the train 365
Of servants, nor Penelope herself,
While thou and I alone search out and prove
The women of the household, and no less

ἠμὲν ὅπου τις νῶϊ τίει καὶ δείδιε θυμῷ, 305
ἠδ' ὅτις οὐκ ἀλέγει, σὲ δ' ἀτιμᾷ τοῖον ἐόντα.'
  τὸν δ' ἀπαμειβόμενος προσεφώνεε φαίδιμος υἱός
'ὦ πάτερ, ἦ τοι ἐμὸν θυμὸν καὶ ἔπειτά γ', ὀΐω,
γνώσεαι: οὐ μὲν γάρ τι χαλιφροσύναι γέ μ' ἔχουσιν:
ἀλλ' οὔ τοι τόδε κέρδος ἐγὼν ἔσσεσθαι ὀΐω 310
ἡμῖν ἀμφοτέροισι: σὲ δὲ φράζεσθαι ἄνωγα.
δηθὰ γὰρ αὔτως εἴσῃ ἑκάστου πειρητίζων,
ἔργα μετερχόμενος: τοὶ δ' ἐν μεγάροισιν ἕκηλοι
χρήματα δαρδάπτουσιν ὑπέρβιον οὐδ' ἔπι φειδώ.
ἀλλ' ἦ τοί σε γυναῖκας ἐγὼ δεδάασθαι ἄνωγα, 315
αἵ τέ σ' ἀτιμάζουσι καὶ αἳ νηλείτιδές εἰσιν:
ἀνδρῶν δ' οὐκ ἂν ἐγώ γε κατὰ σταθμοὺς ἐθέλοιμι
ἡμέας πειράζειν, ἀλλ' ὕστερα ταῦτα πένεσθαι,
εἰ ἐτεόν γέ τι οἶσθα Διὸς τέρας αἰγιόχοιο.'
  ὣς οἱ μὲν τοιαῦτα πρὸς ἀλλήλους ἀγόρευον, 320
ἡ δ' ἄρ' ἔπειτ' Ἰθάκηνδε κατήγετο νηῦς εὐεργής,
ἣ φέρε Τηλέμαχον Πυλόθεν καὶ πάντας ἑταίρους.
οἱ δ' ὅτε δὴ λιμένος πολυβενθέος ἐντὸς ἵκοντο,
νῆα μὲν οἵ γε μέλαιναν ἐπ' ἠπείροιο ἔρυσσαν,
τεύχεα δέ σφ' ἀπένεικαν ὑπέρθυμοι θεράποντες, 325
αὐτίκα δ' ἐς Κλυτίοιο φέρον περικαλλέα δῶρα.
αὐτὰρ κήρυκα πρόεσαν δόμον εἰς Ὀδυσῆος,
ἀγγελίην ἐρέοντα περίφρονι Πηνελοπείῃ,
οὕνεκα Τηλέμαχος μὲν ἐπ' ἀγροῦ, νῆα δ' ἀνώγει
ἄστυδ' ἀποπλείειν, ἵνα μὴ δείσασ' ἐνὶ θυμῷ 330
ἰφθίμη βασίλεια τέρεν κατὰ δάκρυον εἴβοι.
τὼ δὲ συναντήτην κῆρυξ καὶ δῖος ὑφορβὸς
τῆς αὐτῆς ἕνεκ' ἀγγελίης, ἐρέοντε γυναικί.
ἀλλ' ὅτε δή ῥ' ἵκοντο δόμον θείου βασιλῆος,
κῆρυξ μέν ῥα μέσῃσι μετὰ δμῳῇσιν ἔειπεν: 335
'ἤδη τοι, βασίλεια, φίλος πάϊς εἰλήλουθε.'
  Πηνελοπείῃ δ' εἶπε συβώτης ἄγχι παραστὰς
πάνθ' ὅσα οἱ φίλος υἱὸς ἀνώγει μυθήσασθαι.
αὐτὰρ ἐπεὶ δὴ πᾶσαν ἐφημοσύνην ἀπέειπε,
βῆ ῥ' ἴμεναι μεθ' ὕας, λίπε δ' ἕρκεά τε μέγαρόν τε. 340
μνηστῆρες δ' ἀκάχοντο κατήφησάν τ' ἐνὶ θυμῷ,

The serving-men, to know who honors us,
And bears us reverence in his heart, and who 370
Contemns us, and dishonors even thee."
    Then answered his illustrious son and said:
"Father, thou yet wilt know my heart, and find
That of a careless and too easy mood
I am not; but a search like this, I think, 375
Would profit neither of us, and I pray
That thou wilt well consider it. Long time
Wouldst thou go wandering from place to place,
O'er thy estates, to prove the loyalty
Of every one, while in thy halls at ease 380
The suitors wastefully consume thy wealth.
Yet would I counsel that the women's faith
Be proved, that the disloyal may be marked
And the innocent go free. As for the men,
I would not now inquire from farm to farm; 385
That may be done hereafter, if indeed
Thou hast a sign from ægis-bearing Jove."
    So talked they with each other. The good ship
Which brought Telemachus and all his friends
From Pylos kept meantime upon its way 390
To Ithaca. There, entering the deep port,
The seamen hauled the black ship up the beach;
And then the ready servants took away
The arms, and to the house of Clytius bore
The costly gifts. A herald from the ship 395
Went forward to the palace of the king
With tidings to the sage Penelope
That now her son was come and in the fields,
And that the ship at his command had reached
The city, lest the royal dame might feel 400
Fear for his safety, and give way to tears.
The herald and the noble swineherd met,
Each bearing the same message to the queen.
Entering the palace of the godlike king,
And standing midst the maids, the herald said:— 405
    "O lady, thy beloved son is come."
But close beside the queen the swineherd stood,
And told her everything which her dear son
Had bid him say; and, having thus fulfilled
His errand, left the palace and its court. 410
    Then were the suitors vexed and sorrowful,

ἐκ δ' ἦλθον μεγάροιο παρὲκ μέγα τειχίον αὐλῆς,
αὐτοῦ δὲ προπάροιθε θυράων ἑδριόωντο.
τοῖσιν δ' Εὐρύμαχος, Πολύβου πάϊς, ἦρχ' ἀγορεύειν:
  'ὦ φίλοι, ἦ μέγα ἔργον ὑπερφιάλως τετέλεσται 345
Τηλεμάχῳ ὁδὸς ἥδε: φάμεν δέ οἱ οὐ τελέεσθαι.
ἀλλ' ἄγε νῆα μέλαιναν ἐρύσσομεν ἥ τις ἀρίστη,
ἐς δ' ἐρέτας ἁλιῆας ἀγείρομεν, οἵ κε τάχιστα
κείνοις ἀγγείλωσι θοῶς οἶκόνδε νέεσθαι.'
  οὔ πω πᾶν εἴρηθ', ὅτ' ἄρ' Ἀμφίνομος ἴδε νῆα, 350
στρεφθεὶς ἐκ χώρης, λιμένος πολυβενθέος ἐντός,
ἱστία τε στέλλοντας ἐρετμά τε χερσὶν ἔχοντας.
ἡδὺ δ' ἄρ' ἐκγελάσας μετεφώνεεν οἷς ἑτάροισι:
  'μή τιν' ἔτ' ἀγγελίην ὀτρύνομεν: οἵδε γὰρ ἔνδον.
ἤ τίς σφιν τόδ' ἔειπε θεῶν, ἢ εἴσιδον αὐτοὶ 355
νῆα παρερχομένην, τὴν δ' οὐκ ἐδύναντο κιχῆναι.'
  ὣς ἔφαθ', οἱ δ' ἀνστάντες ἔβαν ἐπὶ θῖνα θαλάσσης,
αἶψα δὲ νῆα μέλαιναν ἐπ' ἠπείροιο ἔρυσσαν,
τεύχεα δέ σφ' ἀπένεικαν ὑπέρθυμοι θεράποντες.
αὐτοὶ δ' εἰς ἀγορὴν κίον ἀθρόοι, οὐδέ τιν' ἄλλον 360
εἴων οὔτε νέων μεταΐζειν οὔτε γερόντων.
τοῖσιν δ' Ἀντίνοος μετέφη, Εὐπείθεος υἱός:
  'ὦ πόποι, ὡς τόνδ' ἄνδρα θεοὶ κακότητος ἔλυσαν.
ἤματα μὲν σκοποὶ ἷζον ἐπ' ἄκριας ἠνεμοέσσας
αἰὲν ἐπασσύτεροι: ἅμα δ' ἠελίῳ καταδύντι 365
οὔ ποτ' ἐπ' ἠπείρου νύκτ' ἄσαμεν, ἀλλ' ἐνὶ πόντῳ
νηΐ θοῇ πλείοντες ἐμίμνομεν Ἠῶ δῖαν,
Τηλέμαχον λοχόωντες, ἵνα φθίσωμεν ἑλόντες
αὐτόν: τὸν δ' ἄρα τῆος ἀπήγαγεν οἴκαδε δαίμων.
ἡμεῖς δ' ἐνθάδε οἱ φραζώμεθα λυγρὸν ὄλεθρον 370
Τηλεμάχῳ, μηδ' ἥμας ὑπεκφύγοι: οὐ γὰρ ὀΐω
τούτου γε ζώοντος ἀνύσσεσθαι τάδε ἔργα.
αὐτὸς μὲν γὰρ ἐπιστήμων βουλῇ τε νόῳ τε,
λαοὶ δ' οὐκέτι πάμπαν ἐφ' ἡμῖν ἦρα φέρουσιν.
ἀλλ' ἄγετε, πρὶν κεῖνον ὁμηγυρίσασθαι Ἀχαιοὺς 375

And going from the palace, and without
The great wall that enclosed the court, sat down
Before the gates, and there Eurymachus,
The son of Polybus, harangued the throng:— 415
  "Behold, my friends, Telemachus has done
A marvellous thing; this voyage, which we thought
He could not make, is made. Now let us launch
A ship, the best that we can find, and man
With fishermen the benches, sending it 420
To find our friends, and hasten their return."
  Scarce had he spoken when Amphinomus,
In turning where he stood, beheld a bark
Enter the port's deep waters, with a crew
That furled the sails and held the oars in hand. 425
He laughed, well pleased, and to the suitors said:—
  "There needs no message to be sent, for they
Are here already. Haply hath some god
Given them the knowledge, or perchance they saw,
But could not overtake, the prince's ship." 430
  He spake; they rose and hastened to the strand,
And quickly drew the galley up the beach.
The ready servants bore the arms away;
Then met they all in council, suffering none
Save of the suitor-train to meet with them,— 435
None, either young or old. Eupeithes' son,
Antinoüs, standing forth, bespake them thus:—
  "How strangely do the gods protect this man
From evil! All day long spy after spy
Has sat and watched upon the airy heights, 440
And when the sun was set we never slept
On land, but ever in our gallant ship
Sailed, waiting for the holy morn, and lay
In constant ambush for Telemachus,
To seize and to destroy him. Yet behold, 445
Some deity has brought him home. And now
Frame we a plan to cut off utterly
Telemachus, and leave him no escape;
For certainly I think that while he lives
The end we aim at cannot be attained. 450
Shrewd is the youth in counsel and device,
And we no longer have, as once we had,
The people's favor. Let us quickly act,
Ere he can call a council of the Greeks.

εἰς ἀγορήν—οὐ γάρ τι μεθησέμεναί μιν ὀΐω,
ἀλλ᾽ ἀπομηνίσει, ἐρέει δ᾽ ἐν πᾶσιν ἀναστὰς
οὕνεκά οἱ φόνον αἰπὺν ἐράπτομεν οὐδ᾽ ἐκίχημεν:
οἱ δ᾽ οὐκ αἰνήσουσιν ἀκούοντες κακὰ ἔργα:
μή τι κακὸν ῥέξωσι καὶ ἡμέας ἐξελάσωσι 380
γαίης ἡμετέρης, ἄλλων δ᾽ ἀφικώμεθα δῆμον:
ἀλλὰ φθέωμεν ἑλόντες ἐπ᾽ ἀγροῦ νόσφι πόληος
ἢ ἐν ὁδῷ: βίοτον δ᾽ αὐτοὶ καὶ κτήματ᾽ ἔχωμεν,
δασσάμενοι κατὰ μοῖραν ἐφ᾽ ἡμέας, οἰκία δ᾽ αὖτε
κείνου μητέρι δοῖμεν ἔχειν ἠδ᾽ ὅστις ὀπυίοι. 385
εἰ δ᾽ ὑμῖν ὅδε μῦθος ἀφανδάνει, ἀλλὰ βόλεσθε
αὐτόν τε ζώειν καὶ ἔχειν πατρώϊα πάντα,
μή οἱ χρήματ᾽ ἔπειτα ἅλις θυμηδέ᾽ ἔδωμεν
ἐνθάδ᾽ ἀγειρόμενοι, ἀλλ᾽ ἐκ μεγάροιο ἕκαστος
μνάσθω ἐέδνοισιν διζήμενος: ἡ δέ κ᾽ ἔπειτα 390
γήμαιθ᾽ ὅς κε πλεῖστα πόροι καὶ μόρσιμος ἔλθοι.'
    ὣς ἔφαθ᾽, οἱ δ᾽ ἄρα πάντες ἀκὴν ἐγένοντο σιωπῇ.
τοῖσιν δ᾽ Ἀμφίνομος ἀγορήσατο καὶ μετέειπε,
Νίσου φαίδιμος υἱός, Ἀρητιάδαο ἄνακτος,
ὅς ῥ᾽ ἐκ Δουλιχίου πολυπύρου, ποιήεντος, 395
ἡγεῖτο μνηστῆρσι, μάλιστα δὲ Πηνελοπείῃ
ἥνδανε μύθοισι: φρεσὶ γὰρ κέχρητ᾽ ἀγαθῇσιν:
ὅ σφιν ἐϋφρονέων ἀγορήσατο καὶ μετέειπεν:
    'ὦ φίλοι, οὐκ ἂν ἐγώ γε κατακτείνειν ἐθέλοιμι
Τηλέμαχον: δεινὸν δὲ γένος βασιλήϊόν ἐστιν 400
κτείνειν: ἀλλὰ πρῶτα θεῶν εἰρώμεθα βουλάς.
εἰ μέν κ᾽ αἰνήσωσι Διὸς μεγάλοιο θέμιστες,
αὐτός τε κτενέω τούς τ᾽ ἄλλους πάντας ἀνώξω:
εἰ δέ κ᾽ ἀποτρωπῶσι θεοί, παύσασθαι ἄνωγα.'
    ὣς ἔφατ᾽ Ἀμφίνομος, τοῖσιν δ᾽ ἐπιήνδανε μῦθος. 405
αὐτίκ᾽ ἔπειτ᾽ ἀνστάντες ἔβαν δόμον εἰς Ὀδυσῆος,
ἐλθόντες δὲ καθῖζον ἐπὶ ξεστοῖσι θρόνοισιν.
ἡ δ᾽ αὖτ᾽ ἄλλ᾽ ἐνόησε περίφρων Πηνελόπεια,
μνηστήρεσσι φανῆναι ὑπέρβιον ὕβριν ἔχουσι.
πεύθετο γὰρ οὗ παιδὸς ἐνὶ μεγάροισιν ὄλεθρον: 410
κῆρυξ γάρ οἱ ἔειπε Μέδων, ὃς ἐπεύθετο βουλάς.
βῆ δ᾽ ἰέναι μεγαρόνδε σὺν ἀμφιπόλοισι γυναιξίν.

That he will do without delay, and there 455
Will rise in wrath to tell them how we planned
His death by violence, and failed; and they
Who hear assuredly will not approve
The plotted mischief. They may drive us forth
With outrage from our country to a land 460
Of strangers. Let us be the first to strike,
And slay him in the fields or on the way,
And, taking his possessions to ourselves,
Share equally his wealth. Then may we give
This palace to his mother, and the man 465
Whom she shall wed, whoever he may be.
Or if this plan mislike you, and ye choose
That he should live, and keep the fair estate
That was his father's, let us not go on
Thronging the palace to consume his wealth 470
In revelry, but each with liberal gifts
Woo her from his own dwelling; and let him
Who gives most generously, and whom fate
Most favors, take the lady as his bride."

    He spake, and all were mute. Amphinomus 475
The illustrious son of royal Nisus, rose.
The grandson of Aretias, it was he
Who led the suitors from Dulichium's fields,
Grassy and rich in corn. Penelope
Liked best his words, for generous was his thought, 480
And with a generous purpose thus he spake:—

    "Nay, friends, not mine is the advice to slay
Telemachus. It is a fearful thing
To take a royal life. Then let us first
Inquire the pleasure of the gods. For if 485
The oracles of mighty Jupiter
Approve it, I would do the deed myself,
Or bid another do it; but if they
Consent not, 'tis my counsel to forbear."

He spake, and all approved. At once they rose, 490
And, entering the palace, sat them down
On shining thrones. Meantime Penelope
Had formed the purpose to appear before
The arrogant suitors, for the news was brought
Into her chamber of the plot to slay 495
Her son; the herald Medon overheard,
And told her all. So to the hall she went

ἀλλ' ὅτε δὴ μνηστῆρας ἀφίκετο δῖα γυναικῶν,
στῆ ῥα παρὰ σταθμὸν τέγεος πύκα ποιητοῖο,
ἄντα παρειάων σχομένη λιπαρὰ κρήδεμνα, 415
Ἀντίνοον δ' ἐνένιπεν ἔπος τ' ἔφατ' ἔκ τ' ὀνόμαζεν:
  'Ἀντίνο', ὕβριν ἔχων, κακομήχανε, καὶ δέ σέ φασιν
ἐν δήμῳ Ἰθάκης μεθ' ὁμήλικας ἔμμεν ἄριστον
βουλῇ καὶ μύθοισι: σὺ δ' οὐκ ἄρα τοῖος ἔησθα.
μάργε, τίη δὲ σὺ Τηλεμάχῳ θάνατόν τε μόρον τε 420
ῥάπτεις, οὐδ' ἱκέτας ἐμπάζεαι, οἷσιν ἄρα Ζεὺς
μάρτυρος; οὐδ' ὁσίη κακὰ ῥάπτειν ἀλλήλοισιν.
ἦ οὐκ οἶσθ' ὅτε δεῦρο πατὴρ τεὸς ἵκετο φεύγων,
δῆμον ὑποδείσας; δὴ γὰρ κεχολώατο λίην,
οὕνεκα ληϊστῆρσιν ἐπισπόμενος Ταφίοισιν 425
ἤκαχε Θεσπρωτούς: οἱ δ' ἡμῖν ἄρθμιοι ἦσαν:
τόν ῥ' ἔθελον φθῖσαι καὶ ἀπορραῖσαι φίλον ἦτορ
ἠδὲ κατὰ ζωὴν φαγέειν μενοεικέα πολλήν:
ἀλλ' Ὀδυσεὺς κατέρυκε καὶ ἔσχεθεν ἱεμένους περ.
τοῦ νῦν οἶκον ἄτιμον ἔδεις, μνάᾳ δὲ γυναῖκα 430
παῖδά τ' ἀποκτείνεις, ἐμὲ δὲ μεγάλως ἀκαχίζεις:
ἀλλά σε παύσασθαι κέλομαι καὶ ἀνωγέμεν ἄλλους.'
  τὴν δ' αὖτ' Εὐρύμαχος, Πολύβου πάϊς, ἀντίον ηὔδα:
'κούρη Ἰκαρίοιο, περίφρον Πηνελόπεια,
θάρσει: μή τοι ταῦτα μετὰ φρεσὶ σῇσι μελόντων. 435
οὐκ ἔσθ' οὗτος ἀνὴρ οὐδ' ἔσσεται οὐδὲ γένηται,
ὅς κεν Τηλεμάχῳ σῷ υἱέϊ χεῖρας ἐποίσει
ζώοντός γ' ἐμέθεν καὶ ἐπὶ χθονὶ δερκομένοιο.
ὧδε γὰρ ἐξερέω, καὶ μὴν τετελεσμένον ἔσται:
αἶψά οἱ αἷμα κελαινὸν ἐρωήσει περὶ δουρὶ 440
ἡμετέρῳ, ἐπεὶ ἦ καὶ ἐμὲ πτολίπορθος Ὀδυσσεὺς
πολλάκι γούνασιν οἷσιν ἐφεσσάμενος κρέας ὀπτὸν
ἐν χείρεσσιν ἔθηκεν, ἐπέσχε τε οἶνον ἐρυθρόν.
τῷ μοι Τηλέμαχος πάντων πολὺ φίλτατός ἐστιν
ἀνδρῶν, οὐδέ τί μιν θάνατον τρομέεσθαι ἄνωγα 445
ἔκ γε μνηστήρων: θεόθεν δ' οὐκ ἔστ' ἀλέασθαι.'
  ὣς φάτο θαρσύνων, τῇ δ' ἤρτυεν αὐτὸς ὄλεθρον.

With her attendant maids. The glorious dame
Drew near the suitor-train, and took her stand
Beside a column of the stately pile, 500
And with a delicate veil before her cheeks
Began to speak, and chid Antinoüs thus:—
  "Antinoüs, mischief-plotter, insolent!
The rumor is that thou excellest all
Of thy own age among the Ithacans 505
In understanding and in speech. Yet such
Thou never wert. Ferocious as thou art,
Why seek the death of my Telemachus,
And treat with scorn the suppliants of whose prayer
Jove is the witness? An unholy thing 510
It is when men against their fellow-men
Plot mischief. Dost thou then forget that once
Thy father came to us a fugitive,
In terror of the people, who were wroth
Because he joined the Taphian pirate-race, 515
And plundered the Thesprotians, our allies.
The people would have slain him, and have torn
His heart out, and have pillaged his large wealth;
Ulysses checked their rage, and held them back,
Fierce as they were. Now thou dost waste his goods 520
Most shamefully, and woo his wife, and slay
His son, and multiply my woes. Cease now,
I charge thee, and persuade the rest to cease."
  Eurymachus, the son of Polybus,
Replied: "O daughter of Icarius, sage 525
Penelope, take heart; let no such thought
Possess thy mind. There is no man on earth,
Nor will there be, who shall lay violent hands
Upon Telemachus, thy son, while I
Am living, and yet keep the gift of sight. 530
I say, and will perform it,—his black blood
Shall flow and bathe my spear. Ulysses oft,
Spoiler of realms, would take me on his knee,
And put the roasted meats into my hands,
And give me ruddy wine. I therefore hold 535
Telemachus of all mankind most dear,
And I will bid him have no fear of death
From any of the suitors. If it come,
Sent by the gods, he cannot then escape."
  So spake he to appease her, while he planned, 540

ἡ μὲν ἄρ' εἰσαναβᾶσ' ὑπερῷα σιγαλόεντα
κλαῖεν ἔπειτ' Ὀδυσῆα, φίλον πόσιν, ὄφρα οἱ ὕπνον
ἡδὺν ἐπὶ βλεφάροισι βάλε γλαυκῶπις Ἀθήνη. 450
ἑσπέριος δ' Ὀδυσῆϊ καὶ υἱέϊ δῖος ὑφορβὸς
ἤλυθεν· οἱ δ' ἄρα δόρπον ἐπισταδὸν ὡπλίζοντο,
σῦν ἱερεύσαντες ἐνιαύσιον. αὐτὰρ Ἀθήνη,
ἄγχι παρισταμένη, Λαερτιάδην Ὀδυσῆα
ῥάβδῳ πεπληγυῖα πάλιν ποίησε γέροντα, 455
λυγρὰ δὲ εἵματα ἕσσε περὶ χροΐ, μή ἑ συβώτης
γνοίη ἐσάντα ἰδὼν καὶ ἐχέφρονι Πηνελοπείῃ
ἔλθοι ἀπαγγέλλων μηδὲ φρεσὶν εἰρύσσαιτο.
τὸν καὶ Τηλέμαχος πρότερος πρὸς μῦθον ἔειπεν·
'ἦλθες, δῖ' Εὔμαιε. τί δὴ κλέος ἔστ' ἀνὰ ἄστυ; 460
ἦ ῥ' ἤδη μνηστῆρες ἀγήνορες ἔνδον ἔασιν
ἐκ λόχου, ἦ ἔτι μ' αὖτ' εἰρύαται οἴκαδ' ἰόντα;'
   τὸν δ' ἀπαμειβόμενος προσέφης, Εὔμαιε συβῶτα·
'οὐκ ἔμελέν μοι ταῦτα μεταλλῆσαι καὶ ἐρέσθαι
ἄστυ καταβλώσκοντα· τάχιστά με θυμὸς ἀνώγει 465
ἀγγελίην εἰπόντα πάλιν δεῦρ' ἀπονέεσθαι.
ὡμήρησε δέ μοι παρ' ἑταίρων ἄγγελος ὠκύς,
κῆρυξ, ὃς δὴ πρῶτος ἔπος σῇ μητρὶ ἔειπεν.
ἄλλο δέ τοι τό γε οἶδα· τὸ γὰρ ἴδον ὀφθαλμοῖσιν.
ἤδη ὑπὲρ πόλιος, ὅθι θ' Ἕρμαιος λόφος ἐστίν, 470
ἦα κιών, ὅτε νῆα θοὴν ἰδόμην κατιοῦσαν
ἐς λιμέν' ἡμέτερον· πολλοὶ δ' ἔσαν ἄνδρες ἐν αὐτῇ,
βεβρίθει δὲ σάκεσσι καὶ ἔγχεσιν ἀμφιγύοισι·
καὶ σφέας ὠΐσθην τοὺς ἔμμεναι, οὐδέ τι οἶδα.'
   ὣς φάτο, μείδησεν δ' ἱερὴ ἲς Τηλεμάχοιο 475
ἐς πατέρ' ὀφθαλμοῖσιν ἰδών, ἀλέεινε δ' ὑφορβόν.
οἱ δ' ἐπεὶ οὖν παύσαντο πόνου τετύκοντό τε δαῖτα,
δαίνυντ', οὐδέ τι θυμὸς ἐδεύετο δαιτὸς ἐΐσης.
αὐτὰρ ἐπεὶ πόσιος καὶ ἐδητύος ἐξ ἔρον ἕντο,
κοίτου τε μνήσαντο καὶ ὕπνου δῶρον ἕλοντο. 480

The murder of her son. The queen went up
To the fair upper chambers, and there wept
Ulysses, her dear spouse, till o'er her lids
The blue-eyed Pallas poured the balm of sleep.
    At evening to Ulysses and his son   545
The noble swineherd went, while busily
They made the supper ready, having slain
A porker one year old. Then instantly
Stood Pallas by Ulysses, and put forth
Her wand and touched him, making him again   550
Old, and clad sordidly in beggar's weeds,
Lest that the swineherd, knowing at a look
His master, might not keep the knowledge locked
In his own breast, but, hastening forth, betray
The secret to the chaste Penelope.   555
    Then to the swineherd said Telemachus:
"Noble Eumæus, welcome; what reports
Are in the town? Have those large-minded men,
The suitors, left their ambush and returned,
Or are they waiting yet for me to pass?"   560
    And thus, Eumæus, thou didst make reply:
"Of that, indeed, I never thought to ask,
In going through the town. My only care
Was to return, as soon as I had given
My message, with such speed as I could make.   565
I met a messenger, a herald sent
By thy companions, who was first to tell
Thy mother of thy safe return. Yet this
I know, for I beheld it with my eyes.
When outside of the city, where the hill   570
Of Hermes stands, I saw a gallant bark
Entering the port, and carrying many men.
Heavy it was with shields and two-edged spears;
'Twas they, I thought, and yet I cannot tell."
    He spake; Telemachus the valiant looked   575
Upon his father with a smile unmarked
By good Eumæus. When their task was done,
And the board spread, they feasted. No one lacked
His portion of the common meal. Their thirst
And hunger satisfied, they laid them down   580
To rest, and so received the gift of sleep.

ἦμος δ' ἠριγένεια φάνη ῥοδοδάκτυλος Ἠώς,
δὴ τότ' ἔπειθ' ὑπὸ ποσσὶν ἐδήσατο καλὰ πέδιλα
Τηλέμαχος, φίλος υἱὸς Ὀδυσσῆος θείοιο,
εἵλετο δ' ἄλκιμον ἔγχος, ὅ οἱ παλάμηφιν ἀρήρει,
ἄστυδε ἱέμενος, καὶ ἑὸν προσέειπε συβώτην: 5
'ἄττ', ἦ τοι μὲν ἐγὼν εἶμ' ἐς πόλιν, ὄφρα με μήτηρ
ὄψεται: οὐ γάρ μιν πρόσθεν παύσεσθαι ὀΐω
κλαυθμοῦ τε στυγεροῖο γόοιό τε δακρυόεντος,
πρίν γ' αὐτόν με ἴδηται: ἀτὰρ σοί γ' ὧδ' ἐπιτέλλω.
τὸν ξεῖνον δύστηνον ἄγ' ἐς πόλιν, ὄφρ' ἂν ἐκεῖθι   10
δαῖτα πτωχεύῃ: δώσει δέ οἱ ὅς κ' ἐθέλῃσι
πύρνον καὶ κοτύλην: ἐμὲ δ' οὔ πως ἔστιν ἅπαντας
ἀνθρώπους ἀνέχεσθαι, ἔχοντά περ ἄλγεα θυμῷ:
ὁ ξεῖνος δ' εἴ περ μάλα μηνίει, ἄλγιον αὐτῷ
ἔσσεται: ἦ γὰρ ἐμοὶ φίλ' ἀληθέα μυθήσασθαι.'   15
    τὸν δ' ἀπαμειβόμενος προσέφη πολύμητις Ὀδυσσεύς:
'ὦ φίλος, οὐδέ τοι αὐτὸς ἐρύκεσθαι μενεαίνω:
πτωχῷ βέλτερόν ἐστι κατὰ πτόλιν ἠὲ κατ' ἀγροὺς
δαῖτα πτωχεύειν: δώσει δέ μοι ὅς κ' ἐθέλῃσιν.
οὐ γὰρ ἐπὶ σταθμοῖσι μένειν ἔτι τηλίκος εἰμί,   20

BOOK XVII

Now when the rosy-fingered Morn looked forth,—
The daughter of the Dawn,—Telemachus,
The dear son of the great Ulysses, bound
The shapely sandals underneath his feet,
And took the massive spear that fitted well   5
His grasp, and, as he stood in act to go
Up to the town, bespake the swineherd thus:—
    "Father, I hasten to the town, that there
My mother may behold me; for I think
She will not cease to grieve, and fear, and weep,   10
Till her eyes rest on me. I leave with thee
The charge of leading our unfortunate guest
Into the city, there to beg his bread.
Whoever will may give him food and drink.
All men I cannot feed, and I have cares   15
Enough already. If he chafe at this,
The worse for him. I like to speak my mind."
    And thus Ulysses, the sagacious, spake:
"Nor do I wish, my friend, to loiter here.
Better it is for one like me to beg   20
In town than in the country. In the town,
Whoever chooses will bestow his dole;
But here, if I remain about the stalls,
I am no longer of an age to do

ὥστ' ἐπιτειλαμένῳ σημάντορι πάντα πιθέσθαι.
ἀλλ' ἔρχευ: ἐμὲ δ' ἄξει ἀνὴρ ὅδε, τὸν σὺ κελεύεις,
αὐτίκ' ἐπεί κε πυρὸς θερέω ἀλέη τε γένηται.
αἰνῶς γὰρ τάδε εἵματ' ἔχω κακά: μή με δαμάσσῃ
στίβη ὑπηοίη: ἕκαθεν δέ τε ἄστυ φάτ' εἶναι.' 25
ὣς φάτο, Τηλέμαχος δὲ διὰ σταθμοῖο βεβήκει,
κραιπνὰ ποσὶ προβιβάς, κακὰ δὲ μνηστῆρσι φύτευεν.
αὐτὰρ ἐπεί ῥ' ἵκανε δόμους εὖ ναιετάοντας,
ἔγχος μέν ῥ' ἔστησε φέρων πρὸς κίονα μακρήν,
αὐτὸς δ' εἴσω ἴεν καὶ ὑπέρβη λάϊνον οὐδόν. 30
τὸν δὲ πολὺ πρώτη εἶδε τροφὸς Εὐρύκλεια,
κώεα καστορνῦσα θρόνοις ἔνι δαιδαλέοισι,
δακρύσασα δ' ἔπειτ' ἰθὺς κίεν: ἀμφὶ δ' ἄρ' ἄλλαι
δμῳαὶ Ὀδυσσῆος ταλασίφρονος ἠγερέθοντο,
καὶ κύνεον ἀγαπαζόμεναι κεφαλήν τε καὶ ὤμους. 35
ἡ δ' ἴεν ἐκ θαλάμοιο περίφρων Πηνελόπεια,
Ἀρτέμιδι ἰκέλη ἠὲ χρυσέῃ Ἀφροδίτῃ,
ἀμφὶ δὲ παιδὶ φίλῳ βάλε πήχεε δακρύσασα,
κύσσε δέ μιν κεφαλήν τε καὶ ἄμφω φάεα καλά,
καί ῥ' ὀλοφυρομένη ἔπεα πτερόεντα προσηύδα: 40
'ἦλθες, Τηλέμαχε, γλυκερὸν φάος. οὔ σ' ἔτ' ἐγώ γε
ὄψεσθαι ἐφάμην, ἐπεὶ ᾤχεο νηῒ Πύλονδε
λάθρῃ, ἐμεῦ ἀέκητι, φίλου μετὰ πατρὸς ἀκουήν.
ἀλλ' ἄγε μοι κατάλεξον ὅπως ἤντησας ὀπωπῆς.
' τὴν δ' αὖ Τηλέμαχος πεπνυμένος ἀντίον ηὔδα: 45
'μῆτερ ἐμή, μή μοι γόον ὄρνυθι μηδέ μοι ἦτορ
ἐν στήθεσσιν ὄρινε φυγόντι περ αἰπὺν ὄλεθρον:
ἀλλ' ὑδρηναμένη, καθαρὰ χροῒ εἵμαθ' ἑλοῦσα,
εἰς ὑπερῷ' ἀναβᾶσα σὺν ἀμφιπόλοισι γυναιξὶν
εὔχεο πᾶσι θεοῖσι τεληέσσας ἑκατόμβας 50
ῥέξειν, αἴ κέ ποθι Ζεὺς ἄντιτα ἔργα τελέσσῃ.
αὐτὰρ ἐγὼν ἀγορὴν ἐσελεύσομαι, ὄφρα καλέσσω
ξεῖνον, ὅτις μοι κεῖθεν ἅμ' ἕσπετο δεῦρο κιόντι.
τὸν μὲν ἐγὼ προὔπεμψα σὺν ἀντιθέοις ἑτάροισι,
Πείραιον δέ μιν ἠνώγεα προτὶ οἶκον ἄγοντα 55

All that a master may require. Go thou; 25
This man, at thy command, will lead me hence,
As soon as I have warmed me at the fire,
And the air grows milder. This keen morning-cold
May end me, and the way, ye say, is long."
    He ended; from the lodge Telemachus 30
Passed quickly, meditating to destroy
The suitors. Coming to his stately home,
He leaned his spear against a column's shaft,
And, crossing the stone threshold, entered in.
First Eurycleia, who had been his nurse, 35
Beheld him, as she spread the beautiful thrones
With skins, and ran to him with weeping eyes;
And round him other handmaids of the house
Of resolute Ulysses thronged. They gave
Fond welcome, kissing him upon the brow 40
And shoulders. Issuing from her chamber next
The chaste Penelope, like Dian's self
In beauty, or like golden Venus, came,
And, weeping, threw her arms about her son,
And kissed him on his forehead and on both 45
His glorious eyes, and said, amidst her tears:—
    "Light of my eyes! O my Telemachus!
Art thou, then, come? I never thought again
To see thee, when I heard thou hadst embarked
For Pylos,—secretly, and knowing me 50
Unwilling,—in the hope to gather there
Some tidings of thy father. Tell me now
All that has happened, all that thou hast seen."
    And thus discreet Telemachus replied:
"Nay, mother, waken not my griefs again, 55
Nor move my heart to rage. I have just now
Escaped a cruel death. But go and bathe,
And put fresh garments on, and when thou com'st
Into thy chamber with thy maidens, make
A vow to all the gods that thou wilt burn 60
A sacrifice of chosen hecatombs
When Jupiter shall have avenged our wrongs.
Now must I hasten to the market-place
In quest of one who came with me a guest
From Pylos. Him, with all my faithful crew, 65
I sent before me to this port, and bade
Piræus lead him to his own abode,

ἐνδυκέως φιλέειν καὶ τιέμεν, εἰς ὅ κεν ἔλθω.'
ὣς ἄρ' ἐφώνησεν, τῇ δ' ἄπτερος ἔπλετο μῦθος.
ἡ δ' ὑδρηναμένη, καθαρὰ χροῒ εἵμαθ' ἑλοῦσα,
εὔχετο πᾶσι θεοῖσι τελήεσσας ἑκατόμβας
ῥέξειν, αἴ κέ ποθι Ζεὺς ἄντιτα ἔργα τελέσσῃ. 60
Τηλέμαχος δ' ἄρ' ἔπειτα διὲκ μεγάροιο βεβήκει
ἔγχος ἔχων: ἅμα τῷ γε δύω κύνες ἀργοὶ ἕποντο.
θεσπεσίην δ' ἄρα τῷ γε χάριν κατέχευεν Ἀθήνη:
τὸν δ' ἄρα πάντες λαοὶ ἐπερχόμενον θηεῦντο.
ἀμφὶ δέ μιν μνηστῆρες ἀγήνορες ἠγερέθοντο 65
ἐσθλ' ἀγορεύοντες, κακὰ δὲ φρεσὶ βυσσοδόμευον.
αὐτὰρ ὁ τῶν μὲν ἔπειτα ἀλεύατο πουλὺν ὅμιλον,
ἀλλ' ἵνα Μέντωρ ἧστο καὶ Ἄντιφος ἠδ' Ἁλιθέρσης,
οἵ τε οἱ ἐξ ἀρχῆς πατρώϊοι ἦσαν ἑταῖροι,
ἔνθα καθέζετ' ἰών: τοὶ δ' ἐξερέεινον ἕκαστα. 70
τοῖσι δὲ Πείραιος δουρικλυτὸς ἐγγύθεν ἦλθεν
ξεῖνον ἄγων ἀγορήνδε διὰ πτόλιν: οὐδ' ἄρ' ἔτι δὴν
Τηλέμαχος ξείνοιο ἑκὰς τράπετ', ἀλλὰ παρέστη.
τὸν καὶ Πείραιος πρότερος πρὸς μῦθον ἔειπε:
'Τηλέμαχ', αἶψ' ὄτρυνον ἐμὸν ποτὶ δῶμα γυναῖκας, 75
ὥς τοι δῶρ' ἀποπέμψω, ἅ τοι Μενέλαος ἔδωκε.'
τὸν δ' αὖ Τηλέμαχος πεπνυμένος ἀντίον ηὔδα:
'Πείραι', οὐ γάρ τ' ἴδμεν ὅπως ἔσται τάδε ἔργα.
εἴ κεν ἐμὲ μνηστῆρες ἀγήνορες ἐν μεγάροισι
λάθρῃ κτείναντες πατρώϊα πάντα δάσωνται, 80
αὐτὸν ἔχοντά σε βούλομ' ἐπαυρέμεν, ἤ τινα τῶνδε:
εἰ δέ κ' ἐγὼ τούτοισι φόνον καὶ κῆρα φυτεύσω,
δὴ τότε μοι χαίροντι φέρειν πρὸς δώματα χαίρων.'
ὣς εἰπὼν ξεῖνον ταλαπείριον ἦγεν ἐς οἶκον.
αὐτὰρ ἐπεί ῥ' ἵκοντο δόμους εὖ ναιετάοντας, 85
χλαίνας μὲν κατέθεντο κατὰ κλισμούς τε θρόνους τε,
ἐς δ' ἀσαμίνθους βάντες ἐϋξέστας λούσαντο.
τοὺς δ' ἐπεὶ οὖν δμῳαὶ λοῦσαν καὶ χρῖσαν ἐλαίῳ,
ἀμφὶ δ' ἄρα χλαίνας οὔλας βάλον ἠδὲ χιτῶνας,
ἔκ ῥ' ἀσαμίνθων βάντες ἐπὶ κλισμοῖσι καθῖζον. 90
χέρνιβα δ' ἀμφίπολος προχόῳ ἐπέχευε φέρουσα

There to be lodged and honored till I came."
    He spake, nor flew his words unheeded by.
The princess bathed, and put fresh garments on,   70
And vowed to all the gods a sacrifice
Of chosen hecatombs when Jupiter
Should punish the wrong-doers. While she prayed,
Telemachus went forth, his spear in hand.
Two fleet dogs followed him. Minerva shed   75
A godlike beauty o'er his form and face,
And all the people wondered as he came.
The suitors thronged around him with smooth words,
Yet plotting mischief in their hearts. He turned
From their assembly hastily, and took   80
His place where Mentor sat with Antiphus,
And Halitherses,—all his father's friends
And his from the beginning. While they asked
Of all that he had seen, Piræus came,
The famous spearman, bringing through the town   85
The stranger with him to the market-place.
Nor long Telemachus delayed, but came
To meet his guest, and then Piræus said:—
    "Telemachus, despatch to where I dwell
Thy serving-women; I would send to thee,   90
At once, the gifts which Menelaus gave."
    And then discreet Telemachus replied:
"We know not yet, Piræus, what may be
The event; and if the suitors privily
Should slay me in the palace, and divide   95
The inheritance among them, I prefer
That thou, instead of them, shouldst have the gifts;
But should they meet the fate which I have planned,
And be cut off, then shalt thou gladly bring
The treasures, which I gladly will receive."   100
    So spake the prince, and to the palace led
The unhappy man, his guest. When now they reached
The stately pile, they both laid down their cloaks
Upon the benches, and betook themselves
To the well-polished baths. The attendant maids   105
There ministered and smoothed their limbs with oil,
And each received a tunic at their hands,
And fleecy mantle. Then they left the baths
And took their seats. A damsel came, and poured
Water from a fair ewer wrought of gold   110

καλῇ χρυσείῃ, ὑπὲρ ἀργυρέοιο λέβητος,
νίψασθαι: παρὰ δὲ ξεστὴν ἐτάνυσσε τράπεζαν.
σῖτον δ' αἰδοίη ταμίη παρέθηκε φέρουσα,
εἴδατα πόλλ' ἐπιθεῖσα, χαριζομένη παρεόντων. 95
μήτηρ δ' ἀντίον ἷζε παρὰ σταθμὸν μεγάροιο
κλισμῷ κεκλιμένη, λέπτ' ἠλάκατα στρωφῶσα.
οἱ δ' ἐπ' ὀνείαθ' ἑτοῖμα προκείμενα χεῖρας ἴαλλον,
αὐτὰρ ἐπεὶ πόσιος καὶ ἐδητύος ἐξ ἔρον ἕντο,
τοῖσι δὲ μύθων ἦρχε περίφρων Πηνελόπεια: 100
'Τηλέμαχ', ἦ τοι ἐγὼν ὑπερώϊον εἰσαναβᾶσα
λέξομαι εἰς εὐνήν, ἥ μοι στονόεσσα τέτυκται,
αἰεὶ δάκρυσ' ἐμοῖσι πεφυρμένη, ἐξ οὗ Ὀδυσσεὺς
ᾤχεθ' ἅμ' Ἀτρεΐδῃσιν ἐς Ἴλιον: οὐδέ μοι ἔτλης,
πρὶν ἐλθεῖν μνηστῆρας ἀγήνορας ἐς τόδε δῶμα, 105
νόστον σοῦ πατρὸς σάφα εἰπέμεν, εἴ που ἄκουσας.'
τὴν δ' αὖ Τηλέμαχος πεπνυμένος ἀντίον ηὔδα:
'τοιγὰρ ἐγώ τοι, μῆτερ, ἀληθείην καταλέξω.
ᾠχόμεθ' ἔς τε Πύλον καὶ Νέστορα, ποιμένα λαῶν:
δεξάμενος δέ με κεῖνος ἐν ὑψηλοῖσι δόμοισιν 110
ἐνδυκέως ἐφίλει, ὡς εἴ τε πατὴρ ἑὸν υἱὸν
ἐλθόντα χρόνιον νέον ἄλλοθεν: ὣς ἐμὲ κεῖνος
ἐνδυκέως ἐκόμιζε σὺν υἱάσι κυδαλίμοισιν.
αὐτὰρ Ὀδυσσῆος ταλασίφρονος οὔ ποτ' ἔφασκεν,
ζωοῦ οὐδὲ θανόντος, ἐπιχθονίων τευ ἀκοῦσαι: 115
ἀλλά μ' ἐς Ἀτρεΐδην, δουρικλειτὸν Μενέλαον,
ἵπποισι προὔπεμψε καὶ ἅρμασι κολλητοῖσιν.
ἔνθ' ἴδον Ἀργείην Ἑλένην, ἧς εἵνεκα πολλὰ
Ἀργεῖοι Τρῶές τε θεῶν ἰότητι μόγησαν.
εἴρετο δ' αὐτίκ' ἔπειτα βοὴν ἀγαθὸς Μενέλαος 120
ὅττευ χρηΐζων ἱκόμην Λακεδαίμονα δῖαν:
αὐτὰρ ἐγὼ τῷ πᾶσαν ἀληθείην κατέλεξα:
καὶ τότε δή με ἔπεσσιν ἀμειβόμενος προσέειπεν:
'ὦ πόποι, ἦ μάλα δὴ κρατερόφρονος ἀνδρὸς ἐν εὐνῇ
ἤθελον εὐνηθῆναι, ἀνάλκιδες αὐτοὶ ἐόντες. 125
ὡς δ' ὁπότ' ἐν ξυλόχῳ ἔλαφος κρατεροῖο λέοντος

Into a silver basin for their hands,
And spread a polished table near their seats;
And there the matron of the household placed
Bread, and the many dishes which her stores
Supplied. The queen was seated opposite, 115
Beside a column of the pile, and twirled
A slender spindle, while the son and guest
Put forth their hands and shared the meal prepared.
And when the calls of hunger and of thirst
Had ceased, thus spake the sage Penelope:— 120
  "Telemachus, when I again go up
Into my chamber, I shall lay me down
Upon the couch which, since Ulysses sailed
For Troy with Atreus' sons, has been to me
A couch of mourning, sprinkled with my tears. 125
And now thou hast not chosen to reveal,
Ere yet the haughty suitors throng again
Into these halls, what in thy voyage thou
Hast haply heard concerning his return."
  And thus discreet Telemachus replied: 130
"Then, mother, will I truly tell thee all.
We went to Pylos, and saw Nestor there,
The shepherd of the people. Kindly he
Received me in his stately home, as one
Might welcome back a wandering son returned 135
From foreign lands. Such welcome I received
Both from the king and his illustrious sons.
But he had heard, he said, from living man,
No tidings of the much-enduring chief
Ulysses, whether he were yet alive 140
Or dead. He therefore sent me with his steeds
And chariot to the court of Atreus' son,
The warlike Menelaus. There I saw
The Argive Helen, for whose sake the Greeks
And Trojans, by the appointment of the gods, 145
Suffered so much. The valiant king inquired
What wish of mine had brought me to the town
Of hallowed Lacedæmon. I replied,
And truly told him all, and everything
In order. Then he answered me, and said:— 150
  "'So then! these men, unwarlike as they are,
Aspire to occupy a brave man's bed,
As when a hart hath left two suckling fawns,

νεβρούς κοιμήσασα νεηγενέας γαλαθηνούς
κνημούς έξερέῃσι καὶ ἄγκεα ποιήεντα
βοσκομένη, ὁ δ' ἔπειτα ἑὴν εἰσήλυθεν εὐνήν,
ἀμφοτέροισι δὲ τοῖσιν ἀεικέα πότμον ἐφῆκεν, 130
ὣς Ὀδυσεὺς κείνοισιν ἀεικέα πότμον ἐφήσει.
αἲ γάρ, Ζεῦ τε πάτερ καὶ Ἀθηναίη καὶ Ἄπολλον,
τοῖος ἐὼν οἷός ποτ' ἐϋκτιμένῃ ἐνὶ Λέσβῳ
ἐξ ἔριδος Φιλομηλεΐδῃ ἐπάλαισεν ἀναστάς,
κὰδ δ' ἔβαλε κρατερῶς, κεχάροντο δὲ πάντες Ἀχαιοί, 135
τοῖος ἐὼν μνηστῆρσιν ὁμιλήσειεν Ὀδυσσεύς·
πάντες κ' ὠκύμοροί τε γενοίατο πικρόγαμοί τε.
ταῦτα δ' ἅ μ' εἰρωτᾷς καὶ λίσσεαι, οὐκ ἂν ἐγώ γε
ἄλλα παρὲξ εἴποιμι παρακλιδὸν οὐδ' ἀπατήσω,
ἀλλὰ τὰ μέν μοι ἔειπε γέρων ἅλιος νημερτής, 140
τῶν οὐδέν τοι ἐγὼ κρύψω ἔπος οὐδ' ἐπικεύσω.
φῆ μιν ὅ γ' ἐν νήσῳ ἰδέειν κρατέρ' ἄλγε' ἔχοντα,
νύμφης ἐν μεγάροισι Καλυψοῦς, ἥ μιν ἀνάγκῃ
ἴσχει· ὁ δ' οὐ δύναται ἣν πατρίδα γαῖαν ἱκέσθαι.
οὐ γάρ οἱ πάρα νῆες ἐπήρετμοι καὶ ἑταῖροι, 145
οἵ κέν μιν πέμποιεν ἐπ' εὐρέα νῶτα θαλάσσης'
  ὣς ἔφατ' Ἀτρεΐδης, δουρικλειτὸς Μενέλαος.
ταῦτα τελευτήσας νεόμην· ἔδοσαν δέ μοι οὖρον
ἀθάνατοι, τοί μ' ὦκα φίλην ἐς πατρίδ' ἔπεμψαν.'
  ὣς φάτο, τῇ δ' ἄρα θυμὸν ἐνὶ στήθεσσιν ὄρινε. 150
τοῖσι δὲ καὶ μετέειπε Θεοκλύμενος θεοειδής·
  'ὦ γύναι αἰδοίη Λαερτιάδεω Ὀδυσῆος,
ἤ τοι ὅ γ' οὐ σάφα οἶδεν, ἐμεῖο δὲ σύνθεο μῦθον·
ἀτρεκέως γάρ σοι μαντεύσομαι οὐδ' ἐπικεύσω·
ἴστω νῦν Ζεὺς πρῶτα θεῶν, ξενίη τε τράπεζα 155
ἱστίη τ' Ὀδυσῆος ἀμύμονος, ἣν ἀφικάνω,
ὡς ἦ τοι Ὀδυσεὺς ἤδη ἐν πατρίδι γαίῃ,
ἥμενος ἢ ἕρπων, τάδε πευθόμενος κακὰ ἔργα,
ἔστιν, ἀτὰρ μνηστῆρσι κακὸν πάντεσσι φυτεύει·

Just born, asleep in a strong lion's lair,
And roams for pasturage the mountain slopes   155
And grassy lawns, the lion suddenly
Comes back, and makes a cruel end of both,
So will Ulysses bring a sudden doom
Upon the suitors. Would to Father Jove,
And Pallas, and Apollo, that the chief,   160
Returning mighty, as he was when once
In well-built Lesbos, at a wrestling-match,
He rose to strive with Philomelides,
And threw him heavily, and all the Greeks
Rejoiced,—would he might come as then he was!   165
Short-lived would then the suitors be, and taste
A bitter marriage-feast. But now, to come
To what thou hast inquired, I will not seek
To turn from it, and talk of other things,
Nor will deceive. Of all that I was told   170
By the Ancient of the Deep, whose words are true,
I will not hide a single word from thee.
He saw thy father in an isle, he said,
A prey to wasting sorrows, and detained,
Unwilling, in the palace of the nymph   175
Calypso. To the country of his birth
He cannot come; no ships are there with oars
And crew to bear him o'er the great wide sea.'
   "Thus Menelaus, mighty with the spear,
The son of Atreus, said. And having now   180
Fulfilled my errand, I returned. The gods
Gave favoring winds, and sent me swiftly home."
   He ended, and the queen was deeply moved.
Then Theoclymenus, the godlike, said:—
   "O gracious consort of Laertes' son,   185
King Menelaus knew not all. Hear now
What I shall say,—for I will prophesy,
And truly, nor will keep back aught from thee.
Let Jupiter, the mightiest of the gods,
And this thy hospitable board, and this   190
The hearth of great Ulysses, where I find
A refuge, be my witnesses, that now
Ulysses is in his own land again,
And sits or walks observant of the deeds
Of wrong, and planning vengeance, yet to fall   195
On all the suitors; such the augury

τοῖον ἐγὼν οἰωνὸν ἐϋσσέλμου ἐπὶ νηὸς 160
ἥμενος ἐφρασάμην καὶ Τηλεμάχῳ ἐγεγώνευν.'
   τὸν δ' αὖτε προσέειπε περίφρων Πηνελόπεια·
'αἲ γὰρ τοῦτο, ξεῖνε, ἔπος τετελεσμένον εἴη·
τῷ κε τάχα γνοίης φιλότητά τε πολλά τε δῶρα
ἐξ ἐμεῦ, ὡς ἄν τίς σε συναντόμενος μακαρίζοι.' 165
   ὣς οἱ μὲν τοιαῦτα πρὸς ἀλλήλους ἀγόρευον,
μνηστῆρες δὲ πάροιθεν Ὀδυσσῆος μεγάροιο
δίσκοισιν τέρποντο καὶ αἰγανέῃσιν ἱέντες,
ἐν τυκτῷ δαπέδῳ, ὅθι περ πάρος ὕβριν ἔχοντες.
ἀλλ' ὅτε δὴ δείπνηστος ἔην καὶ ἐπήλυθε μῆλα 170
πάντοθεν ἐξ ἀγρῶν, οἱ δ' ἤγαγον οἵ τὸ πάρος περ,
καὶ τότε δή σφιν ἔειπε Μέδων· ὃς γάρ ῥα μάλιστα
ἥνδανε κηρύκων, καί σφιν παρεγίγνετο δαιτί·
   'κοῦροι, ἐπεὶ δὴ πάντες ἐτέρφθητε φρέν' ἀέθλοις,
ἔρχεσθε πρὸς δώμαθ', ἵν' ἐντυνώμεθα δαῖτα· 175
οὐ μὲν γάρ τι χέρειον ἐν ὥρῃ δεῖπνον ἑλέσθαι.'
   ὣς ἔφαθ', οἱ δ' ἀνστάντες ἔβαν πείθοντό τε μύθῳ.
αὐτὰρ ἐπεί ῥ' ἵκοντο δόμους εὖ ναιετάοντας,
χλαίνας μὲν κατέθεντο κατὰ κλισμούς τε θρόνους τε,
οἱ δ' ἱέρευον ὄϊς μεγάλους καὶ πίονας αἶγας, 180
ἴρευον δὲ σύας σιάλους καὶ βοῦν ἀγελαίην,
δαῖτ' ἐντυνόμενοι. τοὶ δ' ἐξ ἀγροῖο πόλινδε
ὠτρύνοντ' Ὀδυσεύς τ' ἴεναι καὶ δῖος ὑφορβός.
τοῖσι δὲ μύθων ἦρχε συβώτης, ὄρχαμος ἀνδρῶν·
   'ξεῖν', ἐπεὶ ἂρ δὴ ἔπειτα πόλινδ' ἰέναι μενεαίνεις 185
σήμερον, ὡς ἐπέτελλεν ἄναξ ἐμός—ἦ σ' ἂν ἐγώ γε
αὐτοῦ βουλοίμην σταθμῶν ῥυτῆρα λιπέσθαι·
ἀλλὰ τὸν αἰδέομαι καὶ δείδια, μή μοι ὀπίσσω
νεικείῃ· χαλεπαὶ δέ τ' ἀνάκτων εἰσὶν ὁμοκλαί—
ἀλλ' ἄγε νῦν ἴομεν· δὴ γὰρ μέμβλωκε μάλιστα 190
ἦμαρ, ἀτὰρ τάχα τοι ποτὶ ἕσπερα ῥίγιον ἔσται.'
   τὸν δ' ἀπαμειβόμενος προσέφη πολύμητις Ὀδυσσεύς·
'γιγνώσκω, φρονέω· τά γε δὴ νοέοντι κελεύεις.
ἀλλ' ἴομεν, σὺ δ' ἔπειτα διαμπερὲς ἡγεμόνευε.
δὸς δέ μοι, εἴ ποθί τοι ῥόπαλον τετμημένον ἐστίν, 195
σκηρίπτεσθ', ἐπεὶ ἦ φατ' ἀρισφαλέ' ἔμμεναι οὐδόν.'
   ἦ ῥα καὶ ἀμφ' ὤμοισιν ἀεικέα βάλλετο πήρην,
πυκνὰ ῥωγαλέην· ἐν δὲ στρόφος ἦεν ἀορτήρ·

Which I beheld when in the gallant bark
I sat and told it to Telemachus."
    And thus the sage Penelope replied:
"O stranger! may thy saying be fulfilled!   200
Then shalt thou have such thanks and such rewards
That all who greet thee shall rejoice with thee."
    So talked they with each other. In the space
Before the palace of Ulysses stood
The suitors, pleased with hurling quoits and spears   205
On the smooth pavement, where their insolence
So oft was seen. But when the supper-hour
Was near, and from the fields the cattle came,
Driven by the herdsmen, Medon—he whom most
They liked of all the heralds, and who sat   210
Among them at the feast—bespake them thus:—
    "Youths! since ye now have had your pastime here,
Come in, and help prepare the evening meal;
At the due hour a banquet is not ill."
    He spake; the suitors hearkened and obeyed,   215
And rose, and came into the halls, and laid
Their cloaks upon the benches and the thrones,
And slaughtered well-fed sheep and fatling goats,
And made a victim of a pampered brawn,
And a stalled ox, preparing for the feast.   220
Meantime Ulysses and that noble hind
The swineherd hastened to begin their walk
To town, and thus the master swineherd spake:—
    "Since, stranger, 'tis thy wish to pass to-day
Into the city, as my master bade,—   225
Though I by far prefer that thou remain
A guardian of the stalls, yet much I fear
My master, and am sure that he would chide,
And harsh the upbraidings of a master are,—
Let us depart; the day is now far spent,   230
And chill will be the air of eventide."
    Ulysses, the sagacious, answered thus:
"Enough; I know; thy words are heard by one
Who understands them. Let us then depart.
Lead thou the way; and if thou hast a staff,   235
Cut from the wood to lean on, give it me,
Since, as thou say'st, we have a slippery road."
    He spake, and o'er his shoulders flung a scrip,
Old, cracked, and hanging by a twisted thong.

Εὔμαιος δ' ἄρα οἱ σκῆπτρον θυμαρὲς ἔδωκε.
τὼ βήτην, σταθμὸν δὲ κύνες καὶ βώτορες ἄνδρες   200
ῥύατ' ὄπισθε μένοντες: ὁ δ' ἐς πόλιν ἦγεν ἄνακτα
πτωχῷ λευγαλέῳ ἐναλίγκιον ἠδὲ γέροντι,
σκηπτόμενον: τὰ δὲ λυγρὰ περὶ χροΐ εἵματα ἕστο.
ἀλλ' ὅτε δὴ στείχοντες ὁδὸν κάτα παιπαλόεσσαν
ἄστεος ἐγγὺς ἔσαν καὶ ἐπὶ κρήνην ἀφίκοντο   205
τυκτὴν καλλίροον, ὅθεν ὑδρεύοντο πολῖται,
τὴν ποίησ' Ἴθακος καὶ Νήριτος ἠδὲ Πολύκτωρ:
ἀμφὶ δ' ἄρ' αἰγείρων ὑδατοτρεφέων ἦν ἄλσος,
πάντοσε κυκλοτερές, κατὰ δὲ ψυχρὸν ῥέεν ὕδωρ
ὑψόθεν ἐκ πέτρης: βωμὸς δ' ἐφύπερθε τέτυκτο   210
νυμφάων, ὅθι πάντες ἐπιρρέζεσκον ὁδῖται:
ἔνθα σφέας ἐκίχαν' υἱὸς Δολίοιο Μελανθεὺς
αἶγας ἄγων, αἳ πᾶσι μετέπρεπον αἰπολίοισι,
δεῖπνον μνηστήρεσσι: δύω δ' ἅμ' ἕποντο νομῆες.
τοὺς δὲ ἰδὼν νείκεσσεν ἔπος τ' ἔφατ' ἔκ τ' ὀνόμαζεν, 215
ἔκπαγλον καὶ ἀεικές: ὄρινε δὲ κῆρ Ὀδυσῆος:
 'νῦν μὲν δὴ μάλα πάγχυ κακὸς κακὸν ἡγηλάζει,
ὡς αἰεὶ τὸν ὁμοῖον ἄγει θεὸς ὡς τὸν ὁμοῖν.
πῇ δὴ τόνδε μολοβρὸν ἄγεις, ἀμέγαρτε συβῶτα,
πτωχὸν ἀνιηρόν δαιτῶν ἀπολυμαντῆρα;   220
ὃς πολλῇς φλιῇσι παραστὰς θλίψεται ὤμους,
αἰτίζων ἀκόλους, οὐκ ἄορας οὐδὲ λέβητας:
τόν κ' εἴ μοι δοίης σταθμῶν ῥυτῆρα γενέσθαι
σηκοκόρον τ' ἔμεναι θαλλόν τ' ἐρίφοισι φορῆναι,
καί κεν ὀρὸν πίνων μεγάλην ἐπιγουνίδα θεῖτο.   225
ἀλλ' ἐπεὶ οὖν δὴ ἔργα κάκ' ἔμμαθεν, οὐκ ἐθελήσει
ἔργον ἐποίχεσθαι, ἀλλὰ πτώσσων κατὰ δῆμον
βούλεται αἰτίζων βόσκειν ἣν γαστέρ' ἄναλτον.
ἀλλ' ἔκ τοι ἐρέω, τὸ δὲ καὶ τετελεσμένον ἔσται:
αἴ κ' ἔλθῃ πρὸς δώματ' Ὀδυσσῆος θείοιο,   230
πολλά οἱ ἀμφὶ κάρη σφέλα ἀνδρῶν ἐκ παλαμάων
πλευραὶ ἀποτρίψουσι δόμον κάτα βαλλομένοιο.'

Eumæus gave the staff he asked, and both240
Went forth; the dogs and herdsmen stayed to guard
The lodge. The swineherd led his master on
Townward, a squalid beggar to the sight,
And aged, leaning on a staff, and wrapped
In sordid rags. There by the rugged way,245
As they drew near the town, they passed a fount
Wrought by the hand of man, and pouring forth
Its pleasant streams, from which the citizens
Drew water. Ithacus and Neritus
Founded it with Polyctor, and a grove250
Of alders feeding on the moistened earth
Grew round it on all sides. The ice-cold rill
Gushed from a lofty rock, upon whose brow
An altar stood, at which the passers-by
Worshipped, and laid their offerings for the Nymphs.255
There did Melanthius, son of Dolius, meet
The twain, as he was driving to the town
The finest goats of all the flocks, to make
A banquet for the suitors; with him went
Two shepherds, following the flock. As soon260
As he beheld Eumæus and his guest,
He railed at them with rude and violent words,
That made the anger of Ulysses rise.
   "See that vile fellow lead the vile about!
Thus ever doth some god join like with like.265
Thou worthless swineherd! whither wouldst thou take
This hungry, haunting beggar-man, this pest
Of feasts, who at the posts of many a door
Against them rubs his shoulders, asking crusts,
Tripods or caldrons never. Shouldst thou leave270
The wretch to me, to watch my stalls, and sweep
The folds, and bring fresh branches to the kids,
He might by drinking whey get stouter thighs.
But he has learned no good, and will refuse
To work; he better likes to stroll about275
With that insatiable stomach, asking alms
To fill it. Let me tell thee what is sure
To happen to him, should he ever come
Into the palace of the glorious chief
Ulysses. Many a footstool will be flung280
Around him by the hands of those who sit
As guests, and they will tear the fellow's sides."

ὣς φάτο, καὶ παριὼν λὰξ ἔνθορεν ἀφραδίῃσιν
ἰσχίῳ· οὐδέ μιν ἐκτὸς ἀταρπιτοῦ ἐστυφέλιξεν,
ἀλλ᾽ ἔμεν᾽ ἀσφαλέως· ὁ δὲ μερμήριξεν Ὀδυσσεὺς   235
ἠὲ μεταΐξας ῥοπάλῳ ἐκ θυμὸν ἕλοιτο,
ἦ πρὸς γῆν ἐλάσειε κάρη ἀμφουδὶς ἀείρας.
ἀλλ᾽ ἐπετόλμησε, φρεσὶ δ᾽ ἔσχετο· τὸν δὲ συβώτης
νείκεσ᾽ ἐσάντα ἰδών, μέγα δ᾽ εὔξατο χεῖρας ἀνασχών·
  'νύμφαι κρηναῖαι, κοῦραι Διός, εἴ ποτ᾽ Ὀδυσσεὺς   240
ὔμμ᾽ ἐπὶ μηρί᾽ ἔκηε, καλύψας πίονι δημῷ,
ἀρνῶν ἠδ᾽ ἐρίφων, τόδε μοι κρηήνατ᾽ ἐέλδωρ,
ὡς ἔλθοι μὲν κεῖνος ἀνήρ, ἀγάγοι δέ ἑ δαίμων·
τῷ κέ τοι ἀγλαΐας γε διασκεδάσειεν ἁπάσας,
τὰς νῦν ὑβρίζων φορέεις, ἀλαλήμενος αἰεὶ   245
ἄστυ κάτ᾽· αὐτὰρ μῆλα κακοὶ φθείρουσι νομῆες.'
  τὸν δ᾽ αὖτε προσέειπε Μελάνθιος, αἰπόλος αἰγῶν·
'ὢ πόποι, οἷον ἔειπε κύων ὀλοφώϊα εἰδώς,
τόν ποτ᾽ ἐγὼν ἐπὶ νηὸς ἐϋσσέλμοιο μελαίνης
ἄξω τῆλ᾽ Ἰθάκης, ἵνα μοι βίοτον πολὺν ἄλφοι.   250
αἲ γὰρ Τηλέμαχον βάλοι ἀργυρότοξος Ἀπόλλων
σήμερον ἐν μεγάροις, ἢ ὑπὸ μνηστῆρσι δαμείη,
ὡς Ὀδυσῆΐ γε τηλοῦ ἀπώλετο νόστιμον ἦμαρ.'
  ὣς εἰπὼν τοὺς μὲν λίπεν αὐτοῦ ἦκα κιόντας,
αὐτὰρ ὁ βῆ, μάλα δ᾽ ὦκα δόμους ἵκανεν ἄνακτος.   255
αὐτίκα δ᾽ εἴσω ἴεν, μετὰ δὲ μνηστῆρσι καθῖζεν,
ἀντίον Εὐρυμάχου· τὸν γὰρ φιλέεσκε μάλιστα.
τῷ πάρα μὲν κρειῶν μοῖραν θέσαν οἳ πονέοντο,
σῖτον δ᾽ αἰδοίη ταμίη παρέθηκε φέρουσα
ἔδμεναι. ἀγχίμολον δ᾽ Ὀδυσεὺς καὶ δῖος ὑφορβὸς   260
στήτην ἐρχομένω, περὶ δέ σφεας ἤλυθ᾽ ἰωὴ
φόρμιγγος γλαφυρῆς· ἀνὰ γάρ σφισι βάλλετ᾽ ἀείδειν
Φήμιος· αὐτὰρ ὁ χειρὸς ἑλὼν προσέειπε συβώτην·
  'Εὔμαι᾽, ἦ μάλα δὴ τάδε δώματα κάλ᾽ Ὀδυσῆος,
ῥεῖα δ᾽ ἀρίγνωτ᾽ ἐστὶ καὶ ἐν πολλοῖσιν ἰδέσθαι.   265

He spake, and in his folly thrust his heel
Against the hero's thigh. The blow moved not
Ulysses from his path, nor swerved he aught,   285
But meditated whether with a blow
Of his good staff to take the fellow's life,
Or lift him in the air and dash his head
Against the ground. Yet he endured the affront
And checked his wrath. The swineherd spake, and chid   290
The offender, and thus prayed with lifted hands:—
    "Nymphs of the fountain, born to Jupiter!
If e'er in sacrifice Ulysses burned
To you the thighs of lambs and goats, o'erlaid
With fat, be pleased to grant the prayer I make,   295
That, guided by some deity, the chief
May yet return. Then thy rude boasts would cease
Melanthius, which thou utterest in thy way
From place to place while wandering through the town.
Unfaithful shepherds make a perishing flock."   300
    Melanthius, keeper of the goats, rejoined:
"'Tis wonderful how flippant is the cur,
And shrewd! But I shall carry him on board
A good black ship, far off from Ithaca,
And there will sell him for a goodly price.   305
Would that Apollo of the silver bow
Might in the palace slay Telemachus
This very hour, or that the suitors might,
As certainly as that the day which brings
Ulysses to his home will never dawn!"   310
    He spake, and left them there. They followed on
Slowly. Melanthius hastened, and was soon
At the king's palace gate, and, entering, took
A seat right opposite Eurymachus,
Whose favorite he was. The attendants there   315
Brought meats, the matron of the household bread,
And both were set before them. Meantime stopped
Ulysses with the noble swineherd near
The palace, for around them in the air
Came the sweet murmurs of a lyre. Just then   320
Phemius, the minstrel, had begun his song,
Ulysses took the swineherd's hand, and said:—
    "Eumæus, this must be the noble pile
In which Ulysses dwelt, for easily
'Tis known among the others that are near.   325

ἐξ ἑτέρων ἕτερ' ἐστίν, ἐπήσκηται δέ οἱ αὐλὴ
τοίχῳ καὶ θριγκοῖσι, θύραι δ' εὐερκέες εἰσὶ
δικλίδες: οὐκ ἄν τίς μιν ἀνὴρ ὑπεροπλίσσαιτο.
γιγνώσκω δ' ὅτι πολλοὶ ἐν αὐτῷ δαῖτα τίθενται
ἄνδρες, ἐπεὶ κνίση μὲν ἀνήνοθεν, ἐν δέ τε φόρμιγξ 270
ἠπύει, ἣν ἄρα δαιτὶ θεοὶ ποίησαν ἑταίρην.'
 τὸν δ' ἀπαμειβόμενος προσέφης, Εὔμαιε συβῶτα:
'ῥεῖ' ἔγνως, ἐπεὶ οὐδὲ τά τ' ἄλλα πέρ ἐσσ' ἀνοήμων.
ἀλλ' ἄγε δὴ φραζώμεθ' ὅπως ἔσται τάδε ἔργα.
ἠὲ σὺ πρῶτος ἔσελθε δόμους εὖ ναιετάοντας, 275
δύσεο δὲ μνηστῆρας, ἐγὼ δ' ὑπολείψομαι αὐτοῦ:
εἰ δ' ἐθέλεις, ἐπίμεινον, ἐγὼ δ' εἶμι προπάροιθε:
μηδὲ σὺ δηθύνειν, μή τίς σ' ἔκτοσθε νοήσας
ἢ βάλῃ ἢ ἐλάσῃ: τὰ δέ σε φράζεσθαι ἄνωγα.
' τὸν δ' ἠμείβετ' ἔπειτα πολύτλας δῖος Ὀδυσσεύς: 280
'γιγνώσκω, φρονέω: τά γε δὴ νοέοντι κελεύεις.
ἀλλ' ἔρχευ προπάροιθεν, ἐγὼ δ' ὑπολείψομαι αὐτοῦ.
οὐ γάρ τι πληγέων ἀδαήμων οὐδὲ βολάων:
τολμήεις μοι θυμός, ἐπεὶ κακὰ πολλὰ πέπονθα
κύμασι καὶ πολέμῳ: μετὰ καὶ τόδε τοῖσι γενέσθω: 285
γαστέρα δ' οὔ πως ἔστιν ἀποκρύψαι μεμαυῖαν,
οὐλομένην, ἣ πολλὰ κάκ' ἀνθρώποισι δίδωσι,
τῆς ἕνεκεν καὶ νῆες ἐΰζυγοι ὁπλίζονται
πόντον ἐπ' ἀτρύγετον, κακὰ δυσμενέεσσι φέρουσαι.
' ὣς οἱ μὲν τοιαῦτα πρὸς ἀλλήλους ἀγόρευον: 290
ἂν δὲ κύων κεφαλήν τε καὶ οὔατα κείμενος ἔσχεν,
Ἄργος, Ὀδυσσῆος ταλασίφρονος, ὅν ῥά ποτ' αὐτὸς
θρέψε μέν, οὐδ' ἀπόνητο, πάρος δ' εἰς Ἴλιον ἱρὴν
ᾤχετο. τὸν δὲ πάροιθεν ἀγίνεσκον νέοι ἄνδρες
αἶγας ἐπ' ἀγροτέρας ἠδὲ πρόκας ἠδὲ λαγωούς: 295
δὴ τότε κεῖτ' ἀπόθεστος ἀποιχομένοιο ἄνακτος,
ἐν πολλῇ κόπρῳ, ἥ οἱ προπάροιθε θυράων
ἡμιόνων τε βοῶν τε ἅλις κέχυτ', ὄφρ' ἂν ἄγοιεν
δμῶες Ὀδυσσῆος τέμενος μέγα κοπρήσοντες:
ἔνθα κύων κεῖτ' Ἄργος, ἐνίπλειος κυνοραιστέων. 300
δὴ τότε γ', ὡς ἐνόησεν Ὀδυσσέα ἐγγὺς ἐόντα,

Rooms over rooms are here; around its court
Are walls and battlements, and folding-doors
Shut fast the entrance; no man may contemn
Its strength. And I perceive that many guests
Banquet within; the smoke of fat goes up,   330
And the sweet lyre is heard; the gods have given
Its music to accompany the feast."

    And then, Eumæus, thou didst make reply:
"Thou speakest rightly, and in other things
Thou art not slow of thought. Now let us think   335
What we shall do. First enter, if thou wilt,
The sumptuous rooms, while I remain without;
Or, if it please thee, I will enter first,
While thou remainest; yet delay not long,
Lest some one, seeing thee, should deal a blow,   340
Or drive thee hence. I pray thee, think of this."

    Ulysses, the great sufferer, answered thus:
"Enough; I know; thy words are heard by one
Who understands them. Go before me, then,
And leave me here. I am not quite unused   345
To blows and stripes, and patient is my mood,
For greatly have I suffered, both at sea
And in the wars; and I submit to bear
This also. But the stomach's eagerness
Is desperate, and is not to be withstood,   350
And many are the mischiefs which it brings
Upon the race of men; it fits out fleets
That cross the barren deep arrayed for war,
And carry death and woe to hostile realms."

    So talked the twain. A dog was lying near,   355
And lifted up his head and pricked his ears.
'Twas Argus, which the much-enduring man
Ulysses long before had reared, but left
Untried, when for the hallowed town of Troy
He sailed. The young men oft had led him forth   360
In eager chase of wild goats, stags, and hares;
But now, his master far away, he lay
Neglected, just before the stable doors,
Amid the droppings of the mules and beeves,
Heaped high till carried to the spacious fields   365
Of which Ulysses was the lord. There lay
Argus, devoured with vermin. As he saw
Ulysses drawing near, he wagged his tail

οὐρῇ μέν ῥ' ὅ γ' ἔσηνε καὶ οὔατα κάββαλεν ἄμφω,
ἆσσον δ' οὐκέτ' ἔπειτα δυνήσατο οἷο ἄνακτος
ἐλθέμεν· αὐτὰρ ὁ νόσφιν ἰδὼν ἀπομόρξατο δάκρυ,
ῥεῖα λαθὼν Εὔμαιον, ἄφαρ δ' ἐρεείνετο μύθῳ· 305
'Εὔμαι', ἦ μάλα θαῦμα, κύων ὅδε κεῖτ' ἐνὶ κόπρῳ.
καλὸς μὲν δέμας ἐστίν, ἀτὰρ τόδε γ' οὐ σάφα οἶδα,
εἰ δὴ καὶ ταχὺς ἔσκε θέειν ἐπὶ εἴδεϊ τῷδε,
ἦ αὔτως οἷοί τε τραπεζῆες κύνες ἀνδρῶν
γίγνοντ'· ἀγλαΐης δ' ἕνεκεν κομέουσιν ἄνακτες.' 310
τὸν δ' ἀπαμειβόμενος προσέφης, Εὔμαιε συβῶτα·
'καὶ λίην ἀνδρός γε κύων ὅδε τῆλε θανόντος.
εἰ τοιόσδ' εἴη ἠμὲν δέμας ἠδὲ καὶ ἔργα,
οἷόν μιν Τροίηνδε κιὼν κατέλειπεν Ὀδυσσεύς,
αἶψά κε θηήσαιο ἰδὼν ταχυτῆτα καὶ ἀλκήν. 315
οὐ μὲν γάρ τι φύγεσκε βαθείης βένθεσιν ὕλης
κνώδαλον, ὅττι δίοιτο· καὶ ἴχνεσι γὰρ περιῄδη·
νῦν δ' ἔχεται κακότητι, ἄναξ δέ οἱ ἄλλοθι πάτρης
ὤλετο, τὸν δὲ γυναῖκες ἀκηδέες οὐ κομέουσι.
δμῶες δ', εὖτ' ἂν μηκέτ' ἐπικρατέωσιν ἄνακτες, 320
οὐκέτ' ἔπειτ' ἐθέλουσιν ἐναίσιμα ἐργάζεσθαι·
ἥμισυ γάρ τ' ἀρετῆς ἀποαίνυται εὐρύοπα Ζεὺς
ἀνέρος, εὖτ' ἄν μιν κατὰ δούλιον ἦμαρ ἕλῃσιν.'
ὣς εἰπὼν εἰσῆλθε δόμους εὖ ναιετάοντας,
βῆ δ' ἰθὺς μεγάροιο μετὰ μνηστῆρας ἀγαυούς. 325
Ἄργον δ' αὖ κατὰ μοῖρ' ἔλαβεν μέλανος θανάτοιο,
αὐτίκ' ἰδόντ' Ὀδυσῆα ἐεικοστῷ ἐνιαυτῷ.
τὸν δὲ πολὺ πρῶτος ἴδε Τηλέμαχος θεοειδὴς
ἐρχόμενον κατὰ δῶμα συβώτην, ὦκα δ' ἔπειτα
νεῦσ' ἐπὶ οἷ καλέσας· ὁ δὲ παπτήνας ἕλε δίφρον 330
κείμενον, ἔνθα τε δαιτρὸς ἐφίζεσκε κρέα πολλὰ
δαιόμενος μνηστῆρσι δόμον κάτα δαινυμένοισι·
τὸν κατέθηκε φέρων πρὸς Τηλεμάχοιο τράπεζαν
ἀντίον, ἔνθα δ' ἄρ' αὐτὸς ἐφέζετο· τῷ δ' ἄρα κῆρυξ
μοῖραν ἑλὼν ἐτίθει κανέου τ' ἐκ σῖτον ἀείρας. 335
ἀγχίμολον δὲ μετ' αὐτὸν ἐδύσετο δώματ' Ὀδυσσεύς,
πτωχῷ λευγαλέῳ ἐναλίγκιος ἠδὲ γέροντι,

And dropped his ears, but found that he could come
No nearer to his master. Seeing this, 370
Ulysses wiped away a tear unmarked
By the good swineherd, whom he questioned thus:—
    "Eumæus, this I marvel at,—this dog,
That lies upon the dunghill, beautiful
In form, but whether in the chase as fleet 375
As he is fairly shaped I cannot tell.
Worthless, perchance, as house-dogs often are,
Whose masters keep them for the sake of show."
    And thus, Eumæus, thou didst make reply:
"The dog belongs to one who died afar. 380
Had he the power of limb which once he had
For feats of hunting when Ulysses sailed
For Troy and left him, thou wouldst be amazed
Both at his swiftness and his strength. No beast
In the thick forest depths which once he saw, 385
Or even tracked by footprints, could escape.
And now he is a sufferer, since his lord
Has perished far from his own land. No more
The careless women heed the creature's wants;
For, when the master is no longer near, 390
The servants cease from their appointed tasks,
And on the day that one becomes a slave
The Thunderer, Jove, takes half his worth away."
    He spake, and, entering that fair dwelling-place,
Passed through to where the illustrious suitors sat, 395
While over Argus the black night of death
Came suddenly as soon as he had seen
Ulysses, absent now for twenty years.
Telemachus, the godlike, was the first
To mark the swineherd coming through the hall, 400
And, nodding, called to him. The swineherd looked
About him, and beheld a seat on which
The carver of the feast was wont to sit,
Distributing the meats. He bore it thence
And placed it opposite Telemachus, 405
And at his table. Then he sat him down,
And thither came the herald, bringing him
A portion of the feast, and gave him bread
From the full canister. Soon after him
Ulysses entered, seemingly an old 410
And wretched beggar, propped upon a staff,

σκηπτόμενος· τὰ δὲ λυγρὰ περὶ χροΐ εἵματα ἕστο.
ἷζε δ' ἐπὶ μελίνου οὐδοῦ ἔντοσθε θυράων,
κλινάμενος σταθμῷ κυπαρισσίνῳ, ὅν ποτε τέκτων 340
ξέσσεν ἐπισταμένως καὶ ἐπὶ στάθμην ἴθυνεν.
Τηλέμαχος δ' ἐπὶ οἷ καλέσας προσέειπε συβώτην,
ἄρτον τ' οὖλον ἑλὼν περικαλλέος ἐκ κανέοιο
καὶ κρέας, ὥς οἱ χεῖρες ἐχάνδανον ἀμφιβαλόντι·
'δὸς τῷ ξείνῳ ταῦτα φέρων αὐτόν τε κέλευε 345
αἰτίζειν μάλα πάντας ἐποιχόμενον μνηστῆρας·
αἰδὼς δ' οὐκ ἀγαθὴ κεχρημένῳ ἀνδρὶ παρεῖναι.'
    ὣς φάτο, βῆ δὲ συφορβός, ἐπεὶ τὸν μῦθον ἄκουσεν,
ἀγχοῦ δ' ἱστάμενος ἔπεα πτερόεντ' ἀγόρευε·
'Τηλέμαχός τοι, ξεῖνε, διδοῖ τάδε, καί σε κελεύει 350
αἰτίζειν μάλα πάντας ἐποιχόμενον μνηστῆρας·
αἰδῶ δ' οὐκ ἀγαθήν φησ' ἔμμεναι ἀνδρὶ προΐκτῃ.'
    τὸν δ' ἀπαμειβόμενος προσέφη πολύμητις Ὀδυσσεύς·
'Ζεῦ ἄνα, Τηλέμαχόν μοι ἐν ἀνδράσιν ὄλβιον εἶναι,
καί οἱ πάντα γένοιθ' ὅσσα φρεσὶν ᾗσι μενοινᾷ.' 355
    ἦ ῥα καὶ ἀμφοτέρῃσιν ἐδέξατο καὶ κατέθηκεν
αὖθι ποδῶν προπάροιθεν, ἀεικελίης ἐπὶ πήρης,
ἤσθιε δ' ἧος ἀοιδὸς ἐνὶ μεγάροισιν ἄειδεν·
εὖθ' ὁ δεδειπνήκειν, ὁ δ' ἐπαύετο θεῖος ἀοιδός.
μνηστῆρες δ' ὁμάδησαν ἀνὰ μέγαρ'. αὐτὰρ Ἀθήνη, 360
ἄγχι παρισταμένη Λαερτιάδην Ὀδυσῆα
ὤτρυν', ὡς ἂν πύρνα κατὰ μνηστῆρας ἀγείροι,
γνοίη θ' οἵ τινές εἰσιν ἐναίσιμοι οἵ τ' ἀθέμιστοι·
ἀλλ' οὐδ' ὥς τιν' ἔμελλ' ἀπαλεξήσειν κακότητος.
βῆ δ' ἴμεν αἰτήσων ἐνδέξια φῶτα ἕκαστον, 365
πάντοσε χεῖρ' ὀρέγων, ὡς εἰ πτωχὸς πάλαι εἴη.
οἱ δ' ἐλεαίροντες δίδοσαν, καὶ ἐθάμβεον αὐτόν,
ἀλλήλους τ' εἴροντο τίς εἴη καὶ πόθεν ἔλθοι.
τοῖσι δὲ καὶ μετέειπε Μελάνθιος, αἰπόλος αἰγῶν·
'κέκλυτέ μευ, μνηστῆρες ἀγακλειτῆς βασιλείης, 370
τοῦδε περὶ ξείνου· ἦ γάρ μιν πρόσθεν ὄπωπα.
ἦ τοι μέν οἱ δεῦρο συβώτης ἡγεμόνευεν,
αὐτὸν δ' οὐ σάφα οἶδα, πόθεν γένος εὔχεται εἶναι.'
    ὣς ἔφατ', Ἀντίνοος δ' ἔπεσιν νείκεσσε συβώτην·
'ὦ ἀρίγνωτε συβῶτα, τίη δὲ σὺ τόνδε πόλινδε 375

And wrapped in sordid weeds. He sat him down
On the ashen threshold, just within the doors,
And leaned against a shaft of cypress-wood,
Which some artificer had skilfully   415
Wrought by a line, and smoothed. Telemachus
Called to the swineherd, bade him come, and took
A loaf that lay in the fair canister,
And all the flesh which his two hands could grasp.
    "Bear this to yonder stranger; bid him go   420
And ask a dole from every suitor here.
No beggar should be bashful in his need."
He spake, the hind obeyed, and, drawing near
Ulysses, said to him in winged words:—
    "These from Telemachus, who bids thee ask   425
A dole from every suitor, for he says
No beggar should be bashful in his need."
    Ulysses, the sagacious, answered thus:
"May Jove, the sovereign, make Telemachus
A happy man among the sons of men,   430
And grant him all his heart desires in life!"
    He spake, and took the gift in both his hands,
And laid it down upon his tattered scrip
Close to his feet. Then, while the poet sang,
He ate, and, just as he had supped, the bard   435
Closed his divine recital. Then ensued
Great clamor in the hall, but Pallas came
And moved Ulysses to arise, and ask
From every suitor there a dole of bread,
That he might know the better from the worse,   440
Though none were to be spared. From right to left
He took his way, and asked of every man,
With outstretched hand, as if he had been long
A beggar. And they pitied him, and gave,
And looked at him with wonder, and inquired   445
One of another who he was, and whence.
Then spake Melanthius, keeper of the goats:—
    "Give ear, ye suitors of the illustrious queen.
As to this stranger, I have seen him once.
The swineherd brought him; but I know him not,   450
And of what race he is I cannot tell."
    He spake; Antinoüs chid the swineherd thus:
"Why hast thou brought him, too well known thyself?
Have we not vagabonds enough? enough

ἤγαγες; ἦ οὐχ ἅλις ἧμιν ἀλήμονές εἰσι καὶ ἄλλοι,
πτωχοὶ ἀνιηροί, δαιτῶν ἀπολυμαντῆρες;
ἦ ὄνοσαι ὅτι τοι βίοτον κατέδουσιν ἄνακτος
ἐνθάδ' ἀγειρόμενοι, σὺ δὲ καὶ προτὶ τόνδ' ἐκάλεσσας;'
 τὸν δ' ἀπαμειβόμενος προσέφης, Εὔμαιε συβῶτα: 380
'Ἀντίνο', οὐ μὲν καλὰ καὶ ἐσθλὸς ἐὼν ἀγορεύεις:
τίς γὰρ δὴ ξεῖνον καλεῖ ἄλλοθεν αὐτὸς ἐπελθὼν
ἄλλον γ', εἰ μὴ τῶν οἳ δημιοεργοὶ ἔασι,
μάντιν ἢ ἰητῆρα κακῶν ἢ τέκτονα δούρων,
ἢ καὶ θέσπιν ἀοιδόν, ὅ κεν τέρπησιν ἀείδων;   385
οὗτοι γὰρ κλητοί γε βροτῶν ἐπ' ἀπείρονα γαῖαν:
πτωχὸν δ' οὐκ ἄν τις καλέοι τρύξοντα ἓ αὐτόν.
ἀλλ' αἰεὶ χαλεπὸς περὶ πάντων εἶς μνηστήρων
δμωσὶν Ὀδυσσῆος, πέρι δ' αὖτ' ἐμοί: αὐτὰρ ἐγώ γε
οὐκ ἀλέγω, ἧός μοι ἐχέφρων Πηνελόπεια   390
ζώει ἐνὶ μεγάροις καὶ Τηλέμαχος θεοειδής.'
 τὸν δ' αὖ Τηλέμαχος πεπνυμένος ἀντίον ηὔδα:
'σίγα, μή μοι τοῦτον ἀμείβεο πολλὰ ἔπεσσιν:
Ἀντίνοος δ' εἴωθε κακῶς ἐρεθιζέμεν αἰεὶ
μύθοισιν χαλεποῖσιν, ἐποτρύνει δὲ καὶ ἄλλους.'   395
 ἦ ῥα καὶ Ἀντίνοον ἔπεα πτερόεντα προσηύδα:
'Ἀντίνο', ἦ μευ καλὰ πατὴρ ὣς κήδεαι υἷος,
ὃς τὸν ξεῖνον ἄνωγας ἀπὸ μεγάροιο διέσθαι
μύθῳ ἀναγκαίῳ: μὴ τοῦτο θεὸς τελέσειε.
δός οἱ ἑλών: οὔ τοι φθονέω: κέλομαι γὰρ ἐγώ γε: 400
μήτ' οὖν μητέρ' ἐμὴν ἅζευ τό γε μήτε τιν' ἄλλον
δμώων, οἳ κατὰ δώματ' Ὀδυσσῆος θείοιο.
ἀλλ' οὔ τοι τοιοῦτον ἐνὶ στήθεσσι νόημα:
αὐτὸς γὰρ φαγέμεν πολὺ βούλεαι ἢ δόμεν ἄλλῳ.
' τὸν δ' αὖτ' Ἀντίνοος ἀπαμειβόμενος προσέειπε: 405
'Τηλέμαχ' ὑψαγόρη, μένος ἄσχετε, ποῖον ἔειπες.
εἴ οἱ τόσσον ἅπαντες ὀρέξειαν μνηστῆρες,
καί κέν μιν τρεῖς μῆνας ἀπόπροθεν οἶκος ἐρύκοι.'
 ὣς ἄρ' ἔφη, καὶ θρῆνυν ἑλὼν ὑπέφηνε τραπέζης
κείμενον, ᾧ ῥ' ἔπεχεν λιπαροὺς πόδας εἰλαπινάζων: 410
οἱ δ' ἄλλοι πάντες δίδοσαν, πλῆσαν δ' ἄρα πήρην
σίτου καὶ κρειῶν: τάχα δὴ καὶ ἔμελλεν Ὀδυσσεὺς

Of sturdy beggars, pests of every feast. 455
Or is it a light matter that they throng
Hither to waste the substance of thy lord,
And therefore thou art with this fellow here?"
 And thus, Eumæus, thou didst make reply:
"Antinoüs, high as is thy station, thou 460
Hast spoken ill. What man goes ever forth
To bid a stranger to his house, unless
The stranger be of those whose office is
To serve the people, be he seer, or leech,
Or architect, or poet heaven-inspired, 465
Whose song is gladly heard? All these are called
To feasts wherever men are found; but none
Call in the poor, to live upon their means.
Antinoüs, thou, of all the suitor-train,
Dost ever with the greatest harshness treat 470
The servants of Ulysses, chiefly me.
I heed it not while sage Penelope
Dwells in the palace with her godlike son."
 Then interposed discreet Telemachus:
"Nay, have no strife of words with him, I pray. 475
Antinoüs takes delight in bitter words,
And rails, and stirs up railing in the rest."
And then he turned, and thus with winged words
Bespake Antinoüs: "Truly thou dost care
For me as might a father for a son, 480
Bidding me drive a stranger from my door
With violent words,—which God forbid. Take now
Somewhat and give to him. I grudge it not,
Nay, I advise it. Fear not to offend
My mother, or displease a single one 485
Of all the household of the godlike chief,
Ulysses. But thou hast not thought of this.
It suits thee best to feast and never give."
 Antinoüs thus rejoined: "O utterer
Of big and braggart words! Telemachus, 490
If all the other suitors would bestow
As much as I will, he would not be seen
Within these halls for three months yet to come."
 So speaking, he brought forward to the sight,
From underneath the board, a stool, on which 495
Rested his dainty feet. The others all
Gave somewhat to Ulysses, till his scrip

αὖτις ἐπ' οὐδὸν ἰὼν προικὸς γεύσεσθαι Ἀχαιῶν·
στῆ δὲ παρ' Ἀντίνοον, καί μιν πρὸς μῦθον ἔειπε·
  'δός, φίλος· οὐ μέν μοι δοκέεις ὁ κάκιστος Ἀχαιῶν 415
ἔμμεναι, ἀλλ' ὤριστος, ἐπεὶ βασιλῆϊ ἔοικας.
τῷ σε χρὴ δόμεναι καὶ λώϊον ἠέ περ ἄλλοι
σίτου· ἐγὼ δέ κέ σε κλείω κατ' ἀπείρονα γαῖαν.
καὶ γὰρ ἐγώ ποτε οἶκον ἐν ἀνθρώποισιν ἔναιον
ὄλβιος ἀφνειὸν καὶ πολλάκι δόσκον ἀλήτῃ, 420
τοίῳ ὁποῖος ἔοι καὶ ὅτευ κεχρημένος ἔλθοι·
ἦσαν δὲ δμῶες μάλα μυρίοι ἄλλα τε πολλὰ
οἷσίν τ' εὖ ζώουσι καὶ ἀφνειοὶ καλέονται.
ἀλλὰ Ζεὺς ἀλάπαξε Κρονίων—ἤθελε γάρ που—
ὅς μ' ἅμα ληϊστῆρσι πολυπλάγκτοισιν ἀνῆκεν 425
Αἴγυπτόνδ' ἰέναι, δολιχὴν ὁδόν, ὄφρ' ἀπολοίμην.
στῆσα δ' ἐν Αἰγύπτῳ ποταμῷ νέας ἀμφιελίσσας.
ἔνθ' ἦ τοι μὲν ἐγὼ κελόμην ἐρίηρας ἑταίρους
αὐτοῦ πὰρ νήεσσι μένειν καὶ νῆας ἔρυσθαι,
ὀπτῆρας δὲ κατὰ σκοπιὰς ὤτρυνα νέεσθαι. 430
οἱ δ' ὕβρει εἴξαντες, ἐπισπόμενοι μένεϊ σφῷ,
αἶψα μάλ' Αἰγυπτίων ἀνδρῶν περικαλλέας ἀγροὺς
πόρθεον, ἐκ δὲ γυναῖκας ἄγον καὶ νήπια τέκνα,
αὐτούς τ' ἔκτεινον· τάχα δ' ἐς πόλιν ἵκετ' ἀϋτή.
οἱ δὲ βοῆς ἀΐοντες ἅμ' ἠοῖ φαινομένηφιν 435
ἦλθον· πλῆτο δὲ πᾶν πεδίον πεζῶν τε καὶ ἵππων
χαλκοῦ τε στεροπῆς· ἐν δὲ Ζεὺς τερπικέραυνος
φύζαν ἐμοῖς ἑτάροισι κακὴν βάλεν, οὐδέ τις ἔτλη
στῆναι ἐναντίβιον· περὶ γὰρ κακὰ πάντοθεν ἔστη.
ἔνθ' ἡμέων πολλοὺς μὲν ἀπέκτανον ὀξέϊ χαλκῷ, 440
τοὺς δ' ἄναγον ζωούς, σφίσιν ἐργάζεσθαι ἀνάγκῃ.
αὐτὰρ ἔμ' ἐς Κύπρον ξείνῳ δόσαν ἀντιάσαντι,
Δμήτορι Ἰασίδῃ, ὃς Κύπρου ἶφι ἄνασσεν·
ἔνθεν δὴ νῦν δεῦρο τόδ' ἵκω πήματα πάσχων.
' τὸν δ' αὖτ' Ἀντίνοος ἀπαμείβετο φωνήσέν τε· 445

Was filled with meat and bread. Then as he went
Back to the threshold, there to feast on what
The Greeks had given him in his rounds, he stopped   500
Beside Antinoüs, and bespake him thus:—
    "Give somewhat also, friend. Thou dost not seem
One of the humbler rank among the Greeks,
But of the highest. Kingly is thy look;
It therefore will become thee to bestow   505
More freely than the rest, and I will sound
Thy praise through all the earth. Mine too was once
A happy lot, for I inhabited
A palace filled with goods, and often gave
To wanderers, whosoever they might be   510
That sought me out, and in whatever need.
And I had many servants, and large store
Of everything by which men live at ease
And are accounted rich. Saturnian Jove—
Such was his pleasure—brought me low; for, moved   515
By him, I joined me to a wandering band
Of pirates, and to my perdition sailed
Upon a distant voyage to the coast
Of Egypt. In the river of that land
I stationed my good ships, and bade my men   520
Remain with them and watch them well. I placed
Sentries upon the heights. Yet confident
In their own strength, and rashly giving way
To greed, my comrades ravaged the fair fields
Of the Egyptians, slew them, and bore off   525
Their wives and little ones. The rumor reached
The city soon; the people heard the alarm
And came together. With the dawn of day
All the great plain was thronged with horse and foot,
And gleamed with brass, while Jove, the Thunderer, sent   530
A deadly fear into our ranks, where none
Dared face the foe. On every side was death.
The Egyptians hewed down many with the sword,
And some they led away alive to toil
For them in slavery. Me my captors gave   535
Into a stranger's hands, upon his way
To Cyprus, where he reigned, a mighty king,
Demetor, son of Jasus. Thence at last
I came through many hardships to this isle."
    Antinoüs lifted up his voice, and said: 540

'τίς δαίμων τόδε πῆμα προσήγαγε, δαιτὸς ἀνίην;
στῆθ' οὕτως ἐς μέσσον, ἐμῆς ἀπάνευθε τραπέζης,
μὴ τάχα πικρὴν Αἴγυπτον καὶ Κύπρον ἵκηαι·
ὥς τις θαρσαλέος καὶ ἀναιδής ἐσσι προΐκτης.
ἑξείης πάντεσσι παρίστασαι· οἱ δὲ διδοῦσι 450
μαψιδίως, ἐπεὶ οὔ τις ἐπίσχεσις οὐδ' ἐλεητὺς
ἀλλοτρίων χαρίσασθαι, ἐπεὶ πάρα πολλὰ ἑκάστῳ.'
 τὸν δ' ἀναχωρήσας προσέφη πολύμητις Ὀδυσσεύς·
'ὢ πόποι, οὐκ ἄρα σοί γ' ἐπὶ εἴδεϊ καὶ φρένες ἦσαν·
οὐ σύ γ' ἂν ἐξ οἴκου σῷ ἐπιστάτῃ οὐδ' ἅλα δοίης, 455
ὃς νῦν ἀλλοτρίοισι παρήμενος οὔ τί μοι ἔτλης
σίτου ἀποπροελὼν δόμεναι· τὰ δὲ πολλὰ πάρεστιν.'
 ὣς ἔφατ', Ἀντίνοος δ' ἐχολώσατο κηρόθι μᾶλλον,
καί μιν ὑπόδρα ἰδὼν ἔπεα πτερόεντα προσηύδα·
'νῦν δή σ' οὐκέτι καλὰ διὲκ μεγάροιό γ' ὀΐω 460
ἂψ ἀναχωρήσειν, ὅτε δὴ καὶ ὀνείδεα βάζεις.'
 ὣς ἄρ' ἔφη, καὶ θρῆνυν ἑλὼν βάλε δεξιὸν ὦμον,
πρυμνότατον κατὰ νῶτον· ὁ δ' ἐστάθη ἠΰτε πέτρη
ἔμπεδον, οὐδ' ἄρα μιν σφῆλεν βέλος Ἀντινόοιο,
ἀλλ' ἀκέων κίνησε κάρη, κακὰ βυσσοδομεύων. 465
ἂψ δ' ὅ γ' ἐπ' οὐδὸν ἰὼν κατ' ἄρ' ἕζετο, κὰδ δ' ἄρα πήρην
θῆκεν ἐϋπλείην, μετὰ δὲ μνηστῆρσιν ἔειπε·
'κέκλυτέ μευ, μνηστῆρες ἀγακλειτῆς βασιλείης,
ὄφρ' εἴπω τά με θυμὸς ἐνὶ στήθεσσι κελεύει.
οὐ μὰν οὔτ' ἄχος ἐστὶ μετὰ φρεσὶν οὔτε τι πένθος, 470
ὁππότ' ἀνὴρ περὶ οἷσι μαχειόμενος κτεάτεσσι
βλήεται, ἢ περὶ βουσὶν ἢ ἀργεννῇς ὀΐεσσιν·
αὐτὰρ ἔμ' Ἀντίνοος βάλε γαστέρος εἵνεκα λυγρῆς,
οὐλομένης, ἣ πολλὰ κάκ' ἀνθρώποισι δίδωσιν.
ἀλλ' εἴ που πτωχῶν γε θεοὶ καὶ Ἐρινύες εἰσίν, 475
Ἀντίνοον πρὸ γάμοιο τέλος θανάτοιο κιχείη.'
 τὸν δ' αὖτ' Ἀντίνοος προσέφη, Εὐπείθεος υἱός·
'ἔσθι' ἕκηλος, ξεῖνε, καθήμενος, ἢ ἄπιθ' ἄλλῃ,
μή σε νέοι διὰ δώματ' ἐρύσσωσ', οἷ' ἀγορεύεις,
ἢ ποδὸς ἢ καὶ χειρός, ἀποδρύψωσι δὲ πάντα.' 480
 ὣς ἔφαθ', οἱ δ' ἄρα πάντες ὑπερφιάλως νεμέσησαν·
ὧδε δέ τις εἴπεσκε νέων ὑπερηνορεόντων·

"What god hath sent this nuisance to disturb
The banquet? Take thyself to the mid-hall,
Far from thy table, else expect to see
An Egypt and a Cyprus of a sort
That thou wilt little like. Thou art a bold   545
And shameless beggar. Thou dost take thy round
And ask from each, and foolishly they give,
And spare not nor consider; well supplied
Is each, and freely gives what is not his."
　　Then sage Ulysses said as he withdrew: 550
"'Tis strange; thy mind agrees not with thy form.
Thou wouldst not give a suppliant even salt
In thine own house,—thou who, while sitting here,
Fed at another's table, canst not bear
To give me bread from thy well-loaded board."   555
　　He spake. Antinoüs grew more angry still,
And frowned and answered him with winged words:—
　　"Dealer in saucy words! I hardly think
That thou wilt leave this palace unchastised."
　　He spake, and raised the footstool in his hand,   560
And smote Ulysses on the lower part
Of the right shoulder. Like a rock he stood,
Unmoved beneath the blow Antinoüs gave,
But shook his head in silence as he thought
Of vengeance. Then, returning, he sat down   565
Upon the threshold, where he laid his scrip
Well filled, and thus bespake the suitor-train:—
　　"Hear me, ye suitors of the illustrious queen.
Grief or resentment no man feels for blows
Received by him while fighting for his own,—   570
His beeves or white-woolled sheep. But this man here,
Antinoüs, dealt that blow on me because
I have an empty stomach; hunger brings
Great mischiefs upon men. If there be gods
Or furies who avenge the poor, may death   575
O'ertake Antinoüs ere his marriage-day!"
　　He ended. Then again Eupeithes' son,
Antinoüs, spake: "Eat, stranger, quietly;
Sit still, or get thee hence; our young men else
Who hear thy words will seize thee by the feet   580
Or hands, and drag thee forth and flay thee there."
　　He spake, and greatly were the rest incensed,
And one of those proud youths took up the word:—

'Ἀντίνο', οὐ μὲν κάλ' ἔβαλες δύστηνον ἀλήτην,
οὐλόμεν', εἰ δή πού τις ἐπουράνιος θεός ἐστιν.
καί τε θεοὶ ξείνοισιν ἐοικότες ἀλλοδαποῖσι, 485
παντοῖοι τελέθοντες, ἐπιστρωφῶσι πόληας,
ἀνθρώπων ὕβριν τε καὶ εὐνομίην ἐφορῶντες.'
ὣς ἄρ' ἔφαν μνηστῆρες, ὁ δ' οὐκ ἐμπάζετο μύθων.
Τηλέμαχος δ' ἐν μὲν κραδίῃ μέγα πένθος ἄεξε
βλημένου, οὐδ' ἄρα δάκρυ χαμαὶ βάλεν ἐκ βλεφάροιϊν, 490
ἀλλ' ἀκέων κίνησε κάρη, κακὰ βυσσοδομεύων.
τοῦ δ' ὡς οὖν ἤκουσε περίφρων Πηνελόπεια
βλημένου ἐν μεγάρῳ, μετ' ἄρα δμῳῇσιν ἔειπεν:
'αἴθ' οὕτως αὐτόν σε βάλοι κλυτότοξος Ἀπόλλων.
' τὴν δ' αὖτ' Εὐρυνόμη ταμίη πρὸς μῦθον ἔειπεν: 495
'εἰ γὰρ ἐπ' ἀρῇσιν τέλος ἡμετέρῃσι γένοιτο:
οὐκ ἄν τις τούτων γε ἐΰθρονον Ἠῶ ἵκοιτο.'
τὴν δ' αὖτε προσέειπε περίφρων Πηνελόπεια:
'μαῖ', ἐχθροὶ μὲν πάντες, ἐπεὶ κακὰ μηχανόωνται:
Ἀντίνοος δὲ μάλιστα μελαίνῃ κηρὶ ἔοικε. 500
ξεῖνός τις δύστηνος ἀλητεύει κατὰ δῶμα
ἀνέρας αἰτίζων: ἀχρημοσύνη γὰρ ἀνώγει:
ἔνθ' ἄλλοι μὲν πάντες ἐνέπλησάν τ' ἔδοσάν τε,
οὗτος δὲ θρήνυι πρυμνὸν βάλε δεξιὸν ὦμον.'
ἡ μὲν ἄρ' ὣς ἀγόρευε μετὰ δμῳῇσι γυναιξίν, 505
ἡμένη ἐν θαλάμῳ: ὁ δ' ἐδείπνεε δῖος Ὀδυσσεύς:
ἡ δ' ἐπὶ οἷ καλέσασα προσηύδα δῖον ὑφορβόν:
'ἔρχεο, δῖ' Εὔμαιε, κιὼν τὸν ξεῖνον ἄνωχθι
ἐλθέμεν, ὄφρα τί μιν προσπτύξομαι ἠδ' ἐρέωμαι
εἴ που Ὀδυσσῆος ταλασίφρονος ἠὲ πέπυσται 510
ἢ ἴδεν ὀφθαλμοῖσι: πολυπλάγκτῳ γὰρ ἔοικε.'
τὴν δ' ἀπαμειβόμενος προσέφης, Εὔμαιε συβῶτα
'εἰ γάρ τοι, βασίλεια, σιωπήσειαν Ἀχαιοί:
οἷ' ὅ γε μυθεῖται, θέλγοιτό κέ τοι φίλον ἦτορ.
τρεῖς γὰρ δή μιν νύκτας ἔχον, τρία δ' ἤματ' ἔρυξα 515

"Antinoüs, it was ill of thee to smite
That hapless wanderer. Madman! what if he   585
Came down from heaven and were a god! The gods
Put on the form of strangers from afar,
And walk our towns in many different shapes,
To mark the good and evil deeds of men."
   Thus spake the suitors, but he heeded not   590
Their words. Telemachus, who saw the blow,
Felt his heart swell with anger and with grief,
Yet from his eyelids fell no tear; he shook
His head in silence, pondering to repay
The wrong. Meantime the sage Penelope   595
Heard of the stranger smitten in her halls,
And thus bespake the maidens of her train:—
   "Would that Apollo, mighty with the bow,
Might smite thee also!" Then Eurynomè,
The matron of the household, said in turn: 600
"O, were our prayers but heard, not one of these
Should look upon the golden morn again!"
   Then spake again the sage Penelope:
"Mother, they all are hateful; every one
Plots mischief, but Antinoüs most of all;   605
And he is like black death, to be abhorred.
A friendless stranger passes through these halls,
Compelled by need, and asks an alms of each,
And all the others give, and fill his scrip;
Antinoüs flings a footstool, and the blow   610
Bruises the shoulder of the suppliant man."
   So talked they with each other where they sat
In the queen's chamber, 'mid the attendant train
Of women, while meantime Ulysses took
The evening meal. The queen then bade to call   615
The noble swineherd, and bespake him thus:—
   "My worthy friend Eumæus, go and bring
The stranger hither. I would speak with him,
And ask if anywhere he saw or heard
Aught of Ulysses; for he seems like one   620
Whose wanderings have been in many lands."
   And thus, Eumæus, thou didst make reply:
"Would that these Greeks, O queen, would hold their peace,
Then might this stranger in thy hearing speak
Words full of consolation. For three nights   625
I had him with me, for three days I made

ἐν κλισίῃ· πρῶτον γὰρ ἔμ' ἵκετο νηὸς ἀποδράς·
ἀλλ' οὔ πω κακότητα διήνυσεν ἣν ἀγορεύων.
ὡς δ' ὅτ' ἀοιδὸν ἀνὴρ ποτιδέρκεται, ὅς τε θεῶν ἒξ
ἀείδει δεδαὼς ἔπε' ἱμερόεντα βροτοῖσι,
τοῦ δ' ἄμοτον μεμάασιν ἀκουέμεν, ὁππότ' ἀείδῃ· 520
ὣς ἐμὲ κεῖνος ἔθελγε παρήμενος ἐν μεγάροισι.
φησὶ δ' Ὀδυσσῆος ξεῖνος πατρώϊος εἶναι,
Κρήτῃ ναιετάων, ὅθι Μίνωος γένος ἐστίν.
ἔνθεν δὴ νῦν δεῦρο τόδ' ἵκετο πήματα πάσχων,
προπροκυλινδόμενος· στεῦται δ' Ὀδυσῆος ἀκοῦσαι, 525
ἀγχοῦ, Θεσπρωτῶν ἀνδρῶν ἐν πίονι δήμῳ,
ζωοῦ· πολλὰ δ' ἄγει κειμήλια ὅνδε δόμονδε.'
   τὸν δ' αὖτε προσέειπε περίφρων Πηνελόπεια·
'ἔρχεο, δεῦρο κάλεσσον, ἵν' ἀντίον αὐτὸς ἐνίσπῃ.
οὗτοι δ' ἠὲ θύρῃσι καθήμενοι ἑψιαάσθων, 530
ἢ αὐτοῦ κατὰ δώματ', ἐπεί σφισι θυμὸς ἐΰφρων.
αὐτῶν μὲν γὰρ κτήματ' ἀκήρατα κεῖτ' ἐνὶ οἴκῳ,
σῖτος καὶ μέθυ ἡδύ· τὰ μὲν οἰκῆες ἔδουσιν,
οἱ δ' εἰς ἡμέτερον πωλεύμενοι ἤματα πάντα,
βοῦς ἱερεύοντες καὶ ὄϊς καὶ πίονας αἶγας, 535
εἰλαπινάζουσιν πίνουσί τε αἴθοπα οἶνον,
μαψιδίως· τὰ δὲ πολλὰ κατάνεται. οὐ γὰρ ἔπ' ἀνήρ,
οἷος Ὀδυσσεὺς ἔσκεν, ἀρὴν ἀπὸ οἴκου ἀμῦναι.
εἰ δ' Ὀδυσεὺς ἔλθοι καὶ ἵκοιτ' ἐς πατρίδα γαῖαν,
αἶψά κε σὺν ᾧ παιδὶ βίας ἀποτίσεται ἀνδρῶν.' 540
   ὣς φάτο, Τηλέμαχος δὲ μέγ' ἔπταρεν, ἀμφὶ δὲ δῶμα
σμερδαλέον κονάβησε· γέλασσε δὲ Πηνελόπεια,
αἶψα δ' ἄρ' Εὔμαιον ἔπεα πτερόεντα προσηύδα·
   'ἔρχεό μοι, τὸν ξεῖνον ἐναντίον ὧδε κάλεσσον.
οὐχ ὁράᾳς ὅ μοι υἱὸς ἐπέπταρε πᾶσιν ἔπεσσι; 545
τῷ κε καὶ οὐκ ἀτελὴς θάνατος μνηστῆρσι γένοιτο
πᾶσι μάλ', οὐδέ κέ τις θάνατον καὶ κῆρας ἀλύξει.
ἄλλο δέ τοι ἐρέω, σὺ δ' ἐνὶ φρεσὶ βάλλεο σῇσιν·

My lodge his home,—for at the very first
He came to me, escaping from his ship,—
Nor when he left me had he told of all
That he had suffered. As a hearer looks   630
Upon a minstrel whom the gods have taught
To sing the poems that delight all hearts,
And, listening, longs to listen without end;
So, as the stranger sat beneath my roof,
He held me charmed. He was the ancestral friend,   635
He said, of thy Ulysses, and his home
Was Crete, where dwells the stock of Minos yet.
From Crete he came, and much had suffered since,
Driven on from place to place. And he had heard
Some tidings of Ulysses yet alive—   640
So he affirmed—in a rich region near
The realm of the Thesprotians, and prepared
To bring much riches to his native isle."
    Then spake the sage Penelope again:
"Go, call him hither, that he may relate   645
His story in my presence. Let these men,
As it may please them, sitting at our gates
Or in our halls, amuse themselves, for light
Are they of heart. Unwasted in their homes
Lie their possessions, and their bread and wine   650
Are only for their servants, while themselves
Frequent our palace, day by day, and slay
Our beeves and sheep and fatling goats, and feast,
And drink abundantly the dark red wine,
And all with lavish waste. No man is here,   655
Such as Ulysses was, to drive away
This pest from our abode. Should he return
To his own land, he and his son would take
Swift vengeance on the men who do him wrong."
    She ended. Suddenly Telemachus   660
Sneezed loudly, so that all the palace rang;
And, laughing as she heard, Penelope
Bespake Eumæus thus with winged words:—
    "Go, call the stranger. Dost thou not perceive
My son has sneezed as to confirm my words.   665
Not unfulfilled will now remain the doom
That waits the suitors; none will now escape
Death and the Fates. This further let me say,
And thou remember it; if what he tells

αἴ κ' αὐτὸν γνώω νημερτέα πάντ' ἐνέποντα,
ἕσσω μιν χλαῖνάν τε χιτῶνά τε, εἵματα καλά.' 550
  ὣς φάτο, βῆ δὲ συφορβός, ἐπεὶ τὸν μῦθον ἄκουσεν·
ἀγχοῦ δ' ἱστάμενος ἔπεα πτερόεντα προσηύδα·
  'ξεῖνε πάτερ, καλέει σε περίφρων Πηνελόπεια,
μήτηρ Τηλεμάχοιο· μεταλλῆσαί τί ἑ θυμὸς
ἀμφὶ πόσει κέλεται, καὶ κήδεά περ πεπαθυίῃ. 555
εἰ δέ κέ σε γνώῃ νημερτέα πάντ' ἐνέποντα,
ἕσσει σε χλαῖνάν τε χιτῶνά τε, τῶν σὺ μάλιστα
χρηΐζεις· σῖτον δὲ καὶ αἰτίζων κατὰ δῆμον
γαστέρα βοσκήσεις· δώσει δέ τοι ὅς κ' ἐθέλῃσι.'
  τὸν δ' αὖτε προσέειπε πολύτλας δῖος Ὀδυσσεύς· 560
'Εὔμαι', αἶψά κ' ἐγὼ νημερτέα πάντ' ἐνέποιμι
κούρῃ Ἰκαρίοιο, περίφρονι Πηνελοπείῃ·
οἶδα γὰρ εὖ περὶ κείνου, ὁμὴν δ' ἀνεδέγμεθ' ὀϊζύν.
ἀλλὰ μνηστήρων χαλεπῶν ὑποδείδι' ὅμιλον,
τῶν ὕβρις τε βίη τε σιδήρεον οὐρανὸν ἵκει. 565
καὶ γὰρ νῦν, ὅτε μ' οὗτος ἀνὴρ κατὰ δῶμα κιόντα
οὔ τι κακὸν ῥέξαντα βαλὼν ὀδύνῃσιν ἔδωκεν,
οὔτε τι Τηλέμαχος τό γ' ἐπήρκεσεν οὔτε τις ἄλλος.
τῷ νῦν Πηνελόπειαν ἐνὶ μεγάροισιν ἄνωχθι
μεῖναι, ἐπειγομένην περ, ἐς ἥλιον καταδύντα· 570
καὶ τότε μ' εἰρέσθω πόσιος πέρι νόστιμον ἦμαρ,
ἀσσοτέρω καθίσασα παραὶ πυρί· εἵματα γάρ τοι
λύγρ' ἔχω· οἶσθα καὶ αὐτός, ἐπεί σε πρῶθ' ἱκέτευσα.'
  ὣς φάτο, βῆ δὲ συφορβός, ἐπεὶ τὸν μῦθον ἄκουσε.
τὸν δ' ὑπὲρ οὐδοῦ βάντα προσηύδα Πηνελόπεια· 575
  'οὐ σύ γ' ἄγεις, Εὔμαιε· τί τοῦτ' ἐνόησεν ἀλήτης;
ἦ τινά που δείσας ἐξαίσιον ἦε καὶ ἄλλως
αἰδεῖται κατὰ δῶμα; κακὸς δ' αἰδοῖος ἀλήτης.'
  τὴν δ' ἀπαμειβόμενος προσέφης, Εὔμαιε συβῶτα·
'μυθεῖται κατὰ μοῖραν, ἅ πέρ κ' οἴοιτο καὶ ἄλλος, 580
ὕβριν ἀλυσκάζων ἀνδρῶν ὑπερηνορεόντων.
ἀλλά σε μεῖναι ἄνωγεν ἐς ἥλιον καταδύντα.
καὶ δὲ σοὶ ὧδ' αὐτῇ πολὺ κάλλιον, ὦ βασίλεια,

Be true, I will bestow on him a change 670
Of fair attire, a tunic and a cloak."
   She spake, the swineherd went, and, drawing near
Ulysses, said to him in winged words:—
   "Stranger and father, sage Penelope,
The mother of the prince, hath sent for thee. 675
Though sorrowing, she is minded to inquire
What of her husband thou canst haply say;
And should she find that all thy words are true,
She will bestow a tunic and a cloak,
Garments which much thou needest. For thy food, 680
What will appease thy hunger thou wilt find
Among the people; ask, and each will give."
   Ulysses, much-enduring man, replied:
"Eumæus, faithfully will I declare
All that I know to sage Penelope, 685
The daughter of Icarius. Well I knew
Her husband, and with like calamities
We both have suffered. But I greatly dread
This reckless suitor-crew, whose riotous acts
And violence reach to the iron heavens. 690
Even now, when that man dealt me, as I passed,
A painful blow, though I had done no harm,
None interposed, not even Telemachus,
In my defence. Now, therefore, ask, I pray,
Penelope that she will deign to wait 695
Till sunset in her rooms, though strong her wish
To hear my history. Of her husband then,
And his return, she may inquire, while I
Sit by the blazing hearth; for scant have been
My garments, as thou knowest, since the day 700
When first I came, a suppliant, to thy door."
   He spake; the swineherd went, and as he crossed
The threshold of Penelope she said:—
   "Thou bringst him not, Eumæus? What may be
The wanderer's scruple? Fear of some one here? 705
Or in a palace is he filled with awe?
To be a bashful beggar is most hard."
   And thus, Eumæus, thou didst answer her:
"Rightly he speaks, and just as one would think
Who shuns the encounter of disorderly men. 710
He prays that thou wilt wait till set of sun;
And better were it for thyself, O queen,

οἵην πρὸς ξεῖνον φάσθαι ἔπος ἠδ' ἐπακοῦσαι.
' τὸν δ' αὖτε προσέειπε περίφρων Πηνελόπεια: 585
'οὐκ ἄφρων ὁ ξεῖνος: ὀΐεται, ὥς περ ἂν εἴη:
οὐ γάρ πού τινες ὧδε καταθνητῶν ἀνθρώπων
ἀνέρες ὑβρίζοντες ἀτάσθαλα μηχανόωνται.'
    ἡ μὲν ἄρ' ὣς ἀγόρευεν, ὁ δ' ᾤχετο δῖος ὑφορβὸς
μνηστήρων ἐς ὅμιλον, ἐπεὶ διεπέφραδε πάντα. 590
αἶψα δὲ Τηλέμαχον ἔπεα πτερόεντα προσηύδα,
ἄγχι σχὼν κεφαλήν, ἵνα μὴ πευθοίαθ' οἱ ἄλλοι:
    'ὦ φίλ', ἐγὼ μὲν ἄπειμι, σύας καὶ κεῖνα φυλάξων,
σὸν καὶ ἐμὸν βίοτον: σοὶ δ' ἐνθάδε πάντα μελόντων.
αὐτὸν μέν σε πρῶτα σάω, καὶ φράζεο θυμῷ 595
μή τι πάθῃς: πολλοὶ δὲ κακὰ φρονέουσιν Ἀχαιῶν,
τοὺς Ζεὺς ἐξολέσειε πρὶν ἡμῖν πῆμα γενέσθαι.'
    τὸν δ' αὖ Τηλέμαχος πεπνυμένος ἀντίον ηὔδα:
'ἔσσεται οὕτως, ἄττα: σὺ δ' ἔρχεο δειελιήσας:
ἠῶθεν δ' ἰέναι καὶ ἄγειν ἱερήϊα καλά: 600
αὐτὰρ ἐμοὶ τάδε πάντα καὶ ἀθανάτοισι μελήσει.'
    ὣς φάθ', ὁ δ' αὖτις ἄρ' ἕζετ' ἐϋξέστου ἐπὶ δίφρου,
πλησάμενος δ' ἄρα θυμὸν ἐδητύος ἠδὲ ποτῆτος
βῆ ῥ' ἴμεναι μεθ' ὕας, λίπε δ' ἕρκεά τε μέγαρόν τε,
πλεῖον δαιτυμόνων: οἱ δ' ὀρχηστυῖ καὶ ἀοιδῇ 605
τέρποντ': ἤδη γὰρ καὶ ἐπήλυθε δείελον ἦμαρ.

To speak with him and hear his words alone."
    Then spake discreet Penelope again:
"Whoe'er may be the stranger, not unwise   715
He seems; for nowhere among men are done
Such deeds of wrong and outrage as by these."
    She spake, and the good swineherd, having told
The lady all, went forth among the crowd
Of suitors, drawing near Telemachus,   720
And bowed his head beside him that none else
Might hear, and said to him in winged words:—
    "I go, my friend, to tend the swine and guard
What there thou hast, thy sustenance and mine.
The charge of what is here belongs to thee.   725
Be thy first care to save thyself, and watch
To see that mischief overtake thee not,—
For many are the Achaians plotting it,
Whom Jove destroy ere we become their prey!"
    Then spake discreet Telemachus in turn: 730
"So be it, father, and, when thou hast supped,
Depart, but with the morning come, and bring
Choice victims for the sacrifice. The care
Of all things here is with the gods and me."
    He spake; the swineherd sat him down again   735
Upon his polished seat, and satisfied
His appetite and thirst with food and wine.
Then he departed to his herd, and left
The palace and the court before it thronged
With revellers, who gave the hour to song,   740
And joined the dance; for evening now was come.

ἦλθε δ' ἐπὶ πτωχὸς πανδήμιος, ὃς κατὰ ἄστυ
πτωχεύεσκ' Ἰθάκης, μετὰ δ' ἔπρεπε γαστέρι μάργῃ
ἀζηχὲς φαγέμεν καὶ πιέμεν· οὐδέ οἱ ἦν ἲς
οὐδὲ βίη, εἶδος δὲ μάλα μέγας ἦν ὁράασθαι.
Ἀρναῖος δ' ὄνομ' ἔσκε· τὸ γὰρ θέτο πότνια μήτηρ   5
ἐκ γενετῆς· Ἶρον δὲ νέοι κίκλησκον ἅπαντες,
οὕνεκ' ἀπαγγέλλεσκε κιών, ὅτε πού τις ἀνώγοι·
ὅς ῥ' ἐλθὼν Ὀδυσῆα διώκετο οἷο δόμοιο,
καί μιν νεικείων ἔπεα πτερόεντα προσηύδα·
   'εἶκε, γέρον, προθύρου, μὴ δὴ τάχα καὶ ποδὸς ἕλκῃ.   10
οὐκ ἀΐεις ὅτι δή μοι ἐπιλλίζουσιν ἅπαντες,
ἑλκέμεναι δὲ κέλονται; ἐγὼ δ' αἰσχύνομαι ἔμπης.
ἀλλ' ἄνα, μὴ τάχα νῶϊν ἔρις καὶ χερσὶ γένηται.'
   τὸν δ' ἄρ' ὑπόδρα ἰδὼν προσέφη πολύμητις Ὀδυσσεύς·
'δαιμόνι', οὔτε τί σε ῥέζω κακὸν οὔτ' ἀγορεύω,   15
οὔτε τινὰ φθονέω δόμεναι καὶ πόλλ' ἀνελόντα.
οὐδὸς δ' ἀμφοτέρους ὅδε χείσεται, οὐδέ τί σε χρὴ

BOOK XVIII

There came a common beggar, wont to ask
    Alms through the town of Ithaca, well known
For greediness of stomach, gluttonous
And a wine-bibber, but of little strength
And courage, though he seemed of powerful mould.   5
Arnæus was the name which at his birth
His mother gave him, but the young men called
The fellow Irus, for it was his wont
To go on errands, as a messenger,
When he was ordered. Coming now, he thought   10
To drive Ulysses out of his own house,
And railed at him, and said in winged words:—
    "Hence with thee! leave the porch, old man, at once,
Lest thou be taken by the foot and dragged
Away from it. Dost thou not see how all   15
Around us nod, to bid me drag thee out?
I am ashamed to do it. Rise and go,
Else haply we may have a strife of blows."
    Ulysses, the sagacious, frowned and said:
"Wretch! there is nothing that I do or say   20
To harm thee aught. I do not envy thee
What others give thee, though the dole be large;
And ample is this threshold for us both.
Nor shouldst thou envy others, for thou seemst

ἀλλοτρίων φθονέειν: δοκέεις δέ μοι εἶναι ἀλήτης
ὥς περ ἐγών, ὄλβον δὲ θεοὶ μέλλουσιν ὀπάζειν.
χερσὶ δὲ μή τι λίην προκαλίζεο, μή με χολώσῃς, 20
μή σε γέρων περ ἐὼν στῆθος καὶ χείλεα φύρσω
αἵματος: ἡσυχίη δ' ἂν ἐμοὶ καὶ μᾶλλον ἔτ' εἴη
αὔριον: οὐ μὲν γάρ τί σ' ὑποστρέψεσθαι ὀΐω
δεύτερον ἐς μέγαρον Λαερτιάδεω Ὀδυσῆος.
' τὸν δὲ χολωσάμενος προσεφώνεεν Ἶρος ἀλήτης: 25
'ὢ πόποι, ὡς ὁ μολοβρὸς ἐπιτροχάδην ἀγορεύει,
γρηῒ καμινοῖ ἶσος: ὃν ἂν κακὰ μητισαίμην
κόπτων ἀμφοτέρῃσι, χαμαὶ δέ κε πάντας ὀδόντας
γναθμῶν ἐξελάσαιμι συὸς ὣς ληϊβοτείρης.
ζῶσαι νῦν, ἵνα πάντες ἐπιγνώωσι καὶ οἵδε 30
μαρναμένους: πῶς δ' ἂν σὺ νεωτέρῳ ἀνδρὶ μάχοιο;'
ὣς οἱ μὲν προπάροιθε θυράων ὑψηλάων
οὐδοῦ ἔπι ξεστοῦ πανθυμαδὸν ὀκριόωντο.
τοῖϊν δὲ ξυνέηχ' ἱερὸν μένος Ἀντινόοιο,
ἡδὺ δ' ἄρ' ἐκγελάσας μετεφώνει μνηστήρεσσιν: 35
'ὢ φίλοι, οὐ μέν πώ τι πάρος τοιοῦτον ἐτύχθη,
οἵην τερπωλὴν θεὸς ἤγαγεν ἐς τόδε δῶμα.
ὁ ξεῖνός τε καὶ Ἶρος ἐρίζετον ἀλλήλοιϊν
χερσὶ μαχέσσασθαι: ἀλλὰ ξυνελάσσομεν ὦκα.'
ὣς ἔφαθ', οἱ δ' ἄρα πάντες ἀνήϊξαν γελόωντες, 40
ἀμφὶ δ' ἄρα πτωχοὺς κακοείμονας ἠγερέθοντο.
τοῖσιν δ' Ἀντίνοος μετέφη, Εὐπείθεος υἱός:
'κέκλυτέ μευ, μνηστῆρες ἀγήνορες, ὄφρα τι εἴπω.
γαστέρες αἵδ' αἰγῶν κέατ' ἐν πυρί, τὰς ἐπὶ δόρπῳ
κατθέμεθα κνίσης τε καὶ αἵματος ἐμπλήσαντες: 45
ὁππότερος δέ κε νικήσῃ κρείσσων τε γένηται,
τάων ἥν κ' ἐθέλῃσιν ἀναστὰς αὐτὸς ἑλέσθω:
αἰεὶ αὖθ' ἡμῖν μεταδαίσεται, οὐδέ τιν' ἄλλον
πτωχὸν ἔσω μίσγεσθαι ἐάσομεν αἰτήσοντα.'
ὣς ἔφατ' Ἀντίνοος, τοῖσιν δ' ἐπιήνδανε μῦθος. 50
τοῖς δὲ δολοφρονέων μετέφη πολύμητις Ὀδυσσεύς:
'ὢ φίλοι, οὔ πως ἔστι νεωτέρῳ ἀνδρὶ μάχεσθαι
ἄνδρα γέροντα, δύῃ ἀρημένον: ἀλλά με γαστὴρ

A straggler like myself. The gods bestow 25
Wealth where they list. But do not challenge me
To blows, lest, aged as I am, thou rouse
My anger, and I make thy breast and lips
Hideous with blood. To-morrow then will be
A quiet day for me, since thou, I trust, 30
In all the time to come, wilt never more
Enter the palace of Laertes' son."

    The beggar Irus angrily rejoined:
"Ye gods! this glutton prattles volubly,
Like an old woman at the chimney-side. 35
Yet could I do him mischief, smiting him
On both his sides, and dashing from his cheeks
The teeth to earth, as men are wont to deal
With swine that eat the wheat. Now gird thyself,
Let these men see us fighting. How canst thou 40
Think to contend with one so young as I?"

    Thus fiercely did they wrangle as they stood
Beside the polished threshold and before
The lofty gates. The stout Antinoüs heard,
And, laughing heartily, bespake the rest:— 45

    "Here, friends, is what we never yet have had.
Behold the pleasant pastime which the gods
Provide for us. These men—the stranger here,
And Irus—quarrel, and will come to blows.
Let us stand by and bring the combat on." 50

    He spake. All rose with laughter and came round
The ragged beggars, while Eupeithes' son,
Antinoüs, in these words harangued the rest:—

    "Ye noble suitors, hear me. At the fire
Already lie the paunches of two goats, 55
Preparing for our evening meal, and both
Are filled with fat and blood. Whoever shows
Himself the better man in this affray,
And conquers, he shall take the one of these
He chooses, and shall ever afterward 60
Feast at our table, and no man but he
Shall ever come among us asking alms."

He ended. All approved his words, and thus
Ulysses, craftily dissembling, said:—

    "O friends, it is not well that one so old 65
As I, and broken by calamity,
Should fight a younger man; but hunger bids,

ὀτρύνει κακοεργός, ἵνα πληγῇσι δαμείω.
ἀλλ' ἄγε νῦν μοι πάντες ὀμόσσατε καρτερὸν ὅρκον, 55
μή τις ἐπ' Ἴρῳ ἦρα φέρων ἐμὲ χειρὶ βαρείῃ
πλήξῃ ἀτασθάλλων, τούτῳ δέ με ἶφι δαμάσσῃ.'
  ὣς ἔφαθ', οἱ δ' ἄρα πάντες ἀπώμνυον ὡς ἐκέλευεν.
αὐτὰρ ἐπεί ῥ' ὄμοσάν τε τελεύτησάν τε τὸν ὅρκον,
τοῖς δ' αὖτις μετέειφ' ἱερὴ ἲς Τηλεμάχοιο: 60
  'ξεῖν', εἴ σ' ὀτρύνει κραδίη καὶ θυμὸς ἀγήνωρ
τοῦτον ἀλέξασθαι, τῶν δ' ἄλλων μή τιν' Ἀχαιῶν
δείδιθ', ἐπεὶ πλεόνεσσι μαχήσεται ὅς κέ σε θείνῃ:
ξεινοδόκος μὲν ἐγών, ἐπὶ δ' αἰνεῖτον βασιλῆες,
Ἀντίνοός τε καὶ Εὐρύμαχος, πεπνυμένω ἄμφω.' 65
  ὣς ἔφαθ', οἱ δ' ἄρα πάντες ἐπήνεον: αὐτὰρ Ὀδυσσεὺς
ζώσατο μὲν ῥάκεσιν περὶ μήδεα, φαῖνε δὲ μηροὺς
καλούς τε μεγάλους τε, φάνεν δέ οἱ εὐρέες ὦμοι
στήθεά τε στιβαροί τε βραχίονες: αὐτὰρ Ἀθήνη
ἄγχι παρισταμένη μέλε' ἤλδανε ποιμένι λαῶν. 70
μνηστῆρες δ' ἄρα πάντες ὑπερφιάλως ἀγάσαντο:
ὧδε δέ τις εἴπεσκεν ἰδὼν ἐς πλησίον ἄλλον:
  'ἦ τάχα Ἶρος Ἄϊρος ἐπίσπαστον κακὸν ἕξει,
οἵην ἐκ ῥακέων ὁ γέρων ἐπιγουνίδα φαίνει.'
  ὣς ἄρ' ἔφαν, Ἴρῳ δὲ κακῶς ὠρίνετο θυμός. 75
ἀλλὰ καὶ ὣς δρηστῆρες ἄγον ζώσαντες ἀνάγκῃ
δειδιότα: σάρκες δὲ περιτρομέοντο μέλεσσιν.
Ἀντίνοος δ' ἐνένιπεν ἔπος τ' ἔφατ' ἔκ τ' ὀνόμαζεν:
  'νῦν μὲν μήτ' εἴης, βουγάϊε, μήτε γένοιο,
εἰ δὴ τοῦτόν γε τρομέεις καὶ δείδιας αἰνῶς, 80
ἄνδρα γέροντα, δύῃ ἀρημένον, ἥ μιν ἱκάνει.
ἀλλ' ἔκ τοι ἐρέω, τὸ δὲ καὶ τετελεσμένον ἔσται:
αἴ κέν σ' οὗτος νικήσῃ κρείσσων τε γένηται,
πέμψω σ' ἤπειρόνδε, βαλὼν ἐν νηὶ μελαίνῃ,
εἰς Ἔχετον βασιλῆα, βροτῶν δηλήμονα πάντων, 85
ὅς κ' ἀπὸ ῥῖνα τάμῃσι καὶ οὔατα νηλέϊ χαλκῷ,
μήδεά τ' ἐξερύσας δώῃ κυσὶν ὠμὰ δάσασθαι.'

And I may be o'ercome by blows. But now
Swear all a solemn oath, that none of you,
To favor Irus, wickedly will raise   70
His mighty hand to smite me, and so aid
My adversary to my overthrow."
    He spake; the suitor-train, assenting, took
The oath, and when they all were duly sworn,
The high-born prince Telemachus began:—   75
    "O stranger, if thy manly heart be moved
To drive him hence, fear no one else of all
The Achaians. Whosoever strikes at thee
Has many to contend with. I am here
The host. Antinoüs and Eurymachus,   80
Wise men and kings, agree with me in this."
    He spake, and all approved. Ulysses drew
And girt his tatters round his waist and showed
His large and shapely thighs. Unclothed appeared
His full broad shoulders, and his manly breast   85
And sinewy arms. Minerva stood by him,
And with a mighty breadth of limb endued
The shepherd of the people. Earnestly
The suitors gazed, and wondered at the sight,
And each one, turning to his neighbor, said:—   90
    "Irus, poor Irus, on himself has drawn
An evil fate, for what a sinewy thigh
His adversary shows beneath his rags!"
    So talked they, while the heart of Irus sank
Within him; yet the attendants girding him   95
Forcibly drew him forward, sore afraid,
The muscles quivering over every limb.
And then Antinoüs spake, and chid him thus:—
    "Now, boaster, thou deservest not to live,
Nay, nor to have been born, if thou dost fear   100
And quake at meeting one so old as he,
So broken with the hardships he has borne.
And now I tell thee what will yet be done,
Should he approve himself the better man,
And conquer. I will have thee sent on board   105
A galley to Epirus, and its king,
The foe of all men living, Echetus,
And he will pare away thy nose and ears
With the sharp steel, and, wrenching out the parts
Of shame, will cast them to be torn by dogs."   110

ὣς φάτο, τῷ δ' ἔτι μᾶλλον ὑπὸ τρόμος ἔλλαβε γυῖα.
ἐς μέσσον δ' ἄναγον· τὼ δ' ἄμφω χεῖρας ἀνέσχον.
δὴ τότε μερμήριξε πολύτλας δῖος Ὀδυσσεὺς 90
ἢ ἐλάσει' ὥς μιν ψυχὴ λίποι αὖθι πεσόντα,
ἦέ μιν ἦκ' ἐλάσειε τανύσσειέν τ' ἐπὶ γαίῃ.
ὧδε δέ οἱ φρονέοντι δοάσσατο κέρδιον εἶναι,
ἦκ' ἐλάσαι, ἵνα μή μιν ἐπιφρασσαίατ' Ἀχαιοί.
δὴ τότ' ἀνασχομένω ὁ μὲν ἤλασε δεξιὸν ὦμον 95
Ἶρος, ὁ δ' αὐχέν' ἔλασσεν ὑπ' οὔατος, ὀστέα δ' εἴσω
ἔθλασεν· αὐτίκα δ' ἦλθε κατὰ στόμα φοίνιον αἷμα,
κὰδ δ' ἔπεσ' ἐν κονίῃσι μακών, σὺν δ' ἤλασ' ὀδόντας
λακτίζων ποσὶ γαῖαν· ἀτὰρ μνηστῆρες ἀγαυοὶ
χεῖρας ἀνασχόμενοι γέλῳ ἔκθανον. αὐτὰρ Ὀδυσσεὺς 100
ἕλκε διὲκ προθύροιο λαβὼν ποδός, ὄφρ' ἵκετ' αὐλήν,
αἰθούσης τε θύρας· καί μιν ποτὶ ἑρκίον αὐλῆς
εἷσεν ἀνακλίνας· σκῆπτρον δέ οἱ ἔμβαλε χειρί,
καί μιν φωνήσας ἔπεα πτερόεντα προσηύδα·
'ἐνταυθοῖ νῦν ἧσο σύας τε κύνας τ' ἀπερύκων, 105
μηδὲ σύ γε ξείνων καὶ πτωχῶν κοίρανος εἶναι
λυγρὸς ἐών, μή πού τι κακὸν καὶ μεῖζον ἐπαύρῃ.'
ἦ ῥα καὶ ἀμφ' ὤμοισιν ἀεικέα βάλλετο πήρην,
πυκνὰ ῥωγαλέην· ἐν δὲ στρόφος ἦεν ἀορτήρ.
ἂψ δ' ὅ γ' ἐπ' οὐδὸν ἰὼν κατ' ἄρ' ἕζετο· τοὶ δ' ἴσαν εἴσω 110
ἡδὺ γελώοντες καὶ δεικανόωντ' ἐπέεσσι·
'Ζεύς τοι δοίη, ξεῖνε, καὶ ἀθάνατοι θεοὶ ἄλλοι,
ὅττι μάλιστ' ἐθέλεις καί τοι φίλον ἔπλετο θυμῷ,
ὃς τοῦτον τὸν ἄναλτον ἀλητεύειν ἀπέπαυσας
ἐν δήμῳ· τάχα γάρ μιν ἀνάξομεν ἤπειρόνδε 115
εἰς Ἔχετον βασιλῆα, βροτῶν δηλήμονα πάντων.'
ὣς ἄρ' ἔφαν, χαῖρεν δὲ κληηδόνι δῖος Ὀδυσσεύς.
Ἀντίνοος δ' ἄρα οἱ μεγάλην παρὰ γαστέρα θῆκεν,
ἐμπλείην κνίσης τε καὶ αἵματος· Ἀμφίνομος δὲ

He spake, and Irus shook through all his frame
With greater terror, yet they dragged him on
Into the midst. Both champions lifted up
Their arms. The godlike, much-enduring man,
Ulysses, pondered whether so to strike   115
His adversary that the breath of life
Might leave him as he fell, or only smite
To stretch him on the earth. As thus he mused,
The lighter blow seemed wisest, lest the Greeks
Should know who dealt it. When the hands of both 120
Were thus uplifted, Irus gave a blow
On his right shoulder, while Ulysses smote
Irus beneath the ear, and broke the bone
Within, and brought the red blood from his mouth.
He fell amid the dust, and shrieked and gnashed 125
His teeth, and beat with jerking feet the ground.
The suitor-train threw up their hands and laughed
Till breathless, while Ulysses seized his feet
And drew him o'er the threshold to the court
And the porch doors, and there, beside the wall, 130
Set him to lean against it, gave a staff
Into his hands, and said in winged words:—
   "Sit there, and scare away the dogs and swine,
But think not, wretched creature, to bear rule
Over the stranger and the beggar tribe,   135
Or worse than this may happen to thee yet."
   He spake, and o'er his shoulders threw the scrip
That yawned with chinks, and by a twisted thong
Was fastened; then he turned to take his seat
Upon the threshold, while the suitor-train   140
Went back into the palace with gay shouts
Of laughter, and bespake him blandly thus:—
   "Stranger, may Jove and all the other gods
Grant thee what thou desirest, and whate'er
Is pleasant to thee! Thou hast put an end   145
To this importunate beggar's rounds among
The people. We shall send him off at once
Into Epirus, and to Echetus,
Its king, the foe of every living man."
   So talked the suitors, and the omen made 150
Ulysses glad. Meantime Antinoüs placed
The mighty paunch before the victor, filled
With blood and fat, and from the canister

ἄρτους ἐκ κανέοιο δύω παρέθηκεν ἀείρας 120
καὶ δέπαϊ χρυσέῳ δειδίσκετο, φώνησέν τε:
  'χαῖρε, πάτερ ὦ ξεῖνε, γένοιτό τοι ἔς περ ὀπίσσω
ὄλβος: ἀτὰρ μὲν νῦν γε κακοῖς ἔχεαι πολέεσσι.'
  τὸν δ' ἀπαμειβόμενος προσέφη πολύμητις Ὀδυσσεύς:
'Ἀμφίνομ', ἦ μάλα μοι δοκέεις πεπνυμένος εἶναι: 125
τοίου γὰρ καὶ πατρός, ἐπεὶ κλέος ἐσθλὸν ἄκουον,
Νῖσον Δουλιχιῆα ἐΰν τ' ἔμεν ἀφνειόν τε:
τοῦ σ' ἔκ φασι γενέσθαι, ἐπητῇ δ' ἀνδρὶ ἔοικας.
τοὔνεκά τοι ἐρέω, σὺ δὲ σύνθεο καί μευ ἄκουσον:
οὐδὲν ἀκιδνότερον γαῖα τρέφει ἀνθρώποιο, 130
πάντων ὅσσα τε γαῖαν ἔπι πνείει τε καὶ ἕρπει.
οὐ μὲν γάρ ποτέ φησι κακὸν πείσεσθαι ὀπίσσω,
ὄφρ' ἀρετὴν παρέχωσι θεοὶ καὶ γούνατ' ὀρώρῃ:
ἀλλ' ὅτε δὴ καὶ λυγρὰ θεοὶ μάκαρες τελέσωσι,
καὶ τὰ φέρει ἀεκαζόμενος τετληότι θυμῷ: 135
τοῖος γὰρ νόος ἐστὶν ἐπιχθονίων ἀνθρώπων
οἷον ἐπ' ἦμαρ ἄγῃσι πατὴρ ἀνδρῶν τε θεῶν τε.
καὶ γὰρ ἐγώ ποτ' ἔμελλον ἐν ἀνδράσιν ὄλβιος εἶναι,
πολλὰ δ' ἀτάσθαλ' ἔρεξα βίῃ καὶ κάρτεϊ εἴκων,
πατρί τ' ἐμῷ πίσυνος καὶ ἐμοῖσι κασιγνήτοισι. 140
τῷ μή τίς ποτε πάμπαν ἀνὴρ ἀθεμίστιος εἴη,
ἀλλ' ὅ γε σιγῇ δῶρα θεῶν ἔχοι, ὅττι διδοῖεν.
οἷ' ὁρόω μνηστῆρας ἀτάσθαλα μηχανόωντας,
κτήματα κείροντας καὶ ἀτιμάζοντας ἄκοιτιν
ἀνδρός, ὃν οὐκέτι φημὶ φίλων καὶ πατρίδος αἴης 145
δηρὸν ἀπέσσεσθαι: μάλα δὲ σχεδόν. ἀλλά σε δαίμων
οἴκαδ' ὑπεξαγάγοι, μηδ' ἀντιάσειας ἐκείνῳ,
ὁππότε νοστήσειε φίλην ἐς πατρίδα γαῖαν:
οὐ γὰρ ἀναιμωτί γε διακρινέεσθαι ὀΐω
μνηστῆρας καὶ κεῖνον, ἐπεί κε μέλαθρον ὑπέλθῃ.' 150
  ὣς φάτο, καὶ σπείσας ἔπιεν μελιηδέα οἶνον,
ἂψ δ' ἐν χερσὶν ἔθηκε δέπας κοσμήτορι λαῶν.
αὐτὰρ ὁ βῆ διὰ δῶμα φίλον τετιημένος ἦτορ,

Amphinomus brought forth two loaves, and raised
A golden cup and drank to him, and said:— 155
    "Hail, guest and father! happy be thy days
Henceforth, though dark with many sorrows now!"
    Ulysses, the sagacious, answered thus:
"Amphinomus, thou seemest most discreet,
And such thy father is, of whom I hear 160
A worshipful report, the good and rich
Dulichian Nisus. Thou, as I am told,
Art son to him, and thou art seemingly
A man of pertinent speech. I therefore say
To thee, and bid thee hear and mark me well, 165
No being whom earth nourishes to breathe
Her air and move upon her face is more
The sport of circumstance than man. For while
The gods give health, and he is strong of limb,
He thinks no evil in the coming days 170
Will overtake him. When the blessed gods
Visit him with afflictions, these he bears
Impatiently and with a fretful mind.
Such is the mood of man, while yet he dwells
On earth; it changes as the All-Father gives 175
The sunshine or withholds it. I was once
Deemed fortunate among my fellow-men,
And many things that were unjust I did;
For in my strength and in my father's power,
And valor of my brothers, I had put 180
My trust. Let no man, therefore, dare to be
Unjust in aught, but tranquilly enjoy
Whatever good the gods vouchsafe to give.
Yet are these suitors guilty of foul wrong,
Wasting the substance and dishonoring 185
The wife of one who will not, as I deem,
Remain long distant from his friends and home,
But is already near. O, may some god
Remove thee from this danger to thy home!
Nor mayst thou meet him when he shall return 190
To his own land. For when he comes once more
Beneath this roof, and finds the suitors here,
Not without bloodshed will their parting be."
    He spake, and, pouring out a part, he drank
The wine, and gave the goblet to the prince, 195
Who crossed the hall, and sorrowfully shook

νευστάζων κεφαλῇ· δὴ γὰρ κακὸν ὄσσετο θυμός.
ἀλλ' οὐδ' ὣς φύγε κῆρα· πέδησε δὲ καὶ τὸν Ἀθήνη 155
Τηλεμάχου ὑπὸ χερσὶ καὶ ἔγχεϊ ἶφι δαμῆναι.
ἂψ δ' αὖτις κατ' ἄρ' ἕζετ' ἐπὶ θρόνου ἔνθεν ἀνέστη.
τῇ δ' ἄρ' ἐπὶ φρεσὶ θῆκε θεὰ γλαυκῶπις Ἀθήνη,
κούρῃ Ἰκαρίοιο, περίφρονι Πηνελοπείῃ,
μνηστήρεσσι φανῆναι, ὅπως πετάσειε μάλιστα 160
θυμὸν μνηστήρων ἰδὲ τιμήεσσα γένοιτο
μᾶλλον πρὸς πόσιός τε καὶ υἱέος ἢ πάρος ἦεν.
ἀχρεῖον δ' ἐγέλασσεν ἔπος τ' ἔφατ' ἔκ τ' ὀνόμαζεν·
  'Εὐρυνόμη, θυμός μοι ἐέλδεται, οὔ τι πάρος γε,
μνηστήρεσσι φανῆναι, ἀπεχθομένοισί περ ἔμπης· 165
παιδὶ δέ κεν εἴποιμι ἔπος, τό κε κέρδιον εἴη,
μὴ πάντα μνηστῆρσιν ὑπερφιάλοισιν ὁμιλεῖν,
οἵ τ' εὖ μὲν βάζουσι, κακῶς δ' ὄπιθεν φρονέουσι.'
  τὴν δ' αὖτ' Εὐρυνόμη ταμίη πρὸς μῦθον ἔειπεν·
'ναὶ δὴ ταῦτά γε πάντα, τέκος, κατὰ μοῖραν ἔειπες. 170
ἀλλ' ἴθι καὶ σῷ παιδὶ ἔπος φάο μηδ' ἐπίκευθε,
χρῶτ' ἀπονιψαμένη καὶ ἐπιχρίσασα παρειάς·
μηδ' οὕτω δακρύοισι πεφυρμένη ἀμφὶ πρόσωπα
ἔρχευ, ἐπεὶ κάκιον πενθήμεναι ἄκριτον αἰεί.
ἤδη μὲν γάρ τοι παῖς τηλίκος, ὃν σὺ μάλιστα 175
ἠρῶ ἀθανάτοισι γενειήσαντα ἰδέσθαι.'
  τὴν δ' αὖτε προσέειπε περίφρων Πηνελόπεια·
'Εὐρυνόμη, μὴ ταῦτα παραύδα, κηδομένη περ,
χρῶτ' ἀπονίπτεσθαι καὶ ἐπιχρίεσθαι ἀλοιφῇ·
ἀγλαΐην γὰρ ἐμοί γε θεοί, τοὶ Ὄλυμπον ἔχουσιν, 180
ὤλεσαν, ἐξ οὗ κεῖνος ἔβη κοίλῃς ἐνὶ νηυσίν.
ἀλλά μοι Αὐτονόην τε καὶ Ἱπποδάμειαν ἄνωχθι
ἐλθέμεν, ὄφρα κέ μοι παρστήετον ἐν μεγάροισιν·
οἴη δ' οὐκ εἴσειμι μετ' ἀνέρας· αἰδέομαι γάρ.'
  ὣς ἄρ' ἔφη, γρηὺς δὲ διὲκ μεγάροιο βεβήκει 185
ἀγγελέουσα γυναιξὶ καὶ ὀτρυνέουσα νέεσθαι.
ἔνθ' αὖτ' ἄλλ' ἐνόησε θεὰ γλαυκῶπις Ἀθήνη·
κούρῃ Ἰκαρίοιο κατὰ γλυκὺν ὕπνον ἔχευεν,

His head, for now already did his heart
Forebode the coming evil. Not by this
Did he escape his death. Minerva laid
A snare for him, that he might fall beneath,   200
The strong arm of Telemachus. He went
And took the seat from which he lately rose.
    Then blue-eyed Pallas moved Penelope,
Sage daughter of Icarius, to appear
Before the suitors, that their base intent   205
Might be more fully seen, and she might win
More honor from her husband and her son.
Wherefore she forced a laugh, and thus began:—
    "Eurynomè, I would at length appear,
Though not till now, before the suitor-train,   210
Detested as they are. I there would speak
A word of timely warning to my son,
And give him counsel not to trust himself
Too much among the suitors, who are fair
In speech, but mean him foully in their hearts."   215
    Eurynomè, the household matron, said:
"Assuredly, my child, thou speakest well.
Go now, and warn thy son, and keep back naught.
First bathe, and, ere thou go, anoint thy cheeks,
Nor show them stained with tears. It is not well   220
To sorrow without end. For now thy son
Is grown, and thou beholdest him at length
What thou didst pray the gods, when he was born,
That he might yet become, a bearded man."
    And then the sage Penelope rejoined: 225
"Though anxious for my sake, persuade me not,
Eurynomè, to bathe, nor to anoint
My cheeks with oil. The gods inhabiting
Olympus took away their comeliness
When in his roomy ships my husband sailed;   230
But bid Antinoe come, and call with her
Hippodameïa, that they both may stand
Beside me in the hall. I will not go
Alone among the men, for very shame."
    She spake, the aged dame went forth to bear   235
The message, and to bring the women back.
While blue-eyed Pallas had yet other cares,
She brought a balmy sleep, and shed it o'er
The daughter of Icarius, as she lay

εὗδε δ' ἀνακλινθεῖσα, λύθεν δέ οἱ ἅψεα πάντα
αὐτοῦ ἐνὶ κλιντῆρι· τέως δ' ἄρα δῖα θεάων 190
ἄμβροτα δῶρα δίδου, ἵνα μιν θησαίατ' Ἀχαιοί.
κάλλεϊ μέν οἱ πρῶτα προσώπατα καλὰ κάθηρεν
ἀμβροσίῳ, οἵῳ περ ἐϋστέφανος Κυθέρεια
χρίεται, εὖτ' ἂν ἴῃ Χαρίτων χορὸν ἱμερόεντα·
καί μιν μακροτέρην καὶ πάσσονα θῆκεν ἰδέσθαι, 195
λευκοτέρην δ' ἄρα μιν θῆκε πριστοῦ ἐλέφαντος.
ἡ μὲν ἄρ' ὣς ἔρξασ' ἀπεβήσετο δῖα θεάων,
ἦλθον δ' ἀμφίπολοι λευκώλενοι ἐκ μεγάροιο
φθόγγῳ ἐπερχόμεναι· τὴν δὲ γλυκὺς ὕπνος ἀνῆκε,
καί ῥ' ἀπομόρξατο χερσὶ παρειὰς φώνησέν τε· 200
'ἦ με μάλ' αἰνοπαθῆ μαλακὸν περὶ κῶμ' ἐκάλυψεν.
αἴθε μοι ὣς μαλακὸν θάνατον πόροι Ἄρτεμις ἁγνὴ
αὐτίκα νῦν, ἵνα μηκέτ' ὀδυρομένη κατὰ θυμὸν
αἰῶνα φθινύθω, πόσιος ποθέουσα φίλοιο
παντοίην ἀρετήν, ἐπεὶ ἔξοχος ἦεν Ἀχαιῶν.' 205
ὣς φαμένη κατέβαιν' ὑπερώϊα σιγαλόεντα,
οὐκ οἴη· ἅμα τῇ γε καὶ ἀμφίπολοι δύ' ἕποντο.
ἡ δ' ὅτε δὴ μνηστῆρας ἀφίκετο δῖα γυναικῶν,
στῆ ῥα παρὰ σταθμὸν τέγεος πύκα ποιητοῖο,
ἄντα παρειάων σχομένη λιπαρὰ κρήδεμνα· 210
ἀμφίπολος δ' ἄρα οἱ κεδνὴ ἑκάτερθε παρέστη.
τῶν δ' αὐτοῦ λύτο γούνατ', ἔρῳ δ' ἄρα θυμὸν ἔθελχθεν,
πάντες δ' ἠρήσαντο παραὶ λεχέεσσι κλιθῆναι.
ἡ δ' αὖ Τηλέμαχον προσεφώνεεν, ὃν φίλον υἱόν·
'Τηλέμαχ', οὐκέτι τοι φρένες ἔμπεδοι οὐδὲ νόημα· 215
παῖς ἔτ' ἐὼν καὶ μᾶλλον ἐνὶ φρεσὶ κέρδε' ἐνώμας·
νῦν δ', ὅτε δὴ μέγας ἐσσὶ καὶ ἥβης μέτρον ἱκάνεις,
καί κέν τις φαίη γόνον ἔμμεναι ὀλβίου ἀνδρός,
ἐς μέγεθος καὶ κάλλος ὁρώμενος, ἀλλότριος φώς,
οὐκέτι τοι φρένες εἰσὶν ἐναίσιμοι οὐδὲ νόημα. 220
οἷον δὴ τόδε ἔργον ἐνὶ μεγάροισιν ἐτύχθη,
ὃς τὸν ξεῖνον ἔασας ἀεικισθήμεναι οὕτως.
πῶς νῦν, εἴ τι ξεῖνος ἐν ἡμετέροισι δόμοισιν

Reclined upon her couch, her limbs relaxed 240
In rest. The glorious goddess gave a dower
Of heavenly graces, that the Achaian chiefs
Might look on her amazed. She lighted up
Her fair face with a beauty all divine,
Such as the queenly Cytherea wears 245
When in the mazes of the dance she joins
The Graces. Then she made her to the sight
Of loftier stature and of statelier size,
And fairer than the ivory newly carved.
This having done, the gracious power withdrew, 250
While from the palace came the white-armed maids,
And prattled as they came. The balmy sleep
Forsook their mistress at the sound. She passed
Her hands across her cheeks, and thus she spake:—
   "'Twas a sweet sleep that, in my wretchedness, 255
Wrapped me just now. Would that, this very hour,
The chaste Diana by so soft a death
Might end me, that my days might be no more
Consumed in sorrow for a husband lost,
Of peerless worth, the noblest of the Greeks." 260
   She spake, and from the royal bower went down,
Yet not alone; two maidens went with her.
And when that most august of womankind
Drew near the suitors, at the door she stopped
Of that magnificent hall, and o'er her cheeks 265
Let fall the lustrous veil, while on each side
A modest maiden stood. The suitors all
Felt their knees tremble, and were sick with love,
And all desired her. Then the queen bespake
Telemachus, her well-beloved son:— 270
   "Telemachus, thy judgment is not firm,
Nor dost thou think aright. While yet a boy
Thy thought was wiser. Now that thou art grown,
And on the verge of manhood, so that one
Who comes from far and sees thy noble part 275
And stature well may say thou art the son
Of a most fortunate father, yet to think
And judge discreetly thou art not as then,
For what a deed is this which has been done
Even here! Thou hast allowed a stranger guest 280
To be assaulted rudely. How is this?
If one who sits a guest beneath our roof

ἥμενος ὧδε πάθοι ῥυστακτύος ἐξ ἀλεγεινῆς;
σοί κ' αἶσχος λώβη τε μετ' ἀνθρώποισι πέλοιτο.' 225
    τὴν δ' αὖ Τηλέμαχος πεπνυμένος ἀντίον ηὔδα·
'μῆτερ ἐμή, τὸ μὲν οὔ σε νεμεσσῶμαι κεχολῶσθαι·
αὐτὰρ ἐγὼ θυμῷ νοέω καὶ οἶδα ἕκαστα,
ἐσθλά τε καὶ τὰ χέρεια· πάρος δ' ἔτι νήπιος ἦα.
ἀλλά τοι οὐ δύναμαι πεπνυμένα πάντα νοῆσαι· 230
ἐκ γάρ με πλήσσουσι παρήμενοι ἄλλοθεν ἄλλος
οἵδε κακὰ φρονέοντες, ἐμοὶ δ' οὐκ εἰσὶν ἀρωγοί.
οὐ μέν τοι ξείνου γε καὶ Ἴρου μῶλος ἐτύχθη
μνηστήρων ἰότητι, βίῃ δ' ὅ γε φέρτερος ἦεν.
αἲ γάρ, Ζεῦ τε πάτερ καὶ Ἀθηναίη καὶ Ἄπολλον, 235
οὕτω νῦν μνηστῆρες ἐν ἡμετέροισι δόμοισι
νεύοιεν κεφαλὰς δεδμημένοι, οἱ μὲν ἐν αὐλῇ,
οἱ δ' ἔντοσθε δόμοιο, λελῦτο δὲ γυῖα ἑκάστου,
ὡς νῦν Ἶρος κεῖνος ἐπ' αὐλείῃσι θύρῃσιν
ἧσται νευστάζων κεφαλῇ, μεθύοντι ἐοικώς, 240
οὐδ' ὀρθὸς στῆναι δύναται ποσὶν οὐδὲ νέεσθαι
οἴκαδ', ὅπη οἱ νόστος, ἐπεὶ φίλα γυῖα λέλυνται.'
    ὣς οἱ μὲν τοιαῦτα πρὸς ἀλλήλους ἀγόρευον·
Εὐρύμαχος δ' ἐπέεσσι προσηύδα Πηνελόπειαν·
'κούρη Ἰκαρίοιο, περίφρον Πηνελόπεια, 245
εἰ πάντες σε ἴδοιεν ἀν' Ἴασον Ἄργος Ἀχαιοί,
πλέονές κε μνηστῆρες ἐν ὑμετέροισι δόμοισιν
ἠῶθεν δαινύατ', ἐπεὶ περίεσσι γυναικῶν
εἶδός τε μέγεθός τε ἰδὲ φρένας ἔνδον ἐΐσας.'
    τὸν δ' ἠμείβετ' ἔπειτα περίφρων Πηνελόπεια· 250
'Εὐρύμαχ', ἦ τοι ἐμὴν ἀρετὴν εἶδός τε δέμας τε
ὤλεσαν ἀθάνατοι, ὅτε Ἴλιον εἰσανέβαινον
Ἀργεῖοι, μετὰ τοῖσι δ' ἐμὸς πόσις ἦεν Ὀδυσσεύς.
εἰ κεῖνός γ' ἐλθὼν τὸν ἐμὸν βίον ἀμφιπολεύοι,
μεῖζόν κε κλέος εἴη ἐμὸν καὶ κάλλιον οὕτως. 255
νῦν δ' ἄχομαι· τόσα γάρ μοι ἐπέσσευεν κακὰ δαίμων.
ἦ μὲν δὴ ὅτε τ' ᾖε λιπὼν κάτα πατρίδα γαῖαν,
δεξιτερὴν ἐπὶ καρπῷ ἑλὼν ἐμὲ χεῖρα προσηύδα·
    'ὦ γύναι, οὐ γὰρ ὀΐω ἐϋκνήμιδας Ἀχαιοὺς
ἐκ Τροίης εὖ πάντας ἀπήμονας ἀπονέεσθαι· 260

Be outraged thus, be sure it brings to thee
Great shame and rank dishonor among men."
    To this discreet Telemachus replied: 285
"Mother, I cannot take it ill that thou
Shouldst be offended. But of many things
I have a clear discernment, and can weigh
The good and bad. I was till now a child,
Yet even now I cannot always see 290
The wiser course. These men bewilder me,
As, sitting side by side, they lay their plots
Against me, and I have no helper here.
When Irus and the stranger fought, the strife
Had no such issue as the suitors wished. 295
The stranger conquered. Would to Father Jove,
To Pallas and Apollo, that the crew
Of suitors here might sit with nodding heads
Struck down upon the spot, within these halls
Or in the courts, and all with powerless limbs, 300
As Irus sits beside the gate and nods,
Like one o'ercome with wine, nor can he stand
Upon his feet, nor go to where he dwells,
If home he has, so feeble are his limbs."
    So talked the twain awhile; then interposed 305
Eurymachus, and thus bespake the queen:—
    "Sage daughter of Icarius! if all those
Who in Iäsian Argos have their homes
Should once behold thee, a still larger crowd
Of suitors would to-morrow come and feast 310
Within thy halls, so much dost thou excel
In mind and form and face all womankind."
    To this the sage Penelope replied:
"Eurymachus, the immortals took away
Such grace of form and face as once was mine, 315
What time the sons of Argos sailed for Troy,
And with them went Ulysses, my espoused.
Should he return, and take again in charge
My household, greater would my glory be,
And prized more highly. I am wretched now, 320
Such woes the gods have heaped upon my head.
He, when he left his native island, grasped
My right hand at the wrist, and said to me:
'Think not, dear wife, that all the well-armed Greeks
Will come back safe from Troy. The Trojan men, 325

καὶ γὰρ Τρῶάς φασι μαχητὰς ἔμμεναι ἄνδρας,
ἠμὲν ἀκοντιστὰς ἠδὲ ῥυτῆρας ὀϊστῶν
ἵππων τ' ὠκυπόδων ἐπιβήτορας, οἵ κε τάχιστα
ἔκριναν μέγα νεῖκος ὁμοιΐου πολέμοιο.
τῷ οὐκ οἶδ' ἤ κέν μ' ἀνέσει θεός, ἦ κεν ἁλώω   265
αὐτοῦ ἐνὶ Τροίῃ: σοὶ δ' ἐνθάδε πάντα μελόντων.
μεμνῆσθαι πατρὸς καὶ μητέρος ἐν μεγάροισιν
ὡς νῦν, ἢ ἔτι μᾶλλον ἐμεῦ ἀπονόσφιν ἐόντος:
αὐτὰρ ἐπὴν δὴ παῖδα γενειήσαντα ἴδηαι,
γήμασθ' ᾧ κ' ἐθέλησθα, τεὸν κατὰ δῶμα λιποῦσα.'   270
  κεῖνος τὼς ἀγόρευε: τὰ δὴ νῦν πάντα τελεῖται.
νὺξ δ' ἔσται ὅτε δὴ στυγερὸς γάμος ἀντιβολήσει
οὐλομένης ἐμέθεν, τῆς τε Ζεὺς ὄλβον ἀπηύρα.
ἀλλὰ τόδ' αἰνὸν ἄχος κραδίην καὶ θυμὸν ἱκάνει:
μνηστήρων οὐχ ἥδε δίκη τὸ πάροιθε τέτυκτο: 275
οἵ τ' ἀγαθήν τε γυναῖκα καὶ ἀφνειοῖο θύγατρα
μνηστεύειν ἐθέλωσι καὶ ἀλλήλοις ἐρίσωσιν,
αὐτοὶ τοί γ' ἀπάγουσι βόας καὶ ἴφια μῆλα,
κούρης δαῖτα φίλοισι, καὶ ἀγλαὰ δῶρα διδοῦσιν:
ἀλλ' οὐκ ἀλλότριον βίοτον νήποινον ἔδουσιν.'   280
  ὣς φάτο, γήθησεν δὲ πολύτλας δῖος Ὀδυσσεύς,
οὕνεκα τῶν μὲν δῶρα παρέλκετο, θέλγε δὲ θυμὸν
μειλιχίοις ἐπέεσσι, νόος δέ οἱ ἄλλα μενοίνα.
τὴν δ' αὖτ' Ἀντίνοος προσέφη, Εὐπείθεος υἱός,
'κούρη Ἰκαρίοιο, περίφρον Πηνελόπεια,   285
δῶρα μὲν ὅς κ' ἐθέλησιν Ἀχαιῶν ἐνθάδ' ἐνεῖκαι,
δέξασθ'. οὐ γὰρ καλὸν ἀνήνασθαι δόσιν ἐστίν:
ἡμεῖς δ' οὔτ' ἐπὶ ἔργα πάρος γ' ἴμεν οὔτε πη ἄλλῃ,
πρίν γέ σε τῷ γήμασθαι Ἀχαιῶν ὅς τις ἄριστος.'
  ὣς ἔφατ' Ἀντίνοος, τοῖσιν δ' ἐπιήνδανε μῦθος: 290
δῶρα δ' ἄρ' οἰσέμεναι πρόεσαν κήρυκα ἕκαστος.
Ἀντινόῳ μὲν ἔνεικε μέγαν περικαλλέα πέπλον,
ποικίλον: ἐν δ' ἄρ' ἔσαν περόναι δυοκαίδεκα πᾶσαι
χρύσειαι, κληῗσιν ἐϋγνάμπτοις ἀραρυῖαι.
ὅρμον δ' Εὐρυμάχῳ πολυδαίδαλον αὐτίκ' ἔνεικε,   295
χρύσεον, ἠλέκτροισιν ἐερμένον ἠέλιον ὥς.

They say, are brave in war, expert to cast
The spear and wing the arrow, skilled to rein
The rapid steeds by which the bloody strife
Of battle-fields is hurried to its close;
And therefore whether God will bring me back,
Or I shall fall in Troy, I cannot know.
Take charge of all things here. I leave with thee
My father and my mother in these halls.
Be kind to them as now, nay, more than now,
Since I shall not be here. When thou shalt see
My son a bearded man, take to thyself
A husband, whom thou wilt, and leave thy house.'
Such were his words, and they have been fulfilled.
The night will come in which I must endure
This hateful marriage, wretched that I am,
To whom the will of Jupiter forbids
All consolation, and this bitter thought
Weighs evermore upon my heart and soul.
The custom was not thus in other times;
When suitors wooed a noble wife, the child
Of some rich house, contending for her smile,
They came with beeves and fatling sheep to feast
The damsel's friends, and gave munificent gifts,
But wasted not the wealth that was not theirs."

  She spake, Ulysses was rejoiced to see
That thus she sought to draw from each a gift,
With fair and artful words. Yet were his thoughts
Intent on other plans. Eupeithes' son,
Antinoüs, thus made answer to the queen:—
"Sage daughter of Icarius, only deign
To take the gifts which any of the Greeks
Will bring,—nor is it gracious to reject
A present,—yet be sure we go not hence,
To our estates nor elsewhere, till thou make
A bridegroom of the best Achaian here."

  So spake Antinoüs. All approved his words,
And each sent forth a herald for his gift.
The herald of Antinoüs brought to him
A robe of many colors, beautiful
And ample, with twelve golden clasps, which each
Had its well-fitted eye. Eurymachus
Received a golden necklace, richly wrought,
And set with amber beads, that glowed as if

ἕρματα δ' Εὐρυδάμαντι δύω θεράποντες ἔνεικαν,
τρίγληνα μορόεντα: χάρις δ' ἀπελάμπετο πολλή.
ἐκ δ' ἄρα Πεισάνδροιο Πολυκτορίδαο ἄνακτος
ἴσθμιον ἤνεικεν θεράπων, περικαλλὲς ἄγαλμα. 300
ἄλλο δ' ἄρ' ἄλλος δῶρον Ἀχαιῶν καλὸν ἔνεικεν.
ἡ μὲν ἔπειτ' ἀνέβαιν' ὑπερώϊα δῖα γυναικῶν,
τῇ δ' ἄρ' ἅμ' ἀμφίπολοι ἔφερον περικαλλέα δῶρα
οἱ δ' εἰς ὀρχηστύν τε καὶ ἱμερόεσσαν ἀοιδὴν
τρεψάμενοι τέρποντο, μένον δ' ἐπὶ ἕσπερον ἐλθεῖν. 305
τοῖσι δὲ τερπομένοισι μέλας ἐπὶ ἕσπερος ἦλθεν.
αὐτίκα λαμπτῆρας τρεῖς ἵστασαν ἐν μεγάροισιν,
ὄφρα φαείνοιεν: περὶ δὲ ξύλα κάγκανα θῆκαν,
αὖα πάλαι, περίκηλα, νέον κεκεασμένα χαλκῷ,
καὶ δαΐδας μετέμισγον: ἀμοιβηδὶς δ' ἀνέφαινον 310
δμῳαὶ Ὀδυσσῆος ταλασίφρονος. αὐτὰρ ὁ τῇσιν
αὐτὸς διογενὴς μετέφη πολύμητις Ὀδυσσεύς:
   'δμῳαὶ Ὀδυσσῆος, δὴν οἰχομένοιο ἄνακτος,
ἔρχεσθε πρὸς δώμαθ', ἵν' αἰδοίη βασίλεια:
τῇ δὲ παρ' ἠλάκατα στροφαλίζετε, τέρπετε δ' αὐτὴν 315
ἥμεναι ἐν μεγάρῳ, ἢ εἴρια πείκετε χερσίν:
αὐτὰρ ἐγὼ τούτοισι φάος πάντεσσι παρέξω.
ἤν περ γάρ κ' ἐθέλωσιν ἐΰθρονον Ἠῶ μίμνειν,
οὔ τί με νικήσουσι: πολυτλήμων δὲ μάλ' εἰμί.'
   ὣς ἔφαθ', αἱ δ' ἐγέλασσαν, ἐς ἀλλήλας δὲ ἴδοντο. 320
τὸν δ' αἰσχρῶς ἐνένιπε Μελανθὼ καλλιπάρῃος,
τὴν Δολίος μὲν ἔτικτε, κόμισσε δὲ Πηνελόπεια,
παῖδα δὲ ὣς ἀτίταλλε, δίδου δ' ἄρ' ἀθύρματα θυμῷ:
ἀλλ' οὐδ' ὣς ἔχε πένθος ἐνὶ φρεσὶ Πηνελοπείης,
ἀλλ' ἥ γ' Εὐρυμάχῳ μισγέσκετο καὶ φιλέεσκεν. 325
ἥ ῥ' Ὀδυσῆ' ἐνένιπεν ὀνειδείοις ἐπέεσσιν:
   'ξεῖνε τάλαν, σύ γέ τις φρένας ἐκπεπαταγμένος ἐσσί,
οὐδ' ἐθέλεις εὕδειν χαλκήϊον ἐς δόμον ἐλθών,
ἠέ που ἐς λέσχην, ἀλλ' ἐνθάδε πόλλ' ἀγορεύεις,
θαρσαλέως πολλοῖσι μετ' ἀνδράσιν, οὐδέ τι θυμῷ 330

With sunshine. To Eurydamas there came
A pair of ear-rings, each a triple gem,   370
Daintily fashioned and of exquisite grace.
Two servants bore them. From Pisander's house—
Son of the Prince Polyctor—there was brought
A collar of rare beauty. Thus did each
Bestow a different yet becoming gift   375
And then that most august of women went
Back to the upper chambers with her maids,
Who bore the sumptuous presents, while below
The suitors turned them to the dance and song,
Amused till evening came. Its darkness stole   380
Over their pastime. Then they brought and placed
Three hearths to light the palace, heaping them
With wood, well dried and hard and newly cleft.
With this they mingled flaming brands. The maids
Of the great sufferer, Ulysses, fed   385
The fire by turns. To them the hero spake:—
   "Ye maidens of a sovereign absent long,
Withdraw to where your high-born mistress sits;
There turn the spindle, seeking to amuse
Her lonely hours; there comb with your own hands   390
The fleece, and I will see that these have light.
Even though they linger till the Morn is here
In her bright car, they cannot overcome
My patience. I am practised to endure."
   So spake he, and the maidens, as they heard,   395
Cast at each other meaning looks, and laughed,
And one Melantho, of the rosy cheeks,
Railed at him impudently. She was born
To Dolius, but Penelope had reared
The damsel as a daughter of her own,   400
And given her, for her pleasure, many things;
Yet for the sorrows of Penelope
Melantho little cared. Eurymachus
Had made the girl his paramour. She spake,
And chid Ulysses with unmannerly words:—   405
   "Outlandish wretch! thou must be one whose brain
Is turned, since thou wilt neither go to sleep
Within a smithy, nor in any place
Of public shelter, but wilt stay and prate
Among this company with no restraint   410
Or reverence. Either wine has stolen away

ταρβεῖς· ἦ ῥά σε οἶνος ἔχει φρένας, ἦ νύ τοι αἰεὶ
τοιοῦτος νόος ἐστίν· ὃ καὶ μεταμώνια βάζεις.
ἦ ἀλύεις, ὅτι Ἶρον ἐνίκησας τὸν ἀλήτην;
μή τίς τοι τάχα Ἴρου ἀμείνων ἄλλος ἀναστῇ,
ὅς τίς σ᾽ ἀμφὶ κάρη κεκοπὼς χερσὶ στιβαρῇσι   335
δώματος ἐκπέμψῃσι, φορύξας αἵματι πολλῷ.᾽
      τὴν δ᾽ ἄρ᾽ ὑπόδρα ἰδὼν προσέφη πολύμητις Ὀδυσσεύς·
'ἦ τάχα Τηλεμάχῳ ἐρέω, κύον, οἷ᾽ ἀγορεύεις,
κεῖσ᾽ ἐλθών, ἵνα σ᾽ αὖθι διὰ μελεϊστὶ τάμῃσιν.'
      ὣς εἰπὼν ἐπέεσσι διεπτοίησε γυναῖκας.   340
βὰν δ᾽ ἴμεναι διὰ δῶμα, λύθεν δ᾽ ὑπὸ γυῖα ἑκάστης
ταρβοσύνῃ· φὰν γάρ μιν ἀληθέα μυθήσασθαι.
αὐτὰρ ὁ πὰρ λαμπτῆρσι φαείνων αἰθομένοισιν
ἑστήκειν ἐς πάντας ὁρώμενος· ἄλλα δέ οἱ κῆρ
ὥρμαινε φρεσὶν ᾗσιν, ἅ ῥ᾽ οὐκ ἀτέλεστα γένοντο.   345
μνηστῆρας δ᾽ οὐ πάμπαν ἀγήνορας εἴα Ἀθήνη
λώβης ἴσχεσθαι θυμαλγέος, ὄφρ᾽ ἔτι μᾶλλον
δύῃ ἄχος κραδίην Λαερτιάδεω Ὀδυσῆος.
τοῖσιν δ᾽ Εὐρύμαχος, Πολύβου πάϊς, ἦρχ᾽ ἀγορεύειν,
κερτομέων Ὀδυσῆα· γέλω δ᾽ ἑτάροισιν ἔτευχε.   350
      'κέκλυτέ μευ, μνηστῆρες ἀγακλειτῆς βασιλείης,
ὄφρ᾽ εἴπω τά με θυμὸς ἐνὶ στήθεσσι κελεύει.
οὐκ ἀθεεὶ ὅδ᾽ ἀνὴρ Ὀδυσήϊον ἐς δόμον ἵκει·
ἔμπης μοι δοκέει δαΐδων σέλας ἔμμεναι αὐτοῦ
κὰκ κεφαλῆς, ἐπεὶ οὔ οἱ ἔνι τρίχες οὐδ᾽ ἠβαιαί.'   355
      ἦ ῥ᾽, ἅμα τε προσέειπεν Ὀδυσσῆα πτολίπορθον·
'ξεῖν᾽, ἦ ἄρ κ᾽ ἐθέλοις θητευέμεν, εἴ σ᾽ ἀνελοίμην,
ἀγροῦ ἐπ᾽ ἐσχατιῆς—μισθὸς δέ τοι ἄρκιος ἔσται—
αἱμασιάς τε λέγων καὶ δένδρεα μακρὰ φυτεύων;
ἔνθα κ᾽ ἐγὼ σῖτον μὲν ἐπηετανὸν παρέχοιμι,   360
εἵματα δ᾽ ἀμφιέσαιμι ποσίν θ᾽ ὑποδήματα δοίην.
ἀλλ᾽ ἐπεὶ οὖν δὴ ἔργα κάκ᾽ ἔμμαθες, οὐκ ἐθελήσεις
ἔργον ἐποίχεσθαι, ἀλλὰ πτώσσειν κατὰ δῆμον
βούλεαι, ὄφρ᾽ ἂν ἔχῃς βόσκειν σὴν γαστέρ᾽ ἄναλτον.'
      τὸν δ᾽ ἀπαμειβόμενος προσέφη πολύμητις Ὀδυσσεύς· 365
'Εὐρύμαχ᾽, εἰ γὰρ νῶϊν ἔρις ἔργοιο γένοιτο

Thy senses, or thy natural mood, perchance,
Prompts thee to chatter idly. Art thou proud
Of conquering Irus, that poor vagabond?
Beware lest some one of robuster arms   415
Than Irus seize and thrust thee out of doors
With a bruised head and face begrimed with blood."

    The sage Ulysses frowned on her and said:
"Impudent one, Telemachus shall hear
From me the saucy words which thou hast said,   420
And he will come and hew thee limb from limb."

    He spake; the damsels, frightened at his words,
Fled through the hall, and shook in every limb
With terror, lest his threat should be fulfilled.
He meantime stood beside the kindled hearths   425
And fed the flames, and, looking on the crowd
Of suitors, brooded in his secret heart
O'er plans that would not fail to be fulfilled.

    But Pallas suffered not the suitors yet
To cease from railing speeches, all the more   430
To wound the spirit of Laertes' son.
Eurymachus, the son of Polybus,
Began to scoff at him, and thus he spake
To wake the ready laughter of the rest:—

    "Hear me, ye suitors of the illustrious queen.   435
I speak the thought that comes into my mind.
Led by some god, no doubt, this man has come
Into the palace; for the light we have
Of torches seems to issue from the crown
Of his bald pate, a head without a hair."   440

    So said Eurymachus, and then bespake
Ulysses, the destroyer of walled towns:—

    "Stranger, if I accept thee, wilt thou serve
Upon the distant parts of my estate?
There shalt thou have fair wages, and shalt bring   445
The stones in heaps together, and shalt plant
Tall trees, and I will feed thee through the year,
And give thee clothes, and sandals for thy feet.
But thou art used, no doubt, to idle ways,
And never dost thou work with walling hands,   450
But dost prefer to roam the town and beg,
Purveying for thy gluttonous appetite."

    Ulysses, the sagacious, answered thus:—
"Eurymachus, if we were matched in work

ὥρῃ ἐν εἰαρινῇ, ὅτε τ' ἤματα μακρὰ πέλονται,
ἐν ποίῃ, δρέπανον μὲν ἐγὼν εὐκαμπὲς ἔχοιμι,
καὶ δὲ σὺ τοῖον ἔχοις, ἵνα πειρησαίμεθα ἔργου
νήστιες ἄχρι μάλα κνέφαος, ποίη δὲ παρείη. 370
εἰ δ' αὖ καὶ βόες εἶεν ἐλαυνέμεν, οἵ περ ἄριστοι,
αἴθωνες, μεγάλοι, ἄμφω κεκορηότε ποίης,
ἥλικες, ἰσοφόροι, τῶν τε σθένος οὐκ ἀλαπαδνόν,
τετράγυον δ' εἴη, εἴκοι δ' ὑπὸ βῶλος ἀρότρῳ·
τῷ κέ μ' ἴδοις, εἰ ὦλκα διηνεκέα προταμοίμην. 375
εἰ δ' αὖ καὶ πόλεμόν ποθεν ὁρμήσειε Κρονίων
σήμερον, αὐτὰρ ἐμοὶ σάκος εἴη καὶ δύο δοῦρε
καὶ κυνέη πάγχαλκος, ἐπὶ κροτάφοις ἀραρυῖα,
τῷ κέ μ' ἴδοις πρώτοισιν ἐνὶ προμάχοισι μιγέντα,
οὐδ' ἄν μοι τὴν γαστέρ' ὀνειδίζων ἀγορεύοις. 380
ἀλλὰ μάλ' ὑβρίζεις, καί τοι νόος ἐστὶν ἀπηνής·
καί πού τις δοκέεις μέγας ἔμμεναι ἠδὲ κραταιός,
οὕνεκα πὰρ παύροισι καὶ οὐκ ἀγαθοῖσιν ὁμιλεῖς.
εἰ δ' Ὀδυσεὺς ἔλθοι καὶ ἵκοιτ' ἐς πατρίδα γαῖαν,
αἶψά κέ τοι τὰ θύρετρα, καὶ εὐρέα περ μάλ' ἐόντα, 385
φεύγοντι στείνοιτο διὲκ προθύροιο θύραζε.'
    ὣς ἔφατ', Εὐρύμαχος δ' ἐχολώσατο κηρόθι μᾶλλον,
καί μιν ὑπόδρα ἰδὼν ἔπεα πτερόεντα προσηύδα·
    'ἆ δείλ', ἦ τάχα τοι τελέω κακόν, οἷ' ἀγορεύεις
θαρσαλέως πολλοῖσι μετ' ἀνδράσιν, οὐδέ τι θυμῷ 390
ταρβεῖς· ἦ ῥά σε οἶνος ἔχει φρένας, ἤ νύ τοι αἰεὶ
τοιοῦτος νόος ἐστίν· ὃ καὶ μεταμώνια βάζεις.
ἦ ἀλύεις, ὅτι Ἶρον ἐνίκησας τὸν ἀλήτην;'
    ὣς ἄρα φωνήσας σφέλας ἔλλαβεν· αὐτὰρ Ὀδυσσεὺς
Ἀμφινόμου πρὸς γοῦνα καθέζετο Δουλιχιῆος, 395
Εὐρύμαχον δείσας· ὁ δ' ἄρ' οἰνοχόον βάλε χεῖρα
δεξιτερήν· πρόχοος δὲ χαμαὶ βόμβησε πεσοῦσα,
αὐτὰρ ὅ γ' οἰμώξας πέσεν ὕπτιος ἐν κονίῃσι.
μνηστῆρες δ' ὁμάδησαν ἀνὰ μέγαρα σκιόεντα,
ὧδε δέ τις εἴπεσκεν ἰδὼν ἐς πλησίον ἄλλον· 400

Against each other in the time of spring 455
When days are long, and both were mowing grass,
And I had a curved scythe in hand and thou
Another, that we might keep up the strife
Till nightfall, fasting, 'mid the abundant grass;
Or if there were a yoke of steers to drive, 460
The sturdiest of their kind, sleek, large, well fed,
Of equal age, and equal strength to bear
The labor, and both strong, and if the field
Were of four acres, with a soil through which
The plough could cleave its way,—then shouldst thou see 465
How evenly my furrow would be turned.
Or should the son of Saturn send to-day
War from abroad, and I had but a shield,
Two spears, and, fitted to my brows, a helm
Of brass, thou wouldst behold me pressing on 470
Among the foremost warriors, and would see
No cause to rail at my keen appetite.
But arrogantly thou dost bear thyself,
And pitilessly; thou in thine own eyes
Art great and mighty, since thou dost consort 475
With few, and those are not the best of men.
Yet should Ulysses come to his own land,
These gates that seem so wide would suddenly
Become too narrow for thee in thy flight."

    He spake. Eurymachus grew yet more wroth, 480
And frowned on him, and said in winged words:—

    "Wretch! I shall do thee mischief. Thou art bold,
And babblest unabashed among us all.
The wine, perhaps, is in thy foolish head,
Or thou art always thus, and ever prone 485
To prattle impudently. Art thou proud
Of conquering Irus, that poor vagabond?"

    Thus having said, he brandished in the air
A footstool; but Ulysses, to escape
The anger of Eurymachus, sat down 490
Before the knees of the Dulichian prince,
Amphinomus. The footstool flew, and struck
On the right arm the cupbearer. Down fell
The beaker ringing; he who bore it lay
Stretched in the dust. Then in those shadowy halls 495
The suitors rose in tumult. One of them
Looked at another by his side, and said:—

'αἴθ' ὤφελλ' ὁ ξεῖνος ἀλώμενος ἄλλοθ' ὀλέσθαι
πρὶν ἐλθεῖν: τῷ οὔ τι τόσον κέλαδον μετέθηκε.
νῦν δὲ περὶ πτωχῶν ἐριδαίνομεν, οὐδέ τι δαιτὸς
ἐσθλῆς ἔσσεται ἦδος, ἐπεὶ τὰ χερείονα νικᾷ.
' τοῖσι δὲ καὶ μετέειφ' ἱερὴ ἲς Τηλεμάχοιο   405
'δαιμόνιοι, μαίνεσθε καὶ οὐκέτι κεύθετε θυμῷ
βρωτὺν οὐδὲ ποτῆτα: θεῶν νύ τις ὔμμ' ὀροθύνει.
ἀλλ' εὖ δαισάμενοι κατακείετε οἴκαδ' ἰόντες,
ὁππότε θυμὸς ἄνωγε: διώκω δ' οὔ τιν' ἐγώ γε.'
ὣς ἔφαθ', οἱ δ' ἄρα πάντες ὀδὰξ ἐν χείλεσι φύντες   410
Τηλέμαχον θαύμαζον, ὃ θαρσαλέως ἀγόρευε.
τοῖσιν δ' Ἀμφίνομος ἀγορήσατο καὶ μετέειπε
Νίσου φαίδιμος υἱός, Ἀρητιάδαο ἄνακτος:
'ὦ φίλοι, οὐκ ἂν δή τις ἐπὶ ῥηθέντι δικαίῳ
ἀντιβίοις ἐπέεσσι καθαπτόμενος χαλεπαίνοι: 415
μήτε τι τὸν ξεῖνον στυφελίζετε μήτε τιν' ἄλλον
δμώων, οἳ κατὰ δώματ' Ὀδυσσῆος θείοιο.
ἀλλ' ἄγετ', οἰνοχόος μὲν ἐπαρξάσθω δεπάεσσιν,
ὄφρα σπείσαντες κατακείομεν οἴκαδ' ἰόντες:
τὸν ξεῖνον δὲ ἐῶμεν ἐνὶ μεγάροις Ὀδυσῆος   420
Τηλεμάχῳ μελέμεν: τοῦ γὰρ φίλον ἵκετο δῶμα.'
ὣς φάτο, τοῖσι δὲ πᾶσιν ἑαδότα μῦθον ἔειπε.
τοῖσιν δὲ κρητῆρα κεράσσατο Μούλιος ἥρως,
κῆρυξ Δουλιχιεύς: θεράπων δ' ἦν Ἀμφινόμοιο:
νώμησεν δ' ἄρα πᾶσιν ἐπισταδόν: οἱ δὲ θεοῖσι   425
σπείσαντες μακάρεσσι πίον μελιηδέα οἶνον.
αὐτὰρ ἐπεὶ σπεῖσάν τ' ἔπιόν θ' ὅσον ἤθελε θυμός,
βάν ῥ' ἴμεναι κείοντες ἑὰ πρὸς δώμαθ' ἕκαστος.

"Would that this vagabond had met his death
Ere he came hither. This confusion, then,
Had never been. 'Tis for a beggar's sake   500
We wrangle, and the feast will henceforth give
No pleasure; we shall go from bad to worse."
  Then rose in majesty Telemachus,
And said: "Ye are not in your senses sure,
Unhappy men, who cannot eat and drink   505
In peace. Some deity, no doubt, has moved
Your minds to frenzy. Now, when each of you
Has feasted well, let each withdraw to sleep,
Just when he will. I drive no man away."
  He spake; the suitors heard, and bit their lips,   510
And wondered at Telemachus, who spake
So resolutely. Then Amphinomus,
The son of Nisus Aretiades,
Stood forth, harangued the suitor-crowd, and said:—
  "O friends! let no one here with carping words   515
Seek to deny what is so justly said,
Nor yet molest the stranger, nor do harm
To any of the servants in the halls
Of the great chief Ulysses. Now let him
Who brings the guests their wine begin and fill   520
The cups, that, pouring to the gods their part,
We may withdraw to sleep. The stranger here
Leave me within the palace, and in charge
Of him to whom he came, Telemachus."
  He ended. All were pleased, and Mutlus then,   525
Hero and herald from Dulichium's coast,
And follower of the prince Amphinomus,
Mingled a jar of wine, and went to each,
Dispensing it. They to the blessed gods
Poured first a part, and then they drank themselves   530
The generous juice. And when the wine was poured,
And they had drunk what each desired, they went
Homeward to slumber, each in his abode.

αὐτὰρ ὁ ἐν μεγάρῳ ὑπελείπετο δῖος Ὀδυσσεύς,
μνηστήρεσσι φόνον σὺν Ἀθήνῃ μερμηρίζων·
αἶψα δὲ Τηλέμαχον ἔπεα πτερόεντα προσηύδα·
  'Τηλέμαχε, χρὴ τεύχε' ἀρήϊα κατθέμεν εἴσω
πάντα μάλ'· αὐτὰρ μνηστῆρας μαλακοῖς ἐπέεσσι   5
παρφάσθαι, ὅτε κέν σε μεταλλῶσιν ποθέοντες·
'ἐκ καπνοῦ κατέθηκ', ἐπεὶ οὐκέτι τοῖσιν ἐῴκει
οἷά ποτε Τροίηνδε κιὼν κατέλειπεν Ὀδυσσεύς,
ἀλλὰ κατήκισται, ὅσσον πυρὸς ἵκετ' ἀϋτμή.
πρὸς δ' ἔτι καὶ τόδε μεῖζον ἐνὶ φρεσὶν ἔβαλε δαίμων   10
μή πως οἰνωθέντες, ἔριν στήσαντες ἐν ὑμῖν,
ἀλλήλους τρώσητε καταισχύνητέ τε δαῖτα
καὶ μνηστύν· αὐτὸς γὰρ ἐφέλκεται ἄνδρα σίδηρος.'
  ὣς φάτο, Τηλέμαχος δὲ φίλῳ ἐπεπείθετο πατρί,
ἐκ δὲ καλεσσάμενος προσέφη τροφὸν Εὐρύκλειαν·   15
  'μαῖ', ἄγε δή μοι ἔρυξον ἐνὶ μεγάροισι γυναῖκας,
ὄφρα κεν ἐς θάλαμον καταθείομαι ἔντεα πατρὸς

BOOK XIX

Now was the godlike chief Ulysses left
In his own palace, planning, with the aid
Of Pallas, to destroy the suitor-train,
And thus bespake his son with winged words:—
    "Now is the time, Telemachus, to take   5
The weapons that are here, and store them up
In the inner rooms. Then, if the suitors ask
The reason, answer them with specious words:
Say, 'I have put them where there comes no smoke,
Since even now they do not seem the arms   10
Left by Ulysses when he sailed for Troy,
So tarnished are they by the breath of fire;
And yet another reason sways my mind,
The prompting of some god, that ye, when flushed
With wine and in the heat of a dispute,   15
May smite and wound each other, and disgrace
The banquet and your wooing; for the sight
Of steel doth draw men on to violence.'"
    He ended, and Telemachus obeyed
His father's words, and calling forth his nurse,   20
The aged Eurycleia, said to her:—
    "Go, nurse, and see the women all shut up
In their own place, while in our inner room
I lay away my father's beautiful arms,

καλά, τά μοι κατὰ οἶκον ἀκηδέα καπνὸς ἀμέρδει
πατρὸς ἀποιχομένοιο: ἐγὼ δ᾽ ἔτι νήπιος ἦα.
νῦν δ᾽ ἐθέλω καταθέσθαι, ἵν᾽ οὐ πυρὸς ἵξετ᾽ ἀϋτμή.' 20
    τὸν δ᾽ αὖτε προσέειπε φίλη τροφὸς Εὐρύκλεια:
'αἲ γὰρ δή ποτε, τέκνον, ἐπιφροσύνας ἀνέλοιο
οἴκου κήδεσθαι καὶ κτήματα πάντα φυλάσσειν.
ἀλλ᾽ ἄγε, τίς τοι ἔπειτα μετοιχομένη φάος οἴσει;
δμῳὰς δ᾽ οὐκ εἴας προβλωσκέμεν, αἵ κεν ἔφαινον.' 25
    τὴν δ᾽ αὖ Τηλέμαχος πεπνυμένος ἀντίον ηὔδα:
'ξεῖνος ὅδ᾽: οὐ γὰρ ἀεργὸν ἀνέξομαι ὅς κεν ἐμῆς γε
χοίνικος ἅπτηται, καὶ τηλόθεν εἰληλουθώς.'
    ὣς ἄρ᾽ ἐφώνησεν, τῇ δ᾽ ἄπτερος ἔπλετο μῦθος.
κλήϊσεν δὲ θύρας μεγάρων εὖ ναιεταόντων. 30
τὼ δ᾽ ἄρ᾽ ἀναΐξαντ᾽ Ὀδυσεὺς καὶ φαίδιμος υἱὸς
ἐσφόρεον κόρυθάς τε καὶ ἀσπίδας ὀμφαλοέσσας
ἔγχεά τ᾽ ὀξυόεντα: πάροιθε δὲ Παλλὰς Ἀθήνη,
χρύσεον λύχνον ἔχουσα, φάος περικαλλὲς ἐποίει.
δὴ τότε Τηλέμαχος προσεφώνεεν ὃν πατέρ᾽ αἶψα: 35
'ὦ πάτερ, ἦ μέγα θαῦμα τόδ᾽ ὀφθαλμοῖσιν ὁρῶμαι.
ἔμπης μοι τοῖχοι μεγάρων καλαί τε μεσόδμαι,
εἰλάτιναί τε δοκοί, καὶ κίονες ὑψόσ᾽ ἔχοντες
φαίνοντ᾽ ὀφθαλμοῖς ὡς εἰ πυρὸς αἰθομένοιο.
ἦ μάλα τις θεὸς ἔνδον, οἳ οὐρανὸν εὐρὺν ἔχουσι.' 40
    τὸν δ᾽ ἀπαμειβόμενος προσέφη πολύμητις Ὀδυσσεύς:
'σίγα καὶ κατὰ σὸν νόον ἴσχανε μηδ᾽ ἐρέεινε:
αὕτη τοι δίκη ἐστὶ θεῶν, οἳ Ὄλυμπον ἔχουσιν.
ἀλλὰ σὺ μὲν κατάλεξαι, ἐγὼ δ᾽ ὑπολείψομαι αὐτοῦ,
ὄφρα κ᾽ ἔτι δμῳὰς καὶ μητέρα σὴν ἐρεθίζω: 45
ἡ δέ μ᾽ ὀδυρομένη εἰρήσεται ἀμφὶς ἕκαστα.'
    ὣς φάτο, Τηλέμαχος δὲ διὲκ μεγάροιο βεβήκει
κείων ἐς θάλαμον, δαΐδων ὕπο λαμπομενάων,
ἔνθα πάρος κοιμᾶθ᾽, ὅτε μιν γλυκὺς ὕπνος ἱκάνοι:
ἔνθ᾽ ἄρα καὶ τότ᾽ ἔλεκτο καὶ Ἠῶ δῖαν ἔμιμνεν. 50
αὐτὰρ ὁ ἐν μεγάρῳ ὑπελείπετο δῖος Ὀδυσσεύς,
μνηστήρεσσι φόνον σὺν Ἀθήνῃ μερμηρίζων.
    ἡ δ᾽ ἴεν ἐκ θαλάμοιο περίφρων Πηνελόπεια,
Ἀρτέμιδι ἰκέλη ἠὲ χρυσέῃ Ἀφροδίτῃ.
τῇ παρὰ μὲν κλισίην πυρὶ κάτθεσαν, ἔνθ᾽ ἄρ᾽ ἐφῖζε, 55

Neglected long, and sullied by the smoke,   25
While he was absent. I was then a child,
But now would keep them from the breath of fire."
    And thus the nurse, Dame Eurycleia, said:
"Would that at length, my child, thou didst exert
Thy proper wisdom here, and take in charge   30
Thy house and thy possessions. But who goes
With thee to bear a torch, since none of these,
Thy handmaids, are allowed to light thy way?"
    And thus discreet Telemachus replied:
"This stranger. No man may be idle here   35
Who eats my bread, though from a distant land."
    He spake, nor flew his words in vain. The nurse
Closed all the portals of that noble pile.
Ulysses and his glorious son in haste
Bore off the helmets, and the bossy shields,   40
And the sharp spears, while Pallas held to them
A golden lamp, that shed a fair clear light.
Then to his father spake Telemachus:—
    "Father! my eyes behold a marvel. All
The palace walls, each beautiful recess,   45
The fir-tree beams, the aspiring columns, shine,
Before my eyes, as with a blaze of fire.
Some god is surely here, some one of those
Who make their dwelling in the high broad heaven."
    Ulysses, the sagacious, answered thus: 50
"Keep silence; give thy thought no speech, nor ask
Concerning aught. Such is the wont of those
Who dwell upon Olympus. Now withdraw
To rest upon thy couch, while I remain,
For I would move thy mother and her maids   55
To ask of what concerns me. She, I deem,
Full sadly will inquire of many things."
    He spake; Telemachus departed thence,
By torchlight, to his chamber, there to rest
Where he was wont to lie when gentle sleep   60
Came over him. There lay he down to wait
The hallowed morning, while Ulysses, left
Within the palace, meditated still
Death to the suitors with Minerva's aid.
    The sage Penelope now left her bower;   65
Like Dian or like golden Venus came
The queen. Beside the hearth they placed for her

δινωτὴν ἐλέφαντι καὶ ἀργύρῳ· ἥν ποτε τέκτων
ποίησ᾿ Ἰκμάλιος, καὶ ὑπὸ θρῆνυν ποσὶν ἧκε
προσφυέ᾿ ἐξ αὐτῆς, ὅθ᾿ ἐπὶ μέγα βάλλετο κῶας.
ἔνθα καθέζετ᾿ ἔπειτα περίφρων Πηνελόπεια.
ἦλθον δὲ δμῳαὶ λευκώλενοι ἐκ μεγάροιο.   60
αἱ δ᾿ ἀπὸ μὲν σῖτον πολὺν ᾕρεον ἠδὲ τραπέζας
καὶ δέπα, ἔνθεν ἄρ᾿ ἄνδρες ὑπερμενέοντες ἔπινον·
πῦρ δ᾿ ἀπὸ λαμπτήρων χαμάδις βάλον, ἄλλα δ᾿ ἐπ᾿ αὐτῶν
νήησαν ξύλα πολλά, φόως ἔμεν ἠδὲ θέρεσθαι.
ἡ δ᾿ Ὀδυσῆ᾿ ἐνένιπε Μελανθὼ δεύτερον αὖτις·   65
'ξεῖν᾿, ἔτι καὶ νῦν ἐνθάδ᾿ ἀνιήσεις διὰ νύκτα
δινεύων κατὰ οἶκον, ὀπιπεύσεις δὲ γυναῖκας;
ἀλλ᾿ ἔξελθε θύραζε, τάλαν, καὶ δαιτὸς ὄνησο·
ἦ τάχα καὶ δαλῷ βεβλημένος εἶσθα θύραζε.'
τὴν δ᾿ ἄρ᾿ ὑπόδρα ἰδὼν προσέφη πολύμητις Ὀδυσσεύς·   70
'δαιμονίη, τί μοι ὧδ᾿ ἐπέχεις κεκοτηότι θυμῷ;
ἦ ὅτι δὴ ῥυπόω, κακὰ δὲ χροῒ εἵματα εἷμαι,
πτωχεύω δ᾿ ἀνὰ δῆμον; ἀναγκαίη γὰρ ἐπείγει.
τοιοῦτοι πτωχοὶ καὶ ἀλήμονες ἄνδρες ἔασι
καὶ γὰρ ἐγώ ποτε οἶκον ἐν ἀνθρώποισιν ἔναιον   75
ὄλβιος ἀφνειὸν καὶ πολλάκι δόσκον ἀλήτῃ,
τοίῳ ὁποῖος ἔοι καὶ ὅτευ κεχρημένος ἔλθοι·
ἦσαν δὲ δμῶες μάλα μυρίοι, ἄλλα τε πολλὰ
οἷσίν τ᾿ εὖ ζώουσι καὶ ἀφνειοὶ καλέονται.
ἀλλὰ Ζεὺς ἀλάπαξε Κρονίων· ἤθελε γάρ που·   80
τῷ νῦν μήποτε καὶ σύ, γύναι, ἀπὸ πᾶσαν ὀλέσσῃς
ἀγλαΐην, τῇ νῦν γε μετὰ δμῳῇσι κέκασσαι·
μή πώς τοι δέσποινα κοτεσσαμένη χαλεπήνῃ,
ἢ Ὀδυσεὺς ἔλθῃ· ἔτι γὰρ καὶ ἐλπίδος αἶσα.
εἰ δ᾿ ὁ μὲν ὣς ἀπόλωλε καὶ οὐκέτι νόστιμός ἐστιν,   85
ἀλλ᾿ ἤδη παῖς τοῖος Ἀπόλλωνός γε ἕκητι,
Τηλέμαχος· τὸν δ᾿ οὔ τις ἐνὶ μεγάροισι γυναικῶν
λήθει ἀτασθάλλουσ᾿, ἐπεὶ οὐκέτι τηλίκος ἐστίν.'

The throne where she was wont to sit, inlaid
With ivory and silver, which of yore
The artisan Icmalius wrought. They laid 70
Close to the throne a footstool, over which
Was spread an ample fleece. On this sat down
The sage Penelope. Her white-armed train
Of handmaids came with her; they cleared away
The abundant feast, and bore the tables off, 75
And cups from which those insolent men had drunk;
They laid upon the ground the lighted brands,
And heaped fresh fuel round them, both for light
And warmth. And now Melantho once again
Bespake Ulysses with unmannerly words:— 80
    "Stranger, wilt thou forever be a pest,
Ranging the house at night to play the spy
Upon the women? Leave the hall, thou wretch!
And gorge thyself without, else wilt thou go
Suddenly, driven by blows and flaming brands." 85
    The sage Ulysses frowned on her, and said:
"Pert creature! why so fiercely rail at me?
Is it that I am squalid and ill-clad,
And forced by want to beg from hand to hand?
Such is the fate of poor and wandering men. 90
I too was opulent once, inhabiting
A plenteous home among my fellow-men,
And often gave the wanderer alms, whoe'er
He might be and in whatsoever need;
And I had many servants, and large store 95
Of things by which men lead a life of ease
And are called rich. But Jupiter, the son
Of Saturn, put an end to this, for so
It pleased the god. Now, therefore, woman, think
That thou mayst lose the beauty which is now 100
Thy pride among the serving-women here;
Thy mistress may be wroth, and make thy life
A hard one; or Ulysses may come back,—
And there is hope of that. Or if it be
That he has perished, and returns no more, 105
There still remains his son Telemachus,
Who by Apollo's grace is now a man,
And no one of the women in these halls
May think to misbehave, and yet escape
His eye, for he no longer is a boy." 110

ὣς φάτο, τοῦ δ' ἤκουσε περίφρων Πηνελόπεια,
ἀμφίπολον δ' ἐνένιπεν ἔπος τ' ἔφατ' ἔκ τ' ὀνόμαζε: 90
'πάντως, θαρσαλέη, κύον ἀδεές, οὔ τί με λήθεις
ἔρδουσα μέγα ἔργον, ὃ σῇ κεφαλῇ ἀναμάξεις:
πάντα γὰρ εὖ ᾔδησθ', ἐπεὶ ἐξ ἐμεῦ ἔκλυες αὐτῆς
ὡς τὸν ξεῖνον ἔμελλον ἐνὶ μεγάροισιν ἐμοῖσιν
ἀμφὶ πόσει εἴρεσθαι, ἐπεὶ πυκινῶς ἀκάχημαι.' 95
ἦ ῥα καὶ Εὐρυνόμην ταμίην πρὸς μῦθον ἔειπεν:
'Εὐρυνόμη, φέρε δὴ δίφρον καὶ κῶας ἐπ' αὐτοῦ,
ὄφρα καθεζόμενος εἴπῃ ἔπος ἠδ' ἐπακούσῃ
ὁ ξεῖνος ἐμέθεν: ἐθέλω δέ μιν ἐξερέεσθαι.
' ὣς ἔφαθ', ἡ δὲ μάλ' ὀτραλέως κατέθηκε φέρουσα 100
δίφρον ἐΰξεστον καὶ ἐπ' αὐτῷ κῶας ἔβαλλεν:
ἔνθα καθέζετ' ἔπειτα πολύτλας δῖος Ὀδυσσεύς.
τοῖσι δὲ μύθων ἦρχε περίφρων Πηνελόπεια:
'ξεῖνε, τὸ μέν σε πρῶτον ἐγὼν εἰρήσομαι αὐτή:
τίς πόθεν εἶς ἀνδρῶν; πόθι τοι πόλις ἠδὲ τοκῆες;' 105
τὴν δ' ἀπαμειβόμενος προσέφη πολύμητις Ὀδυσσεύς:
'ὦ γύναι, οὐκ ἄν τίς σε βροτῶν ἐπ' ἀπείρονα γαῖαν
νεικέοι: ἦ γάρ σευ κλέος οὐρανὸν εὐρὺν ἱκάνει,
ὥς τέ τευ ἢ βασιλῆος ἀμύμονος, ὅς τε θεουδὴς
ἀνδράσιν ἐν πολλοῖσι καὶ ἰφθίμοισιν ἀνάσσων 110
εὐδικίας ἀνέχῃσι, φέρῃσι δὲ γαῖα μέλαινα
πυροὺς καὶ κριθάς, βρίθῃσι δὲ δένδρεα καρπῷ,
τίκτῃ δ' ἔμπεδα μῆλα, θάλασσα δὲ παρέχῃ ἰχθῦς
ἐξ εὐηγεσίης, ἀρετῶσι δὲ λαοὶ ὑπ' αὐτοῦ.
τῷ ἐμὲ νῦν τὰ μὲν ἄλλα μεταλλα σῷ ἐνὶ οἴκῳ, 115
μηδ' ἐμὸν ἐξερέεινε γένος καὶ πατρίδα γαῖαν,
μή μοι μᾶλλον θυμὸν ἐνιπλήσῃς ὀδυνάων
μνησαμένῳ μάλα δ' εἰμὶ πολύστονος: οὐδέ τί με χρὴ
οἴκῳ ἐν ἀλλοτρίῳ γοόωντά τε μυρόμενόν τε
ἧσθαι, ἐπεὶ κάκιον πενθήμεναι ἄκριτον αἰεί: 120
μή τίς μοι δμῳῶν νεμεσήσεται, ἠὲ σύ γ' αὐτή,
φῇ δὲ δακρυπλώειν βεβαρηότα με φρένας οἴνῳ.'
τὸν δ' ἠμείβετ' ἔπειτα περίφρων Πηνελόπεια:
'ξεῖν', ἦ τοι μὲν ἐμὴν ἀρετὴν εἶδός τε δέμας τε

He spake; Penelope, the prudent, heard,
And, calling to her maid, rebuked her thus:—
    "O bold and shameless! I have taken note
Of thy behavior; thou hast done a wrong
For which thy head should answer. Well thou know'st, 115
For thou hast heard me say, that I would ask
The stranger in these halls if aught he knows
Of my Ulysses, for whose sake I grieve."
    Then to the matron of the household turned
The queen, and thus bespake Eurynomè:— 120
    "Bring now a seat, Eurynomè, and spread
A fleece upon it, where the stranger guest
May sit at ease, and hear what I shall say,
And answer me, for I have much to ask."
    She spake; the ancient handmaid brought with speed 125
A polished seat, and o'er it spread a fleece.
Ulysses, much-enduring chief, sat down,
And thus the sage Penelope began:—
    "First will I ask thee who thou art, and whence,
Where is thy birthplace, and thy parents who?" 130
    Ulysses, the sagacious, answered thus:
"O lady, none in all the boundless earth
Can speak of thee with blame. Thy fame has reached
To the great heavens. It is like the renown
Of some most excellent king, of godlike sway 135
O'er many men and mighty, who upholds
Justice in all his realm. The dark-soiled earth
Brings wheat and barley forth; the trees are bowed
With fruit; the meadows swarm with noble herds,
The sea with fish, and under his wise reign 140
The people prosper. Therefore ask, I pray,
Of other things, while I am underneath
Thy palace-roof, but of my race and home
Inquire not, lest thou waken in my mind
Unhappy memories. I am a man 145
Of sorrow, and it would become me ill
To sit lamenting in another's house
And shedding tears. Besides, a grief indulged
Doth grow in violence. Thy maids would blame,
And thou perhaps, and ye would call my tears 150
The maudlin tears of one o'ercome with wine."
    Then spake the sage Penelope again:
"Stranger, such grace of feature and of form

ὤλεσαν ἀθάνατοι, ὅτε Ἴλιον εἰσανέβαινον 125
Ἀργεῖοι, μετὰ τοῖσι δ' ἐμὸς πόσις ἦεν Ὀδυσσεύς.
εἰ κεῖνός γ' ἐλθὼν τὸν ἐμὸν βίον ἀμφιπολεύοι,
μεῖζον κε κλέος εἴη ἐμὸν καὶ κάλλιον οὕτως.
νῦν δ' ἄχομαι· τόσα γάρ μοι ἐπέσσευεν κακὰ δαίμων.
ὅσσοι γὰρ νήσοισιν ἐπικρατέουσιν ἄριστοι, 130
Δουλιχίῳ τε Σάμῃ τε καὶ ὑλήεντι Ζακύνθῳ,
οἵ τ' αὐτὴν Ἰθάκην εὐδείελον ἀμφινέμονται,
οἵ μ' ἀεκαζομένην μνῶνται, τρύχουσι δὲ οἶκον.
τῷ οὔτε ξείνων ἐμπάζομαι οὔθ' ἱκετάων
οὔτε τι κηρύκων, οἳ δημιοεργοὶ ἔασιν· 135
ἀλλ' Ὀδυσῆ ποθέουσα φίλον κατατήκομαι ἦτορ.
οἱ δὲ γάμον σπεύδουσιν· ἐγὼ δὲ δόλους τολυπεύω.
φᾶρος μέν μοι πρῶτον ἐνέπνευσε φρεσὶ δαίμων,
στησαμένῃ μέγαν ἱστόν, ἐνὶ μεγάροισιν ὑφαίνειν,
λεπτὸν καὶ περίμετρον· ἄφαρ δ' αὐτοῖς μετέειπον· 140
'κοῦροι, ἐμοὶ μνηστῆρες, ἐπεὶ θάνε δῖος Ὀδυσσεύς,
μίμνετ' ἐπειγόμενοι τὸν ἐμὸν γάμον, εἰς ὅ κε φᾶρος
ἐκτελέσω—μή μοι μεταμώνια νήματ' ὄληται—
Λαέρτῃ ἥρωϊ ταφήϊον, εἰς ὅτε κέν μιν
μοῖρ' ὀλοὴ καθέλῃσι τανηλεγέος θανάτοιο· 145
μή τίς μοι κατὰ δῆμον Ἀχαιϊάδων νεμεσήσῃ,
αἴ κεν ἄτερ σπείρου κεῖται πολλὰ κτεατίσσας.'
ὣς ἐφάμην, τοῖσιν δ' ἐπεπείθετο θυμὸς ἀγήνωρ.
ἔνθα καὶ ἠματίη μὲν ὑφαίνεσκον μέγαν ἱστόν,
νύκτας δ' ἀλλύεσκον, ἐπεὶ δαΐδας παραθείμην. 150
ὣς τρίετες μὲν ἔληθον ἐγὼ καὶ ἔπειθον Ἀχαιούς·
ἀλλ' ὅτε τέτρατον ἦλθεν ἔτος καὶ ἐπήλυθον ὧραι,
μηνῶν φθινόντων, περὶ δ' ἤματα πόλλ' ἐτελέσθη,
καὶ τότε δή με διὰ δμῳάς, κύνας οὐκ ἀλεγούσας,
εἷλον ἐπελθόντες καὶ ὁμόκλησαν ἐπέεσσιν. 155
ὣς τὸ μὲν ἐξετέλεσσα, καὶ οὐκ ἐθέλουσ', ὑπ' ἀνάγκης·
νῦν δ' οὔτ' ἐκφυγέειν δύναμαι γάμον οὔτε τιν' ἄλλην
μῆτιν ἔθ' εὑρίσκω· μάλα δ' ὀτρύνουσι τοκῆες

As once I had the immortals took away,
What time the Argive warriors sailed for Troy, 155
And my Ulysses with them. Could he now
Return to rule my household as of yore,
The wider and the brighter were my fame.
But now I lead a wretched life, so great
And many are the evils which some god 160
Heaps on me. For the chieftains who bear sway
Over the isles—Dulichium, and the fields
Of Samos, and Zacynthus dark with woods,
And those who rule in sunny Ithaca—
Woo me against my will, and waste away 165
My substance. Therefore have I small regard
For strangers and for suppliants, and the tribe
Of heralds, servants of the public weal,
But, pining for Ulysses, wear away
My life. The suitors urge the marriage rite, 170
And I with art delay it. Once some god
Prompted me to begin an ample web,
Wide and of subtle texture, in my rooms.
And then I said: 'Youths, who are pressing me
To marriage, since Ulysses is no more, 175
Urge me no further till I shall complete—
That so the threads may not be spun in vain—
This shroud for old Laertes, when grim fate
And death's long sleep at last shall overtake
The hero; else among the multitude 180
Of Grecian women I shall bear the blame,
If one whose ample wealth so well was known
Should lie in death without a funeral robe.'
I spake, and easily their minds were swayed
By what I said, and I began to weave 185
The ample web, but ravelled it again
By torchlight every evening. For three years
I foiled them thus; but when the fourth year came,
And brought its train of hours and changing moons,
And many days had passed, they came on me, 190
And through my maidens' fault, a careless crew,
They caught me at my fraud, and chid me sore.
So, though unwilling, I was forced to end
My task, and cannot longer now escape
The marriage, nor is any refuge left. 195
My parents both exhort me earnestly

γήμασθ', ἀσχαλάᾳ δὲ πάϊς βίοτον κατεδόντων,
γιγνώσκων· ἤδη γὰρ ἀνὴρ οἷός τε μάλιστα 160
οἴκου κήδεσθαι, τῷ τε Ζεὺς κῦδος ὀπάζει.
ἀλλὰ καὶ ὥς μοι εἰπὲ τεὸν γένος, ὁππόθεν ἐσσί.
οὐ γὰρ ἀπὸ δρυός ἐσσι παλαιφάτου οὐδ' ἀπὸ πέτρης.'
  τὴν δ' ἀπαμειβόμενος προσέφη πολύμητις Ὀδυσσεύς·
'ὦ γύναι αἰδοίη Λαερτιάδεω Ὀδυσῆος, 165
οὐκέτ' ἀπολλήξεις τὸν ἐμὸν γόνον ἐξερέουσα;
ἀλλ' ἔκ τοι ἐρέω· ἦ μέν μ' ἀχέεσσί γε δώσεις
πλείοσιν ἢ ἔχομαι· ἡ γὰρ δίκη, ὁππότε πάτρης
ἧς ἀπέῃσιν ἀνὴρ τόσσον χρόνον ὅσσον ἐγὼ νῦν,
πολλὰ βροτῶν ἐπὶ ἄστε' ἀλώμενος, ἄλγεα πάσχων· 170
ἀλλὰ καὶ ὣς ἐρέω ὅ μ' ἀνείρεαι ἠδὲ μεταλλᾷς.
Κρήτη τις γαῖ' ἔστι, μέσῳ ἐνὶ οἴνοπι πόντῳ,
καλὴ καὶ πίειρα, περίρρυτος· ἐν δ' ἄνθρωποι
πολλοί, ἀπειρέσιοι, καὶ ἐννήκοντα πόληες.
ἄλλη δ' ἄλλων γλῶσσα μεμιγμένη· ἐν μὲν Ἀχαιοί, 175
ἐν δ' Ἐτεόκρητες μεγαλήτορες, ἐν δὲ Κύδωνες,
Δωριέες τε τριχάϊκες δῖοί τε Πελασγοί.
τῇσι δ' ἐνὶ Κνωσός, μεγάλη πόλις, ἔνθα τε Μίνως
ἐννέωρος βασίλευε Διὸς μεγάλου ὀαριστής,
πατρὸς ἐμοῖο πατήρ, μεγαθύμου Δευκαλίωνος 180
Δευκαλίων δ' ἐμὲ τίκτε καὶ Ἰδομενῆα ἄνακτα·
ἀλλ' ὁ μὲν ἐν νήεσσι κορωνίσιν Ἴλιον εἴσω
ᾤχεθ' ἅμ' Ἀτρεΐδῃσιν, ἐμοὶ δ' ὄνομα κλυτὸν Αἴθων,
ὁπλότερος γενεῇ· ὁ δ' ἄρα πρότερος καὶ ἀρείων.
ἔνθ' Ὀδυσῆα ἐγὼν ἰδόμην καὶ ξείνια δῶκα. 185
καὶ γὰρ τὸν Κρήτηνδε κατήγαγεν ἲς ἀνέμοιο,
ἱέμενον Τροίηνδε παραπλάγξασα Μαλειῶν·
στῆσε δ' ἐν Ἀμνισῷ, ὅθι τε σπέος Εἰλειθυίης,
ἐν λιμέσιν χαλεποῖσι, μόγις δ' ὑπάλυξεν ἀέλλας.
αὐτίκα δ' Ἰδομενῆα μετάλλα ἄστυδ' ἀνελθών· 190
ξεῖνον γάρ οἱ ἔφασκε φίλον τ' ἔμεν αἰδοῖόν τε.

To choose a husband, and my son with grief
Beholds the suitors wasting his estate,
And he already is a man and well
Can rule his household; Jupiter bestows   200
Such honor on him. Now, I pray, declare
Thy lineage, for thou surely art not sprung
From the old fabulous oak, nor from a rock."
    Ulysses, the sagacious, answered her:
"O royal consort of Laertes' son!   205
Wilt thou still ask my lineage? I will then
Disclose it, but thou wakest in my heart
New sorrows. So it ever is with one
Who long, like me, is far away from home,
Wandering in many realms, and suffering much;   210
But since thou dost require it, thou shalt hear.
    "Crete is a region lying in the midst
Of the black deep, a fair and fruitful land,
Girt by the waters. Many are the men,
Nay, numberless, who make it their abode,   215
And ninety are its cities. Different tongues
Are spoken by the dwellers of the isle.
In part they are Achaians, and in part
Are Cretans of the soil, a gallant stock;
There dwell Cydonians, Dorians of three tribes,   220
And proud Pelasgians. Their great capital
Is Cnossus, where the monarch Minos dwelt,
He who at every nine years' end conferred
With Jove almighty; and to him was born
Deucalion, my brave father, who begat   225
Me and Idomeneus, the King of Crete.
To Ilium in his beaked galleys sailed
Idomeneus with Atreus' sons. My name—
A name well known—is Æthon. 'Twas at Crete
I saw Ulysses, who received from me   230
The welcome due a guest. A violent wind
Had driven him from Maleia and the course
That led to Ilium, and had carried him
To Crete, and lodged him in the dangerous port
Amnisus, close to Ilithyia's cave,   235
Where scarce his fleet escaped the hurricane.
Thence came he to the city, and inquired
For King Idomeneus, who was, he said,
His dear and honored guest; but he had sailed

τῷ δ' ἤδη δεκάτη ἢ ἑνδεκάτη πέλεν ἠώς
οἰχομένῳ σὺν νηυσὶ κορωνίσιν Ἴλιον εἴσω.
τὸν μὲν ἐγὼ πρὸς δώματ' ἄγων ἐὺ ἐξείνισσα,
ἐνδυκέως φιλέων, πολλῶν κατὰ οἶκον ἐόντων: 195
καί οἱ τοῖς ἄλλοις ἑτάροις, οἳ ἅμ' αὐτῷ ἕποντο,
δημόθεν ἄλφιτα δῶκα καὶ αἴθοπα οἶνον ἀγείρας
καὶ βοῦς ἱρεύσασθαι, ἵνα πλησαίατο θυμόν.
ἔνθα δυώδεκα μὲν μένον ἤματα δῖοι Ἀχαιοί:
εἴλει γὰρ Βορέης ἄνεμος μέγας οὐδ' ἐπὶ γαίῃ 200
εἴα ἵστασθαι, χαλεπὸς δέ τις ὤρορε δαίμων.
τῇ τρισκαιδεκάτῃ δ' ἄνεμος πέσε, τοὶ δ' ἀνάγοντο.'
 ἴσκε ψεύδεα πολλὰ λέγων ἐτύμοισιν ὁμοῖα:
τῆς δ' ἄρ' ἀκουούσης ῥέε δάκρυα, τήκετο δὲ χρώς:
ὡς δὲ χιὼν κατατήκετ' ἐν ἀκροπόλοισιν ὄρεσσιν, 205
ἥν τ' Εὖρος κατέτηξεν, ἐπὴν Ζέφυρος καταχεύῃ:
τηκομένης δ' ἄρα τῆς ποταμοὶ πλήθουσι ῥέοντες:
ὣς τῆς τήκετο καλὰ παρήϊα δάκρυ χεούσης,
κλαιούσης ἑὸν ἄνδρα παρήμενον. αὐτὰρ Ὀδυσσεὺς
θυμῷ μὲν γοόωσαν ἑὴν ἐλέαιρε γυναῖκα, 210
ὀφθαλμοὶ δ' ὡς εἰ κέρα ἕστασαν ἠὲ σίδηρος
ἀτρέμας ἐν βλεφάροισι: δόλῳ δ' ὅ γε δάκρυα κεῦθεν.
ἡ δ' ἐπεὶ οὖν τάρφθη πολυδακρύτοιο γόοιο,
ἐξαῦτίς μιν ἔπεσσιν ἀμειβομένη προσέειπε:
 'νῦν μὲν δή σευ, ξεῖνέ γ', ὀΐω πειρήσεσθαι, 215
εἰ ἐτεὸν δὴ κεῖθι σὺν ἀντιθέοις ἑτάροισι
ξείνισας ἐν μεγάροισιν ἐμὸν πόσιν, ὡς ἀγορεύεις.
εἰπέ μοι ὁπποῖ' ἄσσα περὶ χροῒ εἵματα ἕστο,
αὐτός θ' οἷος ἔην, καὶ ἑταίρους, οἵ οἱ ἕποντο.'
 τὴν δ' ἀπαμειβόμενος προσέφη πολύμητις Ὀδυσσεύς: 220
'ὦ γύναι, ἀργαλέον τόσσον χρόνον ἀμφὶς ἐόντα
εἰπέμεν: ἤδη γάρ οἱ ἐεικοστὸν ἔτος ἐστὶν
ἐξ οὗ κεῖθεν ἔβη καὶ ἐμῆς ἀπελήλυθε πάτρης:
αὐτάρ τοι ἐρέω ὥς μοι ἰνδάλλεται ἦτορ.
χλαῖναν πορφυρέην οὔλην ἔχε δῖος Ὀδυσσεύς, 225
διπλῆν: αὐτάρ οἱ περόνη χρυσοῖο τέτυκτο
αὐλοῖσιν διδύμοισι: πάροιθε δὲ δαίδαλον ἦεν:
ἐν προτέροισι πόδεσσι κύων ἔχε ποικίλον ἐλλόν,

Ten days before, perhaps eleven, for Troy,   240
In his beaked galleys. To the palace there
I led Ulysses, and with liberal cheer
Welcomed the chief, for plentifully stored
The royal dwelling was. I also gave
Meal from the public magazines to him   245
And those who followed him, and dark red wine
Brought from the country round, and beeves to slay
In sacrifice, that so their hearts might feel
No lack of aught. Twelve days the noble Greeks
Remained with us. A violent north-wind,   250
Which scarcely suffered them to stand upright
On shore, withstood them. Some unfriendly power
Had bid it blow; but on the thirteenth day
Its fury ceased, and the fleet put to sea."

    Thus went he on, inventing tales that seemed   255
Like truth. She listened, melting into tears
That flowed as when on mountain height the snow,
Shed by the west-wind, feels the east-wind's breath,
And flows in water, and the hurrying streams
Are filled; so did Penelope's fair cheeks   260
Seem to dissolve in tears,—tears shed for him
Who sat beside her even then. He saw
His weeping wife, and pitied her at heart;
Yet were his eyes like iron or like horn,
And moved not in their lids; for artfully   265
He kept his tears from falling. When the queen
Had ceased to weep, she answered him and said:—

    "Now, stranger, let me prove thee, if in truth
Thou didst receive, as thou hast just declared,
In thine abode, my husband and his train   270
Of noble friends. Describe the garb he wore;
How looked he, and the friends he brought with him?"

    Ulysses, the sagacious, answered her:
"O lady, hard it is to answer thee,
So long have I been far away from home.   275
'Tis now the twentieth year since he was there
And left the isle, but, as my memory bids,
So will I speak. A fleecy purple cloak
Ulysses wore, a double web; the clasp
Was golden, with two fastenings, and in front   280
It showed a work of rare design,—a hound
That held in his fore-paws a spotted fawn,

ἀσπαίροντα λάων· τὸ δὲ θαυμάζεσκον ἅπαντες,
ὡς οἱ χρύσεοι ἐόντες ὁ μὲν λάε νεβρὸν ἀπάγχων, 230
αὐτὰρ ὁ ἐκφυγέειν μεμαὼς ἤσπαιρε πόδεσσι.
τὸν δὲ χιτῶν' ἐνόησα περὶ χροῒ σιγαλόεντα,
οἷόν τε κρομύοιο λοπὸν κάτα ἰσχαλέοιο·
τὼς μὲν ἔην μαλακός, λαμπρὸς δ' ἦν ἠέλιος ὥς·
ἦ μὲν πολλαί γ' αὐτὸν ἐθηήσαντο γυναῖκες. 235
ἄλλο δέ τοι ἐρέω, σὺ δ' ἐνὶ φρεσὶ βάλλεο σῇσιν·
οὐκ οἶδ' ἢ τάδε ἔστο περὶ χροῒ οἴκοθ' Ὀδυσσεύς,
ἦ τις ἑταίρων δῶκε θοῆς ἐπὶ νηὸς ἰόντι,
ἤ τίς που καὶ ξεῖνος, ἐπεὶ πολλοῖσιν Ὀδυσσεὺς
ἔσκε φίλος· παῦροι γὰρ Ἀχαιῶν ἦσαν ὁμοῖοι. 240
καί οἱ ἐγὼ χάλκειον ἄορ καὶ δίπλακα δῶκα
καλὴν πορφυρέην καὶ τερμιόεντα χιτῶνα,
αἰδοίως δ' ἀπέπεμπον ἐϋσσέλμου ἐπὶ νηός.
καὶ μέν οἱ κῆρυξ ὀλίγον προγενέστερος αὐτοῦ
εἵπετο· καὶ τόν τοι μυθήσομαι, οἷος ἔην περ. 245
γυρὸς ἐν ὤμοισιν, μελανόχροος, οὐλοκάρηνος,
Εὐρυβάτης δ' ὄνομ' ἔσκε· τίεν δέ μιν ἔξοχον ἄλλων
ὧν ἑτάρων Ὀδυσεύς, ὅτι οἱ φρεσὶν ἄρτια ᾔδη.'
 ὣς φάτο, τῇ δ' ἔτι μᾶλλον ὑφ' ἵμερον ὦρσε γόοιο,
σήματ' ἀναγνούσῃ τά οἱ ἔμπεδα πέφραδ' Ὀδυσσεύς. 250
ἡ δ' ἐπεὶ οὖν τάρφθη πολυδακρύτοιο γόοιο,
καὶ τότε μιν μύθοισιν ἀμειβομένη προσέειπε·
 'νῦν μὲν δή μοι, ξεῖνε, πάρος περ ἐὼν ἐλεεινός,
ἐν μεγάροισιν ἐμοῖσι φίλος τ' ἔσῃ αἰδοῖός τε·
αὐτὴ γὰρ τάδε εἵματ' ἐγὼ πόρον, οἷ' ἀγορεύεις, 255
πτύξασ' ἐκ θαλάμου, περόνην τ' ἐπέθηκα φαεινὴν
κείνῳ ἄγαλμ' ἔμεναι· τὸν δ' οὐχ ὑποδέξομαι αὖτις
οἴκαδε νοστήσαντα φίλην ἐς πατρίδα γαῖαν.
τῷ ῥα κακῇ αἴσῃ κοίλης ἐπὶ νηὸς Ὀδυσσεὺς
ᾤχετ' ἐποψόμενος Κακοΐλιον οὐκ ὀνομαστήν.' 260
 τὴν δ' ἀπαμειβόμενος προσέφη πολύμητις Ὀδυσσεύς·
'ὦ γύναι αἰδοίη Λαερτιάδεω Ὀδυσῆος,
μηκέτι νῦν χρόα καλὸν ἐναίρεο, μηδέ τι θυμὸν

Struggling before his open mouth. Although
The figures were of gold, we all admired
The hound intent to break his victim's neck,   285
The fawn that, writhing, plied her nimble feet
To free herself. Around the hero's chest
And waist I saw a lustrous tunic worn,
Soft, like the thin film of the onion dried,
And bright as sunshine; many ladies looked   290
With wonder on it. Yet consider this;
I know not whether thus attired he left
His home, or whether, in the voyage thence,
Some comrade gave the garments, or perhaps
Some friendly host, for he was very dear   295
To many; among the Greeks were few like him.
I gave him, from myself, a brazen sword,
And a fair purple cloak, a double web,
Besides a tunic reaching to his feet,
And with due honors sent him on his way   300
In his good ship. There came and went with him
A herald somewhat older than himself;
Let me portray him,—hunchbacked, swarthy skinned,
And curly haired, Eurybates his name.
Ulysses honored him above the rest   305
Of his companions, for they thought alike."
    He ceased; the queen was moved to deeper grief,
For she remembered all the tokens well
Of which he spake; and when that passionate gust
Of weeping ceased, she spake again and said:—   310
    "Stranger, till now thy presence in these halls
Has only moved my pity; thou henceforth
Art dear and honored. It was I who gave
The garments thou hast told me of; these hands
Folded them in my chamber. I put on   315
The glittering clasp to be his ornament,
And now I never shall behold him more
Returning to his own dear land and home;
So cruel was the fate that took him hence
To Ilium, in his roomy ship, a town   320
Of evil omen never to be named."
    Ulysses, the sagacious, answered thus:
"O gracious consort of Laertes' son!
Let not thy grief for him whom thou hast lost
Wither thy beauty longer, and consume   325

τῆκε, πόσιν γοόωσα. νεμεσσῶμαί γε μὲν οὐδέν·
καὶ γάρ τίς τ' ἀλλοῖον ὀδύρεται ἄνδρ' ὀλέσασα 265
κουρίδιον, τῷ τέκνα τέκῃ φιλότητι μιγεῖσα,
ἢ Ὀδυσῆ', ὅν φασι θεοῖς ἐναλίγκιον εἶναι.
ἀλλὰ γόου μὲν παῦσαι, ἐμεῖο δὲ σύνθεο μῦθον·
νημερτέως γάρ τοι μυθήσομαι οὐδ' ἐπικεύσω
ὡς ἤδη Ὀδυσῆος ἐγὼ περὶ νόστου ἄκουσα 270
ἀγχοῦ, Θεσπρωτῶν ἀνδρῶν ἐν πίονι δήμῳ,
ζωοῦ· αὐτὰρ ἄγει κειμήλια πολλὰ καὶ ἐσθλὰ
αἰτίζων ἀνὰ δῆμον. ἀτὰρ ἐρίηρας ἑταίρους
ὤλεσε καὶ νῆα γλαφυρὴν ἐνὶ οἴνοπι πόντῳ,
Θρινακίης ἄπο νήσου ἰών· ὀδύσαντο γὰρ αὐτῷ 275
Ζεύς τε καὶ Ἠέλιος· τοῦ γὰρ βόας ἔκταν ἑταῖροι.
οἱ μὲν πάντες ὄλοντο πολυκλύστῳ ἐνὶ πόντῳ·
τὸν δ' ἄρ' ἐπὶ τρόπιος νεὸς ἔκβαλε κῦμ' ἐπὶ χέρσου,
Φαιήκων ἐς γαῖαν, οἳ ἀγχίθεοι γεγάασιν,
οἵ δή μιν περὶ κῆρι θεὸν ὣς τιμήσαντο 280
καί οἱ πολλὰ δόσαν πέμπειν τέ μιν ἤθελον αὐτοὶ
οἴκαδ' ἀπήμαντον. καί κεν πάλαι ἐνθάδ' Ὀδυσσεὺς
ἤην· ἀλλ' ἄρα οἱ τό γε κέρδιον εἴσατο θυμῷ,
χρήματ' ἀγυρτάζειν πολλὴν ἐπὶ γαῖαν ἰόντι·
ὣς περὶ κέρδεα πολλὰ καταθνητῶν ἀνθρώπων 285
οἶδ' Ὀδυσεύς, οὐδ' ἄν τις ἐρίσσειε βροτὸς ἄλλος.
ὥς μοι Θεσπρωτῶν βασιλεὺς μυθήσατο Φείδων·
ὤμνυε δὲ πρὸς ἔμ' αὐτόν, ἀποσπένδων ἐνὶ οἴκῳ,
νῆα κατειρύσθαι καὶ ἐπαρτέας ἔμμεν ἑταίρους,
οἳ δή μιν πέμψουσι φίλην ἐς πατρίδα γαῖαν. 290
ἀλλ' ἐμὲ πρὶν ἀπέπεμψε· τύχησε γὰρ ἐρχομένη νηῦς
ἀνδρῶν Θεσπρωτῶν ἐς Δουλίχιον πολύπυρον.
καί μοι κτήματ' ἔδειξεν, ὅσα ξυναγείρατ' Ὀδυσσεύς·
καί νύ κεν ἐς δεκάτην γενεὴν ἕτερόν γ' ἔτι βόσκοι,
ὅσσα οἱ ἐν μεγάροις κειμήλια κεῖτο ἄνακτος. 295
τὸν δ' ἐς Δωδώνην φάτο βήμεναι, ὄφρα θεοῖο

Thy heart. And yet I blame thee not at all;
For any wife in losing him to whom
She gave herself while yet a maid, and bore
Children, will mourn him, though he be in worth
Below Ulysses, who, as fame declares,   330
Is like the gods. But cease to grieve, and hear
What I shall say, and I shall speak the truth,
Nor will I hide from thee that I have heard,
But lately from Ulysses, yet alive,
And journeying homeward, in the opulent realm   335
Of the Thesprotians, whence he brings with him
Much and rare treasure, gathered there among
The people. His beloved friends he lost,
And his good ship; the black deep swallowed them
In coming from Trinacria, for his crew   340
Had slaughtered there the oxen of the Sun.
The Sun and Jove were angry; therefore all
His comrades perished in the billowy sea;
But him upon his galley's keel the wind
Drove to the coast where the Phæacians dwell,   345
The kinsmen of the gods. They welcomed him,
And honored him as if he were a god,
And gave him many things, and would have sent
The hero safely to his native isle;
And here Ulysses would have been long since,   350
But that he deemed it wise to travel far,
And gather wealth,—for well Ulysses knew,
Beyond all other men, the arts of gain,
And none in these could think to rival him;
So Pheidon, king of the Thesprotians said,   355
Who also, in his palace, swore to me—
As to the gods of heaven he poured the wine—
That even then a galley was drawn down
Into the water, and already manned
With rowers, who should take Ulysses home.   360
But me he first dismissed, for at the time
A bark of the Thesprotians left the port,
Bound for Dulichium's cornfields. Ere I went
He showed the treasures of Ulysses stored
In the king's palace,—treasures that might serve   365
To feed the household of another chief
To the tenth generation. He who owned
That wealth was at Dodona, so the king

ἐκ δρυὸς ὑψικόμοιο Διὸς βουλὴν ἐπακοῦσαι,
ὅππως νοστήσειε φίλην ἐς πατρίδα γαῖαν
ἤδη δὴν ἀπεών, ἦ ἀμφαδὸν ἦε κρυφηδόν.
ὡς ὁ μὲν οὕτως ἐστὶ σόος καὶ ἐλεύσεται ἤδη 300
ἄγχι μάλ᾽, οὐδ᾽ ἔτι τῆλε φίλων καὶ πατρίδος αἴης
δηρὸν ἀπεσσεῖται· ἔμπης δέ τοι ὅρκια δώσω.
ἴστω νῦν Ζεὺς πρῶτα, θεῶν ὕπατος καὶ ἄριστος,
ἱστίη τ᾽ Ὀδυσῆος ἀμύμονος, ἣν ἀφικάνω·
ἦ μέν τοι τάδε πάντα τελείεται ὡς ἀγορεύω. 305
τοῦδ᾽ αὐτοῦ λυκάβαντος ἐλεύσεται ἐνθάδ᾽ Ὀδυσσεύς,
τοῦ μὲν φθίνοντος μηνός, τοῦ δ᾽ ἱσταμένοιο.'
  τὸν δ᾽ αὖτε προσέειπε περίφρων Πηνελόπεια·
'αἲ γὰρ τοῦτο, ξεῖνε, ἔπος τετελεσμένον εἴη·
τῷ κε τάχα γνοίης φιλότητά τε πολλά τε δῶρα 310
ἐξ ἐμεῦ, ὡς ἄν τίς σε συναντόμενος μακαρίζοι.
ἀλλά μοι ὧδ᾽ ἀνὰ θυμὸν ὀίεται, ὡς ἔσεταί περ·
οὔτ᾽ Ὀδυσεὺς ἔτι οἶκον ἐλεύσεται, οὔτε σὺ πομπῆς
τεύξῃ, ἐπεὶ οὐ τοῖοι σημάντορές εἰσ᾽ ἐνὶ οἴκῳ
οἷος Ὀδυσσεὺς ἔσκε μετ᾽ ἀνδράσιν, εἴ ποτ᾽ ἔην γε, 315
ξείνους αἰδοίους ἀποπεμπέμεν ἠδὲ δέχεσθαι.
ἀλλά μιν, ἀμφίπολοι, ἀπονίψατε, κάτθετε δ᾽ εὐνήν,
δέμνια καὶ χλαίνας καὶ ῥήγεα σιγαλόεντα,
ὥς κ᾽ εὖ θαλπιόων χρυσόθρονον Ἠῶ ἵκηται.
ἠῶθεν δὲ μάλ᾽ ἦρι λοέσσαι τε χρῖσαί τε, 320
ὥς κ᾽ ἔνδον παρὰ Τηλεμάχῳ δείπνοιο μέδηται
ἥμενος ἐν μεγάρῳ· τῷ δ᾽ ἄλγιον ὅς κεν ἐκείνων
τοῦτον ἀνιάζῃ θυμοφθόρος· οὐδέ τι ἔργον
ἐνθάδ᾽ ἔτι πρήξει, μάλα περ κεχολωμένος αἰνῶς.
πῶς γὰρ ἐμεῦ σύ, ξεῖνε, δαήσεαι εἴ τι γυναικῶν 325
ἀλλάων περίειμι νόον καὶ ἐπίφρονα μῆτιν,
εἴ κεν ἀυσταλέος, κακὰ εἱμένος ἐν μεγάροισιν
δαινύῃ; ἄνθρωποι δὲ μινυνθάδιοι τελέθουσιν.

Declared, inquiring, at the lofty oak
Of Jupiter, the counsel of the god 370
How to return to his dear native land,
So long a wanderer,—whether openly
Or else by stealth. So he is safe, and soon
Will he be nearer to us; for not long
Can he remain away from all his friends 375
And fatherland. To this I plight my oath;
Let Jove, the greatest and the best of gods,
Be witness, and this hearth of the good prince
Ulysses, where I sit, that every word
Which I have said to thee will be fulfilled. 380
Within the year Ulysses will return,
As this month passes and the next comes in."
   Then spake the sage Penelope again:
"Would that it might be thus, O stranger guest,
As thou hast said; then shouldst thou have such thanks 385
And bounty at my hands that every one
Who meets thee should rejoice with thee. And yet
The thought abides with me, and so indeed
It must be, that Ulysses will no more
Return, nor wilt thou find an escort hence; 390
For now no master like Ulysses rules—
And what a man was he!—within these walls,
To welcome or dismiss the honored guest.
But now, ye maidens, let the stranger bathe,
And spread his couch with blankets, fleecy cloaks, 395
And showy tapestries, that he may lie
Warm till the Morning, in her golden car,
Draw near; then with the early morn again
Bathe and anoint him, that he may sit down
Beside Telemachus prepared to take 400
His morning meal. Ill shall he fare who dares
Molest the stranger; he shall have no place
Or office here, however he may rage.
And how, O stranger, wouldst thou learn that I
In mind and thoughtful wisdom am above 405
All other women, if I let thee sit
Squalid and meanly clad at banquets here?
Short is the life of man, and whoso bears
A cruel heart, devising cruel things,
On him men call down evil from the gods 410
While living, and pursue him, when he dies

ὃς μὲν ἀπηνὴς αὐτὸς ἔῃ καὶ ἀπηνέα εἰδῇ,
τῷ δὲ καταρῶνται πάντες βροτοὶ ἄλγε' ὀπίσσω   330
ζωῷ, ἀτὰρ τεθνεῶτί γ' ἐφεψιόωνται ἅπαντες·
ὃς δ' ἂν ἀμύμων αὐτὸς ἔῃ καὶ ἀμύμονα εἰδῇ,
τοῦ μέν τε κλέος εὐρὺ διὰ ξεῖνοι φορέουσι
πάντας ἐπ' ἀνθρώπους, πολλοί τέ μιν ἐσθλὸν ἔειπον.
' τὴν δ' ἀπαμειβόμενος προσέφη πολύμητις Ὀδυσσεύς·   335
'ὦ γύναι αἰδοίη Λαερτιάδεω Ὀδυσῆος,
ἦ τοι ἐμοὶ χλαῖναι καὶ ῥήγεα σιγαλόεντα
ἤχθεθ', ὅτε πρῶτον Κρήτης ὄρεα νιφόεντα
νοσφισάμην ἐπὶ νηὸς ἰὼν δολιχηρέτμοιο,
κείω δ' ὡς τὸ πάρος περ ἀΰπνους νύκτας ἴαυον·   340
πολλὰς γὰρ δὴ νύκτας ἀεικελίῳ ἐνὶ κοίτῃ
ἄεσα καί τ' ἀνέμεινα ἐΰθρονον Ἠῶ δῖαν.
οὐδέ τί μοι ποδάνιπτρα ποδῶν ἐπιήρανα θυμῷ
γίγνεται· οὐδὲ γυνὴ ποδὸς ἅψεται ἡμετέροιο
τάων αἵ τοι δῶμα κάτα δρήστειραι ἔασιν,   345
εἰ μή τις γρηῦς ἔστι παλαιή, κεδνὰ ἰδυῖα,
ἥ τις δὴ τέτληκε τόσα φρεσὶν ὅσσα τ' ἐγώ περ·
τῇ δ' οὐκ ἂν φθονέοιμι ποδῶν ἅψασθαι ἐμεῖο.'
τὸν δ' αὖτε προσέειπε περίφρων Πηνελόπεια·
'ξεῖνε φίλ'· οὐ γάρ πώ τις ἀνὴρ πεπνυμένος ὧδε   350
ξείνων τηλεδαπῶν φιλίων ἐμὸν ἵκετο δῶμα,
ὡς σὺ μάλ' εὐφραδέως πεπνυμένα πάντ' ἀγορεύεις·
ἔστι δέ μοι γρηῦς πυκινὰ φρεσὶ μήδε' ἔχουσα
ἣ κεῖνον δύστηνον ἐῢ τρέφεν ἠδ' ἀτίταλλε,
δεξαμένη χείρεσσ', ὅτε μιν πρῶτον τέκε μήτηρ,   355
ἥ σε πόδας νίψει, ὀλιγηπελέουσά περ ἔμπης.
ἀλλ' ἄγε νῦν ἀνστᾶσα, περίφρων Εὐρύκλεια,
νίψον σοῖο ἄνακτος ὁμήλικα· καί που Ὀδυσσεὺς
ἤδη τοιόσδ' ἐστὶ πόδας τοιόσδε τε χεῖρας·
αἶψα γὰρ ἐν κακότητι βροτοὶ καταγηράσκουσιν.'   360
ὣς ἄρ' ἔφη, γρηῦς δὲ κατέσχετο χερσὶ πρόσωπα,
δάκρυα δ' ἔκβαλε θερμά, ἔπος δ' ὀλοφυδνὸν ἔειπεν·
'ὤ μοι ἐγὼ σέο, τέκνον, ἀμήχανος· ἦ σε περὶ Ζεὺς
ἀνθρώπων ἤχθηρε θεουδέα θυμὸν ἔχοντα.
οὐ γάρ πώ τις τόσσα βροτῶν Διὶ τερπικεραύνῳ   365
πίονα μηρί' ἔκη' οὐδ' ἐξαίτους ἑκατόμβας,
ὅσσα σὺ τῷ ἐδίδους, ἀρώμενος ᾗος ἵκοιο
γῆράς τε λιπαρὸν θρέψαιό τε φαίδιμον υἱόν·
νῦν δέ τοι οἴῳ πάμπαν ἀφείλετο νόστιμον ἦμαρ.

With scoffs. But whoso is of generous heart
And harbors generous aims, his guests proclaim
His praises far and wide to all mankind,
And numberless are they who call him good." 415
 Ulysses, the sagacious, answered thus:
"O gracious consort of Laertes' son!
Such cloaks and splendid coverings please me not,
Since in my long-oared bark I left behind
The snowy peaks of Crete. I still will lie, 420
As I am wont through many a sleepless night,
On a mean couch to wait the holy Morn
Upon her car of gold. I do not like
This washing of the feet. No maiden here
That ministers to thee may touch my foot; 425
But if among them be some aged dame
And faithful, who has suffered in her life
As I have suffered, she may touch my feet."
 And thus the sage Penelope rejoined:
"Dear guest,—for never to these halls has come 430
A stranger so discreet or better liked
By me, so wisely thou dost speak, and well,—
I have an aged prudent dame, whose care
Reared my unfortunate husband. She received
The nursling when his mother brought him forth, 435
And she, though small her strength, will wash thy feet.
Rise, prudent Eurycleia, thou shalt wash
The feet of one whose years must be the same
As thy own master's; such is doubtless now
Ulysses, with such wrinkled feet and hands. 440
For quickly doth misfortune make men old."
 She spake; the aged handmaid hid her face
With both her hands, and, shedding bitter tears,
Thus sorrowfully to the queen replied:—
 "My heart is sad for thee, my son; and yet 445
I can do nothing. Can it be that Jove
Hates thee beyond all other? though thyself
So reverent to the gods? No man on earth
Has burned so many thighs of fatling beasts
And chosen hecatombs as thou to Jove 450
The Thunderer, with prayer that thou mayst reach
A calm old age, and rear thy glorious son
To manhood; yet the god hath cut thee off
From thy return forever. Even now

οὕτω που καὶ κείνῳ ἐφεψιόωντο γυναῖκες 370
ξείνων τηλεδαπῶν, ὅτε τευ κλυτὰ δώμαθ' ἵκοιτο,
ὡς σέθεν αἱ κύνες αἵδε καθεψιόωνται ἅπασαι,
τάων νῦν λώβην τε καὶ αἴσχεα πόλλ' ἀλεείνων
οὐκ ἐάας νίζειν: ἐμὲ δ' οὐκ ἀέκουσαν ἄνωγε
κούρη Ἰκαρίοιο, περίφρων Πηνελόπεια. 375
τῷ σε πόδας νίψω ἅμα τ' αὐτῆς Πηνελοπείης
καὶ σέθεν εἵνεκ', ἐπεί μοι ὀρώρεται ἔνδοθι θυμὸς
κήδεσιν. ἀλλ' ἄγε νῦν ξυνίει ἔπος, ὅττι κεν εἴπω:
πολλοὶ δὴ ξεῖνοι ταλαπείριοι ἐνθάδ' ἵκοντο,
ἀλλ' οὔ πώ τινά φημι ἐοικότα ὧδε ἰδέσθαι 380
ὡς σὺ δέμας φωνήν τε πόδας τ' Ὀδυσῆϊ ἔοικας.'
  τὴν δ' ἀπαμειβόμενος προσέφη πολύμητις Ὀδυσσεύς:
'ὦ γρηῦ, οὕτω φασὶν ὅσοι ἴδον ὀφθαλμοῖσιν
ἡμέας ἀμφοτέρους, μάλα εἰκέλω ἀλλήλοιϊν
ἔμμεναι, ὡς σύ περ αὐτὴ ἐπιφρονέουσ' ἀγορεύεις.' 385
  ὣς ἄρ' ἔφη, γρηῢς δὲ λέβηθ' ἕλε παμφανόωντα
τοῦ πόδας ἐξαπένιζεν, ὕδωρ δ' ἐνεχεύατο πουλὺ
ψυχρόν, ἔπειτα δὲ θερμὸν ἐπήφυσεν. αὐτὰρ Ὀδυσσεὺς
ἷζεν ἐπ' ἐσχαρόφιν, ποτὶ δὲ σκότον ἐτράπετ' αἶψα:
αὐτίκα γὰρ κατὰ θυμὸν ὀΐσατο, μή ἑ λαβοῦσα 390
οὐλὴν ἀμφράσσαιτο καὶ ἀμφαδὰ ἔργα γένοιτο.
νίζε δ' ἄρ' ἆσσον ἰοῦσα ἄναχθ' ἑόν: αὐτίκα δ' ἔγνω
οὐλήν, τήν ποτέ μιν σῦς ἤλασε λευκῷ ὀδόντι
Παρνησόνδ' ἐλθόντα μετ' Αὐτόλυκόν τε καὶ υἷας,
μητρὸς ἑῆς πάτερ' ἐσθλόν, ὃς ἀνθρώπους ἐκέκαστο 395
κλεπτοσύνῃ θ' ὅρκῳ τε: θεὸς δέ οἱ αὐτὸς ἔδωκεν
Ἑρμείας: τῷ γὰρ κεχαρισμένα μηρία καῖεν
ἀρνῶν ἠδ' ἐρίφων: ὁ δέ οἱ πρόφρων ἅμ' ὀπήδει.
Αὐτόλυκος δ' ἐλθὼν Ἰθάκης ἐς πίονα δῆμον
παῖδα νέον γεγαῶτα κιχήσατο θυγατέρος ἧς: 400
τόν ῥά οἱ Εὐρύκλεια φίλοις ἐπὶ γούνασι θῆκε
παυομένῳ δόρποιο, ἔπος τ' ἔφατ' ἔκ τ' ὀνόμαζεν:
  'Αὐτόλυκ', αὐτὸς νῦν ὄνομ' εὕρεο ὅττι κε θῆαι
παιδὸς παιδὶ φίλῳ: πολυάρητος δέ τοί ἐστιν.
' τὴν δ' αὖτ' Αὐτόλυκος ἀπαμείβετο φώνησέν τε: 405

Perchance the women of some princely house 455
Which he has entered in some distant land
Scoff at him as these wretched creatures scoff
At thee, O stranger, who, to shun their taunts
And insults, wilt not suffer them to wash
Thy feet. The sage Penelope commands, 460
And I am not unwilling. I will wash
Thy feet, both for her sake and for thy own;
For deeply am I moved at sight of thee.
Hear what I say: of strangers in distress
Come many hither, yet have I beheld 465
No one who bears, in shape and voice and feet,
Such likeness to our absent lord as thou."
   Ulysses, the sagacious, thus replied:
"O aged woman, so has it been said
By all who have beheld both him and me. 470
They all declare that we are very like
Each other; thou in this hast spoken well."
   He spake; she took a shining vase designed
For washing feet, and poured cold water in
In large abundance, and warm water next. 475
Ulysses, who had sat before the hearth,
Moved to a darker spot, for in his mind
The thought arose that she might find a scar
Upon his limbs in handling them, and thus
His secret would be known. She came and bathed 480
His feet, and found the scar. 'Twas where a boar
With his white tooth had gashed the limb, as once
He journeyed to Parnassus, where he paid
A visit to Autolycus and his sons,
His mother's noble father, who excelled 485
All men in craft and oaths, such was the gift
Conferred on him by Hermes; for to him
Autolycus made grateful offerings,
The thighs of lambs and kids, and evermore
The god was with him. Once Autolycus 490
Came to the opulent realm of Ithaca,
And found his daughter with a son new born;
There Eurycleia placed upon his knees
The infant, just as he had supped, and said:—
   "Give this dear babe, Autolycus, a name,— 495
Thy daughter's son, vouchsafed to many prayers."
   And thus Autolycus in answer spake:

'γαμβρὸς ἐμὸς θυγάτηρ τε, τίθεσθ' ὄνομ' ὅττι κεν εἴπω:
πολλοῖσιν γὰρ ἐγώ γε ὀδυσσάμενος τόδ' ἱκάνω,
ἀνδράσιν ἠδὲ γυναιξὶν ἀνὰ χθόνα πουλυβότειραν:
τῷ δ' Ὀδυσεὺς ὄνομ' ἔστω ἐπώνυμον: αὐτὰρ ἐγώ γε,
ὁππότ' ἂν ἡβήσας μητρώϊον ἐς μέγα δῶμα   410
ἔλθῃ Παρνησόνδ', ὅθι πού μοι κτήματ' ἔασι,
τῶν οἱ ἐγὼ δώσω καί μιν χαίροντ' ἀποπέμψω.'
   τῶν ἕνεκ' ἦλθ' Ὀδυσεύς, ἵνα οἱ πόροι ἀγλαὰ δῶρα.
τὸν μὲν ἄρ' Αὐτόλυκός τε καὶ υἱέες Αὐτολύκοιο
χερσίν τ' ἠσπάζοντο ἔπεσσί τε μειλιχίοισι: 415
μήτηρ δ' Ἀμφιθέη μητρὸς περιφῦσ' Ὀδυσῆϊ
κύσσ' ἄρα μιν κεφαλήν τε καὶ ἄμφω φάεα καλά.
Αὐτόλυκος δ' υἱοῖσιν ἐκέκλετο κυδαλίμοισι
δεῖπνον ἐφοπλίσσαι: τοὶ δ' ὀτρύνοντος ἄκουσαν,
αὐτίκα δ' εἰσάγαγον βοῦν ἄρσενα πενταέτηρον: 420
τὸν δέρον ἀμφί θ' ἕπον, καί μιν διέχευαν ἅπαντα,
μίστυλλόν τ' ἄρ' ἐπισταμένως πεῖράν τ' ὀβελοῖσιν,
ὤπτησάν τε περιφραδέως, δάσσαντό τε μοίρας.
ὣς τότε μὲν πρόπαν ἦμαρ ἐς ἠέλιον καταδύντα
δαίνυντ', οὐδέ τι θυμὸς ἐδεύετο δαιτὸς ἐΐσης: 425
ἦμος δ' ἠέλιος κατέδυ καὶ ἐπὶ κνέφας ἦλθεν,
δὴ τότε κοιμήσαντο καὶ ὕπνου δῶρον ἕλοντο.
ἦμος δ' ἠριγένεια φάνη ῥοδοδάκτυλος Ἠώς,
βάν ῥ' ἴμεν ἐς θήρην, ἠμὲν κύνες ἠδὲ καὶ αὐτοὶ
υἱέες Αὐτολύκου: μετὰ τοῖσι δὲ δῖος Ὀδυσσεὺς   430
ἤϊεν: αἰπὺ δ' ὄρος προσέβαν καταειμένον ὕλῃ
Παρνησοῦ, τάχα δ' ἵκανον πτύχας ἠνεμοέσσας.
Ἠέλιος μὲν ἔπειτα νέον προσέβαλλεν ἀρούρας
ἐξ ἀκαλαρρείταο βαθυρρόου Ὠκεανοῖο,
οἱ δ' ἐς βῆσσαν ἵκανον ἐπακτῆρες: πρὸ δ' ἄρ' αὐτῶν   435
ἴχνι' ἐρευνῶντες κύνες ἤϊσαν, αὐτὰρ ὄπισθεν
υἱέες Αὐτολύκου: μετὰ τοῖσι δὲ δῖος Ὀδυσσεὺς
ἤϊεν ἄγχι κυνῶν, κραδάων δολιχόσκιον ἔγχος.
ἔνθα δ' ἄρ' ἐν λόχμῃ πυκινῇ κατέκειτο μέγας σῦς:
τὴν μὲν ἄρ' οὔτ' ἀνέμων διάει μένος ὑγρὸν ἀέντων,   440
οὔτε μιν Ἠέλιος φαέθων ἀκτῖσιν ἔβαλλεν,
οὔτ' ὄμβρος περάασκε διαμπερές: ὣς ἄρα πυκνὴ

"Daughter and son-in-law, be his the name
That I shall give. In coming to his isle
I bear the hate of many—both of men   500
And women—scattered o'er the nourishing earth;
Name him Ulysses therefore, and when, grown
To man's estate, he visits the proud halls
Reared at Parnassus, where his mother dwelt
And my possessions lie, I will bestow   505
A share on him, and send him home rejoiced."
    And therefore went Ulysses to receive
The promised princely gifts. Autolycus
And all his sons received him with kind words,
And friendly grasp of hands. Amphithea there—   510
His mother's mother—took him in her arms,
And kissed his brow and both his beautiful eyes.
Then to his noble sons Autolycus
Called to prepare a feast, and they obeyed.
They brought and slew a steer of five years old,   515
And flayed and dressed it, hewed the joints apart,
And sliced the flesh, and fixed it upon spits,
Roasted it carefully, and gave to each
His part. So all the day till set of sun
They feasted, to the full content of all.   520
And when the sun had set, and earth grew dark,
They laid them down, and took the gift of sleep.
But when the rosy-fingered Morn appeared,
Born of the Dawn, forth issued the young men,
The children of Autolycus, with hounds,   525
To hunt, attended by their noble guest,
Ulysses. Up the steeps of that high mount
Parnassus, clothed with woods, they climbed, and soon
Were on its airy heights. The sun, new risen
From the deep ocean's gently flowing stream,   530
Now smote the fields. The hunters reached a dell;
The hounds before them tracked the game; behind
Followed the children of Autolycus.
The generous youth Ulysses, brandishing
A spear of mighty length, came pressing on   535
Close to the hounds. There lay a huge wild boar
Within a thicket, where moist-blowing winds
Came not, nor in his brightness could the sun
Pierce with his beams the covert, nor the rain
Pelt through, so closely grew the shrubs. The ground   540

ἦεν, ἀτὰρ φύλλων ἐνέην χύσις ἤλιθα πολλή.
τὸν δ' ἀνδρῶν τε κυνῶν τε περὶ κτύπος ἦλθε ποδοῖϊν,
ὡς ἐπάγοντες ἐπῆσαν· ὁ δ' ἀντίος ἐκ ξυλόχοιο   445
φρίξας εὖ λοφιήν, πῦρ δ' ὀφθαλμοῖσι δεδορκώς,
στῆ ῥ' αὐτῶν σχεδόθεν· ὁ δ' ἄρα πρώτιστος Ὀδυσσεὺς
ἔσσυτ' ἀνασχόμενος δολιχὸν δόρυ χειρὶ παχείῃ,
οὐτάμεναι μεμαώς· ὁ δέ μιν φθάμενος ἔλασεν σῦς
γουνὸς ὕπερ, πολλὸν δὲ διήφυσε σαρκὸς ὀδόντι   450
λικριφὶς ἀΐξας, οὐδ' ὀστέον ἵκετο φωτός.
τὸν δ' Ὀδυσεὺς οὔτησε τυχὼν κατὰ δεξιὸν ὦμον,
ἀντικρὺ δὲ διῆλθε φαεινοῦ δουρὸς ἀκωκή·
κὰδ δ' ἔπεσ' ἐν κονίῃσι μακών, ἀπὸ δ' ἔπτατο θυμός.
τὸν μὲν ἄρ' Αὐτολύκου παῖδες φίλοι ἀμφεπένοντο,   455
ὠτειλὴν δ' Ὀδυσῆος ἀμύμονος ἀντιθέοιο
δῆσαν ἐπισταμένως, ἐπαοιδῇ δ' αἷμα κελαινὸν
ἔσχεθον, αἶψα δ' ἵκοντο φίλου πρὸς δώματα πατρός.
τὸν μὲν ἄρ' Αὐτόλυκός τε καὶ υἱέες Αὐτολύκοιο
εὖ ἰησάμενοι ἠδ' ἀγλαὰ δῶρα πορόντες   460
καρπαλίμως χαίροντα φίλην ἐς πατρίδ' ἔπεμπον
εἰς Ἰθάκην. τῷ μέν ῥα πατὴρ καὶ πότνια μήτηρ
χαῖρον νοστήσαντι καὶ ἐξερέεινον ἕκαστα,
οὐλὴν ὅττι πάθοι· ὁ δ' ἄρα σφίσιν εὖ κατέλεξεν
ὥς μιν θηρεύοντ' ἔλασεν σῦς λευκῷ ὀδόντι,   465
Παρνησόνδ' ἐλθόντα σὺν υἱάσιν Αὐτολύκοιο.
τὴν γρηῢς χείρεσσι καταπρηνέσσι λαβοῦσα
γνῶ ῥ' ἐπιμασσαμένη, πόδα δὲ προέηκε φέρεσθαι·
ἐν δὲ λέβητι πέσε κνήμη, κανάχησε δὲ χαλκός,
ἂψ δ' ἑτέρωσ' ἐκλίθη· τὸ δ' ἐπὶ χθονὸς ἐξέχυθ' ὕδωρ.   470
τὴν δ' ἅμα χάρμα καὶ ἄλγος ἕλε φρένα, τὼ δέ οἱ ὄσσε
δακρυόφι πλῆσθεν, θαλερὴ δέ οἱ ἔσχετο φωνή.
ἁψαμένη δὲ γενείου Ὀδυσσῆα προσέειπεν·
   'ἦ μάλ' Ὀδυσσεύς ἐσσι, φίλον τέκος· οὐδέ σ' ἐγώ γε
πρὶν ἔγνων, πρὶν πάντα ἄνακτ' ἐμὸν ἀμφαφάασθαι.'   475
   ἦ καὶ Πηνελόπειαν ἐσέδρακεν ὀφθαλμοῖσι,
πεφραδέειν ἐθέλουσα φίλον πόσιν ἔνδον ἐόντα.
ἡ δ' οὔτ' ἀθρῆσαι δύνατ' ἀντίη οὔτε νοῆσαι·
τῇ γὰρ Ἀθηναίη νόον ἔτραπεν· αὐτὰρ Ὀδυσσεὺς

Was heaped with sheddings of the withered leaves.
Around him came the noise of dogs and men
Approaching swiftly. From his lair he sprang
And faced them, with the bristles on his neck
Upright, and flashing eyes. Ulysses rushed 545
Before the others, with the ponderous spear
Raised high in his strong hand intent to smite.
The boar was first to strike; he dealt a blow
Sidelong, and gashed his foe above the knee,
And tore the flesh, but left untouched the bone. 550
Ulysses, striking with his burnished spear
The boar's right shoulder, drove the weapon through.
He fell with piercing cries amid the dust,
And the life left him. Then, around their guest
The kindly children of Autolycus 555
Came and bound up with care the wound, and stanched
With spells the dark blood of the blameless youth,
And hastened with him to their father's home.
And when Autolycus and they his sons
Had seen him wholly healed, they loaded him 560
With presents, and, rejoicing for his sake,
Sent him rejoicing back to Ithaca.
His father and his gracious mother there
Rejoiced in turn, and asked him of the scar,
And how it came, and he related all,— 565
How by the white tusk of a savage boar
The wound was given on the Parnassian heights,
As he was hunting with her father's sons.
    The aged woman, as she took the foot
Into her hands, perceived by touch the scar, 570
And, letting fall the limb, it struck the vase.
Loud rang the brass, the vase was overturned,
And poured the water forth. At once a rush
Of gladness and of grief came o'er her heart.
Tears filled her eyes, and her clear voice was choked. 575
She touched Ulysses on the chin, and said:—
    "Dear child! thou art Ulysses, of a truth.
I knew thee not till I had touched the scar."
    So speaking, toward Penelope she turned
Her eyes, about to tell her that her lord 580
Was in the palace; but the queen saw not,
And all that passed was unperceived by her,
For Pallas turned her thoughts another way.

χεῖρ' ἐπιμασσάμενος φάρυγος λάβε δεξιτερῆφι, 480
τῇ δ' ἑτέρῃ ἕθεν ἆσσον ἐρύσσατο φώνησέν τε.
'μαῖα, τίη μ' ἐθέλεις ὀλέσαι; σὺ δέ μ' ἔτρεφες αὐτὴ
τῷ σῷ ἐπὶ μαζῷ· νῦν δ' ἄλγεα πολλὰ μογήσας
ἤλυθον εἰκοστῷ ἔτεϊ ἐς πατρίδα γαῖαν.
ἀλλ' ἐπεὶ ἐφράσθης καί τοι θεὸς ἔμβαλε θυμῷ, 485
σίγα, μή τίς τ' ἄλλος ἐνὶ μεγάροισι πύθηται.
ὧδε γὰρ ἐξερέω, καὶ μὴν τετελεσμένον ἔσται·
εἴ χ' ὑπ' ἐμοί γε θεὸς δαμάσῃ μνηστῆρας ἀγαυούς,
οὐδὲ τροφοῦ οὔσης σεῦ ἀφέξομαι, ὁππότ' ἂν ἄλλας
δμῳὰς ἐν μεγάροισιν ἐμοῖς κτείνωμι γυναῖκας.' 490
    τὸν δ' αὖτε προσέειπε περίφρων Εὐρύκλεια·
'τέκνον ἐμόν, ποῖόν σε ἔπος φύγεν ἕρκος ὀδόντων.
οἶσθα μὲν οἷον ἐμὸν μένος ἔμπεδον οὐδ' ἐπιεικτόν,
ἕξω δ' ὡς ὅτε τις στερεὴ λίθος ἠὲ σίδηρος.
ἄλλο δέ τοι ἐρέω, σὺ δ' ἐνὶ φρεσὶ βάλλεο σῇσιν· 495
εἴ χ' ὑπό σοι γε θεὸς δαμάσῃ μνηστῆρας ἀγαυούς,
δὴ τότε τοι καταλέξω ἐνὶ μεγάροισι γυναῖκας,
αἵ τέ σ' ἀτιμάζουσι καὶ αἳ νηλείτιδές εἰσι.'
    τὴν δ' ἀπαμειβόμενος προσέφη πολύμητις Ὀδυσσεύς·
'μαῖα, τίη δὲ σὺ τὰς μυθήσεαι; οὐδέ τί σε χρή. 500
εὖ νυ καὶ αὐτὸς ἐγὼ φράσομαι καὶ εἴσομ' ἑκάστην·
ἀλλ' ἔχε σιγῇ μῦθον, ἐπίτρεψον δὲ θεοῖσιν.'
    ὣς ἄρ' ἔφη, γρηῢς δὲ διὲκ μεγάροιο βεβήκει
οἰσομένη ποδάνιπτρα· τὰ γὰρ πρότερ' ἔκχυτο πάντα.
αὐτὰρ ἐπεὶ νίψεν τε καὶ ἤλειψεν λίπ' ἐλαίῳ, 505
αὖτις ἄρ' ἀσσοτέρω πυρὸς ἕλκετο δίφρον Ὀδυσσεὺς
θερσόμενος, οὐλὴν δὲ κατὰ ῥακέεσσι κάλυψε.
τοῖσι δὲ μύθων ἦρχε περίφρων Πηνελόπεια·
'ξεῖνε, τὸ μέν σ' ἔτι τυτθὸν ἐγὼν εἰρήσομαι αὐτή·
καὶ γὰρ δὴ κοίτοιο τάχ' ἔσσεται ἡδέος ὥρη, 510
ὅν τινά γ' ὕπνος ἕλοι γλυκερός, καὶ κηδόμενόν περ.
αὐτὰρ ἐμοὶ καὶ πένθος ἀμέτρητον πόρε δαίμων·
ἤματα μὲν γὰρ τέρπομ' ὀδυρομένη, γοόωσα,
ἔς τ' ἐμὰ ἔργ' ὁρόωσα καὶ ἀμφιπόλων ἐνὶ οἴκῳ·
αὐτὰρ ἐπὴν νὺξ ἔλθῃ, ἕλῃσί τε κοῖτος ἅπαντας, 515

Meantime, Ulysses on the nurse's throat
Laid his right hand, and with the other drew 585
The aged woman nearer him, and said:—
   "Nurse, wouldst thou ruin me, who drew long since
Milk from thy bosom, and who now return,
After much suffering borne for twenty years,
To mine own land? Now then, since thou hast learned 590
The truth,—by prompting of some god, no doubt,—
Keep silence, lest some others in the house
Should learn it also. Else,—I tell thee this,
And will perform my word,—if God permit
That I o'ercome the arrogant suitor-crew, 595
Nurse as thou art, I spare not even thee,
When in these halls the other maidens die."
   Then thus the prudent Eurycleia said:
"What words, my son, have passed thy lips? for well
Thou knowest my firm mind; it never yields. 600
Like solid rock or steel I keep my trust.
This let me tell thee, and, I pray thee, keep
My words in mind. If, by the aid of God,
Thou overcome the arrogant suitor-crew,
Then will I name the handmaids that disgrace 605
Thy household, and point out the innocent."
   Ulysses, the sagacious, thus rejoined:
"Why name them, nurse? It needs not. I myself
Shall watch them, and shall know them all. Hold thou
Thy peace, and leave the issue with the gods." 610
   He spake; the aged woman left the place
To bring a second bath, for on the floor
The first was spilled. When she had bathed his feet
And made them smooth with oil, Ulysses drew
Close to the hearth his seat again, to take 615
The warmth, and with his tatters hid the scar.
And thus the sage Penelope began:—
   "Stranger, but little longer will I yet
Inquire; the hour of grateful rest is near
For those who, though unhappy, can receive 620
The balm of slumber. Yet for me some god
Appoints immeasurable grief. All day
In sorrows and in sighs, my solace is
To oversee my maidens at their tasks
Here in the palace; but when evening comes, 625
And all betake themselves to rest, I lie

κεῖμαι ἐνὶ λέκτρῳ, πυκιναὶ δέ μοι ἀμφ' ἀδινὸν κῆρ
ὀξεῖαι μελεδῶνες ὀδυρομένην ἐρέθουσιν.
ὡς δ' ὅτε Πανδαρέου κούρη, χλωρηῒς ἀηδών,
καλὸν ἀείδησιν ἔαρος νέον ἱσταμένοιο,
δενδρέων ἐν πετάλοισι καθεζομένη πυκινοῖσιν, 520
ἥ τε θαμὰ τρωπῶσα χέει πολυηχέα φωνήν,
παῖδ' ὀλοφυρομένη Ἴτυλον φίλον, ὅν ποτε χαλκῷ
κτεῖνε δι' ἀφραδίας, κοῦρον Ζήθοιο ἄνακτος,
ὣς καὶ ἐμοὶ δίχα θυμὸς ὀρώρεται ἔνθα καὶ ἔνθα,
ἠὲ μένω παρὰ παιδὶ καὶ ἔμπεδα πάντα φυλάσσω, 525
κτῆσιν ἐμήν, δμῶάς τε καὶ ὑψερεφὲς μέγα δῶμα,
εὐνήν τ' αἰδομένη πόσιος δήμοιό τε φῆμιν,
ἦ ἤδη ἅμ' ἕπωμαι Ἀχαιῶν ὅς τις ἄριστος
μνᾶται ἐνὶ μεγάροισι, πορὼν ἀπερείσια ἕδνα.
παῖς δ' ἐμὸς ἧος ἔην ἔτι νήπιος ἠδὲ χαλίφρων, 530
γήμασθ' οὔ μ' εἴα πόσιος κατὰ δῶμα λιποῦσαν·
νῦν δ' ὅτε δὴ μέγας ἐστὶ καὶ ἥβης μέτρον ἱκάνει,
καὶ δή μ' ἀρᾶται πάλιν ἐλθέμεν ἐκ μεγάροιο,
κτήσιος ἀσχαλόων, τήν οἱ κατέδουσιν Ἀχαιοί.
ἀλλ' ἄγε μοι τὸν ὄνειρον ὑπόκριναι καὶ ἄκουσον. 535
χῆνές μοι κατὰ οἶκον ἐείκοσι πυρὸν ἔδουσιν
ἐξ ὕδατος, καί τέ σφιν ἰαίνομαι εἰσορόωσα·
ἐλθὼν δ' ἐξ ὄρεος μέγας αἰετὸς ἀγκυλοχείλης
πᾶσι κατ' αὐχένας ἧξε καὶ ἔκτανεν· οἱ δ' ἐκέχυντο
ἀθρόοι ἐν μεγάροις, ὁ δ' ἐς αἰθέρα δῖαν ἀέρθη. 540
αὐτὰρ ἐγὼ κλαῖον καὶ ἐκώκυον ἔν περ ὀνείρῳ,
ἀμφὶ δ' ἔμ' ἠγερέθοντο ἐϋπλοκαμῖδες Ἀχαιαί,
οἴκτρ' ὀλοφυρομένην ὅ μοι αἰετὸς ἔκτανε χῆνας.
ἂψ δ' ἐλθὼν κατ' ἄρ' ἕζετ' ἐπὶ προὔχοντι μελάθρῳ,
φωνῇ δὲ βροτέῃ κατερήτυε φώνησέν τε· 545
'θάρσει, Ἰκαρίου κούρη τηλεκλειτοῖο·
οὐκ ὄναρ, ἀλλ' ὕπαρ ἐσθλόν, ὅ τοι τετελεσμένον ἔσται.
χῆνες μὲν μνηστῆρες, ἐγὼ δέ τοι αἰετὸς ὄρνις
ἦα πάρος, νῦν αὖτε τεὸς πόσις εἰλήλουθα,
ὃς πᾶσι μνηστῆρσιν ἀεικέα πότμον ἐφήσω.' 550
ὣς ἔφατ', αὐτὰρ ἐμὲ μελιηδὴς ὕπνος ἀνῆκε·

Upon my couch, and sorrows thick and sharp
Awake new misery in my heart. As when,
In the fresh spring, the swarthy Nightingale,
Daughter of Pandarus, among thick leaves   630
Sings sweetly to the woods, and, changing oft
The strain, pours forth her voice of many notes,
Lamenting the beloved Itylus,
Her son by royal Zethos, whom she smote
Unwittingly, and slew; with such quick change   635
My mind is tossed from thought to thought. I muse
Whether to keep my place beside my son,
And hold what here is mine, my dower, my maids
And high-roofed halls, as one who still reveres
Her husband's bed, and heeds the public voice,   640
Or follow one of the Achaian chiefs,
The noblest of the wooers, and the one
Who offers marriage presents without stint.
My son's green years, while he was yet a boy,
Unripe in mind, allowed me not to wed,   645
And leave his father's home; but he is grown,
And on the verge of manhood. He desires
That I should leave the palace, for his wrath
Is great against the men who waste his wealth.
Hear, and interpret now a dream of mine: 650
Within these courts are twenty geese that eat
Corn from the water, and I look on them
Pleased and amused. From off a mountain came
A hook-beaked eagle, broke their necks, and left
Their bodies strewn about the palace dead,   655
And soared again into the air of heaven.
I wept and moaned, although it was a dream;
And round me came the fair-haired Grecian maids,
Lamenting wildly that the bird of prey
Had slain my geese. Then came the eagle back,   660
And took his perch upon the jutting roof,
And thus bespake me in a human voice:—
    "'O daughter of Icarius, the renowned!
Let not thy heart be troubled; this is not
A dream, but a true vision, and will be   665
Fulfilled. The geese denote the suitor-train,
And I, who was an eagle once, am come,
Thy husband, now to end them utterly.'
    "He spake; my slumbers left me, and I looked,

παπτήνασα δὲ χῆνας ἐνὶ μεγάροισι νόησα
πυρὸν ἐρεπτομένους παρὰ πύελον, ἦχι πάρος περ.'
   τὴν δ' ἀπαμειβόμενος προσέφη πολύμητις Ὀδυσσεύς:
'ὦ γύναι, οὔ πως ἔστιν ὑποκρίνασθαι ὄνειρον 555
ἄλλῃ ἀποκλίναντ', ἐπεὶ ἦ ῥά τοι αὐτὸς Ὀδυσσεὺς
πέφραδ' ὅπως τελέει: μνηστῆρσι δὲ φαίνετ' ὄλεθρος
πᾶσι μάλ', οὐδέ κέ τις θάνατον καὶ κῆρας ἀλύξει.'
   τὸν δ' αὖτε προσέειπε περίφρων Πηνελόπεια:
'ξεῖν', ἦ τοι μὲν ὄνειροι ἀμήχανοι ἀκριτόμυθοι 560
γίγνοντ', οὐδέ τι πάντα τελείεται ἀνθρώποισι.
δοιαὶ γάρ τε πύλαι ἀμενηνῶν εἰσὶν ὀνείρων:
αἱ μὲν γὰρ κεράεσσι τετεύχαται, αἱ δ' ἐλέφαντι:
τῶν οἳ μέν κ' ἔλθωσι διὰ πριστοῦ ἐλέφαντος,
οἵ ῥ' ἐλεφαίρονται, ἔπε' ἀκράαντα φέροντες: 565
οἱ δὲ διὰ ξεστῶν κεράων ἔλθωσι θύραζε,
οἵ ῥ' ἔτυμα κραίνουσι, βροτῶν ὅτε κέν τις ἴδηται.
ἀλλ' ἐμοὶ οὐκ ἐντεῦθεν ὀΐομαι αἰνὸν ὄνειρον
ἐλθέμεν: ἦ κ' ἀσπαστὸν ἐμοὶ καὶ παιδὶ γένοιτο.
ἄλλο δέ τοι ἐρέω, σὺ δ' ἐνὶ φρεσὶ βάλλεο σῇσιν: 570
ἥδε δὴ ἠὼς εἶσι δυσώνυμος, ἥ μ' Ὀδυσῆος
οἴκου ἀποσχήσει: νῦν γὰρ καταθήσω ἄεθλον,
τοὺς πελέκεας, τοὺς κεῖνος ἐνὶ μεγάροισιν ἑοῖσιν
ἵστασχ' ἑξείης, δρυόχους ὥς, δώδεκα πάντας:
στὰς δ' ὅ γε πολλὸν ἄνευθε διαρρίπτασκεν ὀϊστόν. 575
νῦν δὲ μνηστήρεσσιν ἄεθλον τοῦτον ἐφήσω:
ὃς δέ κε ῥηΐτατ' ἐντανύσῃ βιὸν ἐν παλάμῃσι
καὶ διοϊστεύσῃ πελέκεων δυοκαίδεκα πάντων,
τῷ κεν ἅμ' ἑσποίμην, νοσφισσαμένη τόδε δῶμα
κουρίδιον, μάλα καλόν, ἐνίπλειον βιότοιο: 580
τοῦ ποτὲ μεμνήσεσθαι ὀΐομαι ἔν περ ὀνείρῳ.'
   τὴν δ' ἀπαμειβόμενος προσέφη πολύμητις Ὀδυσσεύς
'ὦ γύναι αἰδοίη Λαερτιάδεω Ὀδυσῆος,
μηκέτι νῦν ἀνάβαλλε δόμοις ἔνι τοῦτον ἄεθλον:
πρὶν γάρ τοι πολύμητις ἐλεύσεται ἐνθάδ' Ὀδυσσεύς, 585
πρὶν τούτους τόδε τόξον ἐΰξοον ἀμφαφόωντας
νευρήν τ' ἐντανύσαι διοϊστεῦσαί τε σιδήρου.'
   τὸν δ' αὖτε προσέειπε περίφρων Πηνελόπεια:

And saw the geese that in the palace still 670
Were at their trough, and feeding as before."
    And thus Ulysses, the sagacious, said:
"Lady, the dream that visited thy sleep
Cannot be wrested to another sense.
Ulysses has himself revealed to thee 675
The way of its fulfilment. Death is near
The suitors, and not one escapes his doom."
    Then spake the sage Penelope again:
"Of dreams, O stranger, some are meaningless
And idle, and can never be fulfilled. 680
Two portals are there for their shadowy shapes,
Of ivory one, and one of horn. The dreams
That come through the carved ivory deceive
With promises that never are made good;
But those which pass the doors of polished horn, 685
And are beheld of men, are ever true.
And yet I cannot hope that my strange dream
Came through them, though my son and I would both
Rejoice if it were so. This let me say,
And heed me well. To-morrow brings to us 690
The hateful morn which takes me from my home,
The palace of Ulysses. I shall now
Propose a contest. In the palace court
Ulysses in a row set up twelve stakes,
Like props that hold a galley up; each stake 695
Had its own ring; he stood afar, and sent
An arrow through them all. I shall propose
This contest to the suitors. He who bends
The bow with easy mastery, and sends
Through the twelve rings an arrow, I will take 700
To follow from the palace where I passed
My youthful married life,—a beautiful home,
And stored with wealth; a home which I shall long
Remember, even in my nightly dreams."
    Ulysses, the sagacious, answered thus: 705
"O gracious consort of Laertes' son!
Let not this contest be delayed; the man
Of ready wiles, Ulysses, will be here
Ere, tampering with the hero's polished bow,
The suitors shall prevail to stretch the cord, 710
And send an arrow through the rings of steel."
    And thus the sage Penelope rejoined:

'εἴ κ' ἐθέλοις μοι, ξεῖνε, παρήμενος ἐν μεγάροισι
τέρπειν, οὔ κέ μοι ὕπνος ἐπὶ βλεφάροισι χυθείη. 590
ἀλλ' οὐ γάρ πως ἔστιν ἀΰπνους ἔμμεναι αἰεὶ
ἀνθρώπους: ἐπὶ γάρ τοι ἑκάστῳ μοῖραν ἔθηκαν
ἀθάνατοι θνητοῖσιν ἐπὶ ζείδωρον ἄρουραν.
ἀλλ' ἦ τοι μὲν ἐγὼν ὑπερῴϊον εἰσαναβᾶσα
λέξομαι εἰς εὐνήν, ἥ μοι στονόεσσα τέτυκται, 595
αἰεὶ δάκρυσ' ἐμοῖσι πεφυρμένη, ἐξ οὗ Ὀδυσσεὺς
ᾤχετ' ἐποψόμενος Κακοΐλιον οὐκ ὀνομαστήν.
ἔνθα κε λεξαίμην: σὺ δὲ λέξεο τῷδ' ἐνὶ οἴκῳ,
ἢ χαμάδις στορέσας ἤ τοι κατὰ δέμνια θέντων.'
  ὣς εἰποῦσ' ἀνέβαιν' ὑπερῷα σιγαλόεντα, 600
οὐκ οἴη, ἅμα τῇ γε καὶ ἀμφίπολοι κίον ἄλλαι.
ἐς δ' ὑπερῷ' ἀναβᾶσα σὺν ἀμφιπόλοισι γυναιξὶ
κλαῖεν ἔπειτ' Ὀδυσῆα, φίλον πόσιν, ὄφρα οἱ ὕπνον
ἡδὺν ἐπὶ βλεφάροισι βάλε γλαυκῶπις Ἀθήνη.

"Stranger, if, sitting in the palace here,
Thou still wouldst entertain me as thou dost,
Sleep would not fall upon my lids; and yet 715
Sleepless the race of mortals cannot be,
So have the gods ordained, who measure out
His lot to man upon the nourishing earth.
I to the upper rooms withdraw, to take
My place upon the couch which has become 720
To me a place of sorrow and of tears
Since my Ulysses went away to Troy,
That fatal town which should be named no more.
And I will lay me down; but thou remain
Within these walls, and make the floor thy bed, 725
Or let these maidens spread a couch for thee."
    Penelope, thus having spoken, went
Up to her royal bower, but not alone;
Her maids went with her. When they were within
She wept for her dear husband, till at length 730
The blue-eyed Pallas graciously distilled
Upon her closing lids the balm of sleep.

αὐτὰρ ὁ ἐν προδόμῳ εὐνάζετο δῖος Ὀδυσσεύς·
κὰμ μὲν ἀδέψητον βοέην στόρεσ', αὐτὰρ ὕπερθε
κώεα πόλλ' ὀΐων, τοὺς ἱρεύεσκον Ἀχαιοί·
Εὐρυνόμη δ' ἄρ' ἐπὶ χλαῖναν βάλε κοιμηθέντι.
ἔνθ' Ὀδυσεὺς μνηστῆρσι κακὰ φρονέων ἐνὶ θυμῷ   5
κεῖτ' ἐγρηγορόων· ταὶ δ' ἐκ μεγάροιο γυναῖκες
ἤϊσαν, αἳ μνηστῆρσιν ἐμισγέσκοντο πάρος περ,
ἀλλήλῃσι γέλω τε καὶ εὐφροσύνην παρέχουσαι.
τοῦ δ' ὠρίνετο θυμὸς ἐνὶ στήθεσσι φίλοισι·
πολλὰ δὲ μερμήριζε κατὰ φρένα καὶ κατὰ θυμόν,   10
ἠὲ μεταΐξας θάνατον τεύξειεν ἑκάστῃ,
ἦ ἔτ' ἐῷ μνηστῆρσιν ὑπερφιάλοισι μιγῆναι
ὕστατα καὶ πύματα, κραδίη δέ οἱ ἔνδον ὑλάκτει.
ὡς δὲ κύων ἀμαλῇσι περὶ σκυλάκεσσι βεβῶσα
ἄνδρ' ἀγνοιήσασ' ὑλάει μέμονέν τε μάχεσθαι,   15
ὥς ῥα τοῦ ἔνδον ὑλάκτει ἀγαιομένου κακὰ ἔργα·
στῆθος δὲ πλήξας κραδίην ἠνίπαπε μύθῳ·
    'τέτλαθι δή, κραδίη· καὶ κύντερον ἄλλο ποτ' ἔτλης.
ἤματι τῷ ὅτε μοι μένος ἄσχετος ἤσθιε Κύκλωψ
ἰφθίμους ἑτάρους· σὺ δ' ἐτόλμας, ὄφρα σε μῆτις   20
ἐξάγαγ' ἐξ ἄντροιο ὀϊόμενον θανέεσθαι.'

BOOK XX

The noble chief, Ulysses, in the porch
Lay down to rest. An undressed bullock's hide
Was under him, and over that the skins
Of sheep, which for the daily sacrifice
The Achaians slew. Eurynomè had spread   5
A cloak above him. There he lay awake,
And meditated how he yet should smite
The suitors down. Meantime, with cries of mirth
And laughter, came the women forth to seek
The suitors' arms. Ulysses, inly moved   10
With anger, pondered whether he should rise
And put them all to death, or give their shame
A respite for another night, the last.
His heart raged in his bosom. As a hound
Growls, walking round her whelps, when she beholds 15
A stranger, and is eager for the attack,
So growled his heart within him, and so fierce
Was his impatience with that shameless crew.
He smote his breast, and thus he chid his heart:—
  "Endure it, heart! thou didst bear worse than this. 20
When the grim Cyclops of resistless strength
Devoured thy brave companions, thou couldst still
Endure, till thou by stratagem didst leave
The cave in which it seemed that thou must die."

ὣς ἔφατ', ἐν στήθεσσι καθαπτόμενος φίλον ἦτορ·
τῷ δὲ μάλ' ἐν πείσῃ κραδίη μένε τετληυῖα
νωλεμέως· ἀτὰρ αὐτὸς ἑλίσσετο ἔνθα καὶ ἔνθα.
ὡς δ' ὅτε γαστέρ' ἀνὴρ πολέος πυρὸς αἰθομένοιο, 25
ἐμπλείην κνίσης τε καὶ αἵματος, ἔνθα καὶ ἔνθα
αἰόλλῃ, μάλα δ' ὦκα λιλαίεται ὀπτηθῆναι,
ὣς ἄρ' ὅ γ' ἔνθα καὶ ἔνθα ἑλίσσετο, μερμηρίζων
ὅππως δὴ μνηστῆρσιν ἀναιδέσι χεῖρας ἐφήσει
μοῦνος ἐὼν πολέσι. σχεδόθεν δέ οἱ ἦλθεν Ἀθήνη 30
οὐρανόθεν καταβᾶσα· δέμας δ' ἤϊκτο γυναικί·
στῆ δ' ἄρ' ὑπὲρ κεφαλῆς καί μιν πρὸς μῦθον ἔειπε·
'τίπτ' αὖτ' ἐγρήσσεις, πάντων περὶ κάμμορε φωτῶν;
οἶκος μέν τοι ὅδ' ἐστί, γυνὴ δέ τοι ἥδ' ἐνὶ οἴκῳ
καὶ πάϊς, οἷόν πού τις ἐέλδεται ἔμμεναι υἷα.' 35
τὴν δ' ἀπαμειβόμενος προσέφη πολύμητις Ὀδυσσεύς·
'ναὶ δὴ ταῦτά γε πάντα, θεά, κατὰ μοῖραν ἔειπες·
ἀλλά τί μοι τόδε θυμὸς ἐνὶ φρεσὶ μερμηρίζει,
ὅππως δὴ μνηστῆρσιν ἀναιδέσι χεῖρας ἐφήσω,
μοῦνος ἐών· οἱ δ' αἰὲν ἀολλέες ἔνδον ἔασι. 40
πρὸς δ' ἔτι καὶ τόδε μεῖζον ἐνὶ φρεσὶ μερμηρίζω·
εἴ περ γὰρ κτείναιμι Διός τε σέθεν τε ἕκητι,
πῆ κεν ὑπεκπροφύγοιμι; τά σε φράζεσθαι ἄνωγα.'
τὸν δ' αὖτε προσέειπε θεὰ γλαυκῶπις Ἀθήνη·
'σχέτλιε, καὶ μέν τίς τε χερείονι πείθεθ' ἑταίρῳ, 45
ὅς περ θνητός τ' ἐστὶ καὶ οὐ τόσα μήδεα οἶδεν·
αὐτὰρ ἐγὼ θεός εἰμι, διαμπερὲς ἥ σε φυλάσσω
ἐν πάντεσσι πόνοις. ἐρέω δέ τοι ἐξαναφανδόν·
εἴ περ πεντήκοντα λόχοι μερόπων ἀνθρώπων
νῶϊ περισταῖεν, κτεῖναι μεμαῶτες Ἄρηϊ, 50
καί κεν τῶν ἐλάσαιο βόας καὶ ἴφια μῆλα.
ἀλλ' ἑλέτω σε καὶ ὕπνος· ἀνίη καὶ τὸ φυλάσσειν
πάννυχον ἐγρήσσοντα, κακῶν δ' ὑποδύσεαι ἤδη.'
ὣς φάτο, καί ῥά οἱ ὕπνον ἐπὶ βλεφάροισιν ἔχευεν,
αὐτὴ δ' ἂψ ἐς Ὄλυμπον ἀφίκετο δῖα θεάων. 55
εὖτε τὸν ὕπνος ἔμαρπτε, λύων μελεδήματα θυμοῦ,

Thus he rebuked his heart, and, growing calm,　　25
His heart submitted; but the hero tossed
From side to side. As when one turns and turns
The stomach of a bullock filled with fat
And blood before a fiercely blazing fire
And wishes it were done, so did the chief　　30
Shift oft from side to side, while pondering how
To lay a strong hand on the multitude
Of shameless suitors,—he but one, and they
So many. Meantime Pallas, sliding down
From heaven, in form a woman, came, and there　　35
Beside his bed stood over him, and spake:—
"Why, most unhappy of the sons of men,
Art thou still sleepless? This is thine abode,
And here thou hast thy consort and a son
Whom any man might covet for his own."　　40
　　Ulysses, the sagacious, answered thus:
"Truly, O goddess, all that thou hast said
Is rightly spoken. This perplexes me,—
How to lay hands upon these shameless men,
When I am only one, and they a throng　　45
That fill the palace. Yet another thought,
And mightier still,—if, by thy aid and Jove's,
I slay the suitors, how shall I myself
Be safe thereafter? Think, I pray, of this."
　　And thus in turn the blue-eyed Pallas said:　　50
"O faint of spirit! in an humbler friend
Than I am, in a friend of mortal birth
And less far-seeing, one might put his trust;
But I am born a goddess, and protect
Thy life in every danger. Let me say,　　55
And plainly say, if fifty armed bands
Of men should gather round us, eager all
To take thy life, thou mightest drive away,
Unharmed by them, their herds and pampered flocks.
But give thyself to sleep. To wake and watch　　60
All night is most unwholesome. Thou shalt find
A happy issue from thy troubles yet."
　　She spake, and, shedding slumber on his lids,
Upward the glorious goddess took her way
Back to Olympus, when she saw that sleep　　65
Had seized him, making him forget all care
And slackening every limb. His faithful wife

λυσιμελής, ἄλοχος δ' ἄρ' ἐπέγρετο κεδνὰ ἰδυῖα·
κλαῖε δ' ἄρ' ἐν λέκτροισι καθεζομένη μαλακοῖσιν.
αὐτὰρ ἐπεὶ κλαίουσα κορέσσατο ὃν κατὰ θυμόν,
Ἀρτέμιδι πρώτιστον ἐπεύξατο δῖα γυναικῶν· 60
  "Ἄρτεμι, πότνα θεά, θύγατερ Διός, αἴθε μοι ἤδη
ἰὸν ἐνὶ στήθεσσι βαλοῦσ' ἐκ θυμὸν ἕλοιο
αὐτίκα νῦν, ἢ ἔπειτά μ' ἀναρπάξασα θύελλα
οἴχοιτο προφέρουσα κατ' ἠερόεντα κέλευθα,
ἐν προχοῇς δὲ βάλοι ἀψορρόου Ὠκεανοῖο. 65
ὡς δ' ὅτε Πανδαρέου κούρας ἀνέλοντο θύελλαι·
τῇσι τοκῆας μὲν φθῖσαν θεοί, αἱ δ' ἐλίποντο
ὀρφαναὶ ἐν μεγάροισι, κόμισσε δὲ δῖ' Ἀφροδίτη
τυρῷ καὶ μέλιτι γλυκερῷ καὶ ἡδέϊ οἴνῳ·
Ἥρη δ' αὐτῇσιν περὶ πασέων δῶκε γυναικῶν 70
εἶδος καὶ πινυτήν, μῆκος δ' ἔπορ' Ἄρτεμις ἁγνή,
ἔργα δ' Ἀθηναίη δέδαε κλυτὰ ἐργάζεσθαι.
εὖτ' Ἀφροδίτη δῖα προσέστιχε μακρὸν Ὄλυμπον,
κούρῃς αἰτήσουσα τέλος θαλεροῖο γάμοιο—
ἐς Δία τερπικέραυνον, ὁ γάρ τ' εὖ οἶδεν ἅπαντα, 75
μοῖράν τ' ἀμμορίην τε καταθνητῶν ἀνθρώπων—
τόφρα δὲ τὰς κούρας ἅρπυιαι ἀνηρείψαντο
καί ῥ' ἔδοσαν στυγερῇσιν ἐρινύσιν ἀμφιπολεύειν·
ὣς ἔμ' ἀϊστώσειαν Ὀλύμπια δώματ' ἔχοντες,
ἠέ μ' ἐϋπλόκαμος βάλοι Ἄρτεμις, ὄφρ' Ὀδυσῆα 80
ὀσσομένη καὶ γαῖαν ὕπο στυγερὴν ἀφικοίμην,
μηδέ τι χείρονος ἀνδρὸς ἐϋφραίνοιμι νόημα.
ἀλλὰ τὸ μὲν καὶ ἀνεκτὸν ἔχει κακόν, ὁππότε κέν τις
ἤματα μὲν κλαίῃ, πυκινῶς ἀκαχήμενος ἦτορ,
νύκτας δ' ὕπνος ἔχῃσιν—ὁ γάρ τ' ἐπέλησεν ἁπάντων, 85
ἐσθλῶν ἠδὲ κακῶν, ἐπεὶ ἄρ βλέφαρ' ἀμφικαλύψῃ—
αὐτὰρ ἐμοὶ καὶ ὀνείρατ' ἐπέσσευεν κακὰ δαίμων.
τῇδε γὰρ αὖ μοι νυκτὶ παρέδραθεν εἴκελος αὐτῷ,
τοῖος ἐὼν οἷος ᾖεν ἅμα στρατῷ· αὐτὰρ ἐμὸν κῆρ
χαῖρ', ἐπεὶ οὐκ ἐφάμην ὄναρ ἔμμεναι, ἀλλ' ὕπαρ ἤδη.' 90
  ὣς ἔφατ', αὐτίκα δὲ χρυσόθρονος ἤλυθεν Ἠώς.

Was still awake, and sat upright and wept
On her soft couch, and after many tears
The glorious lady prayed to Dian thus:— 70
    "Goddess august! Diana, child of Jove!
I would that thou wouldst send into my heart
A shaft to take my life, or that a storm
Would seize and hurl me through the paths of air,
And cast me into ocean's restless streams, 75
As once a storm, descending, swept away
The daughters born to Pandarus. The gods
Had slain their parents, and they dwelt alone
As orphans in their palace, nourished there
By blessed Venus with the curds of milk, 80
And honey, and sweet wine, while Juno gave
Beauty and wit beyond all womankind,
And chaste Diana dignity of form,
And Pallas every art that graces life.
Then, as the blessed Venus went to ask 85
For them, of Jove the Thunderer, on the heights
Of his Olympian mount, the crowning gift
Of happy marriage,—for to Jove is known
Whatever comes to pass, and what shall be
The fortune, good or ill, of mortal men,— 90
The Harpies came meantime, bore off the maids,
And gave them to the hateful sisterhood
Of Furies as their servants. So may those
Who dwell upon Olympus make an end
Of me, or fair-haired Dian strike me down, 95
That, with the image of Ulysses still
Before my mind, I may not seek to please
One of less worth. This evil might be borne
By one who weeps all day, and feels at heart
A settled sorrow, yet can sleep at night. 100
For sleep, when once it weighs the eyelids down,
Makes men unmindful both of good and ill,
And all things else. But me some deity
Visits with fearful dreams. There lay by me,
This very night, one like him, as he was 105
When with his armed men he sailed for Troy;
And I was glad, for certainly I deemed
It was a real presence, and no dream."
    She spake. Just then, upon her car of gold,
Appeared the Morn. The great Ulysses heard 110

τῆς δ' ἄρα κλαιούσης ὄπα σύνθετο δῖος Ὀδυσσεύς·
μερμήριζε δ' ἔπειτα, δόκησε δέ οἱ κατὰ θυμὸν
ἤδη γιγνώσκουσα παρεστάμεναι κεφαλῆφι.
χλαῖναν μὲν συνελὼν καὶ κώεα, τοῖσιν ἐνεῦδεν, 95
ἐς μέγαρον κατέθηκεν ἐπὶ θρόνου, ἐκ δὲ βοείην
θῆκε θύραζε φέρων, Διὶ δ' εὔξατο χεῖρας ἀνασχών·
'Ζεῦ πάτερ, εἴ μ' ἐθέλοντες ἐπὶ τραφερήν τε καὶ ὑγρὴν
ἤγετ' ἐμὴν ἐς γαῖαν, ἐπεί μ' ἐκακώσατε λίην,
φήμην τίς μοι φάσθω ἐγειρομένων ἀνθρώπων 100
ἔνδοθεν, ἔκτοσθεν δὲ Διὸς τέρας ἄλλο φανήτω.'
  ὣς ἔφατ' εὐχόμενος· τοῦ δ' ἔκλυε μητίετα Ζεύς,
αὐτίκα δ' ἐβρόντησεν ἀπ' αἰγλήεντος Ὀλύμπου,
ὑψόθεν ἐκ νεφέων· γήθησε δὲ δῖος Ὀδυσσεύς.
φήμην δ' ἐξ οἴκοιο γυνὴ προέηκεν ἀλετρὶς 105
πλησίον, ἔνθ' ἄρα οἱ μύλαι ἤατο ποιμένι λαῶν,
τῇσιν δώδεκα πᾶσαι ἐπερρώοντο γυναῖκες
ἄλφιτα τεύχουσαι καὶ ἀλείατα, μυελὸν ἀνδρῶν.
αἱ μὲν ἄρ' ἄλλαι εὗδον, ἐπεὶ κατὰ πυρὸν ἄλεσσαν,
ἡ δὲ μί' οὔπω παύετ', ἀφαυροτάτη δ' ἐτέτυκτο· 110
ἥ ῥα μύλην στήσασα ἔπος φάτο, σῆμα ἄνακτι·
  'Ζεῦ πάτερ, ὅς τε θεοῖσι καὶ ἀνθρώποισιν ἀνάσσεις,
ἦ μεγάλ' ἐβρόντησας ἀπ' οὐρανοῦ ἀστερόεντος,
οὐδέ ποθι νέφος ἐστί· τέρας νύ τεῳ τόδε φαίνεις.
κρῆνον νῦν καὶ ἐμοὶ δειλῇ ἔπος, ὅττι κεν εἴπω· 115
μνηστῆρες πύματόν τε καὶ ὕστατον ἤματι τῷδε
ἐν μεγάροις Ὀδυσῆος ἑλοίατο δαῖτ' ἐρατεινήν,
οἳ δή μοι καμάτῳ θυμαλγέι γούνατ' ἔλυσαν
ἄλφιτα τευχούσῃ· νῦν ὕστατα δειπνήσειαν.'
  ὣς ἄρ' ἔφη, χαῖρεν δὲ κλεηδόνι δῖος Ὀδυσσεὺς 120
Ζηνός τε βροντῇ· φάτο γὰρ τίσασθαι ἀλείτας.
αἱ δ' ἄλλαι δμῳαὶ κατὰ δώματα κάλ' Ὀδυσῆος
ἀγρόμεναι ἀνέκαιον ἐπ' ἐσχάρῃ ἀκάματον πῦρ.

That voice of lamentation; anxiously
He mused; it seemed to him as if the queen
Stood over him and knew him. Gathering up
In haste the cloak and skins on which he slept,
He laid them in the palace on a seat,   115
But bore the bull's hide forth in open air,
And lifted up his hands and prayed to Jove:—
    "O Father Jove, and all the gods! if ye
Have led me graciously, o'er land and deep,
Across the earth, and, after suffering much,   120
To mine own isle, let one of those who watch
Within the palace speak some ominous word,
And grant a sign from thee without these walls."
    So prayed he. All-providing Jupiter
Hearkened, and thundered from the clouds around   125
The bright Olympian peaks. Ulysses heard
With gladness. From a room within the house,
In which the mills of the king's household stood,
A woman, laboring at the quern, gave forth
An omen also. There were twelve who toiled   130
In making flour of barley and of wheat,—
The strength of man. The rest were all asleep;
Their tasks were done; one only, of less strength
Than any other there, kept toiling on.
She paused a moment, stopped the whirling stone,   135
And spake these words,—a portent for the king:—
    "O Father Jove, the king of gods and men!
Thou hast just thundered from the starry heaven,
And yet there is no cloud. To some one here
It is a portent. O perform for me,   140
All helpless as I am, this one request!
Let now the suitors in this palace take
Their last and final pleasant feast to-day,—
These men who make my limbs, with constant toil,
In grinding corn for them, to lose their strength,   145
Once let them banquet here, and then no more."
    She spake; the omen of the woman's words
And Jove's loud thunder pleased Ulysses well;
And now he deemed he should avenge himself
Upon the guilty ones. The other maids   150
Of that fair palace of Ulysses woke
And came together, and upon the hearth
Kindled a steady fire. Telemachus

Τηλέμαχος δ' εὐνῆθεν ἀνίστατο, ἰσόθεος φώς,
εἵματα ἑσσάμενος· περὶ δὲ ξίφος ὀξὺ θέτ' ὤμῳ· 125
ποσσὶ δ' ὑπὸ λιπαροῖσιν ἐδήσατο καλὰ πέδιλα,
εἵλετο δ' ἄλκιμον ἔγχος, ἀκαχμένον ὀξέι χαλκῷ·
στῆ δ' ἄρ' ἐπ' οὐδὸν ἰών, πρὸς δ' Εὐρύκλειαν ἔειπε·
   'μαῖα φίλη, τὸν ξεῖνον ἐτιμήσασθ' ἐνὶ οἴκῳ
εὐνῇ καὶ σίτῳ, ἦ αὕτως κεῖται ἀκηδής; 130
τοιαύτη γὰρ ἐμὴ μήτηρ, πινυτή περ ἐοῦσα·
ἐμπλήγδην ἕτερόν γε τίει μερόπων ἀνθρώπων
χείρονα, τὸν δέ τ' ἀρείον' ἀτιμήσασ' ἀποπέμπει.'
   τὸν δ' αὖτε προσέειπε περίφρων Εὐρύκλεια·
'οὐκ ἄν μιν νῦν, τέκνον, ἀναίτιον αἰτιόῳο. 135
οἶνον μὲν γὰρ πῖνε καθήμενος, ὄφρ' ἔθελ' αὐτός,
σίτου δ' οὐκέτ' ἔφη πεινήμεναι· εἴρετο γάρ μιν.
ἀλλ' ὅτε δὴ κοίτοιο καὶ ὕπνου μιμνήσκοιτο,
ἡ μὲν δέμνι' ἄνωγεν ὑποστορέσαι δμῳῇσιν,
αὐτὰρ ὅ γ', ὥς τις πάμπαν ὀϊζυρὸς καὶ ἄποτμος, 140
οὐκ ἔθελ' ἐν λέκτροισι καὶ ἐν ῥήγεσσι καθεύδειν,
ἀλλ' ἐν ἀδεψήτῳ βοέῃ καὶ κώεσιν οἰῶν
ἔδραθ' ἐνὶ προδόμῳ· χλαῖναν δ' ἐπιέσσαμεν ἡμεῖς.'
   ὣς φάτο, Τηλέμαχος δὲ διὲκ μεγάροιο βεβήκει
ἔγχος ἔχων, ἅμα τῷ γε δύω κύνες ἀργοὶ ἕποντο. 145
βῆ δ' ἴμεν εἰς ἀγορὴν μετ' ἐϋκνήμιδας Ἀχαιούς.
ἡ δ' αὖτε δμῳῇσιν ἐκέκλετο δῖα γυναικῶν,
Εὐρύκλει', Ὦπος θυγάτηρ Πεισηνορίδαο·
   'ἀγρεῖθ', αἱ μὲν δῶμα κορήσατε ποιπνύσασαι,
ῥάσσατέ τ', ἔν τε θρόνοις εὐποιήτοισι τάπητας 150
βάλλετε πορφυρέους· αἱ δὲ σπόγγοισι τραπέζας
πάσας ἀμφιμάσασθε, καθήρατε δὲ κρητῆρας
καὶ δέπα ἀμφικύπελλα τετυγμένα· ταὶ δὲ μεθ' ὕδωρ
ἔρχεσθε κρήνηνδε, καὶ οἴσετε θᾶσσον ἰοῦσαι.
οὐ γὰρ δὴν μνηστῆρες ἀπέσσονται μεγάροιο, 155
ἀλλὰ μάλ' ἦρι νέονται, ἐπεὶ καὶ πᾶσιν ἑορτή.'
   ὣς ἔφαθ', αἱ δ' ἄρα τῆς μάλα μὲν κλύον ἠδ' ἐπίθοντο.
αἱ μὲν ἐείκοσι βῆσαν ἐπὶ κρήνην μελάνυδρον,
αἱ δ' αὐτοῦ κατὰ δώματ' ἐπισταμένως πονέοντο.
   ἐς δ' ἦλθον δρηστῆρες Ἀχαιῶν. οἱ μὲν ἔπειτα 160
εὖ καὶ ἐπισταμένως κέασαν ξύλα, ταὶ δὲ γυναῖκες
ἦλθον ἀπὸ κρήνης· ἐπὶ δέ σφισιν ἦλθε συβώτης

Rose from his bed in presence like a god,
Put on his garments, hung his trenchant sword 155
Upon his shoulder, tied to his fair feet
The shapely sandals, took his massive spear
Tipped with sharp brass, and, stopping as he reached
The threshold, spake to Eurycleia thus:—
  "Dear nurse, have ye with honor fed and lodged 160
Our guest, or have ye suffered him to find
A lodging where he might, without your care?
Discerning as she is, my mother pays
High honor to the worse among her guests,
And sends the nobler man unhonored hence." 165
  And thus the prudent Eurycleia said:
"My child, blame not thy mother; she deserves
No blame. The stranger sat and drank his wine,
All that he would, and said, when pressed to eat,
That he desired no more. And when he thought 170
Of sleep, she bade her maidens spread his couch;
But he refused a bed and rugs, like one
Inured to misery, and beneath the porch
Slept on an undressed bull's hide and the skins
Of sheep, and over him we cast a cloak." 175
  She spake; Telemachus, his spear in hand,
Went forth, his fleet dogs following him. He sought
The council where the well-greaved Greeks were met.
Meantime the noble Eurycleia, child
Of Ops, Pisenor's son, bespake the maids:— 180
  "Come, some of you, at once, and sweep the floor,
And sprinkle it, and on the shapely thrones
Spread coverings of purple tapestry;
Let others wipe the tables with a sponge,
And cleanse the beakers and the double cups, 185
While others go for water to the fount,
And bring it quickly, for not long to-day
The suitors will be absent from these halls.
They will come early to the general feast."
  She spake; the handmaids hearkened and obeyed, 190
And twenty went to the dark well to draw
The water, while the others busily
Bestirred themselves about the house. Then came
The servants of the chiefs, and set themselves
Neatly to cleave the wood. Then also came 195
The women from the well. The swineherd last

τρεῖς σιάλους κατάγων, οἳ ἔσαν μετὰ πᾶσιν ἄριστοι.
καὶ τοὺς μέν ῥ' εἴασε καθ' ἕρκεα καλὰ νέμεσθαι,
αὐτὸς δ' αὖτ' Ὀδυσῆα προσηύδα μειλιχίοισι: 165
'ξεῖν', ἦ ἄρ τί σε μᾶλλον Ἀχαιοὶ εἰσορόωσιν,
ἦέ σ' ἀτιμάζουσι κατὰ μέγαρ', ὡς τὸ πάρος περ;'
  τὸν δ' ἀπαμειβόμενος προσέφη πολυμήτις Ὀδυσσεύς:
'αἲ γὰρ δή, Εὔμαιε, θεοὶ τισαίατο λώβην,
ἣν οἵδ' ὑβρίζοντες ἀτάσθαλα μηχανόωνται 170
οἴκῳ ἐν ἀλλοτρίῳ, οὐδ' αἰδοῦς μοῖραν ἔχουσιν.'
  ὣς οἱ μὲν τοιαῦτα πρὸς ἀλλήλους ἀγόρευον,
ἀγχίμολον δέ σφ' ἦλθε Μελάνθιος, αἰπόλος αἰγῶν.
αἶγας ἄγων αἳ πᾶσι μετέρεπον αἰπολίοισι,
δεῖπνον μνηστήρεσσι. δύω δ' ἄμ' ἕποντο νομῆες. 175
καὶ τὰς μὲν κατέδησεν ὑπ' αἰθούσῃ ἐριδούπῳ,
αὐτὸς δ' αὖτ' Ὀδυσῆα προσηύδα κερτομίοισι:
'ξεῖν', ἔτι καὶ νῦν ἐνθάδ' ἀνιήσεις κατὰ δῶμα
ἀνέρας αἰτίζων, ἀτὰρ οὐκ ἔξεισθα θύραζε;
πάντως οὐκέτι νῶϊ διακρινέεσθαι ὀΐω 180
πρὶν χειρῶν γεύσασθαι, ἐπεὶ σύ περ οὐ κατὰ κόσμον
αἰτίζεις: εἰσὶν δὲ καὶ ἄλλαι δαῖτες Ἀχαιῶν.'
  ὣς φάτο, τὸν δ' οὔ τι προσέφη πολύμητις Ὀδυσσεύς,
ἀλλ' ἀκέων κίνησε κάρη, κακὰ βυσσοδομεύων.
  τοῖσι δ' ἐπὶ τρίτος ἦλθε Φιλοίτιος, ὄρχαμος ἀνδρῶν, 185
βοῦν στεῖραν μνηστῆρσιν ἄγων καὶ πίονας αἶγας.
πορθμῆες δ' ἄρα τούς γε διήγαγον, οἵ τε καὶ ἄλλους
ἀνθρώπους πέμπουσιν, ὅτις σφεας εἰσαφίκηται.
καὶ τὰ μὲν εὖ κατέδησεν ὑπ' αἰθούσῃ ἐριδούπῳ,
αὐτὸς δ' αὖτ' ἐρέεινε συβώτην ἄγχι παραστάς: 190
'τίς δὴ ὅδε ξεῖνος νέον εἰλήλουθε, συβῶτα,
ἡμέτερον πρὸς δῶμα; τέων δ' ἐξ εὔχεται εἶναι
ἀνδρῶν; ποῦ δέ νύ οἱ γενεὴ καὶ πατρὶς ἄρουρα;
δύσμορος, ἦ τε ἔοικε δέμας βασιλῆϊ ἄνακτι:
ἀλλὰ θεοὶ δυόωσι πολυπλάγκτους ἀνθρώπους, 195
ὁππότε καὶ βασιλεῦσιν ἐπικλώσωνται ὀϊζύν.'
  ἦ καὶ δεξιτερῇ δειδίσκετο χειρὶ παραστάς,
καί μιν φωνήσας ἔπεα πτερόεντα προσηύδα:
'χαῖρε, πάτερ ὦ ξεῖνε: γένοιτό τοι ἔς περ ὀπίσσω

Came with three swine, the fattest of the herd.
In that fair court he let them feed, and sought
Ulysses, greeting him with courteous words:—
    "Hast thou, O stranger, found among these Greeks   200
More reverence? Art thou still their mark of scorn?"
    Ulysses, the sagacious, answered thus:
"O that the gods, Eumæus, would avenge
The insolence of those who meditate
Violent deeds, and make another's house   205
Their plotting-place, and feel no touch of shame!"
    So talked they with each other. Now appeared
Melanthius, keeper of the goats. He brought
Goats for the suitors' banquet; they were choice
Beyond all others. With him also came   210
Two goatherds. In the echoing portico
He bound his goats. He saw Ulysses there,
And thus accosted him with railing words:—
    "Stranger, art thou still here, the palace pest,
And begging still, and wilt thou ne'er depart?   215
We shall not end this quarrel, I perceive,
Till thou hast tried the flavor of my fist.
It is not decent to be begging here
Continually; the Greeks have other feasts."
    He spake; Ulysses answered not, but shook   220
His head in silence, planning fearful things.
    Philœtius now, a master-herdsman, came,
And for the banquet of the suitors led
A heifer that had never yeaned, and goats
The fatlings of the flock; they came across   225
The ferry, brought by those whose office is
To bear whoever comes from shore to shore.
He bound his animals in the sounding porch,
And went and, standing by the swineherd, said:—
    "Who, swineherd, is the stranger newly come   230
To this our palace? of what parents born,
And of what race, and where his native land?
Unhappy seemingly, yet like a king
In person. Sorrowful must be the lot
Of men who wander to and fro on earth,   235
When even to kings the gods appoint distress."
    He spake, and, greeting with his offered hand
Ulysses, said in winged words aloud:—
    "Stranger and father, hail! and mayst thou yet

ὄλβος· ἀτὰρ μὲν νῦν γε κακοῖς ἔχεαι πολέεσσι. 200
Ζεῦ πάτερ, οὔ τις σεῖο θεῶν ὀλοώτερος ἄλλος·
οὐκ ἐλεαίρεις ἄνδρας, ἐπὴν δὴ γείνεαι αὐτός,
μισγέμεναι κακότητι καὶ ἄλγεσι λευγαλέοισιν.
ἴδιον, ὡς ἐνόησα, δεδάκρυνται δέ μοι ὄσσε
μνησαμένῳ Ὀδυσῆος, ἐπεὶ καὶ κεῖνον ὀΐω 205
τοιάδε λαίφε᾽ ἔχοντα κατ᾽ ἀνθρώπους ἀλάλησθαι,
εἴ που ἔτι ζώει καὶ ὁρᾷ φάος ἠελίοιο.
εἰ δ᾽ ἤδη τέθνηκε καὶ εἰν Ἀΐδαο δόμοισιν,
ὤ μοι ἔπειτ᾽ Ὀδυσῆος ἀμύμονος, ὅς μ᾽ ἐπὶ βουσὶν
εἷσ᾽ ἔτι τυτθὸν ἐόντα Κεφαλλήνων ἐνὶ δήμῳ. 210
νῦν δ᾽ αἱ μὲν γίγνονται ἀθέσφατοι, οὐδέ κεν ἄλλως
ἀνδρί γ᾽ ὑποσταχύοιτο βοῶν γένος εὐρυμετώπων·
τὰς δ᾽ ἄλλοι με κέλονται ἀγινέμεναί σφισιν αὐτοῖς
ἔδμεναι· οὐδέ τι παιδὸς ἐνὶ μεγάροις ἀλέγουσιν,
οὐδ᾽ ὄπιδα τρομέουσι θεῶν· μεμάασι γὰρ ἤδη 215
κτήματα δάσσασθαι δὴν οἰχομένοιο ἄνακτος.
αὐτὰρ ἐμοὶ τόδε θυμὸς ἐνὶ στήθεσσι φίλοισι
πόλλ᾽ ἐπιδινεῖται· μάλα μὲν κακὸν υἷος ἐόντος
ἄλλων δῆμον ἱκέσθαι ἰόντ᾽ αὐτῇσι βόεσσιν,
ἄνδρας ἐς ἀλλοδαπούς· τὸ δὲ ῥίγιον, αὖθι μένοντα 220
βουσὶν ἐπ᾽ ἀλλοτρίῃσι καθήμενον ἄλγεα πάσχειν.
καί κεν δὴ πάλαι ἄλλον ὑπερμενέων βασιλήων
ἐξικόμην φεύγων, ἐπεὶ οὐκέτ᾽ ἀνεκτὰ πέλονται·
ἀλλ᾽ ἔτι τὸν δύστηνον ὀΐομαι, εἴ ποθεν ἐλθὼν
ἀνδρῶν μνηστήρων σκέδασιν κατὰ δώματα θείη.᾽ 225
τὸν δ᾽ ἀπαμειβόμενος προσέφη πολύμητις Ὀδυσσεύς·
‘βουκόλ᾽, ἐπεὶ οὔτε κακῷ οὔτ᾽ ἄφρονι φωτὶ ἔοικας,
γιγνώσκω δὲ καὶ αὐτὸς ὅ τοι πινυτὴ φρένας ἵκει,
τοὔνεκά τοι ἐρέω καὶ ἐπὶ μέγαν ὅρκον ὀμοῦμαι·
ἴστω νῦν Ζεὺς πρῶτα θεῶν ξενίη τε τράπεζα 230
ἱστίη τ᾽ Ὀδυσῆος ἀμύμονος, ἣν ἀφικάνω,

Be happy in the years to come at least, 240
Though held in thrall by many sorrows now.
Yet thou, All-father Jove! art most austere
Of all the gods, not sparing even those
Who have their birth from thee, but bringing them
To grief and pain. The sweat is on my brow 245
When I behold this stranger, and my eyes
Are filled with tears when to my mind comes back
The image of Ulysses, who must now,
I think, be wandering, clothed in rags like thee,
Among the abodes of men, if yet indeed 250
He lives and sees the sweet light of the sun.
But if that he be dead, and in the abode
Of Pluto, woe is me for his dear sake!
The blameless chief, who when I was a boy
Gave to me, in the Cephalenian fields, 255
The charge of all his beeves; and they are now
Innumerable; the broad-fronted race
Of cattle never would have multiplied
So largely under other care than mine.
Now other masters bid me bring my beeves 260
For their own feasts. They little heed his son,
The palace-heir; as little do they dread
The vengeance of the gods; they long to share
Among them the possessions of the king,
So many years unheard from. But this thought 265
Comes to my mind again, and yet again:
Wrong were it, while the son is yet alive,
To drive the cattle to a foreign land,
Where alien men inhabit; yet 'tis worse
To stay and tend another's beeves, and bear 270
This spoil. And long ago would I have fled
To some large-minded monarch, since this waste
Is not to be endured, but that I think
Still of my suffering lord, and hope that yet
He may return and drive the suitors hence." 275
    Ulysses, the sagacious, answering, said:
"Herdsman, since thou dost seem not ill inclined,
Nor yet unwise, and I perceive in thee
A well-discerning mind, I therefore say,
And pledge my solemn oath,—Jove, first of gods, 280
Be witness, and this hospitable board
And hearth of good Ulysses, which has here

ἢ σέθεν ἐνθάδ' ἐόντος ἐλεύσεται οἴκαδ' Ὀδυσσεύς:
σοῖσιν δ' ὀφθαλμοῖσιν ἐπόψεαι, αἴ κ' ἐθέλῃσθα,
κτεινομένους μνηστῆρας, οἳ ἐνθάδε κοιρανέουσιν.
' τὸν δ' αὖτε προσέειπε βοῶν ἐπιβουκόλος ἀνήρ: 235
'αἲ γὰρ τοῦτο, ξεῖνε, ἔπος τελέσειε Κρονίων:
γνοίης χ' οἵη ἐμὴ δύναμις καὶ χεῖρες ἔπονται.'
   ὣς δ' αὔτως Εὔμαιος ἐπεύξατο πᾶσι θεοῖσι
νοστῆσαι Ὀδυσῆα πολύφρονα ὅνδε δόμονδε.
   ὣς οἱ μὲν τοιαῦτα πρὸς ἀλλήλους ἀγόρευον, 240
μνηστῆρες δ' ἄρα Τηλεμάχῳ θάνατόν τε μόρον τε
ἤρτυον: αὐτὰρ ὁ τοῖσιν ἀριστερὸς ἤλυθεν ὄρνις,
αἰετὸς ὑψιπέτης, ἔχε δὲ τρήρωνα πέλειαν.
τοῖσιν δ' Ἀμφίνομος ἀγορήσατο καὶ μετέειπεν:
   'ὦ φίλοι, οὐχ ἡμῖν συνθεύσεται ἥδε γε βουλή, 245
Τηλεμάχοιο φόνος: ἀλλὰ μνησώμεθα δαιτός.'
   ὣς ἔφατ' Ἀμφίνομος, τοῖσιν δ' ἐπιήνδανε μῦθος.
ἐλθόντες δ' ἐς δώματ' Ὀδυσσῆος θείοιο
χλαίνας μὲν κατέθεντο κατὰ κλισμούς τε θρόνους τε,
οἱ δ' ἱέρευον ὄϊς μεγάλους καὶ πίονας αἶγας, 250
ἴρευον δὲ σύας σιάλους καὶ βοῦν ἀγελαίην:
σπλάγχνα δ' ἄρ' ὀπτήσαντες ἐνώμων, ἐν δέ τε οἶνον
κρητῆρσιν κερόωντο: κύπελλα δὲ νεῖμε συβώτης.
σῖτον δέ σφ' ἐπένειμε Φιλοίτιος, ὄρχαμος ἀνδρῶν,
καλοῖς ἐν κανέοισιν, ἐῳνοχόει δὲ Μελανθεύς. 255
οἱ δ' ἐπ' ὀνείαθ' ἑτοῖμα προκείμενα χεῖρας ἴαλλον.
Τηλέμαχος δ' Ὀδυσῆα καθίδρυε, κέρδεα νωμῶν,
ἐντὸς ἐϋσταθέος μεγάρου, παρὰ λάϊνον οὐδόν,
δίφρον ἀεικέλιον καταθεὶς ὀλίγην τε τράπεζαν:
πὰρ δ' ἐτίθει σπλάγχνων μοίρας, ἐν δ' οἶνον ἔχευεν 260
ἐν δέπαϊ χρυσέῳ, καί μιν πρὸς μῦθον ἔειπεν:
   'ἐνταυθοῖ νῦν ἧσο μετ' ἀνδράσιν οἰνοποτάζων:
κερτομίας δέ τοι αὐτὸς ἐγὼ καὶ χεῖρας ἀφέξω
πάντων μνηστήρων, ἐπεὶ οὔ τοι δήμιός ἐστιν
οἶκος ὅδ', ἀλλ' Ὀδυσῆος, ἐμοὶ δ' ἐκτήσατο κεῖνος. 265
ὑμεῖς δέ, μνηστῆρες, ἐπίσχετε θυμὸν ἐνιπῆς

Received me,—while thou art within these halls
Ulysses will assuredly return,
And, if thou choose to look, thine eyes shall see 285
The suitors slain, who play the master here."
   And thus the master of the herds rejoined:
"Stranger, may Jupiter make good thy words!
Then shalt thou see what strength is in my arm."
   Eumæus also prayed to all the gods, 290
That now the wise Ulysses might return.
So talked they with each other, while apart
The suitors doomed Telemachus to death,
And plotted how to take his life. Just then
A bird—an eagle—on the left flew by, 295
High up; his talons held a timid dove.
And then Amphinomus bespake the rest:—
   "O friends, this plan to slay Telemachus
Must fail. And now repair we to the feast."
   So spake Amphinomus, and to his words 300
They all gave heed, and hastened to the halls
Of the divine Ulysses, where they laid
Their cloaks upon the benches and the thrones,
And slaughtering the choice sheep, and fatling goats,
And porkers, and a heifer from the herd, 305
Roasted the entrails, and distributed
A share to each. Next mingled they the wine
In the large bowls. The swineherd brought a cup
To every one. Philœtius, chief among
The servants, gave from shapely canisters 310
The bread to each. Melanthius poured the wine.
Then putting forth their hands, they all partook
The ready banquet. With a wise design,
Telemachus near the stone threshold placed
Ulysses, on a shabby seat, beside 315
A little table, but within the walls
Of that strong-pillared pile. He gave him there
Part of the entrails, and poured out for him
The wine into a cup of gold, and said:—
   "Sit here, and drink thy wine among the rest, 320
And from the insults and assaults of these
It shall be mine to guard thee. For this house
Is not the common property of all;
Ulysses first acquired it, and for me—
And you, ye suitors, keep your tongues from taunts 325

καὶ χειρῶν, ἵνα μή τις ἔρις καὶ νεῖκος ὄρηται.'
   ὣς ἔφαθ', οἱ δ' ἄρα πάντες ὀδὰξ ἐν χείλεσι φύντες
Τηλέμαχον θαύμαζον, ὃ θαρσαλέως ἀγόρευε.
τοῖσιν δ' Ἀντίνοος μετέφη, Εὐπείθεος υἱός: 270
'καὶ χαλεπόν περ ἐόντα δεχώμεθα μῦθον, Ἀχαιοί,
Τηλεμάχου: μάλα δ' ἧμιν ἀπειλήσας ἀγορεύει.
οὐ γὰρ Ζεὺς εἴασε Κρονίων: τῷ κέ μιν ἤδη
παύσαμεν ἐν μεγάροισι, λιγύν περ ἐόντ' ἀγορητήν.'
   ὣς ἔφατ' Ἀντίνοος: ὁ δ' ἄρ' οὐκ ἐμπάζετο μύθων. 275
κήρυκες δ' ἀνὰ ἄστυ θεῶν ἱερὴν ἑκατόμβην
ἦγον: τοὶ δ' ἀγέροντο κάρη κομόωντες Ἀχαιοὶ
ἄλσος ὕπο σκιερὸν ἑκατηβόλου Ἀπόλλωνος.
οἱ δ' ἐπεὶ ὤπτησαν κρέ' ὑπέρτερα καὶ ἐρύσαντο,
μοίρας δασσάμενοι δαίνυντ' ἐρικυδέα δαῖτα: 280
πὰρ δ' ἄρ' Ὀδυσσῆϊ μοῖραν θέσαν οἳ πονέοντο
ἴσην, ὡς αὐτοί περ ἐλάγχανον: ὣς γὰρ ἀνώγει
Τηλέμαχος, φίλος υἱὸς Ὀδυσσῆος θείοιο.
μνηστῆρας δ' οὐ πάμπαν ἀγήνορας εἴα Ἀθήνη
λώβης ἴσχεσθαι θυμαλγέος, ὄφρ' ἔτι μᾶλλον 285
δύη ἄχος κραδίην Λαερτιάδην Ὀδυσῆα.
ἦν δέ τις ἐν μνηστῆρσιν ἀνὴρ ἀθεμίστια εἰδώς,
Κτήσιππος δ' ὄνομ' ἔσκε, Σάμῃ δ' ἐνὶ οἰκία ναῖεν:
ὃς δή τοι κτεάτεσσι πεποιθὼς θεσπεσίοισι
μνάσκετ' Ὀδυσσῆος δὴν οἰχομένοιο δάμαρτα. 290
ὅς ῥα τότε μνηστῆρσιν ὑπερφιάλοισι μετηύδα:
   'κέκλυτέ μευ, μνηστῆρες ἀγήνορες, ὄφρα τι εἴπω:
μοῖραν μὲν δὴ ξεῖνος ἔχει πάλαι, ὡς ἐπέοικεν,
ἴσην: οὐ γὰρ καλὸν ἀτέμβειν οὐδὲ δίκαιον
ξείνους Τηλεμάχου, ὅς κεν τάδε δώμαθ' ἵκηται. 295
ἀλλ' ἄγε οἱ καὶ ἐγὼ δῶ ξείνιον, ὄφρα καὶ αὐτὸς
ἠὲ λοετροχόῳ δώῃ γέρας ἠέ τῳ ἄλλῳ
δμώων, οἳ κατὰ δώματ' Ὀδυσσῆος θείοιο.'
   ὣς εἰπὼν ἔρριψε βοὸς πόδα χειρὶ παχείῃ.

And hands from force, lest there be wrath and strife."
  He spake; the suitors, as they heard him, bit
Their pressed lips, wondering at Telemachus,
Who uttered such bold words. Antinoüs then,
Eupeithes' son, bespake his fellows thus:— 330
  "Harsh as they are, let us, O Greeks, endure
These speeches of Telemachus. He makes
High threats, but had Saturnian Jove allowed,
We should, ere this, and in these very halls,
Have quieted our loud-tongued orator." 335
  So spake the suitor, but Telemachus
Heeded him not. Then through the city came
The heralds with a hallowed hecatomb,
Due to the gods. The long-haired people thronged
The shady grove of Phœbus, archer-god. 340
  Now when the flesh was roasted and was drawn
From off the spits, and each was given his share,
They held high festival. The men who served
The banquet gave Ulysses, where he sat,
A portion equal to their own, for so 345
His own dear son Telemachus enjoined.
  Yet did not Pallas cause the haughty crew
Of suitors to refrain from stinging taunts,
That so the spirit of Laertes' son
Might be more deeply wounded. One there was 350
Among the suitors, a low-thoughted wretch;
Ctesippus was his name, and his abode
Was Samos. Trusting in his father's wealth,
He wooed the wife of the long-absent king
Ulysses. To his insolent mates he said:— 355
  "Hear me, ye noble suitors, while I speak.
This stranger has received an equal share,
As is becoming; for it were not just
Nor seemly to pass by, in such a feast,
The guests, whoe'er they may be, that resort 360
To this fair mansion of Telemachus.
I also will bestow on him a gift
Of hospitality, and he in turn
May give it to the keeper of the bath,
Or any other of the menial train 365
That serve the household of Ulysses here."
  So speaking, with his strong right hand he flung
A bullock's foot, which from a canister

κείμενον ἐκ κανέοιο λαβών· ὁ δ᾽ ἀλεύατ᾽ Ὀδυσσεὺς 300
ἦκα παρακλίνας κεφαλήν, μείδησε δὲ θυμῷ
σαρδάνιον μάλα τοῖον· ὁ δ᾽ εὔδμητον βάλε τοῖχον.
Κτήσιππον δ᾽ ἄρα Τηλέμαχος ἠνίπαπε μύθῳ·
 'Κτήσιπφ᾽, ἦ μάλα τοι τόδε κέρδιον ἔπλετο θυμῷ·
οὐκ ἔβαλες τὸν ξεῖνον· ἀλεύατο γὰρ βέλος αὐτός. 305
ἦ γάρ κέν σε μέσον βάλον ἔγχεϊ ὀξυόεντι,
καί κέ τοι ἀντὶ γάμοιο πατὴρ τάφον ἀμφεπονεῖτο
ἐνθάδε. τῷ μή τίς μοι ἀεικείας ἐνὶ οἴκῳ
φαινέτω· ἤδη γὰρ νοέω καὶ οἶδα ἕκαστα,
ἐσθλά τε καὶ τὰ χέρηα· πάρος δ᾽ ἔτι νήπιος ἦα. 310
ἀλλ᾽ ἔμπης τάδε μὲν καὶ τέτλαμεν εἰσορόωντες,
μήλων σφαζομένων οἴνοιό τε πινομένοιο
καὶ σίτου· χαλεπὸν γὰρ ἐρυκακέειν ἕνα πολλούς.
ἀλλ᾽ ἄγε μηκέτι μοι κακὰ ῥέζετε δυσμενέοντες·
εἰ δ᾽ ἤδη μ᾽ αὐτὸν κτεῖναι μενεαίνετε χαλκῷ, 315
καί κε τὸ βουλοίμην, καί κεν πολὺ κέρδιον εἴη
τεθνάμεν ἢ τάδε γ᾽ αἰὲν ἀεικέα ἔργ᾽ ὁράασθαι,
ξείνους τε στυφελιζομένους δμῳάς τε γυναῖκας
ῥυστάζοντας ἀεικελίως κατὰ δώματα καλά.'
 ὣς ἔφαθ᾽, οἱ δ᾽ ἄρα πάντες ἀκὴν ἐγένοντο σιωπῇ· 320
ὀψὲ δὲ δὴ μετέειπε Δαμαστορίδης Ἀγέλαος·
 'ὦ φίλοι, οὐκ ἂν δή τις ἐπὶ ῥηθέντι δικαίῳ
ἀντιβίοις ἐπέεσσι καθαπτόμενος χαλεπαίνοι·
μήτε τι τὸν ξεῖνον στυφελίζετε μήτε τιν᾽ ἄλλον
δμώων, οἳ κατὰ δώματ᾽ Ὀδυσσῆος θείοιο. 325
Τηλεμάχῳ δέ κε μῦθον ἐγὼ καὶ μητέρι φαίην
ἤπιον, εἴ σφωϊν κραδίῃ ἅδοι ἀμφοτέροιϊν.
ὄφρα μὲν ὑμῖν θυμὸς ἐνὶ στήθεσσιν ἐώλπει
νοστήσειν Ὀδυσῆα πολύφρονα ὅνδε δόμονδε,
τόφρ᾽ οὔ τις νέμεσις μενέμεν τ᾽ ἦν ἰσχέμεναί τε 330
μνηστῆρας κατὰ δώματ᾽, ἐπεὶ τόδε κέρδιον ἦεν,
εἰ νόστησ᾽ Ὀδυσεὺς καὶ ὑπότροπος ἵκετο δῶμα·
νῦν δ᾽ ἤδη τόδε δῆλον, ὅ τ᾽ οὐκέτι νόστιμός ἐστιν.
ἀλλ᾽ ἄγε, σῇ τάδε μητρὶ παρεζόμενος κατάλεξον,
γήμασθ᾽ ὅς τις ἄριστος ἀνὴρ καὶ πλεῖστα πόρῃσιν, 335
ὄφρα σὺ μὲν χαίρων πατρώϊα πάντα νέμηαι,

Hard by he plucked. Ulysses gently bowed
His head, and shunned the blow, and grimly smiled. 370
The missile struck the solid wall, and then
Telemachus rebuked the suitor thus:—
  "Ctesippus, well hast thou escaped with life,
Not having hit the stranger, who himself
Shrank from the blow; else had I pinned thee through 375
With my sharp spear. Instead of wedding feast,
Thy father would have celebrated here
Thy funeral rites. Let no man in these halls
Bear himself insolently in my sight
Hereafter, for my reason now is ripe 380
To know the right from wrong. I was of late
A child, and now it is enough to bear
That ye should slay our sheep, and drink our wine,
And eat our bread,—for what can one man do
Against so many? Cease this petty war 385
Of wrong and hatred; but if ye desire
To take my life, 'tis well; 'twere better so.
And rather would I die by violence
Than live to see these most unmanly deeds,—
Guests driven away, and women-servants hauled 390
Through these fair rooms by brutal wassailers."
He ended, and the assembly all sat mute
Till Agelaüs spake, Damastor's son:—
  "O friends! let no man here with carping words
Gainsay what is so rightly said, nor yet 395
Insult the stranger more, nor one of those
Who serve the household of the godlike chief
Ulysses in his palace. I would say
This word in kindness to Telemachus
And to his mother; may it please them both! 400
While yet the hope was cherished in your hearts
That wise Ulysses would return, no blame
Could fasten on the queen that she remained
Unwedded, and resisted those who came
To woo her in the palace. Better so, 405
Had he come home again. Yet now, 'tis clear,
He comes no more. Go then, Telemachus,
And, sitting by thy mother, bid her wed
The noblest of her wooers, and the one
Who brings the richest gifts; and thou possess 410
Thy father's wealth in peace, and eat and drink

ἔσθων καὶ πίνων, ἡ δ' ἄλλου δῶμα κομίζῃ.'
    τὸν δ' αὖ Τηλέμαχος πεπνυμένος ἀντίον ηὔδα:
'οὐ μὰ Ζῆν', Ἀγέλαε, καὶ ἄλγεα πατρὸς ἐμοῖο,
ὅς που τῆλ' Ἰθάκης ἢ ἔφθιται ἢ ἀλάληται, 340
οὔ τι διατρίβω μητρὸς γάμον, ἀλλὰ κελεύω
γήμασθ' ᾧ κ' ἐθέλῃ, ποτὶ δ' ἄσπετα δῶρα δίδωμι.
αἰδέομαι δ' ἀέκουσαν ἀπὸ μεγάροιο δίεσθαι
μύθῳ ἀναγκαίῳ: μὴ τοῦτο θεὸς τελέσειεν.'
    ὣς φάτο Τηλέμαχος: μνηστῆρσι δὲ Παλλὰς Ἀθήνη 345
ἄσβεστον γέλω ὦρσε, παρέπλαγξεν δὲ νόημα.
οἱ δ' ἤδη γναθμοῖσι γελοίων ἀλλοτρίοισιν,
αἱμοφόρυκτα δὲ δὴ κρέα ἤσθιον: ὄσσε δ' ἄρα σφέων
δακρυόφιν πίμπλαντο, γόον δ' ὠΐετο θυμός.
τοῖσι δὲ καὶ μετέειπε Θεοκλύμενος θεοειδής: 350
'ἆ δειλοί, τί κακὸν τόδε πάσχετε; νυκτὶ μὲν ὑμέων
εἰλύαται κεφαλαί τε πρόσωπά τε νέρθε τε γοῦνα.
οἰμωγὴ δὲ δέδηε, δεδάκρυνται δὲ παρειαί,
αἵματι δ' ἐρράδαται τοῖχοι καλαί τε μεσόδμαι:
εἰδώλων δὲ πλέον πρόθυρον, πλείη δὲ καὶ αὐλή, 355
ἱεμένων Ἔρεβόσδε ὑπὸ ζόφον: ἥλιος δὲ
οὐρανοῦ ἐξαπόλωλε, κακὴ δ' ἐπιδέδρομεν ἀχλύς.'
    ὣς ἔφαθ', οἱ δ' ἄρα πάντες ἐπ' αὐτῷ ἡδὺ γέλασσαν.
τοῖσιν δ' Εὐρύμαχος, Πολύβου πάϊς, ἦρχ' ἀγορεύειν:
'ἀφραίνει ξεῖνος νέον ἄλλοθεν εἰληλουθώς. 360
ἀλλά μιν αἶψα, νέοι, δόμου ἐκπέμψασθε θύραζε
εἰς ἀγορὴν ἔρχεσθαι, ἐπεὶ τάδε νυκτὶ ἐΐσκει.'
    τὸν δ' αὖτε προσέειπε Θεοκλύμενος θεοειδής:
'Εὐρύμαχ', οὔ τί σ' ἄνωγα ἐμοὶ πομπῆας ὀπάζειν:
εἰσί μοι ὀφθαλμοί τε καὶ οὔατα καὶ πόδες ἄμφω 365
καὶ νόος ἐν στήθεσσι τετυγμένος οὐδὲν ἀεικής.
τοῖς ἔξειμι θύραζε, ἐπεὶ νοέω κακὸν ὔμμιν
ἐρχόμενον, τό κεν οὔ τις ὑπεκφύγοι οὐδ' ἀλέαιτο
μνηστήρων, οἳ δῶμα κάτ' ἀντιθέου Ὀδυσῆος
ἀνέρας ὑβρίζοντες ἀτάσθαλα μηχανάασθε.' 370

At will, while she shall find another home."
  And thus discreet Telemachus replied:
"Nay, Agelaüs, for I swear by Jove,
And by my father's sufferings, who has died,   415
Or yet is wandering, far from Ithaca,
That I do nothing to delay the choice
And marriage of my mother. I consent
That she become the wife of whom she list,
And him who offers most. But I should feel   420
Great shame to thrust her forth against her will,
And with unfilial speeches; God forbid!"
  He ended here, and Pallas, as he spake,
To inextinguishable laughter moved
The suitors. There they sat with wandering minds;   425
They swallowed morsels foul with blood; their eyes
Were filled with tears; their hearts foreboded woe.
Then spake the godlike Theoclymenus:—
  "Unhappy men! what may this evil be
That overtakes you? Every brow and face   430
And each one's lower limbs are wrapped in night,
And moans arise, and tears are on your cheeks.
The walls and all the graceful cornices
Between the pillars are bedropped with blood,
The portico is full, these halls are full   435
Of shadows, hastening down to Erebus
Amid the gloom. The sun is blotted out
From heaven, and fearful darkness covers all."
  He spake, and loud they laughed. Eurymachus,
The son of Polybus, in answer said:—   440
  "The stranger prattles idly; he is come
From some far land. Conduct him through the door,
Young men, and send him to the market-place,
Since all things here are darkened to his eyes."
  Then spake the godlike Theoclymenus: 445
"Eurymachus, from thee I ask no guide,
For I have eyes and ears, and two good feet,
And in my breast a mind as sound as they,
And by the aid of these I mean to make
My way without; for clearly I perceive   450
A coming evil, which no suitor here
Will yet escape,—no one who, in these halls
Of the great chief, Ulysses, treats with scorn
His fellow-man, and broods o'er guilty plans."

ὣς εἰπὼν ἐξῆλθε δόμων εὖ ναιεταόντων,
ἵκετο δ' ἐς Πείραιον, ὅ μιν πρόφρων ὑπέδεκτο.
μνηστῆρες δ' ἄρα πάντες ἐς ἀλλήλους ὁρόωντες
Τηλέμαχον ἐρέθιζον, ἐπὶ ξείνοις γελόωντες·
ὧδε δέ τις εἴπεσκε νέων ὑπερηνορεόντων: 375
'Τηλέμαχ', οὔ τις σεῖο κακοξεινώτερος ἄλλος·
οἷον μέν τινα τοῦτον ἔχεις ἐπίμαστον ἀλήτην,
σίτου καὶ οἴνου κεχρημένον, οὐδέ τι ἔργων
ἔμπαιον οὐδὲ βίης, ἀλλ' αὕτως ἄχθος ἀρούρης.
ἄλλος δ' αὖτέ τις οὗτος ἀνέστη μαντεύεσθαι. 380
ἀλλ' εἴ μοί τι πίθοιο, τό κεν πολὺ κέρδιον εἴη·
τοὺς ξείνους ἐν νηῒ πολυκληῒδι βαλόντες
ἐς Σικελοὺς πέμψωμεν, ὅθεν κέ τοι ἄξιον ἄλφοι.'
  ὣς ἔφασαν μνηστῆρες· ὁ δ' οὐκ ἐμπάζετο μύθων,
ἀλλ' ἀκέων πατέρα προσεδέρκετο, δέγμενος αἰεί, 385
ὁππότε δὴ μνηστῆρσιν ἀναιδέσι χεῖρας ἐφήσει.
ἡ δὲ κατ' ἄντηστιν θεμένη περικαλλέα δίφρον
κούρη Ἰκαρίοιο, περίφρων Πηνελόπεια,
ἀνδρῶν ἐν μεγάροισιν ἑκάστου μῦθον ἄκουεν.
δεῖπνον μὲν γάρ τοί γε γελοίωντες τετύκοντο 390
ἡδὺ τε καὶ μενοεικές, ἐπεὶ μάλα πόλλ' ἱέρευσαν·
δόρπου δ' οὐκ ἄν πως ἀχαρίστερον ἄλλο γένοιτο,
οἷον δὴ τάχ' ἔμελλε θεὰ καὶ καρτερὸς ἀνὴρ
θησέμεναι· πρότεροι γὰρ ἀεικέα μηχανόωντο.

He spake, and, hastening from that noble pile, 455
Came to Piræus, in whose house he found
A welcome. All the suitors, as he went,
Looked at each other, and, the more to vex
Telemachus, kept laughing at his guests.
And thus an insolent youth among them said:— 460
  "No man had ever a worse set of guests
Than thou, Telemachus. For what a wretch
That wandering beggar is, who always wants
His bread and wine, and is unfit for work,
And has no strength; in truth, a useless load 465
Upon the earth he treads. The other guest
Rises to play the prophet. If thou take
My counsel, which I give thee for thy good,
Let them at once be put on board a bark
Of many oars, and we will send them hence 470
To the Sicilians; they will bring a price."
  So talked the suitors, but he heeded not
Their words, and, looking toward his father, held
His peace, expecting when he would lay hands
Upon that insolent crew. Penelope, 475
Sage daughter of Icarius, took her place
Right opposite upon a sumptuous seat,
And heard the words of every man who spake
Within the hall. They held that midday feast
With laughter,—a luxurious feast it was, 480
And mirthful; many victims had been slain
To furnish forth the tables; but no feast
Could be more bitter than the later one,
To which the goddess and that valiant man
Would bid the guilty crew of plotters soon. 485

Τῇ δ' ἄρ' ἐπὶ φρεσὶ θῆκε θεὰ γλαυκῶπις Ἀθήνη,
κούρῃ Ἰκαρίοιο, περίφρονι Πηνελοπείῃ,
τόξον μνηστήρεσσι θέμεν πολιόν τε σίδηρον
ἐν μεγάροις Ὀδυσῆος, ἀέθλια καὶ φόνου ἀρχήν.
κλίμακα δ' ὑψηλὴν προσεβήσετο οἷο δόμοιο,   5
εἵλετο δὲ κληῗδ' εὐκαμπέα χειρὶ παχείῃ
καλὴν χαλκείην: κώπη δ' ἐλέφαντος ἐπῆεν.
βῆ δ' ἴμεναι θάλαμόνδε σὺν ἀμφιπόλοισι γυναιξὶν
ἔσχατον: ἔνθα δέ οἱ κειμήλια κεῖτο ἄνακτος,
χαλκός τε χρυσός τε πολύκμητός τε σίδηρος.   10
ἔνθα δὲ τόξον κεῖτο παλίντονον ἠδὲ φαρέτρη
ἰοδόκος, πολλοὶ δ' ἔνεσαν στονόεντες ὀϊστοί,
δῶρα τά οἱ ξεῖνος Λακεδαίμονι δῶκε τυχήσας
Ἴφιτος Εὐρυτίδης, ἐπιείκελος ἀθανάτοισι.
τὼ δ' ἐν Μεσσήνῃ ξυμβλήτην ἀλλήλοιϊν   15
οἴκῳ ἐν Ὀρτιλόχοιο δαΐφρονος. ἦ τοι Ὀδυσσεὺς
ἦλθε μετὰ χρεῖος, τό ῥά οἱ πᾶς δῆμος ὄφελλε:
μῆλα γὰρ ἐξ Ἰθάκης Μεσσήνιοι ἄνδρες ἄειραν

BOOK XXI

Pallas, the goddess of the azure eyes,
Woke in the mind of sage Penelope,
The daughter of Icarius, this design,—
To put into the suitors' hands the bow
And gray steel rings, and to propose a game   5
That in the palace was to usher in
The slaughter. So she climbed the lofty stair,
Up from the hall, and took in her plump hand
The fair carved key; its wards were wrought of brass,
And ivory was the handle. Soon she reached   10
The furthest room with her attendant maids.
There lay the treasures of Ulysses,—brass
And gold, and steel divinely wrought. There lay
His bow unstrung; there lay his quiver charged
With arrows; many were the deadly shafts   15
It held, a stranger's gift, who met him once
In Lacedæmon, Iphitus by name,
The son of Eurytus, and like the gods
In presence. In Messenè met the twain,
And in the mansion of Orsilochus,   20
The warlike. Thither had Ulysses come
To claim a debt from all the region round;
For rovers from Messenè to their ships
Had driven and carried off from Ithaca

νηυσὶ πολυκλήϊσι τριηκόσι᾽ ἠδὲ νομῆας.
τῶν ἕνεκ᾽ ἐξεσίην πολλὴν ὁδὸν ἦλθεν Ὀδυσσεὺς 20
παιδνὸς ἐών· πρὸ γὰρ ἧκε πατὴρ ἄλλοι τε γέροντες.
Ἴφιτος αὖθ᾽ ἵππους διζήμενος, αἵ οἱ ὄλοντο
δώδεκα θήλειαι, ὑπὸ δ᾽ ἡμίονοι ταλαεργοί·
αἳ δή οἱ καὶ ἔπειτα φόνος καὶ μοῖρα γένοντο,
ἐπεὶ δὴ Διὸς υἱὸν ἀφίκετο καρτερόθυμον, 25
φῶθ᾽ Ἡρακλῆα, μεγάλων ἐπιίστορα ἔργων,
ὅς μιν ξεῖνον ἐόντα κατέκτανεν ᾧ ἐνὶ οἴκῳ,
σχέτλιος, οὐδὲ θεῶν ὄπιν ᾐδέσατ᾽ οὐδὲ τράπεζαν,
τὴν ἥν οἱ παρέθηκεν· ἔπειτα δὲ πέφνε καὶ αὐτόν,
ἵππους δ᾽ αὐτὸς ἔχε κρατερώνυχας ἐν μεγάροισι. 30
τὰς ἐρέων Ὀδυσῆϊ συνήντετο, δῶκε δὲ τόξον,
τὸ πρὶν μέν ῥ᾽ ἐφόρει μέγας Εὔρυτος, αὐτὰρ ὁ παιδὶ
κάλλιπ᾽ ἀποθνῄσκων ἐν δώμασιν ὑψηλοῖσι.
τῷ δ᾽ Ὀδυσεὺς ξίφος ὀξὺ καὶ ἄλκιμον ἔγχος ἔδωκεν,
ἀρχὴν ξεινοσύνης προσκηδέος· οὐδὲ τραπέζῃ 35
γνώτην ἀλλήλων· πρὶν γὰρ Διὸς υἱὸς ἔπεφνεν
Ἴφιτον Εὐρυτίδην, ἐπιείκελον ἀθανάτοισιν,
ὅς οἱ τόξον ἔδωκε. τὸ δ᾽ οὔ ποτε δῖος Ὀδυσσεὺς
ἐρχόμενος πόλεμόνδε μελαινάων ἐπὶ νηῶν
ᾑρεῖτ᾽, ἀλλ᾽ αὐτοῦ μνῆμα ξείνοιο φίλοιο 40
κέσκετ᾽ ἐνὶ μεγάροισι, φόρει δέ μιν ἧς ἐπὶ γαίης.
ἡ δ᾽ ὅτε δὴ θάλαμον τὸν ἀφίκετο δῖα γυναικῶν
οὐδόν τε δρύϊνον προσεβήσετο, τόν ποτε τέκτων
ξέσσεν ἐπισταμένως καὶ ἐπὶ στάθμην ἴθυνεν,
ἐν δὲ σταθμοὺς ἄρσε, θύρας δ᾽ ἐπέθηκε φαεινάς, 45
αὐτίκ᾽ ἄρ᾽ ἥ γ᾽ ἱμάντα θοῶς ἀπέλυσε κορώνης,
ἐν δὲ κληῖδ᾽ ἧκε, θυρέων δ᾽ ἀνέκοπτεν ὀχῆας
ἄντα τιτυσκομένη· τὰ δ᾽ ἀνέβραχεν ἠΰτε ταῦρος
βοσκόμενος λειμῶνι· τόσ᾽ ἔβραχε καλὰ θύρετρα
πληγέντα κληῖδι, πετάσθησαν δέ οἱ ὦκα. 50
ἡ δ᾽ ἄρ᾽ ἐφ᾽ ὑψηλῆς σανίδος βῆ· ἔνθα δὲ χηλοὶ

Three hundred sheep and those who tended them.   25
For this Ulysses, though a stripling yet,
Came that long voyage, on an embassy,
Sent by his father and the other chiefs.
And Iphitus had come in search of steeds
Which he had lost,—twelve mares, and under them   30
Twelve hardy mules, their foals. That errand brought
The doom of death upon him. For he came,
In journeying, to the abode of Hercules,
The mighty hero-son of Jupiter,
Famed for his labors, who, in his own house,   35
Slew Iphitus, the stranger. Cruel wretch!
Who reverenced not the vengeance of the gods,
Nor what was due to his own board, at which
He placed his guest, and slew him afterward,
And in his stables kept the goodly mares.   40
'Twas when this guest was seeking for his steeds
He met Ulysses, and bestowed on him
The bow, which mighty Eurytus once bore,
And dying in his lofty palace left
The weapon to his son. Ulysses gave   45
In turn a trenchant sword and massive lance,
A pledge of kindly hospitality,
Begun, but not continued till they sat
Each at the other's table; for the son
Of Jove first took the life of him who gave   50
The bow, the godlike son of Eurytus.
That bow Ulysses, when he went to war
In his black galleys, never took with him,
But left it in his palace, to be kept
In memory of a beloved friend,   55
And only bore it in his own domain.
    Now when the glorious lady reached the room,
And stood upon the threshold, wrought of oak
And polished by the workman's cunning hand,
Who stretched the line upon it, and set up   60
Its posts, and hung its shining doors, she loosed
With a quick touch the thong that held the ring,
Put in the key, and with a careful aim
Struck back the sounding bolts. As when a bull
Roars in the field, such sound the beautiful doors,   65
Struck with the key, gave forth, and instantly
They opened to her. Up the lofty floor

ἔστασαν, ἐν δ' ἄρα τῇσι θυώδεα εἵματ' ἔκειτο.
ἔνθεν ὀρεξαμένη ἀπὸ πασσάλου αἴνυτο τόξον
αὐτῷ γωρυτῷ, ὅς οἱ περίκειτο φαεινός.
ἑζομένη δὲ κατ' αὖθι, φίλοις ἐπὶ γούνασι θεῖσα, 55
κλαῖε μάλα λιγέως, ἐκ δ' ᾕρεε τόξον ἄνακτος.
ἡ δ' ἐπεὶ οὖν τάρφθη πολυδακρύτοιο γόοιο,
βῆ ῥ' ἴμεναι μέγαρόνδε μετὰ μνηστῆρας ἀγαυοὺς
τόξον ἔχουσ' ἐν χειρὶ παλίντονον ἠδὲ φαρέτρην
ἰοδόκον· πολλοὶ δ' ἔνεσαν στονόεντες ὀϊστοί. 60
τῇ δ' ἄρ' ἅμ' ἀμφίπολοι φέρον ὄγκιον, ἔνθα σίδηρος
κεῖτο πολὺς καὶ χαλκός, ἀέθλια τοῖο ἄνακτος.
ἡ δ' ὅτε δὴ μνηστῆρας ἀφίκετο δῖα γυναικῶν,
στῆ ῥα παρὰ σταθμὸν τέγεος πύκα ποιητοῖο,
ἄντα παρειάων σχομένη λιπαρὰ κρήδεμνα. 65
ἀμφίπολος δ' ἄρα οἱ κεδνὴ ἑκάτερθε παρέστη.
αὐτίκα δὲ μνηστῆρσι μετηύδα καὶ φάτο μῦθον·
  'κέκλυτέ μευ, μνηστῆρες ἀγήνορες, οἳ τόδε δῶμα
ἐχράετ' ἐσθιέμεν καὶ πινέμεν ἐμμενὲς αἰεὶ
ἀνδρὸς ἀποιχομένοιο πολὺν χρόνον· οὐδέ τιν' ἄλλην 70
μύθου ποιήσασθαι ἐπισχεσίην ἐδύνασθε,
ἀλλ' ἐμὲ ἱέμενοι γῆμαι θέσθαι τε γυναῖκα.
ἀλλ' ἄγετε, μνηστῆρες, ἐπεὶ τόδε φαίνετ' ἄεθλον.
θήσω γὰρ μέγα τόξον Ὀδυσσῆος θείοιο·
ὃς δέ κε ῥηΐτατ' ἐντανύσῃ βιὸν ἐν παλάμῃσι 75
καὶ διοϊστεύσῃ πελέκεων δυοκαίδεκα πάντων,
τῷ κεν ἅμ' ἑσποίμην, νοσφισσαμένη τόδε δῶμα
κουρίδιον, μάλα καλόν, ἐνίπλειον βιότοιο,
τοῦ ποτὲ μεμνήσεσθαι ὀΐομαι ἔν περ ὀνείρῳ.'
  ὣς φάτο, καί ῥ' Εὔμαιον ἀνώγει, δῖον ὑφορβόν, 80
τόξον μνηστήρεσσι θέμεν πολιόν τε σίδηρον.
δακρύσας δ' Εὔμαιος ἐδέξατο καὶ κατέθηκε·
κλαῖε δὲ βουκόλος ἄλλοθ', ἐπεὶ ἴδε τόξον ἄνακτος.
Ἀντίνοος δ' ἐνένιπεν ἔπος τ' ἔφατ' ἔκ τ' ὀνόμαζε·
  'νήπιοι ἀγροιῶται, ἐφημέρια φρονέοντες, 85
ἆ δειλώ, τί νυ δάκρυ κατείβετον ἠδὲ γυναικὶ
θυμὸν ἐνὶ στήθεσσιν ὀρίνετον; ᾗ τε καὶ ἄλλως
κεῖται ἐν ἄλγεσι θυμός, ἐπεὶ φίλον ὤλεσ' ἀκοίτην.

She stepped, where stood the coffer that contained
The perfumed garments. Reaching forth her hand,
The queen took down the bow, that hung within 70
Its shining case, and sat her down, and laid
The case upon her knees, and, drawing forth
The monarch's bow, she wept aloud. As soon
As that new gush of tears had ceased to fall,
Back to the hall she went, and that proud throng 75
Of suitors, bearing in her hand the bow
Unstrung, and quiver, where the arrows lay
Many and deadly. Her attendant maids
Brought also down a coffer, where were laid
Much brass and steel, provided by the king 80
For games like these. The glorious lady then,
In presence of the suitors, stood beside
The columns that upheld the stately roof.
She held a lustrous veil before her cheeks,
And, while on either side of her a maid 85
Stood modestly, bespake the suitors thus:—
    "Hear, noble suitors! ye who throng these halls,
And eat and drink from day to day, while long
My husband has been gone; your sole excuse
For all this lawlessness the claim ye make 90
That I become a bride. Come then, for now
A contest is proposed. I bring to you
The mighty bow that great Ulysses bore.
Whoe'er among you he may be whose hand
Shall bend this bow, and send through these twelve rings 95
An arrow, him I follow hence, and leave
This beautiful abode of my young years,
With all its plenty,—though its memory,
I think, will haunt me even in my dreams."
    She spake, and bade the master of the swine, 100
The good Eumæus, place the bow and rings
Of hoary steel before the suitor-train.
In tears he bore the bow and laid it down.
The herdsman also wept to see again
His master's bow. Antinoüs called to both 105
With a loud voice, and chid them angrily:—
    "Ye silly rustics, who can never see
Beyond the hour, why trouble with your tears
The lady who had grief enough besides
For her lost husband? Sit and share the feast 110

ἀλλ᾽ ἀκέων δαίνυσθε καθήμενοι, ἠὲ θύραζε
κλαίετον ἐξελθόντε, κατ᾽ αὐτόθι τόξα λιπόντε, 90
μνηστήρεσσιν ἄεθλον ἄατον· οὐ γὰρ ὀΐω
ῥηϊδίως τόδε τόξον ἔΰξοον ἐντανύεσθαι.
οὐ γάρ τις μέτα τοῖος ἀνὴρ ἐν τοίσδεσι πᾶσιν
οἷος Ὀδυσσεὺς ἔσκεν· ἐγὼ δέ μιν αὐτὸς ὄπωπα,
καὶ γὰρ μνήμων εἰμί, πάϊς δ᾽ ἔτι νήπιος ἦα.' 95
ὣς φάτο, τῷ δ᾽ ἄρα θυμὸς ἐνὶ στήθεσσιν ἐώλπει
νευρὴν ἐντανύσειν διοϊστεύσειν τε σιδήρου.
ἦ τοι ὀϊστοῦ γε πρῶτος γεύσεσθαι ἔμελλεν
ἐκ χειρῶν Ὀδυσῆος ἀμύμονος, ὃν τότ᾽ ἀτίμα
ἥμενος ἐν μεγάροις, ἐπὶ δ᾽ ὤρνυε πάντας ἑταίρους. 100
τοῖσι δὲ καὶ μετέειφ᾽ ἱερὴ ἲς Τηλεμάχοιο·
'ὢ πόποι, ἦ μάλα με Ζεὺς ἄφρονα θῆκε Κρονίων·
μήτηρ μέν μοί φησι φίλη, πινυτή περ ἐοῦσα,
ἄλλῳ ἅμ᾽ ἕψεσθαι νοσφισσαμένη τόδε δῶμα·
αὐτὰρ ἐγὼ γελόω καὶ τέρπομαι ἄφρονι θυμῷ. 105
ἀλλ᾽ ἄγετε, μνηστῆρες, ἐπεὶ τόδε φαίνετ᾽ ἄεθλον,
οἵη νῦν οὐκ ἔστι γυνὴ κατ᾽ Ἀχαιΐδα γαῖαν,
οὔτε Πύλου ἱερῆς οὔτ᾽ Ἄργεος οὔτε Μυκήνης·
οὔτ᾽ αὐτῆς Ἰθάκης οὔτ᾽ ἠπείροιο μελαίνης·
καὶ δ᾽ αὐτοὶ τόδε γ᾽ ἴστε· τί με χρὴ μητέρος αἴνου; 110
ἀλλ᾽ ἄγε μὴ μύνῃσι παρέλκετε μηδ᾽ ἔτι τόξου
δηρὸν ἀποτρωπᾶσθε τανυστύος, ὄφρα ἴδωμεν.
καὶ δέ κεν αὐτὸς ἐγὼ τοῦ τόξου πειρησαίμην·
εἰ δέ κεν ἐντανύσω διοϊστεύσω τε σιδήρου,
οὔ κέ μοι ἀχνυμένῳ τάδε δώματα πότνια μήτηρ 115
λείποι ἅμ᾽ ἄλλῳ ἰοῦσ᾽, ὅτ᾽ ἐγὼ κατόπισθε λιποίμην
οἷός τ᾽ ἤδη πατρὸς ἀέθλια κάλ᾽ ἀνελέσθαι.'
ἦ καὶ ἀπ᾽ ὤμοιϊν χλαῖναν θέτο φοινικόεσσαν
ὀρθὸς ἀναΐξας, ἀπὸ δὲ ξίφος ὀξὺ θέτ᾽ ὤμων.
πρῶτον μὲν πελέκεας στῆσεν, διὰ τάφρον ὀρύξας 120
πᾶσι μίαν μακρήν, καὶ ἐπὶ στάθμην ἴθυνεν,
ἀμφὶ δὲ γαῖαν ἔναξε· τάφος δ᾽ ἕλε πάντας ἰδόντας,
ὡς εὐκόσμως στῆσε· πάρος δ᾽ οὔ πώ ποτ᾽ ὀπώπει.

In silence, or go forth and leave the bow;
A difficult contest it will be for us,
Nor, as I think, will this fair bow be bent
With ease, since surely there is no man here
Such as Ulysses was. I saw him once,   115
While but a child, and still remember him."
    He spake, yet in his secret heart believed
That he should bend the bow, and send a shaft
Through all the rings. And yet he was the first
To taste the steel,—an arrow from the hand   120
Of the great chief Ulysses,—whom he wronged
In his own palace, and to equal wrong
Encouraged others. Then Telemachus
Rose in his sacred might, and thus began:—
    "Alas! it must be that Saturnian Jove   125
Has made me lose my wits. Wise as she is,
My mother promises to leave her home
And follow some one else, and yet I laugh,
And am delighted in my foolish heart.
Come then, since such a contest is proposed,   130
Ye suitors! and for such a woman too.
The like is not in all the lands of Greece,
Argos, Mycenæ, or the hallowed shore
Of Pylos, or in Ithaca itself,
Or the dark mainland coast. Ye know it well;   135
Why should I praise my mother? Come then, all;
Let there be no excuses for delay,
Nor longer leave the bow untried, that we
May see the event. I too am moved to try;
And if I bend the bow, and send a shaft   140
Through all the rings, my gracious mother then
Will not, to my great grief, renounce her home,
And, following another, leave me here,
Although my prowess even now might win
The glorious prizes that my father won."   145
    He spake and, rising, from his shoulders took
The purple cloak, and laid the trenchant sword
Aside; and first he placed the rings of steel
In order, opening for them in the ground
A long trench by a line, and stamping close   150
The earth around them. All admired the skill
With which he ranged them, never having seen
The game before. And then he took his place

στῆ δ' ἄρ' ἐπ' οὐδὸν ἰὼν καὶ τόξου πειρήτιζε.
τρὶς μέν μιν πελέμιξεν ἐρύσσεσθαι μενεαίνων, 125
τρὶς δὲ μεθῆκε βίης, ἐπιελπόμενος τό γε θυμῷ,
νευρὴν ἐντανύειν διοϊστεύσειν τε σιδήρου.
καί νύ κε δή ῥ' ἐτάνυσσε βίῃ τὸ τέταρτον ἀνέλκων,
ἀλλ' Ὀδυσεὺς ἀνένευε καὶ ἔσχεθεν ἱέμενόν περ.
τοῖς δ' αὖτις μετέειφ' ἱερὴ ἲς Τηλεμάχοιο: 130
'ὢ πόποι, ἦ καὶ ἔπειτα κακός τ' ἔσομαι καὶ ἄκικυς,
ἠὲ νεώτερός εἰμι καὶ οὔ πω χερσὶ πέποιθα
ἄνδρ' ἀπαμύνασθαι, ὅτε τις πρότερος χαλεπήνῃ.
ἀλλ' ἄγεθ', οἵ περ ἐμεῖο βίῃ προφερέστεροί ἐστε,
τόξου πειρήσασθε, καὶ ἐκτελέωμεν ἄεθλον.' 135
ὣς εἰπὼν τόξον μὲν ἀπὸ ἕο θῆκε χαμᾶζε,
κλίνας κολλητῇσιν ἐϋξέστῃς σανίδεσσιν,
αὐτοῦ δ' ὠκὺ βέλος καλῇ προσέκλινε κορώνῃ,
ἂψ δ' αὖτις κατ' ἄρ' ἕζετ' ἐπὶ θρόνου ἔνθεν ἀνέστη.
τοῖσιν δ' Ἀντίνοος μετέφη, Εὐπείθεος υἱός: 140
'ὄρνυσθ' ἑξείης ἐπιδέξια πάντες ἑταῖροι,
ἀρξάμενοι τοῦ χώρου ὅθεν τέ περ οἰνοχοεύει.'
ὣς ἔφατ' Ἀντίνοος, τοῖσιν δ' ἐπιήνδανε μῦθος.
Λειώδης δὲ πρῶτος ἀνίστατο, Οἴνοπος υἱός,
ὅ σφι θυοσκόος ἔσκε, παρὰ κρητῆρα δὲ καλὸν 145
ἷζε μυχοίτατος αἰέν: ἀτασθαλίαι δέ οἱ οἴῳ
ἐχθραὶ ἔσαν, πᾶσιν δὲ νεμέσσα μνηστήρεσσιν:
ὅς ῥα τότε πρῶτος τόξον λάβε καὶ βέλος ὠκύ.
στῆ δ' ἄρ' ἐπ' οὐδὸν ἰὼν καὶ τόξου πειρήτιζεν,
οὐδέ μιν ἐντάνυσε: πρὶν γὰρ κάμε χεῖρας ἀνέλκων 150
ἀτρίπτους ἁπαλάς: μετὰ δὲ μνηστῆρσιν ἔειπεν:
'ὦ φίλοι, οὐ μὲν ἐγὼ τανύω, λαβέτω δὲ καὶ ἄλλος.
πολλοὺς γὰρ τόδε τόξον ἀριστῆας κεκαδήσει
θυμοῦ καὶ ψυχῆς, ἐπεὶ ἦ πολὺ φέρτερόν ἐστι
τεθνάμεν ἢ ζώοντας ἁμαρτεῖν, οὗθ' ἕνεκ' αἰεὶ 155
ἐνθάδ' ὁμιλέομεν, ποτιδέγμενοι ἤματα πάντα.
νῦν μέν τις καὶ ἔλπετ' ἐνὶ φρεσὶν ἠδὲ μενοινᾷ
γῆμαι Πηνελόπειαν, Ὀδυσσῆος παράκοιτιν.
αὐτὰρ ἐπὴν τόξου πειρήσεται ἠδὲ ἴδηται,

Upon the threshold, and essayed the bow;
And thrice he made the attempt, and thrice gave o'er, 155
Yet hoping still to draw the cord, and send
An arrow through the rings. He would have drawn
The bow at the fourth trial, but a nod
Given by his father caused him to forbear,
Though eager for the attempt. And then again 160
The princely youth bespake the suitors thus:—
   "Well, this is strange! I may hereafter prove
A craven and a weakling, or perchance
Am yet too young, and cannot trust my arm
To do me right against the man who first 165
Assaults me. Come then, ye whose strength excels
My own, and try the bow, and end the strife."
   He spake, and setting down the bow to lean
Against the firm smooth panels of the wall,
And the swift shaft against the bow's fair curve, 170
He took again his seat upon the throne
From which he rose. And then Eupeithes' son,
Antinoüs, to the crowd of suitors said:—
   "Rise one by one, my friends, from right to left.
Begin where he begins who pours the wine." 175
   So spake Antinoüs, and the rest approved.
Then rose Leiodes, son of Œnops, first.
He was their seer, and always had his seat
Beside the ample bowl. From deeds of wrong
He shrank with hatred, and was sore incensed 180
Against the suitors all. He took the bow
And shaft, and, going to the threshold, stood
And tried the bow, yet bent it not; it galled
His hands, for they were soft, and all unused
To such a task; and thus at length he spake:— 185
   "O friends, I bend it not; another hand
Must try. This bow, upon this very spot,
Will take from many a prince the breath of life.
And better were it thus to die, by far,
Than, living, fail of that intent for which 190
We haunt this place, and still from day to day
Assemble. There is many a one whose wish
And hope are strong to wed Penelope,
The consort of Ulysses; but so soon
As he shall see and try the hero's bow 195
Let him with marriage presents seek to gain

ἄλλην δή τιν' ἔπειτα Ἀχαιϊάδων εὐπέπλων 160
μνάσθω ἐέδνοισιν διζήμενος· ἡ δέ κ' ἔπειτα
γήμαιθ' ὅς κε πλεῖστα πόροι καὶ μόρσιμος ἔλθοι.'
  ὣς ἄρ' ἐφώνησεν καὶ ἀπὸ ἕο τόξον ἔθηκε,
κλίνας κολλητῇσιν ἐϋξέστης σανίδεσσιν,
αὐτοῦ δ' ὠκὺ βέλος καλῇ προσέκλινε κορώνῃ, 165
ἂψ δ' αὖτις κατ' ἄρ ἕζετ' ἐπὶ θρόνου ἔνθεν ἀνέστη.
Ἀντίνοος δ' ἐνένιπεν ἔπος τ' ἔφατ' ἔκ τ' ὀνόμαζε·
'λειῶδες, ποῖόν σε ἔπος φύγεν ἕρκος ὀδόντων,
δεινόν τ' ἀργαλέον τε, —νεμεσσῶμαι δέ τ' ἀκούων—
εἰ δὴ τοῦτό γε τόξον ἀριστῆας κεκαδήσει 170
θυμοῦ καὶ ψυχῆς, ἐπεὶ οὐ δύνασαι σὺ τανύσσαι.
οὐ γάρ τοί σέ γε τοῖον ἐγείνατο πότνια μήτηρ
οἷόν τε ῥυτῆρα βιοῦ τ' ἔμεναι καὶ ὀϊστῶν·
ἀλλ' ἄλλοι τανύουσι τάχα μνηστῆρες ἀγαυοί.'
  ὣς φάτο, καί ῥ' ἐκέλευσε Μελάνθιον, αἰπόλον αἰγῶν· 175
'ἄγρει δή, πῦρ κῆον ἐνὶ μεγάροισι, Μελανθεῦ,
πὰρ δὲ τίθει δίφρον τε μέγαν καὶ κῶας ἐπ' αὐτοῦ,
ἐκ δὲ στέατος ἔνεικε μέγαν τροχὸν ἔνδον ἐόντος,
ὄφρα νέοι θάλποντες, ἐπιχρίοντες ἀλοιφῇ,
τόξου πειρώμεσθα καὶ ἐκτελέωμεν ἄεθλον.' 180
  ὣς φάθ', ὁ δ' αἶψ' ἀνέκαιε Μελάνθιος ἀκάματον πῦρ,
πὰρ δὲ φέρων δίφρον θῆκεν καὶ κῶας ἐπ' αὐτοῦ,
ἐκ δὲ στέατος ἔνεικε μέγαν τροχὸν ἔνδον ἐόντος·
τῷ ῥα νέοι θάλποντες ἐπειρῶντ'· οὐδ' ἐδύναντο
ἐντανύσαι, πολλὸν δὲ βίης ἐπιδευέες ἦσαν. 185
Ἀντίνοος δ' ἔτ' ἔπεῖχε καὶ Εὐρύμαχος θεοειδής,
ἀρχοὶ μνηστήρων· ἀρετῇ δ' ἔσαν ἔξοχ' ἄριστοι.
τὼ δ' ἐξ οἴκου βῆσαν ὁμαρτήσαντες ἅμ' ἄμφω
βουκόλος ἠδὲ συφορβὸς Ὀδυσσῆος θείοιο·
ἐκ δ' αὐτὸς μετὰ τοὺς δόμου ἤλυθε δῖος Ὀδυσσεύς. 190
ἀλλ' ὅτε δή ῥ' ἐκτὸς θυρέων ἔσαν ἠδὲ καὶ αὐλῆς,
φθεγξάμενός σφε ἔπεσσι προσηύδα μειλιχίοισι·
  'βουκόλε καὶ σύ, συφορβέ, ἔπος τί κε μυθησαίμην,
ἦ αὐτὸς κεύθω; φάσθαι δέ με θυμὸς ἀνώγει.

Some other bride among the long-robed dames,
Achaia's daughters. Let him leave the queen
To wed the suitor who shall bring to her
The richest gifts, and him whom fate appoints." 200
 He spake, and setting down the bow to lean
Against the firm smooth panels of the wall,
And the swift shaft against the bow's fair curve,
He took again his seat upon the throne
From which he rose. Antinoüs then took up 205
The word and answered, and reproached him thus:—
 "What words are these, Leiodes, that have passed
Thy lips? harsh words and fearful,—that this bow
Shall take from many princes here the breath
Of life, and all because thou hast no power 210
To bend it? Thy good mother bore thee not
To draw the bow and send the arrow forth,
But others of the noble suitor-train
Are here, by whom this bow shall yet be bent."
 Then to Melanthius, keeper of the goats, 215
Antinoüs gave this bidding. "Light a fire
With speed, Melanthius, in the palace here,
And place a seat before it. Lay a fleece
Upon the seat, and bring us from within
An ample roll of fat, that we young men 220
By warming and anointing may make soft
The bow, and draw the cord, and end the strife."
 He spake; Melanthius kindled instantly
A glowing fire, and near it placed a seat,
And on the seat a fleece, and from within 225
Brought forth an ample roll of fat, with which
The young men, having warmed it, smeared the bow
And tried, but bent it not, too weak by far
For such a feat. Antinoüs kept aloof,
He and the godlike youth Eurymachus, 230
Two princes who in might excelled the rest.
 The herdsman of Ulysses meantime left
The palace, and with him the swineherd went,
And after them Ulysses. When they all
Were now without the gate and palace court, 235
Ulysses spake to them, and blandly said:—
 "Herdsman and swineherd, shall I say to you
Somewhat, or shall I keep it back? My heart
Moves me to say it. Should Ulysses come,

ποῖοί κ' εἶτ' Ὀδυσῆϊ ἀμυνέμεν, εἴ ποθεν ἔλθοι 195
ὧδε μάλ' ἐξαπίνης καί τις θεὸς αὐτὸν ἐνείκαι;
ἦ κε μνηστήρεσσιν ἀμύνοιτ' ἦ Ὀδυσῆϊ;
εἴπαθ' ὅπως ὑμέας κραδίη θυμός τε κελεύει.'
    τὸν δ' αὖτε προσέειπε βοῶν ἐπιβουκόλος ἀνήρ·
'Ζεῦ πάτερ, αἲ γὰρ τοῦτο τελευτήσειας ἐέλδωρ, 200
ὡς ἔλθοι μὲν κεῖνος ἀνήρ, ἀγάγοι δέ ἑ δαίμων·
γνοίης χ' οἵη ἐμὴ δύναμις καὶ χεῖρες ἕπονται.'
    ὣς δ' αὔτως Εὔμαιος ἐπεύχετο πᾶσι θεοῖσι
νοστῆσαι Ὀδυσῆα πολύφρονα ὅνδε δόμονδε.
    αὐτὰρ ἐπεὶ δὴ τῶν γε νόον νημερτέ' ἀνέγνω, 205
ἐξαῦτίς σφε ἔπεσσιν ἀμειβόμενος προσέειπεν·
    'ἔνδον μὲν δὴ ὅδ' αὐτὸς ἐγώ, κακὰ πολλὰ μογήσας
ἤλυθον εἰκοστῷ ἔτεϊ ἐς πατρίδα γαῖαν.
γιγνώσκω δ' ὡς σφῶϊν ἐελδομένοισιν ἱκάνω
οἴοισι δμώων· τῶν δ' ἄλλων οὔ τευ ἄκουσα 210
εὐξαμένου ἐμὲ αὖτις ὑπότροπον οἴκαδ' ἱκέσθαι.
σφῶϊν δ', ὡς ἔσεταί περ, ἀληθείην καταλέξω.
εἴ χ' ὑπ' ἐμοί γε θεὸς δαμάσῃ μνηστῆρας ἀγαυούς,
ἄξομαι ἀμφοτέροις ἀλόχους καὶ κτήματ' ὀπάσσω
οἰκία τ' ἐγγὺς ἐμεῖο τετυγμένα· καί μοι ἔπειτα 215
Τηλεμάχου ἑτάρω τε κασιγνήτω τε ἔσεσθον.
εἰ δ' ἄγε δή, καὶ σῆμα ἀριφραδὲς ἄλλο τι δείξω,
ὄφρα μ' ἐῢ γνῶτον πιστωθῆτόν τ' ἐνὶ θυμῷ,
οὐλήν, τήν ποτέ με σῦς ἤλασε λευκῷ ὀδόντι
Παρνησόνδ' ἐλθόντα σὺν υἱάσιν Αὐτολύκοιο.' 220
    ὣς εἰπὼν ῥάκεα μεγάλης ἀποέργαθεν οὐλῆς.
τὼ δ' ἐπεὶ εἰσιδέτην εὖ τ' ἐφράσσαντο ἕκαστα,
κλαῖον ἄρ' ἀμφ' Ὀδυσῆϊ δαΐφρονι χεῖρε βαλόντε,
καὶ κύνεον ἀγαπαζόμενοι κεφαλήν τε καὶ ὤμους·
ὣς δ' αὔτως Ὀδυσεὺς κεφαλὰς καὶ χεῖρας ἔκυσσε. 225
καί νύ κ' ὀδυρομένοισιν ἔδυ φάος ἠελίοιο,
εἰ μὴ Ὀδυσσεὺς αὐτὸς ἐρύκακε φώνησέν τε·
    'παύεσθον κλαυθμοῖο γόοιό τε, μή τις ἴδηται
ἐξελθὼν μεγάροιο, ἀτὰρ εἴπῃσι καὶ εἴσω.
ἀλλὰ προμνηστῖνοι ἐσέλθετε, μηδ' ἅμα πάντες, 230
πρῶτος ἐγώ, μετὰ δ' ὔμμες· ἀτὰρ τόδε σῆμα τετύχθω·
ἄλλοι μὲν γὰρ πάντες, ὅσοι μνηστῆρες ἀγαυοί,
οὐκ ἐάσουσιν ἐμοὶ δόμεναι βιὸν ἠδὲ φαρέτρην·

Led by some god, and suddenly, what aid   240
Would he receive from you? Would ye take part
With him, or with the suitors? Frankly speak;
And tell me what your hearts would bid you do."
    Then answered thus the keeper of the herds:
"O Father Jove! wouldst thou but grant my wish,   245
And let some god conduct him hither, then
Shall it be seen what might is in these hands!"
    So also did Eumæus offer prayer
To all the deities, that speedily
The wise Ulysses might return; and when   250
The chief perceived in all its truth the thought
And purpose of their hearts, he spake and said:—
    "Know, then, that I myself am he, at home
Again, returning in the twentieth year,
And after many sufferings, to the land   255
That saw my birth. I know that I am come
Welcome to you alone of all my train
Of servants, since I hear no others pray
For my return. Hear, then, what I engage
Shall be hereafter. If some god o'ercome   260
For me these arrogant suitors, I will give
To each of you a wife and lands, and build
For each a house near mine, and ye shall be
The friends and brothers of Telemachus
Thenceforth. And now, that ye may surely know   265
And trust me, I will show a token here,—
A scar which once the white tooth of a boar
Made, when long since, on the Parnassian mount,
I hunted with Autolycus's sons."
    Thus having said, he drew from the broad scar   270
The covering rags; they looked and knew it well,
And wept, and round Ulysses threw their arms,
And kissed in that embrace the hero's head
And shoulders, while Ulysses also kissed
Their heads and hands. The sun would have gone down   275
Upon their weeping, but for him. He said:—
    "Cease now from tears, lest some one from the hall
Should see us, and report of us within.
Now let us enter, not in company,—
I first, and ye thereafter, one by one,   280
And let the sign be this: the others all—
The haughty suitors—will refuse to me

ἀλλὰ σύ, δῖ' Εὔμαιε, φέρων ἀνὰ δώματα τόξον
ἐν χείρεσσιν ἐμοὶ θέμεναι, εἰπεῖν τε γυναιξὶ 235
κληῗσαι μεγάροιο θύρας πυκινῶς ἀραρυίας,
ἢν δέ τις ἢ στοναχῆς ἠὲ κτύπου ἔνδον ἀκούσῃ
ἀνδρῶν ἡμετέροισιν ἐν ἕρκεσι, μή τι θύραζε
προβλώσκειν, ἀλλ' αὐτοῦ ἀκὴν ἔμεναι παρὰ ἔργῳ.
σοὶ δέ, Φιλοίτιε δῖε, θύρας ἐπιτέλλομαι αὐλῆς 240
κληῗσαι κληῗδι, θοῶς δ' ἐπὶ δεσμὸν ἰῆλαι.'
  ὣς εἰπὼν εἰσῆλθε δόμους εὖ ναιετάοντας·
ἕζετ' ἔπειτ' ἐπὶ δίφρον ἰών, ἔνθεν περ ἀνέστη·
ἐς δ' ἄρα καὶ τὼ δμῶε ἴτην θείου Ὀδυσῆος.
  Εὐρύμαχος δ' ἤδη τόξον μετὰ χερσὶν ἐνώμα, 245
θάλπων ἔνθα καὶ ἔνθα σέλᾳ πυρός· ἀλλά μιν οὐδ' ὣς
ἐντανύσαι δύνατο, μέγα δ' ἔστενε κυδάλιμον κῆρ·
ὀχθήσας δ' ἄρα εἷρός τ' ἔφατ' ἔκ τ' ὀνόμαζεν·
  'ὢ πόποι, ἦ μοι ἄχος περί τ' αὐτοῦ καὶ περὶ πάντων·
οὔ τι γάμου τοσσοῦτον ὀδύρομαι, ἀχνύμενός περ· 250
εἰσὶ καὶ ἄλλαι πολλαὶ Ἀχαιΐδες, αἱ μὲν ἐν αὐτῇ
ἀμφιάλῳ Ἰθάκῃ, αἱ δ' ἄλλῃσιν πολίεσσιν·
ἀλλ' εἰ δὴ τοσσόνδε βίης ἐπιδευέες εἰμὲν
ἀντιθέου Ὀδυσῆος, ὅ τ' οὐ δυνάμεσθα τανύσσαι
τόξον· ἐλεγχείη δὲ καὶ ἐσσομένοισι πυθέσθαι.' 255
  τὸν δ' αὖτ' Ἀντίνοος προσέφη, Εὐπείθεος υἱός·
'Εὐρύμαχ', οὐχ οὕτως ἔσται· νοέεις δὲ καὶ αὐτός.
νῦν μὲν γὰρ κατὰ δῆμον ἑορτὴ τοῖο θεοῖο
ἁγνή· τίς δέ κε τόξα τιταίνοιτ'; ἀλλὰ ἕκηλοι
κάτθετ'· ἀτὰρ πελέκεάς γε καὶ εἴ κ' εἰῶμεν ἅπαντας 260
ἑστάμεν· οὐ μὲν γάρ τιν' ἀναιρήσεσθαι ὀΐω,
ἐλθόντ' ἐς μέγαρον Λαερτιάδεω Ὀδυσῆος.
ἀλλ' ἄγετ', οἰνοχόος μὲν ἐπαρξάσθω δεπάεσσιν,
ὄφρα σπείσαντες καταθείομεν ἀγκύλα τόξα·
ἠῶθεν δὲ κέλεσθε Μελάνθιον, αἰπόλον αἰγῶν, 265
αἶγας ἄγειν, αἳ πᾶσι μέγ' ἔξοχοι αἰπολίοισιν,

The bow and quiver. When thou bearest it,
My noble friend Eumæus, through the halls,
Bring it and place it in my hands, and charge 285
The women to make fast the solid doors;
And then if any one of them should hear
A groan or other noise of men within,
Let her not issue forth, but silently
Pursue her task. Meantime be it thy care, 290
My good Philœtius, with a key to lock
The portals of the court and fix the chain."
   Thus having said, into that noble pile
He passed again, and took the seat from which
He lately rose, and afterward, in turn, 295
Entered the servants of the godlike chief.
   Eurymachus was busy with the bow,
Turning and warming it before the blaze
On both its sides. He could not bend it thus.
There came a deep sigh from his boastful heart, 300
And greatly was he vexed, and sadly said:—
   "Alas! great cause of grief indeed is here
For me and all. 'Tis not that I lament
So much the losing of the bride, although
That also vexes me,—there yet remain 305
Many fair ladies of the Achaian stock,
Both in the sea-girt lands of Ithaca
And other regions,—yet if we be found
To fall in strength of arm so far below
The great Ulysses that we cannot bend 310
His bow, our sons will hear of it with shame."
   Eupeithes' son, Antinoüs, answered thus:
"Not so, Eurymachus, as thou thyself
Shouldst know. This day is held a solemn feast
Of Phœbus by the people. Who would draw 315
The bow to-day? Nay, lay it by in peace,
And suffer all the rings to stand as now;
For no man, as I think, will dare to come
Into the palace of Laertes' son
And take them hence. Let him who bears the cup 320
Begin to serve the wine, that, having poured
Part to the gods, we may lay down the bow,
And with the morning let Melanthius come,—
The goatherd,—bringing with him from the flock
The choicest goats, that we may burn the thighs, 325

ὄφρ' ἐπὶ μηρία θέντες Ἀπόλλωνι κλυτοτόξῳ
τόξου πειρώμεσθα καὶ ἐκτελέωμεν ἄεθλον.'
  ὣς ἔφατ' Ἀντίνοος, τοῖσιν δ' ἐπιήνδανε μῦθος.
τοῖσι δὲ κήρυκες μὲν ὕδωρ ἐπὶ χεῖρας ἔχευαν, 270
κοῦροι δὲ κρητῆρας ἐπεστέψαντο ποτοῖο,
νώμησαν δ' ἄρα πᾶσιν ἐπαρξάμενοι δεπάεσσιν.
οἱ δ' ἐπεὶ οὖν σπεῖσάν τ' ἔπιόν θ' ὅσον ἤθελε θυμός,
τοῖς δὲ δολοφρονέων μετέφη πολύμητις Ὀδυσσεύς·
  'κέκλυτέ μευ, μνηστῆρες ἀγακλειτῆς βασιλείης· 275
ὄφρ' εἴπω τά με θυμὸς ἐνὶ στήθεσσι κελεύει·
Εὐρύμαχον δὲ μάλιστα καὶ Ἀντίνοον θεοειδέα
λίσσομ', ἐπεὶ καὶ τοῦτο ἔπος κατὰ μοῖραν ἔειπε,
νῦν μὲν παῦσαι τόξον, ἐπιτρέψαι δὲ θεοῖσιν·
ἠῶθεν δὲ θεὸς δώσει κράτος ᾧ κ' ἐθέλῃσιν. 280
ἀλλ' ἄγ' ἐμοὶ δότε τόξον ἐΰξοον, ὄφρα μεθ' ὑμῖν
χειρῶν καὶ σθένεος πειρήσομαι, ἤ μοι ἔτ' ἐστὶν
ἴς, οἵη πάρος ἔσκεν ἐνὶ γναμπτοῖσι μέλεσσιν,
ἦ ἤδη μοι ὄλεσσεν ἄλη τ' ἀκομιστίη τε.'
  ὣς ἔφαθ', οἱ δ' ἄρα πάντες ὑπερφιάλως νεμέσησαν, 285
δείσαντες μὴ τόξον ἐΰξοον ἐντανύσειεν.
Ἀντίνοος δ' ἐνένιπεν ἔπος τ' ἔφατ' ἔκ τ' ὀνόμαζεν·
  'ἆ δειλὲ ξείνων, ἔνι τοι φρένες οὐδ' ἠβαιαί·
οὐκ ἀγαπᾷς ὃ ἕκηλος ὑπερφιάλοισι μεθ' ἡμῖν
δαίνυσαι, οὐδέ τι δαιτὸς ἀμέρδεαι, αὐτὰρ ἀκούεις 290
μύθων ἡμετέρων καὶ ῥήσιος; οὐδέ τις ἄλλος
ἡμετέρων μύθων ξεῖνος καὶ πτωχὸς ἀκούει.
οἶνός σε τρώει μελιηδής, ὅς τε καὶ ἄλλους
βλάπτει, ὃς ἄν μιν χανδὸν ἕλῃ μηδ' αἴσιμα πίνῃ.
οἶνος καὶ Κένταυρον, ἀγακλυτὸν Εὐρυτίωνα, 295
ἄασ' ἐνὶ μεγάρῳ μεγαθύμου Πειριθόοιο,
ἐς Λαπίθας ἐλθόνθ'· ὁ δ' ἐπεὶ φρένας ἄασεν οἴνῳ,
μαινόμενος κάκ' ἔρεξε δόμον κάτα Πειριθόοιο·
ἥρωας δ' ἄχος εἷλε, διὲκ προθύρου δὲ θύραζε
ἕλκον ἀναΐξαντες, ἀπ' οὔατα νηλέϊ χαλκῷ 300
ῥῖνάς τ' ἀμήσαντες· ὁ δὲ φρεσὶν ᾗσιν ἀασθεὶς
ἤϊεν ἣν ἄτην ὀχέων ἀεσίφρονι θυμῷ.

An offering to the god of archery,
Apollo, Then will we again essay
The bow, and bring the contest to an end."
   So spake Antinoüs, and they all approved.
Then heralds came, and on the suitors' hands   330
Poured water; youths filled up the cups with wine,
Beginning at the right, and gave to each
His share; and when they all had poured a part,
And each had drunk, the shrewd Ulysses thus
With artful speech bespake the suitor-train:—   335
   "Hearken, ye suitors of the illustrious queen,
To what my heart is prompting me to say;
But chiefly to Eurymachus I make
My suit, and to Antinoüs, who so well
Hath counselled to lay by the bow and trust   340
The gods. To-morrow Phœbus will bestow
The needed strength on whomsoe'er he will;
But let me take that polished bow, and try
Among you, whether still the power that dwelt
In these once pliant limbs abides in them,   345
Or whether happily it has passed from me
Amid my wanderings and a life of want."
   He spake, and all were vehemently moved
With anger, for they feared that he would bend
The bow, and thus Antinoüs, railing, spake:—   350
   "Thou worthless vagabond, without a spark
Of reason, art thou not content to sit
And banquet with the proudest, where no part
Of all the feast escapes thee, hearing all
That we are saying, which no other man,   355
Stranger and beggar, is allowed to hear!
This good wine makes thee foolish, as wine oft
Makes those who swallow it too greedily,
And drink not with due stint. It maddened once
Eurytion, the famed Centaur, in the halls   360
Of the large-souled Pirithoüs. He had come
Among the Lapithæ, and when inflamed
With wine to madness, in those very halls
Did lawless deeds. The heroes were incensed.
They rushed upon him, dragged him through the porch   365
And out of doors, and there cut off his nose
And ears, and he departed, frenzied still,
Land bearing in bewilderment of mind

ἐξ οὗ Κενταύροισι καὶ ἀνδράσι νεῖκος ἐτύχθη,
οἷ δ' αὐτῷ πρώτῳ κακὸν εὕρετο οἰνοβαρείων.
ὣς καὶ σοὶ μέγα πῆμα πιφαύσκομαι, αἴ κε τὸ τόξον 305
ἐντανύσῃς: οὐ γάρ τευ ἐπητύος ἀντιβολήσεις
ἡμετέρῳ ἐνὶ δήμῳ, ἄφαρ δέ σε νηΐ μελαίνῃ
εἰς Ἔχετον βασιλῆα, βροτῶν δηλήμονα πάντων,
πέμψομεν: ἔνθεν δ' οὔ τι σαώσεαι: ἀλλὰ ἕκηλος
πῖνέ τε, μηδ' ἐρίδαινε μετ' ἀνδράσι κουροτέροισιν.' 310
 τὸν δ' αὖτε προσέειπε περίφρων Πηνελόπεια:
'Ἀντίνο', οὐ μὲν καλὸν ἀτέμβειν οὐδὲ δίκαιον
ξείνους Τηλεμάχου, ὅς κεν τάδε δώμαθ' ἵκηται:
ἔλπεαι, αἴ χ' ὁ ξεῖνος Ὀδυσσῆος μέγα τόξον
ἐντανύσῃ χερσίν τε βίηφί τε ἧφι πιθήσας, 315
οἴκαδέ μ' ἄξεσθαι καὶ ἑὴν θήσεσθαι ἄκοιτιν;
οὐδ' αὐτός που τοῦτό γ' ἐνὶ στήθεσσιν ἔολπε:
μηδέ τις ὑμείων τοῦ γ' εἵνεκα θυμὸν ἀχεύων
ἐνθάδε δαινύσθω, ἐπεὶ οὐδὲ μὲν οὐδὲ ἔοικεν.'
 τὴν δ' αὖτ' Εὐρύμαχος, Πολύβου πάϊς, ἀντίον ηὔδα: 320
'κούρη Ἰκαρίοιο, περίφρον Πηνελόπεια,
οὔ τί σε τόνδ' ἄξεσθαι ὀϊόμεθ': οὐδὲ ἔοικεν:
ἀλλ' αἰσχυνόμενοι φάτιν ἀνδρῶν ἠδὲ γυναικῶν,
μή ποτέ τις εἴπῃσι κακώτερος ἄλλος Ἀχαιῶν
ἦ πολὺ χείρονες ἄνδρες ἀμύμονος ἀνδρὸς ἄκοιτιν 325
μνῶνται, οὐδέ τι τόξον ἐΰξοον ἐντανύουσιν:
ἀλλ' ἄλλος τις πτωχὸς ἀνὴρ ἀλαλήμενος ἐλθὼν
ῥηϊδίως ἐτάνυσσε βιόν, διὰ δ' ἧκε σιδήρου.
ὣς ἐρέουσ', ἡμῖν δ' ἂν ἐλέγχεα ταῦτα γένοιτο.
' τὸν δ' αὖτε προσέειπε περίφρων Πηνελόπεια: 330
'Εὐρύμαχ', οὔ πως ἔστιν ἐϋκλείας κατὰ δῆμον
ἔμμεναι οἳ δὴ οἶκον ἀτιμάζοντες ἔδουσιν
ἀνδρὸς ἀριστῆος: τί δ' ἐλέγχεα ταῦτα τίθεσθε;
οὗτος δὲ ξεῖνος μάλα μὲν μέγας ἠδ' εὐπηγής,
πατρὸς δ' ἐξ ἀγαθοῦ γένος εὔχεται ἔμμεναι υἱός. 335
ἀλλ' ἄγε οἱ δότε τόξον ἐΰξοον, ὄφρα ἴδωμεν.

His punishment, whence war arose between
Centaurs and men; yet surely he had brought 370
The evil on himself, when overcome
With wine. Such fearful mischief I foretell
Will light on thee, if thou shouldst bend this bow,
Nor canst thou hope for favor here among
The people. We will send thee speedily, 375
In a black galley, to King Echetus,
The enemy of human kind, from whom
Thou shalt find no escape. Drink, then, in peace
Thy wine, and seek no strife with younger men."
    Then spake the sage Penelope again: 380
"Truly, Antinoüs, it becomes thee not,
Nor is it just, to vex the stranger guests
Who seek the palace of Telemachus.
Dost thou, then, think that, should this stranger bend,
Proud as he is of his great strength of arm, 385
The mighty bow that once Ulysses bore,
He leads me hence a bride? No hope of that
Is in his heart, and let no one of you
Who banquet here allow a thought like that
To vex him; 'tis a thing that cannot be." 390
    Then to the queen, Eurymachus, the son
Of Polybus, replied: "We do not fear,
Sage daughter of Icarius, that this man
Will lead thee hence a bride; it cannot be.
We fear the speech of men and women both. 395
The very meanest of the Achaian race
Will say: 'Degenerate men are these, who seek
To wed the consort of a glorious chief,
Not one of whom can draw the bow he bore;
And now there comes a wandering beggar-man, 400
Who draws the bow with ease, and sends a shaft
Through all the rings of steel.' Thus will they speak,
And this will be to us a cause of shame!"
    And then the sage Penelope rejoined:
"Eurymachus, it cannot be that those 405
Should earn the general praise who make the wealth
Of a most worthy man their spoil, and bring
Dishonor on his house. The stranger's frame
Is powerful and well knit; he claims to be
Of noble parentage. Now let him take 410
The bow, and we will see the event; but this

ὧδε γὰρ ἐξερέω, τὸ δὲ καὶ τετελεσμένον ἔσται:
εἴ κέ μιν ἐντανύσῃ, δώῃ δέ οἱ εὖχος Ἀπόλλων,
ἕσσω μιν χλαῖνάν τε χιτῶνά τε, εἵματα καλά,
δώσω δ' ὀξὺν ἄκοντα, κυνῶν ἀλκτῆρα καὶ ἀνδρῶν, 340
καὶ ξίφος ἄμφηκες: δώσω δ' ὑπὸ ποσσὶ πέδιλα,
πέμψω δ' ὅππῃ μιν κραδίη θυμός τε κελεύει.'
 τὴν δ' αὖ Τηλέμαχος πεπνυμένος ἀντίον ηὔδα:
'μῆτερ ἐμή, τόξον μὲν Ἀχαιῶν οὔ τις ἐμεῖο
κρείσσων, ᾧ κ' ἐθέλω, δόμεναί τε καὶ ἀρνήσασθαι, 345
οὔθ' ὅσσοι κραναὴν Ἰθάκην κάτα κοιρανέουσιν,
οὔθ' ὅσσοι νήσοισι πρὸς Ἤλιδος ἱπποβότοιο:
τῶν οὔ τίς μ' ἀέκοντα βιήσεται, αἴ κ' ἐθέλωμι
καὶ καθάπαξ ξείνῳ δόμεναι τάδε τόξα φέρεσθαι.
ἀλλ' εἰς οἶκον ἰοῦσα τὰ σ' αὐτῆς ἔργα κόμιζε, 350
ἱστόν τ' ἠλακάτην τε, καὶ ἀμφιπόλοισι κέλευε
ἔργον ἐποίχεσθαι: τόξον δ' ἄνδρεσσι μελήσει
πᾶσι, μάλιστα δ' ἐμοί: τοῦ γὰρ κράτος ἔστ' ἐνὶ οἴκῳ.'
 ἡ μὲν θαμβήσασα πάλιν οἰκόνδε βεβήκει:
παιδὸς γὰρ μῦθον πεπνυμένον ἔνθετο θυμῷ. 355
ἐς δ' ὑπερῷ' ἀναβᾶσα σὺν ἀμφιπόλοισι γυναιξὶ
κλαῖεν ἔπειτ' Ὀδυσῆα, φίλον πόσιν, ὄφρα οἱ ὕπνον
ἡδὺν ἐπὶ βλεφάροισι βάλε γλαυκῶπις Ἀθήνη.
 αὐτὰρ ὁ τόξα λαβὼν φέρε καμπύλα δῖος ὑφορβός:
μνηστῆρες δ' ἄρα πάντες ὁμόκλεον ἐν μεγάροισιν: 360
ὧδε δέ τις εἴπεσκε νέων ὑπερηνορεόντων:
 'πῇ δὴ καμπύλα τόξα φέρεις, ἀμέγαρτε συβῶτα,
πλαγκτέ; τάχ' αὖ σ' ἐφ' ὕεσσι κύνες ταχέες κατέδονται
οἶον ἀπ' ἀνθρώπων, οὓς ἔτρεφες, εἴ κεν Ἀπόλλων
ἡμῖν ἱλήκῃσι καὶ ἀθάνατοι θεοὶ ἄλλοι.' 365
 ὣς φάσαν, αὐτὰρ, ὁ θῆκε φέρων αὐτῇ ἐνὶ χώρῃ,
δείσας, οὕνεκα πολλοὶ ὁμόκλεον ἐν μεγάροισιν.
Τηλέμαχος δ' ἑτέρωθεν ἀπειλήσας ἐγεγώνει:
 'ἄττα, πρόσω φέρε τόξα: τάχ' οὐκ εὖ πᾶσι πιθήσεις

I promise, and will make my promise good,
If he should bend it,—if Apollo give
To him that glory,—he shall have from me
A tunic and a cloak, fair garments both, 415
And a keen javelin, his defence against
Both dogs and men, a two-edged sword besides,
And sandals for his feet, and I engage
To send him whither he desires to go."
　　Then spake discreet Telemachus again: 420
"Mother, in all Achaia there is none
Who has more power than I can claim, to grant
Or to deny the bow to whom I will.
No one of those who rule the rugged coast
Of Ithaca, or isles where Elis breeds 425
Her mares, may interpose to thwart my will,
If on the stranger I bestow the bow
To be his own, and bid him take it hence.
Withdraw, O queen, into thy bower; direct
Thy household tasks, the distaff and the web, 430
And bid thy maidens speed the work. The bow
Belongs to men, and most to me; for here,
Within these walls, the authority is mine."
　　The queen, astonished, heard him and withdrew,
But kept her son's wise sayings in her heart. 435
And then ascending to her bower, among
Her maids, she wept her well-beloved lord,
Ulysses, till the blue-eyed Pallas came,
And poured upon her lids the balm of sleep.
　　Meantime the worthy swineherd bore the bow 440
In hand, and all along the palace-halls
The suitor-crew were chiding him aloud,
And thus an insolent youth among them spake:—
　　"Thou awkward swineherd, whither goest thou
With the curved bow? Thy own fleet dogs which thou 445
Hast reared shall soon devour thee, far from men
And midst thy herds of swine, if we find grace
With Phœbus and the other deathless gods."
　　Such were their words; the swineherd where he stood
Set down the bow in fear, for many a voice 450
Called to him in the hall. On the other side
Shouted Telemachus with threatening words:—
　　"Nay, father, carry on the bow, nor think
To stop at every man's command; lest I,

μή σε καὶ ὁπλότερός περ ἐὼν ἀγρόνδε δίωμαι, 370
βάλλων χερμαδίοισι: βίηφι δὲ φέρτερός εἰμι.
αἲ γὰρ πάντων τόσσον, ὅσοι κατὰ δώματ' ἔασι,
μνηστήρων χερσίν τε βίηφί τε φέρτερος εἴην:
τῷ κε τάχα στυγερῶς τιν' ἐγὼ πέμψαιμι νέεσθαι
ἡμετέρου ἐξ οἴκου, ἐπεὶ κακὰ μηχανόωνται.' 375
   ὣς ἔφαθ', οἱ δ' ἄρα πάντες ἐπ' αὐτῷ ἡδὺ γέλασσαν
μνηστῆρες, καὶ δὴ μέθιεν χαλεποῖο χόλοιο
Τηλεμάχῳ: τὰ δὲ τόξα φέρων ἀνὰ δῶμα συβώτης
ἐν χείρεσσ' Ὀδυσῆϊ δαΐφρονι θῆκε παραστάς.
ἐκ δὲ καλεσσάμενος προσέφη τροφὸν Εὐρύκλειαν: 380
   'Τηλέμαχος κέλεταί σε, περίφρων Εὐρύκλεια,
κληῖσαι μεγάροιο θύρας πυκινῶς ἀραρυίας.
ἢν δέ τις ἢ στοναχῆς ἠὲ κτύπου ἔνδον ἀκούσῃ
ἀνδρῶν ἡμετέροισιν ἐν ἕρκεσι, μή τι θύραζε
προβλώσκειν, ἀλλ' αὐτοῦ ἀκὴν ἔμεναι παρὰ ἔργῳ.' 385
   ὣς ἄρ' ἐφώνησεν, τῇ δ' ἄπτερος ἔπλετο μῦθος,
κλήϊσεν δὲ θύρας μεγάρων εὖ ναιεταόντων.
σιγῇ δ' ἐξ οἴκοιο Φιλοίτιος ἆλτο θύραζε,
κλήϊσεν δ' ἄρ' ἔπειτα θύρας εὐερκέος αὐλῆς.
κεῖτο δ' ὑπ' αἰθούσῃ ὅπλον νεὸς ἀμφιελίσσης 390
βύβλινον, ᾧ ῥ' ἐπέδησε θύρας, ἐς δ' ἤϊεν αὐτός:
ἕζετ' ἔπειτ' ἐπὶ δίφρον ἰών, ἔνθεν περ ἀνέστη,
εἰσορόων Ὀδυσῆα. ὁ δ' ἤδη τόξον ἐνώμα
πάντῃ ἀναστρωφῶν, πειρώμενος ἔνθα καὶ ἔνθα,
μὴ κέρα ἶπες ἔδοιεν ἀποιχομένοιο ἄνακτος. 395
ὧδε τις εἴπεσκεν ἰδὼν ἐς πλησίον ἄλλον:
   'ἦ τις θηητὴρ καὶ ἐπίκλοπος ἔπλετο τόξων:
ἦ ῥά νύ που τοιαῦτα καὶ αὐτῷ οἴκοθι κεῖται
ἢ ὅ γ' ἐφορμᾶται ποιησέμεν, ὡς ἐνὶ χερσὶ
νωμᾷ ἔνθα καὶ ἔνθα κακῶν ἔμπαιος ἀλήτης.' 400
   ἄλλος δ' αὖ εἴπεσκε νέων ὑπερηνορεόντων:
'αἲ γὰρ δὴ τοσσοῦτον ὀνήσιος ἀντιάσειεν
ὡς οὗτός ποτε τοῦτο δυνήσεται ἐντανύσασθαι.'
   ὣς ἄρ' ἔφαν μνηστῆρες: ἀτὰρ πολύμητις Ὀδυσσεύς,

Though younger than thyself, cast stones at thee, 455
And chase thee to the fields, for I in strength
Excel thee. Would that I excelled as far
In strength of arm the suitors in these halls,
Then would I roughly through the palace-gates
Drive many who are plotting mischief now." 460
    He spake, and all with hearty laughter heard
His words, and for their sake allowed their wrath
Against the prince to cool. The swineherd went
Forward, along the hall, and, drawing near
The wise Ulysses, gave into his hands 465
The bow; and then he called the nurse aside,
Dame Eurycleia, and bespake her thus:—
    "Sage Eurycleia, from Telemachus
I charge thee to make fast the solid doors,
And then, if any of the maids should hear 470
A groan or other noise of men within,
Let her not issue forth, but silently
Pursue the task in hand, and keep her place."
    He spake, nor were his words in vain. The dame
Made fast the doors of that magnificent hall, 475
While silently Philœtius hastened forth
And locked the portals of the high-walled court.
A cable of the bark of Byblos lay
Beneath the portico,—it once had served
A galley,—and with this the herdsman tied 480
The portals, and, returning, took the seat
Whence he had risen, but ever kept his eye
Fixed on his lord. Ulysses, meantime, held
The bow, and, turning it, intently eyed
Side after side, and tried each part in turn, 485
For fear that worms, while he was far away,
Had pierced the horn. At this, a youth among
The suitors, turning to his neighbor, said:—
    "Lo an inspector and a judge of bows!
Perhaps he has a bow like that at home, 490
Or else would make one like it. How he shifts
The thing with busy hands from side to side,—
The vagabond, well trained in knavish tricks!"
    Then also said another insolent youth:
"May he in all things be as fortunate 495
As now, when he shall try to bend that bow!"
    Such was their talk; but when the wary chief

αὐτίκ' ἐπεὶ μέγα τόξον ἐβάστασε καὶ ἴδε πάντη, 405
ὡς ὅτ' ἀνὴρ φόρμιγγος ἐπιστάμενος καὶ ἀοιδῆς
ῥηϊδίως ἐτάνυσσε νέῳ περὶ κόλλοπι χορδήν,
ἅψας ἀμφοτέρωθεν ἐϋστρεφὲς ἔντερον οἰός,
ὣς ἄρ' ἄτερ σπουδῆς τάνυσεν μέγα τόξον Ὀδυσσεύς.
δεξιτερῇ ἄρα χειρὶ λαβὼν πειρήσατο νευρῆς· 410
ἡ δ' ὑπὸ καλὸν ἄεισε, χελιδόνι εἰκέλη αὐδήν.
μνηστῆρσιν δ' ἄρ' ἄχος γένετο μέγα, πᾶσι δ' ἄρα χρὼς
ἐτράπετο· Ζεὺς δὲ μεγάλ' ἔκτυπε σήματα φαίνων·
γήθησέν τ' ἄρ' ἔπειτα πολύτλας δῖος Ὀδυσσεύς,
ὅττι ῥά οἱ τέρας ἧκε Κρόνου πάϊς ἀγκυλομήτεω· 415
εἵλετο δ' ὠκὺν ὀϊστόν, ὅ οἱ παρέκειτο τραπέζῃ
γυμνός· τοὶ δ' ἄλλοι κοίλης ἔντοσθε φαρέτρης
κείατο, τῶν τάχ' ἔμελλον Ἀχαιοὶ πειρήσεσθαι.
τόν ῥ' ἐπὶ πήχει ἑλὼν ἕλκεν νευρὴν γλυφίδας τε,
αὐτόθεν ἐκ δίφροιο καθήμενος, ἧκε δ' ὀϊστὸν 420
ἄντα τιτυσκόμενος, πελέκεων δ' οὐκ ἤμβροτε πάντων
πρώτης στειλειῆς, διὰ δ' ἀμπερὲς ἦλθε θύραζε
ἰὸς χαλκοβαρής· ὁ δὲ Τηλέμαχον προσέειπε·
'Τηλέμαχ', οὔ σ' ὁ ξεῖνος ἐνὶ μεγάροισιν ἐλέγχει
ἥμενος, οὐδέ τι τοῦ σκοποῦ ἤμβροτον οὐδέ τι τόξον 425
δὴν ἔκαμον τανύων· ἔτι μοι μένος ἔμπεδόν ἐστιν,
οὐχ ὥς με μνηστῆρες ἀτιμάζοντες ὄνονται.
νῦν δ' ὥρη καὶ δόρπον Ἀχαιοῖσιν τετυκέσθαι
ἐν φάει, αὐτὰρ ἔπειτα καὶ ἄλλως ἑψιάασθαι
μολπῇ καὶ φόρμιγγι· τὰ γάρ τ' ἀναθήματα δαιτός.' 430
ἦ καὶ ἐπ' ὀφρύσι νεῦσεν· ὁ δ' ἀμφέθετο ξίφος ὀξὺ
Τηλέμαχος, φίλος υἱὸς Ὀδυσσῆος θείοιο,
ἀμφὶ δὲ χεῖρα φίλην βάλεν ἔγχεϊ, ἄγχι δ' ἄρ' αὐτοῦ
πὰρ θρόνον ἑστήκει κεκορυθμένος αἴθοπι χαλκῷ.

Had poised and shrewdly scanned the mighty bow,
Then, as a singer, skilled to play the harp,
Stretches with ease on its new fastenings   500
A string, the twisted entrails of a sheep,
Made fast at either end, so easily
Ulysses bent that mighty bow. He took
And drew the cord with his right hand; it twanged
With a clear sound as when a swallow screams.   505
The suitors were dismayed, and all grew pale.
Jove in loud thunder gave a sign from heaven.
The much-enduring chief, Ulysses, heard
With joy the friendly omen, which the son
Of crafty Saturn sent him. He took up   510
A winged arrow, that before him lay
Upon a table, drawn; the others still
Were in the quiver's womb; the Greeks were yet
To feel them. This he set with care against
The middle of the bow, and toward him drew   515
The cord and arrow-notch, just where he sat,
And, aiming opposite, let fly the shaft.
He missed no ring of all; from first to last
The brass-tipped arrow threaded every one.
Then to Telemachus Ulysses said:—   520
"Telemachus, the stranger sitting here
Hath not disgraced thee. I have neither missed
The rings, nor found it hard to bend the bow;
Nor has my manly strength decayed, as these
Who seek to bring me to contempt pretend;   525
And now the hour is come when we prepare
A supper for the Achaians, while the day
Yet lasts, and after supper the delights
Of song and harp, which nobly grace a feast."
   He spake, and nodded to Telemachus,   530
His well-beloved son, who girded on
His trenchant sword, and took in hand his spear,
And, armed with glittering brass for battle, came
And took his station by his father's seat.

αὐτὰρ ὁ γυμνώθη ῥακέων πολύμητις Ὀδυσσεύς,
ἆλτο δ' ἐπὶ μέγαν οὐδόν, ἔχων βιὸν ἠδὲ φαρέτρην
ἰῶν ἐμπλείην, ταχέας δ' ἐκχεύατ' ὀϊστοὺς
αὐτοῦ πρόσθε ποδῶν, μετὰ δὲ μνηστῆρσιν ἔειπεν·
'οὗτος μὲν δὴ ἄεθλος ἀάατος ἐκτετέλεσται· 5
νῦν αὖτε σκοπὸν ἄλλον, ὃν οὔ πώ τις βάλεν ἀνήρ,
εἴσομαι, αἴ κε τύχωμι, πόρῃ δέ μοι εὖχος Ἀπόλλων.'
  ἦ καὶ ἐπ' Ἀντινόῳ ἰθύνετο πικρὸν ὀϊστόν.
ἦ τοι ὁ καλὸν ἄλεισον ἀναιρήσεσθαι ἔμελλε,
χρύσεον ἄμφωτον, καὶ δὴ μετὰ χερσὶν ἐνώμα, 10
ὄφρα πίοι οἴνοιο· φόνος δέ οἱ οὐκ ἐνὶ θυμῷ
μέμβλετο· τίς κ' οἴοιτο μετ' ἀνδράσι δαιτυμόνεσσι
μοῦνον ἐνὶ πλεόνεσσι, καὶ εἰ μάλα καρτερὸς εἴη,
οἷ τεύξειν θάνατόν τε κακὸν καὶ κῆρα μέλαιναν;
τὸν δ' Ὀδυσεὺς κατὰ λαιμὸν ἐπισχόμενος βάλεν ἰῷ, 15
ἀντικρὺ δ' ἁπαλοῖο δι' αὐχένος ἤλυθ' ἀκωκή.
ἐκλίνθη δ' ἑτέρωσε, δέπας δέ οἱ ἔκπεσε χειρὸς
βλημένου, αὐτίκα δ' αὐλὸς ἀνὰ ῥῖνας παχὺς ἦλθεν
αἵματος ἀνδρομέοιο· θοῶς δ' ἀπὸ εἷο τράπεζαν
ὦσε ποδὶ πλήξας, ἀπὸ δ' εἴδατα χεῦεν ἔραζε· 20
σῖτός τε κρέα τ' ὀπτὰ φορύνετο. τοὶ δ' ὁμάδησαν

BOOK XXII

Then did Ulysses cast his rags aside,
And, leaping to the threshold, took his stand
On its broad space, with bow and quiver filled
With arrows. At his feet the hero poured
The winged shafts, and to the suitors called:— 5
   "That difficult strife is ended. Now I take
Another mark, which no man yet has hit.
Now shall I see if I attain my aim,
And, by the aid of Phœbus, win renown."
   He spake; and, turning, at Antinoüs aimed 10
The bitter shaft,—Antinoüs, who just then
Had grasped a beautiful two-eared cup of gold,
About to drink the wine. He little thought
Of wounds and death; for who, when banqueting
Among his fellows, could suspect that one 15
Alone against so many men would dare,
However bold, to plan his death, and bring
On him the doom of fate? Ulysses struck
The suitor with the arrow at the throat.
The point came through the tender neck behind, 20
Sideways he sank to earth; his hand let fall
The cup; the dark blood in a thick warm stream
Gushed from the nostrils of the smitten man.
He spurned the table with his feet, and spilled

μνηστῆρες κατὰ δώμαθ', ὅπως ἴδον ἄνδρα πεσόντα,
ἐκ δὲ θρόνων ἀνόρουσαν ὀρινθέντες κατὰ δῶμα,
πάντοσε παπταίνοντες ἐϋδμήτους ποτὶ τοίχους:
οὐδέ πη ἀσπὶς ἔην οὐδ' ἄλκιμον ἔγχος ἑλέσθαι. 25
νείκειον δ' Ὀδυσῆα χολωτοῖσιν ἐπέεσσι:
  'ξεῖνε, κακῶς ἀνδρῶν τοξάζεαι: οὐκέτ' ἀέθλων
ἄλλων ἀντιάσεις: νῦν τοι σῶς αἰπὺς ὄλεθρος.
καὶ γὰρ δὴ νῦν φῶτα κατέκτανες ὃς μέγ' ἄριστος
κούρων εἶν Ἰθάκῃ: τῷ σ' ἐνθάδε γῦπες ἔδονται.' 30
  ἴσκεν ἕκαστος ἀνήρ, ἐπεὶ ἦ φάσαν οὐκ ἐθέλοντα
ἄνδρα κατακτεῖναι: τὸ δὲ νήπιοι οὐκ ἐνόησαν,
ὡς δή σφιν καὶ πᾶσιν ὀλέθρου πείρατ' ἐφῆπτο.
τοὺς δ' ἄρ' ὑπόδρα ἰδὼν προσέφη πολύμητις Ὀδυσσεύς:
  'ὦ κύνες, οὔ μ' ἔτ' ἐφάσκεθ' ὑπότροπον οἴκαδ' ἱκέσθαι 35
δήμου ἄπο Τρώων, ὅτι μοι κατεκείρετε οἶκον,
δμῳῇσιν δὲ γυναιξὶ παρευνάζεσθε βιαίως,
αὐτοῦ τε ζώοντος ὑπεμνάασθε γυναῖκα,
οὔτε θεοὺς δείσαντες, οἳ οὐρανὸν εὐρὺν ἔχουσιν,
οὔτε τιν' ἀνθρώπων νέμεσιν κατόπισθεν ἔσεσθαι: 40
νῦν ὑμῖν καὶ πᾶσιν ὀλέθρου πείρατ' ἐφῆπται.'
  ὣς φάτο, τοὺς δ' ἄρα πάντας ὑπὸ χλωρὸν δέος εἷλεν:
πάπτηνεν δὲ ἕκαστος ὅπῃ φύγοι αἰπὺν ὄλεθρον.
Εὐρύμαχος δέ μιν οἶος ἀμειβόμενος προσέειπεν:
  'εἰ μὲν δὴ Ὀδυσεὺς Ἰθακήσιος εἰλήλουθας, 45
ταῦτα μὲν αἴσιμα εἶπας, ὅσα ῥέζεσκον Ἀχαιοί,
πολλὰ μὲν ἐν μεγάροισιν ἀτάσθαλα, πολλὰ δ' ἐπ' ἀγροῦ.
ἀλλ' ὁ μὲν ἤδη κεῖται ὃς αἴτιος ἔπλετο πάντων,
Ἀντίνοος: οὗτος γὰρ ἐπίηλεν τάδε ἔργα,
οὔ τι γάμου τόσσον κεχρημένος οὐδὲ χατίζων, 50
ἀλλ' ἄλλα φρονέων, τά οἱ οὐκ ἐτέλεσσε Κρονίων,
ὄφρ' Ἰθάκης κατὰ δῆμον ἐϋκτιμένης βασιλεύοι
αὐτός, ἀτὰρ σὸν παῖδα κατακτείνειε λοχήσας.
νῦν δ' ὁ μὲν ἐν μοίρῃ πέφαται, σὺ δὲ φείδεο λαῶν

The viands; bread and roasted meats were flung   25
To lie polluted on the floor. Then rose
The suitors in a tumult, when they saw
The fallen man; from all their seats they rose
Throughout the hall, and to the massive walls
Looked eagerly; there hung no buckler there,   30
No sturdy lance for them to wield. They called
Thus to Ulysses with indignant words:—
  "Stranger! in evil hour hast thou presumed
To aim at men; and thou shalt henceforth bear
Part in no other contest. Even now   35
Is thy destruction close to thee. Thy hand
Hath slain the noblest youth in Ithaca.
The vultures shall devour thy flesh for this."
  So each one said; they deemed he had not slain
The suitor wittingly; nor did they see,   40
Blind that they were, the doom which in that hour
Was closing round them all. Then with a frown
The wise Ulysses looked on them, and said:—
  "Dogs! ye had thought I never would come back
From Ilium's coast, and therefore ye devoured   45
My substance here, and offered violence
To my maid-servants, and pursued my wife
As lovers, while I lived. Ye dreaded not
The gods who dwell in the great heaven, nor feared
Vengeance hereafter from the hands of men;   50
And now destruction overhangs you all."
  He spake, and all were pale with fear, and each
Looked round for some escape from death. Alone
Eurymachus found voice, and answered thus:—
  "If thou indeed be he, the Ithacan   55
Ulysses, now returned to thine old home,
Well hast thou spoken of the many wrongs
Done to thee by the Achaians in thy house
And in thy fields. But there the man lies slain
Who was the cause of all. Antinoüs first   60
Began this course of wrong. Nor were his thoughts
So much of marriage as another aim,—
Which Saturn's son denied him,—to bear rule
Himself o'er those who till the pleasant fields
Of Ithaca, first having slain thy son   65
In ambush. But he now has met his fate.
Spare, then, thy people. We will afterward

σῶν· ἀτὰρ ἄμμες ὄπισθεν ἀρεσσάμενοι κατὰ δῆμον, 55
ὅσσα τοι ἐκπέποται καὶ ἐδήδοται ἐν μεγάροισι,
τιμὴν ἀμφὶς ἄγοντες ἐεικοσάβοιον ἕκαστος,
χαλκόν τε χρυσόν τ' ἀποδώσομεν, εἰς ὅ κε σὸν κῆρ
ἰανθῇ· πρὶν δ' οὔ τι νεμεσσητὸν κεχολῶσθαι.'
 τὸν δ' ἄρ' ὑπόδρα ἰδὼν προσέφη πολύμητις Ὀδυσσεύς· 60
'Εὐρύμαχ', οὐδ' εἴ μοι πατρώϊα πάντ' ἀποδοῖτε,
ὅσσα τε νῦν ὔμμ' ἐστὶ καὶ εἴ ποθεν ἄλλ' ἐπιθεῖτε,
οὐδέ κεν ὣς ἔτι χεῖρας ἐμὰς λήξαιμι φόνοιο
πρὶν πᾶσαν μνηστῆρας ὑπερβασίην ἀποτῖσαι.
νῦν ὑμῖν παράκειται ἐναντίον ἠὲ μάχεσθαι 65
ἢ φεύγειν, ὅς κεν θάνατον καὶ κῆρας ἀλύξῃ·
ἀλλά τιν' οὐ φεύξεσθαι ὀΐομαι αἰπὺν ὄλεθρον.'
 ὣς φάτο, τῶν δ' αὐτοῦ λύτο γούνατα καὶ φίλον ἦτορ.
τοῖσιν δ' Εὐρύμαχος προσεφώνεε δεύτερον αὖτις·
 'ὦ φίλοι, οὐ γὰρ σχήσει ἀνὴρ ὅδε χεῖρας ἀάπτους, 70
ἀλλ' ἐπεὶ ἔλλαβε τόξον ἐΰξοον ἠδὲ φαρέτρην,
οὐδοῦ ἄπο ξεστοῦ τοξάσσεται, εἰς ὅ κε πάντας
ἄμμε κατακτείνῃ· ἀλλὰ μνησώμεθα χάρμης.
φάσγανά τε σπάσσασθε καὶ ἀντίσχεσθε τραπέζας
ἰῶν ὠκυμόρων· ἐπὶ δ' αὐτῷ πάντες ἔχωμεν 75
ἀθρόοι, εἴ κέ μιν οὐδοῦ ἀπώσομεν ἠδὲ θυράων,
ἔλθωμεν δ' ἀνὰ ἄστυ, βοὴ δ' ὤκιστα γένοιτο·
τῷ κε τάχ' οὗτος ἀνὴρ νῦν ὕστατα τοξάσσαιτο.'
 ὣς ἄρα φωνήσας εἰρύσσατο φάσγανον ὀξὺ
χάλκεον, ἀμφοτέρωθεν ἀκαχμένον, ἆλτο δ' ἐπ' αὐτῷ 80
σμερδαλέα ἰάχων· ὁ δ' ἁμαρτῇ δῖος Ὀδυσσεὺς
ἰὸν ἀποπροΐει, βάλε δὲ στῆθος παρὰ μαζόν,
ἐν δέ οἱ ἥπατι πῆξε θοὸν βέλος· ἐκ δ' ἄρα χειρὸς
φάσγανον ἧκε χαμᾶζε, περιρρηδὴς δὲ τραπέζῃ
κάππεσεν ἰδνωθείς, ἀπὸ δ' εἴδατα χεῦεν ἔραζε 85
καὶ δέπας ἀμφικύπελλον· ὁ δὲ χθόνα τύπτε μετώπῳ
θυμῷ ἀνιάζων, ποσὶ δὲ θρόνον ἀμφοτέροισι
λακτίζων ἐτίνασσε· κατ' ὀφθαλμῶν δ' ἔχυτ' ἀχλύς.
 Ἀμφίνομος δ' Ὀδυσῆος ἐείσατο κυδαλίμοιο
ἀντίος ἀΐξας, εἴρυτο δὲ φάσγανον ὀξύ, 90
εἴ πώς οἱ εἴξειε θυράων. ἀλλ' ἄρα μιν φθῆ
Τηλέμαχος κατόπισθε βαλὼν χαλκήρεϊ δουρὶ
ὤμων μεσσηγύς, διὰ δὲ στήθεσφιν ἔλασσεν·

Make due amends in public for the waste
Here in thy palace of the food and wine.
For each of us shall bring thee twenty beeves, 70
And brass and gold, until thy heart shall be
Content. Till then we cannot blame thy wrath."
  Sternly the wise Ulysses frowned, and said:
"Eurymachus, if thou shouldst offer me
All that thou hast, thy father's wealth entire, 75
And add yet other gifts, not even then
Would I refrain from bloodshed, ere my hand
Avenged my wrongs upon the suitor-crew.
Choose then to fight or flee, whoever hopes
Escape from death and fate; yet none of you 80
Will now, I think, avoid that bitter doom."
  He spake. At once their knees and head grew faint,
And thus Eurymachus bespake the rest:—
"This man, O friends, to his untamable arm
Will give no rest, but with that bow in hand, 85
And quiver, will send forth from where he stands
His shafts, till he has slain us all. Prepare
For combat then, and draw your swords, and hold
The tables up against his deadly shafts,
And rush together at him as one man, 90
And drive him from the threshold through the door.
Then, hurrying through the city, let us sound
The alarm, and soon he will have shot his last."
  He spake, and, drawing his keen two-edged sword
Of brass, sprang toward him with a dreadful cry, 95
Just as the great Ulysses, sending forth
An arrow, smote the suitor on the breast,
Beside the nipple. The swift weapon stood
Fixed in his liver; to the ground he flung
The sword, and, reeling giddily around 100
The table, fell; he brought with him to earth
The viands and the double cup, and smote
The pavement with his forehead heavily,
And in great agony. With both his feet
He struck and shook his throne, and darkness came 105
Over his eyes. Then rushed Amphinomus
Against the glorious chief, and drew his sword
To thrust him from the door. Telemachus
O'ertook him, and between his shoulders drove
A brazen lance. Right through his breast it went, 110

δούπησεν δὲ πεσών, χθόνα δ' ἤλασε παντὶ μετώπῳ.
Τηλέμαχος δ' ἀπόρουσε, λιπὼν δολιχόσκιον ἔγχος 95
αὐτοῦ ἐν Ἀμφινόμῳ· περὶ γὰρ δίε μή τις Ἀχαιῶν
ἔγχος ἀνελκόμενον δολιχόσκιον ἢ ἐλάσειε
φασγάνῳ ἀΐξας ἠὲ προπρηνέα τύψας.
βῆ δὲ θέειν, μάλα δ' ὦκα φίλον πατέρ' εἰσαφίκανεν,
ἀγχοῦ δ' ἱστάμενος ἔπεα πτερόεντα προσηύδα· 100
'ὦ πάτερ, ἤδη τοι σάκος οἴσω καὶ δύο δοῦρε
καὶ κυνέην πάγχαλκον, ἐπὶ κροτάφοις ἀραρυῖαν
αὐτός τ' ἀμφιβαλεῦμαι ἰών, δώσω δὲ συβώτῃ
καὶ τῷ βουκόλῳ ἄλλα· τετευχῆσθαι γὰρ ἄμεινον.'
τὸν δ' ἀπαμειβόμενος προσέφη πολύμητις Ὀδυσσεύς· 105
'οἶσε θέων, ἧός μοι ἀμύνεσθαι πάρ' ὀϊστοί,
μή μ' ἀποκινήσωσι θυράων μοῦνον ἐόντα.'
ὣς φάτο, Τηλέμαχος δὲ φίλῳ ἐπεπείθετο πατρί,
βῆ δ' ἴμεναι θάλαμόνδ', ὅθι οἱ κλυτὰ τεύχεα κεῖτο.
ἔνθεν τέσσαρα μὲν σάκε' ἔξελε, δούρατα δ' ὀκτὼ 110
καὶ πίσυρας κυνέας χαλκήρεας ἱπποδασείας·
βῆ δὲ φέρων, μάλα δ' ὦκα φίλον πατέρ' εἰσαφίκανεν,
αὐτὸς δὲ πρώτιστα περὶ χροῒ δύσετο χαλκόν·
ὣς δ' αὔτως τὼ δμῶε δυέσθην τεύχεα καλά,
ἔσταν δ' ἀμφ' Ὀδυσῆα δαΐφρονα ποικιλομήτην. 115
αὐτὰρ ὅ γ', ὄφρα μὲν αὐτῷ ἀμύνεσθαι ἔσαν ἰοί,
τόφρα μνηστήρων ἕνα γ' αἰεὶ ᾧ ἐνὶ οἴκῳ
βάλλε τιτυσκόμενος· τοὶ δ' ἀγχιστῖνοι ἔπιπτον.
αὐτὰρ ἐπεὶ λίπον ἰοὶ ὀϊστεύοντα ἄνακτα,
τόξον μὲν πρὸς σταθμὸν ἐϋσταθέος μεγάροιο 120
ἔκλιν' ἑστάμεναι, πρὸς ἐνώπια παμφανόωντα,
αὐτὸς δ' ἀμφ' ὤμοισι σάκος θέτο τετραθέλυμνον,
κρατὶ δ' ἐπ' ἰφθίμῳ κυνέην εὔτυκτον ἔθηκεν,
ἵππουριν, δεινὸν δὲ λόφος καθύπερθεν ἔνευεν·
εἵλετο δ' ἄλκιμα δοῦρε δύω κεκορυθμένα χαλκῷ. 125
ὀρσοθύρη δέ τις ἔσκεν ἐϋδμήτῳ ἐνὶ τοίχῳ,
ἀκρότατον δὲ παρ' οὐδὸν ἐϋσταθέος μεγάροιο
ἦν ὁδὸς ἐς λαύρην, σανίδες δ' ἔχον εὖ ἀραρυῖαι.
τὴν δ' Ὀδυσεὺς φράζεσθαι ἀνώγει δῖον ὑφορβὸν

And he fell headlong, with his forehead dashed
Against the floor. Telemachus drew back,
And left his long spear in Amphinomus,
Lest, while he drew it forth, some one among
The Achaians might attack him with the sword,   115
And thrust him through or hew him down. In haste
He reached his father's side, and quickly said:—
    "Now, father, will I bring to thee a shield,
Two javelins, and a helmet wrought of brass,
Well fitted to the temples. I will case   120
Myself in armor, and will also give
Arms to the swineherd, and to him who tends
The beeves; for men in armor combat best."
And wise Ulysses answered: "Bring them then,
And quickly, while I yet have arrows here   125
For my defence, lest, when I am alone,
They drive me from my station at the door."
    He spake. Obedient to his father's word,
Telemachus was soon within the room
In which the glorious arms were laid. He took   130
Four bucklers thence, eight spears, and helmets four
Of brass, each darkened with its horsehair crest,
And bore them forth, and quickly stood again
Beside his father. But he first encased
His limbs in brass; his followers also put   135
Their shining armor on, and took their place
Beside the wise Ulysses, eminent
In shrewd devices. He, while arrows yet
Were ready to his hand, with every aim
Brought down a suitor; side by side they fell.   140
But when the shafts were spent, the archer-king
Leaned his good bow beside the shining wall,
Against a pillar of the massive pile,
And round his shoulders slung a fourfold shield,
And crowned his martial forehead with a helm   145
Wrought fairly, with a heavy horsehair crest
That nodded gallantly above, and took
In hand the two stout lances tipped with brass.
    In the strong wall there was a postern door,
And, near the outer threshold of the pile,   150
A passage from it to a narrow lane,
Closed with well-fitting doors. Ulysses bade
The noble swineherd take his station there,

ἑσταότ' ἄγχ' αὐτῆς: μία δ' οἴη γίγνετ' ἐφορμή. 130
τοῖς δ' Ἀγέλεως μετέειπεν, ἔπος πάντεσσι πιφαύσκων:
'ὦ φίλοι, οὐκ ἂν δή τις ἀν' ὀρσοθύρην ἀναβαίη
καὶ εἴποι λαοῖσι, βοὴ δ' ὤκιστα γένοιτο;
τῷ κε τάχ' οὗτος ἀνὴρ νῦν ὕστατα τοξάσσαιτο.'
τὸν δ' αὖτε προσέειπε Μελάνθιος, αἰπόλος αἰγῶν: 135
'οὔ πως ἔστ', Ἀγέλαε διοτρεφές: ἄγχι γὰρ αἰνῶς
αὐλῆς καλὰ θύρετρα καὶ ἀργαλέον στόμα λαύρης:
καί χ' εἷς πάντας ἐρύκοι ἀνήρ, ὅς τ' ἄλκιμος εἴη.
ἀλλ' ἄγεθ', ὑμῖν τεύχε' ἐνείκω θωρηχθῆναι
ἐκ θαλάμου: ἔνδον γάρ, ὀΐομαι, οὐδέ πη ἄλλη 140
τεύχεα κατθέσθην Ὀδυσεὺς καὶ φαίδιμος υἱός.'
ὣς εἰπὼν ἀνέβαινε Μελάνθιος, αἰπόλος αἰγῶν,
εἰς θαλάμους Ὀδυσῆος ἀνὰ ῥῶγας μεγάροιο.
ἔνθεν δώδεκα μὲν σάκε' ἔξελε, τόσσα δὲ δοῦρα
καὶ τόσσας κυνέας χαλκήρεας ἱπποδασείας: 145
βῆ δ' ἴμεναι, μάλα δ' ὦκα φέρων μνηστῆρσιν ἔδωκεν.
καὶ τότ' Ὀδυσσῆος λύτο γούνατα καὶ φίλον ἦτορ,
ὡς περιβαλλομένους ἴδε τεύχεα χερσί τε δοῦρα
μακρὰ τινάσσοντας: μέγα δ' αὐτῷ φαίνετο ἔργον.
αἶψα δὲ Τηλέμαχον ἔπεα πτερόεντα προσηύδα: 150
'Τηλέμαχ', ἦ μάλα δή τις ἐνὶ μεγάροισι γυναικῶν
νῶϊν ἐποτρύνει πόλεμον κακὸν ἠὲ Μελανθεύς.'
τὸν δ' αὖ Τηλέμαχος πεπνυμένος ἀντίον ηὔδα:
'ὦ πάτερ, αὐτὸς ἐγὼ τόδε γ' ἤμβροτον—οὐδέ τις ἄλλος
αἴτιος—ὃς θαλάμοιο θύρην πυκινῶς ἀραρυῖαν 155
κάλλιπον ἀγκλίνας: τῶν δὲ σκοπὸς ἦεν ἀμείνων.
ἀλλ' ἴθι, δῖ' Εὔμαιε, θύρην ἐπίθες θαλάμοιο
καὶ φράσαι ἤ τις ἄρ' ἐστὶ γυναικῶν ἢ τάδε ῥέζει,
ἢ υἱὸς Δολίοιο, Μελανθεύς, τόν περ ὀΐω.'
ὣς οἱ μὲν τοιαῦτα πρὸς ἀλλήλους ἀγόρευον, 160
βῆ δ' αὖτις θαλαμόνδε Μελάνθιος, αἰπόλος αἰγῶν,
οἴσων τεύχεα καλά. νόησε δὲ δῖος ὑφορβός,
αἶψα δ' Ὀδυσσῆα προσεφώνεεν ἐγγὺς ἐόντα:
'διογενὲς Λαερτιάδη, πολυμήχαν' Ὀδυσσεῦ,
κεῖνος δ' αὖτ' ἀΐδηλος ἀνήρ, ὃν ὀϊόμεθ' αὐτοί, 165

And guard it well, as now the only way
Of entrance. Agelaüs called aloud   155
To all his fellows, and bespake them thus:—
   "Friends! will no one among you all go up
To yonder postern door, and make our plight
Known to the people? Then the alarm would spread,
And this man haply will have shot his last."   160
   Melanthius, keeper of the goats, replied:
"Nay, noble Agelaüs; 'tis too near
The palace gate; the entrance of the lane
Is narrow, and a single man, if brave,
Against us all might hold it. I will bring   165
Arms from the chamber to equip you all;
For there within, and nowhere else, I deem,
Ulysses and his son laid up their arms."
   Thus having said, the keeper of the goats,
Melanthius, climbed the palace stairs, and gained   170
The chamber of Ulysses. Taking thence
Twelve shields, as many spears, as many helms
Of brass, with each its heavy horsehair plume,
He came, and gave them to the suitors' hands.
Then sank the hero's heart, and his knees shook   175
As he beheld the suitors putting on
Their armor, and uplifting their long spears.
The mighty task appalled him, and he thus
Bespake Telemachus with winged words:—
   "Telemachus, some woman here, or else   180
Melanthius, makes the battle hard for us."
   And thus discreet Telemachus replied:
"Father, I erred in this. I was the cause,
And no one else; I left the solid door
Ajar; the spy was shrewder far than I.   185
Now, good Eumæus, shut the chamber door,
And see if any of the palace-maids
Have brought these arms, or if I rightly fix
The guilt upon Melanthius, Dolius' son."
   So talked they with each other, while again   190
Melanthius, stealing toward the chamber, thought
To bring yet other shining weapons thence.
The noble swineherd marked him as he went,
And quickly drawing near Ulysses said:—
   "Son of Laertes! nobly born and wise!   195
The knave whom we suspect is on his way

ἔρχεται ἐς θάλαμον· σὺ δέ μοι νημερτὲς ἐνίσπες,
ἤ μιν ἀποκτείνω, αἴ κε κρείσσων γε γένωμαι,
ἦε σοὶ ἐνθάδ᾽ ἄγω, ἵν᾽ ὑπερβασίας ἀποτίσῃ
πολλάς, ὅσσας οὗτος ἐμήσατο σῷ ἐνὶ οἴκῳ.'
    τὸν δ᾽ ἀπαμειβόμενος προσέφη πολύμητις Ὀδυσσεύς· 170
'ἦ τοι ἐγὼ καὶ Τηλέμαχος μνηστῆρας ἀγαυοὺς
σχήσομεν ἔντοσθεν μεγάρων, μάλα περ μεμαῶτας.
σφῶϊ δ᾽ ἀποστρέψαντε πόδας καὶ χεῖρας ὕπερθεν
ἐς θάλαμον βαλέειν, σανίδας δ᾽ ἐκδῆσαι ὄπισθε,
σειρὴν δὲ πλεκτὴν ἐξ αὐτοῦ πειρήναντε 175
κίον᾽ ἀν᾽ ὑψηλὴν ἐρύσαι πελάσαι τε δοκοῖσιν,
ὥς κεν δηθὰ ζωὸς ἐὼν χαλέπ᾽ ἄλγεα πάσχῃ·'
    ὣς ἔφαθ᾽, οἱ δ᾽ ἄρα τοῦ μάλα μὲν κλύον ἠδ᾽ ἐπίθοντο,
βὰν δ᾽ ἴμεν ἐς θάλαμον, λαθέτην δέ μιν ἔνδον ἐόντα.
ἦ τοι ὁ μὲν θαλάμοιο μυχὸν κάτα τεύχε᾽ ἐρεύνα, 180
τὼ δ᾽ ἔσταν ἑκάτερθε παρὰ σταθμοῖσι μένοντε.
εὖθ᾽ ὑπὲρ οὐδὸν ἔβαινε Μελάνθιος, αἰπόλος αἰγῶν,
τῇ ἑτέρῃ μὲν χειρὶ φέρων καλὴν τρυφάλειαν,
τῇ δ᾽ ἑτέρῃ σάκος εὐρὺ γέρον, πεπαλαγμένον ἄζῃ,
Λαέρτεω ἥρωος, ὃ κουρίζων φορέεσκε· 185
δὴ τότε γ᾽ ἤδη κεῖτο, ῥαφαὶ δὲ λέλυντο ἱμάντων·
τὼ δ᾽ ἄρ᾽ ἐπαΐξανθ᾽ ἑλέτην ἔρυσάν τέ μιν εἴσω
κουρίξ, ἐν δαπέδῳ δὲ χαμαὶ βάλον ἀχνύμενον κῆρ,
σὺν δὲ πόδας χεῖράς τε δέον θυμαλγέϊ δεσμῷ
εὖ μάλ᾽ ἀποστρέψαντε διαμπερές, ὡς ἐκέλευσεν 190
υἱὸς Λαέρταο, πολύτλας δῖος Ὀδυσσεύς·
σειρὴν δὲ πλεκτὴν ἐξ αὐτοῦ πειρήναντε
κίον᾽ ἀν᾽ ὑψηλὴν ἔρυσαν πελάσαν τε δοκοῖσι.
τὸν δ᾽ ἐπικερτομέων προσέφης, Εὔμαιε συβῶτα·
    'νῦν μὲν δὴ μάλα πάγχυ, Μελάνθιε, νύκτα φυλάξεις, 195
εὐνῇ ἔνι μαλακῇ καταλέγμενος, ὥς σε ἔοικεν·
οὐδέ σέ γ᾽ ἠριγένεια παρ᾽ Ὠκεανοῖο ῥοάων
λήσει ἐπερχομένη χρυσόθρονος, ἡνίκ᾽ ἀγινεῖς

Up to thy chamber. Tell me now, I pray,
And plainly, shall I make an end of him,
If I may prove the stronger man, or bring
The wretch into thy presence, to endure   200
The vengeance due to all the iniquities
Plotted by him against thee in these halls?"
  Ulysses, the sagacious, answered thus:
"Telemachus and I will keep at bay
The suitors in this place, however fierce   205
Their onset, while ye two bind fast his hands
And feet behind his back, and bringing him
Into the chamber, with the door made fast
Behind you, tie him with a double cord,
And draw him up a lofty pillar close   210
To the timbers of the roof, that, swinging there,
He may live long and suffer grievous pain."
  He spake; they hearkened and obeyed, and went
Up to the chamber unperceived by him
Who stood within and searched a nook for arms.   215
On each side of the entrance, by its posts,
They waited for Melanthius. Soon appeared
The goatherd at the threshold of the room,
Bearing a beautiful helmet in one hand,
And in the other a broad ancient shield,   220
Defaced by age and mould. Laertes once,
The hero, bore it when a youth, but now
Long time it lay unused, with gaping seams.
  They sprang and seized the goatherd, dragging him
Back to the chamber by the hair; and there   225
They cast him, in an agony of fear,
Upon the floor, and bound his hands and feet
With a stout cord behind his back, as bade
The great Ulysses, much-enduring son
Of old Laertes. Round him then they looped   230
A double cord, and swung him up beside
A lofty pillar, till they brought him near
The timbers of the roof. And then didst thou,
Eumæus, say to him in jeering words:—
  "Melanthius, there mayst thou keep watch all night 235
On a soft bed, a fitting place for thee;
And when the Mother of the Dawn shall come
Upon her golden seat from ocean's streams,
Thou wilt not fail to see her. Thou mayst then

αἶγας μνηστήρεσσι δόμον κάτα δαῖτα πένεσθαι.'
ὣς ὁ μὲν αὖθι λέλειπτο, ταθεὶς ὀλοῷ ἐνὶ δεσμῷ· 200
τὼ δ' ἐς τεύχεα δύντε, θύρην ἐπιθέντε φαεινήν,
βήτην εἰς Ὀδυσῆα δαΐφρονα, ποικιλομήτην.
ἔνθα μένος πνείοντες ἐφέστασαν, οἱ μὲν ἐπ' οὐδοῦ
τέσσαρες, οἱ δ' ἔντοσθε δόμων πολέες τε καὶ ἐσθλοί.
τοῖσι δ' ἐπ' ἀγχίμολον θυγάτηρ Διὸς ἦλθεν Ἀθήνη, 205
Μέντορι εἰδομένη ἠμὲν δέμας ἠδὲ καὶ αὐδήν.
τὴν δ' Ὀδυσεὺς γήθησεν ἰδὼν καὶ μῦθον ἔειπε·
'Μέντορ, ἄμυνον ἀρήν, μνῆσαι δ' ἑτάροιο φίλοιο,
ὅς σ' ἀγαθὰ ῥέζεσκον· ὁμηλικίην δέ μοί ἐσσι.'
ὣς φάτ', ὀϊόμενος λαοσσόον ἔμμεν Ἀθήνην. 210
μνηστῆρες δ' ἑτέρωθεν ὁμόκλεον ἐν μεγάροισι·
πρῶτος τήν γ' ἐνένιπε Δαμαστορίδης Ἀγέλαος·
'Μέντορ, μή σ' ἐπέεσσι παραιπεπίθῃσιν Ὀδυσσεὺς
μνηστήρεσσι μάχεσθαι, ἀμυνέμεναι δέ οἱ αὐτῷ.
ὧδε γὰρ ἡμέτερόν γε νόον τελέεσθαι ὀΐω· 215
ὁππότε κεν τούτους κτέωμεν, πατέρ' ἠδὲ καὶ υἱόν,
ἐν δὲ σὺ τοῖσιν ἔπειτα πεφήσεαι, οἷα μενοινᾷς
ἔρδειν ἐν μεγάροις· σῷ δ' αὐτοῦ κράατι τίσεις.
αὐτὰρ ἐπὴν ὑμέων γε βίας ἀφελώμεθα χαλκῷ,
κτήμαθ' ὁπόσσα τοί ἐστι, τά τ' ἔνδοθι καὶ τὰ θύρηφι, 220
τοῖσιν Ὀδυσσῆος μεταμίξομεν· οὐδέ τοι υἷας
ζώειν ἐν μεγάροισιν ἐάσομεν, οὐδὲ θύγατρας
οὐδ' ἄλοχον κεδνὴν Ἰθάκης κατὰ ἄστυ πολεύειν.'
ὣς φάτ', Ἀθηναίη δὲ χολώσατο κηρόθι μᾶλλον,
νείκεσσεν δ' Ὀδυσῆα χολωτοῖσιν ἐπέεσσιν· 225
'οὐκέτι σοί γ', Ὀδυσεῦ, μένος ἔμπεδον οὐδέ τις ἀλκή
οἵη ὅτ' ἀμφ' Ἑλένῃ λευκωλένῳ εὐπατερείῃ,
εἰνάετες Τρώεσσιν ἐμάρναο νωλεμὲς αἰεί,
πολλοὺς δ' ἄνδρας ἔπεφνες ἐν αἰνῇ δηϊοτῆτι,
σῇ δ' ἥλω βουλῇ Πριάμου πόλις εὐρυάγυια. 230
πῶς δὴ νῦν, ὅτε σόν τε δόμον καὶ κτήμαθ' ἱκάνεις,
ἄντα μνηστήρων ὀλοφύρεαι ἄλκιμος εἶναι;
ἀλλ' ἄγε δεῦρο, πέπον, παρ' ἔμ' ἵστασο καὶ ἴδε ἔργον,
ὄφρ' εἰδῇς οἷός τοι ἐν ἀνδράσι δυσμενέεσσιν

Drive thy goats hither for the suitors' feast." 240
They left him in that painful plight, and put
Their armor on, and closed the shining door,
And went, and by Ulysses, versed in wiles,
Stood breathing valor. Four were they who stood
Upon that threshold, while their foes within 245
Were many and brave. Then Pallas, child of Jove,
Drew near, like Mentor both in shape and voice.
Ulysses saw her, and rejoiced and said:—
    "Come, Mentor, to the aid of one who loves
And has befriended thee, thy peer in age." 250
    Thus said Ulysses, but believed he spake
To Pallas, scatterer of hosts. Fierce shouts
Came from the suitors in the hall, and first,
Thus Agelaüs railed, Damastor's son:—
    "Mentor, let not Ulysses wheedle thee 255
To join him, and make war on us, for this
Our purpose is, and it will be fulfilled:
When by our hands the father and the son
Are slain, thou also shalt be put to death
For this attempt, and thy own head shall be 260
The forfeit. When we shall have taken thus
Thy life with our good weapons, we will seize
On all thou hast, on all thy wealth within
Thy dwelling or without, and, mingling it
With the possessions of Ulysses, leave 265
Within thy palaces no son of thine
Or daughter living, and no virtuous wife
Of thine, abiding here in Ithaca."
    He spake, and woke new anger in the heart
Of Pallas, and she chid Ulysses thus:— 270
    "Ulysses, thou art not, in might of arm
And courage, what thou wert when waging war
Nine years without a pause against the men
Of Troy for Helen's sake, the child of Jove,
And many didst thou slay in deadly strife, 275
And Priam's city, with its spacious streets,
Was taken through thy counsels. How is it
That, coming to thy own possessions here
And thy own palace, thou dost sadly find
Thy ancient valor fail thee in the strife 280
Against the suitors? Now draw near, my friend,
And stand by me, and see what I shall do,

Μέντωρ Ἀλκιμίδης εὐεργεσίας ἀποτίνειν.' 235
ἦ ῥα, καὶ οὔ πω πάγχυ δίδου ἑτεραλκέα νίκην,
ἀλλ' ἔτ' ἄρα σθένεός τε καὶ ἀλκῆς πειρήτιζεν
ἠμὲν Ὀδυσσῆος ἠδ' υἱοῦ κυδαλίμοιο.
αὐτὴ δ' αἰθαλόεντος ἀνὰ μεγάροιο μέλαθρον
ἕζετ' ἀναΐξασα, χελιδόνι εἰκέλη ἄντην. 240
μνηστῆρας δ' ὤτρυνε Δαμαστορίδης Ἀγέλαος,
Εὐρύνομός τε καὶ Ἀμφιμέδων Δημοπτόλεμός τε,
Πείσανδρός τε Πολυκτορίδης Πόλυβός τε δαΐφρων·
οἱ γὰρ μνηστήρων ἀρετῇ ἔσαν ἔξοχ' ἄριστοι,
ὅσσοι ἔτ' ἔζωον περί τε ψυχέων ἐμάχοντο· 245
τοὺς δ' ἤδη ἐδάμασσε βιὸς καὶ ταρφέες ἰοί.
τοῖς δ' Ἀγέλεως μετέειπεν, ἔπος πάντεσσι πιφαύσκων·
'ὦ φίλοι, ἤδη σχήσει ἀνὴρ ὅδε χεῖρας ἀάπτους·
καὶ δή οἱ Μέντωρ μὲν ἔβη κενὰ εὔγματα εἰπών,
οἱ δ' οἶοι λείπονται ἐπὶ πρώτῃσι θύρῃσι. 250
τῷ νῦν μὴ ἅμα πάντες ἐφίετε δούρατα μακρά,
ἀλλ' ἄγεθ' οἱ ἓξ πρῶτον ἀκοντίσατ', αἴ κέ ποθι Ζεὺς
δώῃ Ὀδυσσῆα βλῆσθαι καὶ κῦδος ἀρέσθαι.
τῶν δ' ἄλλων οὐ κῆδος, ἐπὴν οὗτός γε πέσῃσιν.'
ὣς ἔφαθ', οἱ δ' ἄρα πάντες ἀκόντισαν ὡς ἐκέλευεν, 255
ἱέμενοι· τὰ δὲ πάντα ἐτώσια θῆκεν Ἀθήνη,
τῶν ἄλλος μὲν σταθμὸν ἐϋσταθέος μεγάροιο
βεβλήκει, ἄλλος δὲ θύρην πυκινῶς ἀραρυῖαν·
ἄλλου δ' ἐν τοίχῳ μελίη πέσε χαλκοβάρεια.
αὐτὰρ ἐπεὶ δὴ δούρατ' ἀλεύαντο μνηστήρων, 260
τοῖς δ' ἄρα μύθων ἦρχε πολύτλας δῖος Ὀδυσσεύς·
'ὦ φίλοι, ἤδη μέν κεν ἐγὼν εἴποιμι καὶ ἄμμι
μνηστήρων ἐς ὅμιλον ἀκοντίσαι, οἳ μεμάασιν
ἡμέας ἐξεναρίξαι ἐπὶ προτέροισι κακοῖσιν.'
ὣς ἔφαθ', οἱ δ' ἄρα πάντες ἀκόντισαν ὀξέα δοῦρα 265
ἄντα τιτυσκόμενοι· Δημοπτόλεμον μὲν Ὀδυσσεύς,
Εὐρυάδην δ' ἄρα Τηλέμαχος, Ἔλατον δὲ συβώτης,
Πείσανδρον δ' ἄρ' ἔπεφνε βοῶν ἐπιβουκόλος ἀνήρ.
οἱ μὲν ἔπειθ' ἅμα πάντες ὀδὰξ ἕλον ἄσπετον οὖδας,

And own that Mentor, son of Alcimus,
Amid a press of foes requites thy love."
    She spake, but gave not to Ulysses yet   285
The certain victory; for she meant to put
To further proof the courage and the might
Both of Ulysses and his emulous son.
To the broad palace roof she rose, and sat
In shape a swallow. Agelaüs now,   290
Damastor's son, cheered on with gallant words
His friends; so also did Amphimedon,
Eurynomus, and Demoptolemus,
Polyctor's son, Peisander, and with these
Sagacious Polybus. These six excelled   295
In valor all the suitors who survived,
And they were fighting for their lives. The bow
And the fleet shafts had smitten down their peers.
Thus to his fellows Agelaüs spake:—
    "O friends, this man will now be forced to stay   300
His fatal hand. See, Mentor leaves his side,
After much empty boasting, and those four
Are at the entrance gate alone. Now aim
At him with your long spears,—not all at once,
Let six first hurl their weapons, and may Jove   305
Grant that we strike Ulysses down, and win
Great glory! For the others at his side
We care but little, if their leader fall."
    He spake; they hearkened. Eagerly they cast
Their lances. Pallas made their aim to err.   310
One struck a pillar of the massive pile;
One struck the panelled door; one ashen shaft,
Heavy with metal, rang against the wall.
    And when they had escaped that flight of spears,
Hurled from the crowd, the much-enduring man,   315
Ulysses, thus to his companions said:—
    "Now is the time, my friends, to send our spears
Into the suitor-crowd, who, not content
With wrongs already done us, seek our lives."
    He spake, and, aiming opposite, they cast   320
Their spears. The weapon which Ulysses flung
Slew Demoptolemus; his son struck down
Euryades; the herdsman smote to death
Peisander, and the swineherd Elatus.
These at one moment fell, and bit the dust   325

μνηστῆρες δ' ἀνεχώρησαν μεγάροιο μυχόνδε· 270
τοὶ δ' ἄρ' ἐπήϊξαν, νεκύων δ' ἐξ ἔγχε' ἕλοντο.
αὖτις δὲ μνηστῆρες ἀκόντισαν ὀξέα δοῦρα
ἱέμενοι· τὰ δὲ πολλὰ ἐτώσια θῆκεν Ἀθήνη.
τῶν ἄλλος μὲν σταθμὸν ἐϋσταθέος μεγάροιο
βεβλήκειν, ἄλλος δὲ θύρην πυκινῶς ἀραρυῖαν· 275
ἄλλου δ' ἐν τοίχῳ μελίη πέσε χαλκοβάρεια.
Ἀμφιμέδων δ' ἄρα Τηλέμαχον βάλε χεῖρ' ἐπὶ καρπῷ
λίγδην, ἄκρον δὲ ῥινὸν δηλήσατο χαλκός.
Κτήσιππος δ' Εὔμαιον ὑπὲρ σάκος ἔγχεϊ μακρῷ
ὦμον ἐπέγραψεν· τὸ δ' ὑπέρπτατο, πῖπτε δ' ἔραζε. 280
τοὶ δ' αὖτ' ἀμφ' Ὀδυσῆα δαΐφρονα ποικιλομήτην,
μνηστήρων ἐς ὅμιλον ἀκόντισαν ὀξέα δοῦρα.
ἔνθ' αὖτ' Εὐρυδάμαντα βάλε πτολίπορθος Ὀδυσσεύς,
Ἀμφιμέδοντα δὲ Τηλέμαχος, Πόλυβον δὲ συβώτης·
Κτήσιππον δ' ἄρ' ἔπειτα βοῶν ἐπιβουκόλος ἀνὴρ 285
βεβλήκει πρὸς στῆθος, ἐπευχόμενος δὲ προσηύδα·
'ὦ Πολυθερσεΐδη φιλοκέρτομε, μή ποτε πάμπαν
εἴκων ἀφραδίης μέγα εἰπεῖν, ἀλλὰ θεοῖσιν
μῦθον ἐπιτρέψαι, ἐπεὶ ἦ πολὺ φέρτεροί εἰσι.
τοῦτό τοι ἀντὶ ποδὸς ξεινήϊον, ὅν ποτ' ἔδωκας 290
ἀντιθέῳ Ὀδυσῆϊ δόμον κάτ' ἀλητεύοντι.'
ἦ ῥα βοῶν ἑλίκων ἐπιβουκόλος· αὐτὰρ Ὀδυσσεὺς
οὖτα Δαμαστορίδην αὐτοσχεδὸν ἔγχεϊ μακρῷ.
Τηλέμαχος δ' Εὐηνορίδην Λειώκριτον οὖτα
δουρὶ μέσον κενεῶνα, διαπρὸ δὲ χαλκὸν ἔλασσεν· 295
ἤριπε δὲ πρηνής, χθόνα δ' ἤλασε παντὶ μετώπῳ.
δὴ τότ' Ἀθηναίη φθισίμβροτον αἰγίδ' ἀνέσχεν
ὑψόθεν ἐξ ὀροφῆς· τῶν δὲ φρένες ἐπτοίηθεν.
οἱ δ' ἐφέβοντο κατὰ μέγαρον βόες ὣς ἀγελαῖαι·
τὰς μέν τ' αἰόλος οἶστρος ἐφορμηθεὶς ἐδόνησεν 300
ὥρῃ ἐν εἰαρινῇ, ὅτε τ' ἤματα μακρὰ πέλονται.
οἱ δ' ὥς τ' αἰγυπιοὶ γαμψώνυχες ἀγκυλοχεῖλαι,

Of the broad floor. Back flew the suitor-crowd
To a recess; and after them the four
Rushed on, and plucked their weapons from the dead.
    Again the suitors threw their spears; again
Did Pallas cause their aim to err. One struck   330
A pillar of the massive pile, and one
The panelled door; another ashen shaft,
Heavy with metal, rang against the wall.
Yet did the weapon of Amphimedon
Strike lightly on the wrist Telemachus.   335
The brass just tore the skin. Ctesippus grazed
The shoulder of Eumæus with his spear,
Above the shield; the spear flew over it
And fell to earth. Then they who stood beside
The sage Ulysses, versed in wiles, once more   340
Flung their keen spears. The spoiler of walled towns,
Ulysses, slew Eurydamas; his son
Struck down Amphimedon; the swineherd took
The life of Polybus; the herdsman smote
Ctesippus, driving through his breast the spear,   345
And called to him, and gloried o'er his fall:—
    "O son of Polytherses, prompt to rail!
Beware of uttering, in thy foolish pride,
Big words hereafter leave it to the gods,
Mightier are they than we. See, I repay   350
The hospitable gift of a steer's foot,
Which once the great Ulysses from thy hand
Received, as he was passing through this hall."
    Thus spake the keeper of the horned herd.
Meantime, Ulysses slew Damastor's son   355
With his long spear, in combat hand to hand.
Telemachus next smote Evenor's son,
Leiocritus. He sent the brazen spear
Into his bowels; through his body passed
The weapon, and he fell upon his face.   360
His forehead struck the floor. Then Pallas held
On high her fatal ægis. From the roof
She showed it, and their hearts grew wild with fear.
They fled along the hall as flees a herd
Of kine, when the swift gadfly suddenly   365
Has come among them, and has scattered them
In springtime, when the days are growing long.
Meantime, like falcons with curved claws and beaks,

ἐξ ὀρέων ἐλθόντες ἐπ' ὀρνίθεσσι θόρωσι·
ταὶ μέν τ' ἐν πεδίῳ νέφεα πτώσσουσαι ἵενται,
οἱ δέ τε τὰς ὀλέκουσιν ἐπάλμενοι, οὐδέ τις ἀλκὴ 305
γίγνεται οὐδὲ φυγή· χαίρουσι δέ τ' ἀνέρες ἄγρῃ·
ὣς ἄρα τοὶ μνηστῆρας ἐπεσσύμενοι κατὰ δῶμα
τύπτον ἐπιστροφάδην· τῶν δὲ στόνος ὤρνυτ' ἀεικὴς
κράτων τυπτομένων, δάπεδον δ' ἅπαν αἵματι θῦε.
    Λειώδης δ' Ὀδυσῆος ἐπεσσύμενος λάβε γούνων, 310
καί μιν λισσόμενος ἔπεα πτερόεντα προσηύδα·
'γουνοῦμαί σ', Ὀδυσεῦ· σὺ δέ μ' αἴδεο καί μ' ἐλέησον·
οὐ γάρ πώ τινά φημι γυναικῶν ἐν μεγάροισιν
εἰπεῖν οὐδέ τι ῥέξαι ἀτάσθαλον· ἀλλὰ καὶ ἄλλους
παύεσκον μνηστῆρας, ὅτις τοιαῦτά γε ῥέζοι· 315
ἀλλά μοι οὐ πείθοντο κακῶν ἄπο χεῖρας ἔχεσθαι·
τῷ καὶ ἀτασθαλίῃσιν ἀεικέα πότμον ἐπέσπον.
αὐτὰρ ἐγὼ μετὰ τοῖσι θυοσκόος οὐδὲν ἐοργὼς
κείσομαι, ὡς οὐκ ἔστι χάρις μετόπισθ' εὐεργέων·'
    τὸν δ' ἄρ' ὑπόδρα ἰδὼν προσέφη πολύμητις Ὀδυσσεύς· 320
'εἰ μὲν δὴ μετὰ τοῖσι θυοσκόος εὔχεαι εἶναι,
πολλάκι που μέλλεις ἀρήμεναι ἐν μεγάροισι
τηλοῦ ἐμοὶ νόστοιο τέλος γλυκεροῖο γενέσθαι,
σοὶ δ' ἄλοχόν τε φίλην σπέσθαι καὶ τέκνα τεκέσθαι·
τῷ οὐκ ἂν θάνατόν γε δυσηλεγέα προφύγοισθα.' 325
    ὣς ἄρα φωνήσας ξίφος εἵλετο χειρὶ παχείῃ
κείμενον, ὅ ῥ' Ἀγέλαος ἀποπροέηκε χαμᾶζε
κτεινόμενος· τῷ τόν γε κατ' αὐχένα μέσσον ἔλασσε.
φθεγγομένου δ' ἄρα τοῦ γε κάρη κονίῃσιν ἐμίχθη.
    Τερπιάδης δ' ἔτ' ἀοιδὸς ἀλύσκανε κῆρα μέλαιναν, 330
Φήμιος, ὅς ῥ' ἤειδε μετὰ μνηστῆρσιν ἀνάγκῃ.
ἔστη δ' ἐν χείρεσσιν ἔχων φόρμιγγα λίγειαν
ἄγχι παρ' ὀρσοθύρην· δίχα δὲ φρεσὶ μερμήριζεν,
ἢ ἐκδὺς μεγάροιο Διὸς μεγάλου ποτὶ βωμὸν

That, coming from the mountain summits, pounce
Upon the smaller birds, and make them fly 370
Close to the fields among the snares they dread,
And seize and slay, nor can the birds resist
Or fly, and at the multitude of prey
The fowlers' hearts are glad; so did the four
Smite right and left the suitors hurrying through 375
The palace-hall, and fearful moans arose
As heads were smitten by the sword, and all
The pavement swam with blood. Leiodes then
Sprang forward to Ulysses, clasped his knees,
And supplicated him with winged words:— 380
    "I come, Ulysses, to thy knees. Respect
And spare me. Never have I said or done,
Among the women of thy household, aught
That could be blamed, and I essayed to check
The wrongs of other suitors. Little heed 385
They gave my counsels, nor withheld their hands
From evil deeds, and therefore have they drawn
Upon themselves an evil fate. But I,
Who have done nothing,—I their soothsayer,—
Must I too die? Then is there no reward 390
Among the sons of men for worthy deeds."
    Ulysses, the sagacious, frowned and said:
"If then, in truth, thou wert as thou dost boast,
A soothsayer among these men, thy prayer
Within these palace-walls must oft have been 395
That far from me might be the blessed day
Of my return, and that my wife might take
With thee her lot, and bring forth sons to thee,
And therefore shalt thou not escape from death."
    He spake, and seizing with his powerful hand 400
A falchion lying near, which from the grasp
Of Agelaüs fell when he was slain,
Just at the middle of the neck he smote
Leiodes, while the words were on his lips,
And the head fell, and lay amid the dust. 405
    Phemius, the son of Terpius, skilled in song,
Alone escaped the bitter doom of death.
He by constraint had sung among the train
Of suitors, and was standing now beside
The postern door, and held his sweet-toned lyre, 410
And pondered whether he should leave the hall,

ἑρκείου ἵζοιτο τετυγμένον, ἔνθ' ἄρα πολλὰ 335
Λαέρτης Ὀδυσεύς τε βοῶν ἐπὶ μηρί' ἔκηαν,
ἦ γούνων λίσσοιτο προσαΐξας Ὀδυσῆα.
ὧδε δέ οἱ φρονέοντι δοάσσατο κέρδιον εἶναι,
γούνων ἅψασθαι Λαερτιάδεω Ὀδυσῆος.
ἦ τοι ὁ φόρμιγγα γλαφυρὴν κατέθηκε χαμᾶζε 340
μεσσηγὺς κρητῆρος ἰδὲ θρόνου ἀργυροήλου,
αὐτὸς δ' αὖτ' Ὀδυσῆα προσαΐξας λάβε γούνων,
καί μιν λισσόμενος ἔπεα πτερόεντα προσηύδα·
  'γουνοῦμαί σ', Ὀδυσεῦ· σὺ δέ μ' αἴδεο καί μ' ἐλέησον·
αὐτῷ τοι μετόπισθ' ἄχος ἔσσεται, εἴ κεν ἀοιδὸν 345
πέφνῃς, ὅς τε θεοῖσι καὶ ἀνθρώποισιν ἀείδω.
αὐτοδίδακτος δ' εἰμί, θεὸς δέ μοι ἐν φρεσὶν οἴμας
παντοίας ἐνέφυσεν· ἔοικα δέ τοι παραείδειν
ὥς τε θεῷ· τῷ με λιλαίεο δειροτομῆσαι.
καί κεν Τηλέμαχος τάδε γ' εἴποι, σὸς φίλος υἱός, 350
ὡς ἐγὼ οὔ τι ἑκὼν ἐς σὸν δόμον οὐδὲ χατίζων
πωλεύμην μνηστῆρσιν ἀεισόμενος μετὰ δαῖτας,
ἀλλὰ πολὺ πλέονες καὶ κρείσσονες ἦγον ἀνάγκῃ.'
  ὣς φάτο, τοῦ δ' ἤκουσ' ἱερὴ ἲς Τηλεμάχοιο,
αἶψα δ' ἑὸν πατέρα προσεφώνεεν ἐγγὺς ἐόντα· 355
  'ἴσχεο μηδέ τι τοῦτον ἀναίτιον οὔτε χαλκῷ·
καὶ κήρυκα Μέδοντα σαώσομεν, ὅς τέ μευ αἰεὶ
οἴκῳ ἐν ἡμετέρῳ κηδέσκετο παιδὸς ἐόντος,
εἰ δὴ μή μιν ἔπεφνε Φιλοίτιος ἠὲ συβώτης,
ἠὲ σοὶ ἀντεβόλησεν ὀρινομένῳ κατὰ δῶμα.' 360
  ὣς φάτο, τοῦ δ' ἤκουσε Μέδων πεπνυμένα εἰδώς·
πεπτηὼς γὰρ ἔκειτο ὑπὸ θρόνον, ἀμφὶ δὲ δέρμα
ἕστο βοὸς νεόδαρτον, ἀλύσκων κῆρα μέλαιναν.
αἶψα δ' ἀπὸ θρόνου ὦρτο, θοῶς δ' ἀπέδυνε βοείην
Τηλέμαχον δ' ἄρ' ἔπειτα προσαΐξας λάβε γούνων, 365
καί μιν λισσόμενος ἔπεα πτερόεντα προσηύδα·
  'ὦ φίλ', ἐγὼ μὲν ὅδ' εἰμί, σὺ δ' ἴσχεο εἰπὲ δὲ πατρὶ
μή με περισθενέων δηλήσεται ὀξέϊ χαλκῷ,
ἀνδρῶν μνηστήρων κεχολωμένος, οἵ οἱ ἔκειρον

And sit before the altar of the great
Herceian Jove, where, with Laertes, once
Ulysses oft had burned the thighs of beeves,
Or whether he should fling himself before   415
Ulysses, as a suppliant, at his knees.
This to his thought seemed wisest,—to approach
Laertes' son, and clasp his knees. He placed
His sweet harp on the floor, between the cup
And silver-studded seat, and went and clasped   420
The hero's knees, and said in winged words:—
   "I come, Ulysses, to thy knees. Respect
And spare me. It will be a grief to thee,
Hereafter, shouldst thou slay a bard, who sings
For gods and men alike. I taught myself   425
This art; some god has breathed into my mind
Songs of all kinds, and I could sing to thee
As to a god. O, seek not then to take
My life! Thy own dear son Telemachus
Will bear me witness that not willingly   430
Nor for the sake of lucre did I come
To sing before the suitors at their feasts
And in thy palace, but was forced to come
By numbers and by mightier men than I."
   He ceased; Telemachus, the mighty, heard   435
And thus bespake his father at his side:—
"Refrain; smite not the guiltless with the sword;
And be the herald, Medon, also spared,
Who in our palace had the care of me
Through all my childhood; if he be not slain   440
Already by Philœtius, or by him
Who tends the swine, or if he have not met
Thyself, when thou wert ranging through the hall."
   He spake, and the sagacious Medon heard,
As crouching underneath a throne he lay,   445
Wrapped in the skin just taken from a steer,
To hide from the black doom of death. He came
From where he lay, and quickly flung aside
The skin, and, springing forward, clasped the knees
Of the young prince, and said in winged words:—   450
   "Dear youth, behold me here; be merciful;
Speak to thy father, that he put not forth
His sword to slay me, eager as he is
For vengeance, and incensed against the men

κτήματ' ἐνὶ μεγάροις, σὲ δὲ νήπιοι οὐδὲν ἔτιον.' 370
  τὸν δ' ἐπιμειδήσας προσέφη πολύμητις Ὀδυσσεύς:
'θάρσει, ἐπεὶ δή σ' οὗτος ἐρύσσατο καὶ ἐσάωσεν,
ὄφρα γνῷς κατὰ θυμόν, ἀτὰρ εἴπησθα καὶ ἄλλῳ,
ὡς κακοεργίης εὐεργεσίη μέγ' ἀμείνων.
ἀλλ' ἐξελθόντες μεγάρων ἕζεσθε θύραζε 375
ἐκ φόνου εἰς αὐλήν, σύ τε καὶ πολύφημος ἀοιδός,
ὄφρ' ἂν ἐγὼ κατὰ δῶμα πονήσομαι ὅττεό με χρή.'
  ὣς φάτο, τὼ δ' ἔξω βήτην μεγάροιο κιόντε,
ἑζέσθην δ' ἄρα τώ γε Διὸς μεγάλου ποτὶ βωμόν,
πάντοσε παπταίνοντε, φόνον ποτιδεγμένω αἰεί. 380
πάπτηνεν δ' Ὀδυσεὺς καθ' ἑὸν δόμον, εἴ τις ἔτ' ἀνδρῶν
ζωὸς ὑποκλοπέοιτο, ἀλύσκων κῆρα μέλαιναν.
τοὺς δὲ ἴδεν μάλα πάντας ἐν αἵματι καὶ κονίῃσι
πεπτεῶτας πολλούς, ὥστ' ἰχθύας, οὕς θ' ἁλιῆες
κοῖλον ἐς αἰγιαλὸν πολιῆς ἔκτοσθε θαλάσσης 385
δικτύῳ ἐξέρυσαν πολυωπῷ· οἱ δέ τε πάντες
κύμαθ' ἁλὸς ποθέοντες ἐπὶ ψαμάθοισι κέχυνται·
τῶν μέν τ' Ἠέλιος φαέθων ἐξείλετο θυμόν·
ὣς τότ' ἄρα μνηστῆρες ἐπ' ἀλλήλοισι κέχυντο.
δὴ τότε Τηλέμαχον προσέφη πολύμητις Ὀδυσσεύς· 390
  'Τηλέμαχ', εἰ δ' ἄγε μοι κάλεσον τροφὸν Εὐρύκλειαν,
ὄφρα ἔπος εἴπωμι τό μοι καταθύμιόν ἐστιν.
' ὣς φάτο, Τηλέμαχος δὲ φίλῳ ἐπεπείθετο πατρί,
κινήσας δὲ θύρην προσέφη τροφὸν Εὐρύκλειαν·
  'δεῦρο δὴ ὄρσο, γρηῦ παλαιγενές, ἥ τε γυναικῶν 395
δμῳάων σκοπός ἐσσι κατὰ μέγαρ' ἡμετεράων·
ἔρχεο· κικλήσκει σε πατὴρ ἐμός, ὄφρα τι εἴπῃ.'
  ὣς ἄρ' ἐφώνησεν, τῇ δ' ἄπτερος ἔπλετο μῦθος,
ὤϊξεν δὲ θύρας μεγάρων εὖ ναιεταόντων,
βῆ δ' ἴμεν· αὐτὰρ Τηλέμαχος πρόσθ' ἡγεμόνευεν. 400
εὗρεν ἔπειτ' Ὀδυσῆα μετὰ κταμένοισι νέκυσσιν,

Who haunt these halls to make his wealth a spoil, 455
And in their folly hold thyself in scorn."
    He spake; the sage Ulysses smiled and said:
"Be of good cheer, since this my son protects
And rescues thee. Now mayst thou well perceive,
And say to other men, how much more safe 460
Is doing good than evil. Go thou forth
Out of this slaughter to the open court,
Thou and the illustrious bard, and sit ye there,
While here within I do what yet I must."
    He spake; they moved away and left the hall, 465
And by the altar of almighty Jove
Sat looking round them, still in fear of death.
    Meantime, Ulysses passed with searching look
O'er all the place, to find if yet remained
A single one of all the suitor-crew 470
Alive, and skulking from his bitter doom.
He saw that all had fallen in blood and dust,
Many as fishes on the shelving beach
Drawn from the hoary deep by those who tend
The nets with myriad meshes. Poured abroad 475
Upon the sand, while panting to return
To the salt sea they lie, till the hot sun
Takes their life from them; so the suitors lay
Heaped on each other. Then Ulysses took
The word, and thus bespake Telemachus:— 480
    "Go now, Telemachus, and hither call
The nurse, Dame Eurycleia. I would say
Somewhat to her that comes into my thought."
    So spake the chief. Telemachus obeyed
The word, and smote the door, and called the nurse:— 485
    "Come hither, ancient dame, who hast in charge
To oversee the women in their tasks;
My father calls thee, and would speak with thee."
    He spake; nor flew the word in vain; she flung
Apart the portals of those stately rooms, 490
And came in haste. Before her went the prince.
Among the corpses of the slain they found
Ulysses, stained with blood, and grimed with dust.
As when a lion, who has just devoured
A bullock of the pasture, moves away, 495
A terror to the sight, with breast and cheeks
All bathed in blood; so did Ulysses seem,

αἵματι καὶ λύθρῳ πεπαλαγμένον ὥστε λέοντα,
ὅς ῥά τε βεβρωκὼς βοὸς ἔρχεται ἀγραύλοιο·
πᾶν δ' ἄρα οἱ στῆθός τε παρήϊά τ' ἀμφοτέρωθεν
αἱματόεντα πέλει, δεινὸς δ' εἰς ὦπα ἰδέσθαι· 405
ὣς Ὀδυσεὺς πεπάλακτο πόδας καὶ χεῖρας ὕπερθεν.
ἡ δ' ὡς οὖν νέκυάς τε καὶ ἄσπετον εἴσιδεν αἷμα,
ἴθυσέν ῥ' ὀλολύξαι, ἐπεὶ μέγα εἴσιδεν ἔργον·
ἀλλ' Ὀδυσεὺς κατέρυκε καὶ ἔσχεθεν ἱεμένην περ,
καί μιν φωνήσας ἔπεα πτερόεντα προσηύδα· 410
    'ἐν θυμῷ, γρηῦ, χαῖρε καὶ ἴσχεο μηδ' ὀλόλυζε·
οὐχ ὁσίη κταμένοισιν ἐπ' ἀνδράσιν εὐχετάασθαι.
τούσδε δὲ μοῖρ' ἐδάμασσε θεῶν καὶ σχέτλια ἔργα·
οὔ τινα γὰρ τίεσκον ἐπιχθονίων ἀνθρώπων,
οὐ κακὸν οὐδὲ μὲν ἐσθλόν, ὅτις σφέας εἰσαφίκοιτο· 415
τῷ καὶ ἀτασθαλίῃσιν ἀεικέα πότμον ἐπέσπον.
ἀλλ' ἄγε μοι σὺ γυναῖκας ἐνὶ μεγάροις κατάλεξον,
αἵ τέ μ' ἀτιμάζουσι καὶ αἳ νηλείτιδές εἰσιν.'
    τὸν δ' αὖτε προσέειπε φίλη τροφὸς Εὐρύκλεια·
'τοιγὰρ ἐγώ τοι, τέκνον, ἀληθείην καταλέξω. 420
πεντήκοντά τοί εἰσιν ἐνὶ μεγάροισι γυναῖκες
δμῳαί, τὰς μέν τ' ἔργα διδάξαμεν ἐργάζεσθαι,
εἴριά τε ξαίνειν καὶ δουλοσύνην ἀνέχεσθαι·
τάων δώδεκα πᾶσαι ἀναιδείης ἐπέβησαν,
οὔτ' ἐμὲ τίουσαι οὔτ' αὐτὴν Πηνελόπειαν. 425
Τηλέμαχος δὲ νέον μὲν ἀέξετο, οὐδέ ἑ μήτηρ
σημαίνειν εἴασκεν ἐπὶ δμῳῇσι γυναιξίν.
ἀλλ' ἄγ' ἐγὼν ἀναβᾶσ' ὑπερώϊα σιγαλόεντα
εἴπω σῇ ἀλόχῳ, τῇ τις θεὸς ὕπνον ἐπῶρσε.'
    τὴν δ' ἀπαμειβόμενος προσέφη πολύμητις Ὀδυσσεύς· 430
'μή πω τήνδ' ἐπέγειρε· σὺ δ' ἐνθάδε εἰπὲ γυναιξὶν
ἐλθέμεν, αἵ περ πρόσθεν ἀεικέα μηχανόωντο.'
    ὣς ἄρ' ἔφη, γρηῢς δὲ διὲκ μεγάροιο βεβήκει
ἀγγελέουσα γυναιξὶ καὶ ὀτρυνέουσα νέεσθαι.
αὐτὰρ ὁ Τηλέμαχον καὶ βουκόλον ἠδὲ συβώτην 435
εἰς ἓ καλεσσάμενος ἔπεα πτερόεντα προσηύδα·
    'ἄρχετε νῦν νέκυας φορέειν καὶ ἄνωχθε γυναῖκας·
αὐτὰρ ἔπειτα θρόνους περικαλλέας ἠδὲ τραπέζας
ὕδατι καὶ σπόγγοισι πολυτρήτοισι καθαίρειν.
αὐτὰρ ἐπὴν δὴ πάντα δόμον κατακοσμήσησθε, 440
δμῳὰς ἐξαγαγόντες ἐϋσταθέος μεγάροιο,
μεσσηγύς τε θόλου καὶ ἀμύμονος ἕρκεος αὐλῆς,

His feet and hands steeped in the blood of men.
She, when she saw the corpses and the pools
Of blood, and knew the mighty task complete, 500
Was moved to shout for joy. Ulysses checked
Her eager zeal, and said in winged words:—
    "Rejoice in spirit, dame, but calm thyself,
And shout not. To exult aloud o'er those
Who lie in death is an unholy thing. 505
The pleasure of the gods, and their own guilt,
Brought death on these; for no respect had they
To any of their fellow-men,—the good
Or evil,—whosoever he might be
That came to them, and thus on their own heads 510
They drew this fearful fate. Now name to me
The women of the palace; let me know
Who is disloyal, and who innocent."
    Then thus the well-beloved nurse replied:
"My son, I will declare the truth. There dwell 515
Here in thy palace fifty serving-maids,
Whom we have taught to work, to comb the fleece
And serve the household. Twelve of these have walked
The way of shame. To me they give no heed,
Nor to Penelope herself. Thy son 520
Has just now grown to manhood, and the queen
Has never suffered him to rule the maids;
But let me now, ascending to her room,—
The royal bower,—apprise thy wife, to whom
Some deity has sent the gift of sleep." 525
    Ulysses, the sagacious, answered thus:
"Wake her not yet, but go and summon all
The women who have wrought these shameful deeds."
    He spake; the matron through the palace went
To seek the women, and to bid them come. 530
Meanwhile, Ulysses called Telemachus,
The herdsman and the swineherd to his side,
And thus commanded them with winged words:—
    "Begin to carry forth the dead, and call
The women to your aid; and next make clean, 535
With water and with thirsty sponges, all
The sumptuous thrones and tables. When ye thus
Have put the hall in order, lead away
The serving-maids, and in the space between
The kitchen vault and solid outer wall 540

θεινέμεναι ξίφεσιν τανυήκεσιν, εἰς ὅ κε πασέων
ψυχὰς ἐξαφέλησθε καὶ ἐκλελάθωντ' Ἀφροδίτης,
τὴν ἄρ' ὑπὸ μνηστῆρσιν ἔχον μίσγοντό τε λάθρη.' 445
ὣς ἔφαθ', αἱ δὲ γυναῖκες ἀολλέες ἦλθον ἅπασαι,
αἴν' ὀλοφυρόμεναι, θαλερὸν κατὰ δάκρυ χέουσαι.
πρῶτα μὲν οὖν νέκυας φόρεον κατατεθνηῶτας,
κὰδ δ' ἄρ' ὑπ' αἰθούσῃ τίθεσαν εὐερκέος αὐλῆς,
ἀλλήλοισιν ἐρείδουσαι· σήμαινε δ' Ὀδυσσεὺς 450
αὐτὸς ἐπισπέρχων· ταὶ δ' ἐκφόρεον καὶ ἀνάγκῃ.
αὐτὰρ ἔπειτα θρόνους περικαλλέας ἠδὲ τραπέζας
ὕδατι καὶ σπόγγοισι πολυτρήτοισι κάθαιρον.
αὐτὰρ Τηλέμαχος καὶ βουκόλος ἠδὲ συβώτης
λίστροισιν δάπεδον πύκα ποιητοῖο δόμοιο 455
ξῦον· ταὶ δ' ἐφόρεον δμωαί, τίθεσαν δὲ θύραζε.
αὐτὰρ ἐπειδὴ πᾶν μέγαρον διεκοσμήσαντο,
δμωὰς δ' ἐξαγαγόντες ἐϋσταθέος μεγάροιο,
μεσσηγύς τε θόλου καὶ ἀμύμονος ἕρκεος αὐλῆς,
εἴλεον ἐν στείνει, ὅθεν οὔ πως ἦεν ἀλύξαι. 460
τοῖσι δὲ Τηλέμαχος πεπνυμένος ἦρχ' ἀγορεύειν·
'μὴ μὲν δὴ καθαρῷ θανάτῳ ἀπὸ θυμὸν ἑλοίμην
τάων, αἳ δὴ ἐμῇ κεφαλῇ κατ' ὀνείδεα χεῦαν
μητέρι θ' ἡμετέρῃ παρά τε μνηστῆρσιν ἴαυον.'
ὣς ἄρ' ἔφη, καὶ πεῖσμα νεὸς κυανοπρῴροιο 465
κίονος ἐξάψας μεγάλης περίβαλλε θόλοιο,
ὑψόσ' ἐπεντανύσας, μή τις ποσὶν οὖδας ἵκοιτο.
ὡς δ' ὅτ' ἂν ἢ κίχλαι τανυσίπτεροι ἠὲ πέλειαι
ἕρκει ἐνιπλήξωσι, τό θ' ἑστήκῃ ἐνὶ θάμνῳ,
αὖλιν ἐσιέμεναι, στυγερὸς δ' ὑπεδέξατο κοῖτος, 470
ὣς αἵ γ' ἑξείης κεφαλὰς ἔχον, ἀμφὶ δὲ πάσαις
δειρῇσι βρόχοι ἦσαν, ὅπως οἴκτιστα θάνοιεν.
ἤσπαιρον δὲ πόδεσσι μίνυνθά περ οὔ τι μάλα δήν.
ἐκ δὲ Μελάνθιον ἦγον ἀνὰ πρόθυρόν τε καὶ αὐλήν·
τοῦ δ' ἀπὸ μὲν ῥῖνάς τε καὶ οὔατα νηλέϊ χαλκῷ 475
τάμνον, μήδεά τ' ἐξέρυσαν, κυσὶν ὠμὰ δάσασθαι,
χεῖράς τ' ἠδὲ πόδας κόπτον κεκοτηότι θυμῷ.
οἱ μὲν ἔπειτ' ἀπονιψάμενοι χεῖράς τε πόδας τε

Smite them with your long swords till they give up
The ghost, and lose the memory evermore
Of secret meetings with the suitor-train."
   He spake; the women came, lamenting loud
With many tears, and carried forth the dead,   545
Leaning upon each other as they went,
And placed them underneath the portico
Of the walled court. Ulysses gave command,
Hastening their task, as all unwillingly
They bore the corpses forth. With water next,   550
And thirsty sponges in their hands, they cleansed
The sumptuous thrones and tables. Then the prince,
Telemachus, with shovels cleared the floor,
The herdsman and the swineherd aiding him,
And made the women bear the rubbish forth.   555
And now when all within was once again
In seemly order, they led forth the maids
From that fair pile into the space between
The kitchen vault and solid outer wall,
A narrow space from which was no escape,   560
And thus discreet Telemachus began:—
   "I will not take away these creatures' lives
By a pure death,—these who so long have heaped
Reproaches on my mother's head and mine,
And played the wanton with the suitor-crew."   565
   He spake, and made the hawser of a ship
Fast to a lofty shaft; the other end
He wound about the kitchen vault. So high
He stretched it that the feet of none who hung
On it might touch the ground. As when a flock   570
Of broad-winged thrushes or wild pigeons strike
A net within a thicket, as they seek
Their perch, and find unwelcome durance there,
So hung the women, with their heads a-row,
And cords about their necks, that they might die   575
A miserable death. A little while,
And but a little, quivered their loose feet
In air. They led Melanthius from the hall
And through the porch, cut off his nose and ears,
Wrenched out the parts of shame, a bloody meal   580
For dogs, and in their anger from the trunk
Lopped hands and feet. Then having duly washed
Their feet and hands, they came into the hall,

εἰς Ὀδυσῆα δόμονδε κίον, τετέλεστο δὲ ἔργον:
αὐτὰρ ὅ γε προσέειπε φίλην τροφὸν Εὐρύκλειαν: 480
'οἶσε θέειον, γρηΰ, κακῶν ἄκος, οἶσε δέ μοι πῦρ,
ὄφρα θεειώσω μέγαρον: σὺ δὲ Πηνελόπειαν
ἐλθεῖν ἐνθάδ' ἄνωχθι σὺν ἀμφιπόλοισι γυναιξί:
πάσας δ' ὄτρυνον δμῳὰς κατὰ δῶμα νέεσθαι.
' τὸν δ' αὖτε προσέειπε φίλη τροφὸς Εὐρύκλεια: 485
'ναὶ δὴ ταῦτά γε, τέκνον ἐμόν, κατὰ μοῖραν ἔειπες.
ἀλλ' ἄγε τοι χλαῖνάν τε χιτῶνά τε εἵματ' ἐνείκω,
μηδ' οὕτω ῥάκεσιν πεπυκασμένος εὐρέας ὤμους
ἕσταθ' ἐνὶ μεγάροισι: νεμεσσητὸν δέ κεν εἴη.'
 τὴν δ' ἀπαμειβόμενος προσέφη πολύμητις Ὀδυσσεύς: 490
'πῦρ νῦν μοι πρώτιστον ἐνὶ μεγάροισι γενέσθω.'
 ὣς ἔφατ', οὐδ' ἀπίθησε φίλη τροφὸς Εὐρύκλεια,
ἤνεικεν δ' ἄρα πῦρ καὶ θήϊον: αὐτὰρ Ὀδυσσεὺς
εὖ διεθείωσεν μέγαρον καὶ δῶμα καὶ αὐλήν.
γρηῦς δ' αὖτ' ἀπέβη διὰ δώματα κάλ' Ὀδυσῆος 495
ἀγγελέουσα γυναιξὶ καὶ ὀτρυνέουσα νέεσθαι:
αἱ δ' ἴσαν ἐκ μεγάροιο δάος μετὰ χερσὶν ἔχουσαι.
αἱ μὲν ἄρ' ἀμφεχέοντο καὶ ἠσπάζοντ' Ὀδυσῆα,
καὶ κύνεον ἀγαπαζόμεναι κεφαλήν τε καὶ ὤμους
χεῖράς τ' αἰνύμεναι: τὸν δὲ γλυκὺς ἵμερος ᾕρει 500
κλαυθμοῦ καὶ στοναχῆς, γίγνωσκε δ' ἄρα φρεσὶ πάσας.

And to Ulysses; they had done their work.
And then to the dear nurse Ulysses said:— 585
   "Bring sulphur, dame, the cure of noxious air,
And fire, that I may purge the hall with smoke;
And go, and bid Penelope come down,
With her attendant women, and command
That all the handmaids of the household come." 590
   And thus in turn Dame Eurycleia spake:
"Well hast thou said, my son, but suffer me
To bring thee clothes, a tunic and a cloak,
Nor with those rags on thy broad shoulders stand
In thine own palace; it becomes thee not." 595
   Ulysses, the sagacious, answered thus:
"First let a fire be kindled in this hall."
   He spake, and Eurycleia, the dear nurse,
Obeyed, and brought the sulphur and the fire.
Ulysses steeped in smoke the royal pile. 600
Both hall and court. The matron, passing through
The stately palace of Ulysses, climbed
The stair to find and summon all the maids.
And forth they issued, bearing in their hands
Torches, and, crowding round Ulysses, gave 605
Glad greeting, seized his hands, embraced him, kissed
His hands and brow and shoulders. The desire
To weep for joy o'ercame the chief; his eyes
O'erflowed with tears; he sobbed; he knew them all.

Γρηῢς δ' εἰς ὑπερῷ' ἀνεβήσετο καγχαλόωσα,
δεσποίνῃ ἐρέουσα φίλον πόσιν ἔνδον ἐόντα·
γούνατα δ' ἐρρώσαντο, πόδες δ' ὑπερικταίνοντο.
στῆ δ' ἄρ' ὑπὲρ κεφαλῆς καί μιν πρὸς μῦθον ἔειπεν·
"ἔγρεο, Πηνελόπεια, φίλον τέκος, ὄφρα ἴδηαι 5
ὀφθαλμοῖσι τεοῖσι τά τ' ἔλδεαι ἤματα πάντα.
ἦλθ' Ὀδυσεὺς καὶ οἶκον ἱκάνεται, ὀψέ περ ἐλθών.
μνηστῆρας δ' ἔκτεινεν ἀγήνορας, οἵ θ' ἑὸν οἶκον
κήδεσκον καὶ κτήματ' ἔδον βιόωντό τε παῖδα."
' τὴν δ' αὖτε προσέειπε περίφρων Πηνελόπεια· 10
"μαῖα φίλη, μάργην σε θεοὶ θέσαν, οἵ τε δύνανται
ἄφρονα ποιῆσαι καὶ ἐπίφρονά περ μάλ' ἐόντα,
καί τε χαλιφρονέοντα σαοφροσύνης ἐπέβησαν·
οἵ σέ περ ἔβλαψαν· πρὶν δὲ φρένας αἰσίμη ἦσθα.
τίπτε με λωβεύεις πολυπενθέα θυμὸν ἔχουσαν 15
ταῦτα παρὲξ ἐρέουσα καὶ ἐξ ὕπνου μ' ἀνεγείρεις
ἡδέος, ὅς μ' ἐπέδησε φίλα βλέφαρ' ἀμφικαλύψας;
οὐ γάρ πω τοιόνδε κατέδραθον, ἐξ οὗ Ὀδυσσεὺς
ᾤχετ' ἐποψόμενος Κακοΐλιον οὐκ ὀνομαστήν.
ἀλλ' ἄγε νῦν κατάβηθι καὶ ἂψ ἔρχευ μεγαρόνδε. 20
εἰ γάρ τίς μ' ἄλλη γε γυναικῶν, αἵ μοι ἔασι,
ταῦτ' ἐλθοῦσ' ἤγγειλε καὶ ἐξ ὕπνου ἀνέγειρεν,

BOOK XXIII

Up to the royal bower the matron went
With an exulting heart, to tell the queen
That her beloved husband was within.
With knees that faltered not, and quick light step
She went, and, standing by her mistress, said:— 5
    "Awake, Penelope, dear child, and see
With thine own eyes what thou hast pined for long.
Ulysses has returned; thy lord is here,
Though late, and he has slain the arrogant crew
Of suitors, who disgraced his house, and made 10
His wealth a spoil, and dared insult his son."
    And thus discreet Penelope replied:
"The gods, dear nurse, have made thee mad; for they
Have power to change the wisest men to fools,
And make the foolish wise, and they have warped 15
Thy mind once sound. How canst thou mock me thus,
Amidst my sorrows, with such idle tales?
Why wake me from the pleasant sleep that closed
My lids so softly? Never have I slept
So sweetly since Ulysses went from me 20
To that bad city, which no tongue should name.
Go, then; return into the lower rooms.
Had any of my women save thyself
Brought such a message to disturb my sleep,

τῷ κε τάχα στυγερῶς μιν ἐγὼν ἀπέπεμψα νέεσθαι
αὖτις ἔσω μέγαρον: σὲ δὲ τοῦτό γε γῆρας ὀνήσει.
' τὴν δ' αὖτε προσέειπε φίλη τροφὸς Εὐρύκλεια: 25
'οὔ τί σε λωβεύω, τέκνον φίλον, ἀλλ' ἔτυμόν τοι
ἦλθ' Ὀδυσεὺς καὶ οἶκον ἱκάνεται, ὡς ἀγορεύω,
ὁ ξεῖνος, τὸν πάντες ἀτίμων ἐν μεγάροισι.
Τηλέμαχος δ' ἄρα μιν πάλαι ᾔδεεν ἔνδον ἐόντα,
ἀλλὰ σαοφροσύνῃσι νοήματα πατρὸς ἔκευθεν, 30
ὄφρ' ἀνδρῶν τίσαιτο βίην ὑπερηνορεόντων.'
ὣς ἔφαθ', ἡ δ' ἐχάρη καὶ ἀπὸ λέκτροιο θοροῦσα
γρηΐ περιπλέχθη, βλεφάρων δ' ἀπὸ δάκρυον ἧκεν:
καί μιν φωνήσασ' ἔπεα πτερόεντα προσηύδα:
'εἰ δ' ἄγε δή μοι, μαῖα φίλη, νημερτὲς ἐνίσπες, 35
εἰ ἐτεὸν δὴ οἶκον ἱκάνεται, ὡς ἀγορεύεις,
ὅππως δὴ μνηστῆρσιν ἀναιδέσι χεῖρας ἐφῆκε
μοῦνος ἐών, οἱ δ' αἰὲν ἀολλέες ἔνδον ἔμιμνον.'
τὴν δ' αὖτε προσέειπε φίλη τροφὸς Εὐρύκλεια:
'οὐκ ἴδον, οὐ πυθόμην, ἀλλὰ στόνον οἶον ἄκουσα 40
κτεινομένων: ἡμεῖς δὲ μυχῷ θαλάμων εὐπήκτων
ἥμεθ' ἀτυζόμεναι, σανίδες δ' ἔχον εὖ ἀραρυῖαι,
πρίν γ' ὅτε δή με σὸς υἱὸς ἀπὸ μεγάροιο κάλεσσε
Τηλέμαχος: τὸν γάρ ῥα πατὴρ προέηκε καλέσσαι.
εὗρον ἔπειτ' Ὀδυσῆα μετὰ κταμένοισι νέκυσσιν 45
ἑσταόθ': οἱ δέ μιν ἀμφί, κραταίπεδον οὖδας ἔχοντες,
κείατ' ἐπ' ἀλλήλοισιν: ἰδοῦσά κε θυμὸν ἰάνθης.
νῦν δ' οἱ μὲν δὴ πάντες ἐπ' αὐλείῃσι θύρῃσιν
ἀθρόοι, αὐτὰρ ὁ δῶμα θεειοῦται περικαλλές,
πῦρ μέγα κηάμενος: σὲ δέ με προέηκε καλέσσαι. 50
ἀλλ' ἕπευ, ὄφρα σφῶϊν ἐϋφροσύνης ἐπιβῆτον
ἀμφοτέρω φίλον ἦτορ, ἐπεὶ κακὰ πολλὰ πέποσθε.
νῦν δ' ἤδη τόδε μακρὸν ἐέλδωρ ἐκτετέλεσται:
ἦλθε μὲν αὐτὸς ζωὸς ἐφέστιος, εὗρε δὲ καὶ σὲ
καὶ παῖδ' ἐν μεγάροισι: κακῶς δ' οἵ πέρ μιν ἔρεζον 55
μνηστῆρες, τοὺς πάντας ἐτίσατο ᾧ ἐνὶ οἴκῳ.'
τὴν δ' αὖτε προσέειπε περίφρων Πηνελόπεια:
'μαῖα φίλη, μή πω μέγ' ἐπεύχεο καγχαλόωσα.

I would have sent her back into the hall   25
With angry words; thy years are thy excuse."
    But Eurycleia, the dear nurse, rejoined:
"Nay, my dear child, I mock thee not. Most true
It is that thy Ulysses has returned,
And here he is at home, as I have said.   30
The stranger whom they scoffed at in the hall
Is he; and long Telemachus has known
That he was here, but wisely kept from all
His father's secret, till he should avenge
Upon those violent men their guilty deeds."   35
    She ended, and her mistress, overjoyed,
Sprang from her couch, embraced the aged dame,
And wept, and said to her in winged words:—
    "Tell me, dear nurse, and truly, if indeed
Ulysses have returned as thou hast said.   40
How smote he those proud suitors?—he alone,
And they so many, gathered in the hall."
    And thus the well-beloved nurse replied:
"I saw it not, nor knew of it. I heard
Only the moanings of the slain, while we   45
The maids, affrighted, sat in a recess
Of that well-vaulted chamber; the firm doors
Closed us all in, until at length thy son,
Sent by his father, called me forth. I found
Ulysses standing midst the dead that lay   50
Heaped on each other, everywhere along
The solid pavement. Thou wouldst have rejoiced
To see him like a lion with the stains
Of slaughter on him. Now the suitors lie
Before the portals of the palace-court,   55
And he has kindled a great fire, and steeps
In smoke the noble hall. He bade me come
To call thee. Follow me, that ye may give
Your hearts to gladness,—for ye have endured
Great sorrows both, and your long-cherished hope   60
Is now fulfilled. He hath returned alive
To his dear home, and finds thee and his son
Yet in his palace, and hath terribly
Avenged himself upon the guilty men
Who under his own roof have done him wrong."   65
    Then spake the sage Penelope again:
"Beloved nurse, exult not overmuch,

οἶσθα γὰρ ὥς κ' ἀσπαστὸς ἐνὶ μεγάροισι φανείη
πᾶσι, μάλιστα δ' ἐμοί τε καὶ υἱέϊ, τὸν τεκόμεσθα: 60
ἀλλ' οὐκ ἔσθ' ὅδε μῦθος ἐτήτυμος, ὡς ἀγορεύεις,
ἀλλά τις ἀθανάτων κτεῖνε μνηστῆρας ἀγαυούς,
ὕβριν ἀγασσάμενος θυμαλγέα καὶ κακὰ ἔργα.
οὔ τινα γὰρ τίεσκον ἐπιχθονίων ἀνθρώπων,
οὐ κακὸν οὐδὲ μὲν ἐσθλόν, ὅτις σφέας εἰσαφίκοιτο: 65
τῷ δι' ἀτασθαλίας ἔπαθον κακόν: αὐτὰρ Ὀδυσσεὺς
ὤλεσε τηλοῦ νόστον Ἀχαιΐδος, ὤλετο δ' αὐτός.'
 τὴν δ' ἠμείβετ' ἔπειτα φίλη τροφὸς Εὐρύκλεια:
'τέκνον ἐμόν, ποῖόν σε ἔπος φύγεν ἕρκος ὀδόντων,
ἣ πόσιν ἔνδον ἐόντα παρ' ἐσχάρῃ οὔ ποτ' ἔφησθα 70
οἴκαδ' ἐλεύσεσθαι: θυμὸς δέ τοι αἰὲν ἄπιστος.
ἀλλ' ἄγε τοι καὶ σῆμα ἀριφραδὲς ἄλλο τι εἴπω,
οὐλήν, τήν ποτέ μιν σῦς ἤλασε λευκῷ ὀδόντι.
τὴν ἀπονίζουσα φρασάμην, ἔθελον δὲ σοὶ αὐτῇ
εἰπέμεν: ἀλλά με κεῖνος ἑλὼν ἐπὶ μάστακα χερσὶν 75
οὐκ ἔα εἰπέμεναι πολυϊδρείῃσι νόοιο.
ἀλλ' ἕπευ: αὐτὰρ ἐγὼν ἐμέθεν περιδώσομαι αὐτῆς,
αἴ κέν σ' ἐξαπάφω, κτεῖναί μ' οἰκτίστῳ ὀλέθρῳ.
' τὴν δ' ἠμείβετ' ἔπειτα περίφρων Πηνελόπεια:
'μαῖα φίλη, χαλεπόν σε θεῶν αἰειγενετάων 80
δήνεα εἴρυσθαι, μάλα περ πολύϊδριν ἐοῦσαν.
ἀλλ' ἔμπης ἴομεν μετὰ παῖδ' ἐμόν, ὄφρα ἴδωμαι
ἄνδρας μνηστῆρας τεθνηότας, ἠδ' ὃς ἔπεφνεν.
' ὣς φαμένη κατέβαιν' ὑπερώϊα: πολλὰ δέ οἱ κῆρ
ὥρμαιν', ἢ ἀπάνευθε φίλον πόσιν ἐξερεείνοι, 85
ἦ παρστᾶσα κύσειε κάρη καὶ χεῖρε λαβοῦσα.
ἡ δ' ἐπεὶ εἰσῆλθεν καὶ ὑπέρβη λάϊνον οὐδόν,
ἕζετ' ἔπειτ' Ὀδυσῆος ἐναντίη, ἐν πυρὸς αὐγῇ,
τοίχου τοῦ ἑτέρου: ὁ δ' ἄρα πρὸς κίονα μακρὴν
ἧστο κάτω ὁρόων, ποτιδέγμενος εἴ τί μιν εἴποι 90
ἰφθίμη παράκοιτις, ἐπεὶ ἴδεν ὀφθαλμοῖσιν.

Nor rashly boast. Well is it known to thee,
Were he to come beneath this roof again,
How welcome he would be to all, but most 70
To me and to the son to whom we gave
His being. Yet thy tidings are not true.
Some one of the immortals must have slain
The arrogant suitors, angry to behold
Their foul injustice and their many crimes; 75
For no respect had they to mortal man,
Good he might be, or bad, whome'er they met;
And therefore have they made an evil end.
But my Ulysses must have perished far
From Ithaca, cut off from his return." 80
    Then Eurycleia, the dear nurse, rejoined:
"What words are these, my child, that pass thy lips?
Sayst thou, then, that thy husband, who now stands
Upon thy hearthstone, never will return?
O slow of faith! but thou wert ever thus. 85
Come, then, I give a certain proof. I saw
Myself, when he was at the bath, the scar
Left on him by the white tusk of a boar,
And would have told thee, but he laid his hands
Upon my mouth, and would not suffer me 90
To bear the tidings, such his forecast was.
Now follow me; I give my life in pledge.
If I deceive thee, slay me ruthlessly."
    Then spake discreet Penelope again:
"Dear nurse, though thou in many things art wise, 95
Think not to scan the counsels of the gods,
Who live forever. Yet will we descend,
And meet my son, and look upon the slain,
And see the avenger by whose hand they fell."
    She spake, and from the royal bower went down, 100
Uncertain whether she should stand aloof
And question there her lord, or haste to him
And clasp his hands in hers and kiss his brow.
But having passed the threshold of hewn stone,
Entering she took her seat right opposite 105
Ulysses, in the full glow of the fire,
Against the other wall. Ulysses sat
Beside a lofty column with his eyes
Cast down, and waiting for his high-born wife
To speak when she had seen him. Long she sat 110

ἡ δ' ἄνεω δὴν ἧστο, τάφος δέ οἱ ἦτορ ἵκανεν·
ὄψει δ' ἄλλοτε μέν μιν ἐνωπαδίως ἐσίδεσκεν,
ἄλλοτε δ' ἀγνώσασκε κακὰ χροῒ εἵματ' ἔχοντα.
Τηλέμαχος δ' ἐνένιπεν ἔπος τ' ἔφατ' ἔκ τ' ὀνόμαξε· 95
'μῆτερ ἐμή, δύσμητερ, ἀπηνέα θυμὸν ἔχουσα,
τίφθ' οὕτω πατρὸς νοσφίζεαι, οὐδὲ παρ' αὐτὸν
ἑζομένη μύθοισιν ἀνείρεαι οὐδὲ μεταλλᾷς;
οὐ μέν κ' ἄλλη γ' ὧδε γυνὴ τετληότι θυμῷ
ἀνδρὸς ἀφεσταίη, ὅς οἱ κακὰ πολλὰ μογήσας 100
ἔλθοι ἐεικοστῷ ἔτεϊ ἐς πατρίδα γαῖαν·
σοὶ δ' αἰεὶ κραδίη στερεωτέρη ἐστὶ λίθοιο.'
τὸν δ' αὖτε προσέειπε περίφρων Πηνελόπεια·
'τέκνον ἐμόν, θυμός μοι ἐνὶ στήθεσσι τέθηπεν,
οὐδέ τι προσφάσθαι δύναμαι ἔπος οὐδ' ἐρέεσθαι 105
οὐδ' εἰς ὦπα ἰδέσθαι ἐναντίον. εἰ δ' ἐτεὸν δὴ
ἔστ' Ὀδυσεὺς καὶ οἶκον ἱκάνεται, ἦ μάλα νῶϊ
γνωσόμεθ' ἀλλήλων καὶ λώϊον· ἔστι γὰρ ἡμῖν
σήμαθ', ἃ δὴ καὶ νῶϊ κεκρυμμένα ἴδμεν ἀπ' ἄλλων.'
ὣς φάτο, μείδησεν δὲ πολύτλας δῖος Ὀδυσσεύς, 110
αἶψα δὲ Τηλέμαχον ἔπεα πτερόεντα προσηύδα·
'Τηλέμαχ', ἦ τοι μητέρ' ἐνὶ μεγάροισιν ἔασον
πειράζειν ἐμέθεν· τάχα δὲ φράσεται καὶ ἄρειον.
νῦν δ' ὅττι ῥυπόω, κακὰ δὲ χροῒ εἵματα εἷμαι,
τοὔνεκ' ἀτιμάζει με καὶ οὔ πω φησὶ τὸν εἶναι. 115
ἡμεῖς δὲ φραζώμεθ' ὅπως ὄχ' ἄριστα γένηται.
καὶ γάρ τίς θ' ἕνα φῶτα κατακτείνας ἐνὶ δήμῳ,
ᾧ μὴ πολλοὶ ἔωσιν ἀοσσητῆρες ὀπίσσω,
φεύγει πηούς τε προλιπὼν καὶ πατρίδα γαῖαν·
ἡμεῖς δ' ἕρμα πόληος ἀπέκταμεν, οἳ μέγ' ἄριστοι 120
κούρων εἰν Ἰθάκῃ· τὰ δέ σε φράζεσθαι ἄνωγα.'
τὸν δ' αὖ Τηλέμαχος πεπνυμένος ἀντίον ηὔδα·
'αὐτὸς ταῦτά γε λεῦσσε, πάτερ φίλε· σὴν γὰρ ἀρίστην
μῆτιν ἐπ' ἀνθρώπους φάσ' ἔμμεναι, οὐδέ κέ τίς τοι
ἄλλος ἀνὴρ ἐρίσειε καταθνητῶν ἀνθρώπων. 125

In silence, for amazement overpowered
Her senses. Sometimes, looking in his eyes,
She saw her husband there, and then again,
Clad in those sordid weeds, she knew him not.
Then spake Telemachus, and chid her thus:— 115
  "Mother, unfeeling mother! hard of heart
Art thou; how else couldst thou remain aloof?
How keep from taking, at my father's side,
Thy place, to talk with him, and question him?
No other wife could bring herself to bear 120
Such distance from a husband, just returned
After long hardships, in the twentieth year
Of absence, to his native land and her.
Mother! thy heart is harder than a stone."
  And thus the sage Penelope replied: 125
"Dear child, my faculties are overpowered
With wonder, and I cannot question him,
Nor even speak to him, nor fix my looks
Upon his face. But if it be indeed
Ulysses, and he have returned, we soon 130
Shall know each other; there are tokens known
To both of us, to none but him and me."
  She ended, and the much-enduring chief
Ulysses, smiling at her words, bespake
Telemachus at once, in winged words:— 135
  "Suffer thy mother, O Telemachus,
To prove me; she will know me better soon.
My looks are sordid, and my limbs are wrapped
In tattered raiment, therefore does she think
Meanly of me, and cannot willingly 140
Believe that I am he. But let us now
Consider what most wisely may be done.
He who hath slain, among a tribe of men,
A single one with few to avenge his death,
Flees from his kindred and his native land; 145
But we have slain the champions of the realm,
The flower of all the youth of Ithaca.
Therefore, I pray thee, think what shall be done."
  And then discreet Telemachus replied:
"Look thou to that, dear father; for they say 150
That thou of all mankind wert wont to give
The wisest counsels. None of mortal birth
In this was deemed thy peer. We follow thee

ἡμεῖς δ' ἐμμεμαῶτες ἅμ' ἑψόμεθ', οὐδέ τί φημι
ἀλκῆς δευήσεσθαι, ὅση δύναμίς γε πάρεστιν.'
   τὸν δ' ἀπαμειβόμενος προσέφη πολύμητις Ὀδυσσεύς
'τοιγὰρ ἐγὼν ἐρέω ὥς μοι δοκεῖ εἶναι ἄριστα.
πρῶτα μὲν ἄρ λούσασθε καὶ ἀμφιέσασθε χιτῶνας,   130
δμῳὰς δ' ἐν μεγάροισιν ἀνώγετε εἵμαθ' ἑλέσθαι·
αὐτὰρ θεῖος ἀοιδὸς ἔχων φόρμιγγα λίγειαν
ἡμῖν ἡγείσθω φιλοπαίγμονος ὀρχηθμοῖο,
ὥς κέν τις φαίη γάμον ἔμμεναι ἐκτὸς ἀκούων,
ἢ ἀν' ὁδὸν στείχων, ἢ οἳ περιναιετάουσι·   135
μὴ πρόσθε κλέος εὐρὺ φόνου κατὰ ἄστυ γένηται
ἀνδρῶν μνηστήρων, πρίν γ' ἡμέας ἐλθέμεν ἔξω
ἀγρὸν ἐς ἡμέτερον πολυδένδρεον· ἔνθα δ' ἔπειτα
φρασσόμεθ' ὅττι κε κέρδος Ὀλύμπιος ἐγγυαλίξῃ.'
   ὣς ἔφαθ', οἱ δ' ἄρα τοῦ μάλα μὲν κλύον ἠδ' ἐπίθοντο   140
πρῶτα μὲν οὖν λούσαντο καὶ ἀμφιέσαντο χιτῶνας,
ὅπλισθεν δὲ γυναῖκες· ὁ δ' εἵλετο θεῖος ἀοιδὸς
φόρμιγγα γλαφυρήν, ἐν δέ σφισιν ἵμερον ὦρσε
μολπῆς τε γλυκερῆς καὶ ἀμύμονος ὀρχηθμοῖο.
τοῖσιν δὲ μέγα δῶμα περιστεναχίζετο ποσσὶν   145
ἀνδρῶν παιζόντων καλλιζώνων τε γυναικῶν.
ὧδε δέ τις εἴπεσκε δόμων ἔκτοσθεν ἀκούων·
   'ἦ μάλα δή τις ἔγημε πολυμνήστην βασίλειαν·
σχετλίη, οὐδ' ἔτλη πόσιος οὗ κουριδίοιο
εἴρυσθαι μέγα δῶμα διαμπερές, ἧος ἵκοιτο.'   150
   ὣς ἄρα τις εἴπεσκε, τὰ δ' οὐκ ἴσαν ὡς ἐτέτυκτο.
αὐτὰρ Ὀδυσσῆα μεγαλήτορα ᾧ ἐνὶ οἴκῳ
Εὐρυνόμη ταμίη λοῦσεν καὶ χρῖσεν ἐλαίῳ,
ἀμφὶ δέ μιν φᾶρος καλὸν βάλεν ἠδὲ χιτῶνα·
αὐτὰρ κὰκ κεφαλῆς κάλλος πολὺ χεῦεν Ἀθήνη   155
μείζονά τ' εἰσιδέειν καὶ πάσσονα· κὰδ δὲ κάρητος
οὔλας ἧκε κόμας, ὑακινθίνῳ ἄνθει ὁμοίας.
ὡς δ' ὅτε τις χρυσὸν περιχεύεται ἀργύρῳ ἀνὴρ
ἴδρις, ὃν Ἥφαιστος δέδαεν καὶ Παλλὰς Ἀθήνη

With cheerful hearts; nor will our courage fail,
I think, in aught that lies within our power."   155
    Ulysses, the sagacious, answered thus:
"Then will I tell thee what I deem most wise.
First take the bath, and then array yourselves
In tunics, bid the palace-maidens choose
Fresh garments; let the godlike bard, who bears   160
The clear-toned harp, be leader, and strike up
A melody to prompt the festive dance,
That all may say who hear it from without,—
Whether the passers by or dwellers near,—
'It is a wedding.' Else throughout the land   165
The rumor of the slaughter we have wrought
Among the suitors may have spread before
We reach our wooded farm, and there consult
Beneath the guidance of Olympian Jove."
    He spake; they hearkened and obeyed. They took   170
The bath, and then they put their garments on.
The maids arrayed themselves; the godlike bard
Took the curved harp, and woke in all the love
Of melody, and of the graceful dance.
The spacious pile resounded to the steps   175
Of men and shapely women in their mirth,
And one who stood without was heard to say:—
    "Some one, no doubt, has made the long-wooed queen
His bride at last; a worthless woman she,
Who could not, for the husband of her youth,   180
Keep his fair palace till he came again."
    Such words were said, but they who uttered them
Knew little what had passed. Eurynomè,
The matron of the palace, meantime took
Magnanimous Ulysses to the bath   185
In his own dwelling, smoothed his limbs with oil,
And threw a gorgeous mantle over him
And tunic. Pallas on the hero's head
Shed grace and majesty; she made him seem
Taller and statelier, made his locks flow down   190
In curls like blossoms of the hyacinth,
As when a workman skilled in many arts,
And taught by Pallas and Minerva, twines
A golden border round the silver mass,
A glorious work; so did the goddess shed   195
Grace o'er his face and form. So from the bath

τέχνην παντοίην, χαρίεντα δὲ ἔργα τελείει: 160
ὣς μὲν τῷ περίχευε χάριν κεφαλῇ τε καὶ ὤμοις.
ἐκ δ' ἀσαμίνθου βῆ δέμας ἀθανάτοισιν ὁμοῖος:
ἂψ δ' αὖτις κατ' ἄρ' ἕζετ' ἐπὶ θρόνου ἔνθεν ἀνέστη,
ἀντίον ἧς ἀλόχου, καί μιν πρὸς μῦθον ἔειπε:
'δαιμονίη, περί σοί γε γυναικῶν θηλυτεράων 165
κῆρ ἀτέραμνον ἔθηκαν Ὀλύμπια δώματ' ἔχοντες:
οὐ μέν κ' ἄλλη γ' ὧδε γυνὴ τετληότι θυμῷ
ἀνδρὸς ἀφεσταίη, ὅς οἱ κακὰ πολλὰ μογήσας
ἔλθοι ἐεικοστῷ ἔτεϊ ἐς πατρίδα γαῖαν.
ἀλλ' ἄγε μοι, μαῖα, στόρεσον λέχος, ὄφρα καὶ αὐτὸς 170
λέξομαι: ἦ γὰρ τῇ γε σιδήρεον ἐν φρεσὶ ἦτορ.'
τὸν δ' αὖτε προσέειπε περίφρων Πηνελόπεια:
'δαιμόνι', οὔτ' ἄρ τι μεγαλίζομαι οὔτ' ἀθερίζω
οὔτε λίην ἄγαμαι, μάλα δ' εὖ οἶδ' οἷος ἦησθα
ἐξ Ἰθάκης ἐπὶ νηὸς ἰὼν δολιχηρέτμοιο. 175
ἀλλ' ἄγε οἱ στόρεσον πυκινὸν λέχος, Εὐρύκλεια,
ἐκτὸς ἐϋσταθέος θαλάμου, τόν ῥ' αὐτὸς ἐποίει:
ἔνθα οἱ ἐκθεῖσαι πυκινὸν λέχος ἐμβάλετ' εὐνήν,
κώεα καὶ χλαίνας καὶ ῥήγεα σιγαλόεντα.'
ὣς ἄρ' ἔφη πόσιος πειρωμένη: αὐτὰρ Ὀδυσσεὺς 180
ὀχθήσας ἄλοχον προσεφώνεε κεδνὰ ἰδυῖαν:
'ὦ γύναι, ἦ μάλα τοῦτο ἔπος θυμαλγὲς ἔειπες:
τίς δέ μοι ἄλλοσε θῆκε λέχος; χαλεπὸν δέ κεν εἴη
καὶ μάλ' ἐπισταμένῳ, ὅτε μὴ θεὸς αὐτὸς ἐπελθὼν
ῥηϊδίως ἐθέλων θείη ἄλλῃ ἐνὶ χώρῃ. 185
ἀνδρῶν δ' οὔ κέν τις ζωὸς βροτός, οὐδὲ μάλ' ἡβῶν,
ῥεῖα μετοχλίσσειεν, ἐπεὶ μέγα σῆμα τέτυκται
ἐν λέχει ἀσκητῷ: τὸ δ' ἐγὼ κάμον οὐδέ τις ἄλλος.
θάμνος ἔφυ τανύφυλλος ἐλαίης ἕρκεος ἐντός,
ἀκμηνὸς θαλέθων: πάχετος δ' ἦν ἠΰτε κίων. 190
τῷ δ' ἐγὼ ἀμφιβαλὼν θάλαμον δέμον, ὄφρ' ἐτέλεσσα,
πυκνῇσιν λιθάδεσσι, καὶ εὖ καθύπερθεν ἔρεψα,
κολλητὰς δ' ἐπέθηκα θύρας, πυκινῶς ἀραρυίας.
καὶ τότ' ἔπειτ' ἀπέκοψα κόμην τανυφύλλου ἐλαίης,
κορμὸν δ' ἐκ ῥίζης προταμὼν ἀμφέξεσα χαλκῷ 195

He stepped, like one of the immortals, took
The seat from which he rose, right opposite
Penelope, and thus addressed the queen:—
    "Lady, the dwellers of the Olympian heights   200
Have given thee an impenetrable heart
Beyond all other women. Sure I am
No other wife could bring herself to bear
Such distance from a husband just returned
After long hardships, in the twentieth year   205
Of absence, to his native land and her.
Come, nurse, prepare a bed, where by myself
I may lie down; an iron heart is hers."
    To this the sage Penelope replied:
"Nay, sir, 'tis not through pride or disregard,   210
Or through excess of wonder, that I act
Thus toward thee. Well do I remember thee
As thou wert in the day when thy good ship
Bore thee from Ithaca. Bestir thyself,
Dame Eurycleia, and make up with care   215
A bed without the chamber, which he framed
With his own hands; bear out the massive bed,
And lay upon it seemly coverings,
Fleeces and mantles for his nightly rest."
    She spake to try her husband; but, displeased,   220
Ulysses answered thus his virtuous queen:—
    "O woman, thou hast said unwelcome words.
Who hath displaced my bed? That task were hard
For long-experienced hands, unless some god
Had come to shift its place. No living man,   225
Even in his prime of years, could easily
Have moved it, for in that elaborate work
There was a mystery; it was I myself
Who shaped it, no one else. Within my court
There grew an olive-tree with full-leaved boughs,   230
A tall and flourishing tree; its massive stem
Was like a column. Round it I built up
A chamber with cemented stones until
The walls were finished; then I framed a roof
Above it, and put on the well-glued doors   235
Close fitting. Next I lopped the full-leaved boughs,
And, cutting off the trunk above the root,
Smoothed well the stump with tools, and made of it
A post to bear the couch. I bored the wood

εὖ καὶ ἐπισταμένως, καὶ ἐπὶ στάθμην ἴθυνα,
ἑρμῖν' ἀσκήσας, τέτρηνα δὲ πάντα τερέτρῳ.
ἐκ δὲ τοῦ ἀρχόμενος λέχος ἔξεον, ὄφρ' ἐτέλεσσα,
δαιδάλλων χρυσῷ τε καὶ ἀργύρῳ ἠδ' ἐλέφαντι·
ἐκ δ' ἐτάνυσσα ἱμάντα βοὸς φοίνικι φαεινόν. 200
οὕτω τοι τόδε σῆμα πιφαύσκομαι· οὐδέ τι οἶδα,
ἤ μοι ἔτ' ἔμπεδόν ἐστι, γύναι, λέχος, ἦέ τις ἤδη
ἀνδρῶν ἄλλοσε θῆκε, ταμὼν ὕπο πυθμέν' ἐλαίης.'
    ὣς φάτο, τῆς δ' αὐτοῦ λύτο γούνατα καὶ φίλον ἦτορ,
σήματ' ἀναγνούσῃ τά οἱ ἔμπεδα πέφραδ' Ὀδυσσεύς· 205
δακρύσασα δ' ἔπειτ' ἰθὺς δράμεν, ἀμφὶ δὲ χεῖρας
δειρῇ βάλλ' Ὀδυσῆϊ, κάρη δ' ἔκυσ' ἠδὲ προσηύδα·
    'μή μοι, Ὀδυσσεῦ, σκύζευ, ἐπεὶ τά περ ἄλλα μάλιστα
ἀνθρώπων πέπνυσο· θεοὶ δ' ὤπαζον ὀϊζύν,
οἳ νῶϊν ἀγάσαντο παρ' ἀλλήλοισι μένοντε 210
ἥβης ταρπῆναι καὶ γήραος οὐδὸν ἱκέσθαι.
αὐτὰρ μὴ νῦν μοι τόδε χώεο μηδὲ νεμέσσα,
οὕνεκά σ' οὐ τὸ πρῶτον, ἐπεὶ ἴδον, ὧδ' ἀγάπησα.
αἰεὶ γάρ μοι θυμὸς ἐνὶ στήθεσσι φίλοισιν
ἐρρίγει μή τίς με βροτῶν ἀπάφοιτο ἔπεσσιν 215
ἐλθών· πολλοὶ γὰρ κακὰ κέρδεα βουλεύουσιν.
οὐδέ κεν Ἀργείη Ἑλένη, Διὸς ἐκγεγαυῖα,
ἀνδρὶ παρ' ἀλλοδαπῷ ἐμίγη φιλότητι καὶ εὐνῇ,
εἰ ᾔδη ὅ μιν αὖτις ἀρήϊοι υἷες Ἀχαιῶν
ἀξέμεναι οἶκόνδε φίλην ἐς πατρίδ' ἔμελλον. 220
τὴν δ' ἦ τοι ῥέξαι θεὸς ὤρορεν ἔργον ἀεικές·
τὴν δ' ἄτην οὐ πρόσθεν ἑῷ ἐγκάτθετο θυμῷ
λυγρήν, ἐξ ἧς πρῶτα καὶ ἡμέας ἵκετο πένθος.
νῦν δ', ἐπεὶ ἤδη σήματ' ἀριφραδέα κατέλεξας
εὐνῆς ἡμετέρης, ἣν οὐ βροτὸς ἄλλος ὀπώπει, 225
ἀλλ' οἶοι σύ τ' ἐγώ τε καὶ ἀμφίπολος μία μούνη,
Ἀκτορίς, ἥν μοι δῶκε πατὴρ ἔτι δεῦρο κιούσῃ,
ἣ νῶϊν εἴρυτο θύρας πυκινοῦ θαλάμοιο,
πείθεις δή μευ θυμόν, ἀπηνέα περ μάλ' ἐόντα.'
    ὣς φάτο, τῷ δ' ἔτι μᾶλλον ὑφ' ἵμερον ὦρσε γόοιο· 230
κλαῖε δ' ἔχων ἄλοχον θυμαρέα, κεδνὰ ἰδυῖαν.
ὡς δ' ὅτ' ἂν ἀσπάσιος γῇ νηχομένοισι φανήῃ,

With wimbles, placed on it the frame, and carved 240
The work till it was done, inlaying it
With silver, gold, and ivory. I stretched
Upon it thongs of oxhide brightly dyed
In purple. Now, O wife, I cannot know
Whether my bed remains as then it was, 245
Or whether some one from the root has hewn
The olive trunk, and moved it from its place."
    He spake, and her knees faltered and her heart
Was melted as she heard her lord recount
The tokens all so truly; and she wept, 250
And rose, and ran to him, and flung her arms
About his neck, and kissed his brow, and said:—
    "Ulysses, look not on me angrily,
Thou who in other things art wise above
All other men. The gods have made our lot 255
A hard one, jealous lest we should have passed
Our youth together happily, and thus
Have reached old age. I pray, be not incensed,
Nor take it ill that I embraced thee not
As soon as I beheld thee, for my heart 260
Has ever trembled lest some one who comes
Into this isle should cozen me with words;
And they who practice fraud are numberless.
The Argive Helen, child of Jupiter,
Would ne'er have listened to a stranger's suit 265
And loved him, had she known that in the years
To come the warlike Greeks would bring her back
To her own land. It was a deity
Who prompted her to that foul wrong. Her thought
Was never of the great calamity 270
Which followed, and which brought such woe on us.
But now, since thou, by tokens clear and true,
Hast spoken of our bed, which human eye
Has never seen save mine and thine, and those
Of one handmaiden only, Actoris,— 275
Her whom my father gave me when I came
To this thy palace, and who kept the door
Of our close chamber,—thou hast won my mind
To full belief, though hard it was to win."
    She spake, and he was moved to tears; he wept 280
As in his arms he held his dearly loved
And faithful wife. As welcome as the land

ὦν τε Ποσειδάων εὐεργέα νῆ' ἐνὶ πόντῳ
ῥαίσῃ, ἐπειγομένην ἀνέμῳ καὶ κύματι πηγῷ·
παῦροι δ' ἐξέφυγον πολιῆς ἁλὸς ἤπειρόνδε 235
νηχόμενοι, πολλὴ δὲ περὶ χροῒ τέτροφεν ἄλμη,
ἀσπάσιοι δ' ἐπέβαν γαίης, κακότητα φυγόντες·
ὣς ἄρα τῇ ἀσπαστὸς ἔην πόσις εἰσοροώσῃ,
δειρῆς δ' οὔ πω πάμπαν ἀφίετο πήχεε λευκώ.
καί νύ κ' ὀδυρομένοισι φάνη ῥοδοδάκτυλος Ἠώς, 240
εἰ μὴ ἄρ' ἄλλ' ἐνόησε θεὰ γλαυκῶπις Ἀθήνη.
νύκτα μὲν ἐν περάτῃ δολιχὴν σχέθεν, Ἠῶ δ' αὖτε
ῥύσατ' ἐπ' Ὠκεανῷ χρυσόθρονον, οὐδ' ἔα ἵππους
ζεύγνυσθ' ὠκύποδας, φάος ἀνθρώποισι φέροντας,
Λάμπον καὶ Φαέθονθ', οἵ τ' Ἠῶ πῶλοι ἄγουσι. 245
καὶ τότ' ἄρ' ἣν ἄλοχον προσέφη πολύμητις Ὀδυσσεύς·
'ὦ γύναι, οὐ γάρ πω πάντων ἐπὶ πείρατ' ἀέθλων
ἤλθομεν, ἀλλ' ἔτ' ὄπισθεν ἀμέτρητος πόνος ἔσται,
πολλὸς καὶ χαλεπός, τὸν ἐμὲ χρὴ πάντα τελέσσαι.
ὣς γάρ μοι ψυχὴ μαντεύσατο Τειρεσίαο 250
ἤματι τῷ ὅτε δὴ κατέβην δόμον Ἄϊδος εἴσω,
νόστον ἑταίροισιν διζήμενος ἠδ' ἐμοὶ αὐτῷ.
ἀλλ' ἔρχευ, λέκτρονδ' ἴομεν, γύναι, ὄφρα καὶ ἤδη
ὕπνῳ ὕπο γλυκερῷ ταρπώμεθα κοιμηθέντε.'
τὸν δ' αὖτε προσέειπε περίφρων Πηνελόπεια· 255
'εὐνὴ μὲν δή σοί γε τότ' ἔσσεται ὁππότε θυμῷ
σῷ ἐθέλῃς, ἐπεὶ ἄρ σε θεοὶ ποίησαν ἱκέσθαι
οἶκον ἐϋκτίμενον καὶ σὴν ἐς πατρίδα γαῖαν·
ἀλλ' ἐπεὶ ἐφράσθης καί τοι θεὸς ἔμβαλε θυμῷ,
εἴπ' ἄγε μοι τὸν ἄεθλον, ἐπεὶ καὶ ὄπισθεν, ὀΐω, 260
πεύσομαι, αὐτίκα δ' ἐστὶ δαήμεναι οὔ τι χέρειον.'
τὴν δ' ἀπαμειβόμενος προσέφη πολύμητις Ὀδυσσεύς·
'δαιμονίη, τί τ' ἄρ' αὖ με μάλ' ὀτρύνουσα κελεύεις
εἰπέμεν; αὐτὰρ ἐγὼ μυθήσομαι οὐδ' ἐπικεύσω.
οὐ μέν τοι θυμὸς κεχαρήσεται· οὐδὲ γὰρ αὐτὸς 265
χαίρω, ἐπεὶ μάλα πολλὰ βροτῶν ἐπὶ ἄστε' ἄνωγεν

To those who swim the deep, of whose stout bark
Neptune has made a wreck amidst the waves,
Tossed by the billow and the blast, and few   285
Are those who from the hoary ocean reach
The shore, their limbs all crested with the brine,
These gladly climb the sea-beach, and are safe,—
So welcome was her husband to her eyes.
Nor would her fair white arms release his neck,   290
And there would rosy-fingered Morn have found
Both weeping, but the blue-eyed Pallas planned
That thus it should not be; she stayed the night
When near its close, and held the golden Morn
Long in the ocean deeps, nor suffered her   295
To yoke her steeds that bring the light to men,—
Lampas and Phaëthon, swift steeds that bear
The Morning on her way. Ulysses then,
The man of forecast, thus bespake his queen:—
  "Not yet, O wife, have we attained the close   300
Of all our labors. One remains which yet
I must achieve, toilsome, and measureless
In difficulty; for so prophesied
The spirit of Tiresias, on the day
When to the abode of Pluto I went down   305
To ask the seer concerning the return
Of my companions, and my own. But now
Seek we our couch, dear wife, that, softly laid,
We may refresh ourselves with welcome sleep."
  Then spake in turn the sage Penelope: 310
"Whenever thou desirest it thy couch
Shall be made ready, since the gods vouchsafe
To bring thee back into thy pleasant home
And to thy native land. But now that thou
Hast spoken of it, and some deity   315
Is prompting thee, declare what this new task
May be. Hereafter I shall hear of it,
No doubt, nor were it worse to know it now."
  Ulysses, the sagacious, answered thus:
"Dear wife, why wilt thou ask? why press me thus?   320
Yet will I tell thee truly, nor will keep
Aught from thee, though thou wilt not gladly hear,
Nor I relate. Tiresias bade me pass
Through city after city, till I found
A people who know not the sea, nor eat   325

ἐλθεῖν, ἐν χείρεσσιν ἔχοντ' εὐῆρες ἐρετμόν,
εἰς ὅ κε τοὺς ἀφίκωμαι οἳ οὐκ ἴσασι θάλασσαν
ἀνέρες, οὐδέ θ' ἅλεσσι μεμιγμένον εἶδαρ ἔδουσιν·
οὐδ' ἄρα τοί γ' ἴσασι νέας φοινικοπαρῄους, 270
οὐδ' εὐήρε' ἐρετμά, τά τε πτερὰ νηυσὶ πέλονται.
σῆμα δέ μοι τόδ' ἔειπεν ἀριφραδές, οὐδέ σε κεύσω·
ὁππότε κεν δή μοι ξυμβλήμενος ἄλλος ὁδίτης
φήῃ ἀθηρηλοιγὸν ἔχειν ἀνὰ φαιδίμῳ ὤμῳ,
καὶ τότε μ' ἐν γαίῃ πήξαντ' ἐκέλευεν ἐρετμόν, 275
ἔρξανθ' ἱερὰ καλὰ Ποσειδάωνι ἄνακτι,
ἀρνειὸν ταῦρόν τε συῶν τ' ἐπιβήτορα κάπρον,
οἴκαδ' ἀποστείχειν, ἔρδειν θ' ἱερὰς ἑκατόμβας
ἀθανάτοισι θεοῖσι, τοὶ οὐρανὸν εὐρὺν ἔχουσι,
πᾶσι μάλ' ἑξείης· θάνατος δέ μοι ἐξ ἁλὸς αὐτῷ 280
ἀβληχρὸς μάλα τοῖος ἐλεύσεται, ὅς κέ με πέφνῃ
γήρας ὕπο λιπαρῷ ἀρημένον· ἀμφὶ δὲ λαοὶ
ὄλβιοι ἔσσονται· τὰ δέ μοι φάτο πάντα τελεῖσθαι.
' τὸν δ' αὖτε προσέειπε περίφρων Πηνελόπεια·
'εἰ μὲν δὴ γῆράς γε θεοὶ τελέουσιν ἄρειον, 285
ἐλπωρή τοι ἔπειτα κακῶν ὑπάλυξιν ἔσεσθαι.'
ὣς οἱ μὲν τοιαῦτα πρὸς ἀλλήλους ἀγόρευον·
τόφρα δ' ἄρ' Εὐρυνόμη τε ἰδὲ τροφὸς ἔντυον εὐνὴν
ἐσθῆτος μαλακῆς, δαΐδων ὕπο λαμπομενάων.
αὐτὰρ ἐπεὶ στόρεσαν πυκινὸν λέχος ἐγκονέουσαι, 290
γρηῢς μὲν κείουσα πάλιν οἰκόνδε βεβήκει,
τοῖσιν δ' Εὐρυνόμη θαλαμηπόλος ἡγεμόνευεν
ἐρχομένοισι λέχοσδε, δάος μετὰ χερσὶν ἔχουσα·
ἐς θάλαμον δ' ἀγαγοῦσα πάλιν κίεν. οἱ μὲν ἔπειτα
ἀσπάσιοι λέκτροιο παλαιοῦ θεσμὸν ἵκοντο· 295
αὐτὰρ Τηλέμαχος καὶ βουκόλος ἠδὲ συβώτης
παῦσαν ἄρ' ὀρχηθμοῖο πόδας, παῦσαν δὲ γυναῖκας,
αὐτοὶ δ' εὐνάζοντο κατὰ μέγαρα σκιόεντα.
τὼ δ' ἐπεὶ οὖν φιλότητος ἐταρπήτην ἐρατεινῆς,
τερπέσθην μύθοισι, πρὸς ἀλλήλους ἐνέποντε, 300
ἡ μὲν ὅσ' ἐν μεγάροισιν ἀνέσχετο δῖα γυναικῶν,
ἀνδρῶν μνηστήρων ἐσορῶσ' ἀΐδηλον ὅμιλον,
οἳ ἕθεν εἵνεκα πολλά, βόας καὶ ἴφια μῆλα,
ἔσφαζον, πολλὸς δὲ πίθων ἠφύσσετο οἶνος·
αὐτὰρ ὁ διογενὴς Ὀδυσεὺς ὅσα κήδε' ἔθηκεν 305

Their food with salt, who never yet beheld
The red-prowed galley, nor the shapely oars,
Which are the wings of ships. And this plain sign
He gave, nor will I keep it back from thee,
That when another traveler whom I meet   330
Shall say it is a winnowing-fan I bear
On my stout shoulder, there he bade me plant
The oar upright in earth, and offer up
To monarch Neptune there a ram, a bull,
And sturdy boar, and then, returning home,   335
Burn hallowed hecatombs to all the gods
Who dwell in the broad heaven, each one in turn.
At last will death come over me, afar
From ocean, such a death as peacefully
Shall take me off in a serene old age,   340
Amid a people prosperous and content.
All this, the prophet said, will come to pass."
   And then the sage Penelope rejoined:
"If thus the immortals make thy later age
The happier, there is hope that thou wilt find   345
Escape from evil in the years to come."
   So talked they with each other. Meantime went
Eurynomè, attended by the nurse,
And in the light of blazing torches dressed
With soft fresh drapery a bed; and when   350
Their busy hands had made it full and high,
The aged dame withdrew to take her rest
In her own chamber, while Eurynomè,
Who kept the royal bower, upheld a torch
And thither led the pair, and, when they both   355
Were in the chamber, went her way. They took
Their place delighted in the ancient bed.
The prince, the herdsman, and the swineherd ceased
Meantime to tread the dance, and bade the maids
Cease also, and within the palace-rooms   360
Dark with night's shadow, sought their place of rest.
Then came the time of pleasant mutual talk,
In which that noblest among women spake
Of wrongs endured beneath her roof from those
Who came to woo her,—an insatiate crew,—   365
Who made of beeves and fatlings of the flock
Large slaughter, and drained many a wine-cask dry.
Then nobly born Ulysses told what woes

ἀνθρώποις ὅσα τ᾽ αὐτὸς ὀϊζύσας ἐμόγησε,
πάντ᾽ ἔλεγ᾽· ἡ δ᾽ ἄρ᾽ ἐτέρπετ᾽ ἀκούουσ᾽, οὐδέ οἱ ὕπνος
πῖπτεν ἐπὶ βλεφάροισι πάρος καταλέξαι ἅπαντα.
ἤρξατο δ᾽ ὡς πρῶτον Κίκονας δάμασ᾽, αὐτὰρ ἔπειτα
ἦλθ᾽ ἐς Λωτοφάγων ἀνδρῶν πίειραν ἄρουραν· 310
ἠδ᾽ ὅσα Κύκλωψ ἔρξε, καὶ ὡς ἀπετίσατο ποινὴν
ἰφθίμων ἑτάρων, οὓς ἤσθιεν οὐδ᾽ ἐλέαιρεν·
ἠδ᾽ ὡς Αἴολον ἵκεθ᾽, ὅ μιν πρόφρων ὑπέδεκτο
καὶ πέμπ᾽, οὐδέ πω αἶσα φίλην ἐς πατρίδ᾽ ἱκέσθαι
ἤην, ἀλλά μιν αὖτις ἀναρπάξασα θύελλα 315
πόντον ἐπ᾽ ἰχθυόεντα φέρεν βαρέα στενάχοντα·
ἠδ᾽ ὡς Τηλέπυλον Λαιστρυγονίην ἀφίκανεν,
οἳ νῆάς τ᾽ ὄλεσαν καὶ ἐϋκνήμιδας ἑταίρους
πάντας· Ὀδυσσεὺς δ᾽ οἶος ὑπέκφυγε νηῒ μελαίνῃ·
καὶ Κίρκης κατέλεξε δόλον πολυμηχανίην τε, 320
ἠδ᾽ ὡς εἰς Ἀΐδεω δόμον ἤλυθεν εὐρώεντα,
ψυχῇ χρησόμενος Θηβαίου Τειρεσίαο,
νηῒ πολυκληΐδι, καὶ εἴσιδε πάντας ἑταίρους
μητέρα θ᾽, ἥ μιν ἔτικτε καὶ ἔτρεφε τυτθὸν ἐόντα·
ἠδ᾽ ὡς Σειρήνων ἀδινάων φθόγγον ἄκουσεν, 325
ὥς θ᾽ ἵκετο Πλαγκτὰς πέτρας δεινήν τε Χάρυβδιν
Σκύλλην θ᾽, ἣν οὔ πώ ποτ᾽ ἀκήριοι ἄνδρες ἄλυξαν·
ἠδ᾽ ὡς Ἡελίοιο βόας κατέπεφνον ἑταῖροι·
ἠδ᾽ ὡς νῆα θοὴν ἔβαλε ψολόεντι κεραυνῷ
Ζεὺς ὑψιβρεμέτης, ἀπὸ δ᾽ ἔφθιθεν ἐσθλοὶ ἑταῖροι 330
πάντες ὁμῶς, αὐτὸς δὲ κακὰς ὑπὸ κῆρας ἄλυξεν·
ὥς θ᾽ ἵκετ᾽ Ὠγυγίην νῆσον νύμφην τε Καλυψώ,
ἣ δή μιν κατέρυκε, λιλαιομένη πόσιν εἶναι,
ἐν σπέσσι γλαφυροῖσι, καὶ ἔτρεφεν ἠδὲ ἔφασκε
θήσειν ἀθάνατον καὶ ἀγήραον ἤματα πάντα· 335
ἀλλὰ τοῦ οὔ ποτε θυμὸν ἐνὶ στήθεσσιν ἔπειθεν·

His valor brought on other men; what toils
And suffering he had borne; he told her all,   370
And she, delighted, heard him, nor did sleep
Light on her eyelids till his tale was done.
   And first he told her how he overcame
The people of Ciconia; how he passed
Thence to the rich fields of the race who feed   375
Upon the lotus; what the Cyclops did,
And how upon the Cyclops he avenged
The death of his brave comrades, whom the wretch
Had piteously slaughtered and devoured.
And how he came to Æolus, and found   380
A friendly welcome, and was sent by him
Upon his voyage; yet 'twas not his fate
To reach his native land; a tempest caught
His fleet, and far across the fishy deep
Bore him away, lamenting bitterly.   385
And how he landed at Telepylus,
Among the Læstrigonians, who destroyed
His ships and warlike comrades, he alone
In his black ship escaping. Then he told
Of Circè, her deceit and many arts,   390
And how he went to Pluto's dismal realm
In his good galley, to consult the soul
Of him of Thebes, Tiresias, and beheld
All his lost comrades and his mother,—her
Who brought him forth, and trained him when a child.   395
And how he heard the Sirens afterward,
And how he came upon the wandering rocks,
The terrible Charybdis, and the crags
Of Scylla,—which no man had ever passed
In safety; how his comrades slew for food   400
The oxen of the Sun; how Jupiter,
The Thunderer, with a bolt of fire from heaven
Smote his swift bark; and how his gallant crew
Ail perished, he alone escaped with life.
And how he reached Ogygia's isle, he told,   405
And met the nymph Calypso, who desired
That he would be her husband, and long time
Detained and fed him in her vaulted grot,
And promised that he ne'er should die, nor know
Decay of age, through all the days to come;   410
Yet moved she not the purpose of his heart.

ἠδ' ὡς ἐς Φαίηκας ἀφίκετο πολλὰ μογήσας,
οἳ δή μιν περὶ κῆρι θεὸν ὣς τιμήσαντο
καὶ πέμψαν σὺν νηΐ φίλην ἐς πατρίδα γαῖαν,
χαλκόν τε χρυσόν τε ἅλις ἐσθῆτά τε δόντες. 340
τοῦτ' ἄρα δεύτατον εἶπεν ἔπος, ὅτε οἱ γλυκὺς ὕπνος
λυσιμελὴς ἐπόρουσε, λύων μελεδήματα θυμοῦ.
ἡ δ' αὖτ' ἄλλ' ἐνόησε θεὰ γλαυκῶπις Ἀθήνη:
ὁππότε δή ῥ' Ὀδυσῆα ἐέλπετο ὃν κατὰ θυμὸν
εὐνῆς ἧς ἀλόχου ταρπήμεναι ἠδὲ καὶ ὕπνου, 345
αὐτίκ' ἀπ' Ὠκεανοῦ χρυσόθρονον ἠριγένειαν
ὦρσεν, ἵν' ἀνθρώποισι φόως φέροι: ὦρτο δ' Ὀδυσσεὺς
εὐνῆς ἐκ μαλακῆς, ἀλόχῳ δ' ἐπὶ μῦθον ἔτελλεν:
'ὦ γύναι, ἤδη μὲν πολέων κεκορήμεθ' ἀέθλων
ἀμφοτέρω, σὺ μὲν ἐνθάδ' ἐμὸν πολυκηδέα νόστον 350
κλαίουσ'. αὐτὰρ ἐμὲ Ζεὺς ἄλγεσι καὶ θεοὶ ἄλλοι
ἱέμενον πεδάασκον ἐμῆς ἀπὸ πατρίδος αἴης:
νῦν δ' ἐπεὶ ἀμφοτέρω πολυήρατον ἱκόμεθ' εὐνήν,
κτήματα μὲν τά μοι ἔστι, κομιζέμεν ἐν μεγάροισι,
μῆλα δ' ἅ μοι μνηστῆρες ὑπερφίαλοι κατέκειραν, 355
πολλὰ μὲν αὐτὸς ἐγὼ ληΐσσομαι, ἄλλα δ' Ἀχαιοὶ
δώσουσ', εἰς ὅ κε πάντας ἐνιπλήσωσιν ἐπαύλους.
ἀλλ' ἦ τοι μὲν ἐγὼ πολυδένδρεον ἀγρὸν ἔπειμι,
ὀψόμενος πατέρ' ἐσθλόν, ὅ μοι πυκινῶς ἀκάχηται:
σοὶ δέ, γύναι, τάδ' ἐπιτέλλω, πινυτῇ περ ἐούσῃ: 360
αὐτίκα γὰρ φάτις εἶσιν ἅμ' ἠελίῳ ἀνιόντι
ἀνδρῶν μνηστήρων, οὓς ἔκτανον ἐν μεγάροισιν:
εἰς ὑπερῷ' ἀναβᾶσα σὺν ἀμφιπόλοισι γυναιξὶν
ἧσθαι, μηδέ τινα προτιόσσεο μηδ' ἐρέεινε.'
ἦ ῥα καὶ ἀμφ' ὤμοισιν ἐδύσετο τεύχεα καλά, 365
ὦρσε δὲ Τηλέμαχον καὶ βουκόλον ἠδὲ συβώτην,
πάντας δ' ἔντε' ἄνωγεν ἀρήϊα χερσὶν ἑλέσθαι.
οἱ δέ οἱ οὐκ ἀπίθησαν, ἐθωρήσσοντο δὲ χαλκῷ,
ὤϊξαν δὲ θύρας, ἐκ δ' ἤϊον: ἦρχε δ' Ὀδυσσεύς.

And how he next through many hardships came
To the Phæacians, and they welcomed him
And honored him as if he were a god,
And to his native country in a bark 415
Sent him with ample gifts of brass and gold
And raiment. As he uttered this last word,
Sleep softly overcame him; all his limbs
Lay loose in rest, and all his cares were calmed.
    The blue-eyed Pallas had yet new designs; 420
And when she deemed Ulysses was refreshed
With rest and sleep, in that accustomed bed,
She called the Morning, daughter of the Dawn,
To rise from ocean in her car of gold,
And shed her light on men. Ulysses rose 425
From his soft couch, and thus enjoined his spouse:—
    "O wife! enough of misery have we borne
Already,—thou in weeping for my long
Unhappy absence,—I for years withheld
By Jupiter and all the other gods 430
From my return to this dear land, although
I pined for home. Now since upon this couch
We take the place so earnestly desired,
Take thou the charge of all that I possess
Here in the palace. For the herds and flocks 435
Which those high-handed suitors have devoured,
I shall seize many others as a spoil;
The rest the Greeks will bring me, till my stalls
Are filled again. I hasten to my farm
Embowered in trees, to greet the aged man 440
My excellent father, who continually
Grieves for me. Prudent as thou art, I give
This charge; a rumor, with the rising sun,
Will quickly go abroad that I have slain
The suitors in the palace. Now withdraw, 445
Thou and thy maidens, to the upper room,
And sit and look not forth, nor ask of aught."
    So spake the chief, and on his shoulders braced
His glorious armor. Then he called his son,
The herdsman, and the swineherd, bidding them 450
To take in hand their weapons. They obeyed,
And, having armed themselves in brass, they threw
The portals open. As they all went forth,
Ulysses led the way. The early light

ἤδη μὲν φάος ἦεν ἐπὶ χθόνα, τοὺς δ' ἄρ' Ἀθήνη 370
νυκτὶ κατακρύψασα θοῶς ἐξῆγε πόληος.

Was on the earth, but Pallas, shrouding them
In darkness, led them quickly through the town. 455

Ἑρμῆς δὲ ψυχὰς Κυλλήνιος ἐξεκαλεῖτο
ἀνδρῶν μνηστήρων: ἔχε δὲ ῥάβδον μετὰ χερσὶν
καλὴν χρυσείην, τῇ τ' ἀνδρῶν ὄμματα θέλγει
ὧν ἐθέλει, τοὺς δ' αὖτε καὶ ὑπνώοντας ἐγείρει:
τῇ ῥ' ἄγε κινήσας, ταὶ δὲ τρίζουσαι ἕποντο. 5
ὡς δ' ὅτε νυκτερίδες μυχῷ ἄντρου θεσπεσίοιο
τρίζουσαι ποτέονται, ἐπεί κέ τις ἀποπέσῃσιν
ὁρμαθοῦ ἐκ πέτρης, ἀνά τ' ἀλλήλῃσιν ἔχονται,
ὣς αἱ τετριγυῖαι ἅμ' ἤϊσαν: ἦρχε δ' ἄρα σφιν
Ἑρμείας ἀκάκητα κατ' εὐρώεντα κέλευθα. 10
πὰρ δ' ἴσαν Ὠκεανοῦ τε ῥοὰς καὶ Λευκάδα πέτρην,
ἠδὲ παρ' Ἠελίοιο πύλας καὶ δῆμον ὀνείρων
ἤϊσαν: αἶψα δ' ἵκοντο κατ' ἀσφοδελὸν λειμῶνα,
ἔνθα τε ναίουσι ψυχαί, εἴδωλα καμόντων.
εὗρον δὲ ψυχὴν Πηληϊάδεω Ἀχιλῆος 15
καὶ Πατροκλῆος καὶ ἀμύμονος Ἀντιλόχοιο
Αἴαντός θ', ὃς ἄριστος ἔην εἶδός τε δέμας τε
τῶν ἄλλων Δαναῶν μετ' ἀμύμονα Πηλεΐδαο
ὣς οἱ μὲν περὶ κεῖνον ὁμίλεον: ἀγχίμολον δὲ

BOOK XXIV

Cyllenian Hermes summoned forth the souls
Of the slain suitors. In his hand he bore
The beautiful golden wand, with which at will
He shuts the eyes of men, or opens them
From sleep. With this he guided on their way   5
The ghostly rout; they followed, uttering
A shrilly wail. As when a flock of bats,
Deep in a dismal cavern, fly about
And squeak, if one have fallen from the place
Where, clinging to each other and the rock,   10
They rested, so that crowd of ghosts went forth
With shrill and plaintive cries. Before them moved
Beneficent Hermes through those dreary ways,
And past the ocean stream they went, and past
Leucadia's rock, the portals of the Sun,   15
And people of the land of dreams, until
They reached the fields of asphodel, where dwell
The souls, the bodiless forms of those who die.
   And there they found the soul of Peleus' son,
His friend Patroclus, and the blameless chief   20
Antilochus, and Ajax, who excelled
In stature and in form all other Greeks
Save the great son of Peleus. These were grouped
Around Achilles. Then approached the ghost

ἤλυθ' ἔπι ψυχὴ Ἀγαμέμνονος Ἀτρεΐδαο 20
ἀχνυμένη· περὶ δ' ἄλλαι ἀγηγέραθ', ὅσσαι ἅμ' αὐτῷ
οἴκῳ ἐν Αἰγίσθοιο θάνον καὶ πότμον ἐπέσπον.
τὸν προτέρη ψυχὴ προσεφώνεε Πηλεΐωνος·
'Ἀτρεΐδη, περὶ μέν σ' ἔφαμεν Διὶ τερπικεραύνῳ
ἀνδρῶν ἡρώων φίλον ἔμμεναι ἤματα πάντα, 25
οὕνεκα πολλοῖσίν τε καὶ ἰφθίμοισιν ἄνασσες
δήμῳ ἔνι Τρώων, ὅθι πάσχομεν ἄλγε' Ἀχαιοί.
ἦ τ' ἄρα καὶ σοὶ πρῶϊ παραστήσεσθαι ἔμελλεν
μοῖρ' ὀλοή, τὴν οὔ τις ἀλεύεται ὅς κε γένηται.
ὡς ὄφελες τιμῆς ἀπονήμενος, ἧς περ ἄνασσες, 30
δήμῳ ἔνι Τρώων θάνατον καὶ πότμον ἐπισπεῖν·
τῷ κέν τοι τύμβον μὲν ἐποίησαν Παναχαιοί,
ἠδέ κε καὶ σῷ παιδὶ μέγα κλέος ἦρα' ὀπίσσω·
νῦν δ' ἄρα σ' οἰκτίστῳ θανάτῳ εἵμαρτο ἁλῶναι.
' τὸν δ' αὖτε ψυχὴ προσεφώνεεν Ἀτρείδαο· 35
'ὄλβιε Πηλέος υἱέ, θεοῖς ἐπιείκελ' Ἀχιλλεῦ,
ὃς θάνες ἐν Τροίῃ ἑκὰς Ἄργεος· ἀμφὶ δέ σ' ἄλλοι
κτείνοντο Τρώων καὶ Ἀχαιῶν υἷες ἄριστοι,
μαρνάμενοι περὶ σεῖο· σὺ δ' ἐν στροφάλιγγι κονίης
κεῖσο μέγας μεγαλωστί, λελασμένος ἱπποσυνάων. 40
ἡμεῖς δὲ πρόπαν ἦμαρ ἐμαρνάμεθ'· οὐδέ κε πάμπαν
παυσάμεθα πτολέμου, εἰ μὴ Ζεὺς λαίλαπι παῦσεν.
αὐτὰρ ἐπεί σ' ἐπὶ νῆας ἐνείκαμεν ἐκ πολέμοιο,
κάτθεμεν ἐν λεχέεσσι, καθήραντες χρόα καλὸν
ὕδατί τε λιαρῷ καὶ ἀλείφατι· πολλὰ δέ σ' ἀμφὶ 45
δάκρυα θερμὰ χέον Δαναοὶ κείροντό τε χαίτας.
μήτηρ δ' ἐξ ἁλὸς ἦλθε σὺν ἀθανάτῃς ἁλίῃσιν
ἀγγελίης ἀΐουσα· βοὴ δ' ἐπὶ πόντον ὀρώρει
θεσπεσίη, ὑπὸ δὲ τρόμος ἔλλαβε πάντας Ἀχαιούς·
καί νύ κ' ἀναΐξαντες ἔβαν κοίλας ἐπὶ νῆας, 50
εἰ μὴ ἀνὴρ κατέρυκε παλαιά τε πολλά τε εἰδώς,
Νέστωρ, οὗ καὶ πρόσθεν ἀρίστη φαίνετο βουλή·
ὅ σφιν ἐϋφρονέων ἀγορήσατο καὶ μετέειπεν·

Of Agamemnon, Atreus' son; he seemed   25
In sorrow, and around him others stood,
Who in the palace of Ægisthus met
Their fate and died. The son of Peleus took
The word, and spake to Agamemnon thus:—
    "Atrides, we had thought that Jove, who wields   30
The thunder, favored thee, through all thy years,
Beyond all other men,—thou didst bear rule
Over so many and such valiant men
Upon the plain of Troy, where we of Greece
Endured such sufferings. Yet all too soon   35
The cruel doom of death, which no man born
Of woman can escape, has fallen on thee.
O, if amid the honors of thy sway
That doom had overtaken thee, while yet
In Troy's far realm, then would the assembled Greeks   40
Have built a tomb to thee! Thou wouldst have left
A heritage of glory to thy son;
Now hast thou died a most unhappy death."
    And then the soul of Agamemnon said:
"Fortunate son of Peleus, godlike chief   45
Achilles, who didst die upon the field
Of Ilium, far from Argos, while there fell
Around thee many of the bravest sons
Of Troy and Greece, who fought for thee, and thou
Wert lying in thy mighty bulk, amid   50
Whirlwinds of dust, forgetful evermore
Of horsemanship. All that day long we fought,
Nor stayed our hands till Jove, to part us, sent
A hurricane. When we had borne thee thence
And brought thee to the fleet, upon a bier   55
We laid thee, pouring o'er thy shapely limbs
Warm water, and anointing them with oil.
Round thee the Achaians stood in tears, hot tears,
And cut their hair away. From ocean's depth
Thy mother, when she heard the tidings, rose   60
With her immortal sea-nymphs. Mournfully
Came o'er the waves the sound of their lament.
Trembled the Greeks with fear, and, rushing forth,
Would have sought refuge in their roomy ships,
If Nestor, wise in ancient lore, and known   65
For counsels ever safe, had not restrained
Their haste, and thus declared his prudent thought:—

'ἴσχεσθ', Ἀργεῖοι, μὴ φεύγετε, κοῦροι Ἀχαιῶν·
μήτηρ ἐξ ἁλὸς ἥδε σὺν ἀθανάτῃς ἁλίῃσιν 55
ἔρχεται, οὗ παιδὸς τεθνηότος ἀντιόωσα.'
ὣς ἔφαθ', οἱ δ' ἔσχοντο φόβου μεγάθυμοι Ἀχαιοί·
ἀμφὶ δέ σ' ἔστησαν κοῦραι ἁλίοιο γέροντος
οἴκτρ' ὀλοφυρόμεναι, περὶ δ' ἄμβροτα εἵματα ἕσσαν.
Μοῦσαι δ' ἐννέα πᾶσαι ἀμειβόμεναι ὀπὶ καλῇ 60
θρήνεον· ἔνθα κεν οὔ τιν' ἀδάκρυτόν γ' ἐνόησας
Ἀργείων· τοῖον γὰρ ὑπώρορε Μοῦσα λίγεια.
ἑπτὰ δὲ καὶ δέκα μέν σε ὁμῶς νύκτας τε καὶ ἦμαρ
κλαίομεν ἀθάνατοί τε θεοὶ θνητοί τ' ἄνθρωποι·
ὀκτωκαιδεκάτῃ δ' ἔδομεν πυρί, πολλὰ δέ σ' ἀμφὶ 65
μῆλα κατεκτάνομεν μάλα πίονα καὶ ἕλικας βοῦς.
καίεο δ' ἔν τ' ἐσθῆτι θεῶν καὶ ἀλείφατι πολλῷ
καὶ μέλιτι γλυκερῷ· πολλοὶ δ' ἥρωες Ἀχαιοὶ
τεύχεσιν ἐρρώσαντο πυρὴν πέρι καιομένοιο,
πεζοί θ' ἱππῆές τε· πολὺς δ' ὀρυμαγδὸς ὀρώρει. 70
αὐτὰρ ἐπεὶ δή σε φλὸξ ἤνυσεν Ἡφαίστοιο,
ἠῶθεν δή τοι λέγομεν λεύκ' ὀστέ', Ἀχιλλεῦ,
οἴνῳ ἐν ἀκρήτῳ καὶ ἀλείφατι· δῶκε δὲ μήτηρ
χρύσεον ἀμφιφορῆα· Διωνύσοιο δὲ δῶρον
φάσκ' ἔμεναι, ἔργον δὲ περικλυτοῦ Ἡφαίστοιο. 75
ἐν τῷ τοι κεῖται λεύκ' ὀστέα, φαίδιμ' Ἀχιλλεῦ,
μίγδα δὲ Πατρόκλοιο Μενοιτιάδαο θανόντος,
χωρὶς δ' Ἀντιλόχοιο, τὸν ἔξοχα τῖες ἁπάντων
τῶν ἄλλων ἑτάρων, μετὰ Πάτροκλόν γε θανόντα.
ἀμφ' αὐτοῖσι δ' ἔπειτα μέγαν καὶ ἀμύμονα τύμβον 80
χεύαμεν Ἀργείων ἱερὸς στρατὸς αἰχμητάων
ἀκτῇ ἔπι προὐχούσῃ, ἐπὶ πλατεῖ Ἑλλησπόντῳ,
ὥς κεν τηλεφανὴς ἐκ ποντόφιν ἀνδράσιν εἴη
τοῖς οἳ νῦν γεγάασι καὶ οἳ μετόπισθεν ἔσονται.
μήτηρ δ' αἰτήσασα θεοὺς περικαλλέ' ἄεθλα 85
θῆκε μέσῳ ἐν ἀγῶνι ἀριστήεσσιν Ἀχαιῶν.
ἤδη μὲν πολέων τάφῳ ἀνδρῶν ἀντεβόλησας

"'Stay, Argives, youths of Greece; think not of flight!
It is his mother; from the sea she comes
To her dead son, and brings her deathless nymphs.' 70
  "He spake; his words withheld the valiant Greeks
From flight. And now around thee came and stood
The daughters of the Ancient of the Deep,
Lamenting bitterly. Upon thy corse
They put ambrosial robes. The Muses nine 75
Bewailed thee with sweet voices, answering
Each other. Then wouldst thou have seen no one
Of all the Argive host with eyes unwet,
The Muses' song so moved them. Seventeen days
And nights we mourned thee,—both the immortal ones 80
And mortals. On the eighteenth day we gave
Thy body to the fire, and at the pile
Slew many fatling ewes, and many an ox
With crooked horns. In raiment of the gods
The fire consumed thee 'midst anointing oils 85
And honey. Many heroes of our host
In armor and in chariots, or on foot,
Contended round thy funeral pyre in games,
And mighty was the din. And when at length
The fires of Vulcan had consumed thy flesh, 90
We gathered up at morning thy white bones,
Achilles, pouring over them pure wine
And fragrant oils. Thy mother brought a vase
Of gold, which Bacchus gave, she said, the work
Of Vulcan the renowned, and in it now, 95
Illustrious son of Peleus, thy white bones
Are lying, and with thine are mingled those
Of dead Patroclus Menœtiades.
Apart we placed the ashes of thy friend
Antilochus, whom thou didst honor most 100
After the slain Patroclus. O'er all these
The sacred army of the warlike Greeks
Built up a tomb magnificently vast
Upon a cape of the broad Hellespont,
There to be seen, far off upon the deep, 105
By those who now are born, or shall be born
In future years. Thy mother, having first
Prayed to the gods, appointed noble games,
Within the circus, for the Achaian chiefs.
Full often have I seen the funeral rites 110

ἡρώων, ὅτε κέν ποτ' ἀποφθιμένου βασιλῆος
ζώννυνταί τε νέοι καὶ ἐπεντύνονται ἄεθλα·
ἀλλά κε κεῖνα μάλιστα ἰδὼν θηήσαο θυμῷ, 90
οἷ' ἐπὶ σοὶ κατέθηκε θεὰ περικαλλέ' ἄεθλα,
ἀργυρόπεζα Θέτις· μάλα γὰρ φίλος ἦσθα θεοῖσιν.
ὣς σὺ μὲν οὐδὲ θανὼν ὄνομ' ὤλεσας, ἀλλά τοι αἰεὶ
πάντας ἐπ' ἀνθρώπους κλέος ἔσσεται ἐσθλόν, Ἀχιλλεῦ,
αὐτὰρ ἐμοὶ τί τόδ' ἦδος, ἐπεὶ πόλεμον τολύπευσα; 95
ἐν νόστῳ γάρ μοι Ζεὺς μήσατο λυγρὸν ὄλεθρον
Αἰγίσθου ὑπὸ χερσὶ καὶ οὐλομένης ἀλόχοιο.'
  ὣς οἱ μὲν τοιαῦτα πρὸς ἀλλήλους ἀγόρευον,
ἀγχίμολον δέ σφ' ἦλθε διάκτορος ἀργεϊφόντης,
ψυχὰς μνηστήρων κατάγων Ὀδυσῆϊ δαμέντων, 100
τὼ δ' ἄρα θαμβήσαντ' ἰθὺς κίον, ὡς ἐσιδέσθην.
ἔγνω δὲ ψυχὴ Ἀγαμέμνονος Ἀτρεΐδαο
παῖδα φίλον Μελανῆος, ἀγακλυτὸν Ἀμφιμέδοντα·
ξεῖνος γάρ οἱ ἔην Ἰθάκῃ ἔνι οἰκία ναίων.
τὸν προτέρη ψυχὴ προσεφώνεεν Ἀτρεΐδαο· 105
  'Ἀμφίμεδον, τί παθόντες ἐρεμνὴν γαῖαν ἔδυτε
πάντες κεκριμένοι καὶ ὁμήλικες; οὐδέ κεν ἄλλως
κρινάμενος λέξαιτο κατὰ πτόλιν ἄνδρας ἀρίστους.
ἦ ὕμμ' ἐν νήεσσι Ποσειδάων ἐδάμασσεν,
ὄρσας ἀργαλέους ἀνέμους καὶ κύματα μακρά; 110
ἦ που ἀνάρσιοι ἄνδρες ἐδηλήσαντ' ἐπὶ χέρσου
βοῦς περιταμνομένους ἠδ' οἰῶν πώεα καλά,
ἠὲ περὶ πτόλιος μαχεούμενοι ἠδὲ γυναικῶν;
εἰπέ μοι εἰρομένῳ· ξεῖνος δέ τοι εὔχομαι εἶναι.
ἦ οὐ μέμνῃ ὅτε κεῖσε κατήλυθον ὑμέτερον δῶ, 115
ὀτρυνέων Ὀδυσῆα σὺν ἀντιθέῳ Μενελάῳ
Ἴλιον εἰς ἅμ' ἕπεσθαι ἐϋσσέλμων ἐπὶ νηῶν;
μηνὶ δ' ἄρ' οὔλῳ πάντα περήσαμεν εὐρέα πόντον,
σπουδῇ παρπεπιθόντες Ὀδυσσῆα πτολίπορθον.
  ' τὸν δ' αὖτε ψυχὴ προσεφώνεεν Ἀμφιμέδοντος· 120
'Ἀτρεΐδη κύδιστε, ἄναξ ἀνδρῶν Ἀγάμεμνον,
μέμνημαι τάδε πάντα, διοτρεφές, ὡς ἀγορεύεις·
σοὶ δ' ἐγὼ εὖ μάλα πάντα καὶ ἀτρεκέως καταλέξω,

Of heroes, when the youth, their chieftain dead,
Were girded for the games, and strove to win
The prizes; but I most of all admired
Those which the silver-footed Thetis gave
To mark thy burial, who wert loved by all 115
The immortals. So thou hast not lost by death
Thy fame, Achilles, and among the tribes
Of men thy glory will be ever great;
But what hath it availed me to have brought
The war on Ilium to an end, since Jove 120
Doomed me to be destroyed on my return,
Slain by Ægisthus and my guilty wife?"
 So talked they with each other. Now approached
The herald Argus-queller, bringing down
The souls of suitors by Ulysses slain. 125
Both chiefs moved toward them, wondering at the sight.
The soul of Agamemnon, Atreus' son,
Knew well-renowned Amphimedon, whose birth
Was from Melanthius, and by whom he once
Was welcomed to his house in Ithaca; 130
And him the son of Atreus first bespake:—
 "Amphimedon, what sad mischance has brought
You all, who seem like chosen men, and all
Of equal age, into these drear abodes
Beneath the earth? 'Twere hard indeed to find, 135
In a whole city, nobler forms of men.
Has Neptune wrecked you in your ships at sea
With fierce winds and huge waves, or armed men
Smitten you on the land, while carrying off
Their beeves and sheep, or fighting to defend 140
Your wives and city? Tell me, for I claim
To have been once your guest. Rememberest thou
I lodged in thy own palace when I came
With godlike Menelaus, and besought
Ulysses to unite his gallant fleet 145
To ours, and sail for Troy. A whole month long
Were we in crossing the wide sea, and hard
We found the task to gain as our ally
Ulysses, the destroyer of walled towns."
 The soul of dead Amphimedon replied: 150
"Atrides Agamemnon, far renowned,
And king of men, I well remember all
Of which thou speakest; I will now relate,

ἡμετέρου θανάτοιο κακὸν τέλος, οἷον ἐτύχθη.
μνώμεθ' Ὀδυσσῆος δὴν οἰχομένοιο δάμαρτα: 125
ἡ δ' οὔτ' ἠρνεῖτο στυγερὸν γάμον οὔτ' ἐτελεύτα,
ἡμῖν φραζομένη θάνατον καὶ κῆρα μέλαιναν,
ἀλλὰ δόλον τόνδ' ἄλλον ἐνὶ φρεσὶ μερμήριξε:
στησαμένη μέγαν ἱστὸν ἐνὶ μεγάροισιν ὕφαινε,
λεπτὸν καὶ περίμετρον: ἄφαρ δ' ἡμῖν μετέειπε: 130
'κοῦροι ἐμοὶ μνηστῆρες, ἐπεὶ θάνε δῖος Ὀδυσσεύς,
μίμνετ' ἐπειγόμενοι τὸν ἐμὸν γάμον, εἰς ὅ κε φᾶρος
ἐκτελέσω, μή μοι μεταμώνια νήματ' ὄληται,
Λαέρτῃ ἥρωϊ ταφήϊον, εἰς ὅτε κέν μιν
μοῖρ' ὀλοὴ καθέλῃσι τανηλεγέος θανάτοιο, 135
μή τίς μοι κατὰ δῆμον Ἀχαιϊάδων νεμεσήσῃ,
αἴ κεν ἄτερ σπείρου κεῖται πολλὰ κτεατίσσας.'
ὣς ἔφαθ', ἡμῖν δ' αὖτ' ἐπεπείθετο θυμὸς ἀγήνωρ.
ἔνθα καὶ ἠματίη μὲν ὑφαίνεσκεν μέγαν ἱστόν,
νύκτας δ' ἀλλύεσκεν, ἐπεὶ δαΐδας παραθεῖτο. 140
ὣς τρίετες μὲν ἔληθε δόλῳ καὶ ἔπειθεν Ἀχαιούς:
ἀλλ' ὅτε τέτρατον ἦλθεν ἔτος καὶ ἐπήλυθον ὧραι,
μηνῶν φθινόντων, περὶ δ' ἤματα πόλλ' ἐτελέσθη,
καὶ τότε δή τις ἔειπε γυναικῶν, ἣ σάφα ᾔδη,
καὶ τήν γ' ἀλλύουσαν ἐφεύρομεν ἀγλαὸν ἱστόν. 145
ὣς τὸ μὲν ἐξετέλεσσε καὶ οὐκ ἐθέλουσ', ὑπ' ἀνάγκης.
εὖθ' ἡ φᾶρος ἔδειξεν, ὑφήνασα μέγαν ἱστόν,
πλύνασ', ἠελίῳ ἐναλίγκιον ἠὲ σελήνῃ,
καὶ τότε δή ῥ' Ὀδυσῆα κακός ποθεν ἤγαγε δαίμων
ἀγροῦ ἐπ' ἐσχατιήν, ὅθι δώματα ναῖε συβώτης. 150
ἔνθ' ἦλθεν φίλος υἱὸς Ὀδυσσῆος θείοιο,
ἐκ Πύλου ἠμαθόεντος ἰὼν σὺν νηΐ μελαίνῃ:
τὼ δὲ μνηστῆρσιν θάνατον κακὸν ἀρτύναντε
ἵκοντο προτὶ ἄστυ περικλυτόν, ἦ τοι Ὀδυσσεὺς
ὕστερος, αὐτὰρ Τηλέμαχος πρόσθ' ἡγεμόνευε. 155
τὸν δὲ συβώτης ἦγε κακὰ χροῒ εἵματ' ἔχοντα,
πτωχῷ λευγαλέῳ ἐναλίγκιον ἠδὲ γέροντι
σκηπτόμενον: τὰ δὲ λυγρὰ περὶ χροῒ εἵματα ἕστο:

And truly, how we met our evil end.
We wooed the wife of the long-absent chief 155
Ulysses; she rejected not nor yet
Granted our suit, detested as it was,
But, meditating our destruction, planned
This shrewd device. She laid upon the loom
Within her rooms a web of delicate threads, 160
Ample in length and breadth, and thus she said
To all of us: 'Young princes, who are come
To woo me,—since Ulysses is no more,
My noble husband,—urge me not, I pray,
To marriage, till I finish in the loom— 165
That so my threads may not be spun in vain—
A funeral vesture for the hero-chief
Laertes, when his fatal hour shall come,
With death's long sleep; else some Achaian dame
Might blame me, should I leave without a shroud 170
Him who in life possessed such ample wealth.'
Such were her words, and easily they won
Upon our generous minds. So went she on
Weaving that ample web, and every night
Unravelled it by torchlight. Three full years 175
She practised thus, and by the fraud deceived
The Grecian youths; but when the hours had brought
The fourth year round, a woman who knew all
Revealed the mystery, and we ourselves
Saw her unravelling the ample web. 180
Thenceforth constrained, and with unwilling hands,
She finished it. And when at length she showed
The vesture she had woven, the broad web
That she had bleached to brightness like the sun's
Or like the moon's, some hostile deity 185
Brought back Ulysses to a distant nook
Of his own fields, and to his swineherd's lodge.
And thither also came in his black ship
His son, returning from the sandy coast
Of Pylos. Thence the twain, when they had planned 190
To slay the suitors, came within the walls
Of the great city; first Telemachus,
And after him Ulysses, with his guide
The swineherd. He was clad in sordid weeds,
And seemed a wretched beggar, very old, 195
Propped on a staff. In that disguise of rags

οὐδέ τις ἡμείων δύνατο γνῶναι τὸν ἐόντα
ἐξαπίνης προφανέντ', οὐδ' οἳ προγενέστεροι ἦσαν, 160
ἀλλ' ἔπεσίν τε κακοῖσιν ἐνίσσομεν ἠδὲ βολῇσιν.
αὐτὰρ ὁ τῆος ἐτόλμα ἐνὶ μεγάροισιν ἑοῖσι
βαλλόμενος καὶ ἐνισσόμενος τετληότι θυμῷ·
ἀλλ' ὅτε δή μιν ἔγειρε Διὸς νοός αἰγιόχοιο,
σὺν μὲν Τηλεμάχῳ περικαλλέα τεύχε' ἀείρας 165
ἐς θάλαμον κατέθηκε καὶ ἐκλήϊσεν ὀχῆας,
αὐτὰρ ὁ ἣν ἄλοχον πολυκερδείῃσιν ἄνωγε
τόξον μνηστήρεσσι θέμεν πολιόν τε σίδηρον,
ἡμῖν αἰνομόροισιν ἄεθλια καὶ φόνου ἀρχήν.
οὐδέ τις ἡμείων δύνατο κρατεροῖο βιοῖο 170
νευρὴν ἐντανύσαι, πολλὸν δ' ἐπιδευέες ἦμεν.
ἀλλ' ὅτε χεῖρας ἵκανεν Ὀδυσσῆος μέγα τόξον,
ἔνθ' ἡμεῖς μὲν πάντες ὁμοκλέομεν ἐπέεσσι
τόξον μὴ δόμεναι, μηδ' εἰ μάλα πολλ' ἀγορεύοι·
Τηλέμαχος δέ μιν οἶος ἐποτρύνων ἐκέλευσεν. 175
αὐτὰρ ὁ δέξατο χειρὶ πολύτλας δῖος Ὀδυσσεύς,
ῥηϊδίως δ' ἐτάνυσσε βιόν, διὰ δ' ἧκε σιδήρου,
στῆ δ' ἄρ' ἐπ' οὐδὸν ἰών, ταχέας δ' ἐκχεύατ' ὀϊστοὺς
δεινὸν παπταίνων, βάλε δ' Ἀντίνοον βασιλῆα.
αὐτὰρ ἔπειτ' ἄλλοις ἐφίει βέλεα στονόεντα, 180
ἄντα τιτυσκόμενος· τοὶ δ' ἀγχιστῖνοι ἔπιπτον.
γνωτὸν δ' ἦν ὅ ῥά τίς σφι θεῶν ἐπιτάρροθος ἦεν·
αὐτίκα γὰρ κατὰ δώματ' ἐπισπόμενοι μένεϊ σφῷ
κτεῖνον ἐπιστροφάδην, τῶν δὲ στόνος ὤρνυτ' ἀεικὴς
κράτων τυπτομένων, δάπεδον δ' ἅπαν αἵματι θῦεν. 185
ὣς ἡμεῖς, Ἀγάμεμνον, ἀπωλόμεθ', ὧν ἔτι καὶ νῦν
σώματ' ἀκηδέα κεῖται ἐνὶ μεγάροις Ὀδυσῆος·
οὐ γάρ πω ἴσασι φίλοι κατὰ δώμαθ' ἑκάστου,
οἵ κ' ἀπονίψαντες μέλανα βρότον ἐξ ὠτειλέων
κατθέμενοι γοάοιεν· ὃ γὰρ γέρας ἐστὶ θανόντων.' 190
τὸν δ' αὖτε ψυχὴ προσεφώνεεν Ἀτρεΐδαο·
'ὄλβιε Λαέρταο πάϊ, πολυμήχαν' Ὀδυσσεῦ,
ἦ ἄρα σὺν μεγάλῃ ἀρετῇ ἐκτήσω ἄκοιτιν.
ὡς ἀγαθαὶ φρένες ἦσαν ἀμύμονι Πηνελοπείῃ,

None knew him, as he suddenly appeared,
Not even the oldest of us all. Harsh words
And blows we gave him. He endured them all
Awhile with patience, smitten and reviled   200
In his own palace. Moved at length by Jove,
He and his son Telemachus bore off
The shining weapons from the hall, to lie
In a far chamber, and barred all the doors.
Then, prompted by her husband's craft, the queen   205
Proposed a game of archery, with bow
And rings of hoary steel, to all of us
Ill-fated suitors. This drew on our death.
Not one of us could bend that sturdy bow,
None had the strength. But as it passed from us   210
Into Ulysses' hands, we loudly chid
The bearer, and forbade him, but in vain.
Telemachus alone with stern command
Bade him deliver it. When in his hands
The much-enduring chief, Ulysses, took   215
The bow, he drew the string with ease, and sent
A shaft through all the rings. He sprang and stood
Upon the threshold; at his feet he poured
The winged arrows, cast a terrible glance
Around him, and laid King Antinoüs dead,   220
Then sent the fatal shafts at those who stood
Before him; side by side they fell and died.
Some god, we saw, was with them, as they rushed
Upon us mightily, and chased us through
The palace, slaying us on every side;   225
And fearful were the groans of dying men,
As skulls were cloven, and the pavement swam
With blood. Such, Agamemnon, was the fate
By which we perished. Now our bodies lie
Neglected at the palace; for not yet   230
Our kindred, dwelling in our homes, have heard
The tidings, nor have come to cleanse our wounds
From the dark blood, and lay us on the bier
With tears,—such honors as are due the dead."
    In turn the soul of Agamemnon spake: 235
"Son of Laertes, fortunate and wise,
Ulysses! thou by feats of eminent might
And valor dost possess thy wife again.
And nobly minded is thy blameless queen,

κούρη Ἰκαρίου· ὡς εὖ μέμνητ' Ὀδυσῆος, 195
ἀνδρὸς κουριδίου· τῷ οἱ κλέος οὔ ποτ' ὀλεῖται
ἧς ἀρετῆς, τεύξουσι δ' ἐπιχθονίοισιν ἀοιδὴν
ἀθάνατοι χαρίεσσαν ἐχέφρονι Πηνελοπείῃ,
οὐχ ὡς Τυνδαρέου κούρη κακὰ μήσατο ἔργα,
κουρίδιον κτείνασα πόσιν, στυγερὴ δέ τ' ἀοιδὴ 200
ἔσσετ' ἐπ' ἀνθρώπους, χαλεπὴν δέ τε φῆμιν ὀπάσσει
θηλυτέρῃσι γυναιξί, καὶ ἥ κ' εὐεργὸς ἔῃσιν.'
ὣς οἱ μὲν τοιαῦτα πρὸς ἀλλήλους ἀγόρευον,
ἑσταότ' εἰν Ἀΐδαο δόμοις, ὑπὸ κεύθεσι γαίης·
οἱ δ' ἐπεὶ ἐκ πόλιος κατέβαν, τάχα δ' ἀγρὸν ἵκοντο 205
καλὸν Λαέρταο τετυγμένον, ὅν ῥά ποτ' αὐτὸς
Λαέρτης κτεάτισσεν, ἐπεὶ μάλα πόλλ' ἐμόγησεν.
ἔνθα οἱ οἶκος ἔην, περὶ δὲ κλίσιον θέε πάντῃ,
ἐν τῷ σιτέσκοντο καὶ ἵζανον ἠδὲ ἴαυον
δμῶες ἀναγκαῖοι, τοί οἱ φίλα ἐργάζοντο. 210
ἐν δὲ γυνὴ Σικελὴ γρηῦς πέλεν, ἥ ῥα γέροντα
ἐνδυκέως κομέεσκεν ἐπ' ἀγροῦ, νόσφι πόληος.
ἔνθ' Ὀδυσεὺς δμώεσσι καὶ υἱέϊ μῦθον ἔειπεν·
'ὑμεῖς μὲν νῦν ἔλθετ' ἐϋκτίμενον δόμον εἴσω,
δεῖπνον δ' αἶψα συῶν ἱερεύσατε ὅς τις ἄριστος· 215
αὐτὰρ ἐγὼ πατρὸς πειρήσομαι ἡμετέροιο,
αἴ κέ μ' ἐπιγνώῃ καὶ φράσσεται ὀφθαλμοῖσιν,
ἦέ κεν ἀγνοιῇσι, πολὺν χρόνον ἀμφὶς ἐόντα.'
ὣς εἰπὼν δμώεσσιν ἀρήϊα τεύχε' ἔδωκεν.
οἱ μὲν ἔπειτα δόμονδε θοῶς κίον, αὐτὰρ Ὀδυσσεὺς 220
ἆσσον ἴεν πολυκάρπου ἀλωῆς πειρητίζων.
οὐδ' εὗρεν Δολίον, μέγαν ὄρχατον ἐσκαταβαίνων,
οὐδέ τινα δμώων οὐδ' υἱῶν· ἀλλ' ἄρα τοί γε
αἱμασιὰς λέξοντες ἀλωῆς ἔμμεναι ἕρκος
ᾤχοντ', αὐτὰρ ὁ τοῖσι γέρων ὁδὸν ἡγεμόνευε. 225
τὸν δ' οἶον πατέρ' εὗρεν ἐϋκτιμένῃ ἐν ἀλωῇ,
λιστρεύοντα φυτόν· ῥυπόωντα δὲ ἕστο χιτῶνα
ῥαπτὸν ἀεικέλιον, περὶ δὲ κνήμῃσι βοείας
κνημῖδας ῥαπτὰς δέδετο, γραπτῦς ἀλεείνων,
χειρῖδάς τ' ἐπὶ χερσὶ βάτων ἕνεκ'· αὐτὰρ ὕπερθεν 230
αἰγείην κυνέην κεφαλῇ ἔχε, πένθος ἀέξων.
τὸν δ' ὡς οὖν ἐνόησε πολύτλας δῖος Ὀδυσσεὺς
γήραϊ τειρόμενον, μέγα δὲ φρεσὶ πένθος ἔχοντα,
στὰς ἄρ' ὑπὸ βλωθρὴν ὄγχνην κατὰ δάκρυον εἶβε.

The daughter of Icarius, faithfully   240
Remembering him to whom she gave her troth
While yet a virgin. Never shall the fame
Of his great valor perish, and the gods
Themselves shall frame, for those who dwell on earth,
Sweet strains in praise of sage Penelope.   245
Not such was she who treacherously slew
The husband of her youth,—she of the house
Of Tyndarus. Her name among mankind
Shall be the hateful burden of a song;
And great is the dishonor it has brought   250
On women, even the faithful and the good."
   So talked they with each other standing there
In Pluto's realm beneath the vaulted earth.
Meantime Ulysses, hastening from the town,
Came to the fair fields of Laertes, tilled   255
With care. Laertes, after years of toil,
Acquired them. There his dwelling stood; a shed
Encircled it, where ate and sat and slept
The servants of the household, who fulfilled
His slightest wish. An old Sicilian dame   260
Was there, who waited, in that distant spot,
On her old master with assiduous care.
And then Ulysses to his followers said:—
   "Go into that fair dwelling, and with speed
Slay for our feast the fattest of the swine.   265
I go to prove my father; I would learn
Whether he knows me when he sees my face,
Or haply knows me not, so long away."
   He spake, and laid his weapons in their hands.
Straight toward the house they went. Ulysses passed   270
Into the fruitful orchard, there to prove
His father. Going down and far within
The garden-plot, he found not Dolius there,
Nor any of the servants, nor his sons.
All were abroad, old Dolius leading them.   275
They gathered thorns to fence the garden-grounds.
There, delving in that fertile spot, around
A newly planted tree, Ulysses saw
His father only, sordidly arrayed
In a coarse tunic, patched and soiled. He wore   280
Patched greaves of bullock's hide upon his thighs,
A fence against the thorns; and on his hands

μερμήριξε δ' ἔπειτα κατὰ φρένα καὶ κατὰ θυμὸν 235
κύσσαι καὶ περιφῦναι ἑὸν πατέρ', ἠδὲ ἕκαστα
εἰπεῖν, ὡς ἔλθοι καὶ ἵκοιτ' ἐς πατρίδα γαῖαν,
ἢ πρῶτ' ἐξερέοιτο ἕκαστά τε πειρήσαιτο.
ὧδε δέ οἱ φρονέοντι δοάσσατο κέρδιον εἶναι,
πρῶτον κερτομίοις ἐπέεσσιν πειρηθῆναι. 240
τὰ φρονέων ἰθὺς κίεν αὐτοῦ δῖος Ὀδυσσεύς.
ἦ τοι ὁ μὲν κατέχων κεφαλὴν φυτὸν ἀμφελάχαινε·
τὸν δὲ παριστάμενος προσεφώνεε φαίδιμος υἱός·
 'ὦ γέρον, οὐκ ἀδαημονίη σ' ἔχει ἀμφιπολεύειν
ὄρχατον, ἀλλ' εὖ τοι κομιδὴ ἔχει, οὐδέ τι πάμπαν, 245
οὐ φυτόν, οὐ συκέη, οὐκ ἄμπελος, οὐ μὲν ἐλαίη,
οὐκ ὄγχνη, οὐ πρασιή τοι ἄνευ κομιδῆς κατὰ κῆπον.
ἄλλο δέ τοι ἐρέω, σὺ δὲ μὴ χόλον ἔνθεο θυμῷ·
αὐτόν σ' οὐκ ἀγαθὴ κομιδὴ ἔχει, ἀλλ' ἅμα γῆρας
λυγρὸν ἔχεις αὐχμεῖς τε κακῶς καὶ ἀεικέα ἕσσαι. 250
οὐ μὲν ἀεργίης γε ἄναξ ἕνεκ' οὔ σε κομίζει,
οὐδέ τί τοι δούλειον ἐπιπρέπει εἰσοράασθαι
εἶδος καὶ μέγεθος· βασιλῆϊ γὰρ ἀνδρὶ ἔοικας.
τοιούτῳ δὲ ἔοικας, ἐπεὶ λούσαιτο φάγοι τε,
εὑδέμεναι μαλακῶς· ἡ γὰρ δίκη ἐστὶ γερόντων. 255
ἀλλ' ἄγε μοι τόδε εἰπὲ καὶ ἀτρεκέως κατάλεξον,
τεῦ δμὼς εἶς ἀνδρῶν; τεῦ δ' ὄρχατον ἀμφιπολεύεις;
καί μοι τοῦτ' ἀγόρευσον ἐτήτυμον, ὄφρ' ἐῢ εἰδῶ,
εἰ ἐτεόν γ' Ἰθάκην τήνδ' ἱκόμεθ', ὥς μοι ἔειπεν
οὗτος ἀνὴρ νῦν δὴ ξυμβλήμενος ἐνθάδ' ἰόντι, 260
οὔ τι μάλ' ἀρτίφρων, ἐπεὶ οὐ τόλμησεν ἕκαστα
εἰπεῖν ἠδ' ἐπακοῦσαι ἐμὸν ἔπος, ὡς ἐρέεινον
ἀμφὶ ξείνῳ ἐμῷ, ἤ που ζώει τε καὶ ἔστιν,
ἦ ἤδη τέθνηκε καὶ εἰν Ἀΐδαο δόμοισιν.
ἐκ γάρ τοι ἐρέω, σὺ δὲ σύνθεο καί μευ ἄκουσον· 265
ἄνδρα ποτ' ἐξείνισσα φίλῃ ἐνὶ πατρίδι γαίῃ
ἡμέτερόνδ' ἐλθόντα, καὶ οὔ πω τις βροτὸς ἄλλος
ξείνων τηλεδαπῶν φιλίων ἐμὸν ἵκετο δῶμα·

Gloves, to protect them from the prisky stems
Of bramble; and upon his head a cap
Of goatskin. There he brooded o'er his grief. 285
Him when the much-enduring chief beheld,
Wasted with age and sorrow-worn, he stopped
Beside a lofty pear-tree's stem and wept,
And pondered whether he should kiss and clasp
His father in his arms, and tell him all, 290
How he had reached his native land and home,
Or question first and prove him. Musing thus,
It pleased him to begin with sportive words;
And thus resolved, divine Ulysses drew
Near to his father stooping at his task, 295
And loosening the hard earth about a tree,
And thus the illustrious son accosted him:—
  "O aged man! there is no lack of skill
In tending this fair orchard, which thy care
Keeps flourishing; no growth is there of fig, 300
Vine, pear, or olive, or of plants that grow
In borders, that has missed thy friendly hand.
Yet let me say, and be thou not displeased,
Thou art ill cared for, burdened as thou art
With years, and squalid, and in mean attire. 305
It cannot be that for thy idleness
Thy master treats thee thus; nor is there seen
Aught servile in thy aspect,—in thy face
Or stature; thou art rather like a king;
Thou seemest one who should enjoy the bath 310
And banquet, and lie soft,—for this befits
Old men like thee. Now say, and tell me true,
Who may thy master be? whose orchard this
Which thou dost tend? And, more than this, declare,
For much I long to know, if I am come 315
To Ithaca, as I just now was told
By one who met me as I came,—a man
Not overwise, who would not stop to tell
What I desired to learn, nor bear to hear
My questions, when I asked him if a guest 320
Of mine were living yet in health, or dead
And in the realm of Pluto. Let me speak
Of him, and mark me well, I pray; I lodged
Once, in my native land, a man who came
Into my house, and never stranger yet 325

εὔχετο δ' ἐξ Ἰθάκης γένος ἔμμεναι, αὐτὰρ ἔφασκε
Λαέρτην Ἀρκεισιάδην πατέρ' ἔμμεναι αὐτῷ. 270
τὸν μὲν ἐγὼ πρὸς δώματ' ἄγων εὖ ἐξείνισσα,
ἐνδυκέως φιλέων, πολλῶν κατὰ οἶκον ἐόντων,
καί οἱ δῶρα πόρον ξεινήϊα, οἷα ἐῴκει.
χρυσοῦ μέν οἱ δῶκ' εὐεργέος ἑπτὰ τάλαντα,
δῶκα δέ οἱ κρητῆρα πανάργυρον ἀνθεμόεντα, 275
δώδεκα δ' ἁπλοΐδας χλαίνας, τόσσους δὲ τάπητας,
τόσσα δὲ φάρεα καλά, τόσους δ' ἐπὶ τοῖσι χιτῶνας,
χωρὶς δ' αὖτε γυναῖκας, ἀμύμονα ἔργα ἰδυίας,
τέσσαρας εἰδαλίμας, ἃς ἤθελεν αὐτὸς ἑλέσθαι.'
   τὸν δ' ἠμείβετ' ἔπειτα πατὴρ κατὰ δάκρυον εἴβων· 280
'ξεῖν', ἦ τοι μὲν γαῖαν ἱκάνεις, ἣν ἐρεείνεις,
ὑβρισταὶ δ' αὐτὴν καὶ ἀτάσθαλοι ἄνδρες ἔχουσιν·
δῶρα δ' ἐτώσια ταῦτα χαρίζεο, μυρί' ὀπάζων·
εἰ γάρ μιν ζωόν γ' ἐκίχεις Ἰθάκης ἐνὶ δήμῳ,
τῷ κέν σ' εὖ δώροισιν ἀμειψάμενος ἀπέπεμψε 285
καὶ ξενίῃ ἀγαθῇ· ἡ γὰρ θέμις, ὅς τις ὑπάρξῃ.
ἀλλ' ἄγε μοι τόδε εἰπὲ καὶ ἀτρεκέως κατάλεξον,
πόστον δὴ ἔτος ἐστίν, ὅτε ξείνισσας ἐκεῖνον
σὸν ξεῖνον δύστηνον, ἐμὸν παῖδ', εἴ ποτ' ἔην γε,
δύσμορον; ὅν που τῆλε φίλων καὶ πατρίδος αἴης 290
ἠέ που ἐν πόντῳ φάγον ἰχθύες, ἢ ἐπὶ χέρσου
θηρσὶ καὶ οἰωνοῖσιν ἕλωρ γένετ'· οὐδέ ἑ μήτηρ
κλαῦσε περιστείλασα πατήρ θ', οἵ μιν τεκόμεσθα·
οὐδ' ἄλοχος πολύδωρος, ἐχέφρων Πηνελόπεια,
κώκυσ' ἐν λεχέεσσιν ἑὸν πόσιν, ὡς ἐπεῴκει, 295
ὀφθαλμοὺς καθελοῦσα· τὸ γὰρ γέρας ἐστὶ θανόντων.
καί μοι τοῦτ' ἀγόρευσον ἐτήτυμον, ὄφρ' εὖ εἰδῶ·
τίς πόθεν εἶς ἀνδρῶν; πόθι τοι πόλις ἠδὲ τοκῆες;
ποῦ δὲ νηῦς ἕστηκε θοή, ἥ σ' ἤγαγε δεῦρο
ἀντιθέους θ' ἑτάρους; ἦ ἔμπορος εἰλήλουθας 300
νηὸς ἐπ' ἀλλοτρίης, οἱ δ' ἐκβήσαντες ἔβησαν;'
   τὸν δ' ἀπαμειβόμενος προσέφη πολύμητις Ὀδυσσεύς·
'τοιγὰρ ἐγώ τοι πάντα μάλ' ἀτρεκέως καταλέξω.
εἰμὶ μὲν ἐξ Ἀλύβαντος, ὅθι κλυτὰ δώματα ναίω,
υἱὸς Ἀφείδαντος Πολυπημονίδαο ἄνακτος· 305
αὐτὰρ ἐμοί γ' ὄνομ' ἐστὶν Ἐπήριτος· ἀλλά με δαίμων

More welcome was than he. He was by birth
Of Ithaca, he said, Laertes' son,
And grandson of Arcesias. Him I led
Beneath my roof, and hospitably lodged,
And feasted in the plenty of my home,   330
And gave such gifts as might become a host,—
Seven talents of wrought gold, a silver cup
All over rough with flowers, twelve single cloaks,
Twelve mats, twelve mantles passing beautiful,
And tunics twelve, and, chosen by himself,   335
Twelve graceful damsels, skilled in household arts."
  And then his father answered, shedding tears:
"Thou art indeed, O stranger, in the land
Of which thou dost inquire, but wicked men
And lawless now possess it. Thou hast given   340
Thy generous gifts in vain; yet hadst thou found
Ulysses living yet in Ithaca,
Then would he have dismissed thee recompensed
With gifts and liberal cheer, as is the due
Of him who once has been our host. Yet say,   345
And truly say, how many years have passed
Since thou didst lodge my son, if he it was,
Thy hapless guest, whom, far away from home
And all his friends, the creatures of the deep,
And the foul birds of air, and beasts of prey,   350
Already have devoured. No mother mourned
His death and wrapped him in his shroud, nor I,
His father; nor did chaste Penelope,
His consort nobly dowered, bewail the man
She loved upon his bier with eyes dissolved   355
In tears, as fitting was,—an honor due
To those who die. Now, further, truly tell,
For I would learn, what is thy name, and whence
Thou comest, from what tribe, thy city where,
And who thy parents. Where is the good ship   360
At anchor which has brought thee and thy friends?
Or hast thou landed from another's bark,
Which put thee on the shore and left the isle?"
  Ulysses, the sagacious, answered thus:
"I will tell all and truly. I am come   365
From Alybas; a stately dwelling there
Is mine, Apheidas is my father, son
Of royal Polypemon, and my name

πλάγξ' ἀπὸ Σικανίης δεῦρ' ἐλθέμεν οὐκ ἐθέλοντα·
νηῦς δέ μοι ἥδ' ἕστηκεν ἐπ' ἀγροῦ νόσφι πόληος.
αὐτὰρ Ὀδυσσῆϊ τόδε δὴ πέμπτον ἔτος ἐστίν,
ἐξ οὗ κεῖθεν ἔβη καὶ ἐμῆς ἀπελήλυθε πάτρης, 310
δύσμορος· ἦ τέ οἱ ἐσθλοὶ ἔσαν ὄρνιθες ἰόντι,
δεξιοί, οἷς χαίρων μὲν ἐγὼν ἀπέπεμπον ἐκεῖνον,
χαῖρε δὲ κεῖνος ἰών· θυμὸς δ' ἔτι νῶϊν ἐώλπει
μίξεσθαι ξενίῃ ἠδ' ἀγλαὰ δῶρα διδώσειν.'
ὣς φάτο, τὸν δ' ἄχεος νεφέλη ἐκάλυψε μέλαινα· 315
ἀμφοτέρῃσι δὲ χερσὶν ἑλὼν κόνιν αἰθαλόεσσαν
χεύατο κὰκ κεφαλῆς πολιῆς, ἁδινὰ στεναχίζων.
τοῦ δ' ὠρίνετο θυμός, ἀνὰ ῥῖνας δέ οἱ ἤδη
δριμὺ μένος προὔτυψε φίλον πατέρ' εἰσορόωντι.
κύσσε δέ μιν περιφὺς ἐπιάλμενος, ἠδὲ προσηύδα· 320
'κεῖνος μέν τοι ὅδ' αὐτὸς ἐγώ, πάτερ, ὃν σὺ μεταλλᾷς,
ἤλυθον εἰκοστῷ ἔτεϊ ἐς πατρίδα γαῖαν.
ἀλλ' ἴσχεο κλαυθμοῖο γόοιό τε δακρυόεντος.
ἐκ γάρ τοι ἐρέω· μάλα δὲ χρὴ σπευδέμεν ἔμπης·
μνηστῆρας κατέπεφνον ἐν ἡμετέροισι δόμοισι, 325
λώβην τινύμενος θυμαλγέα καὶ κακὰ ἔργα.'
τὸν δ' αὖ Λαέρτης ἀπαμείβετο φώνησέν τε·
'εἰ μὲν δὴ Ὀδυσεύς γε ἐμὸς πάϊς ἐνθάδ' ἱκάνεις,
σῆμά τί μοι νῦν εἰπὲ ἀριφραδές, ὄφρα πεποίθω.'
τὸν δ' ἀπαμειβόμενος προσέφη πολύμητις Ὀδυσσεύς· 330
'οὐλὴν μὲν πρῶτον τήνδε φράσαι ὀφθαλμοῖσι,
τὴν ἐν Παρνησῷ μ' ἔλασεν σῦς λευκῷ ὀδόντι
οἰχόμενον· σὺ δέ με προΐεις καὶ πότνια μήτηρ
ἐς πατέρ' Αὐτόλυκον μητρὸς φίλον, ὄφρ' ἂν ἑλοίμην
δῶρα, τὰ δεῦρο μολών μοι ὑπέσχετο καὶ κατένευσεν. 335
εἰ δ' ἄγε τοι καὶ δένδρε' ἐϋκτιμένην κατ' ἀλωὴν
εἴπω, ἅ μοί ποτ' ἔδωκας, ἐγὼ δ' ᾔτεόν σε ἕκαστα
παιδνὸς ἐών, κατὰ κῆπον ἐπισπόμενος· διὰ δ' αὐτῶν
ἱκνεύμεσθα, σὺ δ' ὠνόμασας καὶ ἔειπες ἕκαστα.

Eperitus. Some deity has warped
My course astray from the Sicanian coast,   370
And brought me hitherward against my will.
My bark lies yonder, stationed by the field
Far from the city. This is the fifth year
Since parting with me thy Ulysses left
My native land for his, ill-fated man!   375
Yet there were flights of birds upon the right
Of happy presage as he sailed, and I
Dismissed him cheerfully, and cheerfully
He went. We hoped that we might yet become
Each other's guests, exchanging princely gifts."   380
    He spake, and a dark cloud of sorrow came
Over Laertes. With both hands he grasped
The yellow dust, and over his white head
Shed it with piteous groans. Ulysses felt
His heart within him melted; the hot breath   385
Rushed through his nostrils as he looked upon
His well-beloved father, and he sprang
And kissed and clasped him in his arms, and said:
    "Nay, I am he, my father; I myself
Am he of whom thou askest. I am come   390
To mine own country in the twentieth year.
But calm thyself, refrain from tears, and grieve
No more, and let me tell thee, in a word,
I have slain all the suitors in my halls,
And so avenged their insolence and crimes."   395
    And then Laertes spake again, and said:
"If now thou be Ulysses, my lost son,
Give some plain token, that I may believe."
    Ulysses, the sagacious, answered thus:
"First, then, behold with thine own eyes the scar   400
Which once the white tusk of a forest boar
Inflicted on Parnassus, when I made
The journey thither, by thy own command,
And by my gracious mother's, to receive
Gifts which her father, King Autolycus,   405
Once promised, when he came to Ithaca.
And listen to me further; let me name
The trees which in thy well-tilled orchard grounds
Thou gavest me; I asked them all of thee,
When by thy side I trod the garden walks,   410
A little boy. We went among the trees,

ὄγχνας μοι δῶκας τρισκαίδεκα καὶ δέκα μηλέας, 340
συκέας τεσσαράκοντ': ὄρχους δέ μοι ὧδ' ὀνόμηνας
δώσειν πεντήκοντα, διατρύγιος δὲ ἕκαστος
ἤην: ἔνθα δ' ἀνὰ σταφυλαὶ παντοῖαι ἔασιν—
ὁππότε δὴ Διὸς ὧραι ἐπιβρίσειαν ὕπερθεν.'
ὣς φάτο, τοῦ δ' αὐτοῦ λύτο γούνατα καὶ φίλον ἦτορ, 345
σήματ' ἀναγνόντος τά οἱ ἔμπεδα πέφραδ' Ὀδυσσεύς.
ἀμφὶ δὲ παιδὶ φίλῳ βάλε πήχεε: τὸν δὲ ποτὶ οἷ
εἷλεν ἀποψύχοντα πολύτλας δῖος Ὀδυσσεύς.
αὐτὰρ ἐπεί ῥ' ἄμπνυτο καὶ ἐς φρένα θυμὸς ἀγέρθη,
ἐξαῦτις μύθοισιν ἀμειβόμενος προσέειπε: 350
'Ζεῦ πάτερ, ἦ ῥα ἔτ' ἔστε θεοὶ κατὰ μακρὸν Ὄλυμπον,
εἰ ἐτεὸν μνηστῆρες ἀτάσθαλον ὕβριν ἔτισαν.
νῦν δ' αἰνῶς δείδοικα κατὰ φρένα μὴ τάχα πάντες
ἐνθάδ' ἐπέλθωσιν Ἰθακήσιοι, ἀγγελίας δὲ
πάντη ἐποτρύνωσι Κεφαλλήνων πολίεσσι.' 355
τὸν δ' ἀπαμειβόμενος προσέφη πολύμητις Ὀδυσσεύς:
'θάρσει, μή τοι ταῦτα μετὰ φρεσὶ σῇσι μελόντων.
ἀλλ' ἴομεν προτὶ οἶκον, ὃς ὀρχάτου ἐγγύθι κεῖται:
ἔνθα δὲ Τηλέμαχον καὶ βουκόλον ἠδὲ συβώτην
προὔπεμψ', ὡς ἂν δεῖπνον ἐφοπλίσσωσι τάχιστα.' 360
ὣς ἄρα φωνήσαντε βάτην πρὸς δώματα καλά.
οἱ δ' ὅτε δή ῥ' ἵκοντο δόμους εὖ ναιετάοντας,
εὗρον Τηλέμαχον καὶ βουκόλον ἠδὲ συβώτην
ταμνομένους κρέα πολλὰ κερῶντάς τ' αἴθοπα οἶνον.
τόφρα δὲ Λαέρτην μεγαλήτορα ᾧ ἐνὶ οἴκῳ 365
ἀμφίπολος Σικελὴ λοῦσεν καὶ χρῖσεν ἐλαίῳ,
ἀμφὶ δ' ἄρα χλαῖναν καλὴν βάλεν: αὐτὰρ Ἀθήνη
ἄγχι παρισταμένη μέλε' ἤλδανε ποιμένι λαῶν,
μείζονα δ' ἠὲ πάρος καὶ πάσσονα θῆκεν ἰδέσθαι.
ἐκ δ' ἀσαμίνθου βῆ: θαύμαζε δέ μιν φίλος υἱός, 370
ὡς ἴδεν ἀθανάτοισι θεοῖς ἐναλίγκιον ἄντην:
καί μιν φωνήσας ἔπεα πτερόεντα προσηύδα:
'ὦ πάτερ, ἦ μάλα τίς σε θεῶν αἰειγενετάων
εἶδός τε μέγεθός τε ἀμείνονα θῆκεν ἰδέσθαι.

And thou didst name them. Of the pear thirteen,
And of the apple ten thou gavest me,
And forty fig-trees; and thou didst engage
To give me fifty rows of vines, each row   415
Of growth to feed the winepress. Grapes are there
Of every flavor when the hours of Jove
Shall nurse them into ripeness from on high."
    He spake; a trembling seized the old man's heart
And knees, as he perceived how true were all   420
The tokens which Ulysses gave. He threw
Round his dear son his arms. The hardy chief,
Ulysses, drew him fainting to his heart.
But when the old man's strength revived, and calm
Came o'er his spirit, thus he spake again:—   425
    "O father Jove, assuredly the gods
Dwell on the Olympian height, since we behold
The arrogant suitors punished for their crimes.
Yet much I fear lest all the Ithacans
Throng hither, and send messages to rouse   430
Against us all the Cephallenian states."
    Ulysses, the sagacious, answered thus:
"Take courage; let no thought like that disturb
Thy mind; but let us hasten to the house.
Telemachus is there, with whom I sent   435
The herdsman and the swineherd, bidding them
Make ready with all speed our evening meal."
    Thus talked the twain, and toward the dwelling took
Their way, and entering the commodious rooms
They found Telemachus, and by his side   440
The herdsman and the keeper of the swine,
Dividing for the feast the plenteous meats,
And mingling the dark wine. Then to the bath
Came the Sicilian dame, and ministered
To the large-souled Laertes, and with oil   445
Anointed him, and wrapped a sumptuous cloak
About him. Pallas gave the monarch's limbs
An ampler roundness; taller to the sight
He stood, and statelier. As he left the bath,
His son beheld with wonder in his eyes,   450
So like a god Laertes seemed, and thus
Ulysses said to him in winged words:—
    "Some one among the ever-living gods
Hath surely shed, O father, on thy form

' τὸν δ' αὖ Λαέρτης πεπνυμένος ἀντίον ηὔδα: 375
'αἲ γάρ, Ζεῦ τε πάτερ καὶ Ἀθηναίη καὶ Ἄπολλον,
οἷος Νήρικον εἷλον, ἐϋκτίμενον πτολίεθρον,
ἀκτὴν ἠπείροιο, Κεφαλλήνεσσιν ἀνάσσων,
τοῖος ἐών τοι χθιζὸς ἐν ἡμετέροισι δόμοισιν,
τεύχε' ἔχων ὤμοισιν, ἐφεστάμεναι καὶ ἀμύνειν 380
ἄνδρας μνηστῆρας: τῷ κε σφέων γούνατ' ἔλυσα
πολλῶν ἐν μεγάροισι, σὺ δὲ φρένας ἔνδον ἐγήθεις.'
    ὣς οἱ μὲν τοιαῦτα πρὸς ἀλλήλους ἀγόρευον.
οἱ δ' ἐπεὶ οὖν παύσαντο πόνου τετύκοντό τε δαῖτα,
ἑξείης ἕζοντο κατὰ κλισμούς τε θρόνους τε: 385
ἔνθ' οἱ μὲν δείπνῳ ἐπεχείρεον, ἀγχίμολον δὲ
ἦλθ' ὁ γέρων Δολίος, σὺν δ' υἱεῖς τοῖο γέροντος,
ἐξ ἔργων μογέοντες, ἐπεὶ προμολοῦσα κάλεσσεν
μήτηρ γρηῦς Σικελή, ἥ σφεας τρέφε καί ῥα γέροντα
ἐνδυκέως κομέεσκεν, ἐπεὶ κατὰ γῆρας ἔμαρψεν. 390
οἱ δ' ὡς οὖν Ὀδυσῆα ἴδον φράσσαντό τε θυμῷ,
ἔσταν ἐνὶ μεγάροισι τεθηπότες: αὐτὰρ Ὀδυσσεὺς
μειλιχίοις ἐπέεσσι καθαπτόμενος προσέειπεν:
    'ὦ γέρον, ἵζ' ἐπὶ δεῖπνον, ἀπεκλελάθεσθε δὲ θάμβευς:
δηρὸν γὰρ σίτῳ ἐπιχειρήσειν μεμαῶτες 395
μίμνομεν ἐν μεγάροις, ὑμέας ποτιδέγμενοι αἰεί.'
    ὣς ἄρ ἔφη, Δολίος δ' ἰθὺς κίε χεῖρε πετάσσας
ἀμφοτέρας, Ὀδυσεῦς δὲ λαβὼν κύσε χεῖρ' ἐπὶ καρπῷ,
καί μιν φωνήσας ἔπεα πτερόεντα προσηύδα:
    'ὦ φίλ', ἐπεὶ νόστησας ἐελδομένοισι μάλ' ἡμῖν 400
οὐδ' ἔτ' ὀϊομένοισι, θεοὶ δέ σ' ἀνήγαγον αὐτοί,
οὖλέ τε καὶ μάλα χαῖρε, θεοὶ δέ τοι ὄλβια δοῖεν.
καί μοι τοῦτ' ἀγόρευσον ἐτήτυμον, ὄφρ' ἐῢ εἰδῶ,
ἢ ἤδη σάφα οἶδε περίφρων Πηνελόπεια
νοστήσαντά σε δεῦρ', ἦ ἄγγελον ὀτρύνωμεν.' 405
    τὸν δ' ἀπαμειβόμενος προσέφη πολύμητις Ὀδυσσεύς
'ὦ γέρον, ἤδη οἶδε: τί σε χρὴ ταῦτα πένεσθαι;'
    ὣς φάθ', ὁ δ' αὖτις ἄρ' ἕζετ' ἐϋξέστου ἐπὶ δίφρου.

And aspect all this grace and majesty." 455
    The sage Laertes answered: "Father Jove,
And Pallas and Apollo! would that I
Were now as when I took the citadel
Of Nericus, the strongly built, beside
The sea-shore of Epirus, leading on 460
My Cephallenians! With such strength as then,
Armed for the fray, I would have met and fought
The suitors in the palace yesterday,
And struck down many lifeless in the hall,
And greatly would thy spirit have rejoiced." 465
    So talked they with each other. When they all
Ceased from their task, and saw their meal prepared,
They sat them down in order on the thrones
And seats, and each put forth his hand and shared
The banquet. Now approached an aged man, 470
Dolius, attended by his sons, who came
Weary with toil, for the Sicilian dame,
The nurse who reared them, went and summoned them,—
She who in his late age with faithful care
Cherished the father. These, when at the board 475
They saw Ulysses, and knew who he was,
Stopped in the hall astonished. Instantly
Ulysses called to them with friendly words:—
    "Sit at the board, old man; let none of you
Give way to blank amazement. Know that we, 480
Though keen our appetite for this repast,
Have waited long, expecting your return."
    He spake, and Dolius sprang with outstretched arms
And seized Ulysses by the hand, and kissed
The wrist; and thus in winged words he spake: — 485
    "Dear master! since thou art returned to us,
Who longed and yet expected not to see
Thy face again,—since some divinity
Has led thee hither,—hail! and great may be
Thy happiness, and may the gods bestow 490
All blessings on thee! But declare, for I
Would gladly know, if sage Penelope
Have heard the tidings yet of thy return,
Or must we send them by a messenger."
    Ulysses, the sagacious, answered thus: 495
"My aged friend, she knows already all.
Why wouldst thou take that care upon thyself?"

ὣς δ' αὔτως παῖδες Δολίου κλυτὸν ἀμφ' Ὀδυσῆα
δεικανόωντ' ἐπέεσσι καὶ ἐν χείρεσσι φύοντο, 410
ἐξείης δ' ἕζοντο παραὶ Δολίον, πατέρα σφόν.
ὣς οἱ μὲν περὶ δεῖπνον ἐνὶ μεγάροισι πένοντο·
Ὄσσα δ' ἄρ' ἄγγελος ὦκα κατὰ πτόλιν ᾤχετο πάντῃ,
μνηστήρων στυγερὸν θάνατον καὶ κῆρ' ἐνέπουσα.
οἱ δ' ἄρ' ὁμῶς ἀΐοντες ἐφοίτων ἄλλοθεν ἄλλος 415
μυχμῷ τε στοναχῇ τε δόμων προπάροιθ' Ὀδυσῆος,
ἐκ δὲ νέκυς οἴκων φόρεον καὶ θάπτον ἕκαστοι,
τοὺς δ' ἐξ ἀλλάων πολίων οἶκόνδε ἕκαστον
πέμπον ἄγειν ἁλιεῦσι θοῇς ἐπὶ νηυσὶ τιθέντες·
αὐτοὶ δ' εἰς ἀγορὴν κίον ἀθρόοι, ἀχνύμενοι κῆρ. 420
αὐτὰρ ἐπεί ῥ' ἤγερθεν ὁμηγερέες τ' ἐγένοντο,
τοῖσιν δ' Εὐπείθης ἀνά θ' ἵστατο καὶ μετέειπε·
παιδὸς γάρ οἱ ἄλαστον ἐνὶ φρεσὶ πένθος ἔκειτο,
Ἀντινόου, τὸν πρῶτον ἐνήρατο δῖος Ὀδυσσεύς·
τοῦ ὅ γε δάκρυ χέων ἀγορήσατο καὶ μετέειπεν· 425
'ὦ φίλοι, ἦ μέγα ἔργον ἀνὴρ ὅδ' ἐμήσατ' Ἀχαιούς·
τοὺς μὲν σὺν νήεσσιν ἄγων πολέας τε καὶ ἐσθλοὺς
ὤλεσε μὲν νῆας γλαφυράς, ἀπὸ δ' ὤλεσε λαούς·
τοὺς δ' ἐλθὼν ἔκτεινε Κεφαλλήνων ὄχ' ἀρίστους,
ἀλλ' ἄγετε, πρὶν τοῦτον ἢ ἐς Πύλον ὦκα ἱκέσθαι 430
ἢ καὶ ἐς Ἤλιδα δῖαν, ὅθι κρατέουσιν Ἐπειοί,
ἴομεν· ἦ καὶ ἔπειτα κατηφέες ἐσσόμεθ' αἰεί·
λώβη γὰρ τάδε γ' ἐστὶ καὶ ἐσσομένοισι πυθέσθαι,
εἰ δὴ μὴ παίδων τε κασιγνήτων τε φονῆας
τισόμεθ'. οὐκ ἂν ἐμοί γε μετὰ φρεσὶν ἡδὺ γένοιτο 435
ζωέμεν, ἀλλὰ τάχιστα θανὼν φθιμένοισι μετείην.
ἀλλ' ἴομεν, μὴ φθέωσι περαιωθέντες ἐκεῖνοι.'
ὣς φάτο δάκρυ χέων, οἶκτος δ' ἕλε πάντας Ἀχαιούς.
ἀγχίμολον δέ σφ' ἦλθε Μέδων καὶ θεῖος ἀοιδὸς
ἐκ μεγάρων Ὀδυσῆος, ἐπεί σφεας ὕπνος ἀνῆκεν, 440

He spake, and Dolius on a polished seat
Sat down, but round the great Ulysses came
His sons, and welcomed him with loving words,　　　500
And hung upon his hand, and then they took
Their places by their father. So they sat
Beneath Laertes' roof, and banqueted.
　Now through the city meantime swiftly ran
The rumor that the suitors all had met　　　505
A bloody death. No sooner had men heard
The tidings than they came with cries and moans
Before the palace, moving to and fro.
Each carried forth his dead, and gave to each
His funeral rites, except to those who came　　　510
From distant cities; these they put on board
Swift-sailing galleys of the fishermen,
That they might bear them home. And then they came
Sorrowing together in the market-place.
There, when the assembly now was full, arose　　　515
Eupeithes and addressed them. In his heart
Was sorrow, that could never be consoled,
For his slain son Antinoüs, who was first
To fall before Ulysses. Weeping rose
The father, and harangued the assembly thus:—　　　520
　"Great things, indeed, my friends, hath this man done
For us Achaians. Many valiant men
He gathered in his ships and led abroad,
And lost his gallant ships, and lost his men:
And now, returning, he has put to death　　　525
The best of all the Cephallenian race.
Come, then, and ere he find a safe retreat
In Pylos, or in hallowed Elis, where
The Epeians rule, pursue him; endless shame
Will be our portion else, and they who live　　　530
In future years will hear of our disgrace.
If we avenge not on these men of blood
The murder of our sons and brothers, life
Will not be sweet to me, and I would go
At once, and gladly, down among the dead.　　　535
Rise, then, and fall upon them ere they flee."
So spake he, weeping; and the Greeks were moved
With pity as they heard him. Now appeared
The herald Medon and the sacred bard,
As, rising from the sleep of night, they left　　　540

ἔσταν δ' ἐν μέσσοισι· τάφος δ' ἕλεν ἄνδρα ἕκαστον.
τοῖσι δὲ καὶ μετέειπε Μέδων πεπνυμένα εἰδώς·
'κέκλυτε δὴ νῦν μευ, Ἰθακήσιοι· οὐ γὰρ Ὀδυσσεὺς
ἀθανάτων ἀέκητι θεῶν τάδ' ἐμήσατο ἔργα·
αὐτὸς ἐγὼν εἶδον θεὸν ἄμβροτον, ὅς ῥ' Ὀδυσῆϊ   445
ἐγγύθεν ἑστήκει καὶ Μέντορι πάντα ἐῴκει.
ἀθάνατος δὲ θεὸς τοτὲ μὲν προπάροιθ' Ὀδυσῆος
φαίνετο θαρσύνων, τοτὲ δὲ μνηστῆρας ὀρίνων
θῦνε κατὰ μέγαρον· τοὶ δ' ἀγχιστῖνοι ἔπιπτον.'
ὣς φάτο, τοὺς δ' ἄρα πάντας ὑπὸ χλωρὸν δέος ᾕρει.   450
τοῖσι δὲ καὶ μετέειπε γέρων ἥρως Ἁλιθέρσης
Μαστορίδης· ὁ γὰρ οἶος ὅρα πρόσσω καὶ ὀπίσσω·
ὅ σφιν ἐϋφρονέων ἀγορήσατο καὶ μετέειπε·
'κέκλυτε δὴ νῦν μευ, Ἰθακήσιοι, ὅττι κεν εἴπω·
ὑμετέρῃ κακότητι, φίλοι, τάδε ἔργα γένοντο·   455
οὐ γὰρ ἐμοὶ πείθεσθ', οὐ Μέντορι ποιμένι λαῶν,
ὑμετέρους παῖδας καταπαυέμεν ἀφροσυνάων,
οἳ μέγα ἔργον ἔρεξαν ἀτασθαλίῃσι κακῇσι,
κτήματα κείροντες καὶ ἀτιμάζοντες ἄκοιτιν
ἀνδρὸς ἀριστῆος· τὸν δ' οὐκέτι φάντο νέεσθαι.   460
καὶ νῦν ὧδε γένοιτο. πίθεσθέ μοι ὡς ἀγορεύω·
μὴ ἴομεν, μή πού τις ἐπίσπαστον κακὸν εὕρῃ.'
ὣς ἔφαθ', οἱ δ' ἄρ' ἀνήϊξαν μεγάλῳ ἀλαλητῷ
ἡμίσεων πλείους· τοὶ δ' ἀθρόοι αὐτόθι μίμνον·
οὐ γάρ σφιν ἅδε μῦθος ἐνὶ φρεσίν, ἀλλ' Εὐπείθει   465
πείθοντ'· αἶψα δ' ἔπειτ' ἐπὶ τεύχεα ἐσσεύοντο.
αὐτὰρ ἐπεί ῥ' ἔσσαντο περὶ χροῒ νώροπα χαλκόν,
ἀθρόοι ἠγερέθοντο πρὸ ἄστεος εὐρυχόροιο.
τοῖσιν δ' Εὐπείθης ἡγήσατο νηπιέῃσι·
φῆ δ' ὅ γε τίσεσθαι παιδὸς φόνον, οὐδ' ἄρ' ἔμελλεν   470
ἂψ ἀπονοστήσειν, ἀλλ' αὐτοῦ πότμον ἐφέψειν.
αὐτὰρ Ἀθηναίη Ζῆνα Κρονίωνα προσηύδα·
'ὦ πάτερ ἡμέτερε, Κρονίδη, ὕπατε κρειόντων,
εἰπέ μοι εἰρομένῃ, τί νύ τοι νόος ἔνδοθι κεύθει;
ἢ προτέρω πόλεμόν τε κακὸν καὶ φύλοπιν αἰνὴν   475

The palace of Ulysses. They stood forth
Amid the multitude, who all beheld
With wonder. Then sagacious Medon spake:—
　"Give ear, ye men of Ithaca, and know
That not without the approval of the gods   545
Ulysses hath done this. I saw, myself,
One of the immortals taking part with him,
In all things like to Mentor. Now the god
Standing before Ulysses strengthened him
For combat, and now drove the routed band   550
Of suitors through the hall; in heaps they fell."
He spake, and all who heard were pale with fear.
The aged hero, Halitherses, son
Of Mastor, then came forward; he alone
Knew what was past and what was yet to come,   555
And, wisely judging, to the assembly said:—
　"Hear now my words, ye men of Ithaca.
Through your own wrong all this has come to pass.
To me ye would not hearken, nor obey
When Mentor, shepherd of the people, spake.   560
On the mad doings of your sons ye put
No curb, nor checked the guilty insolence
That dared to waste the substance and insult
The consort of a man of eminent worth,
Who, so they thought, would nevermore return.   565
Now be it as I counsel; let us not
Go forth to draw down evil on our heads."
　He spake; but more than half the assembly rushed
Abroad with shouts; the others kept their place
Together. Ill the augur's speech had pleased   570
The most. Eupeithes had persuaded them.
They flew to arms, and when they had put on
The glittering brass, they mustered in close ranks
Before the spacious city. At their head
Eupeithes led them on, who madly deemed   575
Himself the avenger of his slaughtered son.
Yet he from that encounter nevermore
Was to return; his fate o'ertook him there.
Then Pallas thus addressed Saturnian Jove:
　"Our Father, son of Saturn, king of kings,   580
Tell me, I pray, the purpose of thy heart
Yet unrevealed. Shall there be cruel war
And deadly combats, or wilt thou ordain

τεύξεις, ἦ φιλότητα μετ' ἀμφοτέροισι τίθησθα;'
  τὴν δ' ἀπαμειβόμενος προσέφη νεφεληγερέτα Ζεύς·
'τέκνον ἐμόν, τί με ταῦτα διείρεαι ἠδὲ μεταλλᾷς;
οὐ γὰρ δὴ τοῦτον μὲν ἐβούλευσας νόον αὐτή,
ὡς ἦ τοι κείνους Ὀδυσεὺς ἀποτίσεται ἐλθών; 480
ἔρξον ὅπως ἐθέλεις· ἐρέω τέ τοι ὡς ἐπέοικεν.
ἐπεὶ δὴ μνηστῆρας ἐτίσατο δῖος Ὀδυσσεύς,
ὅρκια πιστὰ ταμόντες ὁ μὲν βασιλευέτω αἰεί,
ἡμεῖς δ' αὖ παίδων τε κασιγνήτων τε φόνοιο
ἔκλησιν θέωμεν· τοὶ δ' ἀλλήλους φιλεόντων 485
ὡς τὸ πάρος, πλοῦτος δὲ καὶ εἰρήνη ἅλις ἔστω.'
  ὣς εἰπὼν ὤτρυνε πάρος μεμαυῖαν Ἀθήνην,
βῆ δὲ κατ' Οὐλύμποιο καρήνων ἀΐξασα.
οἱ δ' ἐπεὶ οὖν σίτοιο μελίφρονος ἐξ ἔρον ἕντο,
τοῖς δ' ἄρα μύθων ἦρχε πολύτλας δῖος Ὀδυσσεύς· 490
'ἐξελθών τις ἴδοι μὴ δὴ σχεδὸν ὦσι κιόντες.'
  ὣς ἔφατ'· ἐκ δ' υἱὸς Δολίου κίεν, ὡς ἐκέλευεν·
στῆ δ' ἄρ' ἐπ' οὐδὸν ἰών, τοὺς δὲ σχεδὸν ἔσιδε πάντας·
αἶψα δ' Ὀδυσσῆα ἔπεα πτερόεντα προσηύδα·
'οἵδε δὴ ἐγγὺς ἔασ'· ἀλλ' ὁπλιζώμεθα θᾶσσον.' 495
  ὣς ἔφαθ', οἱ δ' ὤρνυντο καὶ ἐν τεύχεσσι δύοντο,
τέσσαρες ἀμφ' Ὀδυσῆ', ἓξ δ' υἱεῖς οἱ Δολίοιο·
ἐν δ' ἄρα Λαέρτης Δολίος τ' ἐς τεύχε' ἔδυνον,
καὶ πολιοί περ ἐόντες, ἀναγκαῖοι πολεμισταί.
αὐτὰρ ἐπεί ῥ' ἕσσαντο περὶ χροῒ νώροπα χαλκόν, 500
ὤϊξάν ῥα θύρας, ἐκ δ' ἤϊον, ἆρχε δ' Ὀδυσσεύς.
τοῖσι δ' ἐπ' ἀγχίμολον θυγάτηρ Διὸς ἦλθεν Ἀθήνη
Μέντορι εἰδομένη ἠμὲν δέμας ἠδὲ καὶ αὐδήν.
τὴν μὲν ἰδὼν γήθησε πολύτλας δῖος Ὀδυσσεύς·
αἶψα δὲ Τηλέμαχον προσεφώνεεν ὃν φίλον υἱόν· 505
  'Τηλέμαχ', ἤδη μὲν τόδε γ' εἴσεαι αὐτὸς ἐπελθών,
ἀνδρῶν μαρναμένων ἵνα τε κρίνονται ἄριστοι,
μή τι καταισχύνειν πατέρων γένος, οἳ τὸ πάρος περ
ἀλκῇ τ' ἠνορέῃ τε κεκάσμεθα πᾶσαν ἐπ' αἶαν.

That these shall henceforth dwell in amity?"
    And cloud-compelling Jove made answer thus: 585
"My child, why ask me? Was it not with thee
A cherished purpose, that, returning home,
Ulysses amply should avenge himself
Upon the suitors? Do, then, as thou wilt.
Yet this, as the most fitting, I advise. 590
Now that the great Ulysses has avenged
His wrongs, let there be made a faithful league
With oaths, and let Ulysses ever reign;
And we will cause the living to forget
Their sons and brothers slain, and all shall dwell 595
In friendship as they heretofore have dwelt,
And there shall be prosperity and peace."
    He spake, and eager as she was before,
Encouraged by his words, the goddess plunged
Down from the summits of the Olympian mount. 600
Now when they all had feasted to the full,
The much-enduring chief, Ulysses, said:
"Go, one of you, and see if they are near."
    He spake; a son of Dolius at his word
Went forth, and, coming to the threshold, stopped. 605
He saw them all at hand, and instantly
Bespake Ulysses thus, with winged words:
"They are upon us; we must arm at once."
    He spake; they rose, and quickly were in arms.
Four were Ulysses and his friends, and six 610
The sons of Dolius. Old Laertes then,
And Dolius, put on armor with the rest,
Gray-headed as they were, for now their aid
Was needed. When they all had clad themselves
In shining brass, they threw the portals wide 615
And sallied forth, Ulysses at their head.
    Now Pallas, daughter of almighty Jove,
Drew near them. She had taken Mentor's form
And Mentor's voice. The much-enduring chief,
Ulysses, saw her and rejoiced, and said 620
To his beloved son, Telemachus:—
    "Now wilt thou, of thyself, Telemachus,
Bethink thee, when thou minglest in the fray
That tries men's valor, not to cast disgrace
Upon thy forefathers,—a race renowned 625
For manly daring over all the earth."

' τὸν δ' αὖ Τηλέμαχος πεπνυμένος ἀντίον ηὔδα: 510
'ὄψεαι, αἴ κ' ἐθέλῃσθα, πάτερ φίλε, τῷδ' ἐπὶ θυμῷ
οὔ τι καταισχύνοντα τεὸν γένος, ὡς ἀγορεύεις.'
 ὣς φάτο, Λαέρτης δ' ἐχάρη καὶ μῦθον ἔειπε:
'τίς νύ μοι ἡμέρη ἥδε, θεοὶ φίλοι; ἦ μάλα χαίρω:
υἱός θ' υἱωνός τ' ἀρετῆς πέρι δῆριν ἔχουσιν.' 515
 τὸν δὲ παρισταμένη προσέφη γλαυκῶπις Ἀθήνη:
'ὦ Ἀρκεισιάδη, πάντων πολὺ φίλταθ' ἑταίρων,
εὐξάμενος κούρῃ γλαυκώπιδι καὶ Διὶ πατρί,
αἶψα μάλ' ἀμπεπαλὼν προΐει δολιχόσκιον ἔγχος.'
 ὣς φάτο, καί ῥ' ἔμπνευσε μένος μέγα Παλλὰς Ἀθήνη 520
εὐξάμενος δ' ἄρ' ἔπειτα Διὸς κούρῃ μεγάλοιο,
αἶψα μάλ' ἀμπεπαλὼν προΐει δολιχόσκιον ἔγχος,
καὶ βάλεν Εὐπείθεα κόρυθος διὰ χαλκοπαρῄου.
ἡ δ' οὐκ ἔγχος ἔρυτο, διαπρὸ δὲ εἴσατο χαλκός,
δούπησεν δὲ πεσών, ἀράβησε δὲ τεύχε' ἐπ' αὐτῷ. 525
ἐν δ' ἔπεσον προμάχοις Ὀδυσεὺς καὶ φαίδιμος υἱός,
τύπτον δὲ ξίφεσίν τε καὶ ἔγχεσιν ἀμφιγύοισι.
καί νύ κε δὴ πάντας ὄλεσαν καὶ ἔθηκαν ἀνόστους,
εἰ μὴ Ἀθηναίη, κούρη Διὸς αἰγιόχοιο,
ἤϋσεν φωνῇ, κατὰ δ' ἔσχεθε λαὸν ἅπαντα. 530
 'ἴσχεσθε πτολέμου, Ἰθακήσιοι, ἀργαλέοιο,
ὥς κεν ἀναιμωτί γε διακρινθῆτε τάχιστα.'
 ὣς φάτ' Ἀθηναίη, τοὺς δὲ χλωρὸν δέος εἷλεν:
τῶν δ' ἄρα δεισάντων ἐκ χειρῶν ἔπτατο τεύχεα,
πάντα δ' ἐπὶ χθονὶ πῖπτε, θεᾶς ὄπα φωνησάσης: 535
πρὸς δὲ πόλιν τρωπῶντο λιλαιόμενοι βιότοιο.
σμερδαλέον δ' ἐβόησε πολύτλας δῖος Ὀδυσσεύς,
οἴμησεν δὲ ἀλεὶς ὥς τ' αἰετὸς ὑψιπετήεις.
καὶ τότε δὴ Κρονίδης ἀφίει ψολόεντα κεραυνόν,
κὰδ δ' ἔπεσε πρόσθε γλαυκώπιδος ὀβριμοπάτρης. 540
δὴ τότ' Ὀδυσσῆα προσέφη γλαυκῶπις Ἀθήνη:
 'διογενὲς Λαερτιάδη, πολυμήχαν' Ὀδυσσεῦ,
ἴσχεο, παῦε δὲ νεῖκος ὁμοιΐου πολέμοιο,

And thus discreet Telemachus replied:
"Nay, if thou wilt, my father, thou shalt see
That by no lack of valor shall I cast,
As thou hast said, dishonor on thy race."   630
  Laertes heard them, and rejoiced, and said:
"O what a day for me, ye blessed gods,
Is this! With what delight I see my son
And grandson rivals on the battle-field."
  And then the blue-eyed Pallas, drawing near   635
Laertes, said: "Son of Arcesias, loved
By me beyond all others of my friends,
Pray to Jove's blue-eyed daughter, and to Jove,
And brandish thy long spear, and send it forth."
  So Pallas spake, and breathed into his frame   640
Strength irresistible. The aged chief
Prayed to the daughter of almighty Jove,
And brandished his long spear and sent it forth.
It smote Eupeithes on the helmet's cheek.
The brass stayed not the spear, the blade passed through, 645
And heavily Eupeithes fell to earth,
His armor clashing round him as he fell.
Then rushed Ulysses and his valiant son
Forward, the foremost of their band, and smote
Their foes with swords and lances double-edged, 650
And would have struck them down to rise no more,
If Pallas, daughter of the god who bears
The ægis, had not with a mighty voice
Commanded all the combatants to cease:—
  "Stay, men of Ithaca; withhold your hands   655
From deadly combat. Part, and shed no blood."
  So Pallas spake, and they grew pale with awe,
And fear-struck; as they heard her words they dropped
Their weapons all upon the earth. They fled
Town ward as if for life, while terribly   660
The much-enduring chief Ulysses raised
His voice, and shouted after them, and sprang
Upon them as an eagle darts through air.
Then Saturn's son sent down a bolt of fire;
It fell before his blue-eyed daughter's feet,   665
And thus the goddess to Ulysses called:—
  "Son of Laertes, nobly born and wise,
Ulysses, hold thy hand; restrain the rage
Of deadly combat, lest the god who wields

μή πως τοι Κρονίδης κεχολώσεται εὐρύοπα Ζεύς.'
    ὣς φάτ' Ἀθηναίη, ὁ δ' ἐπείθετο, χαῖρε δὲ θυμῷ. 545
ὅρκια δ' αὖ κατόπισθε μετ' ἀμφοτέροισιν ἔθηκεν
Παλλὰς Ἀθηναίη, κούρη Διὸς αἰγιόχοιο,
Μέντορι εἰδομένη ἠμὲν δέμας ἠδὲ καὶ αὐδήν.

The thunder, Saturn's son, be wroth with thee." 670
    She spake, and gladly he obeyed; and then
Pallas, the child of ægis-bearing Jove,
Plighted, in Mentor's form with Mentor's voice,
A covenant of peace between the foes.

GENEALOGIES

HOUSE OF ALCINOÜS

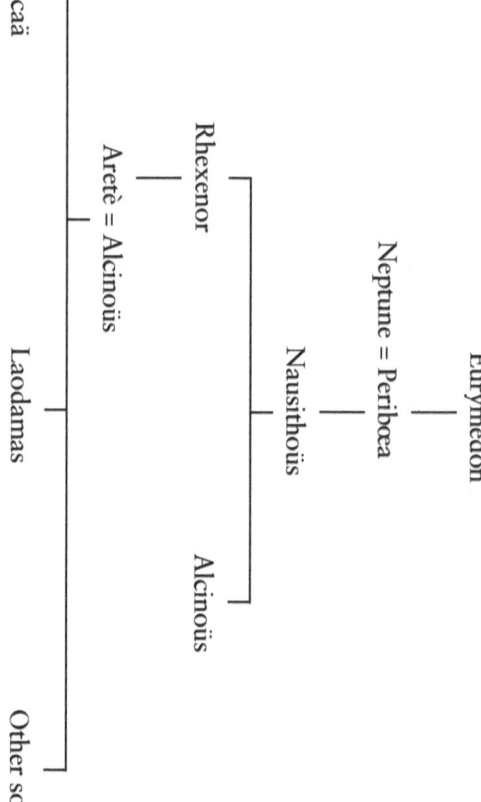

GENEALOGIES

HOUSE OF LAERTES

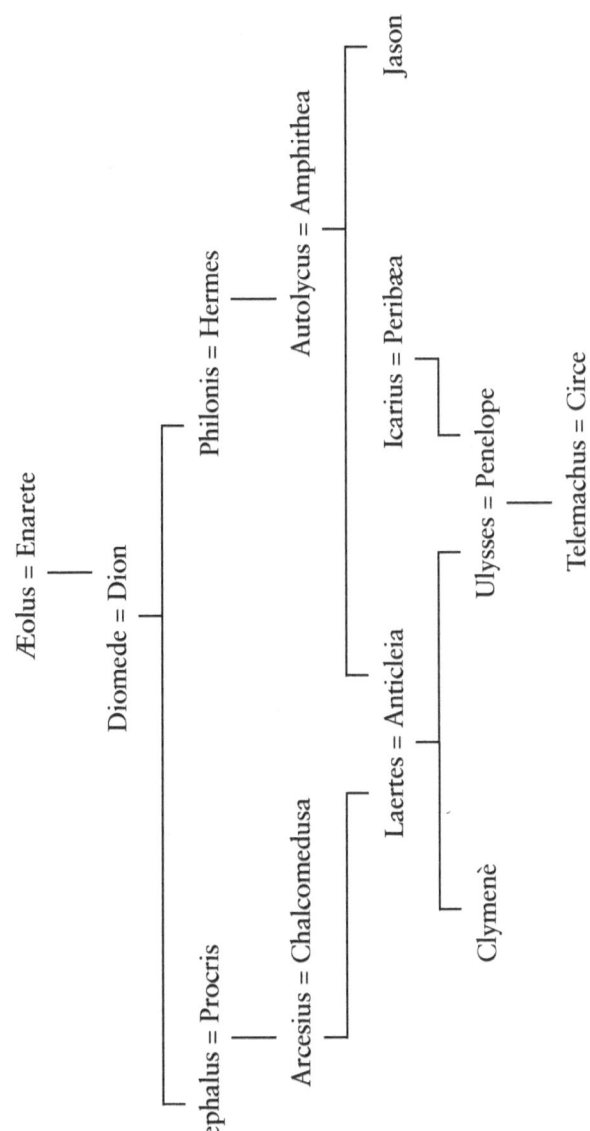

BIBLIOGRAPHY

EDITIONS

A. T. Murray, trans. **The Odyssey with an English Translation. Vols. I-II.** (Cambridge: Harvard University Press, 1919).

D. B. Monro and T. W. Allen, eds. **Homeri Opera, 3rd ed. Vols. III-IV.** (Oxford: Clarendon Press, 1922).

W. W. Merry, ed. **Odyssey. Vols. I-II.** (Oxford: Clarendon Press, 1888).

COMMENTARIES

W. B. Stanford. **The Odyssey. Vols. I-II.** (London: Macmillan, 1948).

Denton Jaques Snider. **Homer's Odyssey: A Commentary, 3rd ed.** (St. Louis: William Harvey Miner Company, 1922).

CRITICISM AND INTERPRETATION

Adam Nicolson. **Why Homer Matters: A History.** (London: Macmillan, 2015).

Richard Claverhouse Jebb. **Homer: An Introduction to the Iliad and the Odyssey.** (Boston: Ginn and Company 1894).

Sir Denys Page. **The Homeric Odyssey.** (Oxford University Press, 1955).

Ian Morris and Barry B. Powell. **A New Companion to Homer.** (Leiden: Brill, 1997).

Cedric H. Whitman. **Homer and the Heroic Tradition.** (New York: W. W. Norton & Co., 1958).

750   ODYSSEY

Matthew Arnold. **On Translating Homer.** (London: Longman, Green, Longman, and Roberts, 1861).

Albert B. Lord. **The Singer of Tales,** 3rd ed. (Cambridge: Harvard University Press, 2019).

T. B. L. Webster. **From Mycenae to Homer: A Study in Early Greek Literature and Art.** (London: Methuen & Co. Ltd., 1958).

S. E. Bassett. **The Poetry of Homer.** (Berkeley, University of California Press, 1938).

M. P. Nilsson. **Homer and Mycenae.** (London: Methuen & Co Ltd., 1933).

John A. Scott. **The Unity of Homer.** (Berkeley: University of California Press, 1921).

Gregory Nagy. **The Best of the Achaeans: Concepts of the Hero in Archaic Greek Poetry.** (Baltimore: Johns Hopkins University Press, 1979).

Charles H. Taylor Jr, ed. **Essays on the Odyssey: Selected Modern Criticism.** (Indianapolis: Indiana University Press, 1963)

Irene J. F. de Jong, ed. **Homer, Critical Assessments. Vols. I–IV.** (London and New York: Routledge, 1999).

Milman Parry. **The Making of Homeric Verse: The Collected Papers of Milman Parry.** (Oxford University Press, 1971).

G. S. Kirk. **The Songs of Homer.** (Cambridge: Cambridge University Press, 2005).

BACKGROUND

Jacob Burckhardt, tr. Palmer Hilty. **History of Greek Culture.** (New York: Frederick Ungar, 1963).

Gregory Nagy. **Greek Mythology and Poetics.** (Ithaca: Cornell University Press, 1992).

W. K. C. Guthrie. **The Greeks and Their Gods.** (London: Methuen & Co. Ltd., 1950).

Stephen V. Tracy. **Greece in the Bronze Age.** (University of Chicago Press, 1964).

H. V. Routh. **God, Man, & Epic Poetry: A Study in Comparative Literature. Vol. I: Classical.** (Cambridge: Cambridge University Press, 1927).

E. R. Dodds. **The Greeks And The Irrational.** (Berkeley: University of California Press, 1951).

A. M. Snodgrass. **The Dark Age of Greece: An Archaeological Survey of the Eleventh to the Eighth Centuries BC.** (Edinburgh: Edinburgh University Press, 1971).

Erwin Rohde, tr. W. B. Hillis. **Psyche: The Cult of Souls and the Belief in Immortality among the Greeks.** (London: Routledge & Kegan Paul, 1925).

Bernard Williams. **Shame and Necessity.** (Berkeley: University of California Press, 1993).

Eric H. Cline, ed. **The Oxford Handbook of the Bronze Age Aegean.** (Oxford: Oxford University Press, 2012).

Eric H. Cline, ed. **The Oxford Handbook of Ancient Anatolia.** (Oxford: Oxford University Press, 2011).

ARTICLES AND EXTRACTS

Dominique Venner. "**Homer: The European Bible,**" Counter Currents Publishing. September 7, 2010. https://www.counter-currents.com/2010/09/homer-the-european-bible-part-1/

David E. Belmont. "**Twentieth-Century Odysseus,**" The Classical Journal, Vol. 62, No. 2, Nov., 1966. http://nrs.harvard.edu/urn-3:hlnc.essay:Frame.Achilles_and_Patroclus_as_Indo-European_Twins.2013

Erwin F. Cook. "**The Mythological Background of Homer: The Eternal Return of Killing Dragons,**" Trinity University. 2015. https://www.jstor.org/stable/3295874

C. R. Trahman. "**Odysseus' Lies ("Odyssey", Books 13-19),**" Phoenix, Vol. 6, No. 2, 1952. https://www.jstor.org/stable/1086270

Eric Voegelin. "**Homer and Mycenae**" in Order and History. Vol. II: The World of the Polis. Ch.3. (Columbia and London: University of Missouri Press, 2000).

Barbara Graziosi and Johannes Haubold. "**Homeric Masculinity: Énorén and Ágenorín,**" The Journal of Hellenic Studies, 2003. https://www.jstor.org/stable/3246260?seq=1#page_scan_tab_contents

PRE-MODERN CRITICISM

J. Lundon. "**Homeric Commentaries on Papyrus: A Survey**" in Ancient Scholarship and Grammar: Archetypes, Concepts and Contexts. Trends in Classics: Supplementary Volume 8. (Berlin and New York: De Gruyter, 2011).

F. Montanari, L. Pagani, eds. **From Scholars to Scholia: Chapters in the History of Ancient Greek Scholarship. Trends in Classics, Supplementary Volume 9.** (Berlin and New York: De Gruyter, 2011).

H. Erbse, ed. **Scholia Graeca in Homeri Iliadem (Scholia vetera). Vols. I-VII.** (Berlin: De Gruyter, 1969).

J. A. García Landa. **Homer in the Renaissance: The Troy Stories.** (Providence: Brown University, 1988).

Philip Ford. "**Homer In The French Renaissance,**" Renaissance Quarterly. Spring 2006.

Filippomaria Pontani. "**From Budé to Zenodotus: Homeric Readings in the European Renaissance,**" International Journal of the Classical Tradition. December 2007.

Marc Bizer. **Homer and the Politics of Authority in Renaissance France.** (Oxford: Oxford University Press, 2011).

753

GLOSSARY OF NAMES

Acastus — The king of Dulichium (14.413).

Achaia — Northernmost region of the Peloponnese, but used in Iliad as a collective name for the Greeks (1.335).

Achaians — Inhabitants of Achaia, Greeks collectively (1.354).

Acheron — A river in Hades, the underworld (10.615).

Achilles — King of the Myrmidons, son of Peleus and Thetis, grandson of Æacus, slayer of Hector (3.140).

Actoris — One of Penelope's maids (23.275).

Æa — The island which Circè calls home (10.164).

Ætes — Circè's brother (10.166).

Ægæ — City in Eubœa on the Eubœan Gulf, sacred to Neptune (5.457).

Ægisthus — Clytemnestra's lover, who murdered her husband Agamemnon, and was in turn killed by Orestes (1.40).

Ægyptius — A noble Ithacan elder, and father of Eurynomus and Antiphus (2.17).

Æolia — An island ruled by Æolus (10.1).

Æolus — [1] King or master of the winds (10.1). [2] The king of Thessaly, father of Cretheus (11.287).

Æson — The son of Cretheus and Tyro. His throne was taken from him by Pelias, his half-brother, who imprisoned him. He was the father of Jason the Argonaut (11.313).

Æthon — A fake name used by Ulysses when disguised as a beggar (19.229).

Ætolians — Tribe dwelling in Ætolia, a region on the north coast of the Gulf of Corinth (14.463).

Agamemnon — King of Mycenæ, son of Atreus and Aërope, brother of Menelaus, husband of Clytemnestra, father of Orestes, Iphigenia, and Electra, general of the Achaian armies. Murdered by his wife's lover, Ægisthus (1.41).

Agelaüs — The son of Damastor, and one of the suitors who is killed by Ulysses (20.393).

Ajax — [1] Achaian son of Telamon and Peribæa, grandson of Æacus and Acessamenus, brother of Teucer, renowned for his towering shield, commander of the Salamian contingent, known as Telamonian or Greater Ajax (3.143). [2] Achaian son of Oïleus by Eriopis, commander of the Locrian contingent, raped Cassandra in the temple of Minerva at Troy, known as Oïlean or Lesser Ajax (4.641).

Alcandra — The wife of Polybus; a lady of Thebes in Egypt (4.166).

Alcimus — The father of Mentor (22.283).

Alcinoüs — Son of Nausithous, king of the Phæcians in his own right, husband of Arete, and by her the father of Nausicaä (6.14).

Alcippe — One of Helen's maids (4.164).

Alcmæon — One of the two sons of Amphiaraüs by his wife Eriphyle (15.319).

Alcmena — Theban wife of King Amphitryon, mother of Iphicles, Laonome, and Hercules (2.152).

Alector — A Spartan whose daughter was wed to Megapenthes (4.14).

Aloëus — Son of Neptune and Canace, husband of Iphidameia, father of the giants Otus and Ephialtes (11.377).

Alpheius — River in the western Peloponnese and its associated deity, father of Orsilochus, grandfather of Diocles.

Amnisus — The harbour of Cnossus in northern Crete (19.235).

Amphiaraüs — A seer, son of Oicles, and one of the leaders of the Seven against Thebes. He married Eriphyle, and had the sons Alcmæon and Amphilocus; according to Pausanius, he also had three daughters (15.313).

Amphilochus — One of Amphiaraüs' two sons (15.319).

Amphimedon — One of the suitors, killed by Telemachus. In Hades he relates the tale of the deaths of the suitors to Agamemnon (22.292).

Amphinomus — The son of Nisus, and one of the suitors killed by Telemachus (16.422).

Amphion — [1] A son of Jove by Antiope; along with his brother Zethus, a founder of Thebes (11.318). [2] The son of Iäsus, and king of Orchomenus (11.350).

Amphithea — The wife of Autolycus and by him the mother of Anticleia; the grandmother of Ulysses (19.510).

Amphitritè — Goddess or queen of the sea, and the consort of Neptune (3.119).

GLOSSARY OF NAMES 755

Amphitryon — Cuckolded husband of Alcmena, nominal father of Hercules (11.323).

Amythaon — One of the sons of Cretheus and Tyro; brother to Aeson and Pheres (11.314).

Anchialus — [1] The father of Mentes (1.223). [2] A Phæcian named as a participant in the public games (8.138).

Andræmon — King of Ætolia, husband of Gorge, father of Thoas, succeeded his father-in-law Œneus upon Diomed reinstating him, his tomb at Amphissa still stood in the time of Pausanias (14.616).

Anticleia — The daughter of Autolycus, and mother of Ulysses by her husband, Lærtes (11.102).

Anticlus — An Achaian soldier hidden inside the Trojan Horse (4.369).

Antilochus — Achaian son of Nestor and Anaxibia or Eurydice, brother of Thasymedes, comrade of Achilles (3.146).

Antinoüs — One of the two leading suitors (1.470).

Antiopè — The daughter of Asopus, and mother of Amphion and Zethus by the god Jove (11.315).

Antiphates — Chief of the Læstrygonians (10.129).

Antiphus — [1] The son of Ægyptius, and a traveling companion of Ulysses; killed by the Cyclops (2.19). [2] An Ithacan elder (17.81).

Aphrodite — See Venus.

Apollo — God of the sun, archery, music and poetry, prophecy, and disease, son of Jove and Latona, twin brother of Diana, favours the Trojans; the Oracle at Delphi was consecrated to him (3.365).

Arcesius — A son of Jove, father of Laertes, and therefore Ulysses' grandfather (4.960).

Ares — See Mars.

Aretè — The wife of Alcinoüs, king of the Phæacians, and by him the mother of Nausicaä (7.60).

Arethusa — A Naiad, and a spring named after her in Ithaca (13.512).

Aretias — The father of Nisus, and through him the grandfather of Amphinomus (16.477).

Aretus — One of the several sons of Nestor, the wise king of Pylos (3.532).

Argives — An epithet for the Greeks; see also Achaians (1.262).

Argo — The ship manned by the Argonauts on their famous voyage (12.83).

Argos — [1] The Argolid as a whole, the area under the dominion of Agamemnon (4.227). [2] A general term for mainland Greece (1.423). [3] City in Thessaly, in the realm of Diomed (3.234). [4] Pelasgian Argos, home of the Myrmidons (18.308).

Ariadne — Daughter of King Minos of Crete, sister of Phædra, helped Theseus slay the Minotaur (11.399).

Arnæus — The real name of the Ithacan beggar Irus (18.6).

Artacia — A stream or spring in the land of the Læstrygonians (10.131).

Artemis — See Diana.

Arybas — A wealthy lord from Sidon (15.539).

Asopus — River in Bœotia and its associated deity, who is the father of Antiope (11.316).

Asphalion — A squire of attendant of Menelaus (4.282).

Asteris — An island to the south of Ithaca (4.1071).

Athena — See Minerva, Pallas, and Tritonia.

Athens — Chief city of Attica, founded by Erechtheus (3.364).

Atlas — A Titan, condemned by Jove to hold up the sky on his shoulders after the Titans lost the war with the Olympians. According to Hesiod, he stood at the extreme western edge of the Earth (1.68).

Atreus — King of Mycenæ, son of Pelops, father of Agamemnon and Menelaus (1.48).

Atrides — "Sons of Atreus," patronymic for Agamemnon and Menelaus (1.55).

Autolycus — Son of Hermes, husband of Mestra, father of Anticlea, grandfather of Ulysses, renowned for his cunning and the power of shapeshifting (11.104).

Boëthus — The father of Eteoneus, the attendant of Menelaus (4.43).

Boötes — A constellation (5.326).

Cadmus — The son of the Phœnician king Agenor, the founder of Thebes, and the father of Ino (5.398).

Calypso — A nymph and a daughter of Atlas, who kept Ulysses for seven years in Ogygia, her island home (1.19).

Cassandra — Daughter of Priam, gifted with prophecy but cursed never to be believed, raped by Oïlean Ajax in the temple of Minerva. Lover of Agamemnon, and murdered with him by Ægisthus and Clytemnestra (11.518).

Castor — [1] One of the twin sons of Leda, born after her rape by Jove in the form of a swan. His brother was Pollux (11.371). [2] A son of Hylax, and fictional father of Ulysses (14.254).

Cauconians — A people who resided to the southwest of Pylos (3.471).

Centaurs — Half-man, half-horse creatures, sons of Ixion and Juno, living in the

GLOSSARY OF NAMES 757

mountains of Thessaly (21.360).

Cephallenians — The people who lived on the island Cephallenia; subjects of Odysseus (24.431).

Citeians — A people whose leader was Eurypylus (11.642).

Chalcis — A town in Western Greece (15.382).

Charybdis — A sea-monster taking on the form of a giant whirlpool, opposite Scylla, another sea-monster; her likely location is in the Strait of Messina, between Southern Italy and Sicily (12.121).

Chios — A large island in the northeastern Aegean, off the coast of Asia Minor (3.220).

Chloris — The daughter of Amphion, wife of Neleus, and mother of Nestor (11.347).

Chromius — The son of Neleus by his wife Chloris, and the brother of Nestor (11.353).

Ciconians — A Thracian tribe who were allies of the Trojans (9.50).

Cimmerians — A people living near the entrance of Hades (11.17).

Circè — A beautiful goddess who lives on Æœa, and noted for her magic, which included turning men into swine; she is the daughter of Helios and Persè (8.548).

Clymenè — The mother of Iphiclus, who is encountered by Ulysses in the underworld (11.405).

Clymenus — The father of Eurydice, the wife of Nestor (3.582).

Clytemnestra — Daughter of King Tyndarus and Leda, wife of Agamemnon, sister of Helen and the Dioscuri, mother of Orestes, Electra, and Iphigenia; lover of Ægisthus, and slew Agamemnon on his return from Troy (3.345).

Clytius — An Ithacan noble and the father of Piræus (15.671).

Clytoneius — The son of Alcinoüs (8.148).

Clytus — A son of Mantius (15.320).

Cnossus — The main city in Crete (19.222).

Creion — The king of Thebes, whose eldest daughter was Megara (11.329).

Cretans — Tribe dwelling in Crete, the large island in the southern Ægean and the seat of Minoan culture, the realm of Idomeneus (14.257).

Cretheus — Founder of Iolchus and father of Æson by his wife Tyro, who was his niece (11.287).

Cronus — See Saturn.

Ctesippus — A suitor from Samos, killed by Philœtius (20.352).

Ctesias — King of the island Syrie, and father of Eumæus (15.524).

758   ODYSSEY

Ctimena — Ulysses' younger sister (15.466).

Cyclops — A member of a race of one-eyed Giants who live in Sicily [1.88].

Cydonians — A people residing in Crete (3.380).

Cyprus — Island in the eastern Mediterranean, sacred to Venus (4.107).

Cytheræ — Island off the southern coast of the Peloponnese near Cape Malea, sacred to Venus (9.101).

Damastor — The father of Agelaüs (20.393).

Dawn — Goddess of the morning, daughter of Hyperion and Theia, sister of Helios and Selene, mother of the winds, wife of Tithonus (2.1).

Death — God, son of Night and Erebos, twin brother of Sleep (4.236).

Deiphobus — A son of Priam, who was commander of the Trojans following the death of Hector. He married Helen after Paris was killed (4.358).

Delos — An island in the Ægean, one of the Cyclades, sacred to Apollo (6.204).

Demeter — See Ceres.

Demodocus — A blind Phæacian bard at Alcinoüs' palace (8.53).

Demoptolemus — One of the suitors, killed by Ulysses (22.293).

Deucalion — King of Crete, son of Minos, brother of Ariadne, father of Idomeneus, took part in the Calydonian Hunt and the expedition of the Argonauts (19.225).

Dia — An island near the northern shore of Crete, which is sacred to Apollo (11.404).

Diocles — The king of Phera, and the son of Ortilochus (3.627).

Diomed — King of Argos, son of Tydeus, second only to Achilles in fighting prowess (3.233).

Dionysus — See Bacchus.

Demetor — Son of Iasus, king of Cyprus (17.538).

Dodona — Site of an ancient oracle of Jove in Epirus; possibly a city in Thessaly near Mount Olympus, as suggested by the likely extent of Guneus' dominion (14.400).

Dolius — An old servant of Penelope (4.934).

Dorians — One of the peoples living in Crete. Their name is purported to derive from Dorus, son of Hellen (19.220).

Dulichium — Island near Ithaca in the Ionian sea off western Greece, in the realm of Meges (1.304).

Dymas — A noble of Phæacia (6.29).

GLOSSARY OF NAMES 759

Earth — Primal Mother Earth goddess, mother of Uranus and the Titans (5.224).

Echeneus — A Phæacian elder (7.192).

Echephron — One of Nestor's sons (3.532).

Echetus — A king in northwestern Greece who was noted for his cruel nature (18.107).

Egypt — The country in North Africa (3.390).

Elatus — A suitor, killed by Eumæus (22.324).

Elis — Region of the Epeans in the western Peloponnese (4.807).

Elpenor — One of Ulysses' companions (10.667).

Elysian fields — A place where the blessed, heroic, and virtuous go after death, in which they enjoy for eternity the things they enjoyed in life; also referred to as "the Elysian plain" (4.720).

Enipeus — A river in Thessaly and its associated deity (11.288).

Epeius — Achaian son of Panopeus, grandson of Phocus, and builder of the Trojan horse (8.604).

Ephialtes — Son of Neptune by Iphidameia, nominal son of Aloëus, from whom he and his brother Otus received their patronymic Aloadæ, imprisoned Mars (11.382).

Ephyra — A city in northwestern Greece, in the region of Thresprotia (1.319).

Epicastè — Also known as Jocasta, she was the wife of Laius, the mother of Œdipus, and later also the wife of Œdipus, by whom she bore several children (11.332).

Erebus — An alternative name for Hades, or the underworld (10.636).

Erechtheus — Founder of Athens, son of Pandion, father of Orithyia and Procris (7.97).

Erembians — A people visited by Menelaus, possibly from North Africa (4.109).

Eriphylè — The wife of Amphiaraüs (11.406).

Erymanthus — Mountain range in the northwestern Peloponnese (6.131).

Eteoneus — Attendant of Menelaus, and the son of Boëthus (4.31).

Ethiopians — People of Ethiopia, a region to the East. Probably roughly coextensive with the modern region with the same name (1.30).

Evanthes — Father of Maron (9.218).

Eubœa — Large island off the coast of eastern Greece, home to Eretria and Ægæ. Also called Euripos and Negropont (3.225).

Evenor — Father of Leiocritus (22.357).

Eumæus — Ulysses' swineherd (14.10).

Eumelus — The husband of Penelope's sister, Iphthima (4.1011).

Eupeithes — Father of Antinoüs (1.470).

Euryades — One of the suitors, killed by Telemachus (22.323).

Eurybates —Herald of Ulysses (19.304).

Eurycleia — Daughter of Ops, and the old nurse of Ulysses and Telemachus (1.528).

Eurydamas — A suitor, killed by Ulysses (18.369).

Eurydice — Daughter of Clemenus, and wife of Nestor (3.580).

Eurylochus — Ulysses' close friend and companion (10.247).

Eurymachus — Son of Polybus, and one of the two leading suitors; killed by Ulysses (1.491).

Eurymedon — Father of Peribæa, and king of the Giants (7.67).

Eurymedusa — A servant of Nausicaä; from Aperæa (7.9).

Eurynomè — Penelope's housekeeper (17.599).

Eurynomus — One of the suitors, whose father is Ægyptius (2.24).

Eurypylus — The son of Telephus, who commanded a Mysian army on the side of the Trojans in the Trojan War, and was killed by Neoptolemus, the son of Achilles (11.642).

Eurytion — A centaur who, in a state of intoxication, attempted to rape Hippodamia, thus causing a conflict to break out between the Lapiths and the Centaurs (21.360).

Eurytus — The king of Œchalia, a skilled archer, killed by Apollo after he arrogantly challenged the god. His bow was passed onto his son Iphitus, who then passed it on to Ulysses; this is the bow that Ulysses later used to kill his wife's suitors (8.283).

Furies — Chthonic deities of vengeance, originally a personification of curses pronounced on the guilty; also euphemistically known as Eumenides ("beneficent ones") (2.174).

Geræstus — The southwestern promontory of Eubœa (3.229).

Giants — The second generation of gods, children of Caelus and Terra, imprisoned by Jove in the underworld (1.89).

Gorgon — Monstrous female creature with hair made of living snakes, whose visage could turn its beholder to stone (11.793).

Gortys — A city in Crete (3.382).

Graces — Goddesses of beauty, daughters of Jove and Eurynome, part of the retinue of Venus (6.24).

Great bear — A constellation, also called the Big Dipper, the Wain, or the Waggon (5.326).

Gyræ — A rocky island somewhere in the Ægean (4.643).

Hades — God of the dead, king of the underworld, son of Saturn and Rhea, brother of Jove, Ceres, and Neptune; also a title for the underworld in general, the destination of the dead, of particularly fallen warriors (6.14).

Halitherses — An Ithacan elder with the gift of prophecy; his father was Mastor (2.201).

Halius — A son of Alcinoüs (8.148).

Hebe — Goddess of youth, daughter of Jove and Juno, cupbearer for the gods on Olympus (11.751).

Helen — Daughter of Jove and Leda, sister of Clytemnestra and the Dioscuri, wife of Menelaus, abducted by Paris from Lacedæmon, instigating the Trojan War (4.17).

Hellespont — Narrow strait linking the Black Sea with the Ægean Sea; also known as the "Dardanelles" (24.104).

Hellas — A name for Greece in general; also used specifically to refer to Achilles' territory in Thessaly (1.423).

Hephæstus — See Vulcan.

Hercules — Deified hero, son of Jove and Alcmena, father of Tlepolemus, performed the Twelve Labours, rescued Prometheus, sacked Troy on account of Laomedon breaking his word (8.282).

Hermes — God of trade, wealth, luck, thieves, and travel, son of Jove, herald messenger of the gods; also known as "Argos-queller", alluding to his slaying a primordial giant (1.56).

Hermione — Daughter of Menelaus and Helen; wife of Neoptolemus, and after his death, became the wife of her cousin Orestes (4.19).

Hippodameïa — One of Penelope's maids (18.232).

Hippotas — Father of Æolus, master of the winds (10.2).

Hyperesia — City in Achaia, and home of Polyphides (15.329).

Hypereia — The previous home of the Phæacians, not far from the Cyclops (6.5).

Iäsion — Son of Electra and Jove, beloved of Ceres, and by her the father of the god of wealth, Plutus (5.157).

Iasus — King of Cyprus, and father of Demetor (17.538).

Iäsus — King of Orchomenus and father of Amphion (11.350).

Iäolchos — City in Thessaly, in the realm of Eumelus; at one point the home of Pelias, from whom Jason sought to take the golden fleece, as narrated in the Argonautica (11.309).

Icarius — Father of Penelope (1.405).

Icmalius — Craftsman who made Penelope's chair (19.70).

Idomeneus — Cretan son of Deucalion, grandson of Minos and Pasiphæ, commander of the contingent from Crete at Troy (3.248).

Idothea — A sea-goddess and the daughter of Proteus (4.475).

Ilium — The citadel of Troy, so named after Ilus, great-grandson of Dardanus; alternative name for Troy itself (1.3).

Ilus — Son of Mermerus (1.320).

Ino — Daughter of Cadmus; once a mortal, she threw herself into the sea in despair and madness and was changed into the sea-nymph Leucothea by Neptune (5.397).

Iphicles — King of Phylacè (11.360).

Iphidameia — Daughter of Triopas of Thessaly, seduced by Neptune, by whom she had the twins Otus and Ephialtes (11.378).

Iphitus — The son of Eurytus, who gifted his father's bow to Ulysses (21.17).

Iphthima — Wife of Eumelus, sister of Penelope. A phantom visits Penelope in her form at the instigation of Minerva (4.1011).

Irus — Nickname of the Ithacan beggar Arnæus (18.8).

Ismarus — City on the Thracian coast, home to the Cicones (9.51).

Ithaca — Island in the Ionian Sea off western Greece, seat of Ulysses (1.25).

Ithacans — People of Ithaca (3.12).

Ithacus — One of the builders of a fountain on Ithaca (17.249).

Itylus — Son of Zethos and Ædon (19.633).

Jason — Son of Æson, commander of the Argonauts, father of Euneus by Hypsipyle, quested after the Golden Fleece (12.87).

Jardanus — River in Cydonia, Crete (3.381).

Jove — King of the gods, son of Saturn and Rhea, brother and husband of Juno, father of the Olympians, shares dominion of the world with Neptune, who rules the sea, and Hades, who rules the underworld (1.14).

Juno — Goddess of women, marriage, and childbirth, daughter of Saturn and Rhea, wife and sister of Jove, favours the Achaians (4.657).

Lacedæmon — City and kingdom of Menelaus (3.423).

Laërceus — Goldsmith of Pylos (3.548).

GLOSSARY OF NAMES 763

Lærtes — Son of Arcesius, father of Ulysses (1.234).

Læstrigonians — Giant race of cannibals, said to descend from Læstrygon, son of Neptune. They supposedly inhabited southeast Sicily (10.130).

Lamos — An ancient king of the Læstrygonians, and reputed founder of their main settlement (10.102).

Lampetia — A nymph who was the daughter of Hyperion and Neæra (12.457).

Laodamas — Son of Alcinoüs and Arete (7.211).

Lapithæ — Tribe dwelling in Thessaly in the valley of the Peneus and on Mount Pelion, commanded by Polypœtes and Leonteus (21.362).

Latona — Goddess, daughter of Cœus, and by Jove the mother of Apollo and Artemis.

Leda — Daughter of Thestius, and wife of Tyndarus the Spartan king; mother of Castor and Pollux; raped by Jove who had assumed the form of a swan (11.369).

Lemnos — Island in the northeastern Ægean Sea, sacred to Vulcan (8.350).

Leiocritus — A son of Evenor, and one of the suitors killed by Telemachus (2.307).

Leiodes — A son of Œnops, and a suitor; killed by Ulysses (21.177).

Lesbos — Island in the northeastern Ægean Sea south of Troy, home to Sappho (3.218).

Leucothea — See "Ino".

Lybia — The country in North Africa, and the continent in general (4.110).

Lotus-eaters — A people visited by Ulysses, who are known for eating a plant which induces stupor and forgetfulness (9.105).

Mæra — A ghost encountered by Ulysses in the underworld. In life, she was a heroine in the service of Artemis (11.405).

Maia — Daughter of Atlas, and mother of Hermes by Jove (14.535).

Mantius — Son of Melampus, grandfather of Theoclymenus, and himself a seer or prophet (15.310).

Marathon — Name a town and plain in Attica, near Athens; later the site of the Battle of Marathon in 490 BC, in which the Greeks were victorious over the invading Persian forces of Darius I (7.95).

Maron — Priest of Apollo at Ismarus; the son of Euanthes (9.218).

Mars — God of war, son of Jove and Juno, consort of Venus, favours the Trojans (8.142).

Mastor — Father of Halitherses (2.201).

Medon — Herald of Ulysses in his palace in Ithaca (4.858).

Megapenthes — Son of Menelaus by a slave woman (4.15).

Megara — King Creion's eldest daughter; her husband was Hercules, and her ghost is encountered by Ulysses in the underworld (11.328).

Melampus — A great seer, originally from Pylos, who later went to Argos (15.288).

Melanthius — [1] A goatherd, son of Dolius, who abuses Ulysses upon his return home (17.256). [2] Father of Amphimedon (24.129).

Melantho — A maid of Penelope, and a daughter of Dolius (18.397).

Memnon — Son of Tithonus and Dawn, and an ally of Troy in the Trojan War (11.648).

Menelaus — King of Lacedæmon, son of Atreus, brother of Agamemnon, husband of Helen (1.353).

Mentes — King of the Taphians, and the son of Anchialus (1.132).

Mentor — An Ithacan friend of Ulysses, left in charge of his house when Ulysess fought in the Trojan War (2.284).

Mermerus — Father of Ilus (1.320).

Mesaulius — A slave of Eumæus, bought from the Taphians (14.551).

Messenè — City in Lacedæmon (21.23).

Mimas — Large, rocky peninsula on the western coast of Asia Minor, opposite to Chios (3.223).

Minerva — Goddess of wisdom, craft, and warfare, daughter of Jove, favours the Achaians and especially Ulysses (5.512).

Minos — King of Crete, son of Jove and Europa, father of Deucalion (11.399).

Minyas — Tribe dwelling in Orchomenus, commanded by Ascalaphus and Ialmenus, associated with the Pelasgians but probably post-dating them; also known as the "Minyans" (11.351).

Muses — Nine inspirational goddesses of literature, science, and the arts, daughters of Jove and Mnemosyne (24.75).

Mycenæ — City in the Argolid north of Argos and Tiryns, royal capital of Agamemnon, seat of Mycenæan culture (3.396).

Myrmidons — Tribe dwelling in Phthia in southern Thessaly, ruled by Peleus, commanded by Achilles (4.12).

Naiads — Feminine spirits or nymphs presiding over bodies of fresh water (13.127).

Nausicaä — Daughter of Alcinoüs and Arete (6.20).

Nausithoüs — Father of Alcinoüs (6.8).

Næëra — Mother of Phaëthusa and Lampelia, both nymphs, by the Sun (12.159).

GLOSSARY OF NAMES 765

Neleus — King of Pylos, son of Neptune and Tyro, father of Nestor (3.6).

Neoptolemus — Son of Achilles, slayer of Priam and Astyanax (11.626).

Neptune — God of the sea and earthquakes, son of Saturn and Rhea, brother of Jove, Ceres, and Pluto (1.27).

Nericus — A town captured by Lærtes, on the western coast of Greece (24.459).

Neritus — [1] An Ithacan mountain (9.26). [2] Along with Ithacus and Polyctor, one of the builders of a fountain on Ithaca (17.249).

Nestor — King of Pylos, son of Neleus, father of Antilochus and Thrasymedes, took part in the Calydonian Hunt and the expedition of the Argonauts, an elder statesman and emblematic of wisdom and experience (1.352).

Nisus — Father of Amphinomus (16.476).

Noëmon — Son of Phronius (2.486).

Ocean — Colossal river encircling the world, and its associated deity (10.168).

Odysseus — See Ulysses.

Œchalia — City in Thessaly, seat of Eurytus, in the realm of Machaon and Podalirius (8.283).

Œdipus — King of Thebes, son of Laius and Jocasta, subject of Sophocles' Œdipus Rex (11.331).

Œnops — Father of Leodes (21.177).

Ogygia — Island which the nymph Calypso calls home (1.108).

Oïcleus — Father of Amphiaraüs (15.311).

Olympus — Mountain in northern Thessaly, seat of the Olympian gods (6.54).

Onetor — Father of Phrontis (3.366).

Ops — Son of Peisenor, and father of Eurycleia (1.529).

Orchomenus — City of the Minyans bordering on Bœotia (11.350).

Orestes — Trojan son of Agamemnon, slew Clytemnestra to avenge his father, subject of Æschylus' Oresteia (1.41).

Orion — Constellation named after the great huntsman, fell in love with Meriope, slain by a scorpion; the constellation is pursued by Scorpio (5.150).

Ormenus — Father of Ctesius (15.524).

Orsilochus — [1] Father of Diocles (3.628). [2] Son of Idomeneus (13.319).

Ortygia — Island near Delos, on which Latona gave birth to Artemis and Apollo (5.154).

Ossa — Mountain in Thessaly (11.390).

Otus — Son of Iphidameia and Neptune, a giant who waged war on the gods

(11.381).

Pallas — Epithet of Minerva/Athena (1.59).

Pandarus — Father of the nightingale (19.629).

Panopeus — City in Phocis (11.723).

Paphos — A city, sacred to Aphrodite, located on Cyprus (8.444).

Parnassus — Mountain in Phocis, central Greece; the Oracle of Delphi was on its southern slope (19.483).

Patroclus — Son of Menœtius, and close fighting companion of Achilles, who was killed by Hector in the Trojan War (3.144).

Pelasgians — Tribe dwelling in Asia Minor, the name of the pre-Greek race inhabiting northern Greece to Thrace; reputedly descended from Pelasgus (19.221).

Peleus — King of the Myrmidons, son of Æacus, father of Achilles (8.91).

Pelias — King of Iolchos, son of Neptune and Tyro, brother of Neleus, father of Alcestis (11.307).

Pelion — Mountain range in Thessaly, home of the Centaurs; often refers to the ash tree from which the spear of Achilles was fashioned (11.391).

Penelope — Daughter of Icarius, and the faithful wife of Ulysses (1.275).

Persephone — See Proserpine.

Peribæa — Daughter of Eurymedon (7.66).

Periclymenus — Son of Neleus and Chloris (11.354).

Perimedes — Companion of Ulysses (11.27).

Pero — Daughter of Neleus and Chloris (11.355).

Persè — Daughter of Ocean, and wife of Hyperion (10.168).

Perseus — Son of Nestor (3.533).

Phæacians — The inhabitants of a region known as Phæacia, also known as Scheria, ruled over by King Alcinoüs and Arete (5.45).

Phædimus — King of Sidon, who gifted the silver bowl of Vulcan to Menelaus (4.783).

Phædra — Daughter of King Minos of Crete and wife of Theseus; Ulysses encounters her ghost the underworld (11.398).

Phœstus — City in southern Crete (3.384).

Phaëthusa — A nymph, and daughter of the Sun and Næëra (12.158).

Pharos — An island near the mouth of the Nile River in Egypt; it was later the location on which the Lighthouse of Alexandria was built (4.463).

Pheidon — King of Thesprotia (14.393).

GLOSSARY OF NAMES 767

Phemius — A bard in Ulysses' palace in Ithaca, and the son of Terpias (1.190).

Pheræ — [1] City in Thessaly, seat of Admetus and Eumelus (4.1012). [2] City in the southwestern Peloponnese between Pylos and Sparta (3.627). [3] City in Elis in the Pisatis, near Jardan (15.386).

Pheres — Son of Cretheus and Tyro (11.313).

Philoctetes — Son of Pæas, took up the bow and arrows that would vanquish Troy, original leader of the Thessalians from Methonè but bitten by a snake on Lemnos and abandoned there, subsequently rescued by Ulysses and brought to Troy (3.247).

Philœtius — A cowherd who is loyal to Ulysses (20.222).

Philomelides — Wrestler, defeated by Ulysses in a wrestling match in Lesbos (17.163).

Phœbus — Epithet of Apollo (8.97).

Phœnicians — Race living on the coast of Lebanon and Syria (13.337).

Phorcys — An old demi-god of the sea, and father of Thoosa (1.92).

Phronius — Ithacan, father of Noëmon (2.487).

Phrontis — Helmsman of Menelaus, and son of Onetor (3.366).

Phthia — See "Phthians" (11.613).

Phylacè — City in Thessaly, ruled by Ithacus (11.358).

Phylacus — Founder and hero of Phylacè (15.296).

Pieria — Region containing Mount Olympus (5.63).

Piræus — An Ithacan friend of Telemachus, and Theoclymenus' host (15.669).

Pirithoüs — Thessalian king of the Lapiths, son of Jove, father of Polypœtes (11.786).

Pisander — Son of Polyctor, and one of the suitors, killed by Philœtius (18.372).

Pisenor — [1] Father of Ops (1.530). [2] Ithacan herald (2.46).

Pisistratus — Son of Nestor, and companion of Telemachus on his journey to Sparta (3.47).

Pleiades — Constellation, seven sisters named after their Oceanid mother Pleione (5.325).

Pluto — See Hades (10.212).

Pæas — Father of Philoctetes (3.247).

Polites — Companion of Ulysses (10.271).

Pollux — Son of Jove and Leda, whose brother is Castor (11.371).

Polybus — [1] Father of Eurymachus (1.491). [2] Lord in Thebes, Egypt, visited by Menelaus and Helen (4.166).

Polycastè — Youngest daughter of Nestor (3.597).

Polyctor — [1] One of the builders of the fountain on Ithaca (17.250). [2] Father of Pisander (18.373).

Polydamna — An Egyptian woman, and Thon's wife (4.296).

Polyphemus — A Cyclops, son of Neptune (9.471).

Polyphides — Prophet, son of Mantius, and father of Theoclymenus (15.320).

Polytherses — Father of Ctesippus (22.347).

Pontonoüs — Herald of Alcinoüs (8.78).

Poseidon — See Neptune.

Pramnian wine — Strong red wine with medicinal properties (10.283).

Priam — King of Troy, son of Laomedon from Dardanus' line, husband of Hecuba, father of Hector, Helenus, Paris, Polydorus, Deïphobus, Cassandra and Polyxena (3.141).

Procris — Daughter of the king of Athens, Erectheus; she is encountered in a ghostly form by Ulysses in the underworld (11.398).

Proserpine — Goddess of the underworld, daughter of Jove and Ceres, wife of Hades (10.487).

Proteus — Sea-god, known as the Old Man of the Sea, or Ancient of the Deep, and father to Idothea (4.476).

Psyria — Island to the West of Chios (3.221).

Pylians — People of Pylos (3.41).

Pylos — City in Elis, the royal seat of Nestor (1.117).

Pytho — Site in Phocis on the slope of Mount Parnassus, home to a sanctuary sacred to Apollo, later called Delphi (11.423)

Rhadamanthus — Son of Jove and Europa, brother of Minos (4.722).

Rhexenor — Son of Nausithous, and brother of Alcinoüs; his daughter is Arete (7.74).

Reithrus — Harbour on the Ithacan coast (1.230).

Salmoneus — Son of Æolus, and father of Tyro (11.286).

Samos — An island near Ithaca, from which many of the suitors came (1.304).

Saturn — God of time, son of Uranus, father of Jove, Hades, Neptune, Juno, and Ceres (1.60).

Scheria — Homeland of the Phæacians, often identified with modern Corfu (5.44).

GLOSSARY OF NAMES 769

Scylla — Monster that lives opposite the whirlpool Charybdis, and which eats travelers who pass too close (12.100).

Scyros — Island ruled by Lycomedes, in the central Ægean, close to the coast of Eubœa (11.628).

Sicilians — The people of Sicily (20.471).

Sidonians — Race in Sidon, city in Phœnicia (4.109).

Sintians — Thracian tribe dwelling in Lemnos (8.361).

Sirens — Human-like beings, half-bird, half-woman, who lure sailors to their deaths with their enchanting voices (12.47).

Sisyphus — Corinthian son of Æolus, grandfather of Bellerophon, punished for his cunning, doomed to roll an immense boulder up a hill in Hades eternally (11.738).

Solyma — Mountain range in Lycia, Asia Minor (5.339).

Sparta — Chief city of Lacedæmon, seat of Menelaus and Helen (1.116).

Stratius — One of Nestor's sons (3.532).

Styx — River forming the boundary between earth and the underworld, upon which the gods swear oaths (5.225).

Sunium — Cape of the extreme southeast of Attica, close to Athens (3.364).

Syria — An island beyond Ortygia (15.514).

Tantalus — A former king of Phrygia, condemned to eternal thirst and hunger for feeding his son Pelops to the gods at a banquet; Ulysses observes him suffering in the underworld (11.724).

Taphians — The people of Taphos, a location possibly on or near the western coast of Greece (1.133).

Taÿgetus — Mountain range to the west of Sparta (6.130).

Telamon — Son of Æacus, and companion of Hercules (11.674).

Telemachus — Son of Ulysses and Penelope (1.141).

Telemus — A seer among the Cyclopes, who prophesies the putting out of Polyphemus' eye by Ulysses (9.599).

Telephus — Father of Eurypylus (11.643).

Telepylus — Home of the Læstrygonians (23.386).

Temesè — A place mentioned by Pallas Athene in the guise of Mentes, of uncertain location, but reputed to be rich in useful metals (1.226).

Tenedos — Island in the northeastern Ægean, near Troy (3.205).

Thebes — [1] City in Bœotia, founded by Cadmus, attacked by Polynices in the War of the Seven (10.589). [2] City in Egypt, famed for wealth and its hundred gates (4.167).

Themis — Titaness, goddess of order, law, and custom (2.88).

Theoclymenus — A seer, the son of Polyphides, who has a vision of the suitors' fate (15.332).

Theseus — King of Athens, son of Ægeus and Æthra (11.400).

Thesprotians — The people of Epirus (15.386).

Thetis — Wife of Peleus, and mother of Achilles; a Nereid (24.114).

Thoas — Son of Andræmon who fought at Troy (15.615).

Thon — The Egyptian husband of Polydamna (4.296).

Thoosa — Daughter of Phorcys, and mother of Polyphemus; a nymph (1.91).

Thrace — A region north of Thessaly and the Hellespont (8.442).

Thrasymedes — One of the sons of Nestor (3.533).

Trinacria — The island of Hyperion, the god of the Sun, where his sacred cattle are pastured (11.131).

Thyestes — Son of Pelops, brother of Atreus, with whom he engaged in blood feud (4.662).

Tiresias — A blind seer from Thebes, who retained his powers of prophecy in the underworld by the agency of Proserpine (10.589).

Tithonus — Trojan son of Laomedon, older brother of Priam, husband of the Dawn (5.2).

Tityus — One of the race of Giants, born of Jove and Earth, who was punished with eternal torture in Hades for his attempted rape of Latona, mother of Apollo (7.391).

Trojans — Race of Greek speaking peoples in the Troad, ruled by Priam (3.114).

Troy — City of the Trojans, also known as Ilus or Ilium (1.79).

Tydeus — King of Argos and Calydon, Son of Œneus, father of Diomed, one of the Seven Against Thebes (3.217).

Tyndarus — King of Sparta, and husband of Leda (11.369).

Tyro — Mother of Neleus and Pelias by the god Neptune (2.152).

Ulysses — King of Ithaca, son of Laërtes, husband of Penelope, father of Telemachus, hero of the Odyssey, renowned for verbal skill (1.29).

Venus — Goddess of love, daughter of Jove and Dione, lover of Anchises, mother of Æneas, favours the Trojans (4.20).

Vulcan — God of fire, master craftsman, son of Juno, cuckolded husband of Venus, cast from Olympus by Jove and thereby crippled (4.783).

Waggon, Wain, The — See Bear, The (5.327).

Zacynthus — Island south of Ithaca, in the realm of Ulysses (1.305).

Zethus — Son of Jove and Antiope, and founder of Thebes (11.319).

Zeus — See Jove.